CRUCIBLE OF WAR

THE SEVEN YEARS' WAR AND THE FATE OF EMPIRE IN BRITISH NORTH AMERICA, 1754—1766

FRED ANDERSON

［美］弗雷德·安德森 著
冬初阳 译

七年战争

大英帝国在北美的命运，1754—1766

九州出版社
JIUZHOUPRESS

献给弗吉尼娅

目 录

致　谢　　　　　　　　　　　　　　　　　　　　　　　i
前　言　七年战争和旧不列颠帝国的瓦解　　　　　　　　v
序　言　朱蒙维尔幽谷　　　　　　　　　　　　　　　xiv

第一部分　七年战争溯源

第 1 章　易洛魁人和帝国　　　　　　　　　　　　　　3
第 2 章　易洛魁势力的消退　　　　　　　　　　　　　13
第 3 章　伦敦采取行动应对威胁　　　　　　　　　　　25
第 4 章　华盛顿登场　　　　　　　　　　　　　　　　33
第 5 章　华盛顿受挫　　　　　　　　　　　　　　　　40
第 6 章　冲突升级　　　　　　　　　　　　　　　　　57

第二部分　失　利

第 7 章　奥尔巴尼会议和殖民地的分裂　　　　　　　　65
第 8 章　布拉多克将军接管指挥权　　　　　　　　　　72
第 9 章　莫农加希拉大溃败　　　　　　　　　　　　　80
第 10 章　布拉多克之后　　　　　　　　　　　　　　94
第 11 章　英国政局和欧洲外交革命　　　　　　　　　108

第三部分　底　谷

第 12 章　劳登勋爵接管指挥权　119
第 13 章　奥斯威戈　132
第 14 章　中部殖民地的状况　139
第 15 章　帝国的紧张局面　147
第 16 章　大不列颠深陷欧洲战争　150
第 17 章　欧洲战争的运势　157
第 18 章　劳登的攻势　160
第 19 章　威廉·亨利堡　166
第 20 章　其他灾祸和希望之光　182
第 21 章　皮特改变方针　188

第四部分　转　折

第 22 章　僵局和新起点　199
第 23 章　旧战略、新人选和实力天平的改变　212
第 24 章　蒙特卡姆竖起十字架　219
第 25 章　阿默斯特攻打路易斯堡　228
第 26 章　补给是关键　234
第 27 章　布拉德斯特里特攻打弗朗特纳克堡　236
第 28 章　印第安外交和迪凯纳堡的陷落　244
第 29 章　军事教育　263

第五部分　大吉之年

第 30 章　胜利、焦虑和权力　273

第 31 章	英国内阁的不确定性	287
第 32 章	热情高涨，资源短缺	291
第 33 章	帝国的象征	299
第 34 章	六大部族参战	304
第 35 章	阿默斯特将军迟疑不决	312
第 36 章	无把握的战役	316
第 37 章	秋日的沮丧	339
第 38 章	帝国庆典，千年期盼	343
第 39 章	决定之日	347

第六部分　征服完成

第 40 章	全速进攻	357
第 41 章	勇猛无济于事	361
第 42 章	默里溯圣劳伦斯河而上	367
第 43 章	征服完成	369
第 44 章	大获全胜的原因和帝国的经验	378
第 45 章	皮特面临意想不到的挑战	383

第七部分　棘手的胜利

第 46 章	胜利果实和瓦解的种子	391
第 47 章	切罗基战争和阿默斯特的印第安政策改革	395
第 48 章	阿默斯特进退两难	409
第 49 章	皮特面临的问题	413
第 50 章	同盟的终结	422
第 51 章	帝国、贸易和战争的矛盾关系	432

第 52 章	和　平	438
第 53 章	威尔克斯的崛起、比特倒台和不受重视的马尼拉教训	442
第 54 章	战争结束时的英属北美	453
第 55 章	新英格兰人入侵怀俄明并付出代价	463
第 56 章	阿默斯特的改革和庞蒂亚克战争	469
第 57 章	阿默斯特被召回	481

第八部分　危机与改革

第 58 章	英国内阁彻底洗牌	491
第 59 章	急求枢密令	494
第 60 章	《北美关税法案（食糖法）》	504
第 61 章	《货币法案》	513
第 62 章	战后情况与殖民地回应的背景	520
第 63 章	对帝国倡议的不明朗回应	536
第 64 章	庞蒂亚克战争的进程	549
第 65 章	庞蒂亚克战争的经验教训	565

第九部分　危机加剧

第 66 章	《印花税法案》和《北美驻军法案》	573
第 67 章	格伦维尔倒台	584
第 68 章	北美殖民地议会的动荡	589
第 69 章	群众的反应	596
第 70 章	暴力废止法案，精英阶层重申控制权	609

第十部分　帝国可否存留？

第 71 章　废除《印花税法案》　　　　　　　　623
第 72 章　帝国的空洞回响　　　　　　　　　　641
第 73 章　激烈的终曲　　　　　　　　　　　　646
第 74 章　帝国的未来　　　　　　　　　　　　661
尾　声　弗农山庄　　　　　　　　　　　　　　667

注　释　　　　　　　　　　　　　　　　　　　677
出版后记　　　　　　　　　　　　　　　　　　781

地图1 七年战争与伴生的历次冲突的进程

图例

1. 弗吉尼亚-宾夕法尼亚-俄亥俄边陲
地图2、3
华盛顿远征，1753年
必要堡，1754年
布拉多克远征，1755年
福布斯远征，1758年
布凯远征，1763年、1764年

2. 新斯科舍（阿卡迪亚）
地图2
1754年的远征；阿卡迪亚驱逐事件

3. 哈得孙河-尚普兰湖-黎塞留河走廊地带
地图4
乔治湖战役，1755年
威廉·亨利堡围城战，1757年
提康德罗加战役，1758年
阿默斯特远征，1759年
哈维兰远征，1760年

4. 莫霍克河谷-安大略湖-圣劳伦斯河上游河谷
地图2、4
奥斯威戈围城战，1756年
布拉德斯特里特远征，1758年
阿默斯特远征，1760年

5. 梅诺卡岛海战和围城战，1756年
地图8

6. 欧洲中部的历次作战，1756—1762年
地图7

7. 孟加拉的历次作战和普拉西战役，1757年
地图9

8. 路易斯堡围城战，1758年
地图2

9. 远征西非，1758年

10. 魁北克和圣劳伦斯河上游河谷
地图4、5
围攻魁北克和魁北克战役，1759年
第二次魁北克战役和围城，1760年
默里的远征，1760年

11. 加勒比海东部
地图6
远征马提尼克和瓜德罗普，1759年
征服马提尼克和其他几个次要小岛，1761—1762年

12. 英国海军从直布罗陀发动的几次行动
地图8
拦截从土伦出发的几个护航船队，1758年
拉各斯海战，1759年

13. 英国人在法国沿海的历次军事行动
地图8
对法国沿海的袭扰，1757—1758年
基伯龙湾海战，1759年
贝勒岛远征，1761年

14. 上五大湖
地图2、3
尼亚加拉围城战，1759年
布拉德斯特里特远征，1764年

15. 切罗基战争，1759—1761年
地图2、3

16. 科罗曼德尔沿海的历次军事行动，1758—1760年
地图9
马德拉斯围城战，1758—1759年
文迪瓦什战役，1760年
本地治里围攻战，1760—1761年

17. 纽芬兰远征，1762年

18. 哈瓦那围城战，1762年
地图6

19. 征服马尼拉，1762年

20. 庞蒂亚克战争，1763—1765年
地图2、3

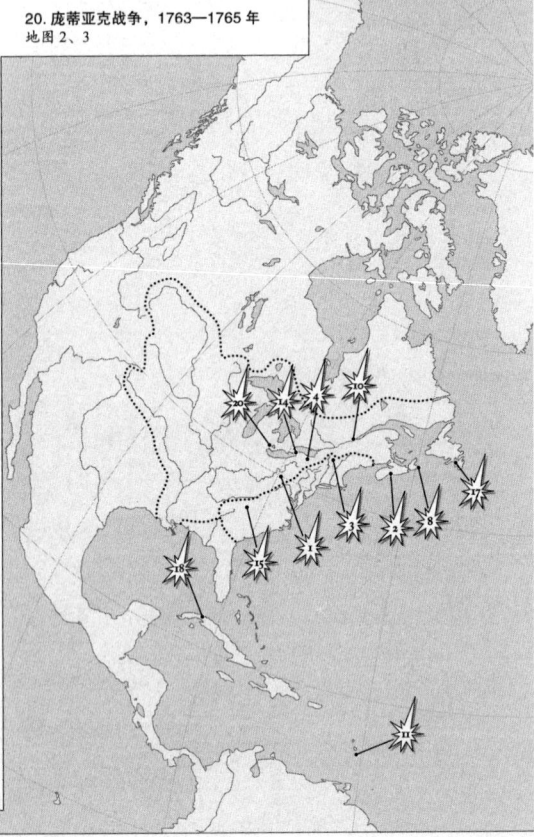

*本书所有插附地图系原文插附地图

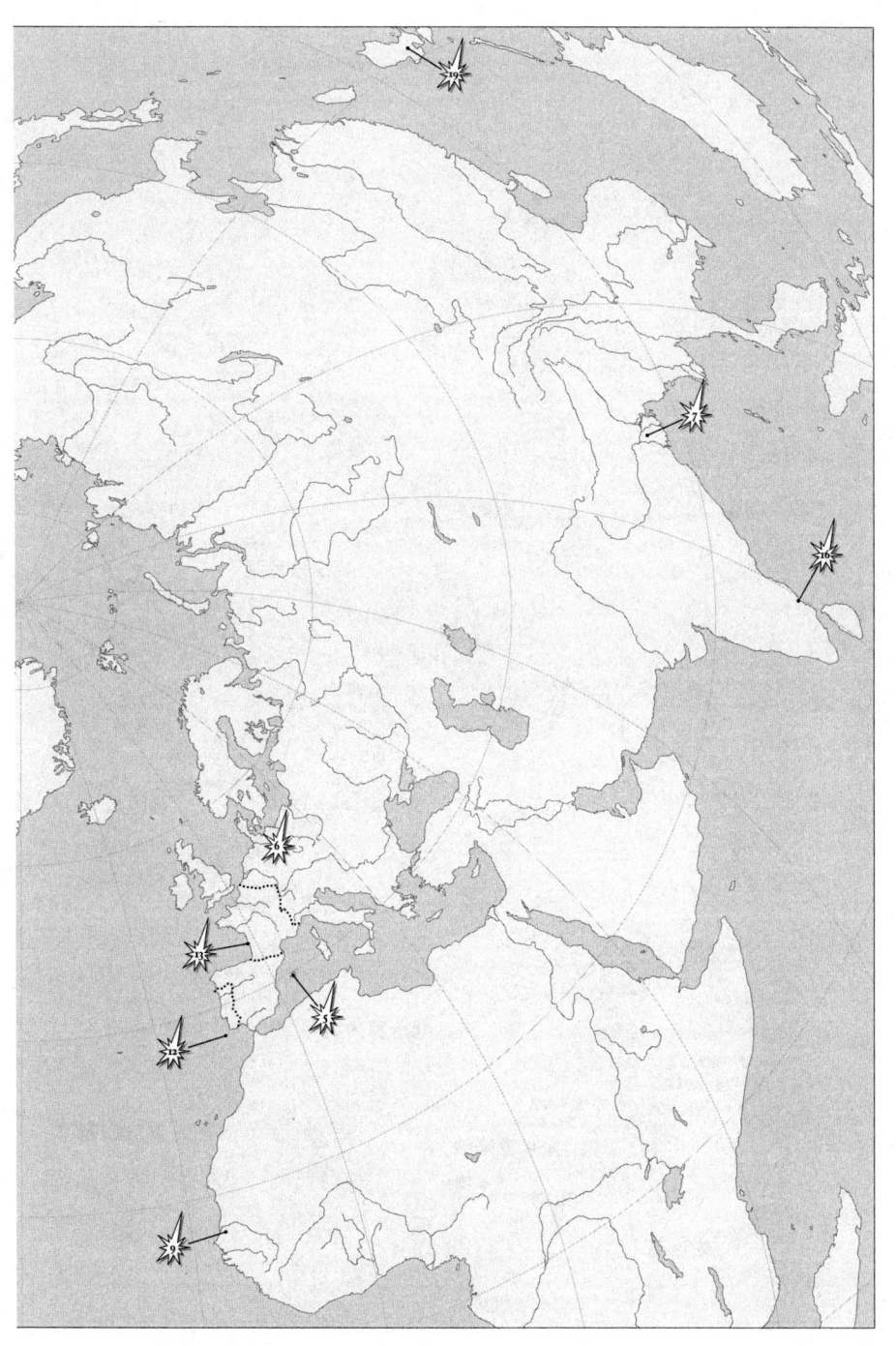

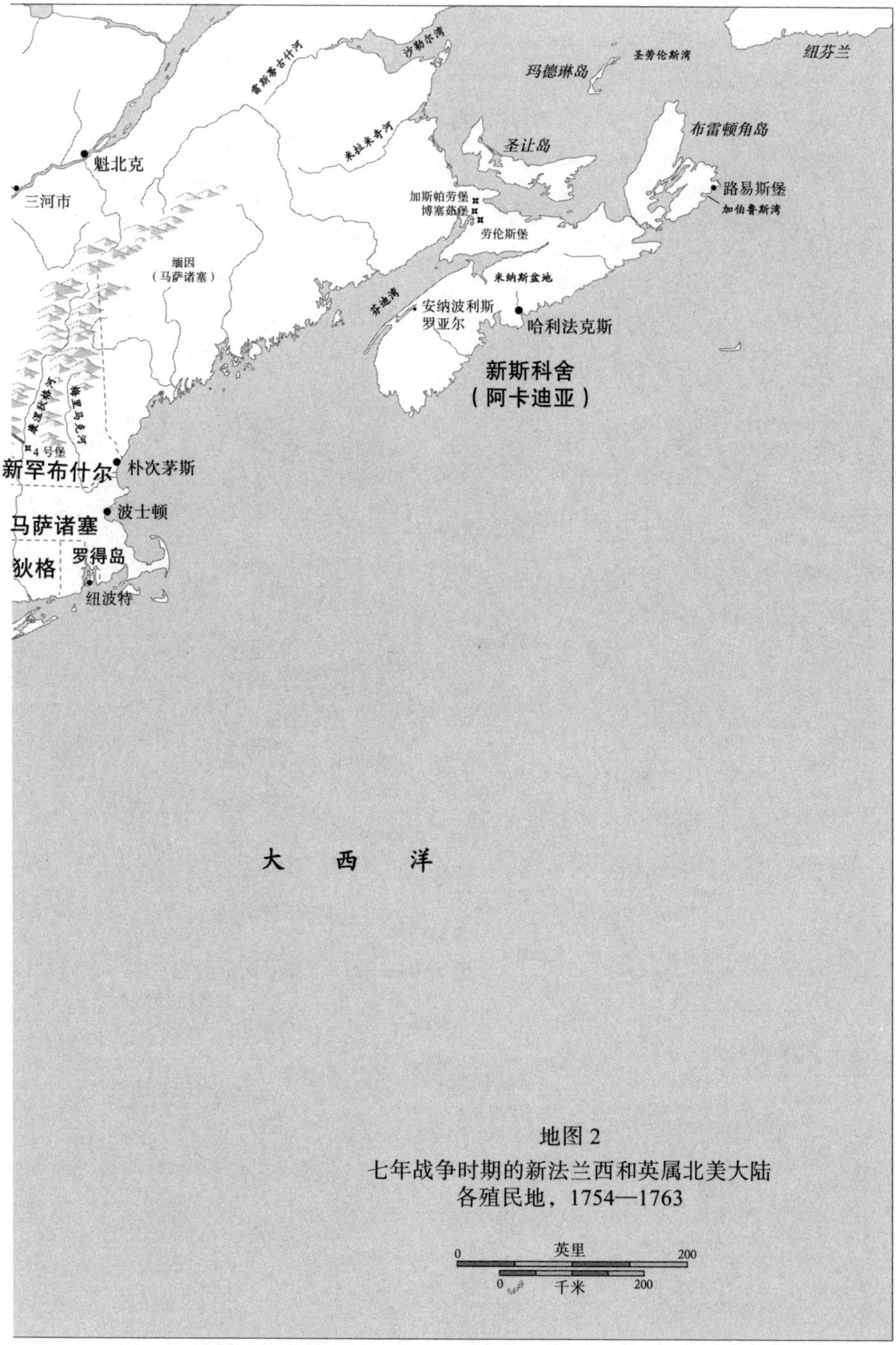

地图 2
七年战争时期的新法兰西和英属北美大陆
各殖民地，1754—1763

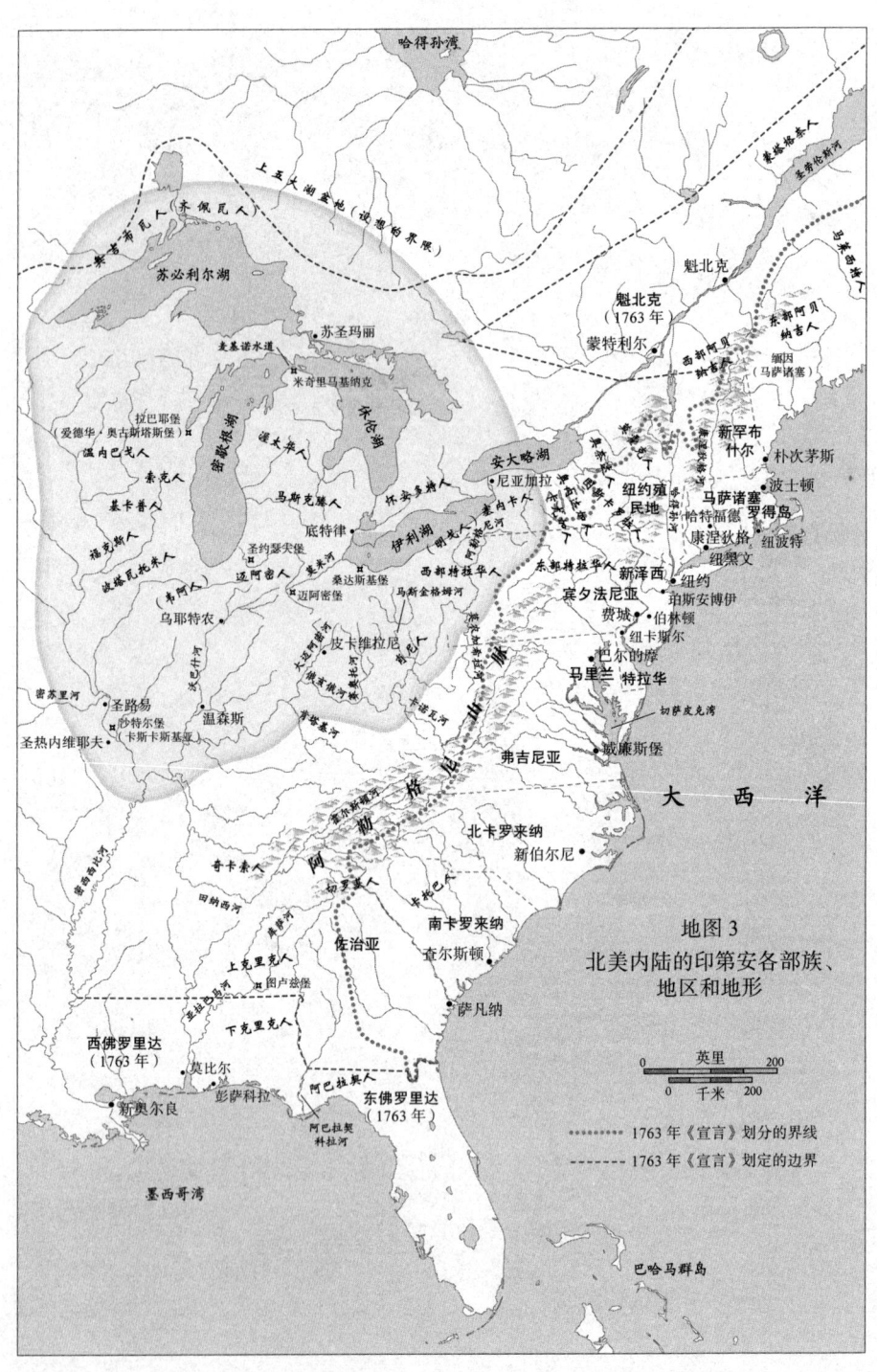

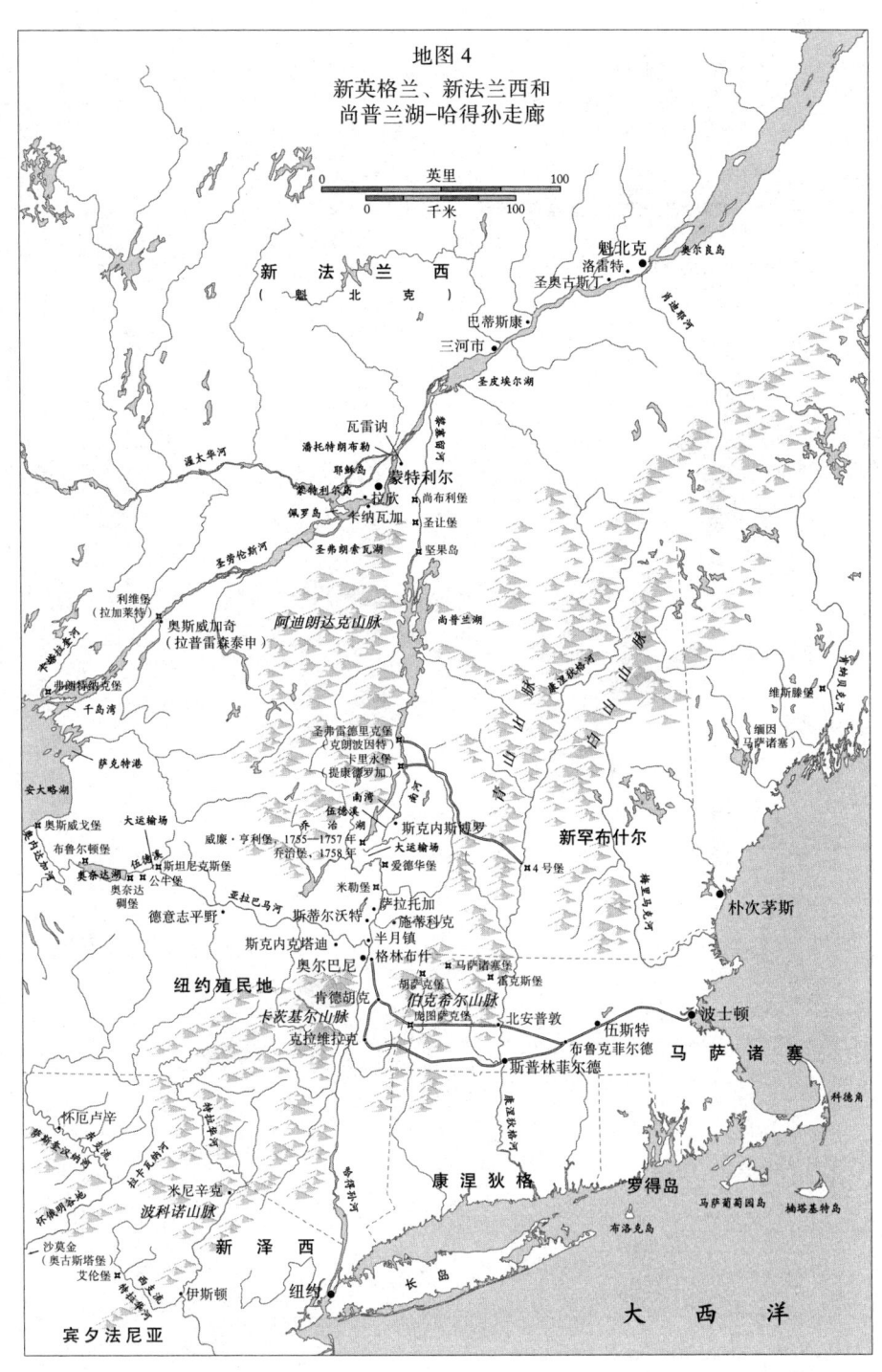

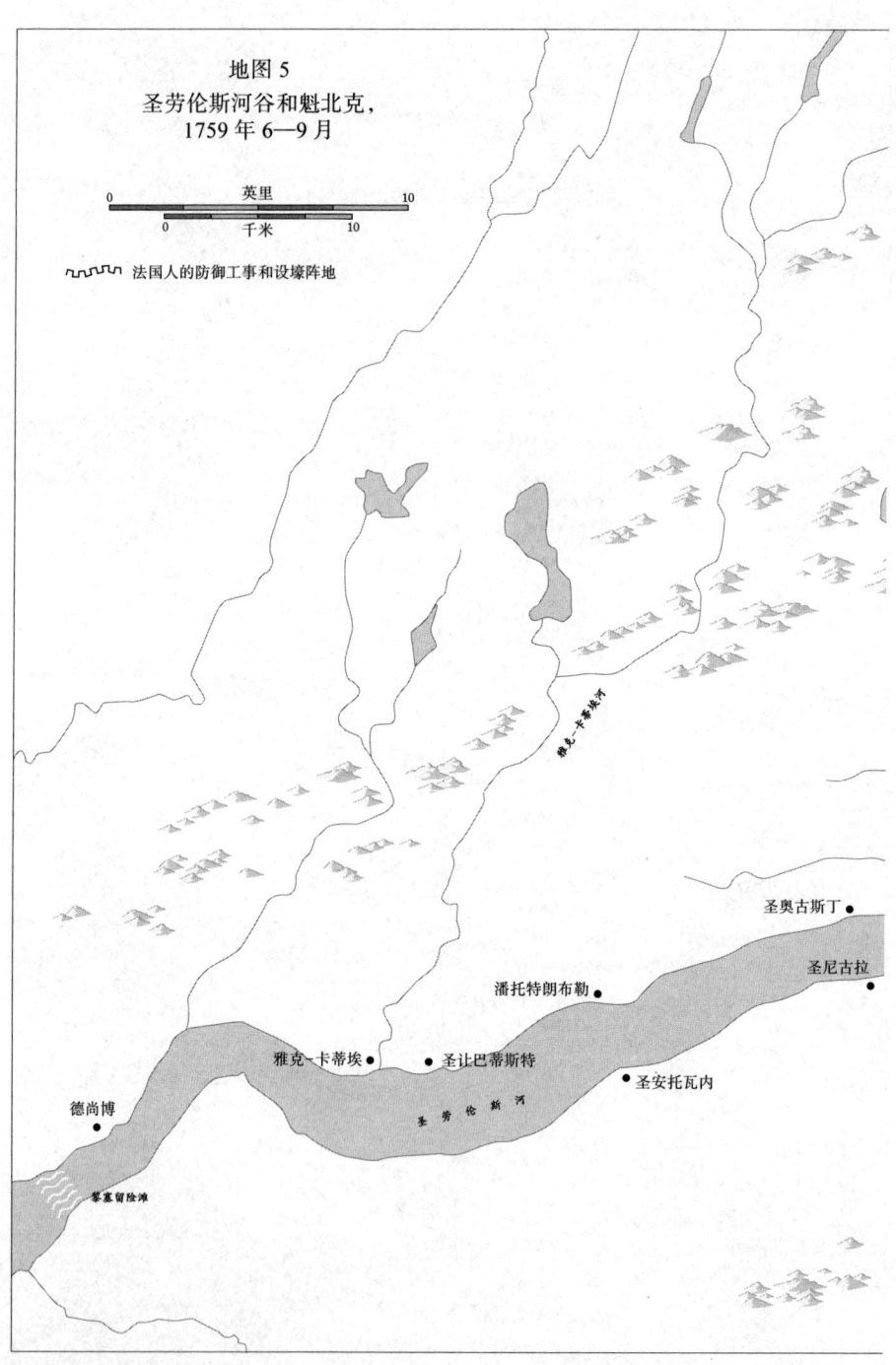

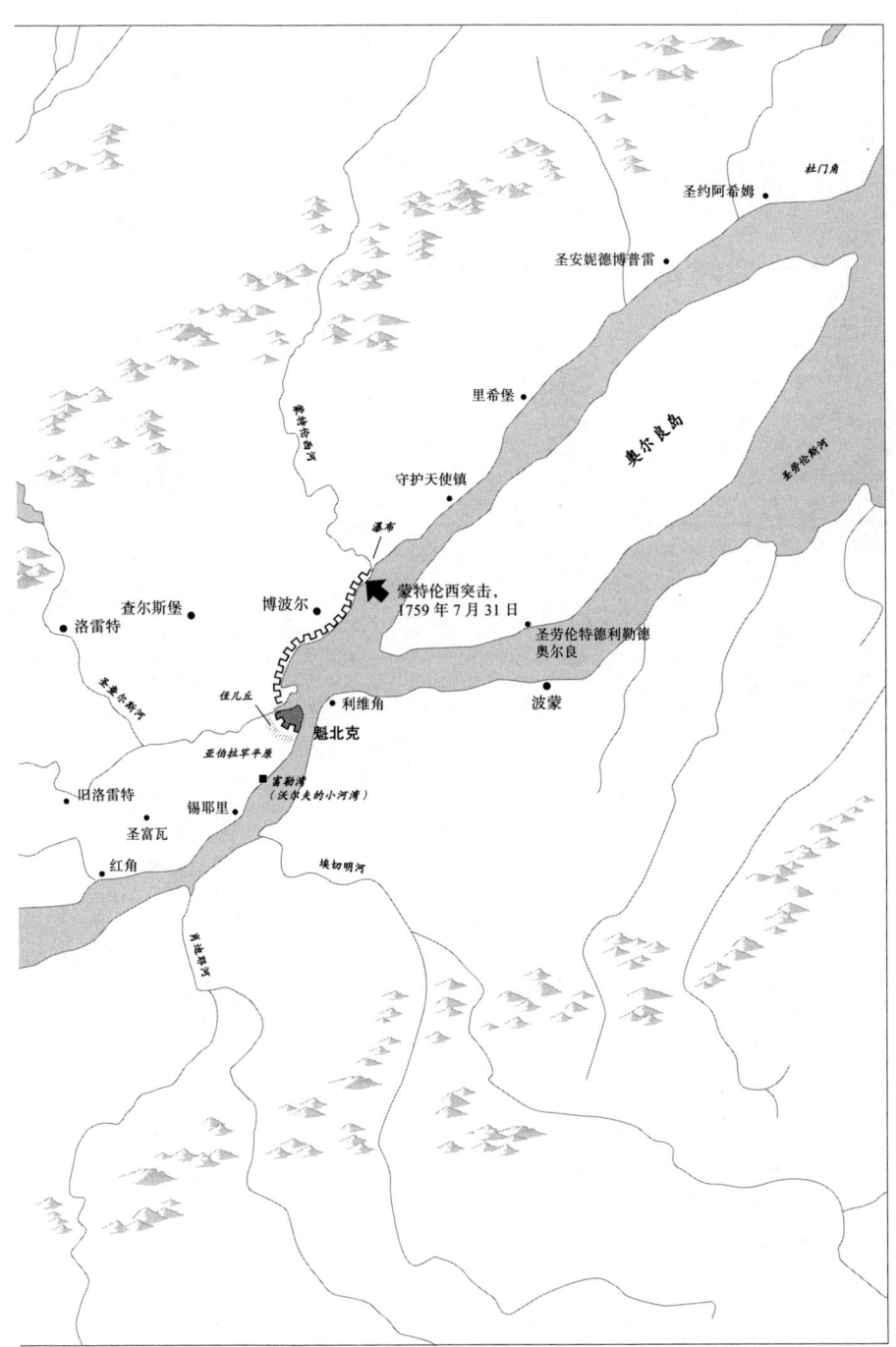

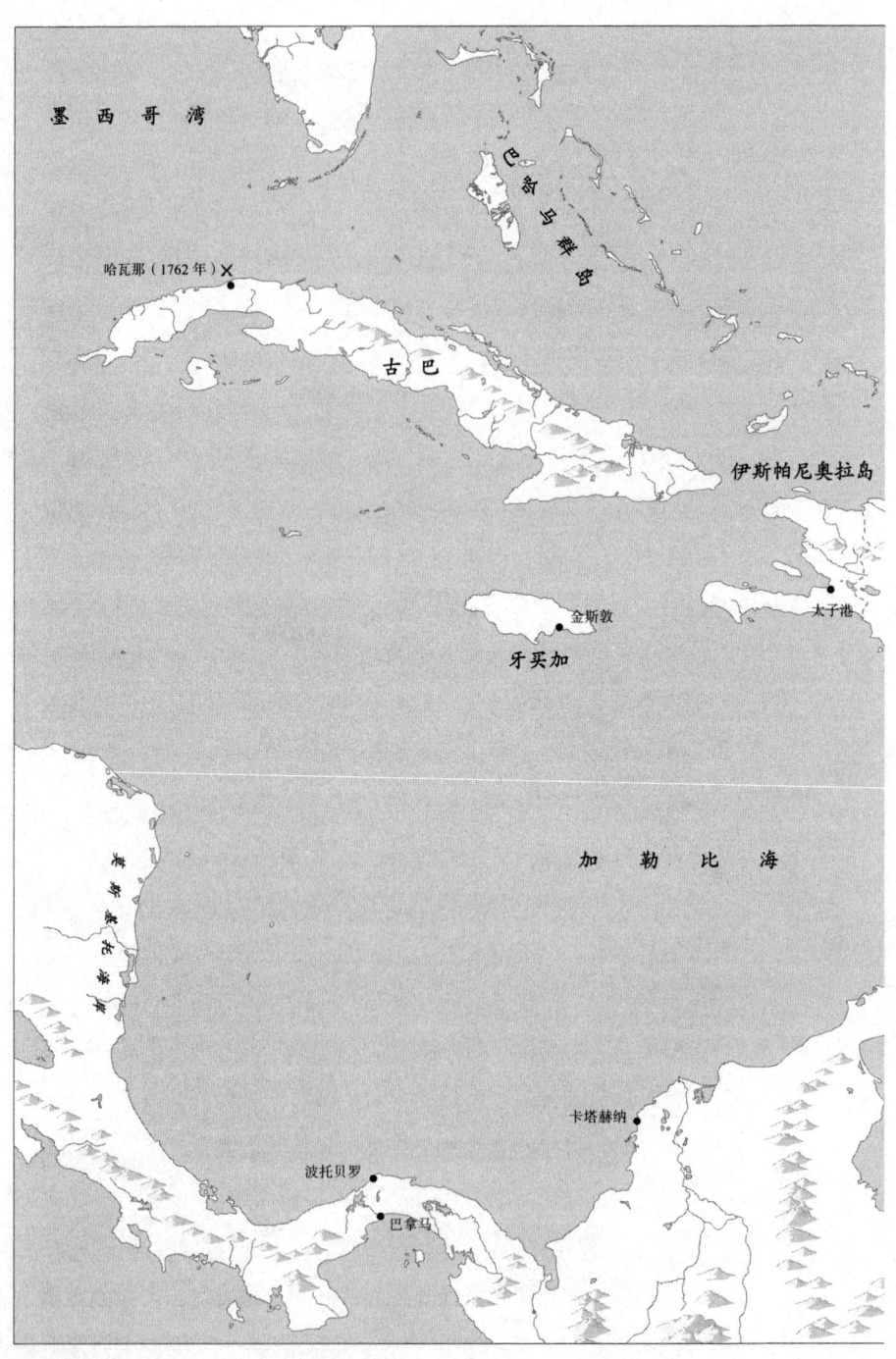

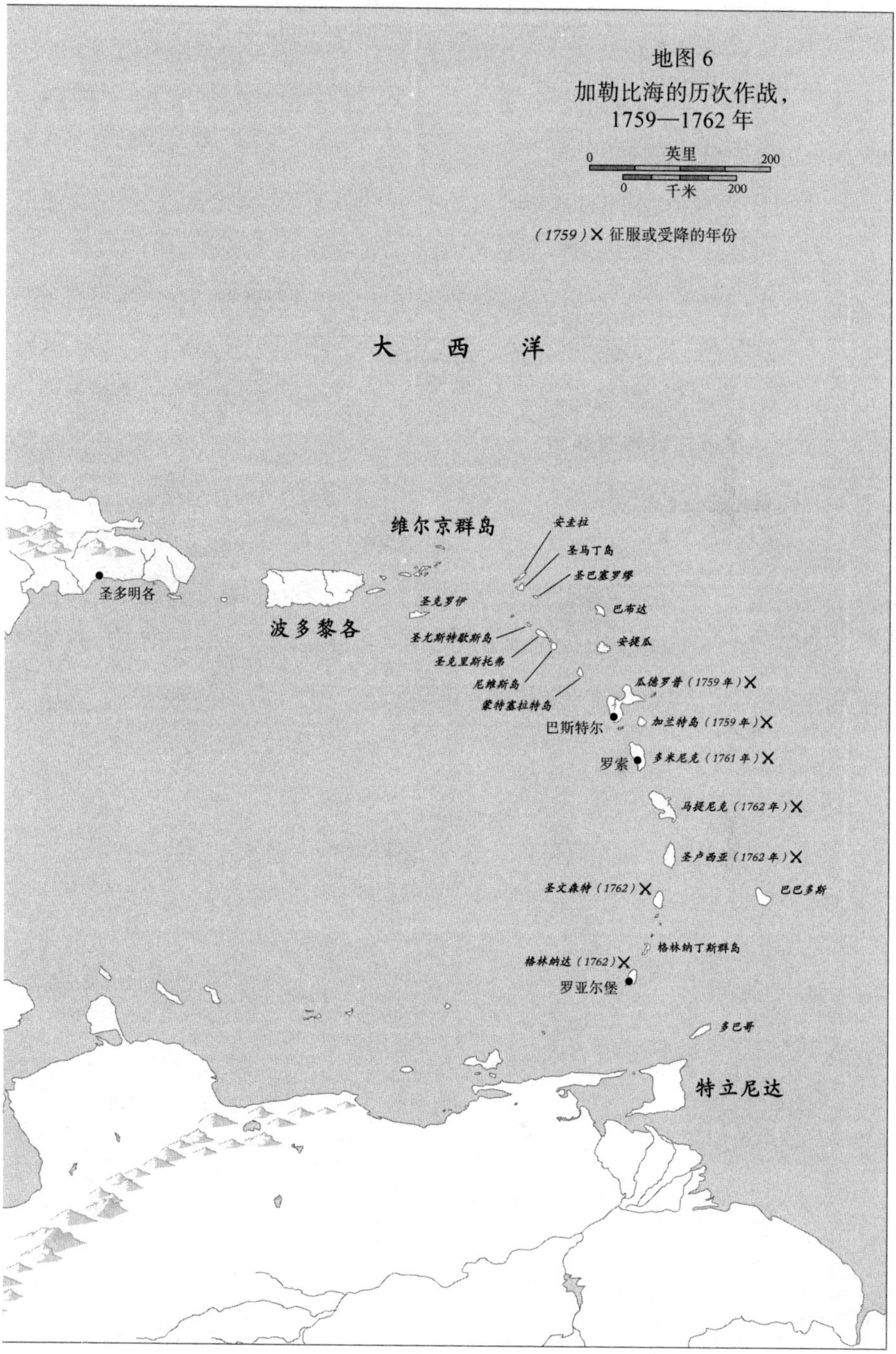
地图 6
加勒比海的历次作战，
1759—1762 年
英里
0
200
千米
0
200
（1759）✕ 征服或受降的年份
大 西 洋
维尔京群岛
安圭拉
圣马丁岛
圣巴塞罗缪
圣多明各
圣克罗伊
巴布达
波多黎各
圣尤斯特歇斯岛
安提瓜
圣克里斯托弗
尼维斯岛
瓜德罗普（1759 年）✕
蒙特塞拉特岛
加兰特岛（1759 年）✕
巴斯特尔
罗索
多米尼克（1761 年）✕
马提尼克（1762 年）✕
圣卢西亚（1762 年）✕
圣文森特（1762）✕
巴巴多斯
格林纳丁斯群岛
格林纳达（1762）✕
罗亚尔堡
多巴哥
特立尼达

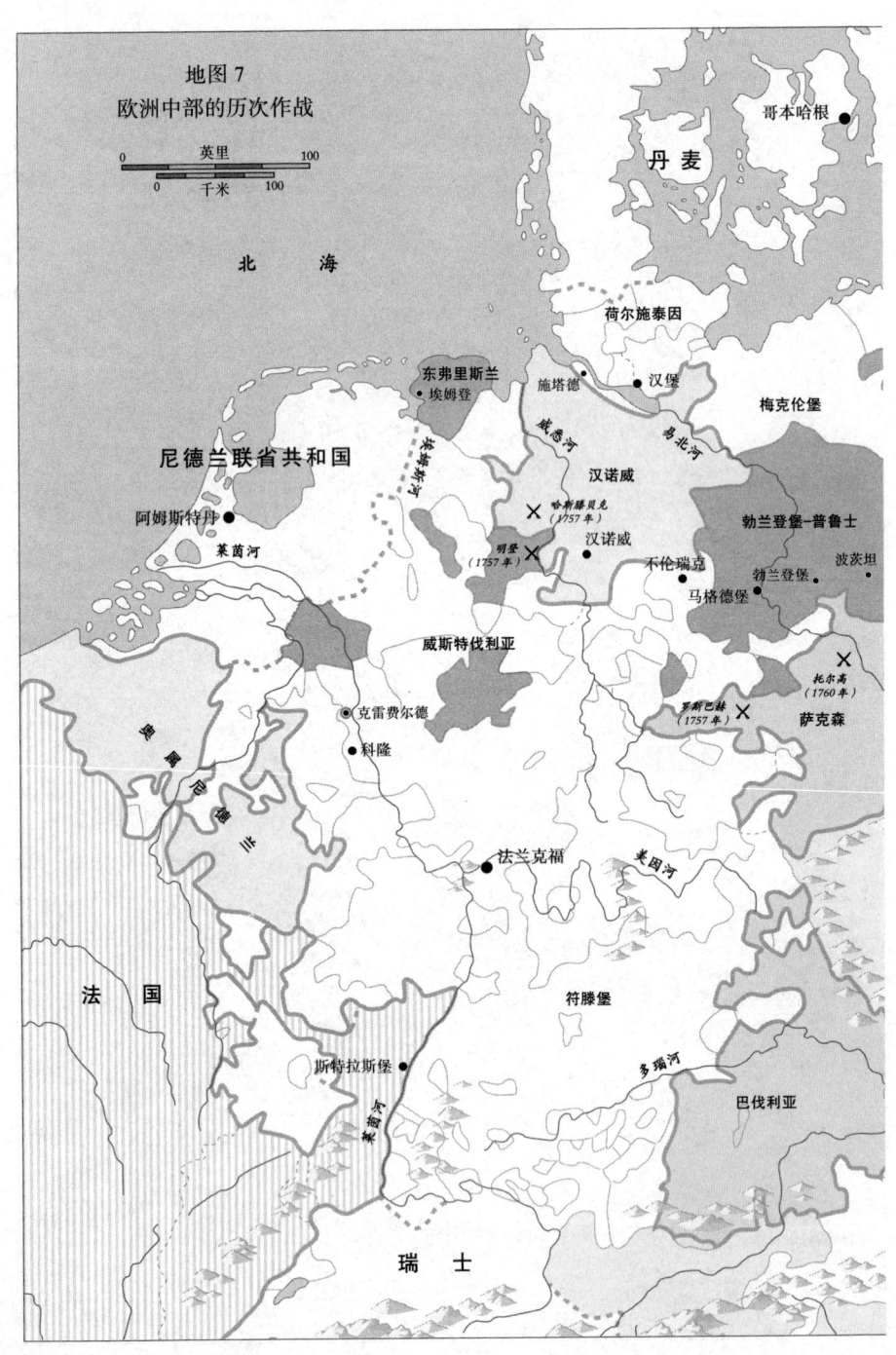

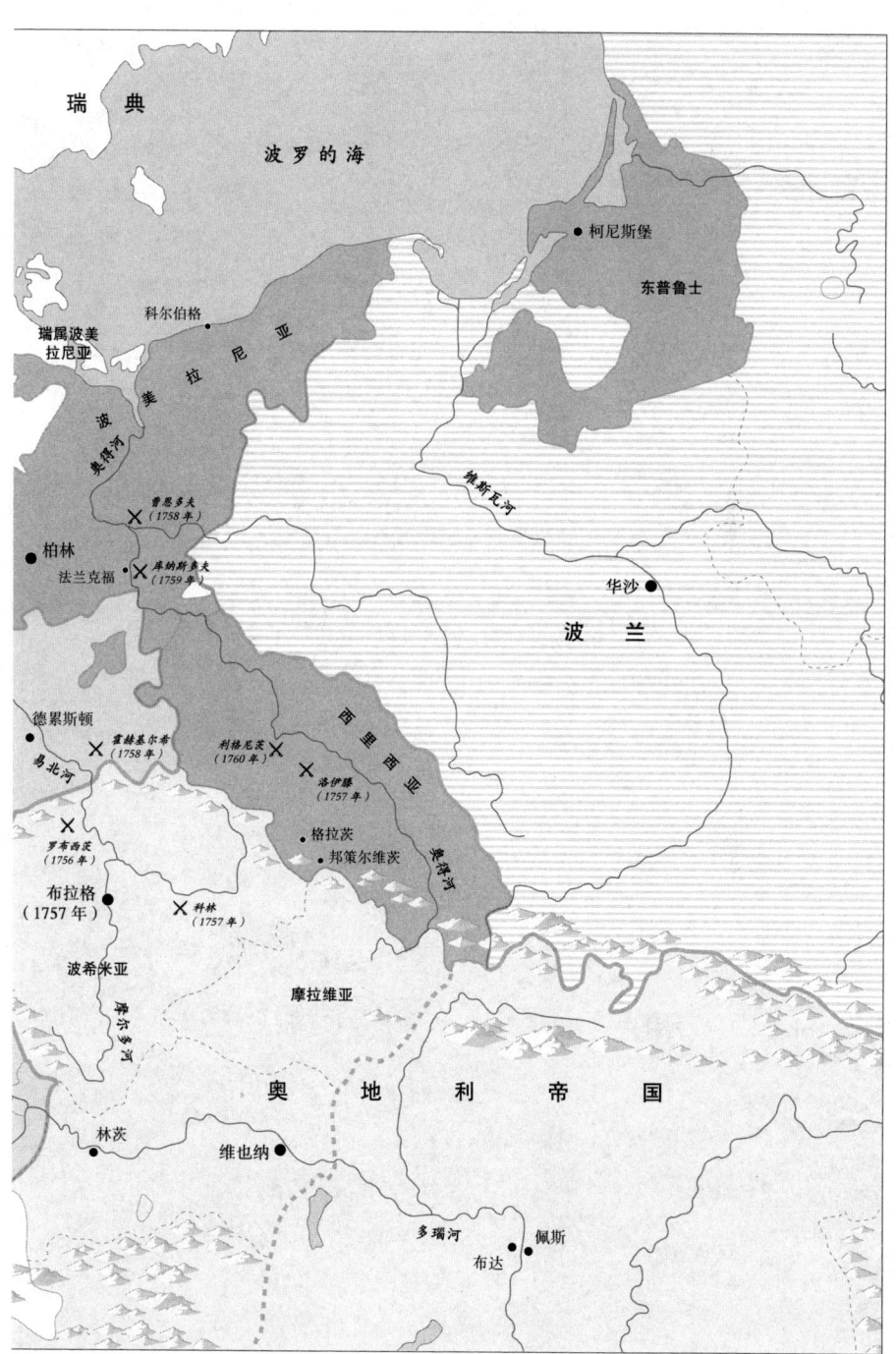

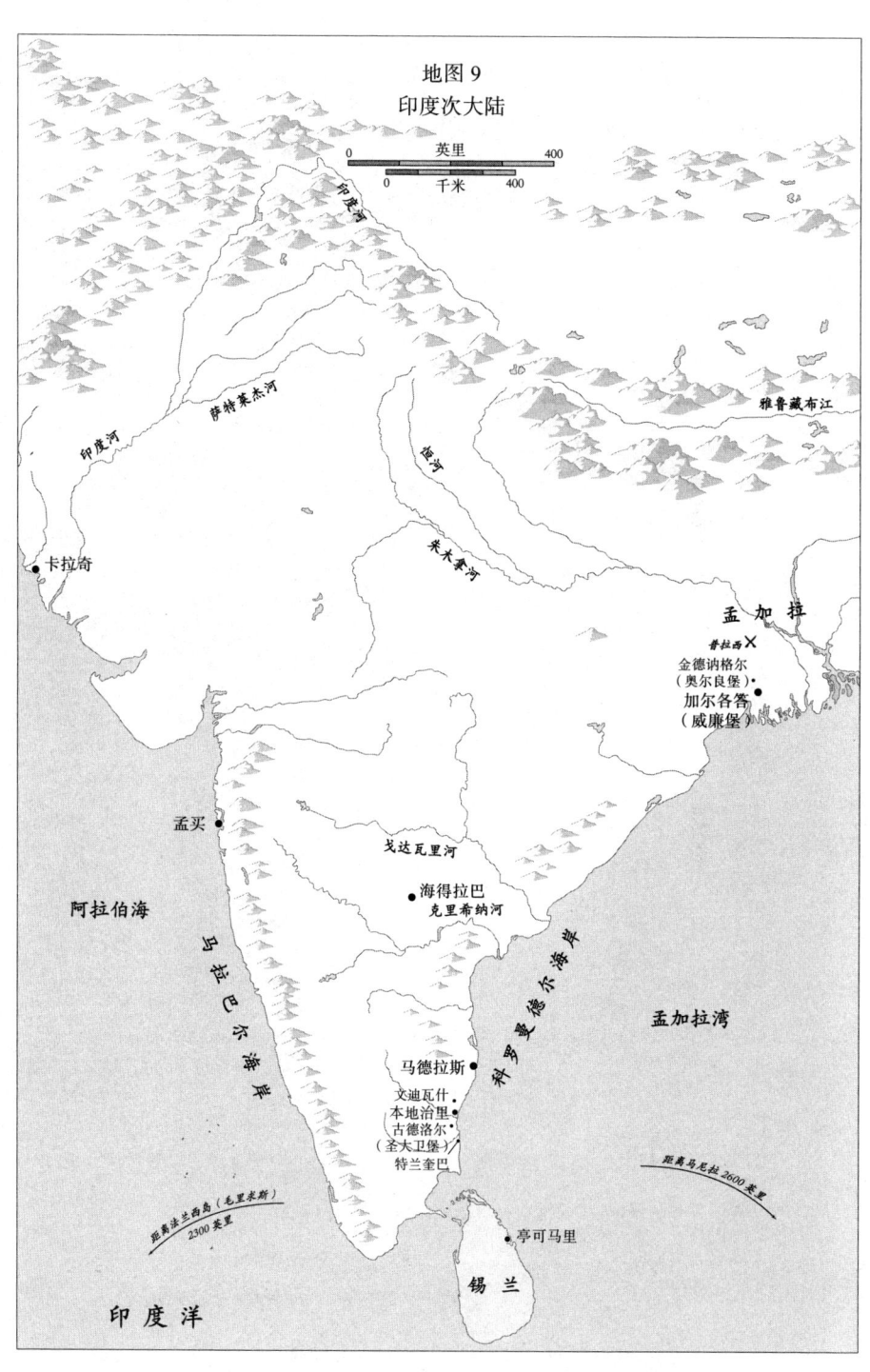

致　谢

很高兴能够在此感谢协助完成这本书的许多人和机构，唯一能冲淡这股喜悦之情的是以下这份名单其实是不完整的。从这个意义上说，一本以忏悔开始的书，应当以道歉来结束，这似乎是合适的做法：对于那些名字应当出现在下文，却没有出现的朋友，我恳求对自己的记忆错误进行些微辩解，请求各位的原谅。我也必须向自己引用过的已成书著作中的内容的所有作者致谢，他们给予我巨大的帮助，如果没有他们的研究，我永远不会尝试去写这样一段复杂的历史，这种书最为依赖前辈历史学家的创造力、勤劳和洞察力。如果我错误解读了那些著作，请让我说，我自觉声称所有的错误都归属于我本人。

许多机构为支持这个写作项目，贡献了专家意见、善意和资金。美国国家人文学科基金会、哈佛大学查尔斯·沃伦美国历史研究中心和科罗拉多大学博尔德分校的研究和创造性工作委员会提供的慷慨资金援助，支持我一路阅读和写作至本书完成为止。在这个过程中，我得到诺林图书馆（尤其是馆际互借办公室）、怀德纳图书馆、美国文物协会、马萨诸塞州历史学会的帮助，尤其值得一提的是威廉·L.克莱门茨图书馆的工作人员，获益匪浅。1998年年底，前往安娜堡的一次旅行，不仅让我回忆起阿琳和约翰·夏伊的慷慨大方和友善，而且解释了我此前只是隐约感知的一些问题。克莱门茨图书馆馆藏的18世纪地图和图片资料真是惊人得丰富。多谢阿琳、约翰·丹恩和布赖恩·邓尼根的帮助、建议和见解，我在克莱门茨图书馆的馆藏之中发现了本书将近90%的插图，包括在本书中完整出现（我相信是首次）的《北美纪念画作集》(*Scenographia Americana*)。

为报道这一不同寻常的贡献，克莱门茨图书馆获得了特殊礼遇，在版权页中被特别提及。然而,此举一定不能被理解为我对其他自馆藏作品之中贡献肖像画和版画的机构欠缺谢意。因此,我特别感谢约翰·卡特·布朗图书馆、奥尔巴尼历史和艺术学院、马萨诸塞历史学会、麦考德加拿大历史博物馆、苏格兰国家画廊,还有华盛顿和李大学提供的每一张图片副本,以及在本书中转载的必要许可。

我怀疑以前没有任何一位作家在寻找编辑和其他专家进行保管和处理书稿这一非常重要的工作时,会比我更加幸运。克里斯托弗·罗杰斯起初鼓励我写一本关于美国独立战争时期的书,当这个写作项目开始转变成七年战争题材时,仍表现出极大的宽容。克里斯托弗的继任者彼得·拉贝拉,目睹这本书稿从学院版变为普及版的全过程。简·加莱特阅读过未完成的书稿,鼓励我对故事的局限之处进行反思,最终使我这本书得以付梓,我曾经还担心它会成为不宜出版的一堆散页。我对她的感激,比我能简单说出来的还要多。我也带着愉快的心情鸣谢简的两位助理——韦伯·杨斯和梅甘·奎格利,他们耐心、乐于助人且富有善意和幽默感;文字编辑汉纳·博格森的惊人严谨和技能;康斯坦丝·阿勒森·克拉克在编写索引时的识别能力和认真仔细;制作编辑凯思琳·弗里德拉和制作经理克莱尔·布拉德利·昂格的职业水准;以及分别设计本书及其护封的罗伯特·奥尔森和阿奇·弗格森完善的技巧。最后,帕特里夏·墨菲处理文字输入的机敏才能和解决电脑问题的智慧,更不用说她自愿加班工作,让我能按时以可用的电子格式交稿。没有帕特的话,根本就不可能做到这一点。

朋友和同事以多种宝贵的方式帮助我。科罗拉多大学有一个杰出学者云集的历史系,同事们的建议、支持和鼓励让我获益。我感激历史系的所有同事,尤其是菲利普·德洛里亚教授、斯蒂文·爱泼斯坦教授、罗伯特·费里教授、玛莎·汉纳教授、詹姆斯·扬科夫斯基教授、格洛丽亚·梅因教授、杰克逊·特纳·梅因教授、拉尔夫·曼恩教授和马克·皮滕杰教授,上述所有学者都倾听过我的说法,提供意见,在漫长的写作和修改过程中,帮助我理清自己的思路。科罗拉多大学的其他人和其他机构也以读者、顾问、批评者和支持者的身份,同等慷慨地贡献给我力量:加里·霍尔陶斯、约翰·史蒂文森和丹尼斯·范·杰文；罗伯特·巴克、迈克尔·贝雷塞尔斯、约翰·博尔斯、艾拉·格鲁伯和蒂莫西·布林（回溯1990年春，还有在西北大学研究生和荣誉研讨会上，帮助我修改第一部分一章内容的学生）；查尔斯·沃伦中心的苏珊·亨特和怀德纳图书馆的芭芭拉·德沃尔夫；凯文·凯利、P. J. 库里申科、巴里·利维、大卫·A. 麦克唐纳、查尔斯·罗伊斯特、大卫·西西里亚，以及1992—1993年沃伦中心和美国文物协会研讨会的参与人员。

另一方面，与上述这些人同等重要的是我的7名"想象中的观众"。我希望读到这本书的一群普通读者除了喜欢故事，愿意认真思考，没有其他共同点。当我在写作的时候，我努力在脑子里记住拥有这两项素质的一群人：一名生物学家、一个农民、一名教师、一名地理学家、一名律师、一名大学管理人员和一名（科罗拉多）红羽湖社区协会的支柱成员。德怀特·安德森、约瑟夫·埃里克森、唐纳德·安德森、斯科特·梅福德、克里斯托弗·杰德里、米什莱恩·杰德里和梅尔薇·安德森，看到他们的名字出现在这里，读者可能会很吃惊。不过，其实他们已经（在我的想象中）在我背后观看了许多年，敦促我叙述更加直接，责骂我的浮华虚夸，帮助我决定该如何落笔，什么该保留，什么该舍弃。我希望我没有让他们失望，他们对我来说已不可或缺。

无论职业生涯的中期还会带来什么，到这个时候都能让一个人有令人满意的机会去同等地依靠以前的师长和学生。我一直能从威廉·格里斯沃尔德、阿瑟·沃勒尔和伯纳德·贝林那里吸取灵感，得到鼓励，也在相当程度上得到直言不讳的批评。他们是最早教导我历史学家该怎样去做的人，今天我仍然如30年前一样钦佩他们。同样，我的3位学生——露丝·赫尔姆（科罗拉多大学美国学高级讲师）、埃里克·欣德雷克（犹他大学历史系副教授）和布赖恩·迪雷（哈佛大学的博士生），让我想起有许多教师在坚持从那些他们曾经有幸执教的人那里学到东西。1993年，在我的书稿部分完成时，露丝仔细阅读过一遍；在书稿完稿时，埃里克和布赖恩全文通读过。他们三人都给予我充满真知灼见的评论和有益的建议。我的两位老朋友，也是我同期但不同学科的研究生同学，同样阅读过书稿，为本书提供了特别宝贵的独到见解。兰迪·费特尔对本书的叙事结构和文风提供了专业的文学批评意见，我真的非常感激他的慷慨评论。我对安德鲁·R. L. 克莱顿的历史评判和知识依靠了20年，他以特别英勇的方式通读本书整整两遍：在我写作时，逐页阅读，在本书完成后，再度全篇阅读。在不仅涉及七年战争及其余波，还涉及早期美国研究内外极为广泛的话题交流之中，安德鲁帮助我了解了许多事情。不过，最重要的是，他已经使我能够明白为何一位教授的使命，至少是要努力超出学院派的清规戒律走向读者。

两项最后也是最重要的恩惠放在下文宣布。塞缪尔·德约翰·安德森几乎完全与写作本书的项目同龄，这个项目已经显示出占用他父亲的时间和注意力的非凡容量，但是他除了容忍本书，对本书过于频繁地让作者全神贯注表示宽容，没有表达过其他任何情绪。没有其他任何一个儿子能理性地做得更好，也没有其他任何一个儿子能给予一个父亲更多的喜悦。也许，萨姆放弃的野营和钓鱼旅行，仍然能以某种方式得到补偿，然而，迄今为止，由于未能在夏天安排好时间，我欠他的那些美好回忆，永远也无法补偿。

同样，弗吉尼娅·德约翰·安德森为了这个项目和我的生活做出的贡献，远远超出了可计算的范围，甚至试图描述这种贡献似乎都是徒劳。在共同生活20年后，当我谈论工作的时候，她仍然耐心倾听；尽管我有所解释，仍然帮助我思考；还阅读我的文章，督促我写得更加清楚。我竟然在研究生院找到这样一位伴侣，这让我满怀感激之情，这份感激的最小标志就出现在这本书的目录前面。虽然多年以来，我一直都认为这本书唯一可能的受赠者将是芝诺那看似自相矛盾的青蛙，但是弗吉尼娅帮助我，最终将这个小家伙从悬崖边上踢了下去。为了本书，也为了其他许多事情，我亏欠她的要比她知道的多得多。

前　言
七年战争和旧不列颠帝国的瓦解

历史学教授总是梦想写出一本书，既能让普通读者接受，也能够满足同侪学者的学术期望。至少这个梦想一直萦绕在我心间，我必须坦承写这本书就是为了实现这个梦想。本书旨在集众家学术研究成果之所长，（我希望）即使之前没有专业知识基础的读者也能够阅读此书。由于我对美国独立前那段历史的理解与我归为传统看法的那类意见不同，看来唯一合理的开篇方式便是勾勒本书的背景、写作意图、构思和论证的大致轮廓。

18世纪北美大陆发生的最重要的事件七年战争（或者如北美殖民者所说的是法国-印第安战争）在大部分美国人的历史意识里，只是美国独立的朦胧背景。身为因集体脱离大英帝国而造就的一个国家的公民，我们美国人总是倾向于以13个反叛的殖民地为参照点，而不是整个帝国，或者说整个北美大陆。这种视角往往限制了我们发现美国独立前的时代和后来的历史时期之间存在连续性的能力。如果将七年战争视为决定性地塑造北美史、欧洲史乃至整个大西洋世界史的大事件，有助于我们开始理解殖民时代不仅仅是美国国家历史的一段英国式的古朴前奏。事实上，如果不从波士顿或者费城的视角，而是从蒙特利尔或温森斯、圣奥古斯丁或哈瓦那、巴黎或马德里，抑或从加尔各答或柏林的视角来看，七年战争远比美国独立战争重要。

和18世纪之前的每一次欧洲战争不同，七年战争以参战一方的决定性失败、均势的戏剧化重组而告终，在欧洲和北美都是如此。七年战争摧毁了法国在北美的殖民帝国，促使法国人产生了复仇的欲望，强烈时甚至会左右法国的外交政策，进而影响了此后20年的欧洲局势。与此同时，英国大获全胜，在北美的领地大增，要知道任何欧洲宗主国控制这样的大片领地都非常困难，即使在环境最优越时也是如此，而战争却为白厅制造了最为不利的大环境。如果没有七年战争，美国必然会很久之后才能独立，而且（如果有可能）无需一场民族解放战争就能取得成功。要是这条因果关系链中断了，很难想象法国大革命会在彼时以那种方式发生，依此类推，拿破仑战争、拉丁美洲最初的独立运动、横贯北美大陆的庞大"西进运动"都不会发生，而在格兰德河以北形成源自英国的制度和英语的主导地位等诸多大事，也难以想象能够在彼时以那种方式成真。那么，美国人怎能将七年战争仅视为一个无足轻重的历史脚注呢？

在某种程度上，我们已经高度关注美国独立战争，将之视为一桩影响深远的大事，一桩哪怕专业历史学家都认为是塑造美国国家制度，而且是让美国在南北战争之前所有的国家发展重大成果得以实现的大事。既然对独立战争如此关注，那么对18世纪美国历史的学术讨论，理应以关注独立战争的基本性质及其起源为重心。20世纪70年代中期，当我还在研究生院读书的时候，许多早期研究美国的学者会以这种或者那种方式讨论革命者的动机：从根本上来说，革命者是被现实利益驱动，还是被意识形态问题驱使？这在当时是一个重大问题。即使现在这个问题在学术上已经成熟（不能说毫无成效），也仍然是一个重要问题。20世纪80年代末，当我着手这个研究项目时，这个问题已经产生了独具特色的诠释框架，规定了历史学家阐述18世纪北美历史的解释方法，这几乎和沃邦主持建造的那些宏伟要塞影响18世纪的军事活动一样具有决定性意义。

一方面，（左派）大力传播那些与进步主义历史学家一脉相承的学者的著作。这些学者主张是美国人的阶级利益激发了一场独立运动，而且导致人们为创设新生的合众国政府体制进行了一场内部斗争。对新进步主义学者而言，美国独立的进程非常人性化，源于社会不平等经历和反对特权的民主斗争。他们关注殖民地的社会关系和经济状况，反而对革命伟人关注不多。他们更多关注普通人——农民、工匠、劳工、妇女以及诸如黑人、印第安人、穷人等被剥夺权利或是被边缘化的群体。将目光投向研究领域的另一边，我们会发现那里排列着众多历史学家（他们有时被称为"新辉格派"）的智力堡垒，他们坚信是共和政治理念决定了革命一代的信仰和行为。那代人的革命，虽然并非毫无血雨腥风，但最重要的是那是一场讽刺性的意识形态革命：意识形态化是因为革命起自共同的信念，即掌权者过去一直在谋求，而且此后也总是在寻求剥夺他们同胞的自由和财产；讽刺性是因为在捍卫他们自由和财产的保守行动中，果敢的杰出士绅在明确表达种种革命理想的同时，也释放了平等主义的种种冲动，这些冲动将会催生世界上最民主同时也最利己、最为物欲横流的社会。

当然，即使在20世纪80年代末，这种军事化的隐喻也很难用精确的文字来描述学者关于殖民时代后期的学术观点的范围，以及这一时期与美国革命的关系。实际上，学者的立场如光谱一般排布。光谱一端为极端现实主义立场，另一端为同样极端的理想主义立场。很少有人完全赞同某一种阐释，虽然大多数人（如果被施加足够的压力）倾向于其中一个极端，否认另一个极端。然而，无论他们阐释的倾向性如何，大多数历史学家在这场革命有一个共同起点这一认识上达成了共识。这就是我开始研究美国革命史时萦绕在脑海之中的问题。

几乎所有关于美国革命的现代记录都以1763年的《巴黎和约》为开端，这一重要和约使得七年战争尘埃落定。然而，假如从这里开始讲述美国的历史，就使得紧接七年战争的帝国大事件和冲突——《食糖法案》和《印花税法案》之争，变成了美国革命的前兆。不管现代历史学家针对其他问题是如何众说纷纭，他们都没有把1763年之后的岁月看作那个时代的美洲人和英国人眼中的时代——一个被他们视为殖民地和宗主国之间有着"剪不断理还乱"的关系的战后时代——而是如我们回顾时已经知道的那样，是一个革命前的时代。实际上就这样对接下来的事情匆匆一瞥，历史学家与其说是故意的，不如说是在研究过程中由于疏忽，舍弃了偶然性和建议性的叙述，进而认为美利坚合众国的独立与建国是历史发展的必然结果。根据这种必然性的假设，他们产生了这样的愿望，即用一种或激进或保守的冲动来确定关于美国革命的论争的原始属性。

我对这个问题思索越多，就越是确信要用另一种方式来理解，即提早10年开始讲述这段历史，会让问题变得简单一些。以1754年而不是1763年为美国革命的起始年份，必然会给予那个时代的各种大事以不同的观感，也许还会允许我们不必频繁提及任何人都不能未卜先知甚至是不想要的革命就能理解它们。美国革命史的叙事起自1754年，就意味着这个故事从描绘北美英属殖民地和新法兰西之间多场战争主导的世界开始：冲突频繁发生，对于双方来说代价高昂，但是不具有决定意义，而且脱离所属的帝国这一想法对于当时的殖民者来说是绝对无法想象的。这样一段历史会从那样一个时刻开始：当时英属北美殖民地居民所知的最伟大的团结，不是来自殖民地之间情同手足的亲密关系，而是来自他们与当时自认为是史上最自由、最开明的帝国达成的统一战线，枪口一致指向他们共同的敌人——天主教法国及其印第安盟友。

基于这些假设以及对于根据它们展开的各种叙述的种种要求，其他历史因素和要素将会具有更加重要的意义。从18世纪中叶开始讲述这段历史，需要包括更多的人物，因为印第安人不会像那些展望美国独立的著作显示的那样只是偶尔登场的龙套。倘若没有一个绝望的易洛魁酋长试图阻止法国夺取俄亥俄河流域，北美的七年战争不可能开始，而且没有北美当地各部族的参与，这场战争也不可能产生那样的结局，造成那样的影响。这种情况相应地会让后续发生的诸多事件被投向不同的视角，因而会使人们发觉从帝国的角度来理解18世纪后半期，就像从美国革命的角度来理解这一时期一样有意思。我觉得，如果我们不仅从英属北美社会内部政治冲突的角度，或者革命理想实现的角度，同时从倾尽40年之力让俄亥俄地区臣服，以及将阿巴拉契亚山脉以西地区纳入大英帝国管辖等事件造成的影响的角度来考察这段历史，或许我们就能够对美利坚合众国的建立产生不同的理解。

就在我提笔撰写本书的后续内容时，有许多激动人心的学术成果付梓：这些著作让我对这个时代的大事的理解更加丰富，使我讲述的历史故事更加复杂精细。本书的一部分直接取材于这些最新的学术成果，相关内容大部分来自英国历史学家描述18世纪大不列颠帝国和民族认同感怎样产生的著作；此外，本书还参考了北美殖民地居民的作品，以及那些北美原住民历史的研究者讲述原住民历史和原住民与欧洲殖民者互动历史的专著。虽然这两类著作出自不同的研究课题和不同的学术群体，但是我发现这两种研究思路就像辫子那样，由历史学家埃里克·欣德雷克围绕帝国这个概念编织在一起。他写道，18世纪的几个北美殖民帝国被视为"一个进程而不是庞大体系"的话，就会更加便于理解，因为这些帝国不单是强加于边远地区及其人口的宗主国的造物，还是那些"可以用多种方法塑造、挑战或者抵制殖民主义的"人群的互动创建的"协商体系"。他评论道，帝国是"跨文化关系融合碰撞的场所"。[1]

将这种对帝国的定义记在心中（或者，老实说，用一种我本人想表达的与此类似但是措辞不那么优雅的理解方式），也就有了我笔下的这些文字：一个帝国内部激烈竞争的历史故事，故事的结局起初是一场决定性的胜利，然后宗主国当局试图根据那些容许他们对各殖民地和类似征服地区实施有效管理的方法，建设一个新的大英帝国。因此，这个历史故事的视角完全不是美利坚合众国的诞生。故事的核心是一场战争，这场战争开始时，易洛魁六大部族的外交失误使法国和英国的殖民帝国为了争夺俄亥俄河流域的控制权互相对抗。接踵而至的冲突从北美蔓延到欧洲、加勒比海、西非、印度和菲律宾群岛，这是一场世界大战，虽然比起我们用这个词来称呼的20世纪的两场大战更加狭义，但是名副其实。虽然七年战争没能解决欧洲任何自相残杀的冲突，但仅就涉及北美和大英帝国的那部分而言，这场大战改变了一切，而且绝不仅仅是往好的方向发展。我认为七年战争的一系列进程，从最初几年法国占据优势到高潮阶段英属北美帝国征服加拿大，特别是1760年以后的延伸阶段，发动了各种力量，创建了一个空心化的大英帝国。这并非美国革命的先兆，革命也不是它酿成的必然结果，就像任何一个西班牙或者奥斯曼土耳其历史的研究者能证明的那样，殖民大帝国可以延续几个世纪，但是终将成为纯粹的文化联系和制度形式上的外壳。只有为帝国的纽带注入意义和效力的矛盾尝试，才使革命具备可能性。

下文首先将七年战争描述为一个跨文化互动的战场，新法兰西和英属北美殖民地的居民卷入其中，并与两大宗主国密切接触的一个大事件：殖民地居民与宗主国的人使用同样的语言，但是对战争或者帝国关系性质的看法不同，而印第安各部族以盟友、敌人、交涉对象和中立势力的身份参与其中，他们都极大地影响了战争的结果。故事的叙事逻辑表明，七年战争的早期经验说服英国政府官员（他们对1754—1757年惨败的3年里殖民地居民表现出的桀骜不驯，比对1758—1760年得胜的3年里殖民地居民展现出的澎湃热情更加在意）相信对待北美殖民地居民唯一合理的方法是从白厅施加控制。因此，战争的经验教训促使英国内阁采取一系列从殖民地赚取税收的行动，尽管他们在竭力稳定与印第安人的关系，并且试图遏制殖民地居民大量涌入战争使之可以进入的地区。然而，这些措施没有一种能够奏效。

北美内地的各原始部族率先对上述强加的变化做出消极反应。他们的具体措施是发起多次攻击，最后竟发展成为北美历史上最为成功的泛印第安抵抗运动。他们发动的这场战争被误导性地称为"庞蒂亚克反叛"。几乎是在同一时期，英国内阁努力改革各殖民地的行政机关，为防卫各殖民地适度提高了税率。这些举措使殖民地居民对宗主国当局的回应更为激烈，因而在《印花税法案》危机期间突然爆发出激烈的不合作运动。庞蒂亚克反叛和对《印花税法案》的强烈抵制，标志着远离帝国官方权力中心的多个群体在努力"塑造、挑战和抵抗殖民政策"，但是这些群体没有任何摧毁殖民帝国的意图，而是要将殖民政策按照自己可以接受的条件来定义。当然，英国政府没有人从这个角度来看待印第安人的抵抗或针对《印花税法案》的骚乱，也没有人领悟到印第安人和殖民地居民等群体总是更加倾向于内部的相互倾轧，而不是去寻找他们之间的共同立场这一事实的重要意义，同样没有人表现出临机决断的能力以求与这些群体达成共识。

因此，本书会从英法两大殖民帝国为控制俄亥俄河流域进行的无序竞争开始，以落败帝国的断壁残垣景象和得胜帝国设法管理它那难以置信的收获告终——似乎后者得到的痛苦回报是殖民地人民的忘恩负义和反抗。以1766年为本书叙事的终结时间点，使我们能够将七年战争理解为直接影响远超出征服加拿大的大事件，这让《印花税法案》危机不再承担通常的历史叙事功能，即不再是美国独立战争的序幕，而且这能证明针对《印花税法案》的骚乱和庞蒂亚克战争之间的相似性，即两者都是在大英帝国内部谋求维护地方自治权的努力。1766年英国采取一些手段解决了这两场危机，恢复了印第安人和殖民地居民的信心，以便让他们认为新帝国还算是一个可以忍受的生活之地。然而，英国当局无意让印第安人或者殖民地居民来定义帝国的性质。英国与印第安人未来关系的问题可以暂且搁置，而殖民地居民的服从问题却不能这样处理。英国此后详细说明帝国关系条件的种种努力，以及殖民地人民对这些措施的反应，将在一个因战争而改变了的大西洋世界故事里开启一个新篇章。

于是，在对这一时期更为宏大的叙事中，按照我的理解，哪怕后来由于《汤曾德法案》和《茶税法》突然造成的各种危机，也不是在反映走向革命的运动，而是在反映一种定义帝国关系性质的努力。从这个意义上说，1775年4月19日马萨诸塞的列克星敦和康科德战斗的爆发，不是一个可以预见一个国家由此诞生的时刻，而是见证英国和英属殖民地之间一度深厚的感情创伤性溃烂的时刻。1766—1775年，人们为了处理大战和大胜后的诸多遗留问题付出了长达10年的努力，遗憾的是这些努力非但没有解决问题，反而导致了宪法僵局。在1775年那个明媚的春日清晨的几声枪响之前，大英帝国仍然是一个跨大西洋的政治共同体。组成这个共同体的臣民之间固然存在各种分歧，但存疑的既不是他们对英王共同的为臣之道，也不是他们共同的英帝国臣民身份。然而，4月19日人们开始清醒地认识到某种可怕的现实，好比一对夫妇，经过长年的激烈争执和怀有怒气的冷战，突然发现彼此在以厨房为战场，相互投掷杯碗。

从大英帝国分裂到美国《独立宣言》发表成为现实，经过整整一年——一个我们最终可以说美国革命就此开始的战争年头。如果我必须选择一个时刻来标记这个历史转折，我会选择1775年7月3日，因为那一天弗吉尼亚人乔治·华盛顿就任一支新英格兰乡民组成的地方武装起义部队的指挥官。这支部队在过去3个月已经让英王的军队伤亡1400人。华盛顿以大陆会议的名义代表13个殖民地接管指挥权后，他将新英格兰的各团改编为大陆军——（北美大陆）政治联盟的具体化身。大陆军成立后，华盛顿和他的追随者最终跨过叛乱与革命之间的界限，从此之后他们便没有了退路。当然，费城的各殖民地代表仍然需要一年的时间才意识到战斗的唯一理由是去建立独立的美利坚合众国。战争，而且只有战争，才可能使 1776 年 7 月大陆会议代表如此痛苦地达成一致意见。

而后，本书提供了与一系列大事件密切相关的历史记录，这些大事没有暗示或者预示革命的变化：军事必要性、偶然事件、失误、绝望、希望、恐惧、爱国主义、仇恨以及战争的其他所有混乱无序的必然结果在推动这些大事。本书主张，尽管人们可以对七年战争的战后时代有其他理解，但人们一定不能忘记是战争的力量塑造了各殖民帝国之间和各殖民帝国内部的各种关系。在这样的背景下，那些试图解释革命即将来临的现实主义和理想主义学者的各种阐释，实际上可能不是无法相容的，而是虽有差别和偏重，但都是着眼于在由一场划时代的胜利突然重塑的世界之中，定义大英帝国界限的种种努力。

全书我都尽最大努力描述人类活动的各个方面，以及军事活动的各种系统性影响。因而这让我写成了一部体量很大的书，因为在试图给予军事史的传统关注问题战役、战略、后勤等内容篇幅的同时，我也试图为文化、社会、政治和经济等问题提供足够的空间，以防止战事和战役这类问题完全主导了叙述内容。但本书篇幅之长还有两个更深层的原因，我要坦言这两个原因来结束前言。我试图讲述一个历史故事，就作品范围和结果而言其实是讲述一篇史诗，而且我相信公正描绘这篇史诗里众多人物的唯一方式是既不去低估他们认识的局限性，也不去低估他们各种奋斗的超凡性，以便尝试还原他们故事的多种可能性。18 世纪 50 年代代表大英帝国流血牺牲、捐献财富的殖民地居民，在 1763 年除了自视为英国臣民不做他想，当时他们甚至完全以能够自称为英国人洋洋得意。1766 年他们面对的（而且，在他们自己的意识中早已经战胜）是一种对他们心爱的英国人的权利和自由的挑战，他们相信自己是为了维护这种权利和自由去战斗、奉献和流血。他们对大英帝国的承诺塑造了自己的政治理念、身份认同以及对未来的希望。如果他们认为脱离帝国的解决办法不会有问题，那是因为七年战争的胜利创造了他们对于未来的愿景，这与他们对过去的理解一样。

几乎不必惊讶的是，北美的英国人并不了解，七年战争和它的结局会对那些努力从伦敦统治帝国的人造成一种迥然不同的未来前景，以及对过去截然不同的理解。如果从两个世纪之后的上帝视角来看，这也不足为奇，那么这些意见分歧就会导致当时的进一步冲突，如果我们专注于他们的种种行为多大程度是由于超越他们那个时代的七年战争和战争的胜利而产生，我们就能最大限度地维持我们对历次重大事件多种可能性的理解。于是，流血创造一个帝国的故事和流血反对帝国统治的故事变成了同一个故事。只有当我们抵制事后诸葛般狡猾专横地提出美利坚合众国的创建是冥冥中预先注定的这种说法时，才能充分了解这一历史故事的全貌。

序　言
朱蒙维尔幽谷

1754 年 5 月 28 日

　　雨彻夜未停，真是一场绵长而折磨人的雨。当光线终于能让乔治·华盛顿看见他的部队时，他发现其中 7 个人在森林里迷了路，只有上帝才知道他们在哪里。几个小时以来，他步履蹒跚地带领这支小部队在黑漆漆的雨夜中穿行，不时偏离林间小径，有时为了重新返回这条小径，需要耗费 15 分钟。一脸困惑、未经训练的 40 名可怜的士兵不知怎样挺过了这个夜晚，他们几乎没有做好同任何敌人战斗的准备，更别提有丛林战经验的敌人了。尽管如此，这个高大的弗吉尼亚人仍然带领他们跟随那位跑来发出警讯的印第安武士前进。

　　天将破晓时雨停了，华盛顿率领的巡逻队余部也到达了印第安人的营地。士兵擦干滑膛枪，装填子弹，而华盛顿正在与那位召唤他前来的印第安老酋长商议军情。这位老酋长名叫塔纳格里森，英国人都称他为"半王"，并将他视为盟友。他向华盛顿讲述了在附近发现的各种蛛丝马迹。巡逻队正在赶往塔纳格里森知道的一处隐蔽处，他怀疑法国人从前一天开始就在那里扎营。华盛顿的部队可以前往法军营地附近的一个位置，等待塔纳格里森的部下去侦察敌情。一旦印第安武士摸清敌军的兵力和部署，他们就会和弗吉尼亚人一同攻下这座营地。华盛顿领首应允。

　　华盛顿别无选择。虽说他对印第安人不抱什么好感，也少有信任，但是没有他们，他永远都无法找到法国人的营地。当然，没有印第安人，他也不可能在法国人睡意蒙眬、脚步踉跄，正在一座高耸的岩壁底下烹制早餐的时候，及时发现这座营地，并安排他的部队进入射击阵地。华盛顿的部队和印第安人悄悄地溜到这个狭窄的幽谷上方和周边位置，而谷底的法国人还在陆续从树皮窝棚里爬出来，在晨曦中伸着懒腰。

就像突袭往往会出现的情况那样，没有人能准确了解接下来发生了什么。或许正如法国人后来所说，英国人未予警告就向他们开了枪。或者如华盛顿主张的那样，一个法国兵大声示警，才使得他的战友迅速举起武器，向林中开火。唯一能肯定的是，英军向谷中两度齐射，而法军在稀稀拉拉地还击了几枪之后，便竭力向林中的掩蔽处撤去。

但是，法国人无处可逃。印第安半王手下的武士早就封锁道路，迫使30多名法军士兵退入开阔地，而英军的火力线就在那里压得他们抬不起头。一名法国军官请求暂停战斗，于是华盛顿命令他的部队停止射击。从打响第一枪开始到这时或许就过了10分钟。

这是一场一边倒的战斗。围绕幽谷周围高地布阵的华盛顿部队3人负伤、1人阵亡，而谷口的法军伤亡达14人。一位负伤的35岁法军少尉名叫约瑟夫·库隆·德·维利耶·德·朱蒙维尔，自称是法军小分队指挥官。他让一名翻译传话，试图让英国人明白他是一位使者，身怀信件，来这里是为议和，他还呼吁英国人撤出最尊敬的法国国王路易十五的领地。他随身携带的信件将证明一切。他的翻译会朗读这封信。当战斗人员的肾上腺素水平降低，伤员在呻吟的时候，法国翻译当场口译信件，但是念得糟透了。这封信只得念上第二遍。华盛顿要求将信取来，以便交给自己的翻译。华盛顿退下时，塔纳格里森疾步走到朱蒙维尔躺倒之处。他用法语说道："你还没死啊，我的父亲。"说完，塔纳格里森举起斧头，狠劈少尉的脑袋，直到将他的头盖骨劈碎为止。然后他将手伸进颅骨，掏出一把黏性组织，用朱蒙维尔的脑浆洗手。

当半王的武士看上去尊奉号令开始杀死伤员时，直到那一刻还以为自己在指挥的高个子弗吉尼亚人深感震惊，当场愣住了。转瞬之间，枪战时中弹的法国人只剩1人还活着。

华盛顿恢复镇定后，能够采取的补救措施就是组织他的部队在21名幸存的法国俘虏周围护卫，催促他们前往安全地区。在他们身后，血染的幽谷之中，半王的部队剥去13具尸体的头皮，将1人斩首后，还把首级钉在尖木桩上。然后，印第安人也离开了幽谷。乌鸦拍打着翅膀，从树上飞下来开始享受它们的盛宴。不多时，群狼也大摇大摆过来分食。最后，蛆虫、甲虫和蚂蚁会一丝不苟、无声地将一切吞食干净。

下午华盛顿回到自己的营地，试图理清头绪，计划下一步行动。从孩提时代起，华盛顿便梦想在沙场建功立业。现在他已亲眼见过战斗，却丝毫不见英雄所为，有的只是喧嚣混乱和对无力自我防卫之人的屠杀。此事为何发生？他如何向上司汇报？接下去又会发生什么？乔治·华盛顿没有任何答案。[1]

1754年5月，某个普通的星期三，几乎再也不可能有比这个早晨发生的更清楚的事例来说明一个历史时刻，在这个时刻，一个人为了应对一个失控的局面而付出的努力，开始引发与人类意图极不相称的各种事件。没有什么比发动一场战争更违背华盛顿本意的事情了，对那些委派他带兵，命令他进入俄亥俄河流域的人来说，也没有什么比这更荒谬的事情了。华盛顿和他的上司，都无法想象他们正身处将会摧毁法属北美殖民帝国的一系列大事件的漩涡之中。更不用说他们能预料到，一场英属北美的大胜将会导致另一场战争——一场将会摧毁英属北美殖民帝国的战争，然后在帝国的废墟里崛起一个由华盛顿本人领导的美利坚合众国。

随着这个羽翼未丰的青年军官的行动和踌躇而来的各种大事件确实极其不同寻常，而我们必须摆脱这种印象，即必须认为18世纪50年代俄亥俄河流域发生的历次事件并非由于令人敬畏的天命。事实上法军进驻俄亥俄地区，在那里修建堡垒，弗吉尼亚殖民地总督将他们驱逐的决心，以及法国和英国政府决定使用武力支持殖民地居民深入北美内陆地区，这一切都是某些十分普通的人为因素——野心和贪婪、恐惧和误解、误判和厄运——不同寻常地同时产生作用的结果。这样的巧合怎样才会造成一场边远森林中的大屠杀，或许不是很难想象。然而，那样一场特定的屠戮是怎样引发18世纪规模最大的战争的，就不那么容易解释了。为了理解这个问题，我们必须先画出1754年春所有利益——易洛魁联盟、新法兰西政府、弗吉尼亚总督，以及一批英属北美土地投机商——交会的路径。就是在这个地方，阿勒格尼河、莫农加希拉河与俄亥俄河交汇，河水缓缓流淌，然后流经北美的心腹地带到达密西西比河，直至汇入大海。

第一部分

七年战争溯源

1450—1754 年

易洛魁联盟，俄亥俄河流域，18世纪稳定的北美势力均衡局面。英法战争，英国贸易商和投机商进入俄亥俄地区，英属北美殖民帝国的不祥因素会聚一处。乔治·华盛顿灰头土脸地登上历史舞台。欧洲政局和外交革命的开端。

第1章

易洛魁人和帝国

1450—1735 年

法国和英国（或者按照1707年《联合法案》，此后可称为大不列颠）之间的历次战争，主导着1689—1815年的欧洲政局。前三次战争始于欧洲，核心问题是王朝继承问题：哪个王室成员会成为帕拉丁选帝侯、西班牙国王或者奥地利帝-王（或女皇-女王）。每场战争的北美部分都有对应的名称，英属北美人分别称之为威廉王战争、安妮女王战争和乔治王战争。所有这些战争对于英属和法属殖民地来说都有着这样或那样的重要意义。然而，对欧洲的政治家而言，新大陆的征战实在是小插曲：欧洲的势力均衡和它的诸王朝才是主旋律。因此，前三场战争是18世纪典型的欧洲式军事冲突，是有限、血腥、代价高昂的非决定性事务，结局也没有什么大胜，只是交战双方两败俱伤，实力再次平衡。然而，第四次英法战争打破了这一固有模式。七年战争事关领土的控制权，而非王冠的归属；这场战争让欧洲联盟体系和力量平衡发生了巨大的转变；而且最初的战斗不是发生在欧洲，而是在北美边境地带打响的。[1]

18世纪欧洲最大规模的战争在宾夕法尼亚的边陲开始，这反映了北美在欧洲列国政府的外交、军事和经济布局中日益上升的重要性。由于欧洲各国外交官牟取利益，新大陆的战火蔓延到旧大陆的土地上，打破了1748年上一场战争结束时缔结的《亚琛和约》形成的脆弱的均势。但是让战火在彼时彼地点燃的因素是北美的特定条件诱发的，欧洲政治家充其量也没有完全掌握那些情况。1754年，北美东部长达半个世纪的战略平衡最终崩塌。此前北美东部形成三足鼎立之势，易洛魁联盟在法属和英属殖民帝国之间占据了至关重要的位置，不管是地理位置还是外交地位。18

世纪前半期，由于易洛魁人保持行动的独立性，在英法殖民帝国的边远地区事务中具有举足轻重的影响力，两个殖民帝国在北美的竞争显示出一种不确定性。因此，英法之间最后一场殖民地战争的历史叙述，不是从英国或者法国说起，甚至不是从英法殖民地说起，而是从易洛魁六部，准确地说是从一位易洛魁酋长塔纳格里森说起。

为何一位生为卡托巴人、后为塞内卡人，成为俄亥俄地区易洛魁联盟发言人的男子，选择劈开一个法国人的头颅？这个法国人既不是他的敌人，也不是他部族的敌人。要解开这个谜，我们必须从塔纳格里森劈开朱蒙维尔的头颅之前很久说起，回到有朝一日会成为纽约最北部的那片地区，还要从第一批欧洲移民到达北美海岸之前细细道来。只因当时易洛魁各部就在那里安家，而且那里是他们独特的宗教和文化体系的发祥地，这个体系致力于以和平之名将侵略矛头指向其他部族，平息自身的内乱。

和平与力量大联盟是易洛魁人原先的五个部族，即莫霍克族、奥奈达族、奥农达加族、卡尤加族和塞内卡族联合形成的一个松散的仪式和文化团体。在塔纳格里森用朱蒙维尔少尉的脑浆洗手之前，这个联盟可能已有三个世纪的历史。大联盟内部形成的文化纽带，成为之后人称易洛魁联盟的新政治联盟（它的历史短多了）的基础；为了应对17世纪欧洲人的入侵，在易洛魁五部之中出现了这个新联盟。虽然大联盟的仪式职能和易洛魁联盟的外交、政治和军事职能时有重叠，但基本上它们各司其职、互为补充：大联盟是为了让各成员部族之间的和平长存，而易洛魁联盟是为了应付欧洲殖民者和联盟以外的其他印第安部族。[2]

根据易洛魁人的传统说法，和平与力量大联盟起源于一个古老的时代，当时五个部族受困于无休止的流血冲突。民族志学家已经将这个神话时代与更广泛的原住民"哀悼战争"文化模式联系到一起。按照这种模式，在袭击中有成员被杀害的印第安各家族能真正祭奠亲人的方式只有寻找他们的替代品——包括精神和肉体两方面，让从敌对的部落抓获的俘虏来替代这些逝者。这些俘虏可能被永久纳入失去亲人的家族，成为死去成员的替代，或者在仪式上被杀，来弥补那个家族的损失。哀悼战争可以演变成一个包括袭击、绑架、苦难、死亡和悲伤等行为或情感的封闭体系。易洛魁人相信，在超自然的德加纳维达传播和平与力量的福音之前，这样的悲惨境遇贯穿了五部族的大部分历史。德加纳维达教会他们哀悼和赠予的仪式，让他们从此不用诉诸战争，就能直面丧亲之痛。为了延续德加纳维达的福音和仪典，以及部族之间达成的宝贵和平，五部族所有氏族的族长在奥农达加人聚居区的伟大和平树下结成了大长老会。后来，这棵伟大的和平树成为易洛魁人生活的象征性中心。[3]

因为所有人都可以在伟大的和平树下寻觅到庇护之所，五部族便以此为自己的使命，要将和平的福音遍扬四方，方式是让自己与其他印第安部族结成联盟，让弱小部族成为受他们保护的附庸。然而，那些拒绝遵从福音的指引，从而成为易洛魁人盟友或附庸的部族，就只能被当作敌人。易洛魁人相信，对这样的顽固部族发动战争，不仅是公正的，而且是必要的，因为征服他们，强制他们服从大联盟，是让他们也找到和平之路仅存的良方。在易洛魁人与欧洲殖民者进行长期接触之前大约两个世纪的时间里，他们大都致力于传播和平与力量的福音，这使得他们与大联盟以外的其他印第安部族战争不断，而与此同时，附庸和盟友也在持续增加。[4]

17 世纪，欧洲商人和殖民者在易洛魁人的周围出现，带来广受欢迎的商品、可怕的疾病甚至更具毁灭性的战争等，让易洛魁五部面临前所未有的巨大威胁。荷兰商人愿意用滑膛枪交易毛皮，这使得易洛魁武士成为北美东部一带最令人生畏的武装力量，而易洛魁战争双方蒙受的人员损失促进了对俘虏需求的持续增长。在哀悼战争剧增的半个世纪里，易洛魁五部获得了骇人听闻的残暴名声。他们征服和驱散了多个印第安部族，比如休伦人、伊利人和五大湖沿岸的各中立部族，而且让莫农加希拉人、肖尼人和其他定居在俄亥俄河流域的部族再也没有立足之地。不过，易洛魁人其实付出了极其高昂的代价才取得了神话般的军事胜利，因为 17 世纪 60 年代他们发现自己已经筋疲力尽，而且五部族被后来收养的俘虏严重稀释（原初人口所占比例越来越小），他们无法继续征战了。1664 年当新尼德兰的英国征服者断绝荷兰制武器和弹药的流出之后，易洛魁人多少有些捉襟见肘、无以为继。1665—1667 年易洛魁五部各自与敌人的主要武器供应商和贸易伙伴新法兰西议和，从而让战争的浪潮退去。

在那段漫长可怕的流血岁月里，古老的长老会议的仪式机制开始承担新的职能，当时五大部族的军事首领把长老会议当作一个为协调五大部族的共同利益而服务的各项政策的商议机构。与仍在履行大联盟各种必要仪式规章的老派民事首领或者酋长不同，比较年轻而充满活力的军事首领，以前从未这样在长老会议上团结合作过。在军事首脑会议上，这些年轻的军事领导人奠定了易洛魁联盟作为一个外交机构能够协调各部族多项政策的基础。易洛魁联盟专注于对外事务，与大联盟在内部统一、维持和平等方面的作用互为补充。最终，易洛魁联盟发展成了一个以大联盟馈赠习俗和哀悼礼仪为基础的成熟精密的外交体系。

和平使易洛魁人得以重新采取措施让人口结构恢复稳定，但是这也带来了新的挑战，因为法国耶稣会传教士开始在易洛魁人中间传教布道，致使五大部族从内部开始分裂。尤其是莫霍克人，在改宗基督教的皈依者沿圣劳伦斯河搬迁的过程中，他们遭受了损失。天主教徒卡纳瓦加人（因他们最大的定居点而得名）的分裂是印第安人派系化最引人注目的事例，但是易洛魁的五大部族在内部都分裂成了亲法派、中立派和亲英派三派。在联盟会议内部，亲英派占得上风，他们于1677年与纽约殖民政府一同创建了贸易和战略联盟，签署了《纽带盟约》，随后又与从弗吉尼亚向北至新英格兰的各英属殖民地政府缔结了盟约。在英国人的支持和武装下，易洛魁联盟在17世纪最后的25年里开始了一项声势浩大的政策，旨在渗透"遍布五大湖和密西西比河流域的法国贸易和同盟体系"。[5]结果几乎不可避免，易洛魁人更新了早先的战争模式。这种模式在1689年以后成为第一次英法殖民地战争（威廉王战争）的一部分。

奥农达加人与英国的同盟当时被证明是极其失败的，因为在间歇性的和平时期，法国人与阿尔冈昆语系各难民部族建立了一个高效的同盟体系。17世纪前半期，这些阿尔冈昆语系的难民部族被易洛魁武士一路向西驱赶到密歇根湖以外的地方。这一法国同盟体系的关键是教士、商人和军官承担的上五大湖地区印第安人理解的文化之父角色的能力。由于阿尔冈昆人的父亲不是训练孩子遵守纪律，而是谋求创造和谐环境，他们的真正力量源于赠送礼物和排忧解纷的能力。父亲们可能会劝说，但是他们在不丧失道德权威的情况下不会谋求直接控制。法国调停人正是以这种方式在支离破碎、往往相互敌对的上五大湖难民部族之间发挥作用。这些部族除了拥有共同憎恨易洛魁人的往昔，几乎没有共同点。在"奥诺蒂奥"（阿尔冈昆人对法属殖民地总督的称呼，引申开来，亦可指总督代表的国王，以及在印第安人之间代表总督的教士、商人和军官）的指导性影响下，各印第安难民村落逐渐凝聚为一个以法国势力为中心的同盟体系。法国赠送的外交礼物、强调互动而非竞争的贸易关系，再加上法国人的武器和军事援助，所有这些都变成了领导难民部落的酋长们的权力行情表。于是，在易洛魁人通过《纽带盟约》加强同英国人关系的同时，奥诺蒂奥也创建了一个制衡易洛魁势力的高效体系。[6]

17世纪早期，相对来说较为团结的易洛魁五部比他们四分五裂的敌人享有更大的优势。但是时过境迁，敌对各部族改头换面，而易洛魁人在重新爆发的冲突中屡战屡败，战火甚至燃烧到了易洛魁人的核心地带。面对英国人是不称职的军事盟友的现实，代表亲英派、亲法派和中立派的易洛魁各军事首领争相开展抢夺政策制定权的斗争，这些斗争直到易洛魁联盟几乎分崩离析才偃旗息鼓。最终，各派系的首领敲定了一项内部休战协议，这使易洛魁的外交官能在蒙特利尔与法国人缔结和平条约，同时在奥尔巴尼与英国人续订《纽带盟约》。这些协定被统称为"1701年大和解"。它们使易洛魁五部保持了独立，在易洛魁人的外交史上开创了一个中立的新时代。[7]

随着易洛魁长老大会中的派系纷争逐渐平息，远离英法争端的脆弱协议逐渐变成了一种强烈共识：通过挑拨一股欧洲势力与另一股对抗，并且防止任何一方获得优势，一切都能手到擒来。于是，易洛魁人的中立政策成为大联盟内部稳定的基石，同时它还是影响相互竞争的英法殖民帝国关系的力量源泉。但是中立并不意味着五大部族消极被动，或者一味奉行和平主义，而是寻求三种互补的积极政策：与远在南方的各印第安部族，尤其是南卡罗来纳的切罗基人和卡托巴人敌对；与宾夕法尼亚殖民政府合作取得对易洛魁人聚居地以南印第安各部族及其土地的控制权；与"远方的印第安人"（即与法国结盟的居住在上五大湖地区和密西西比河流域上游的阿尔冈昆人）保持和平。[8]

　　这三项政策中的第一项允许年轻的易洛魁男子履行他们在文化上得到认可的武士角色，可以通过有节制的哀悼战争行为让人口更替继续下去。例如，通过袭击卡托巴人，易洛魁人俘获了少年塔纳格里森和他的母亲，使之最终成为塞内卡部族的成员。第二项政策为两个现实目的服务。通过与宾夕法尼亚、弗吉尼亚（晚些时候）的殖民政府合作，易洛魁人降低了进攻南方印第安人的风险；让两个附庸部族——肖尼部和特拉华部——在宾夕法尼亚的萨斯奎汉纳河流域定居，这样他们的定居地既可以充当防范南方卡托巴人和切罗基人入侵的屏障，又能成为易洛魁人越过自家领地补充粮秣的中转站。而且，一旦宾夕法尼亚殖民政府和弗吉尼亚殖民政府承认易洛魁外交官是特拉华人和肖尼人的代言人，易洛魁人就可以任意处置这两个附庸部落以及他们生活的土地。第三项政策，与"远方的印第安人"维持和平关系，同样带有双重意图。这项政策能够防止易洛魁人的心腹地带被法国-印第安盟军进犯，同时它还放大了易洛魁人身为外交官和中间贸易商对英国人的重要性。因为只有通过易洛魁调停人，英国人才能和内陆深处的各部族沟通；也只有通过易洛魁人，远方的印第安各部才能获得英国人的商品。因此，这三项政策显然直接惠及易洛魁人。不过，推动这三大政策运行的核心原动力是奥农达加人在法国人和英国人之间左右逢源的能力。[9]

　　易洛魁各部酋长的"激进的中立"政策使他们能将法兰西和不列颠帝国的殖民当局玩弄于股掌之间。易洛魁人使自己成为"远方的印第安"各部的代言人，成为诸如特拉华部和肖尼部那些先前被征服的附庸部族的代表，还维持了自己是辽阔的西部各地区合法统治者的身份。在半个世纪的时间里，易洛魁人控制和维持着北美内陆的外交主动权，尤其是与英国人打交道的主动权。最重要的是，他们能够运用这些策略来宣称对俄亥俄地区的控制权。虽然这一地区长期以来都处在法国人或英国人的可控范围之外，但它对于这两国来说仍然是一个具有重大战略意义的地方。[10]

　　法国需要进入俄亥俄河及其北部支流，因为这片河网提供了法国人在加拿大的定居点与密西西比河流域中部（被称为伊利诺伊的地区）定居点之间仅有的内陆畅通通道。18世纪初，伊利诺伊地区的法国人定居点在密苏里河和卡斯卡斯基亚河的交汇处，沿着密西西比河的延伸方向发展壮大起来。当时，很多被称为"林中奔行者"的毛皮商人没有先从新法兰西政府获得许可，就建立了自己的村庄。这些村庄后来因成为农业中心、皮毛贸易中心和最终的铅矿开采中心而繁荣兴盛起来；到18世纪第二个10年，这些村庄开始为密西西比河口的新殖民地路易斯安那供应物资。法国殖民当局很快就认识到伊利诺伊地区已成为北起圣劳伦斯湾、南至密西西比河三角洲的广大殖民地和印第安结盟部落组成的弧形地带的顶点，非常重要。这个战略体系能够限制人口膨胀的英国殖民地居民进入阿巴拉契亚山脉以西地区，禁止他们进入允许贸易和穿越大陆内部的河流，因而法国人对它寄予的回报预期超出了北美。按照法国外交官的设想，一旦这个弧形包围圈形成，英国人就不得不调遣大批海陆军力来保护他们在北美的殖民地，这将让他们在欧洲步履维艰。因此，将英国排除在俄亥俄地区之外，对法国来说至关重要。只要法国的商人、教士和军人能够畅通无阻地穿行俄亥俄这片土地，法国就无需直接控制这一地区。其实，由于很可能难以承受直接占领俄亥俄河流域的耗费，法国决策层宁愿看到这个地区仍处于中立的印第安人的控制之下，前提是当地的印第安人与法国保持通商贸易。[11]

正如法国人预料的那样，英国人十分担心法国人在西面设置封锁线。英帝国殖民当局担心新兴殖民地人口的无限增长将会局限于阿巴拉契亚山脉和大西洋之间这片狭窄的土地。如此一来，这些殖民地的人口增长无可避免地会让北美的工资水平下降，使北美殖民地能够与英国制造业竞争；北美殖民地的居民不再消费英国人的商品，而英王陛下的政府对于在北美驻扎耗资高昂的陆海军分遣队来充当对抗法国侵略的堡垒也就没有了兴趣。北美的英国殖民者自身基本上已将俄亥俄地区视为将来殖民定居的辽阔天地，自两个充满活力的殖民地——弗吉尼亚和宾夕法尼亚——主张俄亥俄各地处于他们的领土范围之内以来，他们愈发坚持这种看法。然而，直到18世纪中叶，由于还无法直接控制如此广阔又偏远的俄亥俄地区，当时英属北美殖民当局向阿巴拉契亚山脉以西开拓殖民地的前景还不明朗。于是，在俄亥俄地区最终被殖民化之前，英国人试图在其内部施加间接影响。因此，对英国人来说，在殖民俄亥俄之前，防范法国获得该地区及其水道的控制权势在必行。

易洛魁人非常乐意让英法的上述地缘政治焦虑服务于自身的利益。英法两国通过攫取俄亥俄地区的占领权，坚决主张这一地区属于自己，以便达到这个目的。这一主张为17世纪上半叶的历次战争提供了一个合理的基调。随着俄亥俄地区人口的减少，最西面的易洛魁部族塞内卡部将俄亥俄河上游的排水区域用作一个巨大的狩猎场；最后，被称为明戈人的西塞内卡人在伊利湖和阿勒格尼河之间的地区建立了永久定居点。此外，自18世纪20年代末以来，易洛魁人的附庸部落——肖尼人和特拉华人的部落——在越来越多的欧洲人迁入萨斯奎汉纳河流域的压力下被迫西迁，正好就在俄亥俄河流域定居下来。奥农达加人指定易洛魁人定居村落的酋长为他们在俄亥俄地区的代表，授权他们为当地附庸部族和明戈人的代言人。这些代表被称为"半王"，他们有权去谈判和接受外交礼品，但是没有奥农达加人的批准，他们不得缔结具有约束力的条约。经收养成为塞内卡人的塔纳格里森早在1747年就已成为罗格斯镇（位于今宾夕法尼亚州安布里奇）的村庄酋长，他就是这样一位半王；名叫斯卡罗瓦蒂的奥奈达酋长是另一位半王，他对俄亥俄地区的肖尼人行使代理统治权。事实上，易洛魁人对俄亥俄地区的控制，完全取决于明戈人、肖尼人和特拉华人的定居者与半王们的合作意愿到达何种程度，因而也就需要依靠塔纳格里森和斯卡罗瓦蒂。这两位半王的权威取决于维持当地追随者的能力，即让当地人遵循远方的奥农达加人决定的各项政策的能力。尽管他们的真实影响非常小，但长老会议的酋长还是能够利用精心构建的控制假象，在北美殖民帝国政治的大博弈中挑起英法之间的较量。[12]

通过控制或者说貌似控制俄亥俄地区，奥农达加人使自身成为18世纪上半叶英法之间微妙平衡关系的支点。通过改变或者威胁改变立场去支持一方以压倒另一方，易洛魁联盟迫使法国人和英国人极力去赢得他们的善意，或者至少让他们继续保持不结盟的状态。除了易洛魁人，与任何北方印第安部族都缺乏有效联系的英国人，特别容易被易洛魁联盟通过所谓与"远方的印第安人"各部结盟，从而控制数量广大的武士的断言影响。例如，在所有易洛魁部族只有大约1100名武士，而且据估算其中可能有俄亥俄河流域的肖尼人和特拉华人武士350人的情况下，宾夕法尼亚最富见识的印第安问题专家报告说易洛魁人能让"远方的印第安人"的9300名武士向他们效忠。[13]

为确保与奥农达加人的合作，法国人和英国人都努力按照易洛魁联盟提出的各种条件，通过赠送礼物来维持友好的外交关系。从远古时代开始，在典礼上赠送贝壳念珠串或念珠带，就成为易洛魁大联盟仪式的一部分。贝壳念珠串是神圣的，它能提高赠礼者在会议上说话的分量，使他们得到认可，其作用不容忽视。念珠串和念珠带也成为易洛魁人和欧洲人之间跨文化谈判礼仪的核心物件。不过，随着时代变迁，贸易商品极大地补充了这些仪式礼品。18世纪中叶，缔约谈判的结果会牵涉向易洛魁人提供一吨或者更多的欧洲货物，包括棉布、工具、火器、铁器、弹药和烈酒等物品。这些为友谊的"纽带增光添彩"的馈赠，为印第安人提供了工业制成品和日常消费品，他们稍后将会发现没有它们很难生存；还为易洛魁中间人提供了从五大湖以北地区的部落那里获得高质量的河狸毛皮的贸易媒介。易洛魁联盟由此利用自己的战略价值来弥补缺乏直接进入热销的毛皮市场通道的短板，同时保持对自身政治事务和土地的控制。[14]

当时，对18世纪的易洛魁人而言，一切都取决于在两大欧洲殖民强国之间左右逢源的能力，并且要极力避免成为任何一方的附庸。在安妮女王战争（1701—1713年）期间，这意味着要频繁与蒙特利尔和奥尔巴尼两地进行谈判，以确保双方都对易洛魁人保持善意和合作，但是在任何时候都要尽可能避免被牵扯进战争。在不可能拒绝英国人让他们提供军事援助的要求时——有时真会发生这种情况，易洛魁人会在两种慎重的方式之间选择其一。1709年他们采取了最低限度的合作方式，将计划好的入侵加拿大的行动一拖再拖，直到计划不得不中止为止。1711年他们对另一次远征故作热情，却悄悄将正在进行的行动透露给法国人，于是他们实际上就像第一次一样，有效地挫败了第二次入侵加拿大的行动。安妮女王战争结束之后的 30 年间，奥农达加的外交官定期与英法两国官员会面，他们与两国保持友好的贸易关系，允许欧洲人用礼物加强他们之间的友谊。[15]

  1713—1744 年，英法殖民帝国之间一直保持和平的同时，易洛魁人通过接纳塔斯卡洛拉人以第六个部族的身份加入大联盟，增强了自身的实力。他们通过批准明戈人、肖尼人和特拉华人在俄亥俄河上游流域的定居点，加强了对俄亥俄地区控制权的正式主张。除了纽约和宾夕法尼亚，易洛魁人还扩大了他们与各英属殖民地之间直接关系的范围。讽刺的是，奥农达加人急剧膨胀的自信，将会使联盟丧失在英法这对敌对帝国之间左右逢源的能力，从而结束易洛魁人保持中立的时代。虽然当时没有人清楚地看到这一点，但那些似乎标志着大联盟影响力达到顶峰的事件将被证明是其长期衰退的预兆，这种运数的改变既归功于易洛魁人的傲慢和贪婪，也是由于欧洲人实力的增强。

第 2 章

易洛魁势力的消退

1736—1754 年

1742 年，易洛魁六部代表郑重地确认之前与佩恩家族（宾夕法尼亚的特许领主家族）达成的土地买卖协定的有效性。据此，特拉华印第安人将会失去宾夕法尼亚东部将近 66.7 万英亩的土地。特拉华人自前哥伦布时代以来，也就是他们沦为易洛魁人附庸之前的几个世纪，便一直生活在那片仍然以他们的名字命名的河谷。每个参与交易的人都知道原先的买卖（即所谓的1737年量步购地事件*）是一桩轰动一时的诈骗案。然而，易洛魁六部的发言人在 1742 年确认买卖有效，因为这样做会为大联盟带来非常诱人的利益。尽管确认买卖有效给特拉华人带来了悲剧性的后果，但是将特拉华人的土地转让给佩恩家族，巩固了宾夕法尼亚殖民地和奥农达加人之间达成的一种谅解——从此以后，易洛魁六部将成为宾夕法尼亚地区出售印第安属土地权益的独家代理。

但是，量步购地事件将会被证明是另一种转折点。18 世纪 30 年代末，随着白人农民开始陆续进入确认被交易的土地，东部的特拉华各部落被迫迁往萨斯奎汉纳河北部支流地区，在被称为怀俄明山谷的边远地区定居。这一地区刚好毗邻已经迁居当地数十年的肖尼人定居地。在怀俄明，特拉华人无力报复那些背叛他们的人，于是他们逐渐对易洛魁人和那些夺走他们家园的英国殖民者产生了不满与怨恨之情。与此同时，易洛魁人迅

---

* 1736 年，佩恩家族宣称特拉华人在 1688 年就和他们签署了一份契约。契约显示，特拉华人会将自东边起自特拉华和利哈伊河的交汇点，向西到一个人行走一天半能够到达范围之内的土地卖给他们。这份文件很可能未经签字批准，甚至根本就纯属伪造。这是美国历史上白人殖民者欺压印第安人的一个臭名昭著的欺诈事件（本书中所有标注 * 的说明均为译者注）。

速出卖了其他肖尼人和特拉华部落，这迫使他们搬迁到俄亥俄地区。尽管这些肖尼人和特拉华部落都继续自称他们是易洛魁人的附庸，可是一旦到达俄亥俄河流域，他们就跳出了奥农达加人的有效控制范围。随着迁入的印第安难民人数的增长，易洛魁人在俄亥俄地区的势力将不可避免地逐渐衰弱。[1]

然而，对易洛魁六部中立地位的朽坏影响最大的一件大事是1744年在宾夕法尼亚兰开斯特议定的一份重大条约，当时易洛魁外交官会见了宾夕法尼亚、马里兰和弗吉尼亚3个殖民地的代表。从表面上看，《兰开斯特条约》标志着易洛魁人在处理英属殖民地问题时的影响力到达了顶峰。作为对当时看来无关紧要的问题让步的回报，易洛魁大联盟得到了不少赠礼，这包括以宾夕法尼亚货币计价的800英镑和300英镑金币，以及3个英属殖民地政府承认奥农达加人在几个南方印第安部落享有的领主地位，从此以后，奥农达加人可以像为特拉华人和肖尼人代言那样，成为这几个南方印第安部落的代言人。或许对大联盟最重要的一点是弗吉尼亚殖民当局承认易洛魁武士享有从该地区借道攻打切罗基人和卡托巴人的权利，这一特许权显然包括一项在运送途中为战争各方供应粮秣的协议。[2]

如果所有这些利益看起来是在扩充易洛魁人的实力，那么《兰开斯特条约》实际上预言了这种实力扩张过程的终结，因为易洛魁联盟为达成协议，放弃了在马里兰和弗吉尼亚范围内所有剩余的土地要求。虽然非常清楚的是，代表易洛魁联盟先后在伊斯顿和兰开斯特谈判的奥农达加酋长卡纳萨特戈认为，他放弃的不过是易洛魁人对谢南多厄河谷纯属虚构的土地主张，但是实际上他交易掉的是整个俄亥俄地区。弗吉尼亚的官员不仅保持缄默，更没有提及他们的殖民地特许状将老自治领的西部边界划抵太平洋（包括"'加利福尼亚岛'和所有其他位于太平洋沿岸100英里以内的岛屿"），北部边界则大致沿波托马克河北岸向哈得孙湾西岸一线延伸。[3]

卡纳萨特戈的让步并非细枝末节的疏忽。1745年春，弗吉尼亚殖民地议会授权将俄亥俄地区大约33.3万英亩的土地交给一个财团，这个财团由约20名北内克地区（拉帕汉诺克河和波托马克河之间的一个地区）富有的土地投机商组成。虽然乔治王战争的爆发暂时延缓了这个财团的活动，但这群自称隶属于弗吉尼亚俄亥俄公司的投机商，不过几年之后，就会开始极力敦促殖民者以便实现他们对西部俄亥俄土地的权利主张。他们打算将阿勒格尼河和莫农加希拉河交汇处一带的土地，出售给那些他们相信很快就会越过阿巴拉契亚山脉的殖民定居者。

白人殖民者越过阿巴拉契亚山脉建立定居地，这个前景着实让奥农达加人惊恐万分，毕竟奥农达加人的中立政策是建立在对俄亥俄地区控制权的幻想之上的，好在白人殖民者的翻山越岭之举实际上被推迟了。然而，白人殖民者越过阿巴拉契亚山脉的行动受阻，与其说是因为易洛魁人的策略产生了奇效，倒不如说是弗吉尼亚人、宾夕法尼亚人和加拿大的法国人在西部取得控制权的意愿日益迫切带来的竞争造成的。随着易洛魁联盟对俄亥俄地区和他们自认为属于附庸的各部族的影响力日益衰减，俄亥俄将会成为跨殖民地和跨国竞争的角斗场。易洛魁大联盟，在不久之前还是不列颠殖民帝国和法兰西殖民帝国平等的外交对象，却会在接下来10年的光景里，变得基本上与这两个互为敌手的帝国没什么关系。

乔治王战争——欧洲称为奥地利王位继承战争——只持续到1748年而已，当时《亚琛和约》将所有被占领地区都归还给各自战前的宗主国。然而，易洛魁人再也不能恢复1744年他们在兰开斯特取得的举足轻重的地位了。当易洛魁六部中处于最东面且一贯最为亲英的莫霍克人放弃中立，赞成直接与纽约合作的时候，乔治王战争让易洛魁联盟团结基石中存在许久的一道缝隙豁然裂开。莫霍克人选择了一个最不合适的时机倒向英国人。

相对而言，新英格兰人反抗天主教的态度尤为激烈。战争爆发后，这些新英格兰人很快便组织起远征路易斯堡要塞的行动。路易斯堡要塞是法国在布雷顿角岛的设防城镇和海军基地，是进入圣劳伦斯湾的战略要地。1745年，新英格兰人竟真的攻占了此地。但是纽约殖民者和新英格兰殖民者不同，他们对和法国人作战热情不高。纽约总督乔治·克林顿是英王的臣仆，他呼请莫霍克人出手相助。在他的鼓动下，1746—1748年莫霍克人多次袭击加拿大。但是纽约议会是由商人把持的，而且领导议会的是以奥尔巴尼为后盾的强势家族——德兰西家族。因而议会达成一致意见，除了修建几座堡垒,不采取任何军事措施。事实上,在整个战争期间,奥尔巴尼的毛皮商人都热衷于通过乔治湖、尚普兰湖和黎塞留河等水道与蒙特利尔的同行进行交易,哪怕莫霍克人不断增加的损失让蒙特利尔的毛皮商人越发怀疑纽约人的诚信时,也是如此。因此乔治王战争对于莫霍克人的影响尤为重要,特别是它大大削弱了易洛魁联盟政策制定的连贯性,还削弱了易洛魁人的中立地位,加快了英属北美在俄亥俄河流域进行贸易和土地投机的步伐。[4]

乔治王战争对早已在西部活跃的宾夕法尼亚人和弗吉尼亚人产生的各种影响可想而知。就像战时经常发生的那样,人身和财产的不安全感促使农民和印第安贸易商从边境逃到相对安全的东部定居点。然而,随着战争的结束,在俄亥俄地区爆发了前所未有的土地投机和贸易投机热潮。投机商主要是宾夕法尼亚人,他们长期与肖尼人和特拉华人在萨斯奎汉纳河谷一同生活,早在18世纪30年代,他们就跟随自己的贸易伙伴前往俄亥俄地区。对这些商人而言,攻克路易斯堡要塞以及禁止法国船只进入圣劳伦斯河,制造了意想不到的发财机会,而当时内陆各地的印第安人都开始为了他们所需的工业制成品去谋求英国货源,这也是大好的商机。干劲十足的宾夕法尼亚人以法国商人无法比拟的价格优势提供英国商品,他们扩张自己的贸易范围,将居住在遥远西部的印第安人囊括进来,最终甚至能够与迈阿密人和怀安多特人通商,要知道以前这两个部族除了和法国人合伙交易,还从未与其他欧洲人通过商。[5]

我们发现,早在1747年一位特别风风火火的宾夕法尼亚商人、爱尔兰裔移民乔治·克罗根,就在现今被称作克里夫兰的地方与明戈人通商,而且还提供"比法国人的价格优惠得多的商品",吸引"北方印第安人"(法国人的盟友)越过伊利湖交易。1749年,克罗根和他的伙伴已经在一个位于今俄亥俄西部大迈阿密河上游地区、叫"皮卡维拉尼"的迈阿密印第安人定居点建立了一个大型贸易站。这个大有可为的村落附近有几条重要的水陆通道,但是对克罗根来说,最重要的是当地有一位名叫梅梅斯基亚的酋长,愿意将贝壳念珠串送往远在密歇根的印第安部落,邀请那里的人来到皮卡维拉尼。在一两年内,梅梅斯基亚的邀请和克罗根的商业中心吸引了数百个印第安家庭到皮卡维拉尼定居。锐意进取的爱尔兰人发现四处都蕴含着无数商机。他旋即就同远在今路易斯维尔的俄亥俄河下游地区的多个肖尼人部落通商,还派出船只溯肯塔基河而上。法国人几乎不可能对这种在他们独占的贸易领域形同贪婪偷猎的通商行为漠不关心,因为他们比其他任何人都更明白,是商品和赠礼将他们的同盟体系紧密结合起来。如此一来,再加上法国人不会忘记乔治·克罗根在上一场战争中曾让他们有如芒刺在背,于是悬赏要这位精明商人的脑袋。[6]

克罗根得知他的头皮价码不菲的消息,只当它是个笑话,但事实上这个消息精准地反映了法国人日益畏惧英国人即将夺取俄亥俄河流域控制权的心态。从驻魁北克法国官员日益紧张不安的角度来看,宾夕法尼亚商人遍布俄亥俄地区,好似一支入侵法国势力范围的长矛矛头——如果有必要,不得不使用武力砸弯这个矛头。为此,1749年时任新法兰西总督的拉加里索尼埃伯爵派遣了一支分遣队巡弋俄亥俄地区。这位傲慢的海军军官指派皮埃尔-约瑟夫·德·塞洛龙·德·布朗维尔上校(一位长期与印第安人打交道的海军军官)指挥这个分遣队。6月,塞洛龙率领由200多名加拿大士兵和30名印第安勇士组成的部队从蒙特利尔出发。塞洛龙要执行3项任务:重申法国人对俄亥俄地区由来已久的"主权要求"(凭借拉萨莱发现俄亥俄地区的权利);收集英国对当地的影响力到达何种程度的情报;展现法国派兵进入俄亥俄核心地区的能力,让印第安人心生畏惧。

11月塞洛龙返回,在这期间他一路跋山涉水纵横3000英里,溯圣劳伦斯河而上,越过安大略湖和伊利湖,再沿阿勒格尼河、俄亥俄河、大迈阿密河和莫米河直达底特律,最终经伊利湖和安大略湖返回圣劳伦斯和魁北克。塞洛龙和他的部队沿途每隔一段时间就埋下一块小铅板——"充当纪念碑",上书"重申我们已经取得的被称为俄亥俄河的河流控制权,包括所有汇入这条河的河流,以及这些河流两岸所有土地的所有权,直至上述这些河流的源头"这样的铭文,这种行为虽然令人触动,却是徒劳的。塞洛龙一路上与他遇到的多个印第安部落接洽,他向这些部落赠送礼物,再度要求他们重申效忠"父亲"奥诺蒂奥,他还警告他们既然是忠诚的子民,今后必须将任何在他们中间出现的英国人遣送回家。塞洛龙指出,总的来说印第安人对于这个消息的态度都很冷淡。至少有那么一次,印第安人的反应很明显是"非常不满意的",以至于他和他的部队不得不仓皇撤退。[7]

印第安人的冷淡反应几乎不会让塞洛龙这样一个和他们经常打交道的老手大惊小怪。令他更不安的是他遇到的宾夕法尼亚商人极其之多,其中包括护送50辆载运毛皮的厢式马车的商队。塞洛龙警告这些商人,他们正在非法入侵属于法国国王路易十五的土地,他写信让他们带给自己的总督,并说明他们进入俄亥俄地区是不受欢迎的。然而,即使是尽职尽责的塞洛龙都明白,这样的警告不会产生什么实际效果。当他写报告给新任新法兰西总督德·拉容基埃侯爵时,他对形势做了相当悲观的预估。迈阿密人变得与法国人日益疏远,而且他们正在腐蚀其他部落,这样一来甚至连忠实的怀安多特人与法国人的关系也日趋恶化。在俄亥俄地区没有永久性的法国贸易站,也没有提供贸易补助让大量法国商品能够与英国人便宜得惊人的工业制成品竞争,如此一来,当地的印第安人将不可避免地被英国人吸引过去购买他们的商品。[8]

尽管1749年年底的形势看上去如此严峻,新法兰西总督却没有立即采取行动。拉容基埃不像其前任那么果断,他先是反应过度,然后因不知所措战栗不已,冥思苦想一些折中办法,踌躇之间便逝世了。对抗英国人在西部日益增长的势力的决策,只有留待法国新派来的总督迪凯纳侯爵安茹·迪凯纳·德·梅内维尔在1752年到任后决断。同一时期英国在俄亥俄的势力会继续增强,进而造成一种甚至更加险恶的形势,让本就焦虑不安的加拿大人更加惊恐不已。于是1749—1752年弗吉尼亚的投机商开始行动起来,在俄亥俄的福克斯创建了一个永久性定居点。

1749年俄亥俄公司在威尔斯溪与波托马克河北部支流的交汇点,建造了一座堡垒式货栈,开始发动入侵西部地区的行动。货栈的位置在阿勒格尼山脉的高地上,即今马里兰州的坎伯兰所在地。离货栈不远的地方横亘着一道分水岭,而约克加尼河也从这个位置开始向西北流入莫农加希拉河和俄亥俄河。俄亥俄公司最终打算将俄亥俄地区的土地出售给农民,然后向他们供应工业制成品,但与此同时这家公司计划利用自己水路(经波托马克河、约克加尼河和莫农加希拉河）运输上的优势，在与宾夕法尼亚印第安商人的竞争中抢占先机，后者的运输要依靠厢式马车这种缓慢而昂贵的方式进行。于是这家公司的弗吉尼亚人在威尔斯溪的设防货栈囤积了价值4000英镑的商品，他们还修建了第二座坚固的建筑，让他们的雇员居住。次年，他们聘请了一位经验丰富的马里兰勘测员克里斯托弗·吉斯特（同时也是商人和向导），去探索西至俄亥俄大瀑布的河谷的广大地区。[9]

吉斯特的调查在此后两年内进行。此次调查让弗吉尼亚的投资者形成了俄亥俄河流域潜力非凡的看法。他的报告称俄亥俄河流域广阔的平原遍布白橡木森林；干流与支流的河床肥沃；宽阔的大草地连一株灌木都没有；还有煤炭的表面沉积物；甚至盐碱地里都保存着猛犸象的化石遗骸。吉斯特还将猛犸象化石里4磅重的臼齿带了回来，让他的雇主目瞪口呆。与吉斯特的调查同等重要的是，他也在为俄亥俄公司执行外交任务。1752年春，得到无所不在的克罗根的相助，吉斯特在半王塔纳格里森的大本营——罗格斯镇的特拉华人、肖尼人和明戈人的定居点，召集了一次缔约会议。克罗根在这次会议上佯装宾夕法尼亚政府的代表，充当双方的调停人。这次会议将成为一次关键的聚会，因为会上被吉斯特和克罗根视为当地易洛魁利益代言人的塔纳格里森，做出了重要让步。[10]

在罗格斯镇（位于福克斯下游约15英里的一个大村镇）举行的会议，表面意图是确定当地印第安人准许俄亥俄公司在阿勒格尼河和莫农加希拉河的交汇点建造一座"坚固房屋"。这座建筑物就像威尔斯溪的货栈和营房一样，将会成为当地的一座设防贸易站，而且吉斯特强调，修建这座贸易站将使商品的价格变得极为优惠。但这次会议还有另外两个目的，对此吉斯特很少谈及。首先，新贸易站在福克斯得天独厚的地理位置将让它成为俄亥俄河流域的战略关键所在；其次，这个贸易站将会成为一个由200户拓荒者家庭组成的定居点的核心，俄亥俄公司打算尽快安顿这些家庭。这两个问题令参加会议的每一位印第安首领心存疑虑。因为他们非常清楚一座英属北美移民永久定居点的建立，将会严重威胁他们的部族控制自己土地的能力，从而影响他们的命运。但是塔纳格里森是易洛魁联盟的独家代言人，他才是吉斯特和克罗根需要与之周旋的唯一重要人物。在塞洛龙远征调查之后，塔纳格里森最大的愿望便是从英国获得足够的物资支持，在应当由他领导的那些印第安部族之中支撑自己摇摇欲坠的领导人地位。

因此塔纳格里森与其说是被吉斯特堆在他面前的价值上千英镑的礼品说服，倒不如说是被吉斯特和克罗根堆积得更高的各种善意保证打动。这位首领欣然同意让他们建造设防贸易站，而且对在贸易站建立定居点的潜在意图闭口不谈。不过为了取得特拉华人（在俄亥俄地区印第安人中的人数仅次于明戈人）的默许，塔纳格里森半王也被迫正式承认特拉华各部首领中的辛加斯酋长是特拉华人之"王"，这一身份会让他有资格代表他的部族说话，进而让他拥有自己的谈判权。塔纳格里森意图通过维持在罗格斯镇达成的条件——一切必须经奥农达加人的长老会批准，来对冲他所下的赌注，但是他的举动证明了易洛魁势力在俄亥俄地区已经式微。无论是否得到奥农达加长老会的批准，特拉华人很快都将在辛加斯的领导下自行其是。特拉华人的数量增加了很多，而且早已向西迁移得很远，他们再也不用无限期在易洛魁联盟的监督下生活了。从那以后，特拉华人和俄亥俄地区的其他印第安部族将开始自行掌握他们命运航船的舵轮。[11]

对宾夕法尼亚和弗吉尼亚政府而言，更为直接的后果是罗格斯镇会议结束后不久，在西边200英里远的迈阿密人小镇皮卡维拉尼，也就是乔治·克罗根和他的同伴坚持经营贸易站的地方，发生的一起事件。1752年6月21日上午9点左右，一支大约180名齐佩瓦武士和30名渥太华武士组成的队伍，得到30名从底特律出动的法国军人协同，袭击了这个定居点。法国人的队伍由法属渥太华军官夏尔-米歇尔·穆埃·德·朗格拉德指挥。皮卡维拉尼的大部分男子正在打猎，而当时在玉米地里干活的妇女都成了俘虏。进攻了6小时之后，朗格拉德提出停火。他说只要守卫人员（仅有约20人）交出那些英国商人，就归还妇女，而且会宽恕他们。守卫人员别无他法只得同意，然后他们就亲眼看见袭击者示范与英国人通商将会产生何种后果：一开始袭击者杀了一个负伤的商人，还"将他的心挖出来吃了"；接着将注意力转移到定居点的首领梅梅斯基亚身上。法国人将这位酋长称为"拉德莫塞勒（意为少女）"，不久前他从克罗根及其同伴那里还获得了一个新绰号"老英国人"。此时袭击者为了让"他为依附英国人付出代价"，也为了让自己能够获得他的力量，将他"煮了，吃个干净"。随后，他们带着5个极其惶恐的商人，手提大批战利品，满载回到底特律。他们身后只留下冒着烟的废墟，24小时之前这片废墟还是阿巴拉契亚山脉以西最大的定居点和最富庶的贸易站之一。[12]

与塞洛龙的小铅板和警告信不同，朗格拉德的袭击迅速消灭了宾夕法尼亚人在西部的势力。迈阿密部族的酋长向宾夕法尼亚和弗吉尼亚殖民政府告急，请求他们提供武器和援助，但贵格会控制的宾夕法尼亚议会拒绝卷入一场正在不断升级的战争，而弗吉尼亚人则觉得他们没有任何令人信服的理由去支援如此遥远的一个印第安部族。没有援助，迈阿密人只好黯然回到他们法国父亲的庇护之下。于是朗格拉德的大胆袭击将最令人恼火的英国商人从俄亥俄地区驱逐出去，同时他还争取回一个重要的印第安同盟部族。然而，英国人并没有立即停止俄亥俄地区的所有行动。弗吉尼亚的俄亥俄公司继续在福克斯推行建立一个定居点的计划，当时他们正为在莫农加希拉河上的红石溪河口——位于莫农加希拉河与阿勒格尼河交汇点上游仅37英里远的一处地方——兴建的第二座设防货栈采取预防措施。[13]红石堡让俄亥俄公司取得了在俄亥俄河流域的第一个永久立足点。此举同时还强有力地暗示法国人，朗格拉德的袭击只取得了对英国入侵者的一半胜利而已。

事实上，这并不是一个准确的推论。法国人往往认为英国人在俄亥俄地区的行动远比实际上更具协同性和组织性。宾夕法尼亚商人和弗吉尼亚投机商其实从未在入侵行动中成为桴鼓相应的盟友，恰恰相反，他们是坚定的竞争对手。宾夕法尼亚人通过与印第安人交易鹿皮、熊皮和河狸皮谋生，他们的利益在两个方面与弗吉尼亚人不相容。在短时期内，俄亥俄公司是宾夕法尼亚人与印第安人贸易的一个危险的竞争对手。然而，最根本的一点是如果俄亥俄公司推进大量农业家庭迁往福克斯的计划成功，新移民和他们的牲畜将无可避免地取代印第安人和野生动物。于是宾夕法尼亚人竭力挑唆印第安人对抗弗吉尼亚人，而弗吉尼亚人也倾力回敬。但是，即使俄亥俄公司支持克里斯托弗·吉斯特和"宾夕法尼亚商人的国王"乔治·克罗根这两人在罗格斯镇会议上密切合作，这对两伙人之间的团结也毫无裨益。其实，克罗根贸易合营公司在费城的资产近来在破产程序中被扣押，而他为了躲避逮捕已经逃亡。根据克罗根自己的说法，他获得了极为可疑的对毗邻俄亥俄公司专有土地的 20 万英亩土地的追索权。由于这一追索权根据宾夕法尼亚的法律将会无效，克罗根在条约会议上表面为弗吉尼亚的利益据理力争，其实这只是他用来保护自身利益的一种手段。[14]

宾夕法尼亚和弗吉尼亚殖民政府也加入对西部土地的竞争中，他们根据各自对俄亥俄地区福克斯附近土地的特许权，提出强硬的主张。两个殖民地驻伦敦的代理人在贸易委员会（监管殖民地事务的英国政府机构）吵得不可开交，就像他们的同仁在北美的穷乡僻壤密谋对付另一方一样热情。此外，弗吉尼亚自身内部的深刻分歧，以及属于不同投机公司的乡绅之间的分歧，都延缓了他们对西部的入侵。忠诚于英王的一个辛迪加财团意在确保俄亥俄河南部土地（那里将会成为后来的肯塔基州）的权利，全力阻挠俄亥俄公司的计划，他们在 1749 年以前的确成功了。只有当俄亥俄公司的负责人成为弗吉尼亚的代总督时，这家公司才开始在向西开拓的道路上勇往直前。这位负责人死后，公司股东非常谨慎地给予殖民地新任副总督罗伯特·丁威迪一部分股份。[15]

法国在巴黎的决策人员和新法兰西的帝国官员没有发现上述任何一个问题。他们既没有认识到英国人西侵行为的本质，也没有意识到在朗格拉德处置宾夕法尼亚人的同时，通过外交而不是武力，可以更有效地应对弗吉尼亚人的威胁。毕竟，塔纳格里森当初愿意给予弗吉尼亚人在福克斯修建贸易站的许可，仅仅是因为他将此举理解为一种结盟的姿态，而且贸易站可以成为一种对抗法国军事统治的防御措施。如果法国人向特拉华人、肖尼人和明戈人提供廉价的贸易商品和保证，而不是谋求在俄亥俄地区建立新的霸权地位，结果可能会不同。然而，新任总督的个性以及他发出的指令，都排除了适度节制的做法。

海军军官迪凯纳侯爵就像他的前任和后台拉加里索尼埃伯爵那样，性格直率，喜欢实干、不尚空谈。迪凯纳是个完全不会自我怀疑的人，1752

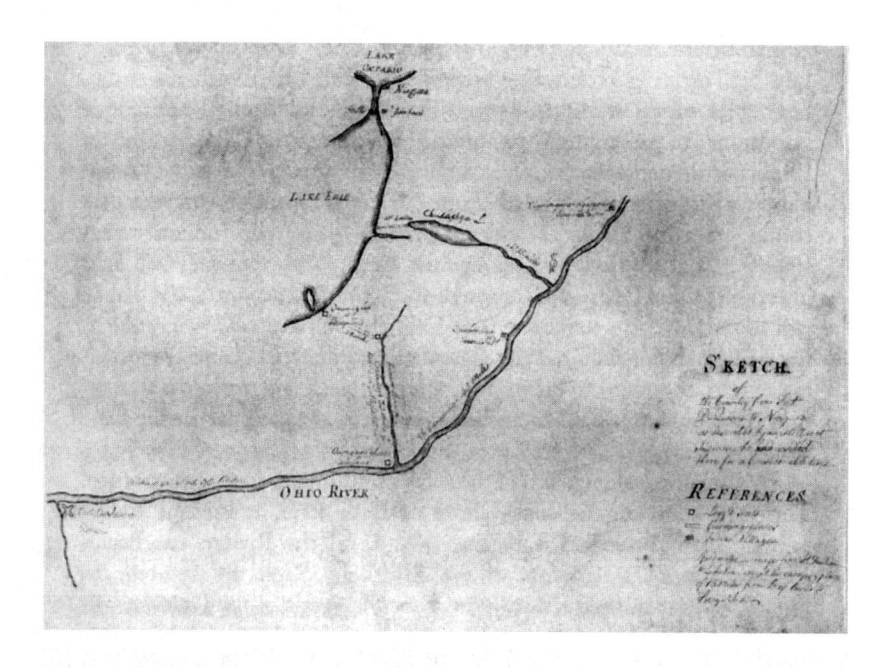

图 2.1 《法国的堡垒链》。这份草图在 1758 年之后的某个时刻，根据"一个曾经在那个地方居住过相当长一段时间的聪明的印第安人"的描述绘制，用小正方形符号描绘法国人根据迪凯纳侯爵的命令在 1753—1754 年修建的"圆木堡垒"；虚线代表运输道路。图例旁的注解说明"除了从比夫河到普雷斯克岛的 15 英里运输区域，从迪凯纳堡到伊利湖的水运条件良好"（承蒙密歇根大学的威廉·克莱门茨图书馆提供图片）。

年 7 月他带着与其天性完全相符的几道命令到达魁北克。他的上司法国海军大臣强调维持加拿大经俄亥俄通往伊利诺伊各定居点之间的交通线畅通至关重要，指示他"采取一切可能的行动将英国人从我们的土地上赶走……阻止他们到达那里通商贸易"。迪凯纳会"让我们下属的印第安各部明白……我们不会采取任何手段对付他们，而且他们可以自由前往英国人的地盘与后者通商，但是我们不允许他们在我们的土地上接待英国人"。这位新任总督据此要求加拿大民兵（165 个连，辖 1.1 万余人）开始每周进行操练，并且下令在俄亥俄地区修建 4 座要塞，用以安顿一支永久性驻军。

1753 年春，已经有 2 座要塞在建。第一座位于伊利湖南岸的普雷斯克岛。有一条运输道路将这座要塞与第二座要塞连接起来，后者坐落于阿勒格尼河的支流"牛肉河"（法兰西溪）河畔。同年秋，法国人在韦南戈的特拉华人村庄（法兰西溪与阿勒格尼河的交汇处附近）建造第三座要塞——马绍堡要塞。这座要塞由几座实用的建筑群组成，包括近来刚被宾夕法尼亚商人约翰·弗雷泽放弃的一间货栈和一座锻铁炉。这一系列要塞的最后一座位于俄亥俄的福克斯，它将会成为俄亥俄地区的战略枢纽，计划于1754年动工。[16]

无论是耗费的里弗还是人命，这个要塞体系都让法国消耗巨大。在热火朝天的建设过程中，有400多人死亡，至少耗资400万里弗。迪凯纳坚信英国的威胁让形势变得极其严峻，乃至于草率行事、耗资巨万，甚至大量人员死亡都不过是保护法国在俄亥俄地区的利益必须付出的代价。但是要塞防御链中极其关键的第四座（将来会以迪凯纳本人的名字命名这座要塞），偏偏正好要在弗吉尼亚的俄亥俄公司已经选定的设防贸易站建造之地兴建。这一事实将比形同散沙、互相竞争的殖民者自行设想的任何措施，都更有力地促成英属各殖民地之间的合作。

第 3 章
伦敦采取行动应对威胁

1753 年

　　法国人在俄亥俄地区的一系列活动长期以来一直都是伦敦枢密院成员关注的焦点。枢密院是约 30 名英国国王的顾问廷臣和大臣组成的机构，这些人同时还是行政、司法和宗教主要机构的首脑。自 1748 年以来，三位共同负责处理外交和殖民地事务的枢密院成员之间的关系已经变得相当糟糕，但是他们始终一致认为英国最大的威胁是而且永远是法国。三位顾问官中的第一位是纽卡斯尔公爵托马斯·佩勒姆-霍利斯，他身居北方事务部国务大臣这一要职，负责处理与新教欧洲和俄国的外交关系。他是经验最为丰富的英国政府官员之一，但是当事情牵涉法国时，过去的任何经历都无法让他安心。纽卡斯尔公爵的各种怪癖同他身为政治家和外交家取得的成就一样引人注目。他认为法国在欧洲和新大陆的各项政策是互补的，而且意图明确——增强其不断扩张的实力。他相信但凡法王路易十五及其大臣认为可以通过战争有所收获时，他们就会毫不犹豫地发动另一场与英国的战争。因而，他希望英国能够通过坚定不移地抵制法国对大西洋两岸的影响，避免或者至少推迟这样一场战争。[1]

　　与纽卡斯尔公爵职务相对的是南方事务部国务大臣，他负责处理与天主教欧洲和奥斯曼土耳其帝国的外交关系。1748 年以来出任这一职务的是一位真正可敬的绅士——第四代贝德福德公爵约翰·拉塞尔。拉塞尔与纽卡斯尔公爵几乎没有共同点，唯独和他一样厌恶法国。三位顾问官中的最后一位是上议院贸易和殖民地委员会首席委员（更普遍的称呼是贸易委员会主席），负责领导 16 位委员，分头监管北美各殖民地行政机关以及整个帝国的贸易活动。虽然时任首席委员的第二代哈利法克斯伯爵乔治·蒙塔古·邓克不如纽卡斯尔或贝德福德那样显赫、卓越，但是他尽其所能引导下属走一条独立道路，避免被任何一位公爵牵着鼻子走。尽管如此，说到对法国的不信任，他可不逊于任何一位公爵。自从哈利法克斯接任首席委员那一刻起，他就在累积法国人"侵占"英属北美各殖民地边境的证据，并谋划提高帝国行政机关效率的方法，以便更好地抵抗法国的侵略。[2]

纽卡斯尔公爵、贝德福德公爵和哈利法克斯伯爵都有充分的理由去担心法国，因为当时法国看上去正处于获得整个欧洲统治地位的关键时刻。已经结束的奥地利王位继承战争对英国及其盟国相当不利。英国在战争中唯一重要的战利品路易斯堡要塞，在《亚琛和约》中成为拯救英国驻欧洲陆军的代价被归还给法国。为了获得迫切需要的和平，英国迫使其主要盟国奥地利承认普鲁士对西里西亚的控制权。西里西亚是普鲁士在第一次西里西亚战争（1740—1742年）中征服的一个奥地利行省。由于1744年奥地利参战就是为了收复西里西亚，这一让步让奥地利人深感不满。因此，尽管正式条款规定将法国和英国之间的关系恢复到战争之前的状态，但《亚琛和约》其实让法国比以前更加强大，而且还削弱了英国和奥地利为共同抗衡法国持续了半个世纪的伙伴关系。在北美似乎有同样的理由让英国警醒，不仅仅是因为新英格兰殖民者公开谴责将路易斯堡归还法国的行为形同背叛。在和平达成的第一年，塞洛龙在俄亥俄地区的远征让关注事态发展的英国人备感焦急，而且新斯科舍报告发现法国间谍——一种尤为令人不安的发展态势，因为新斯科舍的绝大多数居民是讲法语的天主教徒阿卡迪亚人。这些阿卡迪亚人从1713年起成为大英帝国人口的一部分，依据法规他们可以在所有的英法争端中保持中立；但是他们对英王的忠诚看来充其量也是含糊不清、令人怀疑的。

纽卡斯尔认为，对于这种前景不佳的事态，唯一合理的回应就是将法国在欧洲和北美的各种举动当作同一政策的两个方面。因此，在欧洲大陆他提议加强他所谓的"体系"，即建立一系列旨在维持欧陆权力平衡的联盟，从而挫败法国将"普遍君主制"强加于欧洲的图谋。从18世纪初开始，英国就一直致力于长期维持一种多边平衡状态，始终以阻止法国进入低地国家为中心，因为法国在低地国家可以破坏英国贸易，而且可以轻松地从尼德兰的诸多优良港口对英国形成入侵威胁。为了最小化法国在低地国家的势力，英国资助北欧新教各国，尤其是西德意志信奉新教的各邦国，让他们维持能够应召进入战场对抗法国的军队；此举也有赖于维持同奥地利的稳固同盟关系。奥地利虽是天主教国家，但在尼德兰拥有不少具有战略价值的领地，而且奥地利王室也有强烈的反法倾向。于是纽卡斯尔认为英国必须提供新的财政援助去加强低地国家的实力，使它们能够再度加强防御，重新武装起来以便对付法国的入侵；重建与奥地利的友好关系；努力去建立与西班牙和丹麦的同盟关系，彼时它们尚未坚决与法国站在同一阵线。对应到北美大陆，也有相似的战略，纽卡斯尔决心抵制法国在北美扩大领土或影响力的一切努力。[3]

使欧洲和北美成为英国外交政策这枚"硬币"的一体两面，是纽卡斯尔从《亚琛和约》中发现的最重要的经验。尽管法军在欧洲顺风顺水、占尽优势，但为了尽早收复路易斯堡，法国愿意在亚琛议和。此外，哈利法克斯勋爵是最了解北美事务的英国政府官员，他坚决认为必须阻止法国在新大陆的扩张。身为负责监管所有殖民地总督（因此与之通信）之人，哈利法克斯也是第一个确信法国人在北美推行双重入侵计划的人，他还确信法国人通过扩大对俄亥俄地区的直接控制，企图在英国殖民地的东北部和西部沿着新斯科舍边境筑起屏障。

纽卡斯尔支持哈利法克斯对北美的看法，部分原因是哈利法克斯曾是贝德福德的政治盟友，而纽卡斯尔决心将贝德福德削弱到辞职的地步。这个计划在1751年6月成功了。然而，与纽卡斯尔赢得哈利法克斯的支持同等重要的是他对北美事务的关注。哈利法克斯想将新斯科舍变成一个对抗新法兰西和法国在布雷顿角岛多个定居点的堡垒，纽卡斯尔公爵支持他的计划。纽卡斯尔的支持使扫除议会的阻力以采取花销高昂的措施成为可能，这些措施包括创建一个新的海军基地（这个基地不出所料以"哈利法克斯"命名）、增加新斯科舍的驻军以及加固连接新斯科舍和加拿大本土地峡的防御工事。这些措施将保证英国在北美采取更为强硬的措施。1750年，英国内阁授权动用武力抵抗法国在新斯科舍的进犯。这就意味着1753年夏哈利法克斯请求纽卡斯尔授权采取一些措施以回应法国在俄亥俄地区建造堡垒的行动，没有突然偏离对法国在北美的挑战做出军事回应的政策。

自从1750年年底以来，哈利法克斯一直收到纽约、宾夕法尼亚、弗吉尼亚和南卡罗来纳等殖民地总督忧心忡忡的报告。这些报告暗示法国决心夺取俄亥俄地区。最迫切的警讯同时也是支持武装干涉最有力的论据，出自弗吉尼亚副总督罗伯特·丁威迪的一系列信件。丁威迪碰巧不仅是弗吉尼亚的首席行政官，还是俄亥俄公司的股东。我们可能永远不会知道丁威迪大声疾呼伦敦干预的真实动机：他到底是为保护俄亥俄公司主张的私人利益，还是确实认为法国控制俄亥俄地区对弗吉尼亚边远地区的定居者构成了威胁（抑或两者兼有）。但显而易见的是，丁威迪的种种警告正好被那些已经准备好倾听的人听了进去。1753年8月21日英国内阁一致认为，北美的情况已经严峻到足以授权所有殖民地总督"以武力阻止法国人或亲法的印第安人的这些企图和任何此类企图（侵犯英国殖民地的边界）"。一周后，第四代霍尔德内斯伯爵罗伯特·达西（接替贝德福德出任南方事务部国务大臣）给北美各殖民地总督发出一封通告信，指示他们："在吾王陛下领地毋庸置疑的边界（之内）以武力反击暴行。"[4]同一天，霍尔德内斯伯爵也向丁威迪副总督发出一系列特别指示。

南方事务部国务大臣写道，下令送30门大炮去弗吉尼亚加强当地的防卫是英王陛下的乐事。为了说清楚在什么样的条件下可以使用这些火炮，霍尔德内斯阐明了"英王敕令"的"精神和意义"。他写道：

> 以国王的指示授予你正当的权利使用（这些火炮），用武力去击退任何敌对行动；而且你会很容易领会，这是国王陛下的决心，你们应当以最大限度的力量，保卫你们政府管辖内的国王陛下的领土，抵御任何入侵者。但与此同时，按照陛下的决定，你们不能成为侵略者。我以陛下的名义，最严格地要求你，除了在陛下毋庸置疑的属地边界之内，不得使用你指挥的任何武装力量……
>
> ……如今陛下下达命令，指示你们在他本人的领地内建造要塞。

如果你们在陛下本人的领地受到阻碍，那些敢于阻挠你们执行命令并采取敌对行动的人就是侵略者，陛下无疑有权（到目前为止是无可争议的）下达命令。在这种情况下，陛下授权你们以武力对抗武力。另一种情况是如果你们发现并非陛下之臣民，未经陛下许可，擅自在陛下的土地上建造要塞，而且在你们要求他们停止此类行动之后，没有立即停止他们的后续行动，一再坚持此类非法行为，不服从以陛下的权威提出的要求，也是一种敌对行为。根据给予你们的指示，如果有必要，你们可以用武力强制对方听从你们的劝告。[5]

鉴于英国政府内部对北美内陆现状的了解程度，无论霍尔德内斯还是英王乔治二世都似乎不太可能知道俄亥俄河流域是否在弗吉尼亚毋庸置疑的边界之内。然而，丁威迪有他自己的看法，而这将是最重要的。

在一年之内，这些问题将被证明不仅仅是地图方面的利益。然而，1753年夏秋之交它们还只是纽卡斯尔一个成熟政策的一个方面，他希望能够阻止法国在近期发动战争。从那一刻起，其他殖民地事务也需要引起注意，而最紧急的莫过于北部边境与印第安人关系恶化的问题了。6月16日贸易委员会刚刚获悉，莫霍克人的代表和纽约殖民地议会的一次会谈由于争吵而破裂。当时，怒气冲冲的莫霍克首席发言人亨德里克告诉克林顿总督："我们和你们之间的纽带盟约关系就此破裂了。"莫霍克人对商人在奥尔巴尼提出的贸易条件的不满，以及纽约方面在上次战争期间对支持他们袭击加拿大的行动明显缺乏兴趣，已经让双方的紧张关系到了濒临崩溃的紧要关头。此时一个名叫卡亚德罗塞拉斯合伙公司的投机性财团企图骗取莫霍克人超过75万英亩的土地，这终于让亨德里克忍无可忍："你们这样的兄弟就别指望再听到我说什么了，而且老兄，我们也不想再听你们说废话了。"[6]

人们无需提醒哈利法克斯，莫霍克人一直是易洛魁六部中最可靠的亲英派，而且实际上是唯一一个在上一场战争中向英国提供援助的易洛魁部族。为此贸易委员会勒令纽约总督召开印第安人大会，以修复英国与印第安人的关系，同时它还发给弗吉尼亚至新罕布什尔各殖民地总督一份通告，要求他们参加这次大会，并且参与谈判。哈利法克斯像往常那样，亲自利用这个机会促进殖民地内部的和谐统一，他提出要求："（如果可行）所有殖民地应以国王陛下的名义共同缔结一份一般性条约，因为在我们看来，每个殖民地以各自的名义缔约的行为是非常不合适的，而且可能会为陛下的政府带来巨大麻烦。"[7]

贸易委员会的指示到达纽约时，代理总督詹姆斯·德兰西正在着手组织来年6月的奥尔巴尼会议。尽管委员会此前从未在印第安事务中发挥过直接作用，也不曾下令为"一份一般性条约"谈判，但此类会议在北美殖民地并不少见。过去一个世纪里，各殖民地之间至少进行过十几次类似的

图3.1　亨德里克首长（约1680—1755年）。1755年这幅版画在伦敦出售，它是亨德里克几幅英国人装束画像中的最后一幅。这幅画将他描绘成一个满面伤痕的老年战士，右手举战斧，左手持念珠串。镶边外套和带褶饰边的衬衫真实表现了他的衣着，至少在诸如奥尔巴尼会议这样的正式场合，他是这样打扮的（承蒙布朗大学的约翰·布朗图书馆提供图片）。

代表大会，会上各殖民地努力（经常失败）协调各自的涉印第安政策，促进各殖民地集体安全的提升。[8] 因此，看起来有点怪异的是，面临法国和印第安人对其边境日益不祥的威胁，弗吉尼亚殖民地却拒绝派遣代表参加奥尔巴尼代表大会。不过这个老自治领的总督选择不要求议会派遣与会代表，在他自己看来，这是有绝对充分的理由的。就在贸易委员会的通告到来之前，8月下旬丁威迪接到霍尔德内斯的指令，霍尔德内斯向他保证，足够的加农炮、炮弹和火药将被运送到他及其俄亥俄公司的合伙人计划在俄亥俄福克斯修建的要塞。丁威迪得到的指示可以解释为授权他采取军事行动来反对法国，于是丁威迪准备借此机会形成自己的边境政策。霍尔德内斯的支持承诺，让丁威迪免除与宾夕法尼亚合作的麻烦以及为此事咨询弗吉尼亚议会的烦恼。参与其他西部投机项目的弗吉尼亚议员，会冷眼旁观任何以牺牲他们的利益为代价而让俄亥俄公司得利的行动。

即使如此，出于两个原因，丁威迪没有在俄亥俄地区贸然采取对抗法国人的激烈行动。其一，他是个谨慎的苏格兰人，在军事事务上缺乏经验，而且秉性重视细节、轻视武斗。其二，也是更为重要的一点，他在弗吉尼亚的政治地位很不稳固，以至不敢冒险引发任何可能要求他请求议会拨款的危机。1752年夏以来，作为在英王领地内的授地专属证书上签字盖章的回报，丁威迪认为自己有权收取一个比斯托尔（一种西班牙金币，价值大约16先令或者0.6英镑）的费用，就这件事他与议会陷入了激烈争执。激怒弗吉尼亚立法议员的并非"一个比斯托尔的费用"这点钱，而是这件事涉及的原则问题。前任总督从未成功收取过这样的费用，而且丁威迪试图收费的依据依靠的仅仅是他的行政权威，甚至都没有咨询过议会，更不用说请求他们通过一项法案授权他收取这笔费用了。[9]

一个比斯托尔的费用看上去无关痛痒，却引发了弗吉尼亚的一场政治风暴。议会坚持认为，允许总督收取这一费用，等于授权让他征收一项税款——一项未经弗吉尼亚殖民地全体自由人的代表同意就开征的税收。当议会援引英国人有不接受任何随意开征的税收的权利这一条款时，这场争端就升级为君主权力与臣民权利之间的宪法对抗。一个比斯托尔费用之争将延续到1754年年中，到时此事最终会通过一份枢密院特别决议，以丁威迪副总督的胜利告一段落。同一时期，在决定解决这场弗吉尼亚内部争端引发的政治后果之后半年甚至更久，丁威迪副总督和议会仍然被禁锢在令人无法动弹的痛苦桎梏之中。[10]

因此，1753年秋哪怕丁威迪想要出手，都不可能采取强制行动驱逐"入侵"俄亥俄地区的法国人。与强行使用武力相反，他决定派遣使者去俄亥俄地区，告知那里的法国人，英王乔治二世希望他们停止建造更多的要塞，并且撤出已经建好的要塞。[11]丁威迪任命乔治·华盛顿少校担任使者，他未必能够胜任此次任务，除了会说法语没有多少外交经验，而且他很年轻，刚满21岁。不过华盛顿虽然年轻，却拥有三项重要资格：他与俄亥俄公司有密切关系；他拥有承担出使任务的胆魄；他热切渴望出使这次任务。他渴望去西部开开眼界和证明自己值得公众信任，这些在丁威迪赋予他这项使命时暂时掩盖了他可能怀有的疑虑。随着时间的推移，同他许多更优良的品性得到更多提升一样，华盛顿也会对此次任务产生越来越多的疑虑。

第 4 章

华盛顿登场

1753—1754 年

在父亲和同父异母的兄长早逝后，乔治·华盛顿近来成为北内克地区的大种植园主，在一定程度上获得了更为稳固的社会地位。他的父亲奥古斯丁足以在弗吉尼亚绅士阶层稳稳立足，但还不能轻言他已经能够与殖民地显贵平起平坐。华盛顿本人与北内克地区最大的家族费尔法克斯家族关系密切，这使他可以在 5 年前应邀帮助调查费尔法克斯家族在谢南多厄河谷的产业状况，从而获取知识开始从事勘测员和土地投机商这两个互补的职业。和费尔法克斯家的关系同时保证华盛顿能出任两份中级公职，分别是民兵副官和库尔佩珀县的勘测员。这两项公职为他提供了中等水平的收入，更重要的是还给予了他一定程度的社会地位。虽然身居高位的费尔法克斯勋爵托马斯将这位年轻的邻居视为能一起骑马打猎的同伴，但是华盛顿的地位从未真正达到超越门生的地步。

华盛顿所受的教育比较随意，除了家庭教师的教导，他了解的大部分学识是他通过阅读自学的，例如他的测绘知识、军事战术和战略、英语文学和礼仪举止。他一直是而且将来仍然是一个渴望自我提高的人，但是他欠缺一些磨炼，而且他将要痛苦且缓慢地舍弃自己的社交不安感。21 岁时他肯定还没有抛却社交不安感，当时仍然能从他身上辨识出青涩感，就像一个从行为手册中抄写数十条格言来锻炼书写技巧的青年一样。有一条劝诫道："在社交场合，勿以手触身，此礼人多不察。"另一条警告道："别向火里吐口水，尤其是火上在烤肉的时候。"1753 年，这个青涩的青年一度觉得有必要提醒自己："不要在别人眼皮底下杀死跳蚤、虱子和其他虫子，而且如果发现任何污秽或浓痰，巧妙地用脚把它擦掉。"这个小伙儿已经长成一个大高个儿（6英尺2英寸，大约1.88米），是一名优秀的骑手了。但是，他还没有生出与自己的高大身材相匹配的自信。也许是为了弥补他在社交方面的不适，或许也是为了控制他危险的脾性，华盛顿开始培养一种含蓄甚至冷淡的社交方式。他几乎没有什么亲密的朋友，而且显然也无意结交。他渴望得到公众的认可以及由此带来的"声誉"和名望，而不是友谊。当然，正是这种抱负打消了丁威迪要求他送信给法国人时他可能怀有的任何疑虑，因为辞谢这样的使命将会损害他热衷公共事业的绅士美誉。此外，有机会去亲眼看看近来刚刚获得一份投机利益的地区实在太好了，他不忍放弃这样的机会。[1]

于是，当华盛顿接到指示，且让他送往勒伯夫堡法军司令部的信备妥时，他便立即离开威廉斯堡前往俄亥俄地区。在弗雷德里克斯堡，他选择雅各布·范·布拉姆与自己同行。荷兰人雅各布·范·布拉姆是华盛顿家族的朋友，曾经教授华盛顿剑术，而且所说的法语多少可靠一些。在威尔斯溪，华盛顿聘请俄亥俄公司的代理人克里斯托弗·吉斯特，引导他进入俄亥俄河流域，此外他还雇用了4名边地居民作为猎人、牧马人和保镖结伴同行。[2] 当一行7人从约克加尼河顺流而下，前往莫农加希拉河和俄亥俄河流域时，华盛顿用勘测员的眼光审视了这一地区。他发现，俄亥俄的福克斯的确为一座"能全面控制莫农加希拉河"的要塞提供了理想位置，而且"极为适合水运，因为那里的河流是一条静谧的深水河"。华盛顿一行一路上收集情报——从在莫农加希拉的新贸易站避难的商人约翰·弗雷泽那里、从罗格斯镇的一群法国逃兵那里，他们得知法国人渴望确保俄亥俄河流域的控制权。或许更加令人不安的是，他们得知俄亥俄地区的印第安人并不那么渴望帮助英国人抵制法国人。在同罗格斯镇的肖尼人、特拉华人和明戈人酋长进行大量谈判后，华盛顿和吉斯特没能得到一支相当大规模的护卫队陪同他们去会见法国人。11月30日，当他们启程前往勒伯夫堡时，只有塔纳格里森和另外3个明戈人跟着一同去了：这支队伍的规模根本就不够大，也不够多元化，无法让法国人对英国人和印第安人在西部利益的一致性产生深刻的印象。

事实上，12月11日勒伯夫堡的法国人虽以无可挑剔的礼数和热情接待了暴风雪中到达的浑身湿漉漉的华盛顿一行，但是根本没有对他们留下什么深刻印象。52岁的法军指挥官雅克·勒加德尔·德·圣皮埃尔上尉身材十分壮实（华盛顿认为他是"一个很有军人风度的年长绅士"，因而对这位男子的气度印象深刻。勒加德尔曾在多个兵站为他的国王效力，从阿卡迪亚的博巴森到位于今田纳西州孟菲斯的阿桑普申要塞，再到位于今温尼伯西北350英里的拉容基埃要塞），他注视着丁威迪的信和将这封信送来的严肃的年轻人。华盛顿在送交信件时兴味盎然，也怀着同等的忧虑心情。"俄亥俄河两岸的土地，"勒加德尔念道，

> 众所周知是大不列颠国王的财产，因此听闻一支法国武装部队正在吾王陛下的领地内沿河修建要塞，设置定居点，于我而言是担忧和意外兼有的事情。
>
> 我多次收到关于此类敌对行为的投诉，对此我深感不安，不得不通过送信……向您投诉这些侵犯行为，以及由此造成的对大不列颠臣民的伤害……我必须以这种申诉的方式期望您告知我，您最近是凭借何人的授权和指示从加拿大带领一支军队而来，侵犯大不列颠国王的领地；根据您答复的要旨和解决方案，我会对国王授权的使命采取合理的行动，阁下。
>
> 尽管如此，阁下，按照我得到的指示，我有责任要求您和平地离开；而且您将会避免继续进行极大阻碍和谐与善意谅解的行动，吾王陛下渴望延续和培育同最虔诚的基督徒国王（法国国王）的和谐与善意谅解。

当勒加德尔和他手下的军官退出去写回信时，华盛顿对小方形营寨和城墙外的营房面积大小和防御设施都做了笔记，还派他的部属去清点大量准备"来年春天用于运送法军顺流而下"的独木舟（"除去其他许多被封存起来的"，大约有220具）。显然，法国人处心积虑要入侵；而且勒加德尔在交给华盛顿带给丁威迪的回信中明确表示，他们无意放弃自己的计划。[3]

勒加德尔在回信中写道："阁下，法国国王对俄亥俄河流域土地的权利毋庸置疑。"不过，他的任务并非争论这个问题。他会将丁威迪的信送交迪凯纳侯爵，如此一来，有关当局就能决定如何处理"大不列颠国王自命不凡的要求"。与此同时，"至于您向我提出的要求我们退兵的指示，我认为没有义务必须服从。无论您给我的指示是什么，我都是奉我方将军的命令来到此地；而且阁下，我恳求您相信，我会以一位优秀军官能够被期盼的全部优秀品质和决心，努力按照将军的命令行事"。令华盛顿懊恼的是，塔纳格里森和他部下的明戈人决定留下来进一步与法国人交涉，但是同行的弗吉尼亚人觉得所见所闻已经足够多了。于是，华盛顿一行在12月16日离开了。一个月后，冒着生命危险——两度险些丢掉性命——抵达目的地，华盛顿骑马进入威廉斯堡，直接向丁威迪副总督报告，将法国人的回信交给他。[4]

华盛顿的口头报告令人确信，弗吉尼亚在西部正面临一场危机。丁威迪要求疲惫的华盛顿少校写一份书面报告以供发表，他自己则立即召集殖民地政务会（上议院）开会。弗吉尼亚上议院的议员比下议院议员更容易打交道，他们听取了华盛顿的报告，阅读了勒加德尔·德·圣皮埃尔的信之后，最终与丁威迪达成一致意见。法国人拒绝停止修建要塞和撤出俄亥俄地区，已经构成霍尔德内斯指示中定义的"敌对行动"；因而，将法国人驱逐或者最起码通过武力阻止他们进一步进犯，成为丁威迪的职责所在。得到政务会的同意之后，丁威迪下令征兵200人。这些人将由华盛顿（现已晋升为中校）指挥，前往俄亥俄的福克斯镇，捍卫弗吉尼亚的利益，抵御法国人的进一步侵犯。与此同时，丁威迪副总督将军事委任状发到已经在俄亥俄地区的印第安贸易商人和俄亥俄公司代理人的手中，从而让俄亥俄公司在福克斯的坚固房屋建设工程披上了官方行为的色彩。威廉·特伦特——乔治·克罗根的姐夫和前生意伙伴，如今则是负责要塞和货栈建筑物的俄亥俄公司代理商——得到丁威迪送来的弗吉尼亚民兵上尉委任状，奉命组建一个民兵连以"维护国王陛下在俄亥俄地区的土地所有权，包括那里的河流"。[5]约翰·弗雷泽的货栈和炼铁炉早已被法国人夺去，成为后者在韦南戈的要塞的核心部分。他成为特伦特手下的中尉；而爱德华·沃德——第三名来自宾夕法尼亚的难民、乔治·克罗根同父异母的兄弟，被任命为这个民兵连的少尉。福克斯的要塞建设工程本来预定在第二年春开始，但是为了能阻止法国人在河流通航后占领此地，改为立即开始建设。最后，丁威迪通知从马萨诸塞湾到南卡罗来纳的各殖民地总督，一场边远地区的危机即将来临，请求他们随时准备好前来援助弗吉尼亚。

只有在这一切都准备停当后，丁威迪副总督才下令召集下议院举行特别会议，要求议会批准支付所有准备工作的必要费用。2月14日下议院议员召开会议时，面对军事措施已经着手进行的既成事实，只好履行各自的爱国义务，批准拨款1万英镑。但是，这一拨款条款只有在附加保证他们能严格监管所有支出的条件以后才生效。战争一触即发，但是议员不会蠢到忘记对他们自身权威的威胁（甚至可能威胁到他们身为英国人的各种权利）并非来自法国人，而是来自那个要求他们组织远征俄亥俄地区的矮胖的苏格兰人。他们最不愿做的一件事就是让一位不受欢迎的副总督获得发动战争的自由处理权，因为就他们所知，这场战争只不过是一个扩大弗吉尼亚政府特权范围的借口，同时还是耗费公帑使副总督本人和他在俄亥俄公司的亲信致富的说辞。[6]

正当丁威迪和谨慎的下议院议员在威廉斯堡围坐一堂时，福克斯的要塞建设正在飞速进行。2月17日特伦特上尉的志愿兵连到达福克斯，开始施工。这对塔纳格里森来说是极大的解脱，他终于有证据证明英国人是愿意采取行动抵抗法国人对俄亥俄河流域的入侵的，而不只是空口说白话。阿勒格尼河上游的印第安人之前曾捎来口信，春天的洪水会带来一支强大的法军，去占领福克斯地区。特伦特为印第安人送来弗吉尼亚副总督丁威迪的大量礼品，以及兵员、武器和工具。他的到来意味着半王现在有些许希望，去重建对俄亥俄地区各部印第安人已经衰弱的影响力。塔纳格里森亲自将建设要塞的第一根圆木放到适当的位置，宣布（通过乔治·克罗根的翻译，这个人最近来到这里调查形势可能提供的任何商机）这座要塞既属于英国人，也属于印第安人。他说如果法国人阻挠，印第安人和英国人就会共同对法国人开战。实际上，肖尼人、特拉华人和大多数明戈人已经无视塔纳格里森这位半王，因而这些豪言对现有事态几乎起不了任何作用。在一个酷寒的冬天,由于未来的前景不明朗,也没有任何理由去信任英国人,俄亥俄印第安各部除了等待时机,而后在英法冲突可能产生的任何事态中谋求自身利益,别无他求。[7]

3月,当要塞建造人员即将用尽各种物资时,俄亥俄印第安各部漠不关心的程度和后果变得清晰可见,当时居住在福克斯附近的特拉华人拒绝打猎来供养弗吉尼亚人。尽管特伦特愿意出高价("甚至为一只火鸡出到了7先令6便士的价格"),建筑队还是很快发现他们要靠印第安人的玉米和面粉为生。因此,纵然每个人都知道法军很快就会到达,但物资短缺还是迫使特伦特上尉回到山区东面寻找补给。沃德少尉留下来监工。4月13日,当一支法国大部队正在沿阿勒格尼河顺流而下的消息传到福克斯时,工程已接近收尾。沃德赶紧把这个消息通知弗雷泽中尉,后者一直都在莫农加希拉河上游约8英里的贸易站停留。在特伦特回来组织防御以前,弗雷泽会立即赶来承担指挥任务吗?弗雷泽的答复是:"为了赚取1便士佣金,我得先放弃1先令。而且我还有生意,在6天之内*可安顿不下来。"这完全不是沃德希望听到的回答。尽管如此,勇敢的沃德少尉仍然宣布他"在别人会说英国人像懦夫一样撤退之前,将坚守到只剩一兵一卒",还敦促他的部下继续完成防御栅栏。4月17日,携带18门大炮、至少由500人组成的法军乘坐轻舟和独木舟出现在河面上时,沃德的部队刚刚安装好要塞的大门。法军在要塞附近停下船只,列成横队,推进到滑膛步枪的射程之内,要求与英军指挥官会谈。[8]

法军指挥官克劳德-皮埃尔·佩科蒂·德·孔特勒克是法军俄亥俄驻军司令勒加德尔·德·圣皮埃尔的继任者。和勒加德尔一样,孔特勒克是一位久经沙场的顽强老兵。新法兰西总督迪凯纳命令他借春季河水暴涨的天时,率领他的部队从勒伯夫堡顺流前往福克斯,在那里赶紧建成最后一座要塞,确保俄亥俄河流域属于新法兰西。当俄亥俄地区的间谍报告称英国人已经开始在福克斯建造一座要塞时,他迅速调兵,此时他无意谈判。孔特勒克向沃德少尉直言,他可以选择立即投降或者法军以武力占领他的要

---

* 弗雷泽在这里用的是《圣经》中上帝6天创世的典故,意思是他并非能够掌握一切的全能的主。

塞。沃德衡量了一下他们获胜的概率：40名英国志愿兵和木工凭借一旁匆匆竣工而且没有食物的寨栅，与一支在他看来至少有1000人的法国正规军对抗。沃德认为法军可以用足够的火力将他的堡垒轰成一堆火柴梗，因此他选择了较为有利的一面。当孔特勒克显然允许他和他的部下带着他们的荣誉和财产完好无损地离开岗位时，沃德就没有进行更多的抵抗。当天晚上，似乎是为了显示在福克斯战场对沃德及其部下没有什么厌恶感，孔特勒克招待他们享用了一顿精美可口的晚餐。

次日中午弗吉尼亚人安静地启程离开了，但是塔纳格里森"对法国人大为恼火……告诉他们是他在号令这座堡垒，而且是他亲手安放了第一根圆木"。他之所以愤怒主要是为了自己的利益，因为他知道法国控制了福克斯就意味着他对俄亥俄地区印第安人代理统治的结束。孔特勒克却无视他的抱怨，只顾勘测弗吉尼亚人刚刚竣工的可怜城寨，决定在这个位置上再建造一座配得上新法兰西总督名号的要塞。孔特勒克的人将在莫农加希拉河与阿勒格尼河的交汇点建造的并非只是一个小小的寨栅，而是4座仅相距160英尺的棱堡组成的一座紧密方形要塞。迪凯纳堡用圆木和泥土建造的围墙两侧是两座半月形的堡垒，四周则是干涸的护城河，这些外围建筑最终将一个小型的中央阅兵场、警卫室、军官宿舍、补给站和火药库、一家医院、一座煅铁炉和一个面包烘房包围起来。起初，要塞的4座棱堡要架设8门大炮，后来还会陆续增加。为了更便于抵御围攻，要塞还配备了一口内部水井和一对厕所渡槽，将守军排放的污水均匀排进两条河流。虽然说迪凯纳堡从未大到足够安置全部守军的程度（为了这个目的，在附近不得不修建一座营寨或者说角堡），但一旦遭遇袭击，仍可容纳200人。[9]

除了底特律和尼亚加拉，迪凯纳堡将成为北美大陆内部最引人注目的军事设施。一看见这座要塞，人们就会说：法国人要在这里扎根了。

第 5 章
华盛顿受挫

1754 年

就在沃德少尉和他的部队拱手将福克斯让给孔特勒克的那一天，华盛顿中校仍然在阿勒格尼山脉的东坡费力攀爬，带领他的部队向威尔斯溪的货栈进军。直到 4 月 2 日，他才离开亚历山德里亚，此时他仍未征募足自己受命征召和指挥前去俄亥俄地区的 200 人。4 月 20 日华盛顿收到沃德投降的消息时，弗吉尼亚团只有不到 160 名未经训练、装备粗劣、补给不足、衣衫褴褛的士兵。大多数人应征的唯一理由是，华盛顿许诺完成任务以后，他们将在前去守卫的要塞附近得到政府授予的土地。许诺给予他们的薪水——每天 8 便士，或者说比一个工人三分之一的工钱略多一些的钱——当然没有诱惑力。远征俄亥俄地区的各级指挥官，对自己的薪水也不满意。华盛顿本人向丁威迪抱怨薪水少得可怜，实际上，只能靠激发他部下各连连长的荣誉感，才能防止他们因为薪水问题辞职。丁威迪不曾有过担任军事领袖的经历，但是他知道当他看到一份契约时，不能为这些"不合时宜的抱怨"动摇。他提醒华盛顿："这些先生非常清楚他们是根据哪些条件服役的，而且对此很满意。"如果他们有心提出异议，"应当在他们服役之前"就提出反对意见。[1]

显然，丁威迪副总督低估了军官阶层不满的影响力，因为他认为薪水仅仅是一个更大、更令人不安的问题的一个方面，而当远征军到达威尔斯溪时，这个问题却日益成为焦点。丁威迪推动这次行动的资金并不充足——弗吉尼亚下议院拨付的 1 万英镑很快就耗尽了——而且，他对于在资金不足的情况下，在边陲地区发动一次小规模行动意味着什么，知之甚少。鉴于丁威迪副总督的商人和文职官员背景，这可能不足为奇；此外，由于弗吉尼亚自17世纪末以来就没有发起过一次军事远征，丁威迪找不到可以求教的人。因此，在任何人，尤其是华盛顿都不知道这次军事行动需要花费多少或者有什么要求的时候，这次行动事实上就已经开始了；丁威迪和下议院的议员对此同样一无所知，他们还陷在内部产生的分歧里，因而决定以他们愿意付出的低廉成本进行这次远征。只有当华盛顿的小股部队离开威尔斯溪，开始努力完成任务时，对这次远征的漫不经心和外行般的处理导致的后果才开始清晰起来。丁威迪副总督的命令非常明确："你们将采取守势，不过一旦任何人试图阻碍你们完成任务或者骚扰定居点，你们就要去制止他们，如果他们抵抗，你们就去俘虏他们或者杀死、歼灭他们。"然而，如同华盛顿将要了解到的那样，服从命令是一回事，执行命令又是另外一回事。[2]

甚至在弗吉尼亚团到达威尔斯溪以前，孔特勒克就已经准备好以华盛顿能够想象到的所有手段来阻碍他们完成任务。弗吉尼亚团的人数太少，不足以威慑法国人，又没有足够的马车、马匹、衣物、口粮和弹药等物资的补给来维持一场战争，甚至几乎无望去骚扰法军，就更不用说杀死和歼灭法军了。与此同时，从南卡罗来纳到马萨诸塞，丁威迪向这些英属北美殖民地呼吁支援弗吉尼亚，但它们的回应迟缓又勉强。尽管丁威迪吁请切罗基和卡托巴盟友提供帮助，但这两个印第安部族都无意加入这次远征。最重要的是，大英帝国和法兰西帝国总体上处于和平状态，而丁威迪的命令——根据他本人的权威发布，并没有得到伦敦方面的明确指示——意味着引发一场战争。在评估这些不容乐观的形势后，一位成熟、自信的指挥官很可能会就此消磨时间，等待增援，去打探更精确的情报，就事态未来的发展向副总督提出建议。可是，华盛顿毅然决定继续前进。

华盛顿计划向俄亥俄公司在红石溪的设防货栈前进，那里距离福克斯不到40英里，但是距离他在威尔斯溪的补给基地有80多英里，而且路上还要越过一条狭窄的丛林小径。华盛顿的部队行军时为了让马车能够顺利通行，一路拓宽道路，这样一来一天只能推进2到3英里，这样的速度至少能给予他们一些希望——在到达红石堡之前，援兵能够追上他们。但是弗吉尼亚团一路伐木开道，吵吵嚷嚷越过这一带的丛林，很难不引起印第安探子的注意。

事实上，驻守福克斯的孔特勒克上尉在思考应该如何选择应对方案的同时，正密切关注弗吉尼亚团动态的详细报告。让一支全副武装、很有可能怀有敌意的部队靠近他还未竣工的要塞，很显然是不明智的。然而，孔特勒克不敢先发制人，因为他得到的命令是禁止他不经对手挑衅就贸然发动进攻。最终，他决定派使者去打探英军，以了解他们的意图。孔特勒克选择显赫的军人世家后裔约瑟夫·库隆·德·维利耶·德·朱蒙维尔为代表，指示他去确定那支英军是否会来到法国领地。如果英军这样做，孔特勒克就会送信给迪凯纳堡，然后谋求与英军指挥官会晤，勒令他立即撤出路易十五国王的领地。5月23日，朱蒙维尔带着一支35人的护卫队出发。由于孔特勒克的印第安探子称英军有数百人之多，他显然只打算让朱蒙维尔的小部队收集可靠情报，向他传递信息。[3]

当然，4天后，当华盛顿得知一支法军小部队正在侦察他的位置时，他对孔特勒克的意图或者说朱蒙维尔领受的命令还一无所知。5月24日以后，华盛顿的部队在大草地一带安营扎寨，那是一片大约1英里长、0.25英里宽的林中沼泽地，正好位于两座山丘之间。而这两座山丘又刚好位于两座颇为壮观的山岭——劳雷尔岭和切斯纳特岭——之间。因为大草地位于威尔斯溪和红石堡正中，正好有一条流量稳定的河流经过，而且草地上的草可以喂养远征军的役畜，因而华盛顿计划在这里修建一座设防哨所。于是，弗吉尼亚团挖掘壕沟，清理灌木丛，准备好在5月27日上午修建栅栏。当天，华盛顿的老向导克里斯托弗·吉斯特策马直入营地。吉斯特报告称，就在26日中午，一队法国兵经过他的贸易站，也就是营地以北12英里的一处驿站。吉斯特在骑马赶来大草地时，发现了法军行军的迹象。此时，法国人大概就在距离此地不到5英里的地方。[4]

华盛顿担心法军突袭，于是命令彼得·霍格上尉率领75人，去阻截大草地和莫农加希拉河之间的法军。据推测，法军会在那里从他们的独木舟上下来。然而，日落时分，在塔纳格里森派出的一名印第安武士来送信之后，华盛顿的担忧变成了惊恐。塔纳格里森率领一小队明戈人在数英里之外安营。信上说：半王亲自在华盛顿营地西北约7英里的劳雷尔岭附近，找到了法军的营地。华盛顿意识到自己已经将半数部队派往错误的方向，因而他决定必须行动起来了。10点之前，"在漆黑如沥青般的瓢泼雨夜"中，华盛顿率领47人（留守在大草地的一半兵力）出发，前往塔纳格里森的营地。"大约日出时分"，这些弗吉尼亚士兵到达目的地。华盛顿和塔纳格里森商议后，"得出结论：我们应当合力袭击法国人"。华盛顿的部队，与半王和一些印第安武士合兵，出发前往法军宿营的山谷，而后在路上稍做停顿，同时派出两个印第安人前去"查探法军的所在地、他们所处的态势以及周围的地形"。之后，华盛顿在日记中这样写道：

> 我们为战斗组成队形，按照印第安人的方式一队一队前进：正如我们所愿，当他们（法国人）发现我们时，我们已经推进到距离他们很近的位置了。于是，我下令连队开火。我的这个连得到韦杰（瓦戈纳）先生指挥的那个连支援，而且在这次战斗的绝大部分时间里，我们两个连承受了法军的全部火力。在敌人被击溃之前，这次战斗仅持续了15分钟。
>
> 我们击毙了这支法国小部队的指挥官德·朱蒙维尔先生，以及其他9人；打伤1人，俘获21人，其中有拉福斯先生、德鲁永先生和2名见习官。印第安人剥去了死者的头皮，还掳走了他们的大部分武器……[5]

这很难说是一份详细的战斗报告，但华盛顿准备以此为凭上报领导。5月29日，他在送交丁威迪的官方报告中几乎全文照抄了上述记录，而且在5月31日寄给杰克·华盛顿的信中，（用适合小兄弟阅读的夸张语句）再度照搬上述记录。据此，人们可以合理推断华盛顿将自己的日记当作档案备忘录来记录。然而，他的记录并非那次小规模战斗的唯一说法。[6]

在混乱的交火中，朱蒙维尔部下的一名士兵设法躲在树林里，在他溜出树林写报告之前，就在那里观察战斗及后续的事态。6月2日，孔特勒克在写给迪凯纳总督的信中描述了这些事实：

（朱蒙维尔）小部队一个名叫蒙索的加拿大士兵逃了出来，告诉我们，由于下着大雨，他们的部队在一处低矮谷地建造了小木屋以便避雨。次日早上大约7点，他们发现被英国人和印第安人两面包围了。英国人向他们进行了两轮齐射，但印第安人没有开火。德·朱蒙维尔先生通过翻译传话，告诉他们停止射击，他有话要说。于是，他们停止射击。然后，德·朱蒙维尔先生命令翻译宣读我发出的让他们（英国人）撤退的通告……上述那位蒙索看到我们所有在场的法国人靠近德·朱蒙维尔先生。当时他们正在宣读通告，所以他们在此期间全都在英国人和印第安人之间，排成野战排队列。这是竭力回来找我们的蒙索所述。他先是越过遍布林木的陆路，后来用一条独木舟沿着莫农加希拉河行舟才找到我们。长官，以上就是我能从蒙索处了解的一切。

尽管如此，孔特勒克根据另一个目击者提供的说法，得知了事情的结局。塔纳格里森营中的一个印第安人来到迪凯纳堡，告诉他"德·朱蒙维尔先生是被一枚滑膛枪子弹击中头部身亡的，当时你们（法国人）正在宣读通告；后来，如果不是在场的印第安人冲到法国人和英国人之间，阻止英国人的图谋，英国人会将你们的所有官兵全部杀光"。[7]

于是，孔特勒克就写下了一个与华盛顿日记所述截然不同的事件。按照华盛顿的叙述，这次战斗就是一场灾难：弗吉尼亚人出于自卫，进行了致命的射击，造成10死1伤。到战斗结束为止，印第安人都没有积极参与，后来还剥去死去敌人的头皮，劫掠遗物。仅就现场的印第安人在战斗中没有采取直接行动这一点，蒙索的说法和华盛顿还是相同的。两者的区别在于蒙索说是英国人先开火，向法国人进行了两轮齐射，而后战斗就中断了：朱蒙维尔呼吁停火以便让翻译译读通告，法国人在他周围集合，一侧是印第安人，另一侧是英国人。蒙索逃离的时候，朱蒙维尔还活着，通告正在被译读，他没有看到更多情况，也没有听见更多枪声。从半王塔纳格里森营地前来的目击者供述的结局又有一些不相同之处，他将朱蒙维尔描绘成一个遭到英国人致命一击的受害者——在朱蒙维尔解释完自己的使命之前。只是因为塔纳格里森和他的武士及时介入，才让法国人免于被英国野蛮人屠戮殆尽。于是，按照孔特勒克的理解，发生的不是一场战斗，而是一次伏击，然后是一场屠杀。

这两种说法的不一致不足为奇，因为英法两国政府都坚称自己的部队未犯下侵略罪行，这使得一切重要事项都存在争议。这究竟是一次公平的战斗还是一场屠杀？如果只有华盛顿和孔特勒克的说法存世，我们可能永远都不会知道实情。但是，还有另外两份记录也留存了下来。这两份记录不仅让我们有可能了解到底发生了什么，还能明白为何会如此。

关于这场战斗最为可信，相对也最为完整的英文版说法是华盛顿团里的一个目不识丁的21岁爱尔兰人提供的，实际上5月28日上午他并不是华盛顿分遣队的一员。然而，这位约翰·肖二等兵，从那些参加战斗的官兵处听闻了事情的详细经过，而且在8月21日对南卡罗来纳总督的宣誓声明中复述了一遍：

> 有一个印第安人和一个白人给华盛顿中校送信，说有一支35人组成的法军小部队正在约6英里之外的地方侦察。听到消息，华盛顿中校率领约40人，霍格上尉率领40多人，加上半王和他的13个印第安属下，立即出发去寻找法军，但是他们的路线不同。华盛顿中校的部队和印第安队伍最早与法军遭遇，他们发现法军在两座山头之间宿营。一大早，一些法国人还在睡觉，还有些人在吃饭，但是他们听到了些许动静，便立即陷入大乱。他们抄起武器，而且据这位宣誓作证者所闻，一个法国人开了一枪，华盛顿中校由此下令让他的部队开火。一些法国人被击毙，其他人想要逃走，但我们的印第安人已经包围了法国人。看见印第安人时，法军立即逃回到英国人面前，按照英国人的期望，将双手乖乖举到要求的位置。
>
> 过了一段时间，印第安人来了，半王手持他的印第安战斧，劈开了法国队长（朱蒙维尔少尉）的脑袋。一开始半王问他是不是英国人，被告知他是法国人。然后，半王先取出他的脑浆，再用其洗手，接着剥去他的头皮。我（约翰·肖）听闻了这一切，而且从未听闻与

之相左的说法，但一切都并非得自我的亲身经历，只是被杀的13名或14名法军没有一人被安葬，让我得以见到他们的遗骨，其中一人的首级还被悬在木棒上。我还听闻在这场战斗中我们的部队有一人阵亡。[8]

肖的陈述与华盛顿的记录相同的是，法军先开枪，英军再开火还击，印第安人除了封锁法军的退路，将他们逼回山谷，基本没有在战斗中发挥作用；和蒙索的叙述相同的是，战斗经历了开火之后停火的过程；而与向孔特勒克报信的印第安人供述的结局相同的是，随后发生了屠杀，朱蒙维尔因头部受伤而死。只不过不同的是，当时杀他的凶手不是野蛮的弗吉尼亚士兵，而是半王本人。

有几个要点使得肖的说法令人信服，虽然他并不是目击者。事实上，肖陈述的许多内容已经被证实要比华盛顿精简的叙述更加准确。他准确陈述了朱蒙维尔指挥的部队规模：孔特勒克的官方报告指出，那支小部队由朱蒙维尔、另一位少尉、3名见习官、1名志愿者、1名翻译和28名士兵组成——一共有35人。肖准确描述了英军被分编为两队，分别由霍格和华盛顿指挥；他还非常准确地叙述了华盛顿带领的小队和他们的印第安护卫队的具体人数，以及大草地至山谷的大致距离。同蒙索的说法一样，法军发现自己被包围时，正在吃早餐；而且和匿名的印第安目击者的报告一样，朱蒙维尔当时被冷血杀死。肖给出的法军死亡人数要比华盛顿的更准确——他说是"13人或14人"，而不是10人——由于他特意提到亲眼看到那些人的遗体，这是一个特别重要的细节。就连他所说的塔纳格里森"取出朱蒙维尔的脑浆，再用其洗手"也让事情更加清楚，虽然确实令人毛骨悚然。一旦脑子表面的一层坚韧脑膜被侵入伤口的斧头利刃和许多锋利的碎骨破坏，塔纳格里森就能轻易地徒手挖出裸露的脑浆。灰色的脑浆是黏稠如湿灰泥般的一团东西，因而会在半王的手指间挤捏出来，看上去就如肖所说，像在脑组织里洗手。然而，最重要的是，肖的说法让人能够最准确地理解，塔纳格里森在这次遭遇战中到底起了什么作用。[9]

半王有几个令人信服的理由，公然以如此触目惊心的方式杀死朱蒙维尔。在沃德少尉献出要塞后，塔纳格里森"对法国人大发雷霆"，但是特拉华人和肖尼人对他并不在意。此后不久，他成了难民，被迫离开福克斯。他的部众就在大草地附近宿营，由约80人组成，大多是妇孺，而且几乎都是明戈人。跟随他的武士大约只有12人。关于这群人的一切，都说明这是一个男子正带领他的家族和他的直接支持者在逃亡。如果塔纳格里森还怀有任何在俄亥俄地区（或者易洛魁六部）重建权威的希望，他实际上知道要做到这一点，只有依靠英国人的支持。此前他打过交道的两个英属殖民地弗吉尼亚和宾夕法尼亚，已经证明在踌躇不决，这使他有充分的理由相信，只有对法国人进行严重挑衅——足以让他们采取军事报复行动——才会刺激弗吉尼亚人和宾夕法尼亚人采取行动。[10]

这样一来，塔纳格里森就有充分的动机杀死朱蒙维尔——而且之后有充分的理由送信给法国人，说是英国人杀了他，还企图屠杀他的部下。不过，我们该怎样理解肖令人费解地讲述半王先"问朱蒙维尔是不是英国人，然后被告知他是法国人"之后，才劈开他头骨的说法呢？关于此次遭遇战的最后一份记录，是孔特勒克在他最早向迪凯纳报告以后3周多得到的，这份记录掌握着这个难解之谜的关键。

向孔特勒克告密之人是"从英国军营"潜逃的逃兵丹尼斯·卡宁古恩，从此人的姓名就可以看出他是易洛魁族的天主教徒，因此很有可能是塔纳格里森的一名部属。普雷斯克岛要塞司令约瑟夫-贾斯珀·肖斯格罗·德·莱利，在孔特勒克将卡宁古恩陈述的概要送交蒙特利尔之前，又单独抄写了一份：

> 7月7日，星期日的中午，一名信使从俄亥俄（的拉贝勒·里维埃尔）而来。德·孔特勒克先生……送来一名英国逃兵的附加证词。
>
> 丹尼斯·卡宁古恩昨天上午从英国军营出逃，于今天（6月30日）来到迪凯纳堡的（法国）兵营。
>
> 他报告说英军由430人组成，此外大约还有30个野蛮人……
>
> 德·朱蒙维尔先生早已被一支突袭他的英军分遣队杀死。当时这个法国军官奉命外出，将交给他的命令传达给英军指挥官。尽管后者

（华盛顿）用滑膛枪向他开火，但是他（华盛顿）还是打算阅读（朱蒙维尔带来的）书信，而且自己已经退入到他（先前）下令向法国人开火的部队之中。这时候，德·朱蒙维尔先生已经负伤倒地，野蛮人塔宁希森（塔纳格里森）向他走来，说道："你还没死哪，我的父亲。"之后，连劈几斧将他杀死。

德·朱蒙维尔先生的少尉级副队长德鲁永先生，和法国分遣队的其他所有人一同被俘，分遣队有30人。见习官布舍维尔先生和迪萨布勒先生，还有军需官拉福斯先生，都在被俘之列。有10到12人被杀，俘虏则被送往弗吉尼亚的一座城市（威廉斯堡）。

英军携带的食物很少。

如果法军不进入英国领地，后者将无疑进入前者的领地。

据说，丹尼斯·卡宁古恩在逃离英国军营时被一个骑兵追击。骑兵的大腿被他一枪打伤，然后他抢了这个骑兵的马匹，骑着马全速逃到了法国军营。[11]

此种说法同样提到交火之后的停火，停火期间，朱蒙维尔试图向华盛顿转达他携带的信件；也同样提到打断沟通的暴行。但是告知约翰·肖事情经过的人与之不同，他显然将塔纳格里森对朱蒙维尔说的一句法语推断成了一个问题——你是英国人吗？而丹尼斯·卡宁古恩则正确理解了塔纳格里森到底说了什么，以及他为何会这样说。朱蒙维尔在世上听到的最后一句话是礼仪性的外交辞令，这种辞令将"法国父亲（奥诺蒂奥）"描绘成印第安人之中的调停者、馈赠者和同盟缔造者。塔纳格里森所说的隐喻，以及此后他实实在在杀死这位"父亲"的行为，明确否认了法国人的权威。所有这些事实可以证明他的行为是有预谋的。

这种说法最终使我们能够理解华盛顿的行为，以及他为什么试图隐瞒朱蒙维尔在山谷经历的事情的真相。尽管华盛顿是一名校官，但此前他从未在战斗中指挥过部队。因此，指挥大约相当于一个现代步兵排的一队士兵，他看上去表现得就像所有首次上战场指挥的普通少尉一样。因为战斗兴奋得晕头转向——他后来描述从空中飞过的子弹发出的嘶嘶声很"迷人"——而且身处比他过去经历过的更加混乱、更迷离和更嘈杂的环境之中,他很难完全控制住自己和他的部队,就更别提半王和他的印第安武士了。目睹朱蒙维尔的头盖骨被打碎,对华盛顿造成的影响是无法衡量的,这一幕看来可能让他懵了一段时间,而这段时间足以让印第安人杀死大部分负伤的俘虏。[12]

而且,丹尼斯·卡宁古恩所说的朱蒙维尔被谋杀后发生的屠杀,是唯一与华盛顿本人给出的法军伤亡数字相一致的叙述。战斗开火几乎总是造成2到4倍于死亡人数的伤亡,弗吉尼亚人的伤亡比例就是3比1。华盛顿的部队缺乏训练,他们褐筒枪(英制燧发滑膛枪)的稳定性也很差,而且实际上人们只要向山下射击,火力线总是会高出目标,除非他们得到指示瞄准很低的目标,所以真的无法相信弗吉尼亚人击毙了13人(甚至不可能像华盛顿所说的那样,击毙10人),却只打伤了1人。法国人投降后遭受的屠杀让华盛顿缩略过的记录变得合情合理了,这场屠杀让形势急转直下,使所有被杀的法国军人看起来好像是在战斗中被击毙的。这也解释了华盛顿为何坚称法国人都是密探,以及他为何一再力劝丁威迪不要相信俘虏的任何说辞。[13]

最后,如此掩盖真相与华盛顿一心保护军事能力方面的脆弱声誉这一点是一致的。在那场小规模战斗之后,华盛顿写下的两封粉饰弗吉尼亚团虚假英勇的信中,其实暗含着他的担忧。一方面,华盛顿吹嘘他拥有面对今后任何挑战的体力和勇气。"我有足够坚强的体格,能够经受最严峻的考验,"在遭遇战的次日,他写信给丁威迪,"我很满意自己拥有去面对任何人挑战的决心,就像考验来临时将会被证明的那样,我相信我们到那时能坚守边境。"另一方面,前景不明的未来让他担心自己身为指挥官的能力。因而,朱蒙维尔和他的部下被屠杀两周后,华盛顿会写下自己"非常热忱地希望"能够"在一位以前有过战斗经验的军官麾下服役"的心愿。[14]

于是,在屠杀当天,华盛顿就返回大草地,仔细编写他的日记。次日,5月29日,他写下正式报告,以仅在技术上勉强真实的方式描述了这一事件,并且派护卫队将俘虏(或者按照他的说法,密探)送往丁威迪处，同时极力要求更多的物资补给和援兵。由于担心法国和印第安人随后会进攻，他也开始催促他的部队尽快将防御工事修建完毕。6月2日，他们的小型圆形寨栅竣工，它被恰如其分地命名为"必要堡"，华盛顿在寨墙内诵读了祈祷文。[15]

祷告当然是有必要的。"必要堡"只有一道7英尺高的圆形栅栏，用被劈开的木材搭建而成，围绕着一座储存弹药和补给的掩体，直径约50英尺，因此它只能容纳60~70人。要塞周围必须挖掘战壕，一旦敌人进攻，可以掩护寨外的守军。此外，要塞和壕沟都位于谷底，被群山环绕，这个位置极易遭纵射火力打击，十分危险。这座要塞的选址如此差劲，又建造得如此蹩脚，以至于只有门外汉和笨蛋才会觉得守得住；半王塔纳格里森既不是门外汉，也不是笨蛋，他试图以"草地上的那座小玩意"这种表达方式，来说明那地方根本就是个死亡陷阱。华盛顿处之泰然、自信满满，对半王的批评不予理睬，认为这座要塞足以抵挡"500人的进攻"。即便是这两个事实——他以前从未修建过一座要塞；他也没有经受过任何数量的敌人进攻——也完全无法动摇他的看法。[16]

华盛顿在下一个月的行为表明，使他无意为建造"必要堡"耗费更多精力和时间的因素，很难说仅仅是他荒谬的自负。相反，他似乎忽略了要采取必需的防御措施，这是因为他无意在大草地久守。他的打算反倒是向前推进，将战火燃烧到迪凯纳堡的城门之下。

考虑到华盛顿对法军在福克斯的兵力几乎一无所知，再加上他认为山的另一边正在做出跨殖民地的努力，为他提供援助、加强力量，这样一来，他向法国发动进攻的意图可能没有往后回顾时那么疯狂。在6月的第二周，由200名士兵组成的一支增援部队从弗吉尼亚赶来，还带来了9门回旋炮（能够发射2磅弹丸的小型火炮）。3天后，一个南卡罗来纳的独立连也来到这片大草地，他们为远征军增加了约100名英国正规军的有效力量和40头肉牛的补给。华盛顿还从由丁威迪委任的军需承包商乔治·克罗根（当时，他与"必要堡"驻军在一起）那里得到保证，6月中旬一个大型驮运队将会为远征军供应5万磅面粉。此外，他还希望利用塔纳格里森和克罗根为中间人，去吸引特拉华人、肖尼人和明戈人参加驱逐法国人的行动。6月中旬，当他手握400名士兵，且诸事看起来好像会继续改善时，他怎会知道其实已经得到了他能得到的最后一批援兵，获得了能获取的最后一批物资，而且俄亥俄的印第安各部无意对法国人采取行动呢？

一个更为谨慎的指挥官可能会预料到最坏的情况，而且会计划好应对措施，但是华盛顿太缺乏经验，根本就不会视谨慎为美德。6月16日，华盛顿留下南卡罗来纳独立连镇守"必要堡"（独立连连长詹姆斯·麦凯上尉是英王直接委任的军官，他拒绝接受弗吉尼亚副总督委任的中校华盛顿的指挥），然后就率领着他的300名弗吉尼亚战士一路向吉斯特的定居点红石堡以及迪凯纳堡而去。[17]

在接下来的两周里，当华盛顿的人马为了让他们的辎重、补给车辆和9门重回旋炮移动，在难以想象的糟糕道路上挣扎的时候，他开始认识到为最坏情况打算的价值了。马车不断损毁；马匹的死亡率也十分惊人。每一辆被抛弃的马车和每一匹累毙的马都意味着军队不得不靠人力来运送的辎重和火炮变得越来越多。行军纵队走过的每一英里的速度，都比前一英里更慢，消耗的精力也更多。远征队伍到达吉斯特的定居点后，华盛顿、克罗根和塔纳格里森与特拉华人、肖尼人和明戈人的代表举行了为期3天的会议，他们想要努力说服代表们加入远征队伍，一起对抗法国人。但是，这些部落仍然无动于衷，置身事外。[18]

塔纳格里森意识到自己毫无希望：仍留在俄亥俄地区的印第安部落拒绝接受他的领导，显然他们心中正在将之强化成更愿意为法国人举起战斧的立场。他很容易明白个中缘由。因为假如俄亥俄印第安人加入英方，他们出于安全的考虑，会放弃俄亥俄河流域，举家迁徙到宾夕法尼亚或弗吉尼亚的白人定居点居住，在战争持续期间他们会在那里像难民一样生活。与此同时，他们的年轻人身为武士，将冒着生命危险，为一个从未表现过自身是可靠盟友的政府的军队服务，和一个还未能证明自己能胜任指挥官职务的人指挥的军队协同作战。这又是为了什么呢？为了使英国人能够确保对俄亥俄地区的控制权，一旦法国人被驱逐，英国人就会让他们的开拓者和牲畜像大群蝗虫一样迁入此地。塔纳格里森对此十分清楚，他的处境在当时是无望的，而且仍然留在华盛顿的军队里会让他什么都得不到。会议结束后，他悄悄回到大草地，集合他的家人和几乎所有的追随者，离开此地前往乔治·克罗根在奥威克（今宾夕法尼亚州雪利斯堡）的边境贸易站。在那里，他将在 10 月 4 日死于一场疾病，而他的追随者怀疑他中了巫术。在他临终前，人们听到他说华盛顿是"一个和善的人，只是没有经验"，而且尽管华盛顿非常不了解丛林战，也不了解印第安人，却"总是要驱使印第安人按照他的指示去战斗"。[19] 哪个心智正常的人会为这样一个人而战？

华盛顿对塔纳格里森的离去表示遗憾，派出信使竭力劝说他回来；但是，他从不认为印第安人能在欧洲式的军事行动中起到决定性的作用，因此他没有放弃早先对法国人施压的计划。如果不能指望印第安人帮助他进攻迪凯纳堡，他仍然会向红石溪进军，在俄亥俄公司的碉堡周围构筑工事，等待他以为的正在路上的援军。于是，尽管食物补给逐渐减少，马匹和马车一直在损失，他还是依靠顽强的意志力驱使他的部下继续前进，以改善从吉斯特定居点到红石堡的道路。他一直怀有坚定的决心，直到 6 月 28 日。这一天印第安探子传来情报，一支强大的法军已经离开迪凯纳堡，意图将弗吉尼亚人赶回阿巴拉契亚山脉以东的地区。在暂停一日，考虑在吉斯特的定居点抵抗后，华盛顿和他部下的军官决定撤退。[20]

华盛顿知道这是个明智的决定，其实这个决定比他了解的更为明智，因为他和他的部下没有任何条件去应付正从福克斯赶来的法军。在孔特勒克收到朱蒙维尔战败而亡的消息后不久，他的驻军又得到从加拿大而来的 1000 多人的庞大援兵。朱蒙维尔少尉的兄长路易·库隆·德·维利耶上尉指挥这支新来的分遣队，他乞求孔特勒克准许他率兵出征去惩罚华盛顿和他的部队。孔特勒克已经开始全面武装一支由约 600 名法国正规军和加拿大民兵组成的部队，以及大约 100 名印第安盟军。他欣然同意维利耶出征。于是，6 月底，当库隆·德·维利耶从迪凯纳堡出发时，他指挥的是方圆 1000 英里以内最强大的一支军队。他们轻装上阵，迅速沿莫农加希拉河谷而上，逼近弗吉尼亚团。

与此同时，华盛顿的撤退却变成一场噩梦。死去的驮畜极多，在两天之内，战士们不得不靠人力拖着或推着装满补给和大炮的货车前行约 20

英里。7月1日，周二，华盛顿的部队到达"必要堡"时，哪怕有人提议继续撤退，那都是一件根本不可能办成的事情。部队太过疲劳，无法继续撤退，而且从印第安探子那里送来的报告表明，法军就在他们身后不远的地方。因此，华盛顿的弗吉尼亚团和南卡罗来纳独立连只能尽力改善他们的防御设施，等待法军进攻。[21]

周三夜间开始下雨。如果有人能够在漏雨的帐篷里睡得着，那他就是最幸运的人。大多数人没有任何地方可以避雨。黎明前谷底就已变成一片泽国，堡垒两侧的壕沟里全是泥水。周四上午点名的时候，"必要堡"的400名官兵只有300人适合出勤。[22]

大约11点，法军来攻。起初华盛顿似乎以为他的对手会在开阔地战斗，于是让他的部队出动，去草地上作战。库隆·德·维利耶是一位老兵，参加过上一次战争，因而能够发现会给予他最大战术优势的地形。首先，他让他的部队沿着林木丛生、俯瞰要塞的山坡散开。当法军开始齐射华盛顿的编队时，后者马上意识到自己的错误，命令部队迅速返回营寨和外垒。英军在营寨和外垒度过了地狱般的8个小时，同时敌军不断向浅壕射击。浅壕对滑膛枪子弹的阻挡作用很小，而且对防雨根本没有任何用处。而进攻方以树木做掩护，射程距离英军阵线只有60码，还能让滑膛枪保持干燥以便开火，总之占尽一切优势。由于英军滑膛枪的击发部件不能防水，暴露在雨中的步枪很快就变得毫无用处；只有经过取出弹丸和火药，然后在重新装弹前将枪管和枪机清理风干的烦琐程序，这些滑膛枪才能重新发射。由于弗吉尼亚团和南卡罗来纳独立连"只有几根螺纹杆"——清理无用火药所需的工具——到了下午3点左右，他们的步枪几乎没有一支还能发射。困在只有2~3英尺深，一半灌满水的战壕里，同时暴露在无情的步枪火力之下，就连能看清敌人时也无法还击，"必要堡"的守军变成了紧挨在一起的可怜靶子。夜幕降临时，约33%的守军非死即伤。

随着天色变暗，守军的军纪也趋于瓦解。这不足为奇，因为守军已经承受巨大的压力，此时有充分的理由认为法军和印第安人很快就会像杀猪一般屠杀他们。于是，他们闯进了要塞里的藏酒库。"天一黑，"华盛顿部下的一位连长亚当·斯蒂芬上尉写道，"我们的部队超过一半的人都喝醉了。"[23] 华盛顿肯定知道哪怕雨停,他的部队也无法抵御另一次法军进攻。他的第一场战斗以屠杀收场,当时他无法阻止塔纳格里森及其印第安武士杀死法国人。此时,随着他自己的部队失去控制,看来他的第二场战斗将以另一种屠杀告终。

然后,晚上8点,当法军阵线中的火力在暮色和大雨中逐渐减弱时,从一个意想不到的地方得来了解脱。树林中有人喊话邀请英军谈判:德·维利耶上尉会保证任何一位希望来商谈条件的军官的安全。华盛顿犹豫了——这是个骗局吗?之后,他还是派了他的老伙伴和翻译雅各布·范·布拉姆去和法军会面。范·布拉姆上尉一直在指挥一个弗吉尼亚连,他很清楚英军脱困的希望已经非常渺茫。因此,当他得知库隆·德·维利耶正提供一个机会让他们带着英勇战败者的荣誉撤出战场时,他可能感受更多的是惊讶而不是松了一口气。法军指挥官解释道,他是来为他惨死的弟弟和他弟弟的部下报仇的。如今他已经报了仇。如果现在英军准备在投降书上签字,撤出俄亥俄地区,承诺在一年之内不会复返,同时遣返他们抓获的俘虏,并且留下两名军官去迪凯纳堡当人质,以保证履行投降条件,他就允许他们在次日带着私人物品、武器和军旗离开。不过,如果英军不同意这些条件,库隆向这位来谈判的荷兰人保证,他会歼灭他们。

范·布拉姆带着法军提供的报告和一份雨水浸渍过的投降条款副本回到城寨,让华盛顿签字。他显然不了解,或者至少条款没有说明,这份几乎难以辨别字迹的文件将"刺杀"朱蒙维尔少尉的责任归咎于华盛顿。城寨里没有一个人意识到当华盛顿为这些条件签字时,他正在承认对"刺杀"事件负责,也没有一个人了解如果一场战争因此接踵而至,华盛顿的承认会对法国具有多么大的价值。华盛顿或者他麾下的任何人,都不知道为何法国人会事先准备好给他们提出的这些条件。没有人知道进攻方的粮食很少,而且几乎已经没有弹药;没人能猜到库隆·德·维利耶既担心"必要堡"会很快得到增援,还在疑虑在和平时期是否有权抓获战俘。

在要塞内漏水的库房里、摇曳的烛光下,华盛顿和他的下属军官根本看不清东西,对这份法军提供的文件一知半解。他们只知道法国人正在给他们提供一条出路，他们要抓住这个机会。范·布拉姆和另一位连长罗伯特·斯托博志愿留下给法国人当人质。午夜前几分钟，华盛顿在投降的法律文件上签了字。次日（即7月4日）上午10点，意志消沉、疲惫不堪、因宿醉而难受的战斗幸存者三三两两走出"必要堡"，他们准备慢慢回到威尔斯溪。直到那时他们才发现，参加这次进攻的印第安人不是法国人的传统盟友渥太华人或怀安多特人。一位目击者颇为震惊地写道："对我们来说最为严酷的事情"很快就变得很清楚，"攻击我们的印第安人都是我们传统的印第安盟友肖尼人、特拉华人和明戈人"。[24]

7月3日，在英属北美殖民军约300名战斗人员中，有30人阵亡和70人负伤（许多人伤得很重）。法军和印第安部队仅3人阵亡，还有一些人负伤（人数不确定），其中大部分应是轻伤。[25]

直到7月9日，华盛顿的部队才用临时担架抬着伤势最重的伤员，步履蹒跚地跋涉50英里回到威尔斯溪。华盛顿写下了他递交给丁威迪的第一份战败报告，要求另派一位军医来帮助他团内的军医对尚能救活的伤员进行截肢手术。在接下来的两个月里，他的部队开始不断有士兵逃离，有时竟多达16人。那些无论是由于忠诚还是因为缺乏逃跑的体力留下来的官兵，并没有停止受苦。华盛顿在8月11日写道，他的部队中"大部分士兵都衣不蔽体，几乎没有一个人有鞋袜或者帽子"。难怪"他们只要有机会就会当逃兵。没有一个人有毯子能让自己避免受冻或受潮"。[26]

华盛顿的弗吉尼亚团在肉体和精神上都饱受打击，不能再继续战斗了。反观另一方，大获全胜的法军稍做停留摧毁"必要堡"之后，便回师福克斯了。7月6日，法军烧毁了俄亥俄地区英国占领区的最后遗迹——克里斯托弗·吉斯特的贸易站和红石堡。当库隆·德·维利耶和他的部队进入迪凯纳堡时，法军步枪齐射、礼炮齐鸣，欢迎这些凯旋的英雄，他们成功完成了塞洛龙在5年前就开始执行的任务。

迪凯纳侯爵欣喜地收到孔特勒克的报告——俄亥俄河流域终于安全了。他命令俄亥俄地区各处要塞的驻军保持严格的防御姿态，同时将他们的兵力削减到总共只有500人的程度。他还指示开始进行补贴贸易，以确保俄亥俄地区的印第安人不会被拉回到英国人的商贸渠道中去。迪凯纳深信自己完成了使命,他写信给海军大臣,辞去新法兰西总督之职,请求再度回到海军任职。10月,当他等待机会返回法国时,他履行了自己的最后一项外交使命,接受这项使命时,他可能比平时更加心满意足。一个由奥农达加人派出的易洛魁代表团前来修复与法国的关系。绝对不像塔纳格里森希望的那样死去,奥诺蒂奥反而成为俄亥俄地区的霸主。[27]

第 6 章

冲突升级

1754 年

在威廉斯堡，华盛顿战败的消息如同晴天霹雳，横空劈在罗伯特·丁威迪身上。短短几天之内，丁威迪陆续向南方事务部国务大臣、陆军大臣、贸易委员会主席，以及在英国本土实际掌权的每一个人报告；他心急火燎地写信向邻近殖民地的总督求援；他下令征募更多部队赶赴威尔斯溪；他还开始敦促华盛顿在夏天结束之前再度进攻，而且开始为战役制订计划，为了这场战役，他亲自在下议院8月会议上争取得到2万英镑军费的拨款。除了一件事，他的所有努力基本都白费了。下议院议员在不能为一比斯托尔费用之争向丁威迪认输一事扳回一城之前，坚持拒绝拨款。而华盛顿在努力维持他的残部免于完全崩溃之外，在威尔斯溪肯定难有更多作为。没有下议院的进一步拨款，也就无法招募后续部队。除了北卡罗来纳，没有一个邻近殖民地愿意提供实质性帮助，而北卡罗来纳规定拨付的款项只能在本殖民地以内使用（这个条件说明立法机关比起支持弗吉尼亚，更关心的是扩大北卡罗来纳贫乏的纸币供应）。9月初，丁威迪因为不能对法国的威胁做出任何回应而感到非常沮丧，他正在认真考虑是否辞职。此时，他还不知道他发给伦敦上级的那些报告正在制造他的所有其他努力都未能产生的刺激效果。[1]

丁威迪的正式报告在9月16日送到伦敦，而纽卡斯尔公爵在两周前便首次听闻华盛顿战败的惊人消息。早在9月5日，他就写道，大不列颠政府不可

> 延缓或拖延采取适当措施自卫和收复失地……如果法国人的这

些做法都能被容忍，我们将丢失整个北美。比起蒙受这样的侮辱，对这个国家而言，没有比这更糟糕的战争了。真相是，法国人在索取几乎整个北美，而且无论何时，只要他们愿意或者只要他们宣战，就可以将我们赶出去。但那是我们一定不能也不会去蒙受的耻辱。我希望我们能立即采取此类措施……为了将来，决心将最繁重的苦劳和控诉加诸他们身上。[2]

纽卡斯尔仍然希望在北美采取果断行动（北美局部的决定性战争），借此恢复那里的势力平衡，而不必再次引发英法之间的全面战争。这类主动行动需要比以往任何时候都更谨慎的运作，以避免挑起法国人的进一步敌对行动，但是纽卡斯尔相信他的大陆"体系"（援助低地国家，与西德意志诸邦签署补贴协议，向丹麦和西班牙示好，与奥地利缔结防御同盟）已经让法国很难在欧洲做出军事回应。速战速决的关键在于迅速而秘密地设法在法国人能够回击之前，在北美一击制胜。在北美战争中猝不及防，而且在欧洲采取防御性的外交策略，这会削弱法国人的力量，使其变得虚弱（或者如纽卡斯尔所言，会发现自己为了"最繁重的苦劳"不堪重负），以至于寻求与英国进行谈判，和平解决北美的争端。丁威迪的详细报告到达时，纽卡斯尔已经开始考虑派遣一位总司令官和一个或者几个步兵团前往北美殖民地，在那里英帝国可以用这些军事力量来维护对俄亥俄地区的控制权。实际上，他甚至已经做到了向陆军统帅坎伯兰公爵威廉·奥古斯塔斯王子殿下寻求支持的地步。

纽卡斯尔愿意寻求坎伯兰的帮助，没有什么比这更能显示出他对此事的深切关注，因为在通常情况下，他认为坎伯兰公爵是一个危险人物（他不会轻易寻求公爵的帮助）。除了在军部身居高位，坎伯兰还是英王乔治二世最宠爱的儿子，比起外交，他更倾向于采取军事行动。1745年，坎伯兰指挥英军镇压苏格兰高地起义时，他身为将军，更喜欢使用残忍的大锤战术而不是克制的处理方式。他赢得绰号"卡洛登屠夫"靠的可不是谋略。纽卡斯尔心里清楚，制定应对法国在俄亥俄得胜的举措时，让这样一个人发挥太大的影响力，可能会成为和平的最大威胁。但如果缺少此人的合作,他根本无望将法国人逐出俄亥俄地区,因此纽卡斯尔还是进行了必要的接洽。

丁威迪的公函到达之后不到一周,纽卡斯尔和坎伯兰就已让国王批准由爱德华·布拉多克少将指挥两个爱尔兰步兵团前往北美的计划。两位公爵起初一致同意的是一个相对温和的北美作战计划,它分三步清除法国人的"侵犯":第一步,1755年春,布拉多克应当将法国人从俄亥俄地区驱逐出去;第二步,他会向北运动到纽约边境,摧毁圣弗雷德里克堡,那是法国在尚普兰湖畔的克朗波因特维持了20年的据点;最后一步,他会将法国人驱逐出他们最近在连接新斯科舍半岛和加拿大本土的地峡一带修建的几座要塞。各英属殖民地会征召部队提供布拉多克可能需要的任何支持。布拉多克的总司令职务将被扩展定义为具有凌驾于各殖民地总督之上的权威,同时允许他将各殖民地视为一个整体组织筹划防务。纽卡斯尔之所以会批准这个计划是因为它会分阶段进行,在各个阶段之间,可以根据需要同法国进行谈判。当哈利法克斯伯爵得知这个计划时,他"极为高兴",不仅仅是因为这个计划对新法兰西殖民地采取了强有力的措施,他一向认为这些措施是有必要的。哈利法克斯喜欢这个计划的另一个原因是它让出任总司令的人成为事实上的所有英属殖民地的总督:一位王家官员可以按照哈利法克斯一直主张的方式将殖民地防务合理化,并且成为殖民地行政机关的核心。[3]

对纽卡斯尔来说不幸的是,坎伯兰很快就证明他是无法被掌控的。他和他的盟友——尤其是陆军大臣亨利·福克斯,纽卡斯尔比较重要的政敌之一——不久就对原计划乱动手脚,使计划带有较为明显的侵略性。10月初,福克斯公开宣称,"奉命在北美指挥各团的军官将即刻去修复他们的哨站",这破坏了对纽卡斯尔的计划至关重要的保密性,从而让法国人意识到了英国人的意图,也让坎伯兰实质上可以在提出各种后续措施时不受约束。

10月底,分阶段清除边陲法国要塞的纽卡斯尔-坎伯兰计划已经转变成鲜明的坎伯兰计划——这一计划要求在4条战线上同时出击。一支远征军会向俄亥俄各要塞进军,另一支远征军会去摧毁安大略湖湖畔的要塞尼亚加拉堡，第三支远征军会去摧毁圣弗雷德里克堡，而第四支远征军会去摧毁新斯科舍地峡的防御工事。11月底，在正式发布完给布拉多克的各项指示时，实际上他接受的命令和他要完成的任务，已经大大超过了随他出战的两个团能完成的程度。布拉多克将会指挥北美现有的全部英国正规军（驻新斯科舍的3个团和驻守纽约与南卡罗来纳的7个独立连）；上一场战争结束后已经在各殖民地解散的2个团将会重建，重新募足兵力。所有支持这些部队行动的殖民地会设立一项共同防御基金，而布拉多克会成为这项基金的唯一管理专员。此外，布拉多克有权在费用过于庞大或者军情太过迫切，来不及从共同基金支取钱款时，动用军需资金。各北美殖民地总督将会提供一切必要的营房、物资和运输工具，并且让布拉多克可用的兵员达到3000人——如果志愿从军的人太少，不能募足或者填满布拉多克指挥的几个团的员额，就从民兵中征募。[4]

当政策的变动开始清晰时，哈利法克斯将自己的命运完全寄托在坎伯兰、福克斯以及内阁的其他激进派手中。哈利法克斯本人不是外交家，他对外交政策的看法完全由自己在殖民地的利益决定。一旦北美看起来好像要登上舞台的中心，他就宁愿忽略纽卡斯尔坚持的主张，后者认为真正利害攸关的问题是如何尽最大的努力阻止法国人铤而走险，同时又不能牺牲欧洲的和平。哈利法克斯早在1749年就提出的多项措施，诸如由殖民地代表大会创建共同防务基金，已经在着手实施。10月底，南方事务部国务大臣发指示给各殖民地总督，要求他们通过各地议会筹集资金，以便让总司令官处置这些资金，哈利法克斯怎能不欢欣鼓舞呢？[5]

哈利法克斯全力支持坎伯兰派，开始为将在北美采取的军事措施提出一些好的建议，因为他比英国政府的其他任何人都更了解北美的情况和地理条件，而他对纽卡斯尔公爵的舍弃标志着这位公爵对于北美政策制定的影响力已然被大幅削减。从1754年9月中旬到10月底，纽卡斯尔愕然发现自己已从英国外交政策的缔造者变成了焦虑的旁观者。他只能紧握双手，希望布拉多克在北美尽快行动，而且要取得辉煌胜利，让法国人无力守卫他们在那里的阵地；他还可以祈祷自己如此费心维持的欧洲大陆"体系"会阻止法国在欧洲采取行动。对纽卡斯尔来说不幸的是，当布拉多克扬帆起航时，欧洲的大事件几乎肯定在向同一个方向变化，所有和平解决北美争端的希望都将随他一起扬帆而去。[6]

1754年秋，法国内阁在得知英国内阁咄咄逼人的决心的那一刻，其领导人便开始计划从法国大举增兵来支撑加拿大的防务。时间对法国来说是重中之重，与英国人可以在即将来临的冬季将部队派往弗吉尼亚相反，在圣劳伦斯河封冻之前，法国人无望组建一支远征军及时赶到加拿大。因此，让运兵船准备好在春天尽快从布雷斯特起航刻不容缓，从而能够让船只在圣劳伦斯河一旦能通航时，便能到达加拿大。最终，法国决定派遣78个正规步兵连去加拿大（人数几乎与英军的8个步兵团相等），由一位久经战阵的将军让-阿尔芒·迪斯考男爵指挥。与此同时，法国政府在两方面加强了外交活动。一方面，为了争取时间，甚至可能是为避免在北美的冲突公开化，他们开始与英国内阁，就在北美的阿勒格尼山脉与沃巴什河之间设立一个中立区进行直接谈判。另一方面，他们继续进行与奥地利的秘密谈判，旨在摧毁英国在欧洲大陆的同盟"体系"。[7]

自从奥地利王位继承战争结束，《亚琛和约》将西里西亚行省交给普鲁士人控制后，奥地利女大公玛丽亚·特蕾莎对于与英国的同盟关系日益不悦。大约在1751年，她开始鼓励她最伟大的外交官文策尔·冯·考尼茨伯爵去开展同法国达成新谅解的工作。到1756年5月，奥地利和法国缔结《凡尔赛协定》之前，虽然两国还没有签署任何正式协议，但考尼茨和法国宫廷已经就1754年年底之前达成和解，取得了可观的进展。考尼茨的目的是通过推翻奥地利与英国长达半个世纪对抗法国和普鲁士的同盟，代之以奥地利、法国与俄国三国共同对抗普鲁士的同盟，以彻底颠覆现有的欧洲均势。所以，考尼茨希望给予女大公解决问题的办法，以收复失去的西里西亚行省。[8]

1754年年底，考尼茨的运筹帷幄和法国人的各种回应仍是极度机密的，但是纽卡斯尔已经开始怀疑有什么地方不太对劲。12月中旬，他写道："维也纳的行动着实令人吃惊。他们表现得好像无需我们出场一样。"他担心"伟大的体系处于濒临解体的紧要关头"。[9]其实，纽卡斯尔的焦虑远超前于他得到的信息，因为在1755年年中以前，从奥地利宫廷送来的外交公函都不会清楚地暗示政策的变化。尽管如此，随着纽卡斯尔的地位每况愈下，加之咄咄逼人的坎伯兰公爵在内阁得势，纽卡斯尔比其他任何人都清楚，英国和法国之间的和平在多大程度上取决于玛丽亚·特蕾莎及其外交官的行动。如果欧洲爆发战争，没有人比纽卡斯尔更清楚英国的处境会有多糟。

因此，1月16日从科克出发，前往弗吉尼亚的2个兵员不足的爱尔兰步兵团，肩负的是实实在在的千钧重担。其实，纽卡斯尔心知肚明：一切都取决于布拉多克能否成功地将法国人赶出他们在俄亥俄地区的各处阵地。纽卡斯尔能做的一切就是等待和期望。

事实上，到1755年年初，英法之间的战争几乎变得不可避免。这场战争的源头落在一堆千缠百结如乱麻般的事态之中，不论是纽卡斯尔还是其他任何欧洲外交官，都无法完全理清这些事态发展的头绪，更不用说控制这些事态了。易洛魁联盟的中立政策日益衰败，俄亥俄河上游流域印第安各部的独立性不断增强；英属北美商人和土地投机者蜂拥进入俄亥俄地区；法国人担心会失去俄亥俄，从而使新法兰西和伊利诺伊地区失去联系；英国诸大臣对法国在北美内陆和欧洲大陆日益增长的势力感到焦虑；还有丁威迪、迪凯纳、纽卡斯尔、坎伯兰甚或诸如华盛顿、克罗根和塔纳格里森等当时不知名人物的个性。所有这些因素相互作用，让已经在俄亥俄河流域东部边缘引燃的火势越来越旺。欧洲同盟体系推倒重来，英国和法国向北美派兵，再加上激进派政治家在英国得势，这些事态将利用那些相对次要的插曲，如朱蒙维尔之死和"必要堡"战斗，使它们变成甚至比纽卡斯尔能预见到的还要悲观、危险得多的大事件。边境极少数人的冲突会怎样扩大为一场世界大战，这场战争将如何重绘各大欧洲帝国的版图，它又将如何改变英国和各英属北美殖民地之间的关系——这一连串事件就连想象力最丰富的人都始料不及。但是在非常现实的意义上说，当1755年年初布拉多克的部队扬帆前往弗吉尼亚时，万事都取决于这支部队将在北美的荒野深处完成或者完不成什么。

第二部分

失　利

1754—1755 年

战争前夕，英属北美各殖民地对逐利的兴趣要比联合更大。英国为殖民地指派一位总司令官强行推动合作。爱德华·布拉多克到达北美，取得指挥权，对殖民地战争的性质觉醒得太晚。威廉·雪利接替布拉多克，取得了一些并不可靠的战果：驱逐阿卡迪亚人、乔治湖战役以及在纽约边界筑垒。英国政局混乱，与此同时在欧洲发生了一场外交革命。威廉·雪利倒台，他是对手野心和自身后台弱势的牺牲品。

第 7 章

奥尔巴尼会议和殖民地的分裂

1754 年

朱蒙维尔于幽谷被杀与"必要堡"的战斗，在白厅激起了比任何一个殖民地政府都更为强烈的反响。显然，各殖民地立法机关对共同防御事务表现得很冷淡。哪怕法军和英军士兵从 5 月至 7 月一直都在厮杀，哪怕一支法军守备队已经占领俄亥俄地区的福克斯，殖民地的政治家对遵守贸易委员会的命令依然几乎没有表现出紧迫感。这份命令要求他们派代表前往奥尔巴尼开会，意图改善与印第安人的关系，促进边境防务。奥尔巴尼会议对修复与易洛魁人的关系只做出了有限甚至最终徒劳的努力，而且没能使殖民地团结一致，这似乎证明哈利法克斯和内阁的激进派是正确的：只有任命一名总司令作为国王的直属代表，各殖民地才会合作。爱德华·布拉多克确实为协调殖民地的总体防务做出了种种努力，但是各殖民地的回应以及殖民地立法机关与布拉多克的继任者劳登伯爵之间更为棘手的关系，将会使殖民地防务陷入瘫痪，而不是有所促进。因此，在七年战争的第一个阶段，英军连连败退，而且殖民地和宗主国之间的关系极其紧张，这使大西洋两岸的英国人都有理由为帝国的未来战栗不安。

1754 年 6 月 19 日—7 月 11 日，奥尔巴尼会议的与会代表就已得知华盛顿与朱蒙维尔的遭遇战；在他们休会之前，甚至得知了华盛顿在"必要堡"战败的结果。这两个消息显然对他们的开会评议产生了很大的影响，因为最初正是对战争前景的焦虑导致贸易委员会下令召开会议。但是，根据殖民地专员和他们的随从在奥尔巴尼的举动来判断，相比殖民地联合计划的创建，在那里推动事件发展的各种担忧更多地是与殖民地自我扩张的惯常做法有关，尽管人们往往是因为前者才记住这次会议。[1]

尽管会议进程表面上庄重得体，其实内部充斥着复杂的分歧与阴谋，而且最重要的进展都是在正式会议以外发生的。康涅狄格的土地投机集团代表和宾夕法尼亚特许领主家族的代理人爆发了激烈争论，甚至大动肝火。他们激烈竞争宾夕法尼亚范围内易洛魁人转让的一大片土地。在印第安人中间传教的公理会教士蒂莫西·伍德布里奇与诡异莫测的独眼纽约人约翰·亨利·利迪亚斯——一个与印第安人进行贸易的商人，同时也是一个走私犯，长期在奥尔巴尼和蒙特利尔毫无顾忌地活动——在从萨斯奎汉纳河上游的怀俄明谷地购买500万英亩土地的项目中狼狈为奸。伍德布里奇装点门面，同时利迪亚斯干着下作勾当，在每条路的拐角拦截印第安各部酋长，给他们灌烈性酒，直到他们卖掉他们所说的在怀俄明谷地拥有的土地产权为止。除了耗费大量的朗姆酒，萨斯奎汉纳公司为了让他们签字花费了2000英镑纽约币。由于康涅狄格的3位代表都是萨斯奎汉纳公司的股东，看起来他们好像不反对利迪亚斯的做法；事实上，他们显然认为怀俄明土地的交易是他们在奥尔巴尼取得的唯一一项真正的成就。[2]

与此同时，宾夕法尼亚当局无意让康涅狄格的投机商获得数百万英亩专有土地的所有权，有鉴于此，便派遣自己的印第安事务外交官康拉德·韦泽，去和易洛魁人商谈转让他们在宾夕法尼亚境内剩余所有土地的所有权。就像利迪亚斯和伍德布里奇一样，韦泽也成功获得一纸关于到此时为止未转让的易洛魁土地的契约——这次交易的是北纬41.31度和马里兰边界之间萨斯奎汉纳河以西的所有土地——回报是一笔象征性的金额（400英镑纽约币）和此后会分期续付的承诺。与任性的利迪亚斯不同的是，韦泽只是慎重地同奥农达加人的官方与会发言人亨德里克酋长交涉，因此获得了一份不那么有欺诈嫌疑的契约。然而，这两笔土地交易其实只是在欺诈程度上有别而已，因这些肮脏交易而引发的冲突将会毒害康涅狄格、宾夕法尼亚、易洛魁联盟与在怀俄明谷地定居的特拉华族印第安人之间的关系，产生多年不利的影响。比起幻梦式的无果联合计划，奥尔巴尼会议遗留下来的最持久的问题应是在扬基人、宾夕法尼亚人和印第安人中间挑起了一场争夺怀俄明谷地的致命斗争。[3]

会上对政治权力和经济影响力的争夺相对来说更加平和，但是各代表团之间的竞争激烈程度依然丝毫不减。例如，纽约代表团希望其他殖民地的代表团承诺他们的政府会帮助纽约在易受攻击的北方边境修建要塞。新英格兰的代表团则担心要让他们自己的殖民地承担修建这些要塞的费用，而这些要塞对保护新英格兰的民众全无用处，因而他们否定了纽约代表团的提议。同时，趁着奥农达加人对莫霍克人和俄亥俄诸部族的影响逐渐衰弱这一有利形势，纽约人和宾夕法尼亚人相互争夺与易洛魁人的贸易利益。

然而，这些并不能涵盖奥尔巴尼会议的全部或者大部分事项，经济利益和各殖民地的利益在奥尔巴尼进行的这场争斗中处于紧要关头：个人野心和派系阴谋随处可见。例如，纽约代表团的主要成员利用每一个机会抢先于其他正好是他们政治对手的纽约人，先发制人。会议主席詹姆斯·德兰西代总督便是其中的代表。他不仅是纽约最显赫的政要，还是纽约城的主要商人之一。德兰西通过与纽约的另一位代表，莫霍克河谷印第安部落的强大贸易商威廉·约翰逊联手，来扩大自己与莫霍克人的贸易往来，从而削弱奥尔巴尼商人一个多世纪以来对与印第安人商贸往来的控制。为了符合他们扩大政治和经济利益的共同意愿，德兰西和约翰逊非常重视培养与托马斯·波纳尔的友好关系。托马斯·波纳尔是个雄心勃勃、人脉极广的英国青年，最近刚来到纽约寻找财路。波纳尔不是与会代表，而是一位非正式观察员，但是德兰西依旧邀请他与自己同行。这个人值得破格关照——他刚好是英国贸易委员会秘书的弟弟，这层关系让他们有门路传话给身居高位的哈利法克斯伯爵。不足为奇的是，波纳尔在寄给哈利法克斯的会议记录报告中，强调了德兰西和约翰逊的诸多贡献，他还提议如果委员会将印第安事务交给一个有经验的人——约翰逊——来处理，将会非常有利。[4]

意识到波纳尔值得结交的与会代表并非只有德兰西和约翰逊两人，本杰明·富兰克林也察觉到了这一点。富兰克林无疑是英属北美殖民地最聪明睿智、最具雄心壮志之人。他是宾夕法尼亚的代表，提倡跨殖民地的合作——他提出的针对"团结北方各殖民地计划的简短建议"成为奥尔巴尼会议最终通过的殖民地联合计划的基础。但是对富兰克林而言，奥尔巴尼会议上宾夕法尼亚殖民地代表的身份，在优先级上要次于代表他个人利益的身份。这个离家出走的学徒早已成为费城的大印刷商，他还是费城最富有的人之一，1748年从印刷业退休后，他打算将全部精力投到公共服务和对科学事业的谦恭追求上。不到6年，他就成为英属各殖民地的邮政代理总长，成为享有国际声誉的发明家和科学家，以及北美最有影响力的平民之一。1754年他预见到会出现一个急剧扩张的英属北美帝国，而且并非巧合地设想自己会在其中扮演一个重要角色。他对俄亥俄河流域具备的战略（和投机）潜力特别感兴趣，他认为英王会在该地区创建两个新殖民地，来充当对抗法国在北美内陆统治地位的堡垒。出于这些原因，富兰克林在宾夕法尼亚代表团为自己谋得一席之地，一到奥尔巴尼，他就不知疲倦地向其他代表和托马斯·波纳尔灌输自己的殖民地联合计划，而波纳尔显然被这个精力充沛的费城人及其各种看法深深打动。[5]

在所有出席奥尔巴尼会议的人之中，利己意识最为淡薄的代表可能就是马萨诸塞殖民地的首席专员托马斯·哈钦森。哈钦森在自己的领域，同富兰克林一样引人注目：哈钦森是一位十分有天赋的历史学家，同时也很富有、才华横溢，而且就像所有北美地区的居民所能做的那样，他旗帜鲜明地推动了英属北美帝国行政管理的改善。相较于政治，他的商业才能要略胜一筹。甚至在他16岁从哈佛学院毕业之前，从商就已让哈钦森赚了一大笔钱。1737年，在他还只有26岁的时候，他就首次代表波士顿当选为马萨诸塞殖民地议会的议员；1745年，他为路易斯堡远征筹措军需资金；1749年，他策划了将马萨诸塞殖民地贬值的法定货币兑换成硬通货的行动；并且在类似奥尔巴尼会议这样跨殖民地的会议上，他成为马萨诸塞殖民地最值得信赖的外交官。

上述这些资历一定程度上解释了他为何能出席奥尔巴尼会议，但是让哈钦森来到奥尔巴尼最重要的原因是他与马萨诸塞总督威廉·雪利的密切关系——他是后者的顾问。雪利一直是北美最成功的英国皇家总督，他深信要将各殖民地置于伦敦更密切的管理之下，于是为了这个目的，他赞成成立殖民地联盟的理念。此外，雪利和富兰克林一样，对于在这样一个联盟中扮演领导角色的前景不可能毫不心动。因此哈钦森为拟订奥尔巴尼会议上的计划与富兰克林进行密切合作，但与其说他做这些事情是为了获得切身利益，倒不如说是为了促进总督和殖民地的利益。因为哈钦森也知道湾区殖民地（马萨诸塞）在乔治王战争中承担了大部分的战火冲击和军费负担，所以他希望在未来的任何冲突中，各殖民地能够更加公平地分担各种义务。

在奥尔巴尼会议的所有主要与会者之中，只有哈钦森没有刻意和托马斯·波纳尔套近乎。性格因素使他对波纳尔的人际关系网漠不关心——哈钦森讨厌和朝臣打交道，而且对私人关系的兴趣尤其冷淡——为此，虽然他和波纳尔相互钦佩彼此的能力，但他们实在是一直都不太喜欢对方。然而，最主要的原因是哈钦森敏锐的政治意识让他对波纳尔敬而远之。哈钦森非常了解自己的后台雪利总督和波纳尔的朋友德兰西副总督分别与英国政府内的对立派系结盟——得益于与纽卡斯尔公爵的关系，雪利获得了总督的职务，而德兰西则是贝德福德公爵的政治扈从。和出席奥尔巴尼会议的大多数人一样，他也察觉到在上一场战争期间，雪利和德兰西就已经彼此憎恶。[6]

正如所有这一切表明的那样，奥尔巴尼会议的进程绝不简单，以至形成了错综复杂的局面：各殖民地，商界、政界以及其他各色人等，都寻求在商业、土地、影响力或者权力等方面取得某些有利条件。在某种程度上来说，此类活动非常普遍，乃至于人们几乎可以将之当作殖民地政治背景的噪音而忽略掉。但是英法在北美的冲突，以及战争结束之后留下的种种危机，在很大程度上是由于德兰西、约翰逊、富兰克林、哈钦森、雪利和其他类似人等的敌意和野心造成的。所有这些人通常都太渺小，而且太过远离权力中心，因而他们往往不足以决定政策和大的战略；但是如今他们在即将陷入一场大战的帝国边缘所处的地位，反倒赋予了他们的行动罕见的分量，造成了不同寻常的结果。奥尔巴尼会议通过了一份前所未有的同盟计划，它可能有助于建立殖民地之间的合作关系。尽管出于本能以自身利益为重，但与会代表可能已经发觉他们的独特处境，或者至少明白已经在不断酝酿的战争风险有多大。然而，无论他们想到或者悟到什么，如果各殖民地议会乐意接受这个计划，将消除对英属北美殖民者为共同事业团结一致奋斗的能力的所有怀疑,无论这个共同事业是为帝国,为殖民地的共同防务,还是为任何其他目的。

这份计划被提交给各殖民地立法机关后,大部分议会几乎都没有怎么讨论,或者根本就不讨论,便将其否决。在宾夕法尼亚和弗吉尼亚这两个殖民地——一旦开战风险最大,因此可能也是从拟议的北美联盟获得最多利益的两个殖民地——却什么也没有发生。宾夕法尼亚议会由贵格会教徒把持,他们对一个以军事防御为主要目的的联盟计划并不是很感兴趣;立法机关的教友们特意安排在富兰克林不能出席会议的时候讨论这个计划,将其草草否决。

弗吉尼亚下议院甚至从未考虑过这一计划。这一计划在老自治领(弗吉尼亚的别称)注定会失败,因为它有削减那些拥有临海之利的殖民地对西部土地主张的条款;丁威迪副总督同其他任何维护弗吉尼亚西部土地权利的人一样心意相通,因而都没有费事将这一计划提交给下议院讨论。北卡罗来纳、南卡罗来纳、马里兰、新泽西和纽约的立法机关都对这一计划冷眼相待;而康涅狄格议会则强烈反对这一计划,因为康涅狄格议会认为该计划既不利于其作为特许殖民地的特权,也不利于其利用萨斯奎汉纳公司新近获得的对怀俄明河谷的所有权进行获益活动;罗得岛议会敌视这一计划,但因为一贯组织涣散,以至未采取决定性的投票否决步骤;新罕布什尔议会则直接无视这一计划;特拉华议会和佐治亚议会可能从未听说有这回事。

只有在马萨诸塞,威廉·雪利极力呼吁立法机关认真考虑这一计划,因为在上一场战争中该殖民地几乎孤军奋战的往事让人记忆犹新,结盟的设想得到不少人的支持。然而,即使在马萨诸塞,下议院考虑到结盟是一种对地方自治侵害过大的举措,还是否决了奥尔巴尼计划。取而代之的是,马萨诸塞的一个立法委员会提议成立一个较弱势的联盟,期限为6年。但在波士顿城的会议上,人们掀起了强烈反对这项被削弱的计划的声浪,议会甚至拒绝在正式会议上讨论它。于是,1755年年初,不仅仅是奥尔巴尼计划,连各殖民地结盟这个新构思,在各殖民地都变成了一纸空文——哪怕在大多数人都倾向赞成跨殖民地合作以构建帝国蓝图的马萨诸塞殖民地。富兰克林对各殖民地会自发结盟逐渐不抱希望。他给一位英国记者写信说道联盟永远不会出现，除非英国议会强制殖民地这样做——他希望英国议会出手。[7]

当然，即便联盟计划在北美各殖民地议会获得比较热烈的欢迎，它在英国的结果也都已注定，因为当这份计划送到伦敦时，纽卡斯尔已决定任命一位总司令官来推进殖民地联盟事务——以这种最直接的手段促使殖民地在防御事务上一体化。从大英帝国的角度来看，奥尔巴尼会议的各项审议内容之中，唯一的重要结果是波纳尔送交哈利法克斯的报告促成设立了两个新职位，即北部和南部殖民地的印第安事务督办，此举是更加庞大的北美军事行动一体化和合理化计划的组成部分。于是，当布拉多克将军收到出任总司令官的指示时，其中就包括任命威廉·约翰逊上校为负责处理与易洛魁和其他北部印第安部族相关事务的英王直接代表——这一职务全权负责商谈弗吉尼亚以北各地军事同盟计划及土地转让的相关事务。

一如往常，如果没有伦敦的指示，各殖民地就无力自行采取一致行动，也不愿意向合作迈出第一步。至于究竟他们会看到何种联盟，究竟他们在防务方面会怎样统一各种行动，一切类似问题的答案都攥在那位鲁莽直率、神鬼不敬的陆军少将布拉多克的手中。他的航船于1755年2月19日驶入弗吉尼亚的汉普顿锚地。

第8章
布拉多克将军接管指挥权

1755年

爱德华·布拉多克的两个团（第44和第48步兵团）在他到达弗吉尼亚3周后，即3月10日才陆续抵达。不过，布拉多克可不是一个只会干等的人。2月23日，他就已经来到威廉斯堡，与丁威迪副总督商议行将到来的战事。布拉多克被坎伯兰公爵选中就任北美最高司令不是因为他是干练的战术家，甚至也不是因为他是经验特别丰富的战场指挥官，而是因为他是一个在政治上可靠、信奉严格纪律的知名行政官员。当丁威迪向他汇报弗吉尼亚和邻近殖民地的最新发展事态时，布拉多克开始以一种直率、跋扈的方式展现坎伯兰之所以如此重视他的各种素质，这只会让极少数殖民地居民拥戴他。宾夕法尼亚议会的贵格会议员拒绝拨款支持军队的行动，是吗？于是，布拉多克风风火火地寄给罗伯特·亨特·莫里斯总督一封信，痛责他的议会"这种懦弱而不当的行为"，威胁如果宾夕法尼亚人不能提供他要求的支持，就立刻让他的部队去宾夕法尼亚安营扎寨。奥尔巴尼、波士顿、纽约和费城的商人还在与蒙特利尔和路易斯堡的法国人做生意，是吗？他发出急件勒令纽约、马萨诸塞和宾夕法尼亚三地总督，出席他将于4月初在安纳波利斯与弗吉尼亚和马里兰两地的总督共同召开的会议：届时他将教会他们怎样正确地去指挥一场战争。整个3月就这样度过。布拉多克发布了一连串的命令和指示——他安排了舍营、补给、征兵以及其他一系列组织性事务，以便为这场即将在北美进行的前所未见的战争指明方向、增添能量。[1]

布拉多克最终于4月中旬在弗吉尼亚的亚历山德里亚召开了各殖民地总督参与的会议，时间和地点都与之前说的有所不同。不过他的活力丝毫没有衰减，因为他对于如何进行这场战争仍一无所知。布拉多克从未明白他的委任状和直接下达给他的指示赋予他近乎总督的各种权力，却只是给予他很大的形式上的权威——几乎没有一点实际影响力；他也从未领会打造一个殖民地军事同盟需要的是强大的说服力，并非强制性的命令。在亚历山德里亚，布拉多克对待各殖民地的总督就像对待他下属的营长那样。他没有将他们视为不得不去劝诱那些固执、多疑、地方意识强烈的议会去支持共同事业的人。他没有征求诸位总督的建议，只是简单宣读他的委任状，然后将自己觉得需要让这些人了解的那部分年度战事计划的内容告诉他们。他通知各位总督，首先要解决的是资金问题：殖民地必须向共同基金捐款，以支付军事行动的费用；每一位总督将负责督促自己的殖民地履行各项职责与义务。

至于军事行动，布拉多克披露，爱德华·博斯科恩海军中将正奉命率领一支舰队前往圣劳伦斯湾，去阻止法军援兵到达加拿大，这样一来就抑制了法军抵抗布拉多克本人指挥下的地面军事行动的能力。布拉多克的两个团——第44团和第48团，已经在前往威尔斯溪的路上，他们会尽快从那个位置出发，征伐迪凯纳堡。乔治王战争结束时就已遣散，新近才重建的第50团和第51团，由威廉·雪利指挥，从奥尔巴尼出击，去占领安大略湖湖畔的法属尼亚加拉要塞。将法军从俄亥俄的福克斯驱逐后，布拉多克的部队会沿阿勒格尼河北上，横扫残余的法属西部要塞；而后他与雪利在秋季于尼亚加拉会师。布拉多克带来的消息让雪利吃了一惊，因为他已经被任命为陆军少将以及所有驻北美英军的副司令官——要出任这一职务，这位总督的才能绰绰有余，但他根本没有接受过相关训练。从莫霍克河谷的家中和贸易站应召前来参加会议的威廉·约翰逊同样吃惊，他得到的不是一份委任状，而是两份。布拉多克告知，他已经被任命为处理与易洛魁和其他北部印第安部族相关事务的督办，以及一支由莫霍克族武士和来自新英格兰和纽约殖民地的士兵组成的远征队的指挥官。这支部队会前往尚普兰湖，夺取克朗波因特的圣弗雷德里克堡。最后，布拉多克确定他已经下令在波士顿组建装备的第四路远征军，将会去铲除位于新斯科舍希格内克托地峡的两座法国要塞。[2]

这是那些在伦敦研究地图的人批准的极具野心的计划，这些人根本没有意识到他们对北美的地理、政治和军事能力的无知注定会让计划失败。实际上这更像两份自相矛盾的计划，而不是表面上的一份计划。这份针对克朗波因特和新斯科舍的几座要塞的远征计划，只是照搬雪利前一年秋天策划的行动计划而已。当时，雪利打算让这两路远征成为如同1745年路易斯堡远征那样的跨殖民地的协同军事行动，因为这会带来军事胜利和政治庇护的双重丰硕成果。向英国内阁提出这两项冒险计划时，他并不知道他们正在为布拉多克制订计划；12月，当内阁诸大臣批准他的计划时，他们还没有完全弄清楚自己已经着手实施的计划蕴含的各种意味。

鉴于对克朗波因特和新斯科舍进行远征的部队主要是殖民地部队——由殖民地自行负担开支的部队，士兵是为具体的战役应征入伍的，而且服役期不会超过1年——内阁显然将雪利的计划理解成对使用英军正规团夺取迪凯纳和尼亚加拉要塞的两路远征军的补充。但是这两路殖民地远征军会耗费大量的人力、物力，会为募集足够的殖民地居民以充实兵力不足的第44团和第48团与重新征召的第50团和第51团平添许多困难；同时进行的战役太多，会让各殖民地为所有战役提供军需的能力承受巨大考验。不同部队的征兵官、军需官和代理商不可避免地会围绕人员、武器、住所、衣物和其他物资等资源展开竞争；费用会因此上涨，各项备战工作也会延迟，而每一路远征能够获胜的可能性也会成比例降低。[3]

此外，在伦敦研究地图的那些人，将河流、湖泊和道路都视为各路远征军前进路上的开放通道。根据他们的计划，布拉多克会循华盛顿曾经前往福克斯的道路前进，然后沿阿勒格尼河而上，进入法兰西溪和伊利湖，意图与雪利在尼亚加拉会师。而雪利会从奥尔巴尼出发，经莫霍克河和奥农达加河取道安大略湖，之后乘船前往尼亚加拉。除了这两条较短的水运路线，约翰逊指挥的殖民地民兵和印第安盟友会沿着哈得孙河、伍德溪、乔治湖和尚普兰湖等水道，从奥尔巴尼一路航行前往克朗波因特。但是，伦敦没有地图显示华盛顿进军的是这样一条道路——一条从茂密丛林中穿过的路况恶劣的小道。为了让布拉多克的补给马车和火炮运输车通行，每一英里都不得不向外拓宽、平整路面，而且这条小路只能为部队赖以运输和充当重要食物来源的牛马提供很少的饲料。在窗明几净的白厅办公室里，没有一个人能够轻易想象河流会被成堆交错倒下的树木堵塞到何种程度，季节变化时河水流量会受到多大影响——或者说两条较短的水路显然会变成极难通行的泥沼地带。制订计划的人没有一个预料到租用或者建造成千上万运载人员和物资的船只和马车有多困难；显然，也没有人考虑过像雪利和约翰逊这样缺乏军事经验的指挥官会成为执行计划的障碍。最后，也没有人想过要说服印第安人为英军带路会很难，而对于那片森林，英国殖民者知之甚少。如果白厅的参谋军官为这些事情感到困扰，他们也只是把忧虑埋藏在心底，因为他们计划的战役看起来就好像要在海德公园进行的检阅一样。

　　布拉多克显然不知道他正在亚历山德里亚勾勒的各种作战计划是不可能被执行的。但是雪利、约翰逊与各殖民地总督知道这一点，因而他们打算努力告知布拉多克计划不可行——这样做不为任何特定目的。当总督们异口同声地申辩"若没有英国议会的帮助，共同防卫基金永远不可能在殖民地设立起来"时，布拉多克置若罔闻。殖民地总督必须听命行事，而且要迅速行动；而在各殖民地支付军费之前，布拉多克可以使用它们的自由裁量基金支付各种费用。雪利和约翰逊提议布拉多克延缓亲征，直到尼亚加拉——迪凯纳堡及其所有支援兵站补给线上的战略扼制点——被攻克，但是布拉多克拒绝考虑这个选项。布拉多克承认他们的论据是有说服力的，但是他认为自己必须按照坎伯兰给予的那些指示行事。尽管事实上经宾夕法尼亚的路线会比从弗吉尼亚开始的路线近100英里，但他不会改变进军俄亥俄的路线。布拉多克得到的指示是"沿波托马克河而上，直至威尔斯溪"，而他显然会照办。布拉多克既不愚蠢，也不特别灵活，但最重要的是绝对忠诚。他在国王陛下的军队中一路升上高位，不是由于他具有很强的创造力，而是他很好地服从了命令。他在亚历山德里亚听闻的任何事情，都不能让他摒弃贯穿自己一生的服从命令的习惯。[4]

　　然而，亚历山德里亚会议的其他与会成员在当地听闻的任何事情，也不能让他们放弃自己根深蒂固的信念和行为习惯，更不用说他们旧有的同盟和依附关系了。雪利和宾夕法尼亚的莫里斯总督一同离开亚历山德里

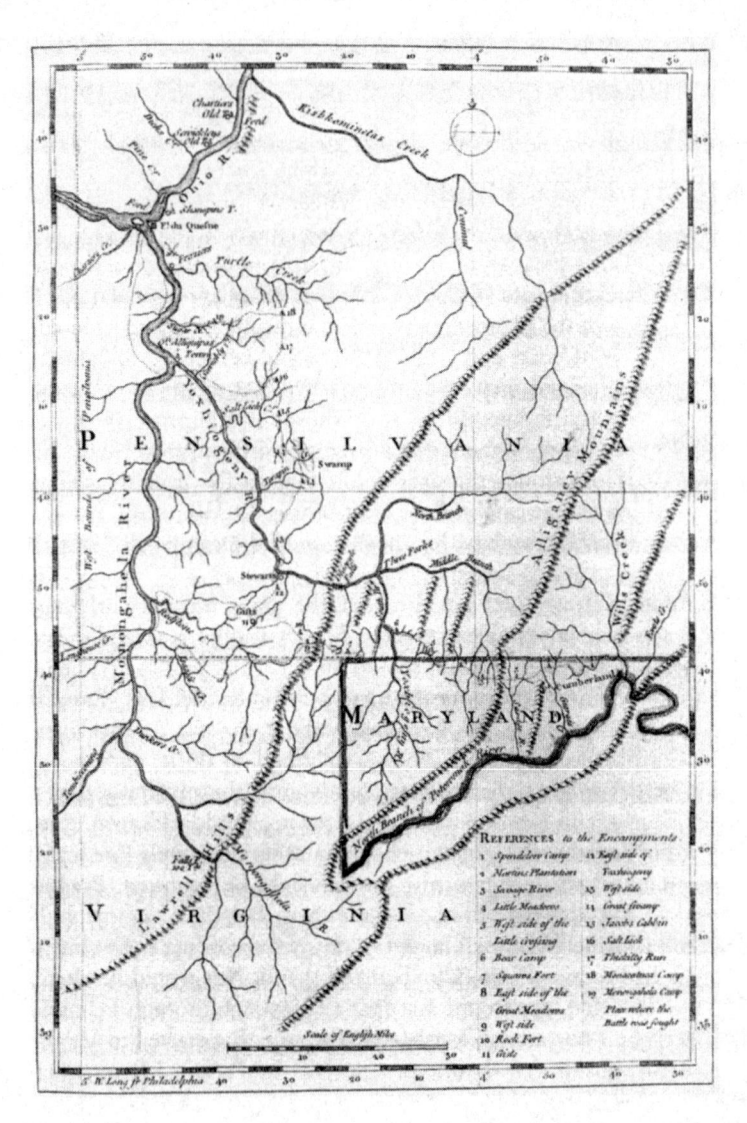

图 8.1 《1755年，布拉多克进军俄亥俄地区》。这份详细的作战地图取自布拉多克将军的一位副官罗伯特·奥姆上尉所著的一部小册子随附的一套6份平面图和地图。这本小册子于1768年出版。图中显示的行军路线从波托马克河北侧支流河畔的坎伯兰堡，越过阿勒格尼山脉，进入约克加尼河流域和莫农加希拉河谷，然后一直到后来英军惨败的地方为止（承蒙密歇根大学的威廉·克莱门茨图书馆提供图片）。

亚，前往纽约，去订立远征军的物资承包契约，为雪利征伐尼亚加拉的战役做准备。他们的安排富有深意。莫里斯在费城这座北美的物资供应中枢城市，有极好的生意往来；雪利与像托马斯·哈钦森这样的波士顿商人拥有同样良好的关系。这两人与强大的英国商人家族都有联系。在纽约，他们可以与刘易斯·莫里斯三世（莫里斯的侄子）和彼得·范伯格·利文斯顿领导的商行联手。于是，这些精心打造的关系网络给予雪利总督（此时已是将军）在北美所有的主要市场和伦敦市场采办他所需的各种物资的能力。更加重要的是，雪利批准物资供应契约的能力，可以让他支援3个主要的北方殖民地，以增强他们的政治联盟关系。

这种布局令人印象深刻，足以激怒纽约副总督詹姆斯·德兰西，再没有比这更精心算计的安排了——对这位副总督而言，糟糕的是德兰西家族的商行被排除在尼亚加拉远征会带来的报酬丰厚的承包契约之外，更糟的是所有在纽约订立的契约会让德兰西的死对头利文斯顿-莫里斯派获益。不出所料，雪利利用一次军事远征为他的朋友创造了商业上的优势，也为自己创造了各种赞助资源，同时还给政治对手造成了一次打击。当时，德兰西和他的亲族威廉·约翰逊是无力回击的。然而，这两人都懂得如何忍耐仇恨，他们会尽其所能让威廉·雪利知道他只是在耍小聪明而已。[5]

约翰逊为了自己的任务，极力推动在莫霍克河谷开展相关事务。在和德兰西商谈之后，约翰逊急忙赶回自己的庄园——约翰逊山庄。约翰逊在山庄指挥克朗波因特远征的各项准备工作，开始与夏季战事中需要多多仰仗其合作的易洛魁人协商。同往常一样，奥农达加的易洛魁代表姗姗来迟，实际上直到6月21日，约翰逊才为一场有1000多名易洛魁酋长、武士和扈从参加的大会点燃篝火。约翰逊主要有3个目标：首先，他希望得到奥农达加人会派武士援助布拉多克远征迪凯纳堡的承诺；其次，他需要确保莫霍克人会支持他本人远征圣弗雷德里克的计划；最后，他意图竭尽所能去确保雪利对尼亚加拉的远征得不到易洛魁人的任何帮助。

通过出色的外交手腕，约翰逊在大会上实现了这3个目的。易洛魁人方面希望能和新任印第安事务督办达成两项协议——要让伦敦方面否定利迪亚斯和伍德布里奇在奥尔巴尼会议上为萨斯奎汉纳公司谈成的欺诈性的土地转让协议，他们同时想要减少康拉德·韦泽从亨德里克酋长那里获得的土地转让许可的数量。约翰逊欣然同意上述协议，7月4日大会顺利休会。就像往常易洛魁人和英国人的外交磋商一样，空口白话要比实际行动更多。易洛魁人允诺会去支援布拉多克，接受了武器和礼物，它们原本能促使他们做到这一点——要不是时节晚了，而且路途遥远，他们的武士也不会离开。得益于约翰逊本人与莫霍克人的亲密关系，他得到的待遇更好：200名莫霍克武士会同他的殖民地军队一同攻打克朗波因特。[6]

亚历山德里亚会议结束后，布拉多克为了处理一些具体的组织事务，要在当地做短暂逗留，而后再快马加鞭追赶他的部队。4月22日，他在马里兰的弗雷德里克镇附近找到了他的军队——这个小镇"不错，出产大量玉米和牛奶"，主要居民是"德意志人"。布拉多克在那里还遇到了两位雄心勃勃的殖民地居民——乔治·华盛顿和本杰明·富兰克林。为了以"志愿者"的身份加入布拉多克的远征军，华盛顿拒绝了在弗吉尼亚殖民军出任指挥官的机会——虽然他是一位以下级军官的身份无偿服役的绅士，但是他希望在战场上得到委任或者获得指挥官的庇护。华盛顿的到来预先得到了丁威迪的认可，而且他要比其他弗吉尼亚绅士更了解俄亥俄地区，于是布拉多克邀请他加入自己的司令部，出任他的副官。[7]

本杰明·富兰克林就是另一个故事了。他表面上是以殖民地代理邮政总长的身份来到弗雷德里克镇，以便安排布拉多克军团和各沿海城市之间有效的信函传递。其实，富兰克林此行的真正目的是宾夕法尼亚议会担心布拉多克"已经对他们形成了强烈的成见"——议会相信富兰克林是最有可能理顺宾夕法尼亚殖民地和布拉多克将军之间关系的人，因而选派他走这一遭。幸运的是，布拉多克的副军需官约翰·圣克莱尔爵士在弗吉尼亚和马里兰乡间没有成功租到马车和马匹。富兰克林趁机代表他自己和他的殖民地向布拉多克示好，给副军需官牵线从宾夕法尼亚南部得到150辆马车组成的车队。

如果没有役畜、马车夫和马车，布拉多克的远征军就无法行动。在遇到至少一个愿意合作的北美人，预付给费城几百英镑之后，这些问题终于得以解决。富兰克林迅速排印了两份报纸，并且吁请他遍布宾夕法尼亚乡间的熟人召集会议，阅读报上的公告。其中一份报纸详细列出了租用役畜、马车会支付的费用以及民众充当赶车夫会享有的慷慨条件；另一份宣布如果英军没能及时租用足够的马匹和马车，"骠骑兵约翰·圣克莱尔爵士将会率领一队士兵立即进入宾夕法尼亚"，强征他们所需的任何马匹和马车。后一份报纸甚至都算不上有一半的内容为真，却带来了福音书般的奇迹：3周之内，150辆马车组成的车队与约500匹驮马，一同来到布拉多克在威尔斯溪的营地。与此同时，一支20匹驮马组成的马队从费城赶来。每匹马在大量驮运物资的重压下步履蹒跚。这些物资包括6条腌猪舌、2条烟熏火腿、2加仑牙买加朗姆酒、24瓶马德拉群岛生产的上等白葡萄酒，砂糖、黄油、大米、葡萄干、茶叶、咖啡和其他物品。这些是满怀感激的宾夕法尼亚议会根据富兰克林的建议，送给第44团和第48团下级军官的礼物。布拉多克依然对北美各地的议会怀有疑虑。不过，本杰明·富兰克林已经将他脑海中所有关于宾夕法尼亚议会的保留意见一扫而空。[8]

第 9 章

莫农加希拉大溃败

1755 年

整个 5 月,车队和马车都在往威尔斯溪和坎伯兰堡聚集,送来布拉多克远征迪凯纳堡所需的物资。坎伯兰堡是一个新建的堡垒-营房结合式建筑,在旧俄亥俄公司的货栈对面,也就是马里兰的波托马克河之畔拔地而起。在布拉多克到来后的 3 周里,坎伯兰堡一片忙碌喧嚣。弗吉尼亚、马里兰和北卡罗来纳的殖民军多个连队前来加入布拉多克的军队,火炮和军需品也到了,新兵也在操练。布拉多克会把控备战工作的每一个细节,以至于他下令为随军眷属(一个团 60 名)进行体检,来检查谁能随军远征——以没有性病和漂亮为筛选标准。实际上,布拉多克在持续了几个星期的备战中忽略的唯一细节,恰恰是最重要的一件事:印第安人事务。[1]

在被任命为印第安事务督办后不久,威廉·约翰逊就让乔治·克罗根成为他的副手,命令后者尽其所能给予布拉多克支持。根据这一命令,克罗根组织了将近 40 或 50 个落难的明戈人送往威尔斯溪。这些明戈人是塔纳格里森一伙的残部,一直在克罗根位于奥威克的贸易站附近生活。他还派一名信使带着贝壳念珠串去俄亥俄地区邀请特拉华人、肖尼人和明戈人去与坎伯兰堡的指挥官会面。最终,6 位酋长在坎伯兰堡现身,包括已经接任塔纳格里森半王地位的奥奈达人斯卡罗瓦蒂和俄亥俄特拉华人的主要军事酋长辛加斯。这是一个分量极重的代表团,但是布拉多克未认识到他们的重要性。在短短的几天时间里,他一直都在疏远这个印第安人代表团和克罗根从奥威克派来的大部分明戈人。

对于布拉多克而言,印第安人是蛮族异类,只会惹麻烦。他对富兰克林说出的不屑一顾的言辞——"那些野蛮人不可能给训练有素的部队留下任何印象"——清楚地表明他不惧与印第安人为敌；他的种种行为也表明，他极为轻视与印第安人结盟的价值。首先，布拉多克认为，陪伴过克罗根派来的明戈人的那些女人会对他的部队造成破坏性影响，因此他即刻命令她们返回奥威克。这些女人离开时，她们的丈夫、儿子和兄弟，大部分也一起走了，而且一去不复返。然而，布拉多克在与俄亥俄各部酋长打交道时犯下的错误甚至更加严重。尽管此前俄亥俄印第安各部对英国人表现得缺乏热忱，但他们仍然对最终完全倒向法国人犹豫不决。其实，他们最希望看到法国人离开俄亥俄河流域。如果英国人愿意合作赶走法国人，俄亥俄印第安人会乐于接受他们的帮助以及与他们发展贸易关系——只要英国人不再试图坚持直接控制俄亥俄地区。辛加斯甚至将迪凯纳堡的一份详细平面图呈给布拉多克，以最直接的方式表达他想帮助英国人的意愿。罗伯特·斯托博上尉从前一年7月起，就在迪凯纳堡当人质，他暗中画下了这幅图；辛加斯本人冒着相当大的风险，将这幅图偷带出迪凯纳堡。

布拉多克不是没有领会这一善意举动的意味，而是根本就不在乎。当辛加斯酋长站在他面前，问起对俄亥俄印第安各部事关重大的唯一问题——"如果你能将法国人和法属印第安人赶走，打算怎么处置俄亥俄的土地"——时，布拉多克展现出了他骨子里的全部傲慢，回答道："英国人会在这片土地上定居和繁衍。"对此辛加斯问布拉多克将军，与英国人友善的印第安人是否不被允许在英国人之间生活和经商。辛加斯解释道，由于无处可逃，他们只能落入法国人和那些敌对的法属印第安人（即辛加斯的敌人）之手，而且将不被允许获得足够的猎场来供养自己和家人。对此，布拉多克将军说道："任何野蛮人都不能获得这片土地的产权。"

次日，各位酋长希望布拉多克能够回心转意，因而再度与他接洽，请求他重新考虑上述问题。"而布拉多克给予他们和上次一样的回复，为此辛加斯和其他酋长回应道，如果他们不能获得在俄亥俄生活的自由，就不会为了这片土地战斗。对此布拉多克将军答道，他无需他们相助，而且他无疑能将法国人和法属印第安人赶走。"会谈就此告终。辛加斯和其他俄亥俄酋长带着让印第安各部"勃然大怒"的消息回到俄亥俄河流域，"一听闻此事，甚至有一队印第安武士就立即出动，加入法国人的队伍"。几乎没有印第安人留在布拉多克一边。5月29日，当布拉多克军团的第一批部队从坎伯兰堡出动时，他的兵力有2200多人，但其中只有8名印第安人——半王斯卡罗瓦蒂和另外7名明戈战士。[2]

当然，布拉多克将军不知道约翰逊甚至都没开始和易洛魁各部商谈支援他的事，他仍然期待得到大约400名切罗基和卡托巴武士的增援，这是丁威迪副总督许诺会设法募集的。为何丁威迪觉得他能募集这些印第安援兵，这仍是个谜，因为他很清楚卡托巴人和切罗基人是约翰逊打算招募的易洛魁人的宿敌。布拉多克过于直率、自信，天真的他显然无法理解北美印第安人和白人之间紧张的关系，更不用说不同印第安部族之间各种关系的特点了。他的天真会让他付出惨重的代价。值得一提的是，当他的军队从坎伯兰堡出动时——"约翰·圣克莱尔爵士在前锋队斥骂，将军本人在中军谩骂恐吓，而随军妇女紧随其后"——布拉多克毫不怀疑自己已经为这次远征做好万全准备。[3]

同众多其他事物一样，超出布拉多克控制范围的是行军路线上多山、树木繁茂的崎岖地形，他的军队将不得不穿过这些区域。为了让军队的辎重纵队和炮车能顺利通行，他们需要修建一条道路。只有对自己的能力和部下的耐力具有无上信心的人，才会梦想尝试将包括极为沉重的8英寸榴弹炮和12磅火炮在内的攻城炮，拖过"110英里无人居住的荒野，越过陡峭的群山和几乎无法通行的大片沼泽"，但是布拉多克从来不怀疑他能做到这一点。当然，复杂的地形会让人付出代价：这支部队在第一周行军结束的时候，仅从坎伯兰堡向前行进了35英里。于是，布拉多克决定将他的军队分编为一个由精选人员组成、能尽可能快速推进的纵队和一个与大批辎重同行的支援纵队，后者会在行军的同时修缮道路。此后，先头纵队行动相对较快——一天至少行军3英里，有时可达8英里。而拖运全军大部分食物、弹药和大约半数火炮的第2纵队，越来越落后。士兵们罹患痢疾；马车一路颠簸，似乎就快散架成一堆柴火；马匹则以惊人的速度暴毙。最终，两个纵队一前一后相距整整60英里。快速纵队没有遇到抵抗，布拉多克的部下轻而易举就驱散了前来侦察这支军队的少数印第安人，受此鼓舞，他仍指挥部队奋力前进。[4]

7月9日上午，布拉多克的军队已行进到距离迪凯纳堡只有不到10英里的地方。在约翰·弗雷泽贸易站废墟附近涉渡莫农加希拉河时，这支军队虽然缺少食物，但士气高涨。因为他们预计次日就会兵临迪凯纳堡，甚至预计会听到法军放弃要塞、炸平要塞工事的轰鸣声。这时行军已经开始按照通常的队列进行，7名明戈人向导和乔治·克罗根在前锋队——由大约300名轻步兵和掷弹兵组成，受诚挚的青年中校托马斯·盖奇指挥——的前面带路。第二拨是霍雷肖·盖茨上尉指挥的一个纽约独立连，他们负责护卫250多名专职拓宽道路的轻工兵，这些工兵由约翰·圣克莱尔爵士和2名工兵军官指挥。6辆装载工具和补给品的马车与疲惫不堪的轻工兵部队同行。大约在后方100码跟进的主力，有更多护卫队、伐木工和劳工相伴，布拉多克和他的参谋部（包括华盛顿，他由于罹患痢疾"非常虚弱和沮丧"，而且饱受痔疮折磨，只有在马鞍上绑上垫子才能骑马），以及500名步兵列成两个平行纵队，护卫马车、炮车、营妓和牲畜组成的长队前进。拖在行军队尾的是一支100多人的后卫队，大部分是参加过"必要堡"之战的老兵——亚当·斯蒂芬上尉指挥的弗吉尼亚殖民兵。在这条首尾加起来足有1英里长的行军队伍两侧是两个负责警戒敌军侦察兵的侧卫队。他们一路穿越丛林，挥汗如雨，还不停咒骂。3天前，侧卫队曾打退过印第安人的袭击，因而此时尤为警惕。每个人都知道迪凯纳堡就在前方不远处，因而他们前进时极为谨慎，有意避开那些可能会遭到伏击的位置。[5]

迪凯纳堡中，布拉多克的对头孔特勒克，在接连看罢他的侦察兵带回的关于正在接近的敌军的报告之后，变得愈发担忧。尽管迪凯纳堡已经建成，而且经过妥善的修缮，但是要塞实在是太小了，眼下在他麾下的法国正规军、加拿大民兵和印第安武士共有1600人，只有大约200人能被要塞容纳。此外，孔特勒克拥有足够的经验，知道他部下的印第安人不会为保卫阵地而战，只会为歼灭敌人或抓获俘虏和战利品去战斗。他很清楚，如果英军成功包围迪凯纳堡，印第安人就会一哄而散。因而，孔特勒克最大的希望就是去阻碍英军前进，于是他在7月9日上午下令让丹尼尔·列纳德·德·博热指挥迪凯纳堡的半数部队——36名军官、72名殖民地正规军（法国海军陆战队）士兵、146名加拿大民兵和637名印第安武士——突击布拉多克的行军纵队。德·博热指挥的印第安人部队包括一些明戈人和特拉华人，以及一个规模稍大些的肖尼人分队，但主要还是由从西北来的法国盟友（渥太华人、米西索加人、怀安多特人和波塔瓦托米人）组成，他们都是受到获得俘虏和战利品奖励的诱惑。统领远方印第安武士的指挥官之中有一位是夏尔·朗格拉德，他性格强韧且久经沙场，1752年摧毁英属皮卡维拉尼定居点的军官就是他。这个分队全副武装，别无其他补给和装备负荷，大约上午9点从迪凯纳堡出发，意图伏击布拉多克的队伍。[6]

当斯卡罗瓦蒂和克罗根发现法国人和印第安人正在越过他们前方不到200码的疏阔林地时，大约是下午1点。法军分遣队吃了一惊，急忙停止前进以便组织自己的队形。盖奇指挥的英军前锋赶紧前进列队，并且快速进行了3次排枪齐射；尽管射程很远，一颗子弹还是结果了博热上尉的性命——当时他站在部队前方，正挥舞帽子指挥他们做战斗部署。突然失去指挥官让正规军和民兵陷入一片混乱，但是印第安人无需任何人告诉他们该怎么做。他们沿着英军两翼鱼贯冲入森林，占据任何能够找到掩护的位置：以单列前进，藏于树木后方和一座位于英军纵队右侧的小山上。然后，他们开始向英军先遣队开火。英军的回应是一些无效的排枪齐射，并且开始后撤。[7]

据圣克莱尔所说，行军途中的大部分森林十分茂密，而且草木交错，乃至"一个人可能一连行进20英里都不曾看清前方10码的事物"。然而，一旦越过莫农加希拉河，森林就疏阔起来，灌木丛中的林间空地非常大，就连"四轮厢车都可以通过"。当然，这也意味着布拉多克的纵队已进入一片印第安人的猎场。这个猎场原本是一片茂密的灌木丛，为了改善草料的质量，同时也为了减少猎物可隐蔽的地方，更加便于猎人移动，它每年都会被人为焚烧。通常有利于印第安猎人狩猎的环境，此刻也有利于印第安射手。他们分散队形，寻找掩护，向英军纵队任意开火。[8]

印第安人以自己熟悉的方式战斗，而身着红色制服的英军也竭力想按照自己熟习的方式战斗。英军士兵多次尝试重整连队，用火力还击，这种方式反倒让他们在道路上更加紧密地聚拢在一起。印第安人强大的火力迫使盖奇的部队后退，这让手无寸铁的劳工乱哄哄地向后方逃窜，与此同时布拉多克却命令主力部队前进。当这两个朝向的队伍相互挤撞时，英军陷入了混乱。英军军官们试图控制并重整他们的部下，但是他们骑着马、挥着剑，而且喉部戴着闪闪发光的银色饰领，成了最显眼的靶子。在交战最初的10分钟之内，盖奇前锋队的18名军官就有15人非死即伤。随着越来越多的军官倒下，部队的纪律与秩序也一并瓦解。

听到最初的枪声之后，布拉多克就迅速策马上前，指挥两个团的军旗队打出"前进"的旗语，并为这两个团的各下属单位布置集合点，以恢复正常的战斗序列，但是他一直都没能重整他的部队。没过多久，就只有一个排还能保持完整。正规军"几乎已经溃不成军，但还是在努力顶着敌人的火力组织队列还击"。挤作一团、混乱又绝望的一众兵士，只能龟缩在一片两端不足250码长，可能至多100英尺宽的区域之内。后卫部队留下自卫以及保卫被牵引着走的12磅炮的野战炮车。平民车夫直接从马车上解开马匹的缰绳，骑着马逃之夭夭了。乘马车和骑着牲口同行的女人少了许多。上午与纵队一同行军的50多个女人，几乎全部失散了——一小半显然被俘虏了。[9]

我们很难想象当天的战场看上去是怎样一番情景；最难想象的就是被困在路上的英军官兵看起来到底是何等模样。形势对法军和印第安人有利到了几乎难以置信的程度。他们好吃好睡，对森林非常熟悉，而且能轻易发现"总是列成纵队"的敌人，"这对他们（敌人）而言是不幸的，因为会很容易被打死"。另一方面，英军经历了连日的艰苦行军、饥饿、干渴和炎热天气；数周的焦虑，由于耳闻的关于印第安人的野蛮传说而恶化；他们发现自己不知所措，因为之前的军事训练根本就不足以使他们做好战斗的准备。[10]

他们中的大多数完全没有经历过丛林战，因为布拉多克挑选的快速纵队的主力都是从爱尔兰来的第44团和第48团精壮、纪律严明的"老兵"。而森林几乎将他们的敌人完全隐匿。"法国兵和印第安兵分散成多个小队到处匍匐行动，这样一来火力就将我们彻底包围，在整个战斗期间，我看不到一个敌人，我在询问时也找不到任何一个能看到10名敌人一同战斗的人，"一位幸存者（英军官兵）回顾道，"如果我们一次能看到他们5到6人一股，那就算非常多了。"另一人回忆道："他们要么在匍匐前进，要么躲在树后，要么就是几乎猫着腰贴地从一棵树奔向另一棵树。"英国正规军平时接受的训练是：让他们准备好与能看见的敌人正面对阵，根据命令向敌人齐射开火，肩并肩站立在整齐的队列之中，并且无论周围出现多大的混乱和多残忍的屠戮，都必须严格遵守军官和士官的号令。但是这一回他们在路上被伏击，无形之中让他们在训练中养成的所有追寻敌人线索的感觉消失无踪。在这片战场，他们的视野里没有成群聚集的敌军；没有打响的鼓点敦促他们严守秩序；在混乱的人群中能看到的军官很少，而且也没有一个军官能下达连贯一致的命令。相反，英军周围全是树木、硝烟；萦绕耳际的都是负伤人员的尖叫、马匹的嘶鸣和持续不断的枪声。印第安人的厮杀呐喊——"如同饥饿难耐的地狱猎犬……尖叫和嚎叫声仿佛群魔毕集"——从四面八方传来，惊恐的英军官兵想到的都是印第安人如何折磨和残害俘虏的故事。战役结束几周后，一位目击者写道："印第安人的喊叫声犹在我耳边回荡，那可怕的声音到我离开人世的那一天都将一直萦绕在我的心头。"[11]

在混乱和迷失方向之际，英国正规军坚守着他们还能维持的残余军纪。即使他们的军官不在了，他们仍维持着以排为单位的队形，甚至就像他们接受的训练那样，继续一同开火。在当时的情境下，这样做有害无益，因为"如果任何人击中了其中一个（敌人），火力立即会渐次形成一整条火力线，但是他们除了树木，什么都看不见"。令英军军官恐惧的是，英军士兵受训形成的本能是如此坚决，以至于各排都在直接向其他排齐射。"默瑟上尉率领着他的一个连行进，想去占据一个有利的位置，结果遭到后方友军的火力打击，瞬间就倒下10人。由于身后乱七八糟的队列，波尔森上尉失去许多部下，他面对那些友军，恳求那些士兵不要开火摧毁他的部下。而友军的答复是无法控制住齐射开火的本能……"英军队列中仅存的秩序的标志就是布拉多克本人，在马匹接连中弹倒下的同时，他以惊人的沉着骑马越过一片混乱的英军。英军执着地坚守让他们的

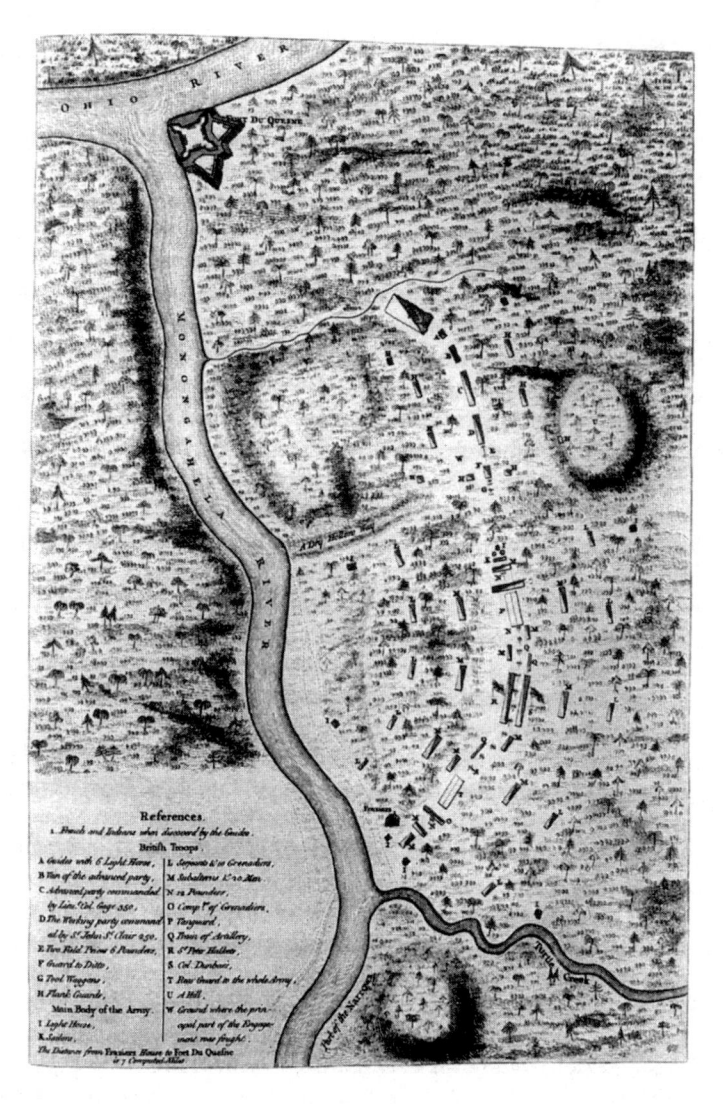

图 9.1 《1755 年 7 月 9 日，莫农加希拉战役中布拉多克纵队的部署》。尽管这幅地图从根本上来说低估了战场到迪凯纳堡的距离，但是它清晰地指出了英军行军纵队在遭遇博热指挥的法国和印第安联军时的部署。主力被交火吸引而前进，与正在后退的先遣队发生冲撞；战斗在地图正中的山头和向左通往莫农加希拉河的深谷，或者说"干洼地"之间发生。该图选取自 1768 年出版的罗伯特·奥姆上尉的平面图和地图集（承蒙密歇根大学的威廉·克莱门茨图书馆提供图片）。

战斗维持秩序的模式,直到一颗滑膛枪子弹命中布拉多克的背部,将他打落下马,他们才开始溃退。此时,布拉多克的部下已经坚守阵地3个多小时了。[12]

并不是布拉多克的每一个部下都能表现得和他麾下的正规军一样。军中的北美士兵,没有受过经年训练,在法国和印第安联军的进攻一开始就四散奔逃或者找地方隐蔽;许多蹲伏在树后的北美士兵被误认为敌人,因而被英军的齐射子弹杀死。在后卫部队,亚当·斯蒂芬上尉的弗吉尼亚殖民兵甚至设法从树后进行有效的战斗,因为上一年他在华盛顿部下担任连长后,已经教导过自己的部下怎样从掩蔽处装弹射击。此战之后,伤愈的斯蒂芬对布拉多克嗤之以鼻。他深信是布拉多克让敌军能"来攻打我们的,是布拉多克让敌军蹑手蹑脚地靠近,像狩猎一群水牛或鹿一样猎杀我们;相反,让……身着外套、夹克等的英军士兵跟在身着衬衣,便于射击和奔跑的加拿大民兵或者对森林十分熟悉,全无披挂的印第安人身后追逐,还不如派一头母牛去追赶野兔"。[13]

然而,摧毁布拉多克属下军队的,并不是斯蒂芬抨击的他对"标准式进攻和排级队列火力"等欧式战术不合理的坚持,而是英国正规军接受的训练和布拉多克本人的胆魄。无论损耗多么可怕或者处境多么令人绝望,英国正规军都习惯于坚守阵地战斗,哪怕他们在以自杀式、不合理的方式战斗,他们还是会那样做。布拉多克勇猛却固执,他在马背上安坐如山,等待敌军主动退却,就像他认定所有非正规军在正规军的优势军纪面前必然会屈服那样。

而一旦布拉多克中弹的消息传开,不用下任何正式命令,他自己的部队就会溃散。不过,他们仍然能维持表面上的秩序,直至败退到莫农加希拉河,印第安人在河边用战斧和剥皮刀向他们发起冲锋的时候,他们的撤退才变成溃败。英军官兵惊恐地尖叫逃窜,有时在他们筋疲力尽倒地之前,会狂奔几英里。只有当恐慌最终自行消散后,幸存的士官和军官才能重新号令和组织部队回归各编制单位。

当然,英军溃逃是因为他们相信自己会遭屠杀。其实,那一刻他们的危险要比进攻开始以后的任何时候都要小——不是因为印第安人没有能力追击和歼灭他们，而是因为印第安人不再有理由去浴血奋战。与欧洲的军队不同，印第安人战斗不是为了歼灭他们的敌人，而是为了掳掠俘虏和战利品，因为这能够让他们获得精神力量，并且彰显他们身为武士的荣誉。因此，印第安人最看重的是英军遗弃在身后的东西：他们绑在树上的俘虏；躺在战场上的死伤人员；以及散落在各处、被丢弃的装备。

战斗结束后，印第安人杀死伤员以及从尸体身上剥去头皮耗费了一段时间；随后在英国远征军的补给车队里很快发现了200加仑朗姆酒，喝光这些酒也用了一些时间。对第44步兵团的邓肯·卡梅伦二等兵（他战斗伊始便负了伤，撤退时被留在后面，但是他设法藏在一棵树上，观察到了战斗的后续情况）而言，印第安人好似"贪婪的恶鬼"，他们的行为纯属野蛮行径。和大多数欧洲人一样，他不知道其实印第安武士并不会不加区别地杀戮和残害。对印第安人来说，俘虏具有象征性的宝贵意义。印第安武士认为生俘敌人要比杀死敌人更加能证明自己的勇武。在那些没有改宗基督教的印第安部落，俘虏是阵亡亲属的替代者，无论是被收养还是被当作祭祀牺牲对象，都拥有巨大的文化价值。而加拿大的改宗印第安部落则会着眼于俘虏的另一种价值：将俘虏变卖为奴或者供人赎买。因此，没有受伤或者轻伤的俘虏很可能幸免一死，就像被俘的妇孺几乎总是能免死那样，只要他们状态良好，能够回到俘获自己的印第安村落。对那些受伤更重的伤员而言，速死至少能让他们免于继续受苦，还不会妨碍战斗人员撤退，而且会给胜利者提供一块头皮。这对印第安人来说，虽不如俘虏理想，但仍然能提供他们英勇善战的证据。[14]

那些惊恐的受难者对此却一无所知；布拉多克的年轻副官华盛顿，除了那段毛骨悚然的经历，也并不了解得更多。虽然他一下午都骑马跟随布拉多克将军，而且两匹坐骑也中弹了，但他本人没有负伤，甚至整夜都策马前往后卫部队获取援助。数年之后，他会形象地回顾"连夜奔走时所见所闻的令人震惊的场面"："死尸、行将死去的人，呻吟、悲叹以及沿途伤员求救的哭喊声……足以深深打动铁石心肠的人。阴森与恐怖的氛围……被茂密森林的沉郁阴影渲染的无尽黑暗大大加重……"[15]

两天的逃亡让布拉多克麾下的残兵最终与英军的第二路人马会合，他们暂作歇息，还吃到了数天以来的第一顿饱饭。仍和英军残部在一起的伤员只有那些还能行走的伤兵，或者极少数如布拉多克那样被战友搬运的人；其他伤员都被丢弃在森林中死去。当时，英军还摧毁了臼炮、弹药、辎重和补给品，用空置出来的马车装载剩余的伤员。他们走完返回坎伯兰堡的剩余75英里行程，又耗费了痛苦的5天时间。布拉多克未能活着再见到坎伯兰堡，其体内的一颗子弹一直留在胸中。7月14日，布拉多克的部队在道路中间便将他埋葬了，没有举行葬礼，然后全军从他没有标记的坟上踏过，以免尸骨被敌军发现。所有人都相信敌军仍在追击布拉多克，因而必须这样做。布拉多克埋骨之所距离朱蒙维尔惨遭屠杀的幽谷不到5英里，距离"必要堡"大约1英里。[16]

英军蒙受了可怕的人员损失，其中快速纵队伤亡率足有67%。相对地，法军和他们的印第安盟军仅有23人死亡，16人重伤，换句话说他们的参战人员每25人仅有1人死亡或重伤。[17]讽刺的是，虽然法国-印第安盟军大获全胜，但是迪凯纳堡要比以往任何时候都更为脆弱。短短两天内，大部分印第安武士便将他们的抢掠物、战利品和俘虏收拾停当，启程返乡。只留下孔特勒克等几百人守卫福克斯一带。英军尽管惨败，但是7月25日，在坎伯兰堡点名时，人数仍然接近2000，其中1350余人尚可一战。换言之，在撤退期间后卫队的军官们下令将补给、臼炮及运载车辆销毁之前，他们至少在理论上仍有可能回师迪凯纳堡将其摧毁。

但是，不论怎样叩坎伯兰堡的兵员、武器和桶装牛肉的数量，从英军的心理层面来说，布拉多克麾下唯一幸存的上校托马斯·邓巴除了下令继续撤退，不可能再有其他行动。在重整没有负伤的官兵，让军医有机会去救治那些仍然能救的伤员（一位目击者评论道："天气非常炎热，以至于许多伤员的伤口大量生蛆。"）之后，邓巴率部前往费城。在那里，7月他就要求为他的部队提供冬季营所，这加剧了他们败北的屈辱。[18]

莫农加希拉的溃败究竟在多大程度上应归咎于布拉多克本人，是同时代北美人集中关注的一个问题，他们调查了此役的目的，普遍得出的结论是盲目坚持欧式战术导致了他的溃败。他们的结论奠定了只有北美人才适合在荒野中战斗这一神话的起源基础，还延伸了这种信念的范围——北美非正规部队（无论训练有多糟糕）要比欧洲正规军优越。然而，比起同时代人的评论性质，现今人们对于界定布拉多克应对这场惨败负多少责任的兴趣，并不那么强烈。当然，布拉多克的民间批评者，主要是纸上谈兵之徒；不过，两位战役参与者的反应非常值得注意。[19]

整场战役中离布拉多克最近，比其他任何人都有更好的机会去观察他的人，始终没有批评过他。相反，他指责"正规军的懦弱行为"。"世人对环境因素考虑得太少了，"乔治·华盛顿大声疾呼，"而且多倾向于将恶意非难投向不幸的主将，这个本当受到最少责难的人！"事实上，哪怕过了25年，当布拉多克成为北美大众记忆中最被丑化的人物之一时，华盛顿几乎都没有批评过这位将军的行为，而且他绝没有以布拉多克的战败为评判他职业水准的依据。弗吉尼亚人华盛顿在此役逃出生天后，接管弗吉尼亚团的指挥权时，决心训练他的部队维持更为严明的纪律。与华盛顿相反，斯卡罗瓦蒂认为布拉多克骄傲又愚蠢，因而对布拉多克予以严厉的苛评。他告诉宾夕法尼亚总督和议会，说布拉多克"在世时是个混蛋，他把我们当狗看。不管我们对他说什么，他都听不进去。我们经常设法告诉他，他的做法将他和他的部队置于险境，但他似乎从未对我们感到满意……"。[20]

将华盛顿和斯卡罗瓦蒂的看法综合起来，就能揭示在北美进行的这场战争的许多特征。布拉多克——一位自信而且高度职业化的欧洲军人，就像他经历的那样，几乎没有时间去熟悉他不曾了解过的战事：法军和英军之间的这一场较量，与欧洲任何类似的冲突都是有区别的，因为这场战斗涉及的部队规模小，所处位置偏远，作战中又有非同寻常的困难。对布拉多克而言，战争就是战争，它是一种根据欧洲文明列强制定的规则进行的行为，而且那些战争在很大程度上决定了一个国家是为争夺领土而战。乔治·华盛顿，一位年轻、热忱的殖民地亲英派绅士，毫不怀疑地肯定了布拉多克的价值观和他对战争的态度。这是他坚信过错不在布拉多克而在他部下的原因，也是他推断出更好的纪律性和适应北美环境的训练可以挽救那天的战斗的原因。鉴于上述观点，华盛顿会认同布拉多克对印第安人的鄙视，这也就不足为奇了，但他更多是出于自身的几个有力原因，才避免让印第安人成为盟友。首先，他是个投机商，知道印第安人一直在俄亥俄河流域活动，他们只会推迟殖民者购买俄亥俄公司土地的时间；其次，因为他的几次军事失利都是印第安人这样或那样的行动造成的，所以他在情感上有强烈的理由，想要将印第安人和法国人一样也逐出俄亥俄河流域。

斯卡罗瓦蒂忠于几乎已经破灭的旧观念，即俄亥俄河流域属于易洛魁人。如果他希望看到法国人被赶走，他别无选择，只能与布拉多克为了共同目标联手。但是，他希望在这场战争中印第安人与英国人结盟共同抗敌，最终恢复前者在西部的自治权，这显然是一个几乎没有任何人赞同的幻想。对布拉多克而言，斯卡罗瓦蒂不是盟友，只是一介坚定支持他们的战斗辅助人员。而对华盛顿来说，斯卡罗瓦蒂更像是一块绊脚石而不是助力，是一个建立开化殖民点的潜在障碍。对他自己的部落民，即那些生活在法国人实际统治的俄亥俄河流域的印第安人来说，他是个局外人。于是，虽然斯卡罗瓦蒂一直在为俄亥俄河流域印第安各部寻求英国人的援助，直到1757年去世，但是在布拉多克战败后，他代表的英国-印第安同盟可能存续的概率减少到几乎消失的地步。只有北方的莫霍克人，被亲英传统、亨德里克酋长的忠诚和威廉·约翰逊的花言巧语左右，积极与英国人联手——但联手的时间相对其他部族而言也只稍长一点。

布拉多克在莫农加希拉上了一堂宝贵的荒野战争课，但是他没有活得足够长久，去理解这个教训：没有印第安人的配合或者至少是默许，就不可能胜利。这是华盛顿和其他如他这样的殖民地人士没能领会的教训，他们的文化偏好完全是英国式的，而且他们的现实关注是实现西部土地的投机潜力，这使他们更加不愿与印第安人合作。相形之下，法国人非常清楚与印第安人结盟的重要性，而且在那之后3年，他们都会利用印第安人来挫败每一次英属北美的主动军事行动。于是，在战略层面上，英军在莫农加希拉的溃败，预示了即将来临的战争的大部分状态。但是，布拉多克、华盛顿两人和斯卡罗瓦蒂之间相互冲突的观念和发生龃龉的潜在态度，也暗示着无论是他们还是任何同时代的人，都没能完全领会这场冲突的文化层面的含义。在结束之前，北美的七年战争将会成为文化迥异的各位演员——法国人、加拿大人、英国人、英属北美人和北美印第安人——的舞台，他们会交替以狂暴与包容、精明和充满误解的方式相逢和互动：各种遭遇和行动将会定义此后数十年北美历史的特征。

第 10 章

布拉多克之后

威廉·雪利和北方战事

1755 年

　　布拉多克战败震惊了所有英属北美殖民地的人，宾夕法尼亚、马里兰和弗吉尼亚边远地区的居民觉得就像自己的腹腔神经丛遭到重击一样。邓巴逃回费城，让布拉多克埋骨的道路变成了一条留给从迪凯纳堡出发的袭击者的不设防大道。留在坎伯兰堡的只有一支弗吉尼亚殖民军的小型守备队和南卡罗来纳的一个独立连——对于保卫要塞本身都只是勉强够用而已，更不用说保卫散布在从萨斯奎汉纳河谷一直延伸到谢南多厄河谷250英里范围内的定居点了。宾夕法尼亚殖民地没有民兵可供调动；但是主导议会的贵格会教徒同意拨款1000英镑资助边境居民购买武器，除此之外就留给西部边民用于迁移。马里兰仅有一个连的武装士兵。弗吉尼亚在这次战役前就已经募集了约800人给布拉多克的部队；其中约200人，即3个步兵连和1个轻骑兵连已随他一同出征莫农加希拉。这支部队有12名军官和200多名士兵，其中可能有30人在莫农加希拉之战幸存下来。在那些没有参战的人之中，逃兵的数量在急剧增加。[1]

　　以如此微弱的兵力护卫边境，只会加速它的崩溃。7月底之前，印第安武装战队已经杀死35名弗吉尼亚边境居民的报告被送到威廉斯堡。8月，能承受放弃家园代价的边境居民如潮水般涌回东部更为安定的定居点。到了秋天，已知有100多名弗吉尼亚人被杀死，或是沦为印第安人的俘囚，而且温切斯特的难民潮变得十分汹涌，乃至于"好像每一刻人们都会死于非命，因而大群人逃亡"，几乎没有一个人会越过蓝岭山脉去往西部。[2]

丁威迪副总督将滑膛枪运到弗吉尼亚边境,号召西北部3个县的民兵进军队服役,还呼吁下议院召开紧急会议。8月底之前,弗吉尼亚下议院投票通过募集一个1000人组成的殖民地团以及为装备该团和支付薪水拨款4万英镑的提议。丁威迪给予华盛顿该团的指挥权——经过协商确认他将会比1754年拥有更多的控制权,得到更有力的支持——华盛顿接受了任命。会议结束时,下议院还下令加重刑罚来支持民兵军纪法规;他们授权政府为印第安人的头皮支付赏金;还为修建堡垒提供资金。这些堡垒除为居民充当避难所,还是华盛顿的部队外出行动、去边境巡逻的基地。弗吉尼亚人将会明白,这些部署对于此后3年为边远地区提供全面、安全的保障至关重要。战争期间,英国正规军从未回过老自治领。[3]

对于俄亥俄地区的印第安人和弗吉尼亚、宾夕法尼亚殖民地边远地区的白人居民来说,布拉多克败北标志着一个不能返回的原点。俄亥俄河流域的肖尼人已经接受法国人的控制,但是特拉华人和明戈人抵制法国人。然而,到了7月中旬,这两个印第安部族几乎没有回旋余地了。法国人已经证明他们有召唤大量怀安多特人、渥太华人和其他印第安盟友南下俄亥俄河流域的能力,而且他们会因此后特拉华人和明戈人仍不愿对英国人采取强硬态度去惩罚这两个部族(这个风险正在稳步上升)。不过,特拉华各部酋长决定还是去进行最后一次努力以获得英国人的援助,于是他们派遣使团(包括特拉华人最伟大的战士雅各布斯队长)前往费城。自8月16日至22日,特拉华使团与莫里斯总督和宾夕法尼亚议会一直在会谈,他们希望借此获得所需的武器。半王斯卡罗瓦蒂仍然遵守易洛魁式的外交礼仪,并代表他们发言:"你们只要说一句话就会让特拉华人与你们联手;……你们必须发出的任何消息,或者你们必须给予他们(易洛魁联盟)的任何答复,我都将会交给他们。"但是莫里斯和宾夕法尼亚议会没有任何消息要传达,他们的答复只是俄亥俄印第安人应当等候奥农达加的易洛魁联盟长老会的进一步指示。但是奥农达加没有传来只言片语,因为那里的使节很快就会前往拉普雷桑塔松要塞,再度向新法兰西总督皮埃尔·德·里戈·德·沃德勒伊侯爵保证,易洛魁人意图在法国和英国的战斗中保持中立。雅各布斯队长和他的使节同伴只好回到迪凯纳堡,"没能得到必要的鼓舞"就离开了费城。他们"只得同意与法国人和法属印第安人结队出击，去摧毁英国定居点"。同年秋，辛加斯和雅各布斯队长协助指挥法国和印第安人联军，在整个弗吉尼亚和宾夕法尼亚乡野掳掠人口、抢夺财物、剥取死者头皮。[4]

8月初，在纽约的司令部，威廉·雪利总司令得知布拉多克战败的消息。在纽约地区的莫霍克河上游和伍德溪之间的陆上运输线上，雪利正在监督将部队和补给调到奥斯威戈要塞，这个安大略湖湖畔的贸易站会成为他计划好的进攻尼亚加拉堡的起点。雪利很沮丧，因为他的战事与原计划相比已经耽误了数周。对尼亚加拉和克朗波因特的远征是在奥尔巴尼会议上提出的——可想而知的是，有关远征的讨论演变成了两支远征军补给军官之间无果又费时的竞争场景。雪利和德兰西之间爆发了激烈争执，后者"在前者的路上设置了所有能想象到的障碍"，甚至于以毫无说服力的说辞拒绝雪利使用闲置在奥尔巴尼的纽约火炮。雪利与威廉·约翰逊和印第安人的关系恶化到了公开敌对的地步。雪利将人员从克朗波因特远征军调到自己的部队，此举激怒了约翰逊，出于报复，约翰逊拒绝向他提供任何莫霍克探子。雪利企图靠自己来获得莫霍克探子，他任用可憎的约翰·亨利·利迪亚斯为征兵官——这实际上是个严重的错误，因为这样做只会冒犯莫霍克人，使他的处境甚至更为艰难。当这种紧张态势已经对61岁的总督产生影响时，刚好英军在宾夕法尼亚惨败的消息又传了过来，造成了双重打击。雪利的儿子小威廉是布拉多克的私人秘书，在战斗中头部中弹身亡。这种打击，同雪利成为英王陛下北美驻军总司令这一现实交织起来，正反两方面的压力几乎超出了他的承受能力。雪利接受的是成为律师和政治家的培训，他对于需承担的军事责任几乎没有做任何准备。[5]

衡量之后几周的局势后，雪利几乎看不到什么能让他振奋的事物。送来的报告说明，在4月出发，负责在圣劳伦斯湾巡航，以阻止法军援兵到达加拿大的爱德华·博斯科恩海军中将没能完成任务。在装载法国正规军6个营的大型运输船队之中，博斯科恩只截住其中的2艘船，也就是10个连，换言之3000名法国正规军援军中只截住了不到400人；其他援军都已抵达路易斯堡和魁北克的安全港。法国援军司令陆军准将让-阿芒·德·迪耶斯考男爵奉命接管加拿大防卫军的全部指挥权，他部署这支部队对付英军的时间绰绰有余。与此同时，英军的邓巴上校在费城畏缩不前，消极待命，让布拉多克军的残部按兵不动。而约翰逊征讨克朗波因特的行动正以蜗牛般的速度进行。[6]

雪利本人的部队粮秣短缺，每过一天，进攻尼亚加拉的能力看起来就越小一分。缺乏准备好的资金也让一切受阻，只因在布拉多克战败后的混乱局面中，副主计长拒绝承兑多位军事承包商提请付款的汇票。雪利仍和他的部队推进到了安大略湖地区，但他一到湖边，很快就发现显然已不能继续进行这次战事了。旧贸易站奥斯威戈要塞实际上无法防御，因此不适合为一支乘小船进军尼亚加拉的军队充当补给基地。因此，雪利下令修缮和加固破旧的堡垒，安排调集各种补给，并且将他的两个正规团送进当地的冬季营房。他觉得，来年春天，他们可以进攻尼亚加拉。在部队将奥斯威戈建成一座适用于军事行动的基地的同时，雪利也回到纽约城去理清让一切都陷入其中的乱局，为来年恢复主动权制订计划。[7]

在威廉·雪利看来，1755年战事的唯一亮点是新英格兰对新斯科舍的法军驻地的远征。他将这次战役当作一种手段，用以解决英国长期存在的控制新斯科舍地区的困难，自乔治王战争结束以来，此地一直都处于不稳定状态。哈利法克斯伯爵钟爱的计划之一是使新斯科舍英国化，并且使之成为抵御新法兰西的堡垒。出于这个目的，1749年他下令建造与路易斯堡相抗衡的哈利法克斯城，并且推动新英格兰居民和其他新教徒移居新斯科舍。此举令法国人不安——部分是因为占当地人口大多数的说法语的阿卡迪亚人会被一大批讲英语的新移民吞没，部分是因为阿卡迪亚人将无法像他们多年以来所做的那样，继续向路易斯堡秘密出售粮秣。相对地，英国人担心法国人正在阿卡迪亚人、当地的阿贝内基和米克马克印第安人之间耍弄诡计，试图煽动他们叛乱。实际上，法国人确实那样做了：在米克马克族传教的法国修道院院长让·路易·德·勒卢特神父，竟公然鼓动让阿卡迪亚回归法国控制的暴动，还出价每张100里弗收买英国移民的头皮。1750年年初，当法国人在连接新斯科舍半岛和加拿大本土的狭窄的希格内克地峡建起一座坚固的五边形要塞博塞茹堡时，事态已陷入危机。此举迫使英国人针锋相对，在米萨瓜什河对岸建造一座用以对抗的兵站劳伦斯堡。在这两座架起火炮的要塞之间，微妙的实力平衡一直持续到1755年年初。此后，英国内阁批准了雪利的计划：派2个新英格兰营和哈利法克斯守备队的一个正规军分遣队攻打博塞茹堡。[8]

一如往常，雪利推动这次远征是有现实原因的——有望收获政治支持的丰硕成果，从而提升他对马萨诸塞政局的影响力。他同样意识到，由于新英格兰的人口日益膨胀，那些有意到本地区之外寻找土地开拓新殖民地的新英格兰殖民者会欢迎他的这一行动。募兵也顺利完成了。自从英王政府同意支付薪水后，新英格兰各地议会就没有提出任何政治反对意见，而且正如雪利所料，各阶层很快就对这次远征普遍充满热忱。至少这一次一切都在按计划进行。当布拉多克仍在坎伯兰堡发怒，等待他的马匹到来时，新英格兰团正在乘船前往芬迪湾。6月2日，布拉多克的工兵还在距离威尔斯溪不到25英里的道路旁爆破岩石时，新英格兰团就已经在距离博塞茹堡半天行程的劳伦斯堡将火炮和粮秣卸下运输舰船了。10天后，他们便在法国要塞前挖掘战壕；又过了两天，他们开始炮轰这座要塞。6月16日——在"我们的一枚大炮弹落入他们（法军）称为废物破工事的外壁，射入一处有不少法军军官在一旁聚集的窗口（他们在部署着什么），打死其中6人"之后——法军守备队投降了。新英格兰团的士兵还在呆呆地望着堡垒的大炮，他们的团长才刚刚重新将这座要塞命名为"坎伯兰堡"。与此同时，布拉多克才移动了不足50英里，还处于失意之中，正准备派遣一个快速纵队加速向他的目的地推进。[9]

征服任务非常轻松地完成后，新英格兰团就只剩下一项任务：将本地的阿卡迪亚人解除武装、拘留和驱逐到北美大陆本土的各英属殖民地去。这个非同寻常的举动——或许成为现代史上首次为了防范安全风险将一群平民强制迁移的行动——表面上是阿卡迪亚人不愿宣布无条件拥护英王乔治二世的惩罚性后果。其实，过去40年间，根据《乌得勒支和约》的条款，作为他们仅需做非常有限的口头效忠宣誓，保证在英法之间的所有争端中严守中立的回报，阿卡迪亚人得以保有他们的天主教信仰，保留他们的土地所有权。如今，出于对他们可能会反叛的担忧，新斯科舍总督和议会试图迫使阿卡迪亚人宣誓臣服，从而取消他们的宗教信仰特权，让他们成为英王的普通臣民。阿卡迪亚人则认为这只是又一个剥夺他们本该享有的条约权利的花招——英国人以前就尝试过类似的策略——于是，他们拒绝宣誓。

阿卡迪亚人无法了解总督和议会正企图以任何抵制行为为借口除掉他们，于是当总督和议会以囚禁居民、宣布没收阿卡迪亚人的所有土地和牲畜、将他们和家人都驱逐出去等强制举措来回应他们的反抗时，阿卡迪亚人惊呆了。10月，"大麻烦"开始了。芬迪湾沿岸定居点的大部分阿卡迪亚人中了英国人的圈套被捕，他们被押上船送往英格兰和北美大陆的殖民地，在那里，他们会分散到英属殖民地的茫茫人海之中。被集中到船上送走的大约有5400人，这些人身上带着他们能带走的少量财物。而那些逃过一劫的人——大约有7000人至1万人——则逃往加拿大本土或者圣让岛（今爱德华王子岛），与阿贝内基人和米克马克人结盟。他们怀揣着收复家园的希望，打算倾尽全力反击。[10]

战役结束的时候，由于驱逐和逃亡的共同作用，新斯科舍地区的阿卡迪亚人已经大量减少。英国人的整个方案令人寒心，乃至让人联想起现代"种族清洗"行动。计划执行得冷酷又严密——确实行之有效——但是几乎很少在其他战时行动中见到。有多种强有力的证据表明，威廉·雪利本人是驱逐行动的策划者，他的真正意图不是占领博塞茹和消除任何阿卡迪亚人的军事威胁，而是要使阿卡迪亚人的农场成为新英格兰殖民者和其他新教移民进行再殖民活动的可用土地。有一点无论如何都不会有任何疑问：新英格兰人是驱逐行动的主要受益者。甚至在新英格兰的部队回乡之前，有些士兵就已经开始考虑回到此地定居；1760年，他们真的开始这样做了。1763年年底之前，不下5000名北方农民和渔民迁往新斯科舍，去接管阿卡迪亚人的农庄，并且用英文重新命名阿卡迪亚人的城镇。[11]

即使到1755年8月中旬，新斯科舍战役在新任总司令官看来，似乎正在取得彻底的胜利，同时约翰逊对克朗波因特的远征看上去根本不可能发动。当时雪利得知布拉多克包含多项战事全盘计划的文件，已经遗弃在莫农加希拉战场。因此，法国人有非常大的可能性完全清楚约翰逊进攻圣弗雷德里克堡的计划，那么迪耶斯考也会派援兵协助防御此地。于是，雪利警告约翰逊如果法军的抵抗表现得十分坚决，他应当准备好采取守势，来保卫奥尔巴尼抵御可能遭受的攻击。快速袭击克朗波因特仍然不失为应对法军的可行反制措施。但是直到9月初，约翰逊的部队才会在乔治湖南端扎营，从此地乘小船前往克朗波因特。[12]

进攻延误的原因有很多，首先是对补给物资的争夺，这有碍雪利离开奥尔巴尼。必须建造数百艘吃水浅的船只，或者说平底船，将人员和物资从奥尔巴尼向北运往萨拉托加（利迪亚斯旧走私站的位置）以外的大运送场；其次，在那里必须修建为纪念约克公爵而命名为爱德华堡的新要塞，来充当补给基地；此外，从爱德华堡到乔治湖，必须开辟一条全长大约16英里的运输道路；再次，远征军的小船、火炮和装备必须从爱德华堡拖运到乔治湖；而且部队本身——新英格兰各殖民地和纽约的约3500名士兵——必须接受至少一定程度的训练。最后，雪利彼时还不知道，约翰逊正忙着同德兰西和波纳尔策划将他从司令官的位子上拉下来。为了执行这一"任务"，约翰逊有点三心二意，没有让他的军队做好行动准备。例如，9月3日，在乔治湖与他的部队会合后不久，约翰逊用了很长时间写了一封信给哈利法克斯伯爵，谴责雪利对印第安事务的不良影响；他还写了另一封给波纳尔的信，谴责雪利是"一个没有激情且被不满奴役的孬种"——约翰逊知道波纳尔会将这些情绪谨慎地传递给他在英国的联系人。[13]

9月伊始，约翰逊的殖民军官兵仍在拖运平底船、各种物资和弹药去往乔治湖。约翰逊的莫霍克盟军，在亨德里克酋长的率领下，刚刚到达营地。约翰逊本人决定，在他能安全进军克朗波因特之前，需要修建一艘单层甲板武装帆船，还要另建一两座堡垒。天气已经变冷，适宜军事行动的季节在快速过去，但是约翰逊到此时为止唯一持久的成果只是一种姿态——和塞洛龙埋设铅板没什么不同——给圣礼湖取了新名乔治湖，算是宣称此湖属于英国国王的手段。从未热切求战，加上怀疑自己身为将领的才能，使约翰逊期望不用面临不快的战斗前景就能进入冬季营房。[14]

然而，迪耶斯考男爵另有计划。6月23日，他及其部队和新任新法兰西总督德·沃德勒伊侯爵一同抵达魁北克。迪耶斯考和沃德勒伊在 7 月初全面了解了他们面临的形势——布拉多克在向迪凯纳堡进军,新英格兰团将博塞茹堡的守军逐出,雪利在向尼亚加拉推进,约翰逊在准备进犯圣弗雷德里克堡——并且发现他们面临的最大威胁是尼亚加拉的行动。因为一旦英军得手,加拿大维持与西部各堡垒的交通线的能力就将被摧毁。因此,迪耶斯考在蒙特利尔集结了约 4000 名法国正规军、加拿大部队和定居的印第安人组成的部队,然后在 8 月初准备好溯圣劳伦斯河而上,增援尼亚加拉要塞。[15] 然而,就在这个节骨眼上,沃德勒伊开始收到关于约翰逊部兵力和行动的夸大其词的急报,于是决定必须将迪耶斯考和大约 3000 名士兵转用于保卫圣弗雷德里克堡——这座堡垒的寨墙年久失修,无法承受哪怕一次短暂的炮击。正当击败布拉多克这一振奋人心的消

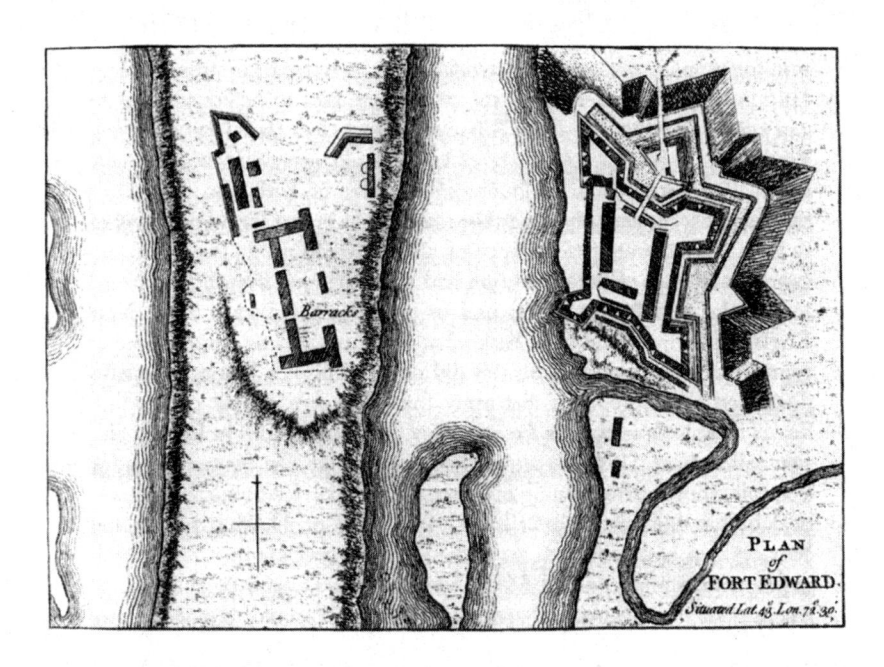

图 10.1 《纽约殖民地的爱德华堡》。此图出自战争结束后,在伦敦出版的一份北美要塞平面图集。爱德华堡最初是哈得孙河上游的一座贸易站,后改建为一座巨大(虽然选址尴尬)的要塞,由近 30 门火炮守卫。图中的爱德华堡已经成为乔治湖-尚普兰湖走廊英军分阶段作战的主要补给基地。引自玛丽·安·罗克的《根据实际测绘还原的北美要塞和平面图集》,1765 年在伦敦出版(承蒙密歇根大学的威廉·克莱门茨图书馆提供图片)。

息到达蒙特利尔之际，迪耶斯考与他的部队兵发尚普兰湖和克朗波因特，要向约翰逊的远征军也发动一次类似的歼灭战。

一到圣弗雷德里克堡，迪耶斯考就派出侦察兵去探听约翰逊指挥的那群毫不知晓眼前危险的殖民军的情况。侦察兵的报告让他决定对局部竣工而且疏于防范的爱德华堡发动一次突袭，意图在对方沿湖而下进军之前摧毁那里囤积的船只、火炮和其他各种物资。这样一次打击甚至会比孔特勒克近来对布拉多克的重击伤害更大，因为这不仅能防止英军对克朗波因特的任何后续威胁，而且会使纽约和新英格兰的防线退回到奥尔巴尼一线。在与他部下的阿贝内基和卡纳瓦加印第安武士混编分队的指挥官——雅克·勒加德尔·德·圣皮埃尔上尉，即1753年冬在勒伯夫堡对华盛顿不予理睬的那位壮实军官——商议之后，迪耶斯考决定将他的大部分正规军留在后方镇守圣弗雷德里克堡，以主要由加拿大部队和印第安人组成的一支队伍实施突击。至少对于一个欧洲正规军的军官而言，这实在是一个极不符合常规的行动，例如，这永远不可能在布拉多克身上发生。但是，迪耶斯考一度是萨克森伯爵阿米纽斯·莫里斯大元帅的副官，从这位大元帅那里获得了在欧洲使用非正规军的经验。在奥地利王位继承战争期间，萨克森伯爵在佛兰德斯曾用一支游击队对付英军，看来迪耶斯考认识到了印第安和加拿大部队与那支游击队的相似之处。[16] 9月4日，迪耶斯考率领1500名精兵——大约有200名正规军掷弹兵、600名加拿大民兵，以及700个阿贝内基和卡纳瓦加的莫霍克人——已推进至乔治湖和尚普兰湖的汇合处。法国人将这个战略要地称为卡里永，而英国人称之为提康德罗加。法国人从此地悄然划船南下直至南湾尽头，隐藏好运载他们的独木舟，然后在林中开道，直取爱德华堡。

9月7日，天色已晚，迪耶斯考率部走出森林，在爱德华堡以北3英里处的运输道路上现身。在此地，印第安人告诉他，无论守卫多么薄弱，他们都不会进攻一座要塞，但是他们愿意前去攻打约翰逊在乔治湖的部队，这些敌人还没有开始加固他们的营地。迪耶斯考善于变通，而且在这个问题上几乎没有选择的余地，便改变了他的计划。次日上午，迪耶斯考以2个掷弹兵连沿道路而上，而在他们侧翼的森林里是加拿大民兵和印第安人，这部分人全体转向北方，直取约翰逊的营地。

同一天晚上，莫霍克探子将消息带给约翰逊，大队敌军正在爱德华堡附近悄悄行动。英军开始尽力加强营地的防御——树木被砍，从而在营盘界线周围清理出射击场地，这些树木被用来加固胸墙（赶工修建成的防护墙或低矮的墙）——次日上午，约翰逊根据他部下各团团长的建议，派出马萨诸塞的伊弗雷姆·威廉姆斯指挥的 1000 名殖民军，同大约 200 名莫霍克武士组成的掩护部队，一同去增援爱德华堡。大约 9 点，亨德里克酋长骑马带队，威廉姆斯纵队离开营地出发，迎向迪耶斯考和他的 1500 名袭击部队。[17]

迪耶斯考知道英军正在赶来，因为当天早晨被他的部下在路上俘获的一个逃兵告诉他们这个纵队在前进。他选中乔治湖以南大约 4 英里的一个地方，那里的道路沿着一条沟壑的底部向下延伸，以他的 2 个掷弹兵连封锁道路，将加拿大民兵和印第安人部署在掷弹兵前方埋伏。英军仓促行动，没有部署侧卫分队，因为他们没有料到会在靠近爱德华堡之前与敌军遭遇，亨德里克的莫霍克武士与威廉姆斯的殖民地民兵在 10 点过几分时落入了伏击圈。老亨德里克 75 岁高龄，从事征战和外交事务长达 50 多年，当有人从林中叫喊出声时，这位老兵勒马停步。只因加拿大莫霍克人和他们的纽约亲族大多不忍让另一方亲友流血，看来好像是有一位卡纳瓦加莫霍克武士在警告亨德里克，他正身处险境。但是亨德里克的回复被打断了，当时另一处枪声一响，一场全面交火瞬间就被触发，他和其他大约 30 名莫霍克人在弹雨中身亡。落入了埋伏圈，而且暴露在两翼的滑膛枪火力之下，威廉姆斯上校奋力率队向一侧沟岸突击；他与大约 50 名部下都中弹身亡。乔治湖战役的第一次战斗就此开始，新英格兰人称之为"血色晨间侦察"。[18]

从规模和状态来看，参战的军队与莫农加希拉战役很相似，但结果完全不同。在初次交火中幸存的莫霍克人迅速开始缓慢而有序的撤退，同威廉姆斯部的大约 100 名殖民军一同夺路杀到后方。布拉多克的正规军在莫农加希拉会坚守阵地，直到注定覆灭为止，但是这场战斗中纵队的其他人，即殖民地民兵，不会受到这样的军纪约束，他们争相逃命。虽然没有什么英雄气概，但这是一种特别理智的反应，甚至是挽救大局的举动。枪声惊动了营地，当时幸存者一路从伏击圈奔逃回来，他们的同伴匆匆用平底船和倒扣的补给马车加固胸墙。远征军唯一的正规军军官，也是布拉多克指派监督围城作战的工兵上尉威廉·艾尔，赶忙布置了4门野炮掩护道路。迪耶斯考的部队紧追而来，然后在空地边缘突然停下脚步。据约翰逊营地的一位观察者说，看上去好像"敌军被迫去制止他们的印第安人之中发生的某些争执"。[19]

这种说法或多或少是准确的。卡纳瓦加人失去了他们的指挥官——勒加德尔·德·圣皮埃尔已经在伏击时丧生；现在他们不愿意进攻一座设壕固守的营盘，而且里面的守军还包括数百位莫霍克亲族。没有卡纳瓦加人，阿贝内基人也不会前进；"加拿大民兵在和印第安人一同战斗时，基本上会以后者的行为约束自己"，因而也是如此。迪耶斯考命令他的2个掷弹兵连组成一个秩序紧密的纵队，向营门的火炮冲锋，以控制住摇摆不定的局势。他希望这能使左右摇摆的印第安人和加拿大民兵感到羞愧，从而促使他们投入进攻中去。迪耶斯考还指挥他们在营盘周围散开，借助原木和树桩的掩护向敌军开火，而且他下令只要机会一出现，就要蜂拥越过胸墙。[20]

从空地边缘到艾尔上尉的炮兵阵地入口大约有150码。迪耶斯考的掷弹兵——朗格多克团和王后团最为魁梧和威猛的士兵，属于法国陆军最精锐的士兵之列——上起刺刀，以6人一列，排成100码长的纵队，沿着道路越过空地发起冲锋。他们身着华丽的白色军服，纪律严明，只有欧洲最自豪的陆军精锐才能做得如此出色，但是当英军火炮以"破街毁巷"的霰弹火力射穿他们队列的时候，他们都没能跑完通向目标的一半距离。炮火击溃了他们的战斗序列，迫使他们后退。印第安人和加拿大民兵在下午的大部分时间里从树林边缘的掩蔽处持续向守军射击，但收效甚微。迪耶斯考身负重伤，却仍然留在战场上，但是在掷弹兵冲锋失败，又失去了勒加德尔后，这次进攻注定会以失败告终。经过四五个小时越发不协调的射击后，他的部队没有得到命令便开始自行撤退。[21]

营地里的殖民军几乎没有努力越过空地去追击敌军。如一位目击者解释的那样:"太阳正在西沉,到处都是树林,敌人还不一定会被击溃。我们的部队非常疲劳,士兵没有带刺刀或剑,军纪很差,而且士气也不是很高。"只有一支进入战场的英军出击部队,找到了"膀胱负伤"的沮丧的迪耶斯考与大约另外20名法军伤员。进攻方的余部消失在森林的长长阴影里,启程前往圣弗雷德里克堡,或者返回伏击地点去收集他们绑在树上的战利品。[22]

大约有400个印第安人、加拿大民兵和法国兵在这道沟壑里歇息,他们试图在幸存的军官指挥下重整队伍时,却遭到一个新罕布什尔殖民军纵队突袭。首次听到战斗的动静时,威廉·麦金尼斯上尉指挥的大约200人就开始从爱德华堡出动,前往约翰逊的营地助战。当时,在深沉的暮色中,他们进攻杂乱无序的敌军,"大杀了一场"。当天法军和印第安人的大部分伤亡都是在这场脱节的战役的最后阶段造成的,这一阶段同样导致更多的英军伤亡:不仅麦金尼斯上尉和他的2名部下阵亡了,连卡纳瓦加人和阿贝内基人打算回来收集的所有俘虏也都被杀死了。有些后来被发现剥去了头皮的死者,手脚仍被捆绑着。印第安人无法带着俘虏撤退又不愿放弃他们,最终还是带走了战利品头皮,它们虽然不如战俘珍贵,却仍可以证明他们参过战。[23]

夜幕降临让乔治湖战役和1755年的克朗波因特远征都画上了句点。约翰逊因臀部一侧中弹,已经无法支撑着继续战斗;他的部队也无力再战。此后3天,他们一直外出搜寻和掩埋尸体。这是一桩可怕又"最凄凉的惯常工作",因为天气已经放晴,变得越来越炎热。尽管事实上这一战可以被视为殖民军的胜利——法军被迫离开战场,而且双方的伤亡几乎均等——但消沉的士气萦绕着英军营地,大量士兵开始生病。虽然援兵很快就从爱德华堡赶来,但粮秣仍然短缺,英军无法发动一场新的攻势。此外,掳掠一旦完成,莫霍克人就会回乡去举行吊唁仪式,将战俘一同带回去收养,以当作死者的替代人员,或者折磨和杀死他们。[24]

9月底,奉命顺乔治湖而下执行侦察任务的侦察员,带回法军已开始在提康德罗加修筑堡垒的报告。到了这个地步,即便约翰逊和他部下的军官渴望重新开始远征克朗波因特,都不得不慎重行事。实际上,他们并

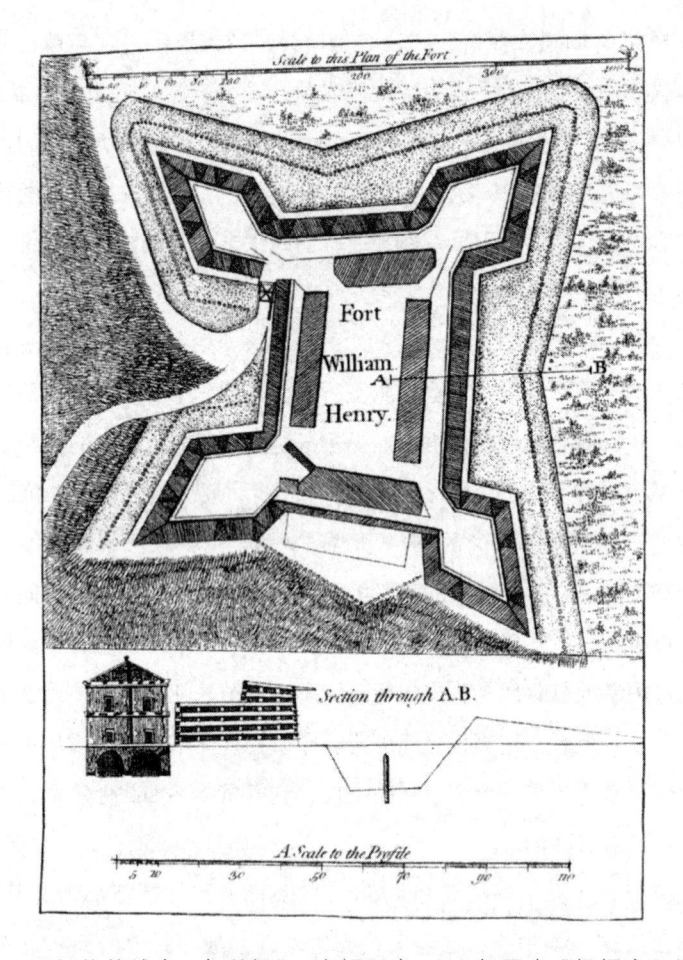

图 10.2 《纽约的威廉·亨利堡》。这幅取自 1765 年罗克《根据实际测绘还原的北美要塞和平面图集》的示意图，呈现了艾尔上尉设计的拥有 4 座棱堡的坚固堡垒。它坐落在图底部（北边）朝向湖岸的陡坡上，坡度极大。而一条壕沟或者说干护城壕，在另外三面紧紧环绕要塞。图中描绘的横截面，左起是带地下"防弹掩体"的两层营房，或者说是炮塔；"外幕"，或者说围墙，30 英尺厚、15 英尺高，用平铺的原木建成，再以泥土和碎石填充；"平台"，或者说炮台，得到围墙顶上的女墙（围墙上增建的防护矮墙）掩蔽；"突栅"，一排从女墙水平向外突出的削尖原木，是为了威慑攀墙而上的敌兵；10 英尺深的护城壕底，围着一道高 8 英尺以上的削尖原木栅栏；还有护城壕之外，50 码长、坡度平缓的"斜堤"，这是一片进攻方在到达壕内障碍、栅栏和高耸围墙之前，必须穿过的开阔射界。火炮则沿着外墙安放在炮眼里，所处位置既可以射击远距离的围攻方，也可以进行"纵射"，或者说沿着幕墙表面射击（承蒙密歇根大学的威廉·克莱门茨图书馆提供图片）。

不渴望进攻。在 9 月 29 日的军事会议上，约翰逊部下的主要军官为了保卫他们在湖边的阵地，防范未来的进攻方进入像炮筒一般指向爱德华堡、萨拉托加和奥尔巴尼的道路，选择建造一座足以容纳 500 人的要塞。责无旁贷的艾尔上尉据此开始设计一个带 4 座棱堡的坚固土木堡垒；驻军开始执行大量的挖掘、伐木以及建成堡垒必需的内部建造任务。威廉·亨利堡——约翰逊为了在战役结束前，尽可能多地向有王室血统的王子致敬，以坎伯兰公爵（威廉）和格洛斯特公爵（亨利）的名字命名这座要塞——将会在比英国或英属殖民地的任何人能够预料的更长时间内，标记英属北美人的前进界限。[25]

1755 年的整整一个秋天，法军和英军为了在冬天彼此比拼建成要塞的速度，都在比试斧砍和铲挖的功夫。次年春，法军的防御阵地会稳定在乔治湖北端的卡里永堡，类似地，英军阵地会维持在乔治湖南端的威廉·亨利堡。这个美丽湖泊的岛屿星罗棋布，沿岸的陡峭丘陵林木茂密，它将成为突击队和侵略军的通道。交战双方为获得优势展开的争夺已经持续了很长一段时间，而且谁都无力保持自己的优势。

第 11 章

英国政局和欧洲外交革命

1755 年

  3000 英里之外，纽卡斯尔公爵在为北美传来的消息战栗不已。7 月中旬，博斯科恩未能截住全部法军援兵的消息到达伦敦，而他在此次行动中取得的成功——扣押了名义上英国仍与之保持和平的一个王国（法兰西王国）的数百军兵和两艘船——似乎肯定会激起法国的敌意。7 月 18 日，法国驻圣詹姆斯宫廷的大使米尔普瓦公爵夏尔·德·莱维愤然离开伦敦。不久以后，也就是在 8 月，布拉多克战败的消息传来。英国没有实现任何实质性收益，就糊里糊涂地以一种国际侵略者的姿态示人，与此同时法国已经派遣足够的人员携带武器登陆去保卫加拿大，使新法兰西总督的盟友能去威胁从新罕布什尔到北卡罗来纳的每一个英属北美殖民地的边界。总之，英国的政策将名正言顺的开战理由和战略优势都拱手让给法国，给予了法国宫廷趁机宣战的机会和理由。纽卡斯尔公爵与坎伯兰公爵的关系已经恶化到让他们成为日常八卦话题谈论对象的地步，因为纽卡斯尔将一切灾难都归咎于坎伯兰。在本土，英国政府已经瘫痪；而在海外，英国的外交立场陷入了混乱。[1]

  纽卡斯尔面临两大棘手难题：一个是宪政问题，它让政府动弹不得，又威胁他的首相地位；另一个是外交问题，它阻碍了他在政治上加强自己的力量。纽卡斯尔身为王国贵族，无法在英国下议院取得议席，这削弱了他身为首相的活动能力。这位公爵迫切需要一位他能信任的人在下议院组建一个可靠的多数派，但胜任这项工作的只有两个可能的人选，而且这两个人以不同的方式招致了麻烦。一位是陆军大臣亨利·福克斯，可恶的坎伯兰公爵是他的保护伞。福克斯是一位杰出的议会操盘手，但也是个浪荡子和机会主义者——一个有性格缺陷和过多野心的人，就更别提他和坎伯兰的关系了，这使他不再是一个有吸引力的伙伴了。此外，福克斯不是一位合格的演说家：对一位战争领袖来说这是个严重缺陷，因为战争领袖需要的不仅是掌控下议院禄虫投票的能力，而且要能激发独立的后座议员对政府政策的忠心——如果没有这些乡绅的支持，任何推动战争的努力都无法长久持续。

下议院另一位可能的领导人是威廉·皮特，一个拥有惊人演说才能和同样惊人、近乎自大狂一般的野心的人。就个人而言，纽卡斯尔讨厌皮特，因为皮特最爱在下议院嘲笑纽卡斯尔的政策；但是，更让他失去吸引力的是皮特和王位的法定继承人（有朝一日，那个十几岁的男孩将会成为乔治三世）关系密切。汉诺威王朝的国王们几乎都有一种遗传而来的特质，比如凸出的眼睛、高挺的鼻子和厌恶那些等着继承王位的王子的任性表情。皮特和莱斯特府派（对与威尔士亲王太妃及其家族结盟的政治家的称呼，因亲王太妃的府邸所在地而得名）关系密切，因此国王对他很反感。国王绝不会认同那些他认为是自己核心圈子敌人的人。而最后一点在于，皮特对下议院政治事务的日常管理出了名地不屑一顾。他是杰出的演说家，却对寻求日常政治支持和维持投票纪律这些事关 18 世纪英国政府稳定性的问题没有耐心。不论是福克斯还是皮特，对纽卡斯尔来说都不是一个可以简单做出的选择，而他本能的胆怯又让他无法坚决委任其中任何一位。然而，只要他不能同其中一位达成持久的同盟关系，他就无法控制下议院，也就不能顺利治政。这个问题会在很长的一段危险时期内都悬而未决。[2]

因为纽卡斯尔对坎伯兰肇始的北美军事行动影响力极为有限，他希望通过仍为他控制的另一种手段——外交——来避免欧洲的战争。他在进行外交努力时面临的问题和复杂性令人震惊，但最终这些都可归结为一个原因：汉诺威选帝侯国。自从 1714 年英国王位交给可靠、信奉新教的汉诺威国王以来，大不列颠的命运就已经和国王的家乡——北德意志的小邦国——捆到了一起。在战争时期，乔治一世和乔治二世都坚决要求英国在军事上保护汉诺威。这种坚持导致了英国在欧洲大陆建立了一个持久的同盟体系。为了维护汉诺威，反对法国及其盟友普鲁士的侵占，英国还通过这一体系与荷兰和奥地利结盟。[3]

纽卡斯尔的"体系"在西班牙王位继承战争和奥地利王位继承战争之后仍然保存了下来。他坚持保留这一体系；虽然自从《亚琛和约》生效以来，这一体系已逐渐开始瓦解。荷兰人因厄运和军事失利饱受折磨，不希望看到法国和英国重启战端，它在1755年也发现不了加入一场到底谁会控制北美荒野和野蛮人的争端有什么不可抗拒的利益。奥地利人如我们所见，将从普鲁士手中收复西里西亚视为一个非常重要的目标，乃至他们已经开始探索与法国可能的和解之道。

1755年年初，纽卡斯尔迫切想要维护英奥同盟，并让普鲁士的注意力从汉诺威移开，于是提议与奥地利的盟友俄国签订条约。作为对一大笔财政补贴（平时每年10万英镑，一旦发生战争每年50万英镑）的回报，俄国会维持一支军队，准备好随时入侵东普鲁士。纽卡斯尔希望俄国对普鲁士东部边境的军事威胁，会阻止普鲁士国王腓特烈二世进攻汉诺威。当然，纽卡斯尔知道，如果法国选择侵占汉诺威，俄国或奥地利都无法阻止它。因而，他着手与各德意志邦国的统治者缔结财政补贴条约——实际上是在商谈一旦发生战争，就以这些邦国的军队充当英国的雇佣军——来着力支撑汉诺威的防务。英国会向汉诺威提供每年5万英镑的财政补贴，将其军队扩充至8000人；为黑森-卡塞尔方伯每年提供6万英镑。一旦爆发战争，黑森-卡塞尔方伯便需提供8000名军士。而对安斯巴赫边疆伯爵和维尔茨堡主教，英国会为更多雇佣兵提供更多资金。

所有这些外交活动可能有助于提高汉诺威的安全性，但是无助于使法国冷静下来，此时法国之所以克制着没有向英国正式宣战，只是为了将他们的海军加强到能够在公海与英国海军匹敌的水平。最终，由于皮特和他的追随者在下议院谴责这些补贴条约是在滥用英国的利益和财富去维持一个德意志小邦，纽卡斯尔的外交政策在议会政治中产生的唯一作用是让他一直容易受到批评，而且失去了多数派地位。[4]

1755年夏，随着灾难接踵而至，以及皮特对内阁及其施政举措的大肆嘲讽，对外财政补贴政策在下议院变得非常不受欢迎。最终，纽卡斯尔内阁的财政大臣在没有议会特别法案批准的情况下,拒绝向黑森发款。如此强烈的反对,最终迫使纽卡斯尔与亨利·福克斯结盟,后者于11月入阁成为南方事务部国务大臣和内阁在下议院的利益管理人。一旦结盟,福克斯与纽卡斯尔的合作关系似乎能创造奇迹。在一场关于财政补贴政策的恶意满满的辩论(始于11月13日)中,皮特无情地怒斥内阁,嘲弄纽卡斯尔和福克斯的合作关系是"索恩河和罗讷河的合流。前者是和缓、静静流淌的河流,它虽然流得慢悠悠,却没有深度;而后者却是急流"。这样精彩的责骂如果是在此前的会议上,会为他赢得下议院的喝彩,但这次是福克斯在保护公爵在下议院的利益。因而,皮特的演讲只是一次投票的喧嚣前奏,下议院议员通过这次投票以2比1的比例确认了他们对各项财政补贴的支持。纽卡斯尔几乎没有停下来享受这个自己非常憎恨的人的大败带来的快感,他毫不客气地解除了皮特和他的支持者的职务。即使与福克斯的新联盟不会永远让皮特保持沉默,至少福克斯在议会处事的灵巧能力能遏制住皮特的破坏性潜力。[5]

然而,即使纽卡斯尔的这些政策最终得以通过,公爵耗费大量心神和精力去维持的整个同盟体系也正不断崩塌。在柏林,国王腓特烈深度思考英俄条约可能会产生的影响,以及传言中他的宿敌奥地利和他的老盟友法国之间正在发展的协定可能造成的后果。据说,腓特烈畏惧俄国甚于上帝,因此指示他的外交官找出与英国和解的方法。新年伊始,在6个月前难以想象的事情很快成了现实:普鲁士和英国缔结了友好条约。根据1756年1月16日签署的《威斯敏斯特条约》,大不列颠王国和普鲁士王国相互保证一国不会侵扰另一国。如果有任何侵略者扰乱"德意志"——这个含糊的词已足以涵盖汉诺威和普鲁士——的安宁,两国将联手反抗侵略者。《威斯敏斯特条约》并不是一个正式的防御性同盟条约,它除了确保汉诺威免受攻击,别无他图。普鲁士在此阶段的英法冲突中仍会保持中立。与英国内阁之前的所有条约不同,这份条约没有要求任何平时的财政补贴:最终,《威斯敏斯特条约》不费英国国库一个铜板,就成为保护汉诺威的一个手段。[6]

当然,英国签署《威斯敏斯特条约》,也付出了代价,即它与奥地利的同盟关系。或者，更确切地说，这份条约消除了障碍，促使英奥同盟最终解体，而且使被称为外交革命的一系列逆转盟约正式出现。玛丽亚·特蕾莎和路易十五的宫廷之间原先非常谨慎而秘密进行的谈判，这时迅速在"阳光下"完成了。2月初，《威斯敏斯特条约》签署的消息传到凡尔赛时，法国国务委员会便不再履行法普盟约，为法奥正式和解扫清了道路。1756年5月1日，奥地利和法国的外交官签署了《凡尔赛协定》——一份与《威斯敏斯特条约》相互映衬的共同防御协定。根据这一协定，法国同意在奥地利遭受攻击时施以援手；同时根据一项特别条款，奥地利免除了在当前法国与英国的争端中支持法国的任何互惠性责任。

这两份条约的共同作用应该是合理地让欧洲免于从北美蔓延过来的战火。汉诺威已经获得了任何一个平坦且几乎没有防御能力的国家能够获得的安全保障；奥地利对未来遭遇普鲁士进攻的焦虑，已通过同欧洲最强大的陆权国家缔结的防御性同盟充分缓解。法国和英国可能会随意攻打彼此的殖民地和航运，但只有一种真正奇怪——事实上，几乎不可想象——的举动，才会扰乱欧洲的和平。唯一能打破新平衡的是普鲁士国王率军进攻奥地利，而这显然是一个疯子才会做出的举动。腓特烈拥有一支庞大的精悍军队，这是事实，但它无法与法国陆军相比，更不要说与法国和奥地利两国的陆军相比较了。此外，腓特烈的国家较为贫穷，而且人口不足400万；而法国和奥地利的人口总和是普鲁士的10倍。[7]没有人否认腓特烈的魄力，但每个人都知道他没有愚蠢到会发动攻击的地步——此举会最终赋予玛丽亚·特蕾莎收复她心爱的西里西亚所需的全部口实。

于是，1756年1—2月，纽卡斯尔公爵环顾四周，看看那些似乎已经稳固了的政务；事实上，未来看上去近乎美好。虽然在他着手外交攻势时，这并不是他想要的结果，而且尽管乔治二世对目睹他的家族一直致力维系的与奥地利的同盟关系消亡不悦，但新的英普同盟似乎会同时保证汉诺威的安全和限制与法国的敌对行动。皮特在议会陷入无力的境地，已经和他仅剩的少数支持者被赶进嘈杂而不起作用的反对党。北美的乱局仍有待处理，纽卡斯尔被迫与福克斯和坎伯兰结盟，以便他们保证能够解决那些问题，这令他本人不悦。尽管如此，纽卡斯尔也比前一年的任何时候，都有更多的理由感到安全，甚至乐观。[8]

对北美的评估在1月来临。1月7日，英国内阁开会仔细考虑北美各殖民地提出的希望提供进一步军事援助的请求，审议了哈利法克斯起草的集中、协调和扩大战争努力的计划。在收到威廉·约翰逊和托马斯·波纳尔公然指责雪利对印第安事务横加干涉，而且是个糟糕的指挥官的报告后，哈利法克斯建议应当从英国派遣一位享有更大权力的新任总司令，约翰逊则会收到一份直接发自国王的新委任状，任命他为易洛魁六部上校。内阁诸大臣都同意这些建议，但是他们以代价过大为由，驳回了哈利法克斯计划中的其余部分——这些内容呼吁创立一个王家资助的中央仓库提供补给，为驻北美各殖民地的正规军增派援兵，还要募集大量殖民地部队。[9]

两周后，在纽卡斯尔的府邸进行的一次阁僚聚会上，坎伯兰和福克斯提出了自己的方案，采纳了哈利法克斯关于替换雪利，给予约翰逊新任命的建议，此外重申了前一年将布拉多克派去北美的计划。坎伯兰厌恶哈利法克斯使用殖民地部队的想法——他觉得他们耗资太多，战力低下，而且散漫任性。因此，他呼吁从英国派2个团的正规军，并且在各殖民地募集4个千人规模的新正规营。除了约翰逊，坎伯兰和福克斯还提议任命南卡罗来纳的商人埃德蒙·阿特金为南部殖民地的印第安事务督办。最后，他们提议派一位经验丰富的军事管理官员——第四代劳登伯爵约翰·坎贝尔——替换雪利。其他出席的大臣，包括纽卡斯尔，全盘接受了这份计划。

虽然纽卡斯尔多年来都是雪利的后台，但要让他做出放弃雪利的决定恐怕并不难。这些年来，这两人已变得疏远，而且纽卡斯尔为了自己的政治生命要倚仗福克斯和坎伯兰两人，他们联手反对雪利。此外，托马斯·波纳尔在精心策划了一场反雪利的大规模书信写作运动后，回到伦敦亲自完成人身攻击的最后阶段。他很走运：4封在北美颇费心神写成的寄给米尔普瓦公爵的信，就在他到达前后被截获。这几封信看上去似乎是在许诺，为了回报法国人的金钱而背叛英国。自称菲柳斯·加利塞的匿名作者写下的这些信，包括足够准确的北美军务信息，使哈利法克斯、坎伯兰、福克斯和其他人担心有一位高级陆军军官正准备改换法国军服。波纳尔暗示，因为雪利曾经在巴黎住过几年，而且有一位法国妻子，菲柳斯·加利塞很可能指的就是雪利总司令本人。其实，这些信件可能意在诋毁乔治·克罗根，甚或约翰·亨利·利迪亚斯的名声，但这根本不重要。在投机取巧的波纳尔操作下，这些信成了诋毁雪利、保证他会立即被召回的工具。与一度考虑解除雪利的军事指挥权，但为了补偿他长期忠实的效劳，打算给予他牙买加总督一职的做法相反，这时坎伯兰大声叫嚷要将他用铁链锁着押回英国本土。好在更冷静的人占多数，但是雪利的仕途实际上已经终结。3月31日，福克斯写给雪利一封疾言厉色的信，证实他已经被解除英王陛下部队的指挥权，而且他一旦收到这封信，将"以所有可能的远航方式回到英国"。[10]

随着对雪利的处分下达，波纳尔大获全胜。他首先看到的是雪利的主要政治盟友罗伯特·亨特·莫里斯被革去宾夕法尼亚总督职务。雪利原先授予利文斯顿和莫里斯合伙公司的多项纽约驻军的军需物资合同，被转授给强大且有政治联系的贝克和基尔比伦敦商行——这家商行的纽约代理人碰巧是副总督詹姆斯·德兰西的弟弟奥利弗·德兰西。利文斯顿和莫里斯合伙公司与雪利的交易记录被查封，送交财政部审核。这一程序可能需要几年时间才能完成。

威廉·约翰逊此时被称为威廉爵士，因为11月国王授予他一个从男爵头衔，他基本上已经不再需要波纳尔的帮助了；他得到了政治保障；身为北方印第安事务督办和易洛魁六部上校，他能够获得600英镑的年薪。尽管如此，波纳尔仍继续大力宣传他是一个（与雪利形成反差）为保卫殖民地牺牲了自己地产的人，而且他在乔治湖战役中证明了自己是一个英雄。2月，英国议会投票通过为褒奖威廉爵士对国家所做的贡献，给予他5000英镑赏金的提议，以表示感谢。

还有一件事情要做。雪利被解除总督职务后，国王需要一个拥有判断力和政治头脑的人来领导马萨诸塞湾的显要殖民地。谦逊了一番，只经过一段合宜的间歇期后，托马斯·波纳尔同意亲自承担这一重任。[11]

威廉·雪利的仕途早在他自己意识到之前就已被毁。就此事本身而言，几乎很难让他感到惊讶，因为波纳尔用来摧毁他的是意欲成为王家总督之人会采用的惯常手段。在这个问题上，这些手段和14年前雪利本人用来将他的前任从马萨诸塞总督的宝座上赶下来的那些手段没有什么分别。[12] 与雪利几乎可以预见的垮台相比，关于雪利短暂而饱受挫折的总司令任期最为重要的事实是：内阁决定替换他的时间和他的继任者到达北美的时间间隔长达6个月。在这段间隔期，当英国政府官员拖拖拉拉，笨重的军事官僚机构慢慢悠悠地推动调换指挥官的准备工作时，雪利发动了1756年战事。

对英国而言更糟糕的是，与此同时，法国内阁正在更加有效地计划他们1756年的军事行动。甚至在劳登勋爵成为驻北美英军中将和总司令的委任公布之前，迪耶斯考的继任者，一位新任法军司令，就已经率领援军起航前往加拿大。[13] 在劳登接管军队指挥权后的6周内，法军的两次大捷——一次在北美，另一次在地中海——将会让英国所有的战争努力受到质疑，使英国政府陷入混乱。

而且，这还只是个开始。

第三部分

底 谷

1756—1757 年

1756年，雪利实施作战，然后将指挥权移交给劳登勋爵，蒙受公开羞辱。一场战事的挫败和法国的胜利，说明了跨文化关系对于战争结果的重要性。殖民地政局与战争努力；对总司令的抵制。欧洲的战争爆发。英国未能实现政治稳定，遭受了两次出名的军事失利。1757年年初，劳登勋爵证明比起法国人来，他更擅长与殖民地居民搏斗。英属北美人失去纽约的一座重要堡垒，却在宾夕法尼亚看到了一缕微弱的希望之光。当殖民地对劳登勋爵的反对慢慢滑向僵局，英国面临欧洲的大混乱时，威廉·皮特接管了战争的指导权。

第 12 章

劳登勋爵接管指挥权

1756 年

1756年5月，6艘法国军舰驶向圣劳伦斯湾，船上载有数百名士兵和将在此后3年指挥加拿大防卫军的人——蒙特卡姆-戈松·德·圣韦朗侯爵路易-约瑟夫。蒙特卡姆年届44岁，并非法国排名前列的将领，但也是一名经验丰富的职业军官。这个身材矮小、眼睛明亮、思维敏捷的男子，在战斗中表现出的勇敢和沉着，为他在上一场战争中获得了陆军准将军衔。具有沉稳心智的蒙特卡姆，吸引了许多美国历史学家的关注，他们倾向于将他描绘成与易怒、自大的英军总司令劳登勋爵形成鲜明对比的人物。劳登对加拿大人的蔑视，对利用印第安盟友获得优势的冷漠态度，以及对战胜为数众多的敌人的悲观态度，使他成为对加拿大学者而言问题要多得多的人物。[1]

事实上，蒙特卡姆在挥霍长期以来保护新法兰西免遭征服的多种优势，尤其是在使用印第安人方面；他这样做时颇有意识，几乎到了认真负责的地步，因为他把自己的行为视为原则问题，认为自己是在为捍卫文明本身采取行动。然而，蒙特卡姆疏远他的印第安盟友，最终还疏远了加拿大人，这是一个渐进的过程，并没有立即导致英属北美的胜利；事实上，在两年多的时间里，英国正规军和他们的殖民地辅助部队在他手上接连吃了多场败仗。1756—1757年，英属北美的武运不济。这一现实如果放置在各殖民地议会和劳登勋爵之间冲突日益尖锐化的大背景之外，将是我们无法理解的。正是这一尖锐的冲突，最终导致英国在北美的战争努力触底反弹。要理解英属北美人是如何以及为何没有充分利用他们占据极大优势的人数和资源条件，同时要发现蒙特卡姆放弃已证明有价值的战略背后的原因，就必须开始领会文化因素对塑造了北美的最后也是最伟大的一场殖民战争的决定性影响。

当运载蒙特卡姆和他的部队的船只向西与大西洋3月的大风搏斗时，威廉·雪利留在奥斯威戈的部队在与坏血病和饥饿这两个更致命的敌人做斗争。自从奥尔巴尼至奥斯威戈漫长的河流和湖泊补给线封冻以来，英军第50团和第51团的物资就一直告急。由于雪利的部队十分虚弱，乃至几乎无法设防，詹姆斯·默瑟中校在冬末甚至发现自己除了撤离要塞别无其他选择。就在他已经选定3月25日为部队向斯克内克塔迪开拔的日期时，有14艘运载补给的小船在3月24日到来，缓解了窘迫的境况。

奥斯威戈的灾难并没有立即解除。接下来的一个多月，逐渐送来的粮秣才勉强达到足够维持守备部队的程度。随着春天的来临，在斯克内克塔迪的前方补给基地和奥斯威戈之间航行往来，变得非常危险。3月27日，法国和印第安突击队仿佛凭空冒出来似的，出现在大运送场西端的公牛堡寨栅外。大运送场横跨向东流的莫霍克河和向西流的伍德溪之间的分水岭，是一条运输要道。突击队消灭了公牛堡的小型守备队，夷平了它的建筑物和寨栅，摧毁了物资和小艇，然后就消失在森林之中。此后，从莫霍克河的源头一直到奥斯威戈的寨墙，这段路对那些承载兵站命脉的平底船船夫毫无安全可言。默瑟的守备驻军中，病弱不堪、濒临死亡的人占据很大比例，他们虽仍在坚守，但只是勉强维持下去。对于刚刚开始的这一年来说，他们遭受的苦难和公牛堡的失守似乎是不祥的预兆。[2]

当数千英里外的亨利·福克斯开始起草命令，要雪利少将把指挥权移交给他的继任者，并"以所有可能的远航方式回到英国"时，公牛堡的废墟兴许还在冒烟。几个星期后，雪利才意识到奥斯威戈或者白厅的情况有多么糟糕；在这个重要时刻，他回到波士顿，抓紧履行他身为总督的职责，为他已经计划好的夏季战事竭力寻求政治支持。他希望能够说服湾区殖民地的立法委员和其他新英格兰殖民地与纽约联手，共同为进攻克朗波因特募集数以千计的殖民军，他有理由期待成功。马萨诸塞一直热衷于对法国人和印第安人发动战争：虽然这个殖民地的人口仍不到25万，但在

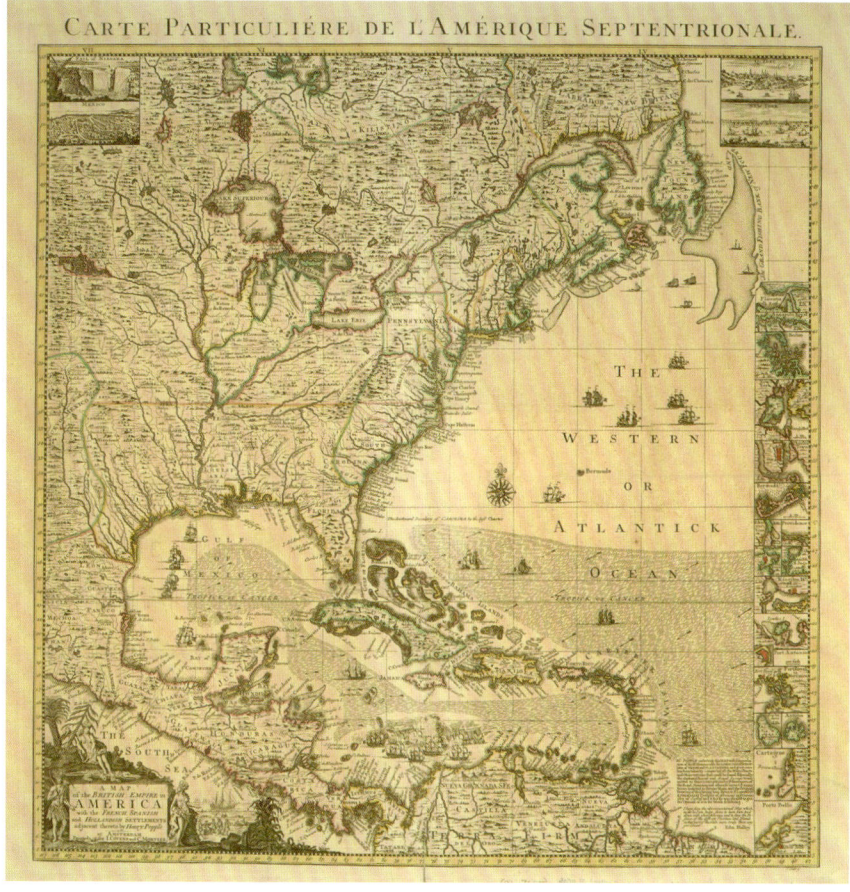

1. 亨利·波普尔的地图《英属北美殖民帝国与相邻的法国、西班牙和荷兰殖民定居点（1751年）》，根据地图注释，是经"英国贸易和殖民委员会许可"绘制的。图中描绘的是乔治王战争之后伦敦对帝国版图的最新观念。地图扩大了英国殖民地的边界——弗吉尼亚的南部边界越过密西西比河，纽约的北部边界直达圣劳伦斯河，而且将所有其他欧洲国家的殖民地都降格为区区的"定居点"。波普尔预计英属殖民帝国将扩张到北美大陆内陆。尽管"博学的牛津大学天文学教授埃德蒙·哈雷博士"称赞这份地图"非常精确"，但是波普尔实际上只能根据选自法国人地理报告的内容，大致描绘北美大陆内陆。

2. 纽卡斯尔公爵托马斯·佩勒姆-霍利斯（1693—1768年）。这幅版画描绘的是青年时代的公爵，可能是18世纪20年代，画中的公爵一副嘉德骑士的仪容打扮。

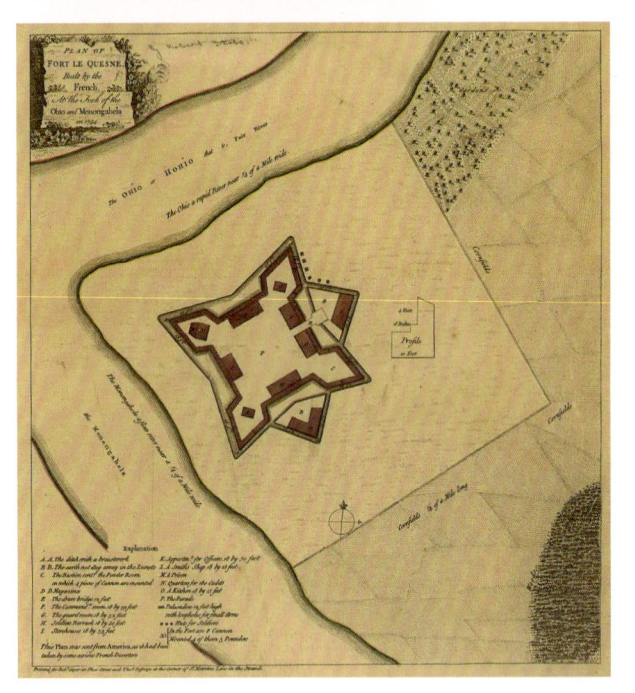

3. 这份迪凯纳堡平面图是在英国出版的第一份法国要塞精确绘图。它是根据弗吉尼亚战俘罗伯特·斯托博上尉在1754年绘成的一份示意图绘制的，后来由特拉华酋长辛加斯偷运出堡垒。示意图右侧的交叉剖面图描绘的是要塞东南和东北的垒墙，基部厚10到12英尺，以横圆木填充泥土和碎石建成。临河的两道垒墙，因为被炮击的可能性较小，因而仅由圆木栅栏建成。两座半月堡——两道陆地侧垒墙内的箭头型建筑物，按照设计意图会充当防御外垒，但是由于要塞规模较小，最终变成医院、宿舍和弹药库。大部分部队居住的城寨营房（角堡），在图中没有显示出来。营房位于要塞东北部，是一座100英尺×400英尺（122米）的矩形建筑物，与右侧的半月堡在同一直线上。

4. 坎伯兰公爵威廉·奥古斯塔斯（1721—1765年）。这幅画像在公爵26岁时，即卡洛登战役和镇压苏格兰人抵抗后不久绘制。英王乔治二世的这位次子（非常受宠），当时已经成为英国陆军统帅，也是英国最有权势的军人。1754年，他的腰围和政治影响力都已到达真正令人生畏的地步。

5. 威廉·约翰逊（1715—1774年）。这幅肖像颇像他1754年的面貌，从1755年直到离世，他基本上以北部印第安事务督办的身份代表英国的利益，是北美印第安外交事务中最有权势的人。

6. 本杰明·富兰克林（1706—1790年）。这幅版画体现了富兰克林（此时大概55岁）成熟、自信，而且充满活力。画中，他以著名的电气实验家（1756年被选为英国皇家学会会员，1759年成为圣安德鲁斯大学法学博士）形象出现在公众面前。

7. 托马斯·哈钦森（1711—1780年）。出现在奥尔巴尼会议上的哈钦森看起来要更加年长和伤感，因为此时他已经鳏居了大约一年。然而，他依然是波士顿最成功的商人之一，而且是威廉·雪利总督在马萨诸塞政务委员会的得力助手；马萨诸塞代表团不可或缺的成员，也是在处理跨殖民地关系方面能力最强的马萨诸塞代表。

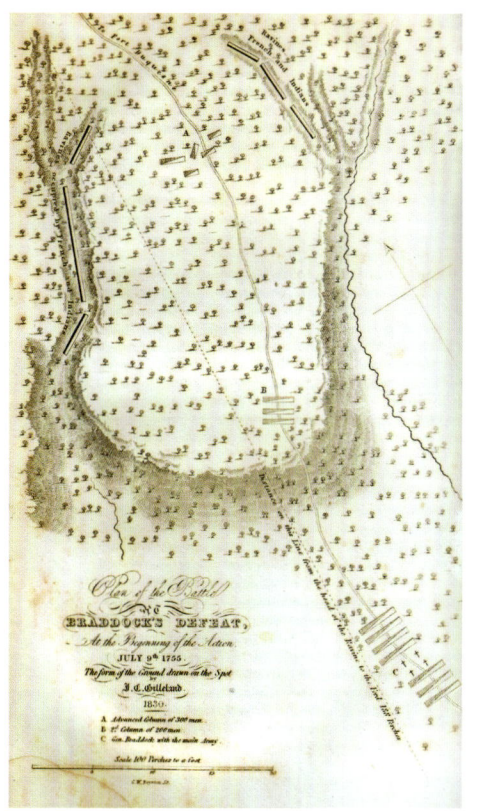

8. 布拉多克的先头部队。这是奥姆上尉收集的另一份地图，它描绘了行军先头部队的步兵和轻工兵的部署。1755年7月9日，他们基本上已经部署成队列。布拉多克的先头部队决非一列鲁莽越过树林的纵队，左右都以相当于一个连的兵力确保两翼安全。主力——包括布拉多克和他的参谋部，辎重车队、大部分炮兵和500名士兵——跟随在距离先头部队100多码的后方。

9. 1755年7月，在莫农加希拉战役中，华盛顿骑在马背上，奋力指挥惊慌失措的英军恢复秩序。

10. 威廉·雪利（1694—1771年），这幅图是伦敦的时尚肖像画家托马斯·赫德森于约1750年为雪利绘制的画像。画中的雪利是一位自信的马萨诸塞殖民地皇家总督（1741—1756年）。他成功地策划了1745年的路易斯堡远征和1755年的新斯科舍战役，此后，他缺乏管理和组织能力的问题将会慢慢显露，最终导致他垮台。

11. 第三代比特伯爵约翰·斯图亚特（1713—1792年），是乔治三世"最亲爱的朋友"。这幅肖像是艾伦·拉姆齐在1760年所作，由威廉·温·赖兰在1763年复制成版画，描绘了这个"名不见经传、心怀愤恨"的苏格兰人处于势力巅峰时的状态，他身着英国议会上院议员的礼袍，还佩戴了象征他新近被任命为第一财政大臣的链子。

12. 圣弗雷德里克堡，1737—1759年。这座大要塞被法国人和他们的印第安盟友用于袭击纽约和新英格兰的边境基地。克朗波因特的这个兵站是新法兰西防御网最为壮观的元素之一。图中描绘了从要塞内部到湖和尚普兰湖看到的防御碉堡楼，或者说是庇护所，控制着尚普兰湖的狭窄地带，而且整个要塞一共安放了40门火炮。然而，到1755年，这座要塞太过年久失修，乃至法国人都知道倘若被围攻就必须将它放弃，于是在尚普兰湖源的提康德罗加半岛紧急建造了卡里永堡。

13. 1755 年 9 月，威廉·约翰逊率领殖民地民兵攻打圣弗雷德里克堡。9 月 8 日，他在乔治湖南端宿营时，遭遇迪耶斯考率领法军和印第安武士来袭。最终，迪耶斯考被俘。这幅画作描绘了迪耶斯考被俘时，他为约翰逊所救的场景。

上一场战争期间，有 8000 人（占兵役适龄人员的 20%）应募进入各殖民军和正规军单位。[3]

如雪利充分了解的那样，问题不在于热情，而在于钱，只因马萨诸塞议会为支持此前的战事，已经征收了重税。因此，立法委员希望能得到保证，会从英国得到足够的补贴或补偿，使马萨诸塞不至于破产就能满足帝国的要求。雪利尽最大努力给予议会保证，承诺会按照他们的要求敦促英国本土当局，同时从他的战争基金借贷了 3 万英镑帮助满足当前的开支。意识到许多议员不满威廉·约翰逊前一年指挥远征军的做法，他还承诺会委任众望所归、久经战阵的马萨诸塞军官约翰·温斯洛为少将，指挥远征克朗波因特的殖民地联军。他注意到议会关心的问题，这令议员感到愉悦，同意为来年募集 3000 兵员。这是马萨诸塞为从北方各殖民地招募的总共 7500 名殖民军做出的贡献。[4]

马萨诸塞和康涅狄格人参军的热情，共同保证了 1756 年有一支殖民地远征大军讨伐克朗波因特。这一年雪利剩余的计划是让自己指挥的驻纽约正规军——当时包括 4 个步兵营和大量火炮——去进攻圣劳伦斯河上游的法国要塞。因为新法兰西西部的兵站都要从蒙特利尔获得补给，一旦英军占领圣劳伦斯河上游的拉加莱特堡（奥斯威加奇）和安大略湖沿岸的弗朗特纳克堡（卡塔拉奎），西部的其他法属堡垒就难以防御——包括五大湖地区的尼亚加拉和底特律至俄亥俄地区的迪凯纳堡在内的所有堡垒。雪利也一直在鼓励宾夕法尼亚、马里兰和弗吉尼亚殖民地派一支殖民地军队跨过布拉多克旧道进攻迪凯纳堡，但这并非胜利的先决条件。即使上述 3 个殖民地没有，或者不能配合作战——鉴于这 3 个殖民地边境的混乱状态，雪利不会真的希望从它们那里得到许多帮助——只要除掉弗朗特纳克堡，英国就能摧毁法国控制西部的能力。[5]

这些远征加在一起绝不会变成一场征服战争，但如果取胜，就会在军事上让新法兰西瘫痪，还将会以一种比布拉多克计划更经济、在战略上更简便的方式做到这一点。最重要的是，雪利对 1756 年的各项提议实现了殖民地部队和正规军的优势互补，但又没有要求任何一方做出不切实际的努力。

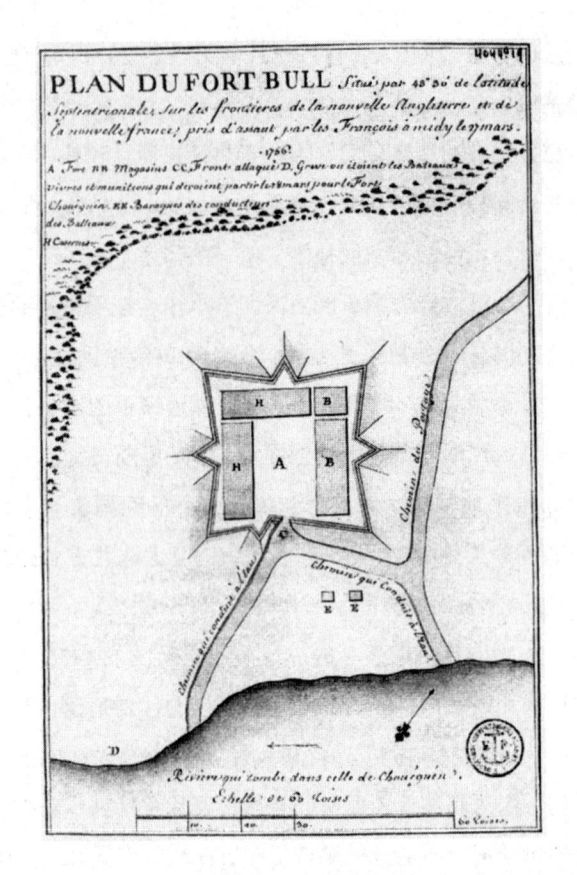

图 12.1 《公牛堡平面图》……位于新英格兰和新法兰西边界，1756 年 3 月 27 日，法军突击占领此地。法国与印第安突击队指挥官、法国海军陆战队中尉约瑟夫-加斯帕尔·肖斯格罗·德·莱里，在下令将公牛堡炸毁并付之一炬之前，记录了这座堡垒的轮廓。如这幅根据他的草图绘制的版画所示，这座兵站甚至不像一座要塞，反而更像一座驿站：封闭在单层寨栅之内的一堆仓库和营房（承蒙密歇根大学的威廉·克莱门茨图书馆提供图片）。

威廉·雪利是一个完美的评判者，他知道在战时可以期待殖民地做什么，又有哪些是不能期待的。他知道在重大的人力和资金承诺方面，他能依靠的只有好战尚武的新英格兰殖民地（实际上指的是马萨诸塞和康涅狄格这两个殖民地）。他还了解在同这两个殖民地打交道时必须遵守的限制条件。因此，他将殖民地部队和正规部队分配给各自独立的几个远征队，对任何职业军官或英国政府大臣来说，这似乎很奇怪，但事实上，反映了他对这些限制条件的敏锐评估。

雪利之所以希望殖民军和正规军分离，是因为14年出任马萨诸塞总督的经验告诉他，英国的两项军事政策会破坏任何两种部队必须联合行动的战事。第一项是1754年11月12日的英国王室公告，内容规定所有殖民地军官（即由殖民地总督委任的所有军官）会被视为所有正规军军官（那些持有国王或其总司令官颁发的委任状的军官）的下级。这道敕令将经验最丰富的殖民地军事领导人，哪怕上校和将军，都无一例外地降到比正规军刚刚入伍且脸上还长着粉刺的少尉都低的级别。没有一位有自尊的殖民军军官愿意在这样的条件下服役；雪利太清楚这一点了。而他也明白，英国的第二项政策可能会对殖民地参与战争的努力造成更大的破坏。[6]

1754年12月，英国总检察长裁定："所有……根据相关总督或政府授权在大英北美殖民地募集的军官和士兵，都应……在他们正好加入英王陛下的英国军队，或与之联合行动时……同英军一样，服从（相同的）军法和军纪；而且会得到相同的审判、刑罚和处罚。"将正规军的军纪扩大到殖民军，这样做即使不会让募兵停止，也会形成阻碍，因为无论潜在的新兵多么爱国或渴望得到薪水，他们都很清楚正规军的军事法庭经常判决违反军纪的士兵接受严厉鞭打的处罚，其中不乏被鞭笞致死的案例。[7]

雪利认识到所有这些问题，他计划好的1756年军事行动，要求殖民军对克朗波因特的行动和正规军对弗朗特纳克堡的远征之间完全不发生任何联系。虽然雪利明白殖民军技艺生疏，难以训练，而且欠缺进行攻城战所需的专业技能，但他清晰地认为使用这样一支部队进攻最近的目标克朗波因特值得冒险。为了消除殖民地议会的所有疑虑，他明确保证为克朗波因特远征募集的所有殖民军都只会在自家殖民地军官手下服役，这样他们就只需服从殖民地自己的纪律，而不是正规军的军纪；并且他们只会被投入到斯克内克塔迪以东和奥尔巴尼以北地区执行任务。[8]

新英格兰各地议会对雪利的计划和承诺反响热烈，数千新英格兰人最终志愿参加克朗波因特远征。在此期间，雪利正努力以一种同样具有创造性的非常规方式，来解决奥斯威戈的补给问题。第51团一名出生于北美的军官约翰·布拉德斯特里特上尉，在上一场战役中表现出了过人的天赋。当时，雪利采取了不同寻常的措施，将这个上尉提拔为一个马萨诸塞殖民团的中校，而他也在围攻路易斯堡的战斗中表现出了卓越的能力。1755 年，雪利再度设法利用他的天赋——让他负责指挥补给奥斯威戈的平底船船夫。1756 年 1 月，雪利让布拉德斯特里特晋升正规军中校军衔——雪利后来会为此付出代价，因为这是未经授权、完全非法的晋升——命令他组织一支 2000 名平底船船夫和造船工组成的部队，负责斯克内克塔迪到安大略湖之间的所有运输任务。

非正统的正规军军官布拉德斯特里特拥有与殖民地居民打交道的罕见才能，他很快就募集了数百名内河船水手，然后武装和训练这些人员以进行丛林战。5 月，尽管印第安人在运输线沿途骚扰袭击，但布拉德斯特里特的部队仍将大量补给送到了奥斯威戈。6 月，奥斯威戈守备队已经完全从冬季的苦难中恢复过来，开始改善兵站的营垒。缺乏熟练工和充足的资金一直严重限制加强奥斯威戈防御工事的各种尝试，而且士兵和木匠仍然受制于周边林中印第安人的袭扰。但是，布拉德斯特里特指挥的平底船船夫确实已经挽救了这座堡垒。[9]

夏初，尽管默瑟中校和他的同僚还在担心他们堡垒的安全，但情况似乎终于开始好转了。虽然很清楚的是，如果军力枯竭的两个团（有生力量在 5 月已经逐渐减少到只剩 8 个月之前的半数）没有援兵，尚不足以进攻弗朗特纳克堡，但是补给危机毕竟已经结束，而且 3 个新募集的游骑兵连就在补给线上巡逻以对付印第安突击队。随着新兵到来补足第 50 团和第 51 团的序列，再加上新增派的新泽西殖民军的一个营，守备队看来至少已经强大到足以守住这座堡垒的程度，从而能够维持住英国在五大湖地区的战略立足点。当然，最为紧迫的任务是加强仍然状况不佳的防御工事，而最终这些工事都有希望得到应有的修缮。[10]

6 月 25 日，劳登勋爵的副司令詹姆斯·阿伯克龙比少将到达奥尔巴尼，解除了雪利对驻北美英王陛下军队的所有后续职责。早在 2 个多月前，雪利就通过非正式渠道，得知自己将被取代的消息，他坦然接受了事实，前往纽约等候新任总司令。就阿伯克龙比而言，他决定尽可能少做事。这个肥胖的男子、冷漠的军官，不想从事任何将来他可能为此受到责难的事情；于是，他仅仅满足于去了解情况。他看到的情况却让他有所犹豫。[11]

此时此刻，两项战役都在顺利进行。一支由新英格兰和纽约的近7000名官兵组成的殖民军正在爱德华堡和威廉·亨利堡集结，准备攻打卡里永堡（在提康德罗加）和圣弗雷德里克堡（在克朗波因特）。就像所有其他正规军军官那样，阿伯克龙比不赞成将训练不佳和军纪不严明的殖民军当作战斗部队使用，但是在作战季节结束前，这两次征伐看起来可能是仅有的会实际进行的战事——当然，除非劳登决定派他正在从英国带来的新部队加强奥斯威戈兵力空虚的两个团，然后进攻弗朗特纳克堡。因为不知道劳登爵爷的优先选项，阿伯克龙比无法决定他此时在奥尔巴尼地区指挥的正规军该如何行动。驻奥尔巴尼的正规军一共约3000人，包括4个兵力不足的团、几个独立步兵连、一些炮兵以及少量工兵。阿伯克龙比没有什么更好的主意，他将这支部队用于戒备奥尔巴尼和爱德华堡之间的补给线，等候劳登来为他解决问题。劳登却姗姗来迟。[12]

最后，在英王陛下的正规军守卫奥尔巴尼的猪肉桶和平底船时，阿伯克龙比疑虑重重——是否让一批不怎么遵守军纪的殖民军去进行看上去可能是当年唯一的一次远征，他只得向温斯洛少将问计。如果阿伯克龙比下令正规军赶赴乔治湖，参加对克朗波因特的征伐，会发生什么事情呢？温斯洛在乔治王战争期间曾在一个正规团服役，此时也仍在英国陆军保留上尉军衔。他个人的选择仅限于两种：要么遵守阿伯克龙比的命令；要么让自己因抗命被捕，上军事法庭。因此，他向阿伯克龙比保证，他本人乐意遵守他接到的任何命令，但是他同时警告阿伯克龙比，大部分殖民军校官宁可辞职，也不接受那些军衔远在他们之下的正规军军官的命令。甚至更加不妙的是，温斯洛预测远征军的普通士兵在让自己屈从正规军军纪的鞭挞和束缚之前，会集体开小差。[13]

阿伯克龙比发现这是一种最令人不安的反应，于是召集部下的高级军官举行军事会议，让他们建议自己该如何行事——他们劝他不要对这个问题施压。而温斯洛承诺会和他部下在乔治湖的军官一起处理这个问题。这个问题被搁置起来，殖民军官兵在一场为期3天的军事会议上进行了"大辩论"，阿伯克龙比因为犹豫不决而闷闷不乐。7月22日，皇家海军的"南丁格尔"号军舰在桑迪胡克外海落锚。次日一早,劳登伯爵约翰·坎贝尔中将——50 岁开外,"矮小壮实,而且……敏于行动"——从一艘领航小艇下来走上纽约城的码头。阿伯克龙比的问题都解决了,而关于温斯洛和他部下军官的问题又开始了;但是第一个感受到劳登勋爵意志力的会是威廉·雪利。[14]

劳登带来了与他的军衔和职务相称的所有行头。6000 多名士兵已被授权支持他,其中包括 2 个从英国派来的团(第 35 步兵团和号称"黑色警戒"团的第 42 步兵团)。一个独一无二的新编四营制团,即第 62 步兵团(又称皇家北美团,很快会改番号为第 60 团),将会在各殖民地募兵,大部分兵员是宾夕法尼亚的德意志人。劳登得到的委任和指示给予他大英帝国总督统治史上最广泛的民政和军事权力——实质上可能赋予了他接近副王的权力——而且他还携带了一份弗吉尼亚总督的委任状。他的随员数量不下 24 人,包括他的情妇及其女仆、17 名私人仆人,以及一名"非比寻常的秘书"——托马斯·波纳尔。[15]

劳登和波纳尔在两个月的行程中一直在商议如何最妥善地处理北美事务,而劳登已深信他的第一道正式命令将不得不用来解决他的前任。劳登直截了当地这样做了,7 月 24 日便传唤雪利前来商讨战事状况。两人的初次会面是克制和符合公认准则的,但是他们的关系此后突然恶化。几乎在劳登到达的那一刻起,他就从到现场欢迎他来纽约的雪利的大群敌人口中,听到对雪利不得体举止的种种指责。劳登在北美度过的最初几天,听闻不少针对雪利的指控:有人称奥斯威戈正处于危险的暴露状态;有人说雪利在募兵、晋升和补给合同的安排上,违反了能想象到的每一项军规;有人说他因未经授权和没有记录的开支耗尽了军事资金;有人说他委托的承包商拖延采购物资,而且肆意挥霍支付给他们的资金;有人说他允许克朗波因特远征军的殖民地军官像一股自治的力量那样行动——以实际上让他们免受总司令控制为条件,许可他们招募自己的部队。[16]

当劳登以这些指控与雪利对质时,雪利才首次认识到自己将来可能会面临起诉,于是开始给总司令大量写信自辩(仅第一周就写了 9 封)。劳登爵爷每接到一封信就比上一次更为不满。他给这些信件加上批评性注解，再发往英国，在那里这些信件会成为坎伯兰和福克斯正在收集用以对付不幸的雪利总督的档案资料的一部分。很快，劳登和雪利就不再交谈只言片语。

最困扰劳登的雪利蠢政是后者让远征克朗波因特的殖民地军队所处的位置。劳登是个极重规则的人，他在艾尔郡的庄园内，沿着通往居所的林荫道，"按照一个正在整队接受检阅的步兵团的队形"种植了一片树林自娱自乐，"一棵树就代表一个士兵"。这样的人是无法容忍一场过节狂欢式的战役的。诸如他这样的将军、专注的管理者和坚持军纪的人，几乎无法忍受温斯洛军队里那群不穿制服、训练匮乏、暴徒一般的殖民军，杂乱无序地出现在通往加拿大的最近路线上，将国王的正规军与敌军分隔开。最糟糕的是乔治湖湖畔的殖民军军官军事会议的结果，这次会议是在劳登到达纽约时，为了讨论与正规军联合行动会产生的后果而召开的。温斯洛报告会议记录时说道，他部下的大多数上校都认为任何将他们和他们的部队纳入与正规军的联军之中的行动，结果都是"解散这支军队"。他们为这个引人注目的结论给出的理由是在他们入伍时，他们接受的委任状和部队接受的协议都带有契约性质，如果将殖民军将士置于正规军的直接指挥之下，就会违反这些契约。而一旦创建这支军队的契约被撕毁，那么它将不复存在。[17]

这样的争辩对劳登来说毫无意义，他立即断定雪利是"所有这些新英格兰人拒绝加入国王队伍的抗命行为的始作俑者和煽动者"。实际上，不受温斯洛的部下欣赏的劳登，已经尽其所能去提高与正规军共同服役的殖民地军官的地位了；离开英国之前，他就已发现这个问题，于是关于级别高低的章程被修改了，这样一来殖民军校官和将领在与正规军一同服役的时候，军衔相当于正规军"最资深的上尉"。这条被称为"1755 年规则"的军规意味着 20 来岁的正规军中尉，再也不能向高级殖民地军官发号施令了，尽管最年轻的正规军少校依然可以自由地如此行事。[18]

在劳登看来，这是个很大的让步了。但殖民地的"乡下军人"另有想法。他们的不妥协让总司令官勃然大怒，乃至在 7 月底他前往奥尔巴尼时所做的第一件事情就是去纠正温斯洛的行为。当这位新英格兰人（误将命令当作邀请）对劳登的召唤反应迟缓时，劳登以强制性的文字命令他在8月5日来到奥尔巴尼。温斯洛没有再犯同样的错误。在接到劳登的书信两天内，他与所有的主要下属都在奥尔巴尼等候爵爷。

然而，当他们关注的那位愤怒的矮胖苏格兰爵爷，要求他们书面解释不愿在他麾下效力的原因时，温斯洛和部下的军官毫不让步。对于他自己，温斯洛回答："爵爷可以相信我一直都准备好服从您的命令。"至于他的同僚，他继续说道："他们也准备好，而且愿意和国王陛下的部队共事，让自己在身为总司令的爵爷麾下听从调遣；他们所属的几个殖民地的政府商定和确立的将他们招募来的条款和条件，也就不用改变了……"这样一来就没有任何误解了，次日温斯洛的一名下属向劳登呈上一份"正在进军克朗波因特的殖民地军队应募的条款和条件"清单。[19]

因为殖民地的"乡下人"已经明确表示，他们在被迫屈服之前就会辞职，又因为劳登没有他们就无法守卫乔治湖的边境，总司令所能做的一切就是寻求一些保全颜面的妥协。被迫妥协不会让他高兴。最后，他决定让每一位军官签署一份对英王权威的正式书面服从状，作为回报，他许诺他们不用和正规军混编，或者说由正规军军官直接指挥他们，就可以继续远征。8月19日，殖民军军官回到威廉·亨利堡，准备再度乘船前往提康德罗加和克朗波因特。[20]

当时劳登写下几份怒气冲冲的报告，寄给白厅和坎伯兰公爵，详细讲述了雪利和他的追随者马萨诸塞军官的种种骇人行径。然而，正如信中所写，劳登开始发现造成这些问题的不仅仅是雪利一人。根据一个月以来对北美人的了解，劳登已经非常清楚，他们缺乏一种对合法权威应有的从属感。喋喋不休地讲述契约之事的新英格兰人，是其中最糟的一类；甚至当他试图理顺殖民地的补给体制时，他们的立法机关仍不信任他的权威，直到相信他不是在尝试以构建补给体系为借口，来要求对各殖民地军队实施直接控制才肯合作。在北美殖民地确实有更大的事情在发生，但他不知道该如何称呼这种事情。[21]

劳登——处于他这种背景、阶层和地位的人——无法理解新英格兰人会如此固执地坚持契约原则，他们似乎很少在意效率和职业化问题。这是因为他们对军事义务和理想的理解与他不同。如果这些新英格兰人将自己对法国人和印第安人发动的一次战事视为士兵与雇用他们的殖民地之间公开签订的协议的一种作用，那是因为他们是17世纪清教徒的后裔，他们的文化多是以契约关系为前提，因此惯于严格遵守合同义务。此外，如果新英格兰人不愿让他们的军队服从英王陛下军队的严格纪律，那是因为新英格兰社会是相对不分阶层的社会，当被要求创建1755年和1756年那样的大规模军队时，显然不可能产生同时代的欧洲各国组建的那类军队。

鉴于各殖民地的社会结构，新英格兰各地政府不能简单地按照英国陆军的模式，让殖民军由经济上的边缘人组成，同时让比他们的社会地位更高的人来领导。相反，各殖民地不得不委任那些能够最有效地说服本地年轻人跟随他们参加为期一年的战事的普通农民和商人为军官。这多半意味着新兵在年长的邻人或亲戚指挥的连队里服役；大多数情况下，军中的军官和他们招募的士兵之间会存在一些私人关系，或者他们至少是旧相识。于是，在殖民军之中，民间的社会关系会直接成为军事生活的基础，将职业化欧洲军队中军官与士兵之间的巨大社会鸿沟缩小成为一个几乎无法察觉的缝隙。指望这样一支军队的军官约束他们的部下服从国王陛下的正规军要求的严格军纪，是在期待不可能发生的事情发生。对服兵役的契约化理解以及军官与士兵之间的密切社会关系，都不会允许这种事情发生。

由于以上这些状况完全超出了劳登这样一名贵族和职业军官的经验范围，又因为北美殖民者创建的这支军队，在按照英国陆军规定的职业标准来评判时，如此不合规矩，这位总司令会责备新英格兰人，几乎不足为奇。然而，不久，劳登就发现新英格兰人只是坏家伙中最坏的一撮人。1756年夏，几乎所有殖民地的地方官员和议会都拒绝为国王陛下的军队提供足够的宿营地。先前雪利通过照市场价为食宿支付租金这一办法避开了营舍问题：他的"巴掌钱"（部队食宿津贴的称谓）权证造成了在他的最高指挥官任期结束时，军事资金处于被抽干见底的状态。劳登不会使用这样反常的权宜之计，他坚持要求殖民地居民按照他的条件为他的部队提供驻地，否则就将面对拒绝的后果。令他惊讶和烦恼的是，甚至在他的司令部驻地奥尔巴尼，都发生了对上述要求的抵制。因此，他不得不动用武力为他的部队和军官征得宿营地。"[22]

劳登无法理解殖民地平民为何不愿为那些远道而来、耗费巨大代价来保卫他们的部队提供住宿。他从那些反对自己的人，诸如奥尔巴尼市长和奥尔巴尼县治安官那里听到的都是一大通说教，即英国《权利法案》如何保证人们享有免于军队随意驻扎的自由。这是英国人所有权利中最受珍视的权利之一。他遇到的北美人似乎都不懂得自我牺牲的观念，也不懂为共同事业服务的观念；相反，北美人不乏掠取英王财源的意愿。结果对劳登勋爵来说，是持续不断的挫败感和日益高涨的怒火。"我们在执行这项任务的过程中遇到的阻碍，"他在给坎伯兰的信中愤然写道，"在这个地方的每一个角落都是巨大的；他们认定自己拥有的他们所说的各种权利和特权，在宗主国完全不存在，而且他们利用这些权利和特权别无他意，完全只是为了让自己免于为执行这项任务给予我们任何形式的援助，也就是拒绝为我们提供宿营地。"[23]

北美是个乱七八糟之地，这里"对王权的反抗似乎并非来自下层人群，而是来自上层人群，实则是上层人群和其他人为了共同的价值观挑起争端，来维护他们所说的自由"。地方治安官不会对抗民意执法；"不知何故，我遇到的情况是这里根本就没有接受任何法纪，只有每个人为了让自己乐意制定的规则"。总督本身完全"无足轻重"，因为殖民地议会才是他们的后台老板；他们

> 为了获得自己的薪水，已经出卖了国王所有的特权；除非能找到一笔独立于各殖民地的资金来支付给总督，并且重新塑造殖民地政府，您只能在殖民地无所作为。我知道在伦敦有人说现在不是这么做的时候；如果您将事情拖到和平解决，那么到时候将不会再有力量在这里让任何英国议会的法令生效。虽然他们不会冒险让我知道这一点，但军官们让我确认这并不罕见，此地的民众会说他们很乐意看到任何人胆敢在此地让一则英国议会法令生效。[24]

虽然不能说是完全公正的，但劳登的分析是机敏的，甚至是有先见

之明的。这一分析是基于对他而言几乎不可避免的假设：偏离英国标准和惯常做法的行为即使不是彻底堕落，也是恶化事态发展的证据，因此各种重要问题需要纠正。坎伯兰、福克斯、哈利法克斯和他在英国的其他支持者，几乎不能更加赞同他的意见；也不能期待他们中的任何一位，比劳登本人对北美人的评价更高（劳登本人认为北美人冒犯了国王的权威）。

当军队准备好强制让议会的意愿得到执行时，英国内阁没有采纳劳登的建议，也没有意愿"重新塑造"各殖民地政府：不是他们对进行这两项改革的正当性或必要性有什么保留意见，而是在于完全不可能实行改革。事实上，劳登与拒绝合作、不给他的部队提供宿营的北美人的不和，以及他无法让新英格兰殖民军服从与英国正规军的联合行动，只是即将吞没英国战争努力的失败和政治混乱的旋涡中最平静的预兆。在纽约西部，温斯洛正在斟酌字句让劳登明白，为何他这位总司令想让殖民地军队接受直接命令，会导致这支军队自行解散。与此同时，蒙特卡姆侯爵正在准备掀起一场风暴。

第13章

奥斯威戈

1756年

8月10日下午，在劳登驻奥尔巴尼的司令部西面200英里开外的安大略堡（奥斯威戈堡的防御性外垒之一），士兵发现寨栅不远处有一具新近被剥去头皮的战友的尸体。袭击者在光天化日之下杀死受害者，这是一起胆大包天的暴行。近来守备队没有损失其他士兵，而且鉴于当地的奥奈达人已拒绝为驻军充当侦察兵或者交流任何有用的情报，这一暴行是一个多月以来敌对的印第安人在附近出没的第一份有力证据。次日上午，默瑟中校命令哨站内的一条船——一艘小型武装帆船，去湖岸一带侦察敌军的迹象。在这艘船驶出大约1.5英里时，船员发现岸上有一片巨大营盘。船长连忙改变航向，返回要塞。他的报告是奥斯威戈要塞收到的第一份关于蒙特卡姆侯爵的3000名远征军正准备围攻这座英军前哨基地的情报。下午晚些时候，印第安狙击手已经在森林边缘的树上攀爬，开始向安大略堡内部射击。[1]

蒙特卡姆在相当勉强地与新法兰西总督沃德勒伊达成协议（即他的第一道命令将是摧毁五大湖沿岸的英国军事和贸易前哨基地）后，于7月21日离开蒙特利尔。自从来到新法兰西，蒙特卡姆就发现他和沃德勒伊很少能达成共识，而且他对自己的处境一点都不满意。出生于加拿大的总督和他的弟弟弗朗索瓦-皮埃尔·德·里戈·德·沃德勒伊（被称为里戈）——一名坚韧老练的法国海军陆战队、殖民地正规军军官——坚信应当最大限度地利用印第安盟友和突击战术来打这场战争。此前的历次殖民地战争中，印第安人和加拿大部队是保卫新法兰西的关键，因为他们破坏边境的能力总是迫使北方的英属殖民地专注于防御，从而降低他们发动入侵的能力。沃德勒伊说过:"没有什么比边境袭击更能使那些殖民地民众感到厌恶,更能使他们渴望恢复和平的了。"同样,没有什么比让印第安人以自己的方式和条件去做他们想做的事,更能赢得和保留那些渴望与英国开战的印第安部族的青睐的了。然而,沃德勒伊、里戈和其他加拿大老兵对印第安式战争的喜爱,以及他们对培养与印第安各部族友好关系的努力,对赢得新任总司令官的感情或者尊重全无用处。[2]

就像几乎所有老派的欧洲正规军军官那样,蒙特卡姆厌恶偏离他理解的军事行为的文明标准。他不信任印第安人,后者按照自己对战争的理解作战,也不服从军纪。因为印第安人是为获得俘虏和战利品而战,他们可能在战斗结束后不受管控,特别容易出现被蒙特卡姆只能理解为野蛮行径的行为,比如剥头皮、拷问甚至吃人肉。但最重要的是,使用印第安人在蒙特卡姆看来是徒劳,因为无论他们能赢得多少次小胜,它们都不能让英国人长久蒙受失败:一旦获得一场战斗的胜利,他们就只会取走俘虏和战利品,然后回乡。蒙特卡姆认为,加拿大民兵,甚至海军陆战队,都只比印第安人略胜一筹。因为无论他们的丛林战技能如何,在火线下的可靠性和持久力,都无法与纪律严明的欧洲军队相比。

出于这些理由,蒙特卡姆不愿像沃德勒伊和里戈倡导的那样,让加拿大民兵、印第安人和海军陆战队以及他们的战斗方式扮演突出的角色。然而,可用人力资源的严重短缺让蒙特卡姆几乎没有选择;如果他想要保卫新法兰西,几乎无法离开印第安人和加拿大人的帮助。于是,他指挥攻打奥斯威戈要塞的部队不仅包括贝阿恩团、拉萨尔团和吉耶讷团的 1300 名训练有素的步兵和炮兵,还有里戈指挥的大约 1500 名海军陆战队士兵和民兵,以及至少来自 6 个部族(从上新英格兰的阿贝内基人到密歇根湖西岸的梅诺米尼人)的 250 名印第安人。蒙特卡姆打算让加拿大部队和印第安人在森林中骚扰奥斯威戈要塞的守军,他的正规军和炮兵则会进行一场欧洲式的围攻战。他坚信,只有这样的一次决战,才能消灭英国在五大湖地区的战略驻军。[3]

8 月 11 日下午,安大略堡的守军能听到加拿大樵夫伐木的声音,他们正在开辟一条从营地通往民兵已经开始在堡垒正东挖掘的壕沟的火炮拖运通道。对守备队来说不幸的是，奥斯威戈的营垒仍未竣工。即使第50团和第51团虚弱的士兵已经恢复健康，但是对防御设施的修缮，仍然受到指挥权先从雪利移交给阿伯克龙比，再移交给劳登造成的各种不确定性的妨碍。此外，部分缘于雪利的非职业性，部分缘于地理位置的困难性，奥斯威戈要塞的防御工事布局相当差。原先的奥斯威戈贸易站是一座始建于1727年的石质碉堡，坐落在奥斯威戈河汇入安大略湖的湖湾旁的一处低矮高地上。就在这座碉堡东面几乎不过0.25英里，越过奥斯威戈河，有一座高出湖面50英尺的小山丘；同时在碉堡西面0.25英里处，坐落着第二座甚至更高的山丘。进攻方在任何一座山丘上哪怕只架起轻型火炮，都能非常容易地摧毁地势较低的旧贸易站及其附属建筑。一位谨慎的指挥官可能会决定放弃这座贸易站，在更坚固的阵地上建造一座能防御的堡垒。但是，雪利反而决定在旧奥斯威戈堡近陆一侧修建一座角堡或者棱堡，同时在两座瞰视它的山头上另外修建两座较远的小堡垒。[4]

于是，在蒙特卡姆开始围攻的当天，奥斯威戈要塞由3座分离的哨站构成：中央是奥斯威戈本城，一座近陆一侧有角堡护卫的破旧碉堡，但向河和向湖一面无险可守；河东面坐落着安大略堡，一座带4个棱堡的方形寨栅；向西则蜷伏着奥斯威戈新堡，一座非常"破旧和可怜"的堡垒，乃至守备队士兵给它取了个"淘气鬼堡"的绰号。即便这3处哨站全部竣工，而且布置妥善，奥斯威戈也是个难守之地。事实上，此地的每一座堡垒都没有正确规划，也没有妥善建造，而且默瑟中校仅有1135名士兵，要抵抗蒙特卡姆的3000名士兵和80门火炮。[5]

奥斯威戈防线并不牢固。蒙特卡姆一经现场勘测，便决定率先攻打安大略堡。在距离安大略堡不到100码的一座小山脊的掩护下，蒙特卡姆的部队在11日下午开始挖掘和堡垒东墙平行的一条壕沟。当晚和12日他们都在挖掘壕沟，筑起了一道胸墙，并且在胸墙上建起多座平台，可以让火炮几乎在近距离的平射射程内向木质寨栅开火。默瑟无意让守备队承受一次凶残的炮击，于是在13日下令弃守安大略堡。次日黎明，他望过河去，发现法军不仅占领了安大略堡，而且在紧挨着堡垒的高地上布置了12门火炮。这是一幕可怕的景象，因为奥斯威戈堡的炮台都安装在角堡之内，正好背对着敌军。

默瑟是个胆略不俗的军官，他下令在炮台上将火炮转向。这使他部下的炮手失去了胸墙的掩护，而且他们的火炮要越过守备队的头顶瞄准，但默瑟下令无论如何都要开炮。根据一位来到奥斯威戈打造船只的平民木匠斯蒂芬·克罗斯所说，接下去是"对两侧进行的一阵有史以来可能最为猛烈的炮击，直到大约10点才停息"。克罗斯继续说道："就在此时，我们发现大量敌军（从射程之外的奥斯威戈上游）渡河；而我军没有足够的兵力上前与他们对抗，根据判断继续让部队留在"淘气鬼堡"不再安全，于是让他们撤出；正当我们全部挤在主堡垒的时候，司令官……被一颗炮弹击中身亡……"[6]

实际上，这一炮轰掉了默瑟的脑袋。指挥权转移给了约翰·利特尔黑尔斯中校。此人因默瑟可怕的死状心神不宁，而且由于绝望的处境极其灰心，于是在一小时内，他就下令停火，派出一名代表打着休战旗去询问条件。蒙特卡姆是一位对投降礼仪非常敏感的职业军官，因而他断定英军的短暂防御不足以让自己宽宏大量。因此，他拒绝给予利特尔黑尔斯英勇战败者的特殊礼遇——获得礼遇的话，会允许他们带着军旗、私人财物以及一门象征性的火炮离开，回报是他们承诺在一段指定的时期内不会返回现役——相反，他坚持要求俘虏所有守备队。利特尔黑尔斯慎重而又不光彩地默许了。

于是，此地落入法国人手中；大量军需品也一并易主。我们推测军需品共计大约9000桶粮秣，以及相当数量的铜制和铁制火炮和臼炮；一艘刚刚才下水的新船，两艘可各装备10门火炮的单桅纵帆船，一艘可装备10门火炮的双桅纵帆船，一艘带旋轴的单层甲板桨帆船，一艘库存的半建成小船，大量划艇；按照我的判断，俘虏有1400~1600人，包括军人、水手、木匠，以及其他技工、居民、印第安人、商人和妇孺。[7]

蒙特卡姆许下的唯一诺言是他会保护英国俘虏免受他的印第安盟友袭

击，而且会保证他们安全到达蒙特利尔。但是很快事情就变得清楚了，他许诺得太多了。

随同远征的印第安武士只是微弱服从法国人的指挥，每队印第安人都会分配到一个会说他们语言的加拿大军官。印第安武士除了粮秣和礼物，没有收到其他任何报酬。法军与加拿大部队（至少理论上）是为了给教会和国王增辉而服役，但是与他们不同，印第安人战斗纯粹是为了展现个人勇武，获取掠夺物、战利品和俘虏。于是在受降之后，他们便自行获取他们认为的——而且以前的法军指挥官一直都同意这样做——参战的正当奖赏去了。[8]在一个漫长的混乱下午，印第安人杀死英军医院里的伤病员，剥去他们的头皮，还将贸易站和几座堡垒仓库里的物资据为己有。他们强抢私人财物，甚至从军人和商人的家人之中掳掠俘虏。在殖民地居民和手无寸铁的英国人看来，这就是一场暴力的狂欢。以下是斯蒂芬·克罗斯讲述的故事：

> 印第安人一进入我们的堡垒（旧奥斯威戈堡），就去寻找朗姆酒；他们发现了酒，就开始畅饮。他们很快就变得像大群地狱犬一般，然后杀死了能够在那边找到的所有人，剥去头皮。之后，他们怀着对其余所有人大开杀戒的意图过河（前往安大略堡，克罗斯和大部分战败的军兵都被收容在那里）。当他们靠近我们所在的堡垒，听到堡墙内部的那些人发出的乱糟糟的声音，他们一齐发出可怕的喊叫，奋力向法军卫兵冲去，想提着战斧闯进我们之中。法军费了九牛二虎之力，才能阻止他们。[9]

总之，在蒙特卡姆能够恢复秩序之前，印第安人杀死的英属北美军人和平民有30至100人，还掳掠了数量不确定的俘虏。他被这次"屠杀"弄得极为尴尬，认为这是对他的羞辱，因为他曾承诺保护战俘。这次骚乱使他感到十分窘迫，以至于他在向陆军大臣提交的报告中没有提到这件事，只是写下了带有隐含意义的一句话："这将耗费国王8000到1万里弗去维持我们与印第安人的感情。"这是他唯一一次提到自己计算出来的为了让印第安人愿意释放俘虏需要支付的赎金。[10]

奥斯威戈战役是蒙特卡姆的第一场胜仗，也是沃德勒伊、里戈和其他加拿大人感到相当满意的一次战役，因为他们在取胜过程中发挥了关键作用。然而，这场胜仗让蒙特卡姆侯爵付出了太过昂贵的代价。就像劳登在与英属殖民地的乡下人打交道时遭遇的一样，蒙特卡姆也在颇感烦闷地学习蛮荒之地有关战争文化动力的最初课程，他开始得出与劳登完全相同的结论。在蒙特卡姆和劳登看来，似乎有一种奇怪的退化折磨着一切和生活在北美的每一个人；那里的战争如果由那些知道正确得体方式的人，即正规军来进行，将会更好；如果军队不得不依赖殖民地居民或印第安人的程度越少，就会越好。最终，蒙特卡姆的副官路易-安托万·德·布干维尔将大多数在北美服役的欧洲军官会凭本能赞同的看法具体化："在这里呼吸的空气具有传染性，我害怕在这里长期停留，会使我们染上没有任何美德涵养的一群人的种种恶习。"[11]

蒙特卡姆进攻的消息传到距离他们最近的英军大部队时，已是8月

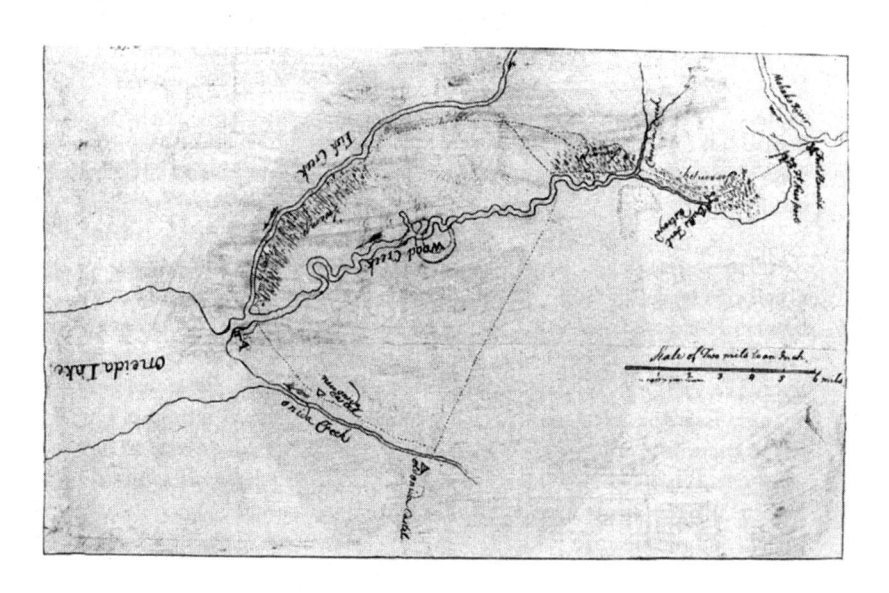

图 13.1 《伍德溪和奥奈达湖》。这份带有许多倒写文字的草图，描绘了伍德溪从公牛堡流向奥奈达湖的河道——大部分河道都被丹尼尔·韦伯将军下令用砍伐的树木填满，以防止法军入侵。这种入侵只存在于他惊慌失措的想象中（承蒙密歇根大学的威廉·克莱门茨图书馆提供图片）。

17日，解救一支已经被法军押解前往蒙特利尔的守备队为时已晚。在指挥体系中仅次于劳登和阿伯克龙比的副司令官丹尼尔·韦伯少将，早先就奉命率第44团增援奥斯威戈。他是在奥尔巴尼以西70英里处莫霍克河谷的一个小型定居点德意志平野得知这个消息的。8月20日，韦伯小心翼翼地推进到大运送场；在紧张的守备队中流传的谣言，让他确信蒙特卡姆正在准备进军莫霍克河谷。韦伯也不停下派遣侦察兵去西面查看法军是不是真的向他逼近，就下令将新近重建的公牛堡付之一炬，还指示伐木工砍伐树木以堵塞伍德溪，随后便一刻不停地匆匆退往德意志平野。此地成了英国在纽约最西面的前哨站。[12]

劳登很少批评其他正规军军官，尤其不会批评坎伯兰公爵的其他庇护对象，但就连他都觉得韦伯做得太离谱了。韦伯如此高效地摧毁了莫霍克河谷的几座前哨站，以至于劳登几乎无法采取任何行动扭转那里的局势。劳登唯恐法军袭击奥斯威戈要塞后，会接着对威廉·亨利堡的殖民军进行另一波攻击，因此8月20日他就已命令温斯洛放弃所有征伐克朗波因特的后续准备工作，集中力量加固兵站的防御工事。8月底，英军在北部边境的进攻能力已经彻底崩溃，而劳登来到纽约还不足一个月。当殖民军渴望被解散，正规军等待进入冬季营房的命令时，总司令本人致力于他擅长的各项组织任务——为了向他的部队提供宿营地之事与各地民政当局针锋相对，调查英国在北美的军事努力状态。对于反击法军，他几乎什么都干不了，也无法从根本上改变北美人，但是至少开始了解他要面临的是什么情况。[13]

第 14 章

中部殖民地的状况

1756 年

纽约的情况相当糟糕，当劳登勋爵稍事停顿去深思其他北美殖民地送来的报告时，他发现有更多理由去忧心宾夕法尼亚、马里兰和弗吉尼亚的西部边界。这3个殖民地在1755—1756年冬春两季都已经开始在边陲修建堡垒，为每一座堡垒都配备了一支小规模的殖民军或地方民兵守备队。其中有些堡垒——位于宾夕法尼亚萨斯奎汉纳河分汊口的奥古斯塔堡、马里兰的坎伯兰堡和弗雷德里克堡、弗吉尼亚温切斯特的劳登堡——是真正的要塞。这些要塞控制战略通道，根据公认的各项防御工事原理来设计和建造，能够储存应对敌军发动攻势行动必需的足够粮秣。但大部分是简单的碉堡，甚至有些只是围绕居民小木屋的寨栅而已。1756 年年底，在宾夕法尼亚已经建成20多座堡垒，在弗吉尼亚建成17座。这些堡垒里的军兵经常去侦察敌人，理论上频繁的巡逻将它们组成了一条"堡垒链"。实际上，大多数堡垒兵力严重不足，巡逻队很少冒险远离堡垒外墙。即使整条"堡垒链"已经建成，各堡垒之间也相距18到20英里，这使它们更像是法军和印第安人战斗分队的目标，而不是对付这些袭击者的屏障。充其量，它们只能在战时为那些仍然留在边远地区的居民提供避难所。蒙特卡姆准确地将它们形容为"徒有其表的堡垒"，其中大部分很快会证明它们（根据乔治·华盛顿的断言）对"我们的国家没有什么特别的用处"。[1]

3个最易遭受俄亥俄地区敌军袭击的殖民地，没有一个在1756年对法国人和印第安人取得重大军事进展。马里兰的边境线最短，边区人口最少，表达出的行动意向也最少。马里兰议会在春季仅募得250名殖民军，到秋天甚至得出了坎伯兰堡已没有守卫价值的结论。议会篡夺了总督控制殖民地部队部署的权威，下令马里兰的部队向东撤退 70 多英里，前往弗雷德里克堡，然后将这座要塞正式指定为马里兰守卫的最靠西部的位置。一整年马里兰殖民军采取的唯一"攻击"行动，是约翰·达格沃斯上尉为主张自己的权利进行的苦斗。他是一名在上一场战争中得到英国皇家委任的军官，（在法理上）应该可以向弗吉尼亚的乔治·华盛顿上校发布命令，因为后者的殖民军委任状只有罗伯特·丁威迪的签名。[2]

老自治领则表现出了大得多的官方意愿，在防御西部定居点方面取得的成功也略大。1756 年春，弗吉尼亚下议院为防务拨款 5.5 万英镑，授权华盛顿上校为弗吉尼亚团征募 1500 人。它还制定了一份法律草案，内容大致是如果志愿兵数量不足，如何去填补队伍，并且对民兵的军纪管理有了更高的要求。尽管华盛顿和他的副团长亚当·斯蒂芬中校尽了最大努力，弗吉尼亚殖民地团甚至从未达到官方授权的一半兵力。新英格兰的殖民地则有所不同，它们通过支付与劳工和熟练工匠能赚取的收入相比都毫不逊色的薪水和奖金来募集大军。而弗吉尼亚议会只提供可怜巴巴的一点补偿款，以至很少有人志愿服役，同时它还拟了一份主要针对流浪汉和太过贫穷（或太过欠缺主动性）要逃离这个殖民地的人的募兵草案。下议院对已经加入弗吉尼亚团的军官和士兵的健康和福利也没有表现出多少关心，这一事实让华盛顿感到十分受挫，乃至他反复扬言要辞职。1756 年整整一年，弗吉尼亚都没有做出任何努力为殖民军士兵替换已经穿烂穿破的衣物和鞋子；发薪水也非常不准时，他们的上校抱怨道："士兵……怀疑有人克扣薪水。"[3]

然而，弗吉尼亚团被这般忽视的根本原因并不像华盛顿坚信的那样，是威廉斯堡的"炉角政客"普遍怀有很多"欠考虑的吝啬"或是缺乏荣誉感。事实是相比边境的法国人和印第安人的袭击，组成弗吉尼亚议会的大种植园主，要更担忧战争可能会激起一股奴隶暴动的洪流。下议院将 55% 的军费拨款分配给那些负责内部安全和控制奴隶的民兵，而将 45% 的拨款分配给负责守卫边境的弗吉尼亚团，这清楚地体现了他们的优先考虑事项。从宾夕法尼亚到佐治亚的所有殖民地都是这种模式：因为立法机关都由沿海议员控制，比起对数千边陲家庭的远虑来，他们更加密切关注自己的利益。[4]

尽管华盛顿十分沮丧，几乎一直在抱怨，但是在这种情况下，他和他的部队执行的任务仍然值得称道。1756年，弗吉尼亚团衣衫褴褛且经常赤脚的殖民军至少与法国和印第安袭击者进行了20次小规模战斗，蒙受了将近100人的伤亡。渐渐地，尽管士气低落，逃兵比例很高，而且激励士兵延长服役期很困难，但是华盛顿和他部下的军官还是成功在弗吉尼亚团灌输了军纪，培育出了一种共同的使命感；然而1756年年底，这一漫长过程才刚刚开始。虽然华盛顿自豪地写道"论起与法国人和他们的印第安盟友之间的距离，尽管我们比邻近殖民地的任何部队都更近，也更加容易受到他们的频繁袭击"，但是由于弗吉尼亚团的种种努力，"我们被他们袭击的居民损失还不到邻近殖民地的一半"，不过华盛顿比其他任何人都更清楚，他的部队在边境的守卫其实相当薄弱。特别是缺乏与任何南方印第安部族的有效联盟——尽管丁威迪副总督频频提供外交礼品，但卡托巴人和切罗基人都没有表现出与弗吉尼亚并肩战斗的任何长期意向——华盛顿意识到他的部队除了处于巨大劣势，并且付出巨大代价来抵挡法国人和印第安人可以随意对准选择的任何方位发动的袭击，始终不能做更多事情。[5]

1756年年底，在所有因西部法印部队的袭击骚扰心烦意乱的殖民地中，宾夕法尼亚在加强自卫能力方面提升的幅度最大。然而，这其实只是因为宾夕法尼亚是从一种几乎完全不设防的状态，开始推行这项工作。宾夕法尼亚从未正式组建过一支民兵部队，在1755年的大部分时间里，议会对保卫暴露的边远定居点免遭攻击也没有做过任何努力。为此付出代价的是边远地区的居民：11月底，吉内登哈滕摩拉维亚和平主义者社区的毁灭，只是宾夕法尼亚殖民地边境大规模崩溃中最引人注目的一个事件。这起事件不像那个时代的许多人指责的那样，是因为议会中的贵格会寡头宁愿眼睁睁地看着边远地区毫无防备的乡民死去，也不愿通过军事拨款来扰乱他们自己的内心。虽然贵格会教友的和平主义思想以及他们与印第安人和睦关系的历史对延缓议会采取军事行动的影响，不能被低估，但是这种关系并非直接原因。宾夕法尼亚的消极迟钝和殖民地政局的特征有非常大的关系。当地的政局自从 1740 年围绕领主专有土地是否应该征税的争议爆发以来就已陷入僵局。[6]

佩恩家族是宾夕法尼亚的特许领主，拥有这个殖民地的所有未分配土地，享有取得印第安各部拥有的大片土地所有权的独家权利。佩恩家族的庄园不动产收取的租金，再加上这些土地储备的出售所得，构成了该家族庞大岁入的主要部分。宾夕法尼亚的历任总督，既代表佩恩家族的利益，又代表国王的利益，因而坚定不移地抵制议会向专有土地征税的种种努力。然而，除非将特许领主的专有土地也列为征税对象，议会不会同意征收任何人头税，哪怕是为了殖民地的直接防务考虑。每一方都固守自己的一贯立场，谁都不肯稍做让步，直到边区的德意志人真的扛着残缺不全的亲属的尸体走上商业街，苏格兰-爱尔兰裔的边区居民扬言要拿起武器反对议会为止。只有到了这个时候——面临宾夕法尼亚历史上的最大危机，两位具有创造力的政治局外人——本杰明·富兰克林和他在议会的前贵格会教徒盟友约瑟夫·加洛韦——才开始设法在总督和议会反特许领主的贵格会多数派之间达成妥协，以打破僵局。作为回报，大地主赠给宾夕法尼亚 5000 英镑代替税款；议会则同意拨款 5.5 万英镑以"满足国王之需"——这一托词能够让贵格会议员避免提及这笔钱的军事用途，而国王的臣仆无疑会那样做。双方都没有就涉及税务问题的宪制主张让步，但最终莫里斯总督募集到 1000 名殖民地志愿兵，还着手修建边境一带的要塞，开始组织起宾夕法尼亚的防务。[7]

一俟军事化进程开始，总督就采取了更为积极的措施，宾夕法尼亚的旧政治联盟也随之解体了。1756 年 4 月，莫里斯总督的正式战争公告，以及他委任 7 名专员管理宾夕法尼亚防务的举动，让长期在议会占主导地位的贵格会显贵惊恐不已。虽然大部分专员都不是贵格会教徒，比如本杰明·富兰克林和约翰·休斯，但约翰·米夫林和约瑟夫·福克斯是有着良好声誉的"费城年会"成员。他们一致同意专员悬赏印第安俘虏和 10 岁以上印第安人头皮的决议，这对贵格会团体犹如一枚重磅炸弹。"费城年会"责难米夫林和福克斯两人，当他们拒绝对自己的行为承担责任时，将他们驱逐出教会。这一令人深感不安的事件使贵格会教徒退出政治生活的行动愈演愈烈。10月选举后，反特许领主的贵格会议员组成的寡头集团很快便彻底从宾夕法尼亚议会消失。

因此，战争的爆发迫使宾夕法尼亚的教友在究竟是要坚持自己的政治立场，还是要忠于和平宣言之间做出选择，实际上他们一致同意选择和平主义。这一具有集体道德的行为加速了贵格会教徒放弃他们的公职生活，重新投身于慈善活动，此举立即改变了宾夕法尼亚的政治地图。从此以后，宾夕法尼亚的教友会把注意力集中到非正式外交上，开始自行与东部特拉华印第安人谈判，希望发现与印第安人疏远的原因，以促进冲突的和平解决。本杰明·富兰克林和他在议会的盟友——约瑟夫·加洛韦、约翰·休斯和伊萨克·诺里斯——将主宰宾夕法尼亚的政局。他们填补了贵格会势力离开造成的空缺，接管了宾夕法尼亚反特许领主派的领导地位。[8]

这些意料之外的惊人发展打破了长期以来的僵局，宾夕法尼亚政府终于可以不受阻挠地采取各种防御措施了。但是，边区居民遭受法印战斗分队袭击的困境无法立即得到缓解。1756年全年，袭击者深入距费城不足70英里的地界，烧杀抢掠；同年底，迪凯纳堡司令计点的500张头皮的大部分和仍然留在他兵站里的200名俘虏的大部分，都来自宾夕法尼亚。尽管莫里斯总督和他的专员尽最大努力在新募集的殖民地部队中确立军纪，提供头皮赏金来鼓励自由猎杀印第安人的事业（包括为西特拉华酋长辛加斯和雅各布斯队长的首级悬赏700元特别奖金），但经历了一整个夏天的流血冲突，宾夕法尼亚殖民地边境的安全根本没有得到改善。7月30日，在一次大胆的袭击中，雅各布斯队长指挥的一个法印战斗队袭击并焚毁了朱尼亚塔河河畔的兵站格伦维尔堡。劳登得知后大吃一惊，因为就他所知，这是"他们在边境最好的要塞之一"。格伦维尔堡一被摧毁，宾夕法尼亚最西面的兵站雪利堡（位于克罗根在奥威克的旧商行地基之上）就无法再坚守下去，只好被迫放弃。此举事实上让宾夕法尼亚的边境一朝回到卡莱尔——一个距离费城不超过100英里的定居点。当替代莫里斯总督的威廉·丹尼中校来加强宾夕法尼亚的防务时，他"发现边境的局势很危急"。就好像是为了肯定他的判断一样，数日之内袭击者就攻击了位于萨斯奎汉纳以东、距离殖民地首府不过75英里的莱巴嫩定居点，砍杀居民，将当地直到堡垒寨墙的一切都烧了个精光。[9]

必须指出的是，1756年英属北美人组织的唯一一场成功攻势，是在宾夕法尼亚发动的，但是哪怕这次胜利都让宾夕法尼亚人付出了比敌人还要多的人命代价，而且可能使这个殖民地的边境局势更趋恶化。这次大胆的突然袭击进攻了辛加斯和雅各布斯队长的基地，那是上基坦宁地区的一个特拉华人定居点——一座大约位于迪凯纳堡上游25英里、阿勒格尼河河畔的村镇，它有30座房屋。来自卡莱尔的勘测员约翰·阿姆斯特朗上校，率领一个由300名殖民军士兵组成的分队，从奥威克经陆路前进，在8月8日黎明成功奇袭上基坦宁的这个特拉华村镇。敌人的抵抗相当顽强。阿姆斯特朗的部队在焚烧这座镇子和撤退之前，至少蒙受了40人的损失，但他们还是救回了11名英国俘虏，拿走了大概12张头皮。印第安死亡人员包括雅各布斯队长——就是一年前那位在宾夕法尼亚议会寻求英国援助以对抗法国的酋长，只是"没有得到必要的鼓励"就被送走了。在战斗中，雅各布斯一直都从家中的窗口开火，他的妻子则为滑膛枪装填子弹；阿姆斯特朗提到，他"让我们的人非死即伤，很少失手"。战斗接近尾声，进攻的英军呼吁他投降，不然就将他的房子付之一炬，这位受伤的酋长答道："你们可以为所欲为，我甘愿尝尝火焰的滋味。"当宾夕法尼亚人最终成功放火烧屋时，储存在屋内的火药被引爆，产生的巨大爆炸威力"把一个印第安人的腿股和一个三四岁大的孩子"抛到"肉眼几乎看不见的骇人高度，然后落入邻近的玉米地里"。[10]

如果法国人和印第安人对一个宾夕法尼亚定居点实施同样的打击，那必然会被称为一场屠杀，但阿姆斯特朗和他的部下返回费城后，受到了英雄般的欢迎，还在那里获得了专员为雅各布斯队长的首级开出的赏金。当然，在俄亥俄印第安人看来，阿姆斯特朗的胜利就是一场屠杀，为了报复，他们开始加倍努力袭击宾夕法尼亚边境。由于奥斯威戈的陷落之后接踵而至的就是基坦宁袭击，对边区重新发动袭击的西部特拉华人可以不受限制地补充缴获的武器、子弹和火药。他们在秋天的突袭是同年最为凶猛的进犯，随着每一次成功，他们不仅增加了击败英国人的可能性，而且最终升起了将法国人逐出俄亥俄地区的希望。宾夕法尼亚边境变得非常混乱，乃至只能及时将位于萨斯奎汉纳河西部和北部支流交汇点、东部特拉华人的沙莫金定居点附近的奥古斯塔堡修建完毕，以阻止东部特拉华人与他们正在作战的西部同胞会合。然而，宾夕法尼亚当局比特拉华人了解得更清楚的是，奥古斯塔堡太过孤立和虚弱，无法承受一次坚决的攻击。于是在1756年夏，宾夕法尼亚总督和议会通过贵格会使节得到了一些解脱——他们向特拉华部族东支酋长蒂迪斯卡送出了和平试探，并且收到了第一次试探性回应。[11]

促使蒂迪斯卡开始与英国人谈判的并不是他的亲英倾向——无论是他本人，还是他部落里三派中的任何一派，被称为亲英派都不合理——而是日益增加的绝望感。战争对蒂迪斯卡部族人民生活的扰乱不下于对英国人造成的混乱。因为印第安人的农业不会生产出大量富余产品，乃至错过哪怕一次收成都会造成食物的严重匮乏，1756年夏，东部特拉华人正处于接连第二次失去收成的极度困难的境地。此外，这时青壮男丁还需外出突击冒险，因而正常狩猎中断，这意味着部落里的主要动物蛋白质，以及提供仅有的贸易商品的动物毛皮来源都被切断。就这方面而言，战争对东部特拉华人打击尤重，因为他们与北美东北部其他任何印第安部族一样，对欧洲工业制品的依赖很重，而他们赖以交易的常驻商人在1755年都已经逃离萨斯奎汉纳河谷。其他可能的供应商——俄亥俄地区的法国商人——又离得太远，无法提供东部特拉华人所需的大量商品。蒂迪斯卡同意在费城以北大约50英里的特拉华河谷小镇伊斯顿与宾夕法尼亚殖民政府的代表会面，因为他希望从宾夕法尼亚人那里获得一些让步，以此来当作宾夕法尼亚人与他的部族议和的代价，同时这也是他为宾夕法尼亚人与西部特拉华人安排磋商、进行调停的奖赏。[12]

尽管饥荒的幽灵促使蒂迪斯卡去谈判，但他的要价太夸张了：要求佩恩家族正式承认1737年的"量步购地"事件是欺诈行为；要求他们同意以怀俄明谷地和邻近地区的250万英亩土地许可给东部特拉华人的方式进行补偿，让这片土地成为其部族的永久保留地。这些要求大胆而鲁莽：蒂迪斯卡不仅在要求佩恩家族交出宾夕法尼亚最肥沃的大片土地，而且在冒着触怒易洛魁人的风险，因为后者将不得不正式承认曾经在量步购地欺诈案中参与共谋。因而，当1756年11月蒂迪斯卡与丹尼总督进行首次实质性会谈时，现场的气氛必然剑拔弩张——4名来自奥农达加的易洛魁酋长前来审视蒂迪斯卡的行为，他们回去将向大长老会报告会谈情况；但它同时也是非常引人注目、有希望的会谈。蒂迪斯卡在谈判中得到了一开始就促成和资助这次会谈的贵格会顾问的支持，且设法从宾夕法尼亚逼取了3项重要让步：丹尼分发了一份价值400英镑的商品为赠礼，承诺在奥古斯塔堡开放贸易和提供"一大片无人居住的地区以供狩猎"，同时还同意在来年举行的一次会议上，公正地考虑对欺诈行为的指控。而蒂迪斯卡的回报只是承诺他会将自己能获得的所有白人俘虏在下次会议时都带来。[13]

尽管伊斯顿会议的结果不具有决定性，但特拉华人和宾夕法尼亚政府共同的绝望引导双方展开真正的对话。已经退出政坛的贵格会成员足以胜任诚实的中间人角色，他们开始盼望如果宾夕法尼亚总督和蒂迪斯卡都表现出诚意，这场冲突就可以和平解决。自从宾夕法尼亚的战争开始以来，希望首次在昏暗中闪光。然而，这仅仅是一缕微光，边境一带的袭击和杀戮在当时一直都没有减弱。

第15章

帝国的紧张局面

英国与北美的矛盾缘由

1756年

评估了1756年的发展势态后,劳登勋爵对伊斯顿谈判几乎不抱希望,因为他认为这些会谈完全建立在野蛮人的诚信基础之上。他深信宾夕法尼亚人无法保护自己,相比和平的希望,他更清楚地看到了边境的杀戮,于是派遣了皇家北美团的一个营去加强宾夕法尼亚的防务。然而,这支部队在12月到达费城时,也要面对一遍劳登8月在奥尔巴尼经历过的宿营地危机:客栈和其他酒馆里的房间太少,无法容纳500人,而议会又拒绝为他们在私人家庭安排住所。由于北美团内刚刚暴发天花疫情,议员这样做既是出于谨慎,也是出于宪制上的考虑。但是,劳登认为对安置他派去保卫宾夕法尼亚的部队的任何抵制行为都非常令人厌恶。和在奥尔巴尼的先例一样,他使用武力威胁居民以取得营舍,这一次他和丹尼总督的意见一致,后者是一位正规军的军官,十分认同劳登的看法。

面对不仅是军人,还有一场流行病疫情将费城人逼到关口的前景,宾夕法尼亚议会听从了本杰明·富兰克林的建议,决定将殖民地的新医院权充临时营房,移交给部队。就像在奥尔巴尼一样,只有武力或武力威胁才能推动议会遵守劳登的指示;也如同在奥尔巴尼一样,宾夕法尼亚还要过将近一年的时间,才能最终为正规军建成足够的营房。劳登勋爵很可能想弄明白究竟是什么疯魔在折磨北美人,他们看上去似乎将国王的部队,而不是法国人和印第安人视为敌人。丹尼简短总结道,如此"公然忽略人道主义是我见过的最令人发指的人性堕落事例"。[1]

1756年,英国在北美战争努力的崩溃是各种不同因素造成的综合结果，包括指挥官从雪利改为劳登造成的混乱，雪利脱离战事之后的整体弱势状态，奥斯威戈的惨败，以及法军利用印第安盟友对付英国定居点的熟稔技巧。这些是劳登和他在白厅的上司认识到的所有原因，且每一个原因根据其思路来判断都是一个有效的解释。然而，还有另外两个因素是这些人无法完全领悟的，它们更戏剧性地导致了英军在北美的失败。

第一个因素正是劳登勋爵本人。就像他同殖民地议会就宿营地问题的反复争论表现出的那样——在他的总司令任期结束前，此类争议将会在5个殖民地，或者几乎在他驻扎大量军队的每一个地方发生——他的个性和他对北美人的理解都在阻碍各殖民地与英王政府的合作。[2] 劳登身为一名获得非凡权力的职业军官，一名对殖民地文化准则鲜有认同感的贵族，将对他权威的任何反抗都视为殖民地下等、堕落和叛逆的证据。他对反抗几乎下意识的反应就是威胁使用武力强迫服从。这种手段虽然在短时期内有效，但随着时间的推移，会让殖民地居民日益相信劳登本人对他们的自由来说至少是与法国人和印第安人同样严重的威胁，而且是一个近得多的威胁。这样一来，因为国王陛下钦命的总司令享有英国政府最有权势之人的支持，还得到成千上万正规军的服从，其行为自然成为许多仍然认为自己的利益与帝国的利益之间缺乏同一性的北美人眼中最具说服力的证据。对劳登法令的抵制，起初是偶然和零星的，但随着他任期的延长，变得愈加普遍，殖民地人士越发对他感到愠怒。

第二个导致战争努力失败的因素是无论英王政府还是殖民地方面，都无意耗费赢取战争胜利必需的巨额资金。虽然劳登的权力在性质上几乎等同于英属北美副王，但是他的财力严重不足——英国内阁派他前往北美，是基于各殖民地会创建一个共同基金来支付军费这一假设。当各个殖民地的议会表示如果不能行使监督权——根据以往的经验可以认为是他们的一种特权——就拒绝服从他的命令时，劳登看到了殖民地顽固和堕落的更多证据。然而，特别是在多年来都没有发现过任何严重外部威胁的几个殖民地，从宾夕法尼亚至北卡罗来纳，议会认为军费开支至少是不受欢迎的，而且如果军费受劳登勋爵支配，这绝对是对他们权利的威胁。弗吉尼亚下议院在为本地殖民军团提供资金时相当吝啬，这恰好提供了一个最佳案例。通过拒绝提供可与民间劳工和技工所赚收入匹配的薪水和奖金，反而依靠处于社会边缘的人来征兵，弗吉尼亚政府无形之中促使该殖民地的部队长期人员不足，而且几乎不可能拥有严明的纪律。最后，弗吉尼亚确实为它的边境提供了下议院愿意负担的防卫，尽管华盛顿竭尽全力，1756年年底的诸多血腥结果还是令人触目惊心。

1756年，殖民地居民和他们的总司令之间针对财政和地方管理问题产生的摩擦，使北美的英军无能为力。虽然次年人们会发现各殖民地在组织稳定性上获得了可观的收益，英军和殖民军在补给和运输的效力方面也有了提升，但是上述潜在问题在很长的一段时间内都悬而未决。在能够找到补救办法之前，大不列颠和它的殖民地将会迎来这场战争最黑暗的时期。

第 16 章

大不列颠深陷欧洲战争

1756 年

9月30日，奥斯威戈失守的消息传到伦敦，适时引发了从5月以来就已在酝酿的一场政府危机。随着欧洲同盟关系的重新定位，汉诺威已经不再是法国能用作影响英国政策的工具而去威胁的一个目标。因此，外交革命的第一个意外结果是使法国外交部确信通过威胁入侵英国本土，可能会最有效地促使英国在海上和新大陆暂停敌对行动。法国据此将他们在英吉利海峡各港口的陆军兵力扩充到10万人，迫使英国内阁评估其防御本土的能力。纽卡斯尔的结论是，陆军和海军太过分散，无法阻止法国以突袭破坏海岸，甚至发动一次入侵彻底破坏英国沿海地区。他认定自己别无选择，只能征召黑森和汉诺威的陆军部队来加强英国的防卫，由此给了皮特可乘之机，质疑他的能力和爱国精神。虽然福克斯继续在下议院足够巧妙地管理内阁事务，但他与纽卡斯尔越来越疏远，因为他认为后者几乎没有什么真才实学；与此同时，纽卡斯尔也丝毫不掩饰他对野心勃勃、贪得无厌的福克斯的厌恶。由于两人之间的裂痕扩大，变得人尽皆知，内阁开始从内部分裂。皮特不会保持沉默，他责骂得越多，内阁的众大臣就越是为英国防务的混乱局面相互指责。皮特高呼，这么个破烂货怎能被称为"政府呢？他们互相踢皮球：一个人说，我不是陆军将军；财政部会说，我不是海军将领；海军部说，我不是大臣。把这一堆四分五裂、各自为政又毫无章法的权力部门胡乱放在一起，只会产生各种无效的结果"。[1]

当时的军事形势变得愈发危急，因而皮特的多次攻讦由于准确无误而变得更加有力。除了在聚集越过英吉利海峡的地面部队，法国人还在土伦集结一支舰队，从那里他们能够威胁英国海军在地中海梅诺卡岛的战略基地。没有人知道法国人是在通过在英吉利海峡的多个港口增兵来企图分散英国人对梅诺卡岛的注意力，还是准备派大军增援他们在加拿大的军队。纽卡斯尔的性情几乎决定了他不可能采取果断行动，只能从本土水域的防卫舰队中分派出一个小型分舰队。3月底，他命令10艘战列舰前往直布罗陀，在那里舰队司令约翰·宾海军上将会回应法国人可能采取的任何行动。如果法军的战舰已经通过直布罗陀海峡，他就会追逐他们直到北美；否则，他会继续向梅诺卡岛前进，协助守备队抵御进攻。

唉，宾不是一个好斗的舰队司令，而是一名以行政管理技能和强大的家庭政治影响力著称的高级军官。此外，他的特遣舰队里都是新近刚从袭击法国大西洋贸易船只的行动中返回的舰船。因此，4月7日宾的战列舰从朴次茅斯起航时，舰员都筋疲力尽，船体污秽失修（2艘船正在快速进水，乃至需要频繁抽水）。当宾在将近一个月后到达直布罗陀时，法军在梅诺卡岛登陆并围攻岛上的要塞圣菲利普城堡的消息正等着他。宾也不等候整修，便出海迎敌。[2]

5月20日，当宾在梅诺卡岛外海发现法国舰队时，英国政府实际上已经与法国开战两天了。但是出于国内以及外交方面的原因，纽卡斯尔一直都不愿发出正式的宣战书。然而，鉴于从梅诺卡岛而来的消息的重要性，内阁几乎已经没有选择。那里一支由80多岁的老上校指挥的小规模守备队，正遭到一支强大得多的军队攻击。纽卡斯尔非常清楚，如果未能为圣菲利普要塞解围，内阁就会倒台，因此对政府而言，宾的使命具有重大意义。这位公爵发了疯似的避免自己承担责任，而在地中海传来的第一则消息到来之前很久，至少有一个政治老手提醒亨利·福克斯考虑，如果梅诺卡岛失守，"谁会成为替罪羊"。[3]

当消息最终从地中海传来时，全都是坏消息。宾指挥的分舰队与拉加里索尼埃侯爵麾下的一支舰队遭遇，前者船体漏水、污秽不堪，人手还不足，后者则装备精良。1749年，拉加里索尼埃侯爵曾在加拿大总督任上命令塞洛龙·德·布朗维尔对俄亥俄河流域进行其令人称道的侦察行动。经历了4小时的战斗后，宾部下的半数战舰严重受损，却未能给拉加里索尼埃舰队造成任何明显的损失。对宾来说，这场海战虽然令他非常丢脸，但其本身并不是灾难性的，因为在交火之后，拉加里索尼埃拒绝利用自己的优势乘胜追击，而是直接扬帆前行支援梅诺卡岛的军队去了。让这场非决定性的海战变成灾难的是宾的决定：在海战结束 4 天后，他没有留在梅诺卡岛外海等候正在从罗克赶来的援军，而是直接率部回到直布罗陀去维修船舰了。宾退回直布罗陀，决定了梅诺卡岛守备队的悲剧命运。即便如此，守军仍坚持到 6 月 28 日，才在得到英勇战败者的完整特殊礼遇之后，向法国人投降。

随着这些丧气的战报先后传回英国，纽卡斯尔彼此早有嫌隙的内阁开始分崩离析。福克斯害怕自己成为"替罪羊"，便指责纽卡斯尔给宾的舰船太少。他得出的结论是"管理这个国家的人和他的 3 个孩子一样，无法再继续这场战争"，在适当的时刻来临之际他决定辞职。纽卡斯尔拼命逃避对这场灾难承担责任，决心将一切都归咎于宾，他启动了军事法庭的诉讼程序——审判以 1757 年 3 月 14 日宾被一个行刑队枪决告终。[4]

伏尔泰后来解释说，在英国，为了激励其他人，偶尔枪决一位海军上将被认为是一件好事。但是在梅诺卡岛沦陷的余波中，许多英国政治家认为纽卡斯尔强制追究宾的责任，只能说明他缺乏领导政府的能力。因此，当普鲁士国王引发了一场危机——一定会导致欧洲大陆爆发战争——的消息传来时，反对党议员已在大声疾呼反对濒临崩溃的内阁了。1756 年 8 月 30 日，普鲁士国王腓特烈没有与英国人商议，其实几乎都没有费心知会英国人，便入侵萨克森，发动了对奥地利帝国的军事行动。此时，《凡尔赛协定》无可避免地让法国去保卫奥地利女大公玛丽亚·特蕾莎。俄国人对战争毫无准备，知道他们不能指望从英国得到支持，于是便废除财政补贴协定，转而谋求与法国和奥地利的和解。汉诺威再度面临入侵的威胁，而且大不列颠发现自己已从战争边缘滑向欧洲全面战争的泥潭，虽然纽卡斯尔的希望和外交努力都与之相反。[5]

10 月初，奥斯威戈陷落的消息在英国各地的报端传播开来，因此这似乎是一连串不幸事件的最后一场灾难，令人难以想象纽卡斯尔将如何面对新一届议会。福克斯一直在选择时机给予纽卡斯尔公爵最沉重的打击，他在 10 月 13 日辞职了。没有人管理下议院事务，而下议院唯一一位拥有足够声望主持大局的议员皮特却放言拒绝在任何有纽卡斯尔的政府任职，公爵别无选择，唯有辞职。10月20日，纽卡斯尔知道大局已定，为此做好准备，向他的支持者支付退休金和颁发殊荣。11月11日，纽卡斯尔正式交出首席财政大臣官印，近40年来首次退出公职生活。[6]

虽然纽卡斯尔在1756年年底正式下台，但他并没有失去政治影响力。在出任南方事务部国务大臣的威廉·皮特（皮特不愿进入处理所有公共财政问题的财政部，因此新任首席财政大臣是德文郡公爵——一位有名无实的领袖）领导下组建的新内阁，出于同时代观察家明显可见的原因，注定是一个弱势政府。首先，皮特在下议院的支持基础根本就不稳固。多年身处在野党的位置，导致他最大的支持者在外部——伦敦的商人、金融家和他称之为"人民"或"国民"的模糊群体（他用这两个词指代城市中产阶级和少数上层阶级）。在议会的活跃政治家之中，皮特能够依靠的只有3个团体的选票："远亲派"，由他的姻亲格伦维尔兄弟和他们的支持者组成；莱斯特府派，或者说那些与十几岁的威尔士亲王、亲王的导师比特伯爵和亲王太妃有利害关系的政治家；所谓的独立派，大多数是能够被皮特的演讲和清廉政治家的声誉左右的托利党后座议员。

然而，让皮特的势力更为虚弱的事实是，乔治二世憎恶他和他的格伦维尔家姻亲与王位继承人和莱斯特府派众所周知的热切关系。没有什么能让老国王动摇对他最亲爱的儿子坎伯兰公爵和坎伯兰的门生亨利·福克斯的信任。18世纪中叶英国君主仍然十分强大，足以让任何内阁离开王室的合作就无法长久维持，因而国王的敌意就不仅是麻烦事而已。最后，皮特的执政前景受到这样一个事实的很大限制：下议院的许多成员仍然受到纽卡斯尔公爵的影响。公爵数十年来在政治赞助方面下了十足的功夫，这使他一个下台之人的意见都少有议员能够忽略。因此，从一开始，皮特就是一个受到极大掣肘的大臣，只有得到国王和纽卡斯尔的认可才能执政。而他也知道这一点。[7]

因此，皮特的各项政策都没有大幅度偏离纽卡斯尔和福克斯奉行的那些政策的本质，但是这位伟大平民通过宣称北美的战争是他的首要任务，成功地给这些政策盖上了他独特的修辞印记。他承诺英国陆海军的实力和熟练程度都会提升到新的水平，他们将主要致力于北美大陆和西印度群岛的军事行动。在战事季节开始时，劳登勋爵可用的正规军将不下1.7万人，他们会被先用于夺取路易斯堡，再攻占魁北克。由于曾被召集起来抵御法国入侵的黑森和汉诺威军队在德意志的战争爆发时已经回国，皮特提议创建一支用于本土防卫的民兵来补充正规军。这是一支由地方乡绅（结果还包括书生气的矮胖子爱德华·吉本，他在汉普郡民兵南营出任上尉的服役经历，即便对于保卫王国并非不可或缺，也将会对历史的书写起到非常重要的作用）领导、在各县募集的英国地方自卫队。[8] 至于欧洲大陆，皮特根本无意向那里派遣英军，宁愿让德意志人彼此挥洒热血。这个严厉痛斥纽卡斯尔对外财政补贴政策的人，却据此主张将大笔资金投入汉诺威、黑森和普鲁士的金库。他坚持认为，这3个邦国能募集5万～6万人保卫汉诺威，而英国会为此向他们支付资金。由于普鲁士强大到足以承担对抗法国和奥地利的陆战的主要负担，它得到了每年20万英镑的财政补贴。

皮特打算以这种有力的政策调整——尤其是注意保卫汉诺威——去赢得国王的信任，同时保证纽卡斯尔哪怕不一定支持他，也能保持中立。他只取得了后一项成果。乔治二世几乎不能忍受皮特的存在，且十分厌恶皮特的连襟——时任首席海军大臣的坦普尔勋爵理查德·格伦维尔。于是，当皮特方面首次闪现独立自主的火花时——这一刻在皮特代表当时因玩忽职守被判死刑的海军上将宾请求赦免时到来——乔治断然否决。1757年4月初，在就职4个月出头以后，皮特再度被解职，而此时的英国正处于一场局势日益恶化的战争之中，也就随之没有了政府。[9]

福克斯和坎伯兰出力促成了这一番变故：福克斯希望取代皮特成为首席大臣，而坎伯兰给予了他所需的支持。坎伯兰直截了当地说明，只要皮特在任，他就拒绝去汉诺威掌管当地军队的指挥权。鉴于国王对皮特不加掩饰的厌恶，这一招有望成功，而且如果纽卡斯尔同意合作，无疑会取得辉煌成果。然而，纽卡斯尔公爵对坎伯兰从来不甚喜欢，而且他拒绝原谅福克斯近来的背叛行为。没有纽卡斯尔的支持，他们在每个方向都寸步难行。因此，在4月皮特离职后，出现了为期3个月的奇异间歇期，在这段时间内策略与密谋相互交织，似乎没有一个人在控制政府。霍勒斯·沃波尔半逗乐半惊骇地称之为"无相时期"。[10]

在德文郡公爵留下来暂时执掌一个鬼魅般的内阁期间,没有发生过任何与政策有关的事情,因为没有人建议对这场战争的打法做出任何改变。唯一亟待解决的真正问题是必须同时让许多名人满意。国王希望重振福克斯和纽卡斯尔同盟,但纽卡斯尔拒绝与福克斯产生任何关联。在确保国王和莱斯特府派可以和解之前,公爵不会接手任何内阁,因为他不愿自己夹在王室内部长期不和的两派之间。至于对莱斯特府派影响巨大的皮特,只有满足他提出的条件,他才会合作,而这些条件对国王或纽卡斯尔来说都太过分了,完全不能容忍。福克斯则希望自己重新掌权,或者就算不能掌权,也能被授予一个肥差;除非能找到一些办法来满足他的野心,否则此时的僵局完全不可能打破。要想在议会政治的刚性框架内调和这些相互竞争的愿望和相互矛盾的要求,等于在要求破解爱因斯坦式错综复杂的方程式。但是在一切必要的深思熟虑完成之前,任何事情——哪怕战争——都无法取得优先地位。[11]

直到6月行将结束时,"无相的权力真空期"才走向尽头,这时纽卡斯尔和皮特终于决定按照他们和国王勉强都能满足的条件,来解决由谁来担任什么职位这一非常重要的问题。最终达成的协议是,纽卡斯尔会重新成为首席财政大臣,而且会行使所有的人事任免权和财政事务控制权;而政策的制定权将会留给出任南方事务部国务大臣的皮特。于是,皮特会成为"措施大臣",纽卡斯尔公爵则会成为"金钱大臣"。纽卡斯尔的老朋友霍尔德内斯伯爵罗伯特·达西则会重新出任北方事务部国务大臣,与出任枢密院另一主要行政职务的皮特形成相互制衡的关系。至于福克斯的后台坎伯兰,将会出国去保卫汉诺威。但是福克斯发现自己没能掌权,不过还是能得到出任军队主计长的足够奖赏。这一职务薪资优厚(每年超过4000英镑),而且是18世纪的英国政府能够给予的最上等的现成牟利机会。接受这个职位时,福克斯完全明白只要他在任,就是在政治上将自己束之高阁,因为主计长的职务与任何影响力无缘,但最终他还是很乐意用权力换取利益。在他的任期于1774年结束之前,福克斯将会从这一职务收获40万英镑。至于利害关系中的其他人,国王发现没有一个人在利益方面大获全胜。让可恨的格伦维尔兄弟居于国王议事厅之外，使他们接受最多授予声誉，而非获得权力的职务。而皮特在独立派中的重要盟友汤曾德兄弟，根本一无所获。甚至连纽卡斯尔也曾试图为哈利法克斯勋爵设立一个大臣职位——北美大陆及西印度群岛国务大臣，但也没能如愿。[12]

这个经过激烈的讨价还价产生的皮特-纽卡斯尔联合内阁，显然还是一个依赖其主要派别愿意妥协才能发挥作用的内阁。最终，在摆脱了长达数周的放任自流之后，政界人士和新内阁之外的其他人员都以憧憬未来的措辞，表达了对新内阁的欢迎。但鉴于诸大臣之间一开始就缺乏善意和信任，政府本身的内部议事日程几乎不见乐观氛围：在"无相时期"，英王由于纽卡斯尔不愿奉他的旨意行事，感觉自己被深深冒犯；纽卡斯尔仍然称皮特为"我的敌人"；皮特称他在新内阁的角色就像是他怀着"涌上心头的预感"不得不饮下的一杯"苦酒"。[13]仿佛这一切还不够，就在纽卡斯尔和皮特为获得他们的官印对国王行吻手礼的当天，一堆最令人生畏的消息从欧洲大陆传来。

第17章

欧洲战争的运势

1757年

1757年5月初，普鲁士的腓特烈向南经萨克森入侵奥地利的波希米亚行省，在布拉格城外赢得一场对奥地利军队的大胜，然后将4万多名奥地利官兵困在城中，使布拉格陷入围攻。然而，当腓特烈在等待被困的奥军屈服或挨饿时，他发现自己的补给线被陆军元帅利奥波德·冯·道恩指挥的一支奥军偏师切断了。腓特烈的选择在转瞬之间仅限于进攻或撤退。他再度采取攻势，以普军3万多人的一个军团出击道恩在科林附近的营垒。腓特烈在这场大战中损失了将近半个军团的兵力，其中足有将近67%的步兵阵亡、负伤或被俘。如腓特烈后来向乔治二世解释的那样，"由于缺乏战斗人员"，他被迫中断进攻。大败让他别无选择，只得解布拉格之围，将他的军队撤出波希米亚。这次欧洲大陆战争的危机"会开启……各种可怕的预兆"，而皮特和纽卡斯尔很快就会听到更糟的消息：正当腓特烈从波希米亚撤出时，法军正在进攻他在东弗里斯兰省的领土，而法国人的盟友瑞典人则派出成千上万的部队攻打波美拉尼亚，与此同时俄军已准备入侵东普鲁士。[1]

7月中旬，普鲁士国王不断恳求皮特，希望后者采取一些措施缓解他的压力，任何手段都行：至少，他可以派遣英军去往汉诺威，取代汉诺威军队中的普鲁士部队，从而让他们能去保卫自己的国家。然而，由于一些很快就会显露出来的原因，这是能够解决腓特烈面临的问题的所有方法中可能性最小的。[2]

虽然英国没有派兵保卫汉诺威，但英王已经派遣他的儿子坎伯兰公爵威廉·奥古斯塔斯去指挥这个选帝侯国的军队了。派遣坎伯兰去指挥不是一个无奈的选择。年届 36 岁的他，已经获得了相当丰富的军事行政长官经验，在上一场战争中也见识过实战，而且他还拥有在战斗中指挥部队的热血豪气，但是任命他的文书写得含糊不清。他携带"一份读起来更像是内阁的会议记录，而不是作战公文"的"命令"来到欧洲大陆。7 月中旬，正当腓特烈连续不断地向皮特提出各种要求以寻求帮助时，一支法军大部队越过了威悉河。尽管法军拥有对坎伯兰指挥的军队大约 2 比 1 的数量优势，腓特烈还是热心地建议坎伯兰立即进攻。但是坎伯兰谢绝了普鲁士国王的建议，在距离威悉河不远，名为哈斯滕贝克的村庄占据了防御阵地以待敌人到达。法军在 7 月 25 日进攻，将坎伯兰的军队从哈斯滕贝克逐出，迫使其向北撤往易北河河口。坎伯兰希望英国海军能将他反攻所需的援兵和物资运送给他，但是法军从侧翼包抄他，切断了他和易北河的联系，然后就此按兵不动，等待坎伯兰采取下一次行动。[3]

绝望无助的公爵，处于汉诺威群臣求和——只有这样才能让他们的国家免于被侵占的命运——的强大压力之下。8 月初，人们仍不清楚的是坎伯兰何时，而不是会不会去谈判。他的父亲私下指示他，如果有必要，就为汉诺威单独媾和，毫无疑问，他的委任状虽然含糊不清，却授权他可以就任何他认为谨慎的解决方案谈判。然而，他的谈判拖延得越久，他战败的军队会重新变成一种威胁的说法就越是不可信，他也就越不可能从法国人那里获得有利条件。随着 8 月慢慢过去，英国内阁扭转大陆军事形势的希望日益衰减，而英王保卫汉诺威主权的焦虑却在不断上升，与此同时腓特烈对普鲁士防务的担忧也变得更加急切。一切都有赖于坎伯兰能否从一个日益令人沮丧的局面中解脱出来。[4]

只有少数蕴含希望的事态发展，缓解了皮特-纽卡斯尔内阁早期的严峻气氛。7 月 8 日，来自印度的消息称，至少在那个遥远的地区，军事事务正在逐步好转。自 1756 年圣诞节开始就不断收到零星的报告。孟加拉邦纳瓦布的军队在 1756 年 6 月袭击了英国东印度公司驻加尔各答的威廉堡兵站，对其驻军造成了灾难性的后果。此时到来的消息称，新一年罗伯特·克莱武中校——东印度公司在马德拉斯的工厂圣大卫堡的副总督——已经从纳瓦布军队手中夺回了加尔各答。收到通知他英国和法国已经宣战的公文后，克莱武继续进攻法属东印度公司在金德讷格尔的工厂奥尔良堡，3月23日迫使其投降。[5]

因为从印度传递消息需要数月的时间，英国还没有人知道，6月23日，不屈不挠的克莱武在普拉西战役中已经获得了对纳瓦布的决定性胜利，夺取了整个孟加拉地区的控制权。如果皮特得知此事，肯定会大声欢呼，但是7月初他仍然保持警醒。他写信告知一位政治盟友加尔各答已收复，金德讷格尔也已夺取的消息时说道，"这份甘露不过如此，这一喜讯无力让我静下心来，哪怕一分钟，直到我们得知劳登勋爵安全到达哈利法克斯"，并且准备对路易斯堡发动进攻的消息。令他大感欣慰的是，8月6日从北美而来的公文，带来了他渴望听到的消息：7月初劳登到达新斯科舍，随后他为水陆两栖进攻布雷顿角大要塞进行的各项准备工作，正迅速取得进展。皮特在给亲王的导师比特伯爵的信中写道："我无比欢欣地憧憬这个消息将会带给威尔士亲王全家的喜悦。"此刻皮特气定神闲，但不幸的是，这将是未来一段漫长的时间里从北美传来的最后一则鼓舞人心的消息。[6]

第 18 章

劳登的攻势

1757 年

  劳登勋爵很高兴得知皮特支持他在殖民地的全面战争，但是他无疑对这位大臣如此热切地干预他的 1757 年战事计划感到不安。劳登起初打算派正规军去宾夕法尼亚和南卡罗来纳加强这两地的防务，而并非与殖民军一同保卫殖民地边境。他会用正规军对魁北克进行一次大胆攻势。然而，当皮特制订的关于 1757 年战事的计划到达劳登的司令部时，劳登发现皮特希望他先攻打路易斯堡，之后才能经圣劳伦斯河继续进攻加拿大的中心区域。这是一个有战略价值的计划，但也是一个必然会让纽约-新英格兰边境容易受到加拿大的袭击甚至入侵的计划。劳登是一名优秀的军人，仍然按照命令继续行事，他吞下了自己的保留意见和对皮特指手画脚的怨恨。既然皮特承诺要为即将到来的战役增援 8000 名正规军，而且他想让劳登的"任何要求都不会被拒绝"，这位总司令可能不觉得这是一项特别糟糕的交易。另外，他相信他改革殖民地政治事务的种种努力会有助于 1757 年战事的成功，无论战事的直接目标是路易斯堡，还是魁北克。[1]

  劳登在 1756 年的整个秋天以及随后而来的冬季的大部分时间里，都在努力给北美的备战强加秩序。9 月和 10 月，他着重理顺补给体制，为出了名复杂和（他认为的）腐败的体系注入效率和节约因素；用纽约、奥尔巴尼和哈利法克斯的集中式货仓，以及一个保持戒备的军需品供应所来检验各种食品的卫生问题。劳登的新体制首次确保充足的装备、服装和粮秣库存在这场战争中可供正规军和殖民军使用。[2]

  然而，劳登知道，采购、仓储和盘存控制虽然重要，但如果没有可靠的方法将物资送到那些需要它们的堡垒和部队，这些方面的改善将变得毫无意义。于是，劳登决定将约翰·布拉德斯特里特和他的武装平底船船夫部队留下服役，尽管布拉德斯特里特与可恨的雪利关系密切。与布拉德斯特里特协商后，劳登采取了对法军发动成功的战役不可或缺的多种措施：拓宽道路，改善运输路线；设立一个陆军马车运输队，以补充昂贵且经常不可靠的民用货运服务；建造标准化的补给平底船，修建驿站，从而让物资和人员在各驿站之间转运时能得到掩蔽。运送物资成本的下降极好地证明了劳登的上述措施成功提高了运输系统的效率。1756年，从奥尔巴尼将一桶2英担重的牛肉运到乔治湖，每英里耗费接近6便士，这意味着劳登的军队花费了牛肉本身一半以上的价值将它运输了60英里。1757年年底，同样的一桶牛肉从同一条路线运送，每英里的耗费不到2便士。[3]

劳登通过这些改革措施，减轻他对自认为不可靠且不知感恩的北美人的依赖。他按照同样的方针处理殖民地部队：要求1757年战事使用的殖民军服役的人数少于1756年的一半。劳登也希望通过募兵方式的改变，建立对新英格兰富有契约精神的士兵和富有等级意识的军官的控制。与过去每个殖民地会提供一支小规模的完整军队的做法相反，此时劳登要求各殖民地以标准化的百人连为单位提供部队，而且每个殖民地仅有一名军官的军衔在各连连长之上。这些殖民地连会被吸纳到正规军指挥的行动部队和守备部队里。

劳登期待以这种方式解决1756年最棘手的两个问题。这时没有人能维持让自己免于与正规军一同服役的兵役契约，从而逃脱正规军的军纪；每个殖民地只委任一名上校，这会将殖民地和正规军校官之间对军衔和级别的争议最小化。虽然劳登不能完全避免使用北美人，但是他明显倾向于按照自己的条件来使用他们。甚至在劳登眼中，即便是组成军中各游骑兵连的殖民地边区居民，也只是正规军的临时替代人员。大多数印第安人不愿为英军充当侦察兵，这让劳登别无选择，只能使用北美殖民地的侦察兵，但他还是鼓励下级军官和游骑兵一同巡逻，去了解森林中的生活技能以及丛林战斗技术。他希望在一年左右的时间内，能够在各正规团内部，组建由这些军官指挥的游骑连队。到时他就可以自由地解散麻烦、昂贵又不可调教的北美游骑兵单位。[4]

劳登的改革和他的1757年计划反映了1756年他的失望经历，而且似乎有可能会解决1756年那些设想并不周密的战事的问题。营舍仍是一个难题——劳登的部队对营房的需求有多急切，他的法律地位就有多脆弱。但是，皮特有意向提出议案授权驻北美部队在私人家园安排住处，看来这可能会促进事态的发展。在确认这一措施能实施之前，劳登本人会满足于他一贯威胁使用武力来获得营舍的策略，这种方法能有效促成殖民地的合作，即使并非善意的合作。1756年年末，经过这位总司令与纽约市长和市议会之间的一番较量，纽约议会同意在曼哈顿建造一座营房，让皇家北美团的第一个营居住。大约在同一时期，费城市政府和宾夕法尼亚的军事专员屈服于劳登的威胁，被迫将新医院作为营房提供给皇家北美团的第二个营；1758年，宾夕法尼亚议会则会效法纽约建造永久性宿营地。[5]

由此发展出了劳登认同的一套征用、拒绝、威胁和最终顺从的通用模式：它是用于和殖民地居民打交道的非正式手段，尽管可能并不全部合法，却是能产生劳登想要的效果的方法。"我已经采取的这些措施，"他向福克斯解释道，"因为它们在我看来是正确的，而且……我希望它们在您看来也是正确的。如果不是这样，无论何时我收到改变这些措施的指示，都将遵照执行。但是我希望这些措施能够顺利完成，因为北美地区的民众虽然非常固执，但在看到对方下定决心时，通常会顺从。"[6] 即使劳登意识到了他的强制策略和他对涉及法律的问题的随意性正在使殖民地居民慢慢疏远他，他也没有表现出来。赢得战争，不娇惯北美人，才是他关心的问题。除此之外，他对殖民地居民本身没有心怀特定的敌意：他完全不偏不倚地以武力强迫任何与他有分歧的人。那些希望与本地议会保持友好关系，对遵从劳登的要求还在迟疑不决的总督们，则是最早感受到这种冲击的人。

劳登确信殖民地人士没有自我牺牲的精神，因而决心用任何必要的手段使各殖民地俯首听命，走上正轨，就像在营舍分配问题上所做的那样，他不惜以伤害殖民地居民的感情为代价，快刀斩乱麻以速见成效。这就是劳登在1757年3月初对总督们发出的指示，即让他们对所有殖民地贸易颁发禁运令，实际上就是禁止除了从事官方军事公务的船只之外的其他所有船只离港。早在前一年10月,劳登就得到可靠证据,至少有一位显赫的波士顿商人"与加拿大人有书信往来,为他们供应物资"。甚至,在此之前,他就怀疑"存在更多此类情况,尤其是在奥尔巴尼的荷兰裔之中"。况且他几乎不可能没听说过,关于北方食品商人与法属西印度群岛甘蔗种植业者之间非法交易的常年报道。[7]

起初,劳登不知道该做什么。总督们在各地议会的影响下,不可能去逮捕那些犯有通敌交易罪的人,因为罪犯包括殖民地某些最著名的商人(他们同时也是议员)。他本人甚至无法阻止公然在纽约、实际上就在他的司令部后院进行的走私。他对其他港口城市就更是鞭长莫及,对这些地方能采取的措施并不比他本人所在的纽约更多;国内政府则离得太远,而且有诸多烦心事缠身,除了发出一声无意义的喊叫并痛斥这种行为,做不了更多事情。因而,禁运令就是劳登的回应。除了他或他的部下下令军事用途所需的那些船只,他通过禁运令,将有效切断非法贸易与其他贸易。与此同时,他也禁止泄露他准备征伐路易斯堡的消息,以便确保他有足够的船只在时机来临时发动远征,并且保证在各港口有足够的食品补给,从而能够以合理的价格为远征军提供粮秣。[8]

下令采取这一措施,完全在劳登身为总司令的职权范围内,因而从弗吉尼亚到北部的所有殖民地总督都毫不犹豫地服从了。战时的临时禁令不是什么新鲜事——在1755年和1756年,几个殖民地就曾按照贸易委员会颁布给它们的指示执行过相关禁令——多个港口的商人也没有抗议。实际上,这项措施的普遍性可能阻止了他们这样做,因为它保证任何一个港口都不会以牺牲其他港口为代价获得利益。商人们没有立即领悟到劳登打算无限期实施禁运。但几周过去了,在费城,无法用船运走的粮食库存让市场供过于求,面粉和玉米的价格暴跌;弗吉尼亚和马里兰的烟草作物仍被锁在仓库里或存放在停泊船只的船舱里;波士顿的面包价格猛涨,而每年春天捕鳕鱼渔夫的鱼汛出航则被无限期推迟。

除了纽约——由于英军的进驻及其大量补给需求,免遭其他殖民地的不幸命运——劳登的禁运令在其他任何一个地方都引发了痛苦的经济混乱。劳登要么不理解,要么毫不在意,这使殖民地商人和烟草种植商确信这位勋爵对他们的福利漠不关心。尽管他们的请求越来越急迫，但劳登拒绝解除禁令。为何他要因为各殖民地议会出于私利的抗议和走私商贩想要恢复他们的贸易的压力（他认为的），就取消禁令呢？终于在 5 月初，弗吉尼亚下议院拒绝向军队发放资金，除非禁令取消，借此来对这个问题施压。丁威迪副总督对此持默许的态度——据此，劳登坚信丁威迪正尝试以牺牲军事努力为代价自肥——不久马里兰总督也赞同解除对马里兰贸易的禁运令，以免先前到达伦敦烟草市场的弗吉尼亚烟叶让马里兰失去市场份额。劳登大怒，但他无权逮捕这两个殖民地的总督和议员。他别无选择，只得允许贸易重开。贸易解禁从 6 月 27 日开始，就在劳登的舰队出发前往路易斯堡 7 天之后。他没有着力掩饰自己对殖民地总督的懦弱行为和殖民地议会事实上的叛逆行径的厌恶之情。[9]

就像所有上述措施展现的那样，劳登正在稳步建立一个事实上的殖民地军事同盟。这一同盟在功能上与先前奥尔巴尼会议提出的，最终被各殖民地议会一致否决的计划没有太大区别。殖民地居民会抵制和厌恶劳登的措施，但看起来这并没有困扰住一个责任感源于自己出任英王朝臣和陆军军官经历的人，他很少在意法律细节或者政治事务的权宜之计，就像对贸易的规则条款一样。当劳登勋爵与征讨路易斯堡的舰队扬帆离开纽约港时，他还在为出发得太晚耿耿于怀，他将之归咎于殖民地进行准备工作时的拖拖拉拉，皇家海军提供护航舰队的行动缓慢，以及不利的风向。但是，没有理由怀疑他已经增加了这次远征成功的可能性，因为他已经使北美的战争努力形成体系，还纠正了雪利留下的各种弊端，甚至对通敌贸易予以打击。这是北美的战役首次以高效、经济和真正的胜利前景向前推进。

6 月 20 日，劳登的庞大入侵舰队 100 多艘运载着 6000 名地面部队的帆船，从桑迪胡克扬帆起航——当时局面相当紧张，因为皇家海军许诺的护航战列舰没有到位，所以运输舰船实际上处于毫无护卫的状态，但是总司令确信他不能再等了。为准备这次战役，他在职权范围之内已尽己所能。2 月，他在波士顿与代表新英格兰殖民地的专员会晤，以规划这一年的北部战争。3 月，他召集了自宾夕法尼亚至北卡罗来纳各殖民地的总督在费城开会，交代了他关于这几个殖民地边境防务的指示。会议结束后，他离开费城，去宾夕法尼亚和新泽西与当地议员进行会谈，以调节两地议会与总督的分歧，尽可能保证政府部门之间的冲突不会妨碍战争努力。他为纽约的湖畔边境防务提供了 2 个团的正规军和 5500 人的殖民地部队，完成了让殖民地部队如期进入战场的前所未有的壮举。最重要的是，他在比以往任何人实施的更为严密的安全条件下，组织了有史以来从北美港口出航的最庞大的海上远征军。所有这些成就都应归功于劳登的充沛精力、娴熟的行政管理技能以及对细节的注重。所有这些都预示着这次战役的胜利，这是英属北美历史上计划最完善、人员最多、装备最精良以及协调最顺畅的一场战役。但是当劳登的舰队起锚时，其他新情况已经隐约浮现，再多的预先计划此时也无济于事。[10]

第 19 章

威廉·亨利堡

1757 年

最不祥的问题此时在纽约初露端倪,劳登将此地的湖畔边境防务交到了丹尼尔·韦伯将军颤抖的手中。此人在 1756 年为应对法军顺莫霍克河谷而下的流言,下令摧毁公牛堡,用树木阻塞伍德溪,然后率部退往德意志平野。韦伯能继续出任劳登的第二副司令官,主要是由于韦伯的后台坎伯兰公爵对他的信任不曾减少,这使劳登几乎没有选择,只得将指挥权委托给他。虽然在出发前往路易斯堡前,劳登在纽约写成的最后一批信件的其中一封信中,敦促韦伯在乔治湖北端建立一座前哨站,甚至如果有可能,去围攻卡里永堡。但是,劳登或许也意识到他只能指望韦伯去保卫纽约抵抗敌人的入侵而已。总司令之所以会这样想,肯定部分是因为对"胆小、忧郁且'羞怯'"的韦伯,以及他那令人遗憾的恐慌和反应过度的倾向缺乏信心。劳登意欲让路易斯堡远征变成一场全部使用正规军作战的战役,这使他仅分配给韦伯 2 个团的正规军,再多给他 5500 名疏于训练、战斗力成疑的殖民军部队。但是最重要的是,因为被英军用来拱卫通往哈得孙河上游的主要通道,位于乔治湖南端的兵站威廉·亨利堡要塞,已被法军的一次突袭破坏,此次进攻行动实际上已经变得不再可行。[1]

3 月中旬,新法兰西总督结实、矮小的弟弟弗朗索瓦-皮埃尔·里戈指挥的一支 1500 人的加拿大、法国和印第安人部队,在 4 天时间里,越过冰封的乔治湖,逼近威廉·亨利堡,骚扰要塞里的小型冬季守备队。这些袭击者的装备只有云梯,没有大炮,几乎没有任何机会真正夺取这座堡垒,除非他们能让堡垒的指挥官大吃一惊或者惊慌逃窜。突袭发生时,威廉·亨利堡的防务在那个冬天由设计它的非常称职的威廉·艾尔少校指挥:

艾尔在指挥要塞的防务上没有犯任何错误。然而，就在袭击者退往提康德罗加之前，他们烧毁了要塞的所有附属建筑（包括一座带栅栏的兵营、几间仓库、一个锯木厂和一家医院），暴露在外的平底船，以及囤放在乔治湖附近半建成的单桅帆船。[2]

虽然威廉·亨利堡的守军只蒙受了少量人员伤亡，除了滑膛枪子弹，它的土木外墙也没有遭受更严重的毁坏，但是这座要塞的战略前哨功能受到的破坏仍然很严重。不得不从奥尔巴尼补充的宝贵物资和将要耗费几周时间才能重建起来的附属建筑，已是最小的损失了。更为严重的是要塞中平底船的损失，没有这些平底船，部队就无法沿湖进攻卡里永堡；最严重的则是单桅帆船的损失，这让威廉·亨利堡在这个春天只有一艘可用的炮艇能下水。正如这个冬季所经历的那样，缺乏炮兵的进攻方不能威胁到威廉·亨利堡的安全。然而，英军无法阻止一支法国侵略军从卡里永堡运来攻城炮，除非他们能用武装船只控制住乔治湖。但若立即从新英格兰调来造船工，也要耗费劳工数周的时间才能建造出新的单桅帆船。因此，在这段时期，面临蒙特卡姆侯爵愿意组织的任何一次围攻，威廉·亨利堡的防御都将是很虚弱的。

里戈的突袭还在另一个关键方面让纽约的英军处于劣势：情报来源的丢失。初冬时节，威廉·亨利堡的艾尔守备队有约100名游骑兵，由罗伯特·罗杰斯上尉指挥。但1月罗杰斯率游骑兵对卡里永堡进行了一次灾难性的侦察，损失了大约25人，他本人也负了伤，需要在奥尔巴尼治疗。4月中旬以前，他仍难以恢复，无法回到威廉·亨利堡。鉴于这些情况，即使条件对游骑兵有利，他们也不可能冒险远离要塞行动。但是在里戈突袭之后，环绕乔治湖的森林里与法国人结盟的印第安人变得越来越多。1757年春，罗杰斯战败和里戈奇袭的消息将数以百计的渥太华、波塔瓦托米、阿贝内基和卡纳瓦加战士吸引到圣弗雷德里克堡和卡里永堡。4月至6月，在他们各自的酋长和夏尔·朗格拉德（他在1752年指挥部队摧毁了英国人的皮卡维拉尼定居点，在1755年又出力打败了布拉多克）这样的加拿大军官的领导下，印第安武士在爱德华堡和威廉·亨利堡之间的森林里袭击英军的前哨站，还伏击英军的补给车队。印第安和加拿大的非正规部队十分高效地将英军游骑兵限制在英国要塞附近,乃至韦伯将军和他部下的高级军官,几乎无法得到任何关于法军为即将到来的战事进行了哪些准备工作的情报。如果韦伯和他的部下知道正在发生什么事情,可以想象他们会更积极地为这个夏天做准备,但迟至6月初,威廉·亨利堡的守备队尚未着手修理工作。[3]

韦伯和部下的军官不知道的是,自从1756年夏末以来,新法兰西历史上最为成功的招募行动已经在上五大湖地区的印第安各部之间进行。沃德勒伊总督征用印第安盟友的热情和法军在莫农加希拉和奥斯威戈得胜的广为流传的战报,共同发挥了作用,吸引了大片地区的印第安武士为计划好的1757年的主要战役——一次对威廉·亨利堡的猛攻——出力。蒙特卡姆仍然对他部下的阿贝内基、卡纳瓦加、尼皮辛、梅诺米尼和奥吉布瓦武士在奥斯威戈投降后不受控制的行为感到不快,而且对依赖印第安人比以往任何时候都有更多的保留意见,但是这样的不快情绪被1756年秋至1757年初夏,在蒙特利尔和尚普兰湖各要塞出现的印第安人的大量人数压制住了。在攻陷奥斯威戈后,奥吉布瓦人和梅诺米尼人带回家乡五大湖地区的故事"产生了巨大影响",蒙特卡姆的副官写道:"尤其是他们(家乡的印第安人)听说每个在奥斯威戈的人都能在白兰地里游泳了。"也许同等重要的是,奥斯威戈战役后,蒙特卡姆愿意从印第安人手中赎回英国俘虏。无论如何,应募到来的印第安人在数量上甚至超过了沃德勒伊最乐观的希望,其中包括那些长途跋涉1500英里来参加这次远征的印第安武士。[4]

7月底,在卡里永堡聚集了近2000名印第安人,他们会为蒙特卡姆正准备指挥攻打威廉·亨利堡的军队助阵。这支军队由6000名法国正规军、海军陆战队和加拿大民兵组成。300多名渥太华人从上密歇根湖地区赶来;几乎同样多的奥吉布瓦人(齐佩瓦人和米西索加人)从苏必利尔湖沿岸而来;100多名梅诺米尼人和几乎同样多的波塔瓦托米人从下密歇根湖地区而来;还有约50个温纳贝格人来自威斯康星;索克和福克斯(梅斯克瓦基)战士则来自更加遥远的西部;少数迈阿密人和特拉华人从俄亥俄地区而来;甚至还有10名艾奥瓦人,代表一个从未在加拿大出现的印

第安部族现身。共有979名来自上五大湖和中西部的印第安人，与820名从分布在大西洋到五大湖的各个教区募集的信奉天主教的印第安人——尼皮辛人、渥太华人、阿贝内基人、卡纳瓦加人、休伦佩图恩人、麦勒席人和米克马克人——会合。这些人分属不下于33个部族，说33种不同的语言，对欧洲文化表现出的熟悉程度也千差万别，因而控制和管理方面的问题被放大，甚至超出了它们通常的范围。自从蒙特卡姆发现"在北美的丛林中一支军队如果没有印第安盟友，能够做的事情甚至比在开阔地作战缺少骑兵还要少"，他就竭尽所能去适应和安抚他的盟友，让他们满意。但是他比其他任何人都更加清楚，他不能指挥他们。蒙特卡姆只能依靠教区神父、通事商人，以及像朗格拉德那样的劝诱能力，他因为希望获得印第安人的合作而"配属"给每个战斗群的印第安武士联络军官。[5]

1757年春，英军第35步兵团的乔治·门罗中校率团里的5个连去威廉·亨利堡替换艾尔的冬季守备队。加上2个纽约独立连和将近800名新泽西和新罕布什尔殖民军，门罗在6月底指挥的部队达到了1500多人，当时2名逃回的英国战俘最早带回蒙特卡姆正在卡里永堡集结8000名士兵的可靠情报。门罗虽然"年长但从未上过战场"，此后几周，他派出几支游骑兵巡逻队去侦察正在湖对岸集结的法军和印第安人。没有一个巡逻队成功，因为缺乏可用的小船，门罗直到7月底才组织起有力的侦察。到了23日，他才最终冒险派约翰·帕克上校指挥新泽西殖民军的5个连进行一次突袭，意在焚烧湖对岸的法国锯木厂，尽可能多地擒获俘虏。帕克的部队乘坐2艘平底小帆船和20艘划艇——几乎是威廉·亨利堡的所有可用船只——一路向北穿过乔治湖，前往安息日角。直到次日上午，他们才知道有500名渥太华、奥吉布瓦、帕特瓦特米、梅诺米尼武士和加拿大民兵正等着他们。根据蒙特卡姆的副官路易·安托万·德·布干维尔所述：

破晓时分，3艘英军的驳船落入我们的伏击圈，我们一枪一弹都未发射。另外3艘驳船隔着一小段距离跟着，也没有遇到我们开火。其余16艘驳船依次前进。湖岸上的印第安人向英军驳船开火，使它们后退。当印第安人发现英军驳船在后退时,他们跳进独木舟,追击敌军,并向它们开火,除了 2 艘逃脱了,所有驳船都被击沉或俘获。印第安人掳获近 200 名俘虏。其他英军都溺毙了。印第安人跳进水中,把他们当作鱼一样用叉戳刺……我们只有 1 人轻伤。英军被射击火力、可怕的场景、各种叫喊声和这些怪物的敏捷身手吓坏了,几乎未放一枪便投降了。驳船里的朗姆酒立即被印第安人畅饮一番,让他们更是凶性大发。他们将 3 名俘虏放进锅里煮了吃,其他人可能也被如此处置。除非能被赎买,所有人都成了奴隶。这些场景在欧洲人眼中都是极为可怕的。[6]

实际上,有 4 艘英军船艇逃出印第安人的伏击圈,但出击的新泽西蓝衣部队中 75% 的士兵不是阵亡就是被俘。惊慌失措的幸存者回到威廉·亨利堡,提供了敌人大举进驻卡里永堡的第一手确凿证据。帕克的突击队残部出现时,韦伯将军正在对威廉·亨利堡进行首次视察,这个消息让他彻底乱了方寸。韦伯命令门罗让正规军守备队在要塞内住宿,指示他让殖民军部队在要塞东南约 750 码的岩石山头蒂特康山修建一座设壕营地,防止敌军在山顶上布置火炮。他许诺会派援兵,之后便急匆匆退回爱德华堡了。

门罗非常需要韦伯许诺的援兵。当 7 月 29 日韦伯离开时,威廉·亨利堡的守备队仅剩大约 1100 名适合战斗的军人,还有 60 名木匠和水手、约 80 名妇孺和一些随军小贩。由于湖面上的全部现有补充船只只有 5 艘划艇和 2 艘武装单桅帆船(1 艘需要修理),门罗明白他无法阻止法军携带火炮入侵此地。因此,在围攻开始之日要塞内人数越多,能够抵挡住法军进攻的可能性也就越大。[7]

然而,韦伯由于惧怕自己所在的爱德华堡无兵可守,只派出了约瑟夫·弗莱中校指挥的皇家北美团(第 60 步兵团)的大约 200 名正规军和 800 名马萨诸塞殖民军。这支部队在 8 月 2 日到达威廉·亨利堡——当天夜间,瞭望哨发现大约 7 英里外的乔治湖西岸升起了 3 堆大火。两艘侦察艇被派去侦察,但是一艘都没有回来。

次日黎明，威廉·亨利堡的几座棱堡的观察哨开始能认出漂在黑暗湖面上的物体：在火炮射程之外，大约250艘法国平底船和至少150艘印第安作战独木舟正在劈波斩浪。在透过野外望远镜观察这一场面的军官眼中，愈发明亮的光线让60多艘用木板平台像双体船一样连接在一起的平底船现出原形。这些船运载的是沉重的攻城炮，吃水很深。门罗在当天寄给韦伯的3封求援信中的一封写道："我们很清楚他们带来了火炮。"倘若此前还有人怀有挥之不去的疑虑，那么此时也已经明白，第二次威廉·亨利堡围攻战将会以欧洲的作战方式进行。[8]

前夜要塞内的哨兵望见的3堆篝火是法军先遣队点燃的。这支先遣队由600名正规军、100名海军陆战队员、1300名加拿大民兵和500名印第安武士组成，由蒙特卡姆部下的副司令官陆军准将弗朗索瓦-加斯东·德·利维骑士指挥。从7月29日起，这支部队就在"如同意大利般的酷热中……"艰难地向南穿过森林，缓慢行动。而蒙特卡姆的主力军，人数在4000以上，乘船只需要一天时间就能渡过同样的距离。与过于疲劳的先遣队不同，他们在以过节般的愉悦心情行军。可能是乔治湖的美丽风光——群山之间的一个溺谷，湖中点缀着"大量岛屿"——疏解了那些在平底船行列中划船和乘船的人阴郁且冷漠的心情；抑或可能是船队前锋数十只桦树皮独木舟像云一样掠过蓝色湖面的景象，振奋了他们的精神。为此，布干维尔惊叹道："谁能想象1500名赤身的印第安人坐在独木舟上的奇观呢？"无论是什么原因，哪怕蒙特卡姆的静默严令也无法抑制他的部队感觉到的快乐，当他们的船队沿湖而上时，他们甚至开枪向大自然致敬，连声击鼓，还吹响了狩猎号角。这些士兵对违反纪律不以为然；号角声在山间回荡。布干维尔相信这些回声肯定是"最早在北美的丛林之间回荡的号角声"。[9]

8月3日，利维向威廉·亨利堡的守军射出了第一波子弹。甚至在主力将火炮和物资送上岸之前，蒙特卡姆就命令利维率部包抄要塞后方的森林，以切断向南通往爱德华堡的道路。利维部下的印第安人和加拿大民兵很快完成了这一任务，将一支马萨诸塞殖民军护卫队赶回他们在蒂特康山上的营地，几乎捕获了对手的所有牲畜——大约50匹马和150头公牛，其中大部分都被印第安人宰杀，用以补充从法军得到的微薄口粮。同一时段，当印第安狙击手开始从驻防区主园地——位于威廉·亨利堡西墙外50至60码的一片7英亩地块——狙击要塞守军时，蒙特卡姆率领主力从登陆场前进，同时他还在湖岸勘察位置，以便开始构筑防御工事。

下午3点，蒙特卡姆根据欧洲的惯例，派出一名信使打出休战旗，带着一封给守备队的劝降书，正式开始围攻。他在劝降书中写道："人道主义精神让我不得不警告门罗，一旦法军的炮台就位、大炮开火，我可能就没有时间，也无力去制止一大群不同部族的印第安人的暴行。"而门罗同样严肃地答复说他和他的部队会抵抗到"最后"。当两军指挥官进行礼节性交流时，印第安人"成群结队"地站在"要塞周围的空间里"，按照他们自己的文化行为模式，大声嘲讽守军。"小心保护你自己吧，"一个阿贝内基战士用清晰（但是"非常糟糕"）的法语对棱堡里的英军官兵喊话，"因为如果我抓住你，你不会得到任何怜悯。"[10]

显然，威廉·亨利堡在8月3日陷入了麻烦，但它的处境远没有到绝望的地步。要塞库房里存储的弹药和粮秣即使谈不上充足，也算差强人意；要塞的炮台里配备了18门重型火炮（包括2门32磅炮）、13门能够用霰弹横扫墙面和斜堤的轻型回旋炮、2门臼炮和1门榴弹炮。蒂特康山顶殖民军营地围绕有一道用石头和原木建造的结实的胸墙，能用于防御的有6门黄铜野炮、4门回旋炮和守备队的轻武器。对要塞守备队最直接的威胁是火，门罗很快便下令将易燃的顶棚木瓦板从内部建筑物上移除，将所有的库存木柴统统倒进湖里，以将这个危险最小化。更大的危险则是那些为期更长的问题：一部分要塞外墙会在持续炮击下垮塌，这会让进攻方轻易越过豁口，压倒守军；或者（即使外墙被守住）守备队也会因饥饿而被迫屈服。[11]

时间因素必然利于围攻方，因而只有韦伯在有机会组织起自己营地的防御之前，能派一支救兵袭击蒙特卡姆，才能避免上述结果。因此门罗三度向韦伯告急，蒙特卡姆要围攻要塞；如果援兵不能及时赶到，威廉·亨利堡在长时间的炮火围攻下，能够支撑的时间不会比奥斯威戈或圣菲利普城堡更久。于是，8月4日，当蒙特卡姆的工兵在距离威廉·亨利堡北侧棱堡不足半英里的位置掘出第一道堑壕,而他部下的加拿大民兵开始修建正对要塞西墙的炮兵阵地时,门罗比其他任何人都清楚,他的守备队能支撑的日子已屈指可数,除非他的对手犯下大错,或者是爱德华堡的救兵到来,甚至是出现奇迹。

然而,直到 8 月 7 日门罗才知道,韦伯对威廉·亨利堡困境的回应是

图 19.1 1757 年 8 月 3—9 日,威廉·亨利堡围攻战。在图左蒂特康山山顶,是新英格兰殖民地部队的"设壕营地";图中有一道泥沼小溪穿过,坐落在俯视乔治湖的台地上的威廉·亨利堡要塞和它的园地之间。第一条平行壕位于图右下方,旁边是蒙特卡姆最早的两座炮台(E 位和 F 位),8 月 6 日,法军炮手开始从这个位置炮轰要塞。有一道掘进壕,亦称"掘进坑道"(G 位),连接园地边缘的第一道和第二道平行壕。这道壕沟的破击炮台(H 位)其实从未使用过;在蒙特卡姆下令开火之前,英军在 8 月 9 日便已投降。引自罗克的《根据实际测绘还原的北美要塞和平面图集》(承蒙密歇根大学的威廉·克莱门茨图书馆提供图片)。

在得到新英格兰和纽约的民兵增援之前不派援兵相救。在韦伯看来，削弱爱德华堡的守军，会让奥尔巴尼和上纽约的其他地区暴露给入侵的法军。毕竟，如果蒙特卡姆成功夺取了威廉·亨利堡，那他不仅会获得一座可以发动后续战役的要塞，还打开了一条能运输攻城炮去炮轰爱德华堡的绝佳道路。因此，韦伯的副官在8月4日中午写给门罗的信中告知，韦伯将军不觉得眼下"（如你所知以将军在此地的兵力）尝试让两座堡垒的守军会合或者发兵援助你是谨慎之举"。的确，鉴于门罗的报告，法军兵力有1.1万人，而韦伯"又因为民兵的拖延非常不幸地无力及时给予援助"，门罗很可能会考虑（如果情况变得更糟）他"可以争取"可能的"最佳投降条件"。门罗到8月7日才收到这封信，只因信使离开爱德华堡之后，在到达威廉·亨利堡很久之前，蒙特卡姆的一名卡纳瓦加探子偷偷跟着他走进树林，杀死了他。从死者外套衬里中剪下的信血迹斑斑。蒙特卡姆让人打着休战旗，带着这封信和他的一张礼数周全的便条送给门罗，希望他采纳韦伯的建议投降。[12]

门罗中校拒绝了蒙特卡姆在8月7日的劝降，但他很清楚自己的处境从相对安全的8月3日以来，已经在急速恶化。就在这4天之内，德·利维骑士已经陈兵蒂特康山对面，而他部下的加拿大和印第安侦察兵用尽可能的一切办法，力图让英属殖民军离开营垒。几个在树林中行动的印第安战队切断了威廉·亨利堡和爱德华堡的所有交通线。尽管受到威廉·亨利堡的炮火骚扰，蒙特卡姆的地道工兵还是迅速完成了第一道围城平行壕，并且布置好一座炮台。8月6日，蒙特卡姆的炮手已开始从这座炮台上开炮。8月7日上午，法军已让第二座炮台也投入战斗，同时将一道掘进壕挖到距离要塞西墙不到300码的位置。门罗知道，从这个位置，法军会掘出另一条平行壕，然后他们会沿这条壕沟布置一座或者更多座"破击炮台"；这些火炮能在近距离平射射程开火，将在要塞护墙上轰开能攻入要塞的豁口。[13]

8月7日上午，当门罗收到蒙特卡姆的信时，威廉·亨利堡的护墙和棱堡仍然完好无损。根据围攻战复杂的惯常做法，这意味着门罗还不能光荣地考虑投降。但是，他也不能忽视法军臼炮和榴弹炮间接或者说高弹道火力的影响。连续两天，榴弹炮将雨点般的榴霰弹倾泻在他的部队和蒂特康山营垒里的那些殖民军身上。得知射入要塞的一些实心炮弹上刻着英国皇家军械署的标记之后，门罗心神不宁：这证明这些炮弹和发射炮弹的火炮一样，是在莫农加希拉或奥斯威戈被法军缴获的。与此同时，英军自家炮台的火炮却在以可怕的速度爆裂。自从8月4日向法军发射第一轮炮弹以来，威廉·亨利堡的重型火炮由于长时间开火，一半以上已经炸裂，而且经常在爆炸的时候伤到操炮的炮手。[14]

8月8日黄昏，持续不断的法军炮轰已经彻底击垮了门罗部下守备队的士气，大多数官兵已经一连5个晚上不眠不休了。早在7日，门罗就已被迫威胁要绞死那些懦夫，或者说任何真的主张越过堡墙投降的人；此时他的部下看起来已经因紧张和疲惫"近乎麻木"，因而没有人去讨论如果受持续炮击早已变得十分脆弱的西墙一旦垮塌，他们将如何去应对攻击。[15]

这时门罗已经知道韦伯不会派援兵，他命令一名工兵军官去勘察受损情况，并报告要塞的防御设施状况。他听取了报告，得知这些事实：最易受法军炮火打击的棱堡顶部3英尺的部位都已被完全轰飞；棱堡内部的窗扉或掩体都已严重受损；要塞的火炮仅有5门还能开火；库存弹药已经消耗到接近枯竭的地步。门罗收到的蒂特康营垒送来的报告，也没有令人鼓舞的好消息。驻扎在那里的马萨诸塞殖民军，由于间接炮火的打击遭受的损失甚至比要塞还严重。这支部队的指挥官弗莱中校报告，他们"极其疲乏，无法再坚持下去，他们宁可被敌人打中脑袋，也比留在胸墙后面呆站着死去要好"。同一天晚上，法军在距离要塞西墙不到300码的位置，架起了一座可架设18磅炮的破击炮台。收到这么多令人沮丧的消息，门罗终于召集他部下的军官，为次日上午的战斗召开军事会议。军官们一致建议他向蒙特卡姆送一面休战旗，并且以可能的最佳条件商议投降。[16]

8月9日下午1点，敌对双方就投降条件达成了一致意见。蒙特卡姆提出的条件和1756年法军许给梅诺卡岛英军守备队的条件相同——一种对门罗的有意恭维，承认他已经按照最高级别的职业水准组织了防御战。威廉·亨利堡守备队承诺在18个月的"凭誓获释"期间不参加任何战斗的回报是守备队全员被允许在法军护卫下安全回到爱德华堡,而且——承认他们英勇奋战过——会被许可保留私人财物、轻武器、部队的战旗和 1 门象征性的黄铜野炮。所有因重病或重伤无法回到爱德华堡的英国陆军和英国殖民军军人,会由法军负责照料,并会在康复后被遣返。作为回报,蒙特卡姆只要求所有在英属北美被羁押的法国军人和民间俘虏在 11 月被遣返回卡里永堡;要塞内的大炮、弹药、军需物资和粮秣应移交给法军;留下一位英国军官充当人质,直到陪同守备队去往爱德华堡的护卫部队平安返回。[17]

这些条件虽然符合欧洲的战争公约和军事职业规范,是非常可敬的,但是不仅与蒙特卡姆的印第安盟友的文化不相容,而且蒙特卡姆完全没有同他们商议过,这明显忽视了他们认为的合理期望。蒙特卡姆只是在一系列投降条件达成之后,行将签署之前,才召集印第安各部的军事头领解释投降条件。他说,印第安人不能伤害战败的军人,也不能夺取他们的私人财物和武器;他们留下的所有库存食物、武器和物资,都是最虔诚的基督徒国王陛下(法国国王)的财产,应当受到尊重。尽管头领们客气地倾听蒙特卡姆解释,但是他们不可能不怀疑自己属下的武士竟会服从如此难以令人容忍的禁令。印第安武士作战勇敢,而且确实比为薪水而战的法国军人更无私;他们要求的只是口粮、弹药和蒙特卡姆赠送的少量礼物。印第安人——无论是基督徒还是未开化者——期待的仅有奖赏是能证明他们英勇奋战的掠夺物和战利品,以及俘虏(充当死去战士的替代者,被收养、用于献祭抑或用于收取赎金)。当这位被他们称为"父亲"的人做出真正的父亲不会做的事,剥夺他们已经获得的奖赏时,他的意图也就变得清楚了,因而大部分印第安武士决定带走他们为此而来的东西,然后离开。实际上,他们也这样做了。[18]

之后,英属殖民地居民和英国人听闻的"威廉·亨利堡大屠杀"事件在 8 月 9 日下午开始了,当时最后一个英军分队刚刚将要塞交给法军,走向蒂特康山营垒。守备队的军人和民间人士仍然留在那里,直到次日出发前往爱德华堡。就在他们离开时,印第安人进入要塞搜集战利品,但是所获甚少,于是便袭击了 70 多个被留下让法军照料的英军重伤病员。法国军人和传教士及时介入，至少拯救了一些伤员，但仍有许多伤病员丧生，印第安人剥下了他们的头皮充当战利品。在下午的剩余时间和紧接着的可怕夜晚，印第安人在营垒中肆虐，劫掠营中之人。当法军警卫在9点前后终于将他们逐出营地时，他们围在营垒周围，"摆出一副比往常更恶毒，让我们怀疑他们企图伤害我们的表情"，恐吓英属殖民地的新英格兰人。[19]

黎明带来了英属北美人担心的所有伤害。当英国正规军准备带领队伍，踏上前往爱德华堡的道路时，数百名装备匕首、战斧和其他武器的印第安武士，将他们团团围住，勒令他们交出武器、装备和衣物。其他印第安人进入营垒；殖民地部队和营地随员正在那里焦急地等待前进的命令。印第安人掠走的不仅是财产，还有他们能在营地随员中能找到的所有黑人和妇孺。当队伍终于在早上5点左右出发时，领头的英国正规军与法军护卫队并列前进，从而避免了随后最为严重的暴行。然而，队尾的英属殖民军全无护卫，他们发现自己两面受困。几分钟后，印第安人便从殖民军各连队抓走伤员，将其杀死，还把头皮剥下，连同其他人的衣服、钱财和物品都一起夺去。随着一阵喧嚣和混乱，秩序就此瓦解。惊恐的男女挤作一团，竭尽所能自卫。接着，随着一声大喝（目击者认为这是个信号），数十名印第安武士开始向队尾受威胁最大的人群举起战斧。

这场杀戮虽然只持续了几分钟，但是有更多人在随后的恐慌中丧生。弗莱的这个团在混乱中解体，人们尖叫着向四面八方狂奔：有些人冲进了树林，另一些人奔向法军营地，还有一些人则奔回要塞，印第安人在后面紧追不舍。因为战俘要比战利品更为宝贵，大部分被印第安人俘获之人面临的直接危险要比他们想象的小。然而，当蒙特卡姆和其他法国高级军官冲上来制止混乱局面时，他们首先试图干预的就是俘虏问题，他们会要求印第安人将俘虏就地释放，结果却发现这样做往往是致命的：许多印第安武士宁愿杀死俘虏，掠取战利品，也不接受一无所获。

当秩序恢复时，多达185名军人和营地随员惨死，还有更多人——300~500人——被印第安人俘虏。另有300~500名殖民军和正规军在法军中寻求避难。其他人不是沿着道路奔逃，就是躲进树林，最后夺路向爱德华堡而去。至于印第安人，几乎所有人在掠获他们在战斗中赚得的俘房、头皮和掠夺物之后，便一刻不停地离去了。8月10日黄昏，仅有大约300名归化的阿贝内基人和尼皮辛人仍和蒙特卡姆的军队在一起。另外1300名印第安武士已押着他们的俘虏向北踏上了他们漫漫归乡旅途的第一步。[20]

同样在8月10日黄昏，相当数量的人员开始抵达爱德华堡，他们将大屠杀最早的夸张报告带给韦伯将军和当地驻军。这支驻军随着数千新英格兰和纽约民兵的到来，正变得日益强大。落难人员则继续在森林里蹒跚前行——担惊受怕、忍饥挨饿，有时甚至赤身裸体——就这样过了一个多星期。8月15日，最大的一股落难人员来到爱德华堡，这支包括门罗中校在内的队伍大约有500人，拖运着象征他们虽败犹荣的一门6磅黄铜炮。法军护卫队将他们送到哈夫韦布鲁克，交给一支英军卫队，同时转达了蒙特卡姆的保证：威廉·亨利堡守备队的其他人员一旦能从印第安人手中赎回，就会被立即遣返。

实际上，蒙特卡姆、他部下的军官，还有伴随远征的印第安人而来的教区神父，自从8月10日起，都在竭尽全力索回战俘。沃德勒伊总督为了赎回印第安武士的俘虏，正在蒙特利尔尽最大努力拦阻他们返回上五大湖地区。多亏了这些艰苦努力，至少有200名俘虏在8月底被赎回，法兰西王国平均为每个俘虏支付了130里弗加上30瓶白兰地。后续的赎回工作仍在零星进行，同时还有一些人逃脱。到1763年，包括那些在被赎回之前就死去的人，还有多达40名被印第安家庭收养、拒绝返回的人，一共只有大约200名俘虏没能回到英属殖民地。[21]

人道主义和现实主义因素都使得蒙特卡姆和沃德勒伊急于赎回俘虏。蒙特卡姆迫切希望保持受降程序的完整性，因为他身为保证投降的英军守备队安全的军官，会因为违反投降条件的任何行为而蒙受个人耻辱。另外，他很清楚，如果未来英军占据上风，将会因为此事而不愿宽容对待任何法军守备队；他不能因为看似支持不文明的战争而承受与这样一个潜在强大的敌人对抗的责任。至于沃德勒伊总督，他希望尽量减轻这个被印第安人视为背信弃义，而被蒙特卡姆（同样肯定地）视为根深蒂固的野蛮行径的事件，对法国人和印第安人关系的损害。沃德勒伊深信与印第安人的同盟关系是成功保卫加拿大的关键,他还明白威廉·亨利堡大捷的可怕余波带来了两种同样可怕的潜在威胁:印第安人不再会自愿效劳,或者说即使他们仍愿意效劳,蒙特卡姆也不愿再使用他们。于是他尽可能多地赎回俘虏,竭力安抚总司令官,同时提供他能够提供的最慷慨的条件尽力安抚印第安人。他也尽最大努力忽略了一些令人厌恶的事件,比如8月15日印第安人在蒙特利尔郊外仪式化地吃了一名俘虏的事件。[22]

最终,蒙特卡姆大胜的野蛮余波,既挫败了沃德勒伊挽救与印第安人关系的最大努力,又让他对英国人复仇的最坏担忧成为现实。印第安盟友再也不会像1757年那样,成群结队地聚集在法军军旗之下。西部的印第安人发现威廉·亨利堡的英国人和英属殖民地人员罹患天花时,已经为时太晚,这样一来,他们带回的俘虏、头皮和衣物,其实带来的是一种可怕流行病的种子,这将会毁灭他们的家园。上五大湖地区的印第安武士不会再为蒙特卡姆助战,就连来自圣劳伦斯教区,皈依了的印第安武士,也变得不愿为他举起战斧。在即将到来的战事中,蒙特卡姆将依靠法国正规军和加拿大民兵去对抗英国正规军和殖民军,这越来越像他倾向的欧洲战斗模式。尽管1757年之后战争在这个意义上欧洲化了,英国军官也永远不愿给予任何法国部队英勇战败者的特殊礼遇。与此同时,殖民军对"威廉·亨利堡大屠杀"的怒火将会给在新英格兰本来就已很残酷的反天主教传统火上浇油,还会加剧英属北美人对印第安人不加区分的仇视。[23]

虽说威廉·亨利堡战役由于大屠杀事件,成为七年战争中一个关键时刻的标志,但是其长远意义在1757年仍不明朗。英属北美殖民地居民和英国大臣,都将此战视为漫长而凄凉的连败过程中的又一个耻辱和军事上无能的实例。英属北美还没有一个人领会威廉·亨利堡投降后两起事件的完整意义,而这两起事件预言了即将发生的事情的重要方面。第一件事就是蒙特卡姆决定不去攻打爱德华堡。

在蒙特卡姆取胜之后,似乎没有什么能阻止他沿着道路直指下一个合乎逻辑的目标,然而他选择摧毁威廉·亨利堡,返回卡里永堡。不知其中缘故的韦伯如遇大赦。其实,蒙特卡姆除了撤退别无选择,因为他失去了印第安人的支持——也就是说,失去了他的主要情报来源——而且粮秣已严重短缺，无法继续支持他作战。1756 年，新法兰西遭遇灾难性的农作物歉收，因而实际上在必要的食品从法国到来之前，蒙特卡姆都不得不推迟从卡里永堡出兵。他在 7 月底之前都无法开展行动。加拿大民兵的人数占围攻威廉·亨利堡的非印第安部队的一多半，他们迫切需要回乡收割庄稼，而此时蒙特卡姆无法再推迟放行。然而，哪怕尽可能最早地解散这些民兵，也无法阻止此后的灾难发生，因为 1757 年的收割将是加拿大历史上最严重的一次歉收。蒙特利尔附近地区通常是"加拿大的粮仓"，也是许多参加远征威廉·亨利堡的民兵的家乡，这一带的情况尤为糟糕。9 月底，蒙特利尔的居民每人每天只能靠半磅面包维持生存，而魁北克居民的面包供应只有这个水平的一半。任何在深思新法兰西军事前景的人都不可能避开这样的结论，即如果没有欧洲的粮秣，这个殖民地很快就会变得无法防御。[24]

第二件在威廉·亨利堡陷落的同时发生的事件同等重要，但也未被注意，那就是新英格兰殖民地动员了成千上万的民兵。为了响应韦伯发疯似的求助召唤，8 月 7—10 日，康涅狄格从它的几个民兵团征募了 5000 人——大约占这个殖民地全部民兵的 25%——将他们编入多个临时连队，赶去保卫爱德华堡。马萨诸塞的响应同样可观。收到最初的求助要求后，波纳尔总督便命令位于殖民地最西面的 4 个民兵团前往纽约，同时通告殖民地的全部 26 个营"保持好接到紧急通告就出发的状态"。8 月 8 日，他"命令出动马萨诸塞的所有骑兵连和 25% 的民兵增援"，同时开始集结一支炮兵部队和多座粮库来支援他们。8 月 9—12 日，7000 多名马萨诸塞民兵离开家乡，开始进军爱德华堡。由于路途遥远，在威廉·亨利堡陷落前，没有一支部队真正到达目的地，但不久之后，如潮水般涌入的援兵数量大大超出了韦伯的供养和管理能力。一旦得知法军显然没有在向他所在的兵站进军，韦伯便解散了进驻爱德华堡的民兵，又派出信使让那些仍然在路上的民兵返回。即便如此，8 月 12 日，爱德华堡的垒墙之外仍有不下 4239 名新英格兰官兵安营扎寨。[25]

对韦伯求助的这次响应，消耗了北方殖民地的大笔资金，因为现役民兵每天的薪水是同军衔殖民军士兵的两倍多。由于这次动员令，为了使康涅狄格民兵在18天内时刻保持战斗状态，总计的花费相当于1757年所有民兵行动费用的33%。然而，尽管耗资巨大，而且在短期内大比例动员男性人口遇到的后勤困难很大，但北部各殖民地仍表现出了在英语世界无可匹敌的应对军事紧急状态的能力。[26]

纵然在这次大动员之后，各殖民地政府对此留下的主要印象是徒劳和耗资巨大，纵然正规军军官倾向于忽视或解除动员的民兵武装，认为他们对战役结果不会产生不同影响，但是新英格兰各殖民地的积极响应，还是提供了殖民地居民愿意战斗的正确无误的证据。这次动员证明大众意愿或者军事资源的缺乏，不能用于解释新英格兰各地议会越来越多的不合作态度。如果能找到利用北部各殖民地的手段，发现一些能有效引导它们的方法，仅仅这几个殖民地的能量和人力就足以让北美的战略天平倾斜。但是该怎样利用这些殖民地，又怎样引导它们，仍然是远远没有得到解决的问题。

第 20 章
其他灾祸和希望之光

1757 年

在被劳登勋爵指定为南部作战区域的地区——从宾夕法尼亚到佐治亚等殖民地——威廉·亨利堡陷落时的情景几乎令人沮丧。只有在较为偏南的一个地区，人们仍然在不遗余力地进行大量的军事活动，让诸事看上去进展顺利。在现今田纳西东南部，劳登堡要塞建成，为英国和南卡罗来纳殖民地在山外的切罗基地区建立了一个战略立足点。自 1754 年以来，从图卢兹堡（一座兵站，位于亚拉巴马河分汊口，在今蒙哥马利附近）向北活动的法国代理人，以及从俄亥俄河流域向南活动的肖尼人都已进入这一地区，试图与切罗基人结盟。劳登堡和它的配套兵站乔治王子堡大致位于东南面 100 英里处的切罗基低地村镇，似乎是准备通过提供贸易中心，来培育和切罗基人的稳定关系，同时为殖民军和正规军作战提供设防基地。然而，处于中部和南部殖民地边缘地区的北卡罗来纳和南卡罗来纳的北方地区，和印第安人的关系本身就不稳定。1757 年，卡罗来纳地区的战争就像前一年那样持续了很长时间，可以说从迪凯纳堡出动的袭击者将绑架、剥头皮和焚烧定居点的凄凉列表无止境地延长下去。[1]

在切萨皮克湾沿岸的殖民地，马里兰继续尽可能少地在防务上耗费财力。在议会宣布不会保卫弗雷德里克堡以西的任何地方之后，坎伯兰堡以东，科诺克奇格溪谷中的几个边远定居点的居民搬迁一空。虽然劳登在 3 月与各殖民地总督的会议上，命令霍雷肖·夏普总督派兵 150 人镇守坎伯兰堡，可是只要这支守备队还在那里，马里兰议会就断然拒绝支援他们。这支守备队坚守坎伯兰堡，可是最终不得不靠正规军提供粮秣。虽然 1757 年马里兰募集了 500 人，但是上议院被与特许领主家族卡尔弗特家族友善的一个派系控制,下议院则被反特许领主(或者广受欢迎)的一个党派主导,两院关系十分紧张,乃至对补给方案从未达成一致意见,那么军人就一直拿不到薪水。[2]

弗吉尼亚有一个军纪日益严明的团试图保卫它的边境,看来这能为殖民地与帝国之间的和谐关系提供一个更好的例子。然而,若仔细审查就能发现,就算真是如此,情况也只是比前一年略有改善而已。1757年年初,由于下议院不愿为弗吉尼亚殖民团提供补给和薪水,这个团的军官变得十分沮丧,乃至华盛顿亲自在劳登勋爵的费城会议上与勋爵商谈,恳请将弗吉尼亚团纳入正规军建制。他宣称弗吉尼亚团的军官们"除了国王陛下授予委任状,让我们成为欧洲大陆的正规军那样的部队,别无其他所求"。他的部下已经"接受正规管理和训练,能像国王陛下军中任何服役3年以上的团那样,完成正规军的任务",而且他满怀希望地总结道:"我们非常肯定,以前没有一支参加过3次血战的正规军部队,不吸引英王陛下关注的。"劳登没有被这位高大青年上校的论据感动到同意将他的团吸收进正规军建制的地步,但是他显然认为以这个团娴熟的能力,足以独立承担保卫弗吉尼亚边陲安全的重任。劳登没有向华盛顿颁发他渴望得到的正规军委任状,反而决定在1757年派皇家北美团(第60团)的一个营进驻宾夕法尼亚,给予这个营的营长约翰·斯坦威克斯上校指挥华盛顿和弗吉尼亚殖民军的权力。由于斯坦威克斯给华盛顿的第一封书信是命令他从弗吉尼亚团的军需品中拨付100桶火药,1.2万枚燧石和3吨铅弹给斯坦威克斯从宾夕法尼亚派来的马车车队,华盛顿有理由觉得他同正规军更加密切的新关系,只会让一项艰难的任务变得更加艰苦。[3]

事实也确实如此。尽管华盛顿最终会找到与干练且久历行伍的斯坦威克斯发展友好关系的办法,但弗吉尼亚边远地区的防务在1757年一点都不会变得容易。被逃兵现象困扰,还要为弗吉尼亚为他补充兵力的迟缓拖拉伤神,华盛顿发现自己并没有比过去更加有能力保卫350英里长的边境,抵抗来自俄亥俄地区的袭击者。似乎这还不够困难,劳登又从华盛顿的部队抽调200人,派副团长亚当·斯蒂芬中校指挥他们前往南卡罗来纳。他们在南卡罗来纳会协助守备查尔斯顿——其实是防止奴隶暴动;而南卡罗来纳独立连、皇家北美团和高地团（第63团）的正规军会守卫边境，抵御从未成为现实的入侵。华盛顿只剩下400人（而且从未超过700人）去守备弗吉尼亚边境线上的18座堡垒，于是他只能留下其中7座，放弃其他堡垒，此举使法国和印第安突击队几乎能任意进入弗吉尼亚。虽然丁威迪副总督努力用从卡罗来纳来的卡托巴和切罗基战士补充华盛顿的部队，但是华盛顿觉得他们不过是累赘：这些人消耗了过多的补给物资，想来就来，想走就走，当他想使用他们充当侦察兵时，他们普遍"表现得非常自傲"。[4]

10月，华盛顿不仅受到他无法避开的敌人的困扰，还因为自家军需官侵占物资的行为和逃兵现象伤神不已，他近乎绝望。他在给丁威迪的信中写道："这样下去，下一场战役会成为最后一场战役，将会使这个地区的人口剧减。"单一的防御战略已经失败，他并非夸大其词，"在今年秋天将不会有……哪怕一个幽灵住在蓝岭的这一边"，除非能派一支远征军摧毁迪凯纳堡。当新法兰西总督沃德勒伊向他的上司法国海军大臣报告1757年从迪凯纳堡发动的袭击时，他会说"没什么特别重要的事情"——自从他发出上一份报告后，他们只取回27张头皮，擒获27个俘虏。这不是因为没有行动，而是由于仍然留在边境地区的英国居民少之又少；一个印第安战斗组在一个地区活动了2个月，却只得到2张头皮。事实上，沃德勒伊写道："我们的所有战斗队已让敌人恐惧到这样一个地步——英国人放弃了他们在宾夕法尼亚、马里兰和弗吉尼亚（边远地区）的所有定居点。所有居民都退到城市或者森林里去了。"[5]

只有宾夕法尼亚在1757年看来还有理由抱有希望。此地安全状况的改善不是通过军事因素——进驻卡莱尔的皇家北美团的那个营（斯坦威克斯是营长）和驻守边境堡垒的殖民军连队很少能阻止敌军的袭击者——而是通过1756年在伊斯顿开始的私人调解人和东部特拉华人首领蒂迪斯卡的外交谈判实现的。尽管威廉·约翰逊爵士强调只有他得到授权与北方印第安各部族进行外交活动，但是由于两个不可抗拒、互为补充的需求，这些谈判一直在进行。一方面，丹尼总督意识到殖民军和正规军守卫边境都不成功，外交活动为他提供了最好的（也许是仅有的）使他的殖民地免于毁坏的希望；另一方面，由于大量英国商人从沙莫金和萨斯奎汉纳逃亡，蒂迪斯卡的部族急切地需要他们赖以生存的工业制品——毛毯、铁器、武器和弹药。

宾夕法尼亚的非正式代表是当时正式退出政坛的贵格会教徒。他们开始通过个人努力进行谈判，以结束敌对行动；而后，在1756年12月，几位"重量级"教友成立了一个组织——"以和平措施与印第安人恢复和平友好的协会"。这个组织和领导这个组织的卓越人物商人伊斯雷尔·彭伯顿，与蒂迪斯卡长期保持联系，前者筹集大笔金钱支持谈判，购买能活跃谈判氛围必需的外交礼品。除了东部特拉华人岌岌可危的处境，彭伯顿和友好协会的善意与公正可能是劝诱蒂迪斯卡来谈判的最重要因素。贵格会教徒以资助人和会议进程非正式监督者的身份，在1757年7月和8月相继进行的两次伊斯顿谈判中出现，这为威廉·佩恩去世之后的宾夕法尼亚缔约活动，增加了一个不同寻常的诚信因素。[6]

同时，必须指出的是，彭伯顿和贵格会教徒的出现，也为哪怕平时就很复杂的跨文化外交背景，增添了一个不寻常的复杂因素。如我们在前文所见，前一年蒂迪斯卡开始进行伊斯顿会谈的意图有两个：第一，使1737年"量步购地"交易失效。易洛魁人通过这次交易和佩恩家族的代表私相授受，夺取了特拉华人在宾夕法尼亚东部的土地；第二，在怀俄明谷地获得一片大约250万英亩土地的永久产权，使之成为他们的保留地，在这片土地上，东部特拉华人可以永远免受白人侵犯。因此，1757年的伊斯顿会谈具有独特的多边特征。

丹尼总督在伊斯顿代表宾夕法尼亚殖民地，当然也就代表佩恩家族的利益。但是，威廉·丹尼也代表他本人，这使他看上去十分精明，"上午代表特许领主，中午无派别，晚上选择议会"。在伊斯顿，他最重要的角色是劳登伯爵的直接下属和英国陆军的职业军官。因此，他的目的是与东部特拉华人达成战略和平协议。如果为了达成这个目的，必须揭露和放弃一桩持续了20年的土地欺诈骗局，那么就只能对不起特许领主们了。他宣誓效忠的是国王，不是佩恩家族，国王的利益在于恢复与印第安人的和平关系，让他们成为盟友，对付法国人，这远远超出了他必须保护特许领主金钱利益的任何义务。然而，丹尼并非宾夕法尼亚的唯一与会代表。代表议会参加会议的 4 名专员，对保护选民利益，反对特许领主的权力警惕性很高；佩恩家族的代理人也来到伊斯顿，企图维护"量步购地"交易，阻止将大片怀俄明谷地的土地转让给特拉华人，同时务必要使丹尼对议会专员的建议反应不会太热心。易洛魁联盟的观察员也来到伊斯顿。这些酋长和佩恩家族同样不愿看到"量步购地"协议被废弃，而且绝对不乐意看到应当听命于他们的蒂迪斯卡，去代表他自己的部族和宾夕法尼亚殖民政府谈判解决问题。让事情变得更复杂的是，乔治·克罗根在伊斯顿担任威廉·约翰逊爵士的副手，负责维护约翰逊作为唯一被英王授权与北方印第安人谈判的权威人士的地位；但是，克罗根仍一如既往地寻求机会，以促进自己作为私人贸易商和土地投机者的利益。当然，彭伯顿和他的友好协会同事，会以表面中立的观察员身份列席，这是就他们为印第安人提供建议，保留一份独立的会议记录的行为而言，但实际上他们已成为蒂迪斯卡和特拉华人的盟友。即使贵格会教徒的存在变得复杂化，而且他们有可能会由于彭伯顿一直在培养和斯坦威克斯上校的亲密关系这一事实做出让步，斯坦威克斯支持和平解决，也是为了在进入俄亥俄的战役中获得东部特拉华的盟军，而不是为实现贵格会让流血事件尽快以外交方式解决的希望。[7]

最终，这些伊斯顿会谈的与会代表和观察员之间的复杂联系，促使他们就各种利益进行务实的调整，这决定了会议的成果。丹尼、议会专员、贵格会教徒和蒂迪斯卡都希望和平，不反对上级机关审查"量步购地"交易，以确定其合法性。佩恩家族的代理人、易洛魁联盟的代表和乔治·克罗根试图为"量步购地"交易辩护；如果审查这一交易的上级权威是威廉·约翰逊爵士，他们愿意接受审查。丹尼和克罗根希望在达成和平的同时，缔结东部特拉华人与英国人的盟约；克罗根和易洛魁人则希望这一盟约可以被理解为是在易洛魁联盟的批准下达成的。蒂迪斯卡愿意将土地产权推迟授予他的部族，来换取一个以永久定居点为形式的直接援助，这个定居点会由宾夕法尼亚出资在怀俄明谷地建造——带有房屋、一个贸易站和教导他部族的民众读写的教师。作为回报，他准备在易洛魁人的正式支持下，让他的部族与英国人结成军事同盟。宾夕法尼亚议会的专员愿意（当友好协会的代表向他们保证会提供财务援助时）以结盟为回报，资助建设蒂迪斯卡要求的怀俄明谷地的村镇。[8]

于是，7月21日至8月8日，在伊斯顿的几个文化团体和相互竞争的广泛利益体的代表，能够就一些哪怕在6周之前看来都不可能的事情进行谈判：这正是议和的前兆。当然，这远不是一个全面解决方案，鉴于它的不确定性，充其量达成的也只是一个脆弱的和平。从战略意义上理解，《伊斯顿条约》只是让东部特拉华人中立化，作为与西部特拉华人（一个仍与法国结盟的部族）公开接触的第一步。除非法国人和特拉华人，以及与俄亥俄地区其他印第安部族的联盟能被破坏，否则英国人无法将法国人逐出俄亥俄地区，也无法停息英属北美殖民地边境的袭击。1757年8月——当法国人和印第安袭击者继续劫掠纽约到北卡罗来纳的边区定居点时，当威廉·亨利堡拆除后的碎砖断木散落在乔治湖的湖岬上时——所有消息灵通的军事观察员，肯定会发现伊斯顿会议被证明是一个关键时刻的可能性微乎其微。但最起码这次会议对消息最为灵通的观察员劳登伯爵来说，似乎是一个可能的转折点。即便那时他还在哈利法克斯端坐，观察他夺取路易斯堡的前景，当时路易斯堡要塞正渐渐隐入新斯科舍的白雾之中。

第 21 章

皮特改变方针

1757 年 12 月

6月30日，劳登和他的运输舰船到达哈利法克斯。7月9日，舰队司令弗朗西斯·霍尔本的皇家海军舰队在此地落锚。当时，已有不下3个法国海军舰队，包括18艘重装战列舰和5艘快速帆船，安全进入路易斯堡的港口。这个舰队的实力显然在霍尔本舰队之上。在霍尔本到来之前，劳登无法发动他的战役，而霍尔本只有到他确定路易斯堡敌方舰队的兵力时，才会行动；但是连续数周的大雾和恶劣天气，让他的侦察船只无法带回哪怕一份报告。8月4日，当大雾散去，风向最终变得有利时，快速帆船"戈斯波特"号带回了第一份可靠情报：这艘英舰俘获的一艘法国船只有路易斯堡舰船的完整名单。[1]

此时，劳登向霍尔本提出了关键问题："如果我们尝试进攻路易斯堡，能有多大胜算？""考虑到敌军的实力和其他条件，"霍尔本答道，"在我看来，在今年的这个季节，对路易斯堡的任何进攻都没有胜算。"就在门罗眼看着蒙特卡姆的部队在威廉·亨利堡外开掘围城壕时，劳登下令着手进行返回纽约的各项准备工作。[2]

这是个谨慎的决定；实际上，鉴于新近一个行刑队因为宾海军上将未能竭尽全力对抗敌军而将其枪决，这甚至是一个勇敢的决定。让北美几乎所有的正规军在布雷顿角岛登陆犯险——1757年晚些时候，面临不确定的天气，处于一支敌军优势海军的威胁之下——只会让一个有勇无谋的军官气馁，而劳登从来都不是一个莽撞的人。此外，霍尔本后来的经历，证明了劳登的决定是明智的。在护送劳登的运输船队回到纽约后，霍尔本返回圣劳伦斯湾，在那里得到4艘从英国本土来的新舰增援，等待伏击从路易斯堡出现的敌方舰队的时机。然而,霍尔本没能伏击法军。9月24日,他反倒发现自己的舰队被突然从东南刮来的飓风困在布雷顿角岛的岸边。第二天,飓风最终来临,刮的却是西南劲风,不到两个小时,霍尔本舰队就被刮得撞在礁岩上支离破碎,有6艘战列舰桅杆断折,还有1艘彻底被毁,仅有3艘舰船还能返回英国。其他受到飓风毁坏已不适航的舰船,只好拖着残躯前往哈利法克斯维修。法国舰队在路易斯堡港口的庇护下,躲过了这次风暴,10月起航返回布雷斯特。[3]

劳登勋爵已回到纽约,试图以他一贯的活力和勤勉,在殖民地的种种不满达到新高的氛围中,重启停滞的战争努力。自从1755年以来,只有法军展开了唯一成功的攻势作战,劳登最关注的就是从他们手中重夺军事主动权。因此,劳登立即投入到这项工作中去,10月17日便已经能将他对提康德罗加发动一次冬季战役的计划禀告坎伯兰公爵了。按照他的解释,在他回到纽约后,没有时间去重建威廉·亨利堡。而重修堡垒,再建一支舟艇船队会耗去来年夏季的大部分时间。因此,他打算等第一个霜冻期一过,就从爱德华堡派4000名正规军和游骑兵前往乔治湖,然后让他们携带轻型火炮和臼炮去进攻法军驻卡里永堡的小规模冬季守备队。[4]

这个计划受到里戈进攻威廉·亨利堡的启发,即只要霜冻不来迟(在2月才来),降雪不多到让这次远征无法进行的程度(3英尺深),进攻其实是有可能成功的。与此同时,劳登做了很多事情,忙得团团转。他不得不与北部各殖民地的政府通信,命令他们为冬季战役招募游骑兵(他们缺乏热情);与马萨诸塞新任总督托马斯·波纳尔通信,后者最近刚刚为了营舍问题和他闹翻,而且看起来甚至一心想超越威廉·雪利,成为劳登权威的颠覆者;还要与马里兰的夏普总督通信,此人在马里兰议会肆无忌惮地违抗劳登派兵驻守坎伯兰堡的命令之后,无法管束议会。此外,正规军各团募兵的问题,要求他持续关注,只因从马里兰到新罕布什尔的每个殖民地的居民,不仅拒绝志愿加入正规军,还骚扰募兵军官。奥斯威戈和威廉·亨利堡的军事耻辱,可能让民怨都聚焦到正规军身上了,或许也有可能是募兵官强有力的恶言谩骂手段造成了这种效果。不管怎么说,抵制无处不在。1757年秋和初冬,在特拉华、康涅狄格、马萨诸塞和新罕布什尔爆发了反募兵骚乱。(事实上,新罕布什尔的暴力事件发展到极其严重的地步,当地群众挥舞斧头追赶一名募兵官和他的募兵队整整4英里,乃至劳登下令永久停止在该殖民地招募正规军。)[5]

这些问题之中,最为重要的是必须要为来年的4次新战役制订计划。这个过程非常折磨人,需要进行数百小时的情报收集、分析和书写工作。劳登本人几乎承担了所有工作,而且要与殖民军不断争论。随着冬季慢慢过去,劳登发现要获得各殖民地总督和议会的默许越来越困难。1758年2月,代表新英格兰各殖民地议会的专员们在波士顿会晤。他们在劳登缺席,且没有得到他许可的情况下,确定了在即将到来的一年能够提供的人员数量。劳登被迫回应这次会议,召集新英格兰各地的所有总督到哈特福德开会,制定了相关法规:各地议会将根据我规定的配额,而不是代表们心血来潮决定的数字来提供人员。令他惊讶的是,总督们拒不服从,最终只肯在最低限度内合作。[6]

虽然拼尽全力,劳登眼下发现自己的工作越来越令人沮丧,越来越费力。2月,他在给亲属阿盖尔公爵的信中写道:

> 我的处境是这样的,我要比其他任何在世的人都更像是工作的奴隶:因为我不仅要像一个军人那样管理军务,还要为三四个地方分心,每个地方都不会有一个人来协助我,也不会有一个人和我商议,除了阿伯克龙比少将,但是就连他在我最需要建议的时候,我也经常感到他对我比较疏离。
>
> 此外,我还要和各殖民地政府进行没完没了的谈判。在这些地方,每天都会产生新计划,它们不仅会对军务发挥作用,也会遇到各种各样的反对意见。如此一来,我的工作每天从我起床的那一刻起就开始了,一直持续到晚餐时分,接着又从那时到晚上9点才结束。这样的工作日复一日,没有休息时间,甚至都不允许我挤出一个小时进行任何娱乐活动,之所以如此,部分原因是缺少手下人的适当协助。

这些抱怨只有一个方面被夸大了,因为这位不知疲倦的苏格兰人实际上偶尔会用一个小时去娱乐：他的私人活动记录显示，在刚刚过去的圣诞周，他和他的宾客曾想办法抽出时间喝完了"228瓶波尔多红葡萄酒、372瓶马德拉白葡萄酒、12瓶勃艮第红葡萄酒、4瓶波尔图葡萄酒和8瓶莱茵葡萄酒"。[7]

劳登正为国王的健康和法国人的混乱痛饮，也许此时他并不知道的事情，会刺激他喝得更醉。圣诞节前10天，威廉·皮特已经决定解除劳登的职务，这实际上会改变后者尽全力进行这场战争的各项政策。皮特新措施的内容到底是什么，以及它们同以往的措施相比到底会有多大区别，在往后几个月之内仍不明朗，因为新措施的正式通知在1758年3月才能到达英属北美殖民地。皮特其实已经为这场战争的新措施冥思苦想一年多了。然而，只有到1757年秋，在北美的噩耗如雨点般落到白厅，欧洲的事态发展得甚至更糟时，他的地位才加强到足以让新措施生效的程度。[8]

皮特能在1757年的最后一段日子扭转事态进程，是因为近期发生的事情已经改变了英国政府内部的权力平衡。皮特通过摧毁他的对手坎伯兰公爵的影响力，加强了自己的地位。关键的事态发展是1757年9月8日坎伯兰向法军投降，不论用什么标准来衡量，这都是七年战争中最糟糕的一场败仗。法国人将坎伯兰和他指挥的汉诺威军队困在阿勒尔河和易北河之间。坎伯兰几乎被法军包围，而且他也无望到达英国海军能够补给他的海域。他曾试图通过接受能挽救他的军队的条件进行投降谈判，以充分利用绝望的处境。法军司令——黎塞留公爵路易-弗朗索瓦-阿尔芒·德·普莱西，梅诺卡岛的胜利者——同意在克洛斯特-采文村进行谈判。

黎塞留只提出了两个条件：其一，坎伯兰必须将他军中的黑森、不伦瑞克和哥达部队送回老家；其二，坎伯兰必须将汉诺威营的一半撤往易北河外，将另一半部队留在施塔德港附近的拘留营地里。这些条件在坎伯兰看来不损名誉，他的部队甚至都不用被迫放下武器就可以保全；但是回到英国，《克洛斯特-采文协定》看起来就只能是由于军事失利而导致的外交耻辱。该协定允许法军占领除易北河沿岸的一个中立区之外的汉诺威全境。黎塞留将毫无顾忌，能把注意力转移到他的真正目标普鲁士身上。在普鲁士，英国唯一的重要盟友腓特烈大王，已经被逼入绝境。在东普鲁士，他面临俄国的入侵；在波美拉尼亚，他面临瑞典的入侵。而奥地利对西里西亚的入侵，则形成了突破勃兰登堡进而突入柏林的威胁。[9]

在英国，老国王深觉受辱而哭泣。乔治授权给他儿子与法国交涉，甚至如果有必要，可为汉诺威单独媾和；但是《克洛斯特-采文协定》"不成体统，对我们十分不利"。他向纽卡斯尔抱怨道："我的荣誉和利益都被这份协定葬送了，该协定让我向法国人屈服，让他们捆缚住我的手脚。我不知道还有何面目去见世人，我已经失去了我的荣誉，我的荣誉被彻底毁掉了！"于是，他命令他的儿子立即返回英国。10月，当坎伯兰回来为自己的行为辩护时，国王对他的处置，即使以汉诺威王朝国王的多重标准来看，也非常残忍。坎伯兰在宫中重新出现的那个晚上，国王对他的宾客说："这是我的儿子，就是他毁了我，还让他自己蒙羞。"他拒绝和坎伯兰说哪怕一句话。同一天晚上，公爵传话说他打算辞去他的所有军职。10月15日，国王毫不惋惜地接受了他的辞呈。[10]

坎伯兰辞职，而此前亨利·福克斯又被贬出任英军主计长的肥美闲差，再加上国王在《克洛斯特-采文协定》签署后，怀着新的敬意愿意倾听皮特的建议，所有这一切使皮特比以往任何时候都更有能力制定和实施政策。坎伯兰失宠，这使他的支持者严重失势，眼下军事方面的所有财政和补给职责都落入纽卡斯尔公爵手中，同时陆海军和外交部门的管理权几乎都由皮特专断。议会或者宫廷的任何部门都已不能真正束缚皮特。他可以按照自己的"体系"来指挥这场战争，他将使用当时可以自由运用的实用、灵活的综合战略。虽然和他此后更易于提出要求的几年相比，这只是一次不那么激进的背离，但是皮特的体系将最终扭转对英国严重不利的局势。[11]

皮特体系的核心是他打算在法国最强的欧洲战线采取守势，同时在法国最薄弱的环节北美战线采取攻势。为了达到这个目的，皮特计划利用英国最强大的力量——海军，在大西洋取得优势，从而阻止法国补给它的海外部队；这反过来使英国相对小规模的陆军能够与其为数众多的北美殖民地居民合作打垮加拿大的守军。皮特的终极目标是消灭北美的法兰西帝国势力，这是到此时为止他的计划中最为新颖和独特的一个方面，因为在他之前，没有人设想过任何一场英法战争，会成为打击法国财富源泉的机会。其实，皮特打算进攻的不只是法国在北美的殖民地，而是任何可能有机会因法国的衰弱主动投入英国怀抱而让英国获益的法属殖民地——在西印度群岛、非洲西部和印度。

为了将英军不受阻碍地集中到法国的殖民帝国，皮特不得不确保英国陆军不会卷入欧洲大陆的战斗，因为法国和奥地利陆军在那里拥有绝对的优势。要实现皮特不让"我们的一滴血……流进那片血海"的决定，需要依靠的是德意志。皮特的体系要求英国几乎无限制地资助德意志盟邦，特别是普鲁士，以便让法国在英军征服它的殖民帝国时无暇旁顾。当然，英国为欧洲盟友提供财政援助，这本身并没有什么令人耳目一新的地方。皮特做法的非比寻常之处是他提议给予财政援助的巨大数额，因为他很快就会请求议会批准给予腓特烈和其他德意志君主的款项，大大超过英国在过去任何时候给予欧洲盟友的资助数额。[12]

皮特还提出他从1755年起就坚持主张的必要措施，即不用正规军，而是依靠改组的民兵或以郡县为根据地的地方自卫队来保卫本土群岛。这一主张符合许多下议院后座议员的偏好，因为这些乡绅不喜欢常备军，一方面由于代价过于高昂，另一方面则是因为常备军可能被用于对他们所在的地区实施直接控制。这样一来，他们对民兵自卫队的支持，就成了在下议院支持皮特计划的关键。民兵对另一项事业也至关重要：他们可以让驻英国的正规军部队腾出手来，去配合本土舰队对法国沿海实施袭扰或突击。皮特推断，如果法国人希望保护他们在大西洋沿岸的港口，就必须抽调正在德意志作战的部队。皮特是从腓特烈那里得到这个主意的，后者早在1756年就指出"如果法国为了组建攻打德意志的军队，反而导致它在英吉利海峡沿岸的兵力空虚，英国舰队就能由此得利，而且……还能让布列塔尼和诺曼底的整条海岸线拉响警报"。皮特认为，袭扰只需要数千地面部队和水兵，而且通过这种方法减轻法军对普鲁士人的压力，英国可以一直高枕无忧——他们无需派兵为腓特烈助战了。[13]

皮特处理殖民地战争的办法，基本上与布拉多克和劳登一直以来推行的每一项政策都背道而驰。因为皮特计划的一切都取决于征服新法兰西，他需要前所未有地利用北美殖民地的各种力量，尤其是人力资源。他知道哈利法克斯早就主张募集大量殖民军用于对付加拿大，只是这个主意被更喜欢使用正规军的坎伯兰舍弃了。此外，他已经与熟知殖民地问题的专家，特别是和纽约总督查尔斯·哈代爵士探讨过。在路易斯堡远征之后，此人对劳登的看法变得更差，对托马斯·波纳尔的看法也好不到哪去，因为波纳尔对牺牲自己先前的靠山来谋取自身利益从不会犹豫。根据这些讨论，皮特得出结论：劳登试图让殖民地团结一致的努力只会引起殖民地居民的对抗，从而让战争努力受挫。[14]

1757年12月中旬，皮特得知，如果要把北美殖民地的议会从抵制英国行动的中心变成为母国的军事行动提供人力和财力的源泉，他就必须彻底改变殖民政策的方针。鉴于此，皮特不再将殖民地当作下属辖区来对待，也不再强制要求他们向共同基金捐赠资金来支持军事事务。他决定像对待盟友那样对待他们，提供财政补贴去鼓励殖民地议会协助征服新法兰西。皮特没有继续要求殖民地总督和议会的民政首脑，服从国王陛下钦命的总司令官的个人军事权力，而是决定暂停劳登的继任者对殖民地享有的直接权威。往后将像过去一样，殖民地总督将从南方事务部国务大臣处直接获得指示。通过这种对殖民地自治权的新许可（或者，更恰当地说是恢复），通过激励其合作而不是谋求强制性团结，皮特希望制造一种自从1756年以来显然已不太多的爱国热情。[15]

最终，因为不仅是殖民地，连殖民军也需要表现出这种热情，皮特决定改变所有殖民军校官在与正规军部队共同执行任务时，军衔仅相当于最资深的上尉的局面。他下令，在1758年战事期间，殖民军的校官和将官会享有与正规军对应军衔的同等地位，其军衔仅次于相应级别的正规军军官。

为了实施这些政策，皮特需要的不仅是下议院和宫廷的支持，还需要得到武装部队的支持。他在1757年秋冬两季得到了这些支持。皮特任命乔治·安森勋爵为英国第一海军大臣。这是一个政治性选择，因为安森是纽卡斯尔的一位重要盟友；但这也是一个慎重的选择，因为安森是一位有能力的行政官员，他完全支持皮特在这场战争中推行的海军政策。至于取代坎伯兰成为英国陆军首脑的人选，皮特决定任命纽卡斯尔的另一位支持者——陆军将领约翰·利戈尼尔爵士。这位活力惊人的77岁老者不仅是一位久经沙场的陆军军官，也可能是马尔伯勒时代到威灵顿时代之间最为干练的英国正规军军官。安森和利戈尼尔两人将共同成为皮特的参谋长，在一次史无前例的陆海军协同作战中，一起运作皮特推出的赢得英国历史上最伟大胜利的战略体系。[16]

当威廉·皮特在1757年年底获得战略和政策控制权时，七年战争进入了一个新阶段。此后，英国陆海军会对法国沿海实施多次袭扰。这一系列非决定性的军事行动一定会减少法国可陈兵于德意志的陆军比例。在皮特的敦促下，国王不承认《克洛斯特-采文协定》（就法律的技术性细节而言，这可能是非法的）。紧接着，英王乔治二世会以汉诺威选帝侯的身份，任命腓特烈麾下最得力的陆军将领之一不伦瑞克-沃尔芬比特尔的斐迪南为汉诺威陆军的司令官；而英国议会在皮特的极力主张下，会让汉诺威陆军以英军大陆替补的身份，领取英国薪水。大不列颠将开始倾注大量补贴资金到汉诺威和普鲁士的国库。尽管有相左的预测，议会还是会温顺地听从每一次资金请求，部分原因是纽卡斯尔控制着人事任免权，而且能确保支持内阁在下议院的资金法案，还有部分原因是伦敦城的金融家通常都乐于发放纽卡斯尔需求的贷款。内阁成员开始共同努力，这主要是因为皮特主动承担战争责任的精神和意愿为他赢得了纽卡斯尔的赞赏和支持。虽然这两人的关系一直不免有些紧张，但是他们相得益彰的活动将给战争努力带来前所未见的动力。[17]

在欧洲大陆，战争的运势会再度对腓特烈有利。11月5日的罗斯巴赫战役中，腓特烈大胜苏比斯亲王指挥的一支法军，使法军的伤亡比例史无前例地高达10比1。罗斯巴赫战役确实让形势变得对当时撤离萨克森的法军不利。几乎未曾停顿，腓特烈便率军东进近200英里，进入西里西亚。12月5日，他与冯·道恩伯爵的部队在西里西亚的洛伊滕遭遇。这场战役是腓特烈军事生涯中的战术杰作，造成道恩33%的士兵死伤或被俘，还迫使奥军从西里西亚撤出。与此同时，在汉诺威，斐迪南将不承认《克洛斯特-采文协定》的正式通知交给黎塞留，并将自己的军队投入战场。在年底之前，法军撤至阿勒尔河，在策勒镇挖掘营垒固守，放弃了他们在夏季征服的一半领土。[18]

  这就是1757年年底，威廉·皮特告知北美殖民地的总督他打算在北美推行新方针时，英国政治和欧洲的战争面临的局势。他指示利戈尼尔去精选陆军，让最年轻有为的可用校官在春天被送往北美；而且为了应对来年的战事，他已经批准了精心制订的计划。这时，一切都将取决于在北美进行的战争。毫无疑问，皮特比其他任何人都更敏锐地意识到，他的整个体系建立在这样一个假设之上：英军可以在一个他们还没有取得任何成就的地方获得成功。新措施和新指挥官会将各殖民地的潜在力量动员起来，挽回布拉多克、雪利和劳登的接连失利吗？对于一个一不留神说出他知道只有自己才能挽救这个国家的人来说，这个问题要比其他任何问题都更重要，等待答案的过程也更令人焦灼。

第四部分

转 折

1758 年

皮特的新方针打破了殖民地政府与劳登勋爵之间的僵局。新任指挥官和新措施使英国的战争努力获得了新的活力。加拿大的危机和法国战略的改变。蒙特卡姆在提康德罗加再度击败英军，这次英军的回敬是路易斯堡和弗朗特纳克堡的胜利。对印第安人的外交活动，使福布斯成功征伐迪凯纳堡。这场战役成为一次绝佳的成长经历。

第 22 章

僵局和新起点

1758 年 1—5 月

对挤在纽约斯蒂尔沃特附近的小木屋里对抗严寒的马萨诸塞殖民军官兵而言，1758 年开始得分外凄凉，这不只是他们无法忘怀 1757 年夏天连续打败仗的缘故。埃比尼泽·勒尼德上尉指挥的那个连的 80 名官兵，觉得他们的敌人与其说是印第安人和法国人，还不如说是寒冷的天气、短缺的口粮和他们的英国上司。勒尼德部下的殖民地军兵在入伍之前的本职是马萨诸塞殖民地中西部的农民、劳工和工匠，他们之所以会在 1757 年春应募入伍，是因为他们觉得这场战役只会持续到 11 月 30 日。因为他们对军事义务的观念基本上和新英格兰人一样是契约性的，所以当他们的服役期本应当结束，却得到劳登勋爵要求他们在圣烛节（1758 年 2 月 2 日）到来之前继续服役的命令时，他们感到"措手不及，大失所望"。[1]

劳登延长勒尼德连和另外 3 个马萨诸塞连的服役期，是因为他需要人手驻守奥尔巴尼北面的碉堡和要塞。威廉·亨利堡的陷落，使这一地区在面对敌军的袭击时门户大开。9 月，劳登又要求纽约、新泽西和新英格兰等殖民地的议会募集游骑兵，以便在冬季守卫这一地区。没有人质疑此举的必要性。如果有人对此存疑，法国人和印第安人在 11 月初毁灭德意志平野，在袭击中造成 50 名居民死亡和 150 多人被掳掠的后果，就会让这种必要性变得无可争辩。尽管各地议会对增加额外的支持一开始缺乏热情，但是大部分议会还是答应了劳登的要求。其中，马萨诸塞和其他殖民地不同，因为它还要驻守自家边界一带的一系列要塞和碉堡。这个殖民地的任务已经超过其能够负担的份额，因而马萨诸塞议会拒绝根据劳登的要求募集兵员。劳登为德意志平野事件心痛不已，觉得马萨诸塞议会此时拒不从命,甚至要比平时殖民地顽固不化的态度更令人恼怒,于是他决定直接出手处置。11月18日,当殖民军正在被遣散时,他留下360名马萨诸塞军兵,用他的自有资金预付了他们2个月的薪水,命令他们留下服役,不然后果自负。[2]

勒尼德上尉的部队默认了劳登的安排,但是他们认为在这笔薪水到期后,就不再有义务服役。勒尼德因病假返回马萨诸塞,1月初,他复归部队,他的部下告诉他,他们计划在2月3日返回家乡。勒尼德没有责备部下不够忠诚,也没有警告他们擅离职守的后果,而是将他们的情况向上尉菲利普·斯基恩反映,此人是斯蒂尔沃特的正规军指挥官。勒尼德说,如果斯基恩拒绝公道的和解方案,他将亲自带领他们"撤离"。在此期间,他的部下一直从自己的口粮配给中省下食物,以供返乡之用,还利用闲暇时间制造雪鞋。据该连一位19岁的二等兵鲁弗斯·帕特南所说,当圣烛节(我们期盼……的那一天)到来时:

> 我们都被勒令进入要塞,斯基恩上尉向我们宣读了阿伯克龙比少将寄给他的一封信上的部分内容。内容如下:特此要求你去说服你照应的马萨诸塞殖民地军兵多留几天,直到我从他们的政府得到消息,知道马萨诸塞政府究竟打算拿他们怎么办为止。对这些命令,我们连里有些人做了答复,他们认为自己是优秀的军人,会逗留到服役期限届满为止;马萨诸塞殖民地没有要求我们耽搁更长时间;我们也不会被任何能募兵的权力机关再耽搁更长时间了。上尉告诉我们,如果任何人正式进入国王陛下的军队服役,没有得到正式允许就离开这支军队,会被处死。我们告诉他,我们不吃这套,因为根据我们的服役期限,他们或者马萨诸塞殖民地政府都不能扣留我们更长时间,我们也不会因为离开而触犯王国的法令。[3]

次日凌晨3点,埃比尼泽·勒尼德连留下一位少尉照顾10个病得太重无法行走的人,其余人由上尉和中尉带队启程返乡。7天后,他们半饥不饱,生出冻疮,连吉祥物(两天前他们吃过的一条大狗)都没有了,步履蹒跚地走进马萨诸塞查尔蒙特的鹰堡。守备队"非常热心地"接待了他们,为这些逃兵提供食物和休息场所,然后送他们上路。看上去,要塞里没有人觉得勒尼德的部队做错了事。的确,守备队的热情款待让我们有理由相信,查尔蒙特的殖民军士兵钦佩这些逃兵在服役契约不能保护他们免受奴役的情况下,甘愿勇敢地面对冬季的森林,也不留在斯蒂尔沃特。[4]

"我是个好军人,会服役到期满为止。"对马萨诸塞湾殖民地的军人来说,这项准则清楚明白。但是对菲利普·斯基恩和他在北美的正规军同僚来说,这毫无意义且有害,他们是建立在主从关系和军纪原则基础上的军事体系的支持者,和这种契约论者的诡辩不合拍,对此也没有同感。全连士兵和他们的军官,会一同以想当然的原则公然违抗国王任命的军官,是劳登勋爵从未能理解的一个意义重大的事实。然而,不久劳登就会发现,为了保护他们所谓的权利而不服从总司令权威的殖民地军人,只是他面临的最小的一个问题。[5]

复述埃比尼泽·勒尼德连的小故事,是因为它是1758年年初正在新英格兰出现的更大规模的抵制王权运动的一个缩影。正当勒尼德的部队在格林山脉的积雪间挣扎穿行时,马萨诸塞议会的政客们齐集一堂,决心在事关劳登总司令权力的一些核心问题上挑战这位勋爵。他们已经拒绝为纽约的冬季驻军募集游骑兵。此时,他们实际上正试图恢复先前几次战争中盛行的殖民地间军事联盟的形式。根据这一体系,每个殖民地议会委任军事专员,与其他殖民地专员会晤,通过谈判来确定相关殖民地要对每次战役的支援程度。

劳登勋爵以嫌恶的目光观察这一事态的发展。如果殖民地议会能够自行决定他们会为共同事业提供多少帮助,哪怕提供的人员和款项数额,与他将要向他们提出的要求完全符合,这些立法者实际上也会抵消他身为英国议会的国王代表的权威。劳登知道如果他对这样的主张屈服,就相当于变相允许殖民地居民去决定殖民帝国本身的性质,这对英王造成的损失远比任何军事失利都要严重。于是,到了1758年年初,英国面临的问题不是这种对抗是否会发生,而是什么时候会发生,毕竟一方秉性无意妥协,而另一方无意继续遵从无视当地条件和法律要求的命令。

在丢失威廉·亨利堡和放弃路易斯堡战役之前，新英格兰议会会发起一次直接挑战，这是令人无法想象的。但是在1757年12月24日，马萨诸塞下议院邀请了康涅狄格、罗得岛和新罕布什尔的下议院任命的军事专员前来开会，"在这场战争期间和这个极其危险的时刻，协调我们的共同防御措施"。这等蔑视权威的行径显然触怒了劳登勋爵，但是真正使他怒不可遏的是，马萨诸塞的立法者之所以胆敢悍然行动，是因为该殖民地的新任总督鼓励他们这样做。这位总督不是别人，正是劳登本人原来的秘书——他一手提拔起来的托马斯·波纳尔。[6]

劳登的政策和态度始终反映了他作为一名职业军人的观点，即他的权威来自君权，并且他认为王家委任状让他获得的在各殖民地总督之上的权威，几乎就像对他部下校官的权威那样，两者没什么区别。他清楚地了解各位总督需要立法机关的合作才能执行他的命令，但他要么不理解议会拒不服从的时候他们面临的困难，要么干脆将这些问题只看作总督们胆怯的证据。劳登在北美的所有经历，都使他相信，要取得殖民地居民的合作，无论是对议员还是普通平民，唯一有效的办法是在他们没有及时听从他的要求时，用武力威胁他们就范。但是在威廉·亨利堡陷落之后，刚刚在8月接任总督一职的波纳尔，还处于一个不可控的位置。无论劳登勋爵期待他如何行事，波纳尔都知道除非议会的多数派决定合作，不然他什么都干不了。因此，他开始采取历任成功的总督经常采用的手段来赢得他们的支持。[7]

一位新任总督想要在任何殖民地议会获得支持的最快方法，就是与前任的敌人结盟。这种手段在波纳尔精心策划威廉·雪利垮台时就发挥过作用，因而对他来说有着特殊的力量。然而，在马萨诸塞议会，不仅仅是与雪利作对的那些持共和立场的地方派老对手们：几乎每一个反对劳登及其政策的议员，都不约而同地打出了权利、自由和财产所有权的旗帜。波纳尔早先使用的地方性说辞——在他最早的演讲中，他承诺会保护公民自由，促进公民道德，还满怀赞赏地承认马萨诸塞殖民地对战争努力的重要贡献——显然吸引了这些政客。波纳尔滔滔不绝地讲述共和原则，不仅是为了赢得民望，也是因为他真诚地相信殖民地居民确实拥有与本土英国人同等的宪制权利，殖民地的民事机构不应比英国郡县更多地服从军事权威，在战争努力中取得殖民地居民合作的最佳方法是去邀请，而不是去强迫合作。11月，在马萨诸塞议会与劳登就波士顿驻军问题产生争执之际，波纳尔与议会站在一边，这表明他本人言行一致：此举以造成他和总司令之间的永久裂痕为代价，为他赢得了议员们的信任。[8]

波纳尔明白，重要的是他的行为表明他认同公众的各项原则，他的长期成功依赖于建立一个支持网络，通过这个网络，他能在议会发挥有效的杠杆作用。这个现实目标，以及他对"新英格兰民众有建立这样一个体系的精神"的信念，都是他在1757年冬向马萨诸塞议会提出的计划的基础。波纳尔提出改革马萨诸塞民兵的措施，来发动一次完全由殖民军进行的远征，夺取芬迪湾沿岸的佩诺布斯科特地区，进攻圣约翰河沿岸的法国定居点，并且——最值得注意的是——通过恢复前几次战争中的独立军事联盟，动员新英格兰殖民地的潜力。[9]

除了与威廉·雪利的计划惊人地相似，这些提议的独到之处是每一项提议都会赋予总督对军事任命和补给合同的独家控制权，因此随之而来的赞助资金也可用于奖励政治盟友。劳登从波纳尔的种种举措能够看到的，是一个野心勃勃的人企图破坏总司令的合法权威，此人不仅背叛了前靠山劳登，也背叛了国王本人对他的信任。其实，波纳尔最想要的是有效治理他的殖民地，他可以做到这一点的唯一方法是与那些反对劳登副王式的各种主张，憎恶劳登专横行为的议员们保持一致。总司令决心维护自己的权威，而马萨诸塞湾殖民地议会的多数派意图维护其宪制权利，并重申其对马萨诸塞人力和资金的控制权，因而波纳尔的政治需求将会催化两者之间的爆炸式反应。

因此，波纳尔赞赏马萨诸塞下议院邀请新英格兰其他的殖民地议会派遣专员来波士顿，讨论建立独立于劳登勋爵的共同防御体系。1758年2月，他们真正进行会晤时，各地专员却表现出了克制的态度，这在很大程度上是由于马萨诸塞的主要代表托马斯·哈钦森对波纳尔持有的保留态度，强化了哈钦森不愿违抗总司令的意愿。与会专员们只愿意讨论一般性问题。他们没有依据各自的权威来分配各殖民地的军事资源，这一点颇让波纳尔感到遗憾，而且他知道专员们的模糊态度会削弱他对抗劳登的立场，劳登在得知各殖民地专员会晤时肯定会感到不悦。

然而，不悦已不足以形容劳登勋爵的反应。2月14日，劳登向皮特告发此举旨在推翻他的权威时，恼怒得满面通红，几乎语无伦次。

> 在我看来，这是件极为严重的要事，若不加以阻止，有可能会在殖民地之间引起纠纷和敌意，可能会在很大程度上妨碍此时在殖民地之间应当培养的和谐氛围，并且在很大程度上剥夺了公众此时有权获得的援助。至于他们要求的联合武装力量，我认为这完全是国王的职责，他会把有关这个问题的书面指示交给他认为合适的人，来指挥他的军队。他认为我合适，任命我来指挥他的部队。他认为在殖民地募集的兵员应当成为一支辅助部队，这些部队被募集之后，关于他们应当被安排到哪里服役的问题，完全不应由总督来号令。
>
> 为了尽我所能去阻止此举带来的不良后果，我已召集新英格兰的4个殖民地，以及纽约和新泽西的总督……于本月20日在哈特福德与我会面。如果我还能做到的话，去阻止局部采取的任何可能对全局产生不利影响的措施，或者……至少解决问题，从而让我们可以继续为公众服务。我耽搁的时间应该不多，因为在我得知此事之前，波士顿的议会已经推迟到3月2日召开。[10]

劳登已经决定在哈特福德直接向6位总督行使他的权威，而且在2月23—24日，他确实这样做了。劳登说明了他在新一年的各项计划——对路易斯堡进行一次新的远征，向尚普兰湖的卡里永堡进军，以平底船运送部队，企图占领安大略湖湖口的弗朗特纳克堡，以及对迪凯纳堡的陆路讨伐——还告知各位总督，他要求6992名殖民军从征。罗得岛和新罕布什尔总督的任务是让各自的议会投票募集608人；新泽西要募集912人；纽约要提供1216人；康涅狄格需募兵1520人；而马萨诸塞则需提供2128人。如劳登所料，波纳尔反对他摊派的募兵人数：他说马萨诸塞下议院不会被任意指挥，而且会抵制或可能完全拒绝这项要求。劳登回答，如果波纳尔不能向马萨诸塞议员说明他们的职责，那么就由他来解释。然后，他尾随忧心忡忡的波纳尔，离开哈特福德前往波士顿，马萨诸塞议会将在那里重启议程。[11]

劳登勋爵知道自己在马萨诸塞议会有一些支持者，其中包括托马斯·哈钦森，但是在波士顿逗留数日后，他肯定在想自己是否高估了这些人的影响力。在一周多的时间里，马萨诸塞下议院只是在对劳登关于新一年战事的各种提议进行讨论，在总司令回应他们的疑问之前都拒绝采取行动。"此事极为吃力，"波纳尔向皮特报告道，"下议院看来不会推动任何事情，只会指出计划实施起来的各种困难，提出反对意见，表现出对计划缺乏信心，特别是反对募集殖民军的定额数量。"与此同时，"对殖民军和正规军混编产生的军衔问题的不满……依然存在"，这为双方达成共识制造了另一个障碍。3月10日上午，局面仍僵持不下，下议院倔强地拒绝为劳登要求的人数投票，而劳登则针锋相对，毫不动摇地坚持认为议会无权拒绝他以国王的名义，且经国王授权向他们提出的要求。看样子，到此时为止，北美殖民地之中最主要的人力和资金来源地马萨诸塞，将会首次投票表决通过不为这场战争提供更多部队和更进一步的财政支持的议案。[12]

然而，当天上午，一名信使送给波纳尔的几封信改变了一切。"先生，"威廉·皮特在第一封信中写道，"国王判断正确，劳登伯爵应当返回英国；国王陛下已欣然决定任命阿伯克龙比少将接替勋爵……我奉命告诉您，陛下乐于见到您就所有与国王的军队相关的事务，向阿伯克龙比少将提出申请，并与其保持一致……"[13] 波纳尔念这封信时肯定面带微笑。果真如此的话，他念第二封信时必然会喜笑颜开：

在陛下心中，除了弥补上一场懈怠且不快的战事带来的种种损失和失望，别无其他……为了这项最为重要的任务，陛下不认为对各方面募集来的部队重行分配，去限制任何一个殖民地的热情和热忱是有利的办法。我奉命告诉您，陛下乐于看到您即刻竭尽全力，对您所在殖民地的议会上下两院施加影响，促使他们募兵，在你的政府范围之内尽所有可能派出一支殖民地居民人数可容许的大部队；将这些部队编入各团……你要指挥他们将一切准备就绪……去入侵加拿大……[14]

而接下来的事情似乎是对波纳尔祈祷的回应。

包括上至上校在内的所有殖民军的军官，根据他们各自的委任状，按照陛下的规章制度已经给予北美殖民军上尉相应军衔的方法，同样会被授予相应军衔。

国王也乐于向征募的上述所有人员……以与国王的其他部队同等的比例和方式……提供武器、弹药和营帐，并订购这些人员所需的粮秣……

因此，国王陛下期望和要求这几个殖民地所做的全部事情是募兵、供应被服和薪水；就这些重要问题而言，对于这类庞大而有益的举措，不应缺乏激励，国王最为仁慈，乐于允许我告知您，在下一年度的议会会期，将会向英国议会提出强烈建议，根据各殖民地积极有力的行动和做出的卓越贡献，为上述各种费用提供合理的补偿。[15]

波纳尔派了一名信使去告知马萨诸塞议会，他有重要的消息报告，请求议员们参加一次特别会议。

当晚，波纳尔总督向议会提交了皮特的几封信件，并告诉议员们，他不怀疑马萨诸塞会善尽职责。接着，他们只进行了最简短的辩论。次日上午，之前拒绝募兵2128人的那批议员这时却一致投票通过了募兵7000人的决议，并为托马斯·波纳尔举行了庄重的欢呼仪式。尽管没有留下记载，劳登勋爵的反应也可想而知。他立即骑马回到纽约，将他的公文都移交给阿伯克龙比之后，第一时间便乘船返回英国本土。[16]

就像马萨诸塞湾殖民地议会那样，得知皮特的新政策时，英属北美所有的殖民地议会都迸发出了热情。康涅狄格投票表决募集5000人，罗得岛表决募兵1000人，新罕布什尔表决募兵800人。而纽约更是将募兵数量提高到 2680 人，宾夕法尼亚增加到 2700 人，甚至连特拉华都为行将到来的战事投票表决募集 300 名殖民军。弗吉尼亚增加了一倍的军队编制，召集民兵驻守边境要塞，还为远征迪凯纳堡派兵两个团。总而言之，在收到皮特提出的提供援助和支持的信之后的一个月内，北美大陆的英属殖民地已决定武装约 2.3 万名殖民军。此外，还有成千上万的人被雇用为平底船船工、马车夫、技工、私掠船船主和水手。在北美所有的殖民地中，只有马里兰因受困于下议院对上议院的内部斗争，未能提高自身投身战争努力的水平。[17]

这种惊人的逆转无法仅仅用殖民地居民不喜欢劳登来解释，尽管他们在得知劳登离任的消息时完全无法抑制自己的喜悦之情。放弃了劳登曾经阐述的那些政策，由此造成的极大差异，个中原因连皮特本人都只能理解一部分。殖民地居民如此热切地接受皮特的新计划，是因为看上去有可能解决旧办法制造的种种问题。但即使在北美人之中，都很少有人能充分领会皮特的政策在殖民生活环境中，引起了多么强烈的共鸣。

劳登意欲征募数千殖民军编入正规军团，用殖民地议会的拨款来填补一项庞大的共同防务基金，这与北美的社会和经济条件并不相容。殖民地社会，尤其是提供大部分支持的新英格兰，根本没有足够的贫穷白人去满足一支正规军在战争中的人力需要。此外，北方殖民地能提供大多数可服役的适龄男子，但是他们都不愿长期服役，也不愿服从正规军的严明军纪。与出自英国社会下层的新兵不同，北方殖民地的潜在军人不是永久不变的穷人，没有被边缘化到入伍能比免于契约劳役、移民或穷困潦倒更有吸引力的地步。相反，大部分服役适龄男子只是还不能脱离双亲或师傅独立的普通青年，他们只是希望有朝一日能拥有自己的农场或店铺，成立自己的家庭。这些人本能地或者有意识地了解到劳登没能了解的事情：北美殖民地在它可供应的土地方面缺少工人，鉴于此（而不是劳登责难的彻头彻尾的机会主义），军人的薪水不得不同平民工人能够赚得的一样多。[18]

劳登同样没有领会的是殖民地经济体是多么缺乏现金，所以各殖民地根本无法生成必要的收入，使这场战争能自筹资金。劳登在英格兰和苏格兰对乡村的贫困景象习以为常，所以在他看来新英格兰的乡间显然富庶得多。他认为那些当选新英格兰议会议员的自耕农不愿向选民征税，是因为他们缺乏自我牺牲的爱国精神。他没有意识到，或者说至少没有像殖民地议员那样清楚地发现乡间流通的现金非常少，农民积欠的债务非常多，乃至重税会让相当多的有产自耕农陷入赤贫的境地。

在这样的背景下，议员们对他们代表的当地人利益的敏感，不过是忠于选民赋予他们的信任而已。对劳登这等贵族来说，这种行为看上去只能证明是一种自私意愿，即主张议员们首先要忠于自己所属的城镇或郡县，而且要为了自己的狭隘需求，不惜牺牲全体的利益。劳登勋爵深得国王信任，与王子也关系密切，了解英国政局的复杂性，通达世情，还有个法国情妇，因而像他这样的人物怎么能在北美的乡野村夫面前摆出一副屈尊俯就的姿态呢？而北美的这群乡野村夫又怎能不对他这副臭架子感到厌恶呢？

皮特的新政策非常显著地利用了殖民地居民的优势，弥补了他们的不足，容忍了他们的地方观念，还充分利用了他们对劳登的不满情绪。北美殖民地拥有愿意服兵役的人，但不是在军纪严明的正规军服役，而是在殖民军短期服役；皮特会对殖民地能够募集的那些殖民军官兵照单全收。即使殖民军代价不菲，未经训练，难以管教，但仍然可以去修筑道路、戍守堡垒、运输物资，从而让有战斗力的军人——拥有似乎根本不可能向北美人灌输的严明军纪和训练水平的英国正规军——解放出来去赢得战争。倘若殖民地的经济缺少资本、信用和现金，皮特会根据各殖民地的努力程度，提供与之相称的财政补贴和补偿来注入资本，创造信用和产生现金流，就像为维持汉诺威和普鲁士的军事行动提供的财政补贴那样。

皮特的上述政策推行时，将解决至此都在阻碍北美战争努力的一系列问题。殖民地的校官们对他们的地位和军衔敏感吗？当他们和正规军一起服役时，是否因被降到了资深上尉的地位而感到恼火？皮特会让他们仅次于正规军中拥有同级军衔的军官，这样一来，任何一名殖民军校官，都不需要因为听从低级别的英国正规军军官而蒙受屈辱。各殖民地议会不是要维护所谓的开征税收的权利吗？那就让他们同意征用吧，如果他们更愿意以这种方式了解国王传达的需求。殖民地议员不是担心英国会对他们的政府强加军事管制吗？皮特的各项指示让劳登的继任者成为纯粹的军事指挥官，不能对各殖民地的民事管理机构提出管制要求，因为皮特打算对殖民地的总督充分行使属于南方事务部国务大臣的权威。殖民地总督管理殖民地议会的政治事务能力是否因为缺乏赞助资源而有所拘束？皮特的新政策肯定能给他们提供数十份补给合同和上百份军事委任状，分发出去的所有这些合同和委任状都能得到政治支持的回报。

皮特的所有举措，都毫不迟疑地推翻了哈利法克斯及其贸易委员会同僚的改革措施，后者在战争之前十分勤勉，曾想方设法对北美的英属殖民地施加一定的行政管理。皮特几乎对哈利法克斯等人的种种努力毫不关心，之所以实施这些政策，只因他根本不在意行政问题或者改革，抑或是殖民地干扰君权的不快历史。他只想赢得这场战争，没有任何中央集权的改革措施会对此有所帮助。我们只有把皮特看作一个不再受谨慎原则约束的人，才能正确理解他在扭转对殖民地长达10年的政策主旨方面采取的行动。他就像一个赌徒，要么是非常绝望，要么是非常相信自己的运气，乃至于他可以为下一轮掷骰子孤注一掷。

新政策在北美各殖民地的议会中立竿见影，但又过了3个月，议员们的热情才转变为足够的应募人员，以补足新建的各殖民地部队团的员额。在新英格兰，募兵工作得到大力推行，这可能不足为奇。皮特在4月底得知，马萨诸塞已经募集了近5000名志愿兵，而且一旦剩余的志愿兵人数在夏季战事开始时没有募足，就会从马萨诸塞民兵中选派2000人去充数。这不可能不让皮特满意。但是，为新政策的效果提供最引人注目的证据的殖民地是弗吉尼亚，那里的民众加入殖民军的热情前所未有地高涨。1754—1757年，老自治领支付给军兵的薪水少得可怜，吸引来的志愿兵也寥寥可数。虽然弗吉尼亚下议院授权强行征用那些"没有可见的方式诚实生活"的人入伍，试图填补募兵缺额，但是也准许被征入伍人员支付10英镑即可免服兵役，甚至都没有要求他们雇人替代自己服役。结果，弗吉尼亚团的人数几乎从未超过编制人数的一半，华盛顿也一直没能成功劝说许多老兵延长服役期。然而，自从英国议会表示愿意补偿相关费用以后，弗吉尼亚下议院决定募集第二个团，而且"认为采取某种办法能更加快速地完成征兵，得到更好的兵员"，这个办法就是为每一位志愿兵提供10镑赏金。[19]

募兵进行得非常顺利。5月底之前，弗吉尼亚第1团得到授权的1000员额已经募足950人，第2团也已募得900人。这两个团的每一个兵都是志愿兵。甚至连约翰·圣克莱尔，都承认这两个团看上去是"人员良好的部队"。要知道这位脾气暴躁的军需官在布拉多克战败后，是不会放过任何诋毁弗吉尼亚殖民军的机会的。然而，比起兵员水准和他们应募入伍的热情，甚至更令人惊讶的是军官们的社会素质。1758年以前，华盛顿是少数愿意指挥殖民军部队的种植园主阶层人员之一。他既年轻，又出身于一个二流家族。和华盛顿部下的许多连长一样，副团长亚当·斯蒂芬中校是个苏格兰人，因此照弗吉尼亚亲英派上层阶级来看，算不上一个绅士。但宗主国的政策变化，即让殖民军的校官军衔与正规军的对应军官军衔相当，扫清了殖民地第一流家族子弟服役的最大障碍。1758年，志愿指挥弗吉尼亚第2团的便是威廉·伯德三世，他是弗吉尼亚总督政务会的成员，也是切萨皮克的古老庄园韦斯托弗庄园的主人。伯德手下的副团长乔治·默瑟中校，出自绝对不逊于华盛顿家的一个家族；他部下连长的社会地位也比第1团的连长更加令人满意。[20]

因此，劳登觉得殖民地人才庸劣，竭心尽力想改善他们，但是失败了：不是因为不努力，而是这些人无意让他来改变。皮特任用的是阻挠专横副王的同一批人，利用的也是和劳登相同的条件，但是他让自己的政策去适应他们，要求的不是尽善尽美，也不是服从，而只是帮助。他还明确表达了希望按照殖民地居民自己的条件来获得帮助的意愿。不足为奇的是，皮特任命去北美承担指挥任务的新将领肯定会经历与劳登非常类似的挫折，他们也会抱怨不像军人的殖民军官兵和自私自利的殖民地议会，这类书信看上去就像他们在照抄劳登的那些信件一样。但是1758年之后，劳登继任者的抱怨和轻蔑不会给英美宗藩关系制造麻烦，因为皮特已经剥夺了他们按照自己的意见行事的权威。皮特本人会直接指导大政方针，尽可能直接策划战事。这样做的结果将是大不列颠历史上一系列非凡的大捷。皮特的政策将为他赢得的不仅是殖民地居民的帮助，还有他们的仰慕。从来没有那么多的殖民地居民像自 1758 年开始的那引人注目的 3 年那样，将精力投入到维护大英帝国的事业中去；他们对大不列颠的感情从未如此诚挚过，他们对帝国的激情也从未燃起过如此明亮的火焰。

第 23 章
旧战略、新人选和实力天平的改变

1758 年年初

皮特在 1758 年的计划其实和劳登没有多大区别。在某种意义上，受制于北美东部的地理条件，对考虑"入侵加拿大"或者将俄亥俄地区的法国堡垒铲除的人来说，只有几个备选方案。要进入新法兰西，只有两条可行的路线：第一条是从圣劳伦斯河溯河而上，这意味着一开始就要占领路易斯堡或者使之无力抵抗；第二条是沿尚普兰湖走廊推进，那就意味着要一路过关斩将，连续攻克卡里永堡、圣弗雷德里克堡和拱卫黎塞留河的几座要塞。第三条通道是沿莫霍克河谷而上，进入安大略湖，然后沿圣劳伦斯河而下到达蒙特利尔。但是，只要法国人还拥有安大略湖的航行控制权，继续占领和控制安大略湖两端的要塞——湖口的弗朗特纳克和湖源的尼亚加拉，这条路线便是不可行的。弗朗特纳克堡地处魁北克和北美大陆内陆交通线的咽喉要道。摧毁此地，便会震动位于更西面的所有法国兵站——尼亚加拉、底特律、米奇里马基纳克，以及俄亥俄地区的堡垒——让法国人在上五大湖流域无法通商。因为迪凯纳堡的战略重要性在于其能够充当印第安人发动袭击的基地，它需要武器、弹药和其他商品的稳定补给。一旦弗朗特纳克堡被摧毁，迪凯纳要塞就会变得易遭攻击，而且贸易的枯竭无疑会削弱当地印第安人对法国人的感情；然而，由于此地的大部分食品靠伊利诺伊地区供应，守备队本身甚至在没有加拿大支持的情况下，仍有可能生存。因此，要确立对俄亥俄地区和当地印第安人的控制权，唯一有把握的方法就是摧毁迪凯纳堡，这就意味着要修建一条越过阿勒格尼山脉的道路：要么像布拉多克曾经尝试的那样，从上波托马克地区开始修路，要么越过宾夕法尼亚修路。

当劳登在哈特福德将计划告知各殖民地总督时,他打算在1758年于上述所有前线发起进攻。当劳登被召回时,上述计划实际已经完成,英军开始着手准备以12个团进攻卡里永堡的战役;由约翰·布拉德斯特里特中校指挥一支乘坐平底船的殖民地远征部队讨伐弗朗特纳克堡;由约翰·斯坦威克斯上校率领2个营从陆路经宾夕法尼亚进军;以在新斯科舍过冬的6个团与从新英格兰派去的殖民军一同对路易斯堡发动水陆两栖攻击。皮特也在设想讨伐卡里永堡、迪凯纳堡和路易斯堡的多路远征,后来批准了布拉德斯特里特征伐弗朗特纳克堡。只不过,他的计划在兵力分配上有所差别,因为他打算派遣更多的部队加强已在北美就位的正规军,而且(如我们在上文所见)意图用大量的殖民军部队来增强正规军的力量。不过,两者的计划最为显著的不同,在于指挥各路远征军的人选。[1]

虽然皮特任命劳登先前的部将詹姆斯·阿伯克龙比少将为北美军总司令,阿伯克龙比身材肥胖,性格挑剔而懒散,但皮特同时授权利戈尼尔勋爵提名4位新人选,负责1758年的远征。这完全是令人惊讶的选择,因为此次选拔与服役资历无关,与指挥经验的关系也非常小。利戈尼尔提拔杰弗里·阿默斯特指挥最为重要的路易斯堡远征,40岁的阿默斯特上校此前从未指挥过规模大于一个团以上的部队,这时被授予临时军衔——驻北美少将。至于阿默斯特麾下的署理陆军准将,利戈尼尔建议任用一个更年轻的人——詹姆斯·沃尔夫中校,此人因情绪反复无常和随时准备批评其上级而闻名。利戈尼尔和皮特决定将征伐迪凯纳堡的重任委托给署理陆军准将约翰·福布斯——此前,在劳登勋爵麾下是上校;这位50岁的苏格兰人,原本受过内科医生的教育,因身为陆军军官的丰富经验和杰出才能闻名,这时却饱受皮肤炎症的折磨,有时几乎都无法行动。为协助阿伯克龙比指挥征讨卡里永堡的远征军,利戈尼尔和皮特一致同意让豪子爵乔治·奥古斯塔斯晋升署理准将军衔。豪年届33岁,是英国陆军最有前途的校官之一,先前因指挥过驻纽约的第55团而对北美的情况大致有所了解。[2]

除了阿伯克龙比,上述所有军官都只有临时军衔,因为他们都先于更为资深且经验更丰富的同僚被破格提拔。如此安排,部分是因为皮特倾向于任命那些没有独立地位，最终需要依靠他本人的人出任指挥官，但主要还是因为他重视人才。阿默斯特、沃尔夫、福布斯和豪的共同点是因才能享有美誉，或是在利戈尼尔勋爵麾下服役期间，已经向这位久经战阵的老兵证明了自己的能力。意味深长的是，由于他们被委任的指挥职务处于一切都取决于维持充足补给的环境之中，4人中有3位（阿默斯特、沃尔夫和福布斯）之前都表现出了身为军需官或兵站主管的过人才能。的确，鉴于他们都缺乏营一级以上的指挥经验，当利戈尼尔向皮特推荐他们时，行政才能在他心目中应该是最重要的。

这些军官将会指挥有史以来在北美作战的最大规模的部队。阿默斯特指挥的讨伐路易斯堡的部队由正规军14个营、北美游骑兵5个连、1个木工连和1批攻城炮兵组成：总兵力接近1.4万人。阿伯克龙比得到正规军9个团和宾夕法尼亚以北各殖民地的部队——大约2.5万人的兵力——守卫纽约、进攻提康德罗加和"入侵"加拿大。福布斯会指挥2000名正规军和大约5000名宾夕法尼亚、特拉华、马里兰、弗吉尼亚和北卡罗来纳殖民军攻打迪凯纳堡。即便不包括水兵、海军陆战队和为数众多的杂役工，即工匠、平底船船工、马车夫、军中小贩和其他支持军队的随营人员，1758年战事也要动用近5万英属北美武装部队：这个数字相当于加拿大总人口的三分之二。[3]

面对占压倒性优势的英属北美大军，新法兰西能够集结6800名正规军、大约2700名海军陆战队士兵，以及加拿大民兵，后者包括当地所有身体健全，15～60岁的男性居民，数量大约为1.6万人。蒙特卡姆侯爵最多只能将相当于英国人用来对付他的兵力的一半投入战场。然而，人力失衡只是他保卫加拿大需要面临的问题之一。原先能在很大程度上抵消英国人数优势的印第安各部援军在1758年春消失不见。因为经历了1757年的战事之后，上五大湖地区的多个村落惨遭天花疫情蹂躏，这让许多印第安部落相信法国人以前送给他们的是伪劣药品。据说，渥太华人心怀"恶意"，而波塔瓦托米人看起来也"不愿"提供任何援助；在威斯康星，梅诺米尼人已经变得与法国人离心离德，乃至于他们竟然袭击了一座法国堡垒，杀死了一个法国商人及其家人。[4]

比起没有印第安盟友的援助，更加紧迫的问题是食品补给的极度短缺。1757年的粮食歉收一直持续到1758年。正常情况下，1米诺加拿大小麦售价大约是4~5里弗；1758年1月，1米诺小麦售价却高达15里弗，即便如此还不一定有人愿意出售。为了满足粮食资源稀缺的加拿大对食品的需要，从1756年开始，豌豆被混在面粉里制作面包。1757年冬，即使这样的权宜之计也已无法满足需求，因为必须要减少分配给平民和士兵的面包以及其他主要食品的配给。1757年12月，殖民地政府将牛肉配给削减到了每周1.5磅，原本是每天1磅（但长期以来一直维持在一半的水平）。为了代替牛肉，肉店提供马肉和鳕鱼（如果有的话）。起初，蒙特利尔妇女会用自己的备用口粮砸沃德勒伊总督的门，但是抗议活动很快就平息了，因为很明显，加拿大人可以吃马肉，否则根本就没肉吃。随着冬天的来临，食品供应量逐渐减少到不复存在的地步。1758年4月初，魁北克的日面包配给量已经降到每人2盎司。一个月后，由于不稳定的天气妨碍了春季的作物生长，每周的肉类配给下降到每人只有0.5磅牛肉或马肉、0.5磅盐渍猪肉和4盎司盐渍鳕鱼的程度。只有在5月22日从法国来的运输船队到达之后，魁北克的饥荒才真正有所缓解，彼时当地的"一些居民已经虚弱到要以草为生"的地步了。但是，因为需要将食品物资转用于军事行动，这意味着平民的苦难尚未结束。6月初，面包的日配给量只上升到每人每天4盎司而已。[5]

1757年的冬季饥荒只能部分归咎于1756年和1757年的粮食歉收。正常情况下，加拿大能生产足够维持本地人口的粮食，还有富余供养额外1.2万人。在任何一个平常的战争年份，加拿大殖民当局都不得不设法为由1.5万名正规军、海军陆战队、印第安武士和长期服役的民兵组成的部队寻觅口粮。这意味着即便是五谷丰登的年份，加拿大也必须靠从法国运送过来的食品来补充口粮。然而，1757年秋，英国海军在直布罗陀、英吉利海峡沿岸和圣劳伦斯湾进行了有效的封锁。因此，任何法国商船要想安全抵达加拿大，都不得不两次小心避过英国皇家海军的船只，还要在公海躲避英属北美各地私掠船的侵袭。只有轻装航行或者拆除了大部分舰炮航行的法国军舰，才有把握逃过封锁：因为这样的配置，能让法国军舰的航速几乎胜过任何英国海军舰船。但是，大部分的轻装军舰要运载公文和增援部队，它们通常的货物是火药、铅弹和印第安贸易商品，对殖民地急需的食品贡献却很少。[6]

此外，普遍存在的腐败加剧了对食品的巨大需求、收成不佳和英军封锁造成的问题。乔治王战争和当前的冲突已经严重破坏了加拿大的经济生活，主要贸易项目不再是鱼类、毛皮和兽皮，而是军用物资和粮食。订立合同是殖民地首席行政官或者行政长官的职责。1744—1760 年，一直把持这一职务的弗朗索瓦·比戈，对于利用职权为自己和他的合作伙伴——一个名为"大公司"的集团——创建一项垄断事业没有丝毫愧意。比戈在波尔多的业务代理会将粮食和奢侈品装载到货船上，用政府的资金把它们运给比戈，随后他会将政府汇票寄给代理人。平时比戈的合作伙伴会在公开市场上销售这些货物，然后与行政长官瓜分所得利润。在战争时期，比戈能够将货物大幅加价出售给法兰西王国（也就是说，出售给他本人，他当时身为法国国王驻加拿大部队的物资供应官）。与此同时，比戈的代理人会以每米诺 5~7 里弗的法定价格购买加拿大的粮食，由政府出资磨成面粉，然后将面粉以最终达到每米诺 26 里弗的市场价卖给国王，即卖给比戈。当饥荒来临时，身为负责民政福利的行政长官，比戈将公有面粉以政府补贴价出售给公众。如此一来，这个体系在道德纯洁性上的缺失都用利润补回来了。1757 年冬，比戈变得非常富有，乃至他在生活中不用承受明显的痛苦，就能承受超过 20 万里弗的赌博损失。[7]

比戈从未耽误军队的补给，但是他让法兰西王国和殖民地承受惊人的开销。连同飞涨的粮秣价格，军费开支让新法兰西内部的经济在 1758 年年初陷入完全失控的通货膨胀状态。在乔治王战争结束时，法国财政部在加拿大每年耗费 200 万里弗；1755 年，达到 600 万里弗；1757 年年底，已涨至 1200 万里弗。法兰西帝国的行政官员试图用铸币支付正规军的薪水和购买他们的补给品，以遏制他们认为正在迅速恶化的通货膨胀导致的加拿大纸币泛滥问题，但是金银币的出现只会加快货币贬值的速度。粮食投机商只愿意将货卖给支付金币的军队，而不愿卖给用贬值的纸币购买粮食的加拿大同胞。这加剧了食品短缺问题，推高了公开市场上的食品价格；农民开始拒绝以任何价格出售自己的产品，想方设法藏匿起来，不让比戈的代理人找到；而格雷欣法则无情地将金币和银币从流通领域驱逐出去。当比戈企图通过定罪制止拒绝使用纸币交易的行为来挽回局面时，他只是成功地使这个问题更趋恶化了。运到新法兰西的成吨铸币很快就消失了，被资本家熔成了金银盘，被农民们埋在了地窖里，在和平重归那些被饥饿蹂躏的土地之前，这些铸币是不会被挖出来的。[8]

上述所有情况都没有让军队更容易得到补给，而且一切都有助于说服蒙特卡姆和他麾下的军官相信，他们被派来保卫的是一群如此自私的民众，乃至几乎不值得拯救。蒙特卡姆和新法兰西总督之间从来就不睦的关系也在日趋恶化。1758年作战季节之初，他们几乎不曾交谈，书信沟通透出的也是相互蔑视的冰冷气息。蒙特卡姆深信，他名义上的上级沃德勒伊十分沉迷于使用印第安盟友和游击战保卫加拿大的战略，以至于他会不惜一切代价破坏蒙特卡姆更为"文明"的战略，这一点基本正确；沃德勒伊则希望蒙特卡姆失败，他打算在新法兰西真的丢失时，让蒙特卡姆成为代罪羔羊，这一点并非完全不实；而如果说沃德勒伊和比戈是一伙的，那就错了。沃德勒伊认为蒙特卡姆鄙视他，因为他是加拿大贵族的一分子，这是事实；蒙特卡姆没有领会印第安人作为盟友的价值，这也属实；而如果说蒙特卡姆在军事上无能，事实并非如此。在官方文书里，这两人彼此抱怨。最终，蒙特卡姆觉得有必要派遣两个私人使者回到法国，表面上是恳请更多的支持，但实际上是代替他控诉沃德勒伊和比戈。而沃德勒伊也派遣了自己的代表火速赶回法国，只希望能赶在蒙特卡姆的使者之前到达。

沃德勒伊和蒙特卡姆之争，源于加拿大殖民地居民和宗主国之间的对立，这与劳登勋爵掌权期间英属殖民地的此类激烈争端造成的紧张局面十分相似。然而，就新法兰西的情况而言，法国没有一个皮特似的人物来召回竞争双方中的一方以解决问题。尽管两人相互抱怨和耍弄计谋，路易十五还是决定让他们都留任原职，他给予蒙特卡姆晋升陆军中将的荣誉，为沃德勒伊颁发圣路易大十字勋章以示安抚，敦促新法兰西总督和驻军总司令两人就一切民政和军事问题进行密切磋商。于是，1758年年初就已经很明显的核心的虚弱状态，只会变得更加糟糕，同时极度困扰新法兰西守军的人员和物资短缺问题仍然没有解决。[9]

沃德勒伊和蒙特卡姆都没有发现，国王和他的大臣认为他们的争执微不足道，法国宫廷正平静地将北美从法国的大战略上划去。1757年冬末和1758年春，凡尔赛的注意力和法国的军事资源都会集中到驻汉诺威的军队，英吉利海峡沿岸的防御阵地以对付英军的突袭，以及对英国发动潜在的入侵上。法国没有大量食品，也没有大批部队能够去解决让新法兰西瘫痪的短缺问题。部署在北美海域的战舰数量，将会多到足以发挥决定性作用的地步。这些战舰会保卫蔗糖资源丰富的瓜德罗普岛和马提尼克岛，而不是去救助饥饿且并无太多利益的新法兰西。英国人则会以压倒性的兵力去猛攻新法兰西。

第 24 章

蒙特卡姆竖起十字架

提康德罗加战役

1758 年 7 月

1758 年以后，法国人将在欧洲大陆为维持自己的势力而战，同时英国将为征服一个殖民帝国而战。两国战争目标的差异最终会产生决定性的影响。加拿大只会变得更脆弱，更加不可能抵御英属北美帝国的攻击。然而，当英国人开始 1758 年的战事时，情况看上去没有多大改变，只因皮特的强大北美攻势使出的第一击，产生的只是熟悉的战败结果。布拉多克的战败可能除外，1758 年 7 月 8 日，蒙特卡姆和阿伯克龙比将军在卡里永堡的对决，会以英国蒙受这场战争中最大的耻辱告终。

在 6 月的最后一周，阿伯克龙比在威廉·亨利堡的残骸旁建起了他的司令部，他在那里会指挥北美前所未见的最强大的军队集结。1.2 万名正规军和殖民军已经整装待发，还有 800 艘平底船和 90 艘划艇也已准备齐全，这些船只会将军队运送到卡里永要塞的所在地，即名为提康德罗加的湖岬。同士兵们一起在营地宿营的有鲁弗斯·帕特南，在蒂莫西·拉格尔斯的马萨诸塞团重新征募他之前，他刚刚从冬季逃亡的折磨中恢复过来。"这里的一切看上去都是要打仗的样子，"他在 6 月 28 日评论道，"弹药、粮秣和火炮等物资被马不停蹄地装进前往提康德罗加的平底船里。"装载工作用了一周时间完成，当另外 4000 名殖民军来到营地，带来更多物资和平底船时，这项工作仍在进行。7 月 5 日拂晓，这支兵力达 1.6 万人的远征军已经全部上船，向北进发。上千艘船只列成 4 路纵队，"从湖的一边一直排到另一边"，队列"从头至尾绵延足有 7 英里"。次日破晓时分，英军船队已经进入乔治湖湖边宿营的法军前锋的视线之中，距离卡里永堡正好4英里。鲁弗斯·帕特南写道,法军溜之大吉,丢下"相当数量的宝贵辎重,被我们掠得"。指挥英军前锋的豪子爵,迅速集结一队人马追击撤退的敌军。在人们清楚知道发生了什么之前,豪子爵就战死了,他在树林中的一场混战中,被法军滑膛枪的一颗子弹所杀。[1]

皮特选择豪子爵出任远征军副司令,是因为他拥有阿伯克龙比缺少的活力、年轻和锐气。"他的阵亡让这支军队非常沮丧",因为士兵们对他们通称为"老大娘"的总司令阿伯克龙比不太信任。实际上,豪的阵亡对"老大娘"本人也造成了很大的打击。他在给皮特的报告中毫不夸张地写道:"我觉得这个打击极其沉重。"战斗在上午发生,但是阿伯克龙比允许他麾下各部在当天剩下的时间里,在森林里漫无目的地乱晃,然后才命令他们回到登陆点重整。当天晚上,他的部队就在距离卡里永堡不到2小时路程的地方睡觉,但是第二天,他让他们只走了不到一半距离,就停在一处距离提康德罗加2英里的法国锯木厂,建立一座营垒以充当下一步的行动基地。阿伯克龙比命令他的部下为进攻做好准备,但是无论他本人,还是他部下的任何高级军官,都还没有对要塞及其防御设施进行过侦察。一个名叫卡勒布·雷的殖民军军医当晚在他的日记中评论道:"自从豪子爵阵亡后,我不得不注意到军务似乎有些停滞不前。"他和军中的其他人一样,想知道接下来会发生什么。到了次日,即7月8日上午,阿伯克龙比派出一名工兵军官去观测法军阵地。当时,英军在提康德罗加登陆已经整整两天了。[2]

阿伯克龙比的延误让蒙特卡姆赢得了时间,后者妥善利用这段时间,准备迎战英军的进攻,他对这次进攻可以压倒卡里永防线心知肚明。6月30日,蒙特卡姆来到卡里永堡,发现这座要塞由"羸弱的8个营的法国正规军……40名法国海军陆战队队员、36个加拿大民兵和14个印第安人"把守。守军的食品储备将近枯竭,"只有仅够他们食用9天的粮秣和3600份紧急饼干口粮"。之后数日,更多的兵员和口粮到来,但是要让卡里永堡能够达到抵御围攻的程度还远远不够。7月8日上午,蒙特卡姆仅有兵员3526人守卫这座要塞,其中包括15个印第安辅助武士,食品补给只有不到一周的份额了。"我们的形势非常严峻,"蒙特卡姆的首席副官布干维尔写道，"行动力和勇气是我们仅有的资源。"7月6日夜，当阿伯克龙比和他的部队在登陆点仍无所作为时，蒙特卡姆已下令在要塞以北约0.75英里的高地上构建横跨提康德罗加湖岬的野战工事。次日全天，"法军都忙于在昨夜规划的鹿砦施工"。"手持斧头的军官们"为他们的部下以身作则，士兵们"非常热忱地劳作，乃至这道鹿砦在当天晚上就已处于能够防御的状态"。[3]

法军修筑的"鹿砦"是一道防御屏障，被称为"鹿砦"，既是因为它由砍伐的树木建成，也是因为它寓意鹿砦围起来的区域能成为猎杀进攻方的屠场。在浅壕沟上方筑起一道圆木胸墙，墙顶垒着沙袋，以掩护守军躲避敌军火力。位于鹿砦正前方，向下延伸到一道斜坡的是交错摆放的一堆被砍伐的树木，树枝都被削尖，为的是让前进的敌军步兵被困，使他们容易成为霰弹枪和滑膛枪火力的目标。这道鹿砦就像现代的缠结铁丝网一样，成为抵御正面进攻的高效屏障。然而，这道对抗步兵的强大鹿砦，不能保护要塞免受炮火的袭击。

炮兵一直是围攻战的关键，而且阿伯克龙比的炮队由16门火炮、11门臼炮和13门榴弹炮组成，有8000枚炮弹可用，这是他最大的优势。由于人员短缺，时间紧迫，蒙特卡姆未能占领响尾蛇山（后改名迪法恩斯山），这座山头高出湖面约700英尺，处于卡里永堡西南面1英里有余的位置。如果阿伯克龙比选择开凿一条通往这座高地侧面的道路，然后将两三门12磅炮拖到峰顶，蒙特卡姆就会被迫撤退，至少会从胸墙后撤，因为胸墙开阔的后方将会暴露在炮火之下，而且很有可能会从要塞撤退。即便阿伯克龙比选择不利用这座山，仍然可以将他的榴弹炮推进到空地边缘，在对法军防线发动进攻之前，就将胸墙轰成碎片。考虑到这些因素，蒙特卡姆决定将提康德罗加的防务押在这些仓促建造的防御工事上，这等于在进行一场最冒险的豪赌。[4]

在战斗期间，7月8日上午，阿伯克龙比派出去调查法军防线的工兵军官是一个资历很浅的中尉，他只是在草草察看之后，便回去向司令官提议用一次猛攻拿下法军的防御工事。[5]阿伯克龙比不屑亲自去看上一眼，也不想劳烦威廉·艾尔少校——艾尔少校是第44团的代理团长，一位经验极其丰富的工兵军官——去进行第二次评判。他明显也没有与他的新任副司令托马斯·盖奇上校商谈，后者即便没有活力，却非常勇敢；或者，即使他这样做了，盖奇也没能劝阻他像18世纪优柔寡断的将军们经常做的那样，集合部下的高级军官召开军事会议，选择进攻方式。按照这类会议的传统，司令官会要求他召集的指挥官从一系列备选方案中进行选择，给讨论设定限制范围；根据他的性情和对决定结果分担责任的热切程度，他可能认为自己受制于他们的投票多数结果，也有可能不这样认为。在这次会议上，阿伯克龙比只是询问他召集的部下，他们是否愿意以3列或4列横队对法军防线发动步兵攻击。多数军官赞成采用3列横队。阿伯克龙比感谢他们的建议，然后解散会议，让他们各自去准备进攻。他没有命令他的野战炮兵从他们滞留的登陆点前进。这样一来，步兵将独自承担这次战斗的重任。

此后，英军散兵线——盖奇的轻步兵团（第80步兵团），罗伯特·罗杰斯少校的几个游骑兵连和马萨诸塞轻步兵团的1个营——向鹿砦边缘运动，进入法军的几个步哨位置，占据了狙击阵地。这支由轻步兵和游骑兵组成的前锋部队，兵员都接受过瞄准和单兵射击训练，而且他们会在掩护下进行战斗，这证明在布拉多克战败之后，英军已经进行了一些战术改革。但是，上述进攻计划又说明，归根结底阿伯克龙比对战术的改变不多。他打算以最彻底的正统方式使用他最遵守纪律的部队：将他们列成平行的3列长横队，直接进攻法军的路障。按照他的命令，他的正规军会"迅速前进，冲过敌人的火线，在他们进入敌军的胸墙范围内之前都不会开火"。中午，被指定进行突击的正规军的8个营进入阵地，而殖民军的6个团会在他们后方充当预备队。[6]

进攻开始半小时之后，一个信号命令1000多名轻步兵冲向鹿砦。他们在树林中寻求隐蔽之处，向敌军阵地不断射击。在他们身后，当阳光在枪管和刺刀上闪烁时，7000名身穿炫目的红色军服，沿各营前沿阵地组成3列横队的正规军，已经整顿好自己的队列。按照鼓点和（因为恩尼斯基伦团在右翼，而巡夜团的第一个营位于正中央）风笛的节奏快步移动，正规军沿着上坡路向法军的胸墙前进。尽管这次进攻的意图十分明确，但开始时英军仍表现糟糕：中路和左翼的各营还没完成横队的排列，右翼各营就已经突入法军鹿砦。这是个糟糕的开局。当英军进入射程时，依托胸墙的法军开火了，鹿砦此时开始发挥作用。

"树木倒地的方式很巧妙，让我们各营在接近胸墙之前就支离破碎，"艾尔少校写道，"留给每一位团长要做的事情，就是支撑下去，尽快推进到他们能够到达的位置，再进入堑壕。"被分割得支离破碎的各营官兵，在梦魇般的树枝、树桩和滑膛枪火力的打击下挣扎着前进，却从未能到达胸墙。在接二连三的进攻中，军纪极为严明的英国红衣正规军挺进到障碍物，却只能"像草一样被……放倒"，这是马萨诸塞二等兵约瑟夫·尼科尔斯的说法，他当时在战场边缘，在乔纳森·巴格利上校指挥的一个团的横队中观战。"我们的部队极快地倒下，"他写道，"想到会有更多团被送到胸墙前，就这样被屠杀，这对我来说不可思议。"同团另一个连的一名少尉认同他的看法。"火力开始非常激烈，"他写道，"正规军停下脚步，上刺刀前进，只为了能够坚持下去，作战非常勇敢……战斗得异常艰难，进行了大约 8 小时，眼看着尸体和伤员倒在地上，有些人的腿、手臂或其他肢体断裂了，有些人身体被击中，受了极其致命的伤害。耳听着他们的哭声，眼看着他们倒在血泊和泥里的躯体，被轻武器火力屠杀，这是我目睹的凄惨一刻。"[7]

如果目睹这样的屠杀是凄惨的，那么走入这片屠场肯定就像是步入了地狱。"给我们的命令是跑到胸墙，如果我们可以做到的话，就冲进去。"一位幸存者回忆道：

> 法军的阵地里排满了人，他们非常快速地杀死我们的人，我们却无法做到这一点。我们冲到树木、圆木和树桩后面，以此掩护自身免受敌军火力的伤害。地上到处都是尸体和奄奄一息的人。碰巧我躲在一株白橡木树桩后面，树桩太小，我不得不侧靠着它，蜷缩着身体；子弹每一刻都射在距离我一掌之内的地面上，我能够听到人们的惨叫声，看着他们在我周围渐渐死去。我在那里待了一段时间。一个人直立着不可能不被击中，就像站在大雨中不可能不被雨滴淋湿一样，因

为子弹如倾盆大雨般漫天飞来。这一天天气晴朗，只有一点微风。偶尔，敌军会停止射击一到两分钟，以便让硝烟散去，从而让他们更好地瞄准。在一次开火间隔期，我脱离了险境，找到了一个我觉得会更安全的位置，就在一块大松木后面，那里已有几个战友躲着，但子弹仍像以往一样密集地射来。有个人将自己的头稍稍抬过了圆木，他的眉心便被一颗子弹击中……我们趴在那里，直到将近日落时分。我们没有从任何军官那里收到命令，留下了所有的尸体和大部分伤员，悄悄离去。[8]

与此同时，在距离战场 1 英里的锯木厂营地，阿伯克龙比的司令部外面，鲁弗斯·帕特南和团里的其他战士一起在挖掘壕沟，其间他听到"持续不断的炮声和枪声"，担心战斗期间自己留在如此安全的位置上会被人想象成一个胆小鬼。夜幕降临时，他决定请缨携带弹药送到前方部队来证明他的勇气，但是"当我到达前线军队时，他们正撤入一道胸墙，它由威廉姆斯上校的部队所建，位于战场的后方。看到我军伤亡如此惨重，我极为震惊。小径上全是伤员……然后，我回到自己的团里，发现他们仍在执行被分配的任务。不久，大部分部队退入我们建好的胸墙内"。[9]

阿伯克龙比少将仅仅通过下属指挥官发回的急件了解战况，他下令进攻了一整天，却没有看到任何结果。于是，天黑后唯恐法军反击的他，开始了解到他的军队蒙受的苦难——伤亡将近 2000 人。"因此，这种情况必然会被断定，"他后来向皮特报告（谨慎地选择了被动语态），"为了保存如此之多的勇者的余部，不去冒让敌军渗透国王陛下领地的风险——如果结局完败（可能会发生这种情况），我们应当尽可能妥善地撤退。"深夜，他命令他部下的军官召集他们的部下，让他们回到平底船上。不幸的是，没有人告诉士兵们为何要撤退。当士兵们在黑暗中蹒跚而行时，匆忙加剧了混乱局势，恐惧和谣言也随之滋生。靠近登陆点时，士兵由于恐慌，焦虑到了极点，争先恐后抢夺船只。"消息传来，敌军正在向我们逼近。噢，我们当时一片混乱，因为正处在任由敌人进攻的困境之下。岸上的某个地方挤作一团，而平底船在湖上横七竖八，距离岸边还很遥远。敌人的叫喊声让我们惊慌大叫，宛若哀鸣，但我们还是以最佳的方式离开了，没有受到任何伤害。"7月9日黎明，北美有史以来集结的最庞大的一支英军正划船渡过乔治湖逃命，逃离一支人数不到他们25%的敌军的追击，尽管事实上敌军根本没有追赶。阿伯克龙比军团的余部精疲力竭地倒在了威廉·亨利堡的废墟旁。[10]

对每一个人来说，阿伯克龙比军团被钉在了溃败的耻辱柱上，这一点显而易见。"可耻的撤退。"马萨诸塞殖民军中校阿蒂马斯·沃德在一篇日记中几乎没有用其他副词。"这一天，"马萨诸塞殖民军的约翰·克里夫兰牧师在10日写道，"无论我走到哪里，都会发现人们（不管是军官、士兵，还是普通民众）对我们哀叹着逃离法国人的地方时的怪异行为惊诧不已。"二等兵约瑟夫·尼科尔斯也认为这是"令人震惊的失望"，但是他在结语中写道："我们必须服从上帝的神圣意志和愿望。"和其他许多殖民军一样，尼科尔斯认为上帝之所以不让他们胜利，是因为他想教导他们懂得谦卑，还因为正规军根深蒂固的渎神行为和对安息日的不敬而严惩他们。尼科尔斯的牧师约翰·克里夫兰并非不赞同这类天谴的理由，但是他更倾向于寻找近因，毫不犹豫地责怪"将军和他那些罗波安似的谋士"。"我们现在开始强烈地认为，"7月12日，他写道，"对加拿大的大远征已经停止，一个大伤我国元气的局面正在形成。"[11]

最终，失败和迷惑的乱局在阿伯克龙比下令让部队在威廉·亨利堡旁修建营垒时，自行消散了，但是鲁弗斯·帕特南和他的战友们在战役之后数周见到的仍旧只是一片混乱。"在我们从提康德罗加堡回来之后，几乎每件事都要用到我们，"因为太忙了，根本没有时间写信，几乎两周后，他才开始写道，"在胸墙工事内——我们的营地迁来迁去——我们还没来得及在一个地方安营，就被命令搬到另一个地方安营。在我们看来，没有人能告诉我们接下来该怎么办。"[12]

发现问题的并不只有殖民军。久经战阵的英国正规军军官在给英国本土发回的提康德罗加战役和战后余波的记录中，也提出了严厉批评。第44步兵团的查尔斯·李上尉为人精明，性情暴烈，提出的责难也最为激烈：

毫无疑问，战时和战后的这些处置，在没有亲临战场的人看来，肯定是极其令人震惊的。不过，对我们这些就在现场的人来说，一切更令人瞠目……战场上有一座醒目的高地，看上去是对我们有利的制高点，高地能够近距离瞰制法军防线，只要我们在那里妥善安排两门小型火炮，就一定能在短时间内将法军逐出他们的胸墙……虽然我们的几门大炮被送了上去，而且一切准备就绪，但炮轰法军这一战术措施从来没被考虑过。实际上，这一点连一个笨蛋都能想到，除非他已经蠢得无可救药，乃至于被人强迫戴上小儿围嘴，还挂上了铃铛。[13]

法军，尤其是他们的司令官，将英属北美军的撤退视为一种天意，它可以让他们从显而易见的失利和丢失加拿大的损失中解脱出来。蒙特卡姆起初认为敌军撤退是在耍诡计，在战役结束两天后，他才派出一个营"去查探敌军到底怎样了"。法军发现了"敌军的伤员、粮秣、丢弃的装备、留在泥里的鞋子、驳船的残骸和烧毁的平底船"，这才让蒙特卡姆确信敌军的确全面崩溃。但是即便在战役结束时，英属北美军仍然拥有围攻和摧毁卡里永堡绰绰有余的部队、大炮、弹药和其他物资。12日，就在克里夫兰尖刻地将阿伯克龙比比作以色列历史上最糟糕的国王罗波安时，蒙特卡姆和他的部队唱起了感恩的赞美诗。即便如蒙特卡姆的首席副官布干维尔这样非常冷静的理性主义者，都相信"没有其他任何一场胜仗，能如此役一样更加明显地表现出是拜上帝所赐"。蒙特卡姆侯爵本人感动地写了一副拉丁文对句，镌刻在一个大十字架上。根据他的命令，十字架被竖立在法军营地的胸墙上：

胜利谁属？指挥官，士兵，还是鹿砦？
上帝之力！唯有斯主在此地完胜。[14]

当蒙特卡姆竖起十字架时，已临近8月底，他遣散部下的民兵去收获蒙特利尔地区的庄稼。法军的人力和粮秣都太紧张，无法发动攻势。在夏季剩余的时间里，蒙特卡姆命人改善卡里永堡的防御工事。被派往乔治湖湖源的侦察巡逻兵带回了不少俘虏，得到的情报证明阿伯克龙比同样转入守势。蒙特卡姆当然明白，除非这场战争尽快结束，否则其他英国军官肯定会回来再度攻打卡里永堡。[15]

蒙特卡姆在卡里永继续滞留数周之后，会听到比他在7月8日亲眼所见的奇迹不吉得多的神启：路易斯堡失陷，弗朗特纳克堡被摧毁。9月6日晚，在信使将法军失败的消息送来的同一天，蒙特卡姆动身前往蒙特利尔，去与他视为仇敌的沃德勒伊商议军机。夏天过得太快，加拿大本土在第二年春之前遭遇攻击的可能性微乎其微。只是法军在路易斯堡和弗朗特纳克堡失败的消息，加上蒙特卡姆疑心沃德勒伊正在密谋对付他，令侯爵满怀不祥预感。或许，他通过击败阿伯克龙比，确实赢得了一些时间。不过，随着路易斯堡失陷，弗朗特纳克堡被毁，加上又一轮农业歉收的悲观前景，此时看来，时间已成为英国最强大的盟友。[16]

第25章

阿默斯特攻打路易斯堡

1758年6—7月

蒙特卡姆直到9月都被蒙在鼓里,实际上,路易斯堡自7月26日起,便已落入英军之手。到达北美后不久,杰弗里·阿默斯特便开始对布雷顿角岛展开军事行动。6月8日,他让他的部队在路易斯堡要塞西南约4英里的加伯鲁斯湾登陆。当英军在大浪的冲击和法国守军营垒的火力打击下登岸时,完全是运气让他们免于蒙受阿伯克龙比军团那样的一场大败。指挥行动的沃尔夫觉得这是"一次鲁莽、轻率的登陆行动",认为能成功"靠的是他们能想象得到的最大好运"。因为就在登陆有序进行时,法军选择直接后撤进入路易斯堡的安全地带,这样一来英军仅伤亡约100人。同一天晚上,他们正好在路易斯堡的火炮射程范围之外占据了一串呈弧形排列的阵地。从成功登陆时开始,恶劣的天气、崎岖的地形和路易斯堡守军的坚决抵抗,使围攻战的进程如蜗牛爬行一般缓慢。[1]

路易斯堡是一座典型的18世纪要塞。按照欧洲标准,它充其量中等规模,但是在新大陆令人生畏,乃至被称为"北美的敦刻尔克"和"北美的直布罗陀"。要塞和两座外围炮台护卫大型避风港的入口,港内有11艘法国军舰(包括5艘战列舰)锚泊,共有数百门大炮,令博斯科恩海军中将指挥的英国皇家海军舰队不敢强行进港。两座棱堡(国王棱堡和王后棱堡)和两座半棱堡(王太子半棱堡和公主半棱堡)护卫路易斯堡要塞向陆一侧的城墙,上面的大炮能将进攻外围防线、缓坡和壕沟的敌军步兵扫荡干净。守卫棱堡、半棱堡和城墙的是法军的8个正规军步兵营、24个海军陆战连、2个炮兵连,再加上城中的民兵和从港内舰船上调来的水兵和海军陆战队队员,总兵力将近6000人。[2]

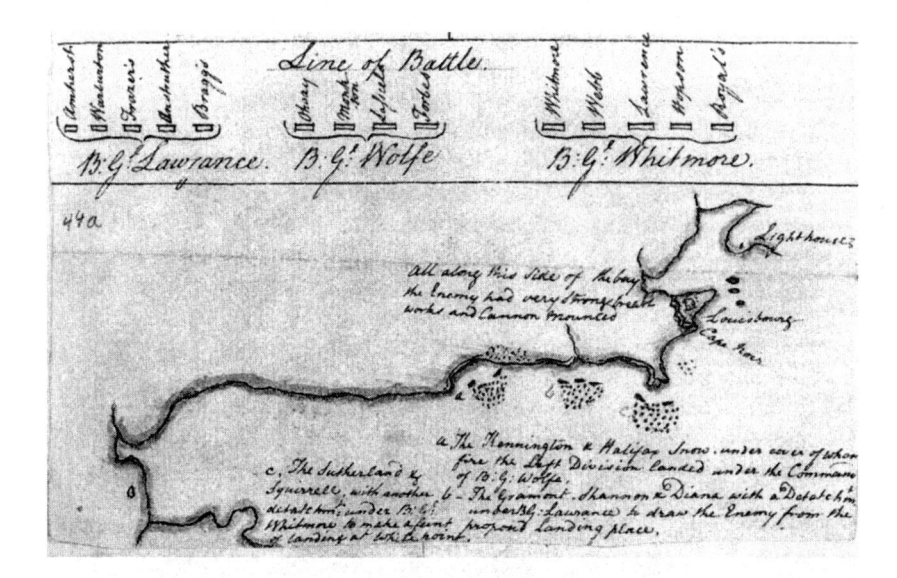

图 25.1 《1758 年 6 月 8 日，英军在路易斯堡突击登陆》。这幅草图描绘的是入侵部队的 3 个支队，在沃尔夫指挥的部队于图左小海湾登陆之前的状态。据草图注释，法军拥有"非常坚固的胸墙工事"，在海岸一带"部署了大炮"。在巨浪之中、炮火之下，沃尔夫试图取消登陆，但是一名登陆艇指挥官误解了信号，不管三七二十一让他的登陆艇成功靠岸了。目睹了这次意外的成功行动之后，沃尔夫收回成命，指挥其余船艇在同一位置登陆。当晚入侵的英军就在图中央的溪流（淡水溪）附近建成围城营寨，距离路易斯堡城不过 2 英里（承蒙密歇根大学的威廉·克莱门茨图书馆提供图片）。

路易斯堡是一座令人印象深刻的要塞，不过和所有沃邦式要塞一样，只要根据沃邦本人完善的围攻技术原则实施进攻，它就很容易陷入被动的局面。每一名欧洲职业军官都了解 18 世纪文明战争的范式——围城战的准则和规范。一旦攻城部队的指挥官正式通知守军指挥官，他意图进攻后者的阵地，在守城方（如败战礼遇要求的那样）以应战回应之后，攻城方就会撤到大炮射程之外，开始挖掘会决定任何要塞命运的多道围城壕，除非城外有救兵赶来。首先是一条正对要塞某道外墙的平行壕；然后是一条攻城坑道，又称掘进壕，能够直达城墙；接着挖掘第二道平行壕；之后是另一道攻城坑道；再就是第三条平行壕，以此类推，直到攻城火炮能够通过这些壕沟被拖运到前方，处于与城墙足够接近的位置，组成会将要塞的城墙和棱堡夷为平地的突击炮群。

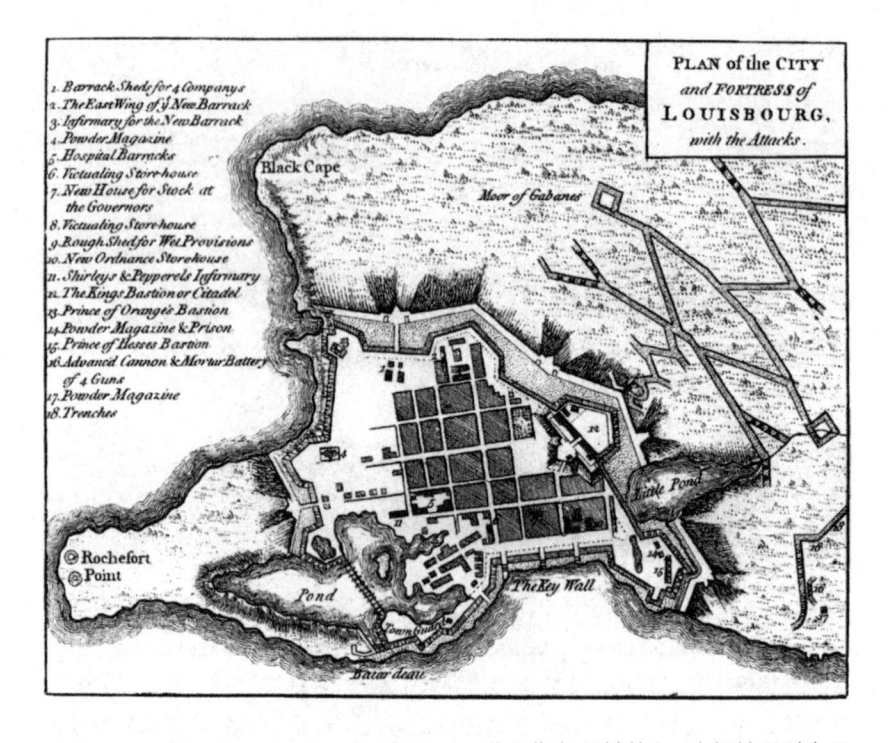

图 25.2 《1758 年 6 月 8 日—7 月 26 日，路易斯堡围城战》。这幅地图引自罗克的《根据实际测绘还原的北美要塞和平面图集》，精确描绘了路易斯堡令人生畏的陆地侧防御工事，图右上方是英军围城的 3 道平行壕，插图底部为北方（承蒙密歇根大学的威廉·克莱门茨图书馆提供图片）。

当围攻部队在壕沟（或者土笼，即盛满泥土的柳条筐。堆上土笼的地方，地面就不会因为镐铲挖掘遭到破坏）的掩护下步步进逼时，守城方将用火炮和步枪向他们开火，从要塞发动突袭或大举出击进攻方，以及日夜赶工修补损坏的城墙。然而，守城方所做的一切，都只是在推迟不可避免的陷落命运，因为没有任何一个无外来救援的要塞，能够在补给完善的围攻方面前无限期坚守下去。沃邦计算过一旦外援断绝，一座要塞在完善的攻击下，能坚守的时间最多不超过 40 天。[3] 18 世纪中期，一场围城战的结果几乎是板上钉钉的，乃至这些沉闷的战斗，几乎从来都不是以进攻方攻入破碎的城墙，屠尽要塞内残存的饥饿守军而告终。相反，那些认为己方已经满足战败礼遇要求的守军指挥官，普遍会请求得到与他们在防御战中的勇敢表现相符的投降条件。如果围城战演变成了一场长期的鏖战，胜利者的回应将是类似 1757 年蒙特卡姆在威廉·亨利堡提出的那些条件：允许守军保留他们的旗帜、私人财产、轻武器，可能还允许他们保留一门象征性的火炮，准许他们在投降宣誓（即在宣称的一段时间内不会在战场上出现）后撤退，而不用沦为战俘。

1758 年的路易斯堡战役，与七年战争期间北美战场上的其他任何围城战相比，都有一个相对更好的机会来严格按照上述规则进行。路易斯堡面对强敌依然坚守了 6 个多星期，而围攻方的战术完全符合沃邦在《论要塞攻防》(On the Attack and Defense of Fortified Places) 这篇论文中设定的条件。6 月 8 日登陆后，英军立即开始挖掘他们最初的几道平行壕。6 月 12 日，沃尔夫将港口周围的外围工事和炮台里的最后一批守军都逐回了路易斯堡。19 日，英军的大炮首次从极限射程向城内的棱堡和港内的舰船开火。平行壕和攻城坑道的挖掘在 7 月 3 日之前一直未停，在此期间，英军在路易斯堡城陆地侧城墙 600 码距离之内建起了炮台。7 月 6 日，英军的炮弹——臼炮弹和燃烧弹——持续不断地落入城内。在与日俱增的绝望之中，法军曾试图对敌军炮台发动夜袭，但是收效不大。英军的炮轰日复一日，挖掘作业夜复一夜，持续不断。7 月 21 日，一枚炽热的炮弹击中一艘在港内锚泊的法军战列舰，引爆了弹药库中的火药。这艘战列舰和两艘最靠近它的邻舰直至水线的部分都被焚毁了。[4]

此时，路易斯堡城内和军港的舰船一样，不可阻挡地燃起大火。7 月 22 日，路易斯堡陆地侧防线的关键，即国王棱堡被焚毁；在英军漫天炮火的打击下，城墙内的建筑物起火的速度比消防人员扑火的速度还要快。25 日夜间，在大雾掩护下，博斯科恩指挥的英军舰队的水兵乘小船进入港口，登上法军尚存的 2 艘战列舰，他们焚烧了其中的一艘，又将另一艘安全拖出港外。英军俘获的 64 门舰炮"仁慈"号，是法军最后幸存的一艘战列舰，也是法国分舰队的旗舰。这沉重打击了路易斯堡守军的士气。在这之后的 12 个小时里，至少有 1000 发英军炮弹落入路易斯堡城内，让这座城市的总督德吕库骑士相信，继续抵抗是愚蠢的。当时 33% 的守军已经无力战斗，其中 400 名军兵因炮轰身亡，1300 多人因伤病丧失了战斗力。于是，26 日上午，当城中最后一座棱堡的最后一座可用炮台只剩下 4 门还能开火的大炮时，6 艘英军战列舰驶入港口，从已无防卫的水面一侧炮轰路易斯堡城。当一座英军破击炮台接近射程范围准备向陆地侧城墙开火时，德吕库这才升起休战旗，派人询问投降的条件。他已经做了能够满足败战荣誉条件和军事专业要求的一切——人所共知的围城战规则，他坚信英国人会给予他的驻军英勇战败者的特殊礼遇。[5]

然而，就德吕库尚未掌握的情况而言，路易斯堡围城战只是表面上符合欧洲文明战争的范式。登陆当天，至少有一个英国人震惊地发现，这一战不是职业军人之间的普通军事冲突。在外围守军逃回路易斯堡后，一名英国海军军官在检查法军防线时发现，"100 多具法国正规军士兵和 2 具印第安人的尸体都被我军的游骑兵剥去了头皮"，这是一个可怕的信号，表明他们要为威廉·亨利堡大屠杀报仇。[6]随军出征的游骑兵主要是马萨诸塞人，有些是经历过 1757 年战事的老兵，不过这个插曲其实说明不止一些新英格兰人想要秋后算账。在沃尔夫写给叔父的一封信中，他本人无意中提到了英国人会屠杀他们遇到的任何一个印第安人的政策，而且对此颇为赞许。他写道，对于那些野蛮人，"我将他们当作尘世间最野蛮的暴民来处置。相比之下，那些南方的印第安人要勇敢得多，也要好得多；而这些北方的印第安人是一群卑鄙的嗜血无赖。只要我们找到他们，就会将他们剁成碎片，让他们为犯下的上千起野蛮残忍的暴行血债血偿"。[7]

事实上，威廉·亨利堡的遗留问题已经不限于追捕和屠杀与法国人结盟的米克马克人和阿贝内基人，因为最终，路易斯堡守军和居民承受数周炮轰展现出来的英雄气概变得一文不值。对德吕库提出商谈投降条件的请求，阿默斯特的答复是拒绝给予他和他的守军所有礼遇。英军不会公然劫掠路易斯堡，城内的平民将被允许保留个人财产，但所有武装抵抗人员会成为战俘，被押送到英国去。路易斯堡的平民，连同布雷顿角岛和邻近的圣让岛的其他居民，总共 8000 多名男女老幼，会被驱逐到法国。英国不再只将法国国王的军队视为敌人，至少在新法兰西，平民同样会成为英国军事行动的对象。[8]

从某种意义上说，这样严厉的措施在 1755 年英国驱逐阿卡迪亚人时，已经预演过。当时，此举可以说不是职业军人所为，而是对土地投机有兴趣的政客所为。在英国陆军的军官之中，没有人能比杰弗里·阿默斯特更加尊重规则，但此次他拒绝扮演一个宽宏大量的胜利者，于是就给予了这场在新大陆进行的战争与旧大陆的种种假设条件和标准格格不入的全新性质。从那以后，阿默斯特的政策将是蒙特卡姆在威廉·亨利堡大屠杀事件之后最为担心的。无论法国守军的战斗多么英勇无畏，阿默斯特都不会再给予任何战败的敌人英勇战败者的特殊礼遇。

第 26 章

补给是关键

1758 年

基本上和 18 世纪的历次围城战一样，攻克路易斯堡轰动一时。不过在纯粹的战略意义上，这座要塞的命运实际上在数周之前就已注定，彼时第一批英国红衣正规军正乘风破浪，经加伯鲁斯湾登陆。让法国守军成功抵御围攻的希望破灭的既不是阿默斯特巨细靡遗的围攻战术，也不是沃尔夫轻率的大胆行动，而是英国人强大的制海权。其实，决定性因素甚至不是围攻期间在布雷顿角外海巡航——由博斯科恩率领的 23 艘战列舰和大量快速帆船执行，而是英国皇家海军在欧洲海域日益增长的压制法国海军的能力。事实上，欧洲海域的两次海上遭遇战具有决定意义：第一次是在2 月底，亨利·奥斯本海军上将率领的直布罗陀基地舰队，阻止了一个较强的法国海军分舰队离开地中海前往新法兰西，当时这个分舰队运载着增援路易斯堡的援军和物资；第二次是 4 月初在比斯开湾，爱德华·霍克海军中将在拉罗谢尔外海拦截了第二支前往路易斯堡的运输船队，迫使敌军放弃了货物和武器装备。唯一从英军的海上封锁网中溜走，在路易斯堡防御战中助力的法国舰船是当阿默斯特和博斯科恩到达时，那些在城中火炮护卫下锚泊的舰船。当时，霍克正忙于摧毁巴斯克避风港内更加庞大的军需船和护航舰船组成的运输船队，那些舰船因而得以从布雷斯特港成功脱逃。于是，在阿默斯特去往新斯科舍的途中（不到路程的一半），英国海军就已经阻止了至少 18 艘战列舰、7 艘快速帆船和 40 多艘军需物资船与运兵船越过大西洋增援布雷顿角岛的驻军，这使得英军一直占据优势。[1]

以一种更加复杂的方式控制敌军交通线的能力，决定了英属北美军在 1758 年第 3 次大举攻势，即对迪凯纳堡长征的成败。约翰·福布斯准将是一个哪怕在身体衰弱时精神都极其坚韧的人，他在早春就已开始组织这次远征，他的计划正好与布拉多克的相反。与布拉多克希望尽快赶走法国人，只让他的行军纵队携带最少量的物资不同，福布斯明白一旦他赶走法国人，就需要守住福克斯，这就意味着需要从沿海经陆路运输大量的食物、衣物、弹药、武器和贸易货物等物资。因此，他以一种几乎令人发狂的深思熟虑，计划建造多个中间堡垒和补给站，还呼吁各殖民地总督为他提供支持，试图从切罗基人和其他印第安部族那里得到侦察人员。他的进展十分缓慢，以至于6月底，他的部队才开始建造第一个前方补给基地（雷斯镇的贝德福德堡），为打开去往迪凯纳堡的道路做准备。此外，福布斯选择路线时根本没有计算过速度问题。他没有利用布拉多克选择的波托马克河上游的道路（位于马里兰和弗吉尼亚的交界处），而是决定沿着从卡莱尔直接向西穿过宾夕法尼亚的路线前进。原有的道路长度不到新路线的一半，这意味着福布斯的部队为了到达福克斯，要穿越100英里的森林，开辟出一条新的四轮马车道，还要越过两座高耸的山脉——阿勒格尼山脉和劳雷尔岭。

缓慢的速度不仅让福布斯的部队能够真正安全地推进，还等到了两起关键事件的发生，这两起事件都让迪凯纳堡难以为继。首先是一次戏剧性的军事胜利，8月底英军摧毁了安大略湖湖畔的弗朗特纳克堡；其次是这场战争中最重要的外交突破。大约就在攻陷弗朗特纳克堡的时候，俄亥俄的印第安部落放弃与法国人结盟，转而与英国议和，这是在东部特拉华酋长蒂迪斯卡帮助下进行的外交接触的成果。[2] 攻陷弗朗特纳克堡和俄亥俄的印第安部落中立化，在任何意义上都不是协调发展的成果，但两者共同决定了福布斯远征的结果，就像奥斯本和霍克的海上战斗使阿默斯特能够占领路易斯堡那样具有决定性的意义。

第27章

布拉德斯特里特攻打弗朗特纳克堡

1758年7—8月

攻陷弗朗特纳克堡的故事基本上就是在讲述约翰·布拉德斯特里特中校的战略洞察力、毅力和足智多谋。约翰·布拉德斯特里特原名让-巴蒂斯特·布拉德斯特里特，1714年生于新斯科舍，是一名英国陆军中尉的儿子，他的母亲是阿卡迪亚人。他几乎在军营长大成人，14岁就成为第40步兵团的志愿兵，1735年，他在这个团获得了陆军少尉的委任状。10年后，他在路易斯堡围攻战中声名鹊起，当时他是马萨诸塞殖民团的一名临时中校。对于一个年仅30岁，在第40步兵团的军衔不过少尉的人而言，这是个不同寻常的委任。不过，布拉德斯特里特不是一个普通的军官。虽说相对贫穷，但他实际上是个雄心勃勃的汉子。1744年，布拉德斯特里特利用与威廉·雪利偶然会面的机会，让远征路易斯堡的主意在时任马萨诸塞总督的心中扎下了根，随即使自己晋升为远征部队的指挥官。尽管布拉德斯特里特是当年攻克路易斯堡要塞的主角，但是他的成果没能给自己带来长期渴望的优越地位。七年战争爆发时，他在重编的第51步兵团仍然只领上尉军衔。不久，威廉·雪利再度临危受命，他迫切希望利用布拉德斯特里特身为正规军军官却能有效与非正规部队打交道的特殊才能，于是任命布拉德斯特里特负责莫霍克-奥斯威戈走廊地带的平底船运输任务，并将他晋升为中校（虽然这一举动并不符合法理）。尽管布拉德斯特里特与雪利关系密切，但是劳登伯爵依然认定此人值得重用，哪怕他是一匹必须"要套上缰绳才能驾驭"的烈马。这是布拉德斯特里特杰出才能的有力证据。[1] 1757年12月，劳登重新晋升布拉德斯特里特为中校，任命他为自己的军需副总监。

无论布拉德斯特里特从劳登对他在后勤方面的才能的认可中获得了怎样的满足感，他真正的愿望还是指挥一次对弗朗特纳克堡的突击。1755年，他就已形成远征弗朗特纳克堡的构想，当时他在监管奥斯威戈堡的补给工作，意识到了弗朗特纳克堡占据着控制加拿大西部印第安贸易的关键位置。到了1757年夏，发动突击摧毁弗朗特纳克堡，已经成了他心中的执念。在多封写给他在英国的资助人的信中，他大力推荐这一计划，为此他不停地游说总司令官。1758年年初，他最终说服劳登让他实施这一计划，条件是全部费用由他用私蓄支付，只有成功才能得到补偿。[2]

劳登的解任让布拉德斯特里特的计划受挫，因为皮特的指示之中没有提到弗朗特纳克，小心谨慎的阿伯克龙比也不会为这样的计划助力，那样会削弱他打算用来攻打提康德罗加的兵力。提康德罗加战役的失败给了布拉德斯特里特可乘之机，在撤退之后的混乱时期，他极力请求总司令官允许他实施讨伐弗朗特纳克的远征。7月13日，就在阿伯克龙比的败军在乔治湖湖源重新安顿仅3天后，布拉德斯特里特便劝诱将军分兵5600人，由约翰·斯坦威克斯准将（和出任斯坦威克斯副司令官的布拉德斯特里特本人）指挥，前去"袭扰安大略湖的敌军"，"如果可行"则转而进攻弗朗特纳克堡。[3]阿伯克龙比可能领会了，也可能没有领会这一计划的重要战略意义，不过他不能忽略这样一个事实：计划成功会有助于洗雪提康德罗加战败之耻。

布拉德斯特里特的部队会以重建大运送场的堡垒，为当地提供一支长期留守的部队为名行动。1756年，韦伯将军在惊慌失措中下令焚毁了那座堡垒。在莫霍克河上游重建一座前哨站，有两个用途：首先，会确保打通入侵易洛魁核心地区和在当地进行贸易的河道。此时易洛魁六部迫切需要这一贸易，因为随着战争的进行，欧洲的工业制品变得越发稀缺和昂贵；其次，将易洛魁各部纳入盘算，能够让法国人觉得这次远征的目的仅限于此，从而像布拉德斯特里特希望的那样，哄骗法国人去认为这次远征不会形成直接威胁。只有到了大运送场之后，斯坦威克斯和布拉德斯特里特才发布进攻弗朗特纳克堡的密令。随后，布拉德斯特里特会率精兵用平底船和划艇沿着他极为熟悉的路线——顺伍德溪而下进入奥奈达湖，之后沿奥农达加河前往安大略湖——实施突击。出其不意地袭击至关重要，因为突击部队只能携带少量火炮用于进攻（4门12磅炮和4门8英寸榴弹炮，每门配弹70发）。刚刚得到阿伯克龙比的祝福，布拉德斯特里特便离开了乔治湖营地，前往斯克内克塔迪。在斯克内克塔迪，他以一贯的活力为远征做准备。7月底，攻打弗朗特纳克堡的任务部队已经上路前往莫霍克河流域。[4]

两周后，斯坦威克斯、布拉德斯特里特和他们指挥的殖民军——只有区区157名正规军和27名炮兵，还有70名奥农达加和奥奈达印第安武士，与一支绝大多数来自纽约、新泽西和新英格兰殖民地的兵员组成的部队一同行动——全部到达大运送场。按照计划，斯坦威克斯和布拉德斯特里特在此地向全体官兵揭晓了此行的真正目的。奥农达加人（约占随行印第安武士的一半）随即离开；布拉德斯特里特只得许诺奥奈达人对任何战利品拥有优先索取权，才说服其他印第安武士继续参与远征。到这个时候都一直小心翼翼的保密工作，着实让布拉德斯特里特满意。英属北美军意图重修公牛堡的消息，通过易洛魁人的渠道传到了法国人的耳中。即使易洛魁人中的亲法派或中立派得到了英属北美军即将进攻蒙特利尔的消息，留给法国人增援弗朗特纳克堡的时间也太少了。

布拉德斯特里特率领大约3100人从大运送场向安大略湖进发，8月21日到达目的地。他们在奥斯威戈（"此地在外表上几乎看不出曾经是一座堡垒，或者是设防地区"）仅仅休整一晚，就继续向湖东端的萨基茨港前进。这支部队知道在安大略湖水域有法国的武装单桅纵帆船巡航，担心会被发现，于是他们在萨基茨港按照进攻编制自行整编了一番。[5]

这支湖上的巡航船队对此次远征构成了最大威胁，因为法国人的单桅纵帆船携载的火炮足以将布拉德斯特里特麾下的任何一艘小船击沉。如果在英属北美殖民军从萨基茨港通过20英里水路到达目的地之前，这些单桅纵帆船就出现的话，英属北美殖民军肯定会全军覆没。好在接下去的3天里，水面上没有出现任何帆船。8月25日傍晚，布拉德斯特里特的部队进入安大略湖湖岬视线可及的水域，卡塔拉奎河就在湖岬处汇入安大略湖，安大略湖也在这个位置逐渐收窄，汇入圣劳伦斯河：此地是弗朗特纳克堡所在地，要塞的仓库里堆满了可用于安大略地区的军用物资，以及用于在整个上五大湖地区交易的货物和毛皮。任务部队在距离要塞不到 1 英里的地方，将平底船靠岸，匆匆垒起紧急防御工事过夜。次日上午，他们将火炮运到岸上，组装他们之前拆散的马车，开始将火炮向要塞方向拖运。除了随意且无效的炮击，法军没有采取任何抵抗。[6]

布拉德斯特里特没有时间按照围城战的标准守则，挖掘复杂的平行壕和攻城坑道。他利用法军守备队看上去罕见的胆怯和懦弱表现，命令他的部队占领法军构筑的胸墙，距离要塞大约 250 码。天黑后，他亲率一个分队将火炮架设到离弗朗特纳克堡西墙更近的高坡上，距离大约 150 码，或者说实际上已经进入近距离平射的射程。27 日黎明，英国炮手从这些有利位置向要塞开炮。要塞修建的石墙主要是用于抵御滑膛枪子弹的，而不是 12 磅炮弹。还不到 8 点，63 岁的要塞守备队司令皮埃尔-雅克·帕扬·德·诺扬就升起了红色的休战旗。布拉德斯特里特迅速提出了他的条件：守备队人员可以保留他们的钱财和衣物，但是会成为战俘，被押往奥尔巴尼，在那里，他们会被用于交换同等数量的英国战俘。他给了诺扬 10 分钟的时间做决定。这名法国老兵甚至几乎连 10 分钟都用不了，就迅速做出了决定。不到 1 小时，布拉德斯特里特的部队就占领了这座要塞。他们在要塞的墙内发现的情况，说明了法军的防御为何会如此不堪，布拉德斯特里特又为何会对这座要塞如此执着。[7]

德·诺扬的守备队仅有 110 名军人，要塞内还有大量妇孺；其余常规补充兵都撤回去守卫卡里永堡了。要塞内共有 60 门火炮，但是守军只能操作其中的 10 余门，再加上布拉德斯特里特短促的炮击造成的人员伤亡，能够操作火炮的人员就更少了。尽管诺扬的印第安盟友在布拉德斯特里特的部队登陆前 3 天就已经向他报信，他也立即向蒙特利尔送信求救，却明白信使无法在 4 天之内赶到蒙特利尔，救兵甚至需要更长时间才能从圣劳伦斯河下游走完 200 英里水路赶到。（事实上，沃德勒伊在 26 日接到诺扬的告急信，马上就用蒙特利尔周围田间的庄稼汉组织了一支民兵部队；27 日上午，他们就已出发，然而，无论他们如何努力，都不可能在 9 月 1 日之前赶到。）诺扬是一名在法国海军陆战队服役了 46 年的老兵，深知要塞古老外墙的每一处弱点,因而对英勇抵抗不抱一点幻想;不过,投降肯定会让他痛苦得说不出话来,只因他知道要塞的弹药库里,靠水一侧的仓库里,还有河里的单桅帆船上都藏着宝贵的物资。

对英属北美军来说,他们在眼前这一战中能获得的战利品多得"不可思议"。"要塞内的物资极多,"一名马萨诸塞中尉评论道,"军需品应有尽有,还有60门已经被摧毁的火炮。我们的主要收获是布匹,各种尺寸的花边、素色外套与衬衫,大量珍贵的毛皮皮货,还有其他一些物品。"8月31日,布拉德斯特里特在奥斯威戈写报告时,统计缴获的物资价值为3.5万英镑,或者说80万里弗。卡塔拉奎锚地里的9艘单桅纵帆船是法军在安大略湖的所有航运和海军力量。弗朗特纳克基地负责供应加拿大西部

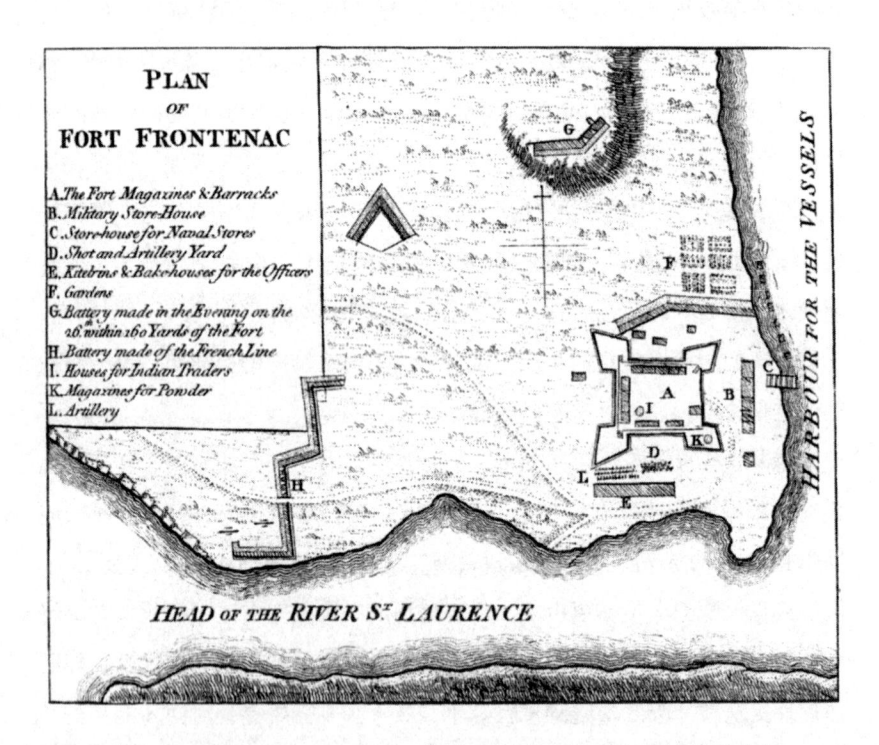

图 27.1 《1758 年 8 月 26—27 日,布拉德斯特里特进攻弗朗特纳克堡》。这幅引自罗克《根据实际测绘还原的北美要塞和平面图集》的版画地图,生动描绘了布拉德斯特里特的进攻如同一举成功的破窗劫掠。英军的这次进攻依靠图左的法军旧胸墙,临时构筑了简易的围城工事(承蒙密歇根大学的威廉·克莱门茨图书馆提供图片)。

贸易站的所有物资，因而物资和船只的损失会对上五大湖地区的印第安贸易，以及俄亥俄地区防御设施的自卫能力，产生灾难性的影响。"法军守备队毫无顾忌地说道，"布拉德斯特里特报告道，"他们在南面的部队和西面的守备队即使不会完全断粮，也要忍受可怕的饥饿，因为我们摧毁的粮秣和船只让他们的粮食和运输工具短缺，同时也没有任何东西留给他们从尼亚加拉带回加拿大本土。"[8]

布拉德斯特里特和诺扬的交谈，以及要塞内烤焙的大量面包清楚地说明，多达4000名法军援兵可能正在从蒙特利尔赶来的路上。于是，布拉德斯特里特中校没有贻误一点时间，就让他的部队开始工作，将最贵重的贸易货物和毛皮装上2艘单桅纵帆船，然后将其余船只凿沉；将火炮变成废品，摧毁武器和装备，掠走粮秣；焚烧建筑物，安装炸药将堡垒的墙壁炸塌。在这场毁灭的狂欢中，布拉德斯特里特仅停止了一小段时间，当时他将投降条件略做修改，使之对小小的守备队和他们的家眷有利。他允许他们直接回到蒙特利尔；诺扬则许诺会到那里安排释放同等数量的英属北美军战俘。这种表面上的大度姿态，实际上是布拉德斯特里特的谨慎之举，因为他不知道法军援兵何时会到达，也害怕由于受到妇孺和负伤战俘的拖累，他的撤退速度会有所放缓。

8月28日下午，已经没有任何东西可以拆毁，布拉德斯特里特命令他的部队上船。31日，这支部队回到奥斯威戈，在那里他们只停留了很短的时间，将战利品从缴获的单桅纵帆船里转移到平底船上，再将那2艘船毁掉之后，便马上离开了。9月8日，回到大运送场后，胜利者最终决定平均分配战利品。只有布拉德斯特里特——显然满足于不伤一命就赢得了如此重要的一场胜利会带来的荣耀——没有拿走他应得的那一份战利品。在这个精力充沛的新斯科舍人的心目中，有着无论如何都比鹿皮和河狸皮重要得多的大事。[9]

布拉德斯特里特刚到达奥尔巴尼，就开始敦促阿伯克龙比允许他率领一支规模更大的新部队返回安大略湖。他承诺凭借这支部队，能拿下尼亚加拉堡，还有可能一举征服法军的其他西部兵站。弗朗特纳克堡的情况意味着五大湖地区的法军守备队已完全暴露在英军面前，在其猛烈的攻击下极易降伏。在湖面巡逻船队被摧毁后，在西面出现哪怕最轻微的压力都会迫使法国人"放弃他们的定居点、堡垒，以及伊利湖、休伦湖和苏必利尔湖一线的领地。这样一来，法国人与这些地区的印第安定居者的贸易和利益必定会因此衰减。如果英国能够正确运用这些优势，就有可能完全从他们手中夺取这些贸易和利益"。他设想的是去征服一个从千岛群岛到桑德贝，向北美内陆延伸 800 英里的帝国：阿伯克龙比觉得这个宏伟蓝图太浮夸。布拉德斯特里特的胜利让这位将军再度谨慎起来，他打发布拉德斯特里特中校去往乔治湖，在那里中校可以监督自己和德·诺扬达成的战俘交换条件的履行情况。[10]

布拉德斯特里特无法相信阿伯克龙比会让这样一个千载难逢的机会溜走，虽然还是服从了后者的命令，但怒气冲冲地写信给他的英国后台，希望他们能促成总司令被召回英国，他还写了一本匿名小册子，以宣传自己在拿下弗朗特纳克要塞时发挥的作用。不过，这位远征志愿兵所写的《布拉德斯特里特中校远征弗朗特纳克堡的公正记录，对于此次行动补充的几点反思……》（*An Impartial Account of Lieut. Colonel Bradstreet's Expedition to Fort Frontenac, to which are added a few reflections on the conduct of that Enterprize...by a volunteer on the Expedition*）不只是一部自我宣传的作品，因为书中陈述的主要观点还企图让英国的读者了解从法国人手中夺取"五大湖地区领地"的时机已经成熟。"假如阿伯克龙比能够采取任何一种措施，"布拉德斯特里特写道，"我们的利益都会增加到超出想象的地步。"显然，撤换总司令官顺理成章。布拉德斯特里特并不是唯一一个控诉阿伯克龙比在突击卡塔拉奎以后瞻前顾后的军官。查尔斯·李上尉在进攻卡里永堡时负伤，尽管他正在养伤，但他仍会为"那个该死的恶劣胆小鬼（不幸的是，他是我们军团的首脑，此人祸害国家，是导致我们受辱的罪魁祸首，他就是上帝派过来为英国带来损失和耻辱的复仇工具）所犯的错误"而暴怒。李仔细指导他的妹妹将他的信及其附件交给第 44 团的英国议会代理人，他在信中描述了布拉德斯特里特取得的胜利和这次胜利可能产生的结果。"如果我们的呆瓜总司令只能怀着一颗老大娘的心和小心谨慎来行动的话，"他写道，"整个国家今年就一定会陷入无法避开的险境。"[11]

跟李所写的类似的许多信件，可靠地通过在殖民地边缘地带与写信者相关的家庭、委托关系和势力组成的关系网，送到了能够接近英国政治核心的诸大臣手中，摧毁了不幸的阿伯克龙比将军保留指挥权的机会。然而，即便他暮气沉沉，只通过批评者对他的谴责加以评判的话，会遗漏他在塑造1758年战事进程中的真正意义。好歹阿伯克龙比在7月13日，下定决心允许布拉德斯特里特对卡塔拉奎采取行动，尽管皮特在指示里没有授权他这样做。10天后，他做出的第二项未经首相授权的决定，对粉碎法国对俄亥俄河流域的控制权具有同等重要的意义。

第 28 章

印第安外交和迪凯纳堡的陷落

1758 年秋

7月23日，詹姆斯·阿伯克龙比确实鼓足勇气做出了一个决定，因为这一决定是以行政命令的形式发布的。当天，他授权福布斯准将与俄亥俄印第安部落直接谈判，即使这样做有违印第安的外交章程。从春天起，福布斯和宾夕法尼亚的威廉·丹尼总督就在通过蒂迪斯卡向西部的印第安各部示好，这些外交努力使他们与英王陛下的印第安事务督办威廉·约翰逊爵士对立起来。约翰逊和易洛魁人的关系，使他强烈反对直接与俄亥俄的印第安部落接触。阿伯克龙比允许福布斯不理会约翰逊独立行动，开启了一条仍被封锁的外交渠道。然而，这要求他拿一个与英国权力中枢有着非凡关系的人开刀。如此一来，阿伯克龙比的决定给了福布斯让俄亥俄印第安部落中立化的机会，但代价是将威廉·约翰逊爵士的名字加入了他那列越来越长的敌人名单。

或许，在驻北美的英军指挥官之中，没有人能比约翰·福布斯更需要印第安盟友，没有人能比他更努力地去赢得这些盟友，当然，也没有人为得到这些盟友而面临更加糟糕的局面。负责在布拉多克战败之地继续行动的福布斯，非常清楚正是由于缺少印第安盟友的支持，才注定了1755年布拉多克远征的惨败结局。但是威廉·约翰逊爵士似乎既不愿意，也没有能力为福布斯的军队提供易洛魁武士，于是福布斯把他的注意力转向南方，希望募集到切罗基人的援兵。但是切罗基人来得太早，人数也太多，5月中旬已有多达700人到来。福布斯为他们提供武器装备，供养他们，还要为他们寻找适合执行的任务。这些事务实施起来都非常麻烦。此外，福布斯本人没有管理印第安事务的经验，而约翰逊和南部印第安事务督办埃德蒙·阿特金都没有派人来帮助他。不到一个月，福布斯就抱怨"切罗基人绝对就是一大群瘟神"，当时他竭尽所能"取悦他们，……结果什么都不能让他们满意"。印第安人的情况也好不到哪里去，他们根本就不理解他。切罗基人的首领阿塔库拉库拉（又称"小木匠"），对福布斯的缓慢进展很恼火。他被福布斯将他的战士从盟友降为下属的举动触怒，企图退出这次远征，结果发现自己被当作逃兵逮捕了。福布斯最终明白自己犯了错误，释放了这位酋长，但是切罗基人的抵触情绪由来已久。夏天之前，几乎所有的切罗基人都已经回乡，顺便带走了福布斯为劝诱他们留下赠予的昂贵武器和礼品。[1]

即便福布斯的文化敏感性并不比其他英国指挥官强，他仍然几乎独一无二地把握住了印第安人的战略重要性。因此，尽管出现失误，遭遇挫折，福布斯也从未放弃谋求与印第安人的和解。于是，哪怕他在处理切罗基人的问题上犯下了错误，他还是恳求丹尼总督履行宾夕法尼亚在1757年《伊斯顿条约》中对蒂迪斯卡许下的诺言。福布斯在给丹尼的信中写道，无论如何，为特拉华人准备的房舍都必须在怀俄明谷地修建起来，这部分是因为"蒂迪斯卡得到了兴建这个定居点的公开信誉"，部分是由于福布斯希望利用蒂迪斯卡的东部特拉华人"在夏天"保卫"边陲的白人定居点"。不过，最重要的是，福布斯需要保持与蒂迪斯卡的顺畅沟通，因为这位东部特拉华人的酋长控制着唯一能传递信息给西特拉华人和俄亥俄其他印第安部族的渠道。早在5月初，他就努力"让肖尼人、特拉华人和这个殖民地（宾夕法尼亚）的民众"着手进行"协商"，以便在他的军队到达迪凯纳堡之前，使法国人失去印第安盟友。安排这次协商对福布斯而言，是一项重要任务，他为此下定的决心丝毫不亚于修建行军道路。最终，这项任务会与修建道路几乎同样艰巨。[2]

6月，当福布斯的战地指挥官亨利·布凯上校指挥远征部队从卡莱尔西进，开始修建道路和路上的支援堡垒时，福布斯本人正在努力通过所有可能的手段，利用蒂迪斯卡充当与俄亥俄印第安各部进行沟通的中间人。他依靠最不循常规的盟友关系来促进这些联系，为此他和蒂迪斯卡的朋友、赞助人、和平主义商人伊斯雷尔·彭伯顿建立了紧密的工作关系。彭伯顿是以和平措施与印第安人恢复和平友好协会的创始人和灵魂人物。彭伯顿告诉福布斯,蒂迪斯卡在1757年伊斯顿会议之后,已经向西部印第安人送去了贝壳念珠和信使,但易洛魁人千方百计阻挠这样的联系,阻止可能会实现和平的直接谈判。彭伯顿还解释道,俄亥俄印第安各部在同意改变自己的拥护对象之前,迫切需要直接听取宾夕法尼亚当局的声音。问题又出在宾夕法尼亚,和往常一样,迫切希望政府采取行动与正式采取行动之间仍有巨大障碍要跨越。[3]

彭伯顿和他在友好协会的同事发起的主动和平行动,是建立在向印第安人的利益让步的基础上的,从来都不是很符合宾夕法尼亚特许领主及其附庸的利益。特许领主派当局(当然也包括总督)普遍反对任何可能削减土地出售收入的措施,或者更糟糕一些,任何可能质疑以往和易洛魁人达成的购买协议有效性的措施,尤其是最为明目张胆的欺诈行为——《量步购地协议》。贵格会教徒和特拉华人都希望这份协议失效。1757年的《伊斯顿条约》使宾夕法尼亚殖民地和东部特拉华人之间实现了和平。这一条约可行,只是因为丹尼总督以一种极为非总督化的方式,同意将特许领主佩恩家族的利益抛在一边,答应蒂迪斯卡有关援助、贸易、土地的要求,并且对《量步购地协议》进行一次调查。然而,在不损害自身职务的条件下,丹尼只能做到这一步,每个人——友好协会的贵格会教徒、宾夕法尼亚议会的反特许领主领导人、福布斯,特别是丹尼本人——都知道这一点。他们也都意识到特许领主、易洛魁人和威廉·约翰逊爵士的利益盘根错节般交织在一起,任何一方都不愿推进特拉华人或者其他任何易洛魁附庸部落的独立自主,这将不可避免地延误,甚至阻挠与俄亥俄印第安部族谈判的种种努力。

鉴于上述所有问题,再加上福布斯为切罗基人的逃兵问题忧心不已,他向阿伯克龙比请求授权不等威廉爵士采取行动,让他自行开展与印第安人的外交活动。7月23日,阿伯克龙比的答复送到之时,各种协商已经在着手进行,福布斯早已采纳了彭伯顿的建议,请求丹尼通过蒂迪斯卡与俄亥俄印第安部族进行接触。这些努力的成果在7月初显现,当时蒂迪斯卡安排两位西特拉华部族的酋长前往费城,丹尼向他们二人保证,宾夕法尼亚其实渴望结束敌对状态。从俄亥俄地区来到费城的两位使者都是声望显赫的酋长，其中一位是皮斯克托蒙，即辛加斯和塔莫奎二人的兄长，辛加斯是特拉华人卓越的军事领袖，塔莫奎是倾向于和英国人谋求和解的民政领袖。毫无疑问，这样两位俄亥俄印第安部族代表的出现，提供了真正的和平希望，丹尼委任了一名私人特使随他们返回俄亥俄地区，邀请各部族派人参加秋天举行的和会。[4]

丹尼总督委任的那位踏上西部的危险旅程的使者，是勇敢精明的摩拉维亚传教士克里斯蒂安·弗雷德里克·波斯特。1742年，这名出生于普鲁士的家具木工，以宗教智者尼古劳斯·路德维希·冯·青岑多夫弟子的身份来到宾夕法尼亚。不久，他就开始出任传教士。他学习印第安部族语言的天赋和理解印第安部族文化的能力，使他极其适合这一职务。1748年，他在怀俄明谷地的东特拉华人之中安顿住所，学习他们的语言，并融入了这个社群。所有这些条件让他成为出使西特拉华部族的最佳人选，即便如此，没有皮斯克托蒙保障他的安全，他的性命在俄亥俄地区也轻如鸿毛。有皮斯克托蒙的保护，虽然他一进入俄亥俄地区，法国人就知道他来了，也了解他身负的使命，却不能阻止他。[5]

8月中旬，波斯特和皮斯克托蒙来到比弗溪上游塔莫奎的库斯库斯基镇。比弗溪是俄亥俄河的一条支流，在福克斯南方约25英里处汇入俄亥俄河。8月18—19日，波斯特在该镇向聚集一堂的特拉华各部酋长和武士发表演说，向他们保证英国人希望议和。此后，在比弗溪下游的村镇，以及几乎到达迪凯纳堡城墙下的俄亥俄河沿岸村镇，波斯特一再向肖尼人、特拉华人和明戈人首领申明他的来意。与此同时，印第安人保护他免于被法国人抓捕或暗杀。在他所到之处，接待他的东道主都表达了愿与英国结束敌对状态的诚挚兴趣，但是他们似乎又认定如果他们放弃法国人，英国人给他们的"报答"会是进入俄亥俄地区，夺走他们的土地。波斯特努力安抚他们，指出英国人只有在法国人于西部地区建立堡垒之后，才会在当地采取军事行动。他还向他们朗读了1757年《伊斯顿条约》的条款，根据这份条约，英国人会向蒂迪斯卡在怀俄明谷地的部族提供援助和有保障的土地。他提出这些事实就是证据，英国人无意越过阿勒格尼山进行殖民活动，战争只是为了赶走法国人，然后使俄亥俄各部急需的贸易再度繁荣起来。[6]

对此，俄亥俄的印第安人仍表示怀疑。他们坚持认为："显然，你们白人是这场战争的起因，那你们和法国人为何不在旧大陆和海上战斗呢？为何你们要来到我们的土地上战斗？这让每个人都认为，你们想用武力从我们手中攫取土地，然后在这里定居。"然而，无论对英国人的意图多么怀疑，印第安人几乎都明白法国人在俄亥俄的势力正迅速衰弱，他们也不会忽视这一事实，即福布斯正在以一种布拉多克从未展现过的审慎态度和实力向前推进。于是，尽管西特拉华部落的众酋长有所顾虑，印第安人最终还是决定让波斯特将信息带给丹尼、福布斯和他们在宾夕法尼亚的"兄弟"：

> 我们渴望我们曾经拥有的和平与友谊……因为宾夕法尼亚和其他所有英属政府一样，同属一个民族，使用同一面国旗，那么就让所有的政府一同议和。兄弟，当你们缔结由你们开始的议和，当你们这些兄弟所在的每一个地方都知道已经议和，一致认同这份和平和友谊，你们就会欢快地将伟大的和平念珠在阿勒格尼山送给我们……现如今，兄弟，以你们能达到的最快速度让英国国王了解我们的心意吧。[7]

9月8日，波斯特、皮斯克托蒙和一个印第安武士卫队出发去往英国人定居点。为了躲开从迪凯纳堡出动拦截他们的大量侦察队，波斯特一行在经过两周的危险旅程后，抵达蒂迪斯卡在萨斯奎汉纳河畔的沙莫金镇。他们在沙莫金分别，皮斯克托蒙前往伊斯顿，在那里他将代表他的人民参加即将开启的和平谈判，而波斯特则前往福布斯的司令部，报告他所知的法国人在俄亥俄地区的兵力分布情况。[8]

最终，波斯特在雷斯镇贝德福德堡的寨栅内找到了福布斯将军。见到这样一个非常"有能力又忠诚"的人，福布斯大喜。波斯特还带来了敌人的可靠情报，这让福布斯非常满意。为此，福布斯特意给予波斯特15英镑的个人奖赏。不过，波斯特很快就发现，他找到的是一名脚步蹒跚、承担多项指挥任务的病人。他发现，这位将军除了要忍受令人苦恼的皮肤病，还受到"长时间的严重血痢的折磨"。痢疾导致他的身体非常虚弱，以至于只有"坐在两匹马驮运的栏架里"，他才能行动。按照福布斯自己的话来说，他"就像一个孩子那样虚弱无力"，大部分时间"都躺在床上，疲惫得像条狗"。即便病到这种骇人的程度，他仍设法按时执行各项任务。他坚持发布命令给布凯，每周按时给阿伯克龙比送报告，同时向各殖民地总督提出援助要求，让他们赶快将物资送到前方交给远征军。[9]

波斯特发现，福布斯将军背负了太多需要仔细照应和忧虑的事项，这足以让一个健康的男子感到灰心丧气。在整场战事期间，弗吉尼亚殖民军的两位上校，即华盛顿和伯德，一直都坚持认为：如果福布斯坚持修建横跨宾夕法尼亚的道路的计划，那么他年底之前都不能到达迪凯纳堡；如果他希望获胜，就必须让他的部队改道向南，利用当初布拉多克的路线前进。但是，福布斯深信他们之所以偏好布拉多克的路线，源自他们在俄亥俄地区的土地投机利益。而且，近来福布斯还发现必须要谴责他们，因为他们"显露出一种软弱性，即他们对所属殖民地的依恋"高于为母国"尽忠职守"。福布斯不觉得这类"殖民地的利益、猜忌或怀疑能值2便士"，只有当道路要穿过最后一段山区劳雷尔岭会极为困难的消息从前线传来时，他才感到焦虑。他心里担忧华盛顿和伯德是正确的，因为那样的话远征军在冬季来临之前，根本就到不了福克斯。[10]

修筑道路的困难还不是送回福布斯司令部最坏的消息。福布斯也是在那之后才得知，9月11日，由他本人授权负责战地指挥的布凯，已经从洛亚尔汉纳出发前往迪凯纳堡周边地区进行侦察。而福布斯军团的主力正在洛亚尔汉纳忙着建造利戈尼尔堡。布凯和奉福布斯的命令指挥由800人组成的分遣队的詹姆斯·格兰特少校，都希望靠一次快速突袭结束这场战事，尽管福布斯三令五申应避免所有此类高风险的投机行动。他们鲁莽行动的结果便是另一次迎头痛击。9月14日上午，一支规模庞大的法国和印第安联合部队在福克斯附近，包围了格兰特分遣队。这场战斗几乎成为布拉多克惨败的小型重演：格兰特指挥的英属北美部队有33%阵亡、负伤或被俘。其他人则大难临头，各凭本事：有些人随着部队有序撤退，杀开一条生路；另一些扔掉装备，撒腿就跑。格兰特本人——除了布凯，福布斯麾下经验最丰富的校官——被法军俘获，押送到了加拿大。[11]

格兰特战败的消息令福布斯更加沮丧，因为这证实了波斯特带回的报告——迪凯纳堡的法军和印第安人依然相当强大，足以守卫福克斯——是正确的。但最令他恼火的是，布凯和格兰特因为无视他的三令五申而陷入窘境。要严格约束那些缺乏纪律和为共同事业献身的精神的殖民军就已经够糟了，但是至于那些拥有国王委任状的军官，本不需要再教他们什么是职责所在了，偏偏出现这种状况。在一份严厉斥责布凯的信中，福布斯

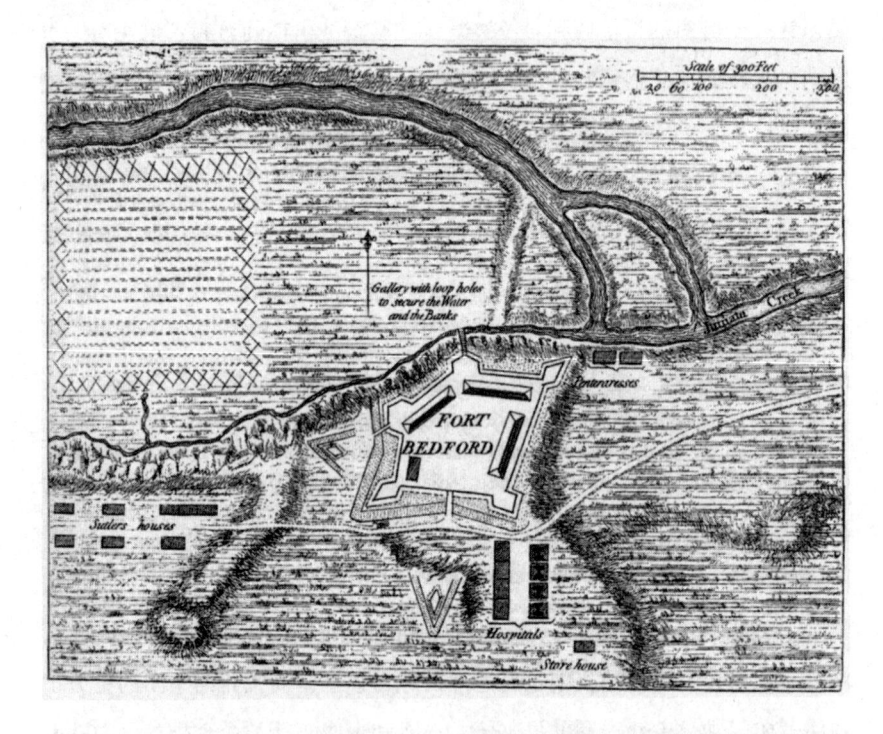

图 28.1　宾夕法尼亚的贝德福德堡。这是克里斯蒂安·弗雷德里克·波斯特与约翰·福布斯会面的地方，这座小型五角堡垒是福布斯在修建通往迪凯纳堡的道路期间的补给基地。利戈尼尔堡是一座类似规模的兵站，位于贝德福德堡西面约 45 英里的洛亚尔汉纳溪畔，是进攻迪凯纳堡的出发点。在这两座要塞之间，基本上在福布斯道路沿线，每隔约一天的行军路程，就有一座更小的碉堡式堡垒。引自罗克的《根据实际测绘还原的北美要塞和平面图集》（承蒙密歇根大学的威廉·克莱门茨图书馆提供图片）。

写道：

> 原本已经非常有把握为我们的好运欣喜，为我军先遣队已经摸到敌人眼皮底下，取得了一个得到妥善护卫，能够应对突然袭击的上佳兵站而自豪。我们的道路基本竣工；我们的粮秣军需都已装进马车。在完成所有这些任务的过程中，我们没有任何损失。我们的小小军团已经万事俱备，在任何我们乐意进攻敌人的时刻，或者在我们眼前出现任何有利机会的时候，都能集中兵力采取行动。
>
> 到目前为止，看起来我们很有可能取得胜利，我觉得这种希望是非常合理且令人愉悦的。因而，这次失利令我们大失所望。我们将发现这次失利的恶劣后果究竟能达到何种程度，现在我还不好说。

最令他担心的是这次受挫的结果将"在这个关键时刻使俄亥俄的印第安人有所疏远和变卦，他们善变又易摇摆，但似乎妥善处置就会与我们结盟，为我们提供保护"。[12]

10月，"不同寻常、意料之外的连绵雨天"，成了压垮福布斯的最后一根稻草。有一天，军队因为大雨无法"前进一步"，福布斯抱怨道："我被雨淋得一塌糊涂，什么事情都做不了。祈求上帝给我们几天好天气吧。"在这种阴郁的环境中，适宜开展军事行动的季节即将过去，而他部下殖民军官兵（福布斯的军团大部分由他们组成）的服役期很快就要结束，福布斯只得将他的希望放在10月11日在伊斯顿召开的和会上。尽管他不再期望以印第安辅助部队的形式得到直接援助，但如果俄亥俄部落能够保持中立——即使会遇到其他所有障碍——他仍然可以完成自己的使命。于是，10月16日，福布斯虽然"相当劳累"，仍然竭力来到办公桌前，给参加伊斯顿和会的宾夕法尼亚殖民地秘书写了一封长信，敦促他和他那些代表特许领主利益的同僚尽其所能促成和谈成功。[13]

"此时此刻，我感到欣慰的是，通过与你们所有人的共同努力，"他写道，"愚蠢的琐事被丢在一边，我们将为那些原住民（印第安人）采取一些措施，以加强我们的力量，削弱我们的敌人（在俄亥俄地区）对他们的影响力……在我看来,有时候,开始时退让一些,最终将会给你们带来许多好处。"12日,敌人对"我们在洛亚尔汉纳"的前方兵站发动了一次有力突击,福布斯报告道,布凯的部队已经将他们打退,造成法军"许多"人员伤亡,而我们自己蒙受的损失与之相比少多了。击退法军的突击队确实有利于提振士气,"所有的马车夫、马夫……在道路上就像雄狮那样勇敢"。他写道,因为"我们在洛亚尔汉纳万事俱备,我们只需要几个晴天,就可以顺利到达俄亥俄河两岸"。他派克里斯蒂安·弗雷德里克·波斯特去伊斯顿送信,那样的话,和谈达成的那一刻,波斯特就能"带着好消息(就像总督将要指示的那样)"即刻返回俄亥俄河流域,"让俄亥俄印第安人马上撤退"。其他任何人都没有福布斯明白,这时一切都要依靠和会的成功。他在结尾写道:"衷心为好天气和(来自和会的)喜讯祈祷。"[14]

10月20日,波斯特将福布斯的信送到伊斯顿,当天会议达到高潮。从一开始,这次会议就显得十分庞杂,气氛紧张,论争频繁。[15]这次会议是在宾夕法尼亚和新泽西这两位总督的共同支持下召开的,与会各方和他们代表的利益与前一年的伊斯顿和会几乎没什么分别。和1757年一样,出席会议的有宾夕法尼亚总督、该殖民地议会的反特许领主委员代表团、一群依附特许领主利益的官员和特许领主的资深印第安外交代表康拉德·韦泽,他们代表不同的利益。乔治·克罗根以威廉·约翰逊爵士副手的身份参加此次会议,这点也与1757年一样,他依然处于约翰逊(和特许领主)的贵格会反对派代表伊斯雷尔·彭伯顿的阴影之下。几个部族的印第安人也都在场:一些人在发言,一些人在劝告发言人,还有更多的人齐声赞同或者发出不以为然的怨言,给予本部族的发言人支持。尽管有这些相似之处,1758年的会议跟上一次相比还是有明显的区别。

首先,这次有更多的印第安人出席,他们来自更多的部落,因而更加庞大的人数和更大的分歧,使这次大会的内部动态要比上一次复杂得多。1757年,蒂迪斯卡作为印第安方面的主要谈判代表,来到伊斯顿,和他一同前来的是一个规模相当大的特拉华人代表团;相当多的塞内卡人也出席了会议,但他们是以易洛魁联盟观察员的身份来的,而不是作为独立的谈判代表与会的。与之相反，来自13个部族的500多名印第安人出席了1758年的大会。西特拉华部族代表团是最重要的代表团，但也是规模最小的代表团之一，它仅由皮斯克托蒙和他的几个顾问组成。东特拉华部族代表团在人数上远超西特拉华代表团，因为蒂迪斯卡带来了将近60名支持者，但即便是这个代表团，在来自易洛魁联盟的印第安代表团面前也相形见绌（仅从人数上来说）。易洛魁六部的每个部族都派出了正式代表，奥农达加长老会鼓励靠它的庇护生活的许多小部族——楠蒂科克、图特罗、查各纳特、米尼辛克、马希坎和沃平杰——也派出观察员。人多势众的易洛魁代表团是这次大会与上次会议明显不同的一个迹象。易洛魁大长老会认定，重申它比它的附庸部族优越的时机已到。于是，奥农达加派出不下3位有权势的酋长——伟大的奥奈达演说家托马斯·金、塞内卡长老塔加沙塔和莫霍克酋长尼查斯（克罗根的岳父），以明确他们的目的是让蒂迪斯卡保持沉默，以及遏制他表现出的独立行动的趋势。

蒂迪斯卡从一开始就看出了易洛魁人的意图，他意识到如果易洛魁人成功重申他们拥有凌驾于他本人和东特拉华部族之上的权力，他在1757年会议上获得的成果——对《量步购地协议》的有效性进行调查，在怀俄明谷地为特拉华人提供永久性保留地的承诺——会全部付诸东流。他还意识到在他的东特拉华部族与英国人缔结和约，并且协助将西特拉华人带到谈判桌之后，他已经变得可有可无。身为调解人，他已经没有任何筹码，失去了提出要求的必要权力。蒂迪斯卡的无力感有助于解释他在伊斯顿的行为，在各项议程开始之前，他就已经喝得烂醉，在会场大声喧哗滋事，后来这种情况也频繁发生。不管是出于何种情感缘由必须借酒浇愁，他喝醉酒，什么都得不到，反而惹人厌烦，乃至易洛魁发言人几乎不用费力就能说他不适合代表自己的部族发言。易洛魁人再度凭借熟稔的外交手腕，重申了他们对东特拉华人的霸权主张，即便他们并不能实际控制这些特拉华人。

之所以形成这种局面，可能是因为丹尼和跟他一样同为东道主的新泽西总督弗朗西斯·伯纳德，将蒂迪斯卡更多地视为负累，而非资产。如果以前对《量步购地协议》进行调查的许诺能够被永久搁置，怀俄明谷地被留在软弱的易洛魁联盟控制之下,而不是被立契转让给蒂迪斯卡那自命不凡的东特拉华部,他们认为会好得多。这样的解决方案符合特许领主派的要求,他们不希望看到《量步购地协议》变得无效,也不想看到250万英亩上好的土地从他们主子的控制下被转移。与会的易洛魁代表团会像过去那样,齐声表示同意——这种一致会由乔治·克罗根和他的岳父尼查斯来协调,因而蒂迪斯卡实际上被孤立了。由于蒂迪斯卡和东特拉华人的福祉不受宾夕法尼亚议会的委员代表关注,仅剩伊斯雷尔·彭伯顿还在支持他。但彭伯顿只是以非正式观察员的身份列席会议,对蒂迪斯卡来说最可怜的是,彭伯顿不会为了去捍卫一个喝得烂醉,又频繁谩骂的酋长的主张,而浪费重获和平的机会。于是,在朗姆酒夺走他的智慧,权势与和平抢走他的影响力的两难境地中,蒂迪斯卡发现自己在伊斯顿被抛弃了。在会议结束前,他终于清醒了,为他自己和东特拉华人的处境做出了最合适的妥协。

10月20日,蒂迪斯卡为了怀俄明谷地的家园,在一份动人的诉求中正式顺从了易洛魁人的控制。他将与会的易洛魁各部酋长称为"叔伯们",他说:

> 你们可能还记得曾将我们(特拉华人)安置在怀俄明和沙莫金,印第安人以前就在这些地方生活。我听说你们已经把那片土地卖给我们的兄弟英国人。在我们的英国兄弟面前,这件事现在可以澄清了。
>
> 我就像树枝上的小鸟般坐在这里。我环顾四周,不知去往何处。那么就让我落地吧,行行好让我成为我自己吧,然后我就会永远有一个家园。如果你们,我的叔伯们,或者在我死后,我们的英国兄弟将会说,他们从你们手中买下了那些地,那么我的后代到时遭受驱逐,对他们而言,这就太不公道了。[16]

奥奈达发言人托马斯·金傲慢地答复道,蒂迪斯卡可以暂时"与我们部族的民众和所有其他与我们有关系的部族共同使用那些土地"。至于蒂迪斯卡想要的"慈悲",那是奥农达加的易洛魁各部长老关心的问题,金说在此不能为他们代言，不过他会转达蒂迪斯卡的请求。特许领主派十分欣喜，准备做出两项精心安排的让步，产生的净效应是：蒂迪斯卡寸步难行，与西特拉华人达成和平，重建对佩恩家族来说非常宝贵的易洛魁霸权。[17]

当蒂迪斯卡在他的演讲中说道，他听说易洛魁人已经"将那片土地（在怀俄明谷地）卖给我们的英国兄弟"时，他暗指奥尔巴尼会议上的交易，当时康拉德·韦泽以佩恩家族代理人的身份，获得了萨斯奎汉纳河以西、北纬41度31分和马里兰边界之间所有易洛魁人名下的土地。韦泽意图抢先购买怀俄明谷地的土地，而他的竞争对手约翰·亨利·利迪亚斯正试图为康涅狄格的萨斯奎汉纳公司就这些土地进行谈判，因此蒂迪斯卡急于在怀俄明获得"慈悲"待遇。韦泽大手笔购买的土地，也包括易洛魁人声称他们在俄亥俄福克斯周围地区控制的所有土地，这样一来《奥尔巴尼购买协议》就成为皮斯克托蒙关注的核心问题。在伊斯顿的每个人都意识到，俄亥俄的印第安人永远都不会和英国人达成和平，除非他们对战争结束后俄亥俄地区仍会归他们所有这个条件得到满意答复。于是，在蒂迪斯卡承认他服从易洛魁联盟的权威后，佩恩家族的代理人康拉德·韦泽就正式将在奥尔巴尼购买的位于阿勒格尼山脉西面的所有土地归还给易洛魁人。[18]

这一巧妙之举甚至在重申易洛魁人是俄亥俄河流域的主人时，就减轻了俄亥俄印第安各部当时对自家土地的担忧，不过这也提出了第二个需要解决的问题。皮斯克托蒙有理由担心易洛魁人控制俄亥俄地区的长期结果会和英国人的控制一样，因为他像蒂迪斯卡那样，清楚地了解易洛魁人总是会毫不犹豫地出卖附庸部族的土地。于是丹尼总督走上前，宣布了计划好的第二个让步，他许诺在费城"再度点燃最初的老委员会之火"，即允诺将来代表特许领主与特拉华各部的代表（通过他们与俄亥俄的所有印第安部族）直接谈判，就像1682年威廉·佩恩与他们的祖先谈判一样。因为俄亥俄的印第安各部在将来会与佩恩家族自由交涉，这等于易洛魁人对俄亥俄地区的主宰在形式上恢复了，但对当地的实质控制没有恢复。在英国人做出这两个让步之后，皮斯克托蒙同意代表西特拉华人和其他由他代言的俄亥俄部族缔结和约。[19]

1758年10月25—26日，《伊斯顿条约》正式缔结，为此还举行了宴会，分发了礼品。伊斯顿和会是宾夕法尼亚历史上最重要的涉及印第安问题的会议，其意义绝不限于恢复和俄亥俄各部之间的和平。运用狡猾的柔性外交手段，易洛魁联盟重新获得了对东特拉华人的支配地位，重新确立了他们对俄亥俄地区的主张，对联盟而言，这一结果远比他们表面上付出的代价——为西特拉华人代言的能力——重要。佩恩家族的代表们解除了特许领主利益的一大威胁，重新巩固了特许领主与易洛魁六部的紧密关系。即便是佩恩家族在宾夕法尼亚议会和友好协会的敌人，也被迫承认这些对特许领主有利的收获。他们至少可以期待边陲地区的流血事件能够结束。此时，福布斯可以进攻迪凯纳堡了，只要天气允许，在他的殖民军部队的服役期满之前，西部的印第安人能收到议和成功的消息。皮斯克托蒙让他的部族停止他们不能再承受其苦的敌对行动；奥农达加承认他们的自主权；英国人许诺战后白人不会在俄亥俄地区建立永久定居点。

在伊斯顿会议的所有与会人员中，只有两位对重获和平最为尽责的人，蒙受了无法逆转的损失：彭伯顿和友好协会再也没能在印第安外交中扮演像以往一样重要的角色；蒂迪斯卡则会丧失他努力想获得的行动自由。最终，蒂迪斯卡的部族会失去更多。1759年，英国枢密院在进行短暂的听证会后，将许诺的对《量步购地协议》进行的调查交给贸易委员会，后者接着将这项任务分配给威廉·约翰逊爵士。蒂迪斯卡在怀俄明谷地为东特拉华人取得一块保留地的请求，被送交到易洛魁长老大会，后者当然不会采取行动。《量步购地协议》问题和怀俄明问题没能得到圆满解决，它们和其他问题将一同成为伊斯顿会议最令人痛苦、旷日持久的遗留问题，这不仅是对东特拉华人而言。不过，10月25日，只有哭着同伊斯雷尔·彭伯顿道别，承诺会向上帝寻求指引的蒂迪斯卡，在感受到《伊斯顿条约》可能意味的成果的同时，也感觉到了它可能意味的失败。[20]

与此同时，克里斯蒂安·弗雷德里克·波斯特、皮斯克托蒙和他们的护卫，已经带着和平的消息赶回俄亥俄地区。沿着新道路（波斯特觉得，这是他"走过的最糟的道路之一"），他们在11月7日追上了福布斯和他在洛亚尔汉纳前方兵站利戈尼尔堡的军队主力。福布斯欢迎他们,设宴款待他们,为他们的健康祝酒,催促他们带上送给辛加斯、塔莫奎和俄亥俄其他印第安酋长的贝壳念珠和信件赶路。福布斯在信中写道:

> 兄弟,我得到这个机会……告知你(伊斯顿)大会的圆满结果,这对我而言非常愉快,因为这对印第安和英吉利民族的兄弟们来说是个双赢的结果。
>
> ……就在我率领一支大军向国王陛下的敌人,也就是俄亥俄的法国人前进的同时,我必须坚决向你建议,立即通知你部族内可能正在法军堡垒里的人,马上返回你们自己的村镇。在那里你们可以和妻子、儿女一同坐在篝火旁,安静而不被打扰,还能安全地抽你们的烟斗。既然法国人是这场战争最初的起因,也是导致你们和你们的兄弟英国人之间存在长期分歧的原因,就让他们自己去战斗吧。我必须恳求你约束你部下的年轻人……因为对我来说将他们和我们的敌人区分开是不可能的……以免……我会成为让你们的兄弟死去的无辜肇事者。希望你能接受这个忠告,并把它藏在心中,保证不会传到法国人的耳朵里去。[21]

11月16日,皮斯克托蒙和波斯特需要将福布斯的信息传递到比弗溪沿岸的印第安定居点。这个任务绝不轻松,因为他们正好在一个"危险的"时刻来到这个地方,当时许多印第安武士袭击了洛亚尔汉纳附近的英属北美人定居点之后,正在返回。整整3天,波斯特和他的同伴发现他们被困在库斯库斯基的一座房子里,不敢冒险出行。部分原因是他们受到在当地出现的法国军官的威胁,那些人怂恿村镇里的印第安青年"打破每一位(英国)信使的脑袋"。但是,波斯特觉得他们的生命受到威胁的最重要的原因是"因为那些刚屠杀完回来的印第安人……正被杀戮精神支配。杀戮精神让他们陷入血色牢笼,使他们渴望和沉醉于血腥的复仇行动"。焦急的使者们首先等待局势平静,然后等待印第安人私下里对是否接受伊斯顿送来的和平念珠和信件形成决议。一切都取决于他们对英国人的意图的理解。正如波斯特熟知的那样,"印第安人非常关心土地问题,一直都很忌惮英国人将来会夺走他们的土地"。[22]

经过极其漫长的等待,塔莫奎和辛加斯在 11 月 25 日正式同意接受波斯特带来的信件和和平念珠。在接下来的几天里,他们在公众大会上发表演说,不过只是为了批准已经做出的接受伊斯顿和平协定的决议。11 月 29 日,在公众大会的闭幕式上,塔莫奎告诉波斯特,他和辛加斯会亲自将消息送到俄亥俄的其他印第安村落,同时请求波斯特等人将他们接受和平的消息带给英国人。就在"波斯特准备动身"时,另一位印第安长老带来了最后一项接洽要求。

> 名人科提乌斯亨德是俄亥俄印第安人的首席顾问之一,他暗中告诉我们:"所有部族一致赞同保卫他们在阿勒格尼的猎场,不能忍受任何人在那里定居。由于这些印第安部族非常倾向于英国的利益,我再三恳求你们告诉总督、将军和其他所有人不要在那里定居。如果英国人退到阿勒格尼山的另一边,其他所有印第安部族都会为他们的利益服务。但是如果他们不知变通,坚持要在那里定居,所有部族都会起来反对他们。我害怕届时会有一场大战,和平永远不会再度到来。"[23]

英国使者也同意传达这一信息。但是波斯特情绪低落,因为他不能保证所有人都会听从这一建议。

12 月 4 日,当克里斯蒂安·弗雷德里克·波斯特再度与福布斯的军队会合时,他发现俄亥俄的世界已经永远改变了。福布斯的战役结束了:英军控制了福克斯;在距离迪凯纳堡被炸毁的废墟上游数百码的位置,一座新要塞正在建设当中;这个地方已经改用新地名——匹兹堡;为了努力挽救福布斯的性命,他本人已经被送回费城。[24] 以下就是事情的全部经过:

那些返回库斯库斯基,曾经给波斯特和他的同伴制造了很大麻烦的特拉华突击队,在 11 月 9 日出动,目的是掠夺或者摧毁洛亚尔汉纳附近的马匹和挽畜。虽然迪凯纳堡守备司令、法国海军陆战队上尉弗朗索瓦-马里·勒马尔尚·德·利涅里一再坚持，但是特拉华突击队对于实施这次突击没有多少热情。利涅里希望给英军的运输部队制造这样的破坏，因为这会让福布斯无法继续进行这场战役。这是在绝望中孕育出来的一次突袭。55岁的利涅里是一名顽强的法国军官，自从布拉多克战败后，他就在俄亥俄服役。他是一名旧时代的游击战大师，但是随着弗朗特纳克堡的陷落，他开始对自己的处境感到绝望。当他的补给逐渐减少，侦察兵又告诉他英国的筑路部队在稳步向福克斯推进时，他发动了接二连三的突袭，希望借此使英国人在冬季来临之前手忙脚乱，迫使他们放弃远征迪凯纳堡。可是随着每次突击以胜利告终，越来越多的远方印第安辅助部队带着他们的俘虏和战利品回乡了。讽刺的是，利涅里取得的最大的一次胜利——9月14日击败格兰特指挥的侦察队，结果却是让许多渥太华人、怀安多特人和其他上五大湖地区来的印第安武士离去。不久，他发现除了当地的特拉华人、肖尼人和明戈人留下来了，鲜有印第安人可以依靠。同一时期，补给品的供应困难迫使他将迪凯纳堡的法军和加拿大部队的人数降到最低。11月初，他指挥的是一支由300名骨瘦如柴的正规军和民兵组成的守备队。即便是这样一支部队，也只有33%的人适合执行任务。[25]

尽管在利涅里看来，俄亥俄印第安人在11月12日参加突击不够热心，但是实际上这次对洛亚尔汉纳附近"设防草场"的马匹和挽畜的突击还是很成功的，突击人员在撤退之前，杀死和缴获了200多匹牲畜。得到印第安人正在发动进攻的警报，福布斯命令两支500人的部队出击：一支由华盛顿上校指挥"去追击敌人"；另一支（弗吉尼亚第2团一部）由乔治·默瑟中校指挥"去包围敌人"。当华盛顿的部队最终追击到3名印第安突击人员时，夜幕即将来临。此后不久，在逐渐浓郁的夜色中，华盛顿的部队与默瑟的部队误打误撞彼此相遇，两支友军相互开火。在有人明白这一切都是误会之前，已经有2名军官和38名士兵伤亡，这一损失比敌军突击队造成的伤亡大得多。幸运的是，华盛顿抓到的3名俘虏安然无恙，其中一人是宾夕法尼亚的边地居民，名叫约翰逊。他被特拉华人收养，以印第安武士的身份参加了这次突击，被俘后，他向英军披露了利涅里守备队的虚弱状态。福布斯本因冬季将至，正准备放弃这次战役，但约翰逊的报告说服他把握住这个送上门来的机会。他令全军做好准备向福克斯进发。[26]

11月15日上午，福布斯军团以华盛顿的弗吉尼亚第1团，以及特拉华、马里兰和北卡罗来纳殖民军的几个分遣队为先锋，从洛亚尔汉纳的军营出发。部队将随营妇女乃至帐篷都留在利戈尼尔堡，以便尽可能快速向福克斯推进，这样一来他们每天能走3～5英里的路程。每天都有一支特别小分队为福布斯建一座带烟囱的小屋，他尽管比以往任何时候都更加虚弱，但仍然躺在担架上随部队前进，而且每晚都尽可能在靠近行军纵队前锋的地方过夜。11月21日，福布斯的前锋部队在距离迪凯纳堡12英里的龟溪安营扎寨。[27]

就在同一天，利涅里终于承认该收场了。在得知特拉华人仍在仔细考虑是否接受宾夕法尼亚送来的和平念珠后，11月12日利涅里将一副开战念珠送到库斯库斯基，与念珠一同送去的还有一封请他们与他一同对英国人发动新攻击的信。令他失望的是，特拉华人拒绝接受他的念珠，反而像是看见蛇一样将它踢开。"把它还给法国上尉去，"他们对利涅里的信使说，"让他和他部下的年轻人去进攻吧，他吹嘘了那么多他的战斗故事，现在就让我们看看他怎么战斗吧。我们经常为他冒生命危险，却几乎连一条面包这样的回报都得不到……现在他居然还以为我们会跳出来为他服务。"法国使者"面无人色"，直到午夜都在忍受他们的嘲笑。他只得将这些话带回，告诫利涅里，不要指望昔日盟友前来助战。[28]

当这个令人不快的消息到达福克斯时，守备队司令利涅里做出了他仅剩的唯一选择——撤离和摧毁迪凯纳堡要塞。他将剩下的粮秣留给最近的怀安多特部落（他解释，这样做是因为想借此"劝诱他们一直站在我们这一边去进攻英国人"）；他将要塞的大炮和弹药都装上了平底船，命令路易斯安那和伊利诺伊的民兵护送这些军械和尚在要塞的俘虏去伊利诺伊地区。最后，11月23日，当守备队剩余的200人在独木舟里待命时，利涅里下令在要塞内点火，引爆了堡墙下50～60桶火药。利涅里和他的部队仅停留了一小段时间，确定"要塞会完全化为瓦砾，敌人除了堡内建筑的铁质架构，什么都得不到"之后，便在阿勒格尼河划着独木舟前往位于法兰西溪溪口的马绍堡补给站。他和100名身体最健壮的部下将在那里守卫法属殖民地的冬季战线，等待所需的援兵，以便在春天再度来临，英军能够增援他们的冬季守备队之前，夺回福克斯。[29]

尽管英属北美军在10英里开外就听见了将迪凯纳堡炸成废墟的爆炸声，他们依然小心前进，直到次日，即11月24日才占领要塞所在地。此时，福布斯的小军团还有不到一周的时间就要解散了，因为占这支军队67%的兵力的殖民军服役期到30日就结束了。于是，福布斯希望在这之前赶紧巩固他的成果。他下令在法国兵站废墟不远的莫农加希拉河上游修建一座设栅要塞。要塞的用途是让仅由200名宾夕法尼亚殖民军组成的冬季守备队栖身。另一位医生出身的苏格兰裔军人休·默瑟中校受命指挥这支部队。守备队的人数很少，确实是一支规模很小的部队，但是往东40英里的利戈尼尔堡已经不能再多提供一个人的物资了。福布斯很清楚，安抚当地印第安部落的人心甚至要比这座要塞更加重要，因为他们轻易就能压倒要塞的小小守备队。于是，他派乔治·克罗根邀请当地村落的酋长来要塞和他会面。克罗根在伊斯顿会议结束后前来与他会合。

福布斯本人却没能留下来，12月4日，会面进行的时候，留在要塞的是布凯上校。他向齐聚一堂的印第安酋长们分发礼品，并向他们保证，英国人来到俄亥俄不是为了定居，只是为了重开贸易，同时防备法国势力卷土重来。11月26日，福布斯的身体彻底垮掉了："深受胃部、腹部和肝脏炎症的困扰，所有的症状都是最明显和最严重的。"他意识到如果他还想活下去，就只能返回费城，这样一来，他在返回英国老家之前，可以在那里接受妥善的治疗。[30]

尽管福布斯怀疑自己能否撑过这段旅程，他还是在长达6周的艰难归程中熬了过来，但是他的体力在费城仅恢复到将自己的事务整理好的地步。他写了几封信：一些行政和战略遗嘱，由一个能够感觉到自己的生命正在消逝之人所写。福布斯最后几封书信中最重要的是写给杰弗里·阿默斯特的信，他最近刚刚被指派去接任阿伯克龙比的职务。福布斯一直都心系印第安事务，只因他担心阿默斯特（仍对荒野作战缺乏经验）会认为印第安人只是会站在可能的胜利者一边的原始人,因此和印第安人的关系可能会被简化为简单的实力运算。福布斯乞求阿默斯特"不要轻视印第安人或他们的友谊"。如果阿默斯特希望保护英国在俄亥俄的立足点,就需要"让印第安事务在一些稳固的基础上得以解决,因为要维持住和印第安人的良好关系以及把控住俄亥俄地区,都取决于这一点"。过去,和印第安各部的关系基本上都被误解了,福布斯写道:"即使被理解,也为了某些特定目的而被歪曲了。"这方面最大的问题,出自两个来源:"弗吉尼亚人和宾夕法尼亚人之间一直存在的嫉妒……两者的目标都是致力于与印第安人进行贸易和易货交易",在福克斯周围的"大片沃野定居,将之占为己有";另一个是"威廉·约翰斯通(实为约翰逊)爵士和他那群部下的自私看法"。福布斯担心,西部最终将会陷入混乱,这样一来就会失去他用生命去赢得的这个地区,除非阿默斯特使出有力的手段。[31]

福布斯人生的最后一幕令人感伤。他下令"为我军团里的军官……打造一枚金质勋章,作为他们忠心服役的荣誉奖赏"。他对勋章的铭刻做了详细说明:"勋章的一面镌刻一条穿过大片森林,跨过岩石和山脉的道路。其上刻着铭文'Per tot Discrimina';另一面镌刻有一座燃烧的要塞,位于莫农加希拉和俄亥俄河的交汇点附近,福布斯将军在担架上向要塞靠近,后面跟随着分为几路纵队,携带大炮行军的军队。其上刻着铭文'Ohio Britannica Consilio manuque'。这枚勋章要用深色丝带戴在脖子上。"[32] 1759年3月11日,也就是在约翰·福布斯下令制作勋章3周后,距离他的56岁生日还有5个多月的时间,他因"令人生厌的病痛"去世了。宾夕法尼亚殖民地为他举行了隆重的葬礼,还花费公帑将他葬在费城基督堂的高坛里。[33]

这是佩恩家族的殖民地(宾夕法尼亚)最起码应该为福布斯做的事情,不仅是因为这位将军在3年可怕的流血事件之后让宾夕法尼亚边界重获安全,也是因为已经被称为福布斯公路的这条道路开辟了从费城直达俄亥俄河流域的交通线,而且在这条道路上每隔不过一天的路程就设有一座驿站。从宾夕法尼亚的特许领主家族、商人、土地投机商、印第安贸易商和农民的多个角度来看,这条道路都是福布斯远征最为重要的成就。

第 29 章

军事教育

1754—1758 年

11月底，福布斯军中疲惫不堪、冻得直打冷战、衣衫褴褛的殖民军部队在匹兹堡奉命解散。当时，在北方战场作战的殖民军的多数官兵已踏上返乡之路。10月底，阿伯克龙比就取消了纽约的军事行动，从而避免了不愿超期服役的殖民军官兵大量开小差的现象。然而，没有开小差，并不代表成千上万新英格兰、新泽西和纽约的殖民军官兵感到满意，除了对他们在过去的6个月里为之效力的英国正规军军官表示钦佩。[1]实际上，他们与正规军军官在某些方面更接近对立的状态。对6000多名亲眼看见阿伯克龙比在提康德罗加耻辱溃败的殖民军官兵而言，败阵的主要教训清晰明了：这是一种几乎让人难以置信的"判断失误和对人命的肆意牺牲"，这是一个傲慢自大或者说无能的指挥官，能够在短短几个小时之内让数以百计的生命就此消失的悲剧性范例。[2]处在战场边缘的殖民军部队，不会怀疑那些在蒙特卡姆设置的鹿砦之中慷慨赴死的正规军军人的纪律性和勇气，但目睹这一切也不能让他们渴望效法英国正规军。

或者更加准确地说，没有任何殖民军士兵愿意被迫去效法正规军。与英王陛下的正规部队共同执行任务，让殖民军士兵最为清楚地明白，驱使英军战斗的引擎就是强制性的军纪体制，普通士兵的鲜血就是这部引擎的润滑剂。志愿在邻家或年长亲属的麾下，为一场战事服役的殖民军官兵，在提康德罗加只会瞠目见证军事司法体制是如何运作的。根据这一制度，军官们经常会体罚士兵，将他们折磨到还剩一口气的地步，甚至直接判处死刑也并不罕见。

在之前的几次战争期间，新英格兰士兵只在殖民军军官，而不是在正规军军官麾下服役,表现得或多或少像是武装平民。普通士兵若是侮辱上尉指挥官,可以想见将承担如下后果:(取决于军官会如何处置)可能被当场打翻在地,或者被逮捕、上军事法庭受审,再被9束皮革结成的皮鞭鞭笞10~20下。然而,按照正规军的军纪,冒犯军官是处鞭笞500下的大罪;盗窃一件衬衫会被鞭笞1000下;开小差(这在新英格兰部队中不是罕见行为)会被处以绞刑,或由行刑队枪决。一个寻常的殖民军士兵在阿伯克龙比指挥的军队服役,每一到两天就会目睹有人被鞭笞50~100下,每周一到两次目睹有人被鞭笞300~1000下,至少每个月会目睹一次死刑。人们几乎在任何时候,都会看到士兵们接受不太正式的"集体处罚",诸如被迫长途步行或者长时间骑木马。阿伯克龙比军团的一位殖民地军医记录道,人们必须特别努力佯装看不见各种军纪惩处。"我没看见有人挨鞭子,"军医卡勒布·雷在公开行刑绞死一人,另有两人被鞭笞1000下后写道,"虽然几乎每天或多或少都有人被鞭笞和羞辱,或者以其他方式被惩处,我见到这些事情已经不会感到好奇了。尖叫和哭泣对我来说,就像是没见到鼓击乐团在场的音乐演奏一样。"[3]

与正规军一同服役给殖民军官兵留下了持久的印记,这不仅是指他们在离开军队时背上都伤痕累累。新英格兰各团的士兵是北方军团的主要人力资源,他们大部分17~24岁,是土生土长的本地青年。他们大都没成家,仍然在家乡或者家乡附近生活。他们中的大多数人都从小就认为自己是一个特别有道德的英国人,因为他们不仅是自由持有人的儿子,这群人也希望成为拥有自主权的独立土地所有者,他们还是那些来到北美建立一个新英格兰的宗教异见者的后代,这群人认为新英格兰比旧英格兰更得上帝欢心。但是,服兵役让大多数北方年轻人有机会第一次遇到相当数量的真正的英格兰人,以及苏格兰人、威尔士人和爱尔兰人。他们服兵役时的见闻和经历,首次远离家乡的历练,对他们早已从父辈那里继承而来的许多先入之见形成了挑战,甚至变得令人震惊。这些先入之见就是关于人际关系性质的观念:在他们看来,人与人之间的关系是契约性质的,且基本上都是自愿的,但是在英国军官看来,人际关系是建立在地位和强制基础上的,因为这才符合英国风格的本质。这场战争虽然展现了殖民军官兵与其英国战友之间的明显差异,但绝对无法让殖民军官兵相信他们比正规军士兵低一等,就像一位殖民军士兵所写的那样,他们"正规军士兵对军官来说比奴隶好不了多少"。[4]与正规军军官的接触,也无法说服他们接受这些宗主国统治阶级的代表成为他们的当然上级。尽管如此,他们从阿伯克龙比和劳登这类人那里得到的待遇,还是明确表明了军方领导人对他们的看法:往好了说,他们被视为"一个顽固而难以驾驭的民族,对从属的本性一无所知";往坏了说,他们被视为"能够想象到的最肮脏可鄙的胆小鬼"。[5]

1756年以来,英属北美军团成为数以万计的北美殖民地居民遭遇不列颠文化和等级制度的跨文化冲击的场所,这一现象刚好通过正规军这面棱镜折射出来。由于战争对各殖民地的影响并不均等,对各地造成的冲击也就不尽相同。新英格兰地区贡献的兵员相对人口的比例,比起切萨皮克地区或中部殖民地要大得多。然而,特别是在1758年皮特的各项政策生效以后,殖民地居民参战的总人数上升到前所未有的水平,殖民军士兵来自北美殖民地的每个地方,服兵役的经历变得相当普遍。凡是殖民军与正规军一同服役的地方,前者都不可避免地注意到自己和正规军上司之间的差别,就像他们无法避免在营地之中听到被"鞭笞、侮辱或以其他方式被惩罚"的人发出的"惨叫和哭泣"一样。此外,殖民军的普通士兵绝大多数都是年轻人,在取得财产和家族领导地位之后的几年里,他们对当地社会的影响将会越发明显,战时经历的影响很可能在他们退役以后的许多年里仍然存在。从参战人员的绝对数量上看,这场战争对新英格兰的长期影响最大,因为当地40%~60%的适龄男子在一切重归和平之前,都曾在殖民军部队度过战争岁月。至少在马萨诸塞和康涅狄格,这场战争最重要的作用是将一群只是恰好属于同一时代的人塑造成了真正的一代人。在任何有成年男子进入殖民军服役的殖民地,战争都会造成影响,即便范围不像新英格兰那么大。对疲劳和军纪,无趣和恐惧,身体劳顿和战斗的共同强烈体验,将会在战争结束之后的许多年里渗透到那些曾经服役参战的人的观念之中,从而在潜移默化中塑造他们的行为模式。[6]

事实上,早在1758年年底,历次重大战役的影响在整个殖民地就已经很明显了：鲁弗斯·帕特南和约翰·克里夫兰带着他们的故事回到家乡讲述，甚至出钱收集这类故事；不太走运的士兵带着会妨害生活的累累伤痕返乡；一些人再也没有回过家。不过，无论如何，战争和兵役的影响都比这名高大、神情严肃的弗吉尼亚人的生活更重要：他辞去了弗吉尼亚第1团上校的军职，在圣诞节骑马来到威廉斯堡。[7]

乔治·华盛顿在过去的5年里几乎一直在打仗。此时，法国人被逐出福克斯，弗吉尼亚边界恢复和平，他认为自己已经做得够多了。他从没有告诉过任何人，如果远征迪凯纳堡的战事能顺利结束，他就打算辞职，因为他已经在为重归平民生活做精心准备了。1758年春，他已向新肯特县最富有、最适合共结连理的寡妇玛莎·丹德里奇·卡斯蒂斯求婚，玛莎也答应了。他们打算在1759年1月6日结婚。将两人的土地、奴隶和财富合而为一，他们组成的家庭（玛莎已经是两个小孩的母亲）将稳居北弗吉尼亚种植园主精英之列。就在玛莎答应嫁给华盛顿之后不久，他决定通过谋求竞选弗雷德里克县在弗吉尼亚下议院的议席，来巩固他的新地位。1758年7月底，他以相当大的优势被自由地产保有人选为议员。他将在1759年2月冬季会议期间，正式坐上他在下议院的议席。任何对此感兴趣的观察者都会合理地得出结论：华盛顿的军事生涯——以1754年颇不吉利的败仗开始，以后即便不算辉煌，也以逐步积累的功勋为标志——不过是这个具有异乎寻常的雄心壮志的男子崛起的一个初步阶段，可能经过精心的算计。但是事实上，华盛顿出任弗吉尼亚第1团团长的经历意义要大得多。[8]

最为重要的是，这场战争对于一个几乎没有接受过正规教育的人来说，在人生的许多方面，都起到了教育的作用。最鲜明的是，军事经历教授了华盛顿很多技术和实践方面的知识。1754—1757年，在守卫弗吉尼亚边界期间，他学会了如何最大化利用永远不足以执行任务的人力资源；如何布置和修建要塞、碉堡；如何组建补给和运输部队；如何执行军法以及操演和训练士兵；如何组织和管理部队所需的多种行政和文书工作。他也学会了不那么容易感知，却同等重要的指挥技能：该如何赢得下级军官的敬意和维持他们的忠诚；如何发布简洁明了的命令；如何与某些事物保持距离；如何控制自己的情绪。他获得这些技能部分靠学习，他孜孜不倦地阅读各种军事手册和论文，比如恺撒的《高卢战记》《内战记》，汉弗莱·布兰德上校的《军纪论文集》(Treatise of Military Discipline)，消化在其中获得的一切知识；部分靠观察经验丰富的军官在战斗中的表现。他抄写他为之效命的正规军军官布拉多克、福布斯和布凯的命令，还认真仔细地进行研究。新英格兰人普遍对正规军的军纪敬而远之，他们更加强烈地依恋本地区的契约式军事传统。但是华盛顿与他们不同，他会为了努力赶上正规军，去观察他们是怎样行事的。于是，他去了解正规军对待任务和要求的态度，模仿他们的指挥习惯，化解他们的各种成见，乃至于他除了军服的颜色与委任状和正规军军官不同，实质上在每个方面都像正规军军官一样。华盛顿尽可能彻底和自觉地让自己在1754—1758年成为一名职业军官，实际上他对团一级军务的娴熟掌握，已经不亚于许多英国正规军上校。[9]

华盛顿成了一名能干的军事管理人员，当然这不等于说他也成了一名天才战术家。除了一名步兵指挥官不可或缺的素质——雷打不动的血性勇气，他在战场上几乎没有表现出值得一提的技能。他与敌军的首次遭遇以一场屠杀告终；第二次遭遇是一场惨败。他骑马追随布拉多克，与后者并肩经历了英属北美军事史上最惨痛的失败之一，仍然临危不惧，但也仅此而已。这次经历并没有促使他掌握丛林战的熟练技能。1756—1757年，他的团在弗吉尼亚边界与印第安人进行小规模战斗，但没有证据能证明这个团抑制了印第安人的袭击，或者说减轻了袭击的致命影响。在福布斯远征迪凯纳堡期间，他证明了自己有能力指挥1000多人在地形复杂的地区行军，这的确是一种不凡的技艺，但是在与敌军仅有的一次遭遇中，他无力及时辨认出一支友军分队，以制止他的部下向友军开火。不过即使是这些经历，也在以其特有的方式，很好地为华盛顿所用，因为在1758年年底，比起1754年夏那个自称被掠过耳际的子弹的呼啸声迷住，毫无经验、仓促上阵，看上去年轻许多的菜鸟军官来，他已经是一个能充分意识到战斗的危险性和指挥局限性的成熟军官了。

华盛顿身为军事领导者的最佳成长证明，可以在1758年11月6日夜间，出席完一次为迪凯纳堡远征行动的收尾阶段制订计划的讨论会之后，他写给亨利·布凯的一份备忘录中觅得。当然，11月6日，波斯特尚未带着《伊斯顿条约》签署的消息到达洛亚尔汉纳，所以布凯和华盛顿都还没有任何理由，会认为俄亥俄印第安各部会放弃他们的法国盟友。从格兰特的败阵得知的关于法军实力的最新情报，使得任何人都没有理由感到乐观。即使如此，布凯仍告知华盛顿，他打算建议福布斯不要将军队继续滞留在利戈尼尔堡的补给基地，而是应该毫不拖延地向迪凯纳堡进军。华盛顿试图提出异议，但没能说服布凯。在两人会面几个小时后，华盛顿发现自己困扰于这样的想法：布凯会说服渴望让远征成功结束的福布斯去冒险。他写下的这份备忘录是劝阻布凯停止鼓吹立即进攻的最后努力。

华盛顿显然将布拉多克远征的历史铭记在心中，因此他首先敦促布凯考虑在敌人自家的土地上与之遭遇会产生的后果，福布斯远征军只有可以携带的些许补给品而已，而且当粮食和弹药储备耗尽时，无力进行系统有效的补充。在这样的条件下，一次失利就意味着被迫退回利戈尼尔堡，接下来会因为缺乏粮秣，被迫放弃这个补给站，"要么将我们的火炮丢下留给敌人，不然就全部摧毁，"随后他又继续写道，"假设敌人让我们和他们进行一场野战，我们会将他们击溃。那么，我们怎样才能获得这种机会？或许首战就让他们蒙受3倍于我们的损失，那样我们在数量上就会具备巨大优势（如果允许我根据最近目睹的情形来判断，我不会对这种高估我军丛林战技能的看法有太多好感）。因此，在眼下不具备完成计划重点的能力之时，冒险毕其功于一役，在我看来，是有些鲁莽的。"[10]

这份引人注目的文件道出了华盛顿当时的几种心态，他不仅对自己的判断拥有足够的信心，还敢于向一位不赞同他的意见的正规军军官直抒己见，这名军官不仅是他的上级，而且是一名在华盛顿只有5岁时就首次服役的男子。不过最重要的是，这份备忘录说明，华盛顿已经掌握了野战必然会提供的最重要的教训：要赢得战役的胜利，甚或要赢得战争本身的胜利，不一定需要赢得战斗的胜利，实际上，在错误的时间或者以错误的方式赢得战斗的胜利，可能会导致在更大的冲突领域失利。无论多少战术失利，都可以通过单纯维持军纪，且比敌人让部队在战场上维持更长时间得到弥补。

布拉多克的失败教训同样说明了上述问题，而福布斯远征也即将证明这一点。1755 年，布拉多克的军队丧失了对法军的优势，不是因为遭遇布拉多克本人都阵亡的惨败，而是因为邓巴向士气消沉、军纪松弛和败逃的势头屈服。邓巴下令摧毁全军的补给和火炮，由此毁掉了全军重返迪凯纳堡再战的机会。福布斯完全明白这个教训，因此耗费大量时间和金钱来确保他的交通线，还修建了要塞化的补给站强化这些线路。结果，个别失利——即使像格兰特那样真正意义上的失利——或许会延缓他的推进，但是不会停止前进。最终，福布斯的军队不曾赢得一场与敌人的战斗，却达成了自己的最终目标。在战场上取胜与达成一支军队的战略目标之间不存在严格的联系，这一点哪怕是亨利·布凯这样阅历丰富的老练军官都不易察觉。但是华盛顿就像福布斯本人那样，完全且果断地理解了这个重要教训。

认为战争造就了华盛顿等人的性格的人，如果不是道德败坏，那就纯属愚蠢。不过无法否认的是，服兵役和执行战斗任务，或好或歹地会对那些亲身经历这一切的人的观念和性格产生影响。建议布凯不要鲁莽行事的华盛顿，已是一名成熟男子，不再沉溺于青年时代的幻想。相反，对他而言，指挥中出现的问题，以及亲眼看见执行自己的命令造成部下官兵伤亡的经历，已经将他的魄力和勇气，甚或胜利的幻想烧得荡然无存，这对形成指挥官们渴望获得的那种军事才能上的决定性差异是必要的。他练就了英国军官的职业精神，哪怕他曾被否决成为其中一员的委任要求。他与许多正规军军官打过交道，在这个过程中，以那些他认为最优秀的军官为榜样，不断塑造自我。他学习该如何向部下下令，又如何让命令得到贯彻执行。他获得了自信和自控能力，即使他还不能将谦虚、谨慎纳入自己具备的品德之列，也至少开始明白自己的局限性。年方 27 岁的华盛顿，还不是他在四五十岁时会成为的伟男儿，但他在 5 年中已走过了一段漫长的成长之路。他从朱蒙维尔幽谷走过的艰辛之路，某种程度上来说他在后来的那几年里都没能领会，但为他此后踏上前方更加艰难的道路，进行了许多重要的准备。

第五部分

大吉之年

1759 年

路易斯堡和别处的军事胜利巩固了皮特政权,坚定了他吞食法兰西殖民帝国的决心。北美人对军事努力的渴望和献身精神,随着入侵邻近的加拿大地区而增长。英军在尼亚加拉、提康德罗加和克朗波因特连战连捷。沃尔夫与蒙特卡姆在魁北克战役对决,双双殒命。阿默斯特对殖民军的行为反应冷淡,而殖民地居民对英军连战连胜心醉神迷。欧洲列国的状况,腓特烈大王日益恶化的处境。基伯龙湾海战是这一年的决定性战役。

第30章

胜利、焦虑和权力
威廉·皮特地位上升
1758年年底

1758年8月18日，星期五上午7点，一个神情疲惫的青年步兵军官叩响了威廉·皮特的家门。这名军官是威廉·阿默斯特上尉，8月17日刚从北美携带一批公文急件赶回英国，在朴次茅斯上岸。回到英格兰之后，他连夜坐马车赶了60多英里的路来到伦敦。皮特大臣外出了，但估计会回来，阿默斯特上尉只能等候一段时间了。他苦等了3个多小时，皮特才回到家。阿默斯特终于能说出他从3000英里之外赶回来要说的话：英军已于4周前攻克路易斯堡。他荣幸地回到英国送信，就是要将此事禀告国王陛下。皮特喜不自禁，拥抱吃惊不已的上尉，纵声高呼："这是最棒的消息！"他还高声说阿默斯特是"这么多年来，到达这个王国的最受欢迎的信使"！

当天上午，他们急匆匆地逐一拜访高官显贵。皮特发现，大家对阿默斯特上尉的兄长杰弗里将军"极尽溢美之词"，他让"此役以后，魁北克不足为虑"。利戈尼尔勋爵无比欣喜，慷慨赠予年轻的上尉500英镑，随即又追加100英镑，以便让阿默斯特能为自己购买一柄合宜的佩剑。国王像以往一样，问了许多问题，但是没有给予任何奖赏。威尔士亲王——他本人亦是一名渴求杰出荣誉的年轻人——说"我曾期待阿默斯特将军的伟业"，但是"将军达成的功业超乎预期，对一名如此年轻的男儿而言，能以这般非同凡响的方式为自己增辉，实在是大喜之事"。当然，纽卡斯尔公爵也是热情洋溢。阿默斯特上尉记录道："公爵阁下怀着巨大的欣喜，反复提到他已'向两家商行下了订单，要痛饮一番'。"[1]

当然，满足公爵愿望的可不止两家商行。英国人喝干了成千上万桶啤酒，向阿默斯特、皮特和英王致敬。每一座山上都好似有篝火闪耀；每一门礼炮都在隆隆作响。群山之中，钟声长鸣，一队盛装打扮的人将英军在路易斯堡缴获的旗帜送入圣保罗大教堂，把它存放在教堂里的神圣象征物之间，人们在那里聆听宣讲路易斯堡大捷神圣意义的布道。这是战争开始以来，来自北美无与伦比的最重大消息，大不列颠举国一片欢腾。[2]

在1758年结束之前，大不列颠会有很多胜利要庆祝，乃至霍勒斯·沃波尔带着玩笑的口吻抱怨："我们的大钟为了这么多胜利敲响，都已经被磨薄了。"然而，在阿默斯特上尉传递完捷报数月之后，路易斯堡大捷是否会成为诸多尚未到来的大事的先声，这一点还远未明朗。实际上，就在皮特欣喜拥抱阿默斯特才两天后，提康德罗加惨败和豪勋爵阵亡的消息就被送达伦敦。这位南方事务部大臣被当头浇了一盆冷水，甚至一连多日都没缓过劲来。直到10月，他才知道布拉德斯特里特已经摧毁弗朗特纳克堡；1759年新年，皮特才得知福布斯已经拿下迪凯纳堡。因此，在8月的最后几天，皮特在考虑下一步该怎么办，因为比起路易斯堡大捷带来的荣耀，他更加注意的是前路笼罩的阴云。最为昏暗的阴云都是从欧洲隐约升起的。[3]

皮特的战略目光仍然集中在攻打法兰西帝国的边缘地带，而不是它在欧洲的大军。但是，1758年欧洲大陆的战斗迫使他将大陆放在关注的中心位置，这让政府在欧陆投入的资源急剧上升。自1757年年中以来，英国的盟友普鲁士的腓特烈，受到法国、奥地利、俄国和瑞典等国敌军的四面围攻，这种情况是无法避免的。虽然腓特烈多次赢得令人难忘的显赫胜利——1757年11月，他在罗斯巴赫击败法军，取得辉煌胜利，不过一个月之后，他以更为杰出的大师级战术才华在洛伊滕奇袭奥军——但他的军队付出了沉重的伤亡代价。受腓特烈连战连胜鼓舞，英国力图通过大幅增加财政援助，来抵补他的损失。1758年4月，根据英普两国的正式同盟条约——两国在该条约中承诺不会单独媾和——的条款规定，皮特政府同意每年向腓特烈提供67万英镑。然而，金钱无法减轻普鲁士军队的压力。因而，该条约规定，英国将负责汉诺威陆军的军费（这一义务每年将耗费英国 120 万英镑），还会在北海的埃姆登港驻军——在这场战争中，英国正规军首次前往欧洲大陆。[4]

此前皮特一直拒绝直接参与欧陆战事，他担心派一个营的兵力去德意志战斗，将会开启无休止要求增派部队的大门。当时在欧洲发生的事件，证明他的担忧确实有先见之明，甚至在派往埃姆登的驻军上船之前，增派成千上万英国正规军前往欧洲大陆的呼声就已变得愈发紧迫。最终使这些呼声变得无法抗拒的，不是阻止普鲁士人力资源流失的必要性，而是在西欧出现了决定性击败法军的希望。具有讽刺意味的是，皮特将亲手改变这一政策。

在声明摒弃《克洛斯特-采文协定》后，不伦瑞克的斐迪南接管坎伯兰在汉诺威的观察军团的指挥权，他以令人瞠目的速度重建起一支足以采取攻势的部队。斐迪南等到腓特烈在罗斯巴赫取得大捷之后，就在汉诺威和普鲁士的东弗里斯兰领土上开始对法军发动冬季攻势。斐迪南的灵活机动，再加上几艘英军战舰及时到来，迫使法奥联军在 1758 年 3 月撤出埃姆登。联军撤退，使得有必要派遣一支英国驻军守住埃姆登。法军从埃姆斯河进一步后撤，越过了莱茵河，这种局面要求派出大量英国正规军。[5]

到了这个地步，皮特宁愿对法国沿海发动"近海骚扰"——两栖突击。这些行动取得的胜利比他希望的要小，因为虽然这样的突击能将数千法军束缚在岸防工事内，但是战斗本身的风险很大，实行起来很困难，关键还是非决定性的，且不受奉命指挥这些战斗的军官欢迎。最新的近海骚扰战，是 6 月对圣马洛港布雷顿造船厂的一次突击，摧毁了法国人的大量船只，但此外几乎别无所获。突击队的指挥官害怕法军反击，甚至没有攻打圣马洛城就撤退了。斐迪南率军越过莱茵河，追击正在向奥属尼德兰撤退的法军，消息传到伦敦后不久，圣马洛突击战的不光彩结果在白厅就尽人皆知。6 月 23 日，斐迪南最终迫使他的对手克莱蒙特伯爵路易·德·波旁·孔代亲王在杜塞尔多夫附近的克雷费尔德镇附近与他一战。结果，法军大败，迫使克莱蒙特沿着莱茵河而上，一路退到科隆。[6]

图 30.1　不伦瑞克的斐迪南（1721—1792 年）。他是腓特烈大王的小舅子,接替英国的坎伯兰公爵继任观察军团司令一职。斐迪南是军事机动技艺方面的大师,是 18 世纪军事职业精神的典范。1758 年年初,他成功重振汉诺威军队,使他在英国成为英雄,连英国陆军最具雄心的军官都争相要求到他麾下去欧洲大陆效力（承蒙密歇根大学的威廉·克莱门茨图书馆提供图片）。

威斯特伐利亚和奥属尼德兰的这些戏剧性发展势态,加上他赞成的海岸突击行动的实际效果并不好,皮特改变了反对直接在欧洲大陆参战的政策,同意派遣 6 个骑兵团和 5 个步兵团（共计约 7000 人）支援斐迪南。增加援兵的政策实际上调整得太晚,已经无法让局势产生什么变化了。经过一年的机动行动,在多次小规模遭遇战和一次大战役之后,斐迪南已率领他的军队倾尽全力。11 月,他率部进入冬季营房,让他麾下的汉诺威军、黑森军、普鲁士军——此时还要加上英军——部队再度成为一个观察军团。在第二年春天到来之后,他会再度率部对法军采取行动。[7]

这样一来，皮特决定向欧洲大陆派兵的主要结果就是提高了英国的军费——为了承担英国在欧洲大陆的义务，每年将耗费300万~400万英镑；同时削减了可用于保卫本土列岛的兵员数量。派遣英国的部队随斐迪南军团并肩战斗，无疑能让汉诺威更加安全，还能削弱法国从低地国家入侵英国的能力。然而，这对改变欧洲的战略平衡无济于事，这一局面取决于普鲁士的相对力量。更何况，令皮特和腓特烈同等惊愕的是，普鲁士看来正在变得日益虚弱。[8]

腓特烈在罗斯巴赫和洛伊滕连番大胜之后，夺回了一度落入奥地利之手的西里西亚，然后向南进入奥属摩拉维亚。可是，就在他乘胜追击之时，一支俄国大军团突入普鲁士腹地，直接威胁到奥得河畔法兰克福*和柏林。腓特烈急忙从摩拉维亚回师，8月25日，在法兰克福东面约20英里的曹恩多夫村附近与敌军遭遇。普鲁士在战术上取得了胜利，迫使俄军撤退，但付出了骇人的伤亡代价：3.6万普军蒙受了1.35万人的伤亡和失踪损失，折损比例接近40%。更糟糕的事情接踵而至：俄军采取守势不久，腓特烈得知奥地利的一支大军正在威胁德累斯顿。于是，他只得将严重受损的部队一分为二，留下一半兵力监视俄军，率其余人马南进萨克森，经过一系列快速行军，寻机与奥军决战。10月14日，冯·道恩元帅在霍赫基尔希附近应战。腓特烈眼看他自己25%的部队被歼灭，无心与奥军继续战斗，随后撤往德累斯顿，这座城市迅速被奥军围攻。[9]

冬天给了这位严厉的小个子君主足够的喘息机会，使他能集中精力重建自己的军队。哪怕腓特烈在1758年取得3次大捷，仅蒙受1次失利，哪怕他守住在萨克森和西里西亚取得的阵地，迫使入侵者退出东普鲁士，他仍然不是欧陆大战的主宰。他的处境其实正在恶化，因为他的连场大捷让他付出的代价，与败仗没有分别。普鲁士陆军无可匹敌的训练水平，在战争初期给予腓特烈一种优势，但是这种训练水平比起曾经拥有它的伤亡人员，是更不易替换的资产。普鲁士自诩在战争爆发时拥有欧洲最为训练有素的部队，乃至于几乎所有普军连都可以每分钟进行4次甚至5次火力

---

* 此处位于今德波边境奥得河畔，是属于勃兰登堡联邦州的一座城镇，并不是属于黑森州的德国第五大城市美因河畔法兰克福。

齐射，这在当时是非常惊人的射速。然而，到霍赫基尔希战役时，腓特烈已经因伤亡、被俘、疾病和开小差损失了10万多军兵。他只能用未经训练的兵员来替换折损人员，其中许多是外国人和战俘。1758年秋，腓特烈部下各团的训练水平勉强能维持半吊子水准，早期优势已荡然无存。他知道，如果没有英国的资金募兵，支付薪水，为他的部队提供补给，这支军队很快就会瓦解。

皮特了解腓特烈的处境，因此在1758年的整个夏季，英军一直在骚扰法国沿海，他希望将法军牵制在那里。对他的种种期望而言，不幸的是，在8月一次对瑟堡不算特别成功的突击行动之后，就是9月初的一次灾难性失利，英军的骚扰作战就此停止。失利的部分原因是基于这样一个事实，即当皮特决定派兵支援斐迪南时，英国陆军能力最强的军官都匆匆要求前往欧洲大陆指挥部队，这样一来法国沿海突击部队的指挥任务就好像被放弃了一样，最终只好落到一名73岁高龄，名叫托马斯·布莱的中将身上。

布莱中将出任指挥官的条件，包括令人艳羡的与威尔士亲王的政治背景莱斯特府派的有力关系，但很不幸不包括军事才干。8月，他对瑟堡发动的近海骚扰战之所以能成功，是由于幸运，法军准备不足，而且他得到了骚扰战海军指挥官理查德·豪海军上校（在提康德罗加附近阵亡的豪子爵的弟弟）的明智建议。9月，布莱对圣马洛的骚扰战则不具备上述任何条件。自6月圣马洛遭到突袭以来，法军在该地严加防范；除非长期围攻，英国根本不可能拿下这座城镇。此外，恶劣天气对登陆行动的干扰非常强，在登陆行动被迫取消之前，只有大约7000人和极少量物资上岸。这导致整个行动陷入危机，为了让他的部队重新安全上船，布莱只得让他们在陆地行军大约9英里，赶到豪的海军会来接应的避风锚地圣卡斯湾。布莱对这次行军的组织非常差，行动又太慢，这让法军有时间集结至少1万人马，就在英军试图重新登船时发动进攻。尽管豪率领部下水兵，英勇地努力掩护步兵撤退，布莱部队仍有750～1000人伤亡和被俘。这是个小插曲，军事意义不大，只是比较丢脸。圣卡斯湾的惨败让皮特决心派兵直接援助腓特烈和斐迪南，尽管不到6个月前他还在嘲讽这项政策。[10]

历史学家将皮特这种扭转他本人多次质疑过的政策的能力，当作他理智灵活的证据，的确如此。但是此举意味着更多，因为皮特突然放弃以前的方针，揭示了路易斯堡大捷余波未平期间，他所处局面的3个独特特征，这几个因素共同发挥作用，使他能几乎独揽1758—1760年英国战略和政策的主导权：第一个特征源自英国政治暂时性的异常结构，这种架构中不存在有效的反对派约束他的行动。纽卡斯尔公爵认为皮特漠视战争代价，因而感到紧张不安，这情有可原，因为他担心伦敦城的金融家们会不愿满足政府对信贷无止境的胃口。公爵对资金的焦虑，虽使他渴望皮特拒绝的和平，不过仅此一点还不会让他退出1758年变得日益稳固的合作伙伴关系。纽卡斯尔欣赏皮特承担责任的勇气，对他怀有坚定的忠诚，同时皮特开始信任纽卡斯尔在人事任免和金融财政事务上的判断力。由于纽卡斯尔是英国唯一有能力将皮特扳倒的政治家，他的支持实际上确保了皮特的政治生命。纽卡斯尔拒绝将职位授予皮特的潜在批评者，使他在英国下议院不会遭到有效的反对。皮特非常感激纽卡斯尔的这番良苦用心，他之所以会倾向于在德意志战斗，在一定程度上反映了他对纽卡斯尔愈发敬重，后者一直在敦促皮特对欧洲大战集中精力，而不是全神贯注于他本人喜爱的代价高昂的势力扩张。[11]

当然，纽卡斯尔的支持，不能阻止英国议会的独立派后座议员之间，兴起一股无序的反对势力，这些人习惯性反对任何可能提高他们的税收、削弱他们在地方的权威或者扩大国家权力的措施。不过，皮特在这些人面前，完全有能力自保。部分原因是他身为政治家的声誉超越了党派，且他此前是声名显赫的反对党人物，这使他能够与乡村议员站在一边，他还通过反对增收土地税和谷物税，提议依靠民兵，而不是正规军抵御入侵，维持了他们对他的好感。1757年组建的全国性民兵组织，确实在维护与后座议员的良好关系上特别管用。沃波尔评价保守派乡绅"默不作声地领取民兵委任状的好处，不用突然被任命大臣级职位，就逐渐不用发表反对声音了"。[12]

皮特主导政策的权力，与纽卡斯尔对人事任免的控制权一样，根本上源于国王的信任，离开这种信任，任何人都无法安守其位，就像坎伯兰公爵本人以艰难的方式认识到的那样。当时，王室的支持是皮特权力方程式中的第二项关键因素，且变得越发牢固。皮特通过提供大量财政援助，最终派兵去保卫汉诺威，相当谨慎地与国王建立感情纽带；与此同时，攻克路易斯堡，让乔治的想象力之火燃烧到这样一种程度：他赞成皮特将法国从北美永久驱逐的计划。从攻克路易斯堡以来，在虚弱的老国王的眼里，皮特不会做错事；同时，老国王对任何关于军费开支的抱怨都装聋到底，哪怕是纽卡斯尔的。[13]

国王力挺皮特，以至于当1758年秋皮特与莱斯特府派的关系冷却下来时，皮特毫不在意。威尔士亲王、威尔士亲王的母亲和亲王的导师比特勋爵，仍然反对国王为保卫汉诺威劳师动众，而皮特新近冒出的派兵增援斐迪南的意愿，让他和这几人的关系非常紧张。在圣卡斯惨败后，国王拒绝接见莱斯特府派钟爱的布莱将军，这让皮特与他们的关系最终破裂。威尔士亲王和比特向皮特抱怨国王的冷酷无情，但皮特拒绝代表布莱向国王说好话，他被比特勋爵不断写来的信激怒，终于断绝与后者的书信往来。亲王对皮特拒绝"告知他打算做什么事情"勃然大怒。"事实上，我最亲爱的朋友，"亲王在给比特的信中写道，"他对待你我并不比对待几个孩子好更多。他好像忘了我继承王位的那一天终会到来，到那时他肯定只能期待按照他今日的怠慢得到应有的处置。"[14] 实际上，皮特确实忘了这个问题。相比自罗伯特·沃波尔以来的任何一位第一财政大臣，国王的忠实支持给予他更多的行动自由，这使他沉溺于他从来没完全压抑住的自大心理。从攻克路易斯堡以来，正当纽卡斯尔的忠诚将皮特从那些纯粹的政治限制中解放出来的时候，乔治二世的认可，意味着他在做出决策之时，几乎感受不到人为的约束。

第三个允许皮特去控制政策的因素是英国备战的制度特征，或者更准确地说，缺少强有力的机制来稳定备战事务，并且赋予其延续性。虽然陆军和海军都建立了实质性的官僚机构来处理补给、财务和其他技术职能，但两者都没有发展出类似总参谋部的部门。英国武装部队和政府缺少收集情报的专门机构，或者是能让皮特合理评估敌人或盟友力量和潜在能力的组织机构。既没有大臣，也没有机构有权监督国防政策。国王是名义上的

14.1755年乔治湖战役。1756年，这幅三拼三版画由塞缪尔·布洛杰特在波士顿发表，（从左到右）用一幅哈得孙河各河谷和乔治湖湖口的地图描绘了战役所在地；"血色晨间侦察"的三面伏击；迪耶斯考对营垒的进攻。虽然是示意图，但布洛杰特根据目击者所述记录演示出来的战役的；营垒包括个人行为，都异常准确。在中央这块版画中，亨德里克曾长骑着马，而其他莫霍克人正从掩蔽处后方晚地自顾开火；殖民军不是按照队列站立，就是组织成各排级单位开火。在右侧版画中，处于进攻火力下的殖民军在陶墙后面卧倒，或者在营地内直立；印第安人摆出下蹲姿势，越是接近开火线，离地面也越近。

15. 威廉·皮特（1708—1778年）；根据威廉·霍尔画室绘制的肖像制成的版画，约1757年在伦敦印制。

16. 蒙特卡姆侯爵（1712—1759年）。蒙特卡姆是一名欧洲式的军人，他对在北美遭遇的战争方式感到震惊。于是，他希望在自身的权限之内尽一切力量使他的作战符合他理解的文明标准。他也许可以活得更久一点，到时想必会为此追悔不已。

17. 第四代劳登伯爵约翰·坎贝尔（1705—1782年）。此处所用的是艾伦·拉姆齐大约在劳登伯爵被任命为总司令之前15年绘制的一幅油画。劳登勋爵是一个精力充沛的男子；一个完全职业化的军事管理者；也是一名尖锐评判北美人弱点的批评者。

18. 路易-安托万·德·布干维尔（1729—1811年）。他于1756年出任法国陆军上尉，是蒙特卡姆侯爵的副官。虽然他不是一位特别有天赋的步兵指挥官，但是他绝妙的评论日志仍然提供了以法国正规军军官的观点书写的北美战争的最佳记录。战争结束后，布干维尔出任海军军官，开始了第二职业生涯。

19. 游骑兵罗伯特·罗杰斯（1731—1795年）。在这幅美国独立战争时代的版画中，罗杰斯是以"北美保留地的保王派印第安总司令"形象出现的，他在七年战争的大部分时间里领导的游骑兵部队，被认为取代了英军缺乏的印第安盟友的位置。他不知疲倦地努力完善游骑兵的丛林战技能，但从来没有完全成功过；他和他的部队两次在明显技高一筹的法国海军陆战队和印第安人手下损失惨重（他本人几乎丧命）。然而，罗杰斯身为非正规战斗人员的缺陷，被他用自我宣传弥补了。他的日志于1765年在伦敦出版，为他获得了边境游击队模范领导人的声望。

20. 杰弗里·阿默斯特（1717—1797年）。此处是根据约书亚·雷诺兹绘制的他身为"蒙特利尔胜利者"的盔甲肖像画而作的战后版画，画中的阿默斯特看起来仪容端正，冷漠超然。甚至在1758年成为路易斯堡远征军的新任司令官时，他在部下中间激起的都是敬意，而非喜爱之情。他部下最为重要的准将詹姆斯·沃尔夫发现他太过沉默拘礼，到了令人恼火的程度。

21. 詹姆斯·沃尔夫（1727—1759年）。在每一个方面都和阿默斯特气质相反，沃尔夫勇敢到了鲁莽的地步，只有幸运（与正合时宜的阵亡）能解释他战术天才的美誉。这幅由憎恶他的部下乔治·汤曾德所作的水彩画，讽刺性地将他绘制得比其他任何同时代的肖像画更有吸引力。

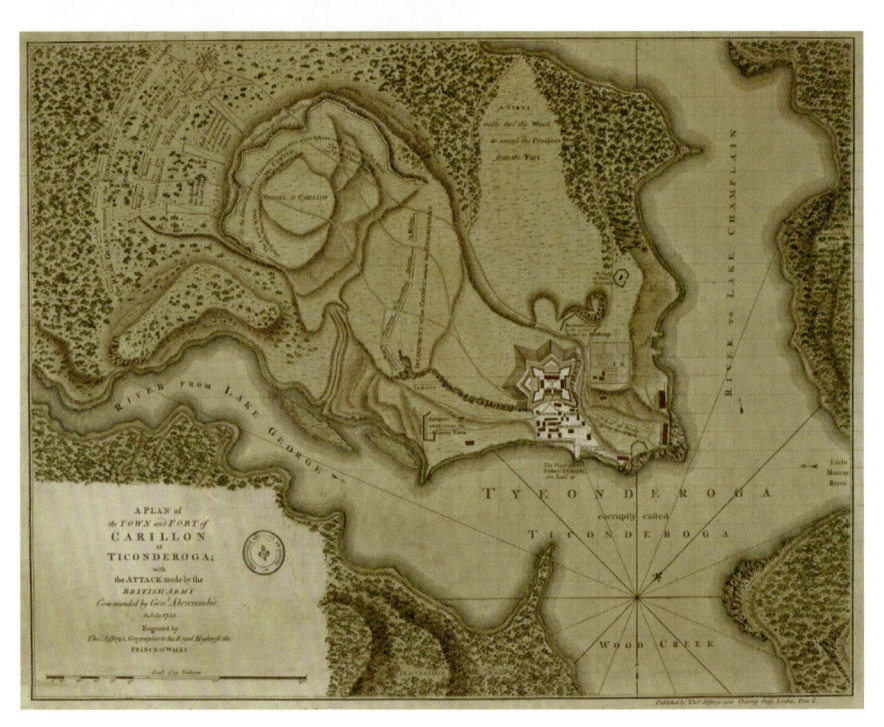

22. 1758年7月8日，提康德罗加战役。根据这幅由法国工兵军官精心绘制的地形图，尚普兰湖畔提康德罗加半岛上卡里永堡的位置居高临下。原木胸墙和鹿砦（根据传言，"在10小时内建成"）外的半圆形草图，即英属北美军的阵地，就在要塞北方0.75英里的卡里永高地周围。参加这次防御战的法军地面部队各营，根据战斗序列在要塞和胸墙之间标出。

23. 俘获法军战列舰"仁慈"号。7月25日夜，博斯科恩海军中将命令2支水兵分队乘坐小船进入路易斯堡港，去俘获法军仅存的2艘战列舰。在这幅壮观的1771年的金属版画中，位于图左且已经搁浅的法舰"谨慎"号被点燃；与此同时，"仁慈"号已经挂上了英国国旗，正被拖到法军火炮射程之外，而港口边缘的法军炮台正在徒劳地向它开炮。

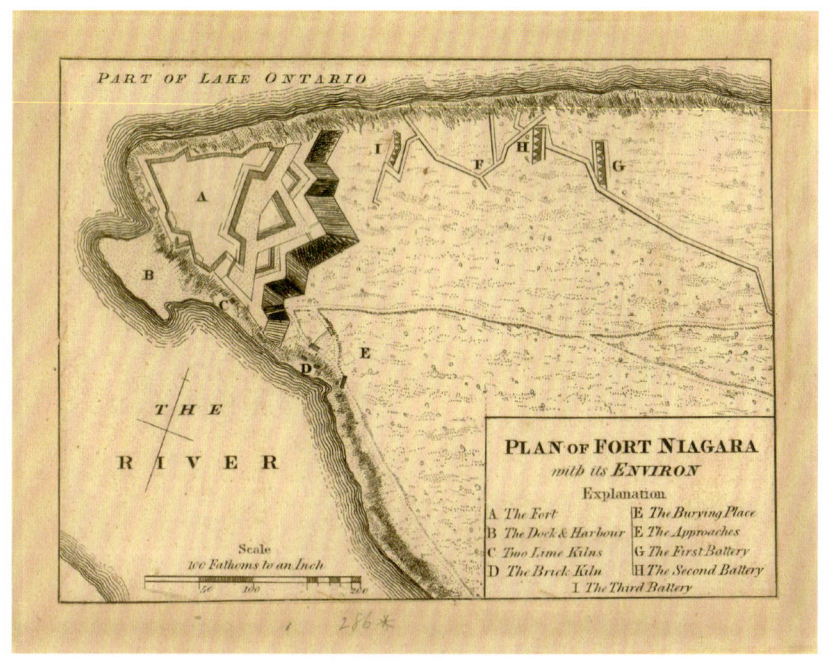

24. 1759年7月10—25日的尼亚加拉围城战。这张引自罗克《北美要塞和平面图集》的尼亚加拉堡及其外垒地图，显示了大约在7月20日尼亚加拉堡及其外垒被围攻的场景，当时要塞的第3座炮台已经就位。

25. 约 1759 年的约翰逊堡。威廉·约翰逊爵士在七年战争期间的这个行动基地采用的是彻底的实用型建筑结构，包括一个供来访的印第安代表团住宿的营地，几座仓储设施，一座磨坊，坚实、可防御的生活区域。图中右的主屋没有朝外开的窗户，这说明建造者最优先考虑的是安全问题。他原先建造的中等规模的房屋在图左山丘侧面之外的莫霍克河曲位置隐约可见。

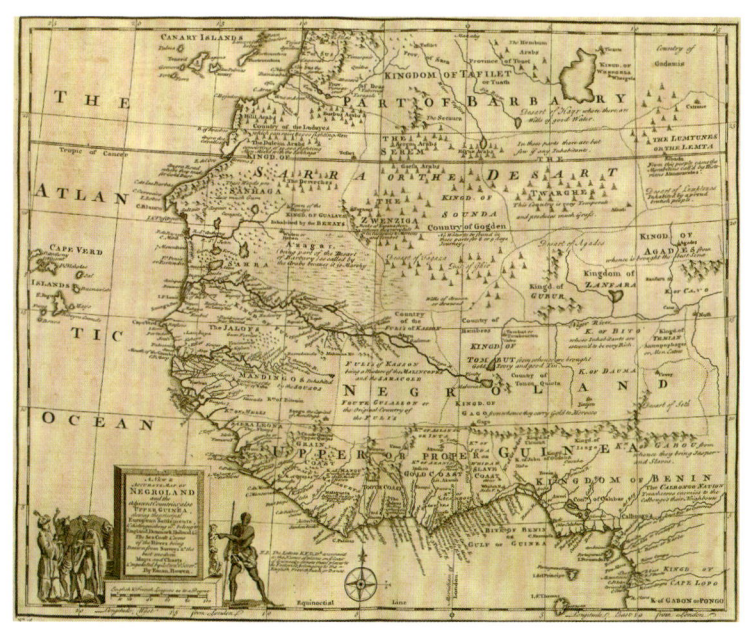

26. 黑人居住地。伊曼纽尔·鲍文的《黑人居住地及邻近地区新版精确地图》（1760年）标明了路易堡在图中描绘的最长河流"萨纳加"（塞内加尔）河口的位置。戈里岛位于路易堡南面，佛得角的正下方，北纬15度；南面的下一条河是冈比亚河，即1759年初英军夺取的奴隶工厂所在地。鲍文仔细描绘了塞内加尔两岸的胶树林，以及该地区的其他资源（黄金、象牙、"优质锡"和奴隶）所在的地理位置，回应了英国对该地区贸易潜力的兴趣。

27. 沃尔夫的下属罗伯特·蒙克顿（1726—1782年）的肖像。

28. 沃尔夫的下属詹姆斯·默里（1722—1794年）的肖像。

最高军事长官,陆军大臣甚至都不是常规的内阁成员,他的职权几乎仅限于向英国议会提交财政预算和处理会影响军队的法律问题。[15]

官僚机制的缺失虽给予皮特亲自控制战略和政策的能力,但也给他带来了无法承受的工作量,即使是在他精力最充沛的时候。由于他将陆军大臣巴林顿视为二流政客,他没有向后者求助,而是向第一海军大臣安森勋爵和陆军总司令利戈尼尔勋爵求援。1758年夏末,安森和利戈尼尔的合作要比英国历史上任何两位军种首脑都更加有效,实际上他们是在履行皮特尚未成形的总参谋部的职能。这两位海陆宿将聪明睿智、精力充沛、久经战阵、忠心耿耿,向皮特提出他所需的建议,以便制定合理的政策和形成必要的行政专业管理知识,使武装部队能够执行他可能指派的任务。然而,即便如安森和利戈尼尔那样能干,他们也不能提供皮特可据以决策的健全情报评估资料。[16]

事实上,没有人能提供这样的资料。在整个战争期间,皮特基本上都靠本能和私人建议,来决定应当在何处集中兵力,以便最大限度地利用敌人的弱点。这意味着他会随意决定向何处派出远征军,如果存在任何值得信赖的情报部门向他提供建议,这种随意性简直不可思议。在同时缺少敌人和盟友军队准确情报的条件下,胜利并不总是能光耀他的决策:例如,如果他对斐迪南的军队了解更多,他很可能会拒绝派数千英军去增援一名已经决定采取守势的将军。[17]不过皮特回应建议的意愿,以及他基本上能可靠地将明智合理的计划与不切实际的计划区分开的能力,成就了战争中一些最重要的突破。最终,当胜利真的到来时,皮特就有足够的机会来利用他的成功。于是,1757年,他采纳了托马斯·波纳尔的建议,更换劳登勋爵,以报销军费为回报,鼓励北美殖民地志愿合作,一旦这些变化的成果清晰可见,他就会不计代价,准备将这些措施进行到底。按照同样的思路,1758年,皮特听取了一名甚至比波纳尔更加不合适的人物的意见:他打算将一项有远见的计划,加码投入到战争中更为惊人的冒险行动中。

这一次提出计划的是纽约的贵格会商人托马斯·卡明,他与皮特接洽时,带来了法国在非洲西海岸贸易站的情报:那里的贸易站防御薄弱,而且有许多奴隶、金粉、象牙和塞内加尔胶(阿拉伯胶树的树脂,亦称阿拉伯胶，是丝绸上浆和染色的关键原料，在英国总是供不应求）。以塞内加尔的贸易垄断权为回报，卡明愿意为一支前往该地区的远征军带路，与当地统治者就提供援助进行谈判。1758年年初，皮特任命这名敢于冒险的贵格会教徒为他的政治代理人，派他随一支小型海军分舰队（2艘战列舰和运载数百名海军陆战队士兵的4艘辅助船只）去往非洲西部。4月底，在这支小部队出现在塞内加尔河河畔路易堡脆弱的寨墙面前时，法军指挥官立即就投降了，定居点向乔治二世宣誓效忠，英国不费一兵一卒就获得了当地的控制权。

卡明的船只满载奴隶、金银和400吨宝贵的阿拉伯胶回到伦敦，促使皮特出动第二路远征军，去夺取法国其余的非洲贸易站——戈里岛的圣迈克尔斯堡和冈比亚河河畔的一个奴隶贸易工厂。同年底，这些地方均落入英国之手。法国的丝绸制造厂需要的阿拉伯胶被夺走；法属西印度群岛的甘蔗种植园主被切断奴隶供应，没有奴隶，那里的甘蔗种植园就无法维持下去；以前在英属北美奴隶贸易中掠获颇丰的法国私掠船失去了他们在非洲沿海唯一有保障的行动基地。按照同样的道理，英国的纺织品制造商再也不必向中立的荷兰高价购买阿拉伯胶；英国的甘蔗种植园主发现新的奴隶供应的引入降低了他们的劳动力成本，他们的利润正在增加。一反战时常态，宗主国和蔗糖群岛之间的贸易速度和获利能力正处于上升阶段。所有这一切成为可能，是因为威廉·皮特这个曾经在地图上找到塞内加尔都很困难的人，愿意倾听一个坚持不懈要求他在地图上找出塞内加尔位置的海盗式贵格会教徒的意见。[18]

皮特几乎无懈可击的政治地位，他对灵活性和机会主义的有力结合，而且从谏如流，以及他利用任何看上去可以生效的措施的能力，全都为他在1758年9月做出的重要举措提供了支持。从路易斯堡和塞内加尔传来的消息，连同在欧洲战场尽快获得决定性胜利的渺茫希望，在腓特烈和斐迪南坚守欧洲阵地的同时，只会增加皮特夺取法兰西殖民帝国的决心。于是，甚至在皮特制订完1759年的计划之前，他就走出了两步棋，这对即将到来的1759年战事会产生巨大的影响。第一步是在9月18日，他发布了解除阿伯克龙比指挥权的命令，任命杰弗里·阿默斯特接替他的职务。

阿默斯特虽年仅40岁，但已经表现出自己既能胜任这一职务，也能取得胜利的能力。此前的北美英军总司令无法同时具备这两项能力。在杰弗里·阿默斯特身上，皮特发现了一位有能力的行政管理者该如何服从和发布命令：他既可以为殖民地居民所信赖，也可以接受皮特的委托去征服加拿大。

皮特的第二步棋是去组织一支两栖远征军攻打法属西印度群岛的马提尼克岛，一旦飓风季节过去，就可以行动。与塞内加尔的远征一样，这次冒险源于一个了解一些当地情况的利害关系方的提议，他们碰巧引起了南方事务部大臣的注意。这次提出建议的是威廉·贝克福德，他是牙买加（非常住）的制糖业大亨，伦敦市议员和英国议会议员，也是皮特的政治密友。他告知皮特，马提尼克"只有一个城镇的驻防力量……没有海外供应的话，所有居民……都没有可供应自己和众多奴隶存活一个月的饮食。那个岛上的黑奴和存货价值超过400万英镑，征服那里很容易……看在上帝的分上，"他这样结束道，"不要拖延，马上行动。"[19]

占领马提尼克会同时获得经济和战略利益：这个岛对法国的价值和牙买加对英国的价值几乎可以等量齐观（在战前几年，这两个岛每年都出口2万多吨蔗糖），为法国私掠船劫掠西印度群岛的英属北美商船提供了一个基地。不过马提尼克对皮特来说，其价值比商业或者战略本身显示的要高得多，因为它的外交价值足以交换梅诺卡岛。纽卡斯尔从未忘记提醒皮特，英国只有在伦敦城的金融家们还能继续借贷政府资金的时候，才能承受他代价极其高昂的战争。一场无法解决的信贷危机——而且，近在8月——会迫使政府向法国询问议和条件。到时，马提尼克会成为皮特手中的王牌。[20]

9月，皮特开始计划远征马提尼克。11月12日，6000名陆军士兵乘坐64艘运输舰船，与8艘战列舰、1艘快速帆船、4艘炮船和1艘医务船，一同扬帆驶离普利茅斯。派这么多兵员和舰船去往西印度群岛，不禁让安森担心英格兰可能会无力击退法国人的反攻，但皮特将这种担心抛诸脑后。事实证明如他所愿，英国下议院在11月再度召开之时，愿意与皮特继续合作。下议院议员毫无异议，为来年通过了英国历史上最庞大的预算——将近 1300 万英镑。这笔巨款的半数要靠贷款,且将近一半的预期税收会被分配用于支付暴涨的公债利息。不过,霍勒斯·沃波尔还是打趣道:"老处女说'不',就像下议院说'不'一样快。"皮特已经成为下议院的"绝对主宰"。皮特在下议院会议开幕时,宣读了 1759 年计划的主要内容,然后以命令的形式,派发给陆军军官和殖民地总督,这让人不再怀疑他打算成为顺从的下议院议员(超过 558 名)的绝对主宰。[21]

在欧洲,皮特建议在经济上支持普鲁士,履行明文写下的承诺,用部队和金钱支持斐迪南的军队。正在商谈的对黑森的财政援助条约,将会重修,增加的款项到战争结束后的两年也会一直支付。当时十分成功地抑制住法国舰队的英国海军,将继续在英吉利海峡、比斯开湾、北海和地中海行动;会对像荷兰和丹麦这些支持法国剩余海外贸易的中立国船只施压;且会对付法国的印度洋分舰队,支持东印度公司的部队在南亚次大陆的行动。这些全部是战略防御任务;当然,针对非洲西部海岸的戈里岛和加勒比海的马提尼克岛的行动也会进行。为了维持如此庞大的海上行动,安森的造船计划将继续获得最优先保障。海军部正在将英国的船舶建造能力提升到极致;正在对快速帆船和战列舰的设计引入多种改善方案;还在想尽办法,将正在服役的海军水兵数量提高到 7.1 万多人,这是皇家海军历史上现役兵员最多的时刻。陆军现有兵力 9.1 万人,如果不采取政治上比较棘手的强制征兵的手段就能顺利征募的话,将会另外扩充 1 万人。当时陆军云集北美;此外,在西印度群岛和德意志也派了兵;1759 年年初,能用于保卫本土群岛的兵力几乎只有 1 万人。这反过来就意味着 1757 年得到批准组建,1758 年得到拨款,至此仍未被包含在本土防御兵力之内的民兵,将不得不被用于填补兵力缺口。因此,募集本土各团的准备工作会在春季加快进行。皮特希望已经得到批准的全部兵力 3.2 万人在夏季能募集到位,投入使用。[22]

这些措施共同形成了英国历史上最为广泛、最为昂贵和最为深思熟虑的备战工作。不过,所有这些措施,对于 1759 年的主要军事工作,即征服加拿大而言,都是次要的。12 月 9 日,皮特写信给北方各殖民地总督,要求他们为行将到来的战事募集 2 万殖民军部队:"至少……与上一次战事同样大规模的部队,在居民允许的条件下……数量甚至可以尽可能更多。"同前一年一样,国王将为殖民军提供武器、弹药、帐篷和其他物资,英国议会将"依据可敬的各殖民地的积极且有力的行动和奋发努力理应得到的份额","允许为"殖民地的开支"提供合理补偿"。这些部队会被用于"取道克朗波因特入侵加拿大,将战争引入敌军领地的核心"。至于宾夕法尼亚和南方殖民地的总督,为"募集数千兵马加入这些地方的国王的部队,对敌军展开一些攻势作战",皮特也提出了类似的要求。[23]

皮特给阿默斯特发了一些更为详细的命令,指示他经乔治湖和尚普兰湖,或者取道安大略湖和圣劳伦斯河上游,入侵加拿大;进一步强化乔治湖南端和俄亥俄福克斯的防御;在奥斯威戈旧址重建一座前沿兵站;对尼亚加拉堡发动一次远征,如果可行,则向更靠西面的法军兵站推进。皮特同时告知阿默斯特,他已分派詹姆斯·沃尔夫率领一支独立部队,从路易斯堡取道圣劳伦斯河下游入侵加拿大。阿默斯特会从他此时指挥的军队中分派部队,与沃尔夫在路易斯堡会合,从而让这支远征军能够"在1759年尽早出发,如果季节条件正好适宜,在5月7日前后出动"。[24]

阿默斯特会发现在所有这些指示当中,没有什么可令他吃惊的,或许最后一条例外,因为阿默斯特在半年多以前从未见过沃尔夫,甚至很少听说过他。不过,任何熟悉大臣身为决策者的各种习惯的人,都会立即辨认出1759年皮特计划的这个特例。1758年9月,沃尔夫请假离开布雷顿角的岗位,乘船前往英格兰,希望回国恢复健康(事实上,他的身体当时糟透了),同时争取在北美的独立指挥权。甚至还在北美的时候,沃尔夫就和他的家族与有影响力的朋友们保持密切的联系,写下了不少文笔生动的信件,放大他在路易斯堡大捷中的个人作用,而将阿默斯特塑造成一个过于谨慎的老古板。多亏了这些处心积虑的准备,当沃尔夫到达英国时,至少在有影响力的阶层中,他已经成为炙手可热的人物,至少是路易斯堡真正的征服者。[25]

沃尔夫刚刚在伦敦的俱乐部安顿下来,就写信告知皮特,他回来是为调养身体的,但是他"不反对在北美服役,特别是在圣劳伦斯河流域,如果那里有任何行动的话"。皮特一如既往从谏如流,看来也是被这名个性

（十分鲜明的自我中心意识）如他本人一样古怪的青年军官打动，他在12月底修改了计划，让沃尔夫指挥攻打魁北克的远征，甚至颇费了一番功夫才说服国王晋升沃尔夫为少将（临时军衔）。[26]

任命沃尔夫为魁北克远征军的指挥官，使1759年英国的战略计划最终制订完成。结果如何，仍由兵力和运数决定，不受威廉·皮特的意志，甚至是狂暴的活力控制。

第 31 章

英国内阁的不确定性

1759 年

1759年的几次战役的结果如今已广为人知，乃至需要刻意的富有想象力的努力，才能重新掌握这一年前9个月的各种不确定性。在伦敦，从2月到4月这段时间，都被一种可怕的预算危机占据，因为内阁未能想到办法筹集资金来弥补下议院在1758年12月欣然通过的巨额财政赤字。问题的根源在于两个相关因素：一个是铸币的严重短缺（大量金银币被送往海外支持北美和德意志的战争努力）；另一个是内阁大臣们对开征哪几种新税来偿还债务存在难以调和的分歧。这两种情况使英格兰银行的董事们，事实上甚至是整个英国的金融界都非常紧张，以至于政府债券开始以战争时期的最大折扣出售，尽管贸易蓬勃发展，公众对战争结果的乐观情绪也前所未有地高涨。与此同时，法国在为跨过英吉利海峡，发动入侵进行各种准备的报告，让除了皮特之外的每一位大臣都忧心忡忡。能够募集的民兵团进展缓慢：截至6月，各团的兵力还不足预计兵力的一半。这只会加重如纽卡斯尔这样的大臣的焦虑，他们会预料最坏的局面。[1]

西印度群岛战事的早期发展状态也并不特别光明。1月3日，英国远征舰队在风平浪静的航行之后，抵达巴巴多斯，与西印度群岛分舰队会合，准备攻打马提尼克。两周后，此役的英国海军司令约翰·摩尔海军准将和陆军司令佩里格林·托马斯·霍普森少将，发动入侵行动。16日，他们让6000名地面部队的士兵在马提尼克西海岸的两座主要城镇之一，即岛上的海军基地罗亚尔堡附近登陆。尽管登陆顺利完成，但是第二天他们发现地形极为复杂，而且敌方的抵抗迅速加强，从陆地围攻法军的防御工事，就像从港口炮轰他们一样不切实际，这一点变得愈发清晰。17日傍晚，霍普森让他的部队撤退到船上。两天后，在对岛上的主城镇圣-皮埃尔的防御工事进行试探性进攻时，遭遇顽强抵抗，霍普森和摩尔两人只好达成一致意见，放弃进攻该岛的意图，将目标转向北方，期待拿下他们认为更加容易夺取的瓜德罗普岛。[2]

但是，瓜德罗普同样是个难啃的硬核桃。1月23日，摩尔的舰队炮轰该岛的主要城镇巴斯特尔，将其付之一炬。法国守军退入该镇附近的群山之中占据阵地；于是，次日霍普森的部队占据被毁的定居点和巴斯特尔的要塞时，虽然未遇抵抗，却只得到一个脆弱的立足点。霍普森是自马尔伯勒公爵时代起就从军的一位谨慎的老军官，健康状况已不乐观。除了构筑野战工事，确保巴斯特尔的安全，他没有精力，也没有意愿做更多事情。他可能希望这就足以让法国人投降。不久，他就意识到敌军无意屈服。对乡间进行的一些不成功的刺探，说明既不能将他们从高地防御阵地中驱逐出去，也不能迫使他们放弃战斗。同一时期，热带疾病正在以任何不共戴天的敌人都无法匹敌的效率，摧毁他的军队。登陆后的一周内，25%的英军官兵病得很重，无法站立；2月底，至少有2100名病患不得不送往后方治疗，仍然能够战斗的人员已不超过3000。2月27日，他的军队占领的地盘比一个月之前多出不到1平方英里，而高烧却夺走了老霍普森本人的性命。[3]

新任司令官约翰·巴林顿少将是陆军大臣的弟弟，但他得到这个职务依靠的并非政治关系。与阿默斯特和沃尔夫一样，在利戈尼尔勋爵给予他在新大陆执行任务的临时军衔，让他出任远征军副司令时，他只是个朝气蓬勃的青年上校。在霍普森去世后，巴林顿立即提议在瓜德罗普岛外围发动两栖突击，这表明了他的非凡胆魄。不过在此之前，他就能摆脱巴斯特尔僵持战局的痛苦了。消息传来，英军哨船发现一支法国舰队正在向马提尼克航行。因此，3月13日，摩尔海军准将命令他的分舰队前往邻岛多米尼克岛的鲁珀特王子湾，在那里他们将阻止法国舰队司令马克西曼·德·邦帕尔可能采取的为瓜德罗普解围的任何行动。由于邦帕尔麾下有8艘战列舰和3艘快速帆船，这是一次必要的谨慎行动；但是，此举无限期地推迟了巴林顿从海上征服瓜德罗普的机会。[4]

5月，这些令人泄气的消息到达伦敦，当时另外一些报告指出，民兵部队仍未募集完毕，而法国的造船人员正在让可用于入侵英国的浅吃水船只填满勒阿弗尔的船坞。西德意志的所有预兆看起来都不太吉利。4月，斐迪南离开冬营，向法军在美因河畔法兰克福的基地行军，却在卑尔根村的十字路口遭遇优势敌军。4月13日，法国最富有才干的将军之一，即布罗伊公爵维克托-弗朗索瓦，让斐迪南吃了败仗，让他付出了伤亡2500人的代价，甚至追着他的残兵败将一直向北穿过黑森。到了5月，法军让斐迪南和他日益沮丧的军队处境越发不利；又过了6周，法军成功切断了斐迪南与威悉河畔明登的作战基地之间的联系，从而不仅重新控制了黑森，还掌握了南进汉诺威的通道。[5]

至于加拿大战事的命运，皮特几乎一无所知。2月14日，沃尔夫离开了朴次茅斯，从那时起一直到6月，他和他的部队安全越过圣劳伦斯河的消息才传到了英格兰。相比之下，阿默斯特的书信按期抵达，信中充斥令人沮丧的报告，讲述了殖民地的政局及其顽疾和低效是如何妨碍他行动的。6月初，皮特对遥远的大西洋彼岸的各项行动了解的全部就是：对加拿大的任何一路入侵都还没有开始；对瓜德罗普的入侵停滞不前；且法军的一支分舰队——这支分舰队轻易便能挫败巴林顿的行动——已经到达西印度群岛。那些在这几周见过南方事务部大臣的人，都觉得他十分气馁，怀有戒心，神经紧张。[6] 接下去会有什么消息到来，只有上帝知道。但是，皮特知道得非常清楚的是，纽卡斯尔会试图迫使他进行谈判，阻挠皮特取得他相信几乎就在掌握之中的胜利，除非有一些取得实质性进展的消息传来。

尽管直到6月中旬，皮特才知道西印度群岛远征的命运在4月底之前，其实就已经见分晓了。邦帕尔没有立即从马提尼克起航去威胁巴林顿，从而使后者能留下一支小部队守卫巴斯特尔，对该岛边缘的定居点发动两栖攻击。近海种植园由于英属北美的私掠船袭击，已经蒙受严重损失。此时，他们对于巴林顿能用于实施袭击的区区1500人都几乎没有招架之力。大多数法国正规军都被困在巴斯特尔城外的群山之中，因而绝大部分的防御任务都落到了种植园主身上，他们很快就丧失了抵抗的意愿和手段。4

月24日，岛上的头面人物无视总督继续战斗的呼吁，向巴林顿询问投降条件。后者的答复是明显的自由化条件，实际上允许瓜德罗普的种植园主在这场战争的剩余时段，一直都成为中立者，享有与英属殖民地居民同样的贸易特权，同时得到人身、财产和天主教宗教信仰的安全保证。5月1日，该岛的总督面临无法逃避的现实：种植园主们抛弃了他，签署了城下之盟。[7]

从巴林顿的角度来看，种植园主投降的时间正好。投降文书上的墨迹未干，邦帕尔舰队——新近从法国来增援的8艘战列舰和3艘快速帆船——就来到圣安妮的被毁定居点，让增援瓜德罗普岛防御的武器、补给品和2600名地面部队的士兵登陆。然而，当地的种植园主知道如果自己拒不履行投降条件，将会付出多大代价，因而他们拒绝与法军合作。邦帕尔害怕会中摩尔分舰队的圈套，只得向大海逃去。[8]

邦帕尔撤退，使英军入侵的成果毋庸置疑。英国取得了一份要比白厅的任何人都意识到的更有价值的战利品。这一点只有到后来，人们得知瓜德罗普和邻近的玛丽-加兰特岛（英军在5月底之前占领）的富庶与马提尼克岛相比有过之而无不及，才开始变得清晰起来。瓜德罗普和玛丽-加兰特这两个岛的人口都超过5万（80%以上是奴隶），它们拥有350多个种植园，生产砂糖、可可、咖啡、棉花和其他热带农产品。种植园主渴望重开已经被战争扼杀得差不多的贸易，立即开始将他们的农产品运往英国和它的殖民地，来换取他们迫切需要的商品和奴隶。[9]

在英国征服瓜德罗普后的一年内，该岛向英国运送了1万多吨砂糖，价值42.5万英镑。作为回报，岛民进口大量锻铁和工业制成品，每年输入4000～5000名奴隶。种植园主们向英属北美殖民地出口大量糖蜜，以换取粮食、桶板和其他木工制品。到1760年，瓜德罗普将为马萨诸塞的朗姆酒酿造商提供他们需要的将近一半的糖蜜，是首屈一指的英属西印度群岛货源地牙买加能提供的货量的3倍。[10]甚至，皮特都几乎无法预料到贸易的魔力会如此迅速地将被征服的耻辱转化为征服的利益。基本上依靠好运，英国人选对了让他们的帝国能变得繁荣强大的最可靠方案，同时以最小的流血和经济代价确保征服得来的战利品。当然，他们是否也有好运去理解自己成功的秘诀，这还有待观察。

第 32 章

热情高涨，资源短缺

1759 年

6月13日，瓜德罗普投降这一振奋人心的消息传到皮特耳中，此时正好是他寄予最大希望的北美战事行将开始之际。糟糕的天气让魁北克远征有所延迟，直到4月底，河里的冰才消融殆尽，浓雾使沃尔夫到6月18日才能在比克岛与他的海军护卫部队会合。不过，1759年的其他行动之所以发动缓慢，其实源于1758年的不可靠成果。问题不是殖民军的士气已崩溃，尽管阿伯克龙比的失败实际上让新英格兰的募兵工作困难了许多，而是1758年的各种努力几乎让北方殖民地筋疲力尽。尤其是新英格兰，起初看来怎么也不可能如皮特所愿，让这几个殖民地将"至少……与上一次战事同样大规模的部队"送上战场。[1]

马萨诸塞和新英格兰其他地区一样，为了支援前一年的战事，已经竭尽所能。甚至在1758年做出巨大努力之前，湾区殖民地已经为战争支付了25万英镑，大部分款项都不得不靠筹借。加上1758年的开支，马萨诸塞在1759年伊始背负的公债已经超过35万英镑法定货币。为了偿还公债本息，到1761年年底，这个殖民地将耗费近50万英镑。因为马萨诸塞每年的人头税、土地税和贸易税带来的财政收入很少超过10万英镑，不需要金融天才就能看出，1758年战事结束时，这个殖民地已经越过了法律上的破产界限。没有英国议会为马萨诸塞报销1756年的部分开支，即1759年1月送到的7大箱金银，这个殖民地肯定会面临公债违约的局面。此外，1758年，湾区殖民地加入殖民地部队的人数，一共约有7000人，只占为战事服务的总人数的一部分。包括技工、船工、游骑兵，在正规军各团和皇家海军舰船，以及私掠船上服务的人员，还有殖民地本身快速帆船上的水兵，1758年在军中服务的总人数远超过1万人，多于该殖民地全部适合服役的男性人员的25%。从地方经济体中抽调那么多工人，甚至在1758年战事之前，就备受马萨诸塞议员们的关注。1759年，重复此举的前景引发了真正的恐慌。[2]

1759年3月10日，马萨诸塞的议员们为此告知波纳尔总督："下议院发现，有必要将自战争开始以来，年复一年造成的大量征收方式加诸在本地居民身上的痛苦纳入考虑，尤其是1758年不均衡的从军人员比例问题。下议院同样考虑到……政府已背负非常沉重的债务，而1758年各种军事勤务产生的费用还没有支付。一旦要参与任何后续的军务，就需要立即先行支付一大笔钱，但要获得这么大一笔钱会极端困难。"于是，他们一致同意，1759年让殖民地军务的可用人员降为5000人。[3]

波纳尔以其特有的气魄回应议员，激发他们的爱国热情和责任感，恩威并施（到这时为止，湾区殖民地一直在战争努力方面发挥带头作用。此外，英国议会将任何收缩视为削减报销额度的理由），提供他可以做出的让步（数百名殖民军将会被用于一次全部由马萨诸塞殖民军进行的远征，去佩诺布斯科特河地区设防筑垒，这是在渴望为殖民地农民争取新土地的议员们之中颇受欢迎的主意），甚至允许他们休会去咨询自己的选民。最终，4月17日，马萨诸塞议会屈服了，同意增加服役人数。然而，议员们警告波纳尔：

> 对居民们造成的困难是……极大的。我们是明智的，今年募集的兵员人数不可能与去年持平。议会当时进行的是这个殖民地内已知的最大努力。居民们将其视为最后的努力；他们不希望这种消耗巨大的努力会再来一次，对我们而言，再次进行类似的努力是不可行的。自那时起，我们的居民人数减少了许多：一些在战斗中阵亡；许多人在服役期间因病逝世，或者在他们回乡后不久去世；大量人员在国王陛下的正规军充当游骑兵、技工和新兵，还为正规军的其他部门服务。

战争如果没有必然削弱这个殖民地进行战斗的意志,也已经削弱了它战斗的能力:

> 我们被告知,我们是带头的殖民地。在过去的许多年里,我们一直如此,并且也长久地承受不平等的负担。尽管我们已看到有居民离开,为了在生活中免于苛捐杂税之苦,而迁移到其他殖民政府的辖区,但我们仍耐心地承受这一切。几年前,仅仅因为这个原因,4座主要城镇拒绝继续接受我们的管辖,另一个殖民地政府(康涅狄格)找到了接受它们的借口,至今它们还没有回到我们这边。
>
> 在这些困难之下,我们仍然愿意尽我们的力量,去提供任何合理的援助。如果再次留下这样困难的印象,我们会感到非常苦恼和沮丧……我们必须要阻止它发生。但是我们的负担是沉重的,为了在已经募集的5000人之外,完成让另外1500人志愿入伍的任务,允诺的政府奖金超过了马萨诸塞已经给予的两倍,我们有理由希望这笔资金将足够使用,以便让总督阁下如愿。[4]

新批的政府奖金——14英镑面值的殖民地财政券,在此后两年分期付息偿还——确实足够募集要求数量的志愿兵了。较小一些的数额不可能做到这一点,因为军队对男性人力的要求也在推高可控的民间工人的工资,无论他们在从事普通的工作还是与军事相关的职业。任何招募民兵,且仅向他们支付殖民军每月1镑16先令标准薪水的企图,都会导致大规模抵制,这不是马萨诸塞殖民地极小的强制能力能够克服的:这就是议员们觉得"必然否决"强征方案的原因。湾区殖民地议会有理由相信,他们的殖民地为了帝国的事业已毫无保留地付出。如果他们不确定英国议会会为这次征服加拿大的最大战事的花费做出补偿,是不可能同意进行上述这样的种种劳民伤财之举的。[5]

使北部殖民地能够为1759年战事募集的兵员数量,可以与1758年的战事相比,的确只能归因于宗主国报销费用的承诺。起初,康涅狄格议会以与马萨诸塞议会同样的理由,只同意募集3600人。经过一定的刺激后,该议会将人数提高到4000，不过只有阿默斯特带着含蓄的威胁建议英国议会追加报销费用，才诱导他们提供"相当数量的额外激励"，确保最终再募兵1000人。与马萨诸塞相仿，康涅狄格只有靠这份数额巨大的追加奖金，才能实现目标。"在此之前，这个殖民地就已消耗了很多人力，因而几乎不可能募集更多的人员。然而，议会采取各种可以想象到的办法来鼓舞和恢复民众的士气。这些追加的募兵数量以罕见的调度完成了，超出了许多人的期望。"[6]

与康涅狄格一样，新泽西、纽约、新罕布什尔，甚至罗得岛也发生了上述事情。在各个殖民地，募兵人数最终都达到了与1758年大致相同的水平；几乎所有募集的部队都无需诉诸强征；总之，各团在各地议会同意为入伍支付极高的赏金之后，最终都满员了。新泽西再度募集了一个1000人的团，尽管1756年和1757年的战事让他们每年损失500人，且许多新泽西人参加了私掠船的冒险行动，但是能够取得这一成就，只能是因为提供了12英镑的赏金——高到足以从殖民地外部吸引新兵入伍。纽约募集了2680人入伍，但不得不提供15英镑的奖金，才能在与康涅狄格和新泽西的竞争中不掉队。而新罕布什尔是一个人口稀少，却有漫长边境需要守卫且商业财富微乎其微的殖民地，它也要靠支付一笔应募奖金，才能为1759年的战事募集800名殖民军。罗得岛议会试图通过从1758年起留住部队过冬，使他们在此期间也能领到薪水，从而不提供奖金就能履行其募兵义务。然而，由于疾病和开小差，对新兵的需求最终只能付出相当大的代价才能得到满足。为了补足罗得岛1000人殖民地团的最后115人，必须承诺提供超过20英镑的殖民地信用纸币，外加一个背包、一条毯子、两个月的预付金，以及在加拿大最终投降时支付10英镑报酬。[7]

这样一来，1759年，新泽西、纽约和新英格兰殖民地就能将约1.7万名殖民军官兵送上前线，支援入侵加拿大的军事行动；鉴于1758年各殖民地的种种努力，这是一个惊人的数字，无论从哪个角度来看，如果没有英国议会报销费用，这个数字都是不可想象的。不过，诱使北部殖民地配合到这个地步的，不仅仅是英国议会的资金，因为此时这些殖民地经常表现出自己愿意以正确的友善态度，去解决劳登出任总司令时，使军事工作瘫痪的诸多问题。没有什么能比兵营纠纷更具破坏性的了,1758年之后,基本上已经没有这样的纷争了。每个有英军驻扎的殖民地都公费修建了兵营,为立法机关志愿提供的柴火、食盐和低酒精啤酒支付杂费。马萨诸塞甚至在指定的私人住宅里定期举办征募派对,当户主的开销超过军队支付的每人每天4便士的食宿费用时,殖民地会报销额外费用。募兵人员在招募新兵时几乎没有遇到抵制,哪怕是在波士顿,那里的治安官员现在会即刻处置任何企图阻挠募兵的人,而不是去骚扰英国正规军。[8]

类似的是,在布拉多克、劳登或阿伯克龙比需要钱时,经常会成为烫手山芋的短期金融问题,不再是困扰总司令和各殖民地之间关系的障碍。阿默斯特和每一位前任总司令一样,一直缺少行动资金,事实上更甚:他从阿伯克龙比手中接管的军用金库几乎空了,而他预计能从英国获得的资金又来得很慢。1759年3月中旬,他手头根本就没有钱了。而且,他发现为了准备即将来临的战事,自己实际上正被迫在签发空头支票:在他签发这些权证时,要求持券人在钱从英国到来之前,不要将这些权证送交主计长。面临由于缺乏资金不得不推迟行动的前景,他呼吁纽约议会以将来英国财政部会支付的款项为抵押,贷款15万英镑。从来没有任何殖民地的立法机关同意按照这种条件贷款给驻北美英军总司令。现金短缺时,劳登和阿伯克龙比时常被迫向个别商人借高利贷;因此,本人就是商人的德兰西副总督满心期望纽约议会拒绝贷款。令他吃惊的是,议员们没有拒绝,收到这笔钱的阿默斯特大喜,向议员们"对国王的忠诚和对这项任务的热忱"表达了感激之情。这笔贷款绝不是被迫发放的,议会里的商人们也肯定知道发放贷款会让他们失去中饱私囊的机会,所以阿默斯特的赞扬不只是奉承而已。忠诚和热情肯定以这一届议员的那些特别自私的前任不了解的方式,激发他们慨然允诺放贷。[9]

对于心理上这种非常明显的变化,最为合理的解释非常简单:1759年,长期对抗英国的政策和行为的殖民地居民,已经相信他们是皮特的帝国宏图的全面合作伙伴。以前,无论各殖民地议会可单独批准多少将法国从北美驱逐出去的行动,他们从来不曾为了达到这个目标,而一致向一个遥远的宗主国权威放弃地方控制权和特权。但这时是宗主国请求他们帮助,而不是命令他们参与一场几乎每个人都希望看到能胜利结束的战争。这种从命令语气到商量语气的变化,消除了甚至如纽约和马萨诸塞那样极为小心谨慎的议会的最后疑虑。费用的报销至关重要,因为这消除了对公共财政破产的现实恐惧,但是对共同事业的热情,即阿默斯特称为"热忱"的情怀,才是驱使加拿大征伐战事最终完成的唯一引擎。殖民地居民长期认为英国人待他们如同工具,因而他们一直表现得满腹狐疑,不友好、不合作。一旦他们觉得皮特和英国议会像平等的合作伙伴那样吁请他们的帮助,他们倒的确能成为满怀热忱之人。

不过如果说这就是1759年给予的经验教训,肯定不是唯一的一个。纽约以南的殖民地对皮特呼吁重新努力对抗敌人,给出的回应,也能够解读出一种有所差别,在某些程度上矛盾的信息。佐治亚和南卡罗来纳都没有面临严重的外部威胁,到此时也没有深入参与战争,两者都没有提供超出象征意义的支持。佐治亚非常贫穷,人口稀少,所处位置又容易暴露,乃至不得不靠正规军来保卫;而南卡罗来纳只募集了5个殖民军连用于守备任务。北卡罗来纳更是什么都没做。马里兰议会被困在与特许领主家族的一场难以解决的无休止争端之中,长期无所作为,而且会继续这样毫无动作。[10] 只有两个边界受到法国人和印第安人最直接威胁的南部殖民地——弗吉尼亚和宾夕法尼亚,选择积极参与1759年的战事。这两个殖民地都在以阿默斯特和皮特不会太满意,却能揭示当地议会对战争及其结果的看法的方式参与战事。

到这时为止,弗吉尼亚或宾夕法尼亚议会关注的最重要的事实,就是边界能重获和平,为了防止法国人复返,有必要在福克斯维持一支驻军,为此这两个殖民地议会都同意为下一年募集殖民军。于是,弗吉尼亚下议院进行了不同寻常的调度,授权募集的官兵在这个殖民地之外,根据阿默斯特的统一指示部署。然而,下议院没有找到重复1758年军事努力的理由,只投票通过了募集一个1000人的团,此时华盛顿已辞职,这个团则由威廉·伯德三世上校指挥,副团长由华盛顿的老部下亚当·斯蒂芬中校担任。下议院认为,这个团应当只用于保卫福克斯,而不是北进去参与入侵加拿大。另外,从民兵抽调的500人,会去守备弗吉尼亚的堡垒群,保卫已经开始越过蓝岭回迁的边界居民。最终，这些民兵中的200人会被派往匹兹堡充当技工，去帮助修建皮特堡要塞。[11]

最终，宾夕法尼亚议会批准募集3060名殖民军服役，比1758年的数量略有增长。由于议员们再度发现自己陷入了与特许领主对佩恩家族土地税务问题的老掉牙争执，募兵进展缓慢。边界重归和平，使政治重归其习惯路径，于是反特许权派议员试图通过向特许领主的产业征税，来确定他们提高财政收入的权利。然而，丹尼总督发现1758年与反特许权多数派议员的合作太过谨慎，这时他决定重新捍卫雇主们的利益，拒绝认同议会发给他的税单。4月，宾夕法尼亚还没有募集部队，阿默斯特担心最后募不到一个兵，向丹尼施压，让他在税单上签字，哪怕实际上这么做会让佩恩家族付出大约4万英镑的代价。议会大获全胜，马上同意如数按照皮特的要求募集殖民军，甚至向约翰·斯坦威克斯准将（接替福布斯出任当地驻军司令）提供了5万英镑贷款，从而让他能毫不拖延地实施1759年的各项行动。[12]

的确，在这个关键时刻，宾夕法尼亚议会肯定期望斯坦威克斯开始将福克斯重新要塞化，修缮福布斯道路，因为每个人都意识到匹兹堡非常重要，不能冒再度丢失给法国人的风险。然而，对宾夕法尼亚人来说，同样重要的是认识到西面的兵站大部分会由弗吉尼亚殖民军把守，伯德的弗吉尼亚团已经接近完成部署。如果匹兹堡太重要，不能丢给法国人的话，那么它就非常宝贵，也不能落入弗吉尼亚人之手。[13]

于是，甚至敌人对弗吉尼亚和宾夕法尼亚边界的威胁只是暂时消除——没有人怀疑法国人会尝试重夺福克斯——都足以让这两个冤家殖民地，重新开始为控制俄亥俄地区竞争，这甚至让宾夕法尼亚政局特有的内部派系斗争重新冒头。这两个殖民地已经证明，在这场战争中它们能够合作，甚至热情地合作，但是它们潜在的不团结——地方主义和根深蒂固的竞争——根本没有被消除。1758年的战事已经证明，弗吉尼亚人和宾夕法尼亚人在英军指挥官麾下能够一同行动，但再清楚不过的是，这样的合作只有在限定条件下才能进行。

由于皮特的政策变化，阿默斯特比任何前任总司令表现得更圆滑和更克制，战争发生了颇为光明的转折。压倒法国人获得大胜的前景使北美人成为爱国者，姑且这样称之。然而，如阿默斯特和他的上司所见的那样，他们对帝国的所有热情，所有的忠诚声明，都是肤浅的表象，在表象之下，殖民地居民依然未变。尽管这并非一个完全正确的推论，1759年，英国的观察人士还是倾向于得出这样的结论：英国议会的补贴买到了英属殖民地居民的热情。不论多么热情地为了共同的事业发表声明，你仍然认得出他是一个殖民地居民。而且，在爱国者的躯壳下，你能找到的只能是一颗北美人的心。

第 33 章

帝国的象征

皮特堡和印第安人

1759 年

如果政府内部的摩擦和互相怀疑推迟了巩固英国对福克斯地区的控制的行动,一旦行动开始,1758 年的行动中就已经产生的各种问题,对此形成的阻碍甚至会更加严重。修建福布斯道路和补给道路沿线的部队,已经毁坏了军队为远征迪凯纳堡租用的数千辆马车和或许数量达到上万的马匹。而福布斯之死,延缓了物主与军方就索赔方案的和解。这样的情况,大大削减了民间人士在斯坦威克斯开始呼吁民众提供马车和车队之时挺身而出的热情,于是,在春季的大部分时间里,他的军队遭遇严重的运输工具短缺问题。与此同时,守卫匹兹堡和利戈尼尔堡的部队的状况,变得越发危险。只能用重兵守卫的驮运队运送补给,直到森林中的积雪消融,草地上长出足够喂养成群牲畜的青草,将这些牲畜向西驱赶,以维持庞大的夏季驻军。6 月中旬,牛贩子才将第一批牛送到匹兹堡,那里的士兵已经在吃马肉和狗肉了。当第一批牛到达时,部队当场就宰杀了 40 头,几乎一刻不停地烹煮;士兵们甚至都没有停下来区分内脏和肉,就狼吞虎咽地吃了下去。[1]

西部多个兵站的物资短缺,对守备部队来说,这不只是不舒服的问题。撤离时,法军将在迪凯纳堡贮存的所有粮秣和贸易商品都随身带走,或者销毁,或者分散到友邻的各个村落。因此,俄亥俄河谷的肖尼人、特拉华人和明戈人发现自己正面临冬季生存危机:他们决定与英属北美人议和的第一个,也是最实实在在感知到的影响。为了让这 3 个部族的印第安人继续合作,福布斯和宾夕法尼亚当局承诺的贸易不得不尽快开放;只要还没有与其通商,这些印第安人重新倒向原来的法国供应商的可能性就仍然存在。法军驻迪凯纳堡卫戍司令弗朗索瓦-马里·勒马尔尚·德·利涅里上尉只撤退到阿勒格尼河河畔的马绍堡(又称韦南戈)。1758年冬,他的求助呼吁书不仅发到了传统的法国盟友,即上五大湖地区的波塔瓦托米人、渥太华人和奥吉布瓦人手中,还发给了叛逃的肖尼人和特拉华人。在整个漫长的冬季,利涅里甚至能用一支骨瘦如柴的部队,持续对勉强维持匹兹堡和利戈尼尔堡的驮运队发动袭击。无疑,当春天河流中的冰块消融,他再度在马绍堡组织好自己的部队时,他会重返匹兹堡等地。当冬季慢慢过去,进入1759年之际,唯一的真正问题看来就是俄亥俄印第安各部将会站在英属北美那一边,还是会再度倒戈。[2]

因此,如果英国希望能够继续控制西部,福克斯地区的繁荣贸易至关重要,但是那些希望主导当地贸易的人之中的无序竞争,危险地阻碍着它的复兴。根据《伊斯顿条约》的部分义务条款,1758年,宾夕法尼亚议会通过了一份法案,形成殖民地对于印第安贸易的垄断。在宾夕法尼亚的3条大河流域,即特拉华河流域的艾伦堡、萨斯奎汉纳河流域的奥古斯塔堡(沙莫金堡)和俄亥俄河流域的匹兹堡,都会建立多个货栈。"诚实、谨慎和冷静的人",会在那里以固定价格将商品出售给印第安人,以此打击非法贸易和纠正不规范贸易的破坏性影响;传教士、男教师和"其他冷静的贤者"会在那里定居,以"教化和教导"印第安人。这是友好协会赞助的一个雄心勃勃的慈善计划,但战时宾夕法尼亚的条件使得计划的实施变得极其不切实际。资金短缺和计划不善,使宾夕法尼亚在1759年9月之前,无法在匹兹堡建立货栈。在战争间歇期,伊斯雷尔·彭伯顿起初根据福布斯的迫切请求,后来按照斯坦威克斯的请求,竭尽全力依靠私人企业去满足当地所需。彭伯顿的员工克服了巨大困难,付出了不小的代价,设法在1759年4月底之前,让一支满载货物的驮运队赶到了匹兹堡。这些物品和随后运到的货物有助于维持俄亥俄印第安部落的善意,但是它们到得太晚了,无法缓解冬季匹兹堡脆弱的商品和食物补给压力。为此,守备队司令休·默瑟中校允许许多小商人(主要是弗吉尼亚出售农产品和威士忌的农民)在福克斯经营一种不受限制的贸易。[3]

印第安贸易——在技术上一切都是非法的，因为违反了宾夕法尼亚的法律——快速混乱发展的最后一个因素，是6月到来的乔治·克罗根预示的。当时，他带领一支运载国王赠予的官方礼物的驮运队抵达俄亥俄各部落。克罗根是威廉·约翰逊爵士在俄亥俄地区的副手，他既是以外交官的身份，也是以拥有自主权的商人身份来到匹兹堡。根据这两重身份，他企图阻止宾夕法尼亚人在福克斯建立垄断贸易。身为印第安事务督办的正式代表，他渴望在俄亥俄河流域重建活跃的贸易，使之成为将印第安人牢牢和英国利益捆绑在一起的手段。因此，他向费城的几家商行颁发许可证，让他们的代表能够在印第安村落进行贸易。他知道，俄亥俄印第安人喜欢在这样的环境中做生意。[4]

克罗根也渴望让自己在匹兹堡树立根基，因为他在此地有土地投机利益要维护。回溯1749年，这个狡猾的爱尔兰人从易洛魁长老会购得福克斯附近20万英亩土地的所有权。根据那次买卖，克罗根对英军企图建造皮特堡的那块土地拥有貌似合理的所有权，他有充分的理由不仅仅是在周围出现，还会去尝试在商业上控制这一地区。他知道，如果英国保持对福克斯的控制力，印第安人和白人都会被皮特堡这座要塞吸引。向印第安人出售货物和收购鹿皮的同时，将土地卖给来到俄亥俄的白人，对于商人来说，还有比这更好的位置吗？谁会比他更有资格向那些需要将他们的荒地变成农场的人提供粮秣和工具呢？[5]

当然，俄亥俄印第安人对商人们出售的商品的需要，甚至达到了接受1759年在匹兹堡增长的杂乱无序的贸易的程度。他们不欢迎不真诚的待遇、英军的长期驻扎以及成千上万的白人涌入俄亥俄地区的潜在可能性。然而，随着岁月的流逝，局面已经变得越发清楚，他们实际上正在得到的就是他们不欢迎的这些事情。塔莫奎、皮斯克托蒙、辛加斯和其他印第安酋长已经同意和平条件，他们相信，英国人承诺会在福克斯开设贸易站，然后等到法国的威胁消除时，就会将他们的部队撤过山去。7月中旬，法军没有重新出现，但英军到来的人数越来越多，显然在准备建造比一座贸易站，甚至比迪凯纳堡更令人生畏的建筑物。一支英国陆军工兵部队正在莫农加希拉河和阿勒格尼河的交汇点建造一座巨大的五角形要塞：这座要塞的每座棱堡尖端之间的距离都超过了 400 英尺,加上外垒,占地面积将超过 17 英亩;内部营房能供给 1000 人使用;所有炮眼共可以安放 20 多门大炮。8 月中旬,军人和技工忙于建造一座锯木厂:他们砍伐和搬运树木;采掘砂岩、煤炭;烧制石灰;制作砖块;铲运修建要塞所需的上万立方码泥土。9 月 10 日,要塞的内墙开始在宽阔的斜堤和壕沟之内筑起。[6]

早在 7 月 9 日,皮斯克托蒙就已对经营伊斯雷尔·彭伯顿货栈的詹姆斯·肯尼"直言不讳":"说清楚……斯坦威克斯将军率领大军来到这里是什么意思。"这位诚实的店主能够回答的一切就是,据他所知,军队会来到这里,只是为了防范法国人复返,"当法国人被征服时,军队就会被召回家乡"。皮斯克托蒙也希望事情就是如此,虽然他提醒肯尼"贵格会教

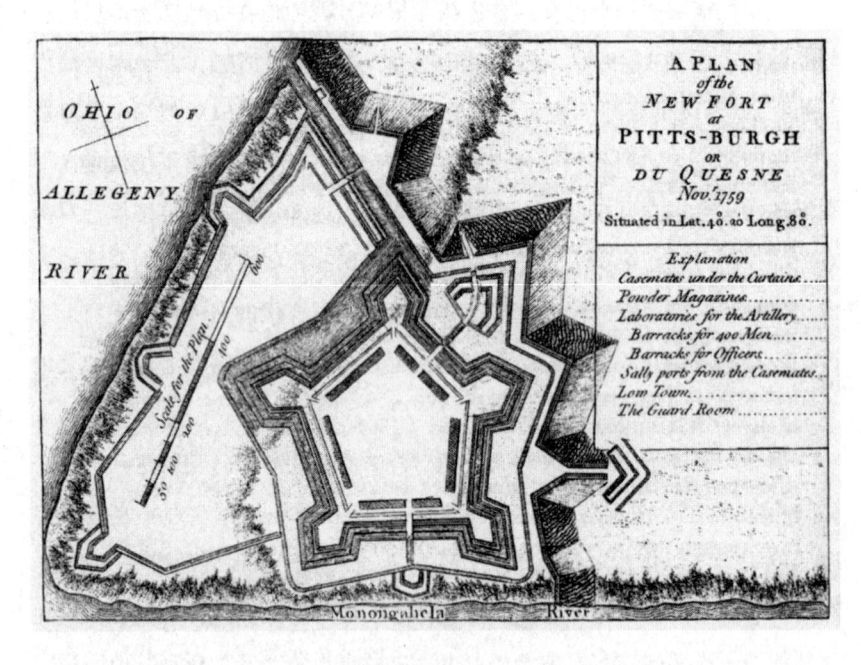

图 33.1　皮特堡要塞。与它取代的狭小的迪凯纳堡不同,皮特堡是一座强大的五边形要塞。它的基部堡墙接近 60 英尺厚,沿着河边建有实质性外垒,还有一道壕沟、廊道,以及横跨半岛的斜堤。然而,对抗其他敌人时,这座要塞的防御就差劲了:1762 年和 1763 年的洪水让墙内水深达 5~7 英尺。这座要塞从未彻底修缮过,在 1772 年被最终放弃时,已经有所腐朽。引自罗克的《根据实际测绘还原的北美要塞和平面图集》(承蒙密歇根大学的威廉·克莱门茨图书馆提供图片)。

友应当一直说真话，不撒谎"，但还是"接受了"这个答复，离开了。在肯尼离开匹兹堡 2 个月后，他和皮斯克托蒙都不会觉得这个答复可信。没有人会误认为面积是迪凯纳堡 10 倍的皮特堡是一座贸易站。[7]这是统治权和英帝国的象征。同年秋，俄亥俄印第安诸部开始非常清楚地领会到这座要塞的真实意义。

第 34 章

六大部族参战

尼亚加拉围城战

1759 年 7 月

英国人在匹兹堡的阵地，在 1759 年夏初还如此危险，到夏末却已经牢不可破：不是因为俄亥俄的福克斯地区发生了任何决定性的事件，而是因为 7 月在 200 英里外的北部，一支英属北美军队占领了尼亚加拉堡。约翰·普里多准将指挥的尼亚加拉远征军，是这一年第一支进入战场的英属北美军队。在 5 月底之前，这支军队就已经开始从斯克内克塔迪溯莫霍克河而上，长途跋涉。普里多的英属北美部队在 6 月 27 日到达奥斯威戈，当时 1000 名易洛魁武士和威廉·约翰逊爵士正在那里等候与大军会合，不会有比这个事实更好的北美实力天平发生戏剧性变化的证明了。[1]

奥农达加支持英国的新意愿，是从一种有充分依据的担忧发展出来的结果。他们担心肖尼人和特拉华人会在西部创建一个独立的印第安联盟：一个可能会包括像迈阿密人和孟西人这样的法国同盟部族在内的地方强权，这几个部族有将易洛魁势力从五大湖南部地区排除的共同意愿。在《伊斯顿条约》中，易洛魁六部重申他们对俄亥俄地区的宗主权主张，但是易洛魁联盟的首领们也非常清楚，这份条约承认特拉华人与宾夕法尼亚政府直接谈判的权利，无论是特拉华人还是俄亥俄的任何其他部族，都不会乐意向易洛魁的统治权再度臣服。对 1758 年秋或初冬发生的一些事情，易洛魁联盟长老会似乎得出了这样的结论：唯一恢复对俄亥俄印第安各部的实质影响力的办法，是通过与英国人直接合作。因此，他们开始发出必要的信号。1 月初，一个驻匹兹堡的易洛魁代表团将守备队司令休·默瑟拉到一边，私下警告他说："肖尼人和特拉华人意图加入一个联盟对付易洛魁人,那么易洛魁人的溃灭将会很快实现,除非英国人向他们提供非常强大的援助。"默瑟报告称,易洛魁六部的发言人不得不严守机密,因为"他们察觉到",俄亥俄印第安各部与法国人之间"仍然存在过于紧密的关系"。然而,他又继续写道:"与此同时,他们看起来又相信法国人会被轻易逐出这一地区;一两场败仗将使亲法印第安部队退出与法国人的同盟,普遍与英国结盟。"[2]

之后不久,奥农达加的使节显然也同威廉·约翰逊爵士进行了接触,提供了他不能拒绝的条件——远征尼亚加拉堡的军事援助。2月16日,北部印第安事务督办匆忙坐在书桌前,写信告知阿默斯特,为了春天的会师,他请求"大幅增加"给予印第安人的礼品。他写道,如果他获得所需的支持,他将"能够让大批印第安人"一同攻打位于安大略湖湖畔的法国人的最后一座要塞。"我自认为,"他如此写道,"而且有一些理由期待,根据事态的现状,如果已经计划好经过易洛魁六部的地区,对尼亚加拉发动远征……即使不能把易洛魁六部全体人员说服,至少也能够劝诱大部分易洛魁部族加入国王陛下的军队。"[3]

这的确是一个引人注目的变化,尤其是约翰逊提到,甚至可能"整个"易洛魁联盟都会"加入国王陛下的军队"。除了1758年三四十名奥奈达人与布拉德斯特里特一同出征卡塔拉奎,只有莫霍克人(约翰逊与他们有姻亲关系)表示过援助英国人的意愿,但即使是他们,自从1755年亨德里克酋长阵亡以来,也几乎什么都没有做过。在这场战争中,易洛魁武士,尤其是塞内卡武士,即便不是以正式盟友的身份,也一直在以参与边界袭击的方式援助法国人。然而,当普里多的野战部队到达奥斯威戈时,易洛魁六部全部派兵到那里迎接他们,甚至还包括相当数量的塞内卡人。

这种逆转如此突然,乃至任何一名英国军官,甚至连约翰逊都不能确定其意义,也没有任何人想到要从易洛魁人本身去理解这一现象的根源。西部印第安部族之间的"本土主义"念头,是战争及其带来的动荡造成的新近的产物,英属北美人几乎不可能预料到俄亥俄村落正在发生的事情。俄亥俄河流域的抵抗已经发展出了一个强大的宗教维度,相比白人,易洛魁六部的首领很快就领悟到了这个问题的重要性。因为易洛魁人在西部的势力一直依赖奥农达加在外交上巧妙与欧洲人周旋的能力，俄亥俄部族之间的任何排斥性抵抗运动都将逐渐让易洛魁人的地位衰退。然而，抵抗之所以能到达这种程度的根源是宗教：俄亥俄印第安各部越发确信，与欧洲人的接触已经在灵魂上污染了易洛魁人，这使他们实际上变得与白人别无二致。到了这种地步，易洛魁六部的势力就会像风中的烟雾一样很快消散。[4]

于是，1758年冬，奥农达加的易洛魁各部酋长得出结论，唯一能够恢复他们对内陆部落统治权的办法，就是利用英国的军事力量为易洛魁各部的目的服务。如果尼亚加拉堡落入英属北美人之手，法国人会失去通往伊利湖的关键陆上运输线的控制权，他们在西部的势力也就会萎缩。然而，只是将法国人从俄亥俄地区排除，并不能让易洛魁人去控制这一地区。能够保持奥农达加对西部印第安各部影响力的方法，只有求助于英国的霸权，想方设法鼓励英属北美保持在福克斯地区的兵力。易洛魁使节几乎同时与约翰逊和默瑟进行接触，他们敦促前者远征尼亚加拉，告知后者一个萌芽状态的西部印第安联盟会造成的危险，这是六大部族战略的两个互补部分。因此，最终不是欧洲人的压力，而是易洛魁联盟长老会有根据的担心——易洛魁人会无法重建对其前附庸部族的影响力，使六大部族为了与英国人公开缔结军事同盟，放弃了中立。奥农达加的各位酋长无疑认为这一举动是暂时的战术性和解，只是易洛魁联盟与不列颠王国漫长的双边关系历史中一种务实性的政策转变。但这次倒向英国造成的结果将被证明是无法挽回的，会超过易洛魁人可能怀有的任何预期。对于积极联盟的承诺，如果不是在名义上，也会在实际上意味着接受附庸地位。一旦法国在西部的势力被瓦解，英国的经济和军事力量将为大英帝国服务，而不是易洛魁人。

一旦开始，尼亚加拉战役就不会是旷日持久之事。普里多将军——虽然是又一个出任临时准将的青年上校——没有在奥斯威戈逗留。他分派1000人在奥斯威戈修建堡垒，然后在6月30日，急忙率领他的其余部队和约翰逊的印第安武士前往尼亚加拉。他们沿着安大略湖荒凉的南岸划船西行4天，随后进入距离目标大约3英里的位置。他们的目标是尼亚加拉河口的悬崖上俯瞰安大略湖的一座漂亮的灰色花岗岩"城堡"。尼亚加拉堡绝不是像1758年被英军拿下的弗朗特纳克堡那样容易夺取的目标，因为47岁的要塞司令、正规军上尉皮埃尔·普绍是一名经验丰富的军事工程师，他已经极大地改善了这个兵站的防御设施。在英军于7月6日到达时，他们面对的是北美内陆唯一一座得到大范围欧式土制外垒护卫的要塞：一道斜堤、壕沟和廊道横跨半岛，护卫着城堡和几座棱堡内的其他建筑物。[5]

普绍上尉是法军在北美最能干的正规军军官之一，在通常情况下，面对任何可能的进攻，他都能够守住这座要塞和关键的陆上运输线。能够办到这一点，除了他建成的令人印象深刻的防御工事，还有以下几个原因。首先，他非常注意改善与易洛魁人的关系。多年以来，当地的塞内卡人在尼亚加拉的陆上运输线都享有承运垄断地位，这让他没有理由去怀疑他们会继续忠于法国人。塞内卡人则向他保证，当任何英军部队越过易洛魁人的领地来进攻他的兵站时，他们会发出全面示警。因为在半个多世纪的时间里，及时传达此类情报，是易洛魁人和法国人在西部签订协约的基石，所以普绍相信他们。

其次，普绍知道英军进攻的最佳时机已经过去。在他率领援兵从蒙特利尔返回尼亚加拉，增援冬季守备队之前，这座要塞是最脆弱的。5月，英军没有出现；到6月初，他的塞内卡情报人员没有交给他任何英军在莫霍克-奥斯威戈走廊活动的消息时，普绍觉得有足够的信心派出部下3000人中的2500人去增援马绍堡的利涅里，后者正计划在俄亥俄河流域进行的夏季战役。沃德勒伊曾指示他分兵，不过普绍无疑是根据自己的权威才决定这样做的，因为他赞同沃德勒伊的战略远见。如果利涅里和他的部队能在英军有机会在福克斯建立自己的力量之前，就沿阿勒格尼河而下，法军就会重获进入路易斯安那的俄亥俄通道，印第安人对弗吉尼亚和宾夕法尼亚边陲的袭击也会恢复，英军为此将不得不让大量兵力转用于边界防御。新法兰西将再次免于被入侵。[6]

因此，7月6日，当易洛魁武士攻打要塞墙外的一个工作队时，没有人能比普绍上尉更加吃惊：这是他察觉的第一个征兆，有不同寻常之事正在酝酿之中。他很快得知，数千英军和英属北美部队正在附近登陆，他急忙召回正在从事劳务杂役的小部队，紧闭要塞城门，派人去马绍堡向利涅里告急，让他归还打算进入俄亥俄地区的部队。此时，他手中只有不足500人来保卫他的兵站，另外还有大约100名印第安武士，主要是塞内卡人，他们同他一样不知所措地看着如此之多的亲族与英属北美军并肩战斗。这时，普绍需要争取时间。7月10日，当英军在距离要塞0.5英里之外开掘最初的几道围城壕时，时间显得格外珍贵。次日，尽管与围攻战的规则完全不符，他还是呼吁休战，以便让尼亚加拉塞内卡人的酋长卡恩达厄设法贿赂约翰逊和他的易洛魁支持者，看看能否阻止他们参与这次进攻。

卡恩达厄对发生的事情感到震惊，他痛斥约翰逊"让他的部族陷入困境"，尽管后者只是微笑回应。在接下去的3天里，易洛魁各部的军事酋长试图说服卡恩达厄相信，继续支持法国人已不合理，而他反过来却劝说他们，最明智的做法是让欧洲人去打他们自己的仗，其他人与他的部落一同沿着尼亚加拉河撤到上游的拉贝勒法米涅。他几乎就要成功了。最终，约翰逊向"他的"易洛魁人承诺，在拿下尼亚加拉堡后，会让他们劫掠，他们才没有采纳卡恩达厄的建议。即使如此，在7月14日会谈结束后，这些易洛魁人也没有在围攻战中扮演积极角色。到了这个地步，普绍允许卡恩达厄的人马打着休战旗撤出要塞，不愿让他的要塞墙内还有忠心可疑，充其量只会成为热情不高的战士的印第安武士留下。这个插曲几乎以英军的印第安盟友武士与尼亚加拉塞内卡武士合流前往拉贝勒法米涅而告终，这让普里多和约翰逊颇为困惑，他们担心易洛魁人会重拾自己对中立的偏好。实际上，与卡恩达厄的谈判，达到了易洛魁六部希望达到的目的，因为他们既避免了自相残杀这一不可接受的前景，也没有做任何事情来提高法国的抵抗能力。[7]

普绍争取到了一点时间，但是他的对手在停火期间，并没有停止挖掘壕沟迫近要塞。在卡恩达厄的塞内卡武士于14日通过英军阵地，进入安全地区以后，英军的炮兵开始从距离尼亚加拉堡斜堤不到250码的一座前进炮台开火。此时，守军唯一的希望都寄托在利涅里从马绍堡派来的援兵能及时赶来。17日，英军的榴弹炮炮弹开始越过尼亚加拉河直落要塞之中，此外，英军还从背后纵射法军的工事，以便控制河滨和湖滨地带的通道。与此同时，英军夜以继日挖掘围城壕沟，直到20日下午，英军的重炮从一座位于要塞廊道近距离杀伤位置（80码）的破击炮台开火之后，才停止掘壕。到了这个当口，即便普里多将军突然身亡——黄昏时分，他在视察一座炮台时，跨到一门臼炮前方，导致后脑勺被炮弹轰掉了——也不会减慢攻城的进度。威廉·约翰逊爵士接管了指挥权，尽管他身为战地指挥官能力有限，也仍未减缓攻城行动，就仿佛它受到自身的动力驱动一样。[8]

23日，英属北美军的壕沟几乎布满了整个半岛，离要塞最近的壕沟就位于要塞外部防御工事的步枪射程之内。在堡墙内部，炽热的炮弹和臼炮弹如同致命的冰雹般落下。患上炮弹休克症的人，连日里难以入睡，拒绝爬上堡垒墙头。主棱堡炮台内的所有火炮的炮车都被击毁，炮台护墙都被射穿一个大洞；在炮火射击下无法妥善修缮，守军只得用毛皮和兽皮堵塞破口。[9]

到了看似万事皆休的地步，利涅里的援军才在瀑布上方的尼亚加拉河河面上出现。全部援军由法军、加拿大民兵和印第安人组成，共1600人。在一位哨兵看来，他们就像"一座漂浮的小岛，河面上布满了平底船和独木舟，黑漆漆的一团"。普绍的希望大增，但是约翰逊的印第安哨兵已经将所有情况都如实向他汇报了，他有时间派出一支部队去封堵援军通向要塞的道路。次日上午，约翰逊派出易洛魁使者去警告利涅里的印第安盟友，正在等待他们的是什么。与此同时，第46团的艾尔·马西中校有时间修建横跨拉贝勒法米涅附近道路的原木胸墙和鹿砦，在工事后面部署大约350名正规军和100名纽约殖民军。大致上数量相当的易洛魁武士主动出击，静悄悄地在周围的树林中占据了阵地。[10]

大约8点，在利涅里的部队沿着道路行军，向英军逼近时，他的印第安盟友听从了易洛魁使者的警告，决定不参加战斗。因此，仅由法国正规军、海军陆战队和加拿大民兵组成的大约600人的队伍向英军的鹿砦发起了冲锋。他们在约 30 码的射程之内,一头冲进了英军滑膛枪的连续齐射火力之中。最终,只有大约 100 人在被俘虏时仍活着,大部分负了伤,其中有 19 人是军官和候补军官,包括新法兰西经验最丰富的印第安事务外交官之一——约瑟夫·马兰·德·拉马尔格。其他溃散逃命之人,都遭到易洛魁武士的追击,大部分看来不是被杀就是被俘。法军报告有至少 344 人被杀或被俘,但实际数量可能要高得多。利涅里本人——身经 10 多场战事的老兵,莫农加希拉战役的英雄和迪凯纳堡的最后一任司令官——被英军发现混在鹿砦的法军伤员之中。他活得足够久了,意识到没有一支法国远征军能夺回俄亥俄地区。[11]

普绍上尉用战地望远镜发现拉贝勒法米涅发生了战斗,但是没能看清利涅里败得有多彻底。直到傍晚时分,英军停止炮轰要塞,并派出一名使者敦促他投降时,他才得知一切。使者承诺,英军会保证他和部下的人身安全,但是不能给予他们英勇战败者的特殊礼遇。普绍的最后希望破灭了,7 月 25 日他接受了约翰逊的条件。此后两天,他和他部下的守备队登上英国人的平底船被运往纽约,在那里被监禁。许多人会被遣返回法国;普绍本人将在 12 月被交换,再度回去协助守卫加拿大。

投降后,普绍曾担心的大屠杀一直没有来到。易洛魁人满足于劫掠尼亚加拉及其外围的仓库,里面囤积着价值巨大的毛皮、兽皮和商品。他们在围城战中损失的武士很少,甚至几乎没有损失,也就不会迫切需要去掳掠比他们在陆上运通道的战斗之后抓获的更多俘虏。然而,最重要的是,他们的温顺举止反映的是易洛魁六部需要维持英国人的善意,如果他们希望恢复对俄亥俄的影响力,必然不得不依赖英国人。[12]

法国人安全离开后,约翰逊立即行动起来,在他的印第安盟友也动身离开之前,他打算巩固对安大略湖西端的控制。在派遣几艘划艇去多伦多堡侦察后,他得知守备队已将堡垒烧毁撤退。于是,他怀着(他告知了阿默斯特)"在我们和上五大湖地区的边远印第安部族之间建立同盟关系"的希望,立即开始与当地的齐佩瓦人建立友好关系。在这项工作完成之后,因为约翰逊几乎无意为监督尼亚加拉堡的维修工作而在该地逗留,于是他将指挥权交给一位正规军中校,旋即便返回奥斯威戈。阿默斯特渴望派一名了解该如何运作一支军队的指挥官负责这支部队，于是派出他麾下最出色的行政管理干才托马斯·盖奇准将去接管西部兵站的指挥权。威廉爵士仍会在奥斯威戈逗留一段时间，在那里能更加有效地从事他擅长的各种活动：管理印第安事务，追逐商业利益和栽培他的月桂树。他已经完成了这场战争中的最后一次军事指挥任务。[13]

尽管法军会在卡塔拉奎驻扎一个小分队，监视英属北美军，但丢失尼亚加拉实际上将他们的西部边境一路推后到大约在蒙特利尔上游115英里的奥斯威加奇河一带。此时，蒙特卡姆已经意识到英军经圣劳伦斯河上游入侵的危险，于是派他的副司令德·利维骑士率领他能从魁北克分派的尽可能多的部队，去保卫蒙特利尔。不过，由于盖奇过于谨慎，不敢冒险从奥斯威戈派兵沿圣劳伦斯河而下，英国人在西面给予的最大打击已经就此完成。

因此，深切感受到尼亚加拉失守后果的并非蒙特利尔，而是法军尚在五大湖地区和俄亥俄地区的兵站。此时此刻，法军已别无选择，只有放弃普雷斯克岛要塞、勒伯夫堡和马绍堡。伊利诺伊地区的多个定居点仍会由法国人控制，但不得不有所改变；在战争期间，它们与新法兰西将不会有后续的交通联系。类似的是，上五大湖地区的堡垒和贸易站，从底特律到米奇里马基纳克及其以外的站点，仍然被法国人控制，但是英军占领尼亚加拉的陆上运输路线，意味着这些站点只能因物资匮乏而衰落。没有一个西部指挥官能说服上五大湖地区的印第安人派遣武士去援助加拿大。新法兰西在历史上将首次孤军面对敌人。

第35章

阿默斯特将军迟疑不决

提康德罗加和克朗波因特

1759年7—8月

8月4日，星期六的夜间，杰弗里·阿默斯特得知普里多战死，尼亚加拉堡已攻克，当时他正忙于占领克朗波因特的圣弗雷德里克堡。这一要塞距离提康德罗加大概12英里，因为尚普兰湖在提康德罗加急剧收窄，随后逐渐变宽，所以占据此处能控制住北面宽阔的尚普兰谷地。这是法国人在他进攻途中爆破和放弃的第二座兵站。为此，他既感到愉悦，内心又有些困惑不安。阿默斯特从来都不会把自己的情绪充分表达出来，因而对这种不确定情况的回应，正如他一向所做的那样，沉默不语，并且放缓进军速度。

由于多种原因，阿默斯特推迟了夺取圣弗雷德里克堡的行动。尼亚加拉远征军和他本人的远征部队共用位于奥尔巴尼的一个补给基地，尽管约翰·布拉德斯特里特拥有担任军需总监的专长，但即便是这样一位天才军官，一次也只能致力于一项重大任务。在阿默斯特预期指挥的围城战之中，他必须仰仗新英格兰殖民军的斧、镐和铁锹，这些工具一如往常，到达缓慢。最终，阿默斯特习惯性地为了安全而舍弃速度。甚至，在到达乔治湖湖源，做好准备去冒险之前，他已经安排人员修缮了爱德华堡外出的道路，并在哈夫韦河修建了一座设防小站。在乔治湖湖畔建立营盘基地时，他已经耗费了一个月的时间收集物资，刚刚开始修建代替威廉·亨利堡的新兵站乔治堡。如此慎重，对细节过于在意的结果就是，在阿默斯特的部队登上平底船，划桨向提康德罗加前进时，已经过了7月21日。他指挥的部队有正规军的7个营和新英格兰殖民军的9个营，加上9个连的游骑兵和1个炮兵车队,合计约1万人;比起1758年阿伯克龙比率领的沿湖而下的部队少了许多,这在总司令心目中是另一个谨慎从事的理由。[1]

但是,1758年大规模屠杀的发生地卡里永堡,在7月22日阿默斯特到达后仅4天就陷落了,进攻方只付出了5死31伤的代价。在守军捣毁他们的火炮,点燃弹药库中火药的导火索,退往克朗波因特时,阿默斯特

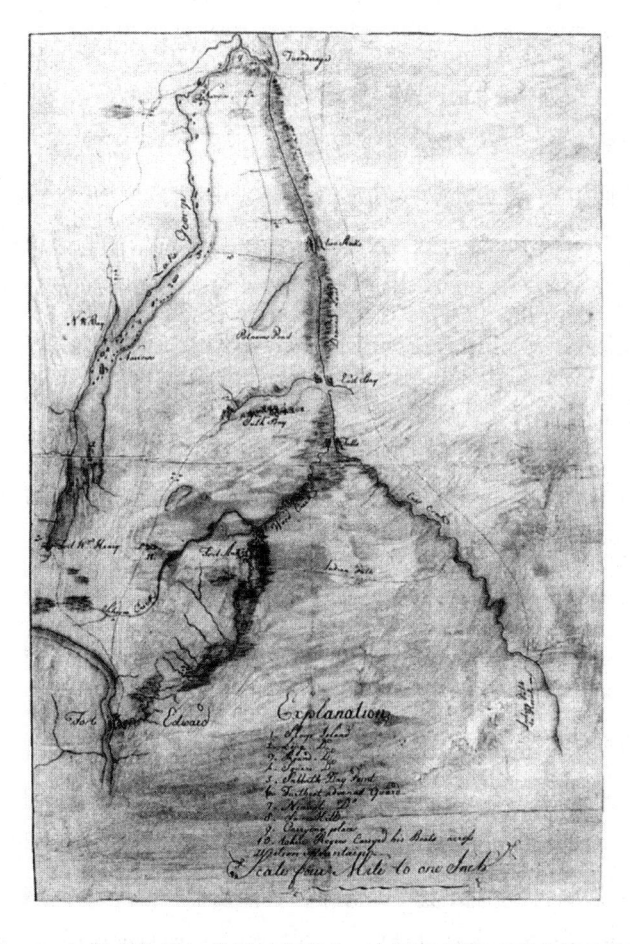

图35.1《1759年提康德罗加的爱德华堡》。这幅手绘地图引自托马斯·盖奇的文件,反映出到1759年,盖奇已经完全熟悉当地的湖泊、溪流和沼泽等地理状况。尽管威廉·亨利堡已被毁弃,但前往提康德罗加和尚普兰湖的优先路径仍然要经过此地。这幅地图中的阴影部分表明,伍德溪、南湾和南河沿线的替代路线要穿过沼泽,路况相当复杂(承蒙密歇根大学的威廉·克莱门茨图书馆提供图片)。

的部队几乎都还没有安放好攻城炮。这些守军在克朗波因特与弗朗索瓦-夏尔·德·布拉马克准将指挥的 3000 名法军会合。布拉马克是一位有能力，却患有哮喘病的军官，但是蒙特卡姆仍将蒙特利尔南面通道的守卫任务托付于他。阿默斯特有条不紊到了挑剔的程度，他率队停留下来，检查卡里永堡的废墟，然后才派出一支游骑兵分队去侦察布拉马克在圣弗雷德里克堡的行动。当这支队伍在 8 月 1 日返回，带来法军已经炸毁圣弗雷德里克堡并撤退的消息时，阿默斯特命令他的军队先行前去控制住那座废弃的要塞，并再度停下来，评估他们的处境。[2]

在阿默斯特总司令得知尼亚加拉堡陷落时，他已经取得尚普兰湖北至克朗波因特的控制权。克朗波因特是"一座完全能够确保其后方安全的大兵站"。他也开始通过游骑兵和法军逃兵获得关于敌人的情报，于是得知法军已经一路撤退到湖口的要塞化岛屿——坚果岛。可是缺乏坚定的抵抗，只会让阿默斯特更为小心谨慎，更不愿意长驱直入蒙特利尔，这出于两个理由：首先，法军在尚普兰湖尚有一支小规模舰队，可是他没有。敌军的 1 艘纵帆船和 3 艘安放 32 门火炮的小型三桅帆船，可以轻易将他的平底船掀翻。因此，阿默斯特决定等候他自己的船工，回到提康德罗加去修建一艘双桅帆船和一个大型武装木筏，或者说大筏，之后再沿湖而下向前推进。[3] 其次，压在阿默斯特心头，甚至比缺乏海军护卫更令人沮丧的是自从 7 月初以来，他没有听到过任何关于沃尔夫的消息，因此他对此无能为力。

既然对征伐魁北克的战役进程一无所知，阿默斯特就没有可靠的理由去解释他的军队为何在一路推进的过程中不见抵抗。如果在圣劳伦斯河一带的行动已经牵制住大量敌军，他就可以相对安全地向布拉马克的部队逼近。但阿默斯特天生就不是个乐天派，且他几乎非常肯定地预料沃尔夫会败北。如果他预料的事情已经发生，即沃尔夫向路易斯堡败退，蒙特卡姆就可以腾出手来将他的部队转移到坚果岛，取得对阿默斯特的局部优势，且阿默斯特在派兵驻守乔治堡、提康德罗加和克朗波因特后，能够率领北上的部队最多不超过 5000 人。就阿默斯特所知的这一切来说，法军接连撤退，只不过是引诱他跌入狡猾陷阱的诱饵。

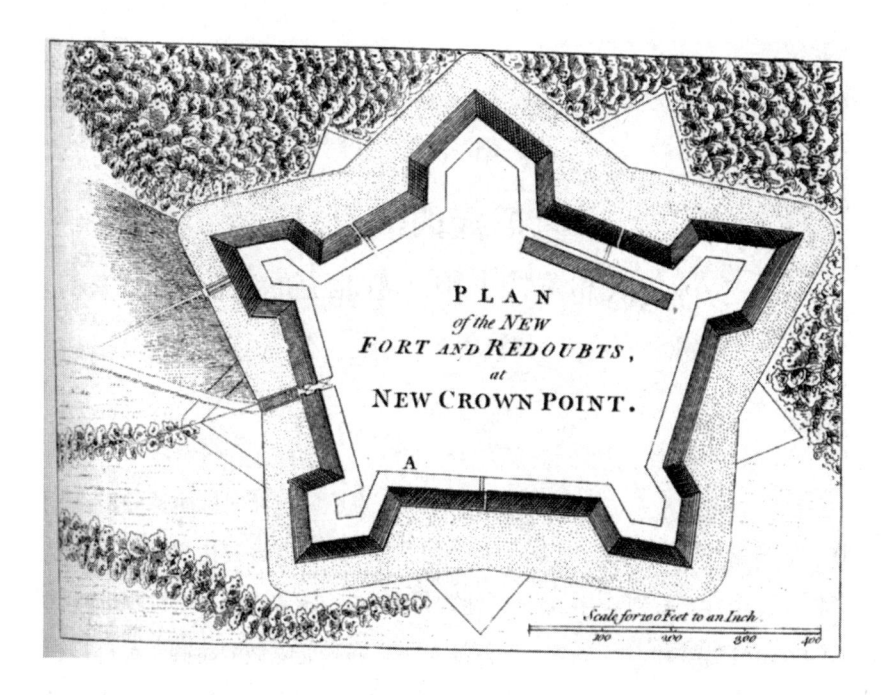

第 35 章　阿默斯特将军迟疑不决　315

图 35.2　1759 年的克朗波因特堡。这座要塞的占地面积至少比之前的圣弗雷德里克堡大三分之一，阿默斯特的这个新兵站如皮特堡一样规模庞大，造价昂贵，就连不济的命运也一样：1773 年，一次烟囱失火造成一场蔓延全堡的大火灾，最终弹药库被引爆，巨大的冲击力将要塞夷为平地。从此之后，这座要塞就再也没有重建过。引自罗克的《根据实际测绘还原的北美要塞和平面图集》（承蒙密歇根大学的威廉·克莱门茨图书馆提供图片）。

　　从克朗波因特沿湖而下，到达坚果岛有 80 英里（3 天路程），他对那里的情况几乎一无所知。远离他的补给基地和援兵，兵行险着，这是在拿他的全部军队和所有收获犯险。于是，8 月，阿默斯特决定让他的部下去修缮提康德罗加的工事，在克朗波因特建造一座新的五角形要塞；去植树造园；越过树林去北面侦察；去修建道路——一条贯通连接提康德罗加和克朗波因特，另一条自克朗波因特从陆路延伸 77 英里，到达康涅狄格河谷的 4 号堡，这样才能更好地确保占领区所需物资的安全。[4]

　　在拥有自己的船或者知道沃尔夫究竟是胜是败之前，杰弗里·阿默斯特甘愿修建各种设施，继续等待下去。

第 36 章

无把握的战役

沃尔夫和蒙特卡姆在魁北克的对决

1759 年 6—9 月

8月，在魁北克，詹姆斯·沃尔夫执行的是另一种伺机而动的激进策略。他开始行动时也晚了，6月4日他才离开路易斯堡，比皮特期望的晚了将近一个月。直到6月28日，他才开始让他8500人的部队在魁北克南面的奥尔良岛登陆。整个7月，他都无法削弱魁北克城的防御，无论是他从7月12日开始对这座城市的无情炮击，还是对城南6英里法军防线的正面进攻，都不管用。他在7月的最后一天下令发动的正面突击是一次莽撞的进攻，让他的军队折损了443人，其中210人阵亡。8月初，沃尔夫已无计可施，且与他部下的准将们不和。这3名有才华的贵族军官已经不相信他的判断。本就没有多大的把握拿下目标，又缺乏将法军逐出防御阵地的力量，因此沃尔夫"将他的作战简化成了……残酷而悲伤的小规模战斗"。他怀着驱使敌人放弃战斗的希望，发动了"模式最糟糕的作战"。8月底，沃尔夫的恐怖手段将6月还颇为悦目的"一个宜人地区的美妙景观"——"风车、水车、教堂和紧凑的农舍，所有建筑物都用石头建成，且有屋顶，有些用木材封顶，其他房屋用稻草为顶"——变成了一片冒烟的废墟。当时，有人保守估计，有1400座农舍被毁。没有人计算过在这个血腥恐怖的月份，究竟发生了多少强奸、剥头皮、盗窃和偶发的凶杀案之类的罪行。[1]

但是，英军的恐怖手段比起炮轰和正面进攻好不了多少，也无法有效地将魁北克守军逐出他们的壕沟。在这场残酷的冒险行动中，沃尔夫的身体垮了。8月19—22日，他病得很重，以至于无法离床：轮番因发烧而浑身无力，因"碎石"或肾结石的疼痛而抽搐。沃尔夫对被迫做出决策，甚或活着看到战役的结束感到绝望。后来他的病渐有起色，但是到9月初他又病倒了，这使他处于精神崩溃的边缘。他的军队有超过33%的士兵不适合出勤，因为他们也在经受和沃尔夫一样的高烧折磨；身体无碍的士兵则以惊人的数量逃亡到敌阵中。[2] 法军已经证明自己更加足智多谋，且比沃尔夫想象的要难击败得多。但是，为什么？假如沃尔夫的身体甚至还允许他继续指挥，他又能做些什么引诱法军离开他们的防御工事，去进行萦绕在他狂热梦境中的战斗呢？

法军能够进行如此成功的抵抗，一定程度上是因为他们的处境非常绝望，在魁北克的法国人有谁会怀疑新法兰西正在为生存而战呢？还有一部分原因是因为在这个名副其实的最后关头，一支小型救援船队从法国到达。4月底，在沃尔夫的运输船和英军强大的护航舰队可以开始向圣劳伦斯河进发之前，2艘法国快速帆船和14艘补给船穿过圣劳伦斯湾的浮冰，装载着食品、援兵和归来的蒙特卡姆的副官布干维尔溯流而上。这些船只和10多艘没有护航，悄悄跟在它们后面的商船，在5月9—23日到达魁北克。它们总共不过20多艘，尽管数量较少，能够及时赶到，就会让沃尔夫的任务变成一场噩梦。因为这些船只不仅运来了500名魁北克急需的援兵，相较之下，还送来了新法兰西守军更加迫切需要的食物和指示。[3]

1758年，加拿大的收成是整个战争期间最糟的，1758年的冬天是人们记忆中最寒冷的。没有法国来的粮食，新法兰西根本不可能进行任何防御。即使拥有足够的补给，加拿大剩余的兵力也太过单薄，无法沿着所有英军可能入侵的路线部署全面防御，但是布干维尔（返回时身佩上校军衔，是一位拥有圣路易勋章的骑士了）送来了关于沃尔夫远征军及其目标的情报，他到达得够早，能向魁北克守军示警，告知他们面临的危险。与此同时，同样重要的是，他带来了法国宫廷的详细指示。这些指示的目的是解决沃德勒伊和蒙特卡姆之间日益恶化的纷争，这种长期不和几乎摧毁了加拿大的自卫能力。加拿大人和法国人之间的文化差异，以及殖民地贵族沃德勒伊反对职业军人蒙特卡姆的个人恩怨，已经让这两人之间的矛盾激化到了谁都看不到对方计划中的合理性的地步。实际上，这两人都拥有战略眼光，但是他们互相抵触，而布干维尔带来的信件则决定了蒙特卡姆的构想占据上风。[4]

沃德勒伊根据行之有效的加拿大印第安联盟与荒野战争战略，来看待防御问题。他的看法本质上是一个游击式的防御构想，因为这一构想的建立基础是他相信，虽然英军可能征服加拿大的土地，但是只要当地的法国人和印第安部落保持团结和在内陆抵抗的能力，他们就永远不可能控制这个地方。因此，新法兰西真正的安全，在于保持与上五大湖地区印第安部落的交通线的畅通。因为如果能妥善引导这些武士对敌人的边境地区进行一场极大的破坏，英国最终将被迫求和。魁北克城本身可以放弃给敌人，这不会削弱法属殖民地的防御。但是，如果西部是加拿大生存的关键，那么蒙特利尔就是要守卫的重点兵站，这就意味着法国需要优先考虑将人员配备到从侧翼护卫蒙特利尔南面通道的那些堡垒，以及像尼亚加拉堡那样护卫它与上五大湖地区交通线的要塞。于是，虽然沃德勒伊的计划考虑到了魁北克的防御，但他最为关注的不是改善这座城市的防御工事，而是将该地区的平民撤离到上游，前往蒙特利尔中途的三河市。因此，总督的战略是要求分期撤离，而不是尽最大努力将入侵者挡在首府的城墙之外。[5]

蒙特卡姆几乎完全是以相反的角度来看待战略问题的。他是一名传统思维的欧洲职业军官，认为将原本就不充裕的可用兵力分散开去防御、守卫西部兵站等于自杀。在他看来，加拿大的唯一关键就是魁北克城，而保住该城的唯一办法是在那里尽可能多地集结部队，抵抗即将到来的最猛烈的入侵。蒙特卡姆没有完全忽略印第安盟友的价值，但是认为他们不可控、不可靠，野蛮残暴，因而并不信任他们。奥斯威戈和威廉·亨利堡挥之不去的阴影让他确信，沃德勒伊的首选方法几乎等于向野蛮屈服。他也不指望依赖加拿大人。比戈的贪婪和民兵不完善的军纪，就像沃德勒伊的狭隘"偏见"和对非正规战争的偏爱一样，导致蒙特卡姆鄙视他派去保卫加拿大的官兵的军事能力。因此，他打算将防御边界收缩到核心地区，即以圣劳伦斯河河谷为中心，从魁北克到蒙特利尔。与沃德勒伊要求分散兵力的计划不同，蒙特卡姆会最大限度地聚集可用于阻击英军进攻的纪律严明的部队——正规军和海军陆战队。如果能击退入侵者，法国就能在欧洲达成全面和平之前保全加拿大，甚至有可能以外交手段来恢复战前的边境。如若事情向另一方面发展，殖民地在无比强大的敌军面前沦陷，蒙特卡姆至少可以进行一次虽败犹荣的防御战。似乎极少有加拿大人能理解这个小个子侯爵秉持的坚定信念：战争中有比胜利更重要的事物。

在布干维尔携带凡尔赛发出的明确指示到达之前，是沃德勒伊指导加拿大的防御体系。他决定增援尼亚加拉堡，支持利涅里夺回俄亥俄福克斯的行动，由此类推，他对修葺魁北克的防御工事并不怎么重视。不过，5月10日以后，一旦众人都知道法国国王已给予蒙特卡姆在新法兰西的最高军事权威，蒙特卡姆的战略构思便占据了上风。此后，布拉马克奉命从尚普兰湖湖畔的几个前方兵站分阶段撤退。于是，在沃尔夫兵临城下之前的一段日子里，法军突然强调在魁北克城周围构建防御工事，安置火炮。通过将每一个可用的士兵送到首府附近，动员当地的民兵，甚至接受通常会因年龄不符合要求被排除在兵役之外的中老年人和青少年志愿兵，蒙特卡姆召集了1.2万~1.5万人，与沃尔夫的入侵英军展开对决。除了布拉马克的3个营，加拿大的所有正规军，即贝阿恩团、吉耶讷团、朗格多克团、拉萨尔团和王家鲁西永团，都云集魁北克。魁北克的各民兵连，以及远达三河市的圣劳伦斯河谷定居点的那些民兵连都来了；5月到达的那些船上的水手、避难的阿卡迪亚人、300多个印第安人（大约有一半是地方教区改宗基督教的印第安人和从遥远北方赶来的克里人余部，后者到此时为止还没有在战斗中发挥任何作用），甚至还有魁北克耶稣会神学院——一个不太可能参战的单位，乃至某些才思敏捷且风趣诙谐之人拿"王家句法"（Royal-Syntaxe）来给它贴标签——35名学者组建的各个队伍也来了。经过多年的战斗之后，且很少得到补充，加拿大战场上的法国正规军力量已非常薄弱，他们不能组成完整的队列去战斗，所以蒙特卡姆将能够胜任的民兵编入他们的队列。其余民兵被他用于在魁北克城周围执行将城郊要塞化的繁重任务，而且他已经将复杂困难的地形转化为足以对抗最巧妙的进攻方的网络式障碍物。[6]

魁北克城位于圣劳伦斯河的北岸，正处于河水流入宽阔水泊，河道从0.75英里扩张至将近2英里的位置。上城区位于一片高出水面200~350

英尺的岬角，紧密地依偎在城墙之内，向外可以看见水泊，向下可俯视下城区的房舍和码头，以及城郊的圣洛克和帕里斯地区。就在上城区的下方，圣查尔斯河汇入圣劳伦斯河，以带有陡峭悬崖的岬角划定了这座城市的北部边界。接下去3英里，是两条河流交汇点以下的圣劳伦斯河下游，或者说沿着地势较低的水泊的北岸，然后在博波尔村附近，地势开始上升。从这个位置再向前，悬崖和愈加陡峭的坡地在河岸边继续绵延3英里，直到达到最高点，蒙特伦西河就在这个地方从一座300英尺高的悬崖直下形成瀑布。这道瀑布如此壮观，那个时代的一位观察家只能将它描述为"惊人的自然奇观"。因而，在魁北克城下游，对于进攻方而言，圣查尔斯河和蒙特伦西河成了从陆地开展行动的实质性障碍物，同时，河岸线为从圣劳伦斯河发动的攻击提供的可靠立足点少之又少。在魁北克上游，有树木生长的陡坡，以及裸露的悬崖和峭壁，在河北岸绵延数英里。在这些悬崖和陡坡的后方是城西面的农田，一直到圣劳伦斯河和圣查尔斯河之间的一片狭窄高地，地势都相当平坦。17世纪初，尚普兰湖的引航员亚伯拉罕·马丁就在此地定居务农。在这片一直被称为亚伯拉罕平原的地方，平地向北平缓地越过农田和林地，到达一道断断续续有不少山口的山脊，之后便是魁北克的城墙。[7]

从圣劳伦斯河上望去，通向魁北克城最不令人生畏的通道在东边（下游），那里正是沃尔夫初次刺探法军防线的地方。蒙特卡姆早已在从圣查尔斯河至蒙特伦西瀑布的所有河岸和山坡上修筑了坚固工事；沃尔夫无力突破这道防御屏障。这令他在8月沮丧地发动了"残酷而悲伤的小规模战斗"。蒙特卡姆将他的大部分正规军，派驻到所谓的博波尔防线沿线，他预计沃尔夫会集中兵力在这一带进攻。然而，这位法军司令官也在城西（上游）高地筑垒设防，以保证能应对英国海军舰队在涨潮时通过魁北克炮台防线的可能局面。因为上游的威胁似乎不是太严重，蒙特卡姆便组织民兵部队去保卫这一带的防线，后来又由布干维尔指挥的1000名精兵进一步加强它的防御，这支机动部队已充分准备好挫败任何在魁北克城北岸登陆的图谋。蒙特卡姆的最后手段是将他的补给船只送往圣劳伦斯河上游大约50英里的位置——三河市附近的巴蒂斯康定居点。这促使魁北克守军依靠一条较长的补给线，但如果英军设法在城市北岸登陆，这条补给线就很容易被切断。不过，蒙特卡姆没有将粮秣和弹药都集中在城里，而是打算给自己留一条退路：要是不得不放弃魁北克，他的军队仍可以退往上游而不会失去补给。[8]

蒙特卡姆对他的部队采取的高效而传统的部署，阻挡了同样传统的沃尔夫。到这时为止，北美的军事行动由围城战或者突击战组成，且进攻方尚未赢得一次全面的围城战。但是魁北克的防御几乎天衣无缝，乃至沃尔夫无法在圣劳伦斯河北岸取得一个立足点，从而正式开始围城战。只要法军还能够自行补给，且蒙特卡姆仍能自由地将他的部队从防线的一个区域调往另一个区域，沃尔夫甚至几乎没有希望开始进行一次成功的围城战。为了解决这个问题，他需要发动一次从未在北美发生过的开阔地带的野战。在蒙特卡姆愿意在野外应战之前，他除了炮轰魁北克城，劫掠城郊乡野，发布夸夸其谈的呼吁法国人投降的宣言，什么都做不了。正如他在一封写给母亲的信中解释的那样："我的对手明智地将自己龟缩在无法接近的防御工事里，所以我无法抓住他，除非付出巨大的流血牺牲的代价，可能这也没什么用处。蒙特卡姆侯爵指挥的是一大群素质较差的军人，而我指挥的军队数量较少但是素质较为优秀，那么除了与他战斗，我别无所求了，但是那个机警的老头子避免用他的军队去冒任何风险。"认识到这种困境，沃尔夫希望部下的 3 位准将会赞成对博波尔防线发动全面攻击，8 月底他集合部下 3 人——罗伯特·蒙克顿、乔治·汤曾德和詹姆斯·默里——召开军事会议，询问他们的意见。他这样做不是因为他特别看重他们的看法（其实，他与他们的关系已经恶劣到他宁愿完全不与他们打交道的地步了），只是因为 18 世纪的礼节要求司令官在下令发动全面进攻之前，要与他麾下的主要军官商量。他们的回应是断然否定对蒙特卡姆的坚固防御阵地进行另一次攻击，认为这不是明智之举。相反，他们建议沃尔夫从魁北克城上游开辟一条通道，切断守军的补给线。[9]

根据职业军事领导层的一般期望，只有当沃尔夫希望被这三位准将的意见约束时，他们的看法才有效力。他病得很重，且精神状态不太稳定，乃至没有理睬他们。沃尔夫近来才刚刚退烧，能够离开病床；肺病导致他

图 36.1 沃尔夫的主要部下乔治·汤曾德（1724—1807年）。汤曾德在图中或多或少与1759年实际看起来的面貌相仿，沃尔夫的另两位主要下属罗伯特·蒙克顿和詹姆斯·默里的画像则安排在了本书的彩插里。

的咳嗽越来越厉害；放血疗法让他变得很虚弱；若不是医生给他开了鸦片类的药物，他甚至可能因折磨人的疼痛，无法正常排尿。他的身体非常虚弱，乃至9月4日当他再度病倒时，他快要死去的谣言传遍了全军。沃尔夫本人也相信自己时日无多，于是乞求他的医生，只要让他能够支撑着多履行几天职责即可。沃尔夫意识到，即便他能活下去，也不得不放弃这场战役，除非能在9月底之前让蒙特卡姆出战。之后的季节变化，意味着他的海军支援部队不得不撤退，因为虽然陆军拥有的补给足够过冬，但海军舰船上的人员（1.3万名英国水兵）没有那么多物资。

沃尔夫也明白如果他没有成功，只有他一人需要承担失败的责难。逐渐厌恶他的三位准将，特别是英国议会议员、子爵家的继承人、皮特的政治盟友乔治·汤曾德，会很乐意看到他的这般下场。沃尔夫相信自己命不久矣，害怕不采取行动会让他在身后蒙羞，尽管他的判断力由于鸦片类药物的作用不够准确，且他的身体由于放血疗法和疾病愈加虚弱，他依然全身心地投入到对魁北克上游的法军防线进行的最后一次绝望的进攻之中。

没有人知道他希望达成什么样的目标，或者他打算在何地采取什么样的行动。他没有与蒙克顿、汤曾德和默里商量，也没有和他的海军高级指挥官查尔斯·桑德斯海军少将和查尔斯·霍尔姆斯海军少将讨论。这两位海军少将此前曾开船经过魁北克，而沃尔夫为了给部队寻找登陆场，从他们的船上眺望过圣劳伦斯河的河岸线。[10] 沃尔夫只向一名军官问计过，他就是罗伯特·斯托博上尉，在这支远征军中比其他任何人都更了解魁北克。

故事中永远都不缺性格鲜明而生动的人物，斯托博就是这样的人。1755—1759年春，他一直以战俘的身份在魁北克生活。实际上，他是两位在法军的监狱待的时间最长的英国战俘之一，因为他和雅各布·范·布拉姆正是华盛顿在必要堡投降时，交给法国充当人质的军官。此后，他和范·布拉姆就被从迪凯纳堡转移到魁北克看管，但是在离开之前，斯托博绘制了一张要塞的防御设施草图，而且愚蠢或者故作勇敢地在图上签名，还安排辛加斯将图偷运出去，交给宾夕法尼亚当局。在莫农加希拉战役之后，他描绘迪凯纳堡的那封信出现在被法军缴获的布拉多克的行李之中。在这份该死的文档曝光之前，斯托博已经在魁北克做起了生意，与这座城市的上流社会打成一片，甚至与当地最大的商人之一形成了生意伙伴关系。然而，一旦他在透露迪凯纳堡防御设施方面的作用为法国人知晓，他和范·布拉姆都得被当作间谍逮捕审判。法庭宣告范·布拉姆无罪，但是查明斯托博有罪，判处死刑。他逃脱了这一惩罚，只是因为在判决被送往凡尔赛确认时，被下令缓刑。之后，他享有的自由较少，但最终还是设法在魁北克城和近郊活动，仔细记录（就像他习惯做的那样）了这座城市的防御部署。1757年，他两次试图逃跑，两次都被抓获。1759年5月1日，他最终率领另外8名俘虏，包括1名妇女和3个孩子成功逃脱。他们先是乘坐一艘偷来的独木舟，从圣劳伦斯河顺流而下，后来乘坐一艘纵帆船，他及其同伴连船长和船员都全部劫持了，在魁北克远征军起航之后不久，来到路易斯堡。斯托博几乎不曾喘息，在7月转身溯河而上，加入了沃尔夫的军队。[11]

虽然没有独立的证据能够留存下来，证实斯托博本人的记录，但是仍有充分的理由相信，是他告知沃尔夫在富勒湾有一条小路的，这是一条位于圣劳伦斯河河边峭壁，通往亚伯拉罕平原的大坡度险峻小径，在魁北克城西2英里。9月5日，沃尔夫下令，为向上游运动，进行各项准备工作，就在当天或者次日会见了斯托博。接着，他明显觉得有关键的秘密情报要传达给阿默斯特，于是在7日派斯托博带着一包急件离开。次日，他与部下的三位准将对魁北克上游进行侦察。沃尔夫花了很长一段时间，用野战望远镜观察富勒湾，却对默里、汤曾德和蒙克顿只字未提在那里登陆的计划。他们相信这次攻击会在圣劳伦斯河上游更远的地方，有可能是在他们之前建议的红角，也有可能是在潘托特朗布勒进行。在进行这次侦察的时候，20多艘运输舰船和军舰装载约3600人，在涨潮时越过魁北克，进入上游，在红角附近锚泊，等候沃尔夫的命令。[12]

然而，9月10日沃尔夫的命令没有到来，一场大暴雨让所有两栖登陆行动都无法进行。11日，他的命令也没有到来，当时他下令另外1000人溯河而上，将他在奥尔良岛的基地营盘守卫都撤空了。最后，他在12日发布命令告诫全军，为了当晚进行的一次进攻做好准备。甚至到这时候，沃尔夫都不曾告知他部下的三位准将，他打算让他们的部队在哪里登陆，也没有告知部队登陆的准确时间，就连他们将要夺取什么目标也没有说。12日傍晚，三位焦急不安的准将给他送来一封信，请求进一步指示。直到当晚8点30分，即部队开始登船前半小时，沃尔夫才写信告知他们，目标是"距离魁北克城2~2.5英里的富勒湾，也就是侦察时你们记下的一块由12~13顶帐篷组成的山下营地和一座鹿砦所在的位置"。[13]这三位准将和他们的部队会耐心等待，直到看到霍尔姆斯的旗舰"萨瑟兰"号的主桅升起两盏油灯——他们事先约定的信号，然后在知道他们上岸位置的海军军官指导下，在退潮时顺流而下。

沃尔夫的坚定支持者，将他推迟告知部下三位准将任务的行为，视为其天才的标志。只不过，比起任何保密意图，沃尔夫对三名下属的蔑视和非常不稳定的精神状态，似乎才能更好地解释他的沉默。当三位准将的信到达他在"萨瑟兰"号的客舱时，他正忙着为应对死亡做精心的准备。为了交付他的遗嘱、所有的私人文件和未婚妻的一幅微型肖像，告知该如何处理这些物品，他将他的朋友，即皇家海军的约翰·杰维斯海军上尉找来。杰维斯发现，他身着崭新的军服。在信使送来三位准将的信时，两人正在谈论沃尔夫对死亡的预感，这促使沃尔夫提笔写下了恼怒的回信。没有证据表明，他曾费心将预定的登陆位置告知下属。沃尔夫会乘坐第一批小船随军登陆。不知何故，他认为这就已经足够了。[14]

尽管沃尔夫更热衷于陷入阴冷的沉思之中，而不是预料当小船到达河湾时会发生什么，他的部队还是全无阻碍地登上了船只。寂静中，第一波小船在退潮时开始顺流而下，在大约凌晨2点时靠近北岸。此时，夜深人静。下弦月的月光很弱。岸上的岗哨能隐约看见静静通过的小船纵队，法军上前盘问，但是当小船上说法语的军官回应说，他们是从巴蒂斯康护送物资来的，哨兵便让他们继续通行无阻。曙光初现之前大约半小时，前方带头的小船就在河湾下方一点点的位置拖拽着靠岸。没有等候进一步指示，一个英军轻步兵分队跟随第58团壮硕又灵活的威廉·豪中校攀上了175英尺高的崖面。中校刚过而立之年，曾在路易斯堡围城战中效力。沃尔夫佩服他的刚勇，也看重他显赫的家族背景，他是在提康德罗加阵亡的豪勋爵的幼弟。沃尔夫让他指挥一个轻步兵营，该营由几个团之中行动最敏捷的人员组成。当运载沃尔夫和先头部队余部的小船在河湾的鹅卵石滩头登陆的时候，豪证明自己值得沃尔夫信赖。在黎明之前的最后几分钟，他和他的部队登上悬崖崖顶，上好刺刀，向小小的法军营地发起冲锋。短暂的滑膛枪射击结束后，英军在法军的伤员之中发现了分队指挥官路易·杜邦·杜尚邦·德·韦尔戈上尉，因为1755年他曾在博塞茹堡向罗伯特·蒙克顿投降，所以此次被辨认出来。韦尔戈几乎没有时间派通信员去警告蒙特卡姆，英军已经开始在富勒湾登陆。[15]

大约4点，沃尔夫挣扎着踏上了从河湾通往崖顶的小径。同豪的突击队会合后，他们此时大概有200人。第一波登陆的其余部队正在从河湾中的小船上下来，开始背负着武器和包裹奋力攀爬；上游几百码的一座法军炮台，在第二波运输舰船和武装单桅纵帆船靠近河湾时，才开始开炮。事情没有像沃尔夫期盼的那样发展。

沃尔夫原先以为在他同前锋部队一起上岸时，他们会遇到抵抗，（如果将他的精心准备看作他内心期盼的证据）而他会在率领部队冲向法军哨站时阵亡。如果他的心愿达成，就只有前锋部队会涉险，这支部队的幸存者会自行重新登船；副司令官蒙克顿将自行停止这次他明显不赞成的行动。如果他逃过一劫，沃尔夫至少指挥了最后一次在魁北克城前让部队登陆的英勇尝试，可以带着一定程度的荣誉，下令从圣劳伦斯河撤退。由于一身的病，他肯定会在回乡之前就死去，而且是不光彩地死去。这名可怜指挥官的心愿只是想辉煌地战死，而不是苟延残喘地等死。[16]

可是这时在高地上，韦尔戈的部队已经逃跑，除了河上游炮台的无效炮火，他们没有遇到抵抗，豪的部队为了平息炮声，已率领他的轻步兵离开。三位准将仍在船上，沃尔夫孤身一人在黎明之前灰蒙蒙的天光之下，不知道下一步该怎么办。迷惘中，他派人传话给正在河湾监督行动的军官伊萨克·巴利少校，让他暂停登陆行动。对于沃尔夫的历史声誉而言幸运的是，巴利没有理会这个命令，驱使更多人登上了小径。同时，豪的轻步兵驱散了法军的炮手；登陆迅速进行。沃尔夫终于恢复理智，去为他的部队寻找一个阵地。日出后不久，在已经转为"阵雨"的天气下，沃尔夫归来，下令向魁北克城进军。

天大亮时，7个英军营正列成战斗队列越过亚伯拉罕平原，将进入魁北克城的主要道路——距离魁北克西城墙不到1英里的"大过道"——都堵住了。在他们身后，还有5个营正忙着修缮小径，守卫登陆场，不断攻击森林和玉米地里的加拿大和印第安散兵。在河湾的滩头上，一个水兵分队正在将两门6磅铜炮搬上炮车。20多艘帆船在河中锚泊。沃尔夫的运气往往非同一般地好，这次又应验了。

实际上，沃尔夫的运气远超出他的判断力。沃尔夫可以命令他的部队继续前进600码，沿着魁北克城前方的最高地侄儿丘挖掘工事，以此为开始正式围城战的第一步。这样做既能在敌军攻击时保护自己，又能获得一个观察城墙的清晰视野，城墙正好处在从船上运来的攻城炮的射程之内。但是，他没有这么做。相反，他继续延伸他的战列，越过上千码的平原，静静等待。接下去会发生什么，将完全掌握在法国人手中。[17]

6点30分—7点，英国正规军已经组成了一条跨过平原的初步战线时，不愿相信这一切的蒙特卡姆侯爵正从博波尔疾驰而来。他一夜没合眼，一直在监督博波尔河岸的防御阵地，他本以为英军会在那里实施突击登陆。按照精心策划的计谋的一部分规定，11日，桑德斯海军少将的水兵开始在博波尔外的河水中放置浮标，好像要为突击的船艇标记应避过的障碍物。12日夜间11点，桑德斯命令水兵们登上船上的小艇，指示他们在博波尔和圣查尔斯河口之间喧闹地来回划船行动，为的是让法军相信进攻迫在眉睫。蒙特卡姆中了计，倾尽全力改善城东面的防御。他深信那些前往上游的英军舰船只是为了让他分心，以分散他布置在博波尔防线的人力。当然，他知道在魁北克城上游的船只确实形成了威胁，因此他也分派了足够的人员，让布干维尔的机动部队增加到大约2000人。但是他本人仍指挥东面的防御，因为他预料沃尔夫会进攻这一带。

蒙特卡姆和他部下的军官在博波尔非常紧张地度过了一晚，等候英军进攻，乃至错过了城中发来的第一次警告信号，这个信号表明城西面出了一些麻烦。蒙特卡姆将军在天亮到足以看清英军正在让小艇撤退，其实并没有准备登陆时，赶紧将他那些形容憔悴的部下送进帐篷休息。即使在破晓时分，一名气喘吁吁、惊慌失措的士兵从韦尔戈的营地来避难时，法军都没有立即集合军队行动。蒙特卡姆的一名副官听那个人说完话，断定他是个疯子；他没有继续打扰他的司令官（或者他本人），而是远离那个疯子，径自上床睡觉去了。然而，不久，告急文书突然如雪片般飞至，证实了最初那份没有说清威胁大小的报告是真的。直到此时，蒙特卡姆才从床上被唤醒，全面警报声也响了起来。最终，蒙特卡姆在稍稍迟疑后——因为他认为，相当数量的敌军无法登上城市上游的悬崖——命令他部下正规军的4个营在城墙前就位。然后，他留下1500人在后方守卫博波尔防线，以防英军登陆只是精心策划的牵制行动，骑上马飞奔出营地，去查看能做些什么。[18]

当蒙特卡姆最终到达俇儿丘俯瞰平原时，他仍然没有为即将看到的景象做过任何心理准备。蒙特卡姆坐在马鞍上，好像遭受了雷击一般，无言地眺望着那片长长的红色战列，甚至在那名看见大片的英军红色制服，感受到的冲击比蒙特卡姆略少，且一直骑马陪在他一旁的副官看来，那一刻无比漫长："他看上去仿佛感觉到了降临在自己身上的命运。"之后，蒙特卡姆一脸忧郁地着手将他的几个营部署成面朝英军的战列。正当加拿大民兵和印第安人根据沃德勒伊的命令从魁北克城出动，从掩护地点狙击英军的双列横队时，在战场上的其他地方，零星的射击已经在进行，英军则好像丝毫不为袭扰所动。最重要的正是英国人的无动于衷，使蒙特卡姆感到不安，因为他们对狙击手的反应本身预示着一种严明的纪律，而这正是他内心明了的自己的军队（民兵占多数）缺乏的。当他的部队向城西行军，进入他指示的城墙前的阵地时，他越发焦躁地等待着，因为博波尔防线东端到亚伯拉罕平原有几英里远。[19]

在蒙特卡姆部下的几个营到来，他骑马在战线之间来回奔波，布置他们行动时，他的思绪肯定在围绕着自己极度危险的处境打转。魁北克城几乎没有粮秣了；沃尔夫的军队正挡在通往巴蒂斯康的道路上；圣劳伦斯河中的英军舰船正从水路堵住前往补给站的通道。与博波尔和蒙特伦西的网状战壕相比，魁北克的城墙提供的保护微乎其微。实际上，在他的部队后面，圣路易棱堡周围的城墙特别薄弱。他最多能将大约4500人投入战场，这个数字大致与在他前方约0.5英里列队的英军的兵力相当。法军没有更多援兵可用，除非布干维尔和他的机动纵队出现。6点45分，蒙特卡姆派出一名信使去布干维尔在红角的营地告急，但他知道，要让2000人行动起来，以良好的秩序行军8英里来到魁北克城，需要3小时。[20]可是，他有那么多时间吗？

当蒙特卡姆得出结论，他除了进攻别无选择时，大约是9点半。他心烦意乱地对炮兵指挥官说道："我们不能回避战斗；敌人正在掘壕，他们已经拥有2门火炮。如果我们给他们时间建立稳固的阵地，以我们拥有的这种部队就永远无法再进攻他们。"他战栗着补充道："布干维尔有没有可能听不到这边的喧嚣呢？"他不等答复，就沿着队列一路骑马慢跑，通知他部下的军官们准备让他们的部队前进。[21]

事实上，他的敌人并没有在掘壕，纵然在600码距离之外，在蒙特卡姆看来他们像是在这么干。真正发生的是，沃尔夫等到最后一批部队大约在8点加入队列，便下令部队休息，9点之后，他们仍在休息。从当天一早开始，藏身于英军左边林中和英军右边与峭壁边缘之间的玉米地里的印第安和加拿大狙击手，就非常有效地骚扰他们。8点，豪的轻步兵出色地完成了清除狙击手的任务，但蒙特卡姆的炮兵随即用四五门火炮开火，炮弹在草皮上有足够的威力将一个人轰成两半，这开始对英国正规军各营产生不良影响。尽管传言曾有一队单薄的英国红色正规军面对炮火仍坚守阵地，但是在这样的情况下，命令部下卧倒，这也十分常见。沃尔夫本人继续坚守战线，用他身着华丽军服的瘦削身形来诱惑敌军的炮兵，试炼他们的技能，但他深知如果他希望拥有一支适合决战的军队，将不得不在他的部队承受法军的冲锋之前，按兵不动。[22]

很明显的是，在这个关键时刻，沃尔夫变得冷静而果敢，不复崖顶之上的犹豫不决，同时也非常明朗的是，除了等候蒙特卡姆采取下一步行动，他没有其他任何计划。他知道他拥有更为优秀且军纪更严明的部队，如果双方在任何旷野遭遇，他们都应当能够战胜蒙特卡姆部署的训练不完善的部队。但是，他也知道或者应当知道，他赢得这样一场战役的机会随着时间的流逝在不断递减。因为他的部队不仅暴露在法军的正面炮火打击之下，而且面对来自背后以及西面的进攻，布干维尔的机动纵队也将从那个方向向他们靠近，所以他们其实非常脆弱。由于沃尔夫尚未想好在魁北克城前取得阵地之后该怎么办，他只是成功地将全部军队放在铁锤似的布干维尔的机动队和砧板般的蒙特卡姆的部队之间。他没有像蒙特卡姆畏惧的那样下令掘壕，甚至都没有想过下令将掘壕工具装上船运过来。[23]

事实上，沃尔夫不仅让他的部队没有壕沟保护，甚至失去了撤退逃脱的机会，因为战场上有将近4500人，而唯一的退路就是他们来时的路线：要想撤退，他们需要穿过一条非常狭窄，只能容纳两人并肩通过的小径。如果他曾经想要英勇地牺牲自己，然后将不光彩的撤退任务留给他蔑视的三位准将，那么此时他的希望已破灭。相反，由于部队登陆时，他已享有极其不同寻常的好运，且英军在魁北克城前占据阵地就位时表现出的优秀的专业素质，这时詹姆斯·沃尔夫有一个很好的机会：仅仅为了满足自己英勇战死的愿望，就牺牲掉12个精锐营。我们无法了解他在生命的最后一段时间，是否为他各种行为的结果忧虑过，甚至也不知道他是否完全明白这些结果的意义。但是在炮弹飞过队列，滑膛枪子弹呼啸着飞过头顶时，只能面朝下，躺在泥地里的他的那些部下，几乎不可能喜欢司令官将他们推入的这个阵地，理由是沃尔夫渴望在他依恋的伤感的灰色挽歌中追求绝望的荣耀。[24]

蒙特卡姆真正需要做的就是等候布干维尔，后者的那支精锐部队包括驻加拿大的最优秀的一些正规军，但是他没有这样做。长期以来，蒙特卡姆都对他保住新法兰西殖民地的机会持悲观态度，甚至拿失败的前景来开玩笑。直到这一刻，他都在自嘲，甚至有一点失败主义者的意味。实际上，此刻他要么采取进攻行动，要么利用防御优势剥夺对手的主动权。在这场战争中，蒙特卡姆第一次发现他在指挥上棋差一招，这使他惊慌失措。尽管蒙特卡姆知道沃尔夫部下的官兵一对一远胜于自己的部下，但10点他还是下令让部队迎头向英军阵列前进。当他决定进攻之后，亚伯拉罕平原的地形让他除了正面攻击，别无他法：英军的战线几乎从蒙特卡姆右边的圣查尔斯河沿岸的悬崖延伸到他左边的圣劳伦斯河一带的峭壁，他没有空间可以机动，找不到机会包抄他的对手。这场战役会是一场纯粹而简单的火力战。[25]

在法军中央的是正规军贝阿恩团和吉耶讷团的几个营，他们排成宽阔的浅纵队；左翼是王家鲁西永团与蒙特利尔和三河市的民兵部队，他们排成横队；右翼也排成横队的是朗格多克团、拉萨尔团的各营，以及魁北克民兵。上述所有部队加起来约有4500人，他们渴望战斗。当前进的命令传来时，他们报以热烈的欢呼。这几乎是他们当天共同做的最后一件事。

在18世纪步兵的世界里，一切都取决于深思熟虑、精确度和秩序：军队越优秀，在战场上的机动就越像机器。整体性是关键，为了维持这种整体性，当时最优秀的军人会接受这样的训练：以阅兵式的步伐行进到敌军战线的子弹齐射距离之内，立定，根据命令进行最后一次齐射，然后上刺刀，向对手急速冲锋。每一次步兵作战的命运最终都取决于军人自身心承受最密集的步枪齐射的冲击的能力。当蒙特卡姆军中身着白色制服的正规军，拥有严明的军纪，执行将军需要他们完成的任务时，而完全混杂在他们的队伍之中不穿制服的民兵，却没有领会从容有序地接近敌人的必要性。于是，几乎就在他们听到前进的命令时，尽管其实英军的阵线至少在500码以外，民兵就散开队形奔跑起来。瞬间，他们就丧失了整体性。一名目击者写道："我们走了不到20步，左翼就过于靠后，而中央过于靠前。"当蒙特卡姆恢复秩序的各种努力都无效时，他能做的就是骑马跟随杂乱的人潮，涌向岿然不动、一色鲜红的英军部队的战线。[26]

英国正规军的7个营以从头至尾延伸半英里的两列横队站立，面向法军。沃尔夫命令他的部队在滑膛枪之中多装填一发子弹，指示他的军官们，只有当法军进入40码距离之后才开始第一轮齐射。英军站立不动，更专注于即将到来的命令，而不是可以看见的正疯狂向他们飞奔而来的敌军。英军的每个营和营里的大部分官兵，以前都目睹过实战。左翼的第58团和第78团，与右翼的第43团、第28团和路易斯堡掷弹兵团一样，都参加过1758年路易斯堡战役。沃尔夫将在北美服役时间最长的两个团部署在中央和第二道战线：第47团曾经在博塞茹堡战斗过；第48团则随布拉多克在莫农加希拉征战过。[27]英军队列之内几乎没有人随意移动，这颇为引人注目。除了沃尔夫的副官以冲刺的速度，向各位指挥官传达命令，英军的两列横队在等候行将到来的冲击时，不动如山。

蒙特卡姆的部队咆哮着奔跑，最终大约在距离英军战线"滑膛枪射程的一半"，即125~150码之处停了下来。他们"单膝"下跪，然后大概以排级齐射火力开火，随后是其他部队"乱七八糟的"射击。沃尔夫站在路易斯堡掷弹兵团附近的一座小高地上，是最初中弹的人之一。他手腕负伤，十分痛苦，但是他没有将此当回事，只是用手帕将伤口包扎起来，并没有离开自己的指挥岗位。其他受伤更严重的人，在队列之中倒下了，就在他们倒地的时候，空缺马上就被战友填补了。然而，这些人是在射程能到达的最远处中弹的，再加上法军射击得杂乱又随机，因而法军齐射造成的影响不太严重，除了个别受害者。英军战线之中没有一人开枪还击。[28]

在这个紧要关头，当蒙特卡姆的部队与英军战线还有相当距离之时，蒙特卡姆依然拥有最后的机会重整队列，但他没有这么做。相反，由于正规军停下来以传统姿势,列横队站直填弹,同时民兵按照他们在丛林战训练中所做的那样,寻找掩护或者卧倒填弹,他们的整体性荡然无存。一名参战人员写道:"这一错误行动让所有营的建制都散了。"这次进攻随之解体了。法军继续以连排级队列和单兵前进开火,但是他们对英军战线的零碎运动将自己暴露在严重的危险面前,他们的射击肯定没有集合效应。英国正规军仍站立不动,直到进攻的第一批法军进入60码的射程之内,然后他们以排为单位开火,特别是在左右两翼。不过,中央的第43团和第47团还是纹丝不动,直到敌军进入40码的射程之内。根据第43团的一名上尉所说,他们

> 在近距离进行了密集的射击,就像我一直在私人训练场看到的那样,哪怕是比我们遭遇的法军更好的部队都不可能承受这样的齐射。事实上,法军军官应当会说,他们从未面对过像从我们战线中央受到的那样大的打击,因为他们相信每一发子弹都到位了,此前也从未经历过如此规范和纪律严明的射击。我们的部队,尤其是中央部队,整齐划一地射击,犹如同一门火炮。于是,他们败下阵来,仓促奔逃。因而,到了硝烟散尽时,我们的部队再度装弹,利用我们已经制服他们的优势,一路几乎将他们追到城门前……我们非常热切地加倍开火,俘虏了许多法军军官和士兵。[29]

当追击开始时,英军处在当天首次失去秩序的危险之中。伴随令人毛发直竖的叫喊声,第78步兵团的苏格兰高地人挎起滑膛枪,拔出了他们的双刃剑——他们是极少数士兵能和军官一样佩剑的团之一——在敌军身后开始奔跑。在英军战线的其余部分,喝彩声和喊叫声响成一片,英军各团官兵上刺刀向前冲锋。在最右翼,沃尔夫亲自率领第28步兵团和路易斯堡掷弹兵团前进。

在上午的阵雨之后,太阳破云而出,温暖地照耀着这片曾因嗜血而摒弃了谨慎的田野。当英军开始追击仓促忙乱地向魁北克城和圣查尔斯河撤退的法军溃兵时,加拿大和印第安散兵从他们位于战场边缘的阵地里开

火。英军付出了当天最沉重的代价。左翼沿着战场北部边缘一带的树林追击的第 78 团的苏格兰兵,损失最重。右翼第 28 团和路易斯堡掷弹兵团沦为隐藏在玉米地中的狙击手的猎物。就在那里,当沃尔夫敦促掷弹兵前进的时候,一颗来复枪子弹打穿了沃尔夫的肠子,另一颗子弹击穿了他的胸膛。在震惊和无法控制的出血中,他坚持了足够长的一段时间保持清醒,得知法军已陷入全面崩溃。他咕哝着回答了几句。然后,詹姆斯·沃尔夫实现了他长期以来一直梦寐以求、极其虔诚地渴望得到的完美结局。[30]

当沃尔夫流血不止,步入死亡时,他的副司令蒙克顿也被一颗滑膛枪子弹穿透了肺部,身负重伤。与此同时,苏格兰人默里正率领第 78 团的同胞们在狂野地冲锋,结果发现他们只能一同被束缚在圣劳伦斯河附近的凶猛交火中。当时,副官长巴利代理沃尔夫的参谋长一职,由于他的面部被一颗滑膛枪子弹击中,他根本不能做出任何指示。英军在亚伯拉罕平原成了一盘散沙。整个上午都立定不动的官兵们对突然被解放的回应,是试图将看见的每个法国兵扎个对穿。最后,有人找到了唯一可以指挥的准将汤曾德,他强烈地意识到了英军正在他周围乱成一团,于是接管了指挥权。汤曾德马上派出通信员去找各营营长下令,让他们停止追击,在战场上重整他们各自的队伍。英军的秩序慢慢恢复了,时间恰到好处。不消片刻,布干维尔和他的机动纵队就出现在从红角而来的道路上,希望去增援蒙特卡姆,他们还不知道他已战败。汤曾德将每一个可用的士兵和每一门可用的火炮聚集在一起——2 个营和 2 门炮——去对付布干维尔纵队。尽管布干维尔的部队人数对拦路的英军之比超过 2 比 1,但他们还是被击退了。他退出战斗,来到锡耶里树林附近的安全地区,评估自己的处境。

汤曾德下令停止追击,拯救了当天的英军。即便后来的批评者谴责他背弃了沃尔夫的勇气和成功,汤曾德的谨慎和沉着,还是使他能够勇敢地挫败一支相对以逸待劳的敌军,这支敌军是有能力大肆蹂躏他仍然分散、混乱的部队的。大约中午时分,重新获得安全保障以后,他的士兵们便能够治伤,吃上当天的第一顿饭,计点死亡人数。英军有 58 人阵亡和 600 人负伤,这个数字几乎与法军完全相同。最后,汤曾德派人去船上运送铁镐和铁锹,在血腥的一上午战斗之后,比起滑膛枪和刺刀,他的部下更加需要这些工具。虽然留在战场上,适合9月13日下午执行任务的疲惫的英军人数略少于4000,但汤曾德还是让他们为正式围城挖掘一些初步的壕沟。[31]

数量如此之少的可战之兵,应当无法成功包围魁北克城,因为他们没有希望让这座城市断绝援兵和补给。然而,在魁北克城墙和博波尔营寨之内,英军的相对劣势,不如战败的震惊导致的混乱和绝望那样惹人注意。撤退期间,蒙特卡姆的腹部和一条腿被霰弹打伤,尽管震惊和痛苦逐渐使他丧失了对现实的控制,但他还是试图保持对部队的指挥权,并向沃德勒伊提出建议,甚至口述了一份交给英军司令官的信。次日上午4点,他离开了人世。除了蒙特卡姆,魁北克城墙之内没有高级指挥官。两位战时在他麾下代行准将职务的中校丰博纳和塞内泽尔盖,都受了致命伤;布干维尔则在城市西面的某个地方,与他们失去了联系。没有人知道法军状况的可靠信息,更不用说敌人的情况了。没有人能确定法军在战场上伤亡多少官兵,多少人开小差,又有多少人去了博波尔。

名义上负责博波尔营地的是沃德勒伊。他仅目睹战役的结束,对全局没有清晰的观感,当天傍晚之前,都不知道能做些什么。最终,他才决定召开一次军事会议。大约傍晚6点,根据军事会议的建议,他命令法军撤出博波尔防线。博波尔的法军留给英军一个宽阔的泊位后,向北进军,然后向西到达圣劳伦斯河上游大约25英里的雅克-卡蒂埃定居点。沃德勒伊和他咨询的军官们都不相信还有其他替代方案。撤退能保住法军的残部,还能保住留在巴蒂斯康的补给;布干维尔的部队能保护他们的后背,随后同他们一起巩固雅克-卡蒂埃地区;奉召从蒙特利尔前来的德·利维骑士,能够接替全军的指挥权。当然,魁北克将不得不留给英国人。沃德勒伊对魁北克城坚持到法军能重整的那一刻还抱有一线希望,但9点他骑马随军出发时,仍然给城中的留守部队留下草拟的投降条件和其他指示。[32]

足以估量法军混乱程度的是,他们没有做出任何努力将博波尔营盘内的火炮、弹药和大量粮秣转移到魁北克城内,就将它们全部丢弃在营地里。被留下保卫城市的部队大约有2200人，主要是民兵和水兵。这些人中的任何一位都不会为负责保护在城墙之内避难的4000多名平民和非战斗伤病人员感到幸福，特别是当大家知道城中只有不足三天的食物供给时。任何视力还正常的人都能站在棱堡上，目睹英军在距离脆弱的西墙1000码之内构建炮台和前哨阵地。于是，9月14日，正式围城开始时，魁北克守军的消沉士气对这座城市的生存造成的威胁，至少和攻城方的火炮一样大。实际上，英军当天未发一炮，15日、16日、17日也没开炮，他们全神贯注于挖掘围城工事，将火炮和榴弹炮从富勒湾拖运过来。同一时期，魁北克守备队喧闹着向敌人开炮，内部却无声无息地垮了下去。17日下午，正当英军的一座重型炮台准备好炮轰圣于尔叙勒棱堡，桑德斯海军少将也准备好让他指挥的战列舰向棱堡开炮时，法军守备司令命令自己的炮手们停火。4点，一位特使打着休战旗靠近英军阵线，带来了沃德勒伊留下的投降条件。[33]

魁北克市长让-巴蒂斯特-尼古拉-罗克·德·拉梅塞希望能延迟谈判，直到法军从雅克-卡蒂埃回师进攻英军。拖延是他仅剩的防御手段，因为他的部队已没有食物，面对即将到来的炮轰，城中的平民也缺乏保护。但是短期内情况得不到任何缓解，汤曾德和桑德斯愿意接受的条件又出人意料地大方，而从越墙投敌的魁北克民兵的比例来判断，他们看上去准备无视市长的意图议和。当晚11点，拉梅塞接受了英军的条件，次日，即1759年9月18日上午8点，他在正式的魁北克投降书上签字。下午，一个英国皇家炮兵分队进入城中，城堡上空升起英国国旗，同时路易斯堡掷弹兵被派去守卫城墙。经过将近三个月的努力之后，英军占领了魁北克城。此时，他们必须守住这座城。[34]

尽管有传奇色彩的迷雾笼罩，事实上，9月13日的战斗既不辉煌，也不具有决定性的意义。一直以来，很少有战役，也可能没有一次战役，会如将军们希望的那样拥有决定性的意义。且没有哪个地方能比18世纪的北美更加正确地证明：只有在胜利者能保住他们的占领区的情况下，战场上的胜利者才算赢得真正的胜利。因此，汤曾德、默里、桑德斯和霍尔姆斯立即着手巩固对魁北克和周围乡村的控制，准备保卫它，以对付复返的法军。在这里，英军最有效的武器是宽容，因为他们太弱，乃至无力将秩序强加给这座城市和城中的人们。有鉴于此，他们提供了比阿默斯特在路易斯堡同意的还要慷慨得多的条件。在威廉·亨利堡大屠杀之后，英军仅此一次，允许一支战败的法属加拿大守备队，在投降时得到英勇战败者的特殊礼遇。法国正规军没有沦为战俘，而是打着休战旗，乘船回到法国，在那里可以自由地重新加入法军。围城期间拿起武器的民兵，不会被要求陪同陆军上路，可以和他们的家人留下，只要他们放下武器，发誓向英王效忠。没有一个平民会被流放。市民们将得到财产的安全保障，在魁北克主教的照顾之下，可以继续奉行他们的天主教信仰。任何愿意宣誓效忠的人，都将享有通常会给予英国臣民的所有保护。[35]

这样一来，从占领伊始，英国人就试图确保魁北克平民自愿的合作，他们知道无法用武力控制该城的平民。正当双方在对投降条件进行谈判时，一支重整后的法军回头向魁北克城进军，因而从一开始就非常清楚的是，至少魁北克市民的中立是必要的。坚忍不拔的加斯科涅准将弗朗索瓦-加斯东·德·利维骑士是蒙特卡姆的副司令官，他在各种意义上都等于继承了蒙特卡姆的责任。9月17日，他就接管了雅克-卡蒂埃地区的指挥权，这立即让他在当地找到的那些官兵背脊发僵。利维对那支逃离魁北克城的部队嗤之以鼻，他命令他们回到下游去。他的行动非常快，乃至在英国国旗首次在魁北克上空飘动时，他的前锋已经到达距离这座城市不到一天路程的圣奥古斯丁。如果拉梅塞能多坚持两天，利维就能包围只有少量壕沟护卫的英军营地。然而，由于他缺少足以围攻城池的火炮和物资，当他得知守备队投降时，他别无选择，只得命令他的部队返回雅克-卡蒂埃定居点。他在那里下令修建一座堡垒，时刻注意寻找机会让一艘船越过魁北克的英国舰队。利维知道，有了从法国送来的援兵和补给，他就能为他的国王夺回魁北克城。[36]

顽强的利维骑士根本不怀疑他能度过即将来临的冬季，的的确确，冬季对他比对英国人更为有利。这一次他的军队即使没有丰富的粮秣，也已有足够的粮食在手：蒙特利尔算是享受了一次丰收，这次丰收甚至还来得挺早。当然，大部分魁北克地区根本颗粒无收，不过那是英国人的问题。

图 36.2《蒙特卡姆侯爵之死》。这幅以路易-约瑟夫·瓦托油画为范本的版画,试图为蒙特卡姆的死亡,抹上本杰明·韦斯特那幅更著名的《沃尔夫将军之死》一样的英雄色彩。实际上,在魁北克战役之后的第二天傍晚,法军就将蒙特卡姆安葬在城内,他的墓穴就是乌尔苏拉修道院小教堂内的一个弹坑。图中只有弹坑仍忠于事实。瓦托决定在图左描绘的两名印第安武士,正从弹坑里举起一枚臼炮弹壳,这体现的是纯粹的想象,抑或是向韦斯特在《沃尔夫将军之死》的中间位置描绘的莫霍克武士致敬(承蒙密歇根大学的威廉·克莱门茨图书馆提供图片)。

当英国军官准备让他们的部队进入魁北克城中的冬季营房时,他们就清楚地发现沃尔夫的 8 月恐怖战役完成地真是彻底。加上大量来到魁北克发誓效忠乔治王的加拿大平民,英国守军在冬季将面临巨大困难,因为所有人都不得不依靠他们已从英国运来的物资生活。在圣劳伦斯河封冻之前,没有任何英国补给舰队可能到达魁北克。

与此同时,英国要准备迎接即将到来的严峻考验。几乎每一名军人都必须留在魁北克,包括那些被认为有可能康复的伤病员,以使驻军强大到足以挫败一次进攻。这支部队的数量达到 7000 多人,这一数字会让粮食供应紧张到极限。此外,他们必须与返回的平民,一同居住在这座通常只够容纳7000人的城市里。魁北克和城郊鲜有建筑物能在夏季战役的战火中保持完好无损，因此在法军投降和英军舰队离去间隔的这一个月，人们不仅热火朝天地加固城墙、棱堡和炮台，还要去修葺足够多的被炮弹炸坏的房舍，以保护驻军抵御加拿大的寒冬。

在这种情况下，任何一个可以自由离开且神志清醒的人都不会留在魁北克。蒙克顿选择回到纽约养伤，他的伤势已经恢复到足够接管指挥权，但仍然远非适合的程度。有政治利益要培养的汤曾德选择回英国。因此，10月18日，当桑德斯司令官的舰队起锚在落潮中顺流而下时，资历最浅的准将詹姆斯·默里留任英王的魁北克卫戍司令兼总督。他几乎不可能觉得自己的前途光明。如同默里的将来看上去令人不快一样，他的部下都明白他们的情况肯定会更糟糕。[37]

第 37 章

秋日的沮丧

1759 年 10—11 月

10 月 18 日，也是烦躁的杰弗里·阿默斯特最终得知攻克魁北克的日子。消息传到尚普兰湖时，他正在那里看护他的部队，小心翼翼地向北进攻坚果岛的布拉马克。9 月 7 日沃尔夫就派出去送信的斯托博上尉，10 月 9 日到达克朗波因特。对阿默斯特来说不幸的是，斯托博没能带着急件到达：一艘法国私掠船在哈利法克斯附近截住了他的船，他将沃尔夫的书信都丢到了舷外，以免被搜查财物时找到。因此他能够告诉阿默斯特将军的信息，让这位总司令极度沮丧。"我未必不能明察善断一些，"他抱怨道，"只可惜斯托博说沃尔夫将军已经几乎率领他的全部军队到达魁北克城上游，还说沃尔夫认为他不能拿下这座城。"[1]

事实上，虽不确定，斯托博上尉的报告仍然让阿默斯特深信，他不能再延迟对坚果岛发动进攻，因为如果沃尔夫确实失利，蒙特卡姆在魁北克的全部兵力很快就能够去增援布拉马克。斯托博到达后的几天里，三艘在提康德罗加的船坞等候多时的船只——双桅帆船"坎伯兰公爵"号、大筏"利戈尼尔"号和单桅纵帆船"博斯科恩"号——给予了阿默斯特渴望的水上护卫。10 月 11 日下午，他终于命令他的部队登上他们的平底船，划船北上。但是 13—17 日，暴雨、严寒和"忽南忽北"变幻莫测的风向让这些小船动弹不得，迫使英军在湖岸寻找庇护。于是 10 月 18 日，从纽约寄来的书信到达，送来攻克魁北克的消息时，阿默斯特着实松了一大口气。第二天，由于到处可见"冬天"的迹象，他取消了坚果岛远征。两天后，他回到克朗波因特；在两周之内，他遣散了部下的殖民军，命令正规军进入冬季营房。[2]

英属北美军欢天喜地，正式庆祝他们攻占魁北克城的消息，还特地举办了感恩布道仪式。但是对于殖民军来说，由于所有常见的原因，北方战事普遍伴随着通常令人恼火的事情结束。同此前的每一年都一样，他们的营地随着夏季的消逝变得日益无用；他们的粮秣比起允诺给予的量是不足的，也不够卫生；他们担心在兵役合约期满之后，还会继续被留下服役。例如，一个名叫约翰·斯塔克的游骑兵上尉，负责监督大约250名新英格兰殖民军完成从克朗波因特到新罕布什尔4号堡的道路最后阶段的施工，而殖民军士兵一直抱怨口粮短缺、劳作艰辛、天气恶劣，到11月13日终于抗命。哪怕斯塔克是一名受人爱戴的指挥官，他也不能劝阻士兵们抛下工具，拒绝工作。只是因为粮食及时到达，施工人员已经接近道路的尽头，加上斯塔克承诺在4号堡会遣散他们，才阻止了一次大规模逃亡。[3]

就在斯塔克焦头烂额地防止他的部下逃进树林时，马萨诸塞殖民军的鲁弗斯·帕特南中士，在回到提康德罗加堡的锯木厂后，也在为一件他认为违反兵役合同的事情大怒。身为锯木厂（在这里，依次锯出了建造"博斯科恩"号、"利戈尼尔"号和"坎伯兰公爵"号所需的木板）的监工，帕特南肩负重任，乃至不能和他的同乡殖民军战友一同被遣散，而是被留下充当木工工头。在入伍期满之时，为了让他继续服役，每天多支付1银元，他才没有离开。不过，11月底，提康德罗加的正规军主管军官拒绝向帕特南支付约定的金额，只发给他中士的薪水。帕特南在寒冷的季节里赶路回乡，途中一直在回想他已经"为许诺的额外服役的奖金失望多少次了"。一回到布鲁克菲尔德，他"就决定再也不去当兵了"。[4]

700英里之外，塞勒姆的吉布森·克拉夫在大约同一时刻得出了同样的结论。他入伍参加克朗波因特远征，却只发现他所在的部队被派去戍守路易斯堡，正规军被抽调出来，随沃尔夫去往魁北克。这已经够令人失望了，但是路易斯堡要塞的生活从9月进入10月时，情况开始看起来甚至更令人悲哀。他在日记中抱怨，"我们"似乎越发可能"将在这个石墙环绕的要塞度过整个冬天"，甚至都不指望有"好酒能让我们在寒冷的冬天里振作精神"。超出约定的服役期限留下，这对克拉夫来说几乎难以承受，他抱怨"虽然我们生来也是英国人，但是我们被剥夺了英国人的自由"。他还厌恶地提到"我们现在明白了什么是在军法管制下生活，而且和那些正规军在一起，我们了解到他们对军官来说，只比奴隶略好一点"。克拉夫团里的士兵们都赞同他的看法，11月1日，他们哗变，拒绝继续服役。即便马萨诸塞总督的一封信到达，送来殖民地议会已经同意为过冬服役支付一笔奖金的承诺，也无法安抚他们。只是因为武力威胁，他们根本不可能逃出布雷顿角岛，加上他们的上校承诺他会返回波士顿，设法让他们得以遣散，军兵们才被说服，继续履行职责。[5]

殖民军之中诸如此类的失望和公开哗变——应当加上此类现象极多这一条——说明了他们的服兵役经历，在多大程度上影响了他们对一同执行任务的正规军士兵，和他们为之效力的正规军军官的看法。哪怕在如此成功的1759年，一个新英格兰殖民军士兵从军队带回家的主要记忆，都不可能是愉快的。对于成千上万像鲁弗斯·帕特南（他"下定决心不再服兵役了"）和吉布森·克拉夫（"当我摆脱路易斯堡正规军的权力围栏，我将小心留意怎样才会被再次弄进去"）那样的普通人而言，在殖民军服兵役的净效果是令人幻灭的。无论殖民地居民总体上对英国的胜利有多高兴，对于那些殖民军士兵而言，这场战争只不过是一次旷日持久的痛苦教训，表明了他们和正规军之间的差别：这种差异几乎要比他们之中任何一个相信自己只是恰好"生来也是英国人"而已的人感知到的都更深刻，他们没有任何理由去期待什么。[6]

与此同时，殖民军官兵对军纪看似无可救药的随便态度，以及他们在怀疑自己的兵役合同被违反时准备好开小差或者抗命哗变的德行，让杰弗里·阿默斯特像之前的布拉多克、劳登和阿伯克龙比一样，相信北美人在品格和韧性方面要比真正的英国人逊色。11月初，当新英格兰人开始从克朗波因特开小差时，阿默斯特发现他除了遣散他们别无他法，因为没有办法迫使他们遵守军纪归队。他写道："这些殖民军士兵一心想着回家，现在几乎很少干好事。我听说他们在每一个岗位上开小差，我已经被迫让好几个人逃跑了，他们因为这些岗位得到不少钱。有很多这种记录会为公众保存下来。"他已经想得够远，形成了将会成为他总结性意见的观点："无视秩序，为自己的安逸挖空心思，而不是去好好执行任务，在绝大多数情况下,这些已经成为控诉某些殖民军军官和所有士兵的正当理由。"由于在一场令人沮丧的荒野战争中需要劳工和守备队,他们像是一股不可避免的邪恶力量,落到他的头上。无论阿默斯特会对北美人有什么其他的说法,他都永远不会认为他们像军人,而且他迫不及待地想将他们和他们那块令人厌恶之地抛在身后。[7]

第 38 章

帝国庆典，千年期盼

1759 年 10 月

或许可以预见的是，北美各地的平民和政府官员对攻下魁北克的消息爆发出来的欣喜之情会比那些殖民军官兵更热烈，因为他们的情绪里未掺杂服兵役的恼怒和焦虑。各地的地方政府和殖民当局都举行了精心安排的公开庆典，而普通民众则以相对简单的方式，表达了他们的欢乐之情。在宾夕法尼亚，当地受战争驱动的农产品市场正在帮助消除被毁坏的边境的记忆，费城市民——除了贵格会教徒，他们拒绝为表彰军事胜利而休假——在窗口挂起彩灯，燃起许多篝火来庆祝，据说火光让月亮都相形见绌。在纽约，当地的商人和工匠正在享受军事合同的好处，夜间庆典"以巨大的篝火和彩灯宣告胜利"，为"当地所有的主要负责人"持续"提供高雅娱乐"，"每个人都为能够言表的忠诚和感激之情干杯……每次祝酒都伴随一发礼炮，在 100 多次鸣炮之后"，庆典正式结束。[1]

波士顿以一种非常符合最热衷于参战的殖民地的程度来庆祝胜利。"10 月 16 日上午，城内宣告胜利的钟声敲响，并且持续了一整天"；在总督、殖民地议会两院和"大批观众"面前进行了一次"出色的布道"；民兵部队"欢乐的鸣枪射击声"，城中的所有火炮和港内的舰船一同放起震天响的礼炮。当天傍晚，波士顿音乐厅举办"音乐会"，然后一支游行队伍来到法尼尔厅，托马斯·波纳尔为议员们、"一大批民事和军事官员，以及其他要人"举办正式晚宴。入夜后，总督和宾客们为他们的国王和将军祝酒，接着鱼贯出门，去观看城中高悬的"美丽彩灯"，城市周围的"几座山丘上……由许多巨大篝火组成的火焰金字塔"，以及观赏"几乎每条街道都在燃放的绚烂烟火，尤其是在所有的庆祝典礼上都能见到的数量很多的冲天炮"。[2]

事实上，各地的新英格兰人都参加了这场"大型欢庆活动"。然而，正如人们所料，当烟火最终散尽时，参加布道的人数可能会超过参加篝火晚会的人数，在这个地区，人们仍然渴望领会事件蕴含的天意；老光派和新光派*的新教牧师对于攻克魁北克的解释，实质上达成了一致。他们都认为，从 17 世纪末起，上帝为了让他的子民铭记他们的罪孽，让他们重归正途，已经用失败和挫折严惩过他们。在此前的三场战争和这场战争的最初几年，敌人"取得阵地，在通往他们自己的地区的每一条通道筑垒设障，变得越来越活跃"，可敬的塞缪尔·兰登牧师如此告诉他的新罕布什尔听众。"然而，上帝借此来考验我们，让我们变得谦恭，说服我们不可急于求成……上帝的眷顾带来的是"真正神圣性质的"改变"。[3]

这种模式概括了上帝对待他选定的子民的惯常方式。他曾经给以色列人带来的灾难，近来以完全相同的方式降临到新英格兰人身上，之所以这样做是出于完全相同的目的：呼唤道德的复兴，颂扬谦虚谨慎之风，同时让信仰重生。在魁北克之战这样的重大军事事件中，神恩的回归是无可辩驳的，它直指一个意识到自己与全知全能的造物主有特殊关系的民族的内心。"我不知道该如何表达这次胜利的重要性，但是我感觉得到，"10 月 16 日，可敬的塞缪尔·库珀牧师在他的感恩布道演讲中，对波纳尔总督和马萨诸塞下议院的议员们说道，"我们从天国获得了可能自此地奠基以来，比以往任何一次都更加伟大的救赎。"[4]

如同上帝在古代的以色列所做的那样，上帝在新英格兰也发现了一群得到拯救的幸存圣徒，他将他们的正义归因于整个英吉利民族，以及所有那些为摧毁天主教势力而战斗的新教徒。天主教徒和上帝子民的异教徒

---

* 新教基督徒中的"老光派"和"新光派"，指的是系出同源但是后来又历经分化的两个不同教派。这种称呼最早在 18 世纪中叶，即新教历史上的首次"大觉醒"时期使用。1737 年，大觉醒的宗教领袖之一乔纳森·爱德华兹在《对上帝的奇迹之作的忠实叙述》一文中，描述他的宗教团体成员有幸蒙主恩赐，对罪与赎罪的看法，得到了一盏"新的明灯"指引，他这一派信众就被称为"新光派"。在北美的新英格兰地区，老光派一般指反对大觉醒的派别，这主要是针对教徒对于"觉醒"的不同态度，而不是对教义的不同理解所做的划分。

敌人，一度如此强大，但是他们现在已经屈服，这不仅是靠英国和北美殖民地军人的努力，还要靠上帝本身的旨意。在人类的整个救赎史上，没有一件事能比亚伯拉罕平原上的遭遇战更清楚地表明上帝愿意为他的子民而战，那里的每一种情况都清晰体现了神意干预的降临。许多传道者甚至在1759年的大事件中，发现了比重新确认上帝对他的子民的慈悲更多的意义，因为如此之多的胜利积累的冲击力说明，上帝正在准备将反基督的宵小一并从北美驱逐，就像开始敲响全人类未来千年幸福时代的钟声一样。[5]

正如在战争和文化压迫时期经常发生的那样，对于那些和波士顿可敬的乔纳森·梅休牧师一样的人来说，天启的意义在于能使他们轻而易举地看到启示录中的预言和时事之间的相似之处。梅休鼓励他的听众去期待"巴比伦妓女"（法国）战败之后，西班牙和葡萄牙民众拒绝天主教教义，转而加入伟大新教的复兴之日的到来；期待印第安人从天主教会和教士的种种欺骗中觉醒，接受真正的宗教和选择和平道路的日子的到来；期待北美成为"一个在人数上略小于欧洲最强大的国家，但在幸福方面不逊色于任何国度的强大帝国（我不是指一个独立的帝国）"的日子的到来。梅休为和平与和谐的愿景万分激动，邀请他的听众同他一起畅想北美今后幸福千年的明媚前景：

> 我能想象，我看见的每一座山丘上，每一座宽阔的港口边都崛起了伟大的城市；满载着幸福北美和天下其他每个国家的物产的大船队交替往返；我转动眼球，在广阔的土地上眺望，到处都能看见幸福的田野和村庄；牧场上到处都是成群结队的羊群，山谷中长满了玉米，而两旁的小山丘上随处可见喜人的景色！我在那里看不到野蛮部族，他们不再是我们的仇敌，他们向耶稣基督屈膝，欣悦地承认他是"主，使荣耀归与父神"。我能想象，在这个广阔的国度里，宗教信仰和实践远比使徒时代以来的任何时代都更加纯洁和完美；我们的主就仍留作幸福北美四围的火城，并要作其中的荣耀！哦！这是一个幸福的地方！这是一个欢乐的国度！[6]

即使不愿去推测上帝未来计划的牧师，也相信有大事即将发生。沃尔夫的胜利和牺牲，更是将英属北美最近如此之多的大捷推到了无上的高度，证实了新教徒不列颠人，尤其是帝国之内得到拯救的新英格兰幸存者，在上帝的计划中占有特殊地位。这样显而易见的神佑证据广为流传，谁能怀疑上帝誓约的真实性呢？又有谁会怀疑他们的使命是坚持到底，直至上帝给予新英格兰人最终的胜利呢？[7]

第 39 章

决定之日
基伯龙湾

1759 年 11 月 20 日

如果说当攻克路易斯堡的消息传来的时候,英格兰已经燃起了上千堆篝火,那么10月底,当有消息说魁北克也已被夺取的时候,一万堆篝火照亮了天空。攻克魁北克的消息几乎在同一时间到达伦敦和尚普兰湖湖畔的阿默斯特处。当时,皮特几乎已经不抱任何希望。10月15日,纽卡斯尔公爵发表评论,皮特"有理由倾诉一切,而且是当众宣布"。在沃尔夫发出的最后一批阴郁的急件中,他苦苦思索夏季的所有失败,承认自己"不知该如何去决定"下一步的行动。皮特已经看过沃尔夫的最后一封信:"我的健康远没有复原到可以处理军务的地步,而且我的身体全垮了,没有已经为国家完成值得一提的任务的安慰,也没有任何完成任务的希望。"而当皮特看到汤曾德讲述魁北克战役和法军献城投降的书信时,他的情绪突然从绝望转变成了兴奋,他下令将这封信刊登在《宪报号外》(Gazette Extraordinary)上。此后,伴随着钟声、篝火、礼炮和祝酒,消息飞快传遍了全国。[1]

沃尔夫战死的事实,只是让这次大捷的内涵在某种程度上更加丰富了,而且对于容易多愁善感的英国统治阶级和中产阶级成员来说,这样的结果更有意义。技艺纯熟的小说家霍勒斯·沃波尔如此写道:"戏剧性小说的情节都不可能比征服魁北克更能有效地引导观众从大悲到突如其来的欢欣鼓舞。"英国"全民绝望——他们胜利了——他们流泪了,因为沃尔夫在胜利的时刻倒下了!喜悦、悲伤、好奇、惊讶,在每一张脸上显现出来:他们知道的越多,钦佩之情就越发高涨。那不是一次意外,而是一件英勇和感人的事"。最后,沃波尔觉得,甚至连皮特的演讲都不能概括如此崇高的事。10月21日,皮特在英国下议院"宣讲一篇祭文",他试图"从希腊和罗马的历史中"找寻"与沃尔夫阵亡类似的事迹,却只是淡化了这一主题的可悲之处……夜晚的恐怖,沃尔夫攀登的悬崖,他与少数军人为英国开辟的帝国,以及他光荣又悲惨的结局——在一举成名的地方心满意足地结束生命。要找到一个能与沃尔夫的事迹相提并论的片段,可能得翻遍古代历史,还要将浮华的哲学掺杂进文字记录"。[2]

在这个自由主义时代,威廉·皮特作为他所在阶级的领袖人物,以合适的言辞,不带新英格兰牧师那种令人尴尬的天启式热情,向上帝的主宰之手表达了自己的敬意。的确,皮特在进一步思考如何让这场战役如他希望的那样结束整场战争之前,刚向英国议会提出为了让沃尔夫永垂不朽竖立一座纪念碑的建议。他一直希望尽可能将法国从一个强大的帝国削弱成一个纯粹的欧洲国家。但是不交还法属殖民帝国,他怎能说服法国人议和呢?

1759年秋,法国的形势不妙,但绝对不危险。8月初,斐迪南收复明登城和它在威悉河上具有重大战略意义的桥梁,最终夺回了布罗伊公爵曾经在汉诺威的南方通道上攫取的大片领土。斐迪南在他那次著名的大捷中让法军伤亡近5000人,俘虏了数千人,重新控制了黑森的大部分地区,迫使孔塔德元帅的军队,缓缓后撤到近70英里外的莱茵河支流拉恩河一带。9月,两支军队就在拉恩河一带掘壕筑营,结束了一场对法军而言令人沮丧又代价昂贵的战事。[3]

法国在转移部队,进行计划好的入侵英国的行动中,发生的多次延误,代价更大,更加令人沮丧。明登战役后不久,法国海军部就曾试图让土伦舰队偷渡直布罗陀海峡,到达布雷斯特,在那里与准备入侵英国的部队会合。驻直布罗陀的英国舰队司令爱德华·博斯科恩海军上将一路追击,在葡萄牙沿海海域咬住法国分舰队。8月18—19日,在拉各斯湾外海的一场追击战中,博斯科恩的分舰队俘获3艘法军战列舰,迫使另外2艘触礁。法军舰队残部逃往加的斯;英军舰队则毫不迟疑地将它们困在港内。之后,法国人继续计划从英吉利海峡沿岸的港口实施入侵,但此举需要承受日益增长的财政压力。10月，资金短缺迫使法国财政部暂停"一年如期根据通用财政收据……通用农场账单支付报酬……和偿还本金"，实质上是承认破产。[4]

尽管处于如此不幸的境地，法国人也没有提出议和，而且也不可能很快求和，这出于两个原因：首先，哪怕他们只能让入侵舰队出动，仍然会给英国造成巨大损害。英国人只保留了数千正规军去支持未经考验、兵力不足的民兵。令人惊讶的是，民兵几乎没有做什么加强本土列岛沿海防御的工作。其次，斐迪南的军队不能再威胁西德意志的法军，一方面是因为英国人不能再分兵去增援他，另一方面是由于在明登战役之后，斐迪南被迫派兵去增援他的姐夫腓特烈二世。在普鲁士，欧洲的战略天平仍保持微妙平衡的状态，形势很快变得严峻起来。

虽然在整个冬季，腓特烈都在对抗围攻他的奥地利军队，而且为了保住德累斯顿，他做了能做的所有事情去重建他的军队，但随着适合行军的春季重新到来，奥军和俄军再度联手侵犯普鲁士的腹地。8月12日，腓特烈试图在奥得河畔法兰克福正东面的库纳斯多夫阻止俄奥联军，结果遭受一场彻底的惨败。腓特烈以刚满5万的部队进攻约7万的敌军，在伤亡损失超过1.9万人后，他的部队在奥军的反击下崩溃，只得率部仓皇逃命去了。腓特烈无力重整他的军队，也无力增援德累斯顿，9月12日，他放弃了这座城市，还连带丢掉了萨克森的大部分地区。只有等俄奥幸运的协同作战——奥军出发去入侵西里西亚，同时俄军留下威胁柏林——结束，加上斐迪南派出的援兵业已到达，腓特烈才支持到作战季节结束。[5]

腓特烈不顾一切，想尽所有办法，来保护他的王国不受两个女君主的联合势力的影响，她们只想把王国和他从欧洲版图上抹去，于是他请求皮特召开一次和平会议。10月30日，攻克魁北克的消息余波未平，英国政府便请求不伦瑞克的路易，即荷兰摄政（一位中立国首脑，不过也是斐迪南的兄长），出面邀请交战各国派遣使团去奥格斯堡出席和会。实际上，甚至没有理由认为和会将会召开。奥地利人和俄国人已经如预想的那样，将普鲁士人逼入发狂的地步，普鲁士的处境随着时间的推移只会日渐恶化。法国人的状况就没那么清楚了。他们的财政状况一团糟；他们已经失去瓜德罗普和西非的奴隶站；他们似乎很有可能失去加拿大；而且，在西德意志进行的战争看起来糟透了。但是法国人的军队仍然完整，依然是欧洲西部最庞大的军队。英国无法威胁法兰西本身；而法国仍有入侵英国本土这张牌可打。

路易提出在奥格斯堡举行和会的想法两周后，法国人采取了行动。整个夏天，英国皇家海军都对布列塔尼沿海保持密切监视。海军上将爱德华·霍克爵士想到了一种以前从不可能的方式来维持连续封锁。但哪怕是他和安森设计的巧妙体系，即连续不断地每次只让少量舰船回国进行整修和再补给，也无法让海峡分舰队在大西洋深秋飓风的打击下坚守阵地。11月7日的一场飓风，迫使霍克返航，设法在英国西南海岸寻找避风港。这给予了他的对手法国海军上将孔弗朗伯爵于贝尔·德·布里耶纳一个机会从布雷斯特向西南方的基伯龙湾航行。当时，法军正在那里重新集结入侵英国的军队和运输舰船。因为同一场风暴也将正在返航的邦帕尔海军上将指挥的西印度群岛舰队吹入了布雷斯特港，11月15日，孔弗朗能够率领不少于21艘且舰员齐备的战列舰出海。如果他能在英国舰队重新出现在英吉利海峡之前，就与运输舰船和陆军部队会合，回到海上，他手中就会拥有一支强大到足以打击爱尔兰或苏格兰沿海任何地方的部队，那里甚至都没有民兵分队守卫。[6]

就在孔弗朗扬帆之时，霍克已经率23艘战列舰沿着英吉利海峡返航，而不稳定的风向让法国舰队无法直接到达目的地。11月20日黎明，两支分舰队在基伯龙湾逐渐靠近：英国舰队从西北而来，法国舰队从南部而来。8点到9点，一股新的飓风从西北吹来之时，敌对双方进入了各自的视野。孔弗朗率部航向海湾避风。尽管天气不好，基伯龙湾的水域十分危险，湾口又狭窄，还缺少领航员引导船只进入，但霍克依然发信号给麾下各舰舰长，下令进攻。[7]

18世纪的海战通常采用严格的战术，要求舰长们正确无误地遵守标准化的指令。英国皇家海军的战斗指令，要求战列舰组成一条与敌方舰队平行的战列线（要尽最大可能处于上风位），然后慢慢向前航行，以战列线中的每一艘战舰向敌方舰队对应位置的战列舰猛烈射击。由于海军军官在战斗时，前进的能力更多依赖服从而不是想象，盲目坚持战斗指令的现象司空见惯，而且因为类似的指令主导每个欧洲国家海军的战术，海战往往会成为兵力大致相当的舰队，在相对平静的天气里进行的非决定性事件，在一方或者另一方舰队司令官发信号让部下的战舰撤退之前，对敌方造成的损害大致相等。至于分舰队进攻分舰队（更不用说舰队进攻舰队了），进而战斗到一方将另一方歼灭几乎闻所未闻。[8]

然而，在基伯龙湾，只有孔弗朗试图组成传统的战列线。霍克——最富有想象力，肯定也是最有胆识的英国皇家海军军官之一——在天气如此恶劣，狂风让密集型横阵战术不可能运用的情况下，下令发动一次完全不可想象的进攻。霍克相信他的舰员航海技术高出一筹，因此悬旗发出"全面追击"的信号，实际上是命令他部下的舰长们各自为战。之后，尽管狂风大作，他麾下张满帆的舰船挤在一起，不用考虑海湾的地形，也不用考虑猛烈飓风的危险，只管稳步向对手推进就行。

如果根据当时的保守标准来判断，霍克下令发动全面混战，这简直是一个难以置信的大胆行为，或者说是一腔蛮勇。看到英军这样做，孔弗朗和他部下的舰长们几乎都吓呆了。英国舰队如聚集在羊群周围的群狼一般围了上来，以完全无法分辨秩序的方式战斗，让法国舰队无法组成防御性战列线，敌对双方熬过了一个短暂而血腥的下午。在这场几乎无法形容的战斗中，双方的舰船相互撞击，它们或触礁，或搁浅，或是愤怒地摇摆着向另一艘敌舰开炮。整场海战中，90门舰炮的"大度"号战列舰的舰员战斗最为勇猛，也没有哪一位舰长在进攻中比它的舰长理查德·豪子爵更积极了。可能他在指挥时带有复仇的念头，想要让法国人为他在提康德罗加战死的兄长付出代价。无论如何，天黑之前，"大度"号独自击沉了1艘80门舰炮的"忒修斯"号战列舰，还让另一艘"可畏"号战列舰遭受重创。

晚上，在暴风雨中，黑暗突然降临，交战舰船中断了联系，没有试图重新集结就抛锚了。直到第二天早上，天色逐渐明朗，风暴仍在呼啸之际，霍克进攻的结果才变得清晰起来。只有2艘法舰回到海上，为顺着海岸去更远的地方避风，在大风前航行。2艘法舰被击沉；1艘被俘获；第

4艘搁浅；第5艘挣扎着下沉，同时设法逃离。黎明时分的亮光让孔弗朗司令官发现，黑暗中，他将旗舰"王家太阳"号锚泊在几艘英舰之中。徒劳地尝试逃脱却搁浅之后，他拒绝投降，下令弃舰并烧毁舰船。另有7艘法舰在风暴潮的帮助下，驶入维莱讷河口。

因为风暴还没有减弱，霍克犹豫是否要重新发动攻击：停止追击是明智的。毕竟，他的舰队不知到底是如何熬过前一天的战斗的，尽管他们没有失去一艘船，但还是有两艘船在行动结束后搁浅了。21日，霍克的克制使剩下的5艘法舰在天黑前慢慢驶入维莱讷河口，但这也是法国舰员在将舰炮和索具推入水中，减轻了舰船的重量之后才成功办到的事情。接下来的几天，霍克试图去对付那些避难的法舰，但最终他让自己仅满足于去蹂躏附近的海岸，然后撤出这一带，重新去封锁布雷斯特。然而，事实上，在基伯龙湾海战中逃过一难的法军舰船可能和被击沉没什么分别，因为浅水的维莱讷河成了它们的牢笼。12艘涉过维莱讷河浅滩，在海岸炮台下栖身的法舰中，只有3艘成功驶出河道。其余都被困在淤泥里，永远都不能再服役了。总体而言，英国皇家海军在海战和战后余波期间，只损失了2艘战列舰和大约300人；而法国海军则眼睁睁地看着他们在大西洋的最后一支可战分舰队被摧毁，同时大约有2500名水兵命丧黄泉。

霍克给了法国海军毁灭性的一击，而且还让法国入侵不列颠群岛的所有希望全部破灭。尽管霍克声称对结果感到失望，他觉得被战斗当天较短的白日和风暴耍了，认定"如果当日白天再长哪怕2个小时，我们就能将敌方舰队全部摧毁或俘获"，但即便如此，他依然赢得了1759年唯一真正具有决定性意义的战役。英国皇家海军如今可以任意破袭法国的海上贸易，阻止增援法国海外驻军的所有企图，甚至不用再担心法国对英国沿海实施最轻微的骚扰。虽然当时很少有人认识到这一点，但其实是基伯龙湾海战，而不是更著名的魁北克战役，才是1759年的决定性军事事件。[9]

霍克的胜利在另一个层面同样具有决定性的意义，因为这次大捷让皮特头脑清醒，使他明白下一步应当怎么办。预计在奥格斯堡举行的和会可以继续推进，如果法国人有意向议和，事情就好办得多。如果他们无意谋和，英国可以继续以自己的方式来对付法兰西帝国的残余势力。随着入侵英国本土的忧虑被平息，更多英军可以被派去增援斐迪南，或者用于殖民地的战争。1759年，曾在两个著名时刻受到威胁的政府信用，此时似乎很有可能仍然是安全有保障的。经济正在以此前的战争中没有的速度蓬勃发展，如此之多的胜利使得公开的政治反对变得难以想象。即便纽卡斯尔向英国下议院提交的1760年的预算数额，是有史以来最庞大的——1400万英镑，半数必须靠筹借——但是议员们几乎畏缩着就默许了，甚至一致同意征收新的麦芽税，这在平时难以想象。[10] 在各条战线上都有这样的安全保障，在剥去法兰西殖民帝国的尸骨的同时，唯一需要继续去做的就是支持腓特烈和斐迪南。如果再来一场1759年那样的战事，肯定能把最为虔诚的基督教国王（法国国王）的大臣们送到谈判桌上，不管奥地利人和俄国人希望如何。

于是，1760年1月7日，皮特寄给阿默斯特和各英属北美殖民地总督的指示也简单之极。他命令各位总督让他们所在殖民地的议会批准至少相当于1759年同一水平的战争努力，承诺一如既往，在同样的条件下，给予同样的财政补贴和支持。他给予阿默斯特几乎完全的自主决定权，去计划征服加拿大的军事行动。阿默斯特总司令可以按照自己的意愿，利用他可以支配的部队发起一场或者几场战役；他可以建造或修缮任何他乐意用于保障已经取得的占领区安全的堡垒和要塞。[11] 这一次，皮特的指示很简单，因为留给阿默斯特去征服的目标只有一个，那就是蒙特利尔。

第六部分

征服完成

1760 年

阿默斯特计划在被皮特的军事政策和开支改变了的殖民地世界中，对加拿大实施一次三路并进、渐入高潮的入侵行动。在魁北克的城墙之外，德·利维骑士赢得最后一战，但是他发现无法改变战争的走势。默里、哈维兰和阿默斯特三路会攻蒙特利尔。英国的胜利报告，对其胜利代价的评估。皮特在他的权力之巅，面临一个至关重要的问题——英王乔治二世猝死。

第40章

全速进攻

1760 年

1760年2月20日，阿默斯特收到皮特的指示，当时他正在埋头为行将开始的各项战役厘清准备事项。1759年12月，他一到达纽约，就与为军事行动提供补给的多家承包商达成了协议。1760年1月，他写信给各殖民地总督，请求他们所在的殖民地能提供与1759年数量相同的部队。他还向纽约议会申请另一笔贷款，以便在英国的钱款到达之前，能够应付他的行动开支。2月，他与威廉·约翰逊爵士为1760年从易洛魁六部募集尽可能多的武士这一问题达成了协议。整个冬季，与军队签订合同的工匠都在忙于维修武器、帐篷和小船，以便为1760年夏天的战事做好准备；游骑兵和正规军的军官募兵补充他们在1759年战事中损失的人员；士官们指导部队练习常规的线式战术，以及较新的瞄准射击技艺和丛林战术。3月初，阿默斯特怀揣着极大的信心，希望能够很快完成征服加拿大的伟业。[1]

考虑到英军已经攻下尼亚加拉，而且法军已经从阿勒格尼一带的要塞撤退，英军决策层很快就决定将西部的活动从作战层次削弱到行政管理层次，阿默斯特将纽约以南殖民地的指挥权下放给罗伯特·蒙克顿。蒙克顿率领400名皇家陆军的北美官兵和大约4000名殖民军（300人来自北卡罗来纳，761人来自弗吉尼亚，2800人来自宾夕法尼亚），将去巩固在皮特堡、尼亚加拉堡和阿勒格尼河沿岸的法军旧兵站。此外，除了他被迫派往南卡罗来纳协助镇压切罗基人起义的1300名正规军，阿默斯特实际上打算使用在北美的每一个英国正规军，会同成千上万名新英格兰、新泽西和纽约的殖民军，兵分三路大举进攻加拿大。他会亲自指挥由1.2万人组成的主力军,从奥尔巴尼前往奥斯威戈,然后沿圣劳伦斯河直下蒙特利尔。如果法军和加拿大民兵试图向西逃窜,他们不久就能觉察到退路会被具有压倒性优势的敌军堵住。第二路军大约有 3500 名正规军和殖民军,会在署理准将威廉·哈维兰的指挥下,从克朗波因特沿尚普兰走廊前进,夺取坚果岛和从黎塞留河前往蒙特利尔沿途的诸多要塞。第三路军由詹姆斯·默里准将指挥,会以他能从魁北克城守军分派出的尽可能多的兵员,再加上路易斯堡派来的正规军援兵组成;这支部队将乘船沿圣劳伦斯河溯河而上。如果可能的话,这三路英军将同时在蒙特利尔会合,围攻新法兰西最后的守军。[2]

阿默斯特的这个大胆计划,不仅号召进行一次在北美前所未见的战略协同行动,而且要求殖民地部队在数量上要与前两年募集的兵员大致相等,进而会要求在人数相等的条件下,耗费比以往更为庞大的开支。虽然募兵方面的问题源于前几年的极端努力,以及欧洲的和平近在眼前的谣言的影响,但是北方殖民地政府仍竭力满足对新兵的征募需求。

马萨诸塞人一如既往,起带头作用。1760 年 1 月,马萨诸塞议会一致同意为这一年的战事募集 5000 名志愿兵,尽管为了完成这个任务需要付出巨额费用。议员们已经投票赞成,在 1759 年冬保留 2500 名官兵,他们已被送去戍守路易斯堡,这一决定令吉布森·克拉夫十分痛苦。[3] 这一前所未有的举措产生了意料之外的费用,因为马萨诸塞不仅必须给这些仍然在服役的部队支付薪水,而且不得不承诺支持每一个"穷困"的军人家庭,还要承诺完成任务后支付给士兵 4 英镑额外的奖金。为了回应阿默斯特对部队的要求,马萨诸塞议会同意,在即将到来的战事里再次服役的每一位军人都可以获得 9 英镑奖金,并且为了将该殖民地部队的兵力增加到 5000 人这一定额标准,还需募集更多的志愿兵,支付给他们同样数额的奖金。最终,为了募集最后 500 人,马萨诸塞政府又增加了 3 英镑奖金。总之,为了留下一个在路易斯堡服役的二等兵,例如吉布森·克拉夫,在上一年入伍期满之后超期服役和 1760 年再度服役,马萨诸塞必须准备偿付给该士兵 22 英镑,这还不包括为行将到来的战事支付的薪水,那将多耗费13英镑。要让一个普通士兵服役，这个金额确实大得不同寻常，但是要让他们继续服役，比这少就不够了。[4]

同之前的几年一样，在一个殖民地提供高额奖金，就会连带把邻近殖民地的奖金数额推高，因而总费用加起来大大高于1758年和1759年。不过，北方殖民地没有抱怨，好像他们已变得习惯为这场战争动员人力和其他资源了。尽管募兵工作如以往那样进展缓慢，但到6月底，他们仍然让近1.45万殖民军官兵在阿默斯特麾下听命：康涅狄格出兵5000；马萨诸塞出兵4000；纽约出兵2680；新泽西和罗得岛各出兵1000；新罕布什尔出兵800。[5]

这些努力背后的热情足够真诚，如果说有什么不同的话，这场战争即将结束的前景增强了议员们的爱国精神。很大程度上，他们选择合作也是为现实考虑。到此时为止，最卖力参战的殖民地已经承担了巨额公债，这是相对于他们的税源来说，即便为了满足当前的开支需要，他们也已经越来越依赖英国议会的报销。因此，他们不再处于一个会去回避阿默斯特和皮特要求的位置，这样会面临每年总额大约20万英镑拨款终止转移支付的风险。

而且，所有北方殖民地的军事勤务机构和相关的民间职位，如工匠、马车夫和私掠船船员之类的工作岗位，正在为数以万计的年轻人提供稳定的就业机会，以殖民地历史上无与伦比的速度，向流通领域注入铸币。农业正在变成一种更加商业化的活动，甚至在新英格兰也是这样，军需承包商的采购，已将当地日用品的价格推至非同寻常的高度。牛肉和猪肉由于在军人食谱中举足轻重，成了军事需求影响的晴雨表，1760年初，指导价格比战争爆发时平均上涨了一半。[6]托马斯·哈钦森在1760年初对马萨诸塞的评论，可以说对其他任何北方殖民地同样适合："英国议会每年提供的慷慨补偿，不仅减轻了没有补贴将会极重的税收负担，而且通过大量铸币的流入，提高了贸易额。有些人的看法是，这场战争增加了殖民地的财富，尽管补偿金额还不到政府各项费用的一半。"[7]

于是，在英属北美，这场战争进行的第七个且到达高潮的年头，是在殖民地与宗主国之间充满自信、繁荣和合作的氛围中开始的，没有人能够根据这场冲突最初几年的迹象预料到这一点。战争本身的规模变得几乎令人难以置信地庞大：始于阿勒格尼山脉幽谷中的一次冲突，当时 13 名法国人被屠杀，之后遍及两大洋三大洲，几乎是半个地球，而且已经夺走数十万人的性命。事实上，并不一定要发展到这样的地步，其中也没有不可避免的事件，必然将华盛顿在大草场的可怜堡垒与英属北美准备迎接整场战争中关键性战役的军队的巨大营地联系起来。哪怕在 1760 年春——当军官们为越过北方边界募兵发生纠纷，满载弹药的船只横渡大西洋时，当约翰·斯坦威克斯监督皮特堡的建造工程，阿默斯特对夏天多路远征的计划完成最后修改时——即使在这个时候，一切也都尚未注定。在蒙特利尔，德·利维骑士已经制订了自己的计划。他只需要几艘船从法国运送兵员、弹药和用于印第安贸易的商品，就能让那些计划成功。如果他做到这一点，在欧洲达成和平之前，他有可能守住加拿大。在这种情况下，阿默斯特的所有精心准备，各殖民地的所有人力，以及英国的所有军事力量和后勤权重，除了为英属北美多次尝试征服新法兰西无果的漫长历史又增加一个令人沮丧的篇章，别无用处。

第41章

勇猛无济于事

利维和沃克兰在魁北克

1760年4—5月

利维的唯一目标是夺回魁北克，他要去完成这项任务，但是在实力上，只能从法国本土得到不多的帮助。沃尔夫对魁北克城周围乡村的毁灭性打击，迫使大部分魁北克人在冬季去往三河市和蒙特利尔地区寻求庇护。难民潮让现有的食物供应紧张起来，不过也让那些渴望帮助法国将敌军从他们的城中驱逐出去的数千男丁，自然而然加入利维麾下效力。蒙特利尔地区的丰收，足够供应围城战的粮食。一旦河流解冻，小麦能够被磨成面粉，全面的军事行动就能展开。[1]

关键在于行动开始的时机，因为尽管利维拥有部队和面包，一旦默里选择闭城自守，他仍缺少足够让魁北克城屈服的攻城炮和弹药。1759年10月，在英国舰队离开后，利维就派遣一位信使前往法国，极力敦促法国增派援兵、重炮和其他物资：所有这一切都必须在圣劳伦斯河能够通航之时，赶在英国补给舰队到达之前，运送给他。因此，他意图在4月就开始围攻魁北克。如果补给舰船能够运载他完成这一任务所需的人员和物资及时抵达，他就能在英军可以解救魁北克之前，夺回这座城市。到了那个时候，他的敌人将不得不再进行一次沃尔夫耗费了1759年的整个夏天才能完成的壮举。

由于利维不打算重蹈蒙特卡姆的覆辙，他不认为英军还能成功，或者确切地说，他们甚至不会试图再度围攻魁北克城。如果英军选择从魁北克撤退，集中力量取道圣劳伦斯河上游或黎塞留河去攻打蒙特利尔，他们似乎很有可能会这样做，他则有理由认为他能够将英军打得陷入僵局。才能卓著的前尼亚加拉要塞司令普绍上尉，当时已通过交换战俘返回法军，利维任命他负责蒙特利尔上游的防务。坚果岛仍屹立在黎塞留河的源头，未遭挑战，甚至还得到新建的炮艇支持。因此，英军只能不断围城，在林地与加拿大民兵和印第安人战斗，一寸一寸攻取蒙特利尔地区：前景看起来较为黯淡。如果到冬季，英属北美军还没能拿下他们的目标，将别无选择，只得再次撤回纽约的补给基地。[2]

于是，4月20日，在进行了他能做的各种准备之后，德·利维骑士率领一支出人意料的大军（7000余人）和一支小炮队（"12门可怜巴巴的旧火炮"）离开蒙特利尔，进军魁北克。春天，冰雪消融得很快，圣劳伦斯河有足够开阔的水面，供加拿大4艘快速帆船中的2艘——"亚特兰大"号和"波蒙"号——去护卫运载地面部队的驳船和平底船。对于这次远征，利维已倾其所有：在船艇上搭载着他全部8个营的正规军，他还以民兵补足了他们的队列；另有两个营的海军陆战队，一个营的蒙特利尔民兵；一群来自圣劳伦斯各教区、分属不同部落的印第安人；甚至，还有一支残缺的骑兵中队，他们的马因为冬季马料匮乏，显得瘦弱不堪。除了留守蒙特利尔的数百人、坚果岛的守备队，以及与普绍同在上游的几个分遣队，几乎每一个驻加拿大的身强体壮的军人和民兵都沿着大河划船而下。这些军人、民兵心怀一线希望：一支补给舰队正向他们迎面航行过来。4月24日，他们在潘托特朗布勒停船，卸载物资，准备从陆路行军前往魁北克。27日黎明，法军先锋几乎到达距离魁北克不到6英里的圣富瓦村。他们在那里看到英军挖掘了穿过前方道路的壕沟。[3]

一次幸运的意外事件，让默里得到一支法军正在向魁北克城前进的预警，当天一早，他还不曾对自己要面临多大的威胁有丝毫了解。[4]出于许多原因，一支如此强大的法军的出现，让他焦虑到几乎绝望了。默里的部队在冬季经受了可怕的损害。他的部队缺少足够的过冬衣物，实际上，第78团的苏格兰高地人只有他们的褶裥短裙，还有他们穿在下身的衣物，去抵御严寒，但疾病和营养不良对他们的折磨才是最大的。4月底，原先有7000之众的魁北克守军，能够计入"可战之兵"的不过4000人。严冬带来的疾病和其他不幸——斑疹伤寒、伤寒、痢疾、坏血病、冻伤和低温症——已经夺走了1000人的性命，使"仍然健在的2000多人完全不适合任何勤务"。[5]

即使是那些仍然能够负责守卫和执行守备任务的人，也受到坏血病和过度劳累的折磨。特别是取木柴这项必要的任务，要求每天在雪地中长途跋涉到城中的小片林地，令适合执行任务的人越来越疲劳，甚至导致病号愈来愈多。最后，究竟第一批运载物资和援兵到来的船只是英国船还是法国船，默里知道的并不比利维更清楚。因此，27日，在圣富瓦构筑阵地时，他没有打算诱使利维战斗，只是为掩护自己的轻步兵撤退，这些部队守卫着上游远至红角的各哨站。与利维不同，默里没有计划。虽然他早已料到法军会进犯魁北克，但是面对现实，他没有任何办法，只能拖延时间。[6]

利维是个非常精明的指挥官，他不会去攻打圣富瓦的英军鹿砦，而是等待天黑，打算穿过位于法军左侧的树林，去包抄英军。默里意识到了这个危险，命令部队在黄昏来临时撤退，将他的部队回撤到一个离蒙特卡姆在7个月前部署法军的地方不远的阵地。他担心自己的人马太少，无法从魁北克城脆弱的西墙构筑牢固的防线，将法军挡在火炮射程以外的区域。此外，他知道自己的有生力量正逐日减少，如果法军（他估计数量为"1万人，还有500个野蛮人"）围攻，他的驻军可能无法坚守到底。不过，他也明白他的部队虽然虚弱到了这个地步，却都是正规军，而利维的军队则主要由民兵组成。于是，意识到"我们的小部队习惯于打败那个敌人"，默里"决定"在亚伯拉罕平原"应战"。4月28日上午一大早，默里集结了大约3800人的部队——每个人都身体康健，足以扛起一支滑膛枪——以及20门野炮，命令他们进入9月13日蒙特卡姆的部队面对英军的进攻时守卫的断裂山脊上的那处阵地。默里已有效总结了蒙特卡姆作战的逻辑过程，希望在此基础上再打一场魁北克战役。[7]

利维原先估计会展开一场围攻魁北克的战斗，完全没料到会进行一场野战。但在利维看来，既然默里给予他一次进行野战的机会，他自然愿意利用。尽管当时利维已调集了大约一半的兵力，但是6—7点，他看到英军在城外占据了一个阵地时，命令他可用的部队（大约也有3800人）向前，在对面占据阵地。当时，在阵地前方侦察的默里意识到法军仍在行军，冲动之下决定放弃高地阵地。他的理由是，如果他能够在敌军仍排成纵队时，向他们的左翼发起进攻，就有望将他们驱退到圣劳伦斯河沿岸的峭壁，一举消灭。

虽然默里的部队渴望战斗，却不能进行他希望的快速打击。低地上，正在融化的积雪仍有半腿深，下面是颇深的烂泥。他企图进行的决定性机动行动在锡耶里村附近受阻，与法军陷入激战。最终，经过一个多小时的短兵相接之后，法军开始击退英军战线的两翼，迫使默里下令撤退。因为他们的野炮陷在淤泥和泥浆里动弹不得，英军只得捣毁火炮，任它们的残骸遗留在战场上。中午时分，英军回到了 7 个月前蒙特卡姆退回的魁北克城墙之内，利维也正好处在汤曾德当初所在的位置，开始在城前开掘围城壕。在后方的锡耶里，法军炮兵正忙着在默里"慷慨"提供的火炮上钻孔。[8]

第二次魁北克战役比第一次血腥得多。双方投入战斗的人数大体相当，法军 193 人战死，640 人负伤（占投入战斗人员的 22%），而英军蒙受了 259 人阵亡和 829 人负伤的损失（比例达 28%）。默里不仅蒙受了更大的战斗损失，他放弃了携带的全部火炮，而且可战斗人员的损失比例比法军高得多（28% 相对不到 12%），最终还被迫撤出战斗，因而说他进行了一次惊人的豪赌，蒙受了巨大的损失，一点也不夸张。法军工兵在魁北克城墙对面挖掘围城壕的景象，清楚地表明默里"对荣誉的热爱"十有八九会让他付出丢失魁北克城的代价，除非下游的援兵尽快到来。5 月 11 日，在壕沟挖掘完毕，火炮安全就位时，利维准备好开始炮轰魁北克。虽然法国的这位加斯科涅准将从他微薄的库存弹药里每打出一发炮弹，英军就能以 20 发炮弹回击，但默里仍知道这次围城战的结果并非取决于火炮和炮手，而是取决于乘着东北风溯河而上的究竟是哪一方的舰船和水兵。[9]

因此，拉各斯湾和基伯龙湾对魁北克的归属最终具有决定性意义，而对大西洋的控制能够决定加拿大的归属。虽然法国政府已经命令派出一支由 5 艘大型补给船组成的船队，运载 400 名正规军和大量补给物资支援加拿大前线，却只能派出 1 艘快速帆船，也就是 30 门舰炮的"马绍"号来护航。4月初，在这支运输船队从波尔多起航时，博斯科恩的封锁舰队解决了其中3艘；5月14日，余下的2艘来到圣劳伦斯河河口时，发现路易斯堡的英国军舰在6天前已扬帆溯河而上。这两艘船没有冒注定是灾难的风险，随即进入圣劳伦斯湾南岸的深水湾沙勒尔湾，然后在雷斯蒂古什河锚泊。阿卡迪亚难民仍在当地继续进行武装抵抗。幸存的200名法国正规军和"马绍"号上的水兵尽其所能地利用他们的处境，将军舰上的火炮安放在海岸防御阵地上，用一条铁链拦住雷斯蒂古什河河口。与此同时，他们的指挥官派出一名信使走陆路，去联系利维和沃德勒伊。然而，早在魁北克传来任何消息之前，雷斯蒂古什河就已成为这次远征的墓地。7月8日，2个英军分舰队在沙勒尔湾会合。法国守军完全无望取胜，只得把弃置的"马绍"号凿沉，将另外2艘船的其中1艘烧得只剩下吃水线以下的部分，之后逃入树林。因此，5月12日傍晚，当第一批军舰出现在魁北克时，它们悬挂的当然不是法国的百合旗，而是英国国旗，这一清晰的事实迫使利维撤围，退往雅克-卡蒂埃。[10]

"啊！"利维部下的工兵军官让-尼古拉·德桑德鲁安哀叹，"只要有1艘战列舰，这个地方就会是我们的！"这很有可能成真，但圣劳伦斯河上唯一的战列舰是英国皇家海军的"前锋"号。这艘军舰在默里部队的欢呼声中驶过魁北克城，向法军阵地开火。13日上午，利维的部队将所有能背的东西都带上，将其他所有东西都留下，爬上了他们的小艇，划船逃命去了。快速帆船"波蒙"号在企图进入掩护友军撤退的阵位时搁浅，于是在法军的平底船逃之夭夭之前，只剩下顽强的"亚特兰大"号独自与2艘英国军舰对峙。让·沃克兰是唯一一个在1758年逃出路易斯堡的快速帆船船长。此时，沃克兰让他的小军舰溯河航行到上游的潘托特朗布勒，然后下令落锚。他就在那里将国旗钉在桅杆上，然后向追击的英舰开炮射击，在炮弹打光之前，他拒绝放弃抵抗，直至火药耗尽。最后，负伤却仍然大胆无畏的沃克兰命令他的船员弃船，然后将自己的佩剑抛入河中，在后甲板上等待英军将他俘虏。[11]

让·沃克兰的反抗从经典意义上来讲，具有英雄主义色彩：虽然大胆，但是也和最后一刻对魁北克城的攻击一样徒劳。沃克兰和他那艘快速帆船的命运，以缩影的形式预示着等待德·利维骑士和法属加拿大的将会是什么。从此以后，利维的行动只限于撤退和防御；他的希望只限于寻找他能以虽败犹荣收场的最后姿态。就像沃克兰和"亚特兰大"号的船员那样，无论利维多么无畏，他部下的官兵多么勇敢，无论他们的集体行动多么英勇，都不能阻止行将到来的毁灭。

第42章

默里溯圣劳伦斯河而上

1760年7—8月

在法军向上游撤退以后不久，英国的补给舰船和它们的护卫舰开始陆续抵达魁北克。数日之内，6艘战列舰和7艘快速帆船在圣劳伦斯水域落锚。7月13日，当默里准备好下令进军蒙特利尔之际，他麾下已有32艘武装舰船、9座浮动炮台，以及大量驳船和平底船。随军舰到达的急件，说明阿默斯特意图与他和哈维兰在蒙特利尔会师。但是，默里还是预测他会是三人之中唯一一个在夏末之前抵达蒙特利尔城的人。因而，得知有2个团正从路易斯堡溯河而上，前来与他会师，他松了一口气。默里从魁北克驻军残部中拣选出2200名可战之兵，这不是一支令人放心的大部队，即便在实力上远胜于利维交给德·布拉马克骑士保卫黎塞留险滩以下圣劳伦斯河段的1500人。这一带水域复杂，狭窄的可通行航道又得到水岸炮台的护卫，提供了将英军阻挡在蒙特利尔之外的最好机会，但是7月26日，默里的部队未受较大损失，便成功通过了黎塞留险滩。[1]

此后，法军的水岸炮台只是偶尔向经过的英军船队发射炮弹，但只有水流、逆风和减弱的潮汐才能延缓英军的进展。沮丧的守军随英军船只而动，希望能阻止他们登陆。结果，法军甚至连这一点也做不到。默里在他路经的大部分定居点停留，宣布占领这些地方，接受居民的臣服。当地居民表现得相当顺从，这样一来就能免受进一步的处罚。他们还渴望用家禽、田园作物和其他易腐作物进行贸易，换取他们在即将到来的冬天急需用于保存鳗鱼和其他鱼类的盐。[2]

由于缺乏有效的抵抗，比起一次深入敌军领土腹地的远征，默里的进军变得更像是一种凯旋。8月8日，当第43步兵团的约翰·诺克斯上尉记录默里军队经过三河市的"驻军"城镇时，他几乎是在描述一个异常复杂的生动场面，而不是法军在蒙特利尔下游进行的最大的一次集结。他写道：

> 敌军部队明显大约有2000人，在他们的不同防御工事中列队，除了极少数的加拿大民兵和大约50个赤身的……野蛮人，我清楚地透过眼镜看到他们除了身体涂抹红色颜料，脸上涂抹不同色彩的颜料，衣着基本上都像是正规军。此外，还有以古怪的外貌让他们的敌人感到恐惧的部队：他们的轻骑兵沿着河岸列队，似乎装备齐全，身着蓝色制服，面涂红色油彩；可是他们的军官身着白色军服。总之，他们的部队、炮台、精美的房舍，都处在一条令人心旷神怡的河流两岸。我们的舰队耀武扬威地在他们面前航行而过，我们的浮动炮台列成战列队形，两岸的乡野点缀着整齐的定居点，还有青翠的田野和树木，加上非常宜人的天气，这些给予我们的是最为活跃的想象力所能设想的令人愉快的前景。[3]

只要能以这种方式通过敌军的抵抗阵地，默里就能够维持对蒙特利尔的稳步推进，而且途中几乎能避免所有的损失。8月23日，英军船队进入圣皮埃尔湖的水泊，在此地黎塞留河注入圣劳伦斯河，他们已来到蒙特利尔下游不到40英里的位置。最后，就在这里，一路尾随他们溯河而上的路易斯堡的2个团，与默里的各营会合，从而让这支远征军的战斗兵力上升到大约4000人。

8月27日，在河两岸的法军和加拿大部队无能为力的目光的注视下，默里的船队在蒙特利尔岛正南落锚。面对轻微的抵抗，默里让他的部队在岛的南岸登陆，9月1日，他们占领了城市下游邻近的瓦雷讷教区。他仍然没有遇到值得一提的抵抗。事实上，他面临的最艰巨的任务是管理那些涌进他营地并宣誓效忠的当地居民、法军和加拿大逃兵。即使如此，他也没有下令部队前去与敌军交战，可能是因为他对近来自己与德·利维骑士的战斗记忆犹新。相反，他满足于挖掘工事，构筑营地，期待哈维兰和阿默斯特的到来。詹姆斯·默里不是个特别耐心的人，但是这回他不用等待很久。[4]

第 43 章

征服完成

沃德勒伊在蒙特利尔投降

1760 年 8 月

经尚普兰湖和黎塞留河，前往蒙特利尔的这一路英国正规军和殖民军，由 42 岁的专横准将威廉·哈维兰指挥，他直到 8 月 11 日才发动远征，当时默里的部队已经走完一半路程了。这次耽误时间不是殖民军的错，他们中的大部分人在 6 月中旬就已来到克朗波因特。相反，是从奥尔巴尼将粮秣和军需物资运送到前方的重大任务，阻碍了这次行动，再加上有必要给阿默斯特时间到达奥斯威戈，他的西路远征军会从那里沿圣劳伦斯河顺流而下。阿默斯特预测，哈维兰的这支小部队围攻和夺取坚果岛，需要耗费的时间和他本人指挥的较大规模的部队从奥斯威戈前往圣劳伦斯河的时间相仿，便下令两路军队尽可能同时出发。令人惊讶的是，这两路军队几乎真的同时出发了：尽管因莫霍克河的低水位有所耽搁，阿默斯特的部队还是在 8 月 10 日设法离开了奥斯威戈。于是在 16 日，当阿默斯特部的平底船和护航船只（武装单桅纵帆船"奥农达加"号和"莫霍克"号），向他们路上的第一个障碍——利维堡，普绍上尉在拉加莱特岛的兵站——靠近时，哈维兰的部队正在坚果岛堡垒的对面下船，准备开始围攻。[1]

虽然阿默斯特和哈维兰（前者在莫霍克河的多个兵站和奥斯威戈堡留下守备部队后，麾下有将近 1.1 万人，后者有 3500 名可战之兵）指挥的兵力都要比对手多得多，但他们要执行的任务仍令人生畏。在坚果岛，德·布干维尔骑士率领 1450 人，在一座控制黎塞留河的岛屿要塞内，阻挡哈维兰前进。法军为迎接英国入侵者做好了充足的准备，他们修建临时水坝，让两岸都被水淹没 2～3 英尺，同时让 1 艘纵帆船和 1 条大筏在岛屿正下方停泊，以阻止英军用"利戈尼尔"号浮动炮台通过要塞。同样，在圣劳伦斯河上，机智的普绍上尉有足够的时间将一处水流湍急的险滩上的滩头小岛要塞化。虽然普绍上尉麾下仅有大约 300 人，但这座坚固的小堡垒所在的位置和他对防御阵地的完善，意味着阿默斯特不可能简单地将它绕过。同哈维兰一样，阿默斯特在通过此地前往蒙特利尔之前，将不得不实施最后一次复杂的攻城作战。[2]

最终，虽然这两次围城战在不同的环境下进行，持续的时间却差不多一样长。哈维兰在 19 日向坚果岛要塞开炮，直到布干维尔在 8 月 27 日深夜撤出，炮弹都在持续不断地落入要塞。战斗就像以前一样艰难，不是哈维兰的炮轰，而是 25 日英军在一次突袭中夺取了停泊在小岛下方的单桅纵帆船和大筏，让布干维尔放弃了这座兵站。失去了这两艘船，又缺乏其他手段阻止英军沿黎塞留河顺流而下，布干维尔只能从陆路向蒙特利尔撤退，在圣劳伦斯河南岸与布拉马克的部队会合。

和阿默斯特一样，哈维兰也是一名按部就班的指挥官，他将时间用在跟随布干维尔行军上，在所到之处，确保自己的占领区安全，但只有谨慎这一点延缓了他前进的脚步。布干维尔没有守卫黎塞留河沿岸剩余的两座堡垒，即圣让堡和尚布利堡，而是下令焚毁这两座堡垒。于是，法国武装部队对英军的阻碍，还不及涌入英军营地，觉得有必要宣誓效忠的居民和法国逃兵造成的多。此后，哈维兰开始从陆路向圣劳伦斯河前进。9 月 3 日，他的信使在瓦雷讷找到默里，告知他哈维兰的南路军在两天后，或者最多三天后就能赶到。

同一时期，阿默斯特已经迫使利维堡投降，但是普绍的小小守备队已经阻挡了他的大军一周时间。然后，阿默斯特以其一贯的慎重，修整被狂攻后破损的堡垒（为了向坎伯兰公爵致敬，他将这座堡垒重新命名为威廉·奥古斯塔斯堡），并且在前去面对他进军途中最致命的障碍，即圣劳伦斯河上游的浅滩激流之前，修整了他的炮艇。在围攻利维堡的战斗中，共有 21 名英国正规军和殖民军阵亡；在阿默斯特的船只走完威廉·奥古斯塔斯堡至蒙特利尔的水路全程之后，溺水身亡的人数是这个数字的 4 倍。虽然非正规战斗人员会发现英军在试图通过浅滩激流时极为脆弱，但是加拿大民兵或印第安武士没有在那里出现，骚扰英军。因此，尽管仅修理损坏的船只和打捞掉进河里的火炮，就耗费了他们不少时间，但是9月5日，西路军仍在渥太华河口的佩罗特岛安营扎寨，几乎进入蒙特利尔的视距以内。与默里和哈维兰一样，阿默斯特发现他前进的主要障碍是涌进他的营地，乞求他的部下进行贸易，让他的军官主持效忠宣誓仪式的加拿大平民。[3]

这时，英军的铁钳与利维如此接近，眼看就要将他紧紧钳制住，利维让他部下的所有正规军退回去保卫蒙特利尔，此地没有魁北克拥有的任何地理优势。蒙特利尔是一座四面有三面临敌的小岛，它缺少任何独立的补给基地。无论如何，蒙特利尔都无法抵挡住围攻。更何况，这座城的防御工事十分脆弱，简直"微不足道"，哪怕在敌军的第一座炮台能竖立起来之前，防御任务也都毫无希望可言。这座城市位于河下游，被一条大约8英尺深的干涸壕沟，还有一道"不够结实的，只是为了威吓……印第安人的城墙"环绕。在城市东北角的军火库和船坞附近，伫立着一座勉强可称为要塞的事物——"不过是一个没有护栏的避难所（一座10～12英尺高的假山）"。大部分加拿大民兵已经不见了；正规军和海军陆战队被留了下来，包括伤员和病弱到无法站立的人员，大约有4000人。[4]

然而，就在阿默斯特在佩罗特岛登陆的前一天，利维一直在圣劳伦斯河南岸维持着有力部队，他们就在那里与默里和哈维兰的部队，怀着老对手之间的敬意相互注视。利维觉得只要他能争取到数百印第安武士的支持，仍然可以打退入侵者。为了这个目的，9月4日，他在拉普雷里定居点召集当地村落的印第安头人开会。当然，自从1757年以来，上五大湖地区来的印第安武士不是很多，但到此时为止，圣劳伦斯河沿岸各教区的印第安天主教徒仍是法国人的坚定盟友。但是，就在他呼吁这些印第安人前来助战的时候，上游的一个印第安村落中的使者来了，使者走进会场，宣布他的族人已经与阿默斯特的军队缔结和约，这一路英军第二天就要到了。不需要多说什么了。"一瞬间，各村落的头人都散了，只留下势单力薄的德·利维骑士和其他军官。"之后，这个阴郁的加斯科涅人只得着手准备进行他的最后一战。5日上午，他将剩余的所有兵力都撤入蒙特利尔

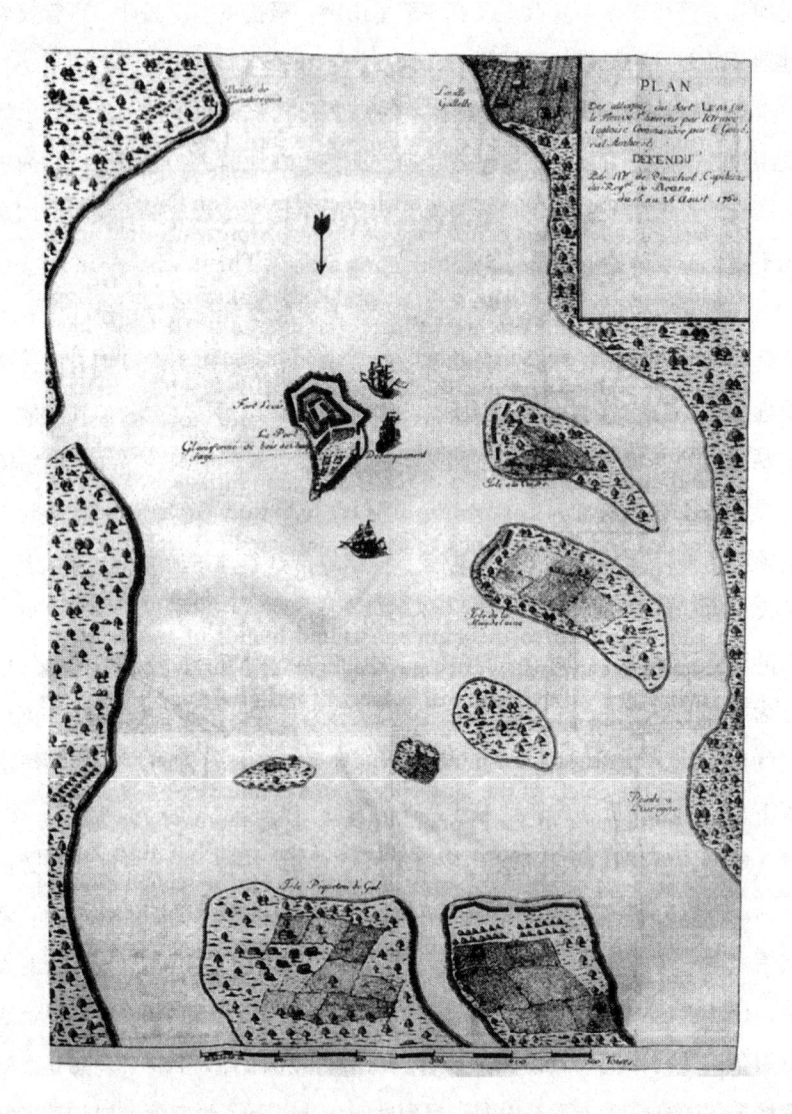

图 43.1 1760 年 8 月 16—26 日，阿默斯特进攻利维堡。这幅版画引自普绍上尉的《关于最近北美法英战争的回忆录》（1781 年），描绘了英军正在从河上的船只，以及位于邻近小岛和上游的格纳特哈贡角炮轰要塞。法军在弹药用尽之前，连续猛击英军的 2 艘船，一直坚守不屈。8 月 26 日，普绍投降之时，他的堡垒已经变成了一大堆土坯和碎裂的原木。1761 年，他和他部下的军官在发誓之后，以战俘身份被送回法国（承蒙密歇根大学的威廉·克莱门茨图书馆提供图片）。

岛，在那里准备守卫新法兰西最后残余的一点点土地，抵抗一支他们明知不可能阻止的敌军。[5]

利维召集的最后一次印第安人会议证明，显而易见的是，阿默斯特军队中最有价值的部分是他本人最为鄙视和最不信任的那一部分：伴随他从奥斯威戈而来的 700 名易洛魁武士。威廉·约翰逊爵士认为有必要给予易洛魁武士大量礼品（价值 1.7 万英镑的货物和现金），才能确保他们的合作，但是阿默斯特为此大发雷霆，因为他相信这些印第安人除了带来昂贵又野蛮的麻烦，一无是处。于是，除了约翰·福布斯，阿默斯特和在北美服役的其他每一名英国将军一样，都没能把握住印第安人真正的重要性。无论他的军队出现在哪个教区村落，例如，在利维堡附近的拉普雷森泰申，仅仅是易洛魁人的到场，以及他们对与英国人结盟的种种好处的说辞，都足以使威廉爵士提出的大赦印第安人以及与他们开展贸易的要求得到足够的重视，如此一来入侵的英军不仅会获得和平，还能得到当地印第安人的积极支持。因此，在阿默斯特的整个远征期间，一向为新法兰西提供最忠诚援助的印第安村落实际上加快了英军的推进速度。卡纳瓦加莫霍克人从拉普雷森泰申开始，就一直为阿默斯特的军队引路，帮助他们通过激流浅滩。阿默斯特几乎不承认他们的帮助，不过他们这次当向导，哪怕没有挽救数百，也无疑拯救了他部下数十名官兵的性命。[6]

阿默斯特未能理解的诸多关于印第安人的事情之一是，他们不是为了更富有的新主而抛弃旧主的愚蠢的机会主义者，实际上，他们就像俄亥俄地区的肖尼人和特拉华人一样，一直将自己视为自由的代理人，而不是法国人的仆人。1760 年夏末，加拿大教区的印第安人像两年前的俄亥俄印第安人，以及威廉·亨利堡战役之后，上五大湖地区的大多数印第安部族一样，认定结束对法关系的时刻已经到了。但是，如果没有易洛魁外交人员和约翰逊的种种努力——他们在沿途每一个村落和教区，促使当地印第安人与英国建立新的同盟——也就没有 700 名易洛魁武士与英军一同出现，来证明英国的实力和慷慨，阿默斯特的行动也就不可能像实际进行的那样快，遭受的人员伤亡相对来说比较少。[7]

总司令只能将印第安人理解为昂贵、野蛮的负担，这种想法将会对

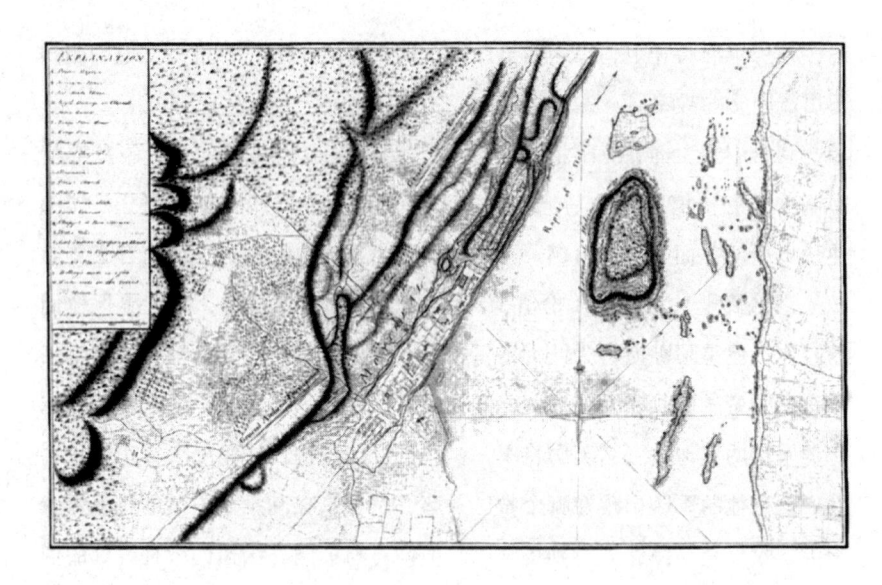

图 43.2《蒙特利尔,约 1760 年 9 月 8 日》。这张地形图准确地描绘了在北美冲突的最后关头,法军的处境是多么绝望。阿默斯特和默里就在瞰制蒙特利尔的高地上安营,这座城市在炮火打击面前毫无抵抗之力。如果阿默斯特像他在围攻路易斯堡和利维堡时所做的那样,选择发射赤热弹,那么他能够轻易将这座城市化为灰烬(承蒙密歇根大学的威廉·克莱门茨图书馆提供图片)。

他在北美的后期职业生涯造成严重后果,不过此时他遇到的最不愉快的事情,也只是设法让加拿大最后一支有战斗力的敌军投降。9 月 6 日,星期六,他的军队从佩罗特岛划船行进一小段距离,来到蒙特利尔岛西端,在拉欣定居点登陆。他的信使已经与默里和哈维兰的军队取得了联系,这两路英军接下来会在正对蒙特利尔城的南岸会师,此举得到当地数百平民的帮助,他们主动提供了马车、马匹,充当英军的车夫,热切地将哈维兰的物资和火炮从尚布利陆运过来。6 日夜间,当阿默斯特的军队在拉欣附近安营时,他对通往蒙特利尔的一条道路进行了侦察。[8]

星期日上午 8 点,在英属北美的庞大正规军和殖民军部队准备出发之际,法军的德·布干维尔骑士打着休战旗,策马来到阿默斯特的司令部。他告知阿默斯特,他是以新法兰西总督沃德勒伊使者的身份前来的,总督的指示是提议停战,直到能确定在欧洲是否已经达成和平。阿默斯特用流利的法语轻蔑地回答:"我是来攻克加拿大的,我不打算少取任何地方。"如果布干维尔的主子愿意提出献城投降的条件,他可以在中午之前停火。与此同时,英军会继续在岛上登陆,准备围城。[9]

就在蒙特利尔脆弱的城墙之内,仍有大约2100名可战之兵,还有人数几乎相等但严重伤病、无法战斗的人员。民兵早已开始随着许多与加拿大女人结婚的正规军一起开小差:他们都回家去保护自己的家庭了。城内没有印第安人;几乎没有粮秣;只剩下一些无用的大炮;几乎没有炮弹;火药也少得可怜。如果英军炮手将燃烧弹打过城墙,城内的木结构建筑会像柴火一样燃烧起来。最糟糕的是,城中挤满了难民,医院也住满了患病负伤的军人。这些情况使沃德勒伊能去说服利维,继续抵抗虽然肯定能为法军增辉,却只会在一场毫无意义的大屠杀中,无谓牺牲最虔诚的基督教徒国王(法国国王)陛下的数千臣民。

因此,沃德勒伊在中午及时送回新法兰西殖民地的一份冗长但详尽的投降条件清单。将近一半的条款是关于法军和殖民地部队的安排。其中,首要条款就是在蒙特利尔和从米奇里马基纳克到雷斯蒂古什的其他任何地方的所有人,都应该得到给予英勇战败者的特殊礼遇,从而被特准凭誓获释,返回法国,让他们能继续为法国国王效力。如果能做到这些,他们就会投降。其他条件提出了对那些可能会选择留在加拿大的殖民地居民的保护,特别是关于他们继续不受干扰地保持宗教信仰和他们的财产所有权的条件。有一项条件试探性地提议,那些留下来的殖民地居民会比照《乌得勒支条约》下的阿卡迪亚人,被视为"中立居民",永远被免除拿起武器对抗法国的义务。另一项条件同样提出了不太可能的要求,即法国国王陛下和此后的法国王位继承人将一直能任命魁北克殖民地的主教。[10]

阿默斯特慷慨应允了沃德勒伊提出的数量繁多的条件。实际上,关于加拿大广大平民的未来,他几乎同意了没有明显损害英国宗主权的每一项条款(如加拿大人的中立权和法国国王对魁北克主教的任命权)。阿默斯特的确打算在各方面成为宽宏大量的胜利者,除了一件事,而恰恰是这件事,于利维至关重要。阿默斯特对于涉及法军的提议的回答是,否认他们应当得到给予英勇战败者的特殊礼遇,反而坚持他们"必须放下武器,然后不能在这场战争中继续服役"。法国正规军将被运送回法国，他们的个人物品会完好无损，但是不会拥有职业军官的荣誉象征物：他们的军旗和一门具有象征性意义的大炮。在这个问题上，阿默斯特不会妥协，因为他已决心惩罚"法军在这场战争的全程扮演的极为可耻的角色——鼓动野蛮人犯下闻所未闻的最可怕的野蛮暴行"。[11]

利维和他部下的军官对这种蓄意侮辱愤慨不已，要求沃德勒伊放弃谈判。如果总督不允许他们保卫蒙特利尔直至最后一人，他至少应当准许他们及其部队撤到附近的圣埃莱娜岛。在那里，他们可以避免名誉受损，战至最后一兵一卒。军官们在提出这个要求之前，不会征求士兵们的意见，对他们来说幸运的是，沃德勒伊没有理会军官们的任何要求。他的职责是去保护新法兰西所有殖民地居民的福祉，而不是维护法军的声誉。因为沃德勒伊无意让宽大的议和从他的指间溜走，只同意给利维和他部下的军官时间，在他接受阿默斯特的条件之前，将他们的团旗等物烧毁。

星期一日落之前，阿默斯特和沃德勒伊交换了签过字的投降书，阿默斯特派巴利少校将消息带给皮特。一个平静的夜晚过去了。之后，"9日，10个法军营放下了他们的武器，交付了两面从奥斯威戈取得的佩普雷尔团和雪利团的团旗。德·沃德勒伊侯爵、法军的将军们和各团的团长们都以名誉正式许诺，法军的各营已没有任何旗帜：这些团旗在过去6年间与他们相伴，长期征战中都被撕成了碎片，要在新法兰西找到这些碎片非常麻烦，法军已经将它们都毁了"。[12]

法国在北美的统治就此结束，并没有在爆炸的巨响声中，而是随着一个谎言结束。这是为了保存一支不能继续存在的军队的军官们的颜面。沃德勒伊不愿同意继续牺牲人命，拒绝利维以沃克兰和蒙特卡姆那样的英勇方式退场。而且，军事职业精神的传统和荣誉感仍足够有力，它们让阿默斯特接受了利维对于为何没有带军旗投降的不可思议的解释。

话说回来，军事职业精神的传统和荣誉感，在当时对杰弗里·阿默斯特这样的正规军军官来说就是一切。就像宁愿死去也不愿对于价值观妥协的蒙特卡姆，还有宁可折断自己的剑刃也不愿交出它的利维那样，阿默斯特对军事职业精神的敬意高于一切。在征服达成之际，加拿大的征服者只让自己留下了一段自我庆祝的话:这段话没有将胜利归功于上帝,也不是归功于英勇或好运,而是归功于运用得当的军事效能的必要作用。他写道:"我相信,这次我们让三路军队按照计划从三个相距非常遥远的不同地方启程,在中心会合的行动是有史以来最好的,能取得这种军事效能是不可能失败的。我们刚才已经亲眼见证了结果。"[13]

第44章

大获全胜的原因和帝国的经验

1758—1760年

当然，阿默斯特是正确的。三路大军分进合击着实了不起，这对法军形成了不可否认的惊人影响。但是除了三路大军壮丽的及时会师，还有很多因素对征服加拿大发挥了作用。这时在阿默斯特麾下正式会师的三路大军的组成，说明了仅用职业精神无法解释发生的一切。在蒙特利尔见证法国人投降的大约1.8万人之中，只有大约60%（不足1.1万人）是正规军，其余部分包括来自宾夕法尼亚以北所有殖民地的6500多名殖民军官兵，以及700多名易洛魁武士。军兵们的外表证明这不是一支常规的军队：大部分殖民军士兵身着普通的平民服装，而正规军身穿的制服会让他们在欧洲沦为笑柄。自1758年起，他们经常将外套的下摆剪到几乎齐腰的位置；将帽边修剪到离帽冠只有几英寸的程度，而且戴帽子的时候垂头丧气，无精打采；还将头发剪到只剩1~2英寸长。至少有一个苏格兰高地团为了让臀部舒服些，已经放弃穿褶裥短裙，改穿马裤。军官们已很少戴饰领和束腰带，这会让他们引起敌军狙击手的注意；一些军官开始穿普通士兵的外套；少数人甚至开始携带印第安战斧。尽管正规军的许多军官不愿承认，但除了衣服的颜色有别，正规军已经看起来更像殖民军。当一个正规军士兵在家书中试图描绘"我们修剪衣装后的滑稽模样"时，他可以向通信对象讲述的最佳说法是："你会无法将我们与普通的耕田人区别开来"。[1]

制服的变化反映出了这支军队经历的更深层次的变化。他们在北美采取的战术发生了改变，在进行常规操练的同时，也包括"丛林战"训练。例如，在对付伏击时，引入了一个新口令——"都进树林！"至少三年来，英国正规军已经习惯向目标瞄准射击，而不是仅仅放平他们的滑膛枪向敌军射击。来复枪至少已经在一些正规军军营里被配发给最优秀的神枪手,心照不宣地放弃了绅士不会赞同蓄意杀害敌军军官的不成文规定。这支军队使用了规模在欧洲将会非同寻常的各种专门军事单位。例如,根据武装人员总数的比例,驻北美的部队掷弹兵较少,但轻步兵要多出许多;而且,他们不只有连一级的轻步兵编制,还有整营的轻步兵编制,这些瘦小结实的士兵能够在林中快速行动,保护在道路上行军的重装纵队侧翼的安全。还有更多的外来单位,其中有些在欧洲军人看来似乎比较奇怪:各游骑兵连在没有印第安武士助战时,会进行突击和侦察巡逻,这些任务除了他们,无法由正规军执行;在奥尔巴尼和奥斯威戈之间,特地为战斗和运送补给募集了一支武装船工部队;为了将粮秣从奥尔巴尼运送到乔治湖,组建了武装马车夫部队;武装纵帆船、单桅纵帆船和大筏上的船员,会在这些船开入内陆湖泊时,负责护卫只能乘坐划艇和平底船向敌人"行军"的部队。[2]

就职业军官通常用于评判自己和对手的标准而言,在北美克服陆路交通线的距离问题和困难必需的各种措施,既富于英雄主义色彩,也是非常陌生的。1760 年,对于那些还不熟悉北美战争的人来说,在北美看起来遥不可及的地方,却处处是堡垒。从南卡罗来纳边境的劳登堡,前往很快就要被夷为平地的路易斯堡要塞,后者位于布雷顿角岛尖地带,容易受强风侵袭,这两座守卫战略要地的兵站,如果对照欧洲的地图来看,将从伦敦延伸到君士坦丁堡。建造这样的堡垒需要花费巨额资金和大量精力;为了维持这些堡垒,要求在从来不曾有过道路的地方修建数百英里长的道路,还要修建筑垒路站去护卫整个体系依赖的庞大补给车队。为了修建和维持这一交通网络,需要投入数百万英镑和数百万工时,动员数以万计的殖民军士兵和民间人士。这些民间人士不仅是指直接满足各路军队需求的马车夫、技工、随军小商贩和承包商,还有农民、农场女工、洗衣妇、缝衣女工、皮匠、制革工人、裁缝、制帆工、军械工人、劳工、水手、铁匠、造艇工、造船工、造轮工、制绳工、铜匠、木匠、船用杂货商、屠夫、面包师和其他普通殖民地居民。如果缺少他们的技能和产品,以及他们的忠诚、税款和对大业的热情的话,军队根本不可能留在战场上。[3]

七年战争期间，在幅员广阔的北美进行大规模的战争成为可能，这是因为英国议会愿意提供资助遥远战事必需的大笔费用；因为英国民众能够承担一场规模在他们的国家历史上前所未有的战争所需的税款；因为殖民地居民以前所未见的热情和活力，携手共创帝国大业。阿默斯特是这些巨大的财政、军事和情感资源的受益者，能够完成对加拿大的征服，不只是因为他在北方的三路军队能如此引人注目地在蒙特利尔会师，还因为英国皇家海军切断了法军的航运，没有航运，加拿大就无法生存，以及北方各印第安部族最终决定将他们的命运交给英国人。征服加拿大成为现实，最重要的原因是皮特、北方各殖民地的总督和议会，以及阿默斯特本人能够动员整个殖民地的社会资源，去支持1758年、1759年和1760年的战事。结果，这些因素在18世纪却几乎不为人知，弗吉尼亚以北的每个殖民地都经历了一场如同人民战争的冲突。

因而，使三路军队在蒙特利尔会师的不只是军事职业精神：在1760年9月9日的投降仪式上，没有一个人能完全理解这些复杂地结合在一起的因素。对此，阿默斯特及其部下的将军们当然也不能理解，他们相信英军的军纪和效率赢得了胜利，但据此就低估了不那么专业的北美人和野蛮的印第安人的贡献。其实，殖民军对此也不能完全理解，他们像英国人那样尽快将印第安人遣返回家，但是敏锐地觉察到他们自己的劳苦对胜利成果的贡献，开始相信英国正规军只想剥夺属于他们的那份荣耀。法国人刚刚投降，阿默斯特就立即命令他部下的所有殖民军回到后方的堡垒执行任务，同时将他部下的正规军送入初冬营房，此举清楚地说明了他所理解的殖民军部队的价值。殖民军不会同意这个看法，而且可以预见，他们对此深感愤怒。[4]

这种正规军军官和殖民地军官之间的观点差异造成的疏离后果，可以从塞缪尔·詹克斯上尉的日记中窥见一斑。詹克斯是马萨诸塞殖民地雪利角（切尔西）的一名有思想的铁匠，在这个湾区殖民地团服役，跟随哈维兰沿尚普兰湖远征。在攻克坚果岛之后，哈维兰不允许他们上岛看看这座要塞时，詹克斯和他的殖民军同僚军官就已经觉得自己被冒犯了。詹克斯在8月28日写道："看来这真是一件非常重要的事，我们在围攻期间承担了大部分劳作，我们的部队比正规军更多地暴露在危险之下，现在我们却被拒绝去看一看我们为之而战的成果。"在拿下蒙特利尔之后，他和他的战友们对加拿大的这座首府非常好奇，但他们只能满足于在 2 英里之外能看到的风景。他写道："这座城市的外观非常美丽，建筑非常漂亮，环境很不错。"他又懊丧地补充道，"在一段距离外，它们看上去"大概就是这样。当天下午，他所在的团就接到命令，出发去克朗波因特，詹克斯写道："我怕我们会在那里被留到 11 月，因为指挥权被留给哈维兰了，我知道他喜欢让殖民军受累。"事实上，尽管爆发了一场恐怖的天花，天气还很恶劣，又完全没有敌人威胁，他们还是在那里逗留到 11 月 18 日，修建堡垒和兵营。最后，一同将加拿大并入大英帝国的北美殖民军和正规军之间已不剩多少友爱了。詹克斯在 10 月 31 日评论道："今天，司令官哈维兰让所有殖民军部队劳苦不堪，在遣散我们之前，如此热切地去获得他们可能从我们身上榨取的一切。我认为，这可能类似于他知道没有多少时间去折腾我们时的狂怒之情，所以我知道殖民军留守的时间就像他们的主子一样不长了。"两周后，听说哈维兰在雪地里摔断了腿，詹克斯很自然地表达了这样的看法："我有点遗憾，摔断的只是他的腿。"[5]

因此，对许多思乡的，还有更多得重病的殖民军士兵来说，北美战争的最后一场战役即使以大获全胜告终，也并不能令他们感到很痛快。其他人主要是感到疲劳，为能在服役期间活下来感到庆幸。但是留下服役记录的人，没有一个会有心情认为帝国的伟大胜利是英国军事职业水准的证明。相反，他们感谢上帝让这场战争流了这么点血就结束了。1761 年新年，在阔别近两年之后，吉布森·克拉夫终于从路易斯堡回到家中，但他只是在日记中这样写道："我回到了我的故乡塞勒姆，感到非常快乐和满足，于是我怀着对所有军人兄弟的最美好的祝福和善意，结束我的这本日记。"[6]

鲁弗斯·帕特南少尉回到新布伦特里，发现有更多事情要说。他在殖民军提供的一份军官委任状面前，打消了他对不再服役的重重顾虑，但随后他发现自己再度被分配到他憎恶的提康德罗加锯木厂。就这样，他被"剥夺了荣誉，在纳克斯岛劳苦工作了 12 天，制造出的船板得以让三路英军在蒙特利尔城前会师"。12月1日，帕特南再度回到家中，庆幸从1757年以来，他首次不用再被正规军军官欺骗了。然后，在一篇最终记录中，他打算总结他对自己参加的4年战事的看法。"如今，在我回家后不久，我已经得出结论，不会再去服役，不是因为讨厌国王和国家，也不是因为在服役期间遭遇的任何不幸，而是因为拜神圣的天意所赐，我在某种程度上一直都是幸运的，在经历了整整4年的军旅生涯后，我依然身体康健。虽然我经历了许多艰难困苦，但拜上帝的仁慈之手对我的照顾，我得以承受这一切。"[7]之后，前少尉帕特南继续过自己的生活。1761年春，他结婚了，用攒下的钱使自己成了一名农场主和磨坊设备技工。前二等兵克拉夫回去继续当他的瓦工；前上尉詹克斯则回家继续开他的铁匠铺。

虽然塞缪尔·詹克斯、吉布森·克拉夫和鲁弗斯·帕特南从未聚在一起，讨论他们在随英军服役期间所见所了解的那些事情的重要意义，但他们在殖民军服役的经验，让他们对许多事情产生了强烈且基本相同的看法，包括对他们为之效力的上级正规军军官和并肩战斗的正规军军人的看法；对他们自身，以及其他像他们这样的殖民军官兵对胜利做出的贡献的看法；对于履行他们签订的兵役合同，以为国王服务为荣的重要性的看法；对于上帝仁慈的看法，是上帝让这场战争胜利结束，让他们在经历疾病、事故、劳苦与战斗之后得以保全性命。比他们更多的，也与他们一样的成千上万的其他殖民军老兵都知道，这场战争已经改变了他们的世界。此外，这场战争也改变了他们，为北美殖民地史无前例的事物打下了基础：有能力的这一代在共同经历的基础上，形成了对世界、帝国和那些曾经是他们主人的人的共同看法。

第45章

皮特面临意想不到的挑战

1760年10月

伊萨克·巴利在魁北克战役期间因伤势毁了容，还丧失了部分视力，1760年10月5日，他将加拿大投降的消息带给了皮特。虽然这个消息非常受欢迎，但几乎不出意料，没有引发两年多以前威廉·阿默斯特来访时激起的热情。相反，皮特以一种几乎例行公事的方式做出了回应，他向国王提交了这些信件，发布了一期《宪报号外》来公开这一消息，让自己在民众的赞美声中享受了片刻，然后就给阿默斯特发了一封满是祝贺、指示和建议的信。[1]

被称为"伟大平民"的皮特写道，国王很高兴，不过肯定希望得到一份详细报告，其中涉及的所有地区和兵站已被加入其领地。自然，阿默斯特也想镇压卡罗来纳的切罗基印第安人的暴乱，近来这个消息一直困扰着英国国王陛下。在北美留待征服的地方已经非常少了，总司令可以选择夺取剩余的法属西印度群岛，或者对那些仍在敌人手中，位于密西西比河流域和莫比尔地区的堡垒发动一次远征。无论如何，阿默斯特都无需等待详细指示，"国王将完全依靠你经验丰富的判断和能力"。最终，皮特这样收尾，在这场战争结束或者国王认为适合将他召回之前，阿默斯特不应期待回国，从而应当停止询问何时解除他的指挥职务。[2]

10月24日，星期五，皮特写完了这封信。就在当天——他选择在这一天写信——他本可以对事态的发展感到相当愉快。他不允许他本人洋洋自得，那是因为在欧洲还没有取得突破，而且他对斐迪南和腓特烈二世都越发不耐烦。斐迪南似乎尤其无意或者无力对莱茵河畔的法军采取攻势。不过，如果皮特愿意给予斐迪南应得的评价，他就不得不承认斐迪南虽然一直寡不敌众，有时还会遭受挫败，却在整个夏天牵制住了法国最优秀的陆军将领，没有丢失任何重要领土，让汉诺威再度安全。基伯龙湾海战之后，入侵英国本土的威胁得以解除，从而使英军能抽调10个骑兵营和12个步兵营去德意志作战：9月，这些部队组成了一支被派给斐迪南的"荣誉援军"，让欧洲大陆的英国正规军人数上升到约2.2万人。虽然援军到得太晚，无法让1760年的战况发生重大转变，但如果在1761年妥善使用，足以让天平倾斜到令法国愿意乞和的程度。早期的迹象至少是有利的。在最近的克洛斯特坎普大捷中，英军部队表现出色，特别是约翰·格兰比爵士的骑兵，有助于保证法军在进入冬季营房时转入守势。[3]

至于东线的战争，普鲁士似乎比以往任何时候都更像一条下水管道，德意志人的鲜血和英国人的金钱几乎在以同等的流量流入。然而，尽管皮特很不耐烦，他也不可能看不到腓特烈正在稳住阵脚，甚至的确保持着主动权。虽然（或者说因为）不可能夺回萨克森，腓特烈仍在8月再度入侵西里西亚，就在西里西亚的利格尼茨大胜一支更加庞大的奥军；然后，他以更加令人惊叹的军事才华，用计迫使俄军主力军团司令在作战季节剩余的时间里，率部从普鲁士撤出。一支小规模的俄奥突击联军在10月9日成功占领和部分烧毁柏林，却在腓特烈赶去解救这座城市时立即撤退。此时，皮特才明白，那个强悍的小个子国王正准备与撤退到易北河，在托尔高附近安营的奥地利主力军团交战。腓特烈赢得的战役一向比输掉的多。也许，这次将是一场决战。[4]

总之，如果皮特在那个深秋的星期五审视一下战争局势，就会意识到即便欧洲的军事行动还没有突破僵局，但至少没有让形势恶化。他很可能希望迫使法国人（如果不必也迫使奥地利人和俄国人的话）求和，认为应当在来年给他们施加更大的压力。就这方面而言，他指示阿默斯特密切关注的西印度群岛、密西西比河河畔的诸多堡垒，还有亚拉巴马多个兵站的动向特别重要。当然，还有一个甚至比北美距离欧洲更遥远的战区，在那里过去这一年的发展势态的前景看上去也不错：各类事件只能让法国宫廷受挫，进一步削弱法国的海外贸易，损害法国王室的荣誉，从而削弱法国继续进行战争的能力。因为在印度，英属东印度公司的部队、印度盟友的部队和少数英国正规军部队，看上去即将会把法国的势力和影响力一并抹去。

1760年年末，英属印度军队在南亚次大陆的成功，主要是因为英国皇家海军对印度洋的控制几乎到了与对北大西洋的控制相当的程度。1757年年初，东印度公司的罗伯特·克莱武是一名杰出的公司职员，他后来转变成了征服者。得知英国对法宣战后，他抓住机会打击与他自己的东家敌对的法属东印度公司。当年3月，克莱武的部队占领了法属印度最重要的工厂之一——金德讷格尔。6月，克莱武在普拉西战役中击败了孟加拉的纳瓦布和支持后者的法军，从而获得了孟加拉的直接控制权。接着，在印度北部，一切都进行得非常顺利；在印度东南部，法属东印度公司与英国的利益进行了更加直接的竞争，形势起初看起来不是太乐观，但随着时间的推移和英国皇家海军的影响力逐渐发挥作用，情况逐步得到了改善。

1758年年初，托马斯-阿蒂尔、德·拉利伯爵指挥的一支强大的部队从法国到达本地治里，对科罗曼德尔海岸的英国利益构成严重威胁。6月初，拉利占领了本地治里南部古德洛尔附近富庶且重要的战地指挥所圣大卫堡。年底之前，他包围了印度东南部的英国权力核心所在地，即马德拉斯的圣乔治堡。这一事态特别危险，因为克莱武和他的东印度公司的大部分部队都远在孟加拉，而拉利和他的部队在冬季确实差一点就拿下了圣乔治堡。只有1759年2月中旬，东印度公司的武装商船和英国皇家海军分舰队护卫的英国商船到达马德拉斯时，才改变了克莱武和法军司令官之间的实力天平。援兵来得正巧：当拉利被迫撤围，退回他在本地治里的补给基地时，他的掘地道工兵实际上已经攻破了圣乔治堡的外墙。[5]

由于没有金钱和足够的物资，拉利无法维持他的军队，而从海上两者都得不到。1759年全年，他部队的士气变得越来越低落，因薪水不足，哗变闹事的频率越来越高，士兵们的衣衫越加褴褛，粮食供应也日益减少。这可以归咎于当地的海军司令官达谢伯爵安·安托瓦内，因为他无力从法国在印度洋的主要海军基地法兰西岛（今毛里求斯），将陆军急需的物资送到印度。拉利的处境随着1759年时间的推移日趋恶化，但直到9月10日，他的灾难命运才得以注定。那天，达谢伯爵历尽艰辛，最后终于获得食品、其他物资和援兵,率领一支由11艘战列舰组成的强大分舰队,驶向本地治里,结果却与英国海军少将乔治·波科克爵士指挥的由9艘战列舰组成的相对较小的舰队在特兰奎巴外海遭遇。由于双方司令官在他们的战斗指挥中,都严格遵守密集型横阵战术的要求,这场海战变成了非决定性的战斗,但波科克的炮手给他们的对手还是造成了相当大的损害。达谢司令官艰难地向本地治里前进,但是他的分舰队已遭受可怕的连续打击,难以继续航行。为了拯救他的舰船,达谢在10月1日向法兰西岛撤退,再也没能返回印度。[6]

达谢为了拯救他的舰队而撤退,这注定了拉利的军队和科罗曼德尔海岸的法国贸易站难逃厄运。实际上,转折点出现于1760年年初,当时英国在该地区的驻军司令——第84团的艾尔·库特中校——诱使拉利出击,在本地治里西北约40英里的文迪瓦什打响了战役。1月22日,库特在野战中击败了他的对手;拉利精神崩溃,无力再防御护卫本地治里的外围哨站。4月中旬,只有本地治里城及其近郊还在法国的控制之下。与此同时,一个强大的英国海军分舰队已经从海上对本地治里进行封锁,这有利于库特在8月完成对这座城市的陆上包围。1761年1月16日,库特将接过神经衰弱的本地治里卫戍司令的佩剑,在加拿大投降后4个月,法国在印度的势力不复存在。[7]

由于将消息从印度送到英国要耗费6个月的时间,1760年10月24日,当皮特写完给阿默斯特的信时,他只知道文迪瓦什战役和围攻本地治里之前的小战斗。不过,毫无疑问,他期待库特和东印度公司在印度的行动,将会像阿默斯特在北美的战事一样胜利结束。除了安森,皮特比英国其他任何大臣都更明白皇家海军的制海权能决定法兰西殖民帝国的命运。

事实上,皮特对海上军事行动极为倾心,乃至他愿意相信海上战斗甚至在欧洲那些已经被实践经验证明难以起到决定性作用的地方,仍会产生决定性的影响。他的最新计划实际上就是要对法国沿海重新实施突击,以此打破欧洲的战争僵局。他特别想要占领的是布列塔尼海岸外的贝勒岛。贝勒岛在洛里昂以南30英里和拉罗谢尔西北120英里的位置,扼守通往基伯龙湾的航道和比斯开湾。皮特认为,如果能让那里变成英国的海军基地，同时还配备陆军部队的守卫，就能够让数千法军从德意志转移到沿海布防。安森勋爵认为这是一个疯狂的计划，遂竭力反对；爱德华·霍克爵士也持同样的看法，他比英国的其他任何人都更了解这个地区。通常情况下，英国国内最伟大的两位海军将领根本就阻止不了皮特，他希望国王支持并批准这次冒险。24 日，就在皮特给阿默斯特发出各项指示的同一天，他请求觐见英王陛下。然而，觐见国王的结果并不像他期待的那样。乔治二世没有批准他的计划。国王对海外近来取得的胜利感到高兴，同时担心夺取贝勒岛将会导致召回支援斐迪南的英军，从而危及他心爱的汉诺威。

让皮特恼怒的是，安森抢在他前面觐见，让国王满脑子都是他反对这个计划的论据。皮特明白，他必须做好长期艰苦游说的准备，只有这样，才能获得顽固的老国王的默许。[8] 不过，他肯定不会怀疑自己能做到这一点。自从攻克路易斯堡以来，国王从未拒绝过他的任何提议。他怎么可能长久拒绝批准这位刚刚让他得到半个北美，而且随时都能宣布征服法国在印度的最后一个据点的大臣的提议呢？这位大臣即将让他成为一个广阔帝国的主人，比亚历山大大帝的帝国疆域还要辽阔，他怎么可能拒绝这位大臣的建议呢？

但是皮特永远都无法用占领贝勒岛的战略利益说服国王了，因为就在第二天早上，王宫 8 点的钟声敲响之前，乔治二世去世了。他在星期五晚上上床睡觉的时候，感知到的和大多数 77 岁的老人能够觉察到的一样。霍勒斯·沃波尔挖掘了宫廷中关于第二天早上事件每一个细节的流言蜚语：国王"在 6 点起床……我认为，像往常一样，去看看他所有的钱是不是在他的钱包里，然后叫人送来他的巧克力。7 点刚过，他走进厕所。之后，他的德意志贴身近侍听到了一声比皇家号角声还响的声音，近侍侧耳倾听，又听见类似呻吟的声音，跑了进去，发现奥登纳德和代廷根的英雄[*]倒在地板上，右太阳穴有一处伤口，那是落在一张书桌的桌脚造成的。

---

[*] 在 18 世纪 40 年代的奥地利王位继承战争期间，乔治二世曾亲率英军前往欧洲大陆，指挥英国与德意志联军，和法军作战，先后在奥登纳德和代廷根取得胜利。1743 年 6 月 27 日的代廷根战役相对更为知名。而乔治二世是最后一位亲自率兵征战的英国国王。

国王努力想说话，却不能，就此与世长辞"。[9] 尸检说明，他因突发心脏病离世。据推测，这应当是"操劳过度"造成的。[10]

三年来，皮特简直就像拥有点石成金的魔法一般。但是老国王一死，英国政局就发生了永久的转变。转眼间，莱斯特府不再是一个地方派系，反而成为英国宫廷的代名词。比特伯爵不再是威尔士亲王的导师，转而成为英国王室最为信赖的顾问。仍显笨拙、尚未成熟的威尔士亲王成为乔治三世——得天赐恩泽的英格兰、苏格兰、威尔士、爱尔兰和北美殖民地的国王。皮特已证明自己具备多种素质，但他并不圆滑，并且在过去两年（从圣卡斯失利后他放弃布莱以来）没有做任何令乔治和比特对他产生好感的事情，而乔治和比特这对奇特的组合突然间就成为英国最重要的人物。皮特一定感觉到了他的地位有所动摇；然而，没有一个人会比他更强烈地相信，他对于英国王室及其不断扩张的庞大帝国是不可或缺的。因而，他没有惊慌失措，甚至也没有采取什么特别努力的措施来修补他同比特和新国王的关系，反而继续像他过去3年所做的那样行事。

皮特没有真正意识到，他如此行事是多么不可能成功。自从1758年以来，这名"伟大平民"必须去评断的只有自己国家的敌人，有时也不得不去估量同样好战的盟友。但是，新国王提出的挑战与任何敌国构成的挑战不同，它显然是更加严峻的一种挑战。除了比特和乔治三世的母亲，从来没有人能成功掌控乔治三世动荡不安的情感和热烈激昂的信念。这个人是被时势推上王位的。比特和王太后能够做到这一点，是因为乔治毫无疑问地热爱着他们。然而，完全明白自身价值的皮特，在自己职业生涯最为紧要的关头，却没能真正理解乔治三世对他根本就没有什么好感。

第七部分

棘手的胜利

1761—1763 年

英国人没能意识到帝国胜利的果实之中会含有帝国解体的种子。切罗基战争及其对阿默斯特印第安政策的影响。1761年，阿默斯特和皮特面对的挑战虽然不同，却同样严峻。皮特辞职，英西战争，英普同盟的解体。1762年，英国征服哈瓦那，说明帝国、贸易和战争错综复杂地关联到了一起。1763年，签订《巴黎和约》，英国政局再度定位，以及被忘却的马尼拉的教训。战争的延续对于北美的影响：迁移、不稳定和不断上升的暴力可能性。庞蒂亚克战争、英国所受的屈辱，以及杰弗里·阿默斯特被召回。

第46章

胜利果实和瓦解的种子

1761—1763年

华盛顿目睹朱蒙维尔及其部下惨遭屠杀的那个噩梦般的黎明，与阿默斯特在蒙特利尔接受沃德勒伊投降的那个隆重的上午之间相隔六年零几个月。在这六年多的时间里，数以千计的男女老少由于直接或间接与战争相关的原因失去了生命；更多的人流离失所；数以万计的男子拿起了武器；数以百万计的英镑和数以千万计的里弗被用于支持拿起武器的士兵；长时间蚕食法国殖民地的大英帝国，膨胀到惊人的庞大规模。但是，北美的胜利不能决定整场战争的结局。在欧洲，斐迪南和腓特烈在漫长的逆境中战斗，而英国内阁的诸大臣发现，他们就如何、何时，甚至是否要结束这场似乎已经有了自己的生命的战争，无法达成一致意见。也许还要再经历两年的流血牺牲，欧洲列强才会在金融崩溃和军事力量耗尽的情况下停止敌对行动。在这两年中，英国内阁诸大臣会在很大程度上忽略北美和它的各种问题，让殖民地尽其所能去处理从战争到和平那段漫长又棘手的过渡期。

英国在北美大获全胜是因为两个相互关联的原因。一个是军事原因，在当时就很容易理解；另一个则是更广义的文化原因，当时根本不为人理解。如我们在上文所见，军事因素的核心是补给物资和补给线。一旦英国海军像它在1759年年末办到的那样，将法国舰队从海上横扫一空，法国的人员、弹药或粮秣就失去了送往法属殖民地的安全通道。没有援兵，没有物资补给，负责保卫新法兰西的正规军官兵和民兵，很快就会失去抵抗英属北美侵略军的能力，毕竟他们补给完善，人数占优。如果奥卡姆剃刀定律能够像它简单有效地剔除逻辑学家的论点那样，精简历史学家的论点，那么军事因素就完全可以解释加拿大为何落入英国手中；但事实并非如此。只有理解这场战争塑造了何种文化互动，反过来这种文化互动又是如何影响了这场战争，才能解释英属北美是如何取得最终胜利的，也才能弄清楚在征服加拿大之后，英国人和北美各个群体之间产生的问题。因此，从那些具有广泛影响的文化因素的角度来回顾战争的进程，也许是值得的。

尽管英属北美的实力和人口一直在稳步增长，但法国还是将它的北美殖民帝国维持了100多年，这是因为加拿大的历任总督基本上都在培育与内陆各印第安部族的友好关系。贸易促进了这些跨文化关系，这种关系在战争时期变成了军事同盟关系，让英属各殖民地的边境变得不适宜居住，也使得英属北美不能成功入侵加拿大腹地。直到1757年威廉·亨利堡的陷落，法国与上五大湖地区印第安各部族的关系开始破裂，形势才发生了逆转。此后，随着从法国到北美的贸易货物运输变得愈加困难，形势对于法国来说就愈加危急。不过，由于蒙特卡姆侯爵试图将印第安人当作辅助人员来号令，而不是当作盟友，与之谈判争取他们的合作，他使形势更加恶化，加速了法国-印第安人同盟关系的破裂。最终，在补给不济和蒙特卡姆的欧洲式指挥的共同作用下，法军甚至疏远了皈依天主教的印第安人和当地居民。于是1760年，德·利维骑士和他的正规军部队孤军奋战，他们跨越大西洋来保卫北美的领地，却被当地人抛弃。

对英国人来说，战事的进程几乎完全相反。1755—1758年年初，英国采取各种努力，让殖民地居民服从布拉多克和劳登副王式的指挥方式，这几乎摧毁了殖民地居民与英军合作的意愿。只有皮特的政策转向，才挽回了英国在北美武运不济的颓势：他的安排实际上是将殖民地居民当作英军的盟友，而不是下属去对待；是去寻求他们的帮助，而不是强行求助；而且根据殖民地军民在军事工作中的努力程度，得到相应的报偿。正当法国人放弃上五大湖地区的印第安盟友时，英国人在母国和大部分殖民地之间形成了有效的同盟关系。在加拿大的法军正在失去他们用来维持军队的补给和贸易商品的来源时，英国的军事承包合同、补偿，以及用船运来的大量铸币（用于发放士兵的薪酬），为北美大陆各英属殖民地的经济扩张注入了动力。对内陆的各印第安部族来说，只要改变忠诚对象，作为回报，就会获得另一种贸易伙伴关系，以替代与法国的贸易。因此，就在英国正规军在大量殖民地募兵款的协助下，赢得他们最初的几场胜仗的同时，战略上至关重要的俄亥俄印第安人，在宾夕法尼亚伊斯顿的和平谈判召开之后，开始重新考虑结盟问题。1759 年，在易洛魁联盟从中立姿态转变为积极支持英国的态度时，法国人的战争形势发生了逆转，他们再也没能赢得一场战役，只能眼睁睁地看着自己的印第安盟友溜得一个也不剩。

1761 年年初，英国在北美的武运达到巅峰。阿默斯特——很快会获封杰弗里爵士，成为巴斯骑士团的一员——开始以理性和经济的名义扭转各项大方慷慨的政策。然而，正是这些政策，让殖民地居民、帝国、印第安人三者之间产生了如此出色的合作关系。在战后，或许没有任何事情能比阿默斯特的政策转变，在印第安人之间产生更加可以预料的效果了。印第安人对于他在 1761 年宣布的贸易限制和结束赠予礼物的措施，与要求他们在战争后期不得不压缩对法贸易的反应一样消极。然而，这并非阿默斯特的任性之举，也不是一种傲慢的表现。相反，它产生于这样一种意图，即由于他是一个认真谨慎的欧洲职业军人，在正当胜利之际，有责任维持似乎就要脱离控制的边境的秩序。出于自身文化完全可以理解的缘由，阿默斯特在没有完全理解与印第安人的关系，为何会起到战争中那样的重要作用的情况下，就谋求改变这种关系。他根本就没有领会英国人和印第安人有多大差别，更不用说了解他们会怎样理解他的种种努力，就贸然希望改善印第安人的性格。不管阿默斯特的意愿如何，他在战后的种种改革努力，并没有在边境产生一种新的凝聚力，而是导致了一股新的暴力浪潮：在法国战败很久以后，战火仍然在西部地区滋长和蔓延。

七年战争之后，印第安人反抗英国的控制，这其实是在尝试以他们所知的唯一方式去维护他们的地方自治权、他们特有的风俗习惯，来对抗毫不在意当地情况的王权。从这个意义上说，在英国大获全胜之后，随之而来的英国和印第安关系的土崩瓦解，既是过去的一面镜子，也是对未来的一个极其准确的预测。就像蒙特卡姆没能成功将印第安人变成可靠的辅助力量，劳登强迫殖民地居民按照他的条件而不是他们自己的方式参加这场战争那样，北美内陆的起义和反叛说明，以高压政治充当帝国控制的基础，其潜力是有限的。但是，这并不是胜利者英国准备去了解的一个教训。

第47章

切罗基战争和阿默斯特的印第安政策改革

1760—1761年

英国与印第安人之间的关系不对劲的第一个迹象，以一种血腥的形式到来：北美东部一直以来最平静的地区，即遥远的南部边境地带，在战争的最后一年，爆发了意想不到的起义。30年来，与英属殖民地保持联系的最大的单一印第安部族切罗基人，在那一地区一直都是南卡罗来纳的和平贸易伙伴。大约有1万切罗基人生活在今田纳西东部边境的3个村落群里——大雾山东部的下村镇区，大雾山山谷的中村镇区，以及小田纳西河谷那边的山坡——他们控制着南卡罗来纳的边境，成为主管低地地区的殖民地政府的重要盟友。多年以来，他们将鹿皮和奴隶（从内陆各印第安部族抓获的战俘），卖给派驻在他们村镇里的卡罗来纳持证商人。他们还充当过奴隶捕手的角色，将逃奴交还给他们的主人，得到的回报是赏金。近来他们也或多或少地参与了保卫弗吉尼亚边境的行动。1758年，在同盟关系最为紧密的时候，多达700名切罗基武士曾短暂为约翰·福布斯效力。从宏观层面来说，切罗基暴动源于七年战争，因为这场战争破坏了切罗基部族与南卡罗来纳之间的持久关系，也与白人农民和猎人在脱离殖民地政府控制的边远地区无序开辟定居点脱不开关系。但是从微观、直接的层面来说，福布斯的远征其实才是这场暴动的起因。[1]

福布斯攻打迪凯纳堡的战役，完全无法让切罗基人赞同英国人的军事指挥方式，他们在1758年夏北上，成为英军的盟友。原本为了战利品、俘虏和其他劫掠物跋涉数百英里的切罗基武士，在福布斯无趣地要求前进的过程中感受到的只有沮丧，而他的指挥方式带给他们的只有冒犯。几乎所有武士在夏末前都带着福布斯提供的滑膛枪和弹药回乡了。在向南穿过弗吉尼亚和北卡罗来纳边境的路上，这些武器和印第安战士们的好战模样让边境农民感到很不安，后者甚至怀疑他们会伺机盗马和猎杀牲畜。因流言和恐惧，不能或不愿将印第安盟友与印第安敌人区分开来，当地民兵采取了行动，立即野蛮地对待不断返乡的切罗基人。在一次冲突中，一个民兵巡逻队追捕、谋杀和肢解了小田纳西河谷那边的山坡村落的3名印第安酋长，然后要求弗吉尼亚提供得到敌人头皮的赏金。在另一次冲突中，一群白人包围了下村镇区的武士，他们怀疑这群武士盗窃，强迫后者放下武器，然后开火：3名武士被杀死，1人被打伤，幸存者逃跑了。至少有30名武士在试图回到自己的村庄时丢了性命。[2]

单是这些谋杀就足以削弱英国与切基罗人的同盟关系，更不用说武士们在最终到达他们的村庄时发现的其他情况了，因而双方不可避免地发生敌对行动。白人猎人从南卡罗来纳的长藤定居点出发，趁武士们不在，越界进入印第安区域，偷猎切罗基人的猎物。这些猎人侵犯下村镇区的猎场，扰乱了印第安人的冬季狩猎，威胁到他们的食物供应，减少了他们可用于贸易的鹿皮数量，这为印第安本土主义者的论点添加了分量，他们认为是时候给边区白人居民一个教训了。主管民事的酋长们——主要是一些长者，他们曾经在订立盟约时发挥过作用，与殖民地政府维持和平——仍然极力主张慎重。因此，1759年春这段时期充满分歧和混乱：尽管小田纳西河谷那边的山坡村落和下村镇区的印第安武士，已经开始着手为1758年夏天的死难者报仇，但温和派的印第安使者还是试图去与查尔斯顿的威廉·亨利·利特尔顿总督达成某种协议。[3]

如果说有什么能够让他们的同盟关系不迅速土崩瓦解，那就是贸易条款的一些实质性修订，因为切罗基人同当地的其他任何印第安部族一样依赖欧洲的工业制品，而持证商人垄断了南卡罗来纳所有与印第安人的贸易。因为交易主要在两个边远且位置暴露的贸易站——下村镇地区的乔治王子堡和山坡地带的劳登堡——进行，卡罗来纳殖民地有很好的理由与温和派切罗基人寻求共同立场。切罗基部族妥协派的主要领袖阿塔库拉库拉（绰号"小木匠"），曾试图通过让卡罗来纳政府做出各种让步，提供大量礼物来缓解紧张事态。此举如果能够成功，可能会加强他的部族与卡罗来纳之间的联系。这肯定会增强他身为调停人的信誉，有助于对抗克里克印第安人使者的看法，据说这些从亚拉巴马地区的图卢兹堡附近赶来的人，正在敦促切罗基部的本土主义者加入他们与法国人的联盟。[4] 尽管利特尔顿总督在1759年春曾与"小木匠"谈判，但他拒绝赠予所需的礼品，从而削弱了最有机会维护和平之人的地位：要么是因为他没有理解局势的微妙性，要么是他确实希望能促成一场冲突，以便为自己赢得一些军事荣誉，此时英军正不断取得军事方面的胜利。当人们得知切罗基袭击者在边境杀死30名白人定居者时，利特尔顿对所有火药实施禁运，直至切罗基人向南卡罗来纳殖民地当局交出凶手，这让"小木匠"彻底陷入了尴尬的处境。

切罗基人迫切需要用于秋冬狩猎的弹药，于是再次派出一个新的温和派酋长代表团去查尔斯顿和总督谈判，但是在10月，利特尔顿逮捕了谈判代表，彻底毁掉了存留下来的微乎其微的调停机会。他宣布，他会将这些酋长当作人质，直至每一个杀死白人定居者的印第安人被移送至南卡罗来纳的法庭接受审判与惩罚。11月，利特尔顿相信一次实力展示会让切罗基人幡然醒悟，因而他带着人质，率领1300名殖民军官兵一路前往乔治王子堡。为恢复正常关系，他同时带去了一份厚礼，包括3吨火药，一旦切罗基人交出有罪的武士，他就立即将之赠送给他们。[5]

利特尔顿总督的一系列举措，几乎使得该地区无法再继续维持和平。他将最倾向通过谈判解决问题的酋长们都囚禁起来，无疑加强了本土主义军事领导人的发言权，还使得最后一位温和派酋长"小木匠"提出的任何论点都遭受质疑。最终，"小木匠"还是说服了他的同伴，将两名涉嫌谋杀的武士交给卡罗来纳方，利特尔顿的回应则是释放了他的几名俘虏。但是这个带有希望的转机不久就消逝了，因为这位总督宣称他会在乔治王子堡继续扣押其余22名人质，直到另外22名谋杀犯被交出。由于大部分参与春季军事部队的人都到树林里去了，而且根据切罗基人的法规和习俗，他们为自己家族或氏族的死难者复仇是合法的，要交出22名武士超出了任何一个切罗基首领的权力范围。利特尔顿咆哮着发布了最后通牒：即使乔治王子堡周边地区没有暴发天花疫情，这一措施也足以起到反作用，他部下的殖民军急于返乡，而他们的服役期是 1760 年 1 月 1 日才到期。疫情和大规模开小差的前景让他别无选择，只得撤退。于是 12 月 31 日，利特尔顿带着 2 名被控谋杀的印第安人，在他的军官和少数没有开小差或者未被解除兵役义务的士兵的护卫下，向查尔斯顿进发。他将人质和礼物都留了下来，指示乔治王子堡的守备司令完成罪犯换人质的交换任务，之后才能向切罗基人分发火药。此时，他可能已经点燃了导火索。[6]

1760 年 1 月 19 日，一队切罗基武士试图用武力解救人质。失败后，他们包围了要塞，切断了它与山坡地带遥远的次级堡垒劳登堡之间的交通，在弗吉尼亚西南至佐治亚的边远定居点发动了一系列的血腥袭击。一个月之内，在切罗基人的一次突袭杀死乔治王子堡的守备队司令之后，守备队将 22 名人质全部杀害。同一时期，切罗基袭击者开始打击西南边境的所有定居点，3 月底，他们已经杀死或俘虏上百白人定居者和商人。除了像"九十六镇"那样在隔离栅栏内"安营扎寨"的白人家庭，切罗基武士一路将南卡罗来纳的边界从长藤定居点推回到 100 英里之外的奥伦治堡，奥伦治堡距离查尔斯顿仅 75 英里。[7]

采取了一系列举措才导致这种事态的利特尔顿，似乎对此真的感到很意外，并且发现自己几乎完全无力恢复秩序。自从 1759 年的南卡罗来纳殖民地团解散之后，他只有民兵——未经整编、未经训练，也无意离家——和 200 名正规军去守卫这个殖民地。2 月初，利特尔顿据此要求殖民地议会拨出紧急资金募集 1 个新团和 7 个游骑兵连，请求福基尔总督派弗吉尼亚的部队南下为劳登堡解围，呼吁阿默斯特调动 2 到 3 个团的正规军支援。但是这些措施都需要耗费至少 3 到 4 个月的时间，才能产生结果；而在同一时期，随 1 月回乡的殖民军传过来的天花，在查尔斯顿暴发，同时谣言四起，说是奴隶们正在计划暴动。对利特尔顿来说幸运的是，英国政府已将殖民地之中最美的肥缺牙买加总督一职交给他，以此来奖赏他的政治和军事才能。3 月，他乘船前往金斯敦赴任，想必毫无遗憾。[8]

与此同时，限制切罗基人的因素是他们日益察觉到自己在孤军作战。曾经一再坚持要求他们对英国人采取敌对行动的克里克人，这时没有表露出任何进攻佐治亚边境定居者的倾向，而是等待时机，观望他们是否可能通过让自己成为此次冲突的调停者，甚至是英国人的盟友，从中取利。法军前哨站图卢兹堡位于切罗基人西南 250 英里的亚拉巴马河河畔，它的守备司令给予与他接触的切罗基使者最美好的祝愿，却没有火药可以分享。俄亥俄地区的印第安各部，已经与英国人议和，同样不愿施以援手。[9]

这样一来，尽管切罗基人成功地将白人的边境扫荡一空，而南卡罗来纳在军事上无能为力，但是 1760 年春，切罗基人仍对进攻劳登堡和乔治王子堡犹豫不决：不是因为他们害怕势单力薄的英国正规军与南卡罗来纳殖民军组合成的混合守备队，而是因为他们明白外交孤立会造成的后果。如果卡罗来纳人愿意在恢复战前原状的基础上议和，这场战争无疑就会到此结束。然而，4 月，阿奇博尔德·蒙哥马利上校指挥的第 1 步兵团和第 77 步兵团的 1300 多名英国正规军的到来，否定了谈判这一选项。5 月 24 日，在大约 300 名卡罗来纳游骑兵、一批殖民军步兵，以及 40 到 50 名卡托巴印第安武士的支持下，英国正规军到达九十六镇的寨栅。6 月 1 日，他们进入下村镇区，与切罗基各村落的守备武士发生零星战斗，击毙和俘虏了 100 多名武士，还烧毁了 5 座村庄。直到那时，蒙哥马利才停止战斗，邀请对方谈判，结果发现切罗基人无意和谈。在下村镇区的印第安人退往中村镇区时，各军事酋长甚至拒绝回应蒙哥马利的号召。英军将不得不进入深山搜寻对手。[10]

蒙哥马利给予切罗基人的 10 天答复期过后，他命令部队向西北方 60 英里的中村镇区前进，那里的切罗基村落位于北美东部最崎岖的山地。这批正规军几乎都是苏格兰人，于是他们开始为辎重队的驮马制作背篓和驮鞍，切割帐篷，制作包裹和粮秣袋，为行军烹制口粮，采取其他一切可能的措施，使他们能够在没有马车的情况下行动，因为马车无法离开下村镇区。在他们即将进入的地区，任务会比以往更加繁重，而且作战能够持续的时间受到供应的严格限制，因为人马能够驮运的物资数量有限。6 月 23 日，蒙哥马利的部队开始沿着商道，踏上前往中村镇区的 60 英里路程。

7 月 1 日，归来的英军形销骨立，深深震撼于他们遇到的抵抗。6 月 27 日，他们在中村镇区的第一个村镇埃科附近首次遭遇切罗基人，就蒙受了 100 人的伤亡，而印第安人仅伤亡 50 人。此外，英军还丢失了大量驮畜，这让他们不可能继续前进。第二天，蒙哥马利在下令丢弃多余的粮秣，让剩下的马匹驮运伤员之后，率领他的部队匆匆退往乔治王子堡。他们在这座要塞只逗留到将物资移交给守备队为止，那些严重到无法行走的伤病员也被留下。7月3日，蒙哥马利前往查尔斯顿；8月中旬，他和他的部队乘船前往纽约。阿默斯特称蒙哥马利的远征是"印第安人感受到的最大打击"，但是在查尔斯顿人看来，事实倒像是切罗基人让英军挨了一棍一样。[11]

蒙哥马利的远征几乎没有达成什么军事意义上的成果，反倒成为劳登堡的死刑判决书。自3月以来，劳登堡守备队一直遭受公开的围困，与外部世界的联系被断绝，主要依靠切罗基妇女（大部分是士兵们的妻子）从周围村镇送进来的食物存活。"小木匠"依然在为和平呼吁，也竭力保护守备队。他一度为了阻止一次传闻中的进攻，将他自己一家搬进了要塞。不过，一旦蒙哥马利摧毁下村镇区的消息传到山坡地带，就再也没有什么能让印第安本土主义者手下留情了。6月3日，他们开始封闭式围攻，意图用饥饿将守军逼出来。一周后，要塞守备司令保罗·德梅尔上尉被迫将每天的玉米配给量削减到每人约0.67品脱；又一周过去，守备队已经吃掉他们的最后一匹马。7月底，他们"已悲惨到令人难以置信的地步"，每天只能靠一些干玉米粒活下去，之前进入要塞寻求庇护的平民商人和驮马马夫，开始在夜色掩护下偷溜出去，宁可被俘也不想饿死。不久之后，个别军人（很可能是那些娶了切罗基妻子的官兵）开始开小差。8月5日，守备队的残余部队宣布，如果他们的军官不投降的话，他们会集体离开。两天后，随着食物被消耗殆尽，德梅尔上尉别无选择，只能将要塞和内部设施交给切罗基人，回报是能让他们安全地前往乔治王子堡。[12]

8月9日上午，德梅尔的部队带着他们的滑膛枪和旗帜，带领一支他们的妻儿组成的小纵队，由切罗基人的护卫队护送离开。这支守备队终于能从劳登堡那座可怜的牢笼获释，沿着小路向下走了几英里，在打球溪宿营。夜晚平静地过去了。但是第二天上午，就在士兵们为行军列队时，突然"有两支枪向德梅尔上尉开火，他被其中一发子弹打伤……印第安人战斗的呐喊声……响了起来，轻武器的排枪子弹和箭雨射了进来……700

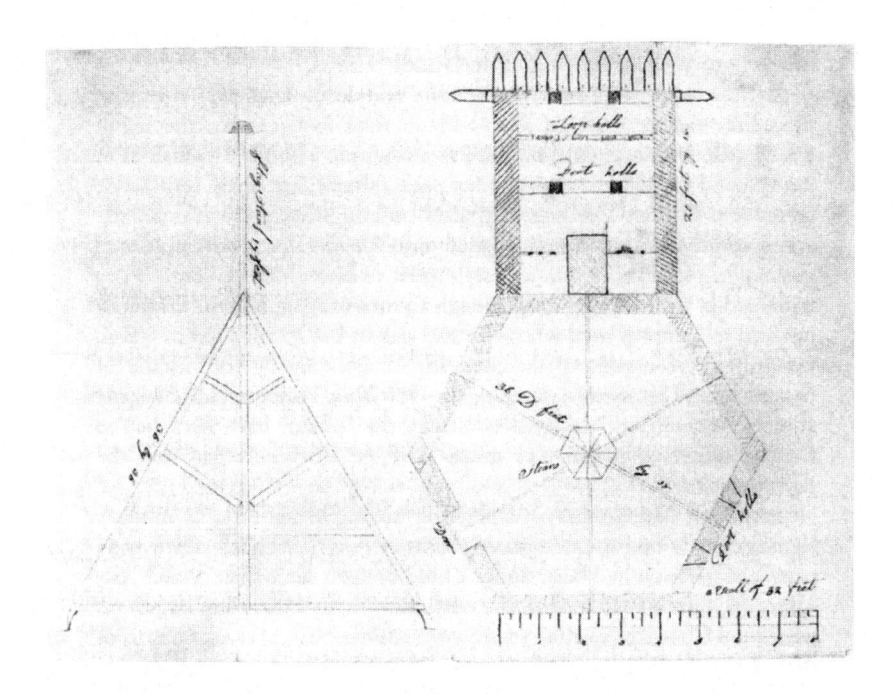

图 47.1 《1759 年劳登堡炮塔的平面图》。1759 年 2 月 27 日，保罗·德梅尔将劳登堡的设施草图夹在一封信中寄给威廉·亨利·利特尔顿。图左是旗杆，高 50 英尺左右，有一个金字塔底座支撑。右边是一座三层六角形炮塔，或者说炮台的平面图，这种炮塔有时会竖立在棱堡的角落里，以获得对周围地区更清晰的视野。用原木建造的坚固炮台，可以在二层安装旋转炮（轻型火炮），从侧窗开火；在第一层和第三层，有供滑膛枪射击的枪眼。炮塔占据的空间，外立面长 18 英尺，直径 36 英尺，右下角有一道圆形的中心楼梯。炮塔草图正上方画的是它的一个面的外观，高大约 20 英尺，有一道栅栏和绞孔护卫射击平台的屋顶（承蒙密歇根大学的威廉·克莱门茨图书馆提供图片）。

名印第安人向前包围了全体守备人员，使他们陷入了极大的混乱……士兵们相互呼喊不要开火，投降了"。

投降之后，就是一次蓄意屠杀。在印第安人最初开火到随后的屠杀之间，一共有 25 人丧生：3 名妇女，加上与 6 个月前在乔治王子堡被屠杀的印第安人质数量相等的士兵。只有 1 名军官幸存，其他所有军官都被屠杀了。那名幸存的军官是约翰·斯图尔特上尉，南卡罗来纳殖民军军官和前苏格兰商人，很久之前他就是"小木匠"的朋友。不过，似乎只有德梅尔上尉受到宗教仪式性的折磨，他被活剥头皮，然后被迫跳舞直到死去。

普通士兵则被剥去衣服，遭受殴打和囚禁；他们的妻儿显然得到了善待。斯图尔特上尉被允许随同"小木匠"去弗吉尼亚执行和平使命。其余战俘，大约一共 200 人，在山坡地带的村镇一直滞留到战争结束。[13]

在蒙哥马利逃遁，劳登堡陷落之后，切罗基首领们与南卡罗来纳当局小心翼翼地遵守为期 6 个月的停战协议。尽管乔治王子堡几乎和劳登堡一样不堪一击，但印第安人还是没有对其实施封闭式围攻，甚至允许送入一批限定数量的补给品，以示善意。与此同时，切罗基人纷纷谈论：法国人从图卢兹堡送来象征性的小礼品，但是没送来弹药；克里克人继续拒绝与他们直接结盟，同时想方设法以切罗基人为代价抬高自己的地位；弗吉尼亚人威胁入侵，却又送来礼品支持"小木匠"；利特尔顿的继任者威廉·布尔副总督鼓吹和平，却又拼命说服人们应募加入南卡罗来纳殖民地团。除了切罗基人，其他所有人都在耍花招等待时机。而时间是对切罗基人最不利的一个因素，但此时的切罗基本土主义首领的声望和士气都处在顶峰，等到他们意识到这一点时已经太晚了。

1760 年的冬季削弱了印第安人，他们饱受大雪、弹药匮乏、下村镇地区的粮食歉收导致的食物短缺和疾病之苦。然而，印第安武士们的士气仍然高涨。他们的士气受到劳登堡投降，成功将蒙哥马利的部队逐出中区村镇，以及法国人送来的一批贸易货物礼品的激励。事实上，这批货物原产自英国，由英属北美的走私商人暗中送到墨西哥湾沿岸地区，然后沿亚拉巴马河溯河而上，运送到图卢兹堡。切罗基军事头人还不知道，1 月 6 日，詹姆斯·格兰特中校率领的一批新的英国正规军补充人员已经从纽约抵达。格兰特曾经出任过蒙哥马利的副手，也在福布斯和布凯部下出任过野战指挥官，这些经验让他成为一名能征善战的军官，因此也是一个危险的对手。他从阿默斯特那里得到的命令是"严惩切罗基人，将他们削弱到绝对需要请求赦免的程度"，他身边还有一群莫霍克和斯托克布里奇印第安探子随行。此外，南卡罗来纳政府最终募集了相当数量的殖民军和游骑兵，也招募了卡托巴和奇克索印第安武士。[14]

所有这一切对切罗基人构成的威胁，实际上在暮春之前都不明朗。因为恶劣的天气、草料缺乏，亨利·劳伦斯中校的殖民军需要进行训练，格兰特直到5月18日才到达南卡罗来纳的九十六镇定居点。不过当时他的部队数量超过2800人，一半是第1团、第17团和第22团久经考验的正规军；这次与上次不同，他们已准备好在山区长期作战。6月7日，格兰特的部队从乔治王子堡向中区村镇进军时，他们身后跟着1英里长的驮运队：600匹马运载着足够支撑1个月的食物和弹药，肉用牛群十分庞大，需要数十名奴隶管理。[15]

6月10日，一支1000名武士组成的切罗基大部队，在1760年的战役发生地埃科村附近，与格兰特的入侵大军遭遇。印第安人再度伏击英军行军纵队，集中力量摧毁英军的驮畜，但是这次他们没能重复上一次的成功。切罗基人从"山顶极其有利的"阵地向"我军右翼"，"渡过考威河后，从同样有利的"位置向"我军左翼"远程射击了共6个小时，让格兰特军队的1名军官和11名士兵阵亡，52名士兵和马车夫负伤，还有大约60匹马和数量不确定的肉牛被杀或奔逃。切罗基人损失的人数可能是英军的两倍，更重要的是，他们消耗了大部分弹药，由此失去了阻止格兰特执行其惩罚使命的能力。6月中旬至7月初，当格兰特的部队焚烧中区的所有村镇（15座），让1500英亩玉米地和豆子田变成荒地时，切罗基武士们只能瞄准射死粗心大意的哨兵，躲在树林里眼睁睁地看着。根据格兰特的明确命令，任何不幸被抓住的印第安男女，或者儿童，都会被即刻处决。[16]

7月9日，格兰特返回乔治王子堡，由于他下令急行军，此时他的部队几乎筋疲力尽：300人伤病太重，无法行走，另外1000人的鞋子已经磨损成碎片。不过他至少使中区村镇的4000名切罗基人无家可归，毁灭了他们在行将到来的冬天赖以生存的农作物。或许，这时每5个切罗基人就有3个是在山坡地带的定居点寄居的难民，大大超过可用库存食物的负担范围，实际上这让切罗基人无法有效进行军事行动。切罗基人的经济已经急速下滑到了几乎等于新石器时代的水平：武士们对格兰特部队最后的抵抗只能依靠弓箭。与此同时，克里克人采取经典的中立战略，将切罗基人、法国人和英国人玩弄于股掌之间，依靠与英国的贸易自肥。装备精良的奇克索、卡托巴和易洛魁战斗队伍开始袭击山坡地带的定居点，对于这些定居点，切罗基武士已无力护卫。疾病已经发展到流行病的地步，冬季的饥荒已成必然趋势。最重要的是，在过去的一年里，威廉·伯德上校的弗吉尼亚团已经成功修建了从老自治领西南边境奇兹韦尔堡，通往北卡罗来纳霍尔斯顿河上游河段 80 多英里的道路。当格兰特的部队将中区村镇夷为平地时，伯德的弗吉尼亚殖民军和一支大规模的塔斯卡洛拉武士协同分遣队，正在向山坡村镇区 100 英里开外的霍尔斯顿河的长岛前进。如果弗吉尼亚部队和他们的盟友选择沿霍尔斯顿河谷而下，他们可以在一个月之内到达山坡地带，并且不会导致补给线延伸过长。然后，他们就能造成一场甚至连格兰特都无法想到的浩劫。[17]

于是，切罗基部族长老会在 8 月求和，派出一支以"小木匠"为首的代表团，去与乔治王子堡的格兰特会面。"小木匠"酋长在这座要塞，后来又在查尔斯顿，显示了他完全配得上身为谈判专家的荣誉。根据一份条件非常温和的协约，所有白人战俘、奴隶和被俘获的牲畜，都会被归还，而切罗基人的土地与白人定居点之间的分界线，则被移动到距离克奥韦河不到 26 英里的位置——切罗基人丧失了下村镇地区约一半的猎场。利特尔顿原先坚持的条件，即必须交出 1759 年春杀死边境白人居民的 22 名切罗基武士，完全被抛诸脑后；格兰特让切罗基各部酋长选出 4 人处决的要求也没有被再提。这接近战前和平的原状，在接下来的几个月里，后续谈判将界线移回克奥韦河东面 40 英里时，甚至变得更加接近。而且，重归和平至少为切罗基人带来了可观的利益，因为战争打破了旧的卡罗来纳贸易垄断。山外的切罗基人丢失了劳登堡的市场，开始同随弗吉尼亚团一起来到霍尔斯顿的弗吉尼亚和北卡罗来纳商人打交道，同时在奥古斯塔外部活动的佐治亚商人为了回应下村镇切罗基人的邀请，在乔治王子堡西南的树林里安营扎寨。

最后，前南方部印第安事务督办，即相对不太起作用的查尔斯顿商人埃德蒙·阿特金，在 1761 年秋去世。阿特金乐于将大部分切罗基事务的管理工作交给南卡罗来纳总督，自从 1730 年以来，这种控制就已存在。但是皮特选定接替阿特金职务的是"小木匠"的朋友约翰·斯图尔特，他是一个坚定的帝国主义者和激进的管理者。虽然斯图尔特在出任督办一职期间要面对的问题已够多了,但他决不会允许另一个南卡罗来纳总督,对与切罗基部族的关系,施加如威廉·亨利·利特尔顿那样的恶劣影响。[18]

从切罗基战争中,至少可以吸取三个相互矛盾的教训。其一,这场武装冲突严重伤害了切罗基人,他们眼看着一半的定居点被摧毁,而且由于疾病和饥荒损失了大量人口,我们不知道具体数字,但比例肯定很高。不过,与此同时,由于这场战争摧毁了卡罗来纳的贸易垄断,这个部族的战略地位其实得到了提高。和平协约最终只需要切罗基人将一片可以忽略不计的土地割让给南卡罗来纳殖民地,而该殖民地议会实际上没有削弱切罗基人的自主权。

其二,点燃一系列武装冲突导火索的事件已经说明,"小木匠"那样的温和派,或者说中立派的领导人,在英属北美人试图通过强迫、恐吓、贸易控制或者中止提供如弹药这样必要的外交礼物,来引导同印第安人的关系时,很容易让政策控制权旁落到更具侵略性的本土主义领导人手中。与此同时,面对格兰特的远征军,切罗基抵抗力量的崩溃也说明了印第安人非常依赖欧洲人的物资,以至于就算是占据地理优势且技艺娴熟的武士,一旦铅弹、火药和其他战略储备物资耗尽,也只能签署城下之盟。

其三,印第安本土主义首领已经强大到足以推翻像"小木匠"这样经验丰富的调停人的建议,能够保持对政策的控制力,直至抵抗的所有可能都被摧毁。尽管如此,这场战争中仍没有出现不同印第安部族的本土主义者合作对抗英国的迹象。的确,英国人设法求助的几乎每一个原住民部族,从南部的克里克人、奇克索人和卡托巴人,到北部的易洛魁人和俄亥俄人,都只是非常愿意从一个强大的竞争对手的失败中获利。

因此,切罗基战争的结果也赋予其本身同样非常矛盾的解释。在军事上,这场冲突清楚地表明印第安人会因为欧洲人拒绝提供工业制品而丧失能力,而当法国的领导力不足或不存在时,多个印第安部族又缺乏合作的能力。然而,这场战争传递出来的文化信息更加模糊,却也更加有力:首先,任何试图通过操纵贸易商品的供应来控制印第安部族的行为,都可能会让部族政策从和解转向敌对;其次,虽然英军也许有能力对一个敌对的印第安部族造成巨大的直接伤害,但即使抵抗失败,也可能会给印第安本土主义首领带来好处。

不足为奇的是,杰弗里·阿默斯特以一种纯军事方式去理解这场战争的意义,忽略了切罗基战争的文化含义。早在1761年2月22日,他就已经开始思考既然法国已不能再组织抵抗力量对付英国的势力了,那么应该如何最妥善地处理与印第安人的关系。阿默斯特在写给威廉·约翰逊爵士的信中,提到会在新近获得的底特律兵站建立贸易站,也清楚地意识到了南卡罗来纳的事态,他解释说,虽然贸易是必要和可取的,但显然,慷慨地赠送礼物不是:

> 只要我还荣任司令官一职,这些军官(北美大陆内陆各兵站的指挥官)将得到指示,应奉命对印第安人保持稳定、统一和友好的行为举止。至于给印第安人提供一些衣物,以及一些用于狩猎的武器和弹药,这在必要的情况下很好。但是,当预期的贸易建立起来时,他们就能够靠贸易,从求购他们毛皮的商人那里,设法为自己供应这些物资,因而我不明白陛下为何应当支付这些花费。我也不赞成给予他们任何粮秣。当他们发现索取就能得到粮食时,在狩猎时就会日益马虎,这是应当努力避免的。只要他们的心思都放在正经事上,他们就没有闲暇密谋滋事……
>
> ……各种服务必须得到奖赏,这一直是我的座右铭。至于收买印第安人或其他任何人,让他们行为检点,这是我无法理解的。无论哪个种族的人行为不端,他们都必须受到惩罚,而不是得到贿赂……[19]

8月,阿默斯特总司令不再提出可供考虑的建议,开始发布命令。底特律即将举行印第安人大会,会议将会确认加拿大向英国投降,创建英国与上五大湖地区各印第安部族的友好关系。阿默斯特在指导约翰逊该如何在大会上行事的同时,认为"在卡罗来纳……已与国王的军队遭遇的切罗基人得到的惩戒"值得引起后者的关注。北方印第安事务督办先前就从尼亚加拉告诫过总司令,杰纳西奥塞内卡部——一个亲法的易洛魁部落,传统上在尼亚加拉大瀑布周围从事商品和各种物资的运送——一直试图建立一个西方联盟，以反对英国的利益。约翰逊写道，他抓住每一个机会去揭发杰纳西奥人的阴谋，因此建议阿默斯特"如果我们希望继续维持与远方印第安部族，以及其他在尼亚加拉逗留的印第安人的友好关系，允许尼亚加拉的驻军司令官在他们回乡时，给予弹药和一些粮秣……是绝对有必要的"。这番话对阿默斯特来说没有意义，因为他相信仅凭自身利益的驱使，就能保证印第安人合作。近来，格兰特的行动提供了一个"例子，可以用这个例子说服印第安人，我们以自己的实力就能将他们削弱到回归理性的地步。你也可以相应地利用这一点，在那些将要打交道的印第安部族之间使用这……份情报，以这种方式，你将会发现是最符合国王陛下的利益的"。对于约翰逊希望赠送的礼品，阿默斯特则写道：

> 你能感觉到我有多么厌恶去收买印第安人，让他们保持行为检点……为此，现在会向他们开放一项贸易。你会将这项贸易归入那些阻止他们强行索取礼品的规则之下。而我认为这会更利于将来，到时就不用赠送礼物了，因为这将迫使他们用易货贸易自行供应那些商品，当然也会让他们更多地将时间用在贸易手段上，那么他们能用于串联，或者能用于去实施任何有损国王陛下利益的时间就会更少。彻底打消对这个问题的种种忧虑，让他们缺乏弹药，并非没有吸引力，因为提供给他们完成极为可怕的恶行的工具，实在是太失策了。[20]

这意味着，从1761年秋开始，内陆各堡垒的商人实际上将不得不在非常严格的规则下开展业务。这样一来，贸易并不像英国人在1758年以来的外交会议上承诺的那样呈增长态势，实际上是在缩减的。西部所有的印第安村落都在因此而受苦。为了更好地监管商人，防止他们为自己的商品收取过高的价格，阿默斯特禁止他们在印第安村落里经商。这迫使经常缺少马匹运送大包毛皮的印第安人，只能将少量皮货运到各要塞。一到要塞里，他们就发现商人被禁止向他们出售朗姆酒或者其他酒，而且他们在任何单笔交易中，都只能买到5磅铅弹和5磅火药。[21]

阿默斯特肯定认为酒类贸易已经失控，因而他希望这些措施能减少酒类贸易中的乱象，能节省他认为已经变得太昂贵的礼品，并将他担心变得过于强大的印第安人的军事能力最小化。然而，他的所作所为是让印第安男子无法从事秋冬狩猎，限制他们供养家族和村落的能力，还剥夺了已经成为他们社会生活重要组成部分的兴奋剂（即酒类）。阿默斯特没能通过迫使内地印第安人开始严肃关注狩猎以改善他们的性格，反而开始让他们变成了清醒的敌人（而且比之前危险得多）。[22] 他非但没有让印第安人忙得没时间自行策划阴谋，反而给了他们以前从未有过的感受：一种共同的不满情绪，以及一些确凿的迹象，即英国人会毫不犹豫地威胁他们的生活方式。

第48章

阿默斯特进退两难

1761 年

1761 年，印第安政策只是杰弗里·阿默斯特心中的许多问题之一，并且绝不是最紧迫的一个。由于多种原因，特别是边境的兵站司令官和商人们故意无视新章程，印第安人没有回应他下令进行的改革，暴动没有立即爆发。于是，阿默斯特对底特律发回的关于印第安人阴谋传闻的报告和皮特堡周围印第安人不安定的消息，相对较少注意。尽管威廉·约翰逊爵士发出了迫切的警告，但阿默斯特还是认为自己对印第安贸易进行的改革正在取得他所希望的有益且节省开支的效果。与此同时，在欧洲和其他地区的战事持续不断，此时还看不到明确的终结迹象，阿默斯特则致力于解决北美战争的许多收尾问题。这些困难都是由于需要控制一大群被征服的人口，确保大片新赢得的土地的安全，以这样或那样的方式产生的。[1]

1760 年 9 月，在沃德勒伊投降后不久，阿默斯特就为加拿大建立了一个军管政府。这一临时建立的行政体系，将新法兰西分为三个部分——魁北克、三河和蒙特利尔。这一体系将持续到 1764 年 8 月建立文官政府为止。到那时，尽管事实上三个地区的总督——詹姆斯·默里准将、拉尔夫·伯顿上校和托马斯·盖奇准将——分别实行比较宽松的统治，但加拿大政府本质上还是建立在强制性基础之上的。1761 年年初，三个地区驻扎有 17 个营，另有 4 个营控制着连接加拿大与英属殖民地和北美内陆的交通要道。1 到 8 个连的较小军事单位，守备从俄亥俄的皮特堡到伊利湖湖源的底特律，至密歇根湖和休伦湖交汇点的米奇里马基纳克堡这些西部的偏远兵站。法语居民区终究没有发生叛乱，这使加拿大腹地的守备部队得以削减，但是在圣劳伦斯河流域，至少一直要维持 5 个半营的驻军，而且比这多得多的较小单位会被派去接管法军投降后，在伊利诺伊乡村、五大湖边远湖畔、密西西比河下游、墨西哥湾沿岸和南方内陆地区的法国兵站。最后，英军仍不得不在大西洋沿岸、纽芬兰的圣约翰、新斯科舍的哈利法克斯和其他位置，以及纽约的北美驻军司令部派兵把守。这些地方加起来需要大约4个营的稳定兵力。

1761年年初，阿默斯特麾下有大约1.6万名英国正规军，勉强能够执行他面临的管理和控制的任务，特别是因为开小差、死亡和兵役到期等因素会无情地侵蚀这个数字，对于这一点，他很清楚。在情况最好的时候，阿默斯特部下各营大约缺员30%；由于长期难以通过从各殖民地募兵补充他部下的正规军队伍，加上欧洲需要大量部队，不能让大量的补充人员乘船渡过大西洋来到北美，尽管他的责任越来越大，但他面临的局面不断恶化。让问题变得更糟的是，皮特近来命令他派出2000人去执行西印度群岛的任务，还要另外准备6000～7000人在秋天出发入侵法属马提尼克岛。阿默斯特一直以来都看不起北美殖民军，他认为北美殖民军几乎对不起他们的口粮配额，也配不上他们的高额薪水，但是他别无选择，只能向新英格兰、纽约和新泽西等殖民地请求募集1万多人的部队去帮助他驻守那些边远堡垒。这反过来意味着更多的开支，然而，阿默斯特的上级迫切地要求他节省军费。而且，随着欧洲军费开支的持续增加，这种迫切性只会日益加剧。阿默斯特一直渴望令上司满意，他不断寻求各种别出心裁的方法去削减开支，同时履行他的管理职责，保证占领区的安全。最终，他的解决方案基本上都成功地让自己的工作变得更加困难。[2]

阿默斯特的主动举措之一就是介入定居点的早期扩建。早在1759年，他就赞成殖民军和正规军同样锐意进取的军官们提出的授予他们多个兵站附近土地的请求。同年11月10日，马萨诸塞和康涅狄格团的上校们请求允许扩建一条道路沿线的定居点。这条从康涅狄格河的4号堡通往克朗波因特的道路，那时刚刚完工。同一天，正规军第27团的菲利普·斯基恩少校与他接洽，请求他批准一项已经开始进行的举措，即在尚普兰湖的湖源地安置"一定数量的贫困家庭和一些仆人"。阿默斯特姑且同意这两项举措，请求皮特让枢密院确认他的两份许可状。后来，他鼓励正规军军官在尼亚加拉堡附近 1 万英亩的授地上，以及位于莫霍克河和伍德溪之间大运送场的斯坦尼克斯堡邻近地区的类似土地上，安置平民。他还批准在贝德福德堡、利戈尼尔堡和皮特堡周围，福布斯道路沿线兴建定居点。据此看来，他至少也知道在其他边远地区的兵站附近，有人在建造定居点。这些项目的承办商意在将土地出售给农民以获得投机利益，促进贸易，甚或（如斯基恩）创建庄园，在庄园里安置他们从欧洲输入的租户。然而，对阿默斯特而言，这些新的定居点为两个问题提供了实用、经济的解决办法。首先，也是最重要的一点，这些定居点将会确保当地以合理的价格，供应粮食给守备队，不然，他们就只能继续长途运送粮秣。其次，这些定居点似乎是包容和控制农民家庭，迁移到此时大致被认为是安全的边境的唯一可行方法。[3]

1761 年秋，匹兹堡地区的约克加尼河、莫农加希拉河、洛亚尔汉纳河和阿勒格尼河上游流域，吸引了大量边远地区的定居者和猎人，乃至皮特堡的卫戍司令认为有必要发布公告，除了特别授权的地区，禁止其他定居点。最后，他下令烧毁擅自占地定居者的房屋。在这样的压力下，官方批准的俄亥俄福克斯社区发展迅猛，当地居民砍伐大片森林充当燃料和建筑材料；开垦农田，种植玉米和豆类；为他们的孩子开办一所学校；建造房屋和谷仓、商店和货仓、磨坊、砖窑，以及制革厂；挖掘采石场，以获取石材和石灰，在俯瞰莫农加希拉河的一座山上开发了一座煤矿。[4]

匹兹堡，甚至在尼亚加拉、斯坦威克斯堡、尚普兰湖岸和边境要塞附近的其他地方兴建的较小定居点，都要比当地开设过的任何一个法国贸易站大，这令印第安人感到越发不安。印第安首领非常清楚，这些定居者并不一定是来通商贸易的，也不一定能与他们和平相处。虽然到来的许多人的确是商人，他们的出现至少在总体上是令人满意的，但更多的人是来垦荒、种田和打猎的，这些活动与印第安人的生计形成了直接竞争。此外，这些被延续了七年之久的血腥边区战争塑造的白人农民和猎人，对印第安人一点都不会有好感。虽然他们的存在可能具有破坏性和威胁性，但是任何一名印第安本土主义首领都不可能在不首先考虑要塞驻军的条件下就用武力将他们驱逐。因为英国部队从一开始就比法国一直以来驻扎在这里的部队更加排外、人数更多，武器装备也更加精良。

　　因此，在阿默斯特看来，能够给他部下的驻军提供补给，控制来到印第安人土地上的边区家庭的数量，是合理、经济地解决问题的方式，但在来到各要塞通商的印第安人看来，则是另一回事了：英国人在征服之后紧接着就来殖民。为说服印第安各部放弃与法国的同盟关系，英国人亲口保证过他们会在战争结束时立即撤军，而且会在战争结束后以优惠的条件开展大量与印第安人的贸易。但是1761年和之后的时期，印第安人越来越多地将这些保证看作谎言。除此之外，他们还能怎样合理地解释英国没有从西部撤军的原因呢？他们还能怎样解释要塞周围平民社区的迅速发展，或者阿默斯特对馈赠礼品的断然拒绝，抑或会使他们既没有防卫能力，又会成为附庸的新贸易规则呢？然而，1761年年底，杰弗里·阿默斯特爵士无力顾及印第安人的担忧，因为他自己的麻烦已经够多了。

第49章

皮特面临的问题

1761 年

回到伦敦,威廉·皮特也面临各种麻烦——让阿默斯特在北美面临的所有问题都相形见绌的政治问题。这些问题会影响这场战争此后几年的态势及其结果,还会深刻影响英国和北美历史上关键十年的政局。为了解这些问题,我们首先需要意识到 1760 年年底,威廉·皮特虽然是英国政坛最为举足轻重的人物,但是他的权力取决于两个他无法控制的因素。甚至,皮特都不知道,他的命运受制于新国王的性情和陷入僵局的欧洲战争的进程。

乔治三世登上王位时,年仅 22 岁,他是一个局限性很大、尚不成熟的男子,很容易被低估。乔治的父亲威尔士亲王弗雷德里克·刘易斯,在他 13 岁时就死了。弗雷德里克拒绝像他父亲和祖父那样热爱汉诺威,也不喜欢他们的亲辉格党倾向。如果他还活着,无疑会力求让王室成为仍在形成之中的英国民族认同感的象征性中心。在弗雷德里克去世时,乔治已经够大了,接受了父亲的抱负,但是他注定要在莱斯特府度过少年时代。莱斯特府是"未来继承王位权力"的焦点,也是反对英国宫廷及其政策的核心势力。由于乔治还年轻,他身为确定的王位继承者,更多的是其母奥古斯塔亲王太妃和导师比特勋爵密谋的观察者,而非参与者。正因为如此,他全心全意地吸收了他们对政治和政治家们的看法,而且用他自己的强大信念发展了这些看法,即在道德上必须将不同的人和问题划入绝对的是与非范畴。乔治是一个顽劣的学生:他显然在八岁之前都没有读过书,十几岁的时候,书写起来仍像个幼童。不过,与许多大器晚成之人一样,他在青春期结束阶段取得了巨大进步。在他加冕为王时,任何一个见多识广的观察家,都不会错漏他引人注目的智慧,也不会看不见他的情绪给他的智慧造成了奇怪的歪曲。[1]

对皮特和英国寡头统治集团的其他人物来说,并非智力上的局限,而是一些个性特征,使新国王成为一个麻烦人物。乔治坚定不移地忠于他信任的人物和他认为正确的那些想法;他的行为举止可能会被现代心理学家解读为强迫症。他虽然是个年轻人,却已经养成了非常有规律的习惯。随着他年龄的增长,这些习惯变得越发严格而顽固:例如,成年后,他几乎每天都吃同样的晚餐(面包、汤、甜菜或萝卜,还有羊肉,只有在星期天才会有所变化,这一天他允许自己吃烤牛肉)。口味上的这种规律性,预示了他更深层次的对秩序感的渴望。不出意外,他会成为卡纳莱托的画作、精密的钟表和计时器等方面的大收藏家,因为卡纳莱托和齿轮发条装置提供了他在宇宙和人类关系中渴望觅得的可靠精确性。[2]

处于权势巅峰期的威廉·皮特,反复无常,才华横溢,又极具魅力,但在乔治看来,他正是政界最为危险的那种人物。皮特一度是莱斯特府的宠臣,在时为威尔士亲王的乔治眼中,是将会拯救英国的各项原则的例证化身:廉洁从政、厌恶派系和自私自利,拒绝允许英国的外交政策受对汉诺威的关注驱使,从而损害英国的利益。乔治厌恶祖父的一切,尤其是他的党派偏见和他对"那个可怕的选侯国(汉诺威)"的执着眷恋,皮特在成为首席大臣之前,也反对这一切。然而,皮特与纽卡斯尔结盟,对英国参与欧洲大陆战争的态度发生了180度大转折,不再考虑他以前表露的原则,愿意取悦老国王:这些使乔治相信皮特是一个道德品质低下,根本不值得信任的人。皮特在圣卡斯惨败后拒绝与国王交涉,以维护布莱将军的名誉,反对乔治敬爱的比特提供的意见,准备在莱斯特府变得麻烦之时,就抛弃他与他们的关系:这些已经向威尔士亲王证明,皮特是"最可耻的人……最为腹黑"。[3]

乔治最想成为一位真正凌驾于党派之上的国王,就像皮特一度看似所处的位置一样:就像他父亲生前期盼的那样,成为大不列颠所有民众的国王,而不只是控制英国下议院的辉格党寡头的仆人,就像他祖父那样。他在英国议会首次演讲时,煞费苦心地宣称他"以英国人之名"为荣,关于这一点，他真心实意，尽管他的心灵未必成熟。他打算为所有英国人的利益服务，对苏格兰人、威尔士人和英格兰人一视同仁，最重要的是，他认为要做到这一点，就需要结束他在递交给枢密院的即位声明中试图称为"血腥战争"的那场战争。说试图，是因为皮特事先注意到了他的语气，坚持让他将这几个字改成"一场代价高昂但正义且必要的战争"，他将"与我们的盟友团结一致"，直到可能获得"光荣而持久的和平"。[4]新国王默许了这件事。但他并没有被说服认为战争是正义或必要的，从他统治伊始，他的目标不仅是结束这场战争，还要终止他认定延续了这场战争的人的政治优势。乔治三世相信，全体民众的利益，不再需要威廉·皮特为之服务，他们将得到一个如他本人和比特勋爵那样真挚无私的英国人的更好保护。

但是，比特勋爵在觊觎第一财政大臣职位的同时，也畏惧皮特，因为皮特在新君登基的第一天就宣称："我必须像一位独立的大臣那样行事，否则干脆不干，我的政治事务就像我的宗教信仰，不容许任何妥协"，而且"如果战争体制会经历最小的变动，或者处于变动的阴影之下"，他就辞职。这一声明无需解码：让纽卡斯尔和其他所有内阁大臣都留任，不然皮特就走人。于是，尽管作为前威尔士亲王的导师，比特无疑是国王在这个世界上最信任的人，但他的野心也只能暂且为皮特——英国历史上最成功的战时领导人——的威望所阻。比特成熟又英俊，但也是个局外人，性情孤傲，正如沃波尔所说，是一个"名不见经传、心怀愤恨的苏格兰人"，他只能权且安于执掌侍从官的礼仪性职位了。乔治规定，比特必须获准参加内阁会议，但他将不得不等待5个多月，才能在政府中担任正式官职。与此同时，皮特会如往常一样行事，就好像他的控制权一如既往地完整。在战略领域，这意味着执行皮特下令占领基伯龙湾外海的要塞化岛屿贝勒岛的计划，并且继续执行征服马提尼克岛的计划。1761年，这两路远征都取得了进展，也都成功地让英国获得了更多的土地，因而在和谈时能够发挥更大的影响力。然而，实际上，比特进入活跃的政坛造成的变化，要比皮特意识到的大得多，因为这会让内阁产生直接的权力之争，还在纽卡斯尔寻找结束战争的方法时给予了他一个盟友，具有讽刺意味的是，纽卡斯尔的职位正是比特想要的。[5]

因为纽卡斯尔是英国政府在伦敦城"金主"中的主要筹款人，军费开支一直折磨着他。纽卡斯尔比大部分政治家要清醒得多，也比皮特更敏锐，皮特天真地认为政府的信用是取之不尽的。纽卡斯尔则明白，国家的财力已经因为税收和借债而捉襟见肘。然而，欧洲大陆的战争一拖再拖，似乎根本没有结束的希望，同时花费已经到达越来越可怕的地步。决定性的胜利无处可见。腓特烈在易北河河畔的重要渡口托尔高对道恩的胜利，结束了1760年的战事。然而，这场胜利让普鲁士军队付出了伤亡1.7万人的代价，奥地利军队的损失则为1.6万人，即使如此，依然没有起到任何决定性的作用。道恩只是渡河撤退，而腓特烈的军队筋疲力尽，以至他只能将他们送进冬季营房。他暂时阻住了奥军对柏林的威胁，但仍然无力将敌人逐出西里西亚，甚至都不能逐出萨克森。[6]

在西线，10月，斐迪南的军队在非决定性的克洛斯特坎普战役之后，进入冬季营房。此后，很多人抱怨军队因缺乏足够的补给而束手束脚（斐迪南私下里抱怨；在他麾下效力的英国军官则公开抱怨）。由于英国国库全权负责为斐迪南的部队提供补给，这些指控让纽卡斯尔感到极为担忧。经过询问，发现军需问题被夸大了，纽卡斯尔如释重负。但是1761年3月，当斐迪南在一场冬季战役中进攻法军，却由于人员和物资短缺，被迫从莱茵河匆匆撤退到迪默尔河时，西线的问题得到了证实，这次撤退让他失去了黑森的所有土地。斐迪南和腓特烈似乎都不太可能迫使法国人、奥地利人和俄国人求和。每次收获似乎都会被其他地方蒙受的损失抵消，每次胜利都由于付出的代价和缺乏决定性的意义而失色。[7]

渐渐地，纽卡斯尔看到的越来越多的是战争的花费变得愈发高昂。普鲁士军队年复一年地从腓特烈的战事造成的毁损中，几乎持续不断地重建起来，这已经让英国国库耗资数百万英镑。仅斐迪南军队的军需一天就要耗费上万英镑，结果除了抱怨，几乎什么都没有得到。尽管如此，让公爵大为欣慰的是，英国下议院已经口头表决批准了支持德意志战争的年度预算，不过他仍然要设法在别处弄到这笔钱。这不是一个轻松的任务。这场战争每年要耗费2000万英镑。国库的税收只能提供大约33%的费用，近一半的收入必须先用于偿还现有债务的利息。[8]纽卡斯尔一直在担心证券市场的任何混乱会导致金融恐慌，从而使得英国的整体局势岌岌可危。那么，皮特是如何回应的呢？责怪纽卡斯尔挥霍无度，并且提出了更多的远征计划！

纽卡斯尔公爵在上两代国王治世期间，一直忠实地为王室服务，从他与国王的关系之中汲取力量。被剥夺了这层情感寄托后，他对自己的恐惧和对皮特跋扈地拒绝考虑和平的反应，不够理性。1761年2月，当皮特由于痛风动弹不得时，纽卡斯尔为了讨好新国王，建议解除霍尔德内斯伯爵的北方部国务大臣一职，任命比特勋爵接替这个职位。从表面上看，这是合理的：比特是国王的亲信，应当在内阁获得一个正式职位，霍尔德内斯几乎已无足轻重。乔治三世欣然抓住了这个对自己特别宠爱的近臣有益的机会。然而，在最为重要的几个问题上，纽卡斯尔的策略毫无意义。他没有咨询过皮特，就向国王提出了这一变动。皮特将此事视为个人层面的背叛和对他权威的冒犯，感到十分恼怒。的确，霍尔德内斯伯爵一直以来都无足轻重，但他对皮特唯命是从，而皮特知道，他永远都不能像之前对霍尔德内斯那样对比特发号施令，因为国王将比特看作"最亲爱的朋友"。纽卡斯尔可能忘了他的这位同僚器量并不大。如果是这样，他很快就有理由记住这一点，因为从此以后，皮特处处意图使公爵出丑和受挫。此外，纽卡斯尔很快就会发现，他忽略了一个更加重要的问题：他没有注意到，比特与他就何种条约才理想的看法有别。

公爵希望能够尽快实现和平，但不是以牺牲英国盟友的利益为代价。因此，他赞成通过减少对法国的军事行动来节省开支，但只要有必要，仍要维持德意志的战争，以获得体面的和平。鉴于他越发担心财政破产，这充其量是一个前后矛盾的政策。皮特显然决心剥夺法兰西的帝国地位，在外交上贬低法国，事实上决定和平条件，而纽卡斯尔的政策肯定与之不符。另一方面，比特希望能够尽快解决问题，愿意以接受现状为和平的基础，这意味着他想取消给予德意志各邦国的财政补贴，让腓特烈和斐迪南自谋军费。所以，纽卡斯尔建议比特成为内阁大臣，实际上是在加重自己的困境，然而，他意识到这一点时为时太晚，已不能阻止国王的任命。[3]

月10日，在公爵有机会再度考虑，皮特甚至还不知道发生了什么事之前，比特接过官印，向他以前的学生行了吻手礼。伴随这一仪式性动作，皮特开始下台，纽卡斯尔本人的失势则稍微延后一些。[9]

此后不久，也就是3月底，法国国王路易十五正式提出，在当前现状的基础上，所有交战国在一次全面的和会上可以缔结和约。同时，皮特接到法国陆军大臣舒瓦瑟尔公爵艾蒂安-弗朗索瓦·德·斯坦维尔的一封信，信中提议英国和法国互派特使讨论各项问题——含蓄要求双方开始为单独媾和谈判。尽管皮特和纽卡斯尔都不愿不考虑普鲁士的利益就议和，但他们还是同意派一名外交官去巴黎，并接受一名法国代表回访。与此同时，皮特谋划已久的贝勒岛远征行动正在推进。当两国特使开始在巴黎和伦敦阐述各自政府的立场时，这个小岛在一场战役后落入英国人之手。这场战役为英国陆海军协同作战提供了又一个例子。这种协同作战在利戈尼尔和安森的指导下，已经成为英国战争努力的特征。[10]

贝勒岛不仅仅是一个外交筹码，用于换取梅诺卡岛或者普鲁士莱茵兰被法国占领的那部分地区。皮特恢复了他原先的海军战略，打算让贝勒岛成为能够对法国沿海发动突击的基地，从而迫使法军集中进行沿海防御，减轻斐迪南的压力。于是，英军占领这个距离布列塔尼海岸不到20英里的岛屿，在震动法国宫廷的同时，也让纽卡斯尔、比特和英国内阁其他倾向议和的人员担惊受怕。他们害怕皮特的声望日隆，也担心更多的失败会让陷入绝望的法国谋求与西班牙结盟。的确有大量迹象表明，马德里会支持缔结一份法西协定。然而，皮特非但不担心战争会久拖不决，甚至似乎还真心希望情况如此发展。正如他的内阁同僚非常清楚地知道的那样，他的战争目标会随着每一次胜利有所增加，他们担心只要他还能继续扩张英国的军事和商业实力，他就会拒绝议和。他们有充分的理由担心，他会觉得英国摘取西班牙殖民地的时机也已经成熟，那样他在好战成性的西班牙人那儿只会讨到一种不合人意的恩赐。[11]

南方部国务大臣对法国和谈特使的傲慢接待，似乎只能证明比特和纽卡斯尔的担忧确实有根有据。尽管法国宣称愿意放弃他们的大部分北美殖民地，但是皮特仍坚称在他们放弃对纽芬兰渔业的权利之前，他不会议和，而且这个要求是肯定不容谈判的。之所以不容谈判，不完全是，甚至主要不是因为法国的鳕鱼市场维持着每年50万英镑的贸易量，这个数额要比加拿大的毛皮总产量还大，更确切地说，是因为18世纪的每一个战略家都奉行这样一条公理，即庞大的渔业是"栽培海员的苗圃"，因此对维持一支强大的海军非常重要。事实上，皮特不仅要求法国人交出他们的大部分殖民地，还要求他们屈从于英国的贸易垄断，放弃重建他们的海军力量，从而将他们的国际贸易永远置于英国的摆布之下。[12]

除了皮特，几乎每一名内阁成员都将这些要求视为疯狂之举，是让英国在战后成为国际社会弃儿的通行证。正如贝德福德公爵（前爱尔兰总督，不过此时是一名无大臣职务的内阁成员）对纽卡斯尔所说，皮特为获取霸权的策略"对我们来说，就会变得像路易十四在渴望成为欧洲主宰者时一样危险，很可能会产生一个对抗我们的大同盟"。皮特此举更直接的后果是在内阁内部造成了深刻的分歧，使得谈判完全中止，他对局势的走向漠不关心，最终使得每一个重要的大臣都反对他。[13]

同一时期，西班牙宫廷愈发担忧法国正处在出卖西班牙利益的紧要关头，因此向舒瓦瑟尔承诺，只要他避免与英国单独媾和，就会与法国正式结盟。事实上，全心致力于重建法国实力的舒瓦瑟尔，无意按照皮特的条件同意议和，他急切地利用了西班牙的提议。8月15日，双方在巴黎缔结了同盟，因为缔约方代表的是波旁王朝的两个分支，所以这个同盟被称为家族盟约。条约采取的是防御性的共同保证的形式，即西班牙和法国会共同协调解决它们与英国的分歧。缔约双方都没有特别努力掩饰条约的明文规定，但是都小心谨慎地不公布随条约而来的秘密协定。这一协定承诺，如果战争在1762年5月1日还未结束，西班牙会以法国盟友的身份介入战争。[14]

西班牙希望家族盟约会让英国明白事理，而盟约中的密约能让法国立场坚定。只有后一种希望有实现的可能。法西盟约的缔结，开启了和谈的最后一个徒劳无益的阶段，这一阶段涉及的利害关系要比以往任何时候都复杂，而且捕鱼权问题——西班牙的要求必须被妥善纳入其中考虑——甚至更加不易解决。9月中旬，皮特强硬地推动英国先发制人，对西班牙宣战。英国截获的西班牙驻巴黎大使写给驻伦敦大使的一封信中提到，家族盟约中有一条秘密规定，在西班牙的运宝船队从新大陆到达后，军事同盟就会生效。皮特认为，这一条款只能意味着西班牙打算投入战争。如果与西班牙的战争不可避免，那么等待会有什么好处呢？但是皮特的内阁同僚都不想因为他雄辩的口才而使英国卷入一场扩大的冲突之中。像比特和贝德福德这样的内阁成员，出于外交原因反对向西班牙宣战，因为在这样的一场冲突中取得的胜利会威胁势力平衡。而包括安森和利戈尼尔在内的其他人，则出于战略原因提出了异议，他们怀疑海军和陆军是否有能力迎战新敌人。纽卡斯尔出于金融理由持不同意见，他担心5月和6月证券市场的震荡预示着更加严重的问题即将到来。[15]

在9月15日和18日的内阁会议上，只有掌玺大臣，即皮特的大舅子坦普尔伯爵理查德支持皮特立即宣战的要求。其他大臣同意增援加勒比海和地中海舰队，但是希望通过提出从洪都拉斯海岸撤出英国墨水树伐木工人的条件，试图收买西班牙退出法西同盟，这在伦敦和马德里之间的长期争端中是一个重要让步。9月15日的会议上，英国内阁显然不愿听任皮特威逼。因此，在下一次的内阁会议上，绝望之中的皮特和坦普尔起草了一份少数派报告，进呈御前。这项举措没有先例，乔治三世视之为"皮特先生的黑色阴谋"，拒绝接受这份报告。

"如果其他任何大臣都像你，我最亲爱的朋友那样充满活力，"他在给比特的信中写道，"我会说让那个疯狂的皮特被解职吧，但是因为实际情况截然不同，我们必须等到一个比现在更好的时机才能摆脱他。"国王精明地坚持要等到英国的和平特使从巴黎返回，然后再听取支持和反对宣战的意见。在等待期间，大臣们说服自己不能跟随南方部国务大臣的意见行事，乔治本人则已经做好了迎接一场政治风暴的准备，随着皮特提出辞职，这场风暴将不可避免。[16]

内阁的关键会议在10月2日到来，皮特再度提出宣战议案。然而，除了坦普尔，当其他所有同僚大臣都拒绝支持他时，他放弃了。皮特以一种比任何了解他的人预料的都更得体的优雅姿态，感谢"老大臣们对他以礼相待"，之后便告辞了。3天后，他向国王请辞；9日，坦普尔效法皮特提交辞呈。令人惊讶的是，没有发生危机。国王以礼节性的遗憾表情，接受了南方部国务大臣的印信，立即"让他在国王赠予的权力范围之内，提出给予任何奖赏的最得体的无限制要求"。一直以来都处于巨大的心理压力之下的皮特崩溃了，失声痛哭。当天傍晚，他和比特制订了他的奖赏条款：一份每年3000英镑的生活津贴（他、他的妻子及其儿子们的终生均有保障）；授予他的妻子查塔姆男爵夫人的贵族头衔。[17]

尽管谈不上奢华，但这份奖赏仍很丰厚。它能保障皮特一家避免可能的财务困境，而且由于他的妻子接受了贵族头衔，他被允许继续留在下议院。但是这份奖赏还有另外一个目的，而且是皮特在含泪接受国王的提议时，几乎预料不到的。王室授予的生活津贴条款通常是保密的，但是比特命令在政府的下一份公报中报告这个条款的细节。仅此一项就足以伤害这位"伟大的下院议员"公正无私的声誉了，但比特还让小册子撰稿人写下题为《爱国者东窗事发》和《阁下领取年金之事东窗事发》之类的小短文，以免有人错过要点。这个愤恨的苏格兰人尽可能要保证皮特一旦加入反对派，就不能轻易抬出他惯用的那套占据道德制高点的主张。为此，一年3000英镑似乎真的很划算。

第 50 章

同盟的终结

1762 年

这时国王和比特可以自由安排人选顶替皮特和坦普尔,但是不能根据自己的喜好改组其他内阁部门。如果没有纽卡斯尔的共谋,皮特永远不可能被赶下台,前者仍会留在比特垂涎的职位上,同时两位年迈的军事行动策划者——安森和利戈尼尔——会继续指挥海军和陆军。因此,虽然皮特的离职避免了立即对西班牙宣战,但是它对确定已久的政治模式,只造成了微不足道的变化。纽卡斯尔的老对手和比特的盟友贝德福德公爵,被任命接替坦普尔出任掌玺大臣,同时第二代埃格雷蒙特伯爵查尔斯·温德姆接替皮特的旧职,出任南方部国务大臣,即使没有出任这一职务的其他素质,他至少也是一位拥有无可挑剔的血统的贵族,有资格出任这一职务。[1]

由于此时没有平民位居大臣之职,国王和比特不得不指定一个人去经营下议院的政府利益,他们决定让乔治·格伦维尔负责这一任务。从几个方面来说,这都是一个聪明的选择,因为格伦维尔是坦普尔的弟弟、皮特妻子的哥哥,也是"姻亲派"中的一位重要人物。在皮特漫长的反对派生涯中,"姻亲派"是他在英国议会的根基。尽管格伦维尔接受了下议院领袖一职,导致自己与党内其他成员的关系不睦,但是他仍然与皮特保持紧密的家族和政治联系,因此这至少提供了另一种让皮特不会加入反对派的潜在手段。格伦维尔极为缺乏想象力,却是远近闻名的工作狂,也是一个能干的财政技术人员,所有这些素质都让他深得比特赞赏。他具有一种较为罕见的品质,为此深受国王赞赏:在皮特接受生活津贴之前,其廉洁的声誉和皮特不相上下。这让他成为一个能够保持下议院独立派后座议员忠心的人物，由此限制了皮特作为反对党领袖可能造成的损害。格伦维尔充其量也不过是一个平淡无奇的演说家，但是他身为议会行动派的才能，似乎足够弥补他的不足。[2]

皮特辞职之后，英国内阁在政策上的变化与人事方面一样，都是微乎其微的。伟大的下院议员辞职的大环境和避免一场将会迫使国王重召他入阁的危机的必要性，决定了乔治和他的大臣们对战争，特别是有关西班牙的问题，采取强硬立场。因此，英国还是任由长久以来受到渔业问题阻碍的英法谈判终止，尽管此时这个问题可能已经得到解决。英国驻马德里大使奉命要求西班牙保证缔结家族盟约的意图是为了和平，并且得到授权，就墨水树问题展开谈判。然而，与此同时，利戈尼尔和安森正着手准备一场扩大的战争。[3]

万一开战，西班牙最有可能采取的第一步行动将是入侵葡萄牙，后者通过防御性盟约与英国捆绑在一起，并在经济上与大英帝国联系紧密，事实上成了英国的附庸。保卫葡萄牙将有可能需要在大约11万现役陆军的基础上再增加1万人。这提出了一个重要问题，因为自从1760年以来，应募的志愿兵人数不足以补充损失的人数。因此，利戈尼尔和查尔斯·汤曾德需要正面应对不可避免的麻烦事，后者是一个年轻又富有才干的机会主义者，在3月被任命为陆军大臣，他们批准了"募兵可获军衔"的方案，或者允许向那些能够在自己的佃农之中募集新兵营的乡绅提供野战军官委任状。恢复这种古老的做法是绝望之举，因为这种因对乡绅个人的忠诚而创建的作战单位，会削弱英国陆军的专业精神；然而，唯一的替代方案，即直接征兵（宣布"就地征兵"）将产生更坏的影响，可能还会引发骚乱。与此同时，安森勋爵在他开始试图确定西班牙帝国的潜在目标时，甚至面临更加严格的船只和人力限制。于是，海军非常明确地认为任何远征都必须大力依靠已经在本土列岛之外驻扎的地面部队。这确实是权宜之计，却也是一个拥有速度优势的办法。如果在宣战前就能制订好计划，可以尽快向海外发送命令，以使各路远征军的指挥官能够奇袭他们的对手。或者说，至少安森希望如此。[4]

当时，皮特的离职产生了相互矛盾的不同作用。希望能够对内阁进行重大改革的国王，发现内阁的组成几乎没有变化；而那些因为希望避免英西战争而谋划皮特下台的大臣们，却发现这场战争几乎不可避免。11月19日，埃格雷蒙特指示英国大使发出最后通牒：如果西班牙不立即宣布无意成为英国敌人的盟友，英国将把它的沉默视为等同于"明确宣战"的"侵略行为"。马德里没有给予任何回应。于是在1762年1月4日，英国对西班牙宣战；18日，西班牙做出了回应，对英宣战。当时，安森和利戈尼尔已经给驻北美大陆的英军发出命令，对哈瓦那采取行动，给驻印度英军的命令是准备进攻马尼拉。[5]

因此，皮特"体系"的战略和政策，在它的设计者政治上失势之后，仍然幸存了下来。英国会继续专注于殖民帝国战争，而不是欧洲大陆战争。皮特命令阿默斯特在1762年年初组织的马提尼克岛远征，没有受到伦敦政治变动的影响，继续进行，这时已经产生了英国人习以为常的那种结果。1761年11月19日，飓风季节结束后，罗伯特·蒙克顿（他的身体没问题了，可以再度执行任务，此时他已经成为一名少将）率领一支7000人的任务部队从纽约出发，向西印度群岛进发，目的是为了与另一支7000人的英国正规军和大型海军部队组成的任务部队会师。虽然英国掌握制海权，事实上预先决定了马提尼克岛战役的结果，但是该岛的地形使这场战役变得相当艰难：从1月中旬英军登陆到1762年2月16日最后一批守军投降，相隔了一个月，且有将近500名英军伤亡。[6]

马提尼克岛投降后，法属西印度群岛的其余岛屿就像多米诺骨牌一样依次陷落：2月26日，圣卢西亚岛投降；3月5日，格林纳达岛陷落；圣文森特岛也在不久后投降。在每一次岛屿战中，由于缺少工业制品和食品，有大堆无法海运的农产品，又时常担忧他们的奴隶密谋反叛，种植园主都欣喜于能拥有与世界上最繁荣的帝国开始合法贸易的机会。因此，英国的武力开启的征服，由英国的贸易以令人钦佩的彻底性完成了。一名特约评论员从马提尼克岛向《宾夕法尼亚公报》报道说，"当地居民"似乎"从未如此欢乐过"。他或许有所夸大，但是岛上的商人们送给蒙克顿的临别赠礼——一枚"雅致的勤政奖牌"，包含一些得救的意味，这并非误解。[7]

所以，在某种意义上，没有皮特，他的战争仍在继续：部分是因为比特和其他大臣担心政策突变会产生消极的影响，部分是因为没有人敢针对皮特在内阁任职期间提出的完善军事战略，提出一个替代方案。不过，这意味着战争中最大的问题也存在类似的连续性，因为在欧洲，英国所能做的任何事情，都无法使斐迪南或腓特烈取得一种长期优势，去压倒数量更为庞大的敌人。的确，也许英国重新把注意力集中于殖民战争上，主要是因为人们感到在其他任何地方都无法取得军事进展。

1761年，德意志东西两条战线的局势都有所恶化，令人震惊。由于人员和物资短缺，斐迪南在冬季战役中失败了，被迫从莱茵兰撤军后，他重整旗鼓，入侵黑森，7月15日和16日在瓦林豪森赢得一场胜利，却在法军的强大反攻面前被迫撤退。战役结束时，法军已将他逐回威悉河东部：事实上，比他在3月的位置更偏东。在那里，尽管他的部队筋疲力尽，但他还是为他的军队重新提供了补给，11月初反攻，阻止法军对汉诺威的入侵。因此，他可以在不丢失欧洲西部最重要的领地（对于纽卡斯尔来说的确如此，但对于比特或英王乔治三世来说不是）的情况下进入冬季营房。但即使以斐迪南的杰出作战才能，他这一年的记录也只有在和他那位姐夫比较的时候，才能被判定为成功。在东线，1761年勉强逃过惨败的腓特烈二世，只能去面对1762年肯定会毁灭的前景。[8]

腓特烈的问题在于人力资源的消耗。尽管1760年年末，受到托尔高代价高昂的胜利鼓舞，普鲁士也只能以10万武装人员开始1761年的战事，去对抗数量3倍于此的奥地利与俄国军队。1760年战事结束时，奥地利人拒绝交换战俘，就是为了防止腓特烈得到最后一批训练有素的普鲁士步兵的重要幸存人员。因此，1761年年初，新兵和外籍兵至少占腓特烈军队的一半。此时的普鲁士军队，与腓特烈在战争伊始，如挥舞长剑般运用的那支部队毫无共同之处。他一度曾主动求战，希望能获得决定性的胜利；而此时，他知道一次战败就可以摧毁他的军队，于是竭力避战。紧张的局势使他感到极为疲乏，他在给一位老友的信中写道："我右边的头发已经变得花白，我的牙齿正在腐烂和脱落，我的面孔就像淑女的裙子一样褶皱，我的背驼得就像一把琴弓，而我的心情就像特拉普派的苦修士那样阴郁。"[9]

奥地利的部队占领了西里西亚的大部分土地，这曾是腓特烈最宝贵的战利品。他挽救西里西亚剩余部分的种种努力，几乎让他耗尽了军队的主力：8月20日，未能阻止奥地利和俄国的军队在西里西亚北部会师后，他发现自己与普鲁士的交通被切断了，被迫撤往邦策尔维茨村附近的一座高地，此地大约位于今捷德边界上的格拉茨以东约20英里处。从8月底至9月初的10天时间里，腓特烈的部队热火朝天地修缮当地的野战工事，而奥军和俄军的指挥官们在讨论是否要进攻。恰好是他们无法下定决心，才拯救了腓特烈。9月9日，俄军撤退，这让奥军别无选择，只能进入冬季营房。但腓特烈的好运维持的时间很短暂。12月，一支俄军占领了科尔贝格，夺走了他在波罗的海沿海的最后一座港口，由此控制了波美拉尼亚省。在这场战争中，一支俄军首次能在冬天兵临勃兰登堡的门户，距离柏林极近，让腓特烈无法从波兰获得谷物的收成，他的粮秣供应已经开始依赖波兰。[10]

当腓特烈灾祸连连的一年结束时，他控制的仅有普鲁士腹地的勃兰登堡省和马格德堡省，西里西亚北部的一小块地方和萨克森的部分地区。奥地利军队占领了他之前征服的地区的其他部分，俄军占据东普鲁士和波美拉尼亚，法军则控制了他在莱茵兰的省份。他残余的臣民在沉重的赋税和征兵压力下匍匐前行。英国每年67万英镑的财政支援不再能补足他失去的资源。他知道，来年他只能将不到7万人的部队投入战场，去对抗4倍于此的敌军。绝望之中，普鲁士外交官恳求奥斯曼土耳其进攻俄国，乞求克里米亚鞑靼人入侵匈牙利。但是腓特烈知道，除非土耳其人在1762年2月20日之前进攻俄国，否则他的战争就完了。自1758年受到严重抑郁的困扰之后，他随身携带一小盒剂量致命的鸦片。他在给弟弟亨利亲王的信中说道，他"不会像懦夫一样死去。2月20日，当我看到土耳其人没有对俄国宣战时，我会紧紧攥住我的小盒子，超脱人世疾苦"。然后，普鲁士外交官就可以代表腓特烈鄙视的侄儿和继承人腓特烈·威廉，以他们满意的条件议和。他相信，勃兰登堡王室就此完蛋。[11]

腓特烈不是虔信宗教之人，但是对于接下来发生的事情，他永远会视之为上帝为了普鲁士进行的神奇干预。1762年1月6日，俄国女沙皇伊丽莎白——彼得大帝的女儿，腓特烈最为坚定的敌人——突然中风而死。她那个德意志化的外甥荷尔施泰因-戈托普公爵继承皇位，成为沙皇彼得三世：这个男子对俄国历史最大的贡献是他的妻子叶卡捷琳娜二世，他唯一强烈的个性特征是对普鲁士国王的强烈崇拜。彼得成为沙皇的首次外交活动是请求腓特烈授予他普鲁士黑鹰勋章。腓特烈重新振作起来，写了一段恶毒的碑文：

俄国的梅萨利纳，哥萨克的婊子，
去冥河彼岸伺候情人们。

之后，他开始起草供圣彼得堡考虑的和平条件。他提出以归还东普鲁士为议和条件。新沙皇会接受这个条件吗？彼得在答复中坚称，比起成为全俄国的沙皇，他宁愿成为腓特烈麾下的一名将军，那么剩下的需要解决的所有问题都只是技术细节而已。5月，俄国与普鲁士签字确认议和，彼得将东普鲁士归还给他的英雄，并且询问腓特烈是否愿意在接下来的战争中使用一支俄国军队。瑞典在这些发展势态中认清了自己的前景，匆匆与普鲁士议和。1762年5月底，一位原本在几个月前打算自杀的国王，此时生龙活虎，在军事上也重新振奋起来，只需面对一位劲敌——奥地利。无论英国是否继续给予财政津贴，他都准备好与奥地利人一战。[12]

对勃兰登堡王室而言，所有这一切不可思议的事件，到来得几乎不可能更及时了，因为与英国的同盟实际上已经分崩离析。最初的迹象出现在1月6日，即女沙皇逝世当天，也就是英国对西班牙宣战两天后，当时比特已进入内阁且地位显赫，他提出"一个重大问题，仅供参考，即从德意志撤走我们的所有部队，放弃那里的战争"。纽卡斯尔对此惊诧不已。抛弃德意志人，同时放弃他和皮特一手设计的外交和军事"体系"，会让法国人占领汉诺威，还会让俄国和奥地利瓜分普鲁士，因为这几日伊丽莎白的死讯尚未为英国人所知，其影响在数月之内还无法确定。除了经济濒临危境，英国还需考虑其他因素：荣誉也必须在英国的外交政策中拥有一席之地。[13]

然而，纽卡斯尔也非常清楚的是，英国不能在欧洲大陆花费巨额开支的同时，与西班牙战斗。他还清清楚楚地记得，为了谈妥支付1762年战事的贷款，到底有多么艰难，当时"金主们"只同意以高折价率（80英镑的货币购买100英镑面值的国债）和极高的5%实际利率为条件，才能提供贷款。即便如此，纽卡斯尔也只能保障年度预算数额要求的1400万英镑中的1200万而已，还要去面对在英格兰银行不合作的情况下通过发行国库券，来弥补差额的不愉快前景。英西战争将不可避免地减少地中海贸易产生的关税收入，导致政府偿付债务的压力甚至更大。对焦虑不安的纽卡斯尔公爵而言，局势确实不祥。但是他热情满怀地坚持认为，放弃德意志的战争，就是把欧洲的一切都让给法国，而此时法国正摇摇欲坠地处于金融灾难的边缘。比特估算了老公爵的抵制意愿后，撤回了他的提议。但是，一旦"重大问题"被提出，时间就只会让它变得更加急迫。[14]

如同皮特早先那样，纽卡斯尔公爵发现，这时内阁已不存在自己想要寻找的盟友。得到国王和比特的默许，2月5日，贝德福德公爵竟在英国议会上院，提出了一份赞成放弃德意志战争的动议。对掌玺大臣而言，此举非同寻常，在纽卡斯尔看来则如同在打他的耳光。彼得三世逆转俄国的政策，极其彻底地削弱了纽卡斯尔的地位，比特和他的盟友只需要一个借口就能迫使他下台。这个借口以一次小型金融危机的方式，很快就来了。英国出兵葡萄牙对抗预料中的西班牙入侵，需要100万英镑的紧急拨款。为了请求下议院授权借入这笔款项，纽卡斯尔在4月初请求内阁批准。比特、格伦维尔和贝德福德拒绝同意。但是，必须设法获取这笔钱，因而对德意志的预算成了唯一可能的来源。

内阁众大臣给了纽卡斯尔一个因原则问题辞职的机会。纽卡斯尔和皮特不同，错过了这个暗示。他徒劳无功地想保留自己的职位，和多数大臣保持一致意见，同意暂停给普鲁士补贴。因而，沮丧的比特和他的盟友采取了更加直接的措施，即便是纽卡斯尔公爵也不会有所误解。4月中旬，格伦维尔开始直接介入财政部的业务，向办理日常业务的秘书们发布命令。纽卡斯尔禀告国王，如果不停止这种干涉，他就辞职。国王陛下选择将这个最后通牒解释为请辞，立即接受了。据纽卡斯尔在 5 月 15 日的描述，乔治三世"在我为王家利益服务和奉献将近 50 年后，对我的离职没有说一个字，甚至都没有……一句礼节性的称赞"，就将他赶了出去。26日，他交出了第一财政大臣的官印，拒绝了国王提供的养老金，退出公职生活。[15]

对一位曾经是创建现代英国的中枢，在英国历史上最惊人的军事胜利中不可或缺的大臣而言，这是一种悲哀而难看的退场。然而，离职对纽卡斯尔本人而言固然是苦涩的，却为国王和比特按照他们自己的条件结束战争扫清了道路。那些对赢得这场战争的胜利起到重要作用的人，都不能在促成和平方面发挥作用。

或许，乔治觉得为了让纽卡斯尔公爵不再阻碍比特迈向第一财政大臣的职位，他应当在解除公爵职务时粗暴一些。然而，乔治"最亲密的朋友"对这个能得到他密谋已久的职位机会的反应，让后人除了断定他是个傻子，几乎别无他想。他缺乏自信的哀诉，他对在下议院可能缺少支持的担忧，他对就任这一职务的抗拒和犹豫不决，还有神经质的抽搐，甚至让乔治都吃了一惊，只能送来鼓励的小纸条支持他。"你不接受第一财政大臣之职的想法，或者……退缩，让我的热血都为之冷却，"国王写道，"这是一个意志消沉的时刻吗？不要没魄力，胜利是我们的；……干脆地接手财政部，议会的支持人数将会随你而来。"即使下议院的安全多数没有保证，君主的爱也让比特打消了疑虑，他终于接受了这个职务。最终，这会结束英普同盟。[16]

比特对于腓特烈的憎恶，仅次于腓特烈对他的厌恶。新任的第一财政大臣希望毫不拖延地结束战争，而普鲁士近来对抗奥地利威胁的实力有所加强，这只会延长战争。腓特烈根本不会和比特合作。当比特建议他以归还西里西亚为条件与奥地利议和时，这位国王不屑地答复道："睁大眼睛看清你的职责，注意一下，身处你这样的高位，不该给我提供如此愚蠢而鲁莽的建议。"比特随后写信请求俄皇，让俄国的军队留在战场上对付普鲁士,彼得将这封信转交给了他的偶像,这次腓特烈的蔑视无以复加:"对盟友背信弃义,暗中捣鬼对付他,为了让他垮台积极奔走,这等弥天大罪……可恶至极。"最后,英普同盟瓦解的次要原因是英国再也无法继续提供财政津贴,更重要的原因是比特和腓特烈已达到仇敌的地步,两人彼此只剩下相互厌恶。[17]

因此,1762年,普鲁士对奥地利的战争,以与英国对法国和西班牙的战争相似的过程进行到结束,但是前者与后者并不相干。这让斐迪南的处境颇为反常,但是比特和他的盟友深深畏惧皮特在英国议会的权力,不敢终止对汉诺威的援助。斐迪南因此只需要以他习惯的兵员不足的军团和马料不足的马匹继续与法军战斗。对腓特烈本人来说,结束英普的同盟关系几乎算是一种解脱,这让他得到机会,能够摆脱英国的干预,恢复自己的时运。具有讽刺意味的是,1761年度的津贴资金在当年晚些时候才装运上船,因而腓特烈能够在相对可靠的财政状态下,开始他的1762年战事。这笔津贴,加上及时赶到的2万俄国军队,让他能够重新入侵西里西亚。腓特烈为自己制造了最有利的战机,7月24日与道恩的奥军在布克斯多夫遭遇,一战获胜,得以夺回西里西亚行省。

腓特烈行动快速再好不过,因为他在布克斯多夫的胜利,实际上是在可能的最后时刻到来的。俄国宫廷的贵族们在皇后的鼓动下,于7月9日推翻了沙皇彼得三世。叶卡捷琳娜女皇的丈夫有多么崇拜腓特烈,她本人就有多么鄙视他。她立即下令召回俄国军队,但腓特烈说服(可能是贿赂)俄军司令,逗留刚好能牵制住奥军的一支大规模偏师的时间,让他在那段时间能去对付道恩。由于奥地利从1760年起就已陷入财政困境,非常依赖俄国的军事援助,布克斯多夫惨败对奥地利形成了与其实际规模不成比例的重大打击。[18]

道恩拒绝或无力恢复攻势作战,让腓特烈能够包围奥地利在西里西亚的最后一个据点——施维德尼茨要塞。10月,奥军放弃了这座要塞和西里西亚省,没过多久,亨利亲王的军队就在弗赖贝格战役中击溃一支优势奥军,让普鲁士重新控制萨克森。与此同时,在西线,6月24日,斐迪南在威廉斯塔尔击败法军,阻止了法国夺回汉诺威的最后一次尝试。然后，他率军向南运动，7月在黑森大破法军，围攻卡塞尔。这座城市于11月2日投降。在这一时刻，东线和西线都休战在即。在东线，奥地利对收复西里西亚已绝望，而在西线，西班牙的干涉除了让波旁家族进一步蒙羞，别无他获。[19]

第51章

帝国、贸易和战争的矛盾关系

哈瓦那

1762年8月

如利戈尼尔勋爵所料,西班牙直到5月9日才入侵英国脆弱的盟友葡萄牙。这给了他充足的时间,派军官去葡萄牙组建一支农民武装,以阻碍西班牙军队在王国北部的推进。同时,他募集士兵,打算调遣几个团组建一支远征军。7月初,劳登勋爵指挥的6000名英国正规军已经从贝勒岛到达葡萄牙,与大约2000名从爱尔兰来的英军会合,前去阻截一支企图攻打里斯本的西班牙军队。8月,西班牙人再度发难,派遣第二支军队经葡萄牙中部的埃斯特雷马杜拉省,向西前往里斯本。这支部队与数千法国援军,在7月25日占领了重要城市阿尔梅达,此地将成为他们推进的界限。一位风风火火的青年英军准将约翰·伯戈因,率部深入敌后发动反击,在27日摧毁了敌军的一座主要补给站。10月,伯戈因发动第二次袭击,捣毁了第二座关键的弹药库:这是由伯戈因的下属查尔斯·李直接指挥的一次行动,此人刚从北美到来,新近晋升为中校,在放纵和大胆等方面甚至都超过了伯戈因。两个波旁王室的联军由于补给短缺,无力保障交通线的安全,再加上他们蒙受了灾难性的高逃兵率而动弹不得,只得在11月初撤退,越过西班牙边境前往基地。[1] 法西联军撤退后,欧洲所有正在进行的军事行动都偃旗息鼓了,交战列强的外交官们奉命去推进获得和平所需的流程。

最后,让法国和西班牙的波旁宫廷愿意为结束战争而走上谈判桌的不是财力枯竭,更确切地说,是从北美传来的另外两次英军胜利的消息伴随着财力枯竭,才迫使两国选择和谈。而英军较小的那场胜利对法国人来说尤为重要，因为这使他们获取战略性资产来增强他们与英国人讨价还价的能力，以便换取后者一些重要让步的最后希望破灭了。基伯龙湾海战后，英国皇家海军成功封锁了法国的大西洋舰队，但也有一次例外。1762年5月，一支小型法国分舰队在大雾的掩护下，偷偷溜出布雷斯特，将800名士兵组成的地面部队运送到纽芬兰。由于阿默斯特仅分派了大约300名步兵和炮兵守卫纽芬兰，法军毫不费力地在6月底就拿下了这个岛。尴尬的阿默斯特以纽约、哈利法克斯和路易斯堡的大约1000名正规军，再加上新斯科舍的另外500名马萨诸塞殖民军，拼凑出一支远征军，让他的弟弟威廉指挥，派他们前去夺回纽芬兰。9月12—18日，远征军没有遇到什么明显的困难，只付出了轻微的伤亡代价，就完成了任务。[2]

英国重新占领纽芬兰的消息是在10月西班牙将其军队撤出葡萄牙之际传来的，而令法国和西班牙外交官彻底绝望的是，随即而至，从新大陆传来的另一份报告，这份报告给已经演变成一场政治灾难的西班牙干预带来了军事耻辱。8月13日，在围攻2个月后，英军摘取了哈瓦那这颗西属加勒比地区的王冠明珠。

如前文所见，利戈尼尔和安森甚至在正式宣战之前就已经把目光投向了哈瓦那。除了作为古巴烟草、糖和皮革的出口起点的重要意义，哈瓦那这座拥有3.5万人口的城市还是西属加勒比地区的中转站、船只维修的主要港口、西班牙跨大西洋贸易主要的海军物资和粮秣仓库。这说明哈瓦那具有重大战略意义，因此西班牙帝国政府在那里驻扎了一支永久性的正规守备队，这里的防御工事比其他任何北美港口都要坚固。一道带有棱堡的城墙围绕哈瓦那市区，而两座坚固的堡垒——西面的角堡和东面的莫罗城堡——守护着它的海上通道。哈瓦那占据着俯瞰加勒比海最佳深水港的海角，是"通向新大陆的钥匙"。这座城市曾作为西班牙海上力量的象征，屹立了100多年。[3]

哈瓦那的地理位置，让这座城市成为对安森和利戈尼尔来说无法抗拒的目标。英国在西印度群岛有数千部队，在北美还有成千上万的人马，此外还能募集大量殖民军参加一次保证掠夺物会堆积成山的远征。尽管不得不在夏季进攻哈瓦那，那时疾病肯定会给入侵军队造成严重损害，但依然有理由相信一支快速机动的远征军能够在守军为围城做好准备之前到达。英军以一种在18世纪而言非常引人注目的速度，快速向哈瓦那移动。远征军司令官阿尔比马尔伯爵乔治·凯佩尔在宣战后仅3天，就收到了初步命令，3月6日即可率正规军4个团、一队攻城炮，以及一支加入英军服役的法国新教徒战俘组成的部队，从朴次茅斯出发。[4]

尽管逆风而行，阿尔比马尔的部队仍于4月20日到达西印度群岛。在一个月之内，蒙克顿少将就率领他的部队从马提尼克岛赶来，与他们在伊斯帕尼奥拉岛的尼古拉角外海会合。此时，虽然北美的部队还没有到达，但是阿尔比马尔手中已拥有大约1.2万兵马，他有足够的信心发动进攻。6月7日，英军在哈瓦那以东大约6英里处登陆。次日傍晚，他们撕开了西班牙守军的一道防线，占据了一座高地，此地利于他们攻打莫罗堡。在北美久经战阵的老兵盖伊·卡尔顿上校和威廉·豪上校的指挥下，英国正规军切断了哈瓦那与古巴内陆的联系，10日开始正式围攻。英国皇家海军占据了哈瓦那的出海通道，将西班牙哈瓦那分舰队的18艘军舰困在港内。迫使这座城市就范，应当只是一个时间问题和一项艰苦繁重的工作而已。[5]

但是，过度劳累、炎热、疾病、饮用水匮乏以及莫罗城堡显然坚不可摧的城墙，给围攻者造成了很大的损失，以至于很快就清楚，他们只有在与死神的赛跑中获胜，才能取得成功。围攻开始一个月后，阿尔比马尔失去了33%的兵力：1000人因伤口、黄热病、疟疾和胃肠道疾病死亡，另外3000人因疾病或重伤而无法服役。阿尔比马尔可以看出，他的攻城炮部队和舰队的炮火正在稳步减少能够回击的西班牙炮火的数量，但是等到他们攻破莫罗堡的防线，还能剩下足够的兵员攻下要塞吗？他命令掘地工兵在莫罗堡城墙下挖掘隧道，以便引爆地雷，加速决战之日的到来，但是工兵们很快就在地道中撞上了坚硬的岩石，只能一寸寸挖掘。与此同时，英军的患病率和死亡率均达到了惊人的地步，幸存的官兵不得不比以往付出更多的努力以维持围攻。由于没有足够的人在壕沟和地下工事里维持8小时三班制，英军只能维持12小时两班制，这造成了灾难性的影响。"岸上的士兵劳苦过度，"曾经在1759年冬的魁北克城经历过另一番恐怖的米勒少尉写道,"因糟糕的饮用水带来的疾病是致命的。你会看到人们的舌头像疯狗一样伸出来。人们经常用1银元换1夸脱水。简言之,死亡和伤病让这支军队被削弱到进行两班制的地步,据说我们还没拿下这个地方,就被迫重新上船离开。"[6]

只是由于7月28日—8月2日,大约4000人的地面部队从北美到来,一半是第46团、第58团和纽约各独立连的正规军,另一半是纽约、新泽西、罗得岛以及康涅狄格的殖民军,才让阿尔比马尔能够胜利结束他的围攻。阿尔比马尔用生力军替换了4个被疾病完全消耗的营,他在7月30日命令引爆莫罗堡城下的地雷,然后猛攻这座堡垒。一旦这座巨大的障碍物被拿下,所有火力就能越过航行水道,集中攻击角堡和哈瓦那城区的城墙。8月11日天黑时分,角堡的火炮安静下来,哈瓦那卫戍司令要求休

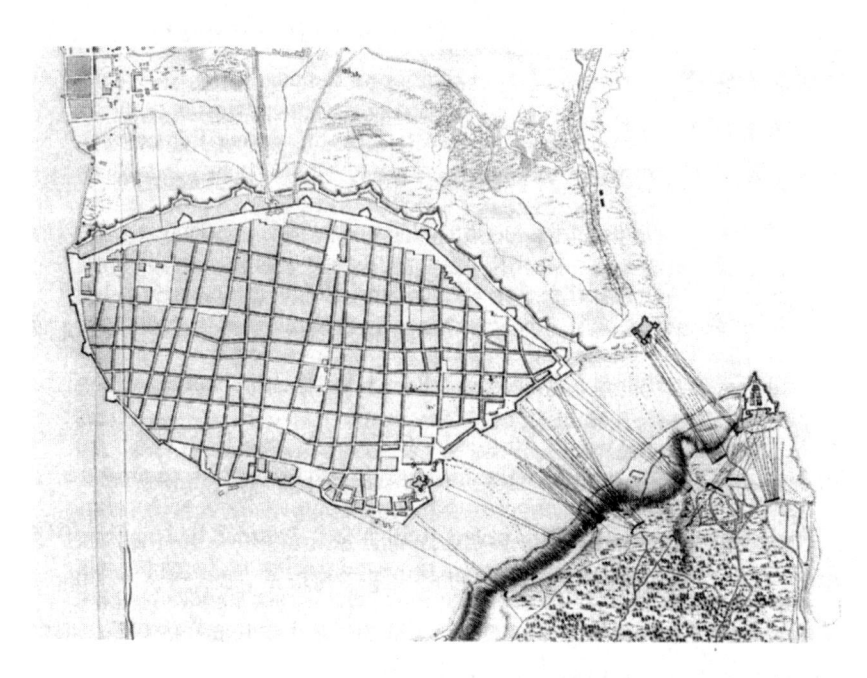

图51.1 《1762年6月8日—8月13日的哈瓦那围城战》。这幅由工兵绘制的出色的透视图,标出了英军的围城壕和右下方炮兵阵地的位置。莫罗城就在通往港口的水道东边(右边);角堡位于水道西边。从炮台射出的直线代表每一门攻城火炮的弹道轨迹;断点式曲线代表臼炮("爆裂"炮)的弹道轨迹。与内部建筑物受到英军炮击严重破坏的魁北克不同,哈瓦那城相对来说受损较少(承蒙密歇根大学的威廉·克莱门茨图书馆提供图片)。

战,以便商定投降条件。在获得给予英勇战败者的全部特殊礼遇,保证个人财产权和宗教惯例之后,卫戍司令在8月14日正式献城投降。英军将"新大陆的钥匙"纳入掌中,还得到300万英镑的金银和西班牙加勒比海舰队中的大多数船只:12艘战列舰和一些快速帆船——25%的西班牙海军力量。整个佛罗里达和墨西哥东部都暴露在英军的兵锋之下。[7]

如果英国陆军在围城期间没有遭遇如此重创,或许还有其他行动,然而,围攻之后,英军除了紧守哈瓦那占领区,无力再进行其他任何行动。围攻期间,共有1800名英军官兵阵亡或因病身亡,另有4000人患病。在哈瓦那投降之后的6周内,又有560名陆军士兵和水兵因伤重不治身亡,还有4700人因黄热病和其他疾病死亡。加上已经被送至纽约的4个营的正规军(大部分旅途中的幸存者都死在了纽约的医院里),看来乘船出发远征的正规军至少有一半都死了。殖民军的情况似乎和正规军一样差,甚至可能更糟。[8]

英军能守住古巴,不是因为他们拥有能控制当地人口的军事力量,而是因为岛上的商人和种植园主像法属西印度群岛的那些商人和种植园主一样,很快发现了在大英帝国之内进行贸易的种种便利。古巴在加勒比海地区内部交易,一向比同西班牙本土贸易更加自由,因为与宗主国的贸易受到垄断权、税务和船运体制的诸多限制,根据西班牙的船运体制,跨大西洋运输的货物要用年度大船队运送。而英国和英属殖民地商人,为古巴的烟草、蔗糖和牛皮,提供了一个更加有利可图,交易方式也更加灵活的市场,胜过哈瓦那人已知的其他任何市场。在11个月的占领期间,多达700艘的英国和英属殖民地船只涌入哈瓦那港,带来了成千上万吨英国的工业制品和至少1700名非洲人,同时满足了种植园主对生活消费品和奴隶的渴求。当这些船只离开时,它们会将2万张牛皮和成仓的蔗糖、烟草运往英国市场,这些物资本来一直在等待被运送到西属北美贸易专卖目的地加的斯。[9]

于是,英国在七年战争中最后的重大战果,最为清晰地论证了帝国、贸易和军事力量之间的矛盾关系。与征服者蒙受的损失相称的是,占领为古巴带来的繁荣。是大英帝国的繁荣,而不是它的陆海军力量,确保了战败民众的合作，就像它获得了英属北美殖民者的善意那样。英国的军队收获了代价昂贵的桂冠，商人、殖民地和被征服地区收割了各种利益。战争的延长推迟了胜利的代价不得不被计算的那一天，但是和平的回归会要求那些看似从战争中获益的人去承担一些光荣的负担。

第52章

和 平

1762年9月—1763年4月

　　1762年9月29日，胜利的消息在伦敦引发了多场公开庆典，然而，无论是英军蒙受的损失，还是哈瓦那在被占领之后的兴旺繁荣，都要在很久以后，才为伦敦人所知。当比特听见人群的欢呼声时，他最清楚的一点是征服哈瓦那使议和进程变得多么麻烦。比特在正式对话暂停之后，继续与舒瓦瑟尔进行秘密谈判，对于这一点，国王很清楚，但是比特没有与内阁其余成员商量过。6月，比特与舒瓦瑟尔草拟了达成和平的各项条款。比特向法国的承诺——归还马提尼克、瓜德罗普和圣卢西亚；允许法国渔民继续在大浅滩捕鱼；将纽芬兰南岸外海的两个小岛给予法国，以便竖立晒鱼木架——促使法国宫廷同意在9月与英国互派全权大使。

　　初步协议已经达成的传言，公开倡议和平的贝德福德公爵被任命为使者，这两件事在帝国主义者的圈子里引起了一场震动。皮特的这些追随者认为英国应当指定一份条约，而不是为条约去谈判，无论如何，最终的和平都必须让法国无力重建其海军实力。比特很清楚，一旦他已经同意的条件为英国议会所知，就会引起激烈反对。内阁本身也分裂了：格伦维尔（自5月起成为北方部国务大臣），甚至连一度被比特利用的埃格雷蒙特，都强烈反对议和条件，以及他暗中商议条件的方式。比特担心，为了诱使西班牙议和，他不得不归还哈瓦那，因为法国没有与他们的盟友商议就进行谈判，西班牙的敌对情绪是确定无疑的。然而，没有获得西班牙的一些重大让步，就归还哈瓦那，即不进行"等价"交换，将给皮特提供制造政治风暴需要的所有燃料。[1]

　　因此，比特和国王尝试临时改组，来解决内阁内部的分歧。毫不含糊地宣布反对比特和平提议的格伦维尔，将被剥夺北方部国务大臣一职；这一职务接下去会被授予贝德福德的盟友哈利法克斯勋爵，他相信议和是必要之举。当然，格伦维尔离职，导致内阁没有人在下议院支持该议和条约。比特打算将下议院政府领导人一职交给亨利·福克斯，以解决这个问题。福克斯是公认的议会管理工作智多星。然而，福克斯的野心、狂妄和贪婪也是出了名的，因此这个解决方案只会使问题变得更加棘手。最终，并非这些笨拙的努力，而是法国的外交智慧，挽救了比特和乔治的危局，达成了他们迫切渴求的和平条约。[2]

恢复和平所需的外交演算，甚至复杂到足以挑战舒瓦瑟尔公爵的巧妙智慧。舒瓦瑟尔演算的积极方面，从条约草案中就能全部看出来，那是他和贝德福德根据此前他本人与比特的秘密谈判的指导方针制订出来的。鉴于法国在军事上无能为力，这些条件对战后法国实力的恢复几乎令人难以置信地有利。这些条件确实会以法国国王的大部分海外领地为代价，但实际上法国放弃的只是法兰西殖民帝国利益最少的部分：加拿大除了是一个吸钱的无底洞，别无其他用处；而印度和非洲的一些贸易站，从未全额支付过它们的费用。演算的消极方面更为复杂。问题的一半在于西班牙。国王查理三世永远不会放弃哈瓦那，但他也不会为了收回哈瓦那，牺牲新大陆的宝贵领地；他为舒瓦瑟尔不与他协商，就制订和平条约草案的专横方式感到愤怒。问题的另一半在于英国议会，除非西班牙放弃哈瓦那或者一些类似的资产，他们永远都不会同意比特这种慷慨的和平。如果英国下议院的反对派坚决到足以将比特赶下台，只要重召皮特上台就能平息危机：每个人都知道皮特要求的是何种和平。

舒瓦瑟尔为解决这个难题给出的巧妙答案，共有三个部分。法国会将它在北美最后仅存的领地路易斯安那给予西班牙；西班牙会把佛罗里达（密西西比河至佐治亚之间的领地）割让给英国；英国则将哈瓦那归还给西班牙。通过这个办法，西班牙会对一片人烟稀少又没有多少有利可图的贸易的沿海平原失去所有权，重新得到通往新大陆及其贸易的钥匙。西班牙合作的奖赏是获得北美西半部的宗主权，经密西西比河可进入北美大陆内陆，获得新奥尔良宝贵港口的所有权。法国确实会和它在北美的剩余领地告别，但是正如舒瓦瑟尔理解的那样，路易斯安那殖民地人口稀少，如果它的命运是成为人口统计方面意义重大的英属殖民地与一个心怀不满的西班牙的北美控制区之间的缓冲区，那么它对法国就没有任何价值。英国将获得北美东半部无可争议的控制权——一份闪耀到甚至可以满足英国下议院最狂热的帝国主义者的战利品。

舒瓦瑟尔的智慧与狡诈，最终使得欧洲恢复了和平。1762 年 11 月 3 日，英国、法国和西班牙的使节签署了《巴黎和约》的草拟条款。同时，法国通过《圣伊尔德丰索条约》，将路易斯安那割让给西班牙。在伦敦，鉴于该条约被提交英国议会批准时伴随而来的群情激愤，几乎可以认为条约的各项条款确认的是英国的失败，而不是其历史上最为深远的一系列征服。12 月 9 日，在下议院辩论结束期间，威廉·皮特命令他的仆人将他从病床上抬到下议院，他在下议院用了 3.5 个小时谴责条约的条款是对英国忠实的德意志盟友的背叛，是对国家利益的肆意牺牲，也是对他本人诸多辉煌成就的荒谬嘲笑。然而，在这个意见分歧的时刻，有一点很清楚：无论是伦敦的群众还是伟大的下议院议员的反对，都不足以阻止批准这份条约。结果，仅 64 名下议院议员投票反对条款草案，赞成票却多达 319 票。在议会上院，纽卡斯尔惨败到无法组织起反对派的地步，该条约由口头表决通过。[3]

1763 年 2 月 10 日生效的最终条约的内容，让每个人（不包括威廉·皮特和他的忠实追随者）都相信，法国的确遭受奇耻大辱，无地自容。除了新奥尔良，法国将密西西比河以东的所有领地和权利都割让给英国，并保证所有英国臣民在密西西比河享有不受限制的航行权。西印度群岛的圣文森特、多米尼克、多巴哥、格林纳达和格林纳丁斯群岛，再加上西非的塞内加尔，都被置于英国的保护之下。法国归还梅诺卡岛和在战争期间被占领的英属东印度公司在苏门答腊的两个据点。法国还献出自 1749 年以来在印度占领的所有设防建筑物和领地；放弃为 1754 年以来被英国私掠船和海军船只缴获的所有船只的索赔主张；同意夷平敦刻尔克的防御工事；归还仍在法军控制下的汉诺威、黑森和不伦瑞克境内的所有领地；撤出普鲁士国王的莱茵兰领地。西班牙将佛罗里达交给英国，放弃分享纽芬兰渔

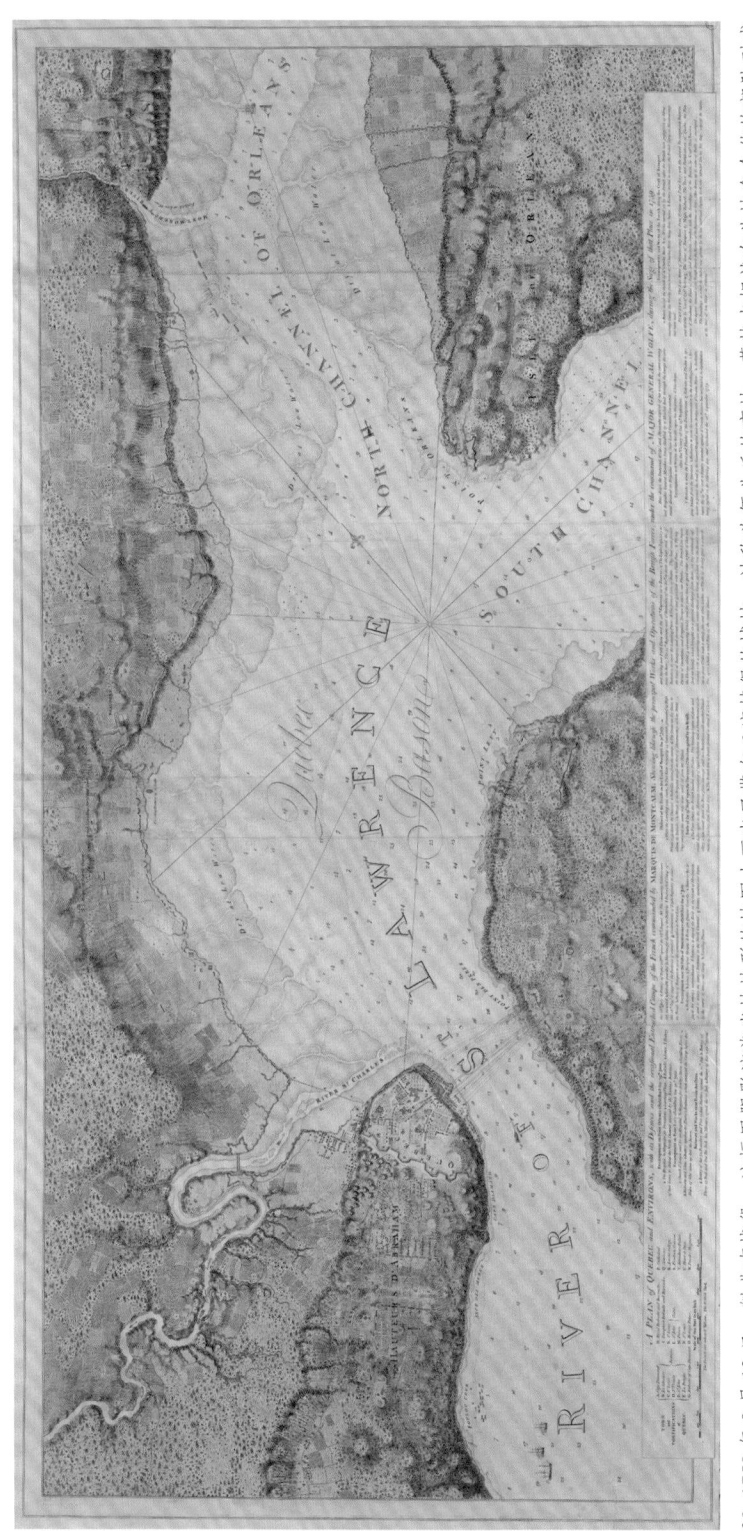

29. 1759 年 9 月 13 日，魁北克战役。这幅用阴影渲染当地地形的地图上画出了带有 6 座棱堡的城墙；被称为佐儿丘的高地，蒙卡卡姆就在此地命令他的部队列成战线；还有沃尔夫排兵布阵的开阔地和逐渐向西倾斜的田地。注意城市上游那道紧靠河北岸的悬崖（用深色阴影表示）非常陡峭。在下游圣查尔斯河的汇入点北面，平坦的地势构成了另一种不同的障碍。如地图上方标示的大片色彩单调的开阔区域所示，退潮时高低水线之间的滩涂绵延有半英里多。

30. 1759年，在亚伯拉罕平原战役前夕，英军远眺亚伯拉罕平原，并提前勘察作战地形。

31. 1759年9月13日破晓之前，英军从登陆的河湾沿着一条陡峭小径攀爬上悬崖崖顶，之后进入亚伯拉罕平原，向魁北克城进军。

32. 1759年9月13日,沃尔夫率军围攻魁北克的场景。英军主力已越过亚伯拉罕平原,即将兵临魁北克的城墙之下,其余英军忙着登陆战场,同时攻打林地里的加拿大散兵,河滩上,水兵正拖拽着火炮,20多艘帆船在河中锚泊。

33.《沃尔夫将军之死》。1771年，本杰明·韦斯特绘制的这幅历史题材油画，首次在伦敦展出时，就引起极大的轰动；1776年，威廉·伍利特制作了这幅版画，在出售了数千副本之后发家致富。至少在某种程度上，韦斯特的成功取决于他在单一场景中描绘诸多事物的能力。这幅古典油画也是一幅有序的历史人物群像（罗伯特·蒙克顿站立在左边一组人物中最显眼的位置，手按受伤的胸部，同时图中央的伊萨克·巴利轻轻抱着他垂死的司令官）；这幅画描绘了一个神话般的高潮时刻（从左边跑来的人送来了胜利的消息，沃尔夫喘息着向上帝感恩，让他的灵魂进入天国）；这幅画还反映了一种帝国寓言，即通过象征性地见证一位将军之死，将所有阶层和民族团结在一起。中心人物是一名将军、一名上校、一名少校和两名上尉，但在画面右侧的是一个紧握双手祈祷的二等掷弹兵，在背景部分还有一个分队的水兵正在将一门大炮从河上拖来，皇家海军的舰船就停泊在河里。不过，最重要的是，韦斯特决定在左侧前景部分画上一名莫霍克武士，他以一个典型的沉思姿势在观看这一戏剧性事件，同时一名北美游骑兵和一名苏格兰士兵向后指着奔跑的信使，将胜利的消息传达给垂死的沃尔夫。韦斯特所画的人都是有意义的。他的雄心不是去创作一幅精确的历史油画，而是将沃尔夫和帝国神化。

34. 1759年8月1日，明登战役。这幅广为人知的将战役图式化的画作，描绘了斐迪南和他的参谋人员按照惯例骑马观看已至高潮的战役的景象。

35. 1759 年 11 月 20 日，基伯龙湾海战。

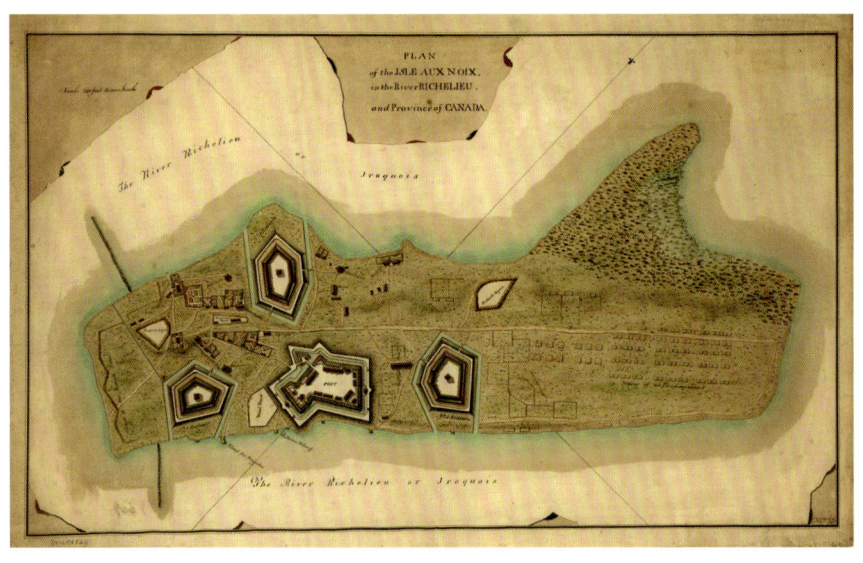

36. 坚果岛。这座岛、岛上的防御工事，以及它的障碍物，即横穿水道的铁链和两岸被水淹没的树林，形成了哈维兰在尚普兰湖和蒙特利尔行军期间，唯一需要解决的棘手的战术难题。

37. 1760年9月，英军兵分三路进逼蒙特利尔，法国驻加拿大总督沃德勒伊投降。这幅画作很明显带有宣传的意味，描绘了阿默斯特将军接受蒙特利尔的归降场景，重点强调了英军对于在加拿大法军和民众的人文关怀。

38. 年轻的英国国王乔治三世（1738—1820年）。这幅肖像由艾伦·拉姆齐绘制，伍利特制版，描绘的是这位国王30岁出头时在官廷中的形象。

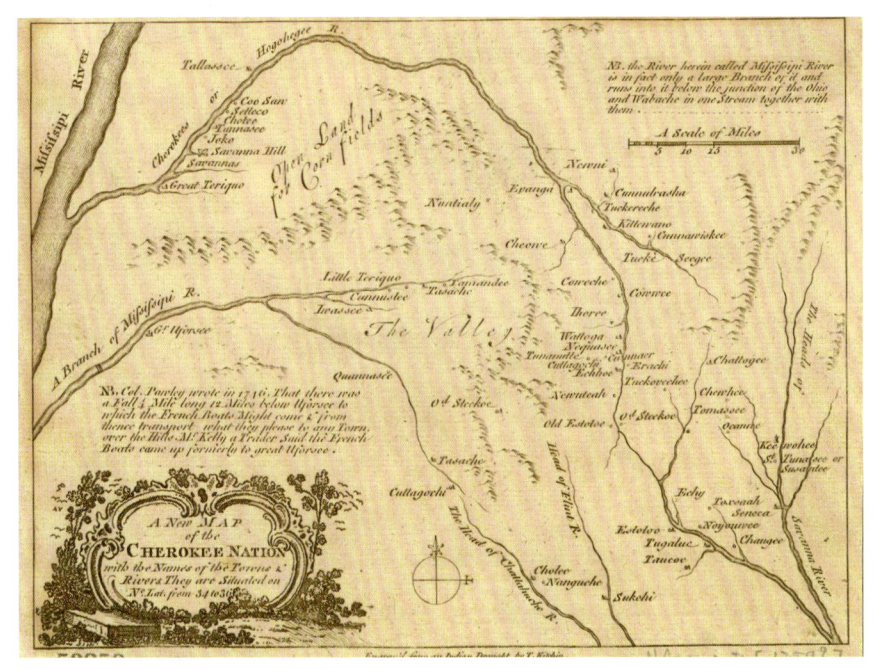

39. 1760 年，切罗基部族的新地图，取自一份"印第安草图"，当时在《伦敦杂志》上刊载。这幅关于切罗基人定居点的地图，回应公众的好奇心，因为他们直到近来都对这一地区几乎一无所知。虽然雕工的刻绘远没有达到准确的地步，但的确反映了切罗基村镇的数量和分布状态。图中下村镇区的村落基本都分布在东南向流入大西洋的河流水系的沿岸；谷中和小田纳西河谷那边的山坡村落分布在库萨河的多条支流（图中非常不准确地标成了"密西西比河的一条支流"），海沃西河（如图所示是库萨河的支流，不是田纳西河的支流），以及田纳西河（图中称为"切罗基河或霍格赫基河"，被描绘成了"密西西比河"的一条支流）的沿岸。乔治王子堡没有在下村镇刻绘出来，它应在右下角基沃希的对面；劳登堡应该在图的左上角，即"萨凡纳山"的位置。

40. 乔治·格伦维尔（1712—1770 年）。这幅版画在格伦维尔于 1754 年被任命为海军司库之后发表，原作由霍尔绘制。图中的格伦维尔 40 多岁，但看上去仍然显得比较年轻。他手持一份议会法令，上书为水兵"设立一种准时、经常性支付确定金额薪酬的规则方法"，确切来说是一项技术上处理起来较为复杂的金融问题的法案，格伦维尔比他那个时代的其他任何政治家，都更加理解这方面的问题。

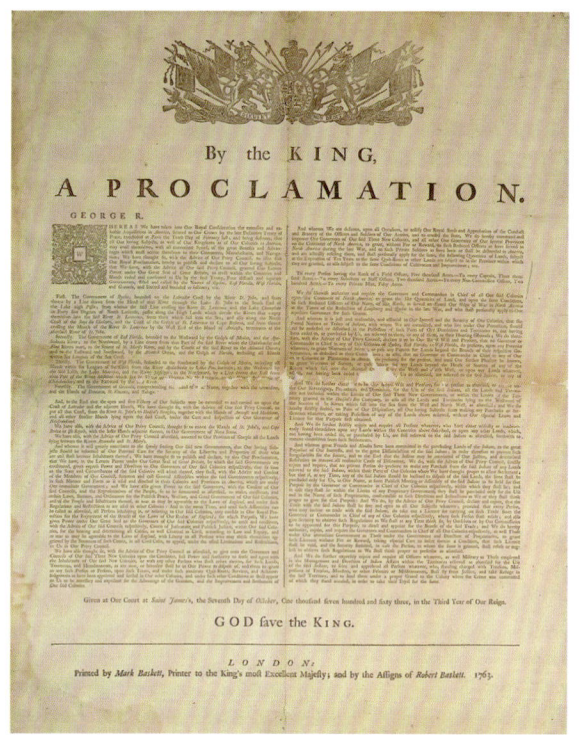

41. 1763 年宣言。1763 年 10 月 7 日，这份在伦敦发布的宣言，正式宣布英国政府处理占领区的各种计划。在北美送来关于印第安人起义的详细报告的背景下，这份宣言使公众得以获悉官方面对北美不断蔓延的骚乱时的深切绝望。

42. 1764 年 11 月，布凯部队在马斯金格姆河的分流处修建了一座营垒。之后，印第安人陆陆续续送来一些白人俘虏。

业资源的主张，认可英国臣民在洪都拉斯沿海地区继续砍伐墨水树，同意让英国海事法庭裁决战争期间被其缴获的西班牙船只引发的所有争端。英国对上述所有让步的回报是，将贝勒岛、戈雷岛、马提尼克岛和瓜德罗普岛，以及西印度群岛的圣卢西亚珊瑚礁群岛、圣劳伦斯湾的圣皮埃尔岛和密克隆岛归还给法国；允许法国人恢复在纽芬兰岛外海水域的渔业和在1749年以前获得的印度据点贸易；让哈瓦那重归西班牙的控制；向西班牙承诺，英国的墨水树伐木工不会在洪都拉斯竖起防御工事。[4]

同2月15日普鲁士和奥地利在萨克森的狩猎屋缔结的《胡贝图斯堡条约》对比来看，对英国而言，《巴黎和约》可以被视为一场最佳的外交谋略。尽管腓特烈大王和玛丽亚·特蕾莎的代表冯·考尼茨伯爵竭力施展策略，但《胡贝图斯堡条约》还是在恢复战前局势的基础上，结束了奥地利-德意志战争。这意味着腓特烈保住了西里西亚，同时宣布放弃收回萨克森，而玛丽亚·特蕾莎保住了萨克森，放弃收回西里西亚。普鲁士国王和奥地利女大公承诺建立永恒的友谊，同意促进两国之间的贸易。腓特烈答应以勃兰登堡选帝侯的身份，在下一届神圣罗马帝国皇帝选举期间，为玛丽亚·特蕾莎的儿子约瑟夫大公投票。事实上，腓特烈没有为自从1756年以来从萨克森榨取的税收和军兵，对该地区给予任何补偿。没有任何战略性或金融类资产易手。除了外交官们会认为不可避免的种种调整，会影响普鲁士在欧洲政局扮演的角色，6年的浩大开支和血腥杀戮完全没有达到任何目的。[5]

第 53 章

威尔克斯的崛起、比特倒台和不受重视的马尼拉教训

1763 年春

如果说《胡贝图斯堡条约》是 18 世纪传统的外交解决方案——在每一个方面，它都堪称典型——那么当时英王乔治三世渴望让英国从欧洲大陆的纷争之中抽身，这已不是秘密，人们也不难理解他希望结束汉诺威和英国外交政策之间长期纠缠不清的关系。到此时为止，按照他的理解，脱离欧洲的各种同盟关系和战争，是让英国的政治活力再生——打造围绕英国王室、新教信仰和英国民众大团结的新爱国精神——的绝对先决条件。比特结束战争的种种努力，虽然很笨拙，却充分体现了他主子的意愿。的确，就这些观点强调与汉诺威分离，以及体现的沙文式民族主义来说，它们是一个政治国家绝大多数成员的共识。但仅凭这一点无法挽救比特的政治生涯，也不能让国王成为受欢迎的人物。在签署完欧洲历史上最有利的条约两个月之内，比特就被赶下了台，一伙伦敦群众用石头和马粪袭击皇家马车。这类冲击性的发展势态几乎让人疑惑，英国人赢得一个伟大的帝国，却不知何故失去了他们的理智。

在英国社会和政坛两个领域的交界处，能够找到上述问题的答案。英国的政治精英和已经有政治意识但基本没有投票权的民众（尤其是伦敦民众）之间，有时会发生暴力冲突。在这种阶级边界的两侧，封闭的议会政治世界内外，帝国主义者坚信英国是不可战胜的，因此有资格保留每一片占领区。他们视《巴黎和约》为一种出卖行径和一场骗局，看不起好管闲事的苏格兰人（暗中也看不起国王），是这个人牺牲了宝贵的领地，去获取一个怯懦的和平。帝国主义者包括皮特和其他杰出人物，但就像议会

就条约问题进行的投票已显示的那样，他们的数量与其他政治精英相比，处于劣势。对比特来说不幸的是，帝国主义光照派不是唯一讨厌他的一群人。

在统治阶级内部，意识形态普遍让位于人际关系政治和利益政治。1762年年底，比特与他在下议院的新助手亨利·福克斯，清除公职队伍中之前支持纽卡斯尔的人时，树立了众多政敌。这次对在职官员的罢免非常无情，实际上是在拆解支撑上届政府的人事基础，乃至赞成条约的政治家，都为比特所做的事情对他心怀怨恨和畏惧。如霍勒斯·沃波尔所述："从未发生过更为严重的政治迫害。无论是哪一位在职的政府官员，只要投票反对条约预案，都被立即革职，尤其是纽卡斯尔公爵的朋友和门生。这种残酷的迫害株连扩大到如此地步，连那些已经退休和宁可担任低微职务的老公职人员，都被无情驱逐，剥夺生计。"[1]

当然，在纽卡斯尔完善的人事制度下，如果不以威胁解职来保证政治纪律，那也是行不通的，但是政治整肃通常仅限于主要人物。比特的这种"无辜的佩勒姆党人屠杀"（即不分职级的政治屠杀）在这一背景下，似乎是极为缺乏教养的行为。这预示着英国政坛将进入一个新的野蛮时代。总之，因为比特脸皮薄、不擅社交，他将成为一个惹人谴责的目标；因为政治言论规则通常不允许抨击国王，他作为王家宠儿的地位，使他成为被诋毁为"北方的马基雅维利"的理想人选。[2]

反对派政治的性质在回应新君统治的环境下已经有所转变，这助长了公共生活中一种令人不安的暴力论调。这种变化反映了这样一个事实，即国王乔治三世还很年轻，尚处于新婚期，显然没有在王宫外生活的法定继承人。在前两任国王治世期间，威尔士亲王一家一直是反对派针对宫廷政策自然而然的焦点。这部分是因为汉诺威王朝的历代国王和长子之间几乎化学性的不相容天性；部分是因为身为威尔士亲王的王位继承人，显然能安排大量职务的任免，同时身为康沃尔公爵，能够对代表该郡及其自治城市的44个下议院席位发挥影响。于是，威尔士亲王一家就像蜂蜜对蚂蚁一样，吸引着野心勃勃却没有官职的政治家。而当不存在独立的威尔士亲王时，政治反对派就缺少一个可以围绕在其周围联合起来的备选宫廷，分裂成不同权贵的个人追随者。这就使内阁的反对派及其政策比起拥有威尔士亲王为核心时嘈杂得多。[3]

没有一位亲王可以追随,并且在他继位之后跟着掌权,在这样的背景下,对一个野心勃勃的反对派领袖和他的追随者来说,得到公职的最可靠方式就是制造喧嚣;首相或者国王要让他们住口,能采用的唯一方式就是邀请他们进入现政府,给予他们公职。这在某种程度上得到了英国统治阶级最高层的理解。使18世纪60年代嘈杂的反对声浪不同寻常和令人不安的是,在政府和战争于一段很长的时间里得到基本一致的支持之后,反对声浪突然爆发,而且似乎正在失控。这种情况也体现了英国的政治性质发生了转变。

传统上,在任内阁的反对派会将自己扮成英国的自由权利之友和古老宪政体制的捍卫者,以对抗潜在的腐蚀者。讽刺的是,这种"爱国者"(或"国民",或"真正的辉格党人",或"集体主义者")的雄辩文辞是莱斯特府成为乔治二世时代内阁反对派中心时,乔治三世吮吸的政治母乳;爱国理想哺育他成长为一位超越党派的君主。因此,反对比特内阁的人使用自由派语言,这本身不足为奇。真正使得这种语言令人惊慌的是在此时的大背景下能听到的信息,因为自从上一段高度紧张的公众反对时期(大约从1727年持续至1737年或1738年的一段尖锐时期,在乔治三世的父亲定居莱斯特府后逐渐平息)以来,社会环境已经发生了变化。最重要的变化是经商和从事专业服务的中产阶级团体急剧增长,尤其是在伦敦、米德尔塞克斯郡和繁荣的地方城市。这些有抱负的商人、零售商、律师和其他专业人士基本上都没有大量土地,因此缺少与他们的财富和野心相称的政治发言权。然而,他们不被赋予参政权,这只会使他们更加愿意去熟悉政治文献,更加渴望倡导能让像他们那样的人去参与国家政治生活。于是,1762年和1763年,反对派政治家的作品发现了比以往任何时候都更庞大和更热心的读者群,媒体通过大量生产和发行歌谣、传单、小册子、廉价的短期期刊、杂志和报纸,来回应这种需求。[4]

约翰·威尔克斯正是从这群努力奋斗的英国中产阶级之中脱颖而出,成为当时最杰出的政论家,他们是狂热的民族主义者,深切支持对抗法国的战争。威尔克斯既能对没有选举权的中产阶级团体讲话，也能对伦敦的平民说话，这让他成为最大胆的——但对比特和国王来说则是最危险的——反对派笔杆子。威尔克斯出身富裕的精英家庭，这让他能接受上流社会的教育，同时还有足够的办法与白金汉郡的上层阶级联姻。18世纪50年代中期，他加入了皮特和格伦维尔的姻亲派。1757年，威尔克斯进入英国下议院，热切支持皮特和战争，但是他缺乏能让自己在议会成为重要人物的社会地位和演说技能（更不用说自我克制和常识了）。不过，他身为檄文作者的好斗智慧和技能，为他创造了另一种事业的机会。

1761年，坦普尔伯爵辞去掌玺大臣一职后，安排威尔克斯去出版一份名为《北不列颠人》(North Briton)的报纸，唯一的目的就是让比特看上去很可笑，甚至比这更糟糕。《北不列颠人》越来越令人惊讶地在多期文章中将比特认定为用一种可耻的和平背叛国家辉煌军事成就的人、一个对苹果酒征收不得人心的消费税的罪魁祸首、一个反对生而自由的英国人的各种自由权利和财产权的阴谋家、英国议会的腐蚀者、国王之母的非法情人，最糟糕的是，他是一个拥有斯图亚特姓氏的苏格兰人！尽管这似乎很可笑，但是将比特和这个专制的天主教王朝捆绑在一起的认定，绝非威尔克斯的诽谤中伤害力最小的部分，因为它迎合了大部分中产阶级和几乎所有英格兰平民共通的反苏格兰偏见和对詹姆斯党人的恐惧。[5]

如果仅因为威尔克斯在内阁激起了如此大的恐惧和仇恨，并在中产阶级和伦敦群众中获得了如此热烈的支持，那么对他的影响力怎样估计都不过分。威尔克斯陶醉于自己日渐增长的名声，用《北不列颠人》的版面追捕他的猎物，直到比特丧失继续从政的意愿，他充其量也就是一个神经性过敏症患者。在《巴黎和约》签署很久以前，非常清楚的是，这场战争造成的问题很难解决。比特为解决问题所做的第一次尝试性的努力，即对英国生产的每一大桶苹果酒征税4先令，由酿酒商支付，结果证明是一场灾难，到了3月初，他请求国王允许他辞去第一财政大臣一职。

反对新税的力量本身并没有造成很大问题。尽管来自各苹果酒生产郡的下议院议员立即抗议，皮特竭力将新税塑造成对英国人自由权利的侵犯，但反对派最终在下议院表决时，从没能超过120票，在议会上院也没能超过 38 票。与其说是无法控制的政治局势，倒不如说是《北不列颠人》的无情诽谤以及苹果酒生产郡和伦敦群众举行的公开诅咒仪式，摧毁了比特带领英国度过艰难的和平过渡期的愿望。4 月初，由于厌倦了反对派的诽谤，也厌倦看到临时绞刑架上挂满的高筒靴和衬裙——闹市群众用于影射他和他所谓的情人国王之母的象征物，比特向国王交出了他的官印。

如果可以的话，他会更早离职，但是国王不愿意将财政部交到亨利·福克斯手中。此人除了不可动摇的他应当变得富有的信念，没有其他任何信念。由于多种原因，第一财政大臣的其他候选人（尤其是皮特和纽卡斯尔）同样不可接受。最终，国王无法再拖延下去，只得认输，将财政部交给乔治·格伦维尔，这是他害怕走的一步棋。某种程度上是因为国王不喜欢格伦维尔这个人：他不仅让国王感到厌烦，而且似乎要为内阁的分裂负责，因为格伦维尔迫使他和他"最亲爱的朋友"投入了福克斯可恶的怀抱。除了这个原因，国王觉得格伦维尔是首相的糟糕人选，还因为他不是第一流的政治家。

在格伦维尔于 1761 年 11 月成为下议院的政府领导人之前，他在一个规模不大但意义重大的议会派系中，一直都是一个次要人物。此后，他仅短暂占据高位，但即便如此，他也让自己闹到与几乎每一个比他强大的人都不和的地步：和比特与国王的不和，不亚于同他的兄长（坦普尔）、皮特、纽卡斯尔，以及其他任何已成为反对派的人的矛盾。最后，国王了解到格伦维尔的政治才能相较管理型而言，更属于技术型。即便用一个肥缺让亨利·福克斯离职，给予他一个贵族头衔，让他离开下议院，格伦维尔的作用也不可能大于一个弱势的政治领袖。即使他拥有个人魅力或者演说天赋，但仅仅他在人事分配上缺乏经验这一点，也会让他步履蹒跚。对格伦维尔而言不走运的是，1763 年 4 月 13 日，当他接任第一财政大臣一职时，他自以为是且只会以居高临下的口吻夸夸其谈的"名声"早就传开了。[6]

然而，即便如上述条件那样不利，格伦维尔却并非没有希望出任首相。首先，他准备好运用比特没有的资源——在下议院占有一席之地，对立法的真正掌握，以及努力工作的意愿——去解决那些比特缺乏勇气去面对的问题：七年战争遗留下来的财政和秩序问题。尽管格伦维尔身为管理者存在种种不足，但是他明白并且应当能够去解决这些紧迫事务。两个重要因素对他有利：第一，他拥有丰富的公共财政知识；第二，因为他、埃格雷蒙特和哈利法克斯组成了终结比特政府的"三巨头"，这三人形成一个团队，一同入阁。如此一来，格伦维尔不仅能利用埃格雷蒙特的各种关系，还可以运用哈利法克斯与殖民地打交道的丰富经验。内阁首次在由一位真正掌握税收知识的大臣领导财政部的同时，由一位了解北美事务的人位居制定殖民地政策的官员。如果反对派松懈下来，三巨头又能够在一个相对平静的间隔期处理战后重建的重大问题，在接下去的几年里，英国的公共财政，以及宗主国和殖民地之间的关系都能稳定下来。

但在未来很长的一段时间里，这里都不会平静，此后也不会。5月，北美历史上最大的一次印第安人反叛，严重威胁英国对于阿巴拉契亚山脉以西地区的控制权：这是一场会让白厅吃惊的暴动，就像1765年夏从新罕布什尔到佐治亚的每一个地方爆发的对英国权威的激烈反抗一样。4月发生的两件事，会设定和限制英国内阁对这些复杂事件的理解以及对其做出反应的方式。讽刺的是，这两件事都和北美没关系。第一件事是在比特悄悄逃离政治舞台后，约翰·威尔克斯拒绝管住自己的嘴。第二件事是英国在这场战争中取得的最后胜利，即征服马尼拉。

只要威尔克斯知道何时适可而止，他可能就会得到一个闲职，作为保持沉默的奖赏。格伦维尔对比特没有好感，肯定会乐于这么做。因此，格伦维尔肯定是4月23日发行的第45期《北不列颠人》最不快乐的读者之一。以前，威尔克斯一直谨慎地声明自己对国王的忠心，只抨击比特。然而，在第45期，他将4月19日国王对议会的演讲当成了目标，尤其是文中庆祝和平回归的部分。严格来讲，威尔克斯抨击的只是这篇演讲稿，他认为那是比特写的。但是他的语言太过放肆，使得抨击似乎是对国王本人的冒犯一样。按照那个时代的标准，第45期《北不列颠人》已构成一项弥天大罪，对此任何一个负责任的国务大臣都不能忽略。格伦维尔和哈利法克斯因此对威尔克斯启动法律程序，要求签发针对他的全面搜查令。根据这份司法文件，威尔克斯和其他48人都被逮捕，他们的家都被搜查，以寻找罪证材料。

虽然这实际上是对煽动性诽谤案件进行的完全合法的司法处置，但是使用全面搜查令（而不是一份普通的指名确定嫌犯身份，授权对指定种类的证据进行搜查的法庭令）立即引发了一次抗议。威尔克斯的支持者说，此事不可能更加清晰地说明政府意图以全面剥夺英国臣民的权利，来当作压制异议的手段。威尔克斯在新闻界竭尽其高超政论家的能力，让骚乱为他所用，但是对他最大的帮助来自政府本身。对格伦维尔和哈利法克斯想要为之服务的国王来说，不幸的是，这两人没有预料到威尔克斯作为下议院议员的身份，会给起诉的合法性带来麻烦。通常来讲，英国下议院议员只要没有被控叛国罪、重罪与破坏和平罪，就不会因为其他任何罪行而被逮捕，而且完全说不清楚的是，写文章抨击国王的一份演讲稿是否能构成远远重于诽谤罪的破坏和平罪。因此，在数日之内，民事诉讼法院首席大法官就以不符合议员特权原则为由，驳回了对他的各项指控，释放了威尔克斯。群众喜悦地高喊："威尔克斯和自由同在！"⁷

这一结果可能只会让国王陛下的政府难堪，但威尔克斯选择继续猛烈抨击。利用他身为自由——受到国王内阁阴暗的苏格兰人密谋威胁——象征的新地位，威尔克斯开始对哈利法克斯和其他王家官员提起诉讼，他以全卷版的方式重印往期所有的《北不列颠人》，开始公开亮相接受仰慕者的喝彩，就像栽培大花园一样全面培植自己的声誉。政府受到理性之外的因素刺激，发动反击，以亵渎上帝的言辞为由将威尔克斯告上法庭（法警在威尔克斯的家里搜集煽动性诽谤罪的证据时，在他的文件之中，发现了一首亵渎宗教信仰且猥亵的诗《论妇人》）。与此同时，内阁开始在下议院抨击他，下议院议员以相当多数议决第45期《北不列颠人》是"虚假、丢脸的煽动性诽谤"。

在1763年余下的几个月里，伦敦的政治舞台上演了一场巨大的政治狂欢，威尔克斯这个难得的乱世贵公子，仿佛天生就是这场狂欢的主持。因为只要他还是位列下议院的议员，对他的任何起诉都不能保证成功。政府的双手因此被束缚住了。绝望之中，内阁诸大臣与他们在议会上院的盟友试图对他的品德提出异议，称他为亵渎者和色情狂，来让他安静。此举

第 53 章　威尔克斯的崛起、比特倒台和不受重视的马尼拉教训　449

立即起到了相反的作用，因为带头充当发言人抨击威尔克斯的贵族是桑威奇伯爵，他以前是威尔克斯的朋友，本人就是出名的浪荡子。碰巧的是，《论妇人》的开篇一开始是这样写的：

> 醒来吧，我的桑威奇，将一切次等的事情抛在一边；
> 这个上午将会证明做爱能带来怎样的狂欢！[8]

于是，威尔克斯的对手发现自己比以往任何时候都更能成为大众讽刺和调侃的对象。对此，政府和王室感到相当愤怒，事实上，我们有理由怀疑当塞缪尔·马丁（一位与格伦维尔关系密切的下议院议员）在 11 月向威尔克斯提出决斗时，他是在充当内阁的代理人，目的是一劳永逸地让那只"牛虻"闭嘴。但马丁只是成功地让威尔克斯负了伤（或许值得注意的是，手枪子弹射中了他的腹股沟），威尔克斯恢复到能够外出旅行时，便逃到巴黎去了。1764 年年初，他的同僚议员们投票将他逐出下议院。他的议员豁免权问题由此解决后，英国王座法院随即颁布令状，以亵渎上帝和煽动诽谤的出版人罪名逮捕他。在威尔克斯慎重地决定留在国外时，法院宣布他是一名逃犯。然而，所有这些败坏威尔克斯名誉和让他安静的措施，只是让这个"偷窥癖无赖"比以往任何时候都更像一个民间英雄：最终，他在 1768 年结束流亡回到英国，成为英国新出现的激进主义的卓越象征，让英国统治者极为不安。[9]

从 1763 年 4 月以来，围绕威尔克斯的种种争议占据了英国政府的大部分心神，从而使得反对派政治的强度逐步升级。在格伦维尔试图按照最明智的方式来解决战后金融问题的同时，他可能已经忘了第 43 期《北不列颠人》曾经帮助挑起针对苹果酒税的那场风暴。当哈利法克斯考虑如何能够最有效地让帝国在北美和世界的其他地方建立秩序时，他可能忽视了伦敦街头激进反对派制造的显而易见的混乱无序，更不用说与他自己在大乔治街的家仅几户之隔，正在用起诉骚扰他，将他当成专制工具辱骂的那位街坊约翰·威尔克斯了。无论在何种情况下，在战后时期要执行他们面临的这些困难任务，对于任何政治上如格伦维尔内阁这样的弱势政府的大臣们而言，挑战已经够大了。在好像 1763 年这样令人迷惑而没有把握的氛围之中执行这些任务，然后还要面对北美大陆腹地的一场印第安暴动危机带来的挑战，对任何可以想到的政府而言，都是不可能妥善应对的。

不过，即使英国国内的政治似乎已经乱成了一锅粥，英国在这场战争中的最后一次军事行动取得成果的消息，还是让格伦维尔和他的同僚精神一振。征服马尼拉发生在 6 个月之前，当时贝德福德正在巴黎试图以谈判的方式结束战争，舒瓦瑟尔正在设计可以让西班牙安心的解决方案，以便促成可能的和平。从和谈大使们的角度来看，幸好这个消息还没传来：如果马尼拉不得不被纳入解决方案，舒瓦瑟尔巧妙复杂的方程式可能会被证明根本不可能达到平衡。然而，尽管此事已无关外交，但最后一次大捷仍然具有非常重要的意义，因为从表面来看，攻克马尼拉似乎确认了英军的压倒性实力。一旦有关远征的所有故事证明西班牙并非容易击败的对手，征服马尼拉就获得了更大的反响。之后，我们就可以看到，在一个任何人都能想象得到的远离欧洲的环境中，英国人是如何勇敢、大胆、顽强地在艰巨的逆境中获得胜利的。[10]

英军第 79 步兵团（曾经在文迪瓦什战役中战斗过的英军正规团之一）的军官威廉·德雷珀中校，在 1761 年冬正好留在英国休假，当时他建议安森和利戈尼尔对菲律宾进行一次远征。出于安森和利戈尼尔选择哈瓦那为目标的类似原因，两人采纳了德雷珀的提议。马尼拉是西属菲律宾的贸易和行政中心，在太平洋甚至比哈瓦那在大西洋的重要性更大。征服马尼拉并非一个不可能的目标，因为虽然西班牙人修建了甲米地堡要塞保护海港，将城市核心区用带棱堡的城墙围拢，但是他们显然相信马尼拉的最佳安全之源在于和欧洲的遥远距离。事实上，从欧洲到达菲律宾需要 6 到 8 个月的时间，这只会让远征对利戈尼尔和安森更有吸引力，因为德雷珀向他们保证他需要的所有部队都已经在印度，从那里航海前往菲律宾群岛只要 6 到 8 周。而西班牙要靠马尼拉大帆船经墨西哥与菲律宾殖民地进行联系，因此他们有充分的理由期望入侵的英军可能会在守军得知西班牙和英国开战之前，就能到达目的地。

所以，在英国对西班牙宣战后不久，陆海军大臣旋即决定赞成冒险远征菲律宾的行动。1762 年 2 月，德雷珀携带临时准将委任状离开英国，他还得到了授权，允许他募集一支两个营兵力的正规军，与 500 名东印度公司的部队士兵组成远征军。6 月底，他已抵达马德拉斯。然而，一到那里，一切都无法按照计划进行。因为想要成为马尼拉征服者的德雷珀发现，地方当局只愿意调给他一个团兵力的正规军（他本人所在的第 79 步兵团）和一个皇家炮兵连。于是，德雷珀募集了他所能征募的兵员——由法军逃兵组成的 2 个连和数百亚洲募兵（他抱怨道："自斯巴达克斯时代起，就没聚集过这样一群乌合之众。"）——在 7 月底从马德拉斯乘船出发。

9 月 22 日，当德雷珀的军舰和运输舰组成的小船队进入马尼拉湾时，马尼拉大帆船尚未到达。因此，英军的船只未遇挑战，就越过了甲米地要塞的炮火打击范围，在马尼拉附近登陆，26 日，在西班牙司令官听说英国与他自己的国家正处于战争状态之前，就开始进攻这座城市。尽管德雷珀部下的士兵数量不多（仅大约 2000 人，包括暂时充当陆军服役的数百水兵），而且太平洋刮起了季风，这反复阻挠他们进行围攻作战，但是英军仍然设法在 10 月 5 日强行攻城，最终攻破了城墙。当天晚些时候，马尼拉城投降。5 天后，甲米地要塞陷落，10 月 30 日，整个菲律宾群岛的西班牙殖民当局正式投降。英军缴获的战利品价值超过 400 万美元（多于 130 万英镑）。[11]

在七年战争期间，对于英国的陆军和海军已经获得的全球影响力，没有比这更确凿的证明了。在整个欧洲的军事史上，也没有什么能与之相提并论。甚至，当政府面临前所未有的战后挑战时——就在威尔克斯反对英国内阁，伦敦群众对他们批准议和咆哮之际——征服马尼拉似乎也是在证实英国基本上不可战胜。德雷珀的壮举甚至在攻克哈瓦那之上，成为英国最为辉煌的战争（七年战争）中最杰出的成就。英国民众在这最后的闪耀时刻，看到了他们国家的所有荣耀。但他们没有看到（即使看到，可能也不会理解）的是，英国征服者在马尼拉的旗杆上升起英国国旗后发生的那些事情的重要意义。

与加拿大、瓜德罗普、马提尼克和哈瓦那不同，菲律宾的民众没有一同前来与英国人进行贸易。相反，1762 年 11 月，德雷珀将统治任务移交给英属东印度公司之后，这家公司从来没能对菲律宾群岛实现控制，或者确切地说，没有控制过马尼拉城近郊之外的任何领地。西班牙王室法院（最高法院）的初级法官唐·西蒙·德·安达，在英军围攻期间设法逃出马尼拉城，最终逃到了马尼拉湾北岸的邦板牙省。他在该地区距离马尼拉 35 英里的巴库洛尔镇建立了一个临时政府，开始组建一支军队。西班牙殖民当局的高级军官对加入他的部队犹豫不决，但数千菲律宾人没有犹疑。不久，安达的游击军就聚集了 1 万人，纵使其中 7000 余人最强大的武器只是弓箭，他们仍然成功阻止了英国人控制马尼拉和甲米地之外的任何地方。无视条约已签署的消息，在 1764 年 3 月伦敦将菲律宾群岛交还西班牙控制的命令到来之前，安达拒绝同意休战。甚至此后，他也没有命令他的部队放下武器，直至新任西班牙总督到达该地。1764 年 5 月的最后一天，安达率领一支原住民军人纵队进入马尼拉，从英国统治者手中收回这座城市。任何一个偶然到来的旁观者都会得出结论，他正在目睹英国人投降。[12]

从 1762 年 11 月 2 日至 1764 年 5 月 31 日，英属东印度公司管理马尼拉的花费高出它分享到的中等战利品份额和可以忽略不计的贸易利润 20 多万英镑。因此，就殖民地居民拒绝被武力或被贸易征服这一点来看，对马尼拉的征服与英军的其他海外胜利有别。任何关注大不列颠占领菲律宾直至其最后一刻历史的人，都很可能会认真考虑此次事件在武力与贸易、忠诚与帝国之间的关系方面隐含的教训。在菲律宾的事件中，帝国统治的原则比七年战争中的其他任何事件都更突出，这一点毋庸置疑。军事力量，特别是海军力量，可以取得一个帝国，但是仅凭武力，永远都不可能控制殖民属地。只有殖民地居民的自愿拥护，或者至少是默认，才能做到这一点。旗帜和殖民地总督，甚至是驻军，最终都只是帝国的象征而已。贸易和忠诚是殖民地的外部保护层，当殖民地民众拒绝效忠，也拒绝进行贸易时，帝国的统治范围不会超出大炮射程哪怕一码。

第 54 章

战争结束时的英属北美

帝国的软肋

1761—1763 年

到 1763 年春，英国领导人已有两年不怎么关注北美了。一心关注结束战争和被不稳定的国内政局所困的英国内阁诸大臣，没有多少理由去担心一个战斗已经结束的地区。当然，切罗基暴动引起了关注。然而，格兰特显然已经在卡罗来纳边境恢复了秩序；阿默斯特对印第安贸易发起了改革，并开始规范边远地区的定居点；在 1761 年 9 月的底特律会议上，约翰逊诱导内陆原先与法国结盟的部族接受英王乔治为他们的新"父亲"。殖民地居民在某些方面要比印第安人更麻烦，不过他们没有做什么非常离谱的事情，以至于需要白厅对他们采取行动。于是白厅能够忽略北美，他们也确实这么做了。

英国内阁和驻北美英军总司令持有相似的看法：在征服加拿大之后，北美大陆各英属殖民地的主要意义在于他们继续提供殖民军部队的能力，在这方面他们已经做得足够好了。的确，加拿大已被攻下，印第安人袭击的威胁也被平息，各殖民地的立法机构直觉上没有明显的理由继续募兵和支付薪水。但是像马萨诸塞新任首席行政官弗朗西斯·伯纳德那样的总督们，赶紧提醒他们的议员，"绝对不能因为战争不是爆发在自己的家门口，就因此事不关己"，大多数议员都妥善回应了他们的呼吁。[1]

英国议会各项津贴的延续，有助于解释各殖民地的议员为何愿意听从帝国的募兵要求。事实上，大部分殖民地的议会都表现出了一定程度上几乎与他们在 1759 年和 1760 年相等的热情。只有两个殖民地——其居民由于长期纠纷而分裂，拒绝在 1761 年和 1762 年募集殖民军：马里兰一直坚持不参与路线；宾夕法尼亚议会等到印第安人不再是行动活跃的敌人时，又回去和佩恩家族内斗了。其他殖民地都全力满足英王希望他们能够达到1760年募兵人数的67%的要求。新英格兰的4个殖民地，加上纽约、新泽西、弗吉尼亚和南北卡罗来纳，在1761年一共募兵9296人。1762年，随着切罗基战争的结束，不再需要最南面的部队，少了南北卡罗来纳之后，同样的其他几个殖民地，提供了9204人的部队。这些数字分别达到要求总数的80%~90%。回想起来，这两年的募兵水平似乎能表明各殖民地对帝国事业的高涨热情。可能同样值得注意的是新英格兰各殖民地让殖民军官兵全年度服役的意愿。在1761年和1762年，1000多名新英格兰殖民军冬季在哈利法克斯到奥斯威戈的兵站里充当守备队，没有发生骚动或哗变。[2]

然而，尽管大多数殖民地政府准备好为他们的居民提供军事服务，但是殖民地居民和他们的立法机关对那些管理帝国的人，并没有存留比以往更好的印象。阿默斯特致力于为西印度群岛的各路远征军提供部队，但是在殖民军部队将正规军各营从他们驻守的兵站里替换出来之前，无法将后者派遣出去。他蔑视北美人，理由是他们经常迟到，似乎只有在涉及侵吞口粮和薪水的问题时才会表现得最积极。对他而言，每一例渎职案件和在完成征兵配额时出现的每一次差额，都证明了殖民地居民的不良品性和他们的政府自私自利，这都是他预料到而且厌恶的北美生活的特色。这位总司令一向会保留自己的意见，他对上级抱怨起来要比对殖民地议会更严厉。因此，阿默斯特的报告同过去劳登和布拉多克的抱怨一起在伦敦逐渐累积起来，形成了统一模式，内阁的大臣们就是在这些固定模式的基础上去理解北美人的品性和爱国精神的。但是即便他们如此烦恼，也只是让这类证据沉淀下去，没有采取官方行动。即使南方部国务大臣埃格雷蒙特勋爵由于认为宾夕法尼亚人"有预谋地决议"，一旦"直接危险远离自己的家门口，就不再提供任何援助"，感到非常愤怒，他也只是写了一封满含怒意的信寄给这个殖民地的代理总督。[3]

相较而言，白厅此时的当务之急是各殖民地与敌人的贸易，这从战争一开始就导致了诸多问题。1760年8月，皮特就命令各殖民地总督严厉打击"国王陛下的臣民进行的非法且最邪恶的贸易……法属殖民地即便不是完全,也是主要依靠这种贸易,才能够维持和延长这场漫长而昂贵的战争"。尽管有这样强劲有力的谴责,但走私依然十分猖獗,连许多殖民地的海关人员都在贪赃枉法,而大多数总督不可能指望这些人能停止此类行径,除了呼应皮特对于走私的谴责,几乎什么都做不了。只有极少数英国王家官员不遗余力地去执行皮特的命令。最为重要的案件发生在湾区殖民地,在那里,出奇认真的伯纳德总督和同样一丝不苟的殖民地高等法院首席法官托马斯·哈钦森副总督,努力帮助一位正直的海关检查员对抗波士顿的走私商人和他们的盟友——港口腐败的海关收税员。结果却并不令人鼓舞。[4]

1761年年初,马萨诸塞海关监察长请求殖民地高等法院更新协查令状——能够使海关官员进入他们怀疑储存走私货物的仓库和私人住宅的全面搜查令。波士顿城的商人们请愿反对签发这份令状。商人们的法律顾问小詹姆斯·奥蒂斯在哈钦森和其他法官面前展开令人眩晕的辩论,他认为法院授权全面搜查,将会释放"压迫的怪兽",危害英国臣民反抗不合理搜查的普通法权利和人的自然权利。奥蒂斯的观点在当地引发轰动,促使民众示威反对"暴政",开启了他作为马萨诸塞议会反对派领袖的生涯。此外,他们通过同时给予反对派政治家一个理由(保卫权利)、一个英雄(奥蒂斯)和一群成为他们尖锐措辞目标的敌人(海关官员、伯纳德和哈钦森),重新定义马萨诸塞的政治。尽管如此,他们也只能推迟令状的签发而已。哈钦森一直没有做出决定,直至他能为此咨询伦敦的英国政府,确信令状合法之后,他才在1761年11月同意签发。

不出所料,鉴于商人们的强烈焦虑,奥蒂斯演讲的受欢迎程度,通过呼吁自由权利营造的政治资本,以及走私商贩通过非法手段保护投资的意愿,商人们煽动暴徒闹事,这令海关官员们感到恐惧,实际上使令状无效。这让伯纳德在他主政伊始,就被置于一个困难而尴尬的境地,在未来几年许多会困扰他和托马斯·哈钦森的政治问题,将直接从这一事件中产生。不过,伯纳德受挫的最重要的短期影响是让南方部国务大臣、贸易委员会和他的英国联络人将收到大量文件,以此说明走私商贩、他们豢养的律师，还有马萨诸塞议会中谄媚这些人的家伙，是如何组成了一个"联盟"，来阻挠官方的合法权利。同阿默斯特抱怨殖民地提供部队时出现的种种问题一样，伯纳德的报告给了英国官员们证据，即走私的问题需要引起负责任的帝国当局的注意。

几乎没有比这更生动的例子了：在争议的原始问题消失之后，公共争端可以创造出持续很长时间的政治联盟。事实上，波士顿人抵制挥舞令状的海关人员事件只持续了很短的时间，因为马提尼克岛在1762年2月投降，使得这个岛和法属西印度群岛的其他岛屿能在英帝国范围内部进行合法贸易。马萨诸塞的主要走私商品法国糖蜜突然就变成了完全合法的商品。波士顿的商人们不再担心海关官员会破门闯入他们的仓库，发现走私货品，于是对抗议全面搜查令引发的宪制危机也就失去了兴趣。到18世纪60年代末，协查令状仍然有效，其他令状在颁布时没有引发政治抗议、聚众暴力闹事，或者甚至都没有引起多少关注。1762年年末马萨诸塞议会的反对派或多或少都失败了，主要是因为他们生发出来的问题已处于被搁置状态。1763年，安宁或者怎么让本地在平安中度过是马萨诸塞的头等政治事务。虽然议会中拉帮结派的情状会在日后的争议中重现，但是有关协查令状的骚动，就像波士顿茶壶里的其他任何"风暴"一样，已经迅速烟消云散。

综上所述，协查令状案和阿默斯特对殖民地募集殖民军方式的不满，说明在从战争迈向和平的漫长过渡期，虽然宗主国和殖民地之间的纽带基本上依然牢固，但是北美的各种情况和英国的观念之间一直存在的鸿沟不断扩大，变得比以往任何时候都要大。这场战争在5年间将北美各殖民地推到英国政治舞台的中央，派出强有力的行政长官去往帝国的这片外围地带，让关于北美情况的报告数量和内阁愿意给予北美殖民地的关注度成倍增加。1760年之后，战争焦点的转变减少了英国政治领导人思考殖民地问题的意愿，但没有降低殖民地问题的地位，也没有中断与诸如阿默斯特那样仍然留在北美的那些人的联系，他们在胜利之后的工作变得越来越令人沮丧。在募集殖民军部队和试图抑制走私的过程中，备受骚扰的帝国官员遭遇到的是殖民地居民不怎么热烈的响应，实际上形同抵制。在这些官员抱怨时，他们的上司会认为他们的报告准确地反映了北美人的性格缺陷和目无法纪的品性。

然而，至少暂时英国内阁没有采取行动。实际上，战争阻挠他们尝试采取行动。首先，他们太过操劳欧洲事务，乃至无暇去关心一个战争其实已经结束的战区的各种事态。因此，在这场战争最后的关键年头里，英国内阁接受了北美不太彻底的服从，甚至容忍了在他们看来根本就是有缺陷的行为，而不仅仅是给他们本已复杂的生活增添麻烦。不过，他们也非常清楚，阿默斯特对募兵的诸多抱怨与他的几位前任是多么一致；他们也看到，1762年殖民地商人根深蒂固的利己主义就像1755年或者1756年一样威胁到帝国的福祉。他们知道当和平最终回归时，帝国政府负责任的官员需要将殖民地牢牢地掌握在自己手中，去推动建立秩序和应有的服从性，如果这两点不存在，帝国就无法维系。

如果说战争的延长，阻碍了英国官员去处理殖民地的各种问题，那么它也让他们将注意力集中到战略问题（人力和与敌国的贸易）上来，推迟制定政策，以应对北美最为突出、最具潜在破坏力的一种趋势——殖民地居民和欧洲新移民快速涌入边远地区和新征服的地区。结果，在这场战争的最后几年，一些移民得到了官方的鼓励，还有一些至少享有一定程度的官方支持，但大多数不受政府的控制。所有这一切都会趋向于在地方打破原有平衡，使政治和商业事业陷入混乱，至少间接让帝国的外围变得比以往更难管理。

新斯科舍地区就证明了哪怕官方支持的移民，都会造成不可靠的种种影响。阿卡迪亚人被驱逐，因此产生了一个人口大量减少的殖民地，这给殖民地政府制造了大量的财政和安全问题。早在1758年秋，查尔斯·劳伦斯总督和新斯科舍议会打算邀请新英格兰居民和其他殖民地的居民，接管被驱逐的阿卡迪亚人留下的农场，来解决这些问题。他们提供多种激励：大片政府授地（10万英亩规模的各个镇区）；低免役税（定居不满10年，不收免役税）；信仰自由（仅对新教徒）；只征收殖民地立法机构法案规定的各种税收的保证。响应的人群和个人很多，不到两年，新斯科舍的平民人口就翻了一番，达到约8500人。在这一时期，新斯科舍议会向东康涅狄格和罗得岛来的移民授权建立了14个新镇区。

与此同时，劳伦斯总督开始与一个有远大抱负的北爱尔兰人亚历山大·麦克纳特谈判。当劳伦斯总督非常清楚地表示准备提供无限机会时，麦克纳特的各种承诺都要飞上平流层了。最终令人吃惊的是，麦克纳特未能履行他的承诺，不过在此之前，他说定会从北爱尔兰和北美各殖民地调来8000多名移民，以换取150多万英亩土地。由此，新斯科舍的政策效应开创了10年的狂热投机期——"名副其实的抢地狂欢"，还鼓励各种疯狂的计划、相互矛盾的主张和无法实现的承诺，实际上这些阻碍了该殖民地从战争和人口减少的创伤中恢复过来。[5]

随着印第安人袭击威胁的消退，合法和准合法的定居点项目在殖民地遍地开花。我们在前文已经看到，阿默斯特的临时授地如何刺激移民在他的堡垒邻近地区兴建定居点。1761年春，已经有30多户人家在热情的斯基恩少校于尚普兰谷地开设的永久租地生活，而莫霍克河谷的军事授地掀起了一股小型土地争抢热潮。[6]北方殖民地其他地区因战争中断的殖民定居点的建设进程，得以沿着新近修建的堡垒和为之服务的道路标示的路线重新进行。最引人注目的案例是新罕布什尔授地事件。

在战争开始前的4年里，新罕布什尔的本宁·温特沃思总督在康涅狄格河以西和马萨诸塞边境以北地区授地建立16个镇区。战争的爆发让这些授地镇区无法建立定居点。这些地方无论怎么看都远离已建城镇，没有可供马车通行的道路，很难到达，而且其合法性极为可疑——对这片土地最有司法管辖权的殖民地不是新罕布什尔，而是纽约。然而，在战争期间，马萨诸塞派兵戍守西北边界的一系列边区村落，当战斗结束时，马萨诸塞堡、佩勒姆堡和雪利堡，都成为骤然北上，在那些授权地上定居的殖民军退伍军人的跳板。进入这些土地的麻烦被解除，这消除了对于所有权技术细节的担忧，温特沃思总督在任何有利可图的地方都毫无顾忌，以一种真正英勇的方式回应增加更多授地的请求。1760年和1761年，他重申了9项战前已失效的授地令，签发了64份新授地令。在他于1764年年中离任之前，这位富于冒险精神的总督已授权建立128个镇区，在这一地区圈占了300万英亩最适合开垦的肥沃土地。这些镇区包括康涅狄格河谷以西的大部分地区和尚普兰湖东面的所有平原沃野，在马萨诸塞边境的纵深达2～3英里，位于阿默斯特修建的4号堡通往克朗波因特的道路两侧。在3年多一点的时间里，本宁·温特沃思在后来会成为佛蒙特州的地区分发了一半以上的土地。如此行事，他为在他的授权地上定居的新英格兰人和纽约政府之间最终发展为暴力冲突的持久对抗埋下了伏笔。纽约政府对于这片土地，即便不是在事实上，也是在法律上拥有更合理的土地分配权。[7]

与此同时，宾夕法尼亚和弗吉尼亚的边陲回归和平，让沿着旧有路径和战争开辟的新途径前往西南边境的行动得以恢复。1759年，苏格兰-爱尔兰人和德意志移民就沿着他们习惯的路线，从兰开斯特和约克越过马里兰，沿着弗吉尼亚的谢南多厄河谷而下，前往卡罗来纳边陲。虽然切罗基战争短期内阻止了移民和猎人向西南方向的迁徙，但除了冲突活跃的时期，北卡罗来纳西部的跨境定居点仍进展迅速。甚至最靠近切罗基部落，战后紧张时段延续最长的地区，即南卡罗来纳长藤溪附近的边远定居点，一旦回归和平，就开始吸引白人农民和猎人进入。[8]

这时，福布斯道路和布拉多克道路为农民们提供了进入俄亥俄地区的路径，还能让他们在这两条道路连接的兵站附近定居。皮特堡周边地区到处都是定居点，它们的发展都极其迅速：匹兹堡当地得到许可的定居点；阿勒格尼河流域的土地上没有得到许可，但得到默认的定居点，这些土地为乔治·克罗根所有，早在1760年就开始发展；还有遍布各处山谷和河谷的非法定居点。布凯上校在1760年年初就向弗吉尼亚总督抱怨，莫农加希拉河流域正在"被……游手好闲之徒，在狩猎的幌子下大量涌入，修建定居点"。眼看这些擅自占用土地的非法定居者和猎人正在极大地恶化与印第安人的关系，布凯在1761年秋发布公告，要求他们离开。当他们不理睬他的命令时，他在次年4月派出多个小分队去烧毁他们的小屋。但是非法定居者只会卷土重来，或者在迁走之后，他们的房屋被其他人占据。[9]

只有那些距离匹兹堡很近的定居者才会进入布凯的视野。更多的人在通往皮特堡的道路和河流沿线居住，其中许多人都很有利用价值，无法被驱赶。有数百户人家在阿勒格尼山脉以东福布斯道路的起始点贝德福德堡附近定居。他们种植的玉米、草料，喂养的大量肉牛，足够养活那里的守备队，即使是生活在距离各处堡垒相当远的地方的数量较少的人家，也不能被轻易抹除。1761年，据报告只有14户人家生活在距离匹兹堡40多英里的旧红石堡周边地区，但是同年秋天，他们沿莫农加希拉河将1000蒲式耳玉米运往福克斯。居住在利戈尼尔堡附近同等数量的人家，能够供应当地小规模守备队所需的大部分物资。因此，这些堡垒提供的市场，有助于刺激平民向西部迁徙。而军事堡垒和移民之间的讽刺性共生现象，让布凯这样的指挥官承担了压力，他们试图阻止进入的非法定居者，正是他们部下的守备队要依靠的人。[10]

鉴于移民越过阿勒格尼山脉的巨大热忱，几乎不足为奇的是，在战争时期蛰伏的弗吉尼亚俄亥俄公司，会在敌对行动逐渐消失的同时，努力让自己复兴。这家公司在复兴过程中遭遇的种种困难，揭示了战争影响的另一个层面，因为正当军用道路为迁移提供了新的渠道，堡垒成为吸引定居点的磁铁的同时，各投机团体之间的竞争加剧，重申战前主张的行为也变得复杂化。早在1759年，俄亥俄公司的成员就担心宾夕法尼亚人会接管匹兹堡地区，曾试图说服弗吉尼亚的新任副总督弗朗西斯·福基尔支持他们对福克斯地区的主张。然而，此时俄亥俄公司的老对手忠诚公司正在向福基尔施压，要求他承认他们对俄亥俄河流域南半部（肯塔基）的主张，这部分主张与俄亥俄公司有所冲突。最终，在两家公司的围攻之下，福基尔向英国贸易委员会请求指示。委员会命令他不去支持任何一方的主张，而是要阻止任何会妨碍印第安人狩猎权的定居点。

俄亥俄公司在威廉斯堡得不到帮助，便向西求助皮特堡。1760年7月，该公司的代理人向布凯上校授予公司的部分股权，条件是允许他们向已经占据约克加尼河、莫农加希拉河、洛亚尔汉纳河和阿勒格尼河流域公司土地的非法定居者出售许可状。早先对此表示有兴趣的布凯，拒绝被收买。他解释道，他的职责要求他履行《伊斯顿条约》的各项条款，限制阿勒格尼山脉以西的白人定居点。他拒绝详细说明自己得到马里兰西部土地投机权的整个过程，是如何导致他对于定居者转移到俄亥俄河流域缺乏兴趣的。12月，该公司代表试图再度贿赂布凯，又碰了一鼻子灰。最终，受挫的俄亥俄公司将努力的方向转往伦敦，公司在伦敦的股东贝德福德公爵允诺将此案提交枢密院。但是贝德福德正专心收拾战争的政治残局，进展非常慢，乃至俄亥俄公司的筹划指导委员会决定派遣代理人乔治·默瑟上校去递交公司的请愿书。尽管进行了种种努力，但俄亥俄公司还是没能售出任何土地，直至1763年，此后也只能出售坎伯兰堡周边的土地，而不是俄亥俄的土地，那里已经有许多移民定居了。[11]

战后殖民地土地投机和边境定居的历史交织在一起，而且往往看起来不过是由野心、私利、贪婪和欺诈搅成一团的乱麻。但是从新斯科舍到卡罗来纳边境的情况来看，实际上这些历史揭示的模式，有助于阐明18世纪60年代变革的主要进程。在所有这些事件中发挥作用的根本力量，推动整个定居和投机体系的动力，是农业人口寻找机会的活力。在七年战争的余波期间，北美农民为了迁移获得新土地，除了自己家庭的安全，几乎不考虑其他任何因素。只有当地原住民的暴力反抗，比如切罗基战争，才能有效抑制大批人群的迁徙，这些人几乎不在意任何与殖民地政府的法律、边界或者政策相抵触的行为。因此，当法国彻底战败，印第安人不可能采取有效的军事抵抗时，政府和私人企业都试图让自己能从任何人都不能控制的大量人口迁徙中获利。

在新斯科舍和新罕布什尔，战争决定性地改变了定居点的形势：在新斯科舍，强制阿卡迪亚人离开自己的家园；在新罕布什尔，抑制法国人和印第安人的威胁，提供新渠道，以便获得先前太过偏远和危险，不适合殖民的土地。这两个弱势殖民地的政府和两位野心勃勃的总督迅速抓住机会牟利，让自己发家致富。至于弗吉尼亚俄亥俄公司的情况，其模式稍微有些复杂。移民在俄亥俄同样沿着已经修建好的去与远方的敌人战斗的道路迁徙，但是在那里是一个私人合伙企业，而不是一个政府或者一位总督，试图从寻求适合种植的土地的移民潮中获利。劳伦斯和温特沃思通过吸引农民和投机商殖民新开辟的土地，来回应利润的诱惑，而弗吉尼亚的总督则不像他们，明白自己的职责是阻止新的定居点。因此，当福基尔拒绝支持俄亥俄公司的主张时，他正试图去做布凯上校通过焚烧木屋以图实现目的的事情：阻止对印第安人土地的进一步入侵。然而，这种官方阻挠的最终效果，并不是阻止定居点的建立——只有印第安人的公开敌意，才能做到这一点——而是将俄亥俄公司的精力从边境转移到伦敦，在那里不择手段地游说福基尔和布凯的上级更改政策，以对这家公司有利。

这些模式将是18世纪60年代后期，在移民定居和土地投机的浪潮中全力呈现出来的各种发展状态的先兆。在帝国官员和殖民地总督试图阻挠移民定居时，像俄亥俄公司这样的投机集团，就会集中精力在伦敦采取行动和展开竞争。在伦敦，进入权力内圈的需要，不可避免地会鼓励他们向了解政治内幕的人和拥有影响力的人提供股份，结果就是这样的公司成长为更庞大和更强有力的投机辛迪加，然后他们施展手段去获得更为庞大的土地授予权。随着时间的推移和获利潜力的升级，这些团体的活动将呈现出万花筒般的复杂性。然而，它们的动机和策略始终保持不变：通过操纵有权势的人物，来取得最高层级的政策控制权。这些投机集团的策略与反向对抗策略，以及阴谋与反制，会相互抵消或抑制政策的制定，因此这些投机辛迪加往往会减缓北美定居点的实际进程。但是，这不能阻止定居点的兴建。如果没有使其合法化的政策，事实上已经发生了的定居行为是未经批准、秘密和混乱的。

当然，并非所有的战后新殖民活动都发生在跨阿勒格尼地区的土地上，也不是所有的投机活动都发生在伦敦。无论任何地方的殖民地政府或者与其政府联系在一起的投机团体，在领土管辖权模糊或者有争议的地方试图促进定居点的开发，相互竞争的移民团体之间往往就会爆发冲突。与强有力的团体在宗主国施展的操纵策略不同，这些界定北美定居点未来的竞争，将在帝国的边境显现出来，比如各殖民地之间的边界争端，白人定居者群体之间由于各殖民地相互冲突的主张而导致的暴力对抗，或者是入侵的白人与本来就生活在这些土地上的印第安部族之间的公开冲突。在上述最后一项相互竞争的组合中，会发生最为暴力，就人命来说代价最为高昂的冲突。其中，最悲惨的是萨斯奎汉纳公司在宾夕法尼亚的怀俄明谷地图谋定居的事例。

第 55 章

新英格兰人入侵怀俄明并付出代价

1763 年春

从 1754 年约翰·亨利·利迪亚斯和蒂莫西·伍德布里奇试图获得易洛魁联盟对宾夕法尼亚 500 万英亩土地的所有权主张以来,萨斯奎汉纳公司的成员数量大为增加,尤其是吸纳了不少康涅狄格东部的农民。这部分是因为在这个人口稠密的殖民地最为贫穷的地区居住的许多家庭,非常渴望拥有土地;部分是因为相对低廉的股价(每股仅需 8 英镑康涅狄格币,而且可以购买半股)。不过,在很大程度上,这家公司之所以发展得不错,也是因为康涅狄格政府没有努力去阻止它,事实上,除了官方的公开支持,殖民政府为公司的运营给予了一切便利。因为 1662 年的王家特许证将康涅狄格的西部边界定在太平洋,加上这项特许权先于宾夕法尼亚专有土地权的确立将近 20 年,康涅狄格政府实际上可以坚称它有权在宾夕法尼亚境内建立镇区,而且这一主张(尽管表面上很滑稽)在法律上要比本宁·温特沃思对新罕布什尔的授地提出的任何主张有更可靠的依据。如果说低持股成本让企业大众化,法律的技术细节令它貌似有理,战时的各种发展势态却让它的确变得很奇怪。萨斯奎汉纳公司假定的土地收购,包括 250 万英亩的大片土地,这是宾夕法尼亚的丹尼总督在 1757 年《伊斯顿条约》中向蒂迪斯卡承诺的给东特拉华人的保留地。但这只是一个承诺,并非确确实实的保证:在次年的伊斯顿和会上,西特拉华人与英国人议和,这让蒂迪斯卡对怀俄明谷地的权利模糊化,因为它必须要得到易洛魁联盟的批准,想必还要获得佩恩家族的同意。

当然,战争理论上让蒂迪斯卡部族之外的任何人,都放弃占领怀俄明谷地,但是宾夕法尼亚中部的敌对冲突停止之后不久,第一批新英格兰人

（康涅狄格）就在那里出现了。1760年秋，北安普敦郡的3名治安官接到蒂迪斯卡的申诉，说发现20名与萨斯奎汉纳公司有关联的定居者已经在特拉华河西岸的库什滕克建立了一个村庄，于是采取了行动。这些新英格兰人根本没打算掩饰他们只是前锋的事实，来年春天会有数额庞大得多的移民到来。他们不担心宾夕法尼亚人的反对，因为他们深信康涅狄格议会两院的调查员和多数议员会热情支持他们的行动。这次入侵——没有其他合适的术语来形容它——导致宾夕法尼亚时任副总督詹姆斯·汉密尔顿迅速宣布，禁止未经授权就在宾夕法尼亚的土地上兴建定居点，警告入侵者，印第安人会对他们进行报复。汉密尔顿和康涅狄格的托马斯·菲奇总督互换了公文，后者宣称康涅狄格与这家公司没有官方联系。这家公司拥有1000多名股东，其中包括该殖民地许多最有权势的政治人物。这次入侵吓得佩恩家族向贸易委员会和枢密院请求阻止萨斯奎汉纳公司的下一步行动。[1]

宾夕法尼亚的上述举动没能减弱新英格兰殖民拓荒者的动作。1760年年底，康涅狄格的测量员已经沿着特拉华河选定了3处镇区，木工们已建成一座锯木厂和一个磨坊，移民已经进入小木屋定居过冬。次年，虽然在英国，总检察长和副总检察长向佩恩家族保证，康涅狄格的王家特许证"不能给予要求争议地区大片土地的权利"，但是在库什滕克，新英格兰移民——这时有数十人——已修建了房屋，建造和武装了一座坚固碉堡，并且开始兴建道路，翻越群山直达广阔的怀俄明平原。[2]

新英格兰的樵夫直到1762年秋，才在特拉华河谷和萨斯奎汉纳河谷之间60英里的山地、森林和沼泽中开辟出一条道路。9月中旬，大约120名武装先遣队员最终到达他们在拉克万纳溪的目的地，此地距离蒂迪斯卡所在的村镇7到8英里，位于河谷的北部，他们在附近只发现了几个特拉华人——绝对不够阻止他们切割成吨干草，建起3座碉堡，沿着河岸修建3英里长的道路，并且为他们所说的跟随而来的更大数量的移民进行各项准备工作。显而易见，蒂迪斯卡并不在那6名现身警告康涅狄格人离开的武士之中。事实上，在他们到达的时候，他都不知道这些入侵者已经进入怀俄明地区，因为他正外出打算应对似乎更加直接的威胁——那些正在费城和奥农达加进行的事情。[3]

除了 7 月和 8 月初的一段较短的时间，特拉华部族首领蒂迪斯卡从 5 月末到 9 月，都不在他的定居村落里，那是因为他试图通过外交途径，维护他的部族对许诺的保留地的权利主张。夏天发生的事情对他或者他的部族都不利。甚至在他离开谷地之前，一场痢疾疫情就夺走了他亲厚之人的性命——他的妻子伊丽莎白、伊丽莎白的妹妹和妹夫，以及他的一位重要顾问。蒂迪斯卡怀疑他们是被人用巫术毒死的。恐惧和悲伤可能都促成了他的酗酒，让他在夏季的两次会议上成为部族糟糕的维权人。6 月，第一次会议在伊斯顿召开，威廉·约翰逊爵士在会上主持了一次对《量步购地协议》有效性的准司法调查。这次调查是为了履行 1757 年和 1758 年在伊斯顿谈判时许下的诺言，国王的代表会判定佩恩家族和易洛魁人是否曾在商讨《量步购地协议》时，合谋骗取了特拉华人在宾夕法尼亚东部的土地。如果约翰逊发现欺诈行为，他可以建议东特拉华人以怀俄明谷地的永久居留权形式获得补偿。对特拉华人而言不幸的是，约翰逊不仅习惯性地偏袒易洛魁人自称霸主的各种主张，而且认为加强他与佩恩家族的联系具有很大的政治意义。在整个会议期间，蒂迪斯卡都是一副烂醉的样子，使得上述棘手的问题变成难以逾越的巨大障碍。[4]

蒂迪斯卡酋长在出席此案时的怪异行为，使代表佩恩家族的律师们，在约翰逊面前抹黑他变得相对容易，约翰逊从一开始就对特拉华人流露出显而易见的敌意。最终，友好协会的伊斯雷尔·彭伯顿——出席了从 1756 年以来的每一次伊斯顿会议，支持印第安人——觉察到诉讼进程赤裸裸的不公平，乃至他发起脾气，试图代表蒂迪斯卡介入此案。他怒火中烧，各种指责脱口而出；而约翰逊拔剑威胁，要将这位贵格会教徒刺穿。最终，彭伯顿只是在特拉华人被挫败的希望之上，成功收获了对于友好协会的羞辱。6 月 27 日，蒂迪斯卡接受了他能得到的判决，同意"将所有关于土地的争议埋葬到地下……并且对所有争议的土地签署一份放弃声明"，回报是一份价值 200 英镑的商品和 400 英镑现金。[5]

对蒂迪斯卡来说，返回怀俄明之路凄凉而悲苦，因为他知道在夏季的第二次会议上获得对谷地明确所有权的机会微乎其微。这次会议是宾夕法尼亚殖民政府和俄亥俄地区印第安人代表之间的一次和平大会。尽管如此，他还是召集了武士一路随行，以便支持他请求保留怀俄明谷地的最后一次努力。8月初，他们动身离开了这片谷地。12日，他的代表团抵达兰开斯特，在那里会见了汉密尔顿副总督、塔莫奎和俄亥俄地区的其他印第安首领，还有以特拉华人和肖尼人"叔伯辈"身份到达此地来确认条约的易洛魁六部代表。不出所料，易洛魁人和汉密尔顿都不倾向于同意特拉华部族首领蒂迪斯卡的要求。没有什么能迫使他们这么做。蒂迪斯卡的"叔伯们"和汉密尔顿副总督，反而敦促他们坚决对抗所有来自康涅狄格的入侵者，同时却不提供任何具体的帮助，更不用说不可剥夺的所有权了。易洛魁各部酋长似乎对于向白人割让萨斯奎汉纳河下游流域的大片土地非常感兴趣，这根本无法消除蒂迪斯卡的疑虑，他担心上游流域将是下一个被割让的对象。蒂迪斯卡强烈谴责白人试图下毒害死他的代表团成员，因为他认为他的妻子和其他人就是在春天被毒死的，他带着礼品——100英镑现金和400英镑贸易商品——离开了兰开斯特，但是他一点都不满意。他在战火的洗礼下埋藏在心中的一个梦想——建设一个安全家园——曾经一度给予他对付易洛魁联盟和佩恩家族的力量，却在兰开斯特政务厅的火焰中化为灰烬。[6]

　　他感到非常失望，但在老家等待蒂迪斯卡处理的事情更糟糕。当他在9月底回到家却发现整个易洛魁代表团已经从兰开斯特来到怀俄明安营时，他肯定会不高兴；在他们告诉他为何要来怀俄明之后，对他来说，夏天的一系列事件似乎只是后来糟糕得多的事情的前兆而已。带领易洛魁代表团的奥奈达酋长托马斯·金解释说，一周前，在回纽约的路上，他们遇到了来自萨斯奎汉纳公司的白人移民。金和他的部下冒着死亡的危险命令白人离开谷地，于是那些新英格兰人走了。然而，蒂迪斯卡仔细察看了一番拉克万纳溪畔，发现了一些能表明他们仍打算回到此地的迹象。[7]

　　金对蒂迪斯卡说，要他等候易洛魁六部的指示，然后金就赶路回乡了，留下了相当不确定的局面。数日后，当150多名康涅狄格人回到谷地时，他们带来了"像是要建造农舍的所有工具"，并宣布打算开始修建房舍，蒂迪斯卡则威胁要将他们送到宾夕法尼亚总督面前接受处罚。但是新英格兰人只是嘲笑他,将他们的工具藏在森林里,并且撂下了话,会在春天带着3000名移民归来。其他新英格兰团体随后跟进,带来了更多的工具,包括一把大刀和修建锯木厂需要的各种器具。他们告诉蒂迪斯卡,打算在距离他家大约1英里的萨斯奎汉纳河河畔修建一座锯木厂。和之前一样,各个人群都将物资藏好,然后离开,那些人"对蒂迪斯卡说的都是与其他人已经说过的非常相似的话",这使他确信无法阻止他们。最终,11月蒂迪斯卡前往费城向总督求助。汉密尔顿鼓励他坚守下去,但警告他不要"让白人流血",建议他向易洛魁六部问计。与此同时,总督说,他会请求公正的英国当局干预和阻止康涅狄格人的计划。[8]

上述这些情况都没有帮到蒂迪斯卡,如果他希望与来年春天将会来到的一大群全副武装的新英格兰人对峙的话,需要的可不只是建议。因此,返回怀俄明后,他向俄亥俄地区发出了一串战争念珠和一封告急信。如果宾夕法尼亚政府不保卫蒂迪斯卡的部族,而易洛魁人也不值得相信,因为他们无法克制出卖他控制的土地的冲动,那么或许他的西特拉华亲族会提供他需要的支持。他有理由盼望得到这种支持,在兰开斯特,俄亥俄的印第安代表们被宾夕法尼亚人的行为触怒,乃至他们实际上在回家的路上就丢弃了给予他们的礼物。4年来,塔莫奎一直是西特拉华人之中主张和解的主要倡导者,他因为这次会议的结果失势,领袖地位被一名更激进的酋长(人称"新人")取代。虽然"新人"和其他俄亥俄酋长对蒂迪斯卡求助的答复没有任何留存的记录,但是他们显然给了蒂迪斯卡足够的保证,让他能够顶住部族内部放弃怀俄明的强大压力。他和部下的武士们,对新英格兰人返回谷地严阵以待。[9]

但是1763年春,在康涅狄格人和他们的家人返回此地时,他们没有遇到抵抗,因为那时蒂迪斯卡已经去世,他的部族散落各处。4月19日晚,在蒂迪斯卡喝醉熟睡之际,纵火暴徒点燃了他的小屋和特拉华定居点里其他人的居所。火灾发生时,明戈塞内卡人正在访问这个村镇,他们向蒂迪斯卡提供了烈酒,确保他的这次熟睡将是他今生最后一次安眠。这群塞内卡人是代表萨斯奎汉纳公司还是易洛魁六部行事,甚至是不是他们放的火,永远都不会有人知道了。然而,不可否认的是,萨斯奎汉纳公司从这场惨剧中意识到了立竿见影的好处：没有武士能阻止新英格兰入侵者在特拉华人的玉米地里耕种；能将牲畜赶进沿河的草场；在已经无人居住、被焚毁的印第安村镇建造房屋，去修建能让他们据守谷地的防御工事。

但是，他们不会长期占据这片谷地。夏天，当西边爆发了一场印第安大起义的消息传到怀俄明谷地时，大部分新英格兰人都撤走了，而预想的移民涌入——700多名新英格兰人和他们的家庭已经准备好从康涅狄格迁入——则永远都不会实现了。到这年秋天，只有30~40名固执的农民还留在怀俄明，因为他们相信碉堡可以保护他们，直到他们能收获当年的玉米。他们的信心显然错置了。10月15日，蒂迪斯卡的儿子"公牛队长"出现在特拉华战斗队的前方。他们用很短的时间就打破了白人移民的防御工事，杀了10个新英格兰人，将其他人都掳去上游的怀厄卢辛。数日后，宾夕法尼亚殖民军的一个连到达该地，他们透过废墟，还原了事情的始末。他们报告道："9个男人和1个女人被极其残忍地屠杀了。女人被火烤过，双手握着两条可能是被火焰烧得通红的铰链；几个男人的眼睛里插着锥子，身上则插着矛头、箭和干草叉之类的东西。"所有受害者都被剥去头皮，但附近田地里的"大量"玉米都安然无恙。宾夕法尼亚军人匆匆掩埋尸体，烧毁了未被破坏的建筑物，点燃了玉米，以防印第安人回来收割，然后撤退到更安全的地方。[10] 5年后，萨斯奎汉纳公司的移民才会回到血迹斑斑的怀俄明平原。

第56章

阿默斯特的改革和庞蒂亚克战争

1763年

1763年10月,"公牛队长"为父报仇,袭击了怀俄明谷地的新英格兰人。从这个意义上来说,他的袭击是一次地方性的个人行为,是对新英格兰人侵犯特拉华人生命和土地的回应。然而,从更广泛的意义上来看,"公牛队长"和他的武士同伴正在被卷入"庞蒂亚克战争"的漩涡,这场战争的战火在怀俄明西边350多英里的地方熊熊燃烧起来,几乎与刺客火烧蒂迪斯卡的小屋同时发生。这场更大规模的战争的导火索是边远地区的白人移民不断侵入印第安人的土地,以及阿默斯特在征服加拿大等地之后,对与印第安人之间的外交和贸易关系进行的各项改革。一个默默无闻的渥太华酋长组织了一次对底特律英军守备队的袭击,这场战争的导火索由此被点燃。但使这场战争在殖民时期的历次印第安战争——最终,一系列地方袭击集合成一场遍及萨斯奎汉纳河到密西西比河,从密歇根北部到俄亥俄河流域的大起义——中独一无二的是一种宗教愿景,这在北美历史上首次促使许多印第安部族共同行动。非常有趣的是,这一宗教信息在特拉华部族受到易洛魁人和威廉·佩恩的继承人的欺诈和剥夺之后,随着特拉华人的一系列先知做出回应以应对危机,在萨斯奎汉纳河流域出现了。

特拉华最早的预言纯粹是本土主义者对酒的谴责,因为酒让印第安人依赖上了欧洲人。然而,一旦特拉华人被《量步购地协议》剥夺了土地,预言的信息就开始具有一种潜在的政治性和含蓄的反易洛魁六部的性质。在七年战争爆发之前的最后几年,怀俄明的一名女先知和两名居住在更远的萨斯奎汉纳河上游东部支流一带的男性巫师,就开始详细说明最早的预言。印第安先知们鼓吹印第安人是被生命主神单独创造出来的,与白人和黑人不同,但是他们因为脱离了生命主神为他们规定的独立生活方式而触怒了他。他们的罪孽,包括酗酒和对贸易商品的贪婪造成的后果,是使得生命主神为了让他们重归早期的生活方式,开始传播流行疾病,带来严冬,减少猎物,使庄稼歉收。这三位先知的教诲是全新的,具有重要的意义,因为它们带有潜在的泛印第安主义和本土主义的色彩。七年战争带来的深重苦难会放大这些信息。1759—1760 年,当第四位先知尼奥林在俄亥俄河流域上游的西特拉华人之中出现时,这些信息就以一种特别有力的形式呈现出来。

和萨斯奎汉纳河流域的那些前辈一样,尼奥林强调白人和印第安人是被分别创造出来的,下令戒酒是重新获得神力,让特拉华人与生命主神和解的一种手段。但是,他在一些重要方面走得比之前那几位先知更远。他认为,如果印第安人要避免对白人的依赖,他们最终不得不同时放弃贸易和酒,重新学习他们业已遗忘的古老狩猎方式和生产技艺,甚至必须放弃与欧洲人的一切交往。作为达到这一目的的手段,尼奥林鼓励他的追随者实践仪式性的净化行动,对年轻男子进行制作和使用传统武器的训练,为期 7 年,让他们能不必依赖欧洲人的武器就能保卫自己的部族。1761 年,尼奥林开始预言在西部会发生一场新的战争。他认定即将到来的各种冲突迹象——狩猎人口的不断减少,大批白人侵占印第安人的土地,以及阿默斯特对礼品和火药供应量的各种禁令——有助于说服西特拉华人相信他揭示的信息中包含的真相。由此发生的印第安宗教复兴拥有重要的政治含义。随着尼奥林信众的增加,像塔莫奎和辛加斯那样的妥协派酋长,失去了在特拉华长老会中的地位,他们曾领导部族背弃法国人,且仍建议和英国人打交道时要保持耐心。[1]

虽然尼奥林可能试图用他的教义促使自己部族中的宗教复兴,但是在 1760 年和 1761 年,这些教义已经从俄亥俄河流域上游传向更远的地方,从纽约西部到明尼苏达,从五大湖到肯塔基和伊利诺伊地区,开始在印第安部族的宗教生活中扮演重要角色。这些年的宗教觉醒,部分是源于1761 年和 1762 年普遍困扰西部印第安部族的疾病和饥荒带来的双重折磨。

当然，流行疾病和口粮短缺，是生命主神用来鼓励他的孩子们新生的启示。阿默斯特的政策禁止英国指挥官分发礼物，这些指挥官非但没有减轻印第安人的痛苦，很大程度上反而印证了这样的预言：白人和印第安人之间的关系将继续恶化，直至爆发战争。在这样的多重压力下，齐佩瓦人、迈阿密人、渥太华人、波塔瓦托米人、肖尼人和怀安多特人之中，出现了建立在尼奥林涤罪仪式和本土主义启示基础上的宗教复兴，甚至在易洛魁联盟内部的塞内卡和奥农达加两大部族中也露出了苗头。尼奥林预言中隐含的泛印第安因素，正如它们实际做到的那样，开始为印第安人对英国人的本土主义抵抗，提供共同的基础。[2]

在英国征服加拿大后，战争念珠实际上在西部各印第安部族之间从未停止传送。有些是在沃德勒伊为了让上五大湖地区的失败联盟再兴，进行种种努力期间留下来的。其他是1761年和1762年杰纳西奥塞内卡人为努力在尼亚加拉组织对付英国的暴动产生的。有一些可能来自法国商人或者其他不愿接受加拿大投降的人；还有一些是仍然指挥路易斯安那各处兵站的法国军官发出的。其中至少有一串战争念珠，是蒂迪斯卡为了讨救兵对付萨斯奎汉纳公司的入侵者发出的。但是，如果说贝壳念珠本身并不新鲜，那么尼奥林的启示则为它们提供了一个共同的含义和演绎背景。事实上，妥协派酋长在每个地方都开始丧失关于对英关系的控制权。例如，在特拉华各部，1762年年初，所有在1758年与英国议和的酋长们不是退出公职生活，就是失势。皮斯克托蒙和特拉华·乔治都失踪了，有可能已经死了；塔莫奎和辛加斯都不再对西特拉华人的政策拥有影响力。[3]

1762年冬，问题不再是是否会开战，而是在何时何地开战。西部印第安各部没有掩饰他们对阿默斯特贸易和定居点政策的不满，也没有掩盖本土主义领袖的优势地位。克罗根和其他西部商人深感忧虑；边远地区各处处于孤立情境的堡垒的指挥官们紧张地打量他们的食物和弹药库存。只有那些安全地守在司令部里的英国高级军官，才会对此无动于衷。1762年年底，布凯上校在费城无意间提到在西部印第安部落"据说有一个新阴谋"在酝酿的报告，次年4月，在纽约，阿默斯特将战争迫在眉睫的警告当作"纯粹的庸人自扰"驳回。迟至1763年6月6日，总司令在看到印第安人起义的最初报告时，仍然能说服自己："这则警讯将会消弭于无形。"[4]

1763年4月27日，印第安人大反叛始于距离底特律约10英里的地方，当时渥太华人的军事领袖庞蒂亚克，在一次"渥太华、波塔瓦托米和坏休伦（怀安多特）三部族长老会"上，引述尼奥林的教义，说服他们与他一起攻打当地的英国驻军，但不会袭击位于要塞墙外的法国人定居点。在当地的村民之中，庞蒂亚克能募集大约460名武士，攻打亨利·格拉德温少校指挥的驻底特律堡的125名英国正规军和40名商人绰绰有余。5月7日，庞蒂亚克与他的盟友对驻军实施突袭。他们的突袭没能得逞，因为一个怀安多特女人——可能是格拉德温的情人——将密谋告知英军示警。于是，庞蒂亚克和他的盟友们在一队齐佩瓦武士加入后，在5月9日围攻要塞。在第一周之内，他们使英军官兵和在要塞寻求庇护的难民伤亡20人，还有15人被俘。一周后，他们截获了一支从尼亚加拉靠近要塞的平底补给船队，杀死和俘虏50多名军人和船工；数日后，他们半途阻截了另一队英国人，又俘获19名英国正规军和平民。除了一艘运载粮秣的单桅纵帆船在6月30日到达，7月底之前，没有救急船队能安全到达底特律要塞的锚地。当时，庞蒂亚克的围城部队已经壮大到900多名武士，他们来自6个部族。[5]

整个5月，信使携带战争已经在底特律爆发的消息，在上五大湖地区逐村穿梭。仿佛经过预先安排，其他印第安部族也向兵力单薄的边远英军哨站，举起了战斧。5月16日，怀安多特武士突袭拿下桑达斯基堡，此地靠近底特律以南50英里的伊利湖西端。9天后，波塔瓦托米人拿下圣约瑟夫堡（今密歇根州奈尔斯），此地位于底特律以西约170英里的密歇根湖东南部。底特律西南140英里，从伊利湖溯莫米河而上100英里，是迈阿密堡（今印第安纳州韦恩堡）所在地。这座堡垒在27日落入当地的迈阿密部印第安人之手。受到胜利的鼓舞，迈阿密人快速水陆并进，前往沃巴什河，说服基卡普、马斯古顿和韦阿部武士加入他们的队伍，在6月1日夺取乌亚特农堡（位于今印第安纳州拉斐特附近）。次日，在北部275英里处，齐佩瓦武士假装在玩长曲棍球，成功进入休伦湖和密歇根湖之间湖岬上的米奇里马基纳克堡。几分钟之内，他们就将堡垒内的所有军人和商人杀掠殆尽。密歇根湖湖畔最为孤立的据点爱德华·奥古斯塔斯堡（今威斯康星州格林湾）的守备队司令，在 6 月 21 日将他的兵站交给当地的印第安部族——尚未加入反叛的亲英派东部苏族。然而，当他和他的部下试图越过密歇根湖，前往安全地区时，渥太华和齐佩瓦武士在麦基诺水道阻截了他们，最后将他们连同米奇里马基纳守备队的幸存人员一起带到蒙特利尔，换取赎金。[6]

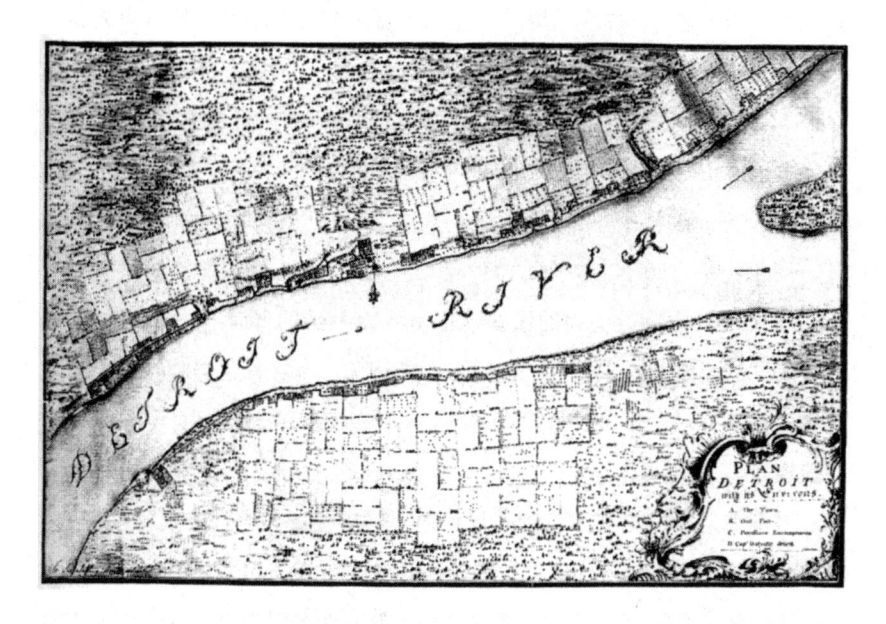

图 56.1　1763 年，遭到进攻的底特律。工兵军官约翰·蒙特雷索率领一个小分队前往底特律，在那里留守到 11 月为止；回到尼亚加拉后，他将这份关于底特律和周围乡村的原版地图寄给杰弗里·阿默斯特。底特律"堡"——一座意图用于贸易的有城墙的小镇，不是一座沃邦式的要塞——就在图中河的北岸，指南针的正上方。当地法国裔居民的农场，在图中用矩形状田野图标标示，位于堡垒两旁和河对岸。围攻的印第安人定居点，将农耕区包围起来。农田西端河的上方是波塔瓦托米村；河对岸是休伦（怀安多特）村；南岸田野的东端是渥太华村。庞蒂亚克本人的营地位于河的北岸，就在标示水流方向的箭头上方。这片营地位于堡垒东面 2 英里多一点的位置，不超过法国人称为"父亲河"的那条小溪。在关于 7 月 31 日詹姆斯·戴利埃尔上尉在此地战败的回忆录中，英国人称之为"血溪"（承蒙密歇根大学的威廉·克莱门茨图书馆提供图片）。

6月下半月，塞内卡战斗队攻击和占领了尼亚加拉堡和皮特堡之间的所有中转的兵站，在一些战斗中得到渥太华和齐佩瓦战斗队的助力。大约6月16日，韦南戈堡陷落，守备队覆灭。勒伯夫堡和普雷斯克岛要塞相继在18日和21日遭遇同样的命运。失去这些兵站后，皮特堡与它在五大湖沿岸和加拿大境内补给基地的交通就完全被切断了。与此同时，特拉华和肖尼武士摧毁福布斯道路沿线的白人定居点，攻打利戈尼尔堡和贝德福德堡，切断了匹兹堡和宾夕法尼亚东部的交通线。皮特堡卫戍司令皇家北美团的西米恩·埃屈耶上尉，早在一个月之前塔莫奎开始警告商人离开特拉华各村落时，就已经率先明白他身处险境。5月28日，特拉华和明戈武士制造了上俄亥俄地区的首次流血事件，当时他们摧毁了距离福克斯25英里的莫农加希拉河上游威廉·克拉彭上校的小型定居点。次日，他们在皮特堡的锯木厂杀死2名英国正规军。虽然埃屈耶仍然相信自己的实力——部下有250名正规军、商人和定居民兵，此外，皮特堡不仅是所有西部兵站里构造最坚固的堡垒，也是兵力最强的堡垒——但是他在送给驻费城的布凯的信中，无法掩饰内心的忧虑。他在信中描述了近来发生的诸多事件，还发送了底特律遭到围攻，桑达斯基堡被"切断"对外联系的报告。[7]

尽管如此，印第安人直到6月底，才对皮特堡构成直接威胁。24日，2名特拉华首领来到皮特堡，要求谈判。他们告知埃屈耶，尼亚加拉堡和皮特堡之间的兵站都已被毁，建议他要么放弃匹兹堡地区，要么就面临毁灭。在周围定居点寻求庇护的难民加入之后，埃屈耶共有338名部下，他拒绝投降。虽然在他的要塞里至少挤入了500名军人和难民，而且那时还新暴发了天花疫情，但他手中有足够的粮秣，让他有信心坚守到布凯组织一次解围远征为止。于是，他向两位酋长致谢，告诫他们印第安人的攻击会受到严厉惩处，建议他们劝阻部落里的年轻人使用暴力。随后，他向两位使者赠送了包括粮秣、酒和其他小物品在内的一批礼物，以便他们缓解回乡旅途的疲劳，以此结束了这次谈判。礼品包裹中有两条毯子和一块手帕是直接从要塞里暴发天花疫情的医院里取来的。[8]

7月初，底特律西面的所有英军兵站都落入了印第安人之手。底特律

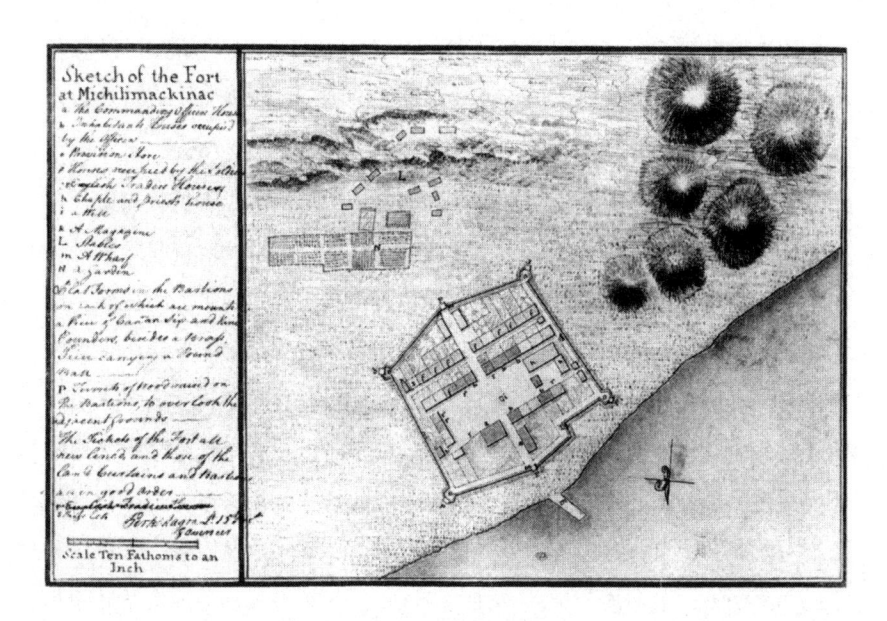

图 56.2 米奇里马基纳克堡。米奇里马基纳克堡的面积只有底特律堡的约七分之一，这座要塞也坐落于五大湖之中的两座大湖之间的湖岬上，也被建造为一座设栅贸易定居点。这份清晰详细的草图，让我们清楚地了解底特律堡和米奇里马基纳克堡的内部构造，在堡垒内部，短小的街道两旁排列着商人的房舍，每座房舍都有自己的小花园（承蒙密歇根大学的威廉·克莱门茨图书馆提供图片）。

寨墙内囤积了 3 个月的粮秣，遭受严密的围困。皮特堡紧张地等候一次全面进攻：这次攻击会延迟，只是因为特拉华人、肖尼人和明戈人的战斗队，正在袭击东至卡莱尔的宾夕法尼亚各定居点，骚扰从波托马克到北卡罗来纳的弗吉尼亚边区。近来，英国人重新占据的这些地方重归扰攘。布凯上校正在卡莱尔奋力为匹兹堡组织一个解围纵队，他报告称尽管有他的正规军驻扎，周围地区仍然出现了"全面恐慌"的势头。在纽约，杰弗里·阿默斯特爵士原先一直拒不接受任何关于事情可能会变得非常糟糕的意见，到此时才开始明白正在发生什么。[9]

6 月 6 日，当埃屈耶和布凯两人在 5 月底发出的告急文书到达纽约时，阿默斯特总司令首次得知印第安人正在制造麻烦。为应对危机，他命令第 17 团、第 42 团和第 77 团的轻步兵连——驻扎在他的司令部附近，由于在哈瓦那罹患疟疾，这时仍在休养——准备好前往宾夕法尼亚。同时，出于心理和现实两方面的原因，他几乎无能为力。阿默斯特一心希望返回英格兰（他新近得知，留在那里的妻子，精神状态每况愈下），不希望考虑任何可能让他在北美滞留的事情。此外，他的部队由于古巴战役受到严重损耗，乃至他根本没有预备兵力可用。6月中旬，阿默斯特收到第一份底特律被围的已核实报告，指示他的副官詹姆斯·戴利埃尔上尉从奥尔巴尼赶到尼亚加拉，沿途集结他能聚集的任何援军，如果形势紧急，他就率兵尽量向底特律前进。但是，直到6月21日收到格拉德温少校在将近6周前写好的一封信，阿默斯特才真正相信他部下的指挥官们已经失去内陆的控制权。尽管如此，总司令还是过了一周，才告知南方事务部大臣近期的事态发展，这可能是因为他发现"要解释清楚诱使这些野蛮人采取这种背信弃义的行动的所有原因……非常困难"。无论是根据他的改革政策拒绝提供酒类（"他们号称对得不到朗姆酒非常不满"），还是一些更加实质性的原因，阿默斯特都只会得出这样的结论，即这次暴动是由一场阴谋引发的，毫无疑问，这场阴谋是法国人挑起的。[10]

对印第安人成功攻占各处堡垒，击败英国正规军分遣队困惑不解；对正在发生的事情理解迟缓；一旦叛乱的范围变得清晰，又无力恢复秩序，这一切因素都在促使英军指挥官之间形成一种奇特的血腥思维。仍在努力组织一个解围纵队前往匹兹堡的布凯，从兰开斯特写信给阿默斯特，说他希望"将这群害虫从一个他们已经失去的地区消灭，以此来全面主张人权"。阿默斯特答复说，当布凯到达俄亥俄河流域时，他应当设法将感染过天花的毯子交给印第安人，在他们之间传播疾病，此时他还不知道埃屈耶已经将这个损招付诸实践。他写道："我们必须使用我们能力范围之内的每一种计谋削弱他们。"他在向格拉德温和其他军官发布的命令中称，所有被俘的印第安人应当"立即被处死，他们的灭绝是我们未来安全的唯一保障，由于最近的背信弃义行径，他们不配得到更好的处置"。[11]

当然，这并非英国军官首次下令对印第安敌人采取极端措施：1758年，阿默斯特曾允许杀死路易斯堡的印第安俘虏；沃尔夫在1759年远征魁北克期间，将这一政策的范围扩大到包括穿着像印第安人的加拿大人。

即使是最为职业化的欧洲军官，都会将这类政策合理化为不违反文明的行为，因为印第安人经常杀死他们的俘虏。然而，在敌人的全体居民之中散布天花病毒来"消灭"他们的制裁行为，是没有先例的。阿默斯特和他的同僚军官们认为印第安人不是完全意义上的人，这种意识有助于解释他们考虑采取这类措施的意愿，但是只有正规军压倒性的无力感，才能充分解释这些举措。

阿默斯特的命令虽然骇人听闻，但并没有引发种族灭绝，而是反映了他和他的同僚军官们的种族灭绝幻想，因为事实上，他或其他任何在北美服役的英国军官都无法扭转印第安人军事胜利的潮流。如阿默斯特清楚了解的那样，他能采取的所有措施——呼吁各殖民地提供民兵，或者征用哈瓦那各团的伤残人员替换各地守备队，让他能抽调健康的兵员去帮助皮特堡和底特律解围——都只是权宜之计，充其量可以争取些许时间。因为阿默斯特更清楚期待英国的援兵是不现实的，所以他意识到只能依靠殖民军部队的帮助恢复西部的秩序。这意味着要等到殖民地的总督们能召集议会开会，而且更糟糕的是，要等到议员们满足他们辩论的渴望为止，实际上，这意味着直到1764年夏，才能发动远征。于是，就在阿默斯特等待底特律和匹兹堡的报告的同时，甚至在他写信告知各地总督他对部队的需求之前，他就开始计划来年的战事了。在这个过程中，他将6月和7月的歇斯底里抛在身后。不过，他虽然恢复了镇定，却无法去理解，更不用说纠正造成这场战争的各种问题了。事实上，就他依赖军事手段恢复稳定的英国-印第安关系这一做法而言，这只能延迟和平的回归。[12]

阿默斯特认为，和平必然要通过武力，而不是通过谈判来取得。他向威廉·约翰逊爵士解释道：

> 他决心以这样一种方式进行镇压，使所有与英国人有任何联系的印第安部族都能看到，把自己与一个给予他们如此多好处的民族对立起来，是愚蠢、疯狂以及忘恩负义的。而且这个民族的权力能够在一段很短的时间里，就能使这些野蛮人感到极度匮乏，使他们放弃自以为重要但是作用非常小的……

……因此，对他们的惩罚必须在和他们交涉之前进行，而当交涉进行时，他们能够期望的只有宽恕，以及一种在适当的规则下向他们开放的贸易。至于礼物，那肯定是他们期待的最大幻想了。他们应该得到正义，但不会再有了，因为我们永远不会认为他们是我们应当给予奖赏的民族。而且，他们在我们毫无挑衅行为的情况下就攻击我们的兵站，屠杀我们的驻军，对一个如此背信弃义的种族施以恩惠，给予善待，是最为疯狂无理的事情。礼物只应该给予那些仍然是我们坚定朋友的印第安人。[13]

阿默斯特相信，他部下的正规军不计损失的话，肯定会击败印第安人。他从切罗基战争学到的是，一旦贸易商品和火药短缺，印第安武士就失去了保护自己家庭和庄稼免于毁灭的能力，印第安人起义就会烟消云散。虽然印第安人夺得 8 座堡垒的补给品，但是承担分配中心职能的大型兵站（底特律堡、皮特堡和尼亚加拉堡）仍然掌握在英国人手中，这些兵站存储了数量最为庞大的军火。况且，印第安人的运输工具只有独木舟，他们几乎不能从已经占领的兵站，将装满粮秣、火药和子弹的桶运送到仍在被围攻的要塞。由于此时的夏季战斗和行将到来的冬季狩猎，肯定会损耗印第安人的弹药库存，1764 年夏为阿默斯特提供了第一个从军事上征服印第安叛军的现实机会。

因此，阿默斯特的计划预设三座关键的西部要塞——尼亚加拉堡、底特律堡和匹兹堡——能坚守到来年夏天，到时它们会成为能够发动惩罚性远征的基地。这是个非常容易做出的假设，对阿默斯特而言毫无疑问的是，布凯很快就能为皮特堡解围，而戴利埃尔的援军能让格拉德温保持对底特律的控制。（事实上，阿默斯特给两位先行远征的指挥官的指示假设，即使在夏末之前，他们也能够对印第安人采取有限的攻势，例如，他预料布凯会溯阿勒格尼河和法兰西溪而上，夺回韦南戈堡和勒伯夫堡，如果可能的话，连普雷斯克岛要塞也要夺回！）为了建立对这些战略要点的控制，阿默斯特制订了计划，包括三个部分：第一，威廉·约翰逊爵士尽快利用他对易洛魁六部的影响力，以确保那些参与反叛的塞内卡人会被易洛魁联盟的其他部族孤立；第二，在1764年可能的最早时刻，让一支正规军与纽约和新泽西殖民军组成的远征军向西前往尼亚加拉，再去底特律，迫使五大湖地区的印第安各部屈服；第三，与此同时，由正规军与宾夕法尼亚和弗吉尼亚殖民军组成的第二路远征军，会从皮特堡西进，迫使俄亥俄印第安各部屈服。印第安人只有先受到严惩，归还俘虏，才能被允许和谈。[14]

阿默斯特的战略计划是根据他从切罗基战争中提炼出的经验教训制订的，很有道理，但是其主要的政策目标——将英国人的主权强加在印第安各部头上——比任何对这场战争的起源或文化动态的理解，都更加清楚地反映了他的固执。正如约翰逊、克罗根和其他对印第安事务有直接经验的人能够向他解释的那样，英国的主权是印第安问题的根源，而非解决方法。印第安人习惯了和法国人打交道，后者充当的是贸易伙伴和印第安各部落争端的家长式调停人的角色，但是他们很少会试图强行干预印第安人的生活。法国人对赠送礼物的态度相对慷慨，愿意包容印第安文化和接纳印第安社会习俗，而且相对于农业，他们更偏爱贸易，同时不会坚持让印第安人将大片土地割让给他们：这些做法使得内陆的印第安人与他们的法国"父亲"之间保持稳固的关系。英国征服加拿大和阿默斯特的节约化改革，威胁到了以上所有的稳定因素。事实上，即使是约翰逊和克罗根，也只是在一定程度上模糊地明白，印第安人攻击英国在西部的所有兵站的促成因素，正是英国和法国最终议和消息的到来。

庞蒂亚克和上五大湖地区其他重要的印第安领袖都不相信，他们的法国"父亲"会将北美东北部拱手交给英国人控制。印第安人知道自己从未被打败过，却被大洋对岸的白人签订的一纸文书剥夺了自己的土地，这对他们来说是毫无道理的。因此，他们的起义表现出一种意图，想要"唤醒"不知何故陷入沉睡的法国"父亲"，这种意图同时通过仪式性手段——在仪式上使用法国军服、旗帜和法国权力的其他象征物——和军事行动，去击败英国，从而使法国人能渡海归来。

当英国军官听说庞蒂亚克和其他印第安领袖提及让法国人回归的报告，他们就以为这样的言论证明，有法国奸细在煽动反对英国控制的阴谋。阿默斯特和他的同僚疑惑的是，其他手段又怎么能够让如此多的印第安部族一致行动起来对抗他们呢？英国人陷在他们将印第安人理解为孩童般的暴力生物的错觉里，除了能断定一切的背后是法国人的阴谋，无法解释他们在西部究竟出现了什么问题。他们一直都不理解，那些明显一致的攻击其实是地方反叛的松散合作，是对英国的征服、白人的侵占和阿默斯特的印第安政策形成的共同刺激的反应。实际上，这一切都是由一场带有泛印第安色彩的宗教复兴运动推动的，所有动机都出于一种愿望，即在北美恢复一个对印第安人持同情态度的欧洲势力，来制衡英国及其众多具有侵犯性的殖民者。[15]

第 57 章

阿默斯特被召回

1763 年秋

阿默斯特认为底特律、匹兹堡和尼亚加拉会坚守到 1764 年战事开始，这一假设对于坐在纽约城办公桌前的人来说似乎是合理的。但是，对于这三个关键要塞的守军来说，这种前景似乎不太确定。驻军的生存主要取决于他们的粮食供应，这一因素远比他们的武器弹药储备重要。因为守备队在数量上远逊于围攻方，所以他们也需要援兵。每一次小规模战斗都要付出直接生命损失之外的代价：每当有人员伤亡，落在幸存者身上的负担就会更重，他们仍然不得不分班昼夜巡逻，还要在寨墙外执行局部的安全巡逻任务。而如果所需的援兵到达时，没有携带足够的粮秣，以维持自己与已经在这三座要塞内的军人和难民的生活，那么他们比根本帮不上忙还要糟糕，因为他们会不可避免地让现存的食物消耗得比以往更快。在夏季结束之前，人力和粮秣之间的微妙计算，会成为三座要塞守军最为关切的因素。

7 月 28 日，詹姆斯·戴利埃尔的救援船队到达底特律堡。一同到来的还有 20 艘平底船和 260 名官兵，包括戴利埃尔沿途集结的第 55 团、第 60 团和第 80 团的几个连，还有一个罗伯特·罗杰斯少校指挥的游骑兵分队。戴利埃尔带来的粮秣很少，在战斗中获得荣誉的愿望倒很强。他是一名从男爵之子，还是阿默斯特的副官，这使他的影响力与他不高的军衔不太匹配，格拉德温不能阻止他向他带来的分遣队下令，去攻打印第安人。7 月 31 日凌晨 2 点 30 分，戴利埃尔率领一支 247 人的队伍从要塞出动，攻打庞蒂亚克的营地。不到一个小时，在一条不久就会被称为"血溪"的溪流边，他率领的部队直接踏进了庞蒂亚克的伏击圈。当残兵最终在 8 点夺路逃回要塞时，已有20人阵亡，35人负伤（其中3人伤势太重，受伤后不久便死了），还有大约100人被俘。戴利埃尔在战斗中中弹身亡，他的心被挖了出来，首级则被钉在印第安营地的一根刑桩上。[1]

因此，随着戴利埃尔远征队的到来，格拉德温发现自己有比之前多一倍的人口要养活，情况也要比之前加倍糟糕。要是没有"密歇根"号单桅帆船在6月从尼亚加拉送来的一批粮秣，还有"休伦"号纵帆船在9月和10月一直将物资运送上岸的话，格拉德温将不得不放弃这座要塞，或是让他的部下忍饥挨饿。事实上，他的部队仍然短缺粮食，且数量相差很大，除了派巡逻队在要塞附近巡逻，再也不曾试图与敌人接触。10月15日，迫使庞蒂亚克撤围的并非英军带来的压力，而是一系列庞蒂亚克无法控制的情况：驻伊利诺伊的法军卫戍司令拒绝支援反叛；印第安各部日益严重的内部分歧；还有开始进行冬季狩猎的必要性。营地里的印第安人没有一个人知道，其实在庞蒂亚克最终要求休战的当天，底特律已经只有不足两周的面粉可用，而且没有希望得到补充。[2]

"解救"皮特堡的情况与底特律类似，尽管仍有不同之处，即前者是以一种有限的胜利取代明确的失败。直至7月18日，亨利·布凯上校才成功地从第42团、第60团和第77团余部聚集460人的部队，再加上一个游骑兵分队。要找到适合行军的部队已经够艰难的了，但是在陷入恐慌的宾夕法尼亚乡野，布凯发现要为他的部队收集护送到匹兹堡的粮秣、牛马、马车和驱赶牲畜的人员，甚至更加困难。这支远征队启程晚，行军也缓慢。宾夕法尼亚议会直到7月6日，才投票通过募集700名殖民军保卫边境的方案，当时还没有募足守卫福布斯道路沿线各要塞的兵员。令布凯极度恼怒的是（"我觉得自己被那些我奉命去保护的人完全抛弃了"），他发现即使情况如此糟糕，他仍不得不减少正规军、食品和弹药，以留给沿途人员和补给都不足的兵站。8月2日，当这个纵队到达劳雷尔岭西边的利戈尼尔堡时，布凯手下可能还剩不足400人，能走完通往匹兹堡的最后40英里的路程。他在利戈尼尔停留了足够的时间，以便舍弃马车，改用340匹马来运送面粉，然后在4日，命令他的部队向福克斯进军。次日中午刚过，他们在穿过距离皮特堡25英里，多木溪附近林木茂密的丘陵地区时，落入了伏击圈。几分钟之内，他们就要为自己的性命而战。[3]

包围布凯部队的肖尼人、特拉华人、明戈人、怀安多特人、渥太华人和迈阿密人，新近还让埃屈耶的守备队遭到一次猛烈攻击，在这次进攻的高潮时刻，他们在紧挨着堡墙的壕沟里向守军开火。他们停止进攻，只是因为探子来报，有一支补给马队正在前往福克斯，需要先行歼灭。他们差一点点就成功了。布凯的部队在一座名叫埃奇山的高地停下脚步，这座高地被附近更高的高地瞰制。他们在驮马和牛周围结成一个环形阵势，竭力自卫。天气酷热却没有水，从下午1点直到天黑，英军都处于他们看不见的神射手的火力打击之下，人员和牲畜都吃尽苦头。当天晚上，布凯明白他的部下在这样的折磨下活不了多久，于是决定孤注一掷。他的部队在防御阵地中央，用粮袋修建了一道胸墙掩护伤员。第二天，在印第安人重新开火之后，根据他的命令，2个轻步兵连突然从他们在环形阵地西侧的位置后退，好像要撤入胸墙。印第安人看到他们像是开始崩溃的迹象，从掩护位置现身，向英军阵线发起冲锋，之后却发现那两个英军轻步兵连没有进入胸墙寻求掩蔽，反而在山坡侧面的一道山脊上占据开火阵地。从那个位置，他们向印第安武士一阵排枪齐射——武士们从战斗开始以来，首次暴露位置——然后上刺刀向他们冲锋。当印第安人转身面对轻步兵的攻击时，布凯赶紧让防御阵地内的另两个连前进。当他们开火时，中计之后失去组织的印第安武士，四散逃入树林。

战斗结束时，布凯的部队能够去木溪取水了，但仅此而已。他们有50人阵亡，60人负伤，损失了25%的兵力。印第安人杀死许多马匹，布凯只得下令销毁携带的所有面粉，以便用幸存的牲畜运送伤员去往皮特堡。虽然此时布凯的部队已经筋疲力尽，但他们还要花费3天的时间，才能一瘸一拐地走完最后25英里的路程，到达匹兹堡。在那里，布凯悄然搁置了"消灭害虫"的计划，这些"害虫"几乎将他歼灭。布凯受到他不安全的处境，以及队伍中经历哈瓦那之战的老兵持续伤病的限制，而且第60团的官兵一直在要求将他们如期遣散，这让他一直都不可能派兵去要塞1英里之外的地方巡逻。最后，他集结了一个分遣队返回利戈尼尔堡运送补给，又组织另一个护卫队护送匹兹堡的妇孺回到阿勒格尼山脉东面，回来时能带来更多粮秣。一切仅此而已。这两支护送匹兹堡所需的过冬粮秣的驮运队之所以能成功走完他们的旅途，只是因为印第安人放弃对要塞和道路采取行动，离开了福克斯周围地区，去重建他们在赛欧托河下游流域的村落。像底特律一样，匹兹堡能够在1763年冬幸存下来，不是因为英军挫败了印第安人的围攻，而是因为印第安人不能再耽误冬季狩猎，不得不对要塞解除包围。[4]

在格拉德温眼看着他的补给在底特律日渐减少，而布凯则在匹兹堡努力从他代价高昂的胜利中恢复过来的同时，塞内卡人对西部所有兵站之中最为重要的尼亚加拉堡实施了数次沉重打击。在尼亚加拉，地理是关键因素，塞内卡人非常巧妙地利用了它。没有补给品能从加拿大或纽约送到底特律，或者说实际上，如果不先在尼亚加拉堡卸货，在瀑布周围经过一条蜿蜒9英里的小路陆运，再在布法罗溪口附近、伊利湖湖畔的一座小堡垒重新装船，不可能运到西部的任何地方。9月14日，就在这条位于名叫"魔鬼之洞"的漩涡池附近的峡谷边缘的小路上，至少300名杰纳西奥塞内卡人、渥太华人和齐佩瓦人，攻击了英军的一个补给车队，将马车和护卫队全部消灭。当附近第80团的2个连试图前来救援时，这支车队已有一半的人或死或伤。英军共有72人阵亡，8名幸存者还负了伤。比人员伤亡更糟糕的是，印第安人实际控制了这条陆运道路，终结了所有补给底特律的努力。

几周过去了，尼亚加拉的守备队才实现对陆路运输的微弱控制，即使在那时，塞内卡人也能够在10月20日攻打一支600人组成的前往底特律的远征部队，杀死8人，打伤11人。此时，天气变得非常糟糕，湖上的水运交通线几乎不可能通行。意图前往底特律的远征部队由于印第安人的攻击推迟出发，11月7日在风暴中沉船，70人溺水身亡。此后，从尼亚加拉补给底特律的努力被迫搁置，只有庞蒂亚克的休战，才拯救了这座要塞。格拉德温少校之所以能够坚守到最后，不是因为他从自家军队获得了足够的补给，而是因为围攻的印第安人撤退了，这使他能够将半数兵力送回尼亚加拉，从当地居民那里为那些留下过冬的官兵购买到足够的食物。[5]

在如此多的失败之中，1763年秋，对英国来说最有把握的前景是阿

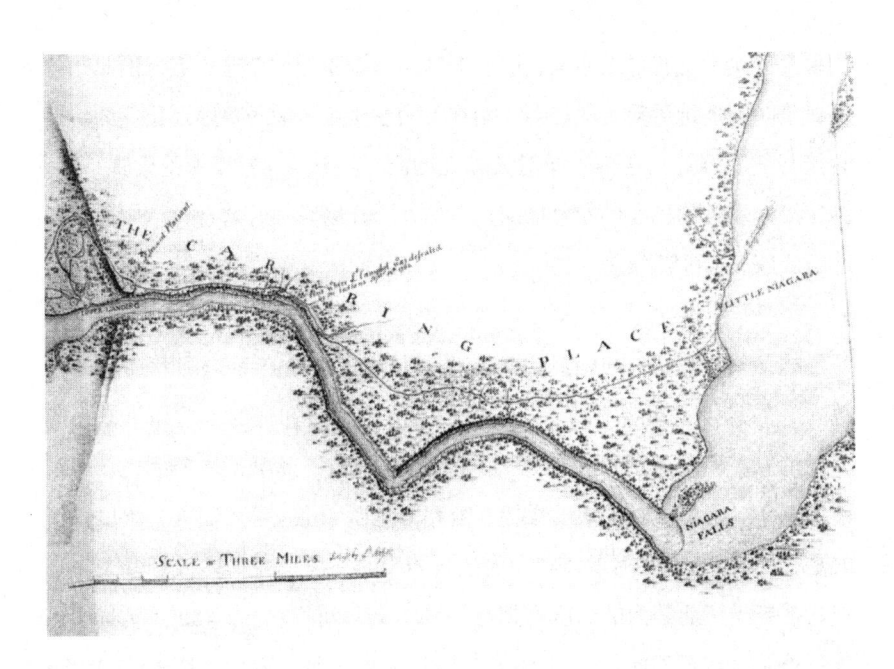

图 57.1《尼亚加拉的陆上运输小径》。一名英国工兵绘制的这幅图描绘了这条小路，货物必须沿着这条路从大瀑布上方 2 英里的小尼亚加拉港，运往最后一道急流脚下的转运场，在那里可以再度走水路运输。尼亚加拉堡位于下游 7 英里处（地图左）。靠近图中央的题字，标明的是"坎贝尔中尉在 1763 年 9 月 14 日被印第安人击败之地"，小路在这个位置，距离高出河面的悬崖边缘最近（承蒙密歇根大学的威廉·克莱门茨图书馆提供图片）。

默斯特甘愿支持的一次外交倡议——威廉·约翰逊爵士在 9 月与易洛魁六部（杰纳西奥塞内卡人缺席）和卡纳瓦加莫霍克部的代表们举行的会议。北方印第安事务督办在他的新宅"约翰逊厅"，呼吁奥农达加人为了自身利益推动易洛魁联盟，从略带敌对色彩的中立姿态转变成试探性的合作姿态。约翰逊极力主张他们与英国结盟，这样会使易洛魁六部重申对俄亥俄地区和与他们分裂的附庸部落——特拉华部、肖尼部和明戈部——的控制权。这个经过算计的说法对与会的易洛魁酋长们颇有吸引力，他们同意与好战的塞内卡人谈判，并且在冬季袭击特拉华人和肖尼人，以此与英国人进行军事合作，来年帮助英国正规军恢复对整个西部地区的控制。

这些都是实质性的丰硕成果，但约翰逊仍然非常清楚，除非阿默斯特同意恢复与对法战争期间实施的外交馈赠活动规模近似的相应馈赠，一切成果都会化为乌有。很明显,阿默斯特永远都不会同意这一点,因此约翰逊抓紧时间进行活动,他已经开始在英国本土削弱总司令的地位。约翰逊直接与贸易委员会通信,同时鼓励他的副手乔治·克罗根去伦敦跑一趟,为印第安事务危机提供专家证词,目的在于让阿默斯特垮台,就像他曾经绊倒威廉·雪利那样。[6]

哪怕没有威廉·约翰逊爵士的强烈敌意,1763年秋,阿默斯特担任总司令的日子也屈指可数了。虽然他有意拖延告知他的上司印第安人起义的消息,但是英国报界早在7月16日就报道了此事,这个消息在内阁引发了一场骚动。对埃格雷蒙特、哈利法克斯和格伦维尔而言,难以置信的是,拥兵8000的阿默斯特,居然未能阻止一群赤身裸体的野蛮人将英军几乎赶出了北美内陆的所有据点。事实上,到了夏末,400多名英国正规军被杀,数量不明的士兵被俘,大约2000名平民死亡,从纽约到北卡罗来纳的每一处边境都被混乱笼罩,此时仍不清楚阿默斯特甚至能否削弱印第安人的势头。这还不是北美糟糕形势的全部。从纽芬兰到皮特堡的每一个地方的部队——不是战争后期可鄙的殖民军,而是英王陛下的部队,即正规军——都在为削减薪水和推迟许可的遣散而哗变,或者威胁要哗变。在北美,没有任何一个地方的殖民地议会,急于募集部队来帮助帝国,甚至是边境正遭到印第安人攻击的宾夕法尼亚和弗吉尼亚,也没有募集部队。没有任何一个地方的立法机关,拨出阿默斯特镇压暴动急需的钱款。[7]

阿默斯特几乎没有一个朋友,更不用说在英国政府内还能剩下什么保护人了。皮特是反对派;利戈尼尔在3月就被剥夺了最有利可图的几个职务,以及他对陆军的所有有效控制权;坎伯兰公爵因中风偏瘫半盲,已经丧失行为能力。然而,8月,埃格雷蒙特伯爵给予阿默斯特期盼已久的回国许可时,只是表示国王陛下需要他提供北美军务建议才召他回国,从而免去了将他正式解职的尴尬。欣喜若狂的阿默斯特,从蒙特利尔将托马斯·盖奇少将召回。1760年10月,他将盖奇流放式地任命为蒙特利尔军管政府的总督。盖奇为不用在加拿大度过第四个冬天同样很高兴,于11

月 16 日，即星期三傍晚抵达纽约。没有举行正式仪式，阿默斯特就交出了他的文件，勾勒了他为来年战事启动的计划，并正式任命盖奇为英王陛下的北美驻军最高司令。次日，在阿默斯特登上开往普利茅斯的"黄鼬"号邮船时，我们可以想象在海岸线沉入地平线的时候，他长舒了一口气。他不是个爱思考的人，很可能没有浪费时间去沉思他那位继任者的前景。阿默斯特在一场没有预料到的反叛中，将一大堆他鄙视的殖民地丢给一名他不信任的军官去照管；他无疑会全神贯注于思考自己近期的未来。他将不得不去服侍一个发了疯的妻子，挽救日趋衰微的地产，但是最终他将会得到英雄式的奖赏。只有到了伦敦之后，杰弗里·阿默斯特爵士才会意识到，他被召回不是为了被当作加拿大的征服者受到赞誉，而是为了一场暴动，受到无中生有的责难，至少在他自己看来是这样。[8]

第八部分

危机与改革

1764 年

庞蒂亚克战争，为乔治·格伦维尔处理北美事务的种种努力，带来一种新的紧迫感。驻北美英军的未来和对收入的需求。1763年对连贯的印第安政策和公告书的需求。1764年的《关税法案》和税收与管控的双重必要性。《货币法案》的重要意义。殖民地居民面临经济萧条和政治动荡，对英国的各项改革反应暧昧，同时盖奇将庞蒂亚克战争延长到了1765年。泛印第安反叛带来的种种经验教训。

第58章

英国内阁彻底洗牌

1763 年

1763 年 7 月，伦敦报界披露了印第安人反叛的第一则新闻，为威尔克斯煽风点火，已经笼罩了重重烟雾的政治氛围，又蒙上了一层阴云。格伦维尔、哈利法克斯和埃格雷蒙特三巨头在黑暗中摸索，他们怀着避免更多的军事灾难，加速实施帝国的改革计划，以便在印第安人得到安抚后维持秩序的希望，召回阿默斯特。8 月的前三周，当北美各殖民地情况恶化的消息传来，伦敦民众愈发喧嚣之时，英国内阁则愈发处于弱势，风雨飘摇。国王毫不掩饰他已准备好将政府交给另一位领导人，只要有合适的候选人自荐。直到 21 日，即周日上午，乔治三世对危机恶化的恐惧，压倒了他让格伦维尔下台的愿望。上午 9 点，国王召首相入宫，宣布他选择不去改变现政府。然而，无论格伦维尔感到多么欣慰，这种感觉都只持续到他来到埃格雷蒙特的门口那一刻，他了解到伯爵刚刚突发心肌梗死。当晚 9 点，埃格雷蒙特与世长辞。[1]

南方部国务大臣几乎找不到一个更合适的离世时机了，这不仅仅是因为他负责制定殖民政策。取代埃格雷蒙特的必要性引发的任免问题，需要王室批准，这给了乔治三世一个新的机会将格伦维尔免职，以支持一名有能力凌驾于党派之上的爱国大臣。国王摇晃不定的罗盘指针此时指向了皮特。他又用了一周时间向这位"伟大的下院议员"摆出各种姿态，同时还为此向比特问计。当然，他有权做这些事情，且鉴于 18 世纪英国政治的一般节奏，一周时间不算太长。但是，这段时间足以摧毁君主和首相之间的最后一丝信任。当乔治最终明白皮特接受任命的条件包括让格伦维尔可憎的兄长坦普尔伯爵——他为约翰·威尔克斯的报纸出资——主管财政部时，他再度决定他将不得不去信任在职官员。就格伦维尔而言，他已下决心不再信任国王。

又过了两周，内阁的重新洗牌终于结束了。哈利法克斯伯爵转任就他的经历和喜好而言更适合的南方部国务大臣。第四代桑威奇伯爵约翰·蒙塔古，接管北方部国务大臣一职。贸易委员会主席谢尔本伯爵，非常尴尬地卷入了用贝德福德公爵取代格伦维尔的阴谋，乃至被迫辞职。这使得哈利法克斯得以将贸易委员会主席一职移交给自己的一名门生——有意愿参与北美事务的希尔斯伯勒伯爵威尔斯·希尔。谢尔本除了反对派无处可去，顺理成章被皮特的同盟接纳；贝德福德太过强大，不得被忽略，因此成为枢密院议长。9月中旬，高级政治圈又恢复了足够的平衡，内阁诸大臣可以再度转向帝国的政策和秩序问题了。时间恰到好处。就在英国内阁自行整顿的同时，北美已经转变成了一个任何人都不可能忽视的问题。[2]

上届内阁忽视殖民地，直到一场印第安大起义几乎摧毁了英国对北美内陆的控制，但是从1763年秋到次年春，格伦维尔和哈利法克斯以前所未有的热情投入到改革帝国各种关系的事业之中。他们打算建立一个安全和财政稳定的帝国：在各占领区内部建立政治秩序，在北美西部恢复和平，利用旧殖民地的繁荣来加强整个帝国。这些都是创新性的改革措施，但是格伦维尔和同伴没能制订出全盘计划。国王本人设定了政府行动的先后次序。新的帝国关系的轴心——军队——已经就位。从1764年年初开始，贸易委员会就已经起草殖民地的重组计划。格伦维尔和哈利法克斯即将提出的每一项措施，都反映了白厅和威斯敏斯特对帝国的性质和英国管理帝国的力量，形成的一致而广泛的共识。哈利法克斯已经为殖民地殚精竭虑了15个年头，他可以说是英国指导帝国关系改革的最佳人选，而对于税务问题，没有人会比格伦维尔了解得更多。

尽管如此，哈利法克斯和格伦维尔提出，这些方案将在英国议会以法律的形式通过，再由国王批准，它们会被证明更加有力，但不是连贯统一的，为之后的一些灾难埋下了伏笔，相比之下印第安人起义似乎都显得微不足道。原因很简单。下至各项改革的最后细节，体现的是宗主国权力在最高层面解读七年战争的遗产和经验教训。在这方面，格伦维尔和哈利法克斯对当时现有问题做出的回应不是即兴的，而是在对历史背景具有坚定认识的基础上经过了仔细思量才得出来的。不幸的是，对于帝国的未来，以及他们的改革将会与战后的各种条件如何互动，他们没有进行同样的深思熟虑，而关于他们的倡议在殖民者看来会是什么样子，他们也没有明确的想法，毕竟殖民者对于战争及其教训的理解与他们截然不同。

第 59 章

急求枢密令

格伦维尔和哈利法克斯应对税收和管控的需求

1763 年夏秋

测量员一般在高程基准点开始放下套环,测量结束时还会回到这个点,与此类似,英国内阁大臣北美计划的起始点和终结点,都是英国军队。1763 年夏末,很少有北美人或英国人怀疑,英国正规军是北美各殖民地对抗印第安人袭击的最佳堡垒。这反过来似乎验证了 1762 年年末,即英国人听说庞蒂亚克起义之前 7 个月,白厅通过的和平时期在北美维持一支庞大驻军的决议的正确性。不过,比特内阁决定在北美殖民地保留部队的理由,与北美殖民帝国关系不大,他们是为了当时似乎更为紧迫的其他问题。1762 年年底,军队复员的前景为英国议会的政局带来了许多可怕的问题。一支永久性的北美驻军,似乎提供了唯一合理的解决方案。

英军在战争期间大幅扩军,在战争结束时,所辖 115 个团大约有 10 万名武装人员。[1]要长期维持这样一支军队,在财政、意识形态和政治方面都是不可想象的。和平在即之际,从纽卡斯尔公爵到英国下议院后座上缄默不语的托利党乡绅,都要求大量裁撤陆海军兵员,严格削减政府开支。一个选择不削减军队人员的政府,等于将棍棒交到反对派手中,让后者无情痛打自己。然而,让陆军回到战前 49 个团,即 3.5 万兵员的规模,是不可能的,原因有二。

第一个原因是保障新帝国安全的战略必要性。和平显然会让英国拥有多片海外领地和大量异域人口,这就需要军队来维持这些被占领地区的内部治安和抵御外来入侵。没有人认为在加拿大的七八万前法国臣民将长期保持温顺,除非有一支强大的武装部队时刻提醒他们注意英国的强大力量。也不会有任何大臣会真的提议将北美西部留给印第安人。1762年12月，没有人知道，法国商人和前军管人员打算在他们的老主顾和老朋友之间搞出什么鬼门道来。这些担忧的合理性似乎只有在次年秋天才能得到证实，当时人们清楚地看到印第安人几乎惊人地同时攻击西部各兵站，据此可以得出一个明显的结论，即法国间谍协调了所有这些袭击。这是一个巨大的阴谋，目的是保住路易斯安那和伊利诺伊，重获上五大湖地区的控制权。在制定政策时，立即从加拿大或西部撤出都是不可思议的，乃至没有人问英军是否会留在北美。真正要考虑的问题是应该留下几个营，应当让他们驻扎在何地，驻留多长时间。然而，帝国政策之外的其他因素将决定北美驻军应该是长期性的。

英国内阁决定支持在和平时期向殖民地派遣一支大规模的常驻军队的第二个也是更加重要的原因，是出于实际和议会管理的需求，当然，这也使驻军成为最紧迫的问题。让陆军复员至战前的水平，将迫使数以百计的上校、中校和少校（更不用说一大群上尉和下级军官了）领半饷退役。如果说5万名突然失业的士兵的福祉，引起的政府关注微乎其微，那么1500名军官的命运就产生了反效果。极好的理由是，许多军官要么是议会议员，要么是议员家的子弟。任何谨慎的大臣，当然也包括爱国的国王，都不会让如此之多应当得到奖赏的绅士得不到回报。但是，如何能以一种在经济上负责的方式提供给他们奖赏呢？答案就在北美，国王本人也发现了这一点。[2]

就像他的祖父和曾祖父一样，乔治三世对陆军非常感兴趣。他决心让英军在实力和战备方面，都保持比投入七年战争时更高的水准，他也奉献出了相当大的智谋，去寻找一种方法实现这个目的，同时将成本下降到政治上可以控制的水平。在慎重思考，费力的计算（算术从来不是他的强项）之后，国王得出的结论是，实际上维持80多个现役团，且仍然让"开支……比起……1749年组建时节省数百英镑"是可能的。[3]

为了完成这一不太可能达成的伟业，必须先满足两个条件。第一，每个团都必须被削减为只辖一个500人的营。削减现役士兵的一多半数量，同时保留陆军现存团75%的兵力——由此得以保留约75%的军官——

这种政治利益几乎不会有人错过。对此，国王当然心知肚明，但是他保留如此之多员额不足的现役营真正的用意，是为了让英国在发生战争的时候更加安全。战时可以依靠英国人的爱国精神募兵补足员额，就像从1756年以来所做的那样，但是只有他的新式陆军，才能保证有足够的训练有素的军官和士官领导他们。

第二，必须克服两重障碍。财政障碍，因为保留80个常备团，需要的开支必然超过1749年的49个团；意识形态障碍，因为托利党和反对派辉格党都肯定会提出传统的意见，反对扩大平时的军队规模。乔治的解决方案充分显示了他的智慧，因为他灵巧的一击就夷平了这两道障碍。手段非常简单：驻扎在英国的部队数量不会扩充。20个新编营将会驻扎在北美各殖民地（包括西印度群岛），还有12个营将加入爱尔兰驻军。英国议会只要在1763年为这些新驻军拨款。此后会用各殖民地的税收维持驻扎在当地的军队，而爱尔兰议会将会负担该岛新守军的费用。[4]

奉命为驻北美英军各团支付费用的不是英国议会，而是各殖民地。英国纳税人对苹果酒消费税的激烈抗议，导致1763年4月比特脱离政治生活，这绝不会让人怀疑英国纳税人对增税的强烈反感。格伦维尔知道，11月中旬，当英国下议院重新召开会议时，他的政府将面临一场最大的斗争之一，到时反对派将动议修改或废除苹果酒税。面对在战争期间几乎倍增，此时大约为1.46亿英镑的国债偿付责任，政府几乎不可能真的放弃任何收入来源。格伦维尔觉得他或许能够修改苹果酒税的操作办法，但是如果反对派希望得到的不仅是象征性的让步，而且能够集合赞成废除这一税种的多数票，政府将在一次不信任投票中被推翻。鉴于国库的枯竭状态和政府对其在下议院中多数席位的脆弱控制，在殖民地保持20个营每年需花费至少22.5万英镑，这笔费用不能增加到年度预算中。不过，基本上每一位大臣都认为北美人会舒舒服服地承担这笔开支，他们大体上人均每年负担不到2先令。[5]

在过去的6年里，任何一个头脑清醒的政治家都不会否认，北美各殖民地从战争中获益匪浅。1756—1762年，英国陆海军在殖民地的开支累计超过600万英镑，此外英国议会为各殖民地政府直接报销的款项超过

100万英镑。信贷和铸币的大量涌入，使北美人战时从英国的进口额增加了一倍。当然，所有人都知道，殖民地居民为他们自己的政府和民兵部队支付费用。然而，政治家们也明白，殖民地居民只是靠支付贸易关税来为支持帝国做出贡献，海关税收几乎抵不上收税的花费。将在北美驻扎的正规军各团，是用于保护北美人的。公正原则和经济上的现实性，同样规定各殖民地应当以他们的繁荣产业，为减轻宗主国咬牙承受的重担，做出适度的贡献。[6]

事实上，英国议会已经在1762年的《税收法案》中，为提高殖民地海关的收入跨出了一步。这一措施旨在通过授权海军军官协助海关官员，减少走私数量，并为海军军官提供奖励，以提高他们协助缉私的积极性。这一措施或多或少带有比特内阁的特征，虽然它早已被通过，却被遗忘了。然而，1763年5月，格伦维尔在致力于让财政部提高殖民地海关的收入时，让这一法令再度生效，并请求枢密院下令执行该法令。由此产生的6月1日枢密令，预示着格伦维尔的决心，是将牙齿移植到一副已经被殖民地走私商贩和腐败、经常缺勤的海关官员有效毒化的牙床之上。7月初，南方部国务大臣让各殖民地总督注意到，英王陛下希望各地海关会根据法律征收关税，还指派44艘皇家海军舰艇协助执行。7月底，格伦维尔命令所有缺勤的海关人员重新上岗。任何在8月31日之前没有离开英国的海关人员，将被解除职务。[7]

于是，1763年夏，努力开辟殖民地税源的运动广泛开展起来。然而，9月，当内阁将他们的全副注意力转向改革时，在殖民地增加税收才成为当务之急。即使大臣们对北美的其他事情一无所知，也知道一支投身平息印第安反叛的军队将会给国库造成的花费，要多于窝在堡垒和兵营里的军队开支。他们还知道有两种方式可以增加殖民地的税收。因此，乔治·格伦维尔决定双管齐下。

最平淡无奇且麻烦最少的方式就是只让殖民地居民支付他们拖欠的税款。这将是格伦维尔的首要任务，这一点从他终结懒散、腐败的关税征收方式就可以看出来。这一点在10月4日签署的命令中变得明白无误，命令指示在北美各港口实施与英国本土港口同样严格的执法措施，而且建议海军部，为了像在英国本土那样有效扣押和销售走私货物，在北美殖民地建立统一的域外海事法庭。[8]

第二种增加英国在殖民地收入的方式，就是开征新税。这在管理上会比打击走私更加棘手：要加强海关的执法力度，可以通过行政行为来完成，而要创设新税种或者调整旧税种，则需要英国下议院通过必要的立法——格伦维尔并不确信他能获得多数票。此外，他知道北美殖民地的居民对新税的态度，至少会像英国的苹果酒制造商那样反对。任何如税收这样具有潜在爆炸性的政治问题，都不得不谨慎对待，而且必须经过彻底的研究。因此，8月下旬，格伦维尔派出一名下属去了解如何通过调整从西印度群岛进口到北美大陆的糖蜜的现行税率，增加财政收入。9月初，他要求另外两名助手起草一份税收法案，以呈交英国议会考虑，根据这份法案，殖民地居民将通过印花税票被直接征税。印花税是英国人每当进行法律程序或者购买报纸、扑克牌和其他日常小物件时，几乎在无意间支付的一种小额税款。[9]

11月15日，英国下议院开启冬季会议时，格伦维尔仍然无意立即提出自己的征税措施。他非常清楚前方等待着的是什么样的挑战，也明白两场行将到来的斗争——反对派修改或废除苹果酒税的努力，还有因为约翰·威尔克斯引发的不可避免的骚乱——会清楚地表明，他的内阁是否拥有进行殖民地改革所需的议会多数席位和王室的支持。到了春天，要么他的内阁以失败而告终，要么尘埃落定，他和他的同僚能继续大胆工作。与此同时，格伦维尔将满足于在征税措施上推迟采取行动，从而允许他的下属去改进各种提案或起草必要的法案。然而，战争和印第安人反叛带来的更加紧迫的问题不允许等待，无论如何都要靠行政行动来处理。新任南方部国务大臣哈利法克斯勋爵，只得将自己的注意力转向这些紧迫的问题。

9月16日的内阁会议上，哈利法克斯提交了他的计划：将北美占领区分为4个新殖民地和1个广大的内陆印第安人保留地。他提出的计划，得到王家公告后便生效，取自早在1763年年初就拟制的两份草案：一份根据埃格雷蒙特的要求，由一位名叫亨利·埃利斯的佐治亚前总督准备；另一份主要由约翰·波纳尔代表贸易委员会写成。内阁早在7月就讨论过这两份计划，建议进行多项修改，指示贸易委员会将这两份文件合并成一份。贸易委员会以一种典型的从容方式有条不紊地进行着这项工作，直到 8 月，庞蒂亚克反叛的消息推动波纳尔敦促内阁立即发布宣言，并且向印第安人保证，英国对他们的土地没有图谋。当然，在那个时刻，必须要解决内阁改组的复杂任务，不过，在哈利法克斯于 9 月 16 日提出这份计划时，诸事进展得很快。10 月 4 日，贸易委员会新任主席希尔斯伯勒伯爵，对草案进行了润色，经总检察长在法律层面上修正后，使文件正式生效，并返还给哈利法克斯。3 天后，经枢密院按照惯例批准后，这项计划由国王正式予以颁布。《1763 年英国皇家宣言》标志着英国首次努力为占领区赋予制度化形式，也是格伦维尔内阁为帝国制定政策纲要的首次尝试。在这种情况下，这可能聊胜于无。但是这并没有成为战后帝国建立组织机制的良好开端。[10]

内阁针对的基本上是边远地区的占领区组织问题，核心问题都被推迟到日后审议。宣言中占领区的新文官政府地图，清晰地表明了这种迂回方法。新英格兰和纽约以北，圣劳伦斯河沿岸的法国定居点，直到蒙特利尔地区，成为新的魁北克殖民地。宣言规定在佐治亚西南建立 2 个新殖民地：东佛罗里达，由大西洋至阿巴拉契科拉河之间的半岛组成；西佛罗里达，即从北纬 31 度线至墨西哥湾，阿巴拉契科拉河至密西西比河之间的地区。以上 3 个殖民地都会根据英国法律来管理，而且会尽快根据其他地方的王家殖民地的熟悉模式组建，委任总督，进行议会选举。[11]

其他所有地方——从五大湖到佛罗里达，从密西西比河到阿巴拉契亚山脉西坡——都被保留，供印第安各部使用。任何殖民地政府都不得在这一区域授地，任何勘测员也不得在那里勘测，除了英国王室指定的代表，都不得在这一地区进行购买印第安人土地所有权的谈判。白人被禁止越过阿巴拉契亚山脉定居，此时所有生活在山脉以西的定居者"即刻自行迁移"。虽然宣言下令"与上述（西部）印第安人的贸易将会向任何地方的所有英国臣民自由开放"，但不会不受管制。商人只有拥有"由我们的任何殖民地的总督或总司令颁发的许可证，允许他在留驻地经营此类贸易"，才能越过阿巴拉契亚山脉。该宣言没有为这片广袤的内陆区域建立任何文官政府。该地区仅有的王室代表将是国王选择的维持内陆要塞的指挥官，以及两位印第安事务督办将会派驻的代表。因为英国军官只能在文职地方官的指导下，才能对平民实施法律，宣言要求各要塞指挥官去逮捕所有逃入印第安地区的罪犯，"并且以妥善的护卫人员，将他们送至犯罪发生的殖民地，让他们受到指控，以便让他们接受切实的审判"。

哈利法克斯希望为北美混乱的内陆地区建立秩序，认为这份宣言只是一个长期进程的开始。然而，这份文件的权宜特点无法确保它会有一个令人满意的开端。这份宣言在诸多关键问题上都语焉不详。例如，宣言里没有说清，伊利诺伊地区的要塞司令应如何得知出现在当地印第安人中间的一个白人是宾夕法尼亚的逃犯，也没有说明他该怎样将疑犯送去费城受审。同样没有说清的是，西部各兵站的指挥官该如何处理与当地的法国居民和混血居民的关系，巴黎的法国外交官用鹅毛笔轻巧地写了几行字，就将他们变成了英国臣民。那么，他们是否也要立即自行离开，前往魁北克——去往他们的先辈在两三代之前就离开了的那个地方？如果他们之中有人谋杀了印第安人：他或她将会在何地由何人审判，如何审判？

如果这些问题还不够头疼的话，已经生活在魁北克的法国人还有麻烦呢。《巴黎和约》已经保证他们的财产安全和不受骚扰地信仰天主教的权利，但是宣言规定新殖民地将会以"符合英国法律"的条件组建，而英国法律禁止天主教徒投票和担任公职。哈利法克斯和他的同僚希望新殖民地吸引说英语的新教徒殖民者定居，这些人乐于在他们能得到普通法保护，有权让自己根据英国传统纳税的地方定居。但是，1763年魁北克只有少量讲英语的定居者。英王陛下的政府真的打算建立一个由数百名外来投机分子组成的魁北克政体，永久剥夺8万魁北克法裔居民的投票权吗？鉴于那些法裔魁北克人长久以来绝对信奉的是建立在罗马法传统基础上的一套法律制度，英王陛下的内阁真的打算用一套法国人既不理解也不信任的普通法来全面取代他们的法律吗？

而处置阿巴拉契亚山脉以西英属北美殖民地居民的问题，并不比那些涉及法裔居民的问题更容易解决。沿着阿巴拉契亚山脉的山脊划分的边界，并没有将现存的白人定居点——其中有一些是完全合法的——与印第安人的狩猎场分隔开。英军应当怎样去处理拒绝离开的定居者呢？或者说怎样处理跨越阿巴拉契亚山脉搜寻猎物，但对定居点并无兴趣的白人猎人呢？如果白人入侵者拒绝自愿离开，印第安人是否有权根据自己的正义观念去处置他们？在相当于自然状态的情况下，印第安人在理论上同其他任何人一样，有权主张司法管辖权，且有更加现实的能力去实施。可是哪怕假定所有越过阿巴拉契亚山脉的白人，都能够被以某种方式和平驱逐，也没有公告能够与一开始就将他们向西推的社会力量相抗衡。这就引发了相关的土地投机问题。宣言禁止殖民地政府在阿巴拉契亚山脉以西的区域授地，但是不能消除诸如弗吉尼亚和康涅狄格那样的殖民地的相关主张，它们的土地专有权一直能延伸到太平洋。事实上，这份宣言以一种典型的自相矛盾的方式，留了一个允许他们去申请豁免的漏洞。

由于这份宣言在几则条款中宣称国王十分慷慨，打算将土地授予"上一场战争中，那些在北美服役、经济较为拮据的军官们，以及已经或者将要在北美被遣散的军人们，这些士兵实际上已在北美定居，而且会亲自为了土地"向任何殖民地的总督提出申请。规定授予的土地面积——校级军官5000英亩，上尉3000英亩，中尉和参谋2000英亩，士官200英亩，士兵50英亩——加在一起会形成巨大的数量，这足够激起土地投机商购买授地许可证的欲望。那些希望得到服役的奖赏，但无意亲自在荒野占有土地的人会将许可证卖给投机商。哈利法克斯打算让这样的授地只在3个新殖民地划定的边界内进行，或者在已经存在的殖民地，在宣言条款规定的范围内进行，而且应当被授予正规军的退伍军人。但是相关段落的用词含糊，足以允许授地可能在各殖民地边界内的任何地方进行，而且对殖民军的退伍军人和正规军一样开放。鉴于为数众多的男子曾经在殖民军服役，而且像弗吉尼亚和康涅狄格这样的殖民地土地专有权大为扩张，各殖民地到处都是跃跃欲试的土地投机商。这些条款很有可能会给国王带来无穷的烦扰，而国王声称他自己的愿望只是"去证明我们王室意识到了并且认可我军军官的指挥能力和官兵们的勇敢精神，为此颁发相称的奖赏"。[12]

于是，西部的土地投机问题就像是前方等待触发爆炸的一道绊线，可能伤害的不是卑鄙的非法占地者和半野蛮的猎人，而是精英人物：政治关系延伸到枢密院的那些绅士们。几乎不可能指望像俄亥俄公司这样的合伙投资企业,去放弃他们从西部获利的计划,绝对可以预见到的是,他们在英国的股东(例如,包括贝德福德公爵)会谋求取消对西部定居点的各种限制。简而言之,这份宣言本身的条款保证了北美西部禁止定居的界线将被政治化——在英国。即使没有办法去预测各种斗争将会产生的结果,也不必找一位先知就能预见到,只要这条界线保持不变,移除它的赌注就会上升,而那些致力于限制白人定居点的大臣们迟早会被追究责任。

这些问题虽然无法预料,但也不是完全不可预见的。哈利法克斯提交的这份文件,会给他自己和他的继任者制造非常多的困难,但是以他的智慧、认真负责的态度和政治上的老到经验,以及他对北美事务的精通,撰写这样一份文件,显然不能用寻常的无知、漠不关心和懒惰等因素来解释。相反,这份宣言的种种问题是由于哈利法克斯和他的同僚们在北美急于恢复和平和建立秩序而产生的,尤其是想要改善与印第安人的关系。特别是哈利法克斯,他将这份宣言理解为将对印第安人的关系置于一个坚实基础上的第一步,在它颁布之后,立即开始集中精力改革印第安贸易。这一计划的条款更多地透露了他打算如何重整殖民地、印第安人和宗主国之间的关系。

10月19日,哈利法克斯草拟了一个印第安计划的纲要,交给贸易委员会详加阐述和修改。虽然委员会用整个冬天拟订了一份草案,内阁直到次年7月初才批准这份草案,但是这份纲要从一开始就很清晰。这份计划的实质是将殖民地政府和驻北美英军总司令都排除在印第安事务之外,将印第安事务的管理权全部移交给北部和南部印第安事务督办。贸易将会在指定的地方进行,要么是在要塞里(北部),要么是在指定的印第安村镇里(南部)。督办们的代表将会保证善待印第安人,提供必要的服务和裁决争议。运作这一体系的费用将全部用印第安贸易的税收来支付。就像格伦维尔正在准备的税收举措那样,这些改革将必须由英国议会通过,所以计划进行的前提是在内阁提交后,要获得议会的确定多数票和国王的支持。[13]

哈利法克斯的运作举措与格伦维尔提高税收的计划,在1763年秋已经发展成一项可定义的殖民地政策。但决定政策模式的不是任何理论，也不是帝国的愿景。相反，政策的模式起源于七年战争，这场战争制造了英国内阁正在努力去解决的种种问题，并给他们上了一课，引导了他们的注意力，还限制了他们的选择。这场战争在北美留下一支庞大而分散的军队，不再特别有战斗力，却对资金如饥似渴；一个强有力的（虽然不再是代表王权的副王）总司令官，他对印第安事务的错误干预，促成了一场代价高昂且令他们难堪的起义；1758年《伊斯顿条约》规定了一系列麻烦的义务，英国以这份条约承诺从西部撤军，并在当地的印第安部落之间大力推行积极的贸易。鉴于这些遗留问题，哈利法克斯根据1763年宣言，禁止白人在西部建立定居点，召回总司令阿默斯特，批准给予南北印第安事务督办不受约束地管辖印第安贸易的权威，这样做是完全合理的。[14]

战争带来的教训也将格伦维尔的注意力引导到税收措施上，这些税收措施将尽可能少地留给北美各殖民地议会自由裁量权，因为这些立法机构已经证明，在多年都吝啬地拒绝为共同事业出力之后，他们在1758年是多么热切地向帝国的财政补贴敞开怀抱。同样，从战争中得到的教训激励格伦维尔集中力量根除走私，他（和皮特一样）认为正是走私延长了战争，这时走私商贩又阻挠他的财政部收税，甚至仍然公开貌视英国当局的权威。最终，从这场战争中得到的教训，鼓励格伦维尔和哈利法克斯两人从战略的角度来设想一个伟大的新帝国，这是一个由白厅根据英国的政策目标进行指示的实体。让各殖民地回归自己懒散而狭隘的旧有道路，实际上就是在允许殖民地居民去定义印第安部族与帝国的关系，让北美人不给出任何回报，就能在英国的保护下受益。所有这一切，都会不可避免地招致像当时的庞蒂亚克起义这样的灾难重演，让诡计多端的法国代理人去挑起更多的暴动，使帝国军官在试图恢复秩序和安全的时候无能为力。当然，这是任何一个负责任的大臣都不能容忍的结果。

第60章

《北美关税法案（食糖法）》

1764年

是经验，而非理论，催生了英国内阁的改革计划，所以在实施改革项目时，投机性要大于系统性，而且在实施的时候逐渐变得政治化。正如格伦维尔预料的那样，反对派在英国下议院冬季会议期间，发起了两项主要抨击：一项基于对苹果酒税不满的情绪，另一项则是因为对政府不顾议员特权，对约翰·威尔克斯使用全面逮捕令的方式感到不安产生的。英国内阁预料到，从会议伊始，这两个问题就会成为对他们的巨大考验。由格伦维尔所写、国王宣读的开幕演讲稿，强调需要处理"为进行最近的那场战争背负的沉重债务"；国王还向下议院宣读了一份同样由格伦维尔所写的王家通告，请求下议院议员们确定威尔克斯是否应当被剥夺下议院的议席，从而被免除议员特权。然而，制定议程并不是为了控制辩论，威廉·皮特决心抓住这个看似闪闪发光的机会，以推翻格伦维尔内阁。站在皮特一边的有查尔斯·汤曾德，有些人觉得他的辩才与皮特相当，还有许多人相信他会继承皮特的政治衣钵。[1]

尽管皮特和汤曾德成功地将争论从威尔克斯相当恶劣的行为，转移到新闻自由和免于任意逮捕这类抽象话题，政府在早先的投票中仍然保持了可观的优势。此外，在圣诞节期间，威尔克斯出逃去往法国，这对格伦维尔极为有利。1764年1月19日，下议院裁决威尔克斯藐视国法，投票通过将他驱逐出议会。但是，1月底和2月初，在格伦维尔为苹果酒税辩护时，政府的多数票优势有所滑落：仅以20票之差否决了一份修改苹果酒税的关键议案。反对派嗅到了血腥味，2月中旬全力以赴发动了一次推翻内阁的行动，理由是内阁在使用全面逮捕令时滥用权力。如此激烈的措施，实施时又非常专制，让许多几乎不关心威尔克斯，但是对皮特怀有深厚感情的独立派议员忧心忡忡。然而，最终连这位伟大的下院议员的慷慨陈词都无法取得胜利，一份将会宣布全面逮捕令违宪的动议以10票之差未能通过。尽管反对派的挑战"史无前例，令人难以置信"，内阁还是保住了对局面的控制权，格伦维尔可以提出自己的立法方案，他的确可以非常自信地这样做，因为在辩论最激烈的时候，国王终于向他保证，无论发生什么事，他都会支持内阁。一度追随皮特的独立派议员，恢复了他们惯常的温顺姿态，格伦维尔内阁在下议院的多数地位，最终又恢复到了令人满意的水平。[2]

2月，格伦维尔艰难地表明，他可以在下议院占据多数席位。他在辩论中与威廉·皮特分庭抗礼，并且眼看着皮特占据宪法的制高点，但是最终他获得了一些独立派议员的支持票，在投票表决中胜出。3月，格伦维尔为此显示他能以另一种方式维护这一优势，当时，他自信满满地提出了他的下属辛苦数月制定出来的多项殖民地措施。9日，即预算案发表日，他向英国下议院概述了他的全盘税收方案，议员们报以掌声，仅有少数人难以抑制地打起哈欠。（"简洁不是他的弱点"，霍勒斯·沃波尔说着俏皮话，但是他承认格伦维尔长达3小时的演讲也显示了"技巧和能力"。）首相肯定能同时得到下议院议员和国王的支持，而且表现得像一个负有使命的人，再加上他提交的措施过于详细，这样就不会立即被读懂看透，也就不会引起讨论。他告诉下议院："此时此刻非常严峻。法国处于极大的困境之中，甚至比我们的更大。这对我们来说是件好事，因为我们不太可能负担得起另一场战争了，我们现在恢复了和平，那就让我们好好利用它吧。"[3]

最后，议会进行了一些零星的讨论，就以压倒性多数通过了格伦维尔提交的每一项措施。一定程度上，这是因为反对派推翻政府的动议失败了，两位领袖发言人也已离开——身体衰弱的皮特退居肯特郡的庄园，而性情多变的汤曾德因为一时气愤前往剑桥，进行一些拓展性的反思，即他应当怎样向内阁提供他的服务才最有利。但反对派的沉默也在诉说一个更加明显的事实，即在英国下议院，不会再有任何重要的派别驳斥格伦维尔提出的任何建议。正如英国下议院马萨诸塞利益的代理人之一伊斯雷尔·莫德维的报告所说：

> 在英国议会，似乎没有一个人会考虑，被占领的殖民地应当不驻留部队，或者英国在为征服这些殖民地欠下巨额债务之后，应当将其稳定和安全问题交给北美所有的殖民地政府，后者应当为维持这些地方自行征税。看法的唯一分歧……是格伦维尔先生说他没有期望北美会负担这笔费用的大头，而其他非内阁成员的主要议员认为，殖民地应当承担全部费用。[4]

除了印花税方案，英国下议院将首相提出的所有措施都合并为一项综合性措施，即1764年《北美关税法案》，于3月22日通过。格伦维尔一度提出，后来又撤回印花税方案，是为了给殖民地代理人一些时间进行评论，也让财政部的官员们得到一个机会收集所需的信息。英国议会上院甚至几乎没有开展什么辩论就同意通过《北美关税法案》，国王则在4月5日予以批准。从英国政治家的角度来看，该法案的显著特点是通过的速度（不到2周）和政府在英国下议院获得的多数票的优势（将近3比1）。似乎没有哪位议员特别担心这份法案将会从根本上改变英国和北美殖民地之间的关系。但是对5月才首次得知这份法案的殖民者而言，没有什么能比这份新法案的内容更加重要了。

后来的美国人将1764年《北美关税法案》称为《食糖法》，是因为这份法案着重强调对糖蜜和食糖征税，但这在今天就像殖民者创造这个名称时一样，是一个误称。实际上，这份法案包括一系列条款，都是格伦维尔试图用来合力帮助解决困扰战后帝国的财政和管控问题。虽然在形式上，这份法案是到期的1733年《糖蜜法案》的替代品，但是它大大超越了以往任何一个重商主义法令。它的许多部分都包含3种措施：一些措施意图让海关执法更有效；一些措施旨在向北美广泛消费的商品征收新税；另有一些措施调整旧税率，以便最大化税收。

第一类是该法案最为复杂的条款。有些条款试图消灭海关部门的腐败现象，例如，要求各殖民地总督宣誓保证遵守法律，威胁对违背诚信原则的海关官员进行重罚，包括解职、高额罚金，以及取消此后的公职任命。然而，法案的大部分新规则旨在让海关人员更加安全地执行任务，为他们提供保护，或者说给予他们去检查和打击走私的手段。从海关官员的立场来看，这些条款最重要的作用是限制了他们在犯错时承担的风险。被错误指控走私的商人和船长，经常能够起诉扣押他们财产或船只的海关官员，殖民地陪审团时常判处犯错的海关人员造成严重损害，需处以罚款，哪怕他们是由于太过相信错误的信息，才采取了行动。《关税法案》规定，陪审团认定海关官员犯有非法扣押罪之后，可以判给不超过2便士的损害赔偿金，且处以不超过1先令的罚款，甚至禁止法官向输掉诉讼的海关官员收取法庭费用。被控告的官员们只要证明他们在执行非法扣押时，有合理的理由怀疑有走私行为。任何海关人员触犯法律的程度或者受害人因此而蒙受的任何损失，都不能作为考虑因素。

由于这些保护措施往往会增强殖民地海关官员的自信，一旦查封的物品需要定罪和出售，该法案有关司法管辖权的条款会使王室获得法律上的支持。从17世纪末以来，英国在殖民地设置的海岸事务法庭审理海关案件。然而，被告总是可以申请将他们的案子从这些特权法院转移到普通法法院，由陪审团来决定裁决结果。在特权法院，只有法官才能听取证据，做出裁决。《北美关税法案》授权皇家检察官来决定由何种法院进行审判，结束了这一放纵行径，然后通过设立一个新的法院——全北美海岸事务法庭——扩大他们的优势，该法院对整个殖民地拥有原始管辖权。即使11个现存的海岸事务法庭的判决不受陪审团影响，被告仍有可能勾结暴徒恐吓法官。但在新斯科舍的驻军城镇哈利法克斯，这不太可能成为一种成功的防御策略，新成立的海岸事务法庭将设在那里。

最后，这一法案要求商人和船长缴纳保证金（100吨以下的船只每艘1000英镑，吨位更大的船只每艘2000英镑），以确保他们的合法性，并精心设计了文件体式防止伪造，这收紧了北美海关队伍松散的办事程序。即便是以前从未严格管制过的沿海贸易，海关官员也会在起航之前查明船上装载的是什么货物，登记在密封的"海关证书"之中。到达目的地时，船长必须向海关监察员出示证书，监察员会将证书开封，核对登记内容和货物；船上货物和证书登记内容的任何差异，都会成为起诉、罚款，以及没收在装运港缴纳的保证金的依据。此类流程在英国已经长期实行，那里有大量的海关官员、助理官员和办事员检查货物，跟踪货物的文书工作，来维持这套体系。然而，这是首次将保证金和海关证书系统性地扩展到殖民地之间的贸易中去。而且，殖民地的海关人员很少，记录也很不完善。显然需要为新体系配备更多人员，不过格伦维尔预计，海关收费和缉私效率提高的收益，将会超过为增加人力支付的费用。[5]

如果这些强制措施是政府用来将走私商贩打到屈服的"大棒"，那么设立新关税的法案条款，就是吸引英国制造商和贸易商支持这一法案的"胡萝卜"，格伦维尔相信，这也是一个非常重要的甜味剂，能引诱北美殖民地居民接受该法案。"胡萝卜"包括取消以前对某些经英国再出口到殖民地的欧亚优质织物的"退税"，以及对未来再出口的所有外国丝绸、印花布和亚麻布，增加每磅2到3先令的新关税。预期的效果是会提高不列颠群岛以外生产的纺织品在殖民地的价格，由此去鼓励殖民地居民消费更多英国生产的布匹。同样，对每英担"国外产的白糖或者（白土脱色的）漂白蔗糖"——在法属西印度群岛种植甘蔗精炼出来的糖——在原先5先令的关税之上加征1英镑2先令的新关税，让英国的食糖生产商在北美大陆的殖民地获得更大的优势。格伦维尔预计这两项税收都不会带来可观的财政收入，而是像根据《航海条例》一直以来收取的关税一样发挥作用，维持帝国内部的贸易往来，为英国生产和制造的商品在英属殖民地创建一个特权市场。于是，可想而知，与纺织品制造商和西印度群岛食糖制造商的利益息息相关的下议院议员，都热烈支持该法案。然而，对马德拉白葡萄酒开征新税的问题更加复杂，而且预期的效果不太符合惯例。格伦维尔认为，提高在北美最受欢迎的葡萄酒价格，会为殖民地的利益服务，这揭示了他关于帝国贸易的微妙设想，这也说明了为何殖民地居民觉得很难从《北美关税法案》中发现他认为显而易见的好处。

在整个18世纪，除了对高质量消费品的需求，北美人发展出一种对马德拉白葡萄酒的惊人渴求，他们以免税的木制品和鱼类，同葡萄牙的产酒岛屿交易这种酒。《北美关税法案》对直接从酿造葡萄酒的群岛运往北美的马德拉白葡萄酒，开征每大桶——一桶容量大约252加仑——7英镑的新税。相反，从英国进口的葡萄酒（诸如经英国酒商的货仓中转，运往各殖民地的马德拉白葡萄酒）每大桶只要承受仅10先令的关税。显而易见的结果是会减少殖民地与葡萄牙之间的直接贸易，提高殖民地的葡萄酒价格，从而让英国葡萄酒批发商的收入大增，进而让政府获得财政收入。[6]

值得注意的是，格伦维尔也料到这一措施会鼓励殖民地居民去饮用在北美蒸馏的朗姆酒，因为此时这种酒要比以往任何时候都享有更大的相对价格优势。该法案的第28段向任何像格伦维尔那样构想大西洋贸易体系的人，清楚地表明了他的动机，因为这一条款将法属西印度群岛的朗姆酒完全从北美大陆的殖民地排挤出去。法国本土的法国人很少喝朗姆酒，而且只要葡萄还在继续生长，朗姆酒的消耗量永远都不会大涨。因此，一旦马提尼克和瓜德罗普的蒸馏酒原料种植园主，无法进入庞大的北美市场，他们几乎没有选择，只得放弃制造朗姆酒，将他们的糖蜜廉价卖给北美的蒸馏酒制造商；没有其他任何客户，他们将别无选择。事实上，市场力量会迫使法国的糖蜜生产商去资助英属殖民地的朗姆酒制造。所以，被编织而成的新关税网络，对北美的朗姆酒制造商来说是一个福音，格伦维尔希望它与该法案的最后一批条款一起促成最可观的关税收入。[7]

《北美关税法案》的第三个方面就是下调从法属西印度群岛进口到北美殖民地的糖蜜的关税，这形成了格伦维尔计划的核心。这次削减承认了糖蜜贸易的旧法规缺乏效率，试图利用战争带来的变化获益。1733年的《糖蜜法案》试图通过对进口的糖蜜征收每加仑6便士的禁止性关税，来阻碍英属北美消费法属西印度群岛生产的糖蜜。其目的是将法国糖蜜排挤出北美，鼓励消费英属西印度群岛的糖蜜，但这项法案从未取得预期的效果。和法国人不一样，英国人爱喝朗姆酒，英属西印度群岛的种植园主将自产的糖蜜蒸馏成高品质的朗姆酒，销往英国，获取可观的利润；因此他们很少有糖浆能出口到北美大陆的英属殖民地，即便有，其品质也往往不高。结果，北美的蒸馏酒商就要依靠法国供货商。因为外国糖蜜每加仑6

便士的关税确实非常高——糖蜜的成本大约为每加仑 14.5 便士,而朗姆酒的批发价不高于 18 便士——因此,英属北美人早早就开始走私糖蜜。18 世纪 60 年代,在每个有朗姆酒酿酒厂的港口,都存在有一个明目张胆的贿赂体系:海关官员将对外国糖蜜收取的每加仑 1.5~2 便士的"销案罚款"收入私囊,根本就不努力执行《糖蜜法案》。[8]

对于乔治·格伦维尔这样憎恶腐败行为的人而言,在 1763 年之前这种行径已经够恶劣的了,但战争改变了相关形势,之后这种行径发展到了令人无法忍受的地步。因为战争降低了法国糖蜜的价格,同时提高了它的价值,历任驻北美英军总司令从未能成功让通敌贸易减速,更不用说制止这种贸易了。新英格兰是北美大部分蒸馏酒厂所在地,这里和法属西印度群岛之间一直都存在交易,因为法国种植园主需要木材(尤其是制造装糖大桶的木板)和食品(特别是他们需要的牛肉和奴隶们食用的廉价鱼类)。在战争开始前,他们能依靠与加拿大和路易斯堡的贸易,供应部分所需的木材和食品,但是由于随后失去了获得这些物资的渠道,他们只能以极低的价格将糖蜜出售给任何能够将他们需要的木材和鳕鱼肉运送过来的新英格兰船长。与此同时,新英格兰的朗姆酒市场在战争期间以惊人的速度扩大:部分是因为士兵们使用这种粗制的酒精麻醉剂缓解他们在北美服役的种种不适;部分是因为征服非洲西部的法国贸易站,增加了当地对朗姆酒的需求,因为在当地酒是奴隶贸易中的主要交易商品。

因而,战争引发了新英格兰消费法国糖蜜的热潮:在英军征服瓜德罗普和马提尼克,让糖蜜贸易合法化之前,消费量就已很大;征服之后,消费量巨大,增长迅速。战争结束后,蔗糖群岛归还法国,糖蜜贸易继续存在——再次变得非法——因为蒸馏酒制造商没有其他可用来源供应他们的巨大扩张需求。1763 年,格伦维尔所能得到的最权威的评估报告指出"战争期间外国糖蜜的进口量剧增到……每年 6 万桶,5 倍于"殖民地蒸馏酒制造商在战争开始前消费的"数量"。总进口量在 600 万到 750 万加仑之间,还有许多应税糖蜜是格伦维尔忽略不计的。他唯一关心的是怎样全力开发好这个税源。[9]

对外国糖蜜每加仑征收 6 便士进口税的法案,没有为英国国库带来多少收入，反而引发大量海关官员腐败，因此《北美关税法案》对外国糖蜜设立了每加仑3便士的新税。格伦维尔期待这一新税额能够带来每年七八万英镑的收入。他知道，如果他只是把税额定为每加仑2便士，即与其每加仑的行贿数额相同，让守法纳税和违法变得一样廉价，甚至有可能为国库带来更大数额的收入。尽管如此，他认为如果不仅仅考虑财政的话，那么比贿赂相对较高的税额，出于政策理由也是正当的。殖民地居民需要明白英国对糖蜜进口贸易的认真态度，而说服他们的最佳方式是强制执行一个更高（即使收入会少一些）的税额，展示一下该法案给予北美海关人员的力量。于是，格伦维尔将税额降低到既能带来税收，也能促使殖民地屈服的地步。然而，他并没有打算以强行索要税款和强制执行法令的方式，严厉到阻碍殖民地朗姆酒贸易的地步，他希望这项贸易——通过将法国朗姆酒排挤出北美得益——成长为一只会为英国国库下金蛋的鹅。

格伦维尔还期待能从这些措施中获得最后一个好处，这或许是所有好处中最精妙的一个：削弱法国在西印度群岛的统治。由于加拿大在英国手中，法国种植园主在木材和粮秣上，会比以往更加依赖北美大陆的殖民地，因此一旦再度爆发一场战争，他们的处境也会比以往更加艰难。即使北美大陆的殖民地和一个外来帝国的蔗糖群岛之间的合法贸易，并不完全符合构建该法案其余条款框架的重商主义观念，它在战后世界也仍然拥有极好的经济和战略意义；特别是因为格伦维尔认为新英格兰的糖蜜消费者会通过提高木材、鱼类和食物的价格——蔗糖群岛的种植园主无法从其他任何地方得到这些物资——将自己上涨的经营费用转嫁给法国种植园主。以这种方式理解的话，最终为糖蜜缴税的不是英属殖民地的居民，而是马提尼克和瓜德罗普的法国种植园主。[10]

就像一名构造复杂机器的工程师一样，格伦维尔设计的《北美关税法案》会执行许多同步的互补职能，他相信所有这一切将有助于建立一个运作良好的帝国。而且，他比大多数同时代的人能更清楚地意识到，光靠设计精巧的机器是不够的。有效的帝国改革不仅需要建立一种军事上安全、经济上可靠的体制结构，而且还需殖民者形成新习惯和观念，必须摒弃他们在战争期间表现出来的那样明显的利己主义。格伦维尔认为《北美关税法案》就像哈利法克斯的 1763 年宣言一样，是改变长期以来形成的行为模式和根深蒂固的观念的第一步。殖民地居民需要被征税，这不仅是为了提供必要的收入，以保卫和维护他们之间的秩序，也是要让他们习惯承担属于全体英国臣民的义务和责任。

就像印第安贸易和禁止在阿巴拉契亚山脉以西地区定居的改革一样，格伦维尔一揽子财政措施的深层次问题一直是管控、主权、统治权这些核心概念。他缓征印花税，是为了让肯定会抵制自己在帝国中新的从属角色的殖民地居民容易过渡。他料到殖民地会反抗，但他也期望能压制住反抗。殖民地居民所能做的任何事情都不能阻止乔治·格伦维尔以税收为手段，去达成帝国形成支配性管理的目的。殖民地的任何抗议，都无法阻止他行使英国议会的主权，税收既是主权的工具，也是主权的象征。

第61章

《货币法案》

1764 年

　　当然，英国议会的大部分议员都赞同格伦维尔和哈利法克斯改革体现的主权观念。他们对《北美关税法案》没有什么保留意见，这也说明了这一点；他们几乎同时通过了1764年的《货币法案》，这一点更能说明问题。这项法案并非内阁为殖民地制订的计划的一部分，但它与内阁的措施如此一致，乃至北美殖民地居民会认为该法案属于同一构想。他们的这种看法并非完全错误。虽然不是有意识的模仿，但《货币法案》的确源于产生1763年宣言和《北美关税法案》的相同看法和观念，这种看法和观念还将很快制造出《印花税法案》和《驻军法案》。像所有这些措施一样，《货币法案》直接产自战争中得到的经验，即认为以英国为代价使殖民地获益的做法需要改变，并坚信英国下议院有权也有义务做出必要的改变。

　　艾尔斯伯里的尊贵议员安东尼·培根，实际上也是被选举出来代替约翰·威尔克斯的人。他在4月4日提出一项动议，意图剥夺新英格兰以南殖民地宣布它们发行的纸币为清偿私人债务法定支付手段的权力，他是在一场公开讨论会上回应与弗吉尼亚贸易的商人的私人问题的。他本人就是与弗吉尼亚做生意的商人，因此知道战争是如何引发大规模的殖民地货币发行问题，接下来这些纸币又是怎样影响殖民地居民欠英国债权人的那些债务的价值的。令他特别担忧的是战争结束时弗吉尼亚贸易特有的一些因素。它们包括弗吉尼亚为筹资支持其军事努力发行的大量纸币；弗吉尼亚下议院规定，弗吉尼亚地方债券会作为私人债务的法定偿付凭证流通；弗吉尼亚种植园主拖欠像培根本人那样的商人的钱款数额长期以来不断累积；而战争结束时，英镑与弗吉尼亚纸币之间的兑换率突然上涨。[1]

像大多数北美殖民地一样，从 1755 年起，弗吉尼亚一直靠发行大量足以支付当前开支的纸币，来为战争努力提供资金。这些纸币实际上是殖民地政府印制的欠条，由殖民地以其税款作为兑现的保证，来给予其价值。1764 年年初，大约有价值不到 25 万英镑的此类弗吉尼亚纸币仍在流通。马萨诸塞或康涅狄格的地方司库可以用金银偿付递交给安东尼·培根的纸币，是因为他们的殖民地货币有铸币支持。虽然弗吉尼亚的地方司库做不到这一点，但当时该殖民地的纸币还能维持合理的估值。这部分是因为弗吉尼亚下议院对允许进入流通领域的纸币数量持保守态度，规定每发行一批纸币，就必须有对应的未来预期税收可用作偿付金，这样一来就或多或少地将偿付责任与税收提取时间捆绑起来。还有部分原因是英国议会的财政津贴和陆海军在北美花费的铸币，在战争持续期间能够支持所有殖民地货币的价值。然而，随着战争的结束，军费开支逐渐减少，再加上英国的资本市场在慢慢收缩，弗吉尼亚人用于支付海外债务的英镑汇票，变得更加昂贵。

经立法机关通过并授权殖民地财政部门发行的纸币，弗吉尼亚下议院曾经将其法定汇率定为 125，即 125 英镑弗吉尼亚纸币理论上相当于 100 英镑。虽然 100 英镑汇票在战争一开始的几个月确实可以兑换 125 英镑弗吉尼亚纸币，可是从 1757—1761 年，实际汇率都在 140 左右徘徊。这是膨胀之后的一个汇率，但只要汇率保持相对稳定，只要弗吉尼亚人还能以英镑汇票而不是用弗吉尼亚的地方债券来偿付他们欠英国债权人的债务，伦敦商人就几乎没什么可担心的：因为他们知道债务到期时，弗吉尼亚的种植园主们还给他们的钱，基本上与贷款时是等值的。然而，像培根那样与弗吉尼亚进行过大宗贸易的人，在 1762 年变得惊慌失措，因为当时汇率从 140 一下子攀升到了约 160。他们向贸易委员会施压，要求保护他们的投资，1763 年 2 月，委员会试图让弗吉尼亚议会废除纸币的法定偿付地位，来满足他们的要求。但是 5 月弗吉尼亚下议院回复，该殖民地各郡县的法院并非按照法定汇率，而是按照实际汇率对债务人执行判决的，所以没有必要采取行动。

他们的时运不可能更糟了。那年夏初，一场突发的国际金融危机震动了伦敦城，威胁到城里的金融家和商人们，包括那些与殖民地贸易的商人。战争期间，荷兰的银行家们在英国境内放贷了一大笔钱，所以当阿姆斯特丹放债过多的纽夫维尔兄弟银行崩溃，引发了一场迅速蔓延到北欧所有金融中心的恐慌时，英国银行家和商人只能仓促履行偿债义务。[2] 就在伦敦的大公司向他们的债务人施压——当然包括和殖民地做生意的商人——要求他们付款的同时，像培根这样的商人非常担心殖民地商人积欠的债务。偿付能力此时取决于他们以 160 的市场汇率，而不是 125 的官方比值，收回他们在弗吉尼亚债权的能力。因为弗吉尼亚货币"法定偿付"的性质，使得它被用于偿付私人债务时，不可能被拒绝，他们担心种植园主会尝试以官方比值支付弗吉尼亚货币来欺诈他们，而不是以他们急需的方式，即充分体现市场价值的伦敦英镑汇票。

有趣的是，1763 年夏，格伦维尔其实已经在仔细考虑将殖民地的通货券，纳入他更庞大的帝国改革计划：不是为保护像培根那样的商人免受通货膨胀的伤害，而是为了在北美创造一种通用的货币，以便向英国财政部缴纳税款，缓解殖民地长期以来的资金短缺问题。出于多种尚不清楚的原因（可能是因为他打算用自己意图征收的印花税税收来支持殖民地的货币，实际上是提供一种稳定的货币供应来当作接受直接征税的条件），格伦维尔放弃了这个计划。于是在 1764 年 4 月 16 日，培根的北美货币提案在英国下议院经过短暂讨论，接着以口头表决的方式通过后，成为法案——并没有得到内阁指示，但是得到了默许。格伦维尔曾考虑过的货币措施，将会改善殖民地的财政，为帝国内部的贸易提供便利。与这一措施不同，1764 年的《货币法案》只是为伦敦神经紧张的商人们的利益服务。正如试图反对这一法案的殖民地代理人指出的那样，一项禁止殖民地的货币在殖民地内部作为法定货币流通的法案的净效果，只能让北美境内的生意和交易比过去更加混乱和不确定。然而，对提案的辩论说明，下议院议员们会通过这一法案，是因为他们相信北美债务人正在操纵汇率，让殖民地的货币贬值，以此欺骗为他们投资的英国商人。

1764 年的《货币法案》明确针对弗吉尼亚，但是在措辞上宽泛地包括新英格兰以南的所有北美大陆殖民地。在新英格兰，1751 年的《货币法案》仍然有效，硬通货制度将会如以往一样运作。1764年的法案规定，新英格兰以南的殖民地此时作为法定货币流通的所有纸币，都必须根据公布的时间表以税款支付，退出流通，任何殖民地议会的法令都不能让其延期。该法案没有明确禁止未来发行殖民地的货币，但是严格禁止殖民地立法机构再次宣布殖民地纸币会成为"支付任何交易、合同、债务、应缴款项或者无论何种款项要求"的法定支付手段。这显然适用于北美人欠英国债权人的私人债务，但用词宽泛到足以包括个别殖民地内部殖民者之间持有的债务。从那些试图抗议的殖民地代理人的角度来看，这够糟糕了；但是实际上这样的用词包括的内容非常广泛，乃至于在暗示殖民地政府甚至再也不能让他们的货币成为偿付公共债务的合法支付手段，即不能用于缴纳税款。[3]

如果的确出现了这种情况，这份法案将会颠覆新英格兰以南所有殖民地的公共财政，在那里，1751年的《货币法案》至少允许殖民地货币成为一种可接受的法定支付媒介，用以支付税款。对于缺乏足够货币供应的殖民地来说，除了发行纸币，没有其他办法支付军费和其他政府开支，而且在规定的期限之后，除了通过征税让其退出流通，没有其他办法保持币值（当持币人将它们支付给殖民地的财政机构时，通常需要为纸币支付适量的利息）。它将不可避免地迅速贬值到一文不值，除非殖民地货币至少能被视为支付税款的合法手段。由于当时几个受到该法案冲击的殖民地正在努力保卫自己的边境，以对抗印第安人的攻击，殖民地货币迅速贬值到一文不值，几乎不是一个理论上的顾虑。英国下议院找了一个极其不合时宜的时间，要弄了殖民地的公共财政。

然而，在对该法案进行简短辩论时，只有少数下议院议员含糊地提到上述问题。没有一人质问下议院干涉殖民地事务的正当性，或者提出在那个时刻以这种方式这样干涉，是不明智的。也没有人特别注意那些殖民地的代理人，他们反对这一法案可能产生的影响，试图提出备选方案。和战前的英国议会不同，之前议会显然很不愿意让自己卷入殖民地事务，而这届议会则表示愿意咬紧牙关进行一些改革，无论有没有内阁的指示，都会向前冲。

对于乔治·格伦维尔来说，他的工作是将558位不可预测的下议院议员，指引到共同利益的大方向去，他们通过《货币法案》传达的信息再清楚不过了：他可以带头改革与殖民地的关系，不然他会被临时多数派根据自身的观点和议程采取的行动践踏。但是殖民地居民对英国下议院的内部运作缺乏清晰的认识，也不了解它新出现的行动主义特征，因而看待北美政策出现的眼光就会不同。对于威斯敏斯特突然兴起的改革浪潮，他们觉察不到内阁和议员们的匆忙和不协调举动。内阁和议员们对于北美短期关注的每一项反应，都建立在共同的假设和偏见基础之上，实际上并非一定程度上的构想和管理而产生的结果。殖民地居民不理解战争怎样提高了英国下议院对北美事务的意识；也看不到可敬的议员们是多么不可能从一种有利的角度来解读他们的反对意见。

在英国政府提出它的各项改革，下议院通过相关法令的几个星期里，实际上，最为显著的两个特点不见了：如我们在上文所见，没有出现辩论和反对意见；也缺乏任何意义上的补充手段，即在战后北美可能成为达到金融稳定和军事安全这两个目的的备选方法。为何不去呼吁殖民地居民对财政的支持，而是去试图迫使殖民地就范？为何不要求殖民地议会去募集殖民地部队，去守备那些必要的兵站？按照白厅和威斯敏斯特的理解，战争的经验教训足够直白地回答了这些问题：北美人不能依赖。对每一位在制定政策的过程中有发言权的人来说，这场战争已经证明，北美殖民地的议会只有在它们能获益的条件下才会支持帝国；北美的纳税人吝啬又自私；北美军人的服从意识太差，开小差倾向严重，不能委以保卫殖民地的重任。

但是，这场战争真的如此毫不含糊地证明了上述这些事情吗？事实上，在这场战争的最后几年，可以被理解为表现出了正好相反的特征。从1761—1763年，每年都有9000多名殖民军军人志愿服役，主要是为了让正规军能腾出手来参加加勒比海的战事。那几年，军中已经明显杜绝了在前几年的秋天经常出现的哗变和大规模开小差的现象，这仅仅是因为当时殖民军官兵应募时，同意不是为8个月的战事服役（而且服役可以得到薪水），而是为每个年度的任务服役。每年募集（或再度募集）9000名或

1万名殖民军士兵,在国王希望留下服役的正规军军官麾下服役,再依靠王家申请从殖民地的财政机关为他们支付薪水,运作这样一个体系,应该不难想象。然而,哈利法克斯和格伦维尔这样的人不会这样想,因为他们记得的不是战争快结束时相对满意的那几年——殖民地政府募集了英国要求的80%~90%的兵员——而是战争开头那几年的艰难岁月。他们都不认为财政部可以仅仅通过呼吁,就从殖民地议会得到支持,因为他们仍耿耿于怀于战争期间布拉多克和劳登未能说服北美殖民地为支持英军提供一笔共同基金。英国政治家普遍认为,是英国议会给予北美殖民地的百万英镑报销,在支付殖民地的战争努力费用,或者至少是大部分费用。没有人注意到英国议会批准的转移支付仅占北美殖民地全部军费的40%,许多殖民地的居民此时还在努力偿还战时欠下的公共债务。[4]

1763—1764年,英国的政策制定者仿佛本能地回归到了1748—1754年的举措,那么接下来发生的事情就不足为奇了。一些参与制定和批准政策预案的最有影响力的人——包括最值得注目的哈利法克斯伯爵和查尔斯·汤曾德——在乔治王战争之后的岁月里,对北美殖民地有了最为深切的了解,当时他们首次需要对统治问题做出回应,此时看来,这些问题似乎预示着七年战争会产生更加严峻的问题,这回他们决意要去解决这些问题。其他人,特别是乔治·格伦维尔,借鉴了他们自身全力应对皮特极其昂贵又十分成功的军事领导造成的财政挑战时形成的观点。他们中的任何一个人其实都没有问过,殖民地政府为了维持他们帮助建立的帝国,到底有多大意愿去继续做出贡献,因为没有人觉得这个问题值得一问。他们既没有把握住殖民地做出的贡献真正达到了何种程度,也不知道这场战争在北美造成的情感冲击达到的深度。

因而,战争早期经历的惨败、薄弱的管控和紧张的财政带来的痛苦体验——1754—1757年的主流意见——主导了那些为战后帝国制定政策的人们的理解,这鼓励他们去采取会让殖民地附属于英国的措施。不过,这场战争还具有其他意义,正是这些意义——一场天赐的胜利,通过自由人在光荣事业中的通力合作而获得——塑造了殖民地居民的理解,提升了他们对帝国伙伴关系的期望,激起了他们对格伦维尔、哈利法克斯及其同僚试图强加给他们的侵入性政策的怨恨，这种政策似乎非常霸道专横。七年战争以比任何人所知更多的方式，重塑了这个世界。但是英国人和北美人从这场战争中获得的经验教训，将会证明当分处大西洋两岸的人试图理解这些变化意味着什么时，尚不具备指导意义。而当任何一方试图去理解另一方的行为时，用单方面获得的经验教训来指导自身的行动，都是十分危险的。[5]

第 62 章
战后情况与殖民地回应的背景
1764 年

1764 年，北美殖民地的混乱状态——各地的经济和社会随战争带来的变化不断发生变动，殖民地政府努力去适应国际和平局面，同时努力去处理印第安反叛的影响——有助于解释殖民地居民是如何回应英国改革帝国关系的努力的。七年战争造就的经济环境和政治派性问题，从一开始就主导着殖民地居民对格伦维尔改革措施的反应；军队镇压庞蒂亚克起义的努力，使一切变得更加复杂。但是，最重要的一个因素是 1764 年的大萧条，它就像一只湿乎乎的手一样顽固地抓紧每个殖民地的贸易，直到 18 世纪 60 年代末，北美殖民地才完全摆脱它的影响。[1]

北方殖民地港口的商人们的敏感触角，在 1760 年年末捕捉到了这场经济危机的第一批信号，当时他们的货仓里塞满了赊购的消费品，都是英国的关系户以便利的条件提供的。在近几年生意兴隆的情况下，英军的军费支出开始减少，军事行动的焦点开始从加拿大转向西印度群岛，突然出现大量库存的积压，似乎不是什么大问题。但是，随着英国的陆海军军人越来越少在北美大陆花销他们的薪水，随军商店不再购买大量英属北美殖民地的农产品，军队也不再雇用数以千计的平民运送物资，帮助修建军用道路、堡垒和兵营。因而，殖民地居民用于购买衣服、马德拉白葡萄酒、茶具、壁纸、家具和其他他们喜爱的进口商品的可支配收入也越来越少。与此同时，殖民地纸币对英镑的汇率开始缓慢上升，这使商人们偿还英国关系户的到期债务变得越发困难。[2]

1761 年和 1762 年，在欧洲对食糖的需求下降，以及西班牙加入战争后海上保险费率上升的同时，商人们也不得不去面对遍及英属北美殖民地的干旱和粮食歉收引发的问题。所幸英国议会的津贴款项一直在流入，陆海军仍在为装备加勒比海的远征部队花钱，最终成功占领马提尼克和哈瓦那，也为投机贸易提供了新的市场：种种因素在1761年和1762年仍足以缓和经济衰退的影响，而且衰退的受害者仍然是那些在繁荣年代步入商界、小本经营的可怜贸易商。实力更雄厚的商人们——那些拥有足够资本储备，或者声誉足够让债权人认为值得被信任的商人——往往会将衰退期的最初两年，当作一段不景气时期，而不是一场灾难。大多数商人预计战争最终结束时，繁荣会恢复，"正常"贸易可以再兴。[3]

随着库存的积压减少，大商人的信心在恢复；因而1764年年初，当他们的英国关系户再度开始扩大信贷时，他们毫不迟疑地订购了新货装船，出于对更好的时代就在前方的预期，囤积库存。历史经验促使他们相信这种乐观是合理的，因为在此前几场战争中，经济不景气和衰退都与敌对行动相伴，而随着和平的到来，经济便会复苏。虽然在当前这场战争的后半期，英国的海外贸易空前繁荣，但是商人们没有理由就认为战争的结束只会带来更多繁荣。销售量没有达到他们信心满满的预期，1763年阿姆斯特丹导致的恐慌，阻碍了信贷向殖民地的涌入，这让许多贸易商夹在稳如磐石的高汇率和市场的饱和困境之间，撞了个粉碎。[4]

因此，1763年年底和1764年年初，英属北美北方港口城市出现的破产企业，不仅包括前几年生意失败的邋遢暴发户，还包括像费城的斯科特和麦克迈克尔公司这样资本雄厚的企业，后者在1763年12月停止偿还5万英镑的债务。1763年和1764年，纽约的法院在债务诉讼中，强制执行的资产出售数量比之前多两倍；在费城，则比之前多一倍。随着压力的增大，商人们往往试图靠在风险比以往更高的商业投机中赌一把来求生存，希望可以赚取能还清债务的巨额利润。例如，1764年费城的托马斯·里奇与一个他几乎一无所知的纽约商人，建立了合伙关系，将食品运往法属南美殖民地圭亚那，这明显是违法行为，但承诺了令人难以置信的丰厚回报。里奇通过战时与法属西印度群岛做生意，积累了一笔财富，但是在1762年和1763年只能蒙受巨额损失。他希望大赚一笔，还清债权人的所有款项，却只是成功拖延了清算的日期而已。直到1770年，他才还清全部债务，当时他几乎倾其所有。他去世时，在新泽西的农场里养羊。[5]

托马斯·里奇按照一项被后来的商人奉为金融公理的原则行事："如果你欠银行家1000银元，有500银元可以还给他，那你就有麻烦了；如果你欠银行家100万银元，却没有一个5分镍币，你就会拥有一个搭档。"里奇非常庞大的债务规模，有助于他维持了很长一段时间的生意，要是他没有那么大的魄力，且债务规模较小，他早就被关押在债务人的监狱里了。许多生意没有他庞大，也没有他大胆的商人，在18世纪60年代彻底失败了。其他人削减了经营活动。少数人进行了里奇式的赌博，而且成功了。大萧条意味着的不是普遍的破产，而是在殖民地一直以来就很高的失败对成功的比例，变得比以往任何时候都更高。只要信贷仍然稀缺，会去取代因不幸或技艺不精而失败的商人，进入商界的未来商人的数量就很少。同时，像里奇公司那样陷入困境的大企业——那些能够利用它们的负债水平争取时间，或者从他们的债权人那里撬动更多贷款的公司——在它们还存在时，吸取了许多仍然可用的信贷额，而当它们垮掉时，给当地经济制造了更大的窟窿。

北美商人的借款对象不只是英国商人和金融家。当托马斯·里奇这样一名食品商人破产时，他的债权人包括造船工、木工、箍桶匠、修帆工、鞋匠、制版工、食品供应者、裁缝、商店店主、船具商，以及所有与他有账目往来的其他小商人和工匠。接下来，当每英镑账款只能收到几个先令时，相应地，他们也就不能满足与自己有业务往来的那些人的清款要求。一旦他们不能继续雇用临时工和劳工，或者支付不起女佣和厨子的薪水，城市失业率就会上升。与此同时，退伍军人、水手和前私掠船船员试图进入港口城市的劳动力市场，这进一步压低了工资，促使总体贫困水平进一步上升。因此，阿姆斯特丹的一家银行倒闭，会导致伦敦信贷紧缩，继而造成北美殖民地港口城市的大量商人破产，威胁到数以百计的北美中产工匠和小企业主的生计，使得殖民地数以千计的劳工和小工匠失业，让所有依靠他们的人的生活变得悲惨。企业不断破产，失业和贫困人数日益增加，但这些是周期性的，不是结构性的：20世纪的经济学家将此视为早期一种较为严重的常态，即在趋向平稳之前会持续很久的再调整。然而，由于在波士顿、纽约和费城经历这些周期性调整的人，不一定明白这些都是暂时的状况，加上这些调整与一个高就业率、高薪水和繁荣的时期如此接近，它让每一个人的生活——从像托马斯·里奇这样的商业大亨，到为他洗衬衫的无名妇女——比以往任何时候都更紧张和脆弱。

1763 年和 1764 年，北美北部所有的主要港口城市都受到不同程度的损害，但是没有一个能前瞻到这场大萧条的最困难时期将会在 1766 年深化，在 1767 年短暂缓和，之后陷入更深的痛苦之中。[6] 波士顿首先感受到了萧条，压力最大。1760 年，波士顿商人就已经组织了一个鼓励商贸的协会，来应对经济衰退的开始。1763 年，这个组织致力于游说英国议会给予特殊待遇，希望复兴他们的贸易。这座城市用于贫困救济的支出，在战前从未超过 800 英镑，而在 1764 年达到将近 2000 英镑。在驻北美英军司令部所在地纽约，远征西印度群岛的部队的军事承包合同，以及在战争结束后仍然坚挺的造船业，都推迟了经济衰退的开始，但是 1764 年年初，纽约商人开始抱怨现金匮乏、汇率失控和经济不稳。一个富有的曼哈顿人写道："一切都在崩塌，甚至连商人自己都是。"费城则很幸运，因为西印度群岛对面粉的强劲需求一直保持到 1763 年，食品贸易的持续活力可以抵消纺织品市场的灾难性状况，后者在 1760 年年末崩溃，低迷长达 10 年。1764 年年初，西印度群岛贸易的蜕变成为更大规模经济崩溃的开始，托马斯·里奇以最终会致命的独创手段应对危机。货运清空率下降，面粉价格暴跌，货币从流通中消失，商人们竭力避开债权人。济贫院的管理者抱怨，院内房间太过拥挤，他们在每个小房间里都塞了 6 张床。[7]

北部的农村经历的苦难比起波士顿、纽约和费城要少，但经济衰退的影响至少扩大到了每座城市商业贸易区的边界地带。农民蒙受危机影响的程度，取决于他们融入大西洋市场的程度。但总的来说，那些在战争期间依靠为军队提供服务（主要在中部殖民地和新英格兰）、出售粮食（在中部殖民地）或者出售牛肉和猪肉（在新英格兰）发展起来的人，发现他们赚得的钱少了很多。农村的商店店主之前可以向城市商人赊购消费品，用农产品还债，此时后者向前者施压，意图迫使他们的客户接受新的清偿债务方式。农民对商店店主的依赖性越小，他的债务负担就较轻，对他来说经济衰退的影响就越小。战后马萨诸塞农产品的价格走势表明，1761年和1762年的干旱，对大多数新英格兰农民家庭生活的影响，要比波士顿发生的任何事情都大，更不用说伦敦和阿姆斯特丹的事情了。即使如此，1763—1764年农产品价格的暴跌也足以说明，在一个绝非商业性农业主导的殖民地，都能感觉到战后的大衰退。在商业性农业主导的地区，如特拉华河和哈得孙河流域，经济衰退的影响当然清晰可见。但即使在那里，在价格恢复之前，农民也仍旧至少有一个有限的选择，即"自给自足，维持生存"，或者种植农作物只供直接消费和在当地交换，不用于出售。[8]

然而，在弗吉尼亚和马里兰这两个北美商业性农业发展历史最悠久的烟草种植殖民地，自给性农业也无法提供安全的避风港湾。在切萨皮克湾沿岸受潮水影响的郡县，战后大萧条的影响与任何北部城市一样严重。自从约1750年以来，烟草种植园主就已经历了多轮严峻的考验。一开始，国际市场上的变化使烟草价格水平的日常波动变得不稳定，对于这一点，种植园主早就习以为常了；后来，在战争期间，一系列歉收加剧了法国烟草专卖市场上的销售问题。尽管处于这样的环境，伦敦商业银行的宽松信贷政策还是在鼓励上层士绅继续消费高质量的英国烟草产品。种植园主非常了解烟草生产的详细过程，但是他们忽略了国际市场，甚至在对自己账目的结余都不甚明了的情况下，就将还没有种植的烟草作物拿去抵押，来支持奢侈的嗜好。到了1762年殖民地货币对英镑汇率上升的时候，种植园主们突然发现他们的英国债权人不再愿意为未来出售的烟草作物销售提供信贷，来让他们延期付款。因此，一名曾为对抗法国人和印第安人服兵役的种植园主，几乎没有时间准备与他在伦敦的债主开战，只能以希望得到解脱的说法来欢迎《巴黎和约》签署的消息："我们对和平得到保证感到很高兴，希望和平会长久持续下去，烟草贸易将会再度进入便利和规范的渠道，使所有相关人士共同受益。"[9]

乔治·华盛顿上校对英国历史上最辉煌的和平的反应显然平淡无奇，这似乎令人惊讶，但事实上，他的评论代表了他所在阶层的观点，正如它准确反映了他自己近来的经历和关切的问题。自从1759年他与玛莎·卡斯蒂斯结婚，二人名下的产业并入北弗吉尼亚出类拔萃的种植企业这一令人兴奋的时刻以来,华盛顿接触到的一切事情都不太妙。他试图种植有利可图的烟草作物,却反复失败。在伦敦,他家庄园出产的烟叶取得了不可动摇的平庸名声。要维持大种植园主生活方式的开销水平,同时还要维持一支奴隶劳工队伍和几座种植园,他就一直不能松懈。他本人的债务人——找他借钱从不会犹豫的前战友,将借款登记在册的邻居,拖欠租金的租户——还钱很慢,有时甚至根本不还;他本人也过于严格遵循绅士的行为守则,在有人向他借钱时慷慨解囊,但在这些人无法按时还款时,也不坚持向他们讨债。1763年华盛顿发现自己负债累累,怀疑自己永远无法靠种植烟草还清债务,便设法去寻找一些办法走出困境。他使用的这些方法绝对是同行种植园主的典范,实际上,唯一的区别在于当时他就已经开始努力节约开支。因此,华盛顿永远都不会遇到像他的同僚,即弗吉尼亚第2团的上校威廉·伯德三世那么大的麻烦。1763年,当弗吉尼亚人最早感觉到阿姆斯特丹金融恐慌的痛苦时,华盛顿的债务可能不超过2000英镑,但是伯德坚持自己的经营和生活方式,积欠了他永远都还不清的2万英镑债务。[10]

种植园主们对经济压力的反应,在某些方面与北部的商人类似。就像优先考虑冒更大的风险,而不是清算资产去偿付给债权人的托马斯·里奇那样,大部分种植园主都努力避免出售土地或奴隶来削减债务,而是去寻找其他方法让自己摆脱债权人的压力。烟草这种作物似乎只能带来更多的债务,有些种植园主为此沮丧,试图尝试种植另一种作物。其他作物的种植事业也在进行。许多人还投身于土地投机,这一直为弗吉尼亚的绅士们提供了他们收入的很大一部分,当烟草价格疲软时更是如此。[11]

关于上述三种方法,华盛顿都有尝试。1764年,他开始试验种植小麦,在马里兰的切萨皮克地区,小麦迅速取代了烟草。起初他非常谨慎,后来他愈发自信,直到他放弃了烟草。此外,他开始用桃子酒蒸馏白兰地:不再只供家庭消费,也用于出售。但最重要的还是他的土地投机生意。在齐佩瓦武士夺取米奇里马基纳克堡的同一天(1763年6月3日),这位弗农山庄的主人,联合18名同乡绅士加入了一家新公司,这家公司限定股东人数为50人,组建的目的是为了获取密西西比河河畔的土地权利。新公司的许多合伙人，以前都是俄亥俄公司的成员。但是组建俄亥俄公司是为了要求20万英亩的土地权益，与这次比起来相形见绌。新密西西比公司的每一位股东，都期望得到这家公司提议去取得的将近4000平方英里（250万英亩）土地中的5万英亩。为了这个目的，每一个合伙人都要捐款支持一名在伦敦代表公司出面的代理人，直到他能说服枢密院授地为止。与此同时，华盛顿更加深入地参与本地的另一项投机项目。他的目标是获得迪斯默尔大沼泽——位于弗吉尼亚和北卡罗来纳的边境，面积约650平方英里，是名副其实的大湿地。他确信这是海岸附近最后一大块空置的土地，如果能够排干，就会产生数万英亩的可出售土地。因此，他耗费了1763年秋的大部分时间去考察这片土地，说服其他人成为这项事业的合伙人，并安排初步的勘测。[12]

尽管华盛顿身为土地投机商异常活跃，但土地投机只是对18世纪60年代初期艰难时代的寻常回应而已。甚至在密西西比公司和迪斯默尔大沼泽项目开始之前，俄亥俄公司就派代理人前往伦敦，试图重振雄风。同时，它的老对手忠诚公司正在尝试恢复战前对俄亥俄河南面肯塔基地区80万英亩土地的所有权利。这些只是土地投机潮中最大的合伙人企业：个别绅士和非正式亲友协会，一直在离家更近的地方进行土地投机，这只是因为在那里好像没有其他投资方式能提供任何回报前景。弗吉尼亚人也不是唯一看到投机事业是对战后经济困境合理回应的殖民地居民。到处都是同样热衷于土地投机的或显赫或不太显赫的殖民地居民，动机也相同——一种应对逆境的赌博，为了收复损失或溜之大吉在碰运气。进行土地投机的例子在大多数殖民地都能找到，但最显著的例子出自宾夕法尼亚和康涅狄格。

1763年12月，在离开费城去执行为威廉·约翰逊爵士和他自己的利益服务的复杂任务之前，乔治·克罗根被安排代表宾夕法尼亚10多名与印第安做贸易的大商人的利益，他们根据1754年和1763年两度蒙受的损失，自称为"受害商人"。一到伦敦，克罗根不但建议哈利法克斯考虑他改革印第安贸易的综合计划，还试图说服贸易委员会将莫霍克河流域的20万英亩土地授权给他，以交换他在俄亥俄福克斯地区的土地（如今已超出了宣言划定的界线）。由于委员会拒绝批准他提出的授予纽约殖民地的土地来补偿的申请，英国议会不会特别拨款赔偿"受害商人"损失之事很快也明朗了，因此克罗根改变了自己的立场，倡议在密西西比河东岸，即伊利诺伊河和俄亥俄河之间的地方，建立一个新殖民地。1764年9月，在他乘船回到北美之时，他制订了一份计划，将"受害商人"的赔偿请求转化为对计划中的伊利诺伊殖民地西部土地的权益主张，并在伦敦进行了必要的联系，以便在他不在的时候继续推动这项计划。克罗根联系的人之一是宾夕法尼亚议会的代理人本杰明·富兰克林，他将成为伊利诺伊计划的主要倡导者。另一名联系人是代表艾尔斯伯里选区的英国下议院议员、商人、固执谋求北美利益之人、1764年《货币法案》的缔造者尊敬的安东尼·培根。在接下来的4年里，克罗根即使算不上成功，也是在不知疲倦地推动着伊利诺伊计划。在他的余生里，他会以这种或那种形式，一直致力于这项计划。[13]

就在克罗根利用自己和威廉·约翰逊爵士的关系，将他和"受害商人"的提案送交贸易委员会和枢密院的同时，一个新英格兰人——不是那么张扬，但更加顽强——正敦促自己的联系人，追求一项同样雄心勃勃的投机性权益。菲尼亚斯·莱曼少将在1755—1762年曾经指挥过康涅狄格的殖民军部队，在战争结束时，他已是北美殖民地无可争议的经验最丰富的殖民军军官。这位参加过哈瓦那远征的康涅狄格殖民军的幸存者，在结束了一场艰苦的战役之后回到家乡，面对黯淡的经济前景，他于1763年6月中旬在哈特福德开会，"为了在北美被征服的一些土地上从政府获得足够的授地许可"，组建"一个军人投机公司"，莱曼被一致推选为他们在伦敦的代表。按照新英格兰的典型做法，每人资助一点钱（最初是2银元，后来提高到3银元）来支持莱曼的工作。尽管单笔数额不多，但是最终累积下来的不是个小数目，因为1764年年中超过2000人——退伍军人、他们的继承人和亲戚——都在这家公司入了股。1763年11月，莱曼将军到达伦敦，叩响了许多人家的大门，将他的提案说给每一个愿意听取向新英格兰老兵大规模授地意见的人。1763年宣言承诺以土地资源奖赏"我军军官的指挥能力和官兵们的勇敢精神"，这让莱曼满怀希望,但到克罗根在1764年年底离开伦敦时,他仍然在挨家挨户地敲门和说明他的请愿内容。实际上,他还将耗费整整10年时间去做这件事,竭尽所能利用自己与曾经为之效力的英国军官的友谊。最终,在1772年,他将得到他谋求的授地会被批准的保证,然后返回康涅狄格。1773年,他会率领一大群新英格兰退伍军人、他们的家族和其他以合伙人的身份加入这个项目的人组成的庞大移民团,前往密西西比河下游的新殖民地西佛罗里达。[14]

克罗根代表的"受害商人"是费城的几位大商人,他们的事业最终会在大西洋两岸,催生有钱有势的股东参与投机公司。莱曼代表的军人投机者数量更多、更加贫穷,几乎都是无名之辈,所有人都来自新英格兰,许多人的兴趣实际上是为了在他们希望取得的土地上定居,而不只是为了牟利出售。但除了这些区别,这两个不同集团都由其成员在艰难时期组建,希望能改变自己的命运,在这方面是相似的。就像里奇将圭亚那看作一个风险巨大,但大胆而为可能会产生惊人回报的地方那样,大小投机者都将新征服的土地当作可能让他们从经济收缩的战后世界的束缚中解脱出来的机会之地。

这种看法和反应不仅从城市传播到乡村,在殖民地的各个地区传播,还跨海传播到大西洋彼岸。英国本土正处于经济困境之中,在某些方面比殖民地更糟。1763年和1764年,大量移民已经从伦敦、英格兰北部和苏格兰的衰败农村外流,都在寻求解脱之道:10年之中,最初流出的移民潮将汇聚成英国的移民洪流。移民至北美的——小康家庭为了寻找可购买的农场,个别最贫穷的人卖身为仆人,以免赤贫——种种愿望,与北美新殖民地的土地供应交织在一起,促使土地投机事业吸引了与殖民地拥有良好关系,投资选择面却很狭窄的英国人。[15]事实上,七年战争使北美对英国的福祉至关重要,它加快了殖民地和宗主国之间的互动步伐,鼓励了双方的正规交流,刺激了跨大西洋两岸的贸易,从而在根本上让大西洋世界变得更加紧密。而经济衰退则以另一种方式让这个世界变得紧密起来——廉价的土地承诺,鼓励人潮怀着希望向北美西部进发。

战后的土地投机浪潮在适当的条件下,能够在大西洋两岸的投资者中间促成联系，但是经济衰退提高了这种跨大西洋的关系具有竞争性和潜在对抗性的可能性。在北美内部，艰难时期往往会让争夺土地的冲突更加紧张，最终比以往任何时候都更加猛烈。例如，纽约和新罕布什尔同时主张对康涅狄格上游河谷和尚普兰湖之间地区的那些土地的权利，或者纽约和马萨诸塞对伯克希尔山地和哈得孙河之间的土地发生的争端。所以，即使土地投机和边境定居点在英属北美根本就不新鲜，但是这时它们发生的背景改变了它们的性质，让参与者的利益变得极其重要。宗主国经济的变化和帝国政策的转变，对北美极为偏远的边境的影响，比战前直接多了。

是影响，而非控制：这是一个关键区别。战后北美边陲的广袤土地简直不受管制，随着向各地边境迁徙的移民的增加，只会让边境的局势变得更加混乱。这一点在南北卡罗来纳尤其突出，尽管原因各不相同。在北卡罗来纳，问题源自恶化的经济和混乱的土地分配制度，这个制度允许英国的土地投机商去控制房地产市场，诱使他们的代理人和地方官员获取一些不正当利益，使擅自占用房屋和土地之人很难得到他们已经改良了的农场的合法产权。在七年战争的最后几年，也就是18世纪60年代初期，殖民者家庭迁徙到山麓地带，是为了改善自己的环境和逃脱印第安人的袭击。不久，这波移民潮就在人数不多且不安全的卡罗来纳沿海低地的精英和越来越多的边陲农民之间，形成了对立情绪。最后，战争给北卡罗来纳带来了高税收，却没有像宾夕法尼亚、纽约和新英格兰那样，在当地创造出繁荣。战后的经济衰退使这个长期混乱无序的贫穷殖民地，变得比以往任何时候都更不稳定。[16] 讽刺的是，在南卡罗来纳，类似的问题源自各种有利得多的条件的共同作用。

在切罗基战争结束之后，南卡罗来纳没有经历严重的印第安扰攘，也因此避开了持续的重税。在18世纪60年代，南部欧洲的大米市场依然强劲，英国对靛蓝的需求也保持稳定，此时南卡罗来纳成为经济衰退笼罩下的英属北美唯一闪光的例外。1763年和1764年，南卡罗来纳沿海低地的商人面临的唯一重要问题是当地市场上的奴隶过剩，这是战争最后几年的低价鼓励他们大量囤积奴隶造成的一个遗留问题，他们在价格攀升到有利可图的水平之前，不得不为奴隶们提供衣食。他们对前景之所以乐观的一个理由是"大量的移民踏上了我们边境的土地",查尔斯顿商人(也是前殖民军军官)亨利·劳伦斯相信,"需要进行一点管理的话……每一小块土地就能不知不觉地消化掉一两个货物(奴隶)"。正如之后发生的事情,劳伦斯和他的同行错估了在边陲定居的移民对获得奴隶的兴趣。然而,他们对边远地区人口暴涨的预料是准确的,南卡罗来纳的自由授地政策有助于增加定居人口的数量。[17]

劳伦斯了解南卡罗来纳边陲正在发生的事情,是因为他在那里进行过土地投机,这段经历使得他与沿海低地地区的其他大多数精英不同。与弗吉尼亚的同行不同,南卡罗来纳的种植园主士绅们没有促进边境地区的发展。他们的主要作物稻米和靛蓝在市场上十分畅销,这让他们不必擦亮眼睛寻找财富的补充来源,他们的本能反应是无论何时都尽可能缩小边远地区的政治影响力。创立新郡县,培养新郡县领导人(往往是投机绅士们的儿子、女婿、侄子和外甥)的权力,对于弗吉尼亚的投机绅士来说很容易,但是南卡罗来纳的种植园主害怕边陲迅速发展的新兴白人群体将会主导殖民地议会,因此拒绝建立新的政治代表单位。如果这是一种政治上的权宜之计,很难说它是一个明智的做法。切罗基战争之后的几年,随着边境定居点如雨后春笋般出现,南卡罗来纳边境地区在殖民地议会的代表名额不足问题,变得越发怪异,这个问题和南卡罗来纳西部缺少法庭的问题,都引起了许多不满。

北卡罗来纳和南卡罗来纳的边陲,在战争结束之际已经成为吸引所有妨碍治安的人员——躲避债主的债务人、逃犯、逃兵、逃亡奴隶、开溜的仆人、鹿皮狩猎者,以及被有财产和家庭要保护的定居者称为"土匪"的不法帮派——的磁铁,这一点在此后愈演愈烈。边境地区缺乏郡县级法院,战后的经济衰退刺激移民去寻找机会,以及来自宾夕法尼亚和弗吉尼亚更危险边境的难民南下迁移,这些并存的事态在整个卡罗来纳边远地区制造了严重的法律与秩序问题。一开始,当那些财产最多且"受人尊敬"的边境定居者希望看到流浪的暴徒被戴上手铐或者被绞死,但后者既不能被逮捕(因为没有治安官),也不能被起诉(因为没有法庭)时,前者就组建地方武装,设立袋鼠法庭,实施自卫执法。后来,当卡罗来纳沿海低地的精英们坚持无视边陲农民建立郡县级政府的请愿时，后者就开始组织自己的政治势力。

18世纪60年代后半期，这场所谓的"整顿者运动"在南北卡罗来纳的边境，根据两个殖民地的条件，会以不同的形式出现。南卡罗来纳的整顿者将致力于镇压匪帮，试图与沿海低地精英发展密切关系，而与此同时，北卡罗来纳的整顿者则摆出一副反威权的腔调，走向武装抵抗，这导致沿海士绅将整顿者也认定为犯罪分子。然而，在这两个殖民地，1763—1764年，东部和西部、低地地区和边陲之间，正在形成明显的分歧：一种局部对立和相互猜疑的模式，将在此后10年成为北美殖民地南部低地地区政治的强烈印记。这两个殖民地对格伦维尔的改革计划和随后英国采取的措施的反应，也会因此受到影响。

南北卡罗来纳出现的局部分歧是新的，也是人们不熟悉的，但在其他殖民地，在这场战争压制住局部紧张的表现之前，这种形势就占了上风，而在和平的最初几年里，旧模式往往以强健的形式再度出现。在北方的几个殖民地，情况就是如此。政治罅隙将康涅狄格一分为二，即相对较穷，以福音派信徒为主的东部，与以较为富有的老光派圣公会为主的西部；在罗得岛，以纽波特为中心的商人派系，与以普罗维登斯为中心的商农联合派系争权；在纽约，以奥尔巴尼为基地的商人与地主乡绅和长岛东端的农场主联合起来（一个主要由长老会成员和其他异议者组成的团体，统称利文斯顿派），反对以纽约市为中心的商人派系（大部分是圣公会信徒，被称为德兰西派），后者在战争期间控制了纽约殖民地议会。只有新泽西，虽然长期因特许领主和农民之间的内部紧张关系分裂，东部和西部泾渭分明，但在战争结束后局部分歧大为减少，精英阶层更加团结，显然控制住了局面。[18]其他殖民地的政治派别状况较难在一张地图上标出，但基本上反映的都是旧模式，经过长期的战时平静之后，分裂程度往往会加剧。

在马里兰和宾夕法尼亚，出现的是熟悉的政治僵局。这两个特许领主殖民地，都已经发展出对抗特许领主利益的两极分化体制，特许领主控制授地权，行使行政任命权，在议会两院保持大量选票，那些反特许领主的派别基本上把持着议会的多数席位，为了控制权与特许领主斗争。由于马里兰总督无法找到与控制下议院的反特许领主派别一致的立场,这个殖民地几乎没有参与七年战争,此时该殖民地仍然受困于对特许领主权力的艰难争议。相比之下,宾夕法尼亚的瘫痪状态是间歇性的。

如我们在上文所见,在战争开始时,反特许领主的贵格派控制着宾夕法尼亚议会,一直反对创建军事机构,直至印第安人和法国人的袭击队摧毁这个殖民地的边境。1756 年,贵格会魁首退出政界,将领导权让给本杰明·富兰克林和其他没有和平主义顾虑的人,这些新领导人接下去利用战争迫使总督和佩恩家族在税收和相关问题上让步。随着和平的回归和印第安反叛的爆发,特许领主通过联合殖民地西部民众和苏格兰-爱尔兰长老会成员,对抗仍以费城和东部郡县为中心的反特许领主派,并掌握了权力。此举有效恢复了宾夕法尼亚激烈的战前派系斗争,还赋予这种斗争新的区域和宗教色彩。1763 年和 1764 年,随着复兴的特许领主利益群体获得多个议会席位,反特许领主派发起了让宾夕法尼亚转变为皇家殖民地的运动。如同 1755 年和 1756 年那样,边境定居点的防御再度让位于政治内斗。[19]

与马里兰和宾夕法尼亚相比,其他殖民地的总督保持更多的政治控制,尽管程度不尽相同,原因也不一样。佐治亚皇家总督的统治没有遇到什么有力的反对派,这是因为该殖民地时间不长,军事力量薄弱,异常依赖英国。在新罕布什尔,本宁·温特沃思的统治风格强硬又顽固:他的家族对该殖民地的资源、贸易、政府职位和土地分配体制的控制非常严格,以至于没有任何对手能够不付出政治毁灭的代价,就能对他的统治发起挑战。弗吉尼亚和马萨诸塞也拥有相对强势的总督,他们能够呼吁议会进行合作,还能限制对王室权威的挑战。然而,就佐治亚和新罕布什尔这两个殖民地而言,潜在的反对派是以未知方式存在的。

正如我们所看到的,弗吉尼亚的绅士们正在承受因烟草业衰退和债务增加而来的巨大压力。因为当地的精英阶层保持着牢固的阶层团结,弗吉尼亚下议院保持非派系化,某些类型的挑战可能会让整个下议院去反对总督。于是 1758—1763 年,虽然福基尔总督基本上能够在与下议院打交道时获得令人满意的成功纪录,但是后者的合作从来没有保证。1764 年 1

月,他发现自己的领导地位确实是有条件的,当时他敦促下议院为边境防御拨款,但是拒绝允许他们发行纸币提供资金。议员们几乎一致拒绝同意总督的提案,迫使他在没有堡垒和部队用于保卫殖民地边远地区对抗印第安人攻击的情况下,让议会休会。相反,在马萨诸塞,伯纳德总督在控制当地议会方面也取得了相当大的成功:这不是因为他能够召集一个统一的精英团体合作,而是因为当地精英分化成多个派系,使之或多或少变得容易管理。伯纳德精心分配有限的任免权资源,加上他的副总督托马斯·哈钦森在议会维持一个有效的派别:一个坚定的(即使不是那么无懈可击)多数派,抵抗地方反对派的抨击,在协查令状的争议中维持住君主授予的权力。1764年年初,议会多数派的不稳迹象显现出来,但反对派还远不能打破哈钦森和伯纳德控制的事实依然未变。[20]

之后在北美殖民地,一个通向和平的艰难过渡期,让政治生活和派别问题处于不断的变化之中。尽管很复杂,但在1764年年初便已盛行的大多数情况——在南方低地地区是日益增强的地方偏见,在其他大多数殖民地是战前冲突模式的恢复和派别活动的高调复兴,除了较小的佐治亚、新泽西和新罕布什尔,其他所有殖民地政局的不稳定性都在增加,或者维持僵局——都源于七年战争及其后果。和平的回归使殖民地的局势和以前一样充满变数,因为缺少共同的敌人,分歧再度出现。大多数分化都是根据当地的局势和政治派系,对战争已经造成的结果(高企的公债和税收)和经济衰退正在造成的影响(收入锐减),做出的回应。在那些参与战争努力最多的殖民地,来之不易的政治稳定正在消失。在纽约、康涅狄格和马萨诸塞,战时总督们使用了大量防务预算、英国议会的津贴,对爱国精神的呼吁,以及战争提供的大量扩充的人事任命和政治赞助资源,去建立有效的亲政府派别。在宾夕法尼亚,反特许领主派的一个地方派系,实际上在有效利用战争去选择总督和支配殖民地的政治事务。在弗吉尼亚,总督利用爱国论调和英国议会的报销费用,得到该殖民地整个精英阶层的合作。除了马里兰之外的每个地方,总督们对殖民地居民爱国主义天性的呼吁,在1758—1762年使公共论争降到最低的程度。但是到了1763年和1764年,诸事很快又发生了变化。

在半个世纪前的英国，罗伯特·沃波尔爵士抓住了爱国主义、人事任命和政治赞助，以及切身利益等因素，同样地，这些因素在七年战争的后半期有助于稳定殖民地的政局。沃波尔用这些因素制造了一台"影响力"引擎，去控制英国不稳定的政治体制。他成功创建稳定的议会统治，主要是因为有资金支持的长期国债和常备武装部队，允许他去维持原先只可能在战争时期才有的人事任命体系。一旦沃波尔掌握了这种不可或缺的资源，其他一切事情都可以通过他擅长的政治管理（用他对手的话来说，就是腐败）来完成。但是，18世纪60年代的英属北美殖民地不可能复制沃波尔的壮举。殖民地的公债得不到资金的支持，从而不断循环，而是必须在规定的年限内通过退出流通来偿付。只要战时公债仍未退出流通，殖民地政府就必须向民众征收高额税收，尽管英国议会的津贴已经结束，此时遭遇的英属北美历史上最严重的经济衰退抑制了殖民地的商贸，但它们还是撤出了流通中的货币，这导致殖民地的经济有所萎缩。此外，与英国正规陆军和皇家海军不同，殖民地军队在和平回归时即被遣散，这让在战争期间成为殖民地总督政治影响力命脉的军事委任状和补给合同就此失效。

因此，和平的回归，来自英国的转移支付的结束，以及刚刚开始的经济衰退，都在削弱北美殖民地总督压制反对派和捍卫君权的能力，而同一时期，殖民地的税收负担一直处于历史最高水平。在这样的新环境之下，总督们在战争期间利用过的曾经发挥过良好作用的爱国主义精神，无法再度引起殖民地居民的共鸣。眼前不再有超然的共同事业为之服务，地方问题在殖民地议会议员们的脑海中被越放越大，而且此时此刻当地情况显然要比一个不再处于危险之中的帝国的抽象需求更加吸引人们去关注。

鉴于政治资本的巨大损失，像弗朗西斯·福基尔和弗朗西斯·伯纳德那样的总督——对帝国雄心勃勃，并为谋求英国的最大利益去管理殖民地政治事务的人——无法维持在1758—1762年的管控水平。在反对派团体为了取得公众的支持明争暗斗，为了稀缺的人事任命和政治赞助争执不休时，僵局和派系斗争重现，异议逐渐被激化：这些既不能停止，也不能拖延。

然而，再起的冲突的意义和新政治格局的出现，对任何人来说都是不甚明朗的。殖民地总督就像他们在伦敦的后台一样，不明白他们的影响力在战后正在衰退，这是因为战争在某些地方还继续存在，因为近来的趋势是殖民地和宗主国之间更加紧密的结合，也因为各地议会的政治领导人对帝国采用一系列改革措施犹豫不决的反应。实际上，殖民地对格伦维尔的改革计划的反应模棱两可，由于这种不明确性在一段很长的时间里造成了危险的拖延，这妨碍了帝国官员们去了解北美的真实情况。

第 63 章

对帝国倡议的不明朗回应

1764 年

最晚从 1763 年年末开始,商人们和其他消息灵通的殖民地居民就知道,帝国贸易体制的改革即将来临。大量以前缺勤的海关收税官抵达北美,以及随之而来的严格执行现存规则的一系列指示命令,都是令人担忧的变革前兆。"发布严格执行海关法的命令,"马萨诸塞总督评论道,"在该地区造成了比 1757 年威廉·亨利堡陷落更大的恐慌。"在其他地方,人们的担忧至少也是如此:实际上在每个殖民地,那些在旧体系的随意框架内建立起事业的商人,开始看到货物受到仔细审查,船只因为违反他们几乎无法理解的规则被扣押。1764 年 5 月,格伦维尔预算日演讲的报道传到北美,这让殖民地居民首次系统性地感知到改革的性质和范围,此时商界早已忧心忡忡。[1]

波士顿的商人率先做出反应,着手召集商贸鼓励协会去考虑如何应对眼前的问题,然后在 5 月 24 日的春季选民大会上,说明他们的担忧。他们的呼声在这次会议发给马萨诸塞议会波士顿代表的指示中,写得一清二楚:"因为你们代表一个依靠贸易生存的城市,我们以一种非常特别的方式,期望你们能让贸易成为关注的对象,去支持我们贸易活动的所有正当权益,维护其免受所有不合理的强制措施限制,促进其繁荣。我们的贸易在巨大的挫折下举步维艰。眼看着那些更进一步的困难加诸贸易之上,我们深切担忧它们即使不会完全阻挠和毁灭贸易,也会使其陷入最低潮。"代表们会尽"最大努力"去让马萨诸塞议会向英国议会做出所有必要的陈述,并寻求其他殖民地议会一切可能的合作。

但是,这次会议的决议也让人们看清楚一件事,即波士顿的议员们要保护的不只是波士顿的经济。马萨诸塞的特许状权益，以及其居民的正当权利，都受到了威胁。"让我们更加担心的是"，会议指示继续写道：

> 那些突如其来，可能随时准备对我们开征新税的事项。因为如果我们的贸易被征税，那么为什么我们的土地不可能被征税呢？土地上的农作物和我们拥有或者使用的任何事物又为何不可能被征税呢？我们意识到，这会扼杀我们自行统治和征税的特许状权利。此举在打击我们身为不列颠人的权益，因为我们从未放弃过这些权利，我们与那些土生土长的英国人一样拥有这些特权。如果税收以任何形式强加在我们身上，而我们却从来没有法律上的代表权，那么我们不是从自由臣民的角色沦落到奴隶的悲惨境地了吗？

这些更慷慨激昂的语句表达了地方党派的担忧。自1761年未能阻止殖民地首席大法官托马斯·哈钦森发布协查令以来，地方党派一直都不太活跃。但更具体地说，发出上述呼声的是塞缪尔·亚当斯。[2]

亚当斯接受过哈佛学院的教育，拥有相当数量的遗产，但他在42岁时还没有取得一个德高望重的湾区殖民地家族成员应当得到的地位。这个不成功的啤酒制造商、三流政治活动家和小公务员（此时作为一个明显效率低下的税吏，处于任期的中期）缺乏积累财富或权力的雄心壮志。与更加务实、世俗化的人不同，他认为政治应当促进社会的凝聚力和公民的品德，这种观念促使他和地区党派高度道德化的立场相一致。从协查令引起争议时起，他就像詹姆斯·奥蒂斯和其他反对派议员那样，在托马斯·哈钦森身上看到的都是有损于良政的特质。身为副总督、最高法院首席大法官、萨福克郡遗嘱认证法官和殖民地议会上院议员，哈钦森具有多重身份，在马萨诸塞的公职人员中位居魁首，是最终的政治内幕知情人。因此，当亚当斯被选为波士顿选民大会的笔杆子，他只用占据指示篇幅一半的内容警告议会改革的危险性时，没有人（尤其是哈钦森）会对此感到惊讶。亚当斯写的另一半内容是谴责身兼数职的腐败行为，指示代表议员们寻求立法，拒绝向任何担任一个以上职务的法官发放工资，并禁止立法机

关上下议院的任何议员担任行政职务。³

波士顿选民大会对帝国的改革、托马斯·哈钦森身兼数职的行为及其政治盟友示意恢复地区党派竞选的举动以谋求议会控制权的行为,都进行了谴责。在初夏,这次努力似乎有可能结出果实。在立法会会期结束之前,哈钦森不得不离开波士顿,去开设最高法院的东区巡回法庭,这给了波士顿的议员代表们——包括哈钦森的死对头小詹姆斯·奥蒂斯——根据从选民大会取得的指示行事的机会。在大会后期,立法委员指定一个委员会负责与其他殖民地议会协调,指定另一个委员会去斥责马萨诸塞在伦敦的代理人伊斯雷尔·莫德维没有抗议英国议会的措施,而奥蒂斯本人在这两个委员会都取得了一席之地。在这两个委员会发出对《北美关税法案》和拟议的《印花税法案》的申诉状时,他们的论辩理由呼应了奥蒂斯在近来出版的一本小册子《英属殖民地权利的主张和证明》(*The Rights of the British Colonies Asserted and Proved*)中提出的论述。奥蒂斯再度成为地方党派的风云人物。纵然他用晦涩的术语谴责帝国的改革,这足以吓退一批坚定的读者,但他的小册子还是很快就取得了成功,从而有助于煽动公众反对格伦维尔的措施。

奥蒂斯首先提出了一个传统的前提,即英国宪制在人类历史上无出其右,其有益、良性的特质来自一点——王在议会,国王必须通过议会进行统治。因此,英国的立法机关拥有无可争议的权力,以赋予殖民地法律。然而,尽管英国议会拥有绝对的主权,但是其权力不能延伸到能毁灭殖民地居民权利的地步——无论是身为英国人而享有的权利,还是作为上帝的造物而享有的自然权利——因为世界上没有任何权力可以违反自然法则。奥蒂斯写道:"英国议会不能让'2+2=5';全能的上帝也不能做到这一点。"因此,英国下议院要通过一项改变算术原理的法律,显然是荒谬的;而剥夺英国臣民同意后才能被征税的权利,将表现出它专制的一面。如果一个机构选择以合法的方式停止殖民地的所有贸易,就没有正当理由从殖民地贸易(如《北美关税法案》那样)的税款中获得一个便士的收入,或者直接从殖民地居民的口袋中拿走一个铜板(比如拟议的《印花税法案》),直到在英国下议院的北美议员们能够提供殖民地选民的赞成意见。《殖民地的权利》(*The Rights of the Colonies*)详尽阐述了奥蒂斯在协查令状争议期间,首次提出的自然权利的观点。鉴于此,他们强烈呼吁那些尊重英国宪制但缺乏理性依据的民众,去反对英国议会以宪法赋予的最高国家权力通过的那些掠取民众财产和生命的法律。[4]

尽管奥蒂斯的观点在波士顿很受欢迎,在联络委员会将文件送到其他殖民地议会宣读时也颇令人兴奋,但他的观点没能在马萨诸塞议会掀起反对风潮。首先,这些观点在意识形态上不足以证明彻底抵制是正当的。奥蒂斯本人承认英国议会的主权在法律上不能受到挑战,因为只有英国议会有权纠正它可能会犯下的任何错误。殖民地居民只能抗议,然后等待宪制去自我纠正。其次,湾区殖民地的地方党派仍然缺少力量打破总督和政府派对权力的牢固掌控,这是短时期内最为重要的一点。

当议员们为秋季大会重新集合,考虑他们该如何正式请愿反对《北美关税法案》和拟议中的《印花税法案》时,托马斯·哈钦森和他的支持者正在控制马萨诸塞的局面。马萨诸塞下议院通过了一份地方派致国王和英国议会的气势汹汹的函件,谴责《北美关税法案》、拟议中的《印花税法案》和在哈利法克斯建立一个新的域外海事法庭,因为这些措施侵犯了殖民地的权利;但在哈钦森的指导下,上议院拒绝予以赞同。相反,上议院提出了一份请愿书,由哈钦森亲笔写给下议院:这份仓促书写而成的文件从头到尾未提及权利,只是反对新措施,因为这些措施会抑制马萨诸塞本已举步维艰的贸易。

哈钦森副总督对自己的个人观点保持缄默,他和奥蒂斯、亚当斯一样不喜欢议会征税的想法,私下里反对的理由也与他们非常相似。然而,与奥蒂斯和亚当斯都不一样,他是个商人,精心起草了呼吁马萨诸塞商人的公开请愿书。他避免使用建立在权利基础上的论述,一方面希望避免得罪英国议会,另一方面也希望能够与有影响力的商业企业合作,他知道那些商业企业对政治原则并不像对正现金流那样重视。这个计谋非常有效。正如伯纳德将马萨诸塞议会的会议记录副本寄给哈利法克斯勋爵时解释的那样,地方派所有"煽动民众怒火"的努力"对大多数议员没有影响;提倡激烈抗议的人很快就被压制住了;事情逐渐落入温和派和政府友人的掌握之中；……事情以最大限度的一致性和良好的幽默感结束了。以副总督为首的上议院在整件事情之中起到了最慎重和稳定的作用"。[5]

在马萨诸塞，商人们对《北美关税法案》的惊慌吼叫，在地方派开始抗议后，就被吸收到了殖民地的政局模式之中。抗议活动与传统政治的融合反过来又让处事老练的副总督能够最大限度地减少议会请愿的尖锐程度，保持与伦敦的和谐关系。在其他大多数殖民地，盛行的政治路线和问题也有助于制造模棱两可的回应和有限抗议。只有纽约议会向英国议会发出的一份请愿书反其道而行之，它谴责该法案未经殖民地居民同意就征税的行为，侵犯了他们的权利。[6]在殖民地含蓄和有所节制的统治下，这种唯一例外也源于当地的政治环境，仔细审视它时，我们就会发现殖民地抗议的性质和局限性。

纽约的战时总督詹姆斯·德兰西已建立以其家族为名的政府派，通过这个派别，他在1760年去世之前，都能在议会实施合理一致的控制。随着非纽约常驻居民罗伯特·蒙克顿将军被任命为总督，实权就转入副总督卡德瓦拉德·科尔登手中。与此同时，议会选举给予被称为利文斯顿派的地方派新的力量。科尔登是个年逾古稀的顽固苏格兰老头，他可能在纽约殖民地的某个地方有那么一个朋友，但即便如此，这个人也不属于议会。科尔登凭借被国王委任为主监督员的价值和不知疲倦的君权捍卫者的名声，在纽约政坛维持了长达40年的职业生涯。身为代理总督，为了在这个殖民地重建枯竭的君主权力，他决心以同时摧毁德兰西派和利文斯顿派这两派势力为第一步。一开始，他试图"随心所欲"地任命法官，而不是按照惯例实行终身制：此举疏远了他和整个纽约司法界的关系。随着曾经学医的科尔登开始干涉法律程序，律师们的敌意逐渐增长。1764年年底，他做了一次过激的努力，即同意听取关于最高法院已经判决的一桩诉讼的上诉，以确立自己作为纽约殖民地的最高司法权威的地位，他以这样一种方式行事，表明自己意图摧毁陪审团在民事案件中的审判权。即便是最坚定的君权派，也不会去支持科尔登的处置方式，因为支持他就好像在支持一个"邪恶的天才（或至多是'小独裁者'），凌驾于整个法律之上"。[7]

卡德瓦拉德·科尔登在没有采取任何措施去制服北美最为派系化的政

治体制的情况下，就找到了一种办法，让利文斯顿派和德兰西派的党内人士联手对付他和他捍卫的君主权力。他极大地伤害了纽约精英阶层的神经和感情，以至于1764年10月18日，当纽约议会在向英国下议院请愿反对《北美关税法案》和拟议中的印花税时，议员们几乎没有任何异议，就一致通过了在北美发布的最为激进的声明。"这个殖民地的民众，"他们写道，"受到祖国天才的鼓舞，高尚地拒绝把免税当作一种特权的想法。他们觉得这样做更加体面、坚实和稳定；他们挑战这种想法，并以此为荣，认为这是他们的权利。"

就像奥蒂斯在《殖民地的权利》中所写的那样，纽约的议员们承认英国议会"为了本国商贸的发展而立法，拥有无可争辩的权力"，但是否认了非自愿征税的合法性，包括通过海关关税来提高税收。然而，这种奥蒂斯式的论断不只是出于立法者的"遗憾，他们认为一般贸易法改变了从普通法（陪审团审判和程序性保护确保了被告的权利）到域外海事法庭（不根据传统的整套土地法行事，也不是一直都由知识和正直品质经过认可的法官构成）法令的司法趋向"。这些意见既是科尔登攻击普通法司法程序的产物，也是对普通法法庭自治权的论述。一方面是全面的帝国威胁，另一方面是当地的科尔登式威胁，两者突然同时发生，使得纽约殖民地议员们的焦虑到达一个夸张的顶点：

这个殖民地的议会无意减损大不列颠议会的权力，但是他们不可避免地反对失去他们到此时为止享有的权利，这些权利是从我国宪法诞生之日起就确立了的。这些权利建立在最基本的理由之上，得到不变的惯例证实，有助于达到最佳的目的。它们从未被滥用于不良目的，而且丧失自由、财产和生活的所有好处，将会陷入混乱和毁灭：被剥夺权利，将会令民众沮丧，让他们的产业受损、贸易受阻，还会导致混乱、贫困和奴役；或者通过减少殖民地的人口，将一个广袤、肥沃、繁荣的地区变成一片沉寂的荒野；还会让大不列颠贫困化，从而动摇世界上最富裕和繁荣的帝国的权力和独立性。[8]

因此，纽约的内部政治使得立法机关的请愿书歪曲了该地区的反应，就像马萨诸塞看似温和的请愿书因为湾区殖民地的内部政治问题那样。纽约的立法机构非但不都是激进分子，事实上，它相当保守，也充斥宗派斗争。然而，卡德瓦拉德·科尔登毫不犹豫地将自己的私敌描绘成国王、英国议会、爱国主义和常识本身的敌人。这个老头子的惊人固执，使他既能引发反对，又能将之误当作共和精神的产物。另一方面，托马斯·哈钦森与生俱来的谨慎和机敏的议会管理，让他得以将一个真正的激进主义正在沸腾的殖民地政局的表面抚平，让那些反对《北美关税法案》的人看起来似乎更在乎塞满钱包，而不是原则问题。具有讽刺意味的是，哈钦森对帝国改革的智慧和公正一直持很深的保留态度，他这么做几乎是出于本能；他很快就和科尔登一样，变成压迫的象征，后者对格伦维尔的计划没有任何私人疑虑。

只有马萨诸塞和纽约对英国政府提出了反对《北美关税法案》的正式抗议。其他任何殖民地议会，都没有不安到要抗议的地步，这可能是因为思维混乱，因为该法案的目的不仅是为产生税收，还要在帝国内部规范贸易，而殖民地接受商业管制的时间已长达一个多世纪了。但是，在殖民地的平静背后，隐藏着比思维混乱更加重要的东西。由于《北美关税法案》的条款主要影响的是朗姆酒酿造商、从事近海贸易的商人，以及像马德拉白葡萄酒之类昂贵进口商品的消费者，格伦维尔的改革根本没有引发普遍的关注。换言之，不是说殖民地居民难以理解新税种，只是大多数北美人不蒸馏朗姆酒，不依靠沿海船只贸易，或者不成桶购买马德拉白葡萄酒。因此，他们不会为自己不必缴纳的税款而烦恼。

地方的自身利益和政治原因，导致罗得岛、康涅狄格、宾夕法尼亚和弗吉尼亚的议员去抗议可能会征收的印花税，同时对已经成为现实的《北美关税法案》保持沉默。在格伦维尔提出印花税预案，保证他会在1765年开征这一税种时，这四个殖民地的议会都寄出了请愿书，或者指示它们的代理人表示反对。他们的请愿书和指示，同马萨诸塞和纽约的一样，都受到当地局势的严重影响，以至在论述时暧昧不明。但所有文件都认同，英国下议院没有合理的依据去投票决定从没有代表的北美人的钱袋征税。因此，殖民地关于帝国改革措施的混乱思考，并非源于对议会主权征税的可接受性缺乏清晰的认识。相反，正如殖民地居民的不同反应显示的那样，这种混乱是由于北美人在将自己所属的群体视为一个政治共同体——一个足够具有共性的团体，对他们之中任何人的威胁，实际上就能成为对他们所有人的威胁——这个方面具有极大的困难。

在罗得岛，议员们温和地要求国王确认殖民地的权利，他们最坚决主张的共同原则不过是宣称他们相信"殖民地居民同国王陛下的其他自由臣民一样，未经他们的代表同意，不可以被征税"。康涅狄格的议员们满足于出版一本名为《北美的英属殖民地不应由英国议会的权威课收内部税收的原因》(Reasons Why the British Colonies, in America, should not be charged with Internal Taxes by Authority of Parliament)的小册子，阐明他们享有反对印花税的权利。他们还派遣小册子的作者贾里德·英格索尔去往伦敦充当他们的代理人。这两个殖民地的民选官员最关心的是维护他们的特许状——或许是能够将每个议会的所有派系都联合起来的唯一办法——他们害怕触怒拥有废除特许状权力的英国议会，因而选择不发声抗议。对于维护共同特权的焦虑，也让康涅狄格在接受英国议会通过海关强征"外部"手段增加税收的权威的同时，以巨大的努力反对"内部"征税。印花税会直接针对人口征收，有效减少到此时为止在帝国内部维护殖民地自治权的制度性壁垒。海关关税可能令人不快，但不会削弱地方上的控制。只要新关税不会高到迫使当地商人歇业，罗得岛和康涅狄格就能忍受下去。[9]

在宾夕法尼亚，其形势则以另一种方式缓和了对即将到来的《印花税法案》的反应。宾夕法尼亚的议员们得知帝国的改革措施时，正处于反特许领主派和复兴特许权派的争斗之中：一场因1763年冬天的印第安人反叛引起的一系列骇人听闻的事件而白热化的政治论争。1763年12月14日，大约50名乔装打扮的边境居民前往科内斯托加溪畔的印第安城镇，杀死了20名信仰基督教的印第安人。这批民间武装治安人员以帕克斯顿溪溪畔的苏格兰-爱尔兰人定居点为名，自称帕克斯顿小伙儿，他们以自卫为理由，将这次屠杀正当化。他们坚持认为科内斯托加印第安人暗中援助特拉华人的战斗队,而当时的殖民地议会被反特许领主派把持,以至于让边境农民暴露在袭击之下。两周后,他们再次提出抗议,破门涌入兰开斯特监狱,屠杀了 14 名被治安官安排在那里进行保护性羁押的科内斯托加人。随着这些民团武装人员打算杀尽宾夕法尼亚所有印第安人的传言的扩散,他们的名气大增,人数也在迅速增加。很快,他们就相信自己能直接威胁殖民地政府了。于是在 2 月初,大约 500 名帕克斯顿小伙儿向费城进发,宣称他们会杀死 140 名在那里避难的印第安基督徒和伊斯雷尔·彭伯顿,他们将彭伯顿视为宾夕法尼亚的头号印第安同情分子。本杰明·富兰克林和其他政府领导人在日耳曼敦将他们拦住,倾听他们的抱怨,并承诺只要他们回家,就不会因为之前的谋杀行为起诉他们,从而化解了这场对费城的威胁。[10]

尽管没有发生进一步的暴力事件,但是这次事件让宾夕法尼亚东部的每个人都惊慌不已,从而导致政局进一步两极分化,还提高了控制议会争斗的风险。在秋季选举时,富兰克林和他的副手约瑟夫·加洛韦都失去了议席:对反特许领主派而言,这是一次惊人的逆转,尽管事实上这一派在议会仍然保持多数派地位。在这种情况下,格伦维尔的改革在秋天之前即便不是无人理睬,也未被提及。当宾夕法尼亚议会最终采取行动时,它指示伦敦的代理人理查德·杰克逊向内阁提出正式抗议,同时在英国下议院游说反对向殖民地征收印花税。

对议会指示中的殖民地权利问题,杰克逊只能点头,因为这时秋季选举已结束,反特许领主派政治家正在集中精力进行一场将宾夕法尼亚转为英国皇家殖民地的运动。宾夕法尼亚议会怀着这个目标,没有抗议对帝国关系进行的改革,它投票决定派第二个代理人去伦敦"协助"杰克逊充当宾夕法尼亚的代表。他们压倒了特许领主少数派的反对意见,并指定本杰明·富兰克林为代表。富兰克林野心勃勃,志在成为宾夕法尼亚的首任皇家总督。他很快离开去履任新职务,此时他还不知道一旦抵达伦敦,帝国,而不是殖民地的问题,将让他费尽心思。在这方面,他不太有先见之明,但很有代表性。在宾夕法尼亚,没有一位政治家认为,还会有比谁会控制这个殖民地更迫切的问题。因此,在宾夕法尼亚比在新英格兰殖民地更甚的是，内部问题吸引了政治领导人的注意力，缓和了他们对帝国改革措施的反应。[11]

弗吉尼亚当地关注的问题通过殖民地下议院的三次正式抗议表现出来：一份致国王的请愿书、一份给英国议会上院的呼吁书和一份给英国下议院的抗议书。在这三份文件中，原则性的抗议和那些认为自己受人摆布，在与宗主国的关系中处于劣势的种植园主的实际性异议混杂在一起。殖民地的税收处于前所未有的高水平，用于偿还战争债务，而且由于动员民兵部队去守卫边境，税负还在进一步增加，但是福基尔副总督和后来的《货币法案》，阻止弗吉尼亚下议院用纸币缓解财政紧张的局面。与此同时，烟草价格持续下跌，弗吉尼亚纸币对英镑的汇率凝滞在史上最高水平。种植园主们的债务攀升到可怕的水平，但是不得在帝国之外出售烟草的禁令，让种植园主只能与英国商人交易，这样一来，许多种植园主认为这是在试图将他们变成永远的附庸。

于是，弗吉尼亚下议院谦卑地恳求国王的保护，让他们"在古老而难以估量的权利下，受源自他们自己同意的关于其内部政治和税收的法律的管辖……这是他们身为人类和英国人后裔一直以来都拥有的不言自明的权利……"；以近乎同样的谦逊和一丝绝望之情，他们向那些"世代相袭守护英国人自由权利的卫士"，即英国议会上院主张，他们是那些"带着在母国能够合法主张的每一项权利和特权到达北美的人"的后裔；不经过他们同意就对他们课税，会让他们成为"英国人的奴隶，而他们是英国人的后裔"；只要他们一直都自行征税，"他们就不能被剥夺长期以来享有的且从未放弃的权利"。[12]

给英国下议院的抗议书更加集中着眼于现实问题，而非权利，或许出于这个原因，听起来更加不友好。他们说，弗吉尼亚下议院不能"分辨出他们因为何种差别要被同胞剥夺神圣的与生俱来的权利和最宝贵的（身为英国人的权利）遗产，也不能分辨出他们的何种财产应当被英国议会征税，或者何种地产应受到英国议会的影响，他们在英国议会没有代表，实际上也就不能根据宪制被代表"。即便"英国议会对北美殖民地征税是正当的，但在这个时候这样做是弗吉尼亚无法承受的，它在最近的战争中已竭尽全力,这恐怕超出了它的能力范围",而弗吉尼亚民众"由于流通现金稀缺,主要产品在英国市场上价值低微,已感到非常苦恼"。弗吉尼亚下议院评论道,如果弗吉尼亚人的负担进一步加重,他们无疑会被迫暂停进口英国产的消费品,开始制造其替代品,这对布里斯托尔和伦敦的商人损害极大。印花税将"肯定不利于(英国的)商贸",且"英国的爱国者永远不会同意行使违宪的权力",所以英国下议院必须足够明智,不去制定"一项措施……相比为了英国人的繁荣,更加适合应用到背井离乡的流亡者身上……因为他们一直都在致力于向母国表示应有的敬意,在促进母国的荣耀和幸福方面发挥了非常重要的作用"。[13]

乔治·格伦维尔和他的阁僚们会从上述北美人对帝国改革计划的不同反应中推断出什么结论,这是很容易猜到的。除了两个殖民地,其他所有北美殖民地都毫无怨言地默许了《北美关税法案》,只有一个殖民地议会反对:关税实际上仍是税收,因此不应该对无代表的主体征税。印花税预案引起了更为广泛的反对意见,但只有不到半数的北美殖民地议会做出了甚至可以忽略的请愿姿态,或者至多只是指示他们的代理人在英国表示抗议。与苹果酒消费税在英国本土引起的抵制相比,北美人对税收问题和一个新的帝国管理体制迷惑不解、反复无常和(一多半殖民地的)冷漠的反应,助长了英国改革的气焰。这些无法阻止格伦维尔进行下一阶段的改革和征收印花税。

当然,得益于历经了两个多世纪的后见之明,我们可以得出与格伦维尔和他的阁僚们可能推导出的不同结论。我们能看到北美殖民地立法机构的政治结构和领导人关注当地问题的倾向,阻碍了殖民地之间的合作,纵使从一开始关键问题就很清楚,事实上,从来就不是殖民者之间存在重大分歧。托马斯·哈钦森本人也痛恨无代表权就被征税的前景,如果连詹姆斯·奥蒂斯都不能断然否认英国议会对北美殖民地的主权,那么没有人(可能卡德瓦拉德·科尔登除外)会赞同英国议会不受拘束地行使权力。对帝国改革缺乏协调一致的抵制,与其说反映了殖民地内部在这些问题上的分歧,不如说反映了北美内部跨殖民地关系的初级状态和共同利益意识的不发达。在18世纪上半叶,特别是在七年战争期间,北美殖民地最重要的羁绊是那些横跨大西洋的纽带关系。政治、经济方面最显著的整合趋势并没有使殖民地之间的关系更加亲近，而是使殖民地作为一个共同体与宗主国的关系更为紧密。这样一来，尽管北美殖民地在战争期间能够表现出前所未有的协调，但这只是上级指示的结果，而不是它们之间协商的结果。

七年战争提供了两个推动殖民地达成一致的因素：一个使殖民地之间达成一致意见的共同敌人，除了这方面，这些殖民地都是不折不扣的地方主义者；一个通过发布命令，经殖民地总督向议会转交请求，精心策划殖民活动的总司令。只有马里兰在战争中置身事外，这证明了此体系的粗暴效力不亚于它的局限性，因为只有在马里兰，总督和反对派占据主导地位的议会没能找到足够的共同立场，从而导致总督无法成为传递总司令指示和要求的渠道。

战争的结束让其他殖民地摆脱了约束，它们纷纷再度像马里兰那样行事。战后不再有共同畏惧的敌人或者共同为之服务的事业；总司令不能再向各地总督发布指示；总督们失去了控制甚或说服殖民地议会的资源；战争年代的跨殖民地合作逐渐褪色成回忆。在这样的环境下，多个殖民地议会内部的反对派，对地方问题的反应就像对格伦维尔的改革措施一样，未能协调他们的抗议，这也就不足为奇了。不过，在诸如马萨诸塞和罗得岛的议会设立联络委员会，以便与其他殖民地议会沟通的决议中，跨殖民地合作的记忆，显然挥之不去。这些委员会向其他议会保证，不是只有他们相信英国议会无权对无代表的殖民地居民课税。鉴于战后北美的分裂状态，这不是一个微不足道的成就，但它很难阻止乔治·格伦维尔继续推进《印花税法案》。

格伦维尔和他的阁僚大臣也记得跨殖民地协调的程度，并感知到了其局限性。他们想要建立一个会让殖民地对白厅指示的响应，甚至比七年战争的后几年更加有效（而且要经济得多）的体制。直到1765年过了很长一段时间，他们才明白自己的努力已经开始激起北美人的厌恶，他们不愿接受远程管控，普遍抱有未经同意不应该征税的观念。然而，反对格伦维尔计划的殖民地居民各式各样，他们不能仅在地方主义倾向和共同成见的基础上，为共同事业而努力。首先，他们不能认同有一个共同的敌人：只有一个不列颠国，它更多的是爱国主义和奉献精神的焦点，而不是威胁的来源。再者说，也没有一个得到合法权威支持的机构——没有类似战时总司令的人物——能够恳求他们合作。于是，地方关注的问题、地方利益和地方政治堵塞了共同行动的道路，即便大多数殖民者都害怕和厌恶格伦维尔的计划。

最后，还有一个因素抑制了殖民者对一个明显旨在促进殖民地防务的帝国计划表现不满情绪：从纽约到北卡罗来纳的边境，印第安反叛仍如火如荼地进行着。即使主权和代表权问题能够在抽象的层面上进行辩论，对北美的政治家来说，要质疑英国议会的权威也够困难的了。对于他们而言，在关键问题已经沾染鲜血的情况下去质疑英国议会的权威，尤其是在英军士兵为保卫北美殖民者抛洒鲜血之时，那就完全是另外一回事了。

第 64 章

庞蒂亚克战争的进程

1764—1765 年

虽然在纽约的驻北美英军司令部，没有一个人切实了解这一事实，不过其实是英国的政策，而非印第安人的桀骜不驯，让这次反叛在 1763 年年底以后继续进行下去。1763 年 10 月，庞蒂亚克停止围攻底特律时，曾向格拉德温少校提出议和。格拉德温接受休战，但因为没有得到合法的授权，不能进行和谈。所有与印第安的外交都属于威廉·约翰逊爵士的职权范围，而阿默斯特也已为此指示过前者，在反叛的印第安人得到适当的"惩罚"之前，不要缔结和约。1763 年，枪声逐渐停歇，印第安人终结了对堡垒的围攻，此时如果有一位心意与阿默斯特不同，希望让印第安人各安其位的司令官，他可能会抓住机会议和。托马斯·盖奇少将没有受到阿默斯特的挫折影响，也缺乏像他那样的复仇渴望，应当能够迅速结束流血冲突。但是出于技术和心理这两方面的原因，盖奇坚持执行阿默斯特关于 1764 年战事的计划，再加上可想而知的一系列无法预见的不幸事件，和平的回归推迟了一年有余。

因为埃格雷蒙特以国王需要听取阿默斯特对北美的看法为借口，遮掩阿默斯特被解职一事，盖奇只是临时受命成为总司令。他在技术上仍然是阿默斯特的下属，要受后者的命令约束，直到内阁决定任命他为常设司令官。当然，实际上盖奇可以根据自己的需要修改战事计划，他也确实进行了一些改动。他在 1764 年选择遵循阿默斯特的大部分指示，主要不是因为军事从属关系的要求，而是他优柔寡断的习性造成的。1755 年，盖奇到达北美，在当时就表现出了令人敬佩的个性品质，但其中任何一种都无法超越他与生俱来极其谨慎的特性，之所以如此，最重要的原因是缺乏想象力。他担任第 44 团中校时，就在莫农加希拉证明了自己的血气之勇，在那次大败之后的几个月，他重建了一个营，表现出了身为一名厉行纪律的军人的能力。在 1758 年被任命为上校之前，他在为获得自己的一个团的指挥权竞争中表现出了雄心壮志，在反复受挫时也能做到坚韧不屈。他也表现出了主动精神：他的上司们最终决定创建由他指挥的新团，即第 80 轻步兵团，因为他说服他们，这个团可以替代军中造价昂贵、缺乏军纪的游骑兵连。第 80 团的官兵们虽然在提康德罗加与游骑兵一同冲进鹿砦，在那种极为棘手的环境下，像后者一样英勇战斗，却始终没能取代后者。盖奇实在是缺乏专业技能和想象力，因而只能将他的部队训练成传统步兵。

1759 年，阿默斯特更注重盖奇的资历，而不是性情，委任他为一支小型远征部队的指挥官，目标是护卫圣劳伦斯河上游的拉加莱特堡。但是，盖奇没有从安大略湖顺流而下进行攻击，去转移沃尔夫在魁北克受到的压力。他因为缺乏关于法军兵力的情报而苦恼，犹豫不决，最终一直留在奥斯威戈不动。阿默斯特不能原谅他这次的胆略不足。1760 年入侵加拿大期间，阿默斯特指定盖奇出任不光彩的后方兵站司令，后来又将他圈禁式地安置在蒙特利尔出任军管政府总督。然而，盖奇在蒙特利尔最终发现了自己的长处：能够耐心、真诚、幽默地管理这一地区，而且可以小心周到地注意细节。在接任驻北美英军总司令职务，取得少将军衔时，他表现出了身为官僚的杰出能力，赢得了正直体面的声誉。但是正如他的军事生涯模式暗示的那样，他总是运气胜过洞察力，淡漠胜过大胆，谨慎胜过创新。43 岁的托马斯·盖奇上了年纪，不再喜欢冒险。他可能从未想过要偏离那位易怒、自信的前任规定好的路线。[1]

阿默斯特计划像他曾经惩罚切罗基部族那样，处罚西部的印第安部族。他已请求纽约募集 1400 人的部队，新泽西募集 600 人的部队，同时要求宾夕法尼亚募兵 1000 人，弗吉尼亚募兵 500 人：组成一支 3500 人的殖民军部队，一分为二，由两位正规军上校指挥，用于支援数量较少的可用正规军，参加一系列相互配合的远征。在北路，约翰·布拉德斯特里特上校指挥一支乘坐平底船的部队从尼亚加拉堡出动，渡过伊利湖前往底特律，严惩任何仍然携带武器的印第安人，并派出多个分遣队，去重开西至米奇里马基纳克和格林湾的多个兵站。在俄亥俄地区，亨利·布凯上校奉命从皮特堡西进马斯金格姆河谷和赛奥托河谷，征服那里的特拉华人、明戈人和肖尼人的村庄——印第安人在西部抵抗的中坚力量。布拉德斯特里特和布凯将毁灭所有的抵抗定居点，解放白人俘虏，让反叛的酋长屈服于英国的权威，从战败的部落派遣代表去往纽约，在那里威廉·约翰逊爵士会规定和平条件。在这两路英军行动的同时，从西佛罗里达出发的正规军将从密西西比河溯流而上，占领德·沙特尔堡和伊利诺伊地区的法国贸易站，使得西部的印第安人无法再得到法国人的援助和鼓励。盖奇修改了这一计划，加派了 300 名加拿大平底船工和 1600 名新英格兰殖民军。但除了这些，盖奇基本上没有改动阿默斯特的计划要点。[2]

按照计划顺利进行的部分很少。首先，阿瑟·洛夫特斯少校和他指挥的第 22 团的一个分遣队，从未离开西佛罗里达。怀有敌意的蒂尼卡人，没有与伊利诺伊的印第安部落结盟，却也不愿眼看着英国人取代法国人占据密西西比河上游，于是阻碍他们向密西西比河下游推进，将他们送回莫比尔。其次，北美殖民地慢吞吞或者不愿意派殖民地部队参加远征。弗吉尼亚下议院争辩说《货币法案》使其无法为必要的支出提供资金，并拒绝授权组建一个新弗吉尼亚团。新罕布什尔、罗得岛和马萨诸塞，以印第安人提出和平倡议，使所有的远征都没有必要进行为由，都拒绝募集兵员。纽约、新泽西和康涅狄格，都以少于要求兵力的半数助战。经过对出资供远征开销的条件进行的长期争论后，宾夕法尼亚最终募足了 1000 人的兵员定额，但是部队集结缓慢，还很快就有人开小差了。实际上，前往皮特堡的有不到 700 名宾夕法尼亚殖民军和数百名弗吉尼亚志愿兵（布凯本人主动募集，弗吉尼亚下议院拒绝为这部分人支付薪水）。他们直到 9 月中旬才到，这使布凯在 10 月 3 日之前，无法开始行动。那一天，受他指挥的士兵只有 1500 人，是他期望指挥的人数的 75%。[3]

与计划中的兵力相比，北路远征军的人数更是少得可怜。盖奇向布拉德斯特里特保证，他会指挥 4000 多人的正规军和殖民军。8 月，布拉德斯特里特离开尼亚加拉时，他部下有 1400 人：300 名从第 17 团调拨的正规军，自从哈瓦那战役归队后，仍然很虚弱；300名纽约殖民军；250名康涅狄格殖民军；240名泽西蓝山地区的殖民军；300名加拿大平底船夫。然而，与布凯相比，布拉德斯特里特开始行动时，有一个不可估量的有利条件。大约500名印第安武士，代表上一年还在武装反对英国的大多数印第安部落，以助战人员的身份，随他出征。[4]

布拉德斯特里特的远征军包括如此之多的印第安武士，是盖奇愿意背离阿默斯特计划的唯一明显举动的结果：他答应威廉·约翰逊爵士于7月11日在尼亚加拉堡召开一次和平会议。阿默斯特曾经指示约翰逊，只有"在曾经参与敌对行动的印第安人，得到足够的惩处时"，才能同意议和。约翰逊等不及"黄鼬"号邮轮通过保卢斯胡克，就已开始向新任总司令施压，要求让他派出使者宣布英国愿意求和。盖奇先是犹豫，然后同意了。春天，约翰逊的信使走遍了上五大湖地区，广为传播约翰逊督办将在尼亚加拉点燃和会火炬的消息。如果出席和会的印第安人同意和解，英国人将"用礼品装满他们的独木舟，有毛毯、水壶、枪械、火药和子弹，还有最结实的人都提不动的大桶朗姆酒"。[5]

印第安人的回应超乎想象。19个部族的武士参加了会议，人数超过2000：照约翰逊估计，"这可能是有史以来印第安人聚集数量最大的一次"，大致与1757年在卡里永堡聚集的人数一样多。除了波塔瓦托米人、特拉华人和肖尼人，参加和会的印第安人基本上囊括了每一个敌对部落的代表。一些著名的武士没有出席这次大会，包括庞蒂亚克本人，但这似乎只是暗示他们的部族在多大程度上拒绝与他们来往。各部酋长渴望恢复贸易，欢迎约翰逊提出的议和条件：交还白人战俘，与仍怀有敌意的印第安部族断交，补偿商人在反叛期间损失的货物，保证很快会到印第安人中间做生意的商人们的安全，将任何可能会发生的争端交给约翰逊或底特律要塞的司令官来解决。为了证明阿默斯特的政策的确玩完了，约翰逊分发了数量惊人的礼物——价值约3.8万英镑，而且耐人寻味地撤销了销售酒精饮料的禁令。[6]

8月7日，当布拉德斯特里特在伟大的和平大会结束之后离开时，他相信自己的任务不是从尼亚加拉将战火和刀剑带到米奇里马基纳克去，而是去接受少数仍怀有敌意的印第安部落的投降。至少他希望如此。他的部队由未经训练的殖民军和病弱的正规军组成，他自己的健康状况也堪忧：5月，他患上了一种不知名的疾病，不断地消耗他的精力，甚至到了7月底，他仍不能独立行走。因此，8月12日，当10名印第安酋长打着休战旗靠近他在普雷斯克岛附近的营地时，他兴致高昂。酋长们自称是桑达斯基怀安多特人、特拉华人、肖尼人、明戈人和孟西人——"居住在赛奥托平原的印第安五部族"——的使者，前来求和。布拉德斯特里特以约翰逊在尼亚加拉提供的类似条件答复：印第安人应立即停止所有的敌对行动；在25天的期限内，在伊利湖的桑达斯基湾，将所有的白人俘虏交给他；将所有后来杀死或掠夺白人的印第安人送往皮特堡受审；在履行完这些条件之前，要在他的部队留下人质，同时带上他部队里的一名军官和一名印第安语翻译，随同携带和平条件的使者们一同回到村落。作为回报，布拉德斯特里特上校会将与使者达成的协议告知上司，阻止布凯的远征军破坏俄亥俄地区的印第安村落。[7]

布拉德斯特里特在将他与印第安人谈判的消息送交盖奇后，继续前进，似乎每过一天，他的部队行军都更像一次凯旋游行，而不是一场军事远征。在印第安部落与他会面，表示臣服时，他告诉他们，9月初，他将在底特律举行一次谈判大会。布拉德斯特里特深信他正在见证一场反叛的最后崩溃，8月26日，他派第17团的托马斯·莫里斯上尉率领一支小型护卫队，沿莫米河而上，执行向伊利诺伊地区进军的命令，接管当地的指挥权。如果莫里斯在路上遭遇庞蒂亚克，他将会告诉后者在桑达斯基与布拉德斯特里特会面，上校将会在那里等候特拉华人、肖尼人和其他部族交付战俘。布拉德斯特里特认为，他正处于整个北美内陆重获安宁的开端。[8]

在8月的最后几天，布拉德斯特里特完成了对于格拉德温少校疲惫不堪的驻军的换防，派出分遣队重新占领了米奇里马基纳克和爱德华·奥古斯塔斯堡，他相信自己完成了盖奇指派的任务。然而，当他在9月5日转而与聚集在一起的印第安人代表确认和平时，与其说他听从了盖奇的命令，不如说是回应了一直以来由自我夸大与贪婪结合起来定义而成的他本人反复无常的个性。其后果将破坏和平，而且对布拉德斯特里特想要成为五大湖霸主的雄心壮志来说也是致命的。

在离开尼亚加拉堡之前很久，布拉德斯特里特上校就将这次远征视为一个为自己和国王效劳的机会，因此他在运往底特律的军用物资之中，装载了大批属于自己和一些生意伙伴的贸易商品。但在7月，他可能只是希望在复兴的印第安贸易中赚取一笔可观的财富，正是印第安抵抗的瓦解，复苏了一个更久远的梦想。1755年，当布拉德斯特里特首次看到奥斯威戈，并将上五大湖地区理解为一个潜在的帝国，他本人居于其中心时，一个"五大湖自治领"的计划在他的推动下悄然进行。1758年，取得弗朗特纳克堡大捷之后，他将这个计划公之于众。后来他也曾为之沮丧，但此时这个梦想似乎就在他的掌握之中。为了把握住这个梦，他在提交给赴会的渥太华人、齐佩瓦人、休伦人、迈阿密人、波塔瓦托米人和米西索加人的条约中，加入了一项前所未有的条款。和约不仅称呼印第安人为英王乔治三世的"孩子"，还称之为他的"臣民"，宣称英王陛下"对他的所有领地和这片地区的每一块土地都拥有主权，像在他领地的任何部分那样，充分完全地行使主权"。与会酋长们都签了字，但是不可能认为他们完全明白，布拉德斯特里特意图将他们降低到任何印第安部族永远都不会接受的从属地位。[9]

直到后来，这位上校在底特律的意图才变得明白无误，他向白厅报告了和会的情况，解释说根据和约的条款，"英王陛下可以合法而寻常地行使君权，随自己的心意在那里授地，并以君王的智慧认为合适的方式建立政府"。在布拉德斯特里特和"60名在上五大湖地区服役的军官"请愿得到底特律的10万英亩土地，并承诺在这片土地上让639户家庭定居时，他心中的授地权问题和成立一个政府的想法随后变得清晰起来。布拉德斯特里特解释道，这个定居点将成为英国王室在北美内陆的一个殖民地的核心，他本人则是最适合治理这个殖民地的人选；伊利诺伊地区的法裔居民可以被迁移至此，他们会处在与布拉德斯特里特共同请求授地的军官所在的那个团的警惕目光下，在那里，五大湖地区的印第安人可以被教授农业技艺，从而给予他们"一项有保障的生存技能"。布拉德斯特里特认为，底特律的地利赋予当时以战略价值，还预示将来的非凡成就。底特律的位置足够靠西，能控制内陆的皮货贸易，绕过诡计多端、不可靠的易洛魁六部，确保五大湖地区和上游中西部的印第安各部不会将他们的皮货交给密西西比河西岸的西班牙和法国商人。一旦"妥善安顿好"，底特律将成为抵御未来反叛的一道"坚固屏障"，亦是缓解困扰印第安人良久的"缺粮"问题的食品供应来源。底特律将成为稳定的北美内陆的一块基石，大英帝国王冠上的一颗明珠。[10]

眼前闪闪发光的愿景，使得布拉德斯特里特无视自己在和会上的举动带来的更为直接的后果，这差点毁了他。他将暂时的优势误认为是对印第安人的控制，因而表现得更像一名征服者，而不是印第安人来到底特律寻找的负责调停的"父亲"。虽然有充分的理由认为，印第安人并不理解和约中那项赋予他们新臣民身份的条款，但是他们不可能误解布拉德斯特里特对庞蒂亚克送到底特律，代替他自己出席的那串和平腰带的回应包含的意义。上校为了表达对那名渥太华酋长没有亲自来表示顺从的愤怒，抄起一把战斧，将有贝壳串珠装饰的腰带劈成碎片，并下令将之扔进河里。布拉德斯特里特意在摧毁庞蒂亚克的尊严。然而，他没能明白自己的行为相当恶劣——"大致相当于一名欧洲大使在一份已议定的条约上小便"——一斧子将自己的信誉给劈得粉碎，反而恢复了一名连自己的部族都基本拒绝与之往来的印第安首领的声誉。[11]

布拉德斯特里特不知不觉中就将和平的希望，连同庞蒂亚克送来的贝壳串珠的碎片一起沉入底特律河，会议结束后不久，他就开始眼睁睁地看着自己的梦想破灭。9月12日，盖奇送来的几封信中的第一封到了，通知他在普雷斯克岛缔结的和约已经超出了他的权限，现在他要放弃自己达成的和约，从陆路向肖尼人和特拉华人在赛奥托河河畔的村落进军，"利用一切手段……将它们都摧毁"。盖奇写道，在令人厌恶的印第安人交出"这场战争的10个主要推动者，并将他们处决之前"，布拉德斯特里特不能接受任何和平提案。只有到那时，他才能同意休战，并"以适当的方式将印第安人的代表派往威廉·约翰逊爵士处求和"。[12]

布拉德斯特里特为意想不到的非难和不可能接受的命令感到不安，于是他用一封自辩信加以回复（一连串信件的第一封），然后赶紧去往桑达斯基湾，在那里期待见到肖尼人、特拉华人和其他印第安和平使者承诺会送交的战俘。上校对于这种紧张局势并不陌生，或者说，对于上司的不信任也不陌生。在此之前，他总能取得成功，以此平息一些不利的批评，将官方的责难转变成对他（至少是不情愿的）的批准。要想改变盖奇的态度，他所需要的就是带回那些战俘。

但是，没有战俘到达桑达斯基。取而代之的是更多的信件，就在频繁往来的信件和肖尼人与特拉华人永远都不会将战俘送来这一愈发明显的事实的空隙，布拉德斯特里特能看见影影绰绰的灾难轮廓。最坏的消息从莫里斯上尉那里传来，他永远都不能到达伊利诺伊了。莫里斯的部队划船沿莫米河而上不到20英里，就遇到了庞蒂亚克。虽然庞蒂亚克还没有放弃回归法国国王的信念，但他听取了莫里斯的话，同意送一条和平念珠交给底特律的布拉德斯特里特。他还向莫里斯承诺，让后者安全前往伊利诺伊地区，并派了一个护卫队带着贝壳串珠随行，以便一路畅通。但是在向上游更远处前进时，莫里斯发现庞蒂亚克的斡旋几乎没有用处。一队迈阿密武士新近已经接受了俄亥俄印第安人送来的战争念珠，他们扣押了莫里斯，并把他绑在一根木桩上。就在将他折磨致死的关头，他们的酋长，即庞蒂亚克的一个亲戚，劝阻了他们，将莫里斯带进自己的小屋。一有机会，浑身打战的莫里斯上尉就从陆路逃到了底特律。在那里，莫里斯向布拉德斯特里特讲述了自己的艰险经历，认为虽然庞蒂亚克仍有利用价值，但似乎很清楚的是，印第安人在普雷斯克岛的和平提议是一个诡计。"地雷已经埋下，火柴点燃它，就会炸翻我们。塞内卡人、肖尼人和特拉华人已经向所有部族送出他们的战争念珠，他们只是在等待总攻的信号。"[13]

布拉德斯特里特从送到桑达斯基的那些信件中，听到了其他导火索发出的嘶嘶声。他从盖奇和布凯那里得知，在普雷斯克岛谈判之后，俄亥俄印第安各部没有停止袭击宾夕法尼亚的边陲，袭击的速度甚至还有所加快。有鉴于此，盖奇的脾气越发暴躁，他命令布拉德斯特里特率领部队溯桑达斯基河而上，越过赛奥托河谷，然后从北边顺流而下，进入肖尼人的村落，与此同时布凯从匹兹堡西进，攻打特拉华人。但这是不可能的。总司令没有注意到西部路途遥远,也没有考虑过夏末河流的水位问题,可能他还未明白自己其实是在要求布拉德斯特里特的部队从陆路行军200英里,穿过一片无路的森林,途中甚至都没有挽畜拖运物资。上校知道违抗直接命令的军官会是什么下场,也确信盖奇命令执行的是自杀式任务,进退两难,只得困守桑达斯基。他将这次行动的其余时间,都无效地用来恳求他的印第安盟友去攻打特拉华人和肖尼人,还写了多封冗长的辩护信寄给盖奇。期间,他的部队在很快地消耗各种物资,还有士兵生病发烧,而部队里的殖民军期盼行动的结束,并和往常一样丧失了服从性。10月18日,布拉德斯特里特希望破灭,心灰意冷,最终下令返回尼亚加拉,却发现灾难已经跨过道路蔓延过来。第一天晚上,一场突如其来的暴风雨摧毁了远征军的一半船艇。布拉德斯特里特放弃了火炮,下令100多名易洛魁武士徒步返回尼亚加拉,其余部队登上仍然可以航行的平底船,艰难前行。但是天气更加恶劣,航行的速度极为缓慢。食物短缺,小船一艘又一艘漏水,不得不被遗弃;最后,他安排数百人上岸,"在没有一点口粮的情况下",徒步行军返回尼亚加拉。11月3日,幸存的平底船和筋疲力尽的划桨人员,才到达小尼亚加拉。那些被迫徒步返回的人——没有被饿死和冻死的人——数周后才陆续归来。在一开始就被布拉德斯特里特放弃的易洛魁武士回来时,他们袭击了尼亚加拉陆路运输场的守卫,几乎再度切断了与底特律之间的交通线。[14]

就在布拉德斯特里特的远征军缓慢回到尼亚加拉时,亨利·布凯上校正在俄亥俄地区结束一场成功得多的战役。在集结人员、驮马、物资、牲畜和赶畜人员等方面经历了令人痛苦的延误之后,布凯最终在10月3日从皮特堡出发,沿着俄亥俄河来到大比弗溪溪口,然后越野攻打马斯金格姆。与前一年不同,当时他们跌跌撞撞在灌木溪踏入致命陷阱,布凯在调动部队的时候,非常注意安全,不犯差错。布凯的部队在所到之处一边测绘地形,一边清理路面,行进了约80英里,才传来"特拉华人和肖尼人的头领尽快前来议和"的消息。[15]

布凯下令在马斯金格姆附近挖掘战壕,筑起围栅,等候酋长们到来。10月17—20日,他接待了来求和的印第安酋长,给予了基本上与布拉德斯特里特同样的条件,给他们 12 天时间送来白人战俘,以此表达诚意。这个间歇期让他有足够的时间将营地迁移到特拉华人村镇核心地区的一个牢固据点:"从这个地方,军队有能力震慑所有敌人的定居点,一旦他们没有按时履行约定,就摧毁他们的村镇。"在马斯金格姆河的分流处以北 1 英里的位置,布凯的部队修建了一座营垒,它像"一座遵守最高秩序和规律性的小镇",有重重堑壕和"4 座"置有大炮的堡垒的坚强捍卫。11 月 9 日明戈人和特拉华人送来 200 多名白人俘虏,而主定居点位于赛奥托更西边 80 英里处的肖尼人,承诺会在第二年春天将他们的俘虏送往皮特堡。在告知部族酋长,他们需要前往约翰逊厅签订正式和约确认和平之后,布凯撤退了。11 月 28 日,他的小部队没有出于愤怒开上一枪,就回到了皮特堡,俄亥俄河流域的和平似乎有了保障。[16]

盖奇在年度战事报告中,赞扬了布凯"在与那些奸诈的野蛮人打过的所有交道中……行事沉着稳重",恢复了西部的秩序。他承认布拉德斯特里特遇到了更多棘手的问题,但仍然觉得如此评论合乎情理:"这一地区将恢复以前的平静,如人们所希望的,与所有近来还对英王陛下拿起武器的印第安部族缔结全面持久的和平。"[17]然而,和平的意愿既没有盖奇以为的那样全面,也没有那么有保障,它的获得更多地与驻伊利诺伊地区的法军司令官拒绝为印第安人提供弹药和武器这一事实有关联,而非沉着稳定的指挥。那些已经在供应火药和子弹的法国商人,耗尽了大部分库存,因而希望能为他们剩下的库存卖个好价钱。在这样的情况下,俄亥俄以北和沃巴什以东的大部分印第安部族,发现法国"父亲"似乎对他们的努力非常冷漠,因而很难继续相信法国人会卷土重来。他们只是发现将法国"父亲"换成英国"父亲"更方便,用毛皮交换英国货,无论如何都要比法国货便宜,品种也更丰富。

这种求和的意愿远远谈不上普遍。从赛奥托河谷到密西西比河,举足轻重的印第安首领和他们的支持者仍然未被征服。布拉德斯特里特毁了庞蒂亚克的和平念珠,只是巩固了渥太华人的这位酋长,在那些仍然相信法国国王可以再度振作的西部印第安人中得到的支持。在伊利诺伊地区,天主教徒夏洛·卡斯克是德意志与肖尼人的混血后代,他作为一名军事领袖声名鹊起，比庞蒂亚克更加坚决抵抗英国人。因而，1764年的和平协定并没有消除印第安人的抵抗，只是让重心西移。1765年，盖奇和约翰逊全神贯注于让庞蒂亚克就范，在伊利诺伊建立控制权，两者都不容易。

布凯和布拉德斯特里特远征的花费，证明用外交手段对西部边远地区建立英国的权威是当务之急。布凯和布拉德斯特里特都建议盖奇用武力平定伊利诺伊，这需要不少于3000人的部队，对总司令来说，这显然是一笔太过沉重的经济负担，他的预算已经超过授权级别的150%了。此外，洛夫特斯少校试图沿密西西比河溯流而上遭遇的问题，证明了到达伊利诺伊地区的最初行动，最好途经俄亥俄地区。1765年1月，盖奇因此致函庞蒂亚克，邀请他协助安排将法国人在西部的权力和平转移给英国占领当局，这实际上是在寻求当时而言仍然是敌人的庞蒂亚克，来成为他的合作伙伴。为了落实这一倡议，盖奇分别授权两个外交代表团去伊利诺伊地区。第一个去执行这项使命的代表团，由第34团的约翰·罗斯中尉和他的翻译休·克劳福德率领，从莫比尔走陆路进入俄亥俄河下游地区，在2月中旬到达德·沙特尔堡。他们发现，法国驻军司令路易·格罗斯顿·圣-安热·德·贝勒里夫上尉极为配合。相反，当地的印第安人明显怀有敌意。罗斯和克劳福德在4月为了保命开溜了。[18]

就在罗斯和克劳福德沿着密西西比河，艰难地划船顺流而下时，第二个代表团的首领乔治·克罗根还有一个月才会离开皮特堡。延误和不幸从一开始就折磨着他。1764年年底从伦敦返回后，这个不知疲倦的爱尔兰人就敦促盖奇，让他尝试去打开伊利诺伊地区。威廉·约翰逊爵士强烈支持这个计划。当然，盖奇没料到克罗根这么做不仅是为了议和，还为了他的殖民计划，也为了他在费城贝恩顿、沃顿和摩根公司的生意伙伴能垄断当地的毛皮贸易。不过，盖奇非常清楚克罗根身为印第安事务外交官的声誉，在1764年批给他2000英镑去购买给印第安人的礼品。克罗根一如既往，将账本上的托底数字当作他的起点数字。在暮冬离开费城时，为了此行的外交礼品，他花费了近5000英镑，几乎都用来购买贝恩顿、沃顿和摩根或者他自己公司的商品（他先安排一个身无分文的表亲来扮演商人，站在前台当幌子做交易）。除了这些将会由王国花费运往皮特堡的物资，贝恩顿、沃顿和摩根还装运另一批价值 2 万英镑的货物，跟克罗根的远征队伍一起走，重振西部贸易的活力。这引起了此行的第一场灾难。

在这家公司的驮运队沿着福布斯道路越过坎伯兰县之前，当地的苏格兰-爱尔兰定居者发现这支队伍的驮篮里有大量毛皮，在他们看来，这是设法转手倒卖牟利的好机会。遵循帕克斯顿帮直接行动的策略，边境居民将自己组织成一伙暴徒，用黑灰抹脸，破坏或者盗窃了 80 匹马驮运的物资，然后他们靠近道路，围攻利戈尼尔堡，赶驮马的马夫们之前为了逃命来到这座堡垒避难。这让已经到达皮特堡的克罗根，处于特别尴尬的境地。盖奇怒气冲冲地质问，为什么大量的印第安贸易商品，包括武器和弹药在内，会被贴上王国财产的标记，还被指示交付给他，就在一座印第安贸易仍处于官方禁令之下的要塞里？[19]

克罗根厚着脸皮抵赖。在一大堆证据面前，他矢口否认自己在贝恩顿、沃顿和摩根的生意里有任何私人利益。他坚持说自己只是让贝恩顿等人运送一些物品到皮特堡，储存到禁运解除为止。由于约翰逊大力为克罗根辩护，盖奇最终将他斥责了一顿，还是放了他，但是整个 3 月和 4 月，他都在说服盖奇应当允许他这个爱尔兰人继续执行任务。当时，远征队的军事联络员第 78 团的亚历山大·弗雷泽中尉，已经失去耐心，自行离开前往伊利诺伊。克罗根建议弗雷泽先留在皮特堡，等他能够和明戈人、特拉华人，还有下游的肖尼人协商安排好通过他们地盘的安全路线再走。克罗根解释道，尤其需要与肖尼人改善关系，因为他们的部族位于俄亥俄地区最西边，他们与沃巴什谷地和伊利诺伊的部族联系最为紧密，而英国人和这部分印第安人还没有接触过。肖尼人的善意因此十分关键，但是这件事还远没有得到确定：作为反叛部落中最不可救药的一个，他们仍然没有送回上一年秋天就向布凯承诺过的战俘。但是没有事情能劝阻弗雷泽，他招募了一船志愿人员，让他们载着他在 3 月 22 日离开匹兹堡并划过 1000 英里的可疑水域。克罗根则留在匹兹堡，写了许多虚情假意的信件，并做好准备，等候俄亥俄各部的酋长出现。

与那年春天的其他任何事情都不同，等到乔治·克罗根的印第安人会议最终在 5 月 7 日召开时，一切进行得非常顺利。肖尼人的代表不仅送回了战俘，同意派使者去和威廉·约翰逊爵士缔结正式和约，还派了10名酋长与克罗根同行，当作善意姿态。不过，印第安外交一如既往，既棘手又耗时，直到5月15日，克罗根和他那两艘装载礼品的平底船才能航行在俄亥俄河河面上。当时，弗雷泽中尉已经到达伊利诺伊——他处于极其危险的境地。[20]

4月17日，在罗斯和克劳福德逃跑后不久，弗雷泽就来到了德·沙特尔堡。如果庞蒂亚克恰好没有在他之前赶到这座要塞的话，他很可能马上就被杀死了。尽管上一年布拉德斯特里特在底特律制造了一种不确定性，但这位渥太华人的酋长还是再度准备议和。实际上，庞蒂亚克并非如盖奇、约翰逊和其他英国官员想象的那样，是一个专横的印第安民政领袖，而只是众多军事首领中的一个。他也是一个有远见卓识的人，他希望和平和开放贸易，但他的许多看法早就被自己部族的大多数人拒绝了。布拉德斯特里特的鲁莽行为，让庞蒂亚克在西部的印第安人中能够保留一批追随者，这批人坚信法国"父亲"会卷土重来，或者至少有望拖延英国人进入伊利诺伊地区的脚步。但是在布拉德斯特里特鲁莽行事数月之后，庞蒂亚克本人对法国人的信任逐渐消失了。与圣-安热上尉和其他与他打交道的法国官员的礼貌拒绝相比，盖奇在1月发来的信件，给了他成为北美最强大的印第安首领的机会，因为盖奇在信中许诺让他掌握西部印第安部落的最高领导权，以此作为他帮助英国人获得伊利诺伊地区控制权的回报。于是，庞蒂亚克仔细倾听了弗雷泽不熟练的演讲，后者的说辞明白无误地提供了和平与伙伴关系；再度听圣-安热说，法国"父亲"希望他的印第安孩子们结束战争；庞蒂亚克答复说，愿意捐弃前嫌求和。这就是事情的全部，在弗雷泽到达后不到一周的时间，一切似乎都尘埃落定了。弗雷泽中尉高兴坏了，尚不知道自己的处境微妙，他购买了白兰地，下令宰杀了一头小公牛，为向庞蒂亚克致敬大摆宴席。一个酋长们组成的代表团出发去迎接克罗根，将护送他来到德·沙特尔堡南边的卡斯卡斯基亚定居点，庞蒂亚克和弗雷泽会在那里等待，同时准备确认和平的贝壳念珠。

但是印第安抵抗力量的政治要复杂得多，这是一个痴迷于自己成功的中尉做梦也想不到的，伊利诺伊地区的印第安部族也比他想象的更加分化。5月初，来到卡斯卡斯基亚的不是乔治·克罗根，而是夏洛·卡斯克，他的到来使得亚历山大·弗雷泽的计划引发了骚乱。卡斯克已经去过新奥尔良，在路易斯安那的常任西班牙总督出现之前，向得到委任统治该地区的法国军官夏尔·菲利普·奥布里求助。奥布里反对进一步的敌对行动，拒绝将武器和弹药当作礼品赠送给他们，但是他允许船队护送一批贸易商品，其中包括大量火药，与夏洛·卡斯克一同沿密西西比河北上返乡。路易斯安那易主交接时，西班牙人肯定会对伊利诺伊地区的商人强征进口税，因而奥布里做出这一举动的目的是帮助那里的商人规避关税。然而，事实上，他帮助了这位酋长，因为此次护送给予夏洛·卡斯克一个误传他真实立场的机会。夏洛·卡斯克说路易斯安那的法国总督鼓励抵抗英国人，还指着船上装载的成桶火药当作证据，这瞬间就削弱了庞蒂亚克达成的协议的效力，将弗雷泽和他的团队人员的性命置于极端危险的境地。此时，弗雷泽——就此事而论，也包括庞蒂亚克——只能将希望完全寄托在克罗根的到来上了。但是，克罗根再度没有到来。那些去往沃巴什河口等候他的印第安酋长回来了，并为被派去干了一件徒劳无果的傻事而愤愤不平。5月底庞蒂亚克不能再保护弗雷泽了，前者坦承他和他的少数剩余追随者必须返回自己的村落。于是，弗雷泽给克罗根和底特律卫戍司令写了好几封急信，证明庞蒂亚克的合作属实。他将信件都交给那位渥太华酋长，然后登上了独木舟。5月29日，弗雷泽沿着密西西比河，顺流逃跑了。[21]

但是庞蒂亚克被不期而至的另一个英国使者皮尔斯·阿克顿·辛诺特耽误，仍在卡斯卡斯基亚逗留。辛诺特代表南部印第安事务督办约翰·斯图尔特，从西佛罗里达而来，对伊利诺伊的事态一无所知。如果到来的是印第安事务方面一名聪明能干的外交官，他肯定会发现自己的前途渺茫，但辛诺特缺乏经验并且"脾气暴躁"，还被同时代的人称为"一个根本不懂取悦之术的人"，可想而知他的情况比弗雷泽中尉更糟。几天之内，他也逃命去了，但在此之前，他有机会打开了乔治·克罗根写的一封信，6月14日，一名印第安信使送来了这封信。这封信是一周前，乔治·克罗根在沃巴什河口附近的一座营地里写成的，说明他的团队很快就会到达卡斯卡斯基亚。克罗根即将到来的消息,很难让庞蒂亚克满怀希望,但是他决定无论如何再留几天。可是接下来送达的消息表明克罗根根本不会到来。庞蒂亚克得知,克罗根在寄出6月7日的信之后的几个小时内,就遇到了意想不到的障碍。也许只有庞蒂亚克可以看出,6月8日发生在克罗根身上的事情,会给予自己最后一次机会,重新调整近来对他非常不利的局势。[22]

克罗根沿俄亥俄河而下,经历了一次悠闲的平静之旅,这使他及其同伴产生了一种舒缓安逸的错觉。然而,即便很警惕,他们也几乎不可能击退80名基卡普和马斯克顿武士大清早发动的突袭,这些人都是夏洛·卡斯克的追随者。在这次袭击中,肖尼人的3名酋长和克罗根的2名仆人丧命。队伍里只有3人没有受伤;克罗根本人头部受了一记危险的斧伤。这些幸存者预计,袭击结束后,他们都会被折磨致死。事实上,要不是一个负伤的肖尼人使者勇敢发声,几乎肯定会这样。这个肖尼人竭力发挥一个难逃一死之人的作用,拿自己来威胁嘲笑俘获他的人。他说,他们已经是死人了;他的部族已经与英国人交好,必然会将怒火倾泻到基卡普人和马斯克顿人的身上,为被杀的酋长报仇。心神不宁的基卡普和马斯克顿武士,决定让俘虏活到能够将他们沿着沃巴什河带到温森斯和乌亚特农为止,他们在那里可以和法国商人商议,向自己的首领问计。

途中,克罗根逐渐恢复了体力,一旦他能说话,也开始利用抓捕他的人的恐惧。因此就这件事而言,他们沿途经过的村庄里,没有一个人想要与肖尼人开战,特别是当克罗根明确表示,肖尼人将得到英国的支持和无限量的武器弹药供应时。在这个队伍到达位于袭击地点上游250英里的乌亚特农时,武士们自己都深信犯了个可怕的错误,因而在村里管民政的酋长释放克罗根和其他俘虏时,没有提出异议。7月1日,沃巴什印第安五部族(基卡普人、马斯克顿人、迈阿密人、皮安卡肖人和韦阿人)的首领们都请求克罗根居中说和,以避免进一步发生流血事件。克罗根高兴地记下"硬骨头有时候还是挺管用的",同意写必要的信件和提议进行必要的对话,促使双方议和。[23]

克罗根一行被袭击的消息传到了卡斯卡斯基亚,夏洛·卡斯克立即送信给印第安人，要将克罗根烧死，但庞蒂亚克认识到这是一次难得的机会，可以推动克罗根充当调停人，恢复自己失去的影响力，于是他集合了一个由明戈人、特拉华人和肖尼人组成的代表团，前往乌亚特农。7月，沃巴什印第安五部族宣布废除夏洛·卡斯克的领导地位，请求庞蒂亚克代表他们与克罗根会谈。克罗根和渥太华酋长毫不费力就认清了自己的机会，并且立即最大限度地利用了它。在7月的乌亚特农会议和8月的底特律会议上，庞蒂亚克和沃巴什印第安各部的酋长们与英国达成议和。庞蒂亚克的唯一条件是，如果伊利诺伊各部族能够容忍英国在他们的土地上驻军，那么英国人要承诺像法国人那样占领该地区的兵站，放弃对周边地区的所有权利主张，甚至是要塞和堡垒所在的地方，他知道这种情况下有必要提出这个条件。克罗根——不够诚实，因为他无意放弃自己在伊利诺伊殖民的计划——没有提出反对意见。庞蒂亚克仍然必须去纽约，与威廉·约翰逊爵士正式签署协定。克罗根知道，一旦英国正规军进驻，北方印第安事务督办就能毫无风险地驳回这一条款。

条约的草案一完成，克罗根便报告盖奇，可以安全地将部队送到伊利诺伊地区就位了。第一支部队，即第42团的100名苏格兰高地士兵，由托马斯·斯特林上尉指挥，从皮特堡出发，于1765年10月9日到达德·沙特尔堡。圣-安热松了一口气，交出摇摇欲坠的兵站，将自己的部队撤到河对岸一处更有保障的位置——一个叫圣路易的新村庄。大部分法裔居民和商人都和他们一起走了，宁可成为西班牙臣民继续生活下去，也不愿接受英国人的军事统治。夏洛·卡斯克召集他的追随者，在下俄亥俄拦截斯特林分遣队，想最后一次尝试阻止入侵者。不过，事实很快就变得明朗了，法国商人们不会再提供更多援助，而沃巴什的各部落不会采取可能导致肖尼人和英国人报复的行动。因而1765年秋，夏洛·卡斯克跟随法国人过河西迁，他才是这场大起义的最后一位领导人，之前英国人一直误解为庞蒂亚克：反叛者夏洛·卡斯克无法像庞蒂亚克最后所做的那样，接受英国"父亲"来代替永远都无法再度觉醒的法国"父亲"。[24]

第65章

庞蒂亚克战争的经验教训

1764—1769 年

那么，这场似乎无休止延长的战争证明了什么？又预示了什么呢？与往常一样，印第安人、英国人和英属北美人各自发现了不同的经验教训。这些经验教训无法互补，甚至也不是相互兼容的。庞蒂亚克本人则得出了一个致命的结论。他认为这场战争使自己赢得了敌人的敬意，盖奇承诺的支持会让他成为凌驾于原先的上五大湖地区所有印第安部族之上的大酋长。关于盖奇和约翰逊对自己的高度评价，他是对的，但他弄错了他们给予自己的奖赏。庞蒂亚克因为被蛊惑而产生的得到英国人的支持，从而领导许多部族的幻觉，只能让他成为其他印第安领导人怨恨的焦点。英国人没有提供他确认自己的地位所需的大量礼品，他可能也需要这些礼品维持其他人对自己的支持，于是渥太华人先罢免了这个自命不凡的酋长。1768年春，庞蒂亚克本村的年轻人让他感到非常痛苦，为了使自己免受他们的随意殴打，他只能回到伊利诺伊地区，投靠妻子的亲戚生活。在那里，他比以往更加孤立，甚至丧失了自卫的能力。1769 年 4 月 20 日，一个皮奥里亚武士用棍棒将他打晕，然后就在正对着圣路易的密西西比河岸上，卡霍基亚的贝恩顿、沃顿和摩根公司的贸易站前，将他刺死。没有一个人觉得有必要为庞蒂亚克报仇，哪怕是他的几个亲生儿子。[1]

其他印第安首领认识到了更加可靠、但同样危险的经验，即英国人是可以胁迫的。即使反叛的首领们没能够唤醒他们的法国"父亲"，使之恢复过来，他们也几乎不可能没有注意到，战争结束时，英国人废除了印第安人反对的所有政策。随着多项条约的签署，外交馈赠恢复了；对火药、子弹和武器的贸易限制结束了；酒精饮料的贸易重启。印第安人强制性地指示新来人员在上五大湖地区具体定居的位置，并认为英国国王和他的代表们将会承担起法国"父亲"放弃的调停人的角色。

时间会证明他们对英国人善意的信任是错误的，最终就像庞蒂亚克对英国权威的信任一样危险。英国人永远不会像法国人那样忠实地调解印第安各部族之间的争端，也不会像法国人那样控制他们的殖民地居民的行为，但是在 1765 年和 1766 年，这些令人不快的真相仍然隐藏在未来的迷雾中。同一时期，曾经参加过反叛的印第安人知道的只是他们诉诸武力，以很少的生命代价，赢得了可观的收益。[2]

英帝国的官员们则吸取了其他经验教训，并加以运用。1763 年底特律和匹兹堡所谓的解围和 1764 年印第安人对布拉德斯特里特和布凯两路远征军缺乏有效抵抗，造成的军事胜利的错觉，让盖奇甚至约翰逊没有将战争的结果理解为印第安人事实上的胜利。不过，这两人都没有天真到将结束战争的正式的臣服行动，误解为无条件投降的地步。无论是在北美还是在白厅，没有一位负责任的官员认为有可能像布拉德斯特里特试图去做的那样，坚持英国人对西部印第安人土地的直接主权，或者甚至像阿默斯特曾经希望的那样改革贸易惯例，促使印第安人变得温顺而勤劳。相反，尽管必然要承担费用，但英国还是默许恢复外交馈赠，因为印第安人让他们别无选择。他们重开酒类贸易，这既是因为印第安人的要求，也是因为酒精似乎是让印第安人在军事上可控的唯一手段。

但最重要的是，这场战争让英国当局感到疑惑，甚至在最终的条约达成之前，他们未来是否有能力在西部维持一支重要驻军。英国陆军大臣巴林顿勋爵率先提出这个问题。1765 年 10 月 10 日，他写信给盖奇说，在他看来，"如果 1763 年的宣言是正确的，那么在界线以西维持多座堡垒就肯定是错误的。为什么要在一个势必成为荒野的地区保留驻军呢"？巴林顿希望像盖奇"这样的亲密老友"能给他一些常识性的建议，"比如维持生计的困难、粮秣的耗费、防御工事的费用……如果拆毁要塞，这些问题都将不复存在，部队也会从界线西边撤回"。[3]

12 月 18 日，盖奇深思熟虑后写了一封长篇回信，不仅预言了英国的政策，还解释了政策的逻辑依据。他同意在七年战争期间"耗费大量劳动力和惊人的资金"建立的那些要塞，在战后已成为累赘，其原因与波士顿和纽约发生的多起事件，以及底特律或卡斯卡斯基亚的情况都有关系。

平时维护这些要塞，是为了确保印第安人的敬畏和服从，以及保护贸易。印第安人的反叛，说明第一个用途效果不佳。现在，这些要塞的唯一用处可以说是对商人的一种保护手段，防止他们欺骗印第安人，让印第安人喝醉，使得后者像过去那样互相争斗，这会引发殖民地之间的争端，促使印第安人普遍对全体英国人抱持最糟糕的印象。

但是，如果"贸易用途能让印第安人为我们的利益服务，阻止他们在法国的阴谋煽动下，去袭击殖民地"，就足以证明"在印第安地区维护这些要塞是合理的；然后可能会有人问，为了这些目的……是否值得耗费相当代价去维护这些要塞？这个艰难而重要的问题需要做出决定"，而这个决定则完全取决于印第安贸易的价值。

盖奇认为，殖民地的防务问题不应当掩盖这一议题。鉴于"几乎所有殖民地此时的脾性，他们可耻的行为和忘恩负义，他们对大不列颠整个立法机关的傲慢态度，他们不愿意为帝国的紧急状态贡献兵员配额"，盖奇认为应当考虑的就只有宗主国的直接利益："如果大不列颠不能通过皮货贸易得利……那么立即做出放弃那些要塞的决定，应当不会为难，可以让北美各殖民地自己去管理贸易，对抗法国，尽他们所能保卫边境……自担风险和费用。"显然，殖民者在这些问题上不值得信任。殖民地商人欺骗了印第安人；殖民地的投机商将他们逐出自己的土地；殖民地的非法居民侵占了他们的猎场。的确，正是为了"避免重蹈覆辙，才会有现在的要塞守卫、处置印第安各部，以及为各殖民地划定界线的计划"，即1763年宣言。那么，具体应该做些什么呢？

因为各处要塞囤积了大量火炮、轻武器、弹药和其他物资，所以不得不保留一些驻军。但同时盖奇认为驻军的数量适度即可。因为如果春天"一切都风平浪静的话"，他认为届时可以将主要要塞的驻军减少到最基本的水平："米奇里马基纳克可以安全地交给40人组成的守备队负责，底特律70人，伊利堡25人，尼亚加拉40人，奥斯威戈30人。"在皮特堡，40人就足够了。在伊利诺伊地区将不得不维持一些部队，以免法国商人沿俄亥俄河溯流而上，在那里的印第安人之中无证经营。所有"交通线上的小兵站"，前往上述6个"贸易要塞"沿途的路站，则都可以被放弃。乔治湖-尚普兰湖-黎塞留河走廊的6座兵站中，只有一座需要维持，充当一座军火库，储存从其他要塞里运来的火炮和弹药。总而言之，不超过350名正规军就能支持印第安事务部的代表们，并在商人可以做生意的那些堡垒内维护英国王室的权威。俄亥俄以北的地区将如1763年宣言希望的那样，真正成为印第安人的区域。[4] 而俄亥俄以南被法国割让的土地将更容易驻守（用更少的兵力）。事实上必须这样做，因为西南部的许多旧堡垒正在"坍塌"，而西佛罗里达的总督约翰斯通在密西西比河下游愚蠢地设置了新的兵站，乃至"可以这么说，这些兵站一旦处于战斗之中，就会落入困境"，不得不被放弃。[5]

1765年以后，托马斯·盖奇能够希望去做的全部，就是在阿巴拉契亚山脉以西的内陆地区维持一支象征性的驻军。他还不至于傻到会认为任何一个大兵站都可以用他打算驻扎在那里的脆弱分遣队，就能得到妥善维护的程度。他也没有天真到会相信（像他正式主张的那样）军官们和印第安事务部的代表们，能够去逮捕或驱逐那些印第安人首选的将他们的货物直接带进印第安村落的商人，或者那些能以其他方式规避贸易法规的人。盖奇只能提议维持住门面，希望得到最好的结果。为了避免激怒印第安人，他知道自己永远无法征服他们，他决心忠实执行1763年宣言，以及宣言中对白人定居点不得越过阿巴拉契亚山脉的禁令。然而，他也知道数以千计的殖民者已经在宣言禁止线的西边生活，他很快就会得知，仅皮特堡附近就有500户家庭非法占地居住，那么他安排的小部队，既不能将他们驱逐，也不能阻止印第安人自己去解决问题。[6]

如果有什么事情在印第安大起义的余波中得以确认的话，那就是白人定居者重新进入印第安地区，这将再度让西部陷入不稳定状态。因为边远地区的定居者从最近的一次冲突和之前的那次战争（即他们所知的法国与印第安人战争）中得出的经验教训，是最清楚的。到此时为止，边境农民在这两场战争中遭受了最严重的伤亡，仅在法国与印第安人战争的第一年，就有 2000 多名男女和儿童被杀或被俘。在之前更大规模的战争中，确实还有不计其数的居民遇难。对于殖民者来说，所有这些损失的信息可以归结为帕克斯顿小伙帮派计划消灭宾夕法尼亚每一个原住民背后的逻辑推理：如果善良的印第安人不会伤害白人，那么最善良的印第安人一定是那些永远不会对白人造成伤害的人。

因此，一场成功的大规模起义促使印第安人认为英国人可以被迫建立友好关系，使英军既没有控制西部的能力，也没有尝试的意愿。这些情况反过来又使英国内阁和驻北美英军与一项对白人定居者不可强制执行的宣言扯上关系，白人定居者无意遵守这一宣言，而且它们还使得边远地区的人相信，这种处理与印第安人的关系最为谨慎的方法无异于引火烧身，使自己处于毫无防备的状态。盖奇对不确定性的憎恶几乎和他对决策的恐惧一样强烈，他只能注意到这些即将发生的悲剧，因为他正全神贯注于那些突然出现在自己家门口的意料不到的混乱，不能再做更多的事情。实际上，到 1765 年年末，总司令面临的最紧迫的问题，不再是具有潜在爆炸性的西部，因为那里有他部下的许多军队驻扎，而是整个大西洋沿岸不断发生暴动的那些定居点，那里的暴乱严重到帝国的治理结构都要崩溃的地步。托马斯·盖奇在那些地区几乎没有任何部队。

第九部分

危机加剧

1765—1766 年

乔治·格伦维尔完成了他的杰作《印花税法案》，尽职尽责地致力于通过他并不感兴趣的《北美驻军法案》，但他失去了国王的信任，在他能完成自己的帝国改革计划之前被迫辞职。北美殖民地议会以一种含糊的方式，对《印花税法案》的挑战做出反应；北美群众在抗议一项明显的专制措施时取得了主动权。暴力使法案无效，还导致北美各地的政府瘫痪。殖民地精英奋力缓和抗议活动，最终再度确认他们的领导权。非暴力强制手段在维持殖民地团结方面的重要性。《印花税法案》危机中的关键问题。

第 66 章

《印花税法案》和《北美驻军法案》

1764 年冬—1765 年春

盖奇在送交南方部国务大臣的同一份报告中，讲述了克罗根成功"通过与伊利诺伊地区和西部其他印第安部落的野蛮人，签署条约、召开和会、耍弄阴谋诡计，取得了该地区的领地"，也留下了关于他"制造喧嚣的骚乱和阴谋"以反对《印花税法案》的最初记录。这封信写于 1765 年 9 月 23 日，同他之前的报告相比，出现了两种突然而显著的变化。最明显的是内容上的变化。在这一天之前，盖奇的报告几乎全都集中在西部和在那里施加秩序的种种问题上。这一天之后，他的信里则充斥着东部城镇发生骚乱的消息——对一股看似无政府状态洪流的描述。这一变化反映了盖奇对殖民地做出的暴力反应感到非常惊愕，他（像格伦维尔一样）认为殖民地反对的是帝国改革计划逐渐铺陈开的举措。盖奇信中的另一个变化是收信人：这个变化的戏剧性可能稍小一些，但具有同等的重要性。盖奇以前向哈利法克斯勋爵报告，但这时他要写信给新任的南方部国务大臣亨利·西摩·康韦将军。这反映出 7 月在英国政府人事方面发生的一场剧变——国王不再支持乔治·格伦维尔和他的同僚，转而支持一批新任大臣——个中原因与北美或者帝国改革都无关。殖民地居民的性情和内阁的构成，都在以惊人的速度发生变化，两者加在一起，形成了七年战争之后困扰帝国的最严重的一场危机。

回到 2 月 6 日，当时没有一个人预料到这场危机，当时格伦维尔向英国议会提交了一份对北美殖民地居民征收印花税的预案。格伦维尔一如既往进行了精心的准备。他最巧妙的策略是在《北美关税法案》通过后，延迟推出《印花税法案》近一年。这段间隔期给予格伦维尔在财政部的下属必要的时间,来起草一份尽可能符合北美情况的法案。同时,他利用这段时间与北美殖民地的代理人会面,征求他们的意见,并向他们保证,他只是为了给殖民地防务所需的资金寻求适当的财政帮助。这一年也使格伦维尔能够评估北美对新关税和更加严格的海关条例执法力度的反应。每一种迹象都令人振奋。显而易见,虽然在北美没有一个人欢迎征税的前景,但没有出现有组织的抗议,这说明北美殖民地很快就能适应帝国主从关系的束缚。的确,殖民地风平浪静的态势,迷惑了英国下议院和内阁,他们认为改革的时机已经成熟。因此,当下议院决定成立一个全体委员会来讨论《印花税法案》时,只有最激进的议员们才质疑这项措施本身或者其推出的时机是否合适。反对派的巨擘威廉·皮特,不觉得这个问题重要到足以让他从肯特郡的隐居地抽身出来,参与下议院辩论的地步。[1]

只有周三晚上的一次意见交流表现出了些许激情,这更多源于政治家的不同个性,而非政治原则的冲突。这次交流发生在格伦维尔结束一次演讲之后不久,他一贯缜密,事先还预演了这次演讲,并在正式辩论时驳斥了对殖民地征收印花税的所有反对意见。一些反对派议员发表讲话,承认英国议会对殖民地居民有征税权,但是质疑这么做是否"适当"。英国议会为何不明智地克制公开主张其主权,以避免激起"纷争与混乱"呢?查尔斯·汤曾德随后答复,以他一贯的机智支持内阁。他说,他很乐于听到可敬的绅士们"坚持主张对北美享有无可争辩的征税权",如果英国议会永远放弃这项权力,那么他就"必须摒弃'殖民地'这个词,因为这个词意味着从属关系"。他总结道,得到"如此之多的精心培育、细心治理,在这样的关爱和照顾下逐渐稳固的"殖民地有必要,且应当给予拮据的"母国"以援助。"如果北美向大不列颠寻求保护,它就必须让(我们)有能力去保护它。如果它期盼我们的舰队,就必须为我们的财政收入出力。"[2]

接着,伤痕累累的艾萨克·巴雷中校站起身来,他是参加过魁北克战役的老兵,是内阁的顽固反对者。在他看来,光鲜的汤曾德——纽卡斯尔栽培的门生,反对派昔日的金童,曾被誉为皮特的继承人,此刻证明了他的绰号"风向标"的真实性——显然正在讨好格伦维尔,谋求得到美差。巴雷未曾预先酝酿，就即兴做了一段演讲，这席话将让他成为北美民众心中的英雄。他一开始平静地陈述，他不怀疑北美人缴纳印花税的能力，只是担心这么做会引起"他们的反感，我几乎要说憎恨了"。然后，他以越来越激烈的语气，嘲讽了汤曾德的夸夸其谈。

是你们的精心照料培育了他们吗？不！是你们的压迫在北美培育了他们。他们逃离了你们的暴政，逃到了当时尚未被开垦的一个蛮荒之地……然而，与他们在母国，从应当成为他们的朋友的那些人手中遭受的一切相比，他们在真正的英国自由原则的驱动下，甘之如饴地面对遇到的所有苦难。

你们的宽容和关爱滋养了他们吗？恰好相反，正是你们的忽略才让他们成长起来。一旦你们开始关心他们，这种关心是通过派人去统治他们来实现的……去窥探他们的自由，去曲解他们的行动，去掠夺他们的财物，在很多情况下，这些人的行为导致自由之子的热血在他们的体内不断上涌……

你们有拿起武器保护他们吗？相反，是他们勇敢地拿起武器保卫了你们。为了保卫这片家园，他们坚持不懈，英勇奋斗，付出了艰辛的劳动。这片家园的边境遍地流血，内陆地区则为了你们的报酬，想尽办法节衣缩食。相信我，记住我今天告诉你们的这番话，在一开始就激励他们的自由精神，依然伴随着他们……上帝知道我在这个时候不是出于党派私心的动机说出这些话，我讲述的是自己内心的真情实感。虽然这个值得尊敬的下议院的议员们在知识和经验方面普遍胜过我，但我要说的是，我对北美要比你们中的大多数人了解得更多，我亲眼看到过那个地方，在那里亲身经历了许多事情。我相信他们就像国王的其他任何臣民一样忠诚，但有那么一群人嫉妒他们的自由权利……会为他们辩护，如果他们的权利被侵犯的话。不过，这个话题太过微妙，我就不再多说了。

据在边座上列席的康涅狄格殖民地代理人贾里德·英格索尔所说："整

个下议院一时目瞪口呆，无言以对。"³

英格索尔——以及那些殖民者，由于十分喜欢巴雷这位老兵对他们美德的描述，开始自称为自由之子——想要去相信是巴雷让他的同僚议员们羞愧难当，沉寂下来。然而，更有可能的是，大部分在场的议员们没有专心听他演讲而已，因为下议院有一半的席位空着，而且时间也越来越晚了。那些真正在听的人很可能对这位独眼中校的反复无常和口才感到惊讶。先前他曾不止一次（两次）表示，他赞成"这种印花税是最公平的，会产生"极多收入。不管怎么说，巴雷的激情毫无作用。当皮特的老盟友、西印度群岛利益的代言人威廉·贝克福德怀着推迟实施《印花税法案》的意图，提议延期讨论时，下议院议员们以5比1的投票比例——245票对49票——否决了他的提议。然后他们坐了下来，打着呵欠想念他们的马德拉白葡萄酒，同时书记员在宣读组成《印花税法案》的54项决议。钟声响了10下，他们才休会。这次漫长的会议好像已经耗尽了他们对这一法案的兴趣，以后这个法案再也没有引起名副其实的辩论。3周内，《印花税法案》通过了必要的委员会审议，被正式宣读。2月27日，《印花税法案》以口头表决的形式最终得到批准。3月8日，英国议会上院没有修正或辩论，即同意该法案，国王在3月22日对此表示赞成。当巴雷在2月6日坐回议席时，除了厌倦，《印花税法案》再搅不起任何更强烈的情绪。⁴

然而，格伦维尔十分中意这项法案，他本人不会觉得自己的杰作有什么令人厌烦之处。事实上，这是一份极具创意的罕见杰作：一项既不给人添烦忧又几乎是自动收取的税款。任何税务人员都不会直接进入工作场所或家庭，从北美居民的钱包中榨取钱财，因为税收来源于英国王室对殖民者用于法律目的和传播消息的印花纸的良性垄断。在任何一张纸可以于法庭诉讼中使用或印制成报刊出售之前，必须贴上一枚小印花票，以表明为其预定用途而设定的税款已经缴付。不需要公开的强制执行，因为法庭的书记员不会将没有贴印花税票的法律文件纳入法庭记录；供应商出售没有贴印花税票的报纸或小册子，就要冒被逮捕的风险；如果船主愚蠢到使用没有贴印花税票的提单或海关通行证的话，海关官员就多了一个理由去扣押船只。殖民地居民可能会尝试去伪造印花税票，如果他们愿意冒被起诉重罪的风险，但不然的话，他们也无法避税。

最后，出售印花税票的财政收入，会随着殖民地的发展而增长；由于与北美人口的增长和繁荣密切相关，法律诉讼、商业交易和报纸出版物也都会有所增长。格伦维尔尤其喜爱这一税种的自我调节特性，因为这给予他一个完美的论据，去反驳殖民地认为这项措施没有必要的各种断言。当殖民地代理人建议他可以通过向殖民地议会征税来得到同样的税收时，他回答说，殖民地本身或者财政部的官员们都无法公正地分配不同殖民地的纳税比例。战争说明很难找到可接受的比例；印花税是公平分担税负的唯一办法，也是唯一既不会折磨贫穷的殖民地居民，也不会对贫穷的殖民地造成不公正影响的税种。此外，格伦维尔没有向各位代理人指出的是，印花税的价格很低——平均只有英国人印花税支付税率的约 67%——等到北美人习惯支付这种税款之后，税率可能会提高。[5]

因此，《印花税法案》保证一开始每年可能为财政部提供 10 万英镑的收入，之后会更多。该法案坚决主张英国议会对北美臣民具有征税的主权，但它做得如此温和、合理，以至于殖民地居民很快就会觉得为了支持保卫他们的军队做出一些贡献，没什么大不了的。如果一开始，北美人对帝国每贡献一英镑，英国政府就为殖民地送去两三英镑，那么《印花税法案》提供了最好的可能办法，使殖民地居民习惯于承担自己的责任，春风化雨般让他们为承担帝国全部负担的那一天做好准备。

与《北美关税法案》一样，这部新法案冗长又复杂，为了达到预期的效果，经过了精心起草。一些条款明显是为了减轻殖民地居民对税收用途的担忧。例如，序言部分宣告这只是 1764 年北美立法的一种延伸，目的也是为北美的防务提供资金；第 54 节规定收集的所有资金将被列入单独的国库账户，只能在北美殖民地内部使用。然而，大多数条款列出了那些要求贴上印花税票的项目，并确定了它们的价格。大量的法律文件构成了列表的主体，价格范围从送交民事法庭的普通诉状 3 便士一份，到请求认证的遗嘱用表 5 先令一份不等。100 英亩以下的地契要交 1 先令 6 便士的印花税，涉及更多土地的地契则花费更多（例如，200 英亩至 320 英亩的地契要 5 先令，每增加 320 英亩，就再增加 5 先令）。书写合同的用纸每张需要贴 2 先令 6 便士的印花。对航运文书要求的金额不多（海关通行证和提单每份 4 便士），更像是一种防止伪造，而不是提高税收的手段。但是对于创收行业的许可证收费会相对较高：零售葡萄酒的许可证 4 英镑一份，律师或公证人的执业许可证 10 英镑一份。每份报纸要贴 1 便士的印花，不过广告商要为每一则广告支付 2 先令印花税。篇幅短小的册子每本应贴 1 先令的印花，年鉴的印花价格更便宜，每年只需交 2 便士。最后，每副在北美出售的扑克牌需要贴 1 先令的印花，而每对骰子则需要缴 10 先令的关税。[6]

这样一来，在实际操作中，律师和印刷商最常受该法案的约束，他们会一丝不苟地遵守这项法案，把费用转嫁到委托人和客户身上。在北美殖民地，这项法案也会相当频繁地涉及几乎每一个自由臣民：或者至少相当频繁地涉及那些从事诸如出售土地、订立合同、购买报纸、玩纸牌和骰子游戏等日常活动的人，以及死时有足够遗产留给继承者的人。这项几乎无所不包的法案，再次证明了首席财政大臣的财务天赋和起草这一法案的工作人员的智慧，他们之中肯定有人暗中沾沾自喜。然而，即便如此，这还不是全部。格伦维尔也注意到了这个问题：11 月 1 日《印花税法案》生效——之前的必要间歇期确保印花能够被印刷完毕，然后被运送到北美——此后，北美人就能自行执行这一法案。

格伦维尔知道殖民地居民抱怨自从他对海关制度进行改革以来，用于执行《北美关税法案》的海关官员和海军部法官几乎都是英国官员，这些蠹虫根本不考虑北美人的情感。因此，一旦《印花税法案》获得通过，他就特别要求殖民地代理人提名杰出的殖民地居民充当印花税管理人。因为各殖民地都会被委派一名印花税票分销商，他有权收取相当于印花销售总额 7.5% 的费用，这可不是小恩小惠，代理人都跳出来想要分一杯羹。贾里德·英格索尔曾在小册子中解释北美殖民地为何不应当被征"内部"税，以及哪些人钦佩巴雷中校演讲体现的精神，但他仔细考虑这件事之后，提名自己充当印花税管理人。5 月他启程返回新英格兰，随身携带康涅狄格印花分销专员的委任状。宾夕法尼亚新任代理人本杰明·富兰克林，提名他在家乡的政治盟友，即宾夕法尼亚议会反特许领主派首领约翰·休斯为当地的印花税管理人。弗吉尼亚的印花税票经销业务落入乔治·华盛顿的同僚和朋友乔治·默瑟上校手中，他正在伦敦为俄亥俄公司的利益奔走。默瑟以微弱优势击败了另一位来自北部内克地区且在政治上颇有实力的著名候选人理查德·亨利·李。根据马萨诸塞代理人的建议，格伦维尔指定安德鲁·奥利弗——马萨诸塞副总督兼大法官托马斯·哈钦森的姻亲，本人则在马萨诸塞殖民地政府担任秘书一职——为湾区殖民地的印花税票分销专员。这些人和他们的印花税管理人同僚一样，是声名显赫、颇有资产，并在政治上受人尊敬的人物。格伦维尔推测，对这些人的任命，将确保殖民地的精英安下心来，能使他们感受到他的善意，将他的影响力深深地锚定在每个殖民地的领导人心中。这是他富有组织性的头脑挥出的又一击。想到剩下的风险已经微乎其微，首席财政大臣想必会露出微笑。[7]

如果格伦维尔像他重塑殖民地与宗主国之间的关系一样，小心谨慎地维护自己与国王的关系，他的故事写起来可能会更愉快。一些对他不利的风头正在吹进王宫。甚至于尽管英国议会顺从地通过了《印花税法案》，但国王在任命格伦维尔提名的公职人选时，表现出了一种令人不快的不情愿。事实上，国王频繁地任命比特伯爵的朋友，这不禁让格伦维尔怀疑这个北方的权谋政治家再度在他的老学生耳边低声私语。3月底，首席财政大臣怒不可遏，公开与国王就几项人事任命发生争执。要是更懂国王的心意，格伦维尔可能就此保持沉默。但是他当时全神贯注于另一个北美问题，3月初，这个问题由于盖奇将军的一项请求，出人意料地出现了：盖奇觉得这项请求事关荣誉，但它必定具备足够的政治风险，迫使他谨慎从事。如果说英国政治的惯常模式是为国内问题去推动制定北美政策，那么这个案例刚好相反，是在英国首相最抽不出时间之际，将他的注意力从宫廷政治转移到这个问题上来。[8]

最关键的问题仍是那些老问题：这些问题源于在北美为部队安排营舍、保护财产和维持军纪的困难。1755年布拉多克战败之后，盖奇所在的团发现冬季很难觅得宿营地，此后这个问题就以某种方式在盖奇的心中生了根。殖民者——尤其是在奥尔巴尼周围，约翰·布拉德斯特里特上校在那里管理军需采购和运输事务时，非常注重为自己和盟友斯凯勒和范·伦塞勒牟取最大利益——总是为向军队提供他们的马匹、马车和饲料而烦恼。在减员严重的加勒比海战事之后接踵而至的印第安战争，造成了极高的逃亡率，特别是在皇家北美团那样序列之中拥有颇多殖民者的团。1765年年初，盖奇最终决心对这些问题开刀，以避免情况变得更加糟糕。盖奇考虑到将部队从印第安地区迁移到沿海殖民地的那一天，想先在两方面做好准备：第一，要照顾好部队在行军途中的物质需求；第二，要让自己得到授权，在部队将会驻扎的定居地区维持秩序。于是，他请求对《军纪惩治条例》进行多项修正。其结果是对驻北美英军的营地进行了一次小讨论，并给出了一份一团糟的法案，即《1765年驻军法案》。[9]

每年英国议会都会通过一份被称为《军纪惩治条例》的法案，去授权继续保留军队，让军队管理自己的内部纪律。《军纪惩治条例》规定了募兵事务；对开小差、哗变和其他军事犯罪的惩处做了说明；解释了部队调动和安置的规章制度；几乎涉及军队日常管理的每一个重要方面。除了少数例外，该法案只适用于不列颠群岛的英军，而盖奇担心的正是这个问题。在七年战争的第一阶段，殖民地居民和议会经常拒绝服从总司令的命令，因为这项法案没有提及北美。最终，在殖民地议会同意通过自己的年度《军纪惩治条例》时，总司令与他们达成了妥协，但一切仍然要依殖民地的合作意愿而定。盖奇担心他缺乏法定权力去迫使殖民地履行它们的职责。随着各殖民地的《军纪惩治条例》到期，而各殖民地的议会又拒绝重新生效该法案，他预计10年前的冲突与挫折将会重演。当1764年11月，纽约市市长拒绝为驻扎在这座城市的部队供应燃料时，盖奇采取了行动。他写信给陆军大臣威尔伯·埃利斯，请求英国议会将《军纪惩治条例》的适用地区扩大到北美，并修改该法案，允许指挥官在兵营或者酒馆不足以满足部队需要时，在私人家中住宿。[10]

由于不让士兵驻扎在私人住宅的自由是英国人自1628年以来由《权利请愿书》保障的宝贵权利。按照盖奇的要求起草的任何法案，都不可避免地会在下议院引发不亚于在激进新闻界激起的骚动，还会递给皮特一件他甚至都不需要打磨，就能用来刺穿内阁的武器。埃利斯虽然无知，但热情高涨，很快就做出了回应，在收到盖奇的信一周之内，他就起草了一份新的《军纪惩治条例》，用以满足将军的每一个愿望，而且埃利斯不认为这件事值得问询格伦维尔。3月9日，当国王（所有人中，偏偏是国王）告知格伦维尔这份法案时，他吃了一惊，这正好及时避免了灾难。然而，格伦维尔在看罢埃利斯的草案后，觉得他能设法使用恰当的措辞，足以让盖奇的部队在私人住宅宿营，却又模棱两可，能够避开眼尖的反对派的注意。[11]

格伦维尔建议在《军纪惩治条例》中增加一项条款，授权任何兵营或者酒店不够用的地方的民政地方官，命令士兵们"以到此时为止国王陛下的部队在国王陛下的北美领地内已实施过的方式安排住宿"。这要比埃利斯直接违反《权利请愿书》的措辞好，但没好多少。战争期间，尤其是劳登担任总司令期间，英军的做法包括强行占用私人住宅宿营。知道这一点的反对派议员非常多，因此在4月1日愚人节埃利斯于下议院提出这项法案时，就提出了针对这个问题的反对意见。结果，一场比围绕《印花税法案》的辩论激烈得多的争论表明，内阁甚至无法获得足够的选票来让法案印刷成文。格伦维尔尴尬地撤回了这项法案，直至他的部下能够与殖民地代理人和其他殖民地事务专家为此进行磋商。[12]

这一策略暂时减少了内阁的麻烦，但是在更长的时间内，只会让事情变得更复杂。格伦维尔的助手查尔斯·詹金森，就与驻军宿营问题有关的条款，询问本杰明·富兰克林的意见。富兰克林和他的老朋友托马斯·波纳尔进行了沟通。波纳尔是前马萨诸塞总督，这时已经让自己提升为殖民地事务的万能专家。这两人都建议内阁采用波纳尔本人在1758年化解湾区殖民地宿营危机时主张的做法。这种做法禁止部队进驻私人住宅，但是授权殖民地总督接管空置的房屋、谷仓和库房，将它们转为临时营房使用，在这种情况下，殖民地会为部队供应"柴火、寝具、蜡烛、食盐、食醋、烹饪器具，每日还提供定量的低酒精度啤酒、苹果酒或者稀释了的朗姆酒"，这些东西是那些酒馆或者殖民地为部队提供的永久性营房一般都会供应的。其他代理人就法案的其他方面提供了意见，确保该法案只需要殖民地立法机关以前在其战时法规中曾经批准过的内容。

因此,《驻军法案》的结尾授权盖奇下令按照通常的补偿费率,强征马车;规定那些部下在酒馆暂驻的指挥官只需为食物,而无需为住宿付款,允许部队以通常票价的一半价格摆渡过河;并且将英国境内对窝藏逃兵的所有现有惩罚,扩大到各殖民地。富兰克林和其他殖民地代表一致同意,上述任何条款都没有超出殖民地对军队合理支持的理解。鉴于得到了殖民地代表的保证,也没有其他任何明显令人反感的规定,反对派议员也就不再能够主张内阁意图剥夺殖民地居民的权利。因此格伦维尔在5月3日再度掌握英国下议院,保证1765年《驻军法案》以口头表决形式通过。英国议会上院表示赞同,国王也表示同意,这项提案在5月15日成为一项正式法案。[13]

虽然《驻军法案》在伦敦为英国下议院和北美各殖民地代理人接受,但在其他地方无法令人满意:至少在北美,即该法案将会实行的地方是如此。盖奇将军可能最不喜欢这份法案,因为该法案没有授予他让部队在私人住宅住宿的权力。实际上,因为该法案明确承认只有空置的建筑物才适合充当临时营房,就有效免除了对私人住宅的使用,达到了盖奇愿望的反效果,甚至还剥夺了他采取劳登一度使用的方法——根据"军队的惯例"占据营舍——的能力。盖奇请求获得权力,能更自由地放开双手,内阁却将他的双手反绑了起来。[14]

与此同时,尽管殖民者的代理人和所谓的朋友在设计《驻军法案》时给予了内阁一些帮助,但这份法案里并没有任何取悦他们的内容。多亏了富兰克林、波纳尔等人,新的法规才能将几乎所有的殖民地战时的惯例编纂入内,然而,他们由于急于取悦殖民地,忽略了一个任何殖民者都不会错过的关键区别。当各殖民地立法机关通过了他们自己的《军纪惩罚条例》时,他们是让选民自愿去支持军队的。柴火是有价格的,酒馆的房间是要花钱租的,而渡船工人是要收登船通行费的;每个为驻军提供燃料的地方,每个为士兵提供居所的旅店老板,每个将船费从1先令改为6便士的渡船老板,都要缴纳特别税。这些虽说是实物税,但它们仍然是税。

战争期间,城镇、旅店老板或者摆渡船夫无疑会对被迫以这种方式为军队的福利做贡献而发怒，但这是他们自己的议员授权给予军队这种支持，而且是在充分考虑当地情况之后才这样做的。一旦战争结束，由居于遥远之地的英国议会强加完全相同的负担，产生的就完全是另一种感受了。殖民地议会的议员们会将《驻军法案》视同《印花税法案》，是对他们征税权的公然篡夺。所有殖民地居民——保守派不亚于激进派——都认为《驻军法案》向所有北美人吐出了"一股既严厉又轻蔑的气息"。[15]最终，大多数殖民地居民很容易就能看出他们的议会一度自由许可的对军队的支持和此时由英国议会索取的同样贡献之间的区别。当然，这更多是一个感情问题，而不是经济问题。虽然口袋里掏出的1银元，永远不会超过1银元，这可能是废话，但是将1银元交给朋友的感觉，同将1银元被迫交给抢劫犯的感受是永远不同的。

第67章

格伦维尔倒台

1765年5—7月

就在格伦维尔及其同僚试图将反对派议员在《北美驻军法案》上可能对他们造成的损害降到最低,同时在调整前一年殖民地议会提出的一项被称为1765年《北美贸易法案》的法规时,国王正逐渐从一种神秘的疾病中康复。发烧、胸痛和剧烈的咳嗽,导致乔治三世从1月中旬一直卧床到3月:对于这些症状,他的医生既不能诊断,也无法治疗,这使乔治担心自己的性命不保。这可能标志着一种罕见的遗传性疾病,即间歇性卟啉症开始发作,后来甚至会以更加惊人的方式发作(神志失常、尿血、失眠、触觉敏感和精神错乱)。这些症状让许多人(包括国王本人)认为国王正在发疯。1765年,这种疾病还没有损害他的神志,国王在他卧病的大部分时间里,的确也能处理政事。但是他有大量的时间去考虑自己的死亡,从病床上起来后,他确信不得不安排一位摄政王,一旦他英年早逝,摄政王就可以继承王位(他的儿子和继承人乔治王子,在1762年刚刚出生)。[1]

国王希望威尔士亲王太妃被指定为摄政,以防发生不得不宣布摄行王权的情况,同时能将他不负责任的弟弟爱德华排除在外。这个愿望非常容易理解,因为国王爱他的母亲,也信任他的母亲,但是鉴于她对比特伯爵一直以来的认同,这不是一个明智的选择。格伦维尔相信比特在操纵病中的国王,并为之大怒;他责备乔治指定自己的摄政是不当之举,任何一个国王以前都没有做过这种事。内阁成员之间发生激烈争执,无法在国王的愿望和首相的判断之间做出选择。最后,经过多次争论,英国下议院拒绝事先指定一位摄政,转而建立了一个摄政委员会,一旦有必要,会从中选择一位摄政。5月13日,当《摄政法案》最终在英国议会通过时,没有人对结果感到满意。国王受够了与格伦维尔和他在内阁的支持者之间的唇枪舌剑,准备将他们中的许多人都赶下台。[2]

在这一刻,让正全神贯注于宫廷政治的国王和内阁诸大臣震惊的是,伦敦发生了聚众暴力事件。此前内阁没有人担心过斯皮塔弗德区的丝织工,由于战后的萧条和意大利丝绸生产商的竞争,他们正在遭受严重的失业之苦。同情丝织工的英国下议院议员曾试图通过一份提高丝织品进口关税的法案,来缓解困境,但是贝德福德公爵的回应是在议会上院反对这一措施,并说服他的贵族同僚抵制这一法案。成千上万的丝织工的回应是想杀了贝德福德。他们用石块砸他的马车,袭击他的宅邸,还在上议院外面闹事——就在国王去那里批准《摄政法案》的那天下午。军队为了恢复秩序,用了3天时间镇压暴乱,用军刀砍杀了许多暴徒。因为疾病依然很虚弱的乔治,害怕这样大规模的非法暴动,以民间秩序的崩溃为由责难他的大臣们。因此,他请求叔父坎伯兰公爵,随时准备接受陆军的指挥权,同时让坎伯兰去接触威廉·皮特,试探他是否会考虑组建一个新政府。[3]

国王没有刻意向格伦维尔及其同僚大臣隐瞒这些事情,但最好他还是试试这么做。当皮特拒绝这一提议,纽卡斯尔也拒绝组建一个皮特不在其中发挥任何作用的政府时,乔治发现自己只得让步。格伦维尔兴高采烈,认为自己赢得了一场伟大的胜利。如果(正如他认为的那样)比特一直在密谋让他下台,但犯了过早启动阴谋的错误,那么国王此刻别无选择,只能拒绝比特,宣布无条件支持现政府。一如1763年8月,国王最后一次试图将格伦维尔逐出政坛,而他却安然度过了一场政治风暴,甚至变得比以往任何时候都更加强大。或许他就是这么想的。[4]

其实,格伦维尔不能错得更离谱了。比特的影响力在格伦维尔的心目中(以及激进派的印刷品里)要比在王家议事厅里更强。国王不再从他的前导师那里寻求建议,更别说接受指令了。比特对他更换内阁的决定没有发挥任何作用。因此乔治蒙受的被迫让步的屈辱,只能让他摆脱格伦维尔的决心倍增。6月,他让坎伯兰再度试探皮特。当这位"伟大的下院议员"因不屑通过中间人与真正的君主打交道，再度拒绝他的请求时，乔治要求坎伯兰本人去组织一个新内阁。坎伯兰公爵在绝密状态下，再度在纽卡斯尔的辉格党里探询是否有人愿意接任内阁大臣的职务。这一次，由于两个原因，他找到了人选。首先，虽然一些人仍对皮特缺席表示担忧，但坎伯兰本人愿意出任首相一职——他不会接受任何大臣职务，只打算主持所有的内阁会议，并且指导政策的制定——让纽卡斯尔（和其他大部分人）相信，新政府将会得到国王的支持；其次，坎伯兰将主要职务提供给朋友和门生，这些人不可能去得罪他。其中有两个人除了坎伯兰的赛马会，即赛马俱乐部的会员资格，根本没有任何担任阁僚的素养：二代罗金厄姆侯爵查尔斯·沃森·温特沃思，同意成为首席财政大臣；三代格拉夫顿公爵奥古斯塔斯·亨利·菲茨罗伊，愿意接受北方部国务大臣一职。坎伯兰点名亨利·西摩·康韦将军出任南方部国务大臣和英国下议院政府事务的领导人，后者曾经是前者的副官。其他大多数职务都被分配给贵族，包括接受掌玺大臣荣誉职位的纽卡斯尔。在坎伯兰接触的人之中，只有查尔斯·汤曾德——为被提名出任财政大臣，却没有下议院事务的领导权而恼火——拒绝了他。但是汤曾德的种种顾虑还不至于将他赶进反对派一边，他最后拿着肥缺主计长一职离开了，尽管这个职务在政治上无关紧要。

新内阁的特色是，坎伯兰和罗金厄姆在人事任免方面没有分配给纽卡斯尔任何角色，从而自行剥夺了老公爵仍能提供的最有用的服务。总体而言，被选中出任最有权势的职务的人，拥有的政治经验最少。48岁的康韦是年龄最大的政府领导人，而且是唯一一个以前出任过政府职务的人（爱尔兰总督的秘书）。罗金厄姆35岁，格拉夫顿才30岁，这两人都没有出任过哪怕较为低级的公职。只有坎伯兰曾经承担过重要的行政管理责任，但那些完全是军事方面的。此外，坎伯兰公爵十分肥胖，且曾经中风过，身体很脆弱。他与国王的密切关系可以维持住他的政府，但是没有他的话，这就是一个没有核心、没有力量，也没有可信性的内阁。就各位大臣已经知道的看法来说，只能以与格伦维尔不一致来界定，否则他们既没有共同的政策意识，也没有方向感。就连国王，在某种程度上，也知道这些大臣组成了一个多么不堪重用的内阁。但是他为了摆脱格伦维尔，已不顾一切，因此向他们提供了无条件的支持。[5]

国王及其叔父竭尽全力隐瞒他们正在创建一个新内阁的事实，但是王宫里没有不透风的墙。7月的第一个星期，格伦维尔就知道自己完了，决定在他会被解职之前先出局。因此，7月10日，他出席了国王的招待会，只为交出他的公章，最后一次以乔治厌恶看到的浮夸风格演讲。他选择殖民政策作为自己最后一次说教的内容，他告诉国王：

> 我知道新政府的计划是对前政府的完全颠覆，而且未经国王陛下批准，是不得采取任何措施的。我不知道怎样才能说服自己以一种全然不同的角度去看待新政府的政策，尤其是关于殖民地的各项规章制度。我恳求陛下，就如您重视自己的安全那样，不要接受任何人对您提出的在大不列颠和北美领地之间划上界线的建议；您的这些殖民地是您王冠上最宝贵的明珠；为了您自己的使命，您必须统一维护此前在英国议会内外的各种看法。无论在英国议会提出什么，都必须遵守那里给予提案的评判，但是如果有任何人胆敢通过执行的松懈来破坏为殖民地制定的那些规则，您就应当将他视为罪犯和国家的叛徒。[6]

"不要在您的大不列颠和北美领地之间划上界线"，是这段话的核心所在。格伦维尔的一切努力，都是为了建立一种可靠的帝国关系。这种关系以将北美各殖民地整合进大不列颠国家体制为核心，并使得殖民地居民在议会中从属于国王的主权。其最终逻辑将把各殖民地和大不列颠王国焊入一个像1707年苏格兰和英格兰组成的联合王国那样的联合国家，将宗主国的权力延伸到一个更加遥远的边缘地带，形成一个更伟大的大不列颠。格伦维尔不相信那些将会接替他的人能够如此清楚地看出这些问题，因而将他在职的最后时刻，花费在向国王强调它们的重要性上。乔治一如既往礼貌地倾听，"没有任何责难"，格伦维尔记录道，但是也"没有一字认可"，更没有承诺任何事情。[7]国王显然打算站在他的新臣仆背后。然而，他们是否会遵循前任的政策，将完全取决于他们将会遇到的情况，取决于此后不可预知的发展态势，取决于——虽然格伦维尔知道——纯粹的意外。凑巧的是，所有这一切将很快让新任内阁诸大臣，以及国王对他们的判断的信心，去接受考验。

第68章

北美殖民地议会的动荡

1765年夏

英国议会通过《印花税法案》的消息，大约在4月中旬传到北美殖民地，当时弗雷泽中尉正在划船涉水前往德·沙特尔堡，英王乔治三世告诉格伦维尔，他希望选择一位摄政以备他去世时接管王权。就像弗雷泽到达目的地和国王提出的要求一样，两者都开启了为期几周的混乱，只是后来以产生的戏剧性结果而告终，《印花税法案》的消息则开始了一段漫长的不稳定时期。虽然当《印花税法案》的消息到达时，北美大多数殖民地议会正处于春季会议期间，但各地议员的反应不外乎矛盾和冷漠，或者处于两者之间的区间。在5月和6月，报纸刊登该法案的文本，剖析其含义时，各殖民地下议院响起的是讨论维护公共道路的必要性和保护家畜免受食肉动物侵犯的演讲声。甚至在那些人们可能会期待听到演说家呼吁捍卫英国人的权利，或者抵制专制统治者的义务的地方，所有的回应都是某种令人尴尬的沉默。

罗得岛、康涅狄格、纽约、宾夕法尼亚、马萨诸塞和弗吉尼亚的殖民地议会，此前曾请愿反对《印花税法案》，但在所有这六个殖民地里，该法案通过的消息只引发了人们的犹豫。罗得岛、康涅狄格和纽约的立法者根本没有采取任何行动。在宾夕法尼亚，反特许领主派议员正忙于收复他们在上次选举中失去的地盘，对成立皇家政府的鼓动继续吸收所有的政治能量。这一派的领导人从富兰克林的信件中得到启示，他们——议会中的约翰·休斯和选举失败后被迫闲下来的约瑟夫·加洛韦——尽其所能促使人们遵守该法案。休斯欣然接受他被任命为宾夕法尼亚印花税管理人的消息，确信特许领主派不会在议会提出重大挑战。毕竟，特许领主派都是总督的人,而总督的工作是执行法律;休斯的印花分销权,会让他以任命下属职务的形式,拥有一定的人事任命资源,从而用于支持他的党派利益。加洛韦打算在报纸上写专题文章,以富兰克林可能已经采取的冷静的方式,向持怀疑态度的公众解释"我们被征税的合理性"。无论休斯还是加洛韦,都不喜欢《印花税法案》,但他们必须确保宾夕法尼亚遵守该法案的需求,打消了所有的疑虑。他们的党派福祉和建立皇家直属政府的事业,要求对王国政府完全忠诚。类似的地方上的各种顾虑,让马萨诸塞的政治家们对《印花税法案》的反应趋于温和,但是当地因不情愿而对英国议会的批评,从其他渠道涌现出来。[1]

波士顿的镇民大会是湾区殖民地政治的斗牛场。5月13日召开的镇民大会,指示该城在殖民地议会的代表团,通过与其他殖民地议会结成统一战线的方式,来协同反对《印花税法案》。这个指令重申了前一年的指示:前一年的结果是让詹姆斯·奥蒂斯夺取了马萨诸塞议会联络委员会的领导权,用这个机构来传播他对殖民地权利的各种观点。全靠托马斯·哈钦森的巧妙策略,才阻止地方派在当时掌握主动权。然而,这一次,政府派不需要插手去阻止反对派组织一场反对英国政策的激烈抗议,也不需要妨碍议会促进跨殖民地合作的努力。地方派在议会的春季会议期间步履蹒跚,不是因为托马斯·哈钦森,而是由于詹姆斯·奥蒂斯给予了他们沉重一击。

在1764年出版《英属殖民地权利的主张和证明》后,奥蒂斯与罗得岛王党分子小马丁·霍华德围绕这本小册子展开了论战。霍华德是纽波特的一名律师,协助组织了一个小团体——纽波特政治集团——致力于为皇家政府的利益而去推翻该殖民地的特许状。当罗得岛总督斯蒂芬·霍普金斯(奥蒂斯的朋友和法律事务委托人),出版了一本名为《英属殖民地权利的验证》(*The Rights of the Colonies Examined*)的小册子,响应了奥蒂斯的许多观点时,霍华德用名为《哈利法克斯的绅士写给他在罗得岛的朋友的一封信》(*A Letter from a Gentleman at Halifax to His Friend in Rhode-Island*)的小册子进行回应,奚落霍普金斯和奥蒂斯两人的立场。此后,奥蒂斯又写了两本小册子加以回击,意在反驳霍华德,澄清他认为被人误解的早先的立场和态度。然而,他这两本小册子,澄清得最明白的莫过于他身为评论家的种种局限性。文风混沌、晦涩,还夹杂着粗暴的辱骂;这两本小册子的内容,似乎与奥蒂斯在第一本小册子中提出的那些论点自相矛盾,因而并不是对第一本小册子的内容进行详细阐述。在不到70页的乏味内容中,他制造了大量的混乱,让他的政治盟友无法去抗议《印花税法案》。

在《英属殖民地权利的主张和证明》中,奥蒂斯没有否认英国议会对各殖民地征税的主权,或者说实际上没有选择在这个问题上发表任何看法;他只是主张,建立在自然法基础上的英国议会的统治权,不可能在不质疑自身合法性的情况下"肆意"行使其权力。在《为英属各殖民地辩护,驳哈利法克斯绅士的各种诽谤》(A Vindication of the British Colonies, against the Aspersions of the Halifax Gentleman)中,他重申了这种对英国议会权力的扩张性定义,却忽略了重申他坚持的英国议会必须以尊重自然法而产生的自制力为基础行使权力的观点。《为英属各殖民地辩护,驳哈利法克斯绅士的各种诽谤》因此损害了他的可信性,而他的下一本小册子,在5月选举前一周正好出版,则毁灭了他的信誉。

在《对哈利法克斯诽谤英属北美各殖民地的辩护简论》(Brief Remarks on the Defence of the Halifax Libel on the British-American-Colonies)中,奥蒂斯强调殖民地居民身为忠诚的臣民,服从英国议会各项法规的义务。因为英国议会在不列颠象征最高权威,真正的不列颠人除了向议员们询问合理性和意图,不能做更多事情:他们无法正当地抵制英国议会。奥蒂斯甚至称赞负责起草《印花税法案》大部分内容的财政部官员托马斯·惠特利对"实质上的代表权"理论的阐述,相关内容反驳了殖民地居民认为不能被他们没有任何代表议员在其中的英国下议院征税的抱怨。1765年,在伦敦出版的惠特利的小册子《对新近制定的关于北美殖民地及对其征税的各种法规的考虑》(The Regulations Lately Made Concerning the Colonies and the Taxes Imposed upon Them, Considered),试图通过主张每一位英国下议院议员,一旦当选,就代表整个国家,因此就不用服务于任何地方的狭隘利益,将英国下议院的代议制拥有的这种不规范性塑造成一种优点。因为各殖民地的代议制往往会更加规范——更能反映人口和财产的分布,因此也更"真实",大多数殖民地居民本能地将惠特利的这类论点视为诡辩。当奥蒂斯为他们背书,写下"殖民地居民事实上、本质上,在法律和公理范围内,都会被认为由尊贵的英国下议院代表"时,他似乎放弃了英国人只有经同意才能被征税的基本权利。[2]

按照奥蒂斯自己的说法,他只不过详尽阐述了他在《殖民地权利的主张和证明》中的观点。其他所有人几乎都迷失在他的推理迷宫中了,最终得出的结论是他放弃了之前持有的一切观点。伯纳德总督向英国贸易委员会报告:"《殖民地权利》的作者如今在为自己在小册子中书写的内容懊悔……在最近出版的小册子中,他以最谦卑的态度为各种自由权利向英国内阁和议会乞求原谅。"波士顿选民在以微弱多数将他选入马萨诸塞议会下院之前,要求他自行解释。然后,他试图在演讲稿和报纸专题文章中自我辩解,却制造了更深的困惑。[3]

会期临近结束时,回顾波士顿市促进多个殖民地议会之间合作的指示,奥蒂斯建议马萨诸塞殖民地主办一次各殖民地讨论《印花税法案》的会议。没有人知道他究竟是怎么想出这个主意的,但没有人觉得这个主意会违反法律,最终甚至连总督都同意了。于是,在6月8日,马萨诸塞下议院历史上最混乱的会议之一休会之前,议员们投票表决,发出一份通函,邀请其他殖民地议会派代表参加10月在纽约召开的一次大会:一次"考虑全面、团结一致、尽职尽责、忠诚而谦逊地向国王陛下和英国议会陈述他们的情况,并且恳求宽慰"的大会。马萨诸塞本地的代表团反映出议会的极端不确定性。其中有两名代表——蒂莫西·拉格尔斯和奥利弗·帕特里奇——是总督理事会的成员,在最近的战争中以殖民地高级军官的身份服过役,他们属于这个殖民地最保守的那群人。第三位代表就是詹姆斯·奥蒂斯。伯纳德总督觉得有能力向贸易委员会保证,湾区殖民地的代表团将"永远不会同意向大不列颠政府提出任何不尽责或者不恰当的申请",这不是没有根据的。[4]

弗吉尼亚下议院在采取行动之前,也犹豫不决,然后以一种根本上模棱两可的方式行动起来。直到5月底,弗吉尼亚下议院的议员根本就没有对《印花税法案》发表什么言论。三分之二的议员们预感到这轮会议会平静地结束，已经在5月20日返回自己的种植园。这一天，一位新议员当选，取代了已退休的路易莎县议员，成为后座议员，他就是弗吉尼亚下议院资历最浅的议员帕特里克·亨利。亨利在政治方面还是新手，但对公共生活并不陌生。在接受了六周的法律教育和五年的法律实践后，他已经成为弗吉尼亚最成功的律师之一。他还以辩才，以及像一把利剑一样反对特权闻名，是一位颇具魅力的律师。

除了为还有几天才年满29岁而感到害羞，亨利对于其他任何事情都毫无顾虑。新议员们通常在一期或者两期会议上什么都不说，默默听从前辈的教诲，最终就一个精心挑选出来的不那么重要的议题发表一次处女演讲。亨利拒绝变得这样谦卑，立即站起身来攻击一项议案。这项议案得到了弗吉尼亚下议院领导人约翰·罗宾逊的支持。约翰·罗宾逊德高望重，是当地政界最有势力的人，身兼弗吉尼亚殖民地秘书、司库和下议院议长数职。罗宾逊和支持他的显贵同事提出的议案，将授权弗吉尼亚在伦敦借款25万英镑，以一项开征到1795年的税款作为担保。借款的表面目的是让弗吉尼亚回收超发的货币，但是该议案的一项条款默许负债和现金匮乏的种植园主以他们的土地为抵押，从公库借贷这批英镑。亨利嘲讽这一措施具有明显的自利倾向，这让下议院的资深议员们深感震惊。最终，该议案未能获得通过。[5]然而，亨利的下一次演讲将会给少数在会期最后闷热的几天里逗留的下议院议员带来更多震撼。

5月29日，立法事务结束后，弗吉尼亚议会自动变为一个对《印花税法案》的"结果讨论采取必要措施"的全体委员会。亨利立即起身提出五项决议，这些是他在"一本旧法律书的空白页上，独自一人、未经建议、无人帮助"的情况下书写成文。前四项都是老生常谈，没有议员对此提出异议，因为他们在前一年的请愿书中阐述了相似的内容。亨利在开头写道，弗吉尼亚的奠基人在17世纪就将英国人的各种自由权利"随身带来"；皇家特许状（第二条）确认了这些权利；经过选举产生的议员们同意才能征税（第三条），是所有这些权利存续的核心；弗吉尼亚人的征税自主权"从来没有被没收或者出让，而且一直都得到大不列颠国王和人民的承认"。然而，第五项决议奏出了另一个不和谐的音符："由此决定了该殖民地议会拥有唯一的专属权利和权力，去对该殖民地的居民征税，将此种权力赋予任何上述议会之外的个人或群体的任何企图，都具有破坏英国人和北美人自由的明显倾向。"[6]

这项决议不仅否认了英国议会对弗吉尼亚征税的权威，而且坚持认为此举威胁到了所有英国臣民的自由权利，引发了一场极为激烈的辩论，乃至弗朗西斯·福基尔副总督都为此心事重重。他正关注印第安外交，希望能够阻止山外切罗基人和蓝岭之外的边陲居民之间的战争。同威廉斯堡的任何人一样，他对这场辩论爆发出来的"能量"大吃一惊：在辩论中，"年轻、热烈而轻狂的议员们压倒"了年长、清醒的议员。几天后，福基尔向贸易委员会报告道，"亨利先生带领所有的年轻成员"，成功地通过了这五项决议，尽管只以五票或更少的优势通过，但是他们用"一种声音"传达了"恶毒和煽动性的"最终决心。[7]

福基尔暂时吃了一惊，但并不惊慌。他向贸易委员会解释道，"如果更多的……议员自始至终参与这次会议，履行完他们的职责"，那么这场辩论根本就不会发生，他无论如何都会让这次下议院会期拖到5月31日，以减轻这些决议造成的破坏。30日晚上，亨利回家后，没有什么能阻止更多保守派议员提出对这五项决议进行复议的动议了。然后，"将被认为最具攻击性的第五项决议……删除"就是个简单问题了。令人遗憾的大事就此处理之后，福基尔宣布下议院散会。他在这次会议的官方报告中说得很清楚，他认为这些决议无非是哗众取宠：一个讼棍努力为自己的政治生涯打气而已。[8]

不是每个目击者都会同意福基尔的看法。当时只有22岁的托马斯·杰斐逊，是威廉与玛丽学院的学生，他在会场外面的走廊旁听辩论，肯定不会同意这样的观点。他觉得自己听到了非同凡响的一番话，哪怕他还不是很肯定那些话的含义。受到亨利滔滔不绝的演讲以及为这五项决议投赞成票的年轻议员们慷慨陈词的冲击，杰斐逊认为他亲身经历的辩论不是一场关于殖民地权利的论述，而是一幕高尚的道义戏剧。后来，他会意识到他几乎不记得亨利说过什么，只能想起这场辩论是"最令人热血沸腾"

的，当然还有议长的暴怒。事实也正是如此：这就是亨利的意图。他的职业生涯不是建立在抽象的推理之上，而是建立在他通过一种情绪化、即兴的福音派布道的方式来动摇陪审团的能力上。因此，当亨利怒斥《印花税法案》侵犯了弗吉尼亚的英国人的权利和自由时，他是在代表一种道德立场，而不是在解释一套政治原则。[9]

帕特里克·亨利拥有奥蒂斯的全部气势，之所以运用的效果更好，是因为他将自己的任务理解为去说服，而并非是去阐述。缺少专业技术知识，驱使奥蒂斯在错综复杂的逻辑迷宫中表明自己的立场，而亨利则直率地将辩论变成了对与错之间的较劲。未经同意就对一个英国人征税，就是在剥夺他的权利，就是将他降为奴隶。弗吉尼亚人是英国人，只有专制统治者才会设法将他们变成奴隶。根据如此简单的原则，任何有常识的人——任何判断力还未因对权力的欲望或者对得到禄虫的肮脏薪水的欲望被破坏的人——都会得出自己的结论。如果一旦亨利离开弗吉尼亚下议院，这些想法不再在下议院引发共鸣，而他那些更冷静的同僚废除了他的最后一项震耳欲聋的决议的话，那么在会场之外，这些想法仍然会引发令人振奋的长久反响。从弗吉尼亚议会的决议副本开始在威廉斯堡以外流传的时候起，普通人就开始从老于世故的政客们由于害怕而退缩的迹象中得出结论。

第 69 章

群众的反应

1765 年夏

《弗吉尼亚公报》没有发现当地下议院会议进程中潜在的新闻价值，于是 6 月 24 日发行，离弗吉尼亚较为遥远的《纽波特水星报》(Newport Mercury)，成为第一份刊登弗吉尼亚各项决议的报纸。其他报纸纷纷效仿《纽波特水星报》，重印它的版本或者 7 月 4 日在《马里兰公报》上刊发的略有不同的版本。每一篇报道都没有引用弗吉尼亚下议院官方刊物的文章，两位编辑可能都不知道下议院仅保留了前四项平淡无奇的决议，废除了言辞激烈的第五项决议。当然，《纽波特水星报》和《马里兰公报》的读者或者任何转载它们报道的报纸的读者，都不可能知道，和其他决议一同刊登的第六项和第七项决议纯属子虚乌有，甚至根本不会被讨论。直到今天都没有人知道这两项虚假决议出自谁的手笔，也不知道是用什么办法将这些假决议和另外五项真决议印在一起的。但大家都非常清楚的是，报纸的这些报道让每个地方的读者们都相信，弗吉尼亚的议员们为了捍卫殖民地的各项权利，采取了大胆的姿态。

  决议。英王陛下的臣民，除了前述（弗吉尼亚殖民地）议会的法律或者条例，这个殖民地的居民，不会屈从于任何企图以任何方式对他们强征税收的法律或条例。

  决议。本殖民地议会之外的任何人，通过口头或者书面方式，申明或者主张任何个人或者一群人，有任何权利或权力对此地的人民强征或者摊派任何税款，都将被视为英王陛下的这个殖民地的敌人。[1]

第 69 章　群众的反应　597

　　在这个极其不准确的决议版本出现后不久，对《印花税法案》的反对，开始泛滥于各种常规的政治渠道。从 8 月中旬到这一年年底，北美人不会屈从这一事实变得越发清晰，普通殖民者的抗议将让每一个以为北美人会屈服于英国议会征税的人（比如格伦维尔或者富兰克林）大吃一惊，也使得所有不得不做出应对的人（包括盖奇和各殖民地的总督）感到困惑。

　　反抗的刺激因素来自威廉斯堡，不过波士顿是最先采取行动的地方。波士顿的几个工匠和小商人，之前有一段时间就像社交俱乐部那样聚会，这段时间长到足够为他们自己取个名字的地步——"忠诚九人组"（Loyal Nine）。他们诚实正直，但远谈不上显赫。这个俱乐部有两个酿酒商、两个黄铜铸工、一个商人、一个珠宝商、一个画家、一个船长和一个印刷商，只有两人毕业于哈佛学院。他们中有三人担任波士顿城的公职，但是没有一个人在殖民地议会任过职。他们的政治观点让自己和地方派同一阵线，但是在弗吉尼亚决议于波士顿出名之后，他们似乎对政客产生了普遍不满的情绪。7 月 8 日，他们中的印刷商本杰明·伊兹在自己的报纸《波士顿公报》上发表了一篇专栏文章，从中我们能看出他们心理状态的一些蛛丝马迹。

　　　　弗吉尼亚人说话非常明智……：他们生机勃勃的决议与一些温顺、懦弱，被涂抹得平淡无奇的东西确实形成了鲜明的对比，后者是用微妙的笔触在设法献殷勤，是最近从大海的这一边发出来的，去取悦另一边的腐败工具口味的……我们已经被人用比傲慢无礼更难以忍受的口气训话了，只是这种傲慢得到了公共关怀的面纱伪装。他们说我们用直白和男子气概的语句来主张我们的权利是不谨慎的；甚至，他们还告诉我们"权利"这个词在我们中间必须一次都不能被说起！这是有成见的狡诈政客们的可恶谨慎！[2]

　　在这样的心态下，"忠诚九人组"踏上了一条很快就会剥夺谨慎政客削弱马萨诸塞抵制《印花税法案》的能力的道路。他们决定发起波士顿历史上最大规模的群众暴动,利用这次暴动迫使指定的印花税分销专员安德鲁·奥利弗辞职。

在18世纪60年代,波士顿不只有一类,而是有两类人群,组成了松散的集合体:劳工、学徒、小工匠、水手、黑人和其他生活在城市南北两端的"下层"百姓。这些团体每年都会在11月5日度过一年一次的喜庆狂欢节,在这一天波士顿人纪念1605年挫败火药阴谋(Gunpowder Plot)。波士顿人大多以为这个著名的英国节日是教皇日,而不是盖伊·福克斯节,因为当地的庆祝活动都集中在精心制作的教皇和盖伊·福克斯这个恶棍的肖像上,城北端和城南端的居民会为哪一伙人享有烧掉肖像的荣誉,发生仪式性的争吵打闹。教皇日的竞争可能是以男子汉式的混战开始的,但到18世纪60年代中期,已经演变为斗殴,涉及多达4000名成年男子和少年,他们的头会受伤,四肢也有可能被打断。

教皇日的暴力程度随着时间的推移逐渐加剧,因为群众在使用拳头的同时,开始使用棍棒和砖块,也因为他们建立了正式的指挥机制,有"队长"和下级领导人去指挥每一个人的行动。因此,当"忠诚九人组"决定率领群众走上街头,公然抗议《印花税法案》时,他们就可以去接触两个人——埃比尼泽·麦金托什,28岁的鞋匠,城南端群众的队长;还有亨利·史密斯,指挥城北端群众的造船工——他们都有丰富的经验组织聚众闹事行动。最大的挑战不在于让麦金托什和史密斯带他们的人出来,而是要说服他们忘却双方长久以来的对抗,才能让奥利弗辞职。这不是一件容易做到的事情,但是"忠诚九人组"最终说服这两个头目在8月14日采取联合行动。[3]

那个星期三上午,任何走过商业大街上的迪肯·埃利奥特拐角的人,都不可能错过悬挂在一棵大榆树枝干上的两幅画像。[4]其中一幅画的是一个男子,身上粘贴着马萨诸塞"印花税官"姓名的缩写"A.O"字样的标识;另一幅激发了更多好奇心,不过聚集在一起的群众彼此解释说,一只配上新的"绿色邪恶"鞋底的旧靴子,顶上画有魔鬼图案,尖锐地直指比特伯爵和乔治·格伦维尔的灵魂,以及《印花税法案》背后的推动势力。在这一天结束前,这两幅画像吸引了多达5000名的男女老幼,他们大多还保持着过节的心情。不过当天下午，当治安官鼓足勇气尝试将这两幅画像从树上砍下来时，他发现自己身陷严峻险境。于是，他只得匆匆去警告总督，这里即将发生一场暴乱。

晚上，根据埃比尼泽·麦金托什的指示，3000名男子将治安官的预测变成现实。他们从树上砍下那两幅画像，列队行进0.75英里，来到安德鲁·奥利弗近来在他的码头上修建的一座小砖房。他们称之为印花税征收办公室，几分钟之内就将这座房子扒平了，然后，他们扛起木头作为火堆的燃料，一路向奥利弗的家宅前进。他们停顿了一段时间，将画像中的奥利弗斩首，用石块砸入他家的窗户，然后一路来到希尔堡附近，在那里将两幅画像"踩成"碎片并焚烧。之后，他们径直去找印花税官本人了。

当天晚上，这些抗议者没有找到奥利弗——他躲到朋友家里去了——于是他们将他家里砸了个稀巴烂，喝光了他藏在酒窖里的酒，还将他的马车、家具、护墙板和厕所都拆成碎片。他们破坏奥利弗的私人财产时热情高涨，这表明随着夜晚时间的推移，这群人之所以这样做不是为了回应上级的指示，而是顺应自己的想法。他们工作一整年都赚不到50英镑——假设他们充分就业的话，但在经济萧条中很少有人真的一直有活儿可干——看到一名富商过着非常奢华的生活时，他们必然感到非常愤怒，而且不需要进一步解释的是，一旦《印花税法案》生效，这名富商甚至还将因为从他们微薄的收入中提取的钱财，使自己变得更加富有。由于午夜时分，约束群众行为的因素完全出于他们自己的内心，当他们散去时，"忠诚九人组"可能和奥利弗一样感到如释重负。

第二天，几名绅士拜访了奥利弗，敦促他辞职，指出至少他的房子还在，不过如果他执意履行印花税收税官的职务，就不见得能保得住了。奥利弗当时还没有收到委任状，不可能辞去他还没有担任的职务，但他同意在印花到达时，先不去征收任何税款，并承诺写信给伦敦请求免去他的印花税票分销专员的资格。这天晚上，当第二批群众在希尔堡聚集，点起另一堆篝火时，奥利弗派人声明已经放弃对他的印花税票分销专员委任。群众在散去前，为这个消息欢呼三声。

安德鲁·奥利弗选择向群众投降，解决了自己眼前的麻烦，但是增加了伯纳德总督的烦扰。伯纳德在 14 日已经无法维持秩序。当时，他命令波士顿民兵团的上校召集部下去驱散民众，这位上校只是回答："这没有任何意义，因为当集结的鼓声响起时，鼓手就会被击倒，鼓也会被打破，再加上一点，可能团里所有的鼓手都已经加入那些群众了。"[5] 因此，伯纳德也不再专注于表现英雄姿态了，下令他的仆人们将银器藏起来，划船将他送去威廉堡。那天晚上和第二天晚上，他都在观望希尔堡升起的篝火火焰，他明白除非波士顿城自己平息下来，否则他不敢离开安全的威廉堡要塞一步。

以这种方式成为某种意义上的囚犯够丢脸了，但伯纳德更担心的是马萨诸塞殖民地内部秩序的脆弱性。他是国王的直属代表，然而这些骚乱说明他之所以能够统治马萨诸塞，靠的是波士顿群众的忍耐。副总督托马斯·哈钦森在 14 日晚上拖着治安官出来向抗议群众宣读《反骚乱法案》之后，着实被他们追赶着穿过大街小巷。他和治安官跑得还真够快，除了尊严，其他一切都未受伤害，但是就像伯纳德清楚了解的那样，哈钦森的冒失行为只会让他自己成为将来的袭扰对象。副总督面临的危险有多大，英王陛下政府的控制变得多么脆弱，都只有在下周过后，弄清楚"忠诚九人组"——或者此时可能是麦金托什和抗议群众独立出来，形成一股反对势力——决定下一步将采取什么行动时，才会变得清楚。

早在 24 日，星期六，在波士顿和周围城镇谣言就满天飞，说抗议群众在下一个星期一晚上会再度出现，这次他们的目标包括主要的海关官员、哈钦森，甚至可能包括伯纳德。由于奥利弗已经答应辞职，仅凭《印花税法案》是不能解释为何会出现这种流言的。当然，哈钦森在 14 日晚上毫不含糊地将自己置身于抗议群众的视线之中，还有政治流言说，其实是他向格伦维尔建议如何以最佳方式在北美征税的。但是导致这种局面的其他因素大多可归于私人性质的憎恨，更多的是受经济因素的影响，而非政治因素。如果人们知道 1765 年可能是波士顿商业史上最糟糕的一年，是战后漫无止境的大萧条中最为严酷的时期，人们就能非常清楚地理解这些问题了。

自 1761 年以来，波士顿的经济就一直不景气，但是面对 1765 年年

回顾胜利：北美纪念画作集

  七年战争将许多拥有艺术才华的军官送到北美。像阿奇博尔德·坎贝尔这样的工兵军官，以地形学的精确性绘制风景；像沃尔夫将军的副官赫维·史密斯（《沃尔夫将军之死》一画中扶着总司令右臂之人）那样的业余艺术家，练习素描的文雅艺术。这场战争结束后，几位伦敦的版画商聘请雕刻师，将这些目击者的画作雕成28幅精美的铜版画（对开本大小）。这套版画在1768年以不菲的4几尼的价格（4英镑4先令）出售。

  《北美纪念画作集》也可称为《北美与西印度群岛风景画作集……根据数位英国陆海军军官现场取景的画作制作》，它对富裕的印刷画买家才有吸引力，不过中等收入的英国人可以以3先令6便士一幅的价格零买。印刷画标题的法语和西班牙语译文说明，这套纪念画作集也打算出口。然而很难相信在法国或西班牙能售出许多，因为这套画作总体上描绘的是大英帝国的荣光。

  这套画作始于英属北美旧殖民地的首府。波士顿（图1）、查尔斯顿（图2）和纽约（图3）描绘的是繁荣的港口城市，而内陆视角的第二幅纽约风景画（图4），描绘的是传统的田园景色。因此，对这些殖民地最初的惊鸿一瞥强调的是文明，但向内陆转移后，不受拘束的自然景象很快就出现了。塔潘齐（图5）和卡兹奇山（图6）是以高耸的悬崖峭壁和群山为主的风景画，而大科荷斯瀑布（图7）和巴赛克瀑布（图8）80英尺高的水流，让普通人相比之下好似侏儒。

  不过这些版画也描绘了尽管大自然力量强大，文明的范围依然随着耕犁的前进而不断拓展。重现一座北美定居点或农场的开建和完工（图9），会指引读者的视线从图左阴暗的森林和简陋的小屋转向图右的乔治亚式民居、阳光照耀的田野和矮树林。类似的主题思想在贝特莱姆风光（图10）中也有体现，这幅画描绘的是青岑多夫伯爵的摩拉维亚弟兄会信徒的产业，他们在英国仁慈的统治下兴旺繁荣。

  战争与征服塑造了这套画作的第二部分。这个阶段始于1758年英国的首次大捷，印第安人和殖民地居民在其中没有扮演任何角色。路易斯堡的风光（图11）描绘了一队炮手正在牵引一门火炮进入阵地，同时水兵们正扛着掩护这门火炮的柴捆。停泊在港口里的法军舰队被困住了，而英军舰队就在加伯鲁斯湾锚泊（图左），这座要塞正面临被毁灭的命运。

路易斯堡的陷落使加拿大门户敞开，面临入侵，正如赫维·史密斯的素描描绘的那样。由茂密森林环绕的加斯佩湾的一个渔业定居点（图12）和米拉米奇的一个村庄（图13），显示法国人对领地的改善微乎其微，然而图注说明，在加斯佩定居点缴获的4500公担（50万磅）鱼说明了征服加拿大将会在哪个方面提高英国的贸易额。英国舰队在去往魁北克的途中经过皮尔斯岛（图14）。在魁北克，一些戏剧性场景接踵而来。蒙特伦西瀑布壮丽的自然景观表达的是沃尔夫在7月31日未果的进攻中的勇气和自我牺牲精神（图15）。图16描绘的是红角，即9月13日英军小船的出发地，而图17描绘的是魁北克城本身。蒙特利尔的东部景观（图18）描绘的是1760年的一个场景，当时加拿大最后的法国守军被困在毫无防御能力的城内。

接着，描绘的场景从加拿大切换到西印度群岛的征服。这一系列从哈瓦那城外开始，在那里有异域植物（如图19中怪异的弯曲山芦荟）和居住在陌生环境中的异域民众（如图20和图21中的克里奥尔人和奴隶）。两幅哈瓦那的城市景观图触人心弦。热带阳光洒在圣方济各教堂、修道院（图22）和市场上（图23）；但是这两个场景要提醒我们的是英国的征服。英国军舰就在教堂附近锚泊；一个步兵连在市场里列队，同时可以在左前景部分看到身着肥大短裤的水兵。图24描绘的是乘坐小艇的水兵们正划向海上的军舰，这艘军舰正在通过沉船的残骸。在港口入口处，蓬塔要塞（船左）和莫罗城堡上飘扬着的米字旗证明了英国的实力。

在描绘征服多米尼克（图25）和瓜德罗普（图26）的场景中，战争场面得以重现，这两幅图描绘的是英军发动水陆两栖攻击时表现出的英雄气概。不过，最后两幅画从战斗转入战后的平静场景。罗亚尔堡北侧一览（图27）描绘了在营地里放松的军人们。英国的社会秩序和英国的军队都在场景中有所体现：图左是一名军官向一位夫人说明营地情况；而在图中央，一名士兵正在亲吻一名无意抵抗的姑娘；图右是一名陆军士兵和一名水兵在握手，象征陆海军之间的合作，这是取得胜利的关键。类似地，罗亚尔堡东侧一览（图28）描绘了陆军军官、士兵和水兵凝视着辉煌的落日景象。近海的单桅帆船掠过水面，而几艘沿着地平线的船只以缆绳长度的间隔，向东航行。

读者可以自己判断这些距离遥远的帆船是满载征服胜利果实的商船，还是正在为获得新的胜利起航的军舰。无论是哪种船，1768年，英国人都可以从这宁静的场景中看出相同的信息来。法兰西殖民帝国的太阳已经落下。英国至高无上地统治着它的领地，海陆两面都很安全。大英帝国的未来向着繁荣富强的远景延伸，就像北美的陆地景观一样壮丽，像海洋一样无边无际。

图 1. 北美新英格兰首府波士顿城的风光。波纳尔总督阁下在现场绘制的草图（Painted by Mr Pugh, Engraved by P. C. Canot）。

图 2. 北美南卡罗来纳首府查尔斯顿的风光（Engraved by C. Canot from an Original Painting of T. Mellish, in the Collection of Mr John Bowles）。

图 3. 北美纽约城西南部的风光。英国皇家炮兵的托马斯·豪德尔上尉在现场绘制的草图（Engraved by P. Canot）。

图 4. 北美纽约城东南部的风光。英国皇家炮兵的托马斯·豪德尔上尉在现场绘制的草图（Engraved by P. Canot）。

图 5. 哈得孙河的入口，被称为塔潘齐的地方风光。波纳尔总督阁下现场绘制的草图（Painted by Paul Sandby, Engraved by Peter Benazech）。

图 6. 从哈得孙河中的索波斯岛眺望的佩开普西山和卡兹奇山中哈得孙河谷的风光。波纳尔总督阁下在现场绘制的草图（Painted & Engraved by Paul Sandby）。

图 7. 莫霍克河上的大科荷斯瀑布风光；瀑布高约 70 英尺，河面接近 0.25 英里宽。波纳尔总督阁下在现场绘制的草图（Painted by Paul Sandby, Engraved by Wm Elliott）。

图 8. 新泽西殖民地的巴赛克瀑布风光。瀑布高度在 80 到 90 英尺之间；河面大约 80 码宽。波纳尔总督阁下在现场绘制的草图（Painted and Engraved by Paul Sandby）。

图 9. 一处北美定居点或农场开建和完工的场景。波纳尔总督阁下在现场绘制的草图（Painted by Paul Sandby, Engraved by James Peake）。

图 10. 宾夕法尼亚殖民地的大型摩拉维亚人定居点贝特莱姆的风光。波纳尔总督阁下在现场绘制的草图（Painted and Engraved by Paul Sandby）。

图 11. 北美的路易斯堡风光。1758 年包围这座城市期间，第 35 团的英斯上尉在灯塔附近绘制（Engraved by P. Canot）。

图 12. 圣劳伦斯湾的加斯佩湾风光。1758 年，路易斯堡投降后，这个法国人定居点被沃尔夫将军摧毁之前，此地曾经被用于向魁北克供应鱼类。1759 年，英国舰队在此停留期间，沃尔夫将军就住在海滩上的房子里。赫维·史密斯现场所作（Engraved by Peter Mazell）。

图 13. 圣劳伦斯湾的米拉米奇法国人定居点风光,此地被沃尔夫将军从加斯佩湾分派的默里准将率部摧毁。赫维·史密斯现场所作（Etch'd by Paul Sandby, Retouch'd by P. Benazech）。

图 14. 圣劳伦斯湾中引人注目的礁岩皮尔斯岛。这座岛距离加斯佩湾南岸两里格远。赫维·史密斯现场所作（Engraved by P. Canot）。

图 15. 蒙特伦西瀑布风光。沃尔夫将军在 1759 年 7 月 31 日，以陆军掷弹兵对博波尔附近的法军堑壕阵地实施进攻。赫维·史密斯现场所作（Engraved by Wm Elliott）。

图 16. 红角风光，此地位于魁北克上游 9 英里的圣劳伦斯河北岸。1759 年 9 月 13 日破晓，1500 名英军精锐从这里趁退潮顺流而下，前往登陆场。赫维·史密斯现场所作（Engraved by Peter Mazell）。

图 17. 加拿大首府魁北克城的风光，局部在佩雷斯角所作，局部在战列舰"前锋"号甲板上所作，作者为赫维·史密斯上尉。这 6 幅圣劳伦斯湾和圣劳伦斯河最引人注目之地的风景画，由已故的沃尔夫将军的副官，他最忠顺的仆人赫维·史密斯，以最谦逊之心敬献给国王陛下最尊贵的枢密院及主国务大臣之一，尊敬的威廉·皮特阁下。

图 18. 加拿大蒙特利尔东部的风光。托马斯·帕滕现场绘画（Engraved by P. Canot）。

图 19. 哈瓦那港口和城市风光,在雷格拉和瓜纳瓦科瓦之间的道路附近的山上取景。献给后期远征古巴的英王陛下军队总司令、尊敬的阿尔比马尔伯爵乔治阁下;这六幅哈瓦那城市、港口和乡村风景画,由爵爷最忠顺的仆人、工兵军官埃利亚斯·邓福德。

图 20. 哈瓦那城的风光,在豪中校的炮台附近的道路上取景,工兵军官埃利亚斯·邓福德所作(Etch'd by Paul Sandby, Engraved by Edwd Rooker)。

图 21. 哈瓦那海港和城市的风光,在耶稣山取景,工兵军官埃利亚斯·邓福德所作(Engraved by T. Morris)。

图 22. 哈瓦那城圣方济各教堂和修道院的风光,在格兰比广场的阿尔卡尔德酒店取景,工兵军官埃利亚斯·邓福德所作(Engraved by Edward Rooker)。

图 23. 哈瓦那城中市场的风光，工兵军官埃利亚斯·邓福德所作（Engraved by C. Canot and T. Morris）。

图 24. 哈瓦那港口入口处的风光，从沉船内部取景，工兵军官埃利亚斯·邓福德所作（Engraved by Peter Canot）。

图 25. 多米尼克岛的罗索港风光，图中表现了 1760 年洛罗勋爵和詹姆斯·道格拉斯爵士对该城发动的进攻。阿奇博尔德·坎贝尔中尉现场绘制（Engraved by James Peake）。

图 26. 瓜德罗普岛的罗亚尔堡西南部风光。阿奇博尔德·坎贝尔工兵中尉现场绘制（Engraved by P. Benazech）。

图 27. 瓜德罗普岛的罗亚尔堡北侧风光，1759 年阿奇博尔德·坎贝尔工兵中尉在英王陛下军队的营地现场绘制（Engraved by Grignion）。

图 28. 瓜德罗普岛的罗亚尔堡东侧风光。阿奇博尔德·坎贝尔工兵中尉现场绘制（Engraved by Peter Mazell）。

初发生的金融灾难，波士顿人仍没有进行任何准备。1月中旬，商人纳撒尼尔·惠尔赖特突然停止偿还债务，跑到瓜德罗普去了，他在七年战争期间依靠英军承包商的身份四处活动，还和法国人做生意，从而发迹。当时北美还没有银行，但惠尔赖特已经在为波士顿的许多小商人、店主和工匠充当某种形式的银行家，接受他们的存款，相应地签发付息的个人票据。这些票据实际上在波士顿及其周围城镇已经成为一种补充货币进行流通。到此时为止，惠尔赖特留下未偿付的17万英镑债务和堆积如山的废纸，造成的恐慌如同1755年摧毁里斯本的地震那样，使这座城市的经济陷入停滞。

在一场"为了自保，拉扯传讯，纠缠传唤"的金融恐慌之中，那些向惠尔赖特借贷金钱，成为商业债权人和存款人的人，很快就开始跟随他拖欠债务和逃亡。3月，马萨诸塞殖民地议会通过一项《紧急破产法案》来规范财务结算流程，议员们希望以此稳定经济。法案阻止了大规模的逃亡，但绝望的债务人继续逃离他们的债权人，为逮捕逃债者的追捕令名单也越来越长，见证了波士顿的痛苦：3月有3份追捕令，4月有4份，5月有4份，6月有9份，7月有7份，8月有8份。90%的追捕令是马萨诸塞最高法院首席大法官托马斯·哈钦森授权签发的——他（并非巧合）对破产管理和没收的财产收取不菲的费用。当波士顿陷入经济衰退的深渊时，大多数商人很少会向哈钦森表示敬意，就像对那些组成城市暴动人群的工匠和劳工一样。[6]

少数不鄙视托马斯·哈钦森的波士顿人，则大多与他有血缘关系、婚姻关系或商业伙伴关系，这就是他的另一个问题了。哈钦森从未满足于成为湾区殖民地身兼数职的重要官员——他以副总督、首席大法官、萨福克县遗嘱认证法官和威廉堡要塞司令的身份领取薪水和津贴——他挖空心思将哈钦森家族的成员提拔为政府职务的候选人，同时得到提拔的还有许多与他有关系的桑福德家、福斯特家和奥利弗家的人。在这个关键方面，一些海关官员与副总督的情况酷似，据说他们的房子会成为抗议群众的目标。因为在他们看来，所有海关官员都是靠收费生活的禄虫；所有这些人都出了名地贪婪和腐败；所有这些人还明显相当富有。他们的高门大宅与周围环绕的工匠、小店主和劳工们的房子形成鲜明对比。[7]

于是在波士顿的小小世界里，个人和政治问题交织在一起，在那里面对面的关系对消除怨恨几乎没有任何作用，而各种积怨的记忆却已经酝酿了很久。在这方面，波士顿的敌意也无情地压向托马斯·哈钦森。在波士顿，人人几乎都现金匮乏、债务缠身，都知道他曾在1749年负责创建马萨诸塞的硬通货货币制度。即使商人们会为保护他们的投资免受通货膨胀的损害感谢他，马萨诸塞长期负债的农民，以及波士顿的商人和劳工，也仍会将他理解成自己的敌人。毫不令人意外的是，他在1749年之后就再也没担任过由选举产生的重要公职了。历任总督雪利、波纳尔和伯纳德任命他的职务越高，他受到的公众敬意就越少。

8月26日黄昏，所有这些令人焦虑的恨意都随着国王街上的熊熊火焰而得以尽情释放。从早上开始，人群就从邻近城镇涌入波士顿，让等候埃比尼泽·麦金托什指示的城北端和城南端的群众数目更加庞大。伯纳德担心发生最坏的情况，于是将他的金银餐盘打包好并送到威廉堡，以备在骚乱开始时，去往那里避难。城里的海关官员们同样认为走为上策。但是哈钦森除了决定晚上留在家里，不出去吃饭，没有设法避开暴动的人群。他拒绝相信他们会对他恨之入骨，但实际上确实如此。[8]

在国王街聚集的人群高呼"自由与财产！"——正如伯纳德酸溜溜的评价一样，他们发出了"惯常的通知，表明他们打算抢劫和推倒一座房子"——还自行分为两队。[9]第一队出发去海关验货官和波士顿域外海事法院院长查尔斯·帕克斯顿家。帕克斯顿租房居住，不过抗议群众在他家里找到了他的房东，他们喝完了一桶宾治酒，渴望来更好地演出他们英勇战斗的角色。于是他们振作起来，向海关审计官本杰明·哈洛韦尔的家宅转移，在那里喝了更多的酒，同时洗劫了这座宅院，破坏了居室和里面的陈设。而在域外海事法院的书记官威廉·斯托里的家中，另一伙抗议群众在打烂家具、窗户和瓷器的同时，将藏在酒窖里的酒给喝了个干净，还将等待处理的海关案卷文书付之一炬。因此，在这两伙群众为了当晚余下的事情重新会合时，他们已经喝了大量的酒，这几乎肯定会导致他们在到达托马斯·哈钦森居住的漂亮的乔治亚式宅邸时，行为非常暴力。

当上气不接下气的信使来到哈钦森家里，警告他抗议群众正在来这里的路上时，这位副总督在与家人共进晚餐。根据哈钦森后来对马萨诸塞驻伦敦的代理人理查德·杰克逊所说的故事：

> 他们一家逃到一户邻居家里，才过了几分钟，一群恶鬼般的暴徒就鬼哭狼嚎着涌到我家，瞬间就用斧子劈开房门，走了进去。我儿子正在大门口，听见他们高声诅咒他，于是他上了楼，后来和我们会合。一些人很快就跑上这座房子的顶层，其他人占满了楼下的房间和地窖，还有一些人因为房子里已没有地方落脚，只能留在屋外。消息很快就一个接一个传到我避难的房子里，我得知暴徒们正在追查我，便被迫穿过几座院落和花园，退到一座更远的宅子里，在那里停留到凌晨4点。期间，马萨诸塞修建得最好的宅邸之一，除了光秃秃的墙和地板，什么都没剩下。暴徒们拆掉了所有的护墙板，撕碎了所有的帷幔，甚至将门劈成碎片，即便如此，他们仍不满足。他们将隔墙都推倒了，虽然这就耗去他们将近两个小时，但仍然将圆屋顶或者说灯笼都劈倒了，并且开始从屋顶拆下石板和木板。天即将破晓，这才阻止他们彻底破坏房子。我家花园的篱笆都被夷平了，我所有的花草树木都倒在地上。如此破败的景象在北美前所未见。除了我的金银餐盘和家族画像，各种各样的家具，我孩子和仆人们的衣服，他们还掳走约900英镑。除了一部分厨房家具，他们基本搬空了这座房子，里面没有留下一本书。所有手稿和我在过去30年间收集的其他文件都散落一地，或者被销毁，其中包括我保管的大量公共文件。

第二天上午天气很寒冷，哈钦森——12个小时前还是马萨诸塞最富有的人之一——发现除了接受他避难的主人家借给他的衣服，没有外套能够御寒。他已经失去了几乎所有的个人财产。哈钦森告诉杰克逊，他估计全部损失不下3000英镑。因为他一家所失去的东西不能完全用金钱来衡量，他如此总结道："你无法想象我们的悲惨处境。"[10]

不过，哈钦森仍然坚信"忠诚九人组"——"第一场暴乱的鼓动者"——从未打算破坏到这种程度。暴乱第二天,马萨诸塞殖民地和波士顿城的政治领导人尽最大努力去恢复秩序。哈钦森说他希望领导人"对这种史无前例的暴行的憎恶",会从他及其家人蒙受的邪恶行径中得出一些有益教训,但是他仍然对"民众对印花税"的强烈"不满"困惑不解。他想起此事的后果就会发抖。他认为,马萨诸塞议会不敢"强制执行或者建议支付印花税款"。可是如何是好呢?印花税是如此规定的,任何生意或者法律程序在没有贴印花的情况下根本不能进行。如果马萨诸塞不服从法案纳税,那么"所有的贸易都必须停止,所有的法院都会垮掉,所有的权威都会终结"。如果英国议会废除印花税,此举"就有失去他们对北美殖民地权威的危险"。然而,如果英国议会选择使用"外力"强制殖民地服从,就会冒"宗主国与殖民地之间的感情全面持久疏远"的风险。凝视着自己私人生活的破败遗迹,这位政治中间路线的大师级人物发现自己无法在一边是无政府状态,另一边是野蛮镇压的情况下做出何种选择。最终,他只能祈祷"拥有无限智慧的上帝"能向议会指明一条道路,让议会走出暴力迷宫,他本人、他的殖民地和他热爱的帝国似乎已毫无希望地迷失在里面了。[11]

哈钦森还不知道,就在他给理查德·杰克逊写这封哀怨的书信时,骚乱正在波士顿周边的其他城镇引发震荡。8月14日相对克制的群众行动,极快地就让安德鲁·奥利弗辞去印花税分销专员的差事,似乎这是防止《印花税法案》生效的一种实用手段。当消息传到其他殖民地时,类似"忠诚九人组"的组织——在巴雷中校发表演讲之后,经常自称为"自由之子"的各种团体,此时已获得了与弗吉尼亚决议案相媲美的恶名——开始制作填充式人偶,架起模拟绞刑台,发动群众迫使印花管理人表现出与之合作的态度。他们还时常发现"忠诚九人组"在8月26日觉察的迹象:抗议民众一旦被煽动起来,就能自行安排行动日程。罗得岛人在波士顿抗议民众摧毁哈钦森房子的第二天,率先印证了这个道理。[12]

8月20日,在纽波特,《印花税法案》反对派的领袖们准备公开展出奥古斯塔斯·约翰斯顿的模拟人像,他是罗得岛的印花税票指定分销专员。8月26日,就在模拟绞刑和示威游行的前一天,这一年早些时候抨击詹姆斯·奥蒂斯的马丁·霍华德在报纸上谴责了这个主意：这太不明智了。于是到了 27 日，霍华德和他在纽波特政团的朋友们的模拟人像，与印花管理人的模拟人像一同被悬挂起来。当天傍晚，一批有秩序的群众焚毁了这些模拟人像。然而，约翰斯顿没有辞职，第二天晚上，在波士顿传来的最新消息的鼓舞下，纽波特人的行动升级了。他们首先像波士顿人摧毁哈钦森的宅院那样，彻底洗劫了马丁·霍华德的家宅，然后他们摧毁了另一位纽波特政团成员的房子和物品，还开始全程追捕海关收税官和审计官（这两人都在港内的英国军舰"锡格尼特"号上避难），最后，唯恐奥古斯塔斯·约翰斯顿以为他们将他忘了，他们掳走了尽可能多的约翰斯顿的家当。

第二天上午，约翰斯顿公开辞去自己的职务，此举拯救了他的房子，让他的许多财产失而复得，恢复了他在社区里的一席之地。但是海关收税官约翰·罗宾逊仍然非常不得人心——他是英国人，曾经致力于铲除走私商贩——以至于直到 9 月 2 日塞缪尔·沃德总督终于派给他一个保镖，他才敢离开"锡格尼特"号。和伯纳德一样，沃德无法干涉或制止骚乱；但又与伯纳德不同，他不愿意这么做——至少在霍华德和他的政团是受害者，是罗得岛特许政府公开宣称的仇敌时，不愿意这么做。但是沃德很快意识到，没有收税官的话，海关就无法运作，没有能运作的海关，船只就不能进出港口，没有船只进出，纽波特港就无法维持下去。

因此，纽波特港的骚乱说明哪怕一个制度上自治的殖民地，都不能承担摒弃帝国的后果。这种悖论——不愿意容忍英国议会主权直接强加于他们头上的殖民地居民，在英国议会创造的法律和商业体系之外，无法长期存在——的意义，只有在几乎其他所有殖民地都遵循了纽波特和波士顿的做法，且骚乱实际上已导致《印花税法案》在能够生效之前就已失效之后，才变得完全清楚。与此同时，殖民地抗议群众在品尝暴力的美酒，而印花税票分销专员则在强咽屈辱的渣滓。

如果不是在出现威胁之前，也是在刚刚冒出威胁的迹象时，谨慎的人就辞职了。在纽约，8 月 22 日詹姆斯·麦克弗斯辞去了印花税管理人的职务，拯救了他的货仓；在新泽西，彼时尚未出现模拟画像，威廉·考克斯仅仅因为听说了从新英格兰传来的消息，就交出了他的委任状。新罕布什尔的乔治·梅泽夫甚至还未走下从英国返回的船，就于9月10日在波士顿宣布辞去印花税管理人的职务，他甚至还没有看见"自由之子"准备好在朴次茅斯迎接他的模拟画像。看见画像时，他再度宣布自己已辞职。乔治·默瑟上校于10月31日回到弗吉尼亚，他乘坐的船上运载着弗吉尼亚、马里兰和北卡罗来纳的印花。他发现得到的是和梅泽夫类似的接待，因而表示了同样的敬畏。他写道："被2000多人包围，在整个殖民地，没有一个人胆敢公开支持我……我被迫屈服……这是保护国王陛下的财产和我本人的人身和财产安全的唯一可行办法。"南卡罗来纳的印花税督察在10月26日回到殖民地，得知2000名抗议群众在一周以前勉强被劝阻夷平他的住宅，便在28日辞职了。北卡罗来纳的印花税票分销专员是一名医生，这一职务之前不是他自己主动谋求的，委任状刚到，他就在数百名群众面前宣布放弃这一职务。没有一个印花税管理人愿意选择这样辞职，因为这种屈服于抗议民众的行为剥夺了他们珍视的个人尊严。但是，所有这些人至少设法挽救了自己最终更加看重的财产。[13]

其他不愿意向抗议民众屈服的印花税管理人，发现表现个人勇气得到的报答是经济上或政治上的毁灭。对马里兰的指定印花税票分销专员商人扎卡赖亚·胡德来说，坚定不移意味着破产。8月29日，他在悬挂的模拟人像面前岿然不动，接着在9月2日眼看着一伙抗议民众拆了他的货仓。他逃到了纽约，接受盖奇将军的庇护，并发誓如果有必要的话，就在一艘军舰的甲板上行使他的职权。但是纽约的"自由之子"导致他的生活非常悲惨，乃至他都不敢离开乔治堡。当他最终在11月28日冒险离开时，100名骑马者将他抓住，带着他在乡间驱驰了5英里，强迫他辞职。后来他回到安纳波利斯，想努力恢复自己的财富，这才发现没有一个人愿意和他做生意。他沦为破产者，在1771年前往英国，试图从王国政府得到补偿，后来他再也没有回到北美。[14]

康涅狄格的印花税票分销专员贾里德·英格索尔和总督托马斯·菲奇，因为试图强制执行《印花税法案》，都付出了沉重的经济和政治代价。菲奇担心，英国议会会通过撤销康涅狄格的特许状，以此来反击康涅狄格出现的任何抵制。七年战争期间，他已经在该殖民地西半部的公理会老光派议员之中，建立了一个支持者组成的派别，殖民地特许状对东半部以新光派为主的议员来说，就像对西半部议员一样神圣，于是菲奇觉得倡议议会召开一次特别会议，在会上问询确保征收印花税的办法，如此才能保证安全。因此，他呼吁英格索尔坚守立场，这位印花税管理人接着公然抵制报纸上的各种谴责和反复悬挂起来的模拟人像。但是，9月18日，当英格索尔赶往哈特福德参加议会会议时，500名康涅狄格东部的"自由之子"——主要是由前殖民军军官领导的退伍兵——在韦瑟斯菲尔德将他截住。他们将他扣为人质，直到他不仅同意辞职，还能做到将自己的帽子抛入空中，带头欢呼三声"自由与财产"。抗议群众组成一支护卫队，将英格索尔送到哈特福德，把他安置在一间小酒馆里，召集他的同伴议员来，强迫他再度表示愿意辞去印花税管理人一职。

后来，英格索尔和菲奇再也没能恢复自己的政治地位，两人所属的公理会老光派很快也失去了在康涅狄格议会的主导权。英格索尔的律师业务受到的损害极为严重，乃至他不得不呼吁伦敦的朋友们为他安排一个域外海事法院的法官职务，但是法院位于费城，对于他来说，维持生计的代价是背井离乡。而菲奇曾连续12次当选康涅狄格总督，肯定是康涅狄格历史上最能干的政治家之一，此时却惨遭落选。第二年，他会出版一本小册子解释，他因为受到就职誓言的约束，要去赞成一项他本人并不同意的法案，但是再多的解释也无法挽回他的事业。最终，他同样在域外海事法院系统获得了一个职务，而且和英格索尔一样，为了就职，不得不离开自己的家乡。[15]

宾夕法尼亚的指定印花税票分销专员约翰·休斯证明了他甚至比英格索尔更勇敢，同时他的搭档约瑟夫·加洛韦同菲奇一样坚定地提出了一项政治解决方案。最终，休斯付出了与其他坚定的印花税管理人同样惨重的代价。而由于宾夕法尼亚政治的奇异性，加洛韦和他的反特许领主派维持住了对殖民地议会的控制。尽管他们得以幸存下来，但是总有一天会付出代价。[16]新英格兰殖民地骚乱的消息在9月初传到费城，休斯很快就面临辞职的压力。当他拒绝辞职时，特许领主派开始尝试组织群众暴动：这对政府派来说是一种讽刺性举动,但是鉴于极其不受欢迎的《印花税法案》将玷污议会中主导派别的前景,在战略上却是颇为精明的。当各种流言开始明确表示,费城的房屋会很容易像波士顿的房屋一样被洗劫拆毁之时,加洛韦从在报纸上撰写文章鼓励屈服,转向组织反抗议群众的行动。9月16日(在宾夕法尼亚下议院议长休斯未能阻止议会委派代表去参加《印花税法案》大会一周后),阻止抗议群众摧毁休斯的住宅的,还有本杰明·富兰克林的住宅,都是加洛韦派上街头的武装巡逻人员。休斯和他的财产因此得以安全,但是连续数周承受匿名威胁,被迫处于彻夜武装的紧张状态之下,导致他的身体垮了下来。10月5日,在印花税票和他的委任状从英国到来之时,53岁的分销专员,看起来行将就木。然而,数千名反印花税群众已经串联成群;7位来拜访他的费城头面人物敦促他辞职。他试图抵制,的确他又设法坚持了两天,但最终许诺除非相邻的殖民地执行《印花税法案》,否则他不会执行此法案。

休斯类似辞职的行为,促使抗议民众不再在他耳边高喊要拆了他的房子。渐渐地,随着紧张局势有所缓解,他的健康也恢复了,但是政治生涯到头了。在他缺席期间,宾夕法尼亚议会通过了10项决议,宣称《印花税法案》违宪,破坏了英国人的多项权利。[17]议会两派成员态度的这种转变,已无法逆转;而休斯也不能顺应这种转变。反特许领主派很快利用骚乱引发的对混乱的恐惧,并坚决主张这是特许领主派的过错,这样做实际上在下次议会选举中增加了自己的多数席位,加强了废除特许领主权的理由。加洛韦一手安排了反特许领主派重整旗鼓,甚至恢复了自己的议席,但是只有确保休斯的名字不会出现在反特许领主派候选人名单上,才能做到这一切。休斯在孤独和痛苦中,隐居在费城郊外的一座农场里。1769年,他接受了王国的任命,出任新罕布什尔朴次茅斯的海关收税官,永远离开了宾夕法尼亚。《印花税法案》改变了北美和帝国的许多事情,也改变了休斯,就像英格索尔和菲奇一样,他从一个有权势并深得民心的政治家,变成了官吏和流亡者。

第70章

暴力废止法案，精英阶层重申控制权

1765年10—11月

1765年11月1日，即《印花税法案》正式生效之日，只有一位英属北美殖民地的总督有希望强制执行该法案，这还是行政疏忽的结果。佐治亚的詹姆斯·赖特总督依然指挥着一些骑兵部队，即七年战争期间募集的保卫该殖民地的游骑兵部队。因为这个殖民地太小，也太穷，无法为游骑兵部队提供资金，王国政府便将他们安排进正规军的建制，但是在和平回归之后，不知何故，忘记将他们遣散。于是，只有赖特一人拥有正规军事力量，勇敢地挫败当地的"自由之子"，执行该法案。[1]其他殖民地的总督只能指挥民兵（没有什么用处，正如波士顿民兵团的上校向伯纳德总督指出的那样，抗议群众是由民兵人员组成的），或者请求驻北美英军总司令派出正规军。可是即便盖奇为马萨诸塞、新泽西和马里兰这三个殖民地的每一位总督都提供100人的军队，他们也没有一人胆敢接受，因为总督们对激怒抗议群众的恐惧甚至比他们的破坏还大。在最初不曾预料到的骚乱发生地——波士顿、纽波特和安纳波利斯——根本没有驻军。只有纽约同时有驻军和一位愿意使用武力的总督，即凶猛的老卡德瓦拉德·科尔登，但是武力镇压只会使事情变得更糟。

10月23日，当运送印花税票的船只抵达曼哈顿时，纽约的分销专员已经辞职很长时间。科尔登打算不顾后果地执行这项法案。2000个断定他不会这么做的人在炮台列队，打算阻止印花税票卸货上岸。当晚，纽约的当权者为了安全保障，潜入乔治堡，却发现他们这样做导致要塞陷入险境。要塞守备司令托马斯·詹姆斯少校曾经夸口他只需24人的部队就能压制住纽约城，这时却一心准备避免遭到攻击。11月1日，詹姆斯及其约180人的守备队拥有足够的火炮和霰弹保护自身和总督,但是抗议群众控制了其他所有地方。当晚,2000名"暴徒,更确切地说是叛乱者"在城中骚动。次日上午4点,他们已经将科尔登的模拟肖像吊起,然后在鲍灵格林,丢进用"他的敞篷双轮马车、两副雪橇和一把椅子"燃起的篝火中焚毁;扣押了负责保护詹姆斯少校住宅的卫兵,然后一把火将这座房子烧个精光;他们围住乔治堡,锤打大门,向部队投掷石块,嘲笑他们没胆子开枪。

乔治堡的英国正规军没有开枪,倒不是因为詹姆斯少校的克制或者老总督的明智,而是因为盖奇将军担心开枪引发的后果,哪怕是一把手枪开火。因为没有时间从东河岸边的陆军仓库转移军械物资,纽约的大部分滑膛步枪、野炮和弹药都在那里——确实是数量非常庞大的军火——处于示威者容易到达的地区之内。因此,盖奇拒绝与科尔登和詹姆斯一起进入要塞内部,选择留在他在城内的寓所,以维持外部的安稳,平静地敦促总督放弃那些该死的印花税票。最终,11月5日,即盖伊·福克斯节,面对一群抗议民众将在当晚冲入要塞的极具说服力的谣言,科尔登将税票移交给纽约市市长。市长在"自由之子"和群众组成的约5000人的护卫下,将税票转移到市政厅。因为有可信的报告指出,暴动领导人计划将盖奇扣为人质,拿他当挡箭牌,所以总司令在发现科尔登毕竟还是能做出一些妥协时,肯定松了一口气。不过这是一件近乎疯狂的事情,踏错一步很可能就会引发内战。[2]

当然,谁都不希望发生战争。内战在纽约几乎一触即发,可以归因于当地的几种特性:一支规模大得足以构成刺激,却又难以发挥太大作用的守备队;詹姆斯少校愚蠢的大话;科尔登不知死活的性格;以及碎片化、几乎不受管控的纽约抗议民众。波士顿与纽约不同,那里两伙长期存在的群众拥有自己的内部组织结构,"忠诚九人组"和当地其他领袖可以利用这种组织性,在8月26日以后控制住局面。而纽约的抗议群众基本上由海员组成,大部分人都缺乏深厚的社会关系,觉得没必要屈服于这座城市里在岸上营生的激进派领袖的权威。此外,纽约的"自由之子"在所有的殖民地之中最晚出现,直到11月1日之后,才成功成为印花税反对派的发言人。[3]

然而，在纽约以外的任何地方，当地领导人都对夏末的暴乱感到震惊，纷纷去寻求能够抗衡抗议民众的影响力，而各殖民地的政客们则争相表明反对《印花税法案》的立场。因此，为了获得对一种易变、潜在的无政府局面的管理权，从1765年9月到这年年底，各殖民地议会争先恐后地通过了谴责英国议会不经同意就征税的决议。最终，9个殖民地公布反印花决议，派代表参加《印花税法案》大会，表达殖民地的反对意见，请愿废除该法案——打算说明他们愿意维护英国人的自由和权利。[4]

10月7—25日，在纽约市政厅召开会议的27名代表，发表了一系列来自各殖民地的意见，但他们从一开始就一致认为必须适度。当他们选择马萨诸塞保守派人士蒂莫西·拉格尔斯，而不是很难捉摸的詹姆斯·奥蒂斯担任主席时，人们就可以看出他们的谨慎。此后，这个由40多岁的律师、地主和商人组成的团体尽力不引人注目，秘密会面，存留了一本没有记录任何人所说的话的会议日志，拒绝发表他们最终同意的宣言和请愿书。毫无疑问，当抗议群众和科尔登显然发生了冲突时，他们匆忙结束了会谈，离开了纽约城。而且，公众不会看到这些文件，直到第二年春天，一家波士顿的报纸最终拿到宣言和请愿书的副本。没有一个人能从会议的《权利与自由宣言》，或者送给国王、英国议会上下两院的请愿书中，发现任何能比礼貌更为醒目的情绪。

代表们在宣布"关于殖民地居民最基本的各种权利和自由，以及令他们感到痛苦的各种委屈的谦虚意见"时，试图建构一种并非出于抽象原则，而是从他们希望的无可置疑的历史事实中得出的论点。他们坚持认为，殖民地居民从未丧失他们身为英国人的自由权利，包括经他们同意才能征税和由陪审团审判的权利；他们在英国议会没有代表，这意味着他们只能通过自己的殖民地议会才能表示同意。因此，《印花税法案》"与大不列颠宪制的原则和精神不符"，同时英国议会以《北美关税法案》扩大域外海事法院的司法管辖权，"具有颠覆北美各殖民地权利与自由的明显倾向"。对于海关的其他强制措施，会议代表们措辞仍保持谨慎。这些措施"极端繁重，令人痛苦"，鉴于它们限制了贸易，是不明智的，但是代表们不再称呼它们为税收，从而避开讨论英国议会的权力授予这一问题。当然，向英国下议院递交请愿书，可能会意味着服从英国议会的权威，代表们尽其所能谨慎处理这个最为棘手的问题。[5]

代表们在送交国王的请愿书和英国议会上院的备忘录中，没有提到主权问题，但是在给英国下议院的请愿书中，他们再也无法回避这个处于争议核心的问题。由于北美各殖民地"对大不列颠议会的从属地位"，是否要求它们无限服从英国议会的意志？与他们在其他地方提出的大量实际反对意见形成鲜明对比的是，代表们试探性、微妙地只用了一个问题来回答："我们也恭顺地提出，是否可以在合理和明智的政策之间进行一种实质性的区分，至少根据普通法的修正案和整个帝国的商贸法则，在一般法案中行使必要的议会管辖权，与通过对北美各殖民地征税来行使这种管辖权之间，进行这种区分。"[6]换言之，《印花税法案》大会希望，英国下议院在它对各殖民地的立法权威和对殖民地居民的课税权威之间进行自愿的区分。代表们在暗示，只要英国议会不试图直接向北美人征税，或者干涉他们由陪审团审判这类英国人的基本权利，他们将服从英国议会可能对他们的贸易，或者实际上对生活的其他大部分方面施加的法律。不过，代表们期盼英国下议院在可接受的"各种一般法案"的立法实践和类似税法这样的不可接受的法案的"司法管辖权的实行"之间，究竟画上一道怎样的界线，仍然和他们使用的句法一样模糊。

《印花税法案》大会没能明确澄清北美各殖民地与英国政府之间争论的焦点，这几乎不足为奇。理论上的精确性根本就不是大会代表们的目标。他们很难找到一个既能包容保守派又能包容激进派的共识，同时又能让英国当局相信他们本质上的忠诚和合理性。那么，他们在开会寻找这种共识的时候，就只能写下措辞极为温和的文件，这不应当掩盖他们其实在一起行动的事实。他们也无力清晰表达一套条理分明的原则，但这不应导致我们无法理解他们急切地需要找到这些原则。

参加《印花税法案》大会的代表们，实际上演绎了一场每个殖民地都在上演的政治戏剧，只不过是迷你版。这些习惯于管理公共生活的士绅们，面临似乎失去全面管控的局面。只有纽约市在该法案生效当天发生严重暴力事件，这对他们来说，即使不够完美，也证明了他们的成功。在波士顿，"忠诚九人组"（此时自称为"自由之子"）不遗余力，而城内的商人们也不惜一切代价，试图终结骚乱。在城北端和城南端的两批群众联合起来，在11月1日和教皇日以"最严密的秩序"游行，没有携带武器，也不投掷石块，下午就焚烧了他们的模拟肖像，确保"城中在夜晚来临之前就可以完全安宁下来"时，"自由之子"和商人们一定都像伯纳德总督那样，长出了一口气。11月1日，各殖民地的大部分较大城镇举行了北美自由的模拟葬礼，或者进行了其他抗议活动。不过，无论举行什么样的仪式，到处都盛行浮华的礼仪。新涌现出的法案反对派领导人，一心想要证明自己对王国政府的敬意、责任感和忠诚。他们希望废除《印花税法案》，但他们也知道如果各殖民地仍然是无法无天的暴乱场面，英国议会就永远不会那样做。[7]

因此，1765年秋和初冬反《印花税法案》的积极分子将大部分努力集中在寻找抵抗手段上——一种既能给英国政府施加压力，同时又不会激怒其以武力来强加其权威的手段。使各地领导人获得对群众行动管理权的最重大的一个因素，可能是格伦维尔倒台的消息。这个消息在9月到达北美，让人们产生了新政府会对各殖民地的请愿表示赞许的希望。但是在同一时期应该做些什么事情，如何才能最有效地引导英国议会去废除该法案呢？对印花税官员的胁迫和恫吓已经使得这一税项无法收取，但是这没有解决该法案引发的一些最为重要的问题。11月1日之后，殖民地居民确定继续表现自己的忠诚和遵纪守法的性格，能够当作好像什么都没发生过那样，去开展那些应当要求贴上印花的业务吗？法院和海关仍会关闭，还是会像往常一样履行其职责呢？如果殖民地居民让法院和海关继续关闭，即使他们没有缴纳印花税，实际上也承认了印花税法案的有效性。然而，正如罗得岛总督在纽波特骚乱之后觉察到的那样，哪怕几天不进行贸易，也会严重损害一座海港城市的经济。如果法院和海关的人员选择不和殖民地的大多数居民站在一边去否认《印花税法案》的有效性，他们会被迫履行自己的职责吗？

这些问题在俱乐部、咖啡馆、酒馆和报纸上广为流传，没有简单的答案，但是这种讨论有助于殖民地居民认清自己的处境。法院和海关必须运作，不然无政府状态和经济停滞就会接踵而来——每个人都认同这一点。每个人也都认同"自由之子"不能拿枪指着法官和海关人员的脑袋，迫使法官判断案件，或者让船只通关进出。因此，争论从暴力转向了一种更微妙的胁迫手段——孤立。任何不愿意开庭的法官，任何拒绝在未贴印花的文件上签发海关通行证的海关人员，都可以被视为自由的敌人而避而远之。即使是那些刚毅不屈，足以在邻居敌对的沉默前坚守的人，最终也会耗尽食物和干净衣服。社区团结起来，一致行动，进行有力抵制，比起威胁拆掉官员们的房子，可能是较慢让他们合作的手段，但是从长远来看，这么做更加有效。[8]

因此，殖民地活动家得出的结论是，迫使英国议会承认他们的权利的最有效手段就是拒绝与英国本土进行贸易，直至令人不快的税收被取消。早在1764年8月，波士顿的商人们就考虑过自愿限制奢侈品进口，来抗议《北美关税法案》。同年秋，新英格兰的各家报纸将这一意见传播给更广泛的受众。1765年9月，商人们将意见转化为行动：他们决定拒绝对英国本土的消费品下订单，直至英国议会废除《印花税法案》。10月底，纽约"200多名主要商人"效法波士顿商人的做法，一致同意"除非废除《印花税法案》"，否则不会向他们在英国本土的往来商户下新的订单，在1766年1月1日之后，不会出售从英国本土运来的任何商品。11月，400多名费城商户以类似的条件，达成了一项禁止进口协定。[9]

这些抵制措施的策划者意图对英国本土经济中那些依赖殖民地贸易的部门造成极大的打击，乃至迫使英国本土的制造业主、商人和北美人一起要求废除《印花税法案》。如果英国本土的工人们因此失业，从而被驱使造成骚乱，那样就更好了。一个署名汉弗莱·普罗格约格的作者，以特有的精练笔法，在《波士顿公报》上评论道："宁愿让斯皮塔弗德的织布工去拆掉旧英格兰所有的房子，将那里所有的邪恶大人物的脑子都震出来，也比北美人会失去自由强。"[10]

汉弗莱·普罗格约格像一个卑微的乡下人一样，提出了自己的"政治"（Pollyticks）观点，"没读过多少书，不能像那些绅士一样在报纸上写出那样彬彬有礼的文字来"。[11]但是汉弗莱的创造者约翰·亚当斯完全不是这样一个无知之徒,30岁的他是名律师,拥有哈佛学位,野心及得上十几个普通人之和。他是布伦特里一个农场主的儿子,毕业(1754届)后,浪掷了两年光阴,才在法律界找到工作。此后,他偶尔会自我怀疑,但从不缺少成功。然而,当事业蓬勃发展和声誉让自己欢悦的同时,他本质上并不像一个大律师,更像个政论家,《印花税法案》的争议吊起了他发表和出版作品的胃口。1765年,他连珠炮般在《波士顿公报》发表了大量作品,从署名普罗格约格并夹杂有大量方言的信件到一系列论述英国人自由和自然权利的匿名学术性文章。他将后一类作品误导性地加上了"论教规和封建法律"的标题。

不过,除了编写布伦特里镇民会议给当地在马萨诸塞议会代表的指示,亚当斯仍然克制住自己,没有直接参与政治。和他的堂兄塞缪尔不同,他更热衷和偏好成为评论家,而非组织者。然而,他相对超然的态度,加深了他对新近发生的诸多大事非同寻常的性质的领悟。12月,一场持续三天的强东北风,让他得以闲坐在自己在布伦特里的农场的火炉旁,与他刚刚结婚一年的妻子阿比盖尔,还有他们的小女儿娜比为伴,慎重反思这场《印花税法案》危机。他若有所思:

> 1765年已经成为我一生中最为重要的一年。由英国议会制造出来的摧毁北美所有权利和自由的巨大引擎,我指的是《印花税法案》,已经生发出一种在我们心中潜藏已久的被称为荣誉的精神,并在整个大陆传播开来,为我们的子子孙孙世代相传。在每一个殖民地……印花分销专员和督查人员,面对难以平息的民愤,被迫放弃他们的职务。各地普遍民怨沸腾,以至于每一个敢于为支持印花税而发声的人,……无论他以前的能力和美德多么受人尊敬,无论他的财富、人脉和影响力有多大,都遭受普遍的鄙视和侮辱。
>
> 民众,甚至是处于最底层的人,都变得比以往任何时候都更加关注、更加好奇、更有决心捍卫自己的自由。在这一年里,在几个殖民地树立起无数智慧、幽默、理智、学问、精神、爱国主义和英雄主义

的丰碑。我们的报刊在发声，我们的讲坛在鸣响，我们的立法机构已经通过决议，我们的城镇已经投票表决。每个地方的王国政府官员都在颤抖，附庸于他们的所有小吏和奴才，都不敢说话，耻于见人。"[12]

亚当斯感觉到，并在接下去的几个星期频繁诉诸笔端的是，一种新的政治局面正在北美各殖民地出现。他惊讶地发现，"在《印花税法案》被废除之前"，北美人"一致决定对每一个印花税官员和每一个倾向该法案的人，保持极端蔑视和厌恶的态度。他们不会与这样的人保持任何联系，除了谴责他卑鄙，甚至都不与他说话"；"自由精神在每个地方都大获全胜"；"这样的团结一致在北美前所未见"；"在与法国人和印第安人进行战争期间，从未产生过这样的团结"。亚当斯惊叹的这种政治是前所未有的政治局面，实际上每一个人都参与其中：不仅仅是精英人物，"全体民众，甚至包括最下层的人"。[13]

阿比盖尔至少在智力上与约翰相当，很有可能再加上他没有想到的一个类别——女性。她们同样站在人群之中，目睹模拟肖像被处绞刑，即使她们没有与成年男子和少年一同去拆毁房屋，也很难想象她们不在要求印花税分销专员辞职的大合唱中发出自己的呐喊。"自由之子"含蓄地承认，女性在他们制定抵制策略时的重要性。如果对王家官员的孤立不能普遍化的话，这一招永远不会奏效，除非提供基本家政服务和供应食品的妇女也同意参加，否则永远都不可能做到这一点。同样，除非妇女——英国纺织品和其他工业制品的主要消费者——愿意放弃这些东西，增加自己的负担，去生产家织纱线和土布来替代抵制的商品，进口抵制运动根本就不会有成功的希望。即使这些事实的重要意义仍不为像亚当斯这样的男人所理解，他们仍然不知道该如何从政治角度看待妇女的作用，但这些事实本身的重要性不会减弱，妇女本身也不会回避这些事实。[14]

的确，当1765年在动荡中走向结束时，几乎每一个人都知道正在发生惊人的变化，但是还没有一个人理解这些变化的重要意义。由于英国在七年战争中取得了划时代的胜利，北美各殖民地与宗主国之间原本就会发生非常多的动乱，这只使两者之间的关系更加扑朔迷离。按照北美殖民地居民的理解，为了他们的帝国的利益，他们去战斗，做出了牺牲。令他们感到困惑的是，任何一个不是无赖的政客，怎能否认殖民地贡献的人力和财力使英国能够征服加拿大和西印度群岛？除了恶棍，还有谁会要求北美人为征服这些地方支付两次费用——一次在战争期间用血汗和财富支付，后来还要再一次通过缴税支付？

当然，这完全是一个视角的问题。10 年前，在七年战争的惨淡初期，当时英国军官们试图像对待臣民那样对待殖民地居民，他们及其议会由于害怕失去特权，以及他们的选民身为英国人的各种权利会被侵犯，犹豫不决。威廉·皮特通过将北美各殖民地当作一个个小号的普鲁士般对待，按照它们各自对战争努力的贡献，给予成比例的财政津贴，从而打破了僵局。殖民地居民自认不是雇佣兵，而是爱国者，志愿参加赢得一个大帝国的战争，在这样的心态支配下，他们认为这些财政津贴理所当然，因为他们相信为了这项事业贡献生命和劳力，是在履行必须承担的所有义务，这是他们身为臣民必须要为国王效力的。但是在战争结束时，乔治·格伦维尔想到了其他义务，对于英国与其臣民之间的契约关系，也另有看法。他身为第一财政大臣的职责，是去履行国王陛下对人民和金融机构的债务。人民和这些机构向国王陛下及其政府提供了进行战争所需的资金。同布拉多克和劳登一样，格伦维尔正是将殖民地居民视为英国的臣民，那么他们对于国家的责任是缴纳税款，而不是拿起武器。

但是，像约翰·亚当斯这样的殖民地居民无法弄明白的是，北美人怎么能在皮特的战争努力期间是一种臣民，而在乔治·格伦维尔改革战后帝国期间又成为另一种臣民了。唯一合理的解释似乎就是 1755—1757 年的高压政策死灰复燃，他们正在被剥夺身为英国人的权利。但真相是格伦维尔和他的改革派同僚真的在像对待英国人那样对待殖民地居民：认为殖民地居民是一个主权国家的臣民，而非盟友。而殖民地居民对臣民身份的喜爱，正像他们所了解的一样少。

在 1765 年，就像 1755 年一样，大多数北美人将他们在英国人手中受到的待遇当成一种纯粹的凌辱，决心抵制。但事实是七年战争的结束已经改变了每一件事。不再有军事上的迫切需要，促使内阁诸大臣对于提出根据主权要求的主从关系犹豫不决；殖民地居民也不会停止阐述他们抵制的理由。但是在 1755—1757 年，各殖民地议会的政治家通过传统的不顺从和阴郁手段抵制，而在 1765 年殖民地的政治家不再能有效控制局面。示威和骚乱比人们记忆中的任何一次都要激烈，打破了殖民地政治的外壳，这一外壳因战争和经济萧条，以及帝国改革过程中各种未能达到预期目的的努力变得十分易碎。这种在外壳内部激荡的形态——一种刚开始成形的政治，对北美各殖民地与英国之间的关系提出质疑，在成形的过程中需要普通男子，甚至女子的参与——仍然若隐若现，不可知，而且令人害怕。这种政治形式无论是会出现并摧毁帝国本身，还是能让那些曾经控制殖民政府的人以某种方式制服它，都完全取决于一个未经考验的英国新内阁。1766 年新年伊始，不论是在威斯敏斯特还是马萨诸塞的布伦特里，没有人知道格伦维尔的继任者是通过废除《印花税法案》来解决危机，还是通过向北美派遣军队以维护议会至高无上的地位来执行这一法案。

1765 年的最后一天，风和日丽，约翰·亚当斯在布伦特里的田野里散步，看着在他那片毒芹沼泽里生长的枫树幼苗。他在思考英国人"试图控制"北美各殖民地时"犯下了多么可悲的错误"，因为"他们不了解北美人的性格"。第二天，天气有变，他留在家中，想用茶、聊天和阅读，对抗突然造访的"严寒"。傍晚，他坐在日记本前，深思"大雪将至的前景"，写道，一个"怀有比历年更大期望"的新年，"就要过去了。今年会给英属北美各殖民地带来毁灭或救赎。整个北美的视线都聚焦于英国议会。总之，英国和北美正彼此注视——他们将越来越多地在某个时候这样互相注视"。

亚当斯以律师的精准风格，在页面上写下了几个核心问题："第一，根据公理或者政策，北美是否应当为上一场驱逐法国的战争中花费的任何部分再度出资？第二，为了保卫英国人的种植园，有没有必要在北美保留一支军队？第三，根据衡平法原则，英国议会能对我们征税吗？"在对证据和权威著作，包括托马斯·哈钦森所著的《马萨诸塞湾区殖民地史》（*History of the Colony and Province of the Massachusetts-Bay*）仔细斟酌后，他得出了结论，事实上"北美各殖民地以前在这里和英国本土，都被当作盟友，而不是臣属考虑。在北美最初的定居，肯定不是国家行为，不是全民族的行为，也不是英国议会的行为。这个最初的定居点也不是国家花费建立的。无论英国的人民，还是他们的议员，都没有为最初在北美的殖民定居贡献过任何东西。定居点也不是在属于英国人民或者王国的领土上建立的"。从历史角度看，他得出的结论是北美各殖民地的主张拥有有力的证据。但是亚当斯也知道相关问题永远不会由法律诉状和历史性论据来决定，他以一段更阴暗的文字结束了这段记录："由私人信件透露，据说在纽约，大人物对北美的动乱极为恼火，决心强制执行《印花税法案》。然而，这群急躁的人需要好运才能强制执行该法案。他们将会遇到一场难度比征服加拿大和路易斯安那更大的战争。"[15]

第十部分

帝国可否存留？

1766 年

坎伯兰公爵在英国政治舞台上的最后一幕，留下他的追随者去设法找出帝国统治危机的解决方法。罗金厄姆政府找到不牺牲英国议会主权主张的退路：《宣示法案》和废除《印花税法案》的微妙政治局面。北美人在未能完全理解废除程度的情况下就做出反应，只会具体化对帝国关系的不同理解。帝国在北美空心化，以及军队充当一种权力工具的不足之处。

第 71 章

废除《印花税法案》

1766 年 1—3 月

1765 年 7 月，当弗吉尼亚相关决议的报告到达伦敦时，英王陛下政府的领导人反应相当平静。根据福基尔副总督的叙述，在北美殖民地引发民众普遍反对《印花税法案》的事件，似乎无关紧要：弗吉尼亚殖民地下议院对一个莽夫的雄辩做出了暂时的多数票回应，它造成的损害很快会被消除。这些事情只需要得到贸易委员会的例行关注，而且内阁在 8 月 30 日的一次会议上只注意到了福基尔的报告。然而，10 月初，当更多险恶的消息——皇家官员由于自己的性命受到威胁而辞职，他们的房屋遭到掠夺，档案记录被毁，多个城镇落入抗议群众手中——开始从新英格兰传来时，内阁诸大臣的反应就不能如此漫不经心了。

内阁诸大臣对该做什么事也没能达成一致意见。一些人赞成立即对北美殖民地的事态采取强硬手段回应，同时另一些人觉得与《印花税法案》相比，殖民地居民所犯的错误还小一些，但是大多数大臣只是不知所措。那些权力最大的官员，即第一财政大臣与南方部和北方部的两位国务大臣，对殖民地既没有独特的看法，也没有积极地希望将英国的帝国方针转入对抗性略小的渠道。只有他们的恩主，更加确信这些问题利害攸关，考虑意见时毫不迟疑。卡洛登战役的胜利者（坎伯兰公爵）在动用军事力量为国家服务方面，从不会迟疑，对殖民地的流氓行径可以被允许左右帝国政策的想法嗤之以鼻。在波士顿暴力示威的第一则消息到达的那一刻起，他就没有给同僚留下怀疑他决心的空间。

因此，10 月 13 日，在坎伯兰公爵主持的内阁会议上，甚至连最公开亲北美的大臣、南方部国务大臣亨利·西摩·康韦的态度也变得强硬起来。

康韦曾是极少数在巴雷中校批评《印花税法案》时站在他一边的英国下议院议员之一，然而 13 日的会议过后，他起草了一份致北美各殖民地总督的公函，甚至连最为鹰派的内阁成员，即议会上院大法官、初代诺辛顿伯爵罗伯特·亨利都对这份公函表示满意。康韦写道，各北美殖民地总督可用一切必要的手段强制执行法律；盖奇将军已得到命令，只要总督们要求动用武力，就去支持他们。当更加令人痛心的报告从北美殖民地到达时，坎伯兰于 10 月 31 日夜间召集内阁在他的宅邸开会，决定下一步采取什么样的行动——想必是派遣军队——才是维护大不列颠在北美权威的必要手段。他显然打算给任何犹豫不决的大臣再服一剂提神药。[1]

然而，中风或者心脏病发作，导致坎伯兰公爵在 31 日晚饭过后不久，在他能召开会议，甚至品尝他的波尔图葡萄酒之前去世了，这改变了一切。突然间，一群以前以依附坎伯兰为唯一特质的大臣们，发现自己处于群龙无首、没有方向、没有可信度的境地。而且，最糟糕的是，他们不能保证得到国王的支持。那样一位要人的死亡，无论如何都会要求暂停决策，直至理清权力和人事任免权的关系，由此引发了一场政治危机，因为一群经验不足的大臣为确定各自的位次而挣扎，他们还要明确规定一项能够在北美各殖民地恢复和平，同时又不放弃英国对这些殖民地的主权的行动计划。这些事情做起来并不容易，他们要用几个月的时间，才能实现自己的目标。

坎伯兰死后，罗金厄姆内阁仓促纠合的一群不入流的政客，在 1765 年 11 月 1 日《印花税法案》原本应当生效的这一天，面临一堆麻烦。其中，由英国的政局和北美各殖民地的混乱局面造成的最为严峻的麻烦一样多。事实上，令人印象最深刻的一些困难，是由第一财政大臣和本届政府默认的领导人罗金厄姆侯爵本人的性格和个性造成的。35 岁的罗金厄姆是一名非常富有，且有深厚人脉资源的约克郡地主。他的财富、在地方上的声望，以及与老辉格党人的紧密联系，让他成为最可能继承纽卡斯尔政治衣钵的人。两种个人素质也是这一前景的好兆头。罗金厄姆拥有一种特殊能力，能让比自己更优秀的人才成为他的盟友或附属者：例如，就在他刚刚就任第一财政大臣时，曾成功聘请18世纪最机智的政治思想家埃德蒙·伯克出任他的私人秘书和他党派的"事务负责人"。他还享有正直的名声，这是一个因其相对稀缺而变得宝贵的优点。

然而，罗金厄姆也许是因为财富、诚实和和蔼可亲的性格，从而使自己避免受到野心的支配；他也懒惰、心不在焉，而且总是迟到。他对自己的政治判断力缺乏信心，几乎不惜任何代价避免公开演讲，这对一名议会领袖来说是两个可怕的障碍。他无法（或不愿意）掩盖这样一个事实：他对自己的庄园、赛马场和民众赞誉的喜爱，远远超过诸如管理议会、壮大自己的党派和执掌政权的"肮脏业务"。像这样的偏好和习惯，使他在野时能够成为一名政治奇人，却导致他并不适合领导一个政府，以至于认识他的人都以为他的内阁顶多只能坚持几个月。[2]

没有人比罗金厄姆的两位南北国务大臣更清楚他的局限性了。格拉夫顿公爵和亨利·康韦都尊崇"伟大的下院议员"威廉·皮特，渴望他能来领导内阁；罗金厄姆本人至少在一开始对此表示强烈赞同。但是，皮特不屑于他们的提议，一如既往地拒绝领导内阁，除非按照他自己的条件。这意味着他只在国王的直接要求下才会出任这一职务，此外他对任何党派都没有义务。几周过去了，内阁诸大臣一直在等待他给出一些迹象，哪怕只是表示听见他们的呼吁。1766年1月，当他终于屈尊回应时，条件被刻意弄得非常离谱：纽卡斯尔公爵是此时握有内阁职务的唯一一个杰出人物，他将不得不被免职，这样皮特才能接任掌玺大臣一职；罗金厄姆则不得不辞去第一财政大臣一职，以便皮特的内兄坦普尔伯爵接任。[3] 罗金厄姆觉得受到了冒犯，中断了交涉，但格拉夫顿和康韦还是希望能设法让皮特入阁。于是，这届一开始比较软弱的政府很快就在内部发生了分裂，因为两位主要行政官对应当是他们领袖的那个人表现出了不忠诚的态度。[4]

值得注意的是，当内阁诸大臣努力招募英国最乖僻的反对派政治家时，他们却忽略了向所谓的国王之友（通常为大臣们提供最可靠支持的议会团体）示好。这些退休人员、教士、军官、苏格兰人和占据各种职位的人在下议院大概有120票，在上议院大约占60票。在一般情况下，他们会支持内阁愿意采取的任何立场。但由于很多国王之友也是比特伯爵的朋友，1762年年底，在"无辜的佩勒姆党人屠杀"中，后者将驱逐纽卡斯尔公爵的支持者之后空出的职务给了这些朋友，所以新任诸大臣拒绝和他们打任何交道。[5]

这在一定程度上反映了诸大臣不愿意与比特修好，许多人仍将他视为英国最危险的人，但是从根本上说，罗金厄姆内阁与国王之友的问题纯粹是心理上的。这时对国王陛下的政府负责的这些人，在就职前除了是反对派，什么都不知道，一旦就职，他们发现除了以反对派政治家的方式，不可以其他方式去思考怎样影响国家大事。他们没有去求助权力和资助方面的杠杆，而是从以前就一直能寻到支持的来源求助：中产阶级的普遍看法、嘈杂的报刊、伦敦金融城和大商人。这样一来，一个软弱、领导不善、内部分裂的内阁就失去了议会中唯一有保证的最大集团的选票，转而将自己的利益与正常行使权力相对抗的力量结合起来。内阁之所以这样做是因为它试图解决一场危机，而这场危机却似乎每过一周，就更有可能将帝国拖入内战。那么，不足为奇的是，几乎在轻率的罗金厄姆接掌大权的同一刻起，人们就能发现查尔斯·汤曾德和他那些野心勃勃的同伴弹冠相庆，已开始期待自己掌权那天的庆祝盛宴。[6]

他们有充分的理由这样做。11月和12月，从北美而来的各种报告写得很清楚的是，北美的骚乱如梦魇般复杂，用军事手段解决这些骚乱不太容易。因此，更多的是出于必要性，而不是原则问题，坎伯兰公爵前门生之中的头面人物，放弃了恩主优先倾向的应对方法。罗金厄姆可能是第一个领会到英国在北美面临的不是一场危机，而是一系列只有调解才能解决的相互关联的问题的人。1765年11月的一系列会议——在会上，按照以往惯常的做法，罗金厄姆既没有咨询英国贸易委员会的成员，也没有和其他具备殖民地专业知识的政府官员商量，而是向与北美交易的伦敦最富裕的商人问计——让他确信，根据经济、政治和体制上依次递减的紧迫性，这些问题是能够被理解的，它们也可以根据这个次序来解决。1765年12月和1766年1月——再次按照以往惯常的做法，不在内阁会议上，而是在一系列餐会和非正式聚会上，他邀请格拉夫顿、康韦和内阁内外的其他人士参加——罗金厄姆开始讨论他的政府可以遵循的政策和策略，设法先去解决危机，然后开始沿着对抗性弱一些的路线重组帝国的各种关系。

当然，最初的一系列相互关联的问题，都以《印花税法案》本身为核心：一项不起作用的法律，实际上只是一把插在帝国心脏的匕首。殖民地居民以实质上的团结一致，促使这一法案无效，这种做法极其严重地扰乱了伦敦大商人的贸易。这些商人随着事态的发展变得越发焦虑，而罗金厄姆倚重他们的意见。自从战争结束以来，一直困扰着他们的贸易萧条更是越发严重，交易额一落千丈，他们的北美关联商户仍然欠他们大笔钱款。如果殖民地的商务或者至少正规的殖民地债务收款，不能尽快恢复，金融灾难就会接踵而至。除非殖民地居民开始再度消费英国的工业制成品，否则在依靠殖民地市场养活的产业里工作的工人——尤其是罗金厄姆的家乡约克郡的纺织厂工人——将会失业。由于斯皮塔弗德最近的骚乱证明了产业工人失业和社会动荡之间的密切关系，北美人拒绝进口英国本土的商品，形成了一种比少数大商人最近的银行结余数字更大的威胁。因此，在这个最基本的分析层面上，罗金厄姆开始意识到，《印花税法案》的经济层面为设法将其废除提供了最合适的理由。11月28日，在一份写给他本人的备忘录里，罗金厄姆提到在行将到来的议会会议上，有必要"避免讨论《印花税法案》"，直至在"商业背景中对北美的考虑能够……被提交"，且英国议会的议员明白"与北美的贸易……对宗主国的重要意义"。[7]

然而，《印花税法案》不仅是帝国经济的沉重负担，还是一个亟待解决的政治问题。无论北美人意识到与否，他们的抗议导致该法案无法执行，其实这否定了英国议会对北美各殖民地的主权。因此，需要恢复英国议会的权威，而且要快。坎伯兰生前本能地把握住了这个问题，英国议会上下两院的议员内心同样明白这一点。但是罗金厄姆与陆军大臣巴林顿、康韦商量了这件事，这两人都和盖奇将军有联系，他们使盖奇相信，武力不能恢复英国议会的统治。驻北美英军的位置不利，不能强行恢复秩序，也缺乏这样做的实力。国王陛下的军队在战争结束时因疾病造成的可怕损失，庞蒂亚克战争中数百人的伤亡，长期缺乏资金和补充兵员，以及在北美征兵的重重困难，使其日渐空洞化，这让他们除了自卫，几乎没有更大的用处。最后,虚弱到如此地步的驻北美英军,大部分营级单位仍然分散在各占领区。在新英格兰,夏末骚乱开始的地方,也是反抗《印花税法案》最为激烈的地方,根本就没有英军。纽约市在该法案即将生效时,只有一支规模不大的守备部队。而12月到达英国的报告则证明,这些部队的存在非但不足以维持秩序,反而激起了北美最为严重的骚乱。

这一切似乎还不够,《北美驻军法案》又引发了一个极为严重的麻烦。在殖民地居民看来,这简直是另一项向他们征税和奴役他们的法案;而在盖奇眼中,该法案为他安排部队在私人住宅住宿设置了不可逾越的障碍,因此要使用私人住宅就会产生最大限度的强制效应。罗金厄姆认为,这项对英国议会主权的声张,由此只会成为一个主张而已。他明白在英国缺乏刀剑来赋予诺言以实质意义,会冒什么样的风险。但他的商人导师向他保证,一旦废除《印花税法案》,北美人就会重开贸易,而盖奇的报告又说服他,任何使用武力的企图,都会造成军队无法镇压的叛乱。在没有其他选择的情况下,不得不用诺言满足北美人。

除了北美和帝国之间这些最为迫切的问题,各种磋商最终使得罗金厄姆深信,战后改革帝国治理的每一次努力都只会恶化紧张局势,减少贸易。《北美货币法案》疏远了弗吉尼亚人,他们之后成为反对《印花税法案》的主要煽动者,而且《印花税法案》扰乱了新英格兰以南的其他殖民地,在引发经济焦虑和阶级对立的同时,群众的愤怒也被煽动起来。同样,《北美关税法案》没有产生任何可观的财政收入,只是在殖民地的商人群体中成功造成了对于英国权威的反对。该法案复杂的海关条款激怒了船主、沿海贸易商人和他们在北美所有重要港口的众多工匠盟友,促使他们参与新出现的不进口运动。[8]

这些潜在问题在战后萧条期就像野草一样疯狂生长起来,以至于《印花税法案》的废除都不能根除这些问题。一旦保证废除这项法案,这些问题几乎肯定会变得大到足以让殖民地放弃善意的地步。为了处理这些问题,罗金厄姆以惯常的混乱方式,再度听取了他那些商人朋友的建议,他开始考虑采取措施废除《北美货币法案》,削减帝国内部的贸易规则,修改《北美关税法案》,对外国糖蜜收取低关税,通过开放与西班牙和法属加勒比地区的合法贸易途径，增加可用于流通的银币数量。然而，他知道所有这类努力，将不得不等待《印花税法案》危机的各种经济和政治问题解决后进行。甚至在1766年1月初，到底如何解决这场危机，仍不明朗。[9]

在1766年最初几周，当英国议会准备在圣诞节休会后重开时，罗金厄姆终于得出结论，废除《印花税法案》势在必行。格拉夫顿和康韦也都同意这一做法。不过，罗金厄姆仍然不能将自己的观点确立为政策，他也知道几位同僚——尤其是王室的主要法律官员，即议会上院大法官诺辛顿和检察总长查尔斯·约克——坚决支持强制执行，而非调解。罗金厄姆

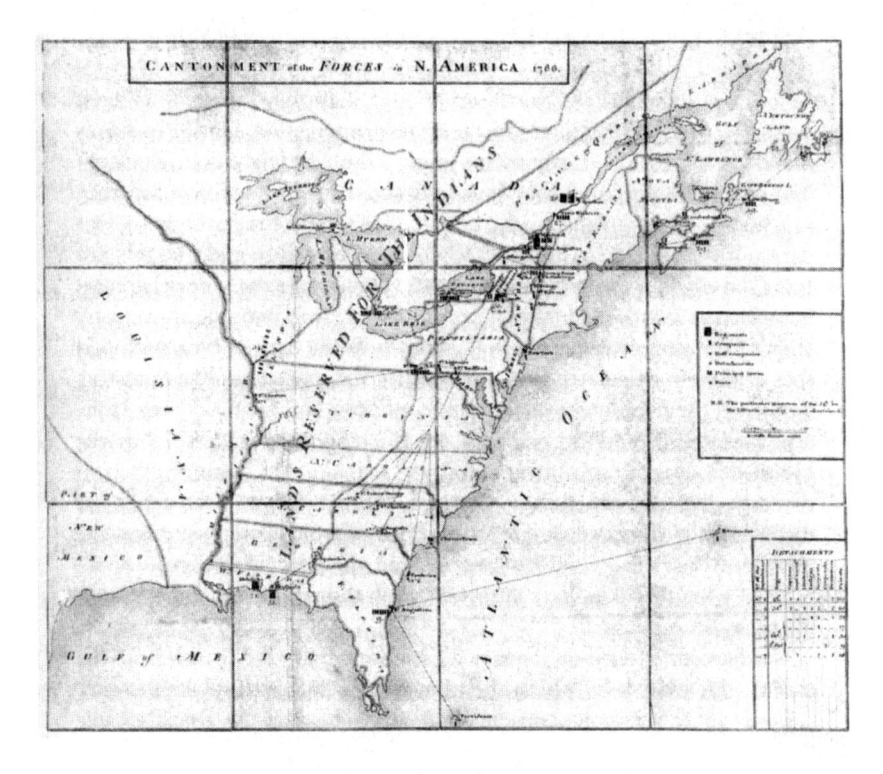

图71.1 《1766年，驻北美英军各部的宿营地》。这张地图描绘了1766年1月英国正规军各单位的分布情况，说明了英国在处理《印花税法案》引发的骚乱时的困境：几乎所有的盖奇部队仍在加拿大、佛罗里达，而且都在1763年《宣言》的界线之外。在最需要英军的地方，只有少数兵力可用（承蒙密歇根大学的威廉·克莱门茨图书馆提供图片）。

一心希望自己可以完全避免去制定政策，更不用说为帝国的长远未来绘制蓝图了，直到皮特最终为加入政府提了几个不可能被接受的要求。一直到1月11日，他才决定停止与皮特谈判，这时离英国议会召开仅剩短短3天。因此，虽然这个犹豫不决的侯爵终于让自己极其清楚地认识到了这些问题，但他的内阁还是如以往一样被蒙在鼓里，既没有公开阐明目标，也没有任何内部共识。在1月的辩论中，内阁的策略逐渐在混乱和恐慌中浮出水面，这与其说取决于罗金厄姆在上议院的领导地位或康韦管理下议院的能力，不如说取决于两个不确定的因素：威廉·皮特的演说能力和商人群体的行动。皮特恶名昭彰和商人对私利的追求，共同推动了政府朝着罗金厄姆认可的方向前进，尽管他觉得不可能公开这么说。[10]

英国议会在1月14日复会，一如既往以国王的演讲开始，君主（理论上）和内阁（实际上）通过这一讲话来安排会议的议程。这一次，因为罗金厄姆内阁还没有就他们的政策达成一致意见，国王仅要求下议院以某种程度上既符合"英国立法机关的权威"，又与"全体人民的福祉和繁荣"相一致的方式，去解决《印花税法案》危机。如此宽泛的委托，允许下议院议员按照自己的意愿去解释国王的愿望。回应国王时，格伦维尔的反对派系和国王之友中的多位发言人，呼吁强制执行《印花税法案》。他们坚持主张，这项法案不再是一个税收问题，而是权力问题。北美殖民地居民拒不承认英国议会的合法权威，那么这种权威必须得到坚决维护，不计代价。一位发言人怒吼道："一颗认可权威的胡椒籽，要比权威得不到承认的百万巨款更有价值。"在这场众口一词的大合唱中，只有一位发言人，即皮特的次要盟友之一，呼吁废除该法案。在财政部的席位上，康韦及其同僚坐立不安，沉默不语。然后，威廉·皮特站起身来，进行了一次长篇演说，在演说中他清楚地阐述了——直到那个神秘的时刻——自己的看法。[11]

皮特宣布他只为自己演讲，而不是为了一个他不信任的内阁（"信任是老人心中一株生长缓慢的植物"），皮特断言因为"北美人是英格兰名正言顺的子嗣，不是私生子"，他们应当从自己的宗主国得到荣耀的待遇，而非虐待。他继续说道，英国议会对北美各殖民地的主权肯定是完整的，但是就此认为主权给予英国议会向殖民地居民征收"内部"或直接税的权力则是荒谬的。税收是平民的免费赠予，北美的平民如果默许政府最近的拙劣暴政，就将"沦为奴隶"。格伦维尔曾试图用来证明征用殖民地居民财产正确性的"实质性代表"的说法，是最站不住脚的理由，"是人类头脑中出现过的最可鄙的想法"。他总结道，《印花税法案》"是一项荒谬的政策，理应完全彻底地废除"。[12]

康韦发现自己与偶像站在同一边，因而如释重负，站起身来代表皮特指称的他不能信任的内阁，向他致谢。"伟大的下院议员"对康韦，无疑就像犀牛对食虱鸟那样重视，当他感谢康韦的致谢时，脸上还闪现了微笑，但无论是何种微笑，都随着乔治·格伦维尔起身嘲笑皮特对内部和外部课税进行区分的说法，消失了。格伦维尔宣称，《印花税法案》完全符合英国议会的主权。至于殖民地居民：

> 他们处于公然造反的边缘。如果我今天听到的声明（皮特对内部和外部课税进行区分）得到确认，我担心他们将不再是叛乱者，而是革命者。他们的政府正在瓦解，一场革命将在北美发生。我不能理解外部课税和内部课税之间的差别……这个王国拥有主权，对北美的最高立法权力，也是得到承认的。主权不能被否认；而且课税权是主权权力的一部分……保护与服从是相辅相成的。大不列颠保护北美；北美注定要服从权威。如果不是这样，告诉我北美人何时不受主权约束了？……这个国家为了给予北美人保护，已经陷入巨债之中；如今要求他们为公共支出贡献一小部分，这笔支出是由于他们自己产生的，他们却否认权威，侮辱官员，而且我几乎可以说，爆发了公然反叛。[13]

皮特已经发过言，根据英国下议院的规则，应该是不能回应格伦维尔的。但是他的内兄触动了他的神经，促使他在会场"'继续！继续！'的回声"响起时，将辩论的规则撇在一边。（"我不是要二次发言。我只是要结束我之前的发言。"）皮特以他职业生涯最伟大的即兴演讲答辩道：

这位绅士告诉我们，北美难以控制，几乎是在公开叛乱了。我乐于见到北美抵抗。如果300万人对所有自由的情感麻木不仁，同时自发地屈服，沦为奴隶，他们将成为逼迫其他人成为奴隶的合适工具。我来到这里，没有全副武装，也没有带着法律案例、议会法案和页脚卷起来的法令全书，试图加倍努力去捍卫自由事业：如果我这样做，……我就……会说明，即使在从前的专制君主统治下，英国议会也耻于向一群未经其同意的人课税，并且允许他们的代表……

我不是北美的谄媚者，我站起来是为了这个王国。我坚持认为，英国议会有权去约束和限制北美。我们对北美各殖民地的立法权是至高无上的。当这种权力不再至高无上时，我会建议每一位绅士，如果可以的话，卖掉土地，乘船前往那个地方。当两个地方像英国和它的殖民地那样联系到一起，却没有合并时，其中一个必然会统治另一个；强大的必须统治较为弱小的；但要这样去管理它，以免违背双方共有的基本原则。如果那位绅士不理解外部课税与内部课税之间的差异，我帮不了他。但是，为了取得一项财政收入征收的税款，与为了贸易管理和臣民的便利征收的关税之间，有明显的差异，尽管就结果而言，有些财政收入可能来自后一种情况。

这位绅士问道，北美各殖民地何时不受约束了？但是我想知道他们何时沦为奴隶了……我敢肯定大不列颠从对各殖民地的贸易之中，通过所有的项目，每年获利200万英镑。这就是支持你们成功度过上一场战争的资金。60年前以2000英镑出租的地产，如今以3000英镑出租。当时，那些出售的地产的出让年限是15到18年；如今，同样地产的出让年限是30年。你们应将这归功于北美，这是北美为它获得的保护付出的代价。难道一个卑鄙的金融家可以来这里吹嘘，他可以将一份胡椒籽纳入国库，给国家带来数百万的损失？……

在权力问题之外，有关北美的兵力问题已经说了很多。这是一个理应谨慎涉及的话题。以一个正当的理由，在一个可靠的基础之上，这个国家的军队能够将北美粉碎成齑粉。我知道你们的部队英勇善战；我也知道你们的军官技艺娴熟……但是以此为基础，以《印花税法案》为理由，在此间许多人会认为这样做极不公平时，我会举起双手反对动武。

由于这样的理由，你们的胜利将岌岌可危。北美如果倒下，会像一个强壮的人摔倒一样。它会抱着这个国家的台柱，拉着宪制一同倒下。这是你们吹嘘的和平吗？不将剑插入鞘中，反而要插入你们同胞的肚肠里？……

北美人没有在所有的事情上都采取谨慎又和缓的态度。北美人遭受了不公正的对待。他们被不公平推向疯狂。你们会为你们引起的疯狂去惩罚他们吗？……

综上所述，请允许我向下议院陈述我的真实意见。那就是《印花税法案》应当被彻底、完全、立即废除；废除的理由是因为它建立在一个错误的原则之上。与此同时，以能够设想到的最坚决的措辞维护这个国家的主权，并且将其延伸到立法的每一个重要方面：我们可以约束他们的贸易，管制他们的工业生产，行使任何权力，除了未经他们的同意，就从他们的口袋里取钱。[14]

辩论非常激烈，但是皮特的演讲已经给予内阁以头绪和勇气，而且确实几乎批准了罗金厄姆已经决定但缺乏信心提出的立法策略。就像6年前的影响力巅峰期那样，皮特赢得了下议院最大、最倔强的团体——后座独立议员——的赞赏。此时，格伦维尔的派别、贝德福德的派系，还有国王和比特的朋友，可以高喊他们想要发出的任何抗议和责难；如果皮特能掌握独立派的支持，内阁将有机会废除《印花税法案》。于是，在接下来10天的一系列非正式会议中，罗金厄姆终于提出了自前一年11月以来一直都在考虑的路线。他的内阁将尽最大努力维护英国议会对北美的主权，然后会以经济上的权宜之计为由，力主废除《印花税法案》。

1月的最后一周，罗金厄姆为此要求那位强硬的检察总长查尔斯·约克，去制定一份英国议会至高无上的宣言，以使北美各殖民地的法律从属地位毋庸置疑。他还为了证明废除《印花税法案》是一项经济上的必要措施，求助于他的商人朋友，以获得支持。约克和商人都远远走在他的前头。从1765年12月底开始，检察总长就辩称，内阁是选择执行还是废除《印花税法案》，都需要首先确保英国议会批准谴责殖民地居民暴力行为的决议，明确宣布英国议会的主权，事实上，他已经确定以1719年《爱尔兰属地法案》为这一宣言的范本。同样从12月起，与北美进行贸易的伦敦商人中的领袖人物、前波士顿人巴洛·特雷克西克，已经领导了一次声势浩大的请愿活动，意图证实与北美贸易的糟糕状态，并用文件证明《印花税法案》对英国经济造成的损害。1766年1月底之前，伦敦的商人和独立小港，以及北方城市的制造商，向英国下议院发出不下24份请愿书，都指责《印花税法案》让他们陷入困境，并恳求政府给予救助。[15]

程序上，内阁的策略是在下议院召集一个全体委员会，讨论将在北美采取的各种措施。在战术上，这取决于不要努力去控制皮特（一种无论如何都不会有用的冒险），但除此之外要对议会的辩论保持最大可能的控制。罗金厄姆打算一开始就将讨论引向英国议会对北美各殖民地主权的声明，然后对《印花税法案》造成的经济机能障碍发动一次压倒性的攻击，只有到这个时候，他的政府才会以纯粹的务实理由，提议废除该法案。这个方案的效果取决于讲出英国下议院议员想听到的那些话，同时对北美各殖民地的要求采取行动，而且要假装这两者之间没有矛盾。为了达到这个目的，各殖民地本身的抗议必须被压制。因此，在所有递交英国议会的请愿书中，北美《印花税法案》大会的备忘录明显不在其列，因为内阁知道任何产自"非法会议"，并"质疑英国议会权力"的文件，哪怕是一份温和的文件，都太具爆炸性，以至于无法在公开会议上宣读，从而选择将它湮没。[16]

1月28日，英国下议院决定转为全体委员会，端坐整整三天，听取书记员高声朗读详细说明北美对《印花税法案》的反应的官方文件。31日，文件宣读完毕，下议院听取了4位目击证人的口头证词。这些人包括纽波特的马丁·霍华德，他讲述了一次骚乱，在那次骚乱中他的家宅被毁，他被迫在"锡格尼特"号军舰上避难；托马斯·詹姆斯少校，他证明在纽约用军事手段强制执行《印花税法案》的任何努力，都将引来2万抗议群众，而不是4000名左右，他们拆毁了他的房子，喝干了他的酒窖，还问他的部队有没有胆量开枪。英国议会上院单独举行会议，听取了相同的书面报告和口头证词。在议会两院，内阁发言人精心安排证据和问询目击证人的问题。通过这样的准备，在罗金厄姆确信国王会赞成废除该法案之后，政府提出了确认英国议会对各殖民地的最高权力，以及谴责殖民地混乱局面的决议。[17]

2月3日，康韦和格拉夫顿同时在英国下议院和上议院提出的第一项决议，后来成为《宣示法案》。该法案力主国王在英国议会"过去拥有，现在拥有，也理应拥有充分的权力和权威，制定具有足够效力和合法性的法律与法规，无论任何情况，都能约束北美各殖民地和民众"。上院对这一决议辩论了一整天，在夜间9点以125票对5票批准；下议院一直开到次日约凌晨3点，到那个时候他们才一致通过了这一决议。在上下两院，辩论都围绕"无论任何情况"的字眼是否明确了英国议会对殖民地居民直接征税的权力。虽然皮特和巴雷中校否认英国议会在下议院没有北美代表的情况下，拥有向北美课税的任何相应权力，延长了下议院的辩论，但在讨论时一目了然的事实是，几乎没有一个人赞同他们的观点。的确，拥有那个时代最杰出的法律头脑的人——议会上院的首席大法官曼斯菲尔德男爵威廉·默里，下议院的著名宪法评注专家威廉·布莱克斯通——一致同意英国议会的征税权不是建立在任何代表性原则，而是在其主权权力基础上的，否认了在税法和其他类型的立法之间存在任何区别。如果曾经有人怀疑英国议会上下两院就国王在议会中无懈可击、不可分割的主权达成的一致意见，2月3日的辩论应当已经消除了他们的疑虑。[18]

内阁将宣示性的决议稳妥地掌握在手中，接着提出了剩余的决议。在经过长时间，但基本上不太激烈的辩论后，这些决议分别以各种形式通过，大体上都在谴责北美的"混乱和暴动"，以及"在几个殖民地议会通过的激怒人民的投票表决和决议"；宣称那些由于暴动的结果蒙受苦难的人"理应由北美殖民地各自……给予他们完全充足的补偿"；保证英王陛下在北美的"本分忠诚的臣民"从此以后会"得到英国政府的保护"；并且对所有在"北美的动乱和暴力事件"中难以获得印花税票时，情非得已才破坏法律的忠诚殖民地居民，免予起诉。这些决议都是合理而无害的，确实比英国公共舆论支持的更温和一些。格伦维尔的确成功地修改了内阁提出的许多草案，以增加文字表达效果：多次小胜鼓励他在2月7日提出了一份最终决议——对内阁计划的直接挑战。当格伦维尔提出"呈上的是一份微不足道的文件，是我们（宣示性）的决议合乎逻辑的结果，表达了我们对北美发生的种种事件的愤怒和关注，并向国王保证，我们将会帮助他执行这个王国的法律"时，他其实是在呼吁对罗金厄姆内阁进行一次信任投票，试图扭转政策方向。这是他重掌权力的最高策略，他觉得"在如今人员和事情悬而未决的状态"下，他有合理的获胜机会。[19]

格伦维尔猜错了。随后的辩论清楚地说明，虽然许多议员没有被内阁打动，但各种证据和口头证词已经让他们相信强制执行《印花税法案》是不可能的。就连一如往常见风使舵的查尔斯·汤曾德，都发言反对执行该法案。一旦格伦维尔的表决方案以134票对274票失败，内阁前进的道路就最终畅通了。内阁反对派不再抱见证该法案被执行的希望，只剩下两个选择：要么设法推迟内阁废除该法案的动议，希望北美的一些新暴力行为影响英国的政策方向；要么尝试修改这项法案，保留其中一部分——可能"只对扑克牌和骰子贴印花征税"——作为一种象征性姿态，"去继续主张议会的权力"。因此，政府可以根据经济必要性的论据自由建构废除该法案的理由，这意味着要说服大多数下议院议员，《印花税法案》是影响大不列颠繁荣的障碍。2月11日起，这就是内阁通过听取商人和制造业主的请愿书，仔细询问目睹每一种问题的专家，想要去达到的目的。[20]

有26名证人到英国下议院接受调查：上院选择暂停其独立调查程序，等到下议院完成取证之后，再恢复审议。巴洛·特雷克西克是第一个，也是当时最重要的证人。特雷克西克可能是与北美进行通商贸易的最富有的商人，也是七年战争中一位重要的军事承包商。他来到下议院，以各种事实和数据为凭，在4个小时内表现极为出色。他证实，英国本土与北美的贸易额甚至超过皮特说的每年200万英镑。300万英镑更加接近。其意义重大，因为英国本土与世界其他地方的贸易正在衰退，但是对北美贸易的额度——在《印花税法案》颁行之前——持续增长，规模变得更加庞大。

可是这时所有与北美殖民地的贸易都停滞了，而法院程序的中断使任何英国商人都不可能从他的北美债务人那里收到一个便士的欠款。特雷克西克称，涉及的欠款金额巨大。他的计算表明伦敦商人持有的北美债权总额达到几乎 300 万英镑，如果包括独立小港的商人的北美债权的话，总数会达到大约 445 万英镑。

这些数字是特雷克西克最为重要的证据，不过他也通过解释《印花税法案》到底会对北美各殖民地的经济产生怎样的影响，帮助下议院议员更清楚地理解殖民地居民的抗议。他说道，收取的税金确实不会离开北美，因为这笔钱被用来维持驻扎在那里的部队，但是北美土地广袤，英王陛下的军队并没有均匀地分布在北美各处。许多税款会从新英格兰征收，那是一个正遭受严重经济衰退，现金匮乏的地区，税款将会被用于支付进驻加拿大和佛罗里达的部队的费用，那里能收到的税款极少。在最激烈反对《印花税法案》的殖民地之中，只有纽约和宾夕法尼亚最有可能从军费开支中，收回印花税将从流通货币中抽取的资金。因此，殖民地商人反对的不只是没有经过同意就征税这一点。他们也担心贵金属从他们铸币短缺的经济中流失，而且他们对被迫去促进主要由昔日的敌人居住的地区的繁荣感到不满。[21]

特雷克西克的证词娴熟老练，而且预先经过充分排练，预示着商人和各殖民地代表都会跟随他提出论据。他们纷纷拿出的账目证实了他的论点，即由于《印花税法案》阻止从北美各殖民地回收债款，英国大量民众失业，经济萧条程度加剧。根据个人的了解，他们已得知有成千上万的工人失业，预言还会有多达 10 万的工人可能会失去工作，那就只有上帝才知道救济贫困要花费多少钱，又要冒多大的社会动荡风险。他们不断重复道，重振英国经济的关键是恢复与北美的贸易，而不废除《印花税法案》，那是不可能办到的。只有作为内阁最后一位证人的本杰明·富兰克林，拒绝加入这种众口一词的大合唱。这位宾夕法尼亚在英国议会的代理人的证言，远远超出了先前那些证人的证词。他在一系列话题上冒险做出了自己的评判，尽管不是所有评判都会让内阁满意。[22]

富兰克林比他那个时代的其他任何人，都更能象征北美；他是科学家和公众人物,是伦敦也是世界上最为著名的北美殖民地居民。他的损失也比其他任何证人都大,因为他曾经严重失算殖民地对《印花税法案》的反应,还由于为约翰·休斯取得印花税票分销专员的任命,损害了他的政治派系在宾夕法尼亚的地位。因此,富兰克林不仅是以北美支持者的身份,还是以一个迫切需要修复自己在家乡声誉的人的身份发言。(有鉴于此,在议会厅边座出现了一名速记员,并且很快以小册子的形式出版了他的文字记录,这几乎不可能是巧合。)[23] 这个宾夕法尼亚人选择脱离内阁精心准备的台词,冒着巨大的风险,因为他将自己暴露在下议院反对派议员的火力之下,包括怀有敌意的格伦维尔。不过,他显然也在与他们斗智斗勇的过程中获得了乐趣。这位出现在英国议会的60岁老人,是北美声望最卓著的人士,当时他的政治前途岌岌可危,但是他应对议员的问询游刃有余,就像一个口袋里揣着一个荷兰盾,每条胳膊下夹着一个大大的甜面包圈,沿着费城的市场街踩着华尔兹的舞步一路而行的十来岁少年。

下议院一位反对派议员问道,如果北美不帮助支付保护自己的费用,英国为何应当保护北美呢?富兰克林答道,英国没有保护北美,是北美人在保护北美:"北美殖民地在上一场战争期间募集了将近2.5万人的部队,为他们提供衣物,支付薪水,耗资数以百万计。"可是英国议会慷慨地将费用偿还给北美了,不是吗?富兰克林说,不是特别多。补偿是非常必要的,但"这只是我们花费的很小一部分"。北美人会接受一部分印花税吗?不。另一种税收呢?"他们不会缴纳。"所以,他们什么也不会贡献?"他们的看法是当王国政府想得到帮助时,可以按照以往的惯例,由几个殖民地的议会向他们提出要求,他们将像一直以来所做的那样,自由地同意给予帮助。"假设英国议会拒绝废除《印花税法案》,相关争议仍然陷入僵局:北美人离开英国的工业制品,怎么能生活呢?"我不知道是北方殖民地进口的哪一种工业制品,但是他们离开它也能生活,或者可以自己制造。"在三年时间里,殖民地居民能够生产出足够的羊毛来制作他们需要的所有衣物;与此同时,他们可以缝补自己的旧衣服。那么,假设《印花税法案》被废除,北美人会接受一份英国议会主权的宣言吗?是的,富兰克林说道,只要英国议会不会像在爱尔兰那样努力强制执行这一主张。

富兰克林利用友好提问者提供的机会，用了较长时间来解释北美人的做法合理又公道，并与反对派你来我往，唇枪舌剑了一番，挡住了他们的猛攻。问答大约进行了 4 个小时。他一直在强调北美人满足自己需求的能力：实际上，就是独立于帝国管理的能力，他们与所依附的帝国之间此时只由感情纽带联结，而这种联结正迅速恶化。他总是在差一点断言北美人试图自己独立的关头适可而止。他暗示，只有英国议会，才能决定北美人是从反抗走向和解，还是从反抗走向更具决定性的某种局面。富兰克林在回应反对派关于"任何比军队弱小的力量"是否可以让北美各殖民地服从的要求时，提出了确凿的论点："我不明白该如何使用军事力量，才能达到这个目的。"这位问询者如同皮特一样确信英军能将北美粉碎成齑粉，于是回击道："为什么不能呢？"富兰克林十分冷静，直取问题的核心："假如一支军队被派往北美，他们会发现没有一个人能武装起来，那么接下去这支军队怎么办呢？他们不能强迫一个选择不去碰印花就做事的人去使用印花。军队不会在北美发现叛乱；实际上他们倒是可以制造一场叛乱。"

如果富兰克林的证词提升了他在家乡的声誉，却也给了反对派一个机会去抨击北美人"忘恩负义"。"我们为了他们流血战斗，去征服，甚至陷入自我毁灭的境地，"布里斯托尔的下议院议员，很快会成为贸易委员会主席的罗伯特·纽金特抱怨道，"现在他们来到这里，就在这座议事厅里，当着我们的面告诉我们，他们对我们没有义务！"然而，无论是富兰克林过于巧妙的表现，还是纽金特扯着嗓子对他的反击，抑或是后来反对派传唤进来调查的证人，都不能颠覆内阁已经制造出的印象。在听取了各种请愿以及专业人士的证词之后，2 月 21 日晚上，英国下议院正式讨论废除《印花税法案》时，反对派不能指望扭转已经形成的反对该法案占决定性多数的局面了。一如往常，各种演说十分冗长。但是在次日凌晨 1 点 45 分，下议院表决时，275 名下议院议员投票赞成废除《印花税法案》，167 名格伦维尔派、贝德福德派辉格党成员和国王之友议员仍然坚持投了反对票。[24]

此后，内阁只需将有关决议以《宣示法案》和《废除印花税法案》的形式提交，再启动相关动议机制予以颁布。尽管围绕它们还有更多的争论，主要是因为皮特坚持认为应当废除《印花税法案》的理由就是格伦维尔的愚蠢，但最终的结果是毋庸置疑的。3月4日，下议院以口头表决的方式通过了《宣示法案》，并以250票对122票的多数通过了《废除印花税法案》。在上议院进行了几天非同寻常的高质量辩论之后，据说，在那里人们感情上倾向于废除，而不是强制执行《印花税法案》。上议院于3月17日正式同意通过这两项法案。第二天，国王出席了上议院会议，对这两项法案予以认同。当钟声响起，群众在回声中欢呼时，国王乘坐四轮大马车从威斯特敏斯特返回王宫。[25]

第72章

帝国的空洞回响

1766年

在北美和英国，民众都举行了庆祝废除《印花税法案》的盛大游行，群情振奋，几乎不亚于《巴黎和约》缔结时的那些游行活动。3月18日，在伦敦，满载商人的50辆四轮马车一路游行到威斯敏斯特，向国王和议会上院的诸位爵爷致敬。教堂的钟声响了一整天，"夜里，全城的房屋都被照亮了"。泰晤士河上的商船打出了彩旗，立即准备动身前往北美各殖民地。两个月后，当这些商船带着废除《印花税法案》的消息抵达北美时，殖民地居民到处欢庆，举行纪念布道仪式，点起篝火，大摆宴席，在为健康的祝酒声中，在如释重负般的极度兴奋中，喝光了"许多桶啤酒"。各殖民地议会下令印刷和免费分发宣传册，向每一个可能还没有从别人的口中得知此事的人宣告这个消息；议员纷纷发表演讲，各议会向英国内阁和君主发出感谢信。在查尔斯顿，议员感到十分欢快，委托绘画了几幅自己的纪念画像，还从英格兰订购了一尊身穿托加袍的皮特的大理石雕像。[1]

普通民众边喝着麦芽啤酒边打着嗝，在篝火火光的照耀下赞叹，就像那些在为国王、皮特和罗金厄姆祝酒时，吐出更高雅的赞美词句的绅士那样，期待着在真正的不列颠人之间恢复和谐，以及帝国内部繁荣的复兴。十几位请愿者和专家使英国下议院确信是《印花税法案》导致经济衰退，罗金厄姆内阁刻意培养了废除该法案就会终结衰退的信念。当然，那是没有意义的。经济衰退和《印花税法案》的成因，都根植于七年战争和这场战争结束的方式。废除《印花税法案》既不能恢复繁荣，也不会弥合北美各殖民地与宗主国之间的裂痕，这个事实只有到后来，当北美人和英国人对内阁肤浅而满怀希望的各种保证不再抱有幻想时，才会被揭示。就此时而言，每个人都满足于去欣喜地相信一切都会再度好起来。

在英国下议院的辩论中发生的一切，大部分将成为糟糕的预言，这不会让我们感到惊讶；毕竟，希望是大众政治的货币，而且是一枚极难贬值的铸币。然而，最重要的是，修辞和现实之间可以预料的脱节，不应（像它转移殖民地居民的注意力那样）让我们将注意力从有趣得多的那些事情，即修辞揭示的英国对于各殖民地的种种臆断上转移。任何想要理解大不列颠的政治精英思索北美的依据的人，只需要看看皮特在1月14日的伟大演说即可。

"伟大的下院议员"皮特即使不是一个拥有渊博知识的深刻思想家，也是一个罕见的能以扣人心弦的语句表达共同信念的演说家。在七年战争期间，他就已经能够将同僚议员的梦想与恐惧具体化。这的确有助于将政治国家作为一个整体具体化。在废除《印花税法案》的辩论中，皮特同样把握住了他们对帝国关系的理解。这些概念并不严谨，也不够合乎逻辑，因此没有采取论据的形式。相反，它们包含三个假设，一同为英国可能对北美殖民地采取的几乎每一种政策奠定了基础。第一个假设是身份认同。

皮特说："我乐于见到北美已经在抵抗。"是北美，而不是北美人在反对英国议会，更不用说那些挤满城市街道的水手、工匠和学徒，或在各殖民地议会坐立不安的政治家，或者"自由之子"，或者对新土地如饥似渴的投机商和非法居民，抑或其他形形色色、零散化的群众中的某些团体。北美已经在抵抗：是一个地方，一个存在于英国政治家脑海中的抽象的政治地理概念，这一概念与北美各殖民地的社会现实关系不大，与殖民地居民的自我理解的关系甚至更小，他们不自认为是北美人，而是拥有英国人各项权利的大不列颠臣民。

第二个假设是主权。"我坚持认为，英国议会有权去约束和限制北美。我们对北美各殖民地的立法权是至高无上的。当这种权力不再至高无上时，我会建议每一位绅士，如果可以的话，卖掉他的土地，乘船前往那个地方。"当然，英国议会至高无上的观点不言而喻；不过在接下来提出的奇妙建议中，皮特透露了这种陈词滥调其实意味着什么。如果英国议会停止拥有对北美各殖民地的主权，比起那些认定这种主权、国家的征税权和生杀予夺权也是政治和社会秩序来源的英国下议院议员，今天的我们更加难以理解绅士们为何应当卖掉他们在英国的土地而逃往北美。主权是不可分割的最高权力，因为对主权的分割将会摧毁这项权力：从逻辑上讲，创建一个国中之国是荒谬的；从现实上讲，这是在引发内战。对英国议会来说，仅由于受到共同效忠国王的约束，去承认各殖民地议会在征税和立法问题上与自己平等，来解决北美的危机，这是不可想象的。以这种方式放弃权力，与承认威尔士最小的自治市镇团体与英国下议院平等没有区别，这样做会立即结束英国议会在大不列颠的至高地位。这样放弃权力，充其量会重新创造黑暗时代：当时，各地的男爵在一个无能的国王注视下，随意互相攻击。最糟糕的话，大不列颠倒退回自然状态：每一个人都将陷入对自己的邻居下手的霍布斯式战争。当然，对这类梦魇唯一合理的反应是索性离开，或者如皮特挖苦式的建议那样，卖掉自己的土地，移居到北美去，在那里英国人仍然有足够的勇气保留自己神圣的财产和自由。

最后的假设条件是权力本身。当皮特说"以一个正当的理由，在一个可靠的基础之上，这个国家的军队能够将北美粉碎成齑粉"时，他确切地向下议院议员阐明了实际上什么才是一种信仰。只是为了提醒他们，他自己在创造的这些条件中的角色，他才补充道："我知道你们的部队英勇善战；我知道你们的军官技艺娴熟。"每个英国人都知道这两点。大不列颠在海军和陆军的实力方面处于世界领先地位。这个可以剥夺法国的帝国，折断西班牙的两翼的王国，事后想想，肯定能不费吹灰之力就摧毁北美。除了道义威胁，北美各殖民地对这样的力量构不成任何威胁，这就是皮特为何一开始对他的断言进行限定，称"是出于一个正当的理由"。北美只能间接地——通过"拉着宪制一同倒下"——伤害英国。仅凭英国议会就能摧毁英国的政治秩序，如果它执意去根除殖民地居民的权利的话，就不可避免地会这样做。撇开道义因素，权力的天平势不可挡地倒向宗主国一边。

一体化的北美，拥有主权的英国议会，不可战胜的英国军事力量：这种三位一体的信念，定义了那些在英国号令政治生活和执行权力的人之间达成的共识，无论他们对殖民地政策的具体看法如何。但反抗的不是北美，而是一大批北美殖民地人士。他们反抗的是英国议会对他们的主权主张——不是因为他们否认英国议会的权力，而是因为他们认为这种以绝对化用语主张的主权，剥夺了他们与生俱来的英国人的自由权利。至于英军的无敌，从未低估自己对英国战胜法国做出的各种贡献的殖民地居民，抱有另外的看法。事实上，北美要比皮特和他同时代的人了解的更为分裂，英国没有他们想象的那么无所不能，他们认为英国宪制建立在议会主权的基石上，议会主权也可能会很容易成为大不列颠帝国建立的基石。

《印花税法案》危机说明，只要挑起足够的愤怒情绪，殖民地居民就能克服内部的深刻分歧，去抵抗英国的权力——以英国人的自由的名义。这场危机的过程可以合理地说明，帝国的权威是能够维持的，但不是依靠彰显英国议会的主权和令殖民地居民产生恐惧心理，这促使他们聚集在一起，正好相反，而是要靠赞颂殖民地居民的英国人性格和培养他们与宗主国的情感认同——从而悄悄地让北美的内部冲突恢复其自然进程。但是这一启示不可能被任何一个为英国军事霸权幻象目眩的人解读出来，而且很少有英国人愿意为了沉思印第安武士歼灭米奇里马基纳克和韦南戈的英国正规军守备队，还将底特律和尼亚加拉的守备队扣为人质的黯淡景象，而让魁北克和哈瓦那辉煌胜利的图景成为过眼云烟。

同时通过《宣示法案》和《废除印花税法案》，解决了帝国的危机，却没有改变英国人借以理解北美三位一体的各种信念。危机的结束，也没有以任何方式调和殖民地和英国对帝国关系的各种看法——对帝国看法的分歧，是战争的压力、经济萧条和乔治·格伦维尔为帝国带来秩序的努力共同造成的，这一点不会被误解。格伦维尔的计划可以躺在废墟里，但是他试图去解决的所有问题仍然存在，而且随着时间的推移、印第安反叛和《印花税法案》本身等更棘手了。英国政府仍然深陷债务，现金捉襟见肘。英国驻北美各殖民地的军队比以往花费更多，效率却变低了。贸易萧条并未结束，公共财政收入又依赖于贸易，因而在贸易增长之前它都不会有所增长。北美内陆仍然缺乏治理，和平肯定会带来一拨擅自占地者，这很可能会使内陆变得更加难以治理。最后，至关重要的是，殖民地居民对帝国的热情，在七年战争的最后几年形成的非常强大的凝聚力，在战争结束时仍非常明显，似乎无穷无尽，但由于挥之不去、若隐若现的恐惧感，这种凝聚力逐渐减弱：人们担心，手握帝国最高权力的那些人可能仍然在阴谋破坏殖民地居民的财产和自由。因此，北美人和他们的英国亲属完全有理由为《印花税法案》危机的结束欢欣鼓舞。但当他们最终将啤酒泡沫从下巴上擦干净时，帝国的钟声就像酒桶应答最后一位饮酒狂欢者满怀希望地连续敲击桶底的声音一样空洞。

第 73 章

激烈的终曲
废除《印花税法案》后的北美殖民地
1766 年

撇开庆典不谈,《印花税法案》的废除几乎没有给北美殖民地带来什么明显变化。1765 年冬和 1766 年春,"自由之子"通知法官和海关人员:

> 让法院开庭,让正义伸张
> 让海关办事,别让贸易停止

他们竭尽所能使商人注意在遵守各项禁止进口协定的同时,其他业务要如常进行。因为生意太糟糕了,船只都懒洋洋地锚泊,失业的水手忙着寻找工作,这标志着联合抵制时期的程度(不是实质上)与此前几个月有别。除了地方上对酒精饮料和鞭炮的需求短暂增加,后来废除《印花税法案》的消息对经济生活的影响微乎其微,而禁止进口的结束,并没有造成商业活动的激增。虽然康韦大臣的公函解释说,内阁打算让帝国内部的贸易自由化,这生发了人们的希望,但商人的前景依然黯淡。禁止进口的时间过于短暂,不足以清空堆满英国本土进口货物的货架和货仓。大多数殖民地商人有沉重的债务要清偿,而他们的商品在死气沉沉的市场上销量低迷,只能继续做他们在危机之前就在做的事情:避开他们的债主,催逼他们的债务人,祈求以后会变好。[1] 因此,《印花税法案》废除之后,最为重要的改变不是经济状况得到改善,相反,而是内部政治紧张局势的突出。表现出敌意和内部分裂趋势最为显著的三个殖民地,即马萨诸塞、纽约和弗吉尼亚,曾在抗议活动和暴力事件中起到了带头作用。

在马萨诸塞，《印花税法案》废除的消息到来之前，这场危机将会留下苦果的种种迹象就已显现，消息到来之后，这些迹象变得明白无误。自威廉·雪利执政以来，湾区殖民地的政治均势一直利于政府派，尽管在协查令状引发争议后，这种均势变得更加微妙。《印花税法案》则永久地改变了这一点：它给了地方派所需的影响力，以推翻政府派在议会上下两院中的多数派地位。尽管以往两派的对抗很激烈，但没有一场能与1766年春季选举之前的竞选活动相提并论。地方派政治家指责托马斯·哈钦森和弗朗西斯·伯纳德与格伦维尔合谋消除殖民地权利，并公布了下议院32名议员的名单，他们曾是"《印花税法案》的策划者、推动者和执行者"。这是湾区殖民地历史上首次尝试组织一次实际上遍及整个殖民地的政治竞选活动。32名沦为靶子的议员中，有19名输给公开支持地方派的候选人，地方派很快就利用自己在下议院的多数派地位，选举詹姆斯·奥蒂斯为议长，塞缪尔·亚当斯为执行文书官，将哈钦森和他的盟友从总督的政务会中清除，代之以地方派的中坚人员。"于是，奥蒂斯和他的党派大获全胜，"约翰·亚当斯在波士顿参加选举日胜利庆典时评论道，"但还会有什么变化呢？另一个党派不是很快就会成为最重要的党派了吗？"[2]

伯纳德总督尽全力让政治天平回到对他有利的一边，否决让奥蒂斯出任议长，拒绝认同6名他认定属于地方派的政务委员（包括奥蒂斯的父亲）的选举结果。尽管他做出多项否决，而且用一篇"火药味十足的演讲稿"证明否决的正当性，但他永远也不能让政府派再度成为多数派。马萨诸塞下议院的地方派多数派提名奥蒂斯最显赫的追随者之一，即托马斯·库欣为议长，开始与反对派交涉。此后，地方派在25年的时间里，表现得比马萨诸塞的其他任何政治集团都更有纪律，这又开启了一个新的沮丧时代，因为这名总督曾经是一个相当高效（尽管很挑剔）的皇室臣仆。[3]

从第二天起，伯纳德的麻烦就开始了，当时他接到废除《印花税法案》的正式通知，还有康韦大臣保证对前一年骚乱的受害者——这主要是说托马斯·哈钦森——补偿的指示。通知马萨诸塞下议院，英国议会希望它补偿"最近当地民众疯狂行为造成的受害者"时,总督还未能重新控制住自己的情绪。他使用的语句非常过激,好像在指责议员有叛逆企图。下议院的新领袖拒绝合作,决定给伯纳德上一堂多数派政治课。直到年底——在将总督的薪金发放延迟到最后一刻,将对所有抗议者的特赦令包括在授权对哈钦森进行补偿的法案中——议员才认定伯纳德已经得到足够的惩罚。[4]

伯纳德在平安夜郁郁寡欢,于是他写了一封信,向南方部大臣抱怨道:"那些蛊惑民心的政客取得了领导地位,他们决定将一切实权都交到民众手中。"如果他们成功,他将会"被降至罗得岛总督的地位"。伯纳德写道,他不想让这种事发生,但是他也明白,尽管他写下的这些字句语气很坚决,自己也不能再像托马斯·哈钦森控制一个议会多数派为他服务时那样影响湾区的政治了。他可能还没有明白,他的麻烦在多大程度上是由自己一手造成的。[5]

除了防止半数最富攻击性的政务委员就职,伯纳德还以民兵总司令的身份,剥夺了那些被自己认定与地方派属于同一阵营的马萨诸塞下议院议员在民兵部队的职务。通过草率地剥夺象征当地名流地位的民兵军官委任状,他将数十名温和派人士变成了永久的敌人,其中有些还是哈钦森培养多年的人。例如,1758年,哈钦森就已经看出来自什鲁斯伯里的新议员阿蒂马斯·沃德怀有军事野心,于是就让后者得到了想要的民兵中校军衔。哈钦森后来回忆道:"我觉得给予他一份在殖民地部队的委任状,能够将他带到政府派一边。"为了同一个理由,次年他支持任命沃德为伍斯特县的民兵团上校。在《印花税法案》危机期间,沃德曾经打算远离是非,但是他与奥蒂斯和亚当斯共同出席了一个立法委员会,这使总督突然得出结论,沃德已经成为地方派的人。实际上,他只是立场矛盾而已,伯纳德很快帮他解决了这个问题。1766年7月7日,总督派一名身穿军服的使者去往什鲁斯伯里,还给沃德送去了一份简短且无礼的通知,上面写道"我认为此人适合取代你出任上校一职",公然羞辱了一个他没有理由去疏远和否定的人,而且哈钦森精心栽培此人8年之久。从此以后,沃德毫不意外地会坚决支持地方派。因此,斯旺西的前上校杰拉斯米尔·鲍尔斯、纽伯里的前上校约瑟夫·格里什、布伦特里的前上校乔赛亚·昆西，以及其他几位地位类似的乡绅（失去民兵军衔的人），就这件事而言，只能确认他们的选民对于总督是一个小气暴君的怀疑是正确无误的。奥蒂斯和亚当斯可能已经发现了这一点，弗朗西斯·伯纳德是他们这个政治机器最能干的"招聘专员"。[6]

让事态变得更糟的是，夏天的多起事件让伯纳德深信，抗议者和一些走私商人在前一年尝到了权力的甜头，因而决心公然对抗贸易法。即使规模要比1765年小得多，伯纳德仍对8月从缅因传来的报告感到忧心忡忡：法尔茅斯的一群抗议者用石块和棍棒围攻了两名海关官员；同时，第二伙抗议者赶走了治安官；第三伙抗议者放出了新近从一个走私商贩那里缴获的违禁商品。如果说有什么不同的话，伯纳德在悬赏50英镑获取信息时，发现没有人挺身而出，于是他就变得更加惊慌了。然而，当波士顿发生了一起更骇人听闻的事件时，无论他对法尔茅斯的报告感到多么担忧，此时这些忧虑也消退了。[7]

此事在9月23日开始时平淡无奇，一个匿名举报人通知海关官员，船长、小商人和走私商贩丹尼尔·马尔科姆，将几桶未缴关税的酒私藏在他自己的地窖里。次日，两名海关人员和一位副治安官携带令状传唤丹尼尔·马尔科姆，他拒绝准许他们进入自己地窖中一间上锁的储藏室。由于他两手持枪，腰间佩剑，拒绝搜查，执法官员便离开地下室，召集援兵。等治安官跟在他们身后一同返回时，发现大约400名男子和少年将船长家前方的街道堵了个水泄不通。治安官呼吁群众散开，群众却等候治安官打道回府。太阳落山了，令状也随之过期，马尔科姆将酒一加仑一加仑地运出来，用于感谢支持者的帮助。群众很快就带着走私葡萄酒的证物晃荡着散去。伯纳德认为詹姆斯·奥蒂斯是整件事的幕后黑手，疯狂地收集书面证词呈报伦敦。波士顿镇民大会（主持人即詹姆斯·奥蒂斯）要求得到证词的副本，并表示一些未指明的派别"阴谋"在"国王陛下的内阁面前"制造波士顿的"不利形象"，还以此为借口去请求军队用武力执行海关法。[8]

这场对峙几乎立刻在其自身荒谬的重压下土崩瓦解了。伯纳德无法证明马尔科姆曾经藏匿过走私的葡萄酒,波士顿镇民大会只是把它自己关于这一插曲的版本发送给伦敦的殖民地代理人,以便在必要时使用。从这个意义上说,马尔科姆事件只是波士顿忙碌的政治茶壶里的又一次沸腾。但从另外两个方面来看,此事颇值得注意。首先,伯纳德深信奥蒂斯和他的支持者想颠覆贸易和航海法,这并非空穴来风。其次,总督和他的对手都表现出有能力对彼此的动机下结论,只是到了几乎偏执的地步而已。

1765年12月起,奥蒂斯(在《波士顿公报》上的笔名为"汉普登")发表了几篇文章,认为英国对殖民地贸易的限制,对北美的商业等同于征收了一种间接但相当实际的税收。他辩称任何贸易条例,只要是限制了商人处理自己财产能力的,就是侵犯了他们的权利;任何征收,包括对制造商强行征税,只要是增加了北美市场任何进口商品价格的,就是对北美征税;只要北美人在英国议会没有代表他们的议员,所有这类征税都是非法的。奥蒂斯继续写道,他讨论的数字并非无关紧要:通过垄断殖民地市场和强征迅速增长的关税,以及对企业征税,英国让工业制成品的成本增加了50%。"北美农民在新近的法规面前,"奥蒂斯质问道,他指的是1764年的《北美关税法案》,"可曾想象到他高价购买的粗呢大衣……被大不列颠那些一辈子过着安逸和奢侈生活的人征收了数额多达其成本一半的税呢?现在他们都知道了。"[9]

此外,如伯纳德给国务大臣的报告所述,奥蒂斯在他的声明中带入了一些新的极端说法,即"内陆税和港口关税的区分是没有根据的"。奥蒂斯主张,因为《宣示法案》没有具体提及税收,也就与税收无关,他认为当英国议会放弃对殖民地居民征收一项直接税的权力主张时,它必然也要放弃通过海关征收直接税的权力主张。因此"如果商人继续服从限制他们理应自由进行贸易的各项法律,那他们就是大傻瓜"。按照伯纳德的看法,奥蒂斯是在以嘲弄英国议会、蔑视国王和将走私正当化的行为准则,来影响商人群体。马尔科姆事件证明了奥蒂斯的影响可以达到何种程度。[10]

伯纳德对事件的分析既令人信服,又有缺陷,同时具有深刻的启发性。针对英国议会对贸易的限制措施,波士顿商人之中存在强大的反对势力,但奥蒂斯不是发起人。自从《北美关税法案》重整海关税收以来,商人就抱怨对贸易的各种限制,他们认为这些限制只会阻碍贸易发展,延长经济低迷期;有些人甚至认为走私事出有因,是对严酷和未经授权的监管的合理回应。奥蒂斯只是以挑衅的方式阐明了自由贸易的理念,这些理念源于商人,并非由他原创。[11] 接下来,这又指向马尔科姆酒窖事件阐明的第二个特点:牵涉其中的人物之间不同寻常的相互猜疑。

伯纳德将奥蒂斯认定为波士顿商人之间广为认同的各种看法的首创者,而不是反映者,将他的这个对手塑造成一个大阴谋家,而波士顿的商人就变成了这个大阴谋家的受骗者。其实商人对贸易的看法,重商主义的反生产性质正越发为众人所知——亚当·斯密以更为复杂的形式,将它们作为《国富论》(The Wealth of Nations)一书的核心思想加以阐述——而且,波士顿的商人绝不是什么革命者。[12] 如果奥蒂斯和地方派政治家在商人群体的走私商贩之中得到了支持,那是因为他们给走私商贩的观点提供了一个貌似合理的政治理由,而不是因为他们利用巧言令色的论点来诱使诚实商人去从事走私。但是伯纳德认为奥蒂斯就是商人反对意见的发起人和创造者,因此会将奥蒂斯(而且扩大到整个地方派)描绘成一股只存在于自己想象中的恶魔般的势力。出于同样的原因,地方派的辞令将总督、副总督及其支持者描绘成了一群用一系列意图和举动让自己与自由、财产和殖民地权利变成死敌的人。

由于伯纳德认为奥蒂斯和他的爪牙正在阴谋颠覆贸易和航海法,而奥蒂斯和他的支持者觉得伯纳德、哈钦森和他们的走狗正在密谋摧毁波士顿人的自由,用武力统治这座城市,一开始是例行公事的海关搜查,之后失控了。双方都未参与这些阴谋,这一点并不重要。阴谋论思维的内在动力是将可用的证据都吸纳进看似能证明阴谋、花招和恶毒意图存在的模式。[13]

类似的混乱局面几乎在 11 月纽约骚乱过后的瓦砾堆从街道被清除之前,就已经成为现实。这在很大程度上要拜副总督的个性所赐,纽约在危机初期就是一个比马萨诸塞湾区更受阴谋论困扰的殖民地,但是 1765 年年底出现的紧张局面,并不是直接从卡德瓦拉德·科尔登与纽约议会的冲突中产生的。事实上,11月,新任总督亨利·摩尔爵士就来到伦敦,他将自己看到的许多事情归咎于科尔登,着手安排和解来恢复和平。接下去,不是科尔登,也不是摩尔,而是盖奇将军开始制造麻烦,这只是因为他正在设法履行自己的职责。[14]

在《北美印花税法案》危机之前,盖奇在几个老殖民地的城市中心和附近只有少量部队:在纽约市有100名正规军,在奥尔巴尼有50名,在查尔斯顿可能有20名。骚乱发生时,他开始让他的部队从加拿大南下——一次颇大的调动。1766年春末,纽约市内将部署超过1个营的兵力,第2个营的大部分会进驻费城,位于这两个营之间的第3个营进驻新泽西,驻奥尔巴尼和查尔斯顿的分遣队也会得到扩充。盖奇打算让这些新部队沿着尚普兰湖和哈得孙河南下,这意味着他们不得不在进军纽约的沿途一路安排宿营地。因此,12月初,他发送了一份《北美驻军法案》的副本给摩尔总督,并请求议会按照这一法案的要求提供资金。

摩尔发现纽约殖民地议会态度强硬。议会没有提供资金(议员坚持认为,此举相当于没有代表权就征税,因为英国议会批准这项法案时,没有经过纽约同意),而是通过了几项决议。这些决议指出,当部队进入兵营时,由英国政府为他们支付驻军费用;在奥尔巴尼和纽约有可用的兵营;纽约议会会考虑为英军报销行军费用,但只限于"费用发生之后"。翻阅了纽约财政局的账目,议员发现了1762年拨付的资金——这笔钱来自《北美驻军法案》生效之前投票通过的税收——于是指示拨款400英镑,为在纽约安置的部队购买木柴和其他必需品。对于其他开支,他们干脆地拒绝了。正如盖奇向康韦报告的那样,他和摩尔尽力向纽约议会解释《北美驻军法案》的条文,只是促使他们"以各种借口将拨款要求搁在一旁"。盖奇预计这个问题将在次年春天面临紧要关头,到时在纽约的部队将超过现有营房可以容纳的数量。[15]

然而,春天到来时,盖奇觉得纽约议会可能会变得更听话一些,因为在冬季,一些主导议会的哈得孙河谷的大地主不能再维持自己庄园内的秩序。15年来,这些自从荷兰人统治时期就获得"庄园"产权的"地主",

发现他们的土地的东部边缘,有越来越多擅自占用土地和房屋的人出没:从新英格兰西部山区来的人,根据马萨诸塞和康涅狄格的授地许可,坚称对自己的农场拥有永久所有权。新英格兰人的权利主张很难反驳,因为印第安人的土地所有权未消,以及纽约和新英格兰殖民地未能在各自之间划定明确的界限,哈得孙河以东的土地所有权混乱不清。随着七年战争的结束,比以往更多的新英格兰人沿河来到哈得孙河河谷的广袤土地上。1766年,数千新英格兰人生活在一片大约150英里长、10英里宽的土地上,从长岛海峡至胡希克河,以在新英格兰各地法院的反诉,保护自己免受庄园领主的令状侵害,还自行组织了多个民兵连,以防万一。[16]

新英格兰人的反抗在1765年冬转为暴力对抗,始于达奇斯县,然后在1766年春向南扩散到韦斯特切斯特县,向北扩散到奥尔巴尼县,武装的非法居民组织和心怀不满的租户爆发了公开反叛,恐吓地主,骚扰治安法官和治安官,攻破那些关押拖欠地租债务的人的监狱。这些混乱在字面上与《北美印花税法案》引发的骚乱相似,但仍有区别。乡村"暴徒"往往是由农民组成的有纪律的准军事组织,目的在于保护他们的土地所有权益;相对易变的城市群众由水手、劳工和工匠组成,他们往往以英国人的权利为名,去抵抗帝国的权力。此外,纽约最显赫的"自由之子"之中有几位地主,他们听到在他们的庄园里捣乱的暴徒自称是"自由之子"时,深感不安。5月,约翰·蒙特雷索上尉以嘲讽语气评论道,当500名韦斯特切斯特县的擅自占地者威胁向纽约进军,并拆毁约翰·范·科兰特(纽约城一位主要的"自由之子")的房子,除非他承认他们的土地权益时,"自由之子成了闹事者的大反对派,因为他们认为除了自己,没有人有资格暴动"。[17]

在这种社会动荡和暴力行为日益加剧的背景下,庄园地主向摩尔总督发出呼吁,后者向盖奇请求恢复秩序。总司令答应了他们的请求,6月中旬,他命令第28步兵团进入达奇斯县的菲利普斯庄园,后来又派第46步兵团的一个分遣队去往奥尔巴尼县,以便对付利文斯顿庄园的暴乱者。盖奇并不同情庄园地主。不仅如此,他在给康韦的信中写道"他们当然应当接受自己可能承受的任何损失,因为这正是他们一手造成的",因为是

"他们最先在民众中播撒暴乱的种子，教唆他们起来反对法案的"。尽管如此，法律仍规定盖奇有义务在负责的民事当局提出要求时提供军队，他也会看到提供军事援助的种种潜在好处。首先，他能显示军队的力量，这是他在《北美印花税法案》骚乱期间无法做到的。其次，通过保护"这个殖民地最富有和最有实力的人"的财产，他可以赢回他们的忠心。一旦正规军恢复了秩序，议会还怎么可能拒绝让他们宿营呢？于是，总司令可以让他的部队同时发挥"大棒"和"胡萝卜"的作用，并期待这样做的结果。他取得了想要的结果，尽管不是以他希望看到的方式。[18]

第28团和第46团的英国正规军确实平息了骚乱，但是过程并不容易。阿瑟·布朗少校率领第28团的全部精锐（约330人），投入到与菲利普斯庄园擅自占地者的对峙之中。他成功地以损失3人（其中1人后来因伤死亡）的代价，围捕了60名"卑鄙、无情的恶棍"。6月底，在第28团向纽约市进发时，局势仍然不稳，布朗只得在后方留下2个连，守卫达奇斯县的监狱。第46团的约翰·克拉克上尉和他的100名官兵，则在利文斯顿庄园所在的"诺贝尔镇"，对付罗伯特·诺贝尔与他的追随者。他们在行动中甚至遇到了更多的挫折。诺贝尔的手下像游击队那样对付正规军，7月到8月，在将近1个月的时间里，他们在马萨诸塞边境的各个隐蔽之地东躲西藏，领着克拉克的部队在奥尔巴尼县东部疯狂地你追我跑。"他们进退自如，"恼怒的上尉报告道，"一点都不讲规则，仿佛在玩游戏。"他拆平了他们的房子，派守卫在他们的田野里驻守，希望能激起他们的报复心，或者至少在有人回来收获庄稼时抓住他们。但是，这两个办法都没有奏效。[19]

最终，在8月中旬，克拉克将他的部队安置在马萨诸塞的埃格雷蒙特镇边境线西面0.25英里的一座山的东坡上，希望在诺贝尔的袭击人员进入（也许是离开）纽约的路上抓住他们。但在一个没有一方认同的边境地区，太容易错算自己的位置了。克拉克很快发现自己需要面对三名马萨诸塞治安法官和一个营的民兵，他们认为他正要攻打埃格雷蒙特镇。然而，没有人想要打一仗，克拉克——在声称他有权执行国王的委任义务之后——让他的部队后退到马萨诸塞人告知他的那座属于纽约殖民地的山的一侧。[20]

在那里，尽管有点波折，但事情就这样平息了。此时逼迫变成了推动，马萨诸塞和康涅狄格的政府都无意用武力支持他们的移民的权利主张，擅自占地者除了放弃他们的农场或者签订租约，几乎别无选择。为了纽约地主的利益而部署的英军，有效破坏了新英格兰的权利主张。然而，这一远远超出盖奇意图的结果，在被驱逐的新英格兰人在波士顿发表他们一方的故事版本时，也产生了不良影响。数周之内，英国正规军"焚烧和摧毁……房屋，对别人强抢掳掠，用他们的苹果酒桶烤火，将他们的粮秣倒出来……倒在空旷的街道上，还撕开他们的羽毛床垫"等描述，甚至见诸向南远至弗吉尼亚的报端。这可能已经够糟了；可是内阁最初不是从盖奇，而是从马萨诸塞驻英国代理人那里得知此事的，为此，内阁斥责了驻北美英军总司令和纽约总督使用军队解决各殖民地之间争端的做法。康韦写道，这次"事件不应带着怒气去处理，在这种情况下需要谨慎从事……在请求军事力量协助民事当局时，希望各方的权利都能得到妥善的确定，因为只有极少数紧急情况能证明这种使用武力的决策是合理的"。因此，原本对纽约的民事当局和蔼可亲，让他的部队对他们有用，希望使纽约议会能用某种方式来支持英军的盖奇，由于加剧了殖民地之间的紧张关系而受到责备。但是，最让他吃惊的肯定是纽约议会对他的善意姿态的回应，他们草率地否决了《北美驻军法案》，因而也就拒绝承认英国议会的权威。[21]

6月，当布朗少校和第28团在菲利普斯庄园抓捕擅自占地者，躲避子弹时，纽约殖民地议会通过了一系列决议和一份旨在避开《北美驻军法案》的法案。这份法案被称为《兵营法案》，每年从殖民地财政拨款3200英镑——再度根据1762年拨付的资金支取——用于采购床铺、被褥、木柴、蜡烛和厨具，供2个营使用。这项法案没有提及《北美驻军法案》规定的低酒精度啤酒、食盐和醋，或者实际上没有提到《北美驻军法案》本身。摩尔总督愤怒地想要否决这份法案——已经入殖民地财政库的资金想来至少可以由他支配，议会却通过限制对资金的使用来侵犯他的权力——但是盖奇需要钱，宜早不宜晚，主张另作计较。一份糟糕的法案也好过根本什么都没有;《兵营法案》可能被其他殖民地解释为对《北美驻军法案》的服从;盖奇仍然希望纽约议会中的地主会感激英军的种种努力,从而醒悟过来。摩尔不快地同意了《兵营法案》,还给康韦写了一封信来安慰自己,警告他纽约议会将漠视英国议会"没有以足够的力量支持其执行"的每一项法案。[22]

摩尔总督最后一次努力伸出手进行调解,不料又被咬了一口(他是这么认为的)。6月,他向英国枢密院请求对1764年的《北美货币法案》破例,以便支持纽约议会发行价值26万英镑的当地货币的倡议。11月消息传来,枢密院会批准这次的货币发行,前提是纽约议会在法案中加入一条暂停支付的条款。同一艘邮轮也送来国务大臣就摩尔对纽约议会种种抱怨的回复,在信中,大臣以毫无疑问的语句说道,纽约议会将不得不接受已经通过的《北美驻军法案》,不折不扣地服从这一法案,不然后果自负。摩尔总督告诉纽约议会,枢密院已经批准了他们提交的货币提案,条件是他们要添加一项暂停支付的条款。这时,他谨慎地没有提及国务大臣的指示。纽约议会的议员拒绝了这一条件。他们回答道,除非总督同意在没有这样一条"不寻常条款"的法案上签字,"否则我们就准备尽己所能承受痛苦"。[23]

纽约议员求仁得仁。摩尔——此时肯定认为卡德瓦拉德·科尔登的做法更好——用国务大臣的指示回击,命令议员无条件服从《北美驻军法案》。议员评估了一下自己的处境,然后在12月15日仍坚决不肯让步。当然,结果就是形成僵局,纽约议会在这之后的6个月里都会拒绝服从。在事情最终解决之前,英国议会将亲自干预纽约的政治事务。

其他一些令人忧心的事情困扰着弗吉尼亚,随之而来的紧张局面也使当地的领导人感到十分焦虑,不过在这里,这些麻烦同样在《北美印花税法案》的余波中显得越发醒目了。在七年战争前,老自治领的乡绅可能比大西洋世界的其他任何统治阶层都更加团结,但是在《北美印花税法案》危机的余波中,他们分裂成不同的派系,在那之后的10年里争吵不休。这次分裂源自个人,北内克的种植园主理查德·亨利·李的过激言行率先打开了这条裂缝。然而，李只不过挑明了长期存在于弗吉尼亚精英阶层的温和表面之下的社会断层线，源于该殖民地几个最强盛家族的道德败坏。他指责自私自利——一种与绅士并不相称的行为——制造了无法挽回的分歧，因为这些自利行为发生在公共领域，且长期存在，但是在此之前混合了累累债务、不断缩减的机会和自我怀疑等私人因素。

李和他同一阶层的人一样，发现很难用大种植园主习惯的方式来维持家庭生活。他的邻居乔治·华盛顿试图通过从事土地投机、小麦种植和种植园农业，来填补开支与收入之间的差额；与华盛顿不同，李坚持种植烟草，试图利用自己的政治影响力，去获得有利可图的差事。因此，虽然据说只有帕特里克·亨利在演讲方面能胜过李，但在弗吉尼亚，还没有人可以在追求出任公职上超过他。李其实已经申请出任弗吉尼亚印花税票分销专员的职务，但当格伦维尔选择乔治·默瑟上校时，他很失望，默瑟上校是俄亥俄公司的代理人，当时恰好在伦敦。骄傲且易怒的李，即便很难承受，也只能暂且咽下这次收入受损的苦水，但是遭受忽视和轻慢的对待则是令人难以忍受的。在《北美印花税法案》的骚乱中，他领导了对默瑟的抨击，在北内克地区组织群众游行，还在焚烧默瑟的模拟肖像时，发表了一份模拟祭文。毫无戒心的默瑟上校回到弗吉尼亚时，发现自己变成了当地最招人恨的人。为此，他归咎于李。他回到伦敦不只是为了追求俄亥俄公司的土地权利主张，还为了寻找他的敌人李的申请信。与此同时，李的政治事业蒸蒸日上，这出于两个原因：他强烈反对《北美印花税法案》；而且他是少数几个一直在质疑弗吉尼亚最伟大政治家约翰·鲁宾逊正直品性的人之一。[24]

1766年5月，鲁宾逊逝世时，仍担任弗吉尼亚殖民地秘书、司库和下议院议长，身兼数职，他是弗吉尼亚最具权势的政治家，也是最受当地人民爱戴的人之一。他受到很多人喜爱，但其中不包括理查德·亨利·李，李对利益和荣誉的不倦追求，使他与议长水火不容。鲁宾逊不喜欢他，还挫败了他的野心。1764年12月，李坚持要求弗吉尼亚下议院审查鲁宾逊的司库会计账目。这次，审计人员认可了鲁宾逊的财务管理工作——他的朋友注意到了这一点——但是李继续质疑他的做法。次年5月，李支持帕特里克·亨利抨击鲁宾逊在伦敦借款 24 万英镑的提议。鲁宾逊借款是为一次新的货币发行提供资金，建立一个贷款机构，可以让有需要的绅士从中借款。李还在鲁宾逊接受奖赏时，缺席赞颂者之列，以此引人注目。所有这一切都让李看起来不过是个鲁宾逊的朋友所说的无可救药的恶少，直到鲁宾逊的财产管理人发现了两个惊人的事实：第一件，在鲁宾逊去世时，老自治领最显赫的人物欠他大约 13 万英镑；第二件，这一金额积累到如此难以置信的程度，大部分是因为鲁宾逊司库没有根据法律要求，将那些为缴纳税款回收的纸币焚毁，而是借给了他的朋友。

平易近人的老约翰·鲁宾逊从公库盗用了一笔财富，主要不是为自己的利益，而是为了解救他的那些种植园主朋友的财务困境。[25] 不出所料，鲁宾逊的政治盟友从他的慷慨赠予中获利最大，他的逝世让这个团体大白于天下——包括伯德家族、伯韦尔家族、卡特家族、伦道夫家族和其他滨海地区的地方豪族，而北内克和山麓地带各新县的人相对较少——不仅要受到公众的谴责，还会面临破产。被挪用的资金不得不用鲁宾逊的财产来偿还，因为鲁宾逊欠下纽约地方财政一大笔钱，接下来根据法律规定这笔钱要退出（虽然为时已晚）流通。但是，那些受到质疑的挥霍无度的豪族，到哪里去找法律要求销毁的数万英镑的焚烧祭品呢？而弗吉尼亚又怎能在焚烧这么多的纸钱时，不同时毁灭半数的显赫家族呢？

在理查德·亨利·李（欠鲁宾逊 12 英镑）或者帕特里克·亨利（欠鲁宾逊 11 英镑）要求得到一份完整的公共会计账目时，这些问题并没有特别困扰他们。12 月，弗吉尼亚下议院的调查委员会报告，与鲁宾逊有关的豪族不仅仍拖欠殖民地 10 万英镑（许多家族的欠款数额巨大，仅威廉·伯德三世上校就欠款 1.5 万英镑），而且鲁宾逊还允许一些治安官大量拖欠税款。鲁宾逊以牺牲殖民地的利益为代价，为自己的朋友服务，李和亨利抓住机会，说明了私人恩惠和铺张浪费是如何导致信用滥用和腐败的，从而威胁到弗吉尼亚的偿付能力和荣誉。李和亨利以这种直接且不够绅士的方式，给予弗吉尼亚的政治体制令人震惊的一击，在老自治领，他们成为两个最具影响力也最令人畏惧和憎恨的青年政治家。

事实上，要不是乔治·默瑟的信件开始从伦敦寄来，随之而来的可能就是对弗吉尼亚老一辈领导人的全盘否定了。默瑟找到了一份李申请印花分销专员职务的文件副本，而此时默瑟家族的人不失时机地发表了这份文件。这份证据证实，只是坏运气让自封为替天鞭笞弗吉尼亚腐败精英阶层的人，免于成为皇家任命的坑害每一个弗吉尼亚人权利的恶棍。面对证据，李坚持说他当时很快又审慎考虑了一下自己的申请，哪怕申请获批，他也不会接受任命。这是掩耳盗铃，因为李是在得知默瑟得到任命之后，才谴责《北美印花税法案》的，但是这给了李的朋友足够的掩护，他们在《弗吉尼亚公报》上发动反击。这份报纸关于这次事件的争议迟迟不曾停歇，在僵持中进入了1767年。李被揭发，也让他在弗吉尼亚议会的支持者在解决鲁宾逊事件时有所克制。4月，弗吉尼亚下议院非常仁慈地投票表决，给予鲁宾逊的财产管理人3年时间去解决与这个殖民地相关的账目问题。（最终用了25年。）

《北美印花税法案》废除后，弗吉尼亚发生的事情远不止丑闻和政治重组。自17世纪以来，该殖民地的绅士阶层第一次分裂成公开敌对的阵营。即使是像乔治·华盛顿这样没有向鲁宾逊借钱，也拒绝加入抨击债务人的队伍的种植园主，也很难将他们的视线从这场争论移开，更不可能没看到它是如何改变弗吉尼亚的政治格局的。事实上，他们也无法逃脱越来越带有敌意和不信任的公共氛围。大种植园主总是为他们遭遇的债务诉讼紧皱眉头，但这种诉讼正变得越来越普遍，因为这不仅是出于需要，而且能够当作政治武器。很少有人能忽略乔治·默瑟的父亲在1766年12月25日《弗吉尼亚公报》上发表的公告中暗含的威胁。公告说"我的同乡种植园主……因为他们的行为不像绅士"，并发布通知，除非他立即收到偿付款，否则他将"在明年4月地方议会开会之后，直接递交诉状，控告所有欠我债的人"。[26]

任何人也不能忽略大种植园主发行彩票募集他们偿还债务所需资金的拙劣表演。这样的绝望之举中，有些是为了在《北美印花税法案》危机之后重获偿付能力而孤注一掷，有些则是由于解决鲁宾逊财产的债务问题之需直接产生的。通常他们会出售抽奖彩票，每张5英镑，幸运的中奖赢家会得到价值数百英镑或数千英镑的奴隶或土地，有时候甚至能获得整片种植园。所有事例中最可悲的可能就是威廉·伯德三世为募资（他希望的）5万英镑发行的彩票。最终，他抱怨道："我为了结清债务，拿出了一块上好的地产……可是让我大失所望的是，我都没能收到出售彩票所得的三分之一。"[27]伯德的错误就是为出售彩票允许别人赊账。

这些事态发展令弗吉尼亚的绅士大为担心，因为他们从中得出了一个可怕但完全合理的推论。这个殖民地的许多大种植园主——那些用豪宅大院、华服、四轮马车、大片土地和大量奴隶来彰显自己地位的人——实际上都破产了。一度团结一致的社会精英团体，由于债务负担过重，陷入了公开的争吵，分裂成不同的派系。就连绅士曾经最为珍视的荣誉，也似乎突然变得甚至比金钱还要稀缺。弗吉尼亚的下层社会是否会如此谦恭地无限期接受上述这样的种植园主领导，还不清楚。但是绅士阶层怎样恢复偿还能力和信誉呢？如果像理查德·亨利·李和帕特里克·亨利那样野心勃勃的人物，要求他们在公共论坛给出回答，大部分种植园主只能更敏锐一点，抓住出现的任何机会，勒紧裤腰带，梦想着早日解脱。

与此同时，殖民地的经济生活停滞不前，政治和文化生活似乎都在走向一些无法预测的灾难。1766年年底，《弗吉尼亚公报》的一名作家抓住了绅士阶层不满的特征，他断言："这个殖民地正处于衰退状态，或者我宁愿说正处于毁灭的边缘。恐怕对最肤浅的观察者来说，这都是显而易见的事情，甚至不需要任何论据来证明这一点。"[28]如果说《北美印花税法案》的废除消除了对权利和财产的直接威胁，那么随后发生的多起事件就唤醒了弗吉尼亚领导人心目中对所有更深层次问题的恐惧，因为他们没有具体的恐惧对象，甚至没有可定义的形式：更确切地说，除了统治阶层噩梦般的想象，即失去对自己欲望的控制，将其神圣荣誉典当出去，没有任何形式。

第 74 章

帝国的未来

1766—1767 年

在马萨诸塞，政治力量的均势发生了翻天覆地的变化；在纽约，总督和议会之间出现僵局；在弗吉尼亚，精英阶层走向分裂。所有这一切都在《印花税法案》颁布之后接连出现，围绕该法案的争论激化了所有的问题，但这一切都不是《印花税法案》造成的。地方派在湾区殖民地的胜利，在一场反对托马斯·哈钦森的政府派的运动中达到顶峰，而这场运动在七年战争结束前就已经存在了，遵循着可以追溯到雪利总督时代的派系模式进行。纽约反对《北美驻军法案》的行动源于 1756 年与英军的冲突，当时劳登勋爵在奥尔巴尼占据营房，威胁要在纽约城驻扎几个营，好像纽约是一个被征服城市一般。弗吉尼亚的鲁宾逊丑闻源自种植园主债务、经济萧条和《货币法案》对发行纸币的限制之间的相互影响。在上述每一个殖民地，地方竞争、紧张局面和焦虑都定义了《印花税法案》加剧和扩大的各种冲突。虽然派系斗争、组织内的暗斗和僵局长期以来一直都是殖民地政治舞台的共同特征，但是在围绕《印花税法案》的种种激烈的争端中存在一些新特点：参与者似乎很容易对实际上利益攸关的问题失去洞察力。《印花税法案》的废除非但没有恢复帝国的繁荣、和平与和谐，反而似乎以某种反常的方式将恶魔放逐到殖民地的政治舞台上，或者也许是殖民者的头脑中。

甚至《印花税法案》的风潮没有触及的那些地区，似乎也比 1765—1766 年之前更不安定。在西佛罗里达，乔治·约翰斯通总督——脾气出了名地坏，支半薪的海军上校——与殖民地的陆军军官之间，就军衔和优先权问题产生了各种离奇的纠纷。因为没有明确一致的政策规定谁有权指挥一个殖民地内的英军部队，约翰斯通就声称他有指挥第 21 团和第 31 团的权力。在驻彭萨科拉的第 31 团指挥官拒绝服从命令时，约翰斯通下令第 21 团从莫比尔出动，去围攻第 31 团。最终，这位总督逮捕了第 31 团的指挥官，并以叛国罪起诉他。盖奇以为从东佛罗里达的圣奥古斯丁守备队任命一名上校为署理准将和地方驻军司令，并派他去彭萨科拉接管指挥权，就能收拾西佛罗里达的烂摊子。然而，当这名不走运的准将到达时，约翰斯通拒绝承认对他的委任，还向他提出决斗的要求。如果这一切不是在西佛罗里达正处于同印第安克里克部族的战争边缘时发生的话，总督的行为可能看起来只是荒唐可笑，但在这种情况下，这就不是件可笑的事情了。约翰斯通试图召集一个民选议会来支持他向克里克人宣战的愿望。这可能会让他获得需要的支持者，因为许多西佛罗里达人贪慕克里克人的土地，但是这种支持来得太晚了。盖奇要求将约翰斯通召回英国；1767 年 2 月 19 日，南方部大臣将他从一个几乎处于无政府状态的殖民地征召回国，这使他觉得名誉扫地。[1]

大致在同一时期，加拿大也在发生类似的怪异事件。1764 年 8 月，詹姆斯·默里——沃尔夫部下参加亚伯拉罕平原战斗的资历最浅的准将——成为加拿大的皇家总督。此后，他不仅有意疏远战后来到加拿大定居的说英语的商人（主要是新英格兰人），还与该殖民地的大多数陆军高级军官不和。这些商人在向贸易委员会提交的请愿书和向他们在伦敦的联络人提出的吁请中大声疾呼，要求默里为他的专横和偏袒加拿大人付出代价。他们指出，默里拒绝召集殖民地议会，并像一个胃口极大的暴君那样管理殖民地，在不遵守法律形式的情况下，通过法令强行征税和强制执行海关条例。他通过允许下级法院继续使用法国法典，批准天主教徒进入陪审团，甚至是裁定有英国人是当事方的诉讼的陪审团，使《1763 年宣言》在魁北克确立英国法律的各项条款成为一纸空文。与此同时，默里与加拿大的主要团级指挥官，就营地和部队纪律的问题发生了争执。不过，大部分问题都是因为他虽然已经是支半薪的军官，却依然在坚持向正规军的团长发号施令。这些军官纷纷抵制默里的命令；当默里发布的指示被他们忽视时，双方爆发了公开冲突；最后，盖奇不得介入此事。1766 年春，英国内阁召默里回国答复那些对他不利的投诉。虽然他与约翰斯通不同，从未被革职，但是他再也没能被允许重返魁北克。即便默里没有触犯任何法律，他也失去了对自己的殖民地的管理权。[2]

这样一来，北美占领区新建的 4 个殖民地中，有 2 个新殖民地的政府与较老的那些殖民地政府同时陷入停滞，其原因与《印花税法案》无关。西佛罗里达和加拿大的情况表面上类似——刚愎自用的总督，嫉妒军队的权威，干预了军事管理——但是冲突的根源实际上深植于战后帝国的体制之中。问题部分是制度性的——民事和军事机构如此随意地重叠，这导致在殖民地政府的边界之内任何有军事单位驻扎的地方，冲突几乎都不可避免。然而，即使在已经建立的殖民地边界之外，在军官的权威无可争议的地区，1765—1767 年他们作为殖民地的管理者也都失败了。横跨阿巴拉契亚山脉的多起事件说明，问题的核心是军队本身。无论英国正规军身为征服者曾经多么有效，他们都根本不适合去管理占领区。没有什么比他们无法阻止，甚或减少越过阿勒格尼山脉西迁的移民潮，更能说明这一点了。

当印第安战争逐渐避入伊利诺伊地区时，非法定居点开始明目张胆地越过宣言的界线。猎户和农民无视印第安人的抗议和兵站指挥官的正式禁令，在堡垒的视野之内修建小木屋。1766 年 6 月，500 多户家庭（主要来自弗吉尼亚）在莫农加希拉河及其支流流域生活。9 月，盖奇命令皮特堡卫戍司令去警告这些移民离开。如果他们无视他的命令，就以武力威胁，结果没有任何用处。次年春天，擅自行动的非法移民数量比过去任何时候都要多，盖奇努力向国务大臣为自己辩解。他写道，定居点位于弗吉尼亚提出权利主张的土地上，弗吉尼亚人最近对"未经过他们的权力机构批准就动用军事力量"过分敏感。到了 1767 年 5 月，他才解释道，他觉得命令皮特堡卫戍司令烧毁红石溪和齐特河沿岸的非法定居点是合理的。然而，即便这种努力也将徒劳无果。不到 6 个月，擅自占地者卷土重来，"人数翻了一番……这是从未有过的"。[3]

盖奇知道焚毁一些可到达的定居点只是一种象征性姿态，尽管他希望此举会将俄亥俄上游地区其他未经授权的居民吓跑。他非常清楚这一点，皮特堡3个连的正规军永远都无法找到俄亥俄河上游流域的所有擅自占地者，更不用说将他们赶出数千平方英里的森林了。但是他也意识到，只要他们没有离开这一地区，十有八九会很快爆发一场新的战争。边远林区的擅自占地者不仅侵占印第安人的土地，侵入他们的猎场偷猎，还胡乱向他们出售烈酒；自1765年年底开始，他们杀死的印第安人的数量也极为骇人。[4]

10年战争让无数边境白人前来定居，一种狂怒的情绪逐渐削弱了他们对潜在受害者区别对待的意愿。仅1766年上半年，大不列颠的臣民就在原先的上五大湖地区谋杀了20多名印第安人，大部分是在俄亥俄地区，尤其是在匹兹堡周边地区。乔治·克罗根依靠悼念仪式和礼品暂时缓解紧张局势，努力保持皮特堡和伊利诺伊地区之间的交通线畅通：克罗根说，这次虽昂贵却辉煌的外交壮举，"给我添的麻烦是这辈子到目前为止最多的"。但流血的速度没有放缓，局势很快比以往任何时候都更紧张。1767年5月中旬，皮特堡卫戍司令向盖奇报告，这一地区的定居者"无法无天"；特拉华人和肖尼人威胁要对擅自占地者复仇，看起来可能会发动一场全面战争。盖奇只能希望焚烧红石溪和齐特河的定居点，将会向印第安人保证帝国站在他们一边，因为他对皮特堡微不足道的守备队能维护和平不抱幻想。他私下建议主管军官让他的部下放低姿态：只要印第安人只对"那些伤害过他们的人"进行报复，英王陛下的部队就不要干预擅自占地者和原住民之间的争端。[5]

1767年，俄亥俄地区没有爆发一场新的印第安战争，这与盖奇或者皮特堡守备队没有太大关系，与另外三个因素倒有更大的关联：乔治·克罗根愿意把国王的钱花在实践自己高超的外交手腕上；前所未有的超多数量的酒涌入横贯阿巴拉契亚山脉的地区；以及肖尼人在与俄亥俄河下游流域的各部族组织防御性同盟时遇到了困难。6月，克罗根与俄亥俄印第安各部的酋长在匹兹堡会面，向他们保证英国人的善意，请求他们在他和威廉·约翰逊爵士能够妥善处理诸事之前，控制住自己部族里的年轻人。到了秋天，他沿着俄亥俄河，经过特拉华人的城镇，沿马斯金格姆河溯流而上，前往伊利湖和底特律，慰问遭受损失的印第安人，用礼品对死难者进行赔偿,并承诺会惩罚白人凶手。克罗根讲究礼仪的谈判耗费了大量时间和金钱,但这些谈判有助于维护和平。肖尼人发现他们不得不将一次会议从秋天推迟到来年春天,最终这次会议直到1769年才召开。这次会议会在肖尼人内部、特拉华人和其他西部印第安部族,包括他们在俄亥俄河以南地区的宿敌之间,创建一个联盟。[6]

如果说克罗根的外交对预先制止这个联盟起到了作用,那么西部各要塞本质上无限制的朗姆酒贸易在其中发挥了关键作用。1767年,商人将1.3万加仑朗姆酒送到皮特堡,将2.4万加仑朗姆酒送到底特律:威廉·约翰逊爵士本人为了发挥朗姆酒刺激贸易和令人身体虚弱这两种功效,批准他们运送这么大数量的酒。但是,克罗根的慰问和礼物只能补偿过去的谋杀案。而印第安年轻人酗酒,虽然短期内抑制了印第安人的集体行动,却也能助长愤恨,当他们最终决定复仇时,这种报复可能会更具毁灭性。与此同时,西部的白人定居者继续谋杀印第安人,将土地据为己有。在克罗根慰问印第安部族之旅的基础上,他本人和盖奇得出结论,除非能找到针对定居点问题的某些更为持久的解决办法,否则一场新的印第安战争将在所难免。[7]

无论会以何种方法解决英国在北美的问题,1767年年底,军队显然不是解决之道。英王陛下的军队在战争结束时是英国人思考帝国未来的起点。格伦维尔内阁三巨头的改革和格伦维尔本人旨在为驻北美英军支付费用的各种税收措施,本来是为了去保卫北美殖民地,管理被征服领土的。但是这些解决管理和财政问题的努力,使殖民地和宗主国之间的关系紧张到了行将崩溃的临界点,英军也已证明他们无力在堡垒大门之外展现帝国的权威。英国主权在北美的卓越体现力量(英军),证明自己充其量就是一件钝器,尽管如此,它无论碰到哪里,都能擦出火花。[8]伦敦是否有人明白,战后的北美殖民地可能会随着每一次的行政失误,而变得更加易燃,或者就此而言,这样的顿悟能否让罗金厄姆内阁转变英国的政策,摆脱哈利法克斯和格伦维尔在七年战争结束时设定的路线,这一点仍有待观察。

因此，故事开始于一支急躁的英属北美武装部队试图越过阿巴拉契亚山脉，在俄亥俄的福克斯展现大英帝国的力量，结束于英军分遣队不仅进驻福克斯，还进驻上五大湖沿岸的米奇里马基纳克、密西西比河河畔的德·沙特尔堡、墨西哥湾沿岸的彭萨科拉、东佛罗里达的圣奥古斯丁和布雷顿角岛的路易斯堡。七年战争之后，以印第安人反叛和北美各殖民地内乱形式出现的危机，已经得到解决，而若隐若现地笼罩在帝国未来上空的祥和气氛也不会立即烟消云散。于是英国内阁诸大臣、政策制定者和英国议会议员很可能已经相信，尽管这个历史故事的开头不大可靠，结局也令人担忧，但它总归还是讲述了帝国的胜利。然而，实际上，英军不能完全控制住任何一座遥远的兵站。这个庞大的帝国之所以幸存下来，不是因为英国强大，而是因为它的软弱，在于被英国人认为已经征服了的各地民众的忍耐，以及参与征服大业的不列颠人和英属北美殖民者之间情感纽带的力量。大规模的印第安战争，以及《印花税法案》危机都已经说明，所谓被征服民众的忍耐和殖民者的效忠都是有界限的，而且这些界限都很容易被越过。

尾　声

弗农山庄

1767年6月24日

　　1767年6月24日，闷热、多云的星期六，在干燥的一周行将结束时，乔治·华盛顿命令他手下的几个监工开始收获这一年的小麦。于是，弗农山庄的奴隶开始了20天紧张的工作，他们的主人也满怀焦虑，因为他首次将自己的土地几乎全部用于种植谷物。由于此前数年种植烟草失败，无法出产能满足伦敦苛刻的市场销售标准的烟草，积欠了大量债务，华盛顿非常依赖这次实验的成功，这是他的摆脱债务计划中的决定性因素。他有很多土地，担心自己会像他的许多同乡种植园主一样，也会变得长期依赖那些英国的商人债主。这是他最害怕的命运，因为这意味着他会失去绅士品性的最重要因素——独立性，以及独立地以符合道德的方式行事的能力。

　　为了抵御沦为债主附庸的命运，华盛顿痛下决心，从烟草种植园主转为小麦农场主。此外，他还做了很多事。在建造一座新的面粉磨坊时，他坚持造得大到不仅足够碾磨自家的谷物，还能碾磨邻家谷物的程度。这样一来，他就能以磨坊主的身份收取服务费。他购买了一艘多桅纵帆船用来捕鱼，还让这艘船被包租出去，从事沿海贸易。他的果园栽种桃子以便制作果酒，他的酿酒厂再将果子酒蒸馏成白兰地——不是为自己消费，而是为出售。因为小麦种植需要的劳动力比烟草种植少得多，他雇用了一名经验丰富的织布工。这个织布工能教会除了上述事务之外就没有活儿干的奴隶织棉布、亚麻布和呢绒，管理他们的产品，以确保一旦种植园内的服装需求得到满足，剩余的布料会达到"可以销售"的质量。不过，最重要的是，弗农山庄的主人要比以往更深地陷入土地投机买卖，在那些包括

(与其他人一同)将迪斯默尔大沼泽排干的土地项目中,获得了密西西比河流域250万英亩土地的授权,而且试图再度让俄亥俄公司的各项权益主张生效。[1]

这么多冒险事业需要长期监督,为了维持这些事业,华盛顿驱策自己,变得前所未有的自律。他发现自己的注意力越发全神贯注于未来,不仅是他的家庭和种植园的未来,还有他的阶层和殖民地的未来。6月24日,在他写于弗农山庄的长信中,这种关切显而易见。在满是泥坑的农场,华盛顿花了一个白天监督麦子收割,在雨夜里写下了这封信。信是写给约翰·波西上尉的,他是华盛顿在弗吉尼亚团的老战友,最近请求为一笔实际上超期两年的750英镑贷款,再追加500英镑。就像取决于独立性、荣誉和公民美德那样,华盛顿觉得自己身为绅士的价值也取决于慷慨大方,因而他觉得很难告诉波西,自己不会再借给他钱了。为了减轻对老战友的打击,华盛顿承诺不会为了让他归还超期的750英镑施加压力,接着继续提出"我会给予居于同样处境下的兄弟同样的建议"。

华盛顿写道,如果波西不能满足债主的要求,他应当立即卖掉一切,偿还债务,然后迁往西部:

> 因为那里会有一大片原野,呈现在你面前。对冒险家来说,边陲地区有一种开放式前景,许多人都到那里去寻找机会。而且在那里,一个积极进取的人带着很少的钱,就可以在莫农加希拉河流域的新定居点,为自己和子孙后代打下一座宝贵地产的基础。偿还债务之后可能还剩有一点钱,这笔钱可以让你得到20年后将会以现在出售的地产的5倍价格出售的土地。这么说的证据,只要看一下弗雷德里克县的情况,看一看最早取得那些土地的人……创造的财富:我们在这个殖民地拥有的最庞大地产也是这样被创造出来的;以非常低的价格取得或购买在当年被认为毫无价值的肥沃的边境土地,如今不是变成了我们拥有的最有价值的土地吗?毫无疑问,正是如此……

他继续写道,看看报纸吧,你会发现"许多良好家庭"正在变卖家

华盛顿上校。1772年春,在乔治·华盛顿委托查尔斯·威尔逊·皮尔为自己绘制肖像时,他选择呈现自己出任弗吉尼亚第1团上校时身穿军服的模样。内写"行军命令"的一份文书从他的马甲口袋中伸出,背景部分是山间两顶位于瀑布旁的行军营帐:这些细节说明,华盛顿希望纪念他的团参与过1758年进军迪凯纳堡的行动。画面背景——因此,皮尔在肖像中绘制的不像弗农山庄周边的潮水区域——也意味着华盛顿对自己帮助大英帝国赢得的西部土地一直持有兴趣。他当时甚至在通过各种办法追逐这一利益。他迫切地提出为参加过1754年战事的老兵得到俄亥俄福克斯地区的一块政府授地的主张,对越过1763年《宣言》界线的土地进行投机,推动一个开放从弗农山庄到坎伯兰堡的波托马克河河段航行权的计划。这幅肖像中的一切,均证明华盛顿致力于将不列颠帝国统治的理想在北美转化为现实(承蒙华盛顿与李大学图书馆提供图片)。

产,"为了他们孩子的利益,退入弗吉尼亚的内陆地区"。事实上,华盛顿在结尾写道:"弗吉尼亚一些最上流的绅士正在谈论这么做,他们不是被必要性推动的,而是为了获得收益采用了这一计划。"[2]

华盛顿的建议为一名面对越发缩减的机会,为保持地位和荣誉苦苦挣扎的弗吉尼亚绅士的梦想,打开了一扇窗户。在疏导他的老部下在西部寻求新生活时,华盛顿尝试提供一种比逃离债务更体面一些的指导意见,但他自己仍为债务束缚。他是在为新的生活,恢复他认为绅士阶层一度拥有的美德和独立性而争辩。

这显然是一种帝国式的解决方法。这个方法反映了华盛顿的信念,即他认为英国内阁诸大臣很快会解除对西部定居点的禁令。华盛顿尝试说服另一位军中的老部下成为他的可信代理人,越过阿巴拉契亚山脉取得土地。他在给这位老部下的信中写道:"我历来都只将1763年的《宣言》看作是一项安抚印第安人的权宜之计(我只在你我之间才这样说),数年之内,尤其是在那些印第安人同意我们占据土地时,该宣言必定会被撤销。因此,任何忽略现在获取优质土地的机会,忽略将这些土地以某些方式标记或者区分开来(以便阻止其他人在这些土地上定居),以便获取自己收益的人,永远不可能重新得到那些土地。"[3]

这些志向和积极性,并不比上校本人更具革命性:他非常亲英,以至专门从伦敦下订单购买西装,交代裁缝挑选面料、颜色,按照最新的流行风尚裁剪。就要求获得西部土地的这些计划而言,它们都取决于在伦敦决定的相关政策,也就是取决于北美人不能控制的那些因素。因此,华盛顿和他的同事为了确保获得在密西西比公司投机事业中至关重要的数百万英亩土地,在公司的有限会员资格中,为"9名很可能具有巨大影响力和财富,促使公司的事业成功的人(伦敦的绅士)"保留了位置。这些计划认定——其实是要求——将伦敦的利益与北美的土地项目管理,就像北美的利益与帝国的管理那样,紧密整合为一体。在这样的合作关系基础上,华盛顿和大多数其他殖民地的领袖都一致认为,他们帮助英国赢得的广大领地,可能的确会成为自罗马帝国以来最为辉煌的不朽帝国的基础。无论过去是什么样的误解造成《印花税法案》的危机,无论经济上继续存在怎样的困难，只要精心管理，一切都会过去。帝国的美好前景在他们眼前熠熠生辉，只是一时无法触及。[4]

不论英国的政治领袖如何相信自己国家的军事能力可以将北美碾压成原子状态，能够维持华盛顿和像他这样的人为之效忠的大英帝国的都不是英国的力量。实际上，帝国的安全依靠的是各种无形的因素，强力行使权力只能将之摧毁：对于王国政府的正义和保护他们的信念，对于一个更好的将来的期盼，以及对于英国人自由权利的热爱。对于居住在北美各殖民地和占领区的不同人群来说，上述所有因素并非同等重要，但是要想让一个横跨大西洋的政治共同体存续下去，必须将这些因素放在一起考虑。对于自己的土地不断受到英属北美定居者压迫的印第安人，就像在英国军事统治下生活的法王路易十五以前的臣民那样，第一个因素是最重要的：两者都需要一个有力的后台，保护他们的社群免受数量极多的英属北美人进犯。英属北美人自己将王国政府许可的保护，想当然地当作所有政治生活的基础。由于他们的数量急速膨胀，对他们来说更直接的问题是改善物质条件。这种希望接下来取决于有权使用帝国的新土地和为自己的产品获得市场，两者都与他们保留珍爱的英国人的各项权利和自由是对英国忠诚的必要条件这一信念息息相关。于是，英属北美殖民者的抱负和设想必然与印第安人的需求对立起来，至少间接与他们的新同胞加拿大人敌对。然而，英王乔治三世负有对上述所有人不偏不倚地给予保护和公平的责任。

在一个富有忠诚、希望和爱的基础上，从建立任何一个凡间王国的困难的角度来看，我们可能不会感到惊讶，即使是一个认真、尽责的国王，也找不到一种方案，可以协调这种相互竞争的利益，满足如此多相互冲突的期望，加强帝国仅有的持久黏合剂，即情感纽带。组成罗金厄姆政府的各位内阁大臣，还有追随他们效忠英王乔治三世的所有人，将帝国本质上设想成一种制度结构：主权权力自宗主国核心向外投射，为其殖民地外围带来秩序；在帝国内部，则以互惠互利的方式组织英国人和殖民者的生活。鉴于大臣们的经历和时代本身带来的思想约束——对殖民地治理不易的记忆，能证明在国家内部划分主权是正当的政治理论的缺失，几乎无法想象一个纯粹由自愿忠诚结合在一起的政治共同体——他们致力于建设一个符合严格的等级结构理念的帝国，这是绝对可以理解的。这并不是说创建一个经久不衰的帝国没有其他道路可选择。或者更恰当地说，他们发现了其他道路，只是不假思索地就将其否决了。因为殖民统治的备选方法一直都在那里，其运作效果比白厅的所有人在18世纪60年代中期意识到的都更佳。

实际上，北美的法属和英属殖民帝国在七年战争之前都是非常成功的，当时它们都不曾尝试以最基本的方式展现宗主国的权力。我们已经在本书的开篇部分了解到法属殖民帝国依靠一套"奥诺蒂奥"慈父式的责任体系来顾及它的印第安孩子，它愿意用礼物、贸易和居中调解的办法，而不是用武力来和他们打交道。只要依靠这种克制、宽容的方式促成的法国人与印第安人的同盟关系还能持续下去，法国对加拿大、路易斯安那和伊利诺伊地区，就仍能保持一种惊人的牢固控制力。只有当蒙特卡姆一意孤行，将印第安人当作附庸来指挥，而不是根据他们理解的各种准则，当成盟友时，才足以摧毁他们对法国"父亲"的忠诚。当最虔诚的天主教徒国王在北美的帝国处于成功之巅时，这个帝国不是法国的一片领地，而是把外交、贸易和对抗英国侵略的防御必要性牢牢编织在一起的多元文化联盟。

同样，英国的战前帝国依靠看上去较为虚弱的基础，因为白厅也允许殖民地居民选择自己的路线方针，除了解决争端和规范贸易，不干涉殖民地的事务。殖民地居民想要有权使用土地和让他们的土地具备生产功能所需的劳动力，他们需要为自己的农产品寻找商业销路，获得他们不能自行生产的制造业产品。帝国官员的回应是不妨碍殖民地居民谋求这些利益，或者实际上在设法帮助他们满足自己的各种需求。因为英国的殖民地居民将自己的注意力集中在从原住民手中获得土地上，而不是与他们做生意，英属殖民帝国没有发展成法属殖民帝国那样广阔的多元文化共同体；相反，英国的定居者毫不隐讳地在英属各殖民地占据支配地位，得到了英国议会中的国王（在其他方面地位超然）的支持，行使政治、经济和社会霸权。

从实际上来讲，英属北美殖民地居民将帝国关系理解为一种受到保护人-国王监督的贸易伙伴关系和军事同盟关系的结合体，在这个意义上，这种理解与印第安人设想他们与法国"父亲"的关系的方式并非大相径庭。根据温和改良主义者的条件，七年战争前的英属北美殖民帝国已经成长为一个即便制度上营养不良，但经济上富有活力，通过殖民地精英的合作与忠诚维系的国家体系。殖民地精英阶层的成员在行使地方管理权。任何干预帝国平衡的努力，都容易产生爆炸性结果。因此，就像印第安人对杰弗里·阿默斯特将他们置于一种新的从属于英王政府的关系反应暴烈一样，英属北美人起先对前后两任总司令将他们当作臣民，而不是将他们当作自认为的盟友对待时，进行了种种抵制和反抗；后来，在战后时期，他们又反抗英国议会越过大西洋显示它的主权权力的种种努力。那么，七年战争之后，英国能用什么样的办法创建一个持久的帝国？这个问题的答案只有一个：不去对北美殖民地实施任何新的管理，行使任何新的权力。

但是，如果英国允许殖民地居民自行决定战后帝国的形态，可能会出现怎样的结果？肯定不会是早期的独立运动，因为殖民地居民心满意足地认为自己一生都是英国人，而且刚刚分享了一场辉煌的帝国大胜仗，没有理由去排斥英国的权威。相反，在西部不存在法国-印第安封锁线的情况下，北美各殖民地几乎不可避免地会对自己大量增长的人口，以及从不列颠群岛到来的越发狂热的移民潮做出回应，办法就是让定居地越过阿巴拉契亚山脉，扩张到北美大陆的核心地带。这样的扩张肯定会引发相互竞争的各殖民地政府之间的摩擦和各投机辛迪加之间的冲突；但如果由英国贸易委员会和枢密院解决这两类冲突，将只会增强帝国的权威，因为获得土地这一最重要的利益，将使投机商和各殖民地谋求王国政府官员的仲裁。这种权力分散的扩张性帝国的赢家，明显会是英属北美的殖民地居民；输家也同样明显，就是阻碍他们的原住民。

在与印第安人做生意，武装他们，并与他们协同防御的强大欧洲盟友消失的情况下，印第安人的抵抗可能会持续数十年，进入19世纪。但是这种抵抗不可能无限期坚持下去。西班牙人在战败之后，专注于改革自己的帝国，在路易斯安那、得克萨斯和新墨西哥的据点之外，能够提供的有用援助很少。因此，一个将英语、英式司法和英式政府体系扩散到北美大陆在格兰德河以北广阔地域的英属北美帝国，是可以想象的。除了在北纬49度少了一条国界线，200年之后的结果与我们今天所知的北美不会有非常大的区别。不然会怎样？

帝国的这种飞速扩张是以上文刚刚叙述过的牺牲原住民为代价，却同时让像华盛顿和富兰克林这样的投机商和帝国主义者称心如意，这对宗主国当局来说恰恰是不能容许的——至少不是无限期的。这种扩张向王国政府提出的问题基本上是哲学性的，但绝对不只是纯学理式的，因为英国的君主制政治文化建立在忠诚和保护是互惠责任这一命题之上，国王负有保卫人民免受伤害的责任。《巴黎和约》规定乔治三世将他的保护扩展到新臣民身上，包括法兰西人和印第安人，这两类群体地位相似，他及其内阁诸大臣（如1763年《宣言》证实的那样）相当认真地看待这项义务。当北美殖民地居民涌入内陆时，即便国王和诸大臣发现可以避开这一问题，顾左右而言他，英属北美人的持续扩张也最终将迫使王国政府进行干预，或者迫使王国政府承认保护协议没有扩大到英属北美人共同体之外。

殖民地居民将会发现后一种方针不成问题，但是迄今为止，这都使君主制对合法性的主张被批得体无完肤，对乔治三世或他的后继者来说，这种方针几乎没有什么吸引力。因此，宗主国的干涉将是某一时刻的可能结局，接踵而至的对抗将聚焦于帝国的管理问题，哪怕在美国独立战争时——真正发生的一次对抗——也是。然而，因为最重要的问题涉及帝国之内权力的运用和政策的决断，完全可以想象的是一种会让美国不发生伴随而来的革命（独立战争）就获得独立的结果——一个与1821年墨西哥独立运动非常相似的结局。

当然，真正发生的事情则以另外一种方式，让事态提早到达非解决不可的地步，产生了各种迥异的结果。效忠乔治三世的内阁诸大臣认为，七年战争结束后迫切的公共财政和帝国管理问题，不允许他们任意拖延，因此选择对殖民地居民行使主权权力，以推行改革，避免陷入混乱失序的状况。大臣们的行动迫使殖民地居民采取防御措施，并使他们怀疑其合法性，因为这种权力被应用到他们身上时，明显是没有限制的。所以，对从七年战争中产生帝国的各种措辞的长期争论，在殖民地方面演变成一种通过定义政治体内部个人和群体的自然权利和宪法权利，来限制行使国家权力的努力。以这种方式，北美的领导人——像华盛顿和富兰克林这样，最爱的莫过于在英帝国框架之内追逐荣誉、财富和权力的人——被迫赋予继承而来的权利和自由的语言以新的普世意义，直面主权问题。因为殖民地居民对地方自治权的捍卫，最终会要求他们去打一场独立战争，无论如何已经成为帝国主义者的北美人首先会变成革命者，他们用于让自己立足的平等、权利和自由的观念，成为他们喜欢称之为"自由帝国"的非传统邦联政体的基础。

但是一个自由的帝国当然仍是帝国，有人可能认为，美利坚合众国的建立，只是导致北美大陆及其原住民会被无论如何都会统治这片大陆的英属北美居民征服。1795 年，俄亥俄地区的特拉华人和肖尼人在为独立进行的长达 40 年之久的斗争黯然终结时，肯定会发现向美利坚合众国臣服和向其他任何帝国主义国家臣服之间的差别微乎其微。然而，从长远来看，两者之间还是有差别的。无论这个自由帝国与其前任帝国在行动上多么相似，美利坚合众国的奠基者一开始就是将这个国家的体制，建立在各种原则性声明和基本法律之上的。这些声明和法律对各种权利的界定非常宽泛，以至任何男子甚或女子——渴望成为这个政治体的成员，都可以振振有词地宣称，基于他或她的纯粹的人道理由，有权享有这些权利。这样的权利主张会自动获得荣誉，这一点并不是最重要的，重要的是这些主张会成为为选举权之授予而进行的反复斗争的基础。这些斗争会成为美国历史的鲜明特征，在 19 世纪 60 年代导致第二场革命性动荡。甚至直到今天，它都会在我们的公共生活中产生回响。

因此，七年战争不是纯粹作为美国独立战争的背景出现的，这场战争同时也是后者不可缺少的先导，而且对早期共和国的形成存在相应的影响。在它的偶然性、混乱性和文化复杂性发展的全过程中，七年战争将英国的疆域扩大到大半个北美，从而将相互竞争的帝国愿景具体化，其矛盾和革命潜力逐渐显现出来。在塑造世界和英美领导人观念的过程中，七年战争成为美洲一个民族国家发展进程的必要先决条件，这个国家在存在的大部分时间里,既不是一个帝国,也不是一个共和国,而是两者兼而有之。因此,将七年战争和美国独立战争共同视为北美的政治文化中结合帝国主义和共和主义的划时代事件,能够推动我们向理解国家的历史迈出下一步——战争和自由往往会纠缠在一起。归根结底,对我们(美国人)来说,这份遗产是通过对权力的要求,也是对幸福的追求而成形。

注 释

前 言

1　Eric Hinderaker, *Elusive Empires: Constructing Colonialism in the Ohio Valley, 1673–1800* (New York,1997), xi.

序 言

1　这段叙述是根据多个文件和下文第5章的多则注解说明的内容推导出来的：W. W. Abbot 等人编辑的 *The Papers of George Washington, Colonial Series*, vol.1, 1748–August 1755 (Charlottesville, Va., 1983), 107–25（1754年5月29日，Washington 写给 Dinwiddie 的两封信，1754年5月29日，Washington 写给 Joshua Fry 的信，1754年5月31日，Washington 写给 John Augustine Washington 的信，1754年6月3日，Washington 写给 Dinwiddie 的信）; "Journal de Joseph-Gaspard Chaussegros de Léry, Lieutenant des Troupes, 1754–1755," *Archives de Québec: Rapport de l'archiviste de la province de Québec, 1927–28*, esp.372–3, 378–80；1754年8月21日，John Shaw 的证词，收入 William L.McDowell 编辑的 *Colonial Records of South Carolina:Documents Relating to Indian Affairs, 1754–1765* (Columbia, S.C.,1970), 3–7；证据取自 L. K. Koontz, *Robert Dinwiddie: Servant of the Crown* (Glendale, Calif., 1941), 313–15 中引用的丁威迪文件。还有 George F. G. Stanley, *New France: The Last Phase, 1744–1760* (Toronto, 1968), 54–5; Lawrence Henry Gipson, *The British Empire before the American Revolution*, vol.6, *The Great War for the Empire: The Years of Defeat, 1754–1757* (New York, 1968), 30–2; Douglas Edward Leach, *Arms for Empire: A Military History of the British Colonies in North America, 1607–1763* (New York, 1973), 334–6; Richard White, *The Middle Ground: Indians, Empires, and Republics in the Great Lakes Region, 1650–1815* (New York, 1991), 240–1 的内容也有引用。

—— 第一部分 ——

第1章

1　英国殖民者已经以在位君主的名字命名了一场战争，他们倾向于将这场战争称为与法国和印第安人的战争。历史学家也被命名问题难住了，要么效法英属殖民者的做法，发明其他名称（第四次殖民地之间的战争、帝国大战、征服战争），要么使用欧洲人的说法，即称之为七年战争，尽管事实上此战在欧洲持续了7年（1756—1763年），在北美略超过6年。虽然可以用不同的名称来提及这场战争在欧洲和美洲的战斗阶段，但我还是会使用"七年战争"这个名称来叙述整个过程。

2　塔纳格里森的资料来源有：Francis Jennings 等人编辑的 *The History and Culture of Iroquois Diplomacy* (Syracuse, N.Y., 1985),250–1; *Dictionary of Canadian Biography*, vol.3, s.v. "Tanaghrisson"。关于和平与力量大联盟和易洛魁联盟的叙述内容，尤其值得参考的是 Daniel K. Richter, *The Ordeal of the Longhouse: The Peoples of the Iroquois League in the Era of European Colonization* (Chapel Hill, N.C., 1992), 1–49; "Ordeals of the Longhouse: The Five Nations in Early American History" 一文，收入 Daniel K. Richter 与 James Merrell 合编的 *Beyond the Covenant Chain: The Iroquois and Their Neighbors in Indian North America, 1600–1800* (Syracuse, N.Y.,1987), 11–27; 也可参见 Anthony F. C. Wallace, *The Death and Rebirth of the Seneca* (New York, 1970), 21–107。易洛魁人被称为五部联盟，直到 18 世纪 20 年代，五部承认塔斯卡洛拉印第安人被纳入大联盟，从而成为六部联盟。关于卡罗来纳殖民者击败塔斯卡洛拉人，塔斯卡洛拉人移居纽约，被易洛魁人接纳的事，可参考 Verner W. Crane, *The Southern Frontier, 1670–1732* (Durham, N.C., 1928),158–61; Francis Jennings, *The Ambiguous Iroquois Empire: The Covenant Chain Federation of Indian Tribes with the English Colonies from Its Beginnings to the Lancaster Treaty of 1744* (New York, 1984), 297; id. et al., *Iroquois Diplomacy*, 173。

3   关于哀悼战争、仪式性拷打折磨和收养惯例，可参考 Daniel K. Richter, "War and Culture: The Iroquois Experience", *William and Mary Quarterly*, 3rd ser.,40 (1983): 528–59。关于德加纳维达和海华沙的传说，可参考 Paul A. W. Wallace, *The White Roots of Peace* (1946; reprint, Port Washington, N.Y., 1968)。哀悼仪式是易洛魁外交的基础，见 William N. Fenton, "Structure, Continuity, and Change in the Process of Iroquois Treaty Making"，收入 Jennings 等人所著的 *Iroquois Diplomacy*, 3–36, 尤其是 18–21; 也可见 Richter, *Ordeal*, 30–49。

4   Dorothy V. Jones, *License for Empire: Colonialism by Treaty in Early America* (Chicago, 1982), 26; Wallace, *Death and Rebirth*, 42–3; Richter, "War and Culture," 528–59。

5   Francis Jennings, "Iroquois Alliances in American History"，收入 Jennings 等人所著的 *Iroquois Diplomacy*, 39。

6   Richard White, *The Middle Ground: Indians, Republics, and Empires in the Great Lakes Region, 1650–1815* (New York,1991); 尤其注意 1–185。我采用了怀特的概念架构及其大部分术语。因而，我将在密歇根湖西边（地理上"潮间浅滩"的核心地区）聚居的印第安难民部族称为阿尔冈昆人，尽管正如怀特指出的那样，阿尔冈昆只是包括易洛魁人（休伦-佩顿人）和苏族（温纳贝格人）在内的多个部族之中的主要语言群体。虽然我说过，根据阿尔冈昆人亲族制度中的父亲身份，父亲充当调停人的文化角色与易洛魁人的相应制度共通。易洛魁人与他们的敌人一样，将亲族关系视为母系关系。（在这两种情况下，双亲的管教责任都属于母亲和舅父。）"父亲"一词在欧洲人之中引起的共鸣，与身处母系组织文化的印第安人截然不同。欧洲人的亲族是父系结构，是以父权制的方式思考的。不过正如法国人的经验表明的那样，亲族关系的不同意义可以开辟一条通往卓有成效的跨文化关系的道路，这种关系是在相互误解的基础上创造性地开辟出来的，但是只有在欧洲人避免强制行使权力时，这种情况才会发生。

7   Richter, *Ordeal*, 190–235。

8   对易洛魁人中立性质的不同看法，见 Jennings, "Iroquois Alliances", 39; Wallace, *Death and Rebirth*, 111–14; Richard Aquila, *The Iroquois Restoration: Iroquois Diplomacy on the Colonial Frontier, 1701–1754* (Detroit, 1983), 15–18; Richter, *Ordeal*, 236–254。

9 从法国的角度来看待易洛魁政策的这些内容,虽然符合法国的利益,却也通过与远方印第安人的协议,加剧了毛皮贸易结构之中形成的困难,关于这个问题要特别留意 W. J. Eccles, *The Canadian Frontier, 1534-1760* (Albuquerque, N.M., 1983), 133-6。White 倾向于同意这种说法,不过他认为情况更加复杂;见 *Middle Ground*, 119-85。Jennings 相信这对法国利大于弊;见 "Iroquois Alliances", 39。

10 "进取型中立",见 Wallace, *Death and Rebirth*, 112。我根据 Wallace (111-14)、Richter (*Ordeal*, 236-54) 和 Aquila (*Iroquois Restoration*, 15-18ff.),对这一政策采取的行动所做的陈述。

俄亥俄地区包括阿勒格尼河与伊利湖之间的土地,向西沿着俄亥俄河流域延伸至法国人控制的伊利诺伊地区,即密歇根湖以南,大致以沃巴什河、密西西比河和伊利诺伊河为界的地区。见 Jennings, *Ambiguous Empire*, 350-1;也可见 Eccles, *Canadian Frontier*, 132-85, 特别注意 161 页和 169 页的地图;Eric Hinderaker, *Elusive Empires: Constructing Colonialism in the Ohio Valley, 1673-1800* (New York, 1997)。

11 关于伊利诺伊地区的情况,见 Winstanley Briggs, "Le Pays des Illinois", *William and Mary Quarterly*, 3rd ser., 47 (1990): 30-56; Hinderaker, *Elusive Empires*, 12-18, 53-64, 90-9。俄亥俄河流域对法国人的战略弧形包围圈的重要性见 "Memoir of the French Colonies in North America by the Marquis de la Galissonière" [Dec. 1750], 收入 Sylvester K. Stevens 与 Donald H. Kent 合编的 *Wilderness Chronicles of Northwestern Pennsylvania* (Harrisburg, Pa., 1941), 27-9; Eccles, *Canadian Frontier*, 154-6; George F. G. Stanley, *New France: The Last Phase, 1744-1760* (Toronto, 1968), 35-6。

12 俄亥俄地区的人口减少,参见 Richter, *Ordeal*, 15, 60-66。肖尼人的迁徙,参见 Hinderaker, *Elusive Empires*, 18-22; James Howard, *Shawnee! The Ceremonialism of a Native Indian Tribe and Its Cultural Background* (Athens, Ohio, 1981), 1-8; Michael N. McConnell, *A Country Between: The Upper Ohio Valley and Its Peoples, 1724-1774* (Lincoln, Nebr., 1992), 14-15。18 世纪俄亥俄地区印第安人口的再度繁衍, id., "The Peoples 'In Between': The Iroquois and the Ohio Indians, 1720-1768", 收入 Richter and Merrell, *Beyond the Covenant Chain*, 93-112; Jennings, *Ambiguous Empire*, 350-3; id., *Empire of Fortune: Crowns, Colonies, and Tribes in the Seven Years War in America* (New York, 1988), 22-5。关于塔纳格里森和斯卡罗瓦蒂,见 Jennings 等人合编的 *Iroquois Diplomacy*, 250-2。

13 这一体系的运作和俄亥俄地区的重要性参见 Wallace, *Death and Rebirth*, 112-13。易洛魁武士和俄亥俄印第安武士在 1738 年和 1748 年的对应数量, 见 Jennings, *Empire of Fortune*, 31-2。此处提及的印第安问题专家是宾夕法尼亚的首席官方口译员康拉德·韦泽,他在 1744 年年末给弗吉尼亚的托马斯·李写了一封信;见 Paul A. W. Wallace, *Conrad Weiser, 1696-1760: Friend of Colonist and Mohawk* (Philadelphia, 1945), 200-1。韦泽引述的人口数量是很合理的,不过声称数量如此庞大的印第安武士一经征召就会与易洛魁人联手,纯属幻想。

14 贝壳念珠和外交礼品,见 Mary A. Druke, "Iroquois Treaties: Common Forms, Varying Interpretations" 与 Michael K. Foster, "Another Look at the Function of Wampum in Iroquois-White Councils", 收入 Jennings 等人合编的 *Iroquois Diplomacy*, 85-114;也可见 Wilbur Jacobs, *Wilderness Diplomacy and Indian Gifts: Anglo-French Rivalry along the*

Ohio and Northwest Frontiers, 1748-1763 (Stanford, Calif., 1950)。

15 Aquila, *Iroquois Restoration*, 85-91; Jennings 等人合编的 *Iroquois Diplomacy*, 165-9。

第 2 章

1 Ives Goddard, "Delaware", 收入 William C. Sturtevant 主编的 *Handbook of North American Indians*, vol.15, *Northeast*, Bruce Trigger 编 (Washington, D.C., 1978), 213-22; Michael N. McConnell, "The Peoples 'In Between': The Iroquois and the Ohio Indians, 1720-1768", 收入 Daniel K. Richter 与 James Merrell 合编的 *Beyond the Covenant Chain: The Iroquois and Their Neighbors in Indian North America, 1600-1800* (Syracuse, N.Y., 1987), 93-112; id., *A Country Between: The Upper Ohio Valley and Its Peoples, 1724-1774* (Lincoln, Nebr., 1992), 5-46; Francis Jennings, *Empire of Fortune: Crowns, Colonies, and Tribes in the Seven Years War in America* (New York, 1988), 31-5; id., *The Ambiguous Iroquois Empire: The Covenant Chain Confederation of Indian Tribes with the English Colonies from Its Beginnings to the Lancaster Treaty of 1744* (New York, 1984), 309-46; Eric Hinderaker, *Elusive Empires: Constructing Colonialism in the Ohio Valley, 1673-1800* (New York, 1997), 119-28。

2 Jennings, *Ambiguous Empire*, 356-60; Kenneth P. Bailey, *The Ohio Company of Virginia and the Westward Movement, 1748-1792: A Chapter in the History of the Colonial Frontier* (Glendale, Calif., 1939), 105-6。

3 Jennings, *Ambiguous Empire*, 360-2; 引自 Bailey, *Ohio Company*, 117。

4 莫霍克人在乔治王战争中的经历，以及这段经历对其与纽约殖民地关系的影响，见 Ian K. Steele, *Betrayals: Fort William Henry and the "Massacre"* (New York, 1990), 18-27。纽约的政局与奥尔巴尼商人的中立，见 Stanley Nider Katz, *Newcastle's New York: Anglo-American Politics, 1732-1753* (Cambridge, Mass., 1968), 164-82。

5 Yoko Shirai, "The Indian Trade of Colonial Pennsylvania, 1730-1768: Traders and Land Speculation" (Ph.D. diss., University of Pennsylvania, 1985), 35-9。

6 克罗根的这段引述，见 Albert T. Volwiler, *George Croghan and the Westward Movement, 1741-1782* (Cleveland, 1926), 35。皮卡维拉尼的兴起和梅梅斯基亚酋长的活动，见 Richard White, *The Middle Ground: Indians, Republics, and Empires in the Great Lakes Region, 1650-1815* (New York, 1991), 215-22; R. David Edmunds, "Pickawillany: French Military Power Versus British Economics", *Western Pennsylvania Historical Magazine* 58 (1975): 169-84。克罗根的事业，见 Nicholas Wainwright, *George Croghan, Wilderness Diplomat* (Chapel Hill, N.C., 1959), 5-37。法国人悬赏 1000 银元（相当于 225 英镑）奖金，买克罗根的人头 (Volwiler, *Croghan*, 78)。总的说来，克罗根能够以四分之一的价格提供法国贸易商供货的相应工业制品，证明了英国工业经济日益强大，这有助于解释法国人面对英国人在印第安贸易中与他们竞争的前景时的焦虑感。

7 铅板的铭文见 Donald H. Kent, *The French Invasion of Western Pennsylvania, 1753* (Harrisburg, Pa., 1954), 8, 我将之译成了英文。对塞洛龙的引述，见 George F. G. Stanley, *New France: The Last Phase, 1744-1760* (Toronto, 1968), 38。塞洛龙和印第安部族的接洽地点在赛欧托，英国贸易商和印第安人都在场。

8 贸易商数量多到令人吃惊，ibid.。塞洛龙的报告，ibid., 33-9; Gustave Lanctot, *A*

History of Canada, vol.3, From the Treaty of Utrecht to the Treaty of Paris, 1763 (Cambridge, Mass., 1965), 75-6; Kent, French Invasion, 6-10。White, Middle Ground, 204-8 和 Andrew R. L. Cayton, Frontier Indiana (Bloomington, Ind., 1996), 20-5, 对上述这些年代较为久远的记录是一种很好的补充。塞洛龙的日记由 A. A. Lambing 翻译并编辑, "Journals of Céloron de Blainville and Father Joseph Pierre de Bonnecamps", Ohio Archaeological and Historical Society Quarterly 29 (1920): 335-423。

9　Bailey, Ohio Company, 68-9.

10　吉斯特的调查见 Bailey, Ohio Company, 90, 94, 95。克罗根和吉斯特的合作见 Wainwright, Croghan, 48-50。对罗格斯镇的基本描述，见 McConnell, A Country Between, 75-7; Hinderaker, Elusive Empires, 136-8; White, Middle Ground, 236-7。会议的细节可见 Lois Mulkearn 编辑的 George Mercer Papers Relating to the Ohio Company of Virginia (Pittsburgh, 1954), 127-38。塔纳格里森特别依赖英国人提供的礼品；他分发这些礼品的能力让他能够在当地有权势的头人当中拉拢一批追随者。这让他比大多数肖尼人和特拉华人更为热衷于亲英，他在礼品问题上也就比易洛魁大长老会更为热衷 (Jennings, Empire of Fortune, 37-45; McConnell, A Country Between, 75-6; Hinderaker, Elusive Empires, 138)。

11　罗格斯镇对俄亥俄印第安人的重要意义，参见 McConnell, A Country Between, 77-82; Jennings, Empire of Fortune, 21-45。

12　本节引述内容取自 Charles A. Hanna, The Wilderness Trail, or The Ventures and Adventures of the Pennsylvania Traders on the Allegheny Path..., vol.2 (New York, 1911), 292。描述朗格拉德袭击的英文文本是 Alfred T. Goodman 编辑的 Journal of Captain William Trent from Logstown to Pickawillany (1871; New York, 1971 重印)。在 Volwiler, Croghan, 78-9; Stanley, New France, 45-6; White, Middle Ground, 228-31; Cayton, Frontier Indiana, 23-35 也可以见到其他版本；此事最为详尽的记录，见 Edmunds, "Pickawillany"。渥太华人和齐佩瓦人在袭击队伍里的人数占绝对优势，他们进行了仪式性的食人，将敌人的精神力量转移给自己，此举解释了投降的后果。朗格拉德没有参与食人宴会，但是理解此举的重要性，他将梅梅斯基亚交给印第安人（怀特解释，其中一些人是朗格拉德的亲戚），以此作为一种让他重新与法国人同盟的手段 (White, Middle Ground, 231)。

13　Bailey, Ohio Company, 154-5.

14　宾夕法尼亚与弗吉尼亚之争, ibid., 103-22。吉斯特和克罗根在罗格斯镇的合作，见 Jennings, Empire of Fortune, 44; Wainwright, Croghan, 48-50。

15　Bailey, Ohio Company, 64-9.

16　给迪凯纳的命令见 Antoine-Louis Rouillé, comte de Jouy, Minister of Marine, to Duquesne, 1752 年 5 月 15 日, Stanley 于 New France, 45 引用。法军堡垒的修建，见 ibid., 47-8; Lanctot, History 3: 85-6; 特别要注意 Kent, French Invasion, 15-68。

第 3 章

1　除了注明的部分，以下内容选自 T. R. Clayton, "The Duke of Newcastle, the Earl of Halifax, and the American Origins of the Seven Years' War", Historical Journal 24 (1981): 573-84。关于纽卡斯尔的叙述，见 Reed Browning, The Duke of Newcastle (New Haven,

Conn., 1975), 82–8。

2 关于大英帝国奇特的制度结构和对外关系的处理的几句话是合乎情理的。18世纪，国王对英国国务的所有行政职能部门负责，但是将其权威授予枢密院成员，枢密院是一个规模从30人到80人不等的显要机构。有些枢密院成员担任纯属顾问和礼仪性的职务，而另一些成员则负责政府的实际行政管理事务。1696年，英王威廉三世担心英国议会过分干涉分属其君权范围之内的商贸和殖民地事务，创立了贸易与殖民委员会，它成为枢密院的一个下属次级委员会。组成该委员会的16名官员的正式职务为"贸易与殖民专员"，其中8名是枢密院要员；8名是处理该委员会实际工作的受薪常任成员。

贸易委员会就各殖民地政府官员的任命事宜向枢密院和国王提出建议，审查各殖民地议会通过的立法法案，以确保其符合英国法律和殖民地的最重要利益（枢密院可以"驳回"或否决任何令人反感的殖民地法案），同时充当各殖民地所有官方信息的交换场所。除了两个问题，贸易委员会可能是制定和执行殖民政策的真正有效机构。第一个问题是该委员会不仅要关注各殖民地，其实还要关注整个英国的贸易和许多相关问题。因此，除了其他职责，它还要负责就所有商贸条约提供建议，监管国内各项产业和渔业的状况，为产业领域的穷人提供有用的就业机会。不过，第二个问题最终被证明更为严重：由于委员会只能就殖民地事务提供建议，它不具备在各殖民地政府任命官员的权威，也没有任何强制政府各部门根据其政策关注殖民地事务的行政权力。所有行政权威仍由枢密院保留，枢密院又将其对殖民地的权力委托给南方部国务大臣。

南方部和北方部国务大臣，都是英国枢密院成员，在官方文件和法令中共同书写"陛下之幸"的字样，因此都是国王与英国政府其他部门之间的重要中间人。这二位"主要国务大臣"之间的责任划分更多是依据传统而非法律，这种情况让他们多少能随意干涉彼此的事务。北方部国务大臣通常负责英格兰、苏格兰和爱尔兰的内部行政管理。英国人在法国北部海岸的格里斯-奈兹海角到君士坦丁堡之间划了一条等分线，与这条线北方各国的外交关系也由北方部国务大臣主管。而南方部国务大臣负责与这条线南方的世界各国的外交关系，并管理殖民地事务。各殖民地总督向南方部大臣报告，接受他的各项指示。从1704年起，南方部大臣在殖民地范围内也可以行使无可争议的人事任免权。不言自明的是，在一个持续紧张和敌对的时代，任何负责处理与法国外交关系的人都会忙得不可开交。不过让这一负担更为沉重的是，负责处理与天主教在欧洲的其他势力范围、奥斯曼帝国和殖民地的关系，意味着南方部大臣的确公务繁忙。事实上，他们太忙了，乃至不可能事无巨细地关注各殖民地，甚至不可能非常仔细地打听殖民地的情况。历任南方部大臣大多不太关注各殖民地，利用殖民地体系内的可用人事任免权来满足国内政治的迫切需要，而不是寻找有能力的官员去管理各殖民地政府。

因而，美洲各英属殖民地的行政管理不仅杂乱无序，而且其管理中枢混乱不堪。贸易委员会了解殖民地的一切，却没有权力将其知识转化为政策。南方部国务大臣对殖民地拥有行政权威，却对这些地方一无所知，而且在任命官员或颁布政策之前，几乎没有理由去了解殖民地事务。知识和权力之间的这种根本分隔，再加上官僚机构的分裂和内部竞争，给予殖民地政府的指导缺乏连贯性，各殖民地总督也缺乏有效的可用政治权力，都在削弱英国政府维护对各殖民地控制权的能力。

然而，即便越过这些对帝国体制效率的限制，大多数英国行政官员都在以严格的商贸

注　释　683

思路去构想帝国这一事实，也阻止他们试图将它变成控制贸易的结构以外的其他任何事物。从某种意义上来说，18 世纪中叶的大英帝国不是，也从来没有成为一个领土性实体，从未实际控制过跨大西洋的农产品、货物和信贷之外的任何东西。另外一个事实是，在 18 世纪上半叶的大部分时期，英国政府的殖民政策其实毫无作为——用埃德蒙·伯克的名言来说，表现出一种对各殖民地"明智而有益的忽视"——只是给影响美洲事务的英国官员因制度导致的无能增加了惯性的分量。正如帝国行政官员熟知的那样，干预各殖民地的地方政府，就会引起强烈的地方反抗，这至少会对商贸不利。

关于帝国的行政管理机构，见 Charles McLean Andrews, *The Colonial Period of American History*, vol.4, *England's Commercial and Colonial Policy* (New Haven, Conn., 1938), 272–425; Thomas Barrow, *Trade and Empire: The British Customs Service in Colonial America, 1760–1775* (Cambridge, Mass., 1967), 106–12; Arthur H. Basye, *The Lords Commissioners of Trade and Plantation, Commonly Known as the Board of Trade, 1748–1782* (New Haven, Conn., 1925); Oliver M. Dickerson, *American Colonial Government, 1696–1765: A Study of the British Board of Trade in Its Relations to the American Colonies* (Cleveland, 1912); Leonard Woods Labaree, *Royal Government in America: A Study of the British Colonial System before 1783* (New Haven, Conn., 1930)。对 Burke 名言的引述，ibid., *Speech...on ...Conciliation with the Colonies...* (London, 1775), par.30。

3　关于七年战争之前英国的均势政治，见 Eliga Gould, *The Persistence of Empire: British Political Culture in the Age of the American Revolution* (Chapel Hill, N.C., forthcoming), chap.1; Jeremy Black, *British Foreign Policy in the Age of Walpole* (Edinburgh, 1985); ibid., *A System of Ambition? British Foreign Policy 1660–1793* (London, 1991); H. M. Scott, "'The True Principles of the Revolution': The Duke of Newcastle and the Idea of the Old System"，收入 Jeremy Black 编辑的 *Knights Errant and True Englishmen: British Foreign Policy 1600–1800* (Edinburgh, 1989), 55–91。

4　给各殖民地总督的指示，见 1751 年 8 月 21 日英国内阁会议纪要。通告信，见 1753 年 8 月 28 日，霍尔德内斯伯爵给各殖民地总督写的信。前述两份资料在 Clayton, "American Origins," 584 都有引用。

5　1753 年 8 月 28 日，霍尔德内斯伯爵给丁威迪写的信，收入 Kenneth P. Bailey, *The Ohio Company of Virginia and the Westward Movement, 1748–1792: A Chapter in the History of the Colonial Frontier* (Glendale, Calif., 1939), 202–3 n.486。

6　Francis Jennings, *Empire of Fortune: Crowns, Colonies, and Tribes in the Seven Years War in America* (New York, 1988), 81 中引用了大会会议纪要。

7　1753 年 9 月 18 日，Lords of Trade 给 Sir Danvers Osborne 写的信，Jennings 在 *Empire of Fortune*, 82 n.28 有所引用。

8　Robert C. Newbold, *The Albany Congress and the Plan of Union of 1754* (New York, 1755), 17–37。

9　此处对丁威迪的描述，见 Bailey, *Ohio Company*, 57–8; Lawrence Henry Gipson, *The British Empire before the American Revolution*, vol.2, *The Southern Plantations, 1748–1754* (New York, 1960), 16–17; L. K. Koontz, *Robert Dinwiddie* (Glendale, Calif., 1941), 33–49; J. R. Alden, *Robert Dinwiddie: Servant of the Crown* (Charlottesville, Va., 1973), 18–19。

10 关于一个比斯托尔费用之争，见 Alden, *Dinwiddie*, 26-37; Koontz, *Dinwiddie*, 201-35; Jack P. Greene, *The Quest for Power: The Lower Houses of Assembly in the Southern Royal Colonies, 1689-1776* (Chapel Hill, N.C., 1963), 158-65。

11 Hayes Baker-Crothers, *Virginia and the French and Indian War* (Chicago, 1928), 18.

第 4 章

1 Charles Moore 编辑的 *George Washington's Rules of Civility and Decent Behaviour in Company and Conversation* (Boston, 1926), rules 2, 9 与 13。关于华盛顿性格的形成，见 Marcus Cunliffe, *George Washington, Man and Monument* (Boston, 1958), 35-60; James Thomas Flexner, *Washington: The Indispensable Man* (Boston, 1974), 5-18; John E. Ferling, *The First of Men: A Life of George Washington* (Knoxville, Tenn., 1988), 8-20; Douglas Southall Freeman, *George Washington: A Biography*, vol.1, *Young Washington* (New York, 1948); Thomas A. Lewis, *For King and Country: The Maturing of George Washington, 1748-1760* (New York,1993), 3-43; Paul Longmore, *The Invention of George Washington* (Berkeley, Calif., 1988), 1-24; Don Higginbotham, *George Washington and the American Military Tradition* (Athens, Ga.,1985), 1-38; Edmund Morgan, *The Genius of George Washington* (Washington, D.C., 1980); ibid., *The Meaning of Independence: John Adams, George Washington, Thomas Jefferson* (Charlottesville, Va., 1975), 29-36。

2 这则记录是根据 Lawrence Henry Gipson, *The British Empire before the American Revolution*, vol.4, *Zones of International Friction: North America, South of the Great Lakes Region, 1748-1754* (New York, 1967), 296-301，以及 Francis Jennings, *Empire of Fortune: Crowns, Colonies, and Tribes in the Seven Years War in America* (New York, 1988), 60-8 写成。关于 Van Braam，见 L. K. Koontz, *Robert Dinwiddie* (Glendale, Calif., 1941), 243 n.299; W. J. Eccles, *The Canadian Frontier, 1534-1760* (Albuquerque, N.M., 1983), 205 n.15。

3 Legardeur 的消遣态度，见 Jennings, *Empire of Fortune*, 63。Dinwiddie 的警告，见 Dinwiddie to Legardeur de Saint-Pierre, 收入 Sylvester K. Stevens and Donald H. Kent 编辑的 *Wilderness Chronicles of Northwestern Pennsylvania* (Harrisburg, Pa., 1941), 76-7。Washington 的评价见 "Washington's Description of Fort Le Boeuf"，出处同前，79。对勒加德尔身为军官和外交官的职业生涯和成就的研究要全面了解，可参考 Joseph L. Peyser 编辑的附带评论的出色文集 *Jacques Legardeur de Saint-Pierre: Officer, Gentleman, Entrepreneur* (East Lansing, Mich., 1996); 描述他会见华盛顿经过的文件在文集 201-4。

4 1753 年 12 月 15 日，Legardeur de Saint-Pierre 给 Dinwiddie 写的信，收入 Stevensand Kent, *Wilderness Chronicles*, 78; cf. 更为详细的译文收在 Peyser, *Legardeur*, 205-6。华盛顿的归程，见 Lewis, *For King and Country*, 114-19。

5 1754 年 1 月 26 日，Dinwiddie 给 Trent 写的信，Gipson, *North America*, 300 有引述。

6 Ibid., 299-302。

7 Ibid., 302-4。后来，克罗根致信宾夕法尼亚总督："政府可能会对俄亥俄的印第安人有什么意见，认为他们有义务按照奥农达加的易洛魁长老会的要求行事，不过我向总督阁下保证，这一次他们不会询问奥农达加长老会的意见，会自行其是。" 1754 年

5 月 14 日给 James Hamilton 总督写的信，Nicholas B. Wainwright 在 *George Croghan, Wilderness Diplomat*, 61（Chapel Hill, N.C.,1959）中有相关引述。

8 物资短缺问题，见 1765 年 Ward 的证词，Gipson 在 *North America*, 304 引用。法军逼近的情形，见 1754 年 5 月 7 日 Ward 少尉的部署，出处同前，309-10 n.113（引文自 309 页起）。

9 关于弗吉尼亚堡，见 Gipson, *North America*, 307-10 n.113; Jennings, *Empire of Fortune*, 64-5; George F. G. Stanley, *New France: The Last Phase, 1744-1760* (Toronto,1968), 51-3, 53。关于迪凯纳堡，见 Charles Morse Stotz, *Outposts of the War for Empire: The French and English in Western Pennsylvania: Their Armies, Their Forts, Their People, 1749-1764* (Pittsburgh, 1985), 81-7。

第 5 章

1 华盛顿对他那支补给和薪饷不足的部队的看法，见 1754 年 3 月 7 日和 9 日，Washington 给 Dinwiddie 写的信件，收入 W. W. Abbot 等人编辑的 *The Papers of George Washington, Colonial Series*, vol.1, 1748-1755 年 8 月 (Charlottesville, Va., 1983), 75-87；关于军官的可怜薪饷，见 1754 年 5 月 18 日，Washington 给 Dinwiddie 写的两封信，出处同前，96-100。丁威迪对华盛顿的抱怨缺乏同感，可参考 1754 年 3 月 15 日和 5 月 25 日，Dinwiddie 给 Washington 写的信，出处同前，75-7, 102-14（引自 Dinwiddie 信件的内容在 102 页）。也可见 Lawrence Henry Gipson, *The British Empire before the American Revolution*, vol.6, *The Great War for the Empire: The Years of Defeat, 1754-1757* (New York, 1968), 22-30; James Titus, *The Old Dominion at War: Society, Politics, and Warfare in Late Colonial Virginia* (Columbia, S.C., 1991), 46-72; Francis Jennings, *Empire of Fortune: Crowns, Colonies, and Tribes in the Seven Years War in America* (New York, 1988), 65-70。

2 "Instructs to Be Observ'd by Majr Geo. Washington on the Expeditn to the Ohio"（1754 年 1 月），*Papers of Washington*, 1:65。

3 George F. G. Stanley, *New France: The Last Phase, 1744-1760* (Toronto, 1968), 54。我的这一节内容根据 Stanley 的说法写成，增补了取自 Gipson, *Years of Defeat*, 30-2; Douglas Edward Leach, *Arms for Empire: A Military History of the British Colonies in North America, 1607-1763* (New York, 1973), 333-6; Jennings, *Empire of Fortune*, 66-70 的信息。

4 关于大草地及其附近的地形，见 Tom Thomasand Margaret DeLaura, *Fort Necessity National Battlefield, Pennsylvania* (Historic Resource Study,1996 年 9 月：Denver Service Center, National Park Service, U.S. Department of the Interior), 91, 94-6, 99 等段落。1753 年，吉斯特的种植园在红石溪和约克加尼河分界地建立起来，将会成为移民前往俄亥俄公司的土地的中转站；1754 年已有 20 户人家在那里定居。见 Thomas A. Lewis, *For King and Country: The Maturing of George Washington, 1748-1760* (New York, 1993), 68-70。

5 Donald Jackson 编辑的 *The Diaries of George Washington*, vol.1, 1748-65 (Charlottesville, Va.,1976), 195 (1754 年 5 月 27 日的记录)。

6 参见华盛顿日记和 1754 年 5 月 29 日 Washington 给 Dinwiddie 写的信的措辞，*Papers*

of Washington, 1:110；1754 年 5 月 29 日，Washington 给 Dinwiddie 写的另一封信，出处同前 ,116；1754 年 5 月 31 日，Washington 给 John Augustine Washington 写的信，出处同前，118。除了华盛顿的记录和下文分析的说法，还有第五个（很晚以后的一个）证人的说法也留存了下来。亚当·斯蒂芬上尉为了证明弗吉尼亚的部队不是入侵者，而是军纪严明、遵守文明战争规则的队伍，这一润色过的版本没有给其他文件添加可以证实的事实，还歪曲了大量发生过的事情（例如，提到弗吉尼亚民兵在进行欧洲正规军可能发动的那种刺刀冲锋之前，"推进到我们能够上刺刀靠近法军的距离，迎接他们的火力"，可是训练水平半吊子的弗吉尼亚民兵是不可能达到这种要求的）。Stephen 的说法见 1754 年 8 月 29 日的 *Maryland Gazette* 和同年 9 月 19 日的 *Pennsylvania Gazette*。

7　孔特勒克的报告在欧洲公布。该报告在伦敦被译成英文，在这场战争的欧洲阶段开始时，与其他文件一同出现在 *A Memorial Containing a Summary View of Facts, with Their Authorities. In Answer to the Observations Sent by the English Ministry to the Courts of Europe*（New York, 1757 重印）中。引用的这个段落在重印版的第 69 页；这段文字被转载于 *Papers of Washington*, 1:114。原文见 Fernand Grenier 编辑的 *Papiers Contecoeur et autres documents concernant le conflit anglo-français sur l'Ohio de 1745 à 1756*（Québec, 1952）。法国分队的人员一直在睡觉，或者只是在弗吉尼亚人进攻发生时刚醒过来——这是华盛顿和斯蒂芬都没有提到的一个细节——从蒙索逃跑时都无暇穿上鞋子这一事实看来，这一点似乎很清楚。6 月 5 日，一个从福克斯来的印第安信使与华盛顿在大草地会合，他报告说："遇到一个在朱蒙维尔先生行动时逃跑的法国兵，既没穿鞋子也没有长筒袜，几乎不能走路了；不过还是让他过去了，他当时不知道我们已经击败了法军分队。"（*Diaries of Washington*, 1:199）

8　"Affidavit of John Shaw"，收入 William L. McDowell Jr. 编的 *Colonial Records of South Carolina: Documents Relating to Indian Affairs, 1754-1765*（Columbia, S.C., 1970），4-5。

9　朱蒙维尔小分队的规模和构成，见 *Summary View*, 67。我对同事，即科罗拉多大学博尔德分校人类学教授 Dennis Van Gerven 深表感激，他向我解释了头骨遭到利器打击会如何碎裂、脑囊膜的特质、头部的血容量、活人（或刚死之人）脑组织的一致性，以及头部暴力创伤的其他问题。

10　Michael N. McConnell 提出过一个类似的论点，尽管他差点将塔纳格里森描述为一个逃难者。见 id., *A Country Between: The Upper Ohio Valley and Its Peoples, 1724-1774*（Lincoln, Nebr., 1992），110。

11　"Journal de Joseph-Gaspard Chaussegros de Léry, lieutenant des troupes, 1754-1755", Archives de Québec: Rapport de l'archiviste de la province de Québec (1927-28), 372-3。我的译文与我曾见过的仅有的另一个英文版译文略有不同，一份边疆堡垒和道路测绘系列的施工进度管理油印出版物，见 Sylvester K. Stevens 与 Donald H. Kent 合编的 *Journal of Chaussegros de Léry*（Harrisburg, Pa., 1940），27-8。我非常感谢同事玛莎·汉纳为翻译提供的帮助。

12　我们可以合理地推断，目睹塔纳格里森的行径，会让华盛顿一时无力行动。尽管他几乎像殖民时代的所有弗吉尼亚人一样，会目睹动物被屠杀，奴隶被鞭挞，可是他极有可能从未见过朱蒙维尔的创口涌出如此多的鲜血，因为在任何特定的时刻，人体血液的三分之一都在大脑之中，所以在巨大的压力下，血液的排放量惊人。这样的景象经常会让观察者受到生理上的冲击；没有理由认为华盛顿能对这种反应免疫。(我再度感谢丹尼斯·范格文对大脑及其各种特性的仔细解释，以及他对现代目击者看到类似朱蒙维尔所受创伤时受到的影响的描述。)

13 1754 年 5 月 29 日 (两封)、6 月 3 日和 6 月 10 日，Washington 给 Dinwiddie 写的信，*Papers of Washington*, 1:110–12, 116–17, 124, 135。在 6 月 3 日的那封信中，华盛顿改变了他的说法，几乎承认了发生的事情，但是没有表明他要对此承担任何责任。在谈到这次遭遇战时，他指出塔纳格里森部下的武士只有 7 人装备武器，还补充道："还有五六名其他部族的印第安人，他们设法击打头部不幸受伤的可怜人，剥去他们的头皮。"这一说法——一则旁注——模棱两可，足以让丁威迪推断出，杀戮发生在停火和华盛顿接受法军投降之间。刘易斯正是根据华盛顿的这封信，在他那篇关于华盛顿青年时代精到而细致的描述中得出这个结论："法国人惊惶失措，转身再度奔向弗吉尼亚人，在空中挥舞双臂。华盛顿还赶不及走到峡谷谷底接受他们投降，易洛魁人就开始用战斧砍杀伤员，收集头皮。" (*For King and Country*, 143)

14 Washington 给 Dinwiddie 写的信，1754 年 5 月 29 日 (讲述他的强健体魄) 和 6 月 10 日 (提及热切期盼一名经验丰富的军官来指导他)，*Papers of Washington*, 1:107, 129。

15 1754 年 6 月 2 日，*Diaries of Washington*, 1:199。

16 "那座小玩意儿"的说法，见 1754 年 9 月 3 日 Tanaghrisson 在奥威克的讲话，Jennings, *Empire of Fortune*, 67 引述。"500 人的进攻"一说，见 1754 年 6 月 3 日，Washington 给 Dinwiddie 写的信，*Papers of Washington*, 1:124。

17 Gipson, *Years of Defeat*, 32–3; Nicholas Wainwright, *George Croghan, Wilderness Diplomat* (Chapel Hill, N.C., 1959), 62–3。

18 Douglas Southall Freeman, *George Washington: A Biography*, vol.1, *Young Washington* (New York, 1948), 391–3; *Diaries of Washington*, 1:202–7 (1754 年 6 月 16—21 日的各项)。

19 Conrad Weiser, "Journal of the Proceedings of Conrad Weiser in His Way to and at Auchwick ...in the Year 1754" 引述塔纳格里森的原话，1754 年 9 月 3 日，收入 Paul A. W. Wallace, *Conrad Weiser, 1696-1760: Friend of Colonist and Mohawk* (Philadelphia, 1945), 367。塔纳格里森的追随者回到福克斯，与法国人议和。继他之后成为半王的奥奈达酋长斯卡罗瓦蒂，在朱蒙维尔遇害时，与塔纳格里森和华盛顿在一起。他本人到 1756 年为止，一直都是宾夕法尼亚的难民 (见 1754 年 11 月 3 日，Duquesne 给法国海军大臣写的信，收入 Sylvester K. Stevens and Donald H. Kent 合编的 *Wilderness Chronicles of Western Pennsylvania* (Harrisburg, Pa., 1941)，84; Francis Jennings 等编的 *The History and Culture of Iroquois Diplomacy* (Syracuse, N.Y., 1985)，250–2; McConnell, *A Country Between*, 110–11)。

20 Freeman, *Young Washington*, 395–7; "Minutes of a Council of War"，1754 年 6 月 28 日，*Papers of Washington*, 1:155–7。

21 Lewis, *King and Country*, 152.

22 Gipson, *Years of Defeat*, 35.

23 *Maryland Gazette*, 1754 年 8 月 29 日，Gipson, *Years of Defeat*, 39 引用; 也可见 Harry M. Ward, *Major General Adam Stephen and the Cause of American Liberty* (Charlottesville, Va.,1989), 10–11。

24 "Account by George Washington and James Mackay of the Capitulation of Fort Necessity",

1754 年 7 月 19 日，以及 "George Washington's Account of the Capitulation of Fort Necessity"，1786 年，收入 Papers of Washington, 1:159-64, 172-3; John Shaw 的宣誓书，1754 年 8 月 21 日，South Carolina Indian Affairs, 5-7。关于法军印第安盟友组成状况的引文出自 Robert Callender（克罗根的一位生意伙伴，当时就在必要堡），他向宾夕法尼亚帕克顿的一位常驻代表报告了此事，此人将相关内容列入 1754 年 7 月 16 日写给詹姆斯·汉密尔顿总督的一封信；Gipson, Years of Defeat, 41 引用，加了着重号。此事的整个过程见 ibid., 37-43; Lewis, For King and Country, 153-7; Leach, Arms for Empire, 339-42。

25 英属殖民军的伤亡数字，见 Gipson, Years of Defeat, 41 n.60；法军一方的伤亡数字，见 Varin to Bigot, 1754 年 7 月 24 日，收入 Stevens 与 Kent, Wilderness Chronicles, 81。

26 关于英属殖民军的身体状态和逃亡状况，见 Titus, Old Dominion, 55-7; Leach, Arms for Empire, 342。本节引文见 1754 年 8 月 11 日 Washington 给 William Fairfax 写的信，Papers of Washington, 1:186-7。

27 Stanley, New France, 57; W. J. Eccles, The Canadian Frontier, 1534-1760 (Albquerque, N.M., 1983), 164-7.

第 6 章

1 Hayes Baker-Crothers, Virginia in the Seven Years' War (Chicago, 1928), 41-5; James Titus, The Old Dominion at War: Society, Politics, and Warfare in Late Colonial Virginia (Columbia,S.C., 1991), 103-6; L. K. Koontz, Robert Dinwiddie (Glendale, Calif., 1941), 319-20; J. R. Alden, Robert Dinwiddie: Servant of the Crown (Charlottesville, Va., 1973), 47-8.

2 1754 年 9 月 5 日，Newcastle 给 Albemarle 伯爵写的信，T. R. Clayton, "The Duke of Newcastle, the Earl of Halifax, and the American Origins of the Seven Years' War" 一文引用，见 Historical Journal 24 (1981): 590-1。

3 关于布拉多克的军旅生涯和性格，见 Lee McCardell, Ill-Starred General: Braddock of the Coldstream Guards (Pittsburgh, 1958)；关于作战计划和哈利法克斯的反应，见 Clayton, "American Origins," 593; James Henretta, "Salutary Neglect": Colonial Administration under the Duke of Newcastle (Princeton, N.J., 1972), 333-40。

4 Stanley Pargellis, Lord Loudoun in North America (1933; New York, 1968 重印), 31-3。

5 Francis Jennings, Empire of Fortune: Crowns, Colonies, and Tribes in the Seven Years War in America (New York, 1988), 124.

6 Clayton, "American Origins," 596-7, 603.

7 纽卡斯尔因为真诚地希望维护和平，采纳了法国人的提议，但是 1755 年 2 月，哈利法克斯公布了一份贸易委员会的地图，关于英国在北美的领土主张，阻挠了进一步的妥协。谈判继续进行，但毫无结果，一直持续到 6 月。Clayton, "American Origins," 597-601; Lawrence Henry Gipson, The British Empire before the American Revolution, vol.5, Zones of International Friction: The Great Lakes Frontier, Canada, the West Indies, India, 1748-1754 (New York, 1968), 298-338。

8 Lawrence Henry Gipson, The British Empire before the American Revolution, vol.6, The Great War for the Empire: The Years of Defeat, 1754-1757 (New York, 1968), 359-65。

9 1754 年 12 月 17 日，Newcastle 给 Bentinck 写的信，Clayton, "American Origins", 598 引用；为了让意思清晰，我调整了纽卡斯尔句子的顺序（"the conduct..." and "the great System..."）。

—— 第二部分 ——

第7章

1 1754 年 7 月 23 日，Thomas Pownall 给"我的勋爵大人（Halifax）写的信，收入 Beverly McAnear 编的 "Personal Accounts of the Albany Congress of 1754", *Mississippi Valley Historical Review* 39 (1953):742, 744; William Smith Jr., *The History of the Province of the State of New-York*, Michael Kammen 编, vol.2 (Cambridge, Mass., 1972), 161。

2 利迪亚斯和怀俄明阴谋, Lawrence Henry Gipson, *The British Empire before the American Revolution*, vol.5, *Zones of International Friction: The Great Lakes Frontier, Canada, the West Indies, India, 1748–1754* (New York, 1967), 90; Smith, *History of New-York*, 2: 88–9; Francis Jennings, *Empire of Fortune: Crowns, Colonies, and Tribes in the Seven Years War in America* (New York, 1988), 106–7, 153; James Thomas Flexner, *Lord of the Mohawks: A Biography of Sir William Johnson* (Boston, 1979), 75–7, 128–30 等段落。萨斯奎汉纳公司收购宾夕法尼亚殖民地范围内土地的计划的依据是康涅狄格殖民地的特许状，该特许状早于宾夕法尼亚的特许状，将该殖民地的边界划到太平洋。康涅狄格议会的成员有许多是萨斯奎汉纳公司的股东，他们拒绝同意联盟计划，因为该计划将修改各殖民地特许状关于大西洋到太平洋的专属条款。见 Gipson, *Great Lakes Frontier*, 150; Robert C. Newbold, *The Albany Congress and the Plan of Union of 1754* (New York, 1955), 137–40。

3 关于韦泽的举动，见 Gipson, *Great Lakes Frontier*, 121–2; Jennings, *Empire of Fortune*, 103–6; Paul A. W. Wallace, *Conrad Weiser, 1696–1760: Friend of Colonist and Mohawk* (Philadelphia, 1945), 358–60。

4 关于 De Lancey、Johnson、Pownall 和这次会议，见 Patricia U. Bonomi, *A Factious People: Politics and Society in Colonial New York* (New York, 1971), 171–8; Stanley N. Katz, *Newcastle's New York: Anglo-American Politics, 1732–1753* (Cambridge, Mass., 1968), 200–13; Jennings, *Empire of Fortune*, 71–108。德兰西的强大关系网，包括他那位已经成为坎特伯雷大主教的前剑桥导师，还有他的妹夫英国海军将领彼得·沃伦爵士，他是英国议会议员，为德兰西获得了副总督职务。沃伦也是威廉·约翰逊的舅父，后者于 1737 年来到纽约，管理沃伦在莫霍克河谷的地产。关于沃伦和约翰逊的关系，见 Flexner, *Lord of the Mohawks*, 13–27; Milton W. Hamilton, *Sir William Johnson, Colonial American, 1715–1763* (Port Washington, N.Y., 1976), 3–14; Julian Gwyn, *The Enterprising Admiral: The Personal Fortune of Admiral Sir Peter Warren* (Montréal, 1974), 29–93。

5 Esmond Wright, *Franklin of Philadelphia* (Cambridge, Mass., 1986), 84–97; 1754 年 7 月 23 日，Pownall 给我的勋爵大人（Halifax）写的信，收入 McAnear, "Personal Accounts", 744。

6 关于哈钦森，见 Bernard Bailyn, *The Ordeal of Thomas Hutchinson* (Cambridge, Mass.,

1974），尤其要注意 1-34。在乔治王战争期间，雪利支持纽约的克林顿总督，后者是纽卡斯尔的门生，因此也是德兰西的敌人；雪利认为德兰西派是 "一个好斗、虚荣的暴发户派系"（1749 年 6 月 26 日，Shirley 给 Clinton 写的信，Katz 在 *Newcastle's New York*, 206 页引用）。

7 对结盟计划的反应，见 Newbold, *Albany Congress*, 135-71。（1754 年 12 月 29 日，Franklin 给 Peter Collinson 写的信中，表达了他对强制成立联盟的看法；在 171 页对这种看法做了总结。）也可见 Gipson, *Great Lakes Frontier*, 123-40。

第 8 章

1 关于布拉多克的任命，见 Lee McCardell, *Ill-Starred General: Braddock of the Coldstream Guards* (Pittsburgh, 1958), 124-8; Paul E. Kopperman, *Braddock at the Monongahela* (Pittsburgh, 1977), 7-8, 277 n.10; Lawrence Henry Gipson, *The British Empire before the American Revolution*, vol.6, *The Great War for the Empire: The Years of Defeat, 1754-1757* (New York, 1968), 57-8。布拉多克的责难，见 Alan Rogers, *Empire and Liberty: American Resistance to British Authority, 1755-1763* (Berkeley, Calif., 1974), 76。引文见 1755 年 2 月 28 日，Braddock 给 Robert Hunter Morris 写的信，收入 Gipson, *Years of Defeat*, 69。各殖民地总督的会议，ibid., 64-70。

2 John Schutz, *William Shirley: King's Governor of Massachusetts* (Chapel Hill, N.C., 1961), 189-98; Douglas Edward Leach, *Arms for Empire: A Military History of the British Colonies in North America, 1607-1763* (New York, 1973), 355-6; Francis Jennings, *Empire of Fortune: Crowns, Colonies, and Tribes in the Seven Years War in America* (New York, 1988), 146-8; Gipson, *Years of Defeat*, 70-5。

3 Schutz, *Shirley*, 197。

4 不可能设立一项共同防卫基金，见 1755 年 4 月 14 日 "Minutes of a Council Held at Alexandria", Gipson, *Years of Defeat*, 71 引述。布拉多克受到指示的约束，见 Leach, *Arms for Empire*, 355。行军路线问题，见 1754 年 11 月 16 日 "Sketch for the Operations in North America", 收入 Stanley Pargellis 编辑的 *Military Affairs in North America, 1748-1765: Documents from the Cumberland Papers in Windsor Castle* (1936; 1969 New York 重印), 45。

5 Schutz, *Shirley*, 198-9。

6 Jennings, *Empire of Fortune*, 153, 162 ff.; Gipson, *Years of Defeat*, 143 ff., 163; Milton W. Hamilton, *Sir William Johnson, Colonial American, 1715-1763* (Port Washington, N.Y., 1976), 125-39。

7 关于"良田"，见 1755 年 4 月 21 日 "The Journal of Captain Robert Cholmley's Batman", 收入 Charles Hamilton 编辑的 *Braddock's Defeat* (Norman, Okla., 1959), 11。华盛顿与布拉多克，见 1755 年 3 月 2 日，Robert Orme 给 Washington 写的信，收入 W. W. Abbot 等编辑的 *The Papers of George Washington, Colonial Series*, vol.1, 1748—1755 年 8 月 (Charlottesville, Va., 1983), 241-2; 1755 年 3 月 15 日和 4 月 2 日，Washington 给 Orme 写的信，ibid., 242-8; 1755 年 5 月 5 日，Washington 给 William Fairfax 写的信，ibid., 262-4; 1755 年 5 月 14 日，Washington 给 Augustine Washington 写的信，ibid., 271-3。华盛顿成为"志愿者"有两个动机：一来获得一份正规军委任状，这

可以靠为布拉多克效劳获得，二来可避免降级。1755 年，弗吉尼亚重组其殖民地部队，废除了团级建制，转而让部队编成由上尉级军官指挥的若干个独立连，各连上尉接受正规军野战军官的命令。如果华盛顿接受降级成为上尉，他失去的将不仅仅是一个自豪的弗吉尼亚绅士可以承受的地位和荣誉，还永远不会吸引布拉多克的注意。

8　富兰克林让自己对英军有用，见 Benjamin Franklin, *The Autobiography and Other Writings*, L. Jesse Lemisch 编辑 (New York, 1961), 145-51(本节引文在 146 页和 149 页)；Jennings, *Empire of Fortune*, 149-51；Gipson, *Years of Defeat*, 75-6。布拉多克对宾夕法尼亚改观，见 1755 年 6 月 8 日 id. 给 Robert Napier 写的信，收入 Pargellis, *Military Affairs*, 85。

第 9 章

1　"The Journal of Captain Robert Cholmley's Batman," 1755 年 5 月 20 日与 23 日，收入 Charles Hamilton 编辑，*Braddock's Defeat* (Norman, Okla., 1959), 15-16。

2　关于布拉多克的印第安外交，见 Francis Jennings, *Empire of Fortune: Crowns, Colonies, and Tribes in the Seven Years War in America* (New York, 1998), 151-5(引述富兰克林自传的部分在 152 页；引自辛加斯会议记录的部分在 154-5)；也可见 Michael N. McConnell, *A Country Between: The Upper Ohio and Its Peoples, 1724-1774* (Lincoln, Nebr., 1992), 119-21；Nicholas B. Wainwright, *George Croghan, Wilderness Diplomat* (Chapel Hill, N.C., 1959), 85-9。跟随布拉多克的印第安人数量，见 "A Return of His Majesty's Troops"，1755 年 6 月 8 日，收入 Stanley M. Pargellis 编辑的 *Military Affairs in North America, 1748-1765: Documents from the Cumberland Papers in Windsor Castle* (1936; reprint, New York, 1969), 86-91。

3　1755 年 8 月 13 日，John Rutherford 给 Richard Peters 的记录，Wainwright 在 *Croghan*, 90 引用。

4　"110 英里" 引自 ibid., 85。关于火炮，见 Lawrence Henry Gipson, *The British Empire before the American Revolution, vol.6, The Great War for the Empire: The Years of Defeat, 1754-1757* (New York, 1968), 79；Pargellis, *Military Affairs*, 91。(攻城辎重队包括从英国军舰 "诺维奇" 号上卸下，放置在有轮马车上的 4 门 12 磅海军炮、6 门 6 磅野炮、4 门 8 英寸榴弹炮和 15 门科霍恩臼炮。每一门 12 磅海军炮的重量都超过 1 吨。) 行军纵队分为两部分，见 1755 年 6 月 16 日的 "The Journal of a British Officer"，收入 Hamilton, *Braddock's Defeat*, 42；也可见 1755 年 5 月 29 日—6 月 19 日 Cholmley 的勤务兵的日记，ibid., 17-22。

5　行军序列，见 Paul E. Kopperman, *Braddock at the Monongahela* (Pittsburgh, 1977), 31-49。由于斯卡罗瓦蒂的儿子在三天前被一名英军士兵误认为敌方的印第安人，开枪射杀，随同英军行动的明戈人的探子只有 7 人。儿子身亡，对斯卡罗瓦蒂是巨大打击，他 "几乎无法承受这个损失" (1755 年 7 月 6 日，"Journal of a British Officer"，收入 Hamilton, *Braddock's Defeat*, 48)。华盛顿患痢疾见 1755 年 7 月 8—9 日 "Memorandum"，收入 W. W. Abbot 等编辑，*The Papers of George Washington, Colonial Series*, vol.1, 1748-August 1755 (Charlottesville, Va., 1983), 331。用侧卫队负责安全警戒，见 Peter E. Russell, "Redcoats in the Wilderness: British Officers and Irregular Warfare in Europe and America, 1740 to 1760", *William and Mary Quarterly*, 3rd ser., 35 (1978): 629-52。

6 *Papers of Washington*, 1:332 n.3; Kopperman, *Braddock at the Monongahela*, 19–30; Gipson, *Years of Defeat*, 90–2.

7 印第安人列成半月状攻击队形；见 Leroy V. Eid, " 'A Kind of Running Fight': Indian Battlefield Tactics in the Late Eighteenth Century", *Western Pennsylvania Historical Magazine* 71(1988): 147–71。

8 丛林的开阔状况，见 1755 年 6 月 13 日与 7 月 22 日 Sir John St. Clair 给 Robert Napier 写的信，收入 Pargellis, *Military Affairs*, 94, 103。关于印第安人每年焚烧灌木丛的做法，见 William Cronon, *Changes in the Land: Indians, Colonists, and the Ecology of New England* (New York, 1983), 49–52。

9 英军序列的瓦解，见 Robert Orme 的陈述，收入 Kopperman, *Braddock at the Monongahela*, 214。（18 世纪的排级编制就是连级编制下属的一个射击梯队，理论上由 25 到 35 人组成；鉴于布拉多克部各连队的兵力状况，实战中这些排可能每个排的人数不超过 12 到 15 人。）正规军的反应、后卫队的情况，还有运输队的逃逸，ibid., 79; Patrick Mackellar, "A Sketch of the Field of Battle ..., No. 2", 收入 Pargellis, *Military Affairs*, facing 115；引文出自 Mackellar, "Explanation", ibid., 115; Don Higginbotham, *Daniel Morgan, Revolutionary Rifleman* (Chapel Hill, N.C., 1961), 4–6; John Mack Faragher, *Daniel Boone: The Life and Legend of an American Pioneer* (New York, 1992), 36–8。妇女的命运，见 Kopperman, *Braddock at the Monongahela*, 31, 47, 137；1755 年 7 月 14 日，Contrecoeur 给 Vaudreuil 写的信，收入 Pargellis, *Military Affairs*, 132（20 名妇女沦为俘虏）。

10 引文选自 "Relation sur l'action...par Mr. de Godefroy"，收入 Kopperman, *Braddock at the Monongahela*, 259。

11 "老兵"一节见 1755 年 6 月 16 日 "Journal of a British Officer"，收入 Hamilton, *Braddock's Defeat*, 42。关于无法看清印第安人的种种困难的引述，摘自一封 1755 年 7 月 23 日从坎伯兰堡发来的信（由 Philip Hughes 所写？），收入 Kopperman, *Braddock at the Monongahela*, 203；1755 年 7 月 9 日，Cholmley 的勤务兵的日记，收入 Hamilton, *Braddock's Defeat*, 29。战争中的喊叫声，见 Duncan Cameron 的记录，收入 Kopperman, *Braddock at the Monongahela*, 178。印第安人的野蛮行径，见 "British A" 的记录，ibid., 164。对印第安人在战争中呐喊的记忆，见 1755 年 7 月 30 日，Matthew Leslie 的信，ibid., 204。

12 各排的开火状况，见 "Journal of a British Officer"，收入 Hamilton, *Braddock's Defeat*, 50。因友军火力身亡，见 "British B" 的记录，收入 Kopperman, *Braddock at the Monongahela*, 170。华盛顿认为英军三分之二的伤亡是友军火力造成的；见 1755 年 7 月 18 日，他本人给 Dinwiddie 写的信，*Papers of Washington*, 1:340。支持华盛顿估计的医疗证据，见 Alexander Hamilton 医生报告的内容："后来，外科医生从伤者身上取出的子弹表明，这些人似乎是被身后之人无序的火力击中的，这些伤明显比法军和印第安人造成的枪伤大得多，可以与之区分开来，因为敌人的步枪口径……非常小。在这些伤员中，外科军医取出的其中一枚较大口径的子弹射伤了两个人，这些子弹造成的伤口基本都在背部，所以我们可以合理地推断，在阵亡的人员当中情况肯定也是如此（1755 年 8 月给 Gavin Hamilton 的信，ibid., 341 n.7）。

13 1755 年 7 月 18 日，Adam Stephen 给 John Hunter 写的信，收入 Kopperman, *Braddock*

at the Monongahela, 226–7; 也可见 Harry M. Ward, *Major General Adam Stephen and the Cause of American Liberty* (Charlottesville, Va., 1989), 17–20。

14 朗姆酒，见 Duncan Cameron 的说法，收入 Kopperman, *Braddock at the Monongahela*, 87, 179。Cameron 藏在树上，ibid., 177–9（引文见 178 页）。关于印第安人的文化价值观及其对军事的影响，见 Ian K. Steele, *Betrayals: Fort William Henry and the "Massacre"* (New York, 1990),10–18; Daniel K. Richter, "War and Culture: The Iroquois Experience", *William and Mary Quarterly*, 3rd ser., 40 (1983): 528–59。

15 本节引述华盛顿的回忆内容，见 Biographical Memorandum, c.1786, *Papers of Washington* 1:332–3 n.4。

16 1755 年 7 月 12—17 日，Cholmley 的勤务兵的日记，收入 Hamilton, *Braddock's Defeat*, 32–3。

17 "投入战场"的 1373 名英属美洲士兵之中，430 人在战场上阵亡或被遗弃在战场上等死，同时有 484 人负伤；96 名军官之中，有 26 人阵亡，36 人负伤。在战役之后数周公布的这些数字，只包括军人；没有任何关于包括平民（妇女、随军车夫和其他随营人员）在内的全部伤亡数字留存下来。不过，孔特勒克的战斗报告提到"大约 600 人被杀，有许多军官，负伤数字符合比例"，但只有"20 名男女被野蛮人俘虏"。这意味着另有随营人员 150 人被杀。见 Mackellar 的地图 1 的"注释"和"1755 年 7 月 14 日，孔特勒克先生给沃德勒伊侯爵的信中的……摘录内容……"，收入 Pargellis, *Military Affairs*, 114, 131, 132, 由我本人翻译。

18 伤口生蛆，见 1755 年 7 月 13 日，Cholmley 的勤务兵的日记，收入 Hamilton, *Braddock's Defeat*, 32。（事实上，这些蛆在去除腐烂的人体组织方面可能会有好处，它们造成的损伤，当然也要比军医清理和包扎伤口造成的少。）Dunbar 对冬季营房的请求，见 Gipson, *Years of Defeat*, 128。

19 同时代人对布拉多克责任的看法，特别注意 Russell, "Redcoats in the Wilderness", 629–30。

20 "懦弱行为"，见 1755 年 7 月 18 日，Washington 给 Dinwiddie 写的信，*Papers of Washington*, 1: 339。"世人对环境因素考虑得太少了"，见 1755 年 8 月 14 日，Washington 给 Warner Lewis 写的信，ibid., 361。后来对布拉多克的追忆（1783 年），见 Kopperman, *Braddock at the Monongahela*, 247–8。华盛顿写到此役的所有书信，没有一封批评过布拉多克；见 *Papers of Washington*, 1: 331–54。1755 年 8 月 22 日斯卡罗瓦蒂的评价，见 Jennings, *Empire of Fortune*, 152。

第 10 章

1 Francis Jennings, *Empire of Fortune: Crowns, Colonies, and Tribes in the Seven Years War in America* (New York, 1988), 165–8; Lawrence Henry Gipson, *The British Empire before the American Revolution*, vol.6, *The Great War for the Empire: The Years of Defeat, 1754–1757* (New York, 1968), 54; James Titus, *The Old Dominion at War: Society, Politics, and Warfare in Late Colonial Virginia* (Columbia, S.C., 1991) 102–3; Thomas Lewis, *For King and Country: The Maturing of George Washington, 1748–1760* (New York, 1993), 201–2.

2 弗吉尼亚人的伤亡，见 1755 年 7 月 18 日，Washington 给 Mary Ball Washington 写的信，以及 1755 年 7 月 18 日，Washington 给 Robert Dinwiddie 写的信，收入 W. W. Abbot

等编辑，*The Papers of George Washington, Colonial Series*, vol.2, 1748 年—1755 年 8 月 (Charlottesville, Va., 1983), 336, 339, 342 n.10。秋季的逃难和人员伤亡情况，见 Titus, *Old Dominion*, 71, 74。引述部分见 1755 年 10 月 11 日，Washington 给 Dinwiddie 写的信，见 W. W. Abbot 等编辑，*The Papers of George Washington, Colonial Series*, vol.2, 1755 年 8 月—1756 年 4 月 (Charlottesville, Va., 1983), 105。

3 Hayes Baker-Crothers, *Virginia in the French and Indian War* (Chicago, 1928), 82–5; Titus, *Old Dominion*, 73–7, 108–11.10 英镑的头皮赏金只是在鼓励白人杀死中立、基督教化的友好印第安人，由于"没有为预计的……目的服务"，在 1758 年被废除 [W. Stitt Robinson, *The Southern Colonial Frontier, 1607–1763* (Albuquerque, N.M., 1979) , 214]。只有当英国议会的财政补贴让弗吉尼亚能够为弗吉尼亚团提供募兵资金时，弗吉尼亚议会才取消了这项法案。

4 印第安人同意成为法国人的盟友，见 Michael N. McConnell, "Peoples 'In Between': The Iroquois and the Ohio Indians, 1720–1768"，收入 Daniel K. Richter 与 James Merrell 编辑的 *Beyond the Covenant Chain: The Iroquois and Their Neighbors in Indian North America, 1600–1800* (Syracuse, N.Y., 1987), 106。1755 年 8 月 22 日，斯卡瓦罗蒂对莫里斯和宾夕法尼亚议会发表讲话，Jennings 在 *Empire of Fortune*, 165 引用。易洛魁信使对沃德勒伊的表态，见 Louis Antoine de Bougainville, *Adventure in the Wilderness: The American Journals of Louis Antoine de Bougainville, 1756–1760*, Edward Hamilton 编辑 (Norman, Okla., 1964), 30。关于雅各布斯队长，见 Shingas 的记录，Jennings 在 *Empire of Fortune*, 166 引用。

5 火炮的问题，见 Shirley 给 Robert Hunter Morris 写的信，日期不详，John Schutz, *William Shirley: King's Governor of Massachusetts* (Chapel Hill, N.C., 1961), 201 引述。与约翰逊的争端见备忘录，"Summary of Disputes Between Governor William Shirley and General William Johnson, 1755"，收入 Stanley M. Pargellis 编辑 *Military Affairs in North America, 1748–1765: Documents from the Cumberland Papers in Windsor Castle* (1936; New York, 1969 重印), 153–4。雪利的丧子之痛，见 Thomas Hutchinson, *History of the Colony and Province of Massachusetts-Bay*, Lawrence Shaw Mayo 编辑，vol.3 (1936; New York, 1970 重印), 24。

6 Schutz, *Shirley*, 209; Gipson, *Years of Defeat*, 106–15, 132–3.

7 Schutz, *Shirley*, 212–16.

8 Lawrence Henry Gipson, *The British Empire before the American Revolution*, vol.5, *Zones of International Friction: The Great Lakes Frontier, Canada, the West Indies, India, 1748–1754* (New York, 1967), 186–90, 193–206; *Dictionary of Canadian Biography*, vol.4, s.v. "Le Loutre, Jean-Louis."

9 新英格兰对远征的热情，见 Hutchinson, *Massachusetts-Bay*, 3: 20–1。布拉多克远征和新斯科舍远征的并行进展，见 1755 年 6 月 2 日，"The Journal of Captain Robert Cholmley's Batman"，收入 Charles Hamilton 编辑 *Braddock's Defeat* (Norman, Okla., 1959), 18; J. T. B. 编辑 "Diary of John Thomas"，1755 年 6 月 2—3 日的条目，*Nova Scotia Historical Society, Collections* (1878): 122; John Frost 日记，1755 年 6 月 16 日和 19 日的条目，ibid., 125, 126。

10 Carl Brasseaux, *The Founding of New Acadia: The Beginnings of Acadian Life in Louisiana*,

1765–1803 (Baton Rouge, 1987), 22–34; Gipson, *Years of Defeat*, 212–344.

11 Brasseaux, *New Acadia*, 23; Schutz, *Shirley*, 204, 发现雪利参与其中的证据令人信服, 值得加上一个注脚。Gipson, *Years of Defeat*, 261, 注明雪利早在 1747 年就计划消除阿卡迪亚人的"威胁", 但是没有提出他计划让这次远征成为阿卡迪亚问题的最终解决方案。George A. Rawlyk, *Nova Scotia's Massachusetts: A Study of Massachusetts-Nova Scotia Relations, 1630 to 1784* (Montréal, 1973), 145–64, 不认为雪利在驱逐行动中扮演了一个决定性的角色。关于新英格兰对阿卡迪亚的占领, 见 ibid., 217–21。

12 Ian K. Steele, *Betrayals: Fort William Henry and the "Massacre"* (New York, 1990), 36.

13 Gipson, *Years of Defeat*, 139–40; 1755 年 9 月 3 日, Johnson 给 Pownall 写的信, 引文 ibid., 186。

14 ibid., 165–8。

15 Steele, *Betrayals*, 43; 除非另外注明, 我对法军备战的叙述都按照 Steele 所写的出色的第二章 "To Battle for Lake George", 28–56 写成。

16 Peter E. Russell, "Redcoats in the Wilderness: British Officers and Irregular Warfare in Europe and America, 1740 to 1760", *William and Mary Quarterly*, 3rd ser., 35 (1978): 633; Steele, *Betrayals*, 44–6; *Dictionary of Canadian Biography*, vol.3, s.v. "Dieskau, Jean-Armand (Johan Herman?), Baron de Dieskau."

17 Steele, *Betrayals*, 47–8; 1755 年 9 月 9 日, Seth Pomeroy 给 Israel Williams 写的信, 收入 Louis Effingham DeForest 编辑, *The Journals and Papers of Seth Pomeroy, Sometime General in the Colonial Service* (New Haven, Conn., 1926), 137。关于莫霍克人的队形, 见 Leroy V. Eid, " 'National' War among Indians of Northeastern North America", *Canadian Review of American Studies* 16 (1985): 29。

18 Steele, *Betrayals*, 48–9; Seth Pomeroy to Israel Williams, 1755 年 9 月 9 日, 收入 DeForest, *Journals and Papers of Pomeroy*, 137; 1755 年 9 月 27 日, Peter Wraxall 给 Henry Fox 写的信, 收入 Pargellis, *Military Affairs*, 139; Milton W. Hamilton, *Sir William Johnson, Colonial American, 1715–1763* (Port Washington, N.Y., 1976), 157–60。

19 1755 年 9 月 27 日, Wraxall 给 Fox 写的信, 收入 Pargellis, *Military Affairs*, 139; Wraxall 是 Johnson 的私人秘书。

20 Daniel Claus 的叙述, Steele, *Betrayals*, 50 引述。Dieskau 正在面临的问题等于一场兵变, 这在 1755 年 9 月 17 日 Dieskau 给 d'Argenson 写的信中得到了证实, Gipson 在 *Years of Defeat*, 172 引用。

21 1755 年 9 月 9 日, Pomeroy 给 Williams 写的信, 收入 DeForest, *Journals and Papers of Pomeroy*, 138 ("6 人一列, 据我判断, 大约 20 人一行的密集序列, 印第安人……在丛林边缘隐蔽。他们以 20 人一行攻过来, 以正规军排级单位开火, 但我们很快打破了他们的序列, 印第安人和加拿大人则直接在树后举枪射击")。炮火的作用, 见 Steele, *Betrayals*, 50 引用的匿名枪手的说法。勒加德尔阵亡的影响, 见 1755 年 10 月 30 日, Vaudreuil 给法国海军大臣写的信, 收入 Joseph L. Peyser 编辑 *Jacques Legardeur de Saint-Pierre: Officer, Gentleman, Entrepreneur* (East Lansing, Mich., 1996), 225–6。

22 1755 年 9 月 27 日, Wraxall 给 Fox 写的信, 收入 Pargellis, *Military Affairs*, 139。

23 本节引文见 Wraxall 给 Fox 写的信, ibid., 140。印第安人带走战利品, 见 Steele,

Betrayals, 53。

24 战役余波，见 Seth Pomeroy 日记，1755 年 9 月 9—11 日的条目，收入 DeForest, *Journals and Papers of Pomeroy*, 115-16。伤亡情况，见 Steele, *Betrayals*, 47, 53; 1755 年 9 月 27 日，Wraxall 给 Fox 写的信，收入 Pargellis, *Military Affairs*, 139。(英属美洲部队阵亡 223 人，伤 108 人; 法军官方统计 149 人阵亡，103 人负伤，27 人被俘，不包括印第安人的伤亡人数。将印第安人的损失数字包括在内，双方的总损失几乎相等，英军伤亡 331 人，法军为 339 人，不过，法军的伤亡比例更高，约为 23%，英军则为 14%。) 约翰逊了解哀悼战争的各种要求，战役之后将迪耶斯考以外的所有俘虏都交给莫霍克人; 他也知道欧洲人对于战争的期望，于是向雪利隐瞒了这一事实，Ian K. Steele, *Warpaths: Invasions of North America* (New York, 1994) , 193。

25 Gipson, *Years of Defeat*, 174-5; Steele, *Betrayals*, 55-6; Fred Anderson, *A People's Army: Massachusetts Soldiers and Society in the Seven Years' War* (Chapel Hill, N.C., 1984), 10。

第 11 章

1 见 Reed Browning, *The Duke of Newcastle* (New Haven, Conn., 1975), 194-253，尤其注意 222-3; Richard Middleton, *The Bells of Victory: The Pitt-Newcastle Ministry and the Conduct of the Seven Years' War, 1757-1762* (Cambridge, U.K., 1985), 3-4。

2 W. A. Speck, *Stability and Strife: England, 1757-1762* (Cambridge, Mass.,1977), 260-1。

3 H. M. Scott, *British Foreign Policy in the Age of the American Revolution* (Oxford, 1990),29-52; ibid., " 'The True Principles of the Revolution': The Duke of Newcastle and the Idea of the Old System"，收入 Jeremy Black 编辑 *Knights Errant and True Englishmen: British Foreign Policy 1600-1800* (Edinburgh, 1989), 55-9; 也可见 Eliga Gould, *The Persistence of Empire: British Political Culture in the Age of the American Revolution* (Chapel Hill, N.C., forthcoming), chaps.1 and 2。

4 Browning, *Newcastle*, 219-21; Speck, *Stability and Strife*, 262-3。

5 1755 年 11 月 13 日，皮特在英国议会下院的演讲，Stanley Ayling, *The Elder Pitt, Earl of Chatham* (New York, 1968), 170; Lawrence Henry Gipson, *The British Empire before the American Revolution*, vol.6, *The Great War for the Empire: The Years of Defeat, 1754-1757* (New York, 1968), 378-9。

6 Ibid., 386-91. 关于腓特烈对俄国的担忧，见 Speck, *Stability and Strife*, 263; Christopher Duffy, *The Military Life of Frederick the Great* (New York, 1986), 83-4。

7 各国军队和人口对比，见 André Corvisier, *Armies and Societies in Europe, 1494-1789*, trans. Abigail Siddall (Bloomington, Ind., 1979), 113 附表 1 "Effectives in the Regular Armies and Populations of the States"。

8 英奥同盟的消亡，见 Gipson, *Years of Defeat*, 369, 379。英国内阁当时新得到的安全感，见 Browning, *Newcastle*, 228-30。

9 Gipson, *Years of Defeat*, 187-8; Stanley M. Pargellis, *Lord Loudoun in North America* (1933; Hamden, Conn., 1968 reprint), 39-40。

10 雪利与纽卡斯尔的疏远，见 John Schutz, *William Shirley: King's Governor of Massachusetts* (Chapel Hill, N.C., 1961), 153-4, 166-7, 226。菲柳斯·加利塞事件，见 Nicholas B. Wainwright, *George Croghan, Wilderness Diplomat* (Chapel Hill, N.C., 1959), 106-9 (这

些信件在美国历史协会重印，*Report 1*（1896）: 660-703）。雪利被召回，见 Gipson, *Years of Defeat*, 188-9; Schutz, *Shirley*, 232-3; Pargellis, *Loudoun*, 76-7。本节引文，见 1756 年 3 月 31 日，Fox 给 Shirley 写的信，Gipson, *Years of Defeat*, 188。

11 Ibid., 188-91; Schutz, *Shirley*, 225-6, 232-4, 240-3, 245.
12 Ibid., 30-43.
13 论法军的效率与英军的迟缓，并将更为传统的军事秩序引入美洲军事行动的承诺，见 Ian K. Steele, *Warpaths: Invasions of North America* (New York, 1994), 195-6。

—— 第三部分 ——

第 12 章

1 Francis Parkman 将蒙特卡姆描述成悲剧英雄，这一点依然影响着美国史学家；见 David Levin 编辑 *Francis Parkman: France and England in North America*, vol.2, *Montcalm and Wolfe* (New York, 1983), 1088-92。W. J. Eccles 更为明智的评判具有更大价值；见 *Dictionary of Canadian Biography*, vol.3, s.v. "Montcalm, Louis-Joseph de, Marquis de Montcalm"。Ian K. Steele 在 *Betrayals: Fort William Henry and the "Massacre"* (New York, 1990), 176-81 检验了历史上对蒙特卡姆评价的褒贬起落；也可见 ibid., *Warpaths: Invasions of North America* (New York, 1994), 199-201, 205-6, 215-19。

2 Lawrence Henry Gipson, *The British Empire before the American Revolution*, vol.6, *The Great War for the Empire: The Years of Defeat, 1754-1757* (New York, 1994), 183-4; Douglas Edward Leach, *Arms for Empire: A Military History of the British Colonies in North America,1607-1763* (New York, 1973), 381-2; 1757 年 1 月 4 日，"第 50 团 John Vicars 上尉的信息"，收入 Stanley M. Pargellis 编辑，*Military Affairs in North America, 1748-1763* (1936; Hamden, Conn., 1968 reprint), 286-90。

3 雪利的活动，见 John Schutz, *William Shirley: King's Governor of Massachusetts* (Chapel Hill, N.C., 1961), 224-30。1755 年募兵的情况，见 Gipson, *Years of Defeat*, 181 n.65; 估算 16 至 29 岁年龄段适合服兵役人数占总人口比例的方法，见 Fred Anderson, *A People's Army: Massachusetts Soldiers and Society in the Seven Years' War* (Chapel Hill, N.C., 1984), 60n. 83.（这显然与康涅狄格的参军比例相符；见 Harold E. Selesky, *War and Society in Colonial Connecticut*（New Haven, Conn., 1990）, 166-70。）

4 Schutz, *Shirley*, 227-9; Thomas Hutchinson, *The History of the Colony and Province of Massachusetts-Bay*, Lawrence Shaw Mayo 编辑, vol.3 (1936; New York, 1970 reprint), 32-4。

5 Gipson, *Years of Defeat*, 177-81.

6 Anderson, *A People's Army*, 169; Douglas Edward Leach, *Roots of Conflict: British Armed Forces and Colonial Americans, 1677-1763* (Chapel Hill, N.C., 1986), 119-20.

7 1754 年 12 月 3 日，副总检察长给 Sir Thomas Robinson 的报告，Leach, *Roots of Conflict*, 111。

8 Anderson, *A People's Army*, 174.

9 Pargellis, *Military Affairs*, xviii, 187 n.2; ibid., *Lord Loudoun in North America* (1933; Hamden, Conn., 1968 reprint), 155-7。

10 Gipson, *Years of Defeat*, 184-5, 193; Pargellis, *Loudoun*, 88; Schutz, *Shirley*, 231.

11 Pargellis, *Loudoun*, 83 ff.
12 Ibid., 89-90.
13 Anderson, *A People's Army*, 170; Pargellis, *Loudoun*, 88-9.
14 Ibid., 81-2; 本节引用的描述出自 Peter Wraxall，他陪同 Sir William Johnson 等候新任总司令官。
15 Ibid., 47-9, 52-66, 81。Loudoun 取代新近亡故的 Albemarle 伯爵出任弗吉尼亚总督；Dinwiddie 留任副总督。
16 Ibid., 132-66; 1756 年 8 月 20 日，Loudoun 给 Cumberland 写的信，收入 ibid.，*Military Affairs*, 223-30。
17 "一个士兵就要像一棵树"的说法，见 ibid., *Loudoun*, 44。殖民军的位置在正规军前面，见 1756 年 10 月 3 日，Loudoun 给 Cumberland 写的信，收入 ibid., *Military Affairs*, 240（"看到殖民地部队在正规军部队之前行进，在地图上看起来很奇怪"）。关于契约主义与对统一指挥的抵制，见 Anderson, *A People's Army*, 167-95, 尤其注意 171-3; Alan Rogers, *Empire and Liberty: American Resistance to British Authority, 1755-1763* (Berkeley, Calif., 1974), 69-71; Pargellis, *Loudoun*, 83-93。"解散"之说见 1756 年 8 月 2 日，Winslow 给 Shirley 写的信，收入 Charles H. Lincoln 编辑 *Correspondence of William Shirley, Governor of Massachusetts and Military Commander in America, 1731-1760* (New York, 1912), 2: 497-8。
18 "始作俑者"之说，见 1756 年 8 月 20 日，Loudoun 给 Cumberland 写的信，收入 Pargellis, *Military Affairs*, 226。1755 年规则的颁布，见 ibid., *Loudoun*, 92; Anderson, *A People's Army*, 169。
19 "准备和愿意效劳"，见 1756 年 8 月 10 日，Winslow 对 Loudoun 所说的话，ibid., 174 引用。"招募的条款和条件"，见 1756 年 8 月 11 日，Joseph Dwight 给 Loudoun 写的信，ibid.。条件是温斯洛出任殖民地部队的总司令；部队里的士兵将获得各自的殖民地议会明文说定的薪饷、奖金和生活费；他们的服役地区限于乔治湖-尚普兰湖地区，且服役时间不超过从应募日期算起的 12 个月。
20 Ibid., 174-5。
21 劳登愤然，见 1756 年 8 月 19 日，他给 Fox 写的信；同年同月 20 日和 29 日，给 Cumberland 写的信，收入 Pargellis, *Military Affairs*, 223-33。补给体制问题，见 Anderson, *A People's Army*, 179-85; Pargellis, *Loudoun*, 184-5。
22 Ibid., 195-6; Rogers, *Empire and Liberty*, 82-3, 75-89; 1756 年 8 月 29 日，Loudoun 给 Cumberland 写的信，收入 Pargellis, *Military Affairs*, 231。
23 奥尔巴尼宿营地事件，见 Pargellis, *Loudoun*, 195-6; Rogers, *Empire and Liberty*, 83-4。引文见 1756 年 8 月 29 日，Loudoun 给 Cumberland 写的信，收入 Pargellis, *Military Affairs*, 230。
24 "反抗"和"无足轻重之人出卖"之说，见 1756 年 11 月 22 日—12 月 26 日，Loudoun 给 Cumberland 写的信，ibid., 272-3。"不知何故"，见 1756 年 12 月 26 日，Loudoun 给 Halifax 写的信，id., *Loudoun*, 185-6 引用。

第 13 章

1 Patrick Mackellar, "1756 年 5 月 16 日至 8 月 14 日，奥斯威戈的事务日志"，收入

注　释　699

Stanley M. Pargellis 编辑, *Military Affairs in North America, 1748–1765: Documents from the Cumberland Papers in Windsor Castle* (1936; reprint, New York, 1969), 207（8月10日的条目）; Louis Antoine de Bougainville, *Adventure in the Wilderness: The American Journals of Louis Antoine de Bougainville, 1756–1760*, Edward P. Hamilton 编辑 (Norman, Okla.,1964), 25（1756年8月10日的条目）; Lawrence Henry Gipson, *The British Empire before the American Revolution*, vol.6, *The Great War for the Empire: The Years of Defeat, 1754–1757* (New York,1968), 199。

2　Douglas Edward Leach, *Arms for Empire: A Military History of the British Colonies in North America, 1607–1763* (New York, 1973), 379 引述 Vaudreuil 的原话。Ian K. Steele, *Warpaths: Invasions of North America* (New York, 1994), 197–200 与 205–6, 精妙地解释了沃德勒伊对小规模游击战术的热衷的重要意义, 以及蒙特卡姆对这种战术和沃德勒伊的厌恶。

3　蒙特卡姆的兵力, 见 Leach, *Arms for Empire*, 385; George F. G. Stanley, *New France: The Last Phase, 1744–1760* (Toronto, 1968), 143。印第安人的情况, 见 Bougainville, *Adventure*, 21, 24（1756年7月30日和8月6日的条目）; Steele, *Warpaths*, 199–200。

4　关于通道, 见1756年8月11日 Mackellar 的日志, 收入 Pargellis, *Military Affairs*, 208。防御工事的描述, 见 W. H. Bertsch 少校, "The Defenses of Oswego", New-York Historical Society, *Proceedings* 13 (1914): 108–27, 尤其要注意 114–20。

5　1756年5月25日 Mackellar 日志, 以及 id., "Plan of Oswego with Its Forts", 收入 Pargellis, *Military Affairs*, 189–90, 210 与对开页面。引述内容选自 Sarah Mulliken 编辑 "Journal of Stephen Cross of Newburyport, Entitled 'Up to Ontario,' the Activities of Newburyport Shipbuilders in Canada in 1756", *Essex Institute Historical Collections* 76 (1940): 14（8月13日的条目）; 也可见同一历史资料集 75 (1939): 356–7（8月10—12日的条目）。守备部队的兵力, 见 Leach, *Arms for Empire*, 385。

6　Stephen Cross journal, 1756年8月13日, 15。

7　Ibid.

8　Cf.Ian K. Steele, *Betrayals: Fort William Henry and the "Massacre"* (New York, 1990), 78–9。

9　Stephen Cross journal, 1756年8月14日, 16。

10　1756年8月28日, Montcalm 给 d'Argenson 写的信, Francis Jennings, *Empire of Fortune: Crowns, Colonies, and Tribes in the Seven Years War in America* (New York, 1988), 296 引用。

11　1757年9月17日, Bougainville 写给兄弟的信, 收入 Bougainville, *Adventure*, 332。

12　Stanley M. Pargellis, *Lord Loudoun in North America* (1933; Hamden, Conn.,1968), 164–5。

13　Gipson, *Years of Defeat*, 208; 1756年8月20日、10月3日, 以及11月22日至12月26日, Loudoun 给 Cumberland 写的信, 收入 Pargellis, *Military Affairs*, 223–33, 239–43, 263–80。

第14章

1　1756年2月23日, "Troops in the Pay of the Province of Pennsylvania and Where Posted", 收入 Stanley M. Pargellis 编辑 *Military Affairs in North America, 1748–1765:*

Documents from the Cumberland Papers in Windsor Castle (1936; reprint New York, 1969), 166–7; James Titus, *The Old Dominion at War: Society, Politics, and Warfare in Late Colonial Virginia* (Columbia, S.C.,1991), 94–5; Lawrence Henry Gipson, *The British Empire before the American Revolution*, vol.7, *The Great War for the Empire: The Victorious Years, 1758–1760* (New York, 1967), 38。引述的蒙特卡姆的原话，见 1756 年 6 月 12 日，Montcalm 给 d'Argenson 写的信，收入 Stephen F. Auth, *The Ten Years' War: Indian-White Relations in Pennsylvania, 1755–1765* (New York, 1989), 36。引述的华盛顿原话，见 1756 年年底 Washington 写给无名氏的信，收入 Titus, *Old Dominion*, 181n. 54。

2 Gipson, *Victorious Years*, 35–6, 45–6. 实际上，华盛顿在 1756 年 3 月前往波士顿，请求雪利来决定资历的问题；雪利的决定对华盛顿有利。见 Thomas Lewis, *For King and Country: The Maturing of George Washington* (New York, 1993), 200–7。

3 Hayes Baker-Crothers, *Virginia in the French and Indian War* (Chicago, 1928), 102–3; Titus, *Old Dominion*, 77–100; John Ferling, "Soldiers for Virginia: Who Served in the French and Indian War?" *Virginia Magazine of History and Biography* 94 (1986): 307–28. 引述部分见 1757 年 1 月 10 日，Washington 写给 Loudoun 的信，收入 W. W. Abbot 等编辑，*The Papers of George Washington, Colonial Series*, vol.4, 1756 年 11 月至 1757 年 10 月 (Charlottesville, Va.,1984)，86。

4 引文出处同上，88，83。拨款比例问题，见 Baker-Crothers, *French and Indian War*, 102–3。

5 1756 年弗吉尼亚团的记录，见 1757 年 1 月 10 日，Washington 写给 Loudoun 的信，*Papers of Washington*, 4: 83。关于军纪的改进，见 Don Higginbotham, *George Washington and the American Military Tradition* (Athens, Ga., 1985), 7–38. 关于弗吉尼亚边境和印第安外交的脆弱性，见 Titus, *Old Dominion*, 96–8。

6 Peter L. D. Davidson, *War Comes to Quaker Pennsylvania, 1682–1756* (New York, 1957),163–4。

7 Gipson, *Victorious Years*, 48–9; Davidson, *Quaker Pennsylvania*, 163–5; Jack Marrietta, *The Reformation of American Quakerism, 1748–1783* (Philadelphia, 1984), 150–6; Benjamin Newcomb, *Franklin and Galloway: A Political Partnership* (New Haven, Conn., 1972), 21–32。

8 Ibid., 5–32; Marietta, *Reformation of American Quakerism*, 150–86; Davidson, *Quaker Pennsylvania*, 166–96。

9 俘虏和头皮，见 1757 年 3 月 Claude Godfrey Cocquard 的报告，引自 Auth, *Ten Years' War*, 37。格伦维尔堡被焚毁，见 1756 年 8 月 20 日 Loudoun 写给 Robert Hunter Morris 的信，ibid., 36。"边境的局势很危急"，见 1756 年 10 月 15 日，Denny 写给议会的信，ibid., 37。对莱巴嫩的袭击，见 Gipson, *Victorious Years*, 52–4。

10 对上基坦宁的袭击，见 Davidson, *Quaker Pennsylvania*, 185–6; Gipson, *Victorious Years*, 53; Auth, *Ten Years' War*, 204 n.5。"没有得到……鼓励"的引文，见 Shingas 的叙述，Francis Jennings, *Empire of Fortune: Crowns, Colonies, and Tribes in the Seven Years War in America* (New York, 1988), 166 引用。"很少失手"的陈述，见 Armstrong 的报告，Auth, *Ten Years' War*, 204 n.5 引用。"我甘愿尝尝火焰的滋味"原文，见 "An Account of the Captivity of Hugh Gibson Among the Delaware Indians ...", Massachusetts Historical

Society, *Collections*, 3rd ser., 6 (1837): 143。"腿股"相关内容，见 1756 年 9 月 23 日，*Pennsylvania Gazette*。

11 Auth, *Ten Years' War*, 37-9, 30-5, 62-5. Anthony F. C. Wallace's *King of the Delawares: Teedyuscung, 1700-1763* (Philadelphia, 1949) 对理解随后发生在伊斯顿的外交冲突仍至关重要。

12 特拉华东支的三个派系，见 Auth, *Ten Years' War*, 64。战争的各种影响，见 Wallace, *Teedyuscung*, 161-2。关于在沙莫金生活的脆弱性和奥古斯塔堡的重要意义，特别注意 James Merrell, "Shamokin, 'the very seat of the Prince of darkness': Unsettling the Early American Frontier", 收入 Andrew R. L. Cayton 和 Frederika Teute 编辑, *Contact Points: American Frontiers from the Mohawk Valley to the Mississippi, 1750-1830* (Chapel Hill, N.C., 1998), 16-59。

13 引文取自《伊斯顿条约》的纪要，摘自 Wallace, *Teedyuscung*, 76。

第 15 章

1 Stanley M. Pargellis, *Lord Loudoun in North America* (1933; reprint, Hamden, Conn., 1968),201-2, 对丹尼原文的引述见 202。

2 1756 年 8 月至 12 月，营舍问题的争端在纽约爆发；1756 年 10 月至 12 月在宾夕法尼亚爆发；1756 年 11 月，在马里兰爆发；1757 年 10 月至 12 月在马萨诸塞爆发；1757 年 6 月至 1758 年 2 月，在南卡罗来纳爆发。在新泽西和康涅狄格，部队宿营的城镇混乱状况较少，但这种情况只发生在两地议会（了解之前的争端）同意给予这些城镇补偿之后。Ibid., 204-10; Alan Rogers, *Empire and Liberty: American Resistance to British Authority, 1755-1763* (Berkeley, Calif., 1974), 84-7。

第 16 章

1 皮特在英国议会下院的演讲，Horace Walpole, *Memoirs of the Reign of King George the Second* (London, 1846), 2: 189 引用。福克斯-纽卡斯尔内阁垮台，见 Reed Browning, *The Duke of Newcastle* (New Haven, Conn., 1975), 230-4; Richard Middleton, *The Bells of Victory: The Pitt-Newcastle Ministry and the Conduct of the Seven Years' War, 1757-1762* (Cambridge, U.K., 1985), 22-46。

2 Lawrence Henry Gipson, *The British Empire before the American Revolution*, vol.6, *The Great War for the Empire: The Years of Defeat, 1754-1757* (New York, 1968), 405-11。

3 George Bubb Dodington, *The Political Journal of George Bubb Dodington*, John Carswell 和 Lewis Dralle 编辑 (Oxford, 1965), 341-2。

4 关于宾的败绩，见 Julian S. Corbett, *England in the Seven Years' War: A Study in Combined Strategy*, vol.1 (London, 1918), 107-24; 关于梅诺卡守备队的损失，见 Gipson, *Years of Defeat*, 413-4; Corbett, *Seven Years' War*, 1: 131-2。关于内阁的瓦解，见 Middleton, *Bells*, 5。引述的福克斯的原话，见 Dodington, *Political Journal*, 342。

5 枪决海军将领的内容，见 *Voltaire: Candide, Zadig, and Selected Stories*, Donald M. Frame 编辑 (New York, 1986), 78-9。腓特烈决定入侵萨克森，见 Christopher Duffy, *The Military Life of Frederick the Great* (New York, 1986), 86-8; Dennis Showalter, *The Wars of Frederick the Great* (London, 1996), 132-5。

6 Browning, *Newcastle*, 238-45; Middleton, *Bells*, 5-6; Gipson, *Years of Defeat*, 419-26.
7 Stanley Ayling, *The Elder Pitt, Earl of Chatham* (New York, 1976), 186-8; Middleton, *Bells*, 6-8; Browning, *Newcastle*, 254-6.
8 Rt. Hon. John, Lord Sheffield 编辑，*Autobiography of Edward Gibbon* (London, 1907; reprint, 1972), 105。吉本珍视他的军事服役经历，因为"久坐不动的生活习惯被积极的职业职责有效打破了"，也因为服役让他成为"英国人和军人……在和平时期的服役期，我吸收了语言和战术的基本知识，这开辟了一个新的研究和观察领域。我用心阅读和思考 Quintus Icilius（Mr. Guichardt）的 *Mémoires Militaires*。作者是唯一一位将教授和久经战阵的老兵的优点集于一身的作家。一个现代化营的军纪和队列变化让我对方阵和军团有了更清晰的认识；在汉普郡掷弹兵部队出任上尉的经历（读者可能会对此微笑）对于研究罗马帝国的历史学家来说并不是无用的。
9 Ayling, *Elder Pitt*, 189-91（各项政策），200-3（国王的不信任）。Marie Peters, 见 "The Myth of William Pitt, Earl of Chatham, Great Imperialist. Part 1: Pitt and Imperial Expansion", *Journal of Imperial and Commonwealth History* 23 (1993): 40-2, 令人信服地论证说皮特至多可以被认为机会主义，而不是对殖民地有一套始终如一的观点。
10 本节讲述的福克斯和坎伯兰，见 Browning, *Newcastle*, 257-8；Ayling, *Elder Pitt*, 202-3；Lewis M. Wiggin, *The Faction of Cousins: A Political Account of the Grenvilles, 1733-1763* (New Haven, Conn., 1958), 193-202。"Inter-ministerium": Walpole, *Memoirs of George II*, 3: 20。
11 Middleton, *Bells*, 16-17。
12 "措施大臣"和"金钱大臣"之说，见 Browning, *Newcastle*, 260-1。内阁职务的安排，见 Ayling, *Elder Pitt*, 100-1, 205-6；Middleton, *Bells*, 17-18。
13 解脱和乐观情绪，见 Middleton, *Bells*, 18；Ayling, *Elder Pitt*, 209。国王的敌意，见 Browning, *Newcastle*, 259。纽卡斯尔对皮特的称呼，见 Ayling, *Elder Pitt*, 206。"一杯……苦酒"，ibid., 208。

第17章

1 本节腓特烈的内容，见 W. F. Reddaway, *Frederick the Great and the Rise of Prussia* (New York, 1904), 225 的引文。"各种可怕的预兆"，见 1757 年 7 月 1 日，比特伯爵写给皮特的信，Stanley Ayling, *The Elder Pitt, Earl of Chatham* (New York, 1976), 209 引用。战略态势的恶化，见 Dennis E. Showalter, *The Wars of Frederick the Great* (London, 1996), 177-8；Reddaway, *Frederick and Prussia*, 214-18。对这场战事的清晰叙述和对腓特烈军事指挥才能的敏锐分析（尽管另有异议），见 Russell F. Weigley, *The Age of Battles: The Quest for Decisive Warfare from Breitenfeld to Waterloo* (Bloomington, Ind., 1991), 167-95；Showalter, *Wars of Frederick*, 148-57；Christopher Duffy, *The Military Life of Frederick the Great* (New York, 1986), 101-8。
2 Ayling, *Elder Pitt*, 211。
3 Showalter, *Wars of Frederick*, 176-7（本节引文见 176 页）。
4 Lawrence Henry Gipson, *The British Empire before the American Revolution*, vol.7, *The Great War for the Empire: The Victorious Years, 1758-1760* (New York, 1967), 120-2; Charles Chenevix Trench, *George II* (London, 1973), 283-4。

5　Ayling, *Elder Pitt*, 193; Lawrence Henry Gipson, *The British Empire before the American Revolution*, vol.8, *The Great War for the Empire: The Culmination, 1760-1763* (New York, 1970), 113-21.

6　克莱武在孟加拉，ibid., 127-36。"这份甘露"，见 Pitt 写给 Bute 的一封日期不明的信，Peter Douglas Brown, *William Pitt, Earl of Chatham: The Great Commoner* (London, 1978), 152 引用。"无比欢欣"，见 Pitt 写给 Bute 的一封日期不明的信，ibid., 154。

第18章

1　皮特和劳登战争计划的矛盾，见 Stanley M. Pargellis, *Lord Loudoun in North America* (1933; reprint, Hamden, Conn., 1968), 231-2; Lawrence Henry Gipson, *The British Empire before the American Revolution*, vol.7, *The Great War for the Empire: The Victorious Years, 1758-1760* (New York, 1967), 90-5。"不会被拒绝"，见1757年2月，Archibald Campbell, duke of Argyll 写给 Loudoun 的信，Pargellis, *Loudoun*, 236 引用。

2　关于补给体制，见 Daniel J. Beattie, "The Adaptation of the British Army to Wilderness Warfare, 1755-1763"，收入 Maarten Ultee 编辑 *Adapting to Conditions: War and Society in the Eighteenth Century* (University, Ala., 1986), 62-4; Pargellis, *Loudoun*, 292-6。关于新英格兰各殖民地议会对劳登改革的抵制，见 Fred Anderson, *A People's Army: Massachusetts Soldiers and Society in the Seven Years' War* (Chapel Hill, N.C., 1984), 180-5。

3　Beattie, "Adaptation", 65-7; Pargellis, *Loudoun*, 296-9.1756年，将一桶牛肉运过湖的成本为纽约币1英镑9先令；1757年，布拉德斯特里特估计将一桶牛肉从奥尔巴尼运到爱德华堡（大约50英里的路程）的成本为7先令（ibid., 296, 298）。

4　1757年，劳登只从新英格兰各殖民地征募4000人；见 ibid., 212-6。用轻步兵替代游骑兵的计划，见 ibid., 301-4。在过去几次战争期间，英属美洲殖民地使用多个游骑兵连充当印第安侦察人员的替代单位；更早的时候，北美殖民地提供赏金和鼓励伐木工人成立私人猎取头皮连队来同印第安人战斗，他们可能就是因此成长起来的。这些游骑兵单位在林地作战中鲜有突出表现，不过在乔治王战争期间，新罕布什尔的 John Gorham 指挥的一个游骑兵连（主要由基督教化的印第安人组成）在路易斯堡远征之役中发挥了有益的作用。[Douglas Edward Leach, *Arms for Empire: A Military History of the British Colonies in North America, 1607-1763* (New York, 1973), 183-5, 235]。七年战争期间，游骑兵部队最早在1755年克朗波因特远征期间参战，那是罗伯特·罗杰斯上尉和约翰·斯塔克中尉指挥的一个新罕布什尔连。1756年，参战的游骑兵连有3个；1757年有4个。雪利通常以一种不正规的方式来处理游骑兵连的组建，向这些连队的军官支付正规军军官的薪水，给他们部下的士兵同殖民军的待遇。最终，他用自己的资金为他们供应薪饷，实际上让他们成为由国王支付薪饷的独立连，即独立于正规陆军和殖民地部队之外的编制。劳登将这一安排体系化，继续用自己的应急资金应付游骑兵的开支，不过只在战争期间招募他们（与殖民地地方部队不同）。他们因军纪欠缺声名狼藉，同时为维持他们服役的代价不菲，这两件事都困扰着劳登。1758年，为维持9个游骑兵连耗资3.5万英镑，相当于维持正规军一个团的两倍军费（Pargellis, *Loudoun*, 303）。

殖民地游骑兵虽然是军事传奇和大众迷恋的一个课题，但在历史学界还没有得到足够的重视。现存的最佳专题著作是 John R. Cuneo, *Robert Rogers of the Rangers* (1959; reprint, New York, 1987)。有一篇优秀的博士论文完成时间较晚,因而本书难以从中吸取养分,这篇论文将在这方面填补空白,那就是 John Edward Grenier, "The Other American Way of War: Unlimited and Irregular Warfare in the Colonial Military Tradition" (Ph.D. diss., University of Colorado at Boulder,1999),尤其值得关注的是全文第 2—4 章。

5 宿营议案,见 Pargellis, *Loudoun*, 194。各殖民地政府的服从,见 ibid., 198-201。或许因为 1757 年年初,皮特在英国议会下院的地位不保,他从未提出有保障的宿营法案,直到盖奇将军在 1765 年提出要求,这一停滞多时的法案才得以实施。

6 1756 年 11 月 22 日至 12 月 26 日,Loudoun 写给 Henry Fox 的信,见 Loudoun Papers, Henry E. Huntington Library, San Marino, California。

7 Pargellis, *Loudoun*, 265; Alan Rogers, *Empire and Liberty: American Resistance to British Authority, 1755-1763* (Berkeley, Calif., 1974), 93-5.

8 1756 年 10 月 8 日,Loudoun 写给 Fox 的信,Loudoun Papers。

9 Pargellis, *Loudoun*, 266-7; Rogers, *Empire and Liberty*, 94-7.

10 Gipson, *Victorious Years*, 97-103; Pargellis, *Loudoun*, 214-27。海军护卫队仅由 1 艘 50 门舰炮的战列舰"萨瑟兰"号和 2 艘快速帆船组成(ibid., 238)。

第 19 章

1 本节关于韦伯的内容,见 1757 年 1 月 5 日,Loudoun 写给 Cumberland 的信,以及 1757 年 6 月 20 日,Loudoun 写给 Webb 的信,收入 Stanley M. Pargellis 编辑, *Military Affairs in North America, 1748-1765: Documents from the Cumberland Papers in Windsor Castle* (1936; reprint, New York, 1969), 293, 370-1; *Dictionary of American Biography*, s.v. "Webb, Daniel"。引述内容,见 Pargellis, *Lord Loudoun in North America* (1933; reprint, Hamden, Conn., 1968), 234。

2 Ian K. Steele, *Betrayals: Fort William Henry and the "Massacre"* (New York, 1990), 75-7; Lawrence Henry Gipson, *The British Empire before the American Revolution*, vol.7, *The Great War for the Empire: The Victorious Years, 1758-1760* (New York, 1967), 67-9。另一艘单桅帆船在袭击中受损,但没有被毁,还有三分之一的船体完好;几艘"浅水小船和平底船"也幸存下来,可能是因为前一年秋天在近岸水域沉没,解冻后被打捞上来,这是保护船只免受严冬损坏的一种常见方法(1757 年 6 月 20 日,Loudoun 写给 Webb 的信,收入 Pargellis, *Military Affairs*, 371)。

3 卡里永堡的侦察和罗杰斯的负伤,见 John R. Cuneo, *Robert Rogers of the Rangers* (1959; reprint, New York, 1987), 45-53。法军和印第安人的行动,见 Steele, *Betrayals*, 84-85。

4 "游泳"之说,见 Louis Antoine de Bougainville, *Adventure in the Wilderness: The American Journals of Louis Antoine de Bougainville,1756-1760*, Edward P. Hamilton 编辑 (Norman, Okla.,1964), 116 (6 月 15 日条目)。Ransom: Steele, *Betrayals*, 79。

5 法军的兵力,见 Bougainville, *Adventure*, 152-3(1757 年 7 月 29 日的条目。法军包括 6 个营的"法国陆军部队"或正规军,总兵力 2570 人;里戈指挥的 1 个营的"殖民地部队"或法国海军陆战队,524 人;3470 名加拿大民兵和志愿兵,被编组为 8 个营规模的地方自卫"旅";还有 180 名炮兵)。印第安人的参战情况,见 ibid., 150-1 (1757 年 7 月 28 日的条目);Steele, *Betrayals*, 80-1,111 的说明。"在……之中"的引文,见

注 释　705

　　　Bougainville, *Adventure*, 149（1757 年 7 月 27 日的条目）。

6　英军守备队的兵力，见 Steele, *Betrayals*, 96。"一位年长的军官"原文，见 1757 年 4 月 25 日至 6 月 3 日，Loudoun 写给 Cumberland 的信，收入 Pargellis, *Military Affairs*, 344。"破晓时分"引文，见 Bougainville, *Adventure*, 142-3（1757 年 7 月 24 日的条目）；也可见 Steele, *Betrayals*, 91, 96-7, 217nn. 46, 47。

7　Gipson, *Victorious Years*, 79-81; Steele, *Betrayals*, 229-30 n.49。

8　Douglas Edward Leach, *Arms for Empire: A Military History of the British Colonies in North America, 1607-1763* (New York, 1973), 399-400; Bougainville, *Adventure*, 154-6（1757 年 7 月 31 日的条目）。"我们很清楚"，见 1757 年 8 月 3 日，Monro 写给 Webb 的信，Steele, *Betrayals*, 98 引用。

9　Bougainville, *Adventure*, 157（1757 年 8 月 1 日的条目）。

10　Steele, *Betrayals*, 98-9; Bougainville, *Adventure*, 158-60（1757 年 8 月 3 日的条目）。园地的情况，见 Gipson, *Victorious Years*, 78 对开页 "A Plan of Fort William Henry ..."。

11　Steele, *Betrayals*, 99。

12　引文段落，见 1757 年 8 月 4 日，G. Bartman 写给 Monro 的信，复本收入 ibid., 103 (fig.9)。蒙特卡姆建议守军投降，见 Bougainville, *Adventure*, 163, 166-7（1757 年 8 月 5 日与 7 日的条目）。

13　Ibid., 160-9（1757 年 8 月 4-8 日的条目）; Steele, *Betrayals*, 102-5。

14　8 月 7 日天黑时，21 门火炮有 11 门爆裂或爆炸，其中包括要塞的 2 门 32 磅炮。要塞的大部分火炮是铸铁炮，因此长时间射击后很容易受到金属疲劳的影响，变得脆弱。铜炮持续时间更长，但要塞和营地的全部 10 门铜炮都是小口径野炮，无法破坏围攻方的野战工事（ibid., 100-8）。

15　Ibid., 105-6, 108。

16　战况报告，见 ibid., 107-8, 109。[弹药的短缺远不是绝对的，法国人后来"在要塞内找到的他们返还的火炮"登记表中列明有 2522 发实心弹、542 发开花弹和 35835 磅火药。确切地说，问题在于 5 门仍可开火的小口径火炮的实心炮弹和开花弹严重短缺。见 Bougainville, *Adventure*, 177（1757 年 8 月 22 日的条目）。]"极其疲乏"，见 Frye, Gipson,*Victorious Years*, 84 引用。

17　投降条件引自 Steele, *Betrayals*, 110; 也可见 Gipson, *Victorious Years*, 84-5。

18　Steele, *Betrayals*, 110-11。

19　Ibid., 111-2。"比往常更恶毒"，见 Joseph Frye, 1757 年 8 月 3 日，法军进攻威廉·亨利堡和同月 9 日该要塞投降的日志，Parkman Papers, vol.42, Massachusetts Historical Society, Boston。

20　Steele, *Betrayals*, 115-9（杀戮和抓获俘虏），144（被杀人数的最大数字; Steele 估算的较低数字为 69 人），134（被俘人数），121（法军庇护的人数和印第安人早期的离去）。

21　落难人员的到来，见 Rufus Putnam, *Journal of Gen. Rufus Putnam, Kept in Northern New York during Four Campaigns of the Old French and Indian War, 1757-1760*, E. C. Dawes 编辑 (Albany,1886), 42-3（1757 年 8 月 10—19 日的条目）。蒙特卡姆为追回俘虏做出的保证和努力，见 Steele, *Betrayals*, 129-31。归还俘虏见 ibid., 139（表 2）。

22　Ibid., 130。

23　Ibid., 132, 144-8, 154-6, 165-70; Kerry Trask, *In the Pursuit of Shadows: Massachusetts*

Millennialism and the Seven Years' War (New York, 1989), 234-56.

24 Jean Elizabeth Lunn, "Agriculture and War in Canada, 1740-1760", *Canadian Historical Review* 16 (1935): 123 n.3, 133-4, 136; Bougainville, *Adventure*, 171, 182, 185（1757年8月9日、9月10—22日和27日、10月1—10日的条目）。

25 康涅狄格的响应，见 Harold E. Selesky, *War and Society in Colonial Connecticut* (New Haven, Conn., 1990), 110。马萨诸塞的响应，见1757年8月16日，Thomas Pownall 写给 William Pitt 的信，收入 Gertrude Selwyn Kimball 编辑 *The Correspondence of William Pitt* (1906; reprint, New York, 1969), 1: 94-7。爱德华堡的民兵，Steele, *Betrayals*, 127。这个保守的数字反映了韦伯的愿望，就是将他未能增援门罗的责任归咎于美洲民兵的迟缓反应。另一位目击者估计，8月15日到达爱德华堡的民兵人数为7000（*Pennsylvania Gazette*, 1757年8月25日）。

26 军费，见 Selesky, *War and Society*, 110。民兵和殖民军士兵薪饷差异的问题，见1758年6月12日，马萨诸塞议会下院的决议，规定民兵二等兵的日薪为2先令8便士，再加上生活补贴和租马费，或者说相当于每月4英镑；殖民军士兵每月收入1英镑16先令，不包括奖金和生活补贴。[Massachusetts Archives, vol.77, 623-3a; Fred Anderson, *A People's Army: Massachusetts Soldiers and Society in the Seven Years' War* (Chapel Hill, N.C., 1984), 225.] 与英国的对比：英国民兵的授权募集兵力为3.2万人，可是在1759年法国入侵的威胁最高时，实际服役人数只有1.6万余人。即使按照理论上的最大值计算，英国民兵占16岁到30岁区间男性人口的比例也不到3.3%。见 Stanley Ayling, *The Elder Pitt, Earl of Chatham* (New York, 1976), 191; Eliga Gould, *Persistence of Empire: British Political Culture in the Age of the American Revolution* (Chapel Hill, N.C., forthcoming), chap.3。

第 20 章

1 P. M. Hamer, "Anglo-French Rivalry in the Cherokee Country, 1754-1757", *North Carolina Historical Review* 2 (1925): 303-22; ibid., "Fort Loudoun in the Cherokee War, 1758-1761", *North Carolina Historical Review*, 422-58; Douglas Edward Leach, *Arms for Empire: A Military History of the British Colonies in North America, 1607-1763* (New York, 1973), 486-8; Tom Hatley, *The Dividing Paths: Cherokees and South Carolinians through the Era of Revolution* (New York, 1993), 96-9.

2 Lawrence Henry Gipson, *The British Empire before the American Revolution*, vol.7, *The Great War for the Empire: The Victorious Years, 1758-1760* (New York, 1973), 45-6, 144; Hayes Baker-Crothers, *Virginia in the French and Indian War* (Chicago, 1928), 119-20.

3 "除了委任状，别无他求"，见1757年3月10日，Washington 写给 Dinwiddie 的信，收入 W. W. Abbott 等编辑，*The Papers of George Washington, Colonial Series*, vol.4, 1756年11月—1757年10月 (Charlottesville, Va., 1984), 112-5；他所写的比这一份内容更全的说法，在1757年3月23日对 John Campbell, Loudoun 伯爵的回忆中，ibid., 120-1，以及他私人讲述的可能更加接近实情的说法。劳登的回应，见1757年5月23日，Stanwix 写给 Washington 的信，ibid., 159-60。

4 保卫边陲的困难，见 Gipson, *Victorious Years*, 43-5; Baker-Crothers, *Virginia in the French and Indian War*, 111-26; James Titus, *The Old Dominion at War: Society, Politics,*

and Warfare in Late Colonial Virginia (Columbia, S.C., 1991), 73-120。派往查尔斯顿的分遣队，见 Harry M. Ward, *Major General Adam Stephen and the Cause of American Liberty* (Charlottesville, Va., 1989), 42-6。放弃多座堡垒，见 Gipson, *Victorious Years*, 41-2。对印第安人的评价，见1757年6月10日，Washington 写给 Dinwiddie 的信，*Papers of Washington*, 4: 192-5（引文在192页）。

5　"下一场战役"，见1757年10月24日，Washington 写给 Dinwiddie 的信，收入 W. W. Abbot 等编辑，*The Papers of George Washington, Colonial Series*, vol.5, 1757年10月—1758年9月 (Charlottesville, Va., 1988), 25; cf. 1757年10月8日，Washington 写给 Stanwix 的信，ibid., 8-10。"没什么特别重要的事情……到森林里去了"，原文见1758年2月13日，Vaudreuil 写给法国海军大臣的信，收入 Sylvester K. Stevens 与 Donald H. Kent 编辑，*Wilderness Chronicles of Northwestern Pennsylvania* (Harrisburg, Pa., 1941), 109-10。对1757年弗吉尼亚西部战争特征的一种感受，见 Samuel Kercheval, *A History of the Valley of Virginia* (1833; reprint, Strasburg, Va.,1973), 78-80, 95-6, 72-108。

6　Francis Jennings, *Empire of Fortune: Crowns, Colonies, and Tribes in the Seven Years War in America* (New York, 1988), 281, 334-48; 全面的叙述，见 Stephen F. Auth, *The Ten Years' War: Indian-White Relations in Pennsylvania, 1755-1765* (New York, 1989), 81-90; Anthony F. C. Wallace, *King of the Delawares: Teedyuscung, 1700-1763* (Philadelphia, 1949), 155-60。

7　"上午代表"等内容，见1757年1月29日，Richard Peters 写给 Thomas Penn 的信，Nicholas Wainwright 在 George Croghan, *Wilderness Diplomat* (Chapel Hill, N.C., 1959), 123引用。谈判的性质，见 Jennings, *Empire of Fortune*, 339-40。

8　Ibid., 346-7.

第21章

1　Julian S. Corbett, *England in the Seven Years' War: A Study in Combined Strategy*, vol.1(London, 1918), 168-9, 171.

2　1757年8月4日，Loudoun 写给 Holburne 的信与 Holburne 写给 Loudoun 的信，ibid., 171-2。

3　Ibid., 177-8.

4　1757年10月17日，Loudoun 写给 Cumberland 的信，收入 Stanley M. Pargellis 编辑，*Military Affairs in North America, 1748-1765: Documents from the Cumberland Papers in Windsor Castle* (1936;reprint, New York, 1969), 399-403。

5　劳登的各项行动，见 id., *Lord Loudoun in North America* (1933; reprint, Hamden, Conn., 1968), 348。各殖民地的抵制，ibid., 125-9。

6　Ibid., 268-76, 276 n.45.

7　"我的处境"，见1758年2月16日，Loudoun 写给 Argyll 的信，ibid., 350。酒，ibid., 167-8。

8　Ibid., 346.

9　坎伯兰的战略处境和《克洛斯特-采文协定》的条件，尤其要注意 Corbett, *Seven Years' War*, 1: 223-7的叙述；也可见 Stanley Ayling, *The Elder Pitt, Earl of Chatham* (New

York, 1976), 210-12; Peter Douglas Brown, *William Pitt, Earl of Chatham: The Great Commoner* (London, 1978), 155-6。腓特烈在 1757 年秋的形势，见 Dennis Showalter, *The Wars of Frederick the Great* (New York, 1996), 177-80; W. F. Reddaway, *Frederick the Great and the Rise of Prussia* (New York, 1904), 232-3。

10 "不成体统"，见 1757 年 9 月 21 日，英王乔治二世写给 Cumberland 的信，Charles Chenevix Trench, *George II* (London, 1973), 284 引述。"我的荣誉"等，见 Newcastle（备忘录）, ibid., 284 引用。"这是我的儿子"，见 Horace Walpole, *Memoirs of the Reign of George II*, vol.3 (London, 1846), 61。"毫不惋惜"，ibid., 62-5。

11 皮特的战略计划和政策，见 Corbett, *Seven Years' War*, 1: 8-9, 28-9, 148, 150-2, 189-91, 374-6; Richard Middleton, *The Bells of Victory: The Pitt-Newcastle Ministry and the Conduct of the Seven Years' War, 1757-1762* (Cambridge, U.K., 1985)。在那些赞成帝国发展的人之中，有人支持皮特，见 Marie Peters, *Pitt and Popularity: The Patriot Minister and London Opinion during the Seven Years' War* (Oxford, 1980);（对皮特强调实用主义胜过任何一致性愿景的战略持怀疑态度）id., "The Myth of William Pitt, Earl of Chatham, Great Imperialist, Part 1: Pitt and Imperial Expansion,1738-1763", *Journal of Imperial and Commonwealth History* 21 (1993): 31-74。

12 1757 年 12 月 14 日，皮特为 1758 年陆军预算发表的演讲，Romney Sedgwick 编辑，*Letters from George III to Lord Bute, 1756-1766* (London, 1939), 19-20 n.2 引用。

13 1756 年 7 月 26 日，Frederick 写给 Newcastle 的信，Corbett, *Seven Years' War*, 1: 148 引用。

14 Stanley M. Pargellis, *Lord Loudoun in North America* (1933; reprint, Hamden, Conn.,1968), 344-5; John Schutz, *Thomas Pownall, British Defender of American Liberty: A Study of Anglo-American Relations in the Eighteenth Century* (Glendale, Calif., 1951), 81.

15 Pargellis, *Loudoun*, 231, 342-5, 351, 358-9.

16 关于安森，见 Horace Walpole, *Memoirs of the Reign of King George II*, (London, 1846), 3: 32（皮特任命安森）; Corbett, *Seven Years' War*, 1: 180。利戈尼尔，ibid., 33-4, 230-32; Ayling, *Elder Pitt*, 191, 213。

17 对法国沿海的袭扰，见 Corbett, *Seven Years' War*, 1: 192-6, 262-8, 287-9, 293-304。斐迪南和汉诺威，见 ibid., 227-30。纽卡斯尔当时与皮特的关系，见 Reed Browning, *The Duke of Newcastle* (New Haven, Conn., 1975), 261 ff.; Middleton, *Bells*, 54, 60-1, 88-9, 113-8, 141, 148, 153-9, 193-4, 205-6, 213; Ayling, *The Elder Pitt*, 204-9; Peters, "Myth of Pitt", 42-8; John Brewer, *The Sinews of Power: War, Money, and the English State, 1688-1783* (New York, 1989), 170-6。

18 Corbett, *Seven Years' War*, 1: 232-4; Lawrence Henry Gipson, *The British Empire before the Revolution*, vol.7, *The Great War for the British Empire: The Victorious Years, 1758-1760*, 125-6; Showalter, *Wars of Frederick*, 177-206。

—— 第四部分 ——

第 22 章

1 E. C. Dawes 编辑 *Journal of Gen. Rufus Putnam, Kept in Northern New York during Four*

Campaigns of the Old French and Indian War, 1757-1760 (Albany, 1886), 49-50（1757 年 11 月 18 日的条目）; Rowena Buell 编辑 *The Memoirs of Rufus Putnam* (Boston, 1903), 16。

2　Douglas Edward Leach, *Arms for Empire: A Military History of the British Colonies in North America, 1607-1763* (New York, 1973), 403; Lawrence Henry Gipson, *The British Empire before the American Revolution*, vol.7, *The Great War for the Empire: The Victorious Years, 1758-1760* (New York, 1967), 151-3. Stanley M. Pargellis, *Lord Loudoun in North America* (1933; reprint, New York, 1968), 275-276.

3　了解到的相关情况，见 Buell, *Memoirs of Putnam*, 16。引文部分，见 Dawes, *Journal of Putnam*, 50-2（1758 年 2 月 2 日的条目）。

4　Ibid., 54-6（1758 年 2 月 8—10 日的条目）; Buell, *Memoirs of Putnam*, 21。

5　"我是个好军人"，见 ibid., 17。

6　"共同防御措施"，见 1757 年 12 月 24 日，"Resolutions of the Massachusetts General Assembly"，收入 John Russell Bartlett 编辑 *Records of the Colony of Rhode Island and Providence Plantations, in New England*, vol.7, 1757 to 1768 (Providence, 1861), 115-6。劳登和波纳尔的关系，见 Pargellis, *Loudoun*, 268-73; 1757 年 10 月 17 日，Loudoun 写给 Cumberland 的信，收入 id., *Military Affairs in North America, 1748-1765: Documents from the Cumberland Papers in Windsor Castle* (New York,1936), 404-5。

7　John Schutz, *Thomas Pownall, British Defender of American Liberty: A Study of Anglo-American Relations in the Eighteenth Century* (Glendale, Calif., 1951), 85.

8　波纳尔讲述的原则, ibid., 98。他与劳登的嫌隙，见 Schutz, *Pownall*, 110-18（特别注意 1757 年 12 月 15 日，Pownall 写给 Loudoun 的信，116-7 引述）; 1757 年 12 月 1 日和 28 日，1758 年 1 月 2 日、15—19 日和 20 日，Pownall 写给 Pitt 的信，收入 Gertrude Selwyn Kimball 编辑, *Correspondence of William Pitt when Secretary of State with Colonial Governors and Military and Naval Commissioners in America*, vol.1 (1906; reprint, New York, 1969), 128-9, 132-3, 155-6, 161-5, 166-7。

9　"有一种精神"，见 1758 年 1 月 15 日，Pownall 写给 Pitt 的信，*Pitt Corr.*, 1: 162-3。Schutz, *Pownall*, 119-22; Pargellis, *Loudoun*, 270-2。

10　1758 年 2 月 14 日，Loudoun 写给 Pitt 的信，见 *Pitt Corr.*, 1: 188-9。

11　Pargellis, *Loudoun*, 356-8, 276-7, 以及 n.45。

12　Ibid., 277; Schutz, *Pownall*, 127; 引文见 1758 年 3 月 14 日，Pownall 写给 Pitt 的信，*Pitt Corr.*, 1: 203。

13　1757 年 12 月 30 日，皮特给北美各殖民地总督写的信，ibid., 135。

14　1757 年 12 月 30 日，皮特给马萨诸塞湾区、新罕布什尔、康涅狄格、罗得岛、纽约和新泽西等殖民地总督写的信，ibid., 136-8。

15　Ibid., 138-9.

16　议员的反应，见 1758 年 3 月 14 日，Pownall 写给 Pitt 的信，ibid., 203; Schutz, *Pownall*, 128。劳登离开北美的情况，见 1758 年 5 月 31 日，Loudoun 写给 Pitt 的信，*Pitt Corr.*, 1: 263。

17　关于各殖民地议会投票表决通过的募兵人数，见 *Pitt Corr.* 中收入的列位总督写给皮特的信：1: 203, 209-11, 213, 216, 222, 227, 229, 230, 234, 235-6, 239, 240-1, 244, 311,

329-32。1757年，马里兰殖民地议会因坎伯兰堡驻军问题与劳登发生争执，就此断绝与总司令的一切联系。劳登被召回时，这个问题仍未得到解决。劳登回到英国后，马里兰甚少参与战争，这与其说是因为反战，不如说是因为独占殖民地的政局动态。1758年4月，马里兰议会下院投票通过拨款4.5万英镑，募集1000名殖民地部队士兵，但议会上院由于这笔钱会以一种与特许领主家族产生矛盾的征税办法筹集，因而拒绝批准。见1758年3月16日、5月18日和8月27日，Horatio Sharpe写给Pitt的信，ibid., 209-11, 242-5, 327-32；Pargellis, *Loudoun*, 220-1。

18 这不是说在正规军的编制单位里没有殖民地居民服役；事实上，Thomas Purvis估计1.1万名英属美洲人在正规军服役 ["Colonial American Participation in the Seven Years' War, 1755-1763"（文件收入 the 10th Wilbur S. Brown Conference in History, University of Alabama, Feb.11-12, 1983）；Don Higginbotham 在 "The Early American Way of War: Reconnaissance and Appraisal" 一文中将这个数字当作权威数字引用，*William and Mary Quarterly*, 3rd ser., 45 (1987): 235。我无力断定这一估计的数字是否包括在英属西印度群岛各团服役的奴隶]。这些应征加入英国正规军的新兵，大部分在种族多样化的中部各殖民地，尤其是宾夕法尼亚，在那里，战争最初几年，正规军的征兵人员吸引了大量讲德语的殖民地居民加入4营制的第60团——皇家美洲团。
虽然宾夕法尼亚的战争和军事机构的社会背景，还没有像马萨诸塞、康涅狄格和弗吉尼亚那样被全面研究过，但是有三个因素（兵役年龄段男子中高度的契约奴役，年轻佃农大量集中于该殖民地东部，以及较为贫困的德裔和苏格兰-爱尔兰裔移民塑造成形的社会经济体）会对促进应募士兵加入正规军产生影响。然而，必须谨记的是，这些募兵往往是在1758年之前进行的，1758年英国议会的财政补贴开始允许北美各殖民地能够提供高额奖金，吸引兵员为自家的殖民地各团服役；为了募集兵员，正规军征兵人员被迫提出3年服役期或战争持续期间服役的条件，而不是英国陆军典型的终身制（20年）服役。
然而，英属美洲入伍的士兵，从未像布拉多克和劳登设想的那样排满正规军的队列。1757年以后，各殖民地单位的兵员都接近满额，与之不同的是，英国正规军各单位在整个战争期间兵员长期不足，而且这种情况日益严重。1758年1月，驻北美的英国正规军21个营缺员1710人；1758年10月，正规军单位折合24个营，缺员3280人；1759年，正规军单位折合25个营，缺员4492人；1760年3月，正规军单位折合25个营，缺员4750人；到同年10月，缺员高达7000人（见Pargellis, *Loudoun*, 110-11）。志愿兵员的种种不足，由各种权宜之计来弥补，但是在大多数情况下，替代人员都是多个爱尔兰团刷下来的新兵。于是，1759年1月，兵员应当专门在各殖民地招募的皇家美洲团，实际上只有四分之一的部队是殖民地居民（主要是德裔）。除了一些直接从欧洲征募的德裔士兵，皇家美洲团的主力大部分是"爱尔兰驻军不要的人"（ibid., 112）。
理清应募进入英国正规军各团服役的殖民地士兵的社会和经济背景，探讨这些军人的战时经历，需要进行更多研究。西安大略大学有一篇正在书写的博士论文，可以回答许多此类问题，见 Alexander V. Campbell, "Anvil of Empire: The Royal American Regiment, 1756-1775"（即将出版）。Campbell慷慨地让我阅读了他的论文大纲（1998年4月），其中包含他论述的主要内容。

19 新英格兰各地的募兵状况，见1758年4月28日，Abercromby写给Pitt的信，*Pitt*

Corr., 1: 226。1758 年之前，弗吉尼亚缺乏参战热情，见 John Ferling, "Soldiers for Virginia: Who Served in the French and Indian War?" *Virginia Magazine of History and Biography* 94 (1986): 308-9; James Titus, *The Old Dominion at War: Society, Politics, and Warfare in Late Colonial Virginia* (Columbia, S.C.,1991), 102-3, 138-9（1755 年，弗吉尼亚团的兵员仅达授权兵力的 25%；1756 年为 41%；1757 年为 55%。1756 年从军的人，只有不到 10% 在 1757 年重新应征入伍）。1758 年，弗吉尼亚态度发生大逆转，见 1758 年 6 月 29 日，John Blair 写给 Pitt 的信，*Pitt Corr.*, 1: 289。弗吉尼亚议会下院撤销了对敌方印第安人头皮悬赏的法令，一场他们不愿因公共项目出资的战争可以由私人企业进行的幻想就此终结。

20 引文见 1758 年 5 月 27 日，Sir John St. Clair 写给 Col. Henry Bouquet 的信，Douglas Southall Freeman, *George Washington: A Biography*, vol.2, *Young Washington* (New York, 1948), 309 引用。

第 23 章

1 Stanley M. Pargellis, *Lord Loudoun in North America* (1933; reprint, Hamden, Conn., 1968), 356-8.

2 *Dictionary of National Biography*, s.v. "Abercromby, James" "Amherst, Jeffery" "Wolfe, James" "Forbes, John" "Howe, Richard". 此外，关于 Amherst，可见 J. C. Long, *Lord Jeffery Amherst* (New York, 1933); Daniel John Beattie, "General Jeffery Amherst and the Conquest of Canada, 1758-1760" (Ph.D. diss., Duke University, 1976); 关于 Wolfe，见 Beckles Willson, *The Life and Letters of James Wolfe* (New York, 1909); 关于 Forbes，见 Lawrence Henry Gipson, *The British Empire before the American Revolution*, vol.7, *The Great War for the Empire: The Victorious Years, 1758-1760* (New York, 1967), 247-8; 关于 Abercromby, ibid., 211。关于他们被选用的情况，见 Rex Whitworth, *Field Marshal Lord Ligonier: A Story of the British Army, 1702-1770* (Oxford, 1958), 236-42。乔治二世不赞成打破常规的提拔，坚决反对任命阿默斯特为总司令官，乃至于有人传言 1758 年的关键攻势不是在战场上进行的，而是在王宫的寝室里进行的，国王钟爱的情妇雅茅斯夫人应利戈尼尔的紧急请求，代表阿默斯特在那里游说。

3 Gipson, *Victorious Years*, 177; Whitworth, *Ligonier*, 240-1; Beattie, "Amherst", 66.

4 加拿大防卫部队的情况，见 George F. G. Stanley, *New France: The Last Phase, 1744-1760* (Toronto, 1968), 165-6; W. J. Eccles, "The French Forces in North America during the Seven Years' War"，收入 *Dictionary of Canadian Biography*, vol.3, 1741 to 1770, xvii-xviii.（在实战中，加拿大民兵要比英属殖民地的民兵效率高得多，而且派遣兵员随远征部队服役也是常态。然而，这仍然是一支主要用于保卫大后方的部队，因为从耕种和收获的可用人员中撤走相当数量的人力，就会威胁加拿大的粮食供应，而那里的粮食供应充其量只能保障最低限度的需求。）上五大湖地区印第安人的种种不满，见 Louis Antoine de Bougainville, *Adventure in the Wilderness: The American Journals of Louis Antoine de Bougainville, 1756-1760*, Edward P. Hamilton 编辑 (Norman, Okla., 1964), 197, 204 (1758 年 3 月 1—13 日和 5 月 12—20 日的条目)。

5 加拿大粮食歉收和高粮价问题，见 Jean Elizabeth Lunn, "Agriculture and War in Canada, 1740-1760", *Canadian Historical Review* 16 (1935): 128, 130（一个迈诺特大致相当于三

分之一个蒲式耳）。配给制和权宜替代方案，见 Bougainville, *Adventure*, 71-2（1756年11月22日）。马肉，见 Stanley, *New France*, 194（可以食用马肉，为保存饲料而屠宰牲口）。加拿大人的抗议，见 Bougainville, *Adventure*, 195（1757年12月12日—1758年3月12日）。1758年配给口粮逐渐减少，ibid., 201-2（1758年4月15—25日和5月3日的条目）。"一些居民"的引文，ibid., 206（1758年5月21日）。每天4盎司的面包定量，见 ibid., 209（1758年5月30日）。

6 Stanley, *New France*, 191-2.

7 Ibid., 201-6; Bougainville, *Adventure*, 196.

8 通货膨胀，见 ibid., 198（1757年11月8日）。通货缺乏的情况，见 Gustave Lanctot, *A History of Canada*, vol.3, *From the Treaty of Utrecht to the Treaty of Paris, 1713-1763* (Cambridge, Mass.,1965), 162。加拿大人囤积铸币的情况，见 Stanley, *New France*, 196-200。

9 Bougainville, *Adventure*, 213（1758年6月18—19日）与215（1758年6月23日）; Stanley, *New France*,165; Ian K. Steele, *Warpaths: Invasions of North America* (Oxford, 1994), 205-6, 211-2; Stanley, *New France*, 211-2; Lanctot, *Utrecht to Paris*, 3: 159, 162, 165。

第24章

1 阿伯克龙比的远征情况，见 Lawrence Henry Gipson, *The British Empire before the American Revolution*, vol.7, *The Great War for the Empire: The Victorious Years, 1758-1760* (New York,1967), 217。"这里的一切"，见 E. C. Dawes 编辑，*Journal of Gen. Rufus Putnam, Kept in Northern New York during Four Campaigns of the Old French and Indian War, 1757-1760* (Albany,1886), 63（1758年6月28日的条目）。"从湖的一边到另一边"，见 1758年7月27日，*Pennsylvania Gazette*。"宝贵辎重"，见 Dawes, *Journal of Putnam*, 67（1758年7月6日的条目）。豪的情况，见 1758年7月12日，Abercromby 写给 Pitt 的信，收入 Gertrude Selwyn Kimball 编辑 *Correspondence of William Pitt when Secretary of State, with Colonial Governors and Military and Naval Commissioners in America*, vol.1(1906; reprint, New York, 1969), 297。

2 "豪的阵亡"和"老大娘"，见 Rowena Buell 编辑 *The Memoirs of Rufus Putnam* (Boston,1903), 23。"我觉得"和派出工兵的情况，见 1758年7月12日，Abercromby 写给 Pitt 的信，*Pitt Corr.*, 1: 298,299。"有些停滞不前"，见 Fabius Maximus Ray 编辑 *The Journal of Dr. Caleb Rea, Written during the Expedition against Ticonderoga in 1758* (Salem, Mass., 1881), 25（1758年7月7日的条目）。

3 Louis Antoine de Bougainville, *Adventure in the Wilderness: The American Journals of Louis Antoine de Bougainville, 1756-1760*, ed. Edward P. Hamilton (Norman, Okla., 1964), 221（1758年6月30日），231（"List and Composition of the French Army, July 8, 1758"），222（1758年7月1日），229-30（1758年7月7日）。

4 Gipson, *Victorious Years*, 226-9；1758年7月10日，William Eyre 写给 Robert Napier 的信，收入 Stanley M. Pargellis 编辑 *Military Affairs in North America, 1748-1765: Documents from the Cumberland Papers in Windsor Castle* (1936; reprint, New York, 1969), 420-1; Bougainville, *Adventure*, 230（1758年7月7日）。虽然在极限射程开火，但响

尾蛇山上的火炮仍可纵向射击法军战线，因而这些战线极为危险。加上给养太少，无法抵御围攻，蒙特卡姆将被迫撤退；但唯一的逃脱方式是乘船，哪怕山顶上的几门火炮会让法军登船的行动乱成一锅粥。

5 据第 44 步兵团的 Charles Lee 上尉所说，Matthew Clark 中尉是 Abercromby "极赏识的工兵军官"，可他"是人们见过的最差劲的愣头青"[Lee, "Narrative"，附在他本人于 1758 年 9 月 16 日写给 Sidney Lee 小姐的信中，New-York Historical Society, *Collections* 4（1871）: 12]。

6 "前进"，见 1758 年 7 月 12 日，Abercromby 写给 Pitt 的信，*Pitt Corr.*, 1: 300。英军以 15 个营，或者说大约 1.3 万人，编组为 3 个旅进攻；法军以 7 个兵力不足的正规营，由法国海军陆战队和加拿大民兵助战，总兵力不足 3500 人，与之对抗。关于英属美洲部队的战斗队形，见 1758 年 7 月 10 日，William Eyre 写给 Robert Napier 的信，收入 Pargellis, *Military Affairs*, 420; John Cleaveland, "Journal", *Bulletin of the Fort Ticonderoga Museum* 10 (1959): 199（"Map Made July 8"）。法军的战斗队形，见 Bougainville, *Adventure*, 231-2（1758 年 7 月 8 日）。

7 "树木倒地"，见 1758 年 7 月 10 日，Eyre 写给 Napier 的信，收入 Pargellis, *Military Affairs*, 420, 421。"被……放倒"，见 1758 年 7 月 8 日 Joseph Nichols 的日记，Huntington MS 89, Henry E. Huntington Library, San Marino, Calif.。"火力开始非常激烈"，见 Archelaus Fuller, "Journal of Col. Archelaus Fuller of Middleton, Mass., in the Expedition against Ticonderoga in 1758", *Essex Institute Historical Collections* 46 (1910): 209-20（1758 年 7 月 8 日的条目）。

8 David Perry, "Recollections of an Old Soldier...Written by Himself", *The Magazine of History* 137 (1928), 9-10（自同名小册子转载，pub. Windsor, Vt., 1822）。

9 "持续不断的炮声和枪声"，见 Buell, *Memoirs of Putnam*, 24（1758 年 7 月 8 日）。"当我到达前线军队时"，见 Dawes, *Journal of Putnam*, 70-1（1758 年 7 月 8 日）。

10 "因此会被断定"，见 1758 年 7 月 12 日，Abercromby 写给 Pitt 的信，*Pitt Corr.*, 1: 300。"消息传来"，见 1758 年 7 月 9 日 Joseph Nichols 的日记。Abercromby 报告损失 1610 名正规军（464 人战死，1117 人负伤，29 人失踪），殖民地部队损失 334 人（87 人阵亡，239 人负伤，8 人失踪）。第 42 步兵团（巡夜团）第一营的损失为 203 人阵亡和 296 人负伤，或者说失去了一半兵力。

11 "可耻的撤退"，见 1758 年 7 月 8 日 Artemas Ward 的日记；reproduced in Frederick S. Allis 编辑 *The Artemas Ward Papers* (Massachusetts Historical Society microfilm edition; Boston, 1967), reel 4 转载。"这一天"，见 1758 年 7 月 10 日，John Cleaveland 日记，200。"令人震惊的失望"，见 1758 年 7 月 11 日 Joseph Nichols 的日记；天命论一说，见 1758 年 7 月 12 日 Joseph Nichols 的日记。"The General and his Rehoboam-Counsellors"，见 1758 年 7 月 12 日 John Cleaveland 的日记（正确写法应遵循提康德罗加堡博物馆的手稿，而不是上文提到的印刷版本）。仔细阅读《圣经》，就会明白克里夫兰和心意类似的新英格兰人是如何看待这场败仗的：当以色列人向罗波安国王抱怨他们的负担太重时，罗波安没有向睿智的长老问计，而只咨询他的好友。这些人建议罗波安对百姓说："鉴于我的父亲让你们背负重轭，我将会在你们的轭上再加分量。我父亲用鞭子责打你们，而我会用蝎子来惩罚你们。"这番话掀起了一场暴动，而且"以色列人对大卫家族的叛乱一直持续到今日"（2 Chron. 10: 6-19; 引文在 vv.11, 19）。

罗波安的统治摧毁了以色列人的团结：“他做了恶事，因为他没有一心向主诉求”（2 Chron. 12: 14）。

12　Dawes, *Journal of Putnam*, 71（1758 年 7 月 20 日之前可追溯的条目）。

13　Charles Lee, "Narrative", 12. 一枚滑膛枪子弹打断了李的两根肋骨，他在写下这些文字时，正在奥尔巴尼疗养。

14　Bougainville, *Adventure*, 235（1758 年 7 月 10 日）；242（1758 年 7 月 12 日）；264（1758 年 8 月 12 日）。相关的拉丁文的字面意思如下：

谁是首领？那个士兵是谁？铺开的是何物，巨木吗？

注视这个十字架！注视胜利者！这是上帝，上帝本人大获全胜。

我感谢 Steven Epstein 教授提供了这段译文。

15　Ibid., 262（1758 年 8 月 10—12 日）。

16　Ibid., 273-6（1758 年 9 月 6—12 日）。7 月 8 日之后，蒙特卡姆请求被召回。这一请求不可能实现，他对来年挡住英军的机会感到绝望。他的精神状态可以从他在 1758 年秋开始制订的幻想式计划中推断出来。想到色诺芬的《长征记》，他决心抵抗即将到来的对圣劳伦斯河流域的入侵，然后尽可能将他可保全的正规军和海军陆战队向西撤走。在获得伊利诺伊地区的支持和给养后，他会沿密西西比河顺流而下，在路易斯安那进行最后一战。见 Francis Parkman, *France and England in North America*, vol.2, *Montcalm and Wolfe* (New York, 1983), 1313, 1317-18。

第 25 章

1　"一次鲁莽……行动"，见 1758 年 7 月 27 日，Wolfe 写给 Walter Wolfe 少校的信，收入 Beckles Willson, *The Life and Letters of James Wolfe* (New York, 1909), 384-5。沃尔夫一如既往，努力将归于上司的荣誉最小化，强调他自己的作用。英军准备围攻，见 1758 年 6 月 11 日 Amherst 写给 Pitt 的信，收入 Gertrude Selwyn Kimball 编辑 *The Correspondence of William Pitt when Secretary of State with Colonial Governors and Military and Naval Commissioners in America* (1906; reprint, New York, 1969), 1: 274；还有地图，"The Landing on Cape Breton Island...1758"，收入 Lawrence Henry Gipson, *The British Empire before the American Revolution*, vol.7, *The Great War for the Empire: The Victorious Years, 1758-1760* (New York,1967), 195 对开页。完备的叙事，见 J. Mackay Hitsman 与 C. C. J. Bond, "The Assault Landing at Louisbourg, 1758", *Canadian Historical Review* 35 (1954): 314-30。英军 50 人死亡（大部分是溺水），62 人负伤，1 人失踪；法军的损失为 100 人阵亡和 70 人被俘。

2　路易斯堡的防御，见 Christopher Moore, *Louisbourg Portraits* (Toronto, 1982), 209-15。1758 年守军的兵力部署，见 Gipson, *Victorious Years*, 198-201。关于阿默斯特在围攻路易斯堡期间的作用，见 Daniel John Beattie, "General Jeffery Amherst and the Conquest of Canada, 1758-1760" (Ph.D. diss., Duke University, 1976), 66-90。港口内的海军船只是一支包括 6 艘战列舰和 5 艘快速帆船在内的强大兵力，见 1758 年 7 月 28 日 Boscawen 写给 Pitt 的信，*Pitt Corr.*, 1: 308。

3　Moore, *Louisbourg Portraits*, 215。

4　本段围城战的叙述参考 Gipson, *Victorious Years*, 197-207；1758 年 6 月 11 日和 23 日，7 月 6 日，7 月 23 日，以及 7 月 27 日，Amherst 写给 Pitt 的信，收入 *Pitt Corr.*, 1: 271-5，

281-4, 291-3, 303-7；1758年7月28日，Boscawen 写给 Pitt 的信, ibid., 307-9。

5　Beattie, "Amherst", 83. 自从登陆以来，英军的损失仅为172人身亡和354人或病或伤；海军的损失数量大约为50人。
6　"Journal of the Proceedings of the Fleet", Gipson, *Victorious Years*, 196 n.109 引述。
7　1758年7月27日，Wolfe 写给 Walter Wolfe 少校的信, *Life and Letters of Wolfe*, 385。
8　Beattie, "Amherst", 85-6.

第26章

1　博斯科恩指挥海上任务部队，见 Daniel John Beattie, "General Jeffery Amherst and the Conquest of Canada, 1758-1760" (Ph.D. diss., Duke University, 1976), 66; Lawrence Henry Gipson, *The British Empire before the American Revolution*, vol.7, *The Great War for the Empire: The Victorious Years, 1758-1760* (New York, 1967), 180-5。奥斯本和霍克的海上行动，见 ibid., 188-90; Julian S. Corbett, *England in the Seven Years' War: A Study in Combined Strategy*, vol.1 (London, 1918),258-62。英国海军卓有成效的封锁，见 Ian K. Steele, *Warpaths: Invasions of North America* (New York, 1994), 210-11。英国海军的大部分成就，都要归功于其在击破法国护航运输船队和封锁港口方面的效率，但是奥斯本部下的一位舰长在卡塔赫纳附近的地中海水域进行了战争期间最为壮观的单舰格斗。1758年5月28日，64门舰炮的英国海军快速战列舰"蒙茅斯（Monmouth）"号追得战力比它强得多的80门舰炮法国战列舰"闪电（Foudroyant）"号，最终逼近到手枪射程之内。双方血战4小时，"蒙茅斯"号击倒敌舰的两根桅杆，迫使其舰长投降。这次战斗令时人着迷，因为两年前，加利索尼埃司令官在梅诺卡外海击败宾指挥的英国舰队时，其旗舰正是"闪电"号，"蒙茅斯"号的舰长亚瑟·加德纳海军上校，就是当年一战宾部下的旗舰舰长，此役他与重装的法国战列舰对决，是为洗刷梅诺卡战败的污名。将"闪电"号交给加德纳副手（加德纳本人在战斗中阵亡）的法国军官，是迪凯纳侯爵安热·德·梅内维尔将军。英军将"闪电"号修好，这艘船成为英国皇家海军最著名的船只之一。迪凯纳战败在激起英国公众对战争努力的热情的同时，严重伤害了凡尔赛宫的士气。
2　Gipson, *Victorious Years*, 247-60.

第27章

1　关于布拉德斯特里特的全面介绍，见 William G. Godfrey, *Pursuit of Profit and Preferment in Colonial North America: John Bradstreet's Quest* (Waterloo, Ont., 1982); 也可见同一作者在 *Dictionary of Canadian Biography*, vol.4, s.v. 编撰的词条"Bradstreet, John"。John Shy 在 *Toward Lexington: The Role of the British Army in the Coming of the American Revolution* (Princeton, N.J.,1965), 169-71 对布拉德斯特里特的活力表达了类似看法，而对他性格的评价则不太好。他在1758年以前的事业情况，见 Godfrey, *Pursuit*, 21-6, 50-1, 58-9; Stanley M. Pargellis 编辑 *Military Affairs in North America, 1748-1765: Documents from the Cumberland Papers in Windsor Castle* (1966; reprint, New York, 1969), 187-8 ("套上缰绳"的引文见 n.2); Francis Jennings, *Empire of Fortune: Crowns, Colonies, and Tribes in the Seven Years War in America* (New York, 1988), 365-6。布拉德斯特里特的晋升很大程度上得益于雪利，后者征服路易斯堡的计划仰仗的是布拉德斯

特里特对那座要塞异常精确的了解。布拉德斯特里特依靠供应母亲家里的亲戚英国商品在城里销售才了解得那么清楚。对一个正规军军官而言，经常与外国殖民地进行非法贸易当然是令人不满的，布拉德斯特里特的英国后台很快建议他"停止"这么做，以免毁掉自己的前途。一般来说，布拉德斯特里特只有到战争迫在眉睫之时，才肯罢手（Godfrey, *Pursuit*, 15-20；引文取自 1742 年 3 月 15 日，King Gould 写给 Bradstreet 的信）。

2 1757 年 8 月 15 日和 9 月 5 日，Bradstreet 写给 Sir Richard Lyttleton 的信，收入 Stanley M. Pargellis, *Lord Loudoun in North America* (1933; reprint, Hamden, Conn., 1968), 342 n.14; Godfrey, *Pursuit*, 99-110。布拉德斯特里特能私人为这次远征提供资金，是因为他身为军需总监，在奥尔巴尼的商人社区获得了极佳的信用额度，而且他从不过于谨慎地将私人生意与公共生意分开；此外，他毫不掩饰这样一个事实，即弗朗特纳克堡的毛皮和商品库存使其成为内陆地区最丰厚的战利品。

3 阿伯克龙比的命令，Lawrence Henry Gipson, *The British Empire before the American Revolution*, vol.7, *The Great War for the Empire: The Victorious Years, 1758-1760* (New York, 1967), 238-9 引述。

4 Ibid., 239。

5 Ibid., 240; Jennings, *Empire of Fortune*, 366; Godfrey, *Pursuit*, 126; George F. G. Stanley, *New France: The Last Phase, 1744-1760* (Toronto, 1968), 183. 引述内容，见（John Bradstreet），*An Impartial Account of Lieutenant Colonel Bradstreet's Expedition to Fort Frontenac, to which are added a few reflections on the conduct of that Enterprize*, E. C. Kyte 编辑 (Toronto, 1940), 15。

6 Stanley, *New France*, 185; Gipson, *Victorious Years*, 243。

7 *Dictionary of Canadian Biography*, vol.4, s.v. "Payen de Noyan et de Chavoy, Pierre-Jacques"；Godfrey, *Pursuit*, 129-30（因为波旁王朝统治的法国旗帜为白色，法国军官一般会打出红旗请求休战）。

8 "不可思议"，见 Thomas Sowers 上尉的记录，Douglas Edward Leach, *Arms for Empire: A Military History of the British Colonies in North America, 1607-1763* (New York,1973), 436-7。"所有物资"，见 Benjamin Bass, "Account of the Capture of Fort Frontenac by the Detachment under the Command of Col. Bradstreet", *New York History* 16(1935): 450（1758 年 8 月 17 日的条目）。"守备队毫无顾忌地说道"，见 1758 年 10 月 31 日，Bradstreet 写给 Abercromby 的信，"The Expedition to...Fort Frontenac in 1758", *Colonial Wars* 1 (1914): 210 n。Bradstreet 估计在公牛堡分配的货物数量不到在摧毁弗朗特纳克堡时"焚毁货物的四分之一"（*Impartial Account*, 25-6）。

9 预计法军可能派援兵和拆毁弗朗特纳克堡，见 ibid., 22。战利品的分配，见 Godfrey, *Pursuit*, 130-1。布拉德斯特里特有权索要四分之一的战利品，在这种情况下，同等数量的战利品将在军官之间分配，剩下的一半会留给士兵们分配。因此他放弃了大约 8000 英镑的战利品，这对一个通常并非对金钱漠不关心的人是一种非凡之举，不过他自己承认这样做是为了"鼓舞官兵"（1758 年 9 月 21 日，布拉德斯特里特写给 Charles Gould 的信，ibid.）。布拉德斯特里特一开始就向部下士兵承诺平均分配战利品，他很清楚了解他们重视契约主义观点，知道如果减少他们的可得份额，就会激起一场兵变，从而玷污一项他希望自己的名声和事业能从中受益的成就。

10 "放弃他们的定居点",见 Impartial Account, 29。阿伯克龙比的反对意见,见 Godfrey, Pursuit, 133。
11 "假如采取任何一种措施",见 Impartial Account, 29-30。"所犯的错误",见 1758 年 9 月 16 日,Charles Lee 写给 Sidney Lee 小姐的信,New-York Historical Society, Collections 4 (1871):7-8。

第 28 章

1 约翰逊没能提供帮助,福布斯意图转而依靠切罗基探子,见 1758 年 4 月 22 日, Forbes 写给 Abercromby 的信,收入 Alfred Procter James 编辑, Writings of General John Forbes Relating to His Service in North America (Menasha, Wis., 1938), 69。Forbes 的表兄 James Glen 自 1743 年至 1756 年出任南卡罗来纳的总督,在此期间与切罗基人建立了外交关系;总督职务卸任后,他留在南卡罗来纳经商,利用他的关系为福布斯获得一批武士 [见 Tom Hatley, The Dividing Paths: Cherokees and South Carolinians through the Era of Revolution (New York, 1993), 69-79]。与印第安人打交道的各种困难,见 1758 年 5 月 19 日,Forbes 写给 Pitt 的信,Writings of Forbes, 92;1758 年 6 月 7 日,Forbes 写给 Abercromby 的信,ibid., 109。"一大群瘟神",见 1758 年 6 月 10 日, Forbes 写给 Henry Bouquet 的信,ibid., 112。切罗基人的疏离感,见 Hatley, Dividing Paths, 102。

2 "他得到了公开信誉",见 1758 年 5 月 3 日,Forbes 写给 Denny 的信,Writings of Forbes, 81-2。"努力……协商",见 1758 年 5 月 4 日,Francis Halkett 写给 Washington 的信,收入 W. W. Abbot 等编辑,The Papers of George Washington, Colonial Series, vol.5, 1757 年 10 月—1758 年 9 月 (Charlottesville, Va., 1988), 164。易洛魁人没有将宾夕法尼亚政府的和念珠交给俄亥俄的各印第安部落,威廉·约翰逊爵士也没有催促他们那么做。这是有充分理由的:易洛魁联盟无愿让俄亥俄印第安人直接与英国人交涉,而约翰逊的外交地位(就像他身为西部土地投机商的未来一样)取决于盟约联盟体系的维护。

3 Francis Jennings, Empire of Fortune: Crowns, Colonies, and Tribes in the Seven Years War in America (New York, 1988), 384.

4 Forbes 请求授权,见 1758 年 6 月 27 日和 7 月 9 日,他写给 Abercromby 的信, Writings of Forbes,126-8, 134-40(7 月 23 日,阿伯克龙比授予福布斯独立进行谈判的权威;认可书见 ibid., 140)。外交成功,见 Theodore Thayer, Israel Pemberton, King of the Quakers (Philadelphia,1943), 155-7; Jennings, Empireof Fortune, 393-4; Anthony F.C. Wallace, King of the Delawares: Teedyuscung, 1700-1763 (Philadelphia, 1949), 191; Richard White, The Middle Ground: Indians, Empires, and Republics in the Great Lakes Region, 1650-1815 (New York, 1991), 250; Michael N. McConnell, A Country Between: The Upper Ohio Valley and Its Peoples, 1724-1774 (Lincoln, Nebr., 1991), 129-31。皮斯克托蒙的同伴 Keekyuscung 是一位重要顾问。

5 关于波斯特,见 Dictionary of American Biography, s.v.。"Post, Christian Frederick"。8 月 7 日,他在韦南戈附近遇到两个法国人;见 "The Journal of Christian Frederick Post, from Philadelphia to the Ohio, on a Message from the Government of Pennsylvania to the Delawares, Shawnese, and Mingo Indians, Settled There",收入 Reuben Gold Thwaites 编辑,

Early Western Travels, vol.1 (Cleveland, 1904), 191。

6 "波斯特游记"，8月18—19日和9月1日，收入 Thwaites, *Travels*, 1: 198-9, 213-7。
7 "显然"，ibid., 214。"我们渴望和平"，ibid., 1758年9月3日, 218-20。
8 Ibid., 9月8—22日, 226-33; Jennings, *Empire of Fortune*, 396。
9 没有关于波斯特遇见福布斯的更详细记录。我根据1758年9月6日, Forbes写给Pitt的信; 1758年9月9日, 写给Denny的信; 1758年9月16日, 写给Washington的信; 1758年9月16日, 写给Horatio Sharpe的信; 1758年9月17日, 写给Bouquet的信; 1758年9月21日, 写给Abercromby的信; 1758年9月23日, 写给Bouquet的信; 以及1758年9月30日, Francis Halkett写给Sharpe的信; 所有信件都收入 *Writings of Forbes*, 210-2。
10 1758年9月23日, Forbes写给Bouquet的信, ibid., 218-9。
11 1758年9月21日, Forbes写给Abercromby的信, ibid., 215-6; 未具日期的Grant写给Forbes的信（大致为1758年9月14日）, 收入 Sylvester K. Stevens与Donald H. Kent编辑 *The Papers of Col. Henry Bouquet*, ser. 21652 (Harrisburg, Pa., 1940), 130-5。
12 1758年9月23日, Forbes写给Bouquet的信, *Writings of Forbes*, 218-9。
13 1758年10月8日和16日, Forbes写给Abercromby的信, ibid., 227, 234。
14 1758年10月16日, Forbes写给Richard Peters的信, ibid., 234-7。我将Forbes同一天写给Abercromby的一封信中"所有的马车夫……像雄狮那样勇敢"这句话做了一些改动; ibid., 234。
15 下文关于伊斯顿会议的叙述, 借鉴了 Thayer, *Pemberton*, 162-70; Stephen F. Auth, *Ten Years' War: Indian-White Relations in Pennsylvania, 1755-1765* (New York, 1989), 90-108; Jennings, *Empire of Fortune*, 396-404; Nicholas B. Wainwright, *George Croghan, Wilderness Diplomat* (Chapel Hill, N.C., 1959), 145-51; Wallace, *Teedyuscung*, 192-207。
16 蒂迪斯卡的讲话, Wallace, *Teedyuscung*, 206引用; 为让意思清晰起见, 作者将原文树枝"Bow"改为"Bough"。
17 托马斯的发言, Jennings, *Empire of Fortune*, 400引用。
18 Thayer, *Pemberton*, 168 n.27。
19 Denny传给俄亥俄各印第安部落的信息, Jennings, *Empire of Fortune*, 403引用。
20 Wallace, *Teedyuscung*, 239-40; Thayer, *Pemberton*, 169。
21 "最糟的道路之一", 见 "Journal of Christian Frederick Post, on a Message from the Governor of Pennsylvania, to the Indians of the Ohio, in the Latter Part of the Same Year (1758)" 收入 Thwaites, *Travels*, 1: 241-2 (以下引用的是 "Second Journal of Post"), 引文出自1758年11月6日的条目。"我得到这个机会", 见1758年11月9日, Forbes给俄亥俄地区肖尼人（原文如此）和特拉华人的信, *Writings of Forbes*, 251-2; 也可见他给印第安首领Beaver（Tamaqua）and Shingas的信。
22 库斯库斯基受到的敌意接待, 见 "Second Journal of Post," 253, 254, 引自1758年11月19日和20日的条目。"印第安人非常关心", 见ibid.的条目。
23 1758年11月29日, "Second Journal of Post," 278。"Ketiushund"就是Keekyuscung, 7月初, 皮斯克托蒙执行特拉华外交任务时的同伴; 因此, 当他对波斯特说话时, 他的建议颇有分量。
24 1758年12月3日—4日, "Second Journal of Post," 281-283; Charles Morse Stotz, *Outposts*

of the War for Empire (Pittsburgh, 1985), 121–125。

25 *Dictionary of Canadian Biography*, vol.3, s.v. "Le Marchand de Lignery, François-Marie." 迪凯纳堡法国驻军的惨状, 见 1759 年 1 月 20 日, Vaudreuil 给法国海军大臣写的信, 收入 Sylvester K. Stevens 与 Donald H. Kent 编辑, *Wilderness Chronicles of Western Pennsylvania* (Harrisburg, Pa., 1941), 126–31。

26 法军突击和英军发生误会的这段记录, 见 1758 年 11 月 17 日, Forbes 写给 Abercromby 的信, *Writings of Forbes*, 引文在 255–6; 也可见 Lawrence Henry Gipson, *The British Empire before the American Revolution*, vol.7, *The Great War for the Empire: The Victorious Years, 1758–1760* (New York, 1967), 282。华盛顿在当时的信件中没有描述这一事件, 但是他后来回忆道, 他试图"在眼前的混乱中举剑挥舞"阻止射击 [David Humphrey 为华盛顿的传记所做的注解, W. W. Abbot 等编辑 *Papers of George Washington, Colonial Series*, vol.6（Charlottesville, Va., 1988）, 122 n.1 引用]。然而, 同时代的另一份文件提出"华盛顿上校在这一刻没有表现出他平时的积极性和精神状态", 是 Thomas Bullitt 上尉"在两队人之间奔走, 挥舞帽子, 向他们喊话, 从而停止射击的"。"这等于一种谴责……让华盛顿将军心中产生了一种怨恨, 永远无法消退"[引自 William Marshall Bullitt, *My Life at Oxmoor*, 3–4, 收入 *Papers of Washington*, 6: 123 n.1)。

27 1758 年 11 月 14—15 日, 将军的命令和各旅的行军序列, *Papers of Washington* 6: 125–9; Gipson, *Victorious Years*, 283。

28 1758 年 11 月 20 日, "Second Journal of Post", 255–6。

29 1759 年 1 月 20 日, Vaudreuil 写给法国海军大臣的信, 收入 Kent 与 Stevens, *Wilderness Chronicles*, 128–9。

30 1758 年 11 月 26—30 日, Forbes 写给 Abercromby 和 Amherst 的信, *Writings of Forbes*, 263。

31 引文选自 1759 年 1 月 26 日和 2 月 7 日, Forbes 写给 Amherst 的信, *Writings of Forbes*, 283, 289。也可见 1759 年 1 月 18 日, Forbes 写给 Amherst 的信, 282–3。

32 1759 年 2 月 20 日, James Grant 写给 Bouquet 的信, ibid., 300。*Per tot discrimina*, 经历如此多的艰险; *Ohio Britannica Consilio manuque*, 英国用武力和决心占领了俄亥俄地区（我很感谢 Steven Epstein 教授翻译这两段铭文）。

33 福布斯的讣告, 见 1759 年 3 月 15 日 *Pennsylvania Gazette*。

第 29 章

1 我在 *A People's Army: Massachusetts Soldiers and Society in the Seven Years' War* (Chapel Hill, N.C., 1984) 一书中, 尤其是 65–164 和 196–223, 对以下要点进行了篇幅较长的论述。在接下来的段落中, 仅在直接引述时才会提及此书。.

2 Rowena Buell 编辑 *The Memoirs of Rufus Putnam* (Boston, 1903), 25（1758 年 7 月 9 日的条目）。

3 Fabius Maximus Ray 编辑, *The Journal of Dr. Caleb Rea, Written during the Expedition against Ticonderoga in 1758* (Salem, Mass., 1881), 36–7（1758 年 7 月 25 日的条目）。鞭挞以外的惩罚屡见不鲜, 经常没有经过军事法庭诉讼程序, 就在连一级单位执行。按照严酷程度不断升级的顺序, 连一级最常见的惩罚是绑车轮、骑母马、夹道鞭打、尖桩吊、颈和脚跟拢在一起。一个人被绑在车轮上的话, 可能会被绑在马车轮上一天或更久：口渴、饥饿、失眠和遭受当众被泼污垢的羞辱都是意料中的结果。骑母马，或者骑木马的话，被罚之人会跨坐在几块被钉成倒 V 形的板形成的刑具上。可能会将火枪绑在处罚对象的脚踝上，以增加他的不适感；惩罚可能持续几分钟到一个多小时。被夹道鞭打惩处的人，会被迫赤膊在两条平行的队伍（通常是他连队里的人员）中间行走，这些人都装备滑膛枪推弹杆；在他经过的时候，每个人会用推弹杆在他背后击打一下。这个人的步伐会由另一个人控制，后者走在他前面，倒退着，手持一把刺刀固定了的滑膛枪，对准他的前胸。如果受到尖桩吊的处罚，首先得将鞋子脱掉，然后左手腕会和右脚踝绑在一起，随后会用绑在他右腕上的绳子将他吊到绞架上。一根削尖的木桩，或者说尖桩会立在他下面。如果惩罚时间延长，受刑者防止手臂脱臼的唯一办法就是赤脚站在尖桩上。最严酷的非正规惩罚是将脖子和脚跟拢（或绑）在一起：受刑者双手被绑，套索套在他的脖子上，套索的另一端绑在他的脚踝上，绳子绷紧将他的背拱起来，让脖子和脚后跟相互靠近。一个人可能会在这种半绞死状态下熬上一个小时或者更长时间。尽管在整个 18 世纪，脖子和脚后跟拢在一起仍在惯用的处罚范围之内，但在七年战争期间，因为经常导致代价昂贵、难以取代的军人丧命，很少会被实施。

4 "Extracts from Gibson Clough's Journal", *Essex Institute Historical Collections* 3 (1861): 104（1759 年 9 月 30 日的条目）。

5 "顽固而难以驾驭"，见 1756 年 12 月 20 日，Alexander Johnson 中尉写给劳登的信，Douglas Edward Leach, *Roots of Conflict: British Armed Forces and Colonial Americans, 1677-1763* (Chapel Hill, N.C., 1986), 130-1 引用。"最肮脏可鄙"，见 1758 年 7 月 30 日，James Wolfe 写给 George Sackville 勋爵的信，收入 Beckles Willson, *The Life and Letters of James Wolfe* (New York, 1909), 392。

6 Anderson, *A People's Army*, 58-62; Harold Selesky, *War and Society in Colonial Connecticut* (New Haven, Conn., 1990), 166-70。Selesky 在迄今为止最完整的殖民地军事体系研究专著之中，估计七年战争期间，60% 符合条件的人在康涅狄格的部队里服役；我自己先前估计，马萨诸塞殖民地 40% 符合条件的人服役是基于更为有力的证据，而且打算尽可能保守地估计。事实上，马萨诸塞的参与程度可能与康涅狄格相当。

7 1758 年 12 月 9 日，Washington 写给 Francis Fauquier 的信，以及 1758 年 12 月 12 日，Christopher Hardwick 写给 Washington 的信，收入 W. W. Abbot 等编辑，*The Papers of George Washington, Colonial Series*, vol.6, 1758 年 9 月—1760 年 10 月 (Charlottesville, Va., 1988), 165-7。

8 Douglas Southall Freeman, *George Washington: A Biography*, vol.2, *Young Washington* (New York, 1948), 301-2, 316-21。

9 Don Higginbotham, *George Washington and the American Military Tradition* (Athens, Ga.,1985), 15; Freeman, *Young Washington*, 368-99。

10 1758 年 11 月 6 日，Washington to Bouquet, *Papers of Washington*, 6: 116.

—— 第五部分 ——

第 30 章

1 John C. Webster 编辑 *Journal of William Amherst in America, 1758-1760* (London, 1927),

33-4。

2 Horace Walpole, *Memoirs of the Reign of King George II* (London, 1846), 3: 134.

3 引文见 1759 年 10 月 21 日, Walpole 写给 George Montagu 的信, 收入 Paget Toynbee 编辑 *The Letters of Horace Walpole, Fourth Earl of Orford*, vol.4 (Oxford, 1903), 314。提康德罗加的消息, 见 Stanley Ayling, *The Elder Pitt, Earl of Chatham* (New York, 1976), 233-4; Peter Douglas Brown, *William Pitt, Earl of Chatham: The Great Commoner* (London, 1978), 179。弗朗特纳克堡和迪凯纳堡的消息, 见 1759 年 1 月 23 日, Pitt 写给 Amherst 的信, 收入 Gertrude Selwyn Kimball 编辑 *Correspondence of William Pitt when Secretary of State with Colonial Governors and Military and Naval Commissioners in America* (1906; reprint, New York, 1969), 2: 12（皮特于 1 月 19 日得知迪凯纳堡陷落）。

4 Richard Middleton, *The Bells of Victory: The Pitt-Newcastle Ministry and the Conduct of the Seven Years' War, 1757-1762* (Cambridge, U.K., 1986), 62-3; Lawrence Henry Gipson, *The British Empire before the American Revolution*, vol.7, *The Great War for the Empire: The Victorious Years, 1758-1760* (New York, 1967), 129-30; Russell Weigley, *The Age of Battles: The Quest for Decisive Warfare from Breitenfeld to Waterloo* (Bloomington, Ind., 1991), 180-8; Dennis Showalter, *The Wars of Frederick the Great* (London, 1996), 207-8.

5 Julian S. Corbett, *England in the Seven Years' War: A Study in Combined Strategy*, vol.2 (London, 1918), 233-53; Showalter, *Wars of Frederick*, 208.

6 Julian S. Corbett, *England in the Seven Years' War: A Study in Combined Strategy*, vol.1(London, 1918), 271-81, 286.

7 Reginald Savory, *His Britannic Majesty's Army in Germany during the Seven Years' War* (Oxford, 1966), 86, 460-1.

8 每年的耗费, 见 Middleton, *Bells*, 92。1758 年年底的战略形势, 见 Savory, *Army*, 112-5。

9 Weigley, *Age of Battles*, 188-90; Showalter, *Wars of Frederick*, 212-30.

10 Corbett, *Seven Years' War*, 1: 286-304; Middleton, *Bells*, 81-2.

11 纽卡斯尔对资金的焦虑, 见 Middleton, *Bells*, 88-90; Reed Browning, "The Duke of Newcastle and the Financing of the Seven Years' War", *Journal of Economic History* 31 (1971): 344-77。纽卡斯尔的忠诚和皮特的愈发敬重, 见 ibid., *The Duke of Newcastle* (New Haven, Conn., 1975), 261-2, 268。

12 Walpole, *Memoirs of George II*, 3: 185.

13 Ayling, *Elder Pitt*, 232; 关于国王失明和失聪, 见 Charles Chenevix Trench, *George II* (London, 1973), 292。

14 大约 1758 年 12 月 8 日, 威尔士亲王 George 写给 Bute 伯爵的信, 收入 Romney Sedgwick 编辑 *Letters from George III to Lord Bute, 1756-1766* (London, 1939), 18。

15 英国军事机构的特征, 见 Sylvia Frey, "British Armed Forces and the American Victory", 收入 John Ferling 编辑 *The World Turned Upside Down: The American Victory in the War of Independence* (New York, 1988), 尤其注意 167-70。

16 关于 Barrington, 见 Lewis M. Wiggin, *The Faction of Cousins: A Political Account of the Grenvilles, 1733-1763* (New Haven, Conn., 1958), 299-300; John Shy, *Toward Lexington: The Role of the British Army in the Coming of the American Revolution* (Princeton, N.J.,

1965), 223-4, 231-50, 365-70。皮特不喜欢巴林顿，因为后者和哈利法克斯以及贝德福德的辉格派有联系；皮特避开了巴林顿，直接与安森和利戈尼尔交涉。

17 Savory (*Army*, 88-9) 认为斐迪南在 7 月 14 日至 24 日已经很清楚对手的兵力远比自己多，自己的兵力大半都已消耗掉，因而决定采取守势。

18 关于卡明和这次远征，见 James L. A. Webb Jr., "The Mid-Eighteenth Century Gum Arabic Trade and the British Conquest of Saint-Louis du Sénégal, 1758", *Journal of Imperial and Commonwealth History* 25 (1997): 37-58，这段叙述最完整；也可见 Lawrence Henry Gipson, *The British Empire before the American Revolution*, vol.8, *The Great War for the Empire: The Culmination, 1760-1763* (New York, 1970), 174-7; Ayling, *Elder Pitt*, 193-4, 224, 238。这次冒险行动的经济冲击，见 John J. McCusker, *Rum and the American Revolution: The Rum Trade and the Balance of Payments of the Thirteen Continental Colonies* (New York, 1989), 2: 1144-6（表格 E-45）；id. 与 Russell Menard, *The Economy of Colonial British America* (Chapel Hill, N.C., 1985), 158, fig.7.1。

19 1758 年 9 月 11 日，Beckford 写给 Pitt 的信，Gipson, *Culmination*, 84 引用。

20 关于马提尼克的出口情况，见 McCusker, *Rum and Revolution*, 1: 143-4, 329（表格 4-2 与 5-2）。关于马提尼克岛充当私掠船基地的重要意义，见 J. K. Eyre, "The Naval History of Martinique", U.S. Naval Institute, *Proceedings* 68 (1942): 1115-24。七年战争期间，在西印度群岛被劫掠的 1400 艘英属美洲船只中，大部分是因为在马提尼克岛一带行动的私掠船而失去的。

21 关于远征马提尼克的兵力和组织情况，见 Marshall Smelser, *The Campaign for the Sugar Islands: A Study in Amphibious Warfare* (Chapel Hill, N.C., 1955), 16-27。关于安森的担忧，见 Middleton, *Bells*, 87。财政负担问题，见 Ayling, *Elder Pitt*, 242; Gipson, *Victorious Years*, 289; Middleton, *Bells*, 113; John Brewer, *The Sinews of Power: War, Money, and the English State, 1688-1783* (New York, 1989), 117 (fig. 4.7)。引文见 1758 年 12 月 25 日和 27 日，Walpole 写给 Horace Mann 的信，收入 W. S. Lewis 编辑，*The Yale Edition of Horace Walpole's Correspondence*, vol.21, *Horace Walpole's Correspondence with Sir Horace Mann* (New Haven, Conn., 1958), 261, 257。

22 各种外交和海军计划，见 Middleton, *Bells*, 96, 108-11。陆军和民兵的情况，见 J. R. Western, *The English Militia in the Eighteenth Century: The Story of a Political Issue, 1660-1802* (London, 1965), 135-61；也可见 Eliga Gould, *Persistence of Empire: British Political Culture in the Age of the American Revolution* (Chapel Hill, N.C., 即将出版), chap. 3, 了解依赖民兵这一决策的危险性，此举引起了抵制，甚至于 1757 年，在那些不愿被强征加入民兵服役的人中间引发了骚乱。

23 1758 年 12 月 9 日，Pitt 写给马萨诸塞湾区、新罕布什尔、康涅狄格、罗得岛、纽约和新泽西殖民地总督的信，*Pitt Corr.*, 1: 414-6; 1758 年 12 月 9 日，id. 写给宾夕法尼亚、马里兰、弗吉尼亚、北卡罗来纳和南卡罗来纳总督的信，ibid., 417-20。

24 1758 年 12 月 9 日—1759 年 1 月 23 日，"A Memorandum of Orders Sent to General Amherst", ibid., 426-7；引文见 1758 年 12 月 29 日，Pitt 写给 Amherst 的信，ibid., 433。

25 Daniel John Beattie, "General Jeffery Amherst and the Conquest of Canada, 1758-1760" (Ph.D. diss., Duke University, 1976), 135.

26 "不反对"，见 1758 年 11 月 22 日，Wolfe 写给 Pitt 的信，收入 Beckles Willson, *The*

Life and Letters of James Wolfe (New York, 1909), 400。关于皮特觉得沃尔夫志同道合的说法，其实已是老生常谈，尽管没有文献直接记载，例子可见 J. H. Plumb, *Chatham* (New York, 1965), 75; Simon Schama, *Dead Certainties* (Unwarranted Speculations)(New York, 1991), 15。

第 31 章

1. Richard Middleton, *The Bells of Victory: The Pitt-Newcastle Ministry and the Conduct of the Seven Years' War, 1757-1762* (Cambridge, U.K., 1985), 115-6; J. R. Western, *The English Militia in the Eighteenth Century: The Story of a Political Issue, 1660-1802* (London, 1965), 154.
2. 关于马提尼克的战况，见 Marshall Smelser, *The Campaign for the Sugar Islands: A Study in Amphibious Warfare* (Chapel Hill, N.C., 1955), 39-65; Lawrence Henry Gipson, *The British Empire before the American Revolution*, vol.8, *The Great War for the Empire: The Culmination, 1760-1763* (New York, 1970), 88-94; Julian S. Corbett, *England in the Seven Years' War: A Study in Combined Strategy*, vol.1 (London, 1918), 378-80。
3. 霍普森的虚弱，见 Gipson, *Culmination*, 86-7; *Dictionary of Canadian Biography*, vol.3, s.v. "Hopson, Peregrine Thomas"。远征军在巴斯特尔停滞不前，见 Smelser, *Campaign*, 75-102; Gipson, *Culmination*, 98-101; Corbett, *Seven Years' War*, 1: 380-1。霍普森接受任命之时，显然已达约 75 岁高龄，这是国王指示的任命。
4. Smelser, *Campaign*, 113-20; Gipson, *Culmination*, 101-2; Corbett, *Seven Years' War*, 1: 382-5.
5. Middleton, *Bells*, 115-20; Western, *Militia*, 154-6; Rex Whitworth, *Field Marshal Lord Ligonier: A Story of the British Army, 1702-1770* (Oxford, 1958), 297; Reginald Savory, *His Britannic Majesty's Army in Germany during the Seven Years' War* (Oxford, 1966), 118-50.
6. 指 1759 年 5 月 17 日的 Holdernesse 伯爵，引自 Western, *Militia*, 156。
7. Middleton, *Bells*, 120; Smelser, *Campaign*, 127-43; Gipson, *Culmination*, 102-3; Richard Pares, *War and Trade in the West Indies, 1739-1763* (Oxford, 1936), 186-95.
8. Smelser, *Campaign*, 113-5, 143-7.
9. Gipson, *Culmination*, 94-5; John J. McCusker, *Rum and the American Revolution: The Rum Trade and the Balance of Payments of the Thirteen Continental Colonies* (New York, 1989), 2: 707（表 B-99）。
10. Stanley Ayling, *The Elder Pitt, Earl of Chatham* (New York, 1976), 239; McCusker, *Rum and Revolution*, 2: 924（表 D-20）。关于输入奴隶问题，见 ibid., 673（表 B-70）。对大陆的出口情况，见 Pares, *War and Trade*, 488 n。

第 32 章

1. 1759 年 7 月 7 日，Pitt 写给 Barrington 的信，收入 Gertrude Selwyn Kimball 编辑 *Correspondence of William Pitt when Secretary of State with Colonial Governors and Military and Naval Commissioners in America* (1906; reprint, New York, 1969), 2: 137。
2. 到达波士顿的几大箱铸币，见 Lawrence Henry Gipson, *The British Empire before the American Revolution*, vol.7, *The Great War for the Empire: The Victorious Years, 1758-*

1760 (New York, 1967), 312, 317-8。公债险些违约的情况，见 1758 年 9 月 30 日—10 月 2 日，Thomas Pownall 写给 Pitt 的信，*Pitt Corr.*, 1: 358-64。Gipson, *Victorious Years*, 317-8。军事上的参与和一种令人担忧的劳动力短缺的情况，见 *Journals of the House of Representatives of Massachusetts*, 1758, vol.34(Boston, 1963), 340, 364, 372, 376 (下文简称为 JHRM)。1758 年，马萨诸塞殖民地内所有处于主要兵役年龄段的男子之中，有四分之一到三分之一在殖民地部队服役；这是一个令人非常关切的事实，1758 年 3 月 14 日，马萨诸塞成立了一个特别立法委员会，以确定这种参与可能产生的影响。委员会对这个问题的感觉很强烈，用斜体字提出了结论。委员会发现"劳动力的巨大短缺，将会成为今年本届政府已募集和将会募集的为国王陛下服役的规模如此庞大的部队造成的自然后果，因此有必要让那些剩下的劳动力不会被征召离开他们从事的劳作"，因此，他们建议在种植和收割时期，凡是不在殖民地部队服役的男子，一律免役民兵训练，以确保足够的劳动力供应。1758 年 3 月 23 日，下议院以明显一致的口头表决投票通过了该项决议。

3 1759 年 3 月 10 日，关于总督演讲的报告，*JHRM* 1759, vol.35 (Boston, 1964), 273；也可见 1759 年 3 月 16 日，Pownall 写给 Pitt 的信，*Pitt Corr.*, 2: 70-3。

4 1759 年 4 月 17 日，致总督辞，*JHRM* 1759, 35: 336-8。

5 政府奖金，见 ibid., 335。一旦利息到期支付，一名马萨诸塞二等兵的净收入大约为殖民地货币 30 英镑，或 22 英镑 10 先令，至少是同期农业劳工薪水的两倍。关于当时对这种超乎寻常的薪饷影响的认识，见托马斯·哈钦森在 1759 年 4 月 24 日写给 Israel Williams 上校的信："我希望今后不会有机会讨论给人留下不快印象的问题。这笔奖金太夸张了，比我在委员会投票通过的金额还多，这将成为一个不好的先例，我向你保证，至少在我看来，如果我们没有得到补贴的话，人们会经常想到我们肯定处于一种可悲的状态（Gipson, *Victorious Years*, 321 n.128引用）。为了确保给该殖民地的财政津贴不会被拖延，现任副总督哈钦森亲自筛选所有主张，为英国议会准备好各种文件。

6 1759 年 7 月 14 日，Thomas Fitch 写给 Pitt 的信，*Pitt Corr.*, 2: 140；也可见 1759 年 4 月 16 日，Fitch 写给 Pitt 的信，ibid., 84-7；也可见 Harold Selesky, *War and Society in Colonial Connecticut* (New Haven, Conn., 1990), 149 (table 5.1), 150。

7 Gipson, *Victorious Years*, 308-10 (N.J.), 309-10 (N.Y.), 325-8 (N.H.), 313-5 (R.I.)。也可见 John Russell Bartlett 编辑 *Records of the Colony of Rhode Island*, vol.6 (Providence, 1861), 181,194, 207, 213-4。罗得岛试图在冬天留住人，反映了这个殖民地的不寻常情况，在这个殖民地，军龄范围内五分之一的男性人口从事私掠船活动，许多商人在与敌人的西印度群岛进行大量贸易。由于私掠的巨大吸引力，殖民地政府不得不冬天就付钱给男丁，仅仅是为了在次年春天能让他们服役；同时，由于担心英国政府会惩罚殖民地的非法贸易，议会里的商人一心避免在募兵问题上冒犯总司令。关于罗得岛与敌人的贸易，尤其注意 1757 年 6 月 22 日，Loudoun 写给 Cumberland 的信，收入 Stanley M. Pargellis 编辑，*Military Affairs in North America, 1748-1765: Documents from the Cumberland Papers in Windsor Castle* (1936; reprint, New York, 1969), 376。

8 Gipson, *Victorious Years*, 317。

9 Amherst 的金融问题，见 Daniel John Beattie, "General Jeffery Amherst and the Conquest of Canada, 1758-1760" (Ph.D. diss., Duke University, 1976), 133-5。各殖民地出借款项的意愿，可见 Gipson, *Victorious Years*, 310。引述的阿默斯特的原话，见 1759 年 7 月

8日，其本人写给 De Lancey 的信，ibid.。
10 Ibid., 290-2, 296-8; 1759 年 2 月 12 日和 3 月 1 日，Henry Ellis 总督写给 Pitt 的信，Pitt Corr., 2: 38-40,45；1759 年 3 月 26 日和 4 月 15 日，William Henry Lyttleton 写给 Pitt 的信，ibid., 77, 84。
11 Gipson, *Victorious Years*, 293-6. 弗吉尼亚议会下院重新提供 10 英镑奖金，再度募集志愿兵补足员额，包括第一批相当数量的退伍老兵；见 James Titus, *The Old Dominion at War: Society, Politics, and Warfare in Late Colonial Virginia* (Columbia, S.C., 1991), 197 n.23。
12 Gipson, *Victorious Years*, 301-7. 1760 年，贸易委员会和枢密院谴责宾夕法尼亚立法机关的行为，下令其补偿佩恩家族。
13 有传言称伯德将被任命为匹兹堡司令官，从宾夕法尼亚议会对这一流言的恐慌性反应就可以看出，宾夕法尼亚人真正关心这个问题。宾夕法尼亚议会匆匆派出一个代表团去见丹尼，以查明相关报道是否属实，并警告他，如果真的发生这种事，议会将拒绝为即将到来的战事提供一切支持（ibid., 300-1）。

第 33 章

1 Lawrence Henry Gipson, *The British Empire before the American Revolution*, vol.7, *The Great War for the Empire: The Victorious Years, 1758-1760* (New York, 1967), 300; Nicholas B. Wainwright, *George Croghan, Wilderness Diplomat* (Chapel Hill, N.C., 1959), 160-1.
2 Francis Jennings, *Empire of Fortune: Crowns, Colonies, and Tribes in the Seven Years War in America* (New York, 1988), 411-2; Richard White, *The Middle Ground: Indians, Empires, and Republics in the Great Lakes Region,1650-1815* (New York, 1991), 255. 在 5 月前，袭击持续不断，甚至愈演愈烈，当时一支从韦南戈出发的法国和印第安小队在利戈尼尔堡附近杀死 30 人：这是宾夕法尼亚境内最惨烈的袭击之一 (Wainwright, *Croghan*, 159)。
3 贸易计划，见 Eric Hinderaker, "The Creation of the American Frontier: Europeans and Indians in the Ohio River Valley, 1673-1800" (Ph.D. diss., Harvard University, 1991), 312-3, 引文选自 "An Act for Preventing Abuses in the Indian Trade" (1758)。彭伯顿和匹兹堡贸易，见 John W. Jordan 编辑 "James Kenny's 'Journal to ye Westward,' 1758-1759", *Pennsylvania Magazine of History and Biography* 37 (1937): 440（1759 年 9 月 2 日的条目）; Theodore Thayer, *Israel Pemberton, King of the Quakers* (Philadelphia, 1943), 171-4。
4 Hinderaker, "Creation of the Frontier", 316-9; 也可见 Wainwright, *Croghan*, 161-3。
5 Wainwright, *Croghan*, 159-63.
6 建造皮特堡，见 Gipson, *Victorious Years*, 340-1（尺寸数据根据 "A Plan of the New Fort at Pitts-Burgh or Du Quesne", 340 对开页）。火炮和营房，见 1760 年 3 月 21 日的匿名信，Charles Morse Stotz, *Outposts of the War for Empire: The French and English in Western Pennsylvania: Their Armies, Their Forts, Their People, 1749-1764* (Pittsburgh, 1985), 131。
7 "James Kenny's Journal", 433（1759 年 7 月 24 日的条目，7 月 9 日谈话内容的复述）。皮特堡和迪凯纳堡面积的对比，见 Stotz, *Outposts*, 56, 81, 133, 137。皮特堡占地面积

广阔，整座迪凯纳堡都可以轻轻松松地在皮特堡中间的阅兵广场上落位，该广场占地 1.3 英亩。

第 34 章

1. 1759 年 6 月 19 日，Amherst 写给 Pitt 的信，收入 Gertrude Selwyn Kimball 编辑，*Correspondence of William Pitt when Secretary of State with Colonial Governors and Military and Naval Commissioners in America* (1906; reprint, New York, 1969), 2: 124–5；"Prideaux and Johnson Orderly Book", James Sullivan 编辑，*The Papers of Sir William Johnson*, vol.3 (Albany, 1921), 55（1759 年 6 月 27 日的条目）。普里多率众大约 4000 到达奥斯威戈，派出大约 1000 军兵（主要是殖民军）去守备大运输场的堡垒。他在奥斯威戈留下另外 1000 人，以守卫河口，开始修建一座新要塞，即安大略堡。于是当他出发前往尼亚加拉时，他的部队由大约 2000 名正规军、1000 名殖民军和 1000 名易洛魁武士组成。普里多部队的构成单位和部署，见 Lawrence Henry Gipson, *The British Empire before the American Revolution*, vol.7, *The Great War for the Empire: The Victorious Years,1758–1760* (New York, 1967), 344；Daniel John Beattie, "General Jeffery Amherst and the Conquest of Canada, 1758–1760" (Ph.D. diss., Duke University, 1976), 143 与附录 2。英属美洲军战事和法军防御最出色的全盘叙述，见 Brian Leigh Dunnigan, *Siege–1759: The Campaign against Niagara* (Youngstown, N.Y., 1996)。

2. 1759 年 1 月 8 日，Mercer 写给 Forbes 的信，收入 Sylvester K. Stevens 与 Donald H. Kent 编辑，*The Papers of Col. Henry Bouquet*, ser.21655 (Harrisburg, Pa., 1943), 25–6。

3. Francis Jennings, *Empire of Fortune: Crowns, Colonies, and Tribes in the Seven Years War in America* (New York, 1988), 414–5。引文见 1759 年 2 月 16 日，Johnson 写给 Amherst 的信，*Johnson Papers*, 3: 19。一个易洛魁代表团与约翰逊有接触，我根据默瑟从匹兹堡发出的报告的一个片段进行的猜测。

4. 特别注意 Gregory Evans Dowd, *A Spirited Resistance: The North American Indian Struggle for Unity, 1745–1815* (Baltimore, 1992), 23–46；Richard White, *The Middle Ground: Indians, Empires, and Republics in the Great Lakes Region, 1650–1815* (New York, 1991), 186–268。易洛魁人认为这种威胁是最重要的，这一点可以从陪同普里多前往尼亚加拉的印第安人的数量解读出来：部署 1000 名武士就好像是对易洛魁联盟的军事力量进行总动员。大约在 1736 年（唯一能进行可靠估计的一年）易洛魁人能召集大约 1100 名武士；鉴于易洛魁各部人口增长缓慢，到 1759 年，六大部族的武士人数不太可能超过这个数字。派这么多人随普里多出征，既是巨大的投入，也是一次大冒险，因为留下保卫易洛魁村落的武士人数很少。除非达成强有力的共识证明此举有理，易洛魁联盟长老会绝不会支持这种极端措施（关于易洛魁各部的人口，见 Jennings, *Empire of Fortune*, 31–2）。

5. 普里多年仅 41 岁，1758 年 10 月，他接替豪出任第 55 步兵团团长时，才晋升为上校；见 *Dictionary of National Biography*, s.v. "Prideaux, John"，关于尼亚加拉，见 Charles Morse Stotz, *Outposts of the War for Empire: The French and English in Western Pennsylvania: Their Armies, Their Forts, Their People, 1749–1764* (Pittsburgh, 1985),71，还要特别注意 Dunnigan, *Siege*, 11–22, 34–44。

6. *Dictionary of Canadian Biography*, vol.3, s.v. "Pouchot, Pierre"。除非另行注明，本书关

于尼亚加拉围城战的内容都根据 Gipson, *Victorious Years*, 347-56 的出色概述和描写写成。

7 "困境", 见 Pouchot, *Memoir upon the Late War in North America,... 1755-1760*, 1759 年 7 月 11—14 日, Jennings, *Empire of Fortune*, 417 引述。除了 Gipson 在 *Victorious Years*, 349-51 对 7 月 11—14 日会议的叙述,可见 Ian K. Steele, *Warpaths: Invasions of North America* (New York, 1994), 216-7, 以及 Dunnigan, *Siege*, 57-60。

8 Ibid., 61-75; *Victorious Years*, 348-9。

9 Ibid., 351-2; Douglas Edward Leach, *Arms for Empire: A Military History of the British Colonies in North America, 1607-1763* (New York, 1973), 455-6; Dunnigan, *Siege*, 77-82。

10 Ibid., 88-93; "漂浮的小岛", 见 Gipson, *Victorious Years*, 352 引述的匿名目击者说法。

11 拉贝勒法米涅遭遇战和战后追击的最全面叙述,见 Dunnigan, *Siege*, 93-8。1759 年 8 月 23 日, *Pennsylvania Gazette* 报道易洛魁人在森林里追杀撤退的法军,进行"大规模屠杀"。第 44 步兵团的查尔斯·李上尉告知他的姐妹,利涅里的部队"完败……军官和士兵损失殆尽,他们部下的印第安人除外",他还对他的舅父说道:"他们的整个分队几乎都被'分割围歼'"[(1759 年) 7 月 30 日 id. to Sidney Lee 小姐的信, *The Lee Papers*, vol.1, New-York Historical Society, *Collections* 4(1871): 19; 1759 年 8 月 9 日, Lee 写给 Sir William Bunbury 的信, ibid., 21]。鹿砦位置的一个正规军轻步兵分队指挥官 James De Lancey 上尉报告:"我们一方的印第安人一看到敌人退却,很快就追上他们,抓走和杀死了大量敌人……"[1759 年 7 月 25 日, James De Lancey 写给 James De Lancey 副总督的信,收入 E. B. O'Callaghan 编辑 *Documents Relative to the Colonial History of the State of New-York*, 15 vols.(Albany, 1856-1887), 7: 402]。关于利涅里,见 *Dictionary of Canadian Biography*, vol.3, s.v. "Le Marchand de Lignery, François-Marie"; 该辞典的作者 C. J. Russ 认为利涅里在 7 月 28 日已死去。不过,约翰逊直到 8 月 4 日才离开尼亚加拉,当时利涅里还活着;见 1759 年 8 月 9 日, Johnson 写给 Amherst 的信, *Johnson Papers*, 3: 121。

约瑟夫·马兰·德·拉马尔格(1719 年受洗,被称为马兰·菲尔斯),1752 年,迪凯纳委派此人的父亲承担修筑俄亥俄地区堡垒的任务;他的故事是那些能说明 18 世纪欧洲殖民主义本质的小小长途冒险历程之一。马兰·菲尔斯在一生的大部分时间里是商人、政府行政官和法国海军陆战队的军官,在明尼苏达到阿卡迪亚的广阔地区的多个站点服务。此役后,他在纽约被关押,1762 年,他被"遣返"回法国——一个他以前从未见过的国家。他未能在法国定居,最终他参与在马达加斯加建立殖民地的行动,1774 年在那里去世 (*Dictionary of Canadian Biography*, vol.4, s.v. "Marin de la Malgue, Joseph")。

12 1759 年 7 月 31 日, Johnson 写给 Amherst 的信, *Johnson Papers*, 3: 115。

13 "建立同盟关系", 见 ibid.。Amherst 派 Gage 接管指挥权,见 1759 年 8 月 6 日, Amherst 写给 Johnson 的信, ibid., 3: 118-20。

第 35 章

1 尼亚加拉陷落的消息,见 1759 年 8 月 6 日, Amherst 写给 Johnson 的信,收入 James Sullivan 编辑 *The Papers of Sir William Johnson*, vol.3 (New York, 1921), 118。到 7 月 21 日的战事经过,见 Daniel John Beattie, "Sir Jeffery Amherst and the Conquest of Canada,

1758-1760" (Ph.D. diss., Duke University, 1976), 137-63; 关于 Bradstreet 的作用, 见 William G. Godfrey, *Pursuit of Profit and Preferment in Colonial North America: John Bradstreet's Quest* (Waterloo, Ont., 1982), 142-52。

2 Lawrence Henry Gipson, *The British Empire before the American Revolution*, vol.7, *The Great War for the Empire: The Victorious Years, 1758-1760* (New York, 1967) 361-4; *Dictionary of Canadian Biography*, vol.3, s.v. "Bourlamaque, François-Charles de"; Beattie, "Amherst," 153-9, 164.

3 "大兵站"一说, 见 Amherst 的日志, Beattie, "Amherst," 164 引用。对战略形势的估计, 见 1759 年 10 月 22 日, Amherst 写给 Pitt 的信, 这一封日志式的信件, 详述了 8 月 6 日以后的发展态势; 尤其注意 8 月 6—18 日的条目。[Gertrude Selwyn Kimball 编辑 *Correspondence of William Pitt when Secretary of State with Colonial Governors and Military and Naval Commissioners in America* (1906; reprint, New York, 1969), 2: 186-90]。9 月 1 日, 阿默斯特下令修建第三艘船"博斯科恩"号, 以对抗一艘新的法军 16 门炮的单桅纵帆船。这就需要一个新的锯木厂和进一步延迟行动, 鲁弗斯·帕特南负责监督锯木厂的修建工程 [Beattie, "Amherst," 161; E. C. Dawes 编辑, *Journal of Gen. Rufus Putnam, Kept in Northern New York during Four Campaigns of the Old French and Indian War, 1757-1760* (Albany, 1886), 91 (1759 年 7 月 26 日—8 月 4 日的条目); Rowena Buell 编辑, *The Memoirs of Rufus Putnam* (Boston, 1903), 26-8]。

4 对沃尔夫败北的预料, 见 John Shy, *Toward Lexington: The Role of the British Army in the Coming of the American Revolution* (Princeton, N.J., 1965), 95。各项准备工作和公路的修缮情况, 见 1759 年 10 月 22 日, Amherst 写给 Pitt 的信, 8 月 6—31 日的条目, *Pitt Corr.*, 2: 186-92。

第 36 章

1 魁北克战事的进程, 见 C. P. Stacey, *Quebec, 1759: The Siege and the Battle* (Toronto, 1959), 51, 75-80。"将他的作战简化成", 见 1759 年 9 月 6 日, George Townshend 准将写给 Charlotte, Lady Ferrers (他的妻子) 的信, ibid., 93。"风车、水车", 见 John Knox 上尉的 *An Historical Journal of the Campaigns in North America, for the Years 1757, 1758, 1759, and 1760*, Arthur G. Doughty 编辑, 3 vols. (Toronto, 1914-1916), 1: 375。各种暴行, 见 Stacey, *Quebec*, 91。在新英格兰募集的游骑兵各连中, 剥头皮是常见的事情, 但正规军也参与了这种事情, 比如 8 月 23 日第 43 团的一个分队在圣安妮镇抓获一个教士及其 30 个教区居民时杀死了他们, 并剥了他们的头皮 [*General Orders in Wolfe's Army* (Quebec, 1875), 29]。

2 Christopher Hibbert, *Wolfe at Quebec* (New York, 1959), 107-19.

3 Lawrence Henry Gipson, *The British Empire before the American Revolution*, vol.7, *The Great War for the Empire: The Victorious Years, 1758-1760* (New York, 1967), 389.

4 加拿大粮食歉收问题, 见 Jean Elizabeth Lunn, "Agriculture and War in Canada, 1740-1760", *Canadian Historical Review* 16 (1935): 2, 128-9。关于这个严冬, 见 George F. G. Stanley, *New France: The Last Phase, 1744-1760* (Toronto, 1968), 221-2。布干维尔的到达, 见 Ian K. Steele, *Warpaths: Invasions of North America* (New York, 1994), 205-6; Gipson, *Victorious Years*, 389-90。沃德勒伊与蒙特卡姆之争, 见 Roger Michalon,

注　释　729

"Vaudreuil et Montcalm-les hommes-leurs relations-influence de ces relations sur la conduite de la guerre 1756-1759"，收入 *Conflits de sociétés au Canada français pendant la Guerre de Sept Ans et leur influence sur les operations,* Jean Delmas 编　辑（Ottawa: Colloque International d'Histoire Militaire, Ottawa, 1978 年 8 月 19-27 日），43-175，特别注意 153-4。

5　Gipson, *Victorious Years*, 388-9.
6　Stacey, *Quebec*, 43-4; Stanley, *Last Phase*, 223-4; Steele, *Warpaths*, 219.
7　Knox, *Historical Journal*, 1: 375.
8　Stacey, *Quebec*, 41-2.
9　"我的对手"，见 1759 年 8 月 31 日，Wolfe 写给母亲的信，见 Beckles Willson, *The Life and Letters of James Wolfe* (New York, 1909), 469。困境和军事会议，见 Gipson, *Victorious Years*, 405-7, Willson, *Letters of Wolfe*, 466-8; Stacey, *Quebec*, 99-102 与附录（"Wolfe's Correspondence with the Brigadiers, 1759 年 8 月"），179-81。
10　Stacey, *Quebec*, 104-5.
11　Robert C. Alberts, *The Most Extraordinary Adventures of Major Robert Stobo* (Boston,1965).
12　Stacey, *Quebec*, 106-8.
13　1759 年 9 月 12 日 8 点半，Wolfe 写给蒙克顿准将的信，收入 Willson, *Letters of Wolfe*, 485。
14　Ibid., 482-3, 493. 当然，杰维斯在拿破仑战争时期将成为杰出且善战的海军将领，1797 年 2 月 14 日，赢得圣文森特海角海战的胜利，获得贵族爵位，成为圣文森特勋爵，直到他成为海军元帅，最终出任首席海军大臣（与海战时不同，他在这个职务上没有表现出自己的特点）为止，他都是善战的海军将领。
15　Stacey, *Quebec*, 127-30; Hibbert, *Wolfe at Quebec*, 134-8.
16　这段内容显然在很大程度上带有猜测成分，因为我们不可能知道沃尔夫的精神状态或者他的攻击计划。然而，某些证据确实在指向这个方向。这一路远征军的第三副司令官詹姆斯·默里准将，从未原谅沃尔夫"荒谬、幻想式"的举动，尤其是对他放弃部下三位准将的建议，在潘托特朗布勒进行上游登陆的做法感到愤怒。在那里，他能以极低的军事风险切断魁北克和富隆的补给。1774 年，默里仍怒气冲冲地写道："在我看来，沃尔夫先生从未打算让敌军"在平原上"进行决战"；登陆"几乎不可能进行"，"成功……拜天意所赐"（1774 年 11 月 5 日，写给乔治·汤曾德的信，Stacey 在 *Quebec*, 176 引用）。

战役刚刚结束，加拿大监督官 Bigot 调查过沃尔夫的各项计划。1759 年 10 月 25 日，他写信给贝尔岛元帅："我了解这次登陆行动的所有细节，这是认识的英国军官告知我的。此外，沃尔夫先生并不指望会成功；他没有打算在魁北克城上游（潘托特朗布勒和红角这两个理想的战略目标）登陆，他会牺牲的只有 200 人组成的前锋；这些人如果被集中开火的话，会重新登船撤离（Gipson, *Victorious Years*, 416 n.58）。

另一份法国文件，即无名氏的 *Journal tenu à l'armée que commandoit feu Mr. de Montcalm lieutenant general* 讲述了一个类似的故事。在一次推定进行过的军事会议上，据说沃尔夫宣布他打算带 150 人上岸，"全军都将准备好跟随。如果第一支分遣队遇到敌人的任何抵抗，我向你们保证，以便我们的声誉不会受到任何责难，到那时，我将不再犹豫，重新登船撤离（ibid.）。

虽然上文报告的形式（在军事会议上的一次演讲）是明显的捏造，但事实上，这种对指责的敏感性对沃尔夫而言确实是成立的，他担心自己的天才盛誉，比起死亡，他更恐惧失去这种盛誉。1755 年，他写信给自己的母亲：" (我的名誉) 最终会对我造成致命的影响，因为随着我的地位提高，人们将期待一些更为可观的成就，我会被引诱，为了支持不易获取的名誉，而去挥霍我的生命，我很可能会遭遇这种命运，这是这种举动的常见后果" (1755 年 11 月 8 日的信，Willson, *Letters of Wolfe*, 280)。

17 Knox, *Historical Journal*, 2: 94-102 (包括关于天气的引文); Stacey, *Quebec*, 130-2; Gipson, *Victorious Years*, 414-6。对英法两军的阵地及其比较优势进行的全面评估，见 W. J. Eccles, "The Battle of Quebec: A Reappraisal", 收入 id. *Essays on New France* (Toronto, 1987), 125-33, 尤其注意 129 ff。

18 Stacey, *Quebec*, 121, 133-5; Gipson, *Victorious Years*, 416-7。

19 Stacey, *Quebec*, 137 (引文见 1759 年 9 月 28 日 Malartic 少校写给 Bourlamaque 的信)。

20 1759 年 9 月 13 日 Vaudreuil 写给 Bougainville 的信 ("6 点 45 分"), ibid., 135。

21 M. de Montbeillard, ibid., 145-6 引用。

22 Willson, *Letters of Wolfe*, 491-2; Knox, *Historical Journal*, 2: 99。18 世纪的步兵指挥官通常避免命令士兵们采取俯卧姿势，因为很难让他们从相对安全的地面起立到危险得多的站立位置。然而，在这次战斗中，沃尔夫的部下经受过严格训练，与敌人相聚三分之一英里；他完全有理由相信他们会起立迎击法军进攻。

23 Knox, *Historical Journal*, 2: 103, 指出掘壕工具到战斗结束后才被送到高地上去。

24 即使沃尔夫在战役前夜没有背诵托马斯·格雷的《墓畔挽歌》(*Elegy Written in a Country Churchyard*)，或者大声宣称他宁可写这首诗，而不是像传说中所说的那样夺取魁北克，他也确实是一心都在这首诗上了。他的未婚妻给过他一本这首诗的复本，他在从英国到北美的航程中为诗做了注解。他在格雷的著名劝诫句 "光荣之路只会通向坟墓" 下加了着重号，不过似乎对格雷就 "寒酸" 的负面影响所做的评论印象更加深刻，对这则评论写下了较长的注释。见 Beckles Willson, "General Wolfe and Gray's 'Elegy'", *The Nineteenth Century and After* 434 (1913): 862-75。

25 蒙特卡姆的悲观态度，见 Stacey, *Quebec*, 84。地形与战役的关系，见 John Keegan, *Fields of Battle: The Wars for North America* (New York, 1996), 127-8。

26 引文，(1759 年 9 月 28 日?) Malartic 写给 Bourlamaque 的信，收入 Stacey, *Quebec*, 147。

27 另外 5 个营也在战场上：第 60 团 (皇家美洲团) 第 2 和第 3 营，以及第 15 步兵团的一个营，与左翼阵线呈直角部署，应对敌军的侧翼机动；第 35 步兵团的 1 个营在阵线右翼采取类似布阵；豪的一个轻步兵营，位于战场左后方的一条战线，防卫印第安和加拿大散兵，如果布干维尔纵队出现的话，也要负责抵御该部进犯。见 Stacey, *Quebec*, map 6; 也可见 Beattie, "Amherst", 附录 2。

28 Stacey, *Quebec*, 147 ("单膝" 之说出自 Montbeillard, 未经引证); Gipson, *Victorious Years*, 420 n.72["乱七八糟的射击" 出自 "Moncrief" (Mackellar) 少校的日志]。"滑膛枪" 射程参照能致命的滑膛枪子弹极限射程，大约为 300 码，而不是参照短得多的大约 80 码的最大有效射程。在 "滑膛枪射程的一半" 开火射击只能达到随机的效果。英国骑兵军官 George Hanger 少校后来写道："假如敌人在 150 码外瞄准一个士兵射击……此人会受伤的话，那他肯定是非常不幸……" [*General Hanger to All*

Sportsmen...(London, 1814), Anthony D. Darling, *Red Coat and Brown Bess* (Bloomfield, Ont., 1971), 11 引用]。

29 "这一错误行动", 见 1759 年 9 月 28 日, Malartic 写给 Bourlamaque 的信, Stacey, *Quebec*, 147 引用。"在近距离进行了密集的射击", 见 Knox, *Historical Journal*, 2:101. 这段引文将 Knox 的一个脚注（从"在近距离进行了密集的射击"到"犹如同一门火炮"）与其文本中星号位置后面的独立分句（从"于是，他们败下阵来"到引文末尾）结合在了一起。

蒙特卡姆部队失去了营级完整性，这与其说是缺乏纪律，还不如说是两种不同训练体制在同一部队中共存，其中只有一种适合野战。正规军接受的训练要求他们在实战中做到的事情：开火、快速重新装弹和前进。另一方面，民兵只知道如何在丛林里作战，"按照他们的习惯"重新装弹，要么卧倒，要么在隐蔽处躲藏，因此，他们落在正规军后面，破坏了战线。布拉多克战败后，英军已训练过正规军在林地和开阔地战斗的战术，注意不要在任何需要机动的岗位上部署殖民地部队。法国的正规军也知道如何在林地和开阔地战斗，但是蒙特卡姆对于只接受过林地战术训练的民兵削弱他们的队列的各种风险，还没有足够鲜明的认识。

30 Stanley, *New France*, 422; Stacey, *Quebec*, 149-50. 对沃尔夫之死可能最准确的叙述版本是 Knox 版，收入 *Historical Journal*, 2: 114。至少在 Knox 报道他的遗言时，几乎没有理由怀疑这句话的总基调（"现在，赞美上帝，我将安宁地逝去"）。诺克斯上尉采访过现场目击者，这句话与受尽折磨的将军的性格也完全一致。此外，至少在实质上，这句遗言与据报道的一封从魁北克发出，在 1759 年 10 月 25 日 *Pennsylvania Gazette* 引用的一句遗言"伙计们，我心满意足"是一致的。

31 Gipson, *Victorious Years*, 422; Russell F. Weigley, *The Age of Battles: The Quest for Decisive Warfare from Breitenfeld to Waterloo* (Bloomington, Ind., 1991), 218; Stacey, *Quebec*, 152-5; Stanley, *New France*, 231-3; Willson, *Letters of Wolfe*, 494 n., 495-6; Knox, *Historical Journal*, 2: 102-8.

32 Stacey, *Quebec*, 156-8.

33 Gipson, *Victorious Years*, 423-4.

34 Knox, *Historical Journal*, 2: 121-32; Gipson, *Victorious Years*, 424-6; Stacey, *Quebec*, 159-61.

35 Gipson, *Victorious Years*, 424-6.

36 关于利维，尤其注意 *Dictionary of Canadian Biography*, vol.4, s.v. "Lévis, François (François-Gaston) de, Duc de Lévis"。

37 关于为魁北克冬季营房进行的准备工作，见 Gipson, *Victorious Years*, 429-30; 1759 年 10 月 8 日, Monckton 写给 Pitt 的信，以及 1759 年 10 月 12 日 Murray 写给 Pitt 的信（摘要），收入 Gertrude Selwyn Kimball 编辑, *Correspondence of William Pitt when Secretary of State with Colonial Governors and Military and Naval Commissioners in America* (1906; reprint, New York, 1969), 2: 177-83。

第 37 章

1 1759 年 10 月 9 日 Amherst 日志（？）, Daniel John Beattie, "General Jeffery Amherst and the Conquest of Canada, 1758-1760" (Ph.D. diss., Duke University, 1976), 180 引用。

2　1759 年 10 月 22 日，Amherst 写给 Pitt 的信，10 月 9—21 日的条目，收入 Gertrude Selwyn Kimball 编辑，*The Correspondence of William Pitt when Secretary of State with Colonial Governors and Military and Naval Commissioners in America* (1906; reprint, New York, 1969), 2: 198-201。

3　"Robert Webster's Journal", *Bulletin of the Fort Ticonderoga Museum* 2(1931): 146-8(1759 年 10 月 26 日—11 月 18 日的条目）。

4　Rowena Buell 编辑 *The Memoirs of Rufus Putnam* (Boston, 1903), 28-31（1759 年 7 月 26 日和 12 月 16 日条目所附的反思）；引文见 31 页。磨坊竣工之后，帕特南前往克朗波因特，在"斯肯少校"（Philip Skene）部下出任首席木工，少校允诺给他每天一银元的薪饷，让他回到提康德罗加。斯基恩出任过斯蒂尔沃特的兵站指挥官，1758 年 2 月帕特南和勒尼德连里的其他人就是从那里开小差的。如果斯基恩认出帕特南是当初开小差的逃兵，他可能会对后者进行一些小小的报复，因为他以后再也不能惩罚这一罪行了。

5　B. F. Browne, comp., "Extracts from Gibson Clough's Journal", *Essex Institute Historical Collections* 3 (1861): 104-5（1759 年 9 月 26 日—11 月 3 日的条目；引文选自 9 月 26 日和 30 日的条目）。

6　"他下定决心"，见 Buell, *Memoirs of Putnam*, 31。"当我们摆脱时"，见"Extracts from Gibson Clough's Journal", 104[1759 年 9 月 3 日（实为 30 日）]。关于新英格兰人在部队不守军纪及其意义，见 Fred Anderson, *A People's Army: Massachusetts Soldiers and Society in the Seven Years' War* (Chapel Hill, N.C., 1984), 167-95; Harold Selesky, *War and Society in Colonial Connecticut* (New Haven, Conn., 1990), 187-9。

7　"殖民军士兵一心想着回家"，见 Amherst 的日志，1759 年 11 月 3 日的条目，Beattie, "Amherst", 192 引用。"无视秩序"，见 1761 年 12 月 6 日，Amherst 写给 Duncan 的信，Douglas Edward Leach 在 *Roots of Conflict: British Armed Forces and Colonial Americans, 1677-1763* (Chapel Hill, N.C., 1986), 132 引用。

第 38 章

1　费城的情况，见 1760 年 1 月 24 日，*Pennsylvania Gazette*。纽约的情况，见 1759 年 11 月 15 日，*Pennsylvania Gazette*。

2　1759 年 10 月 22 日，*Boston Evening Post*；参见 1759 年 10 月 25 日 *Pennsylvania Gazette* 的记录。

3　Samuel Langdon, *Joy and Gratitude to God for...the Conquest of Quebec* (Portsmouth, N.H., 1760), 37-38；也可见 James West Davidson, *The Logic of Millennial Thought: Eighteenth-Century New England* (New Haven, Conn., 1977), 221 引用和说明的段落。

4　Samuel Cooper, *A Sermon Preached before His Excellency Thomas Pownall, Esq... October 16, 1759. Upon Occasion of the Success of His Majesty's Arms in the Reduction of Quebec...*(Boston, 1759), 38-39；也可见 Harry S. Stout, *The New England Soul: Preaching and Religious Culture in Colonial New England* (New York, 1986) 251 引用的段落。

5　Langdon 在 *Joy and Gratitude* 中，将魁北克说成"上帝将'继续关切改革后的教会的保证，直到《圣经·新约》中所有反对神秘巴比伦人的预言都实现为止'"，包括普鲁士是一个符合"新教利益"的重要伙伴（Davidson, *Millennial Thought*, 210）。预言论者

注 释　733

毫不费力地解释了先前英法战争的不确定结果，就是因为在这些战争中，英国新教徒与奥地利天主教徒结盟。

6 "一个强大帝国"和"我能想象，我看见"，见 Jonathan Mayhew, *Two Discourses Delivered October 25th, 1759*...(Boston, 1759), 60-1。关于这些布道演讲中的千禧年内容，见 Davidson, *Millennial Thought*, 209-10。

7 Stout, *New England Soul*, 253; Kerry Trask, *In the Pursuit of Shadows: Massachusetts Millennialism and the Seven Years' War* (New York, 1989), 223-86.

第39章

1 皮特的悲观与恢复情况，见 Stanley Ayling, *The Elder Pitt, Earl of Chatham* (New York,1876), 261-2 （"有理由……倾诉一切"，见 1759 年 10 月 15 日，Newcastle 写给 Hardwicke 的信，261 引用）。沃尔夫的绝望，见 1759 年 9 月 2 日，Wolfe 写给 Pitt 的信，收入 C. P. Stacey, *Quebec, 1759: The Siege and the Battle* (Toronto, 1959), 191("不知该如何")；1759 年 9 月 9 日，Wolfe 写给 Holdernesse 的信，收入 Beckles Willson, *The Life and Letters of James Wolfe* (New York, 1909), 475 （"远没有复原"）。

2 "情节"，见 Horace Walpole, *Memoirs of the Reign of King George the Second* (London, 1846), 3: 219。"宣讲一篇祭文"，见 ibid., 229-30。

3 关于 1759 年 8 月 1 日的明登战役及其余波，见 Reginald Savory, *His Britannic Majesty's Army in Germany during the Seven Years' War* (Oxford, 1966), 162-84；此战的全面资料，也可见 Piers Mackesy 聚焦于 George Sackville 勋爵（后来的 Germaine 勋爵）行动的出色作品，*The Coward of Minden* (New York, 1979)。

4 拉各斯海战的情况，见 Russell F. Weigley, *The Age of Battles: The Quest for Decisive Warfare from Breitenfeld to Waterloo* (Bloomington, Ind., 1991), 224; Julian S. Corbett, *England in the Seven Years' War: A Study in Combined Strategy*, vol.2 (London, 1918), 31-40。法国的财政金融状况，见 Walpole, *Memoirs of George II*, 3: 223-4。["即便他们（法国人）未来的史学家也无法回避"这样一种耻辱，沃波尔哈哈大笑道，"战败的军队经常宣称胜利，但是没有一个国家在变得无力偿还债务时能高唱赞美诗"（223）。]

5 Dennis Showalter, *The Wars of Frederick the Great* (London, 1996), 243-52; Weigley, *Age of Battles*, 190-1 列出的普鲁士军参战人数为 5.3 万人，损失为 2.1 万人。Christopher Duffy 在 *The Military Life of Frederick the Great* (New York, 1986), 183-92 的估算，与 Showalter 的数字一致。

6 海军作战行动，见 Weigley, *Age of Battles*, 225-6; Corbett, *Seven Years' War*, 2: 48-52; Richard Middleton, *The Bells of Victory: The Pitt-Newcastle Ministry and the Conduct of the Seven Years' War, 1757-1762* (Cambridge, U.K., 1985), 142-3。（在 7 月 George Romney 海军少校摧毁许多入侵船只之前，法国人都在利用勒阿弗尔为入侵进行准备；此后，他们将准备工作转移到布列塔尼沿海的其他几座港口。到了秋天，大部分准备工作都在布雷斯特西南 100 英里、岛屿遍布的基伯龙湾进行。）英国面对入侵的脆弱性，见 J. R. Western, *The English Militia in the Eighteenth Century: The Story of a Political Issue, 1660-1802* (London, 1965), 162-8, 194 n. 等各处。（英国议会不愿大量武装苏格兰人和爱尔兰人，建立了一个英格兰，而不是英国的民兵组织，将苏格兰和爱尔兰的防务留给正规军，这两个地方的正规军兵力都太少，既不能防范袭击，也不能镇压必然随袭

734　七年战争

击而来的暴动。）

7　Corbett, *Seven Years' War*, 2: 57-60; Weigley, *Age of Battles*, 227.

8　关于 1653 年战斗条例的不利影响，见 Weigley, *Age of Battles*, 尤其注意 145-7; Julian S. Corbett, *England in the Seven Years' War: A Study in Combined Strategy*, vol.1 (London, 1918); 116 ff.

9　这场海战的特质及其影响，见 Weigley, *Age of Battles*, 228-9; Corbett, *Seven Years' War*, 2: 60-70。关于豪，见 *Dictionary of National Biography*, s.v. "Howe, Richard"。"如果当日白天再长哪怕 2 个小时"，见 1759 年 11 月 24 日，Hawke 递交英国海军部的报告，收入 Corbett, *Seven Years' War*, 2: 69。

10　政府信用受到威胁，见 Middleton, *Bells*, 113-8, 136（在 3—5 月，然后在 7 月，由于可用于履行当前政府义务的资金短缺，出现了两次信用危机）。经济的蓬勃发展和政府财政的安全，见 ibid., 153; Nancy F. Koehn, *The Power of Commerce: Economy and Governance in the First British Empire* (Ithaca, N.Y., 1994), 52-4。或许和军事胜利一样，战争时期经历了非典型性繁荣，在战争岁月里，英国的出口和再出口增长了三分之一，与殖民地的贸易随着消费品需求激增而上升到新的水平，经济在总体上的扩张在其他任何军事冲突中都未出现，这有助于产生一种安全感，它是接受公共债务增加的意愿的基础。1759 年年底，彭布罗克伯爵写给查尔斯·李上尉的信，比任何统计数列都更能证明这种情绪。阐述了当年的胜利和有关军队的流言蜚语后，他总结道："我相信，在这里或者其他任何地方都不会经常发生这种事，但是现在在所有这些地方，肯定可以想象到的最伟大的精神和全体一致性，没有出现匮乏、堕落和奢侈讲究，我们企盼的这一切来得如此之快"[1759 年 11 月 26 日; New-York Historical Society, *Collections, Lee Papers* 1 (1871): 23]。

11　1760 年 1 月 7 日，Pitt 写给马萨诸塞、新罕布什尔、康涅狄格、罗得岛、纽约和新泽西总督的信; 1760 年 1 月 7 日，写给宾夕法尼亚、马里兰、弗吉尼亚、北卡罗来纳和南卡罗来纳总督的信; 1760 年 1 月 7 日，写给阿默斯特的信; 收入 Gertrude Selwyn Kimball 编辑，*The Correspondence of William Pitt when Secretary of State with Colonial Governors and Military and Naval Commissioners in America* (1906; reprint, New York, 1969), 2: 231-42。

—— 第六部分 ——

第 40 章

1　1760 年 3 月 8 日，Amherst 写给 Pitt 的信，收入 Gertrude Selwyn Kimball 编辑 *The Correspondence of William Pitt when Secretary of State with Colonial Governors and Military and Naval Commissioners in America* (1906; reprint, New York, 1969), 2: 260-1; Daniel John Beattie, "General Jeffery Amherst and the Conquest of Canada, 1758-1760" (Ph. D. diss., Duke University,1976), 200。

2　Lawrence Henry Gipson, *The British Empire before the American Revolution*, vol.7, *The Great War for the Empire: The Victorious Years, 1758-1760* (New York, 1968), 446-7; Nicholas B. Wainwright, *George Croghan, Wilderness Diplomat* (Chapel Hill, N.C., 1959), 171.

3　让超出规定的服役期的官兵继续服役,在马萨诸塞议会下院和政务委员会都引起极大关注,特别是在"东区服役"的官兵——路易斯堡守备队——的不满为人所知时。1760年4月24日,马萨诸塞议会两院议员都警告波纳尔(同时也是在警告阿默斯特),反对进一步改变不愿自愿服兵役的志愿兵的征兵条件。他们的理由与1756年温斯洛和他部下的军官相同,这表明即便在皮特的各项政策催生的更加合作的氛围之中,新英格兰人也没有改变他们对于服兵役的契约观念。

我们不得不说的是,这些人入伍为国王陛下服役的时间已经过了,因此他们有权解除兵役,也有权要求解除兵役。迄今为止对他们的羁留出于必要是正当的,可是这种必要性已不再继续存在。如果延长羁留期,不仅会对他们不公平,而且会大大削弱将军政府为国王陛下募集兵员的能力。当人们不能依靠政府的承诺解除兵役时,他们就永远不会加入现役;因此义理和良好的政策要求必须解除这些人的兵役。我们已经为自己的忠诚做过保证,阁下也为您的宣言、您的承诺做过保证,他们应当被解除兵役。将军接受这些兵员,是根据将他们募集来的条件进行的接受,即他们应当在应募约定的期限届满时解除兵役。因此,为了将军的荣誉与阁下的荣誉,以及我们自己的荣誉,都要争取让这些人自由(解除服役)……[*Journals of the House of Representatives of Massachusetts*, 1759-1760(Boston, 1964), 36: 333(1760年4月24日,为新斯科舍等地部队的羁留,提交总督阁下的信息)。以下简称为 *JHRM*]。

4　为了维持现役和募集新兵的费用问题,见 *JHRM*, 36: 113-4(1759年11月7日),191(1760年1月24日);37, part I(1760—1761);II(1760年5月30日)。留在路易斯堡的人能赚到不少钱,尤其是在他们充当军中工匠时,克拉夫和 Jonathan Procter(同团的另一个二等兵)都是如此。Procter 在路易斯堡的20个月赚了63英镑5先令的法定货币,包括奖金、薪饷和额外的木工报酬。在这段时间里,他花费大约13英镑,于是 Procter 结束服役时,口袋里揣着50英镑——这是一笔可观的款项,即使在战时薪水很高的一个湾区殖民地的民间工匠,同一时期在后方能赚到的钱也不会超过45英镑,而且他不得不自己出钱解决住处,购买食物、衣服和其他用品。他在服兵役时,这些费用就是他的通常补偿款项的一部分。见 "Diary Kept at Louisbourg, 1759-1760, by Jonathan Procter of Danvers", *Essex Institute Historical Collections* 70 (1934): 31-57。

5　Gipson, *Victorious Years*, 445-6。马萨诸塞出兵4000,出自 Thomas Hutchinson, *The History of the Colony and Province of Massachusetts-Bay*, Lawrence Shaw Mayo 编辑 vol.3 (1936; reprint, New York, 1970), 58。马萨诸塞出兵人数明显不足,这可能是由于哈钦森计算人数的方式,即3300人应募执行一般勤务,700人仍在路易斯堡服役。与其他北方殖民地不同,湾区殖民地也派兵驻守自己境内的堡垒,包括波士顿的威廉城堡,该殖民地西部和北部边境一线的一系列堡垒,以及缅因境内的雪利堡、韦斯顿堡和波纳尔堡。由于这些地方全部由殖民地部队把守和控制,就没有被算作一般勤务(即交给驻美洲英军总司令部署的部队)的一部分。但是在马萨诸塞议会的议员看来,这种区别是不存在的,他们认为殖民地的所有部队在开支和重要性上都是平等的,无论他们在何处,置于谁的指挥之下。因此,根据马萨诸塞议会,而不是哈钦森或阿默斯特的方式计算的话,该殖民地已经达到(其实超出了)最初商定的5000出兵配额。最后,说一句,殖民地部队到达他们的战事集结地的速度太慢了,从布拉多克以来历任驻美洲英军总司令官都在抱怨这个问题。至少在这场战争的后期，造成这种情况的主要原因可能不是殖民地男丁不愿服兵役，而是其他两个因素：完成春耕的需要，这为农民和农业劳动力提供了丰厚的薪水，因此会延误他们应募服兵役；有些人想要等到政府宣布每个民兵团需要强行征募的兵役配额，然后将他们的兵役出售给那些被强行征募的人以作替代。因为各殖民地都有法律规定，如果志愿服役人数没有达到征兵配额的数量，就可以从民兵中征兵，通常会采取强征的办法来填补兵员的最后缺额。因为谁将被征召入伍的决定权留给了本地的民兵军官，所以被强征的人员并不总是，甚至通常不是那些被法律挑出来作为适当目标的流浪汉和未婚男子。确切说来，军官们往往会征用那些有钱雇用替代人选顶替自己的人。这反过来意味着那些人——尤其像鲁弗斯·帕特南这样在1759年以替代人选身份应募的老兵——会等着和一个应征人员（或者几个人，因为两个或两个以上的新兵有时会集中资源雇用替代人选）达成协议，让后者代表他入伍。因为雇来的人在技术上是志愿兵，所以有权得到所有的常设奖金和薪饷。

尽管很难准确知晓战争后期替代人员的行价是多少，不过看来没有疑问的是，1758年出现了一个活跃的军事劳动力二级市场。由于战争一直在要求越来越多的人员，随着奖金的增加，雇用替代人员所需的价格也必然会上涨；可是由于这些都是私人交易，对于涉及的各项费用，我们没有系统的证据。我得以获取直接知识的唯一书面案例是鲁弗斯·帕特南的例子，他在1759年同意代表萨顿的 Moses Leland 服兵役，回报是14英镑13先令的法定货币——比当年提供的最高奖金高出1先令 [见 Rowena Buell 编辑, *The Memoirs of Rufus Putnam*（Boston, 1903）, 25 n.1]。这一交易的结果是帕特南在1759年服兵役的收入将超过44英镑法定货币，这还不计他身为技工获得的额外薪饷，以及晋升为传令中士获得的加薪。因此，除非帕特南的案例代表一种反常现象（没有理由怀疑真是这种情况），那么确实存在拖延应征入伍的实质性经济诱因，即便在应募可得到高奖金的年份，这些诱因实际上也会导致殖民地部队募兵的速度减缓，在战场上出现得也会晚一些。

6   这一高度保守的近似值是根据 Jackson Turner Main, *Society and Economy in Colonial Connecticut*（Princeton, N.J., 1985）, 118-9 的数据得出的。主要数据显示，1756年至1759年年底，活公牛价格上涨71%，奶牛价格上涨33%，猪肉价格上涨50%。同一时期，绵羊的价格翻倍——这可能不是因为对羊肉，而是对羊毛的需求导致的结果，因为在战争的每一个年头里，毛毯在每个殖民地都成为奖励的一部分，需求量很大。

7   Hutchinson, *History*, 3: 57. 该殖民地经济繁荣的一个良好指标是为应付军费开支，对三种主要消费品，即"茶、咖啡和瓷器"征收的消费税。见 *JHRM*, 36: 111-2（1759年11月6日）。

第41章

1   Lawrence Henry Gipson, *The British Empire before the American Revolution*, vol.7, *The Great War for the Empire: The Victorious Years, 1758-1760*（New York, 1967）, 434-5.

2   关于利维的计划，以及加拿大防务困难但并非绝望的状态，尤其注意 George F. G. Stanley, *New France: The Last Phase, 1744-1760*（Toronto, 1968）, 242-4。

3   Ibid., 244-5（引文在244页）。

4   Stanley, *New France*, 245-6; Gipson, *Victorious Years*, 438 n.40. 当法军在潘托特朗布勒

登陆时，有一艘平底船倾覆，将一个人抛入了冰冷的河水之中；他攀上一块浮冰，顺流而下，被英军打捞上来，向英军透露了利维的军队在逼近的消息。

5 1760 年 5 月 25 日，Murray 写给 Pitt 的信，收入 Gertrude Selwyn Kimball 编辑 *Correspondence of William Pitt when Secretary of State with Colonial Governors and Military and Naval Commissioners in America* (1906; reprint, New York, 1969), 2: 292。

6 Gipson, *Victorious Years*, 432-4, 428。

7 引文见 1760 年 5 月 25 日，Murray 写给 Pitt 的信，*Pitt Corr.*, 2: 292。默里的部队进入阵地，见 Stanley, *New France*, 246-7; Gipson, *Victorious Years*, 438-9。

8 关于此战，根据 Stanley, *New France*, 246-8; Gipson, *Victorious Years*, 438-9; 1760 年 5 月 25 日，Murray 写给 Pitt 的信，*Pitt Corr.*, 2: 291-7 写成。

9 引文见 Malcolm Fraser 中尉，*Journal of the Operations before Quebec*, Stanley, *New France*, 297 n.15 引用。（弗雷泽的结论是默里"拥有几项优秀品质，尤其是军事方面的品质，但谨慎这一点除外"。）炮兵对决，ibid., 248-9。

10 关于波尔多运输船队的覆灭，见 Gipson, *Victorious Years*, 436-7; Stanley, *New France*, 259-61; Julian S. Corbett, *England in the Seven Years' War: A Study in Combined Strategy*, vol.2 (London, 1918), 113; Ian K. Steele, *Warpaths: Invasions of North America* (New York, 1994), 220-1; 1760 年 9 月 12 日，Alexander, Lord Colville 写给 Pitt 的信，*Pitt Corr.*, 2: 333-4。

11 对德桑德鲁安哀叹的引述，见 Stanley, *New France*, 259。关于沃克兰，见 ibid., 172, 250; *Dictionary of Canadian Biography*, vol.4, s.v. "Vauquelin, Jean"。在"亚特兰大"号快速帆船的弹药耗尽前，它的船员将 2 艘与之交手的英国快速帆船之一"洛斯托夫特"号击沉。沃克兰的伤势痊愈，后来被英国人释放，回到法国海军服役。他参加了在圭亚那和马达斯加建立法属殖民地的活动，直到 1772 年去世。他是平民出身，从未获得海军少校以上的军衔。比起他的晋升记录，对他身为海军军官的才能更可靠的评价，可以在英国海军将领博斯科恩的评论里找到。在路易斯堡，沃克兰甩掉博斯科恩本人麾下的几名舰长后，后者宣称，如果那个法国人是他部下的一名军官，他会让那个法国人指挥一艘战列舰。

第 42 章

1 John Knox 上尉, *The Siege of Quebec and the Campaigns in North America, 1757-1760*, Brian Connell 编辑 (Mississauga, Ont., 1980), 262-5; Lawrence Henry Gipson, *The British Empire before the American Revolution*, vol.7, *The Great War for the Empire: The Victorious Years, 1758-1760* (New York, 1967), 458。

2 Knox, *Siege of Quebec*, 267-8。

3 Ibid., 268。

4 Gipson, *Victorious Years*, 457-61; George F. G. Stanley, *New France: The Last Phase, 1744-1760* (Toronto, 1968), 251-3。

第 43 章

1 "Samuel Jenks, His Journall of the Campaign in 1760", *Massachusetts Historical Society, Proceedings* 25 (1890): 353-68（1760 年 5 月 22 日—8 月 16 日的条目）; Lawrence

Henry Gipson, *The British Empire before the American Revolution*, vol.7, *The Great War for the Empire: The Victorious Years, 1758-1760* (New York, 1967), 449-50。

2　George F. G. Stanley, *New France: The Last Phase, 1744-1760* (Toronto, 1968), 256。
3　Gipson, *Victorious Years*, 461-2。
4　关于防御工事，见 John Knox 上尉, *The Siege of Quebec and the Campaigns in North America, 1757-1760*, Brian Connell 编辑 (Mississauga, Ont., 1980), 301；"Plan of the Town and Fortifications of Montreal or Ville Marie in Canada"，收入 Gipson, *Victorious Years*, 463 对开页。守军的兵力，见 1760 年 10 月 4 日，Amherst 写给 Pitt 的信，收入 Gertrude Selwyn Kimball 编辑 *The Correspondence of William Pitt when Secretary of State with Colonial Governors and Military and Naval Commissioners in America* (1906; reprint, New York, 1969), 2: 336。
5　印第安人放弃与法国人的盟约，见 *Journal de Lévis*, Gipson, *Victorious Years*, 462 引用。
6　Stanley, *New France*, 257。
7　阿默斯特从未明白这一事实；在他的正式报告中，他提及印第安人，只是为了赞扬约翰逊，后者阻止印第安人实施他曾预计会发生的野蛮行径。见 1760 年 9 月 8 日，Amherst 写给 Pitt 的信 2: 332。同样值得注意的是，虽然阿默斯特认为设法获得易洛魁武士代价高昂，但他仍为每一名武士提供了价值超过 24 英镑纽约币 1 到 2 便士的礼品，这些礼品的人均花费，几乎与为康涅狄格（24 英镑 19 先令）和马萨诸塞（26 英镑 4 先令）参加这次战事的殖民军兵士一样多 [Harold Selesky, *War and Society in Colonial Connecticut*（New Haven, Conn.,1990）, 151, 152; Fred Anderson, *A People's Army: Massachusetts Soldiers and Society in the Seven Years' War*（Chapel Hill, N.C., 1984）, 226]。与几位前任总司令一样，阿默斯特从来没有意识到美洲劳动力的短缺就意味着募集士兵的代价必然昂贵。由于易洛魁武士代表 6 大部族的大多数男性人口，他们实际上要比阿默斯特了解的便宜多了。
8　"Samuel Jenks, His Journall", 376-7（1760 年 9 月 6 日和 7 日的条目）。
9　Amherst 的日志，Daniel John Beattie, "General Jeffery Amherst and the Conquest of Canada, 1758-1760" (Ph.D. diss., Duke University, 1976), 216 引用。
10　法国人提出的条件，见 Gipson, *Victorious Years*, 464；Gustave Lanctot, *A History of Canada*, vol.3, *From the Treaty of Utrecht to the Treaty of Paris, 1713-1763* (Cambridge, Mass., 1965), 181-2。最终同意这些条款，见 ibid., 225-36。
11　"必须放下武器"，见 "Articles of Capitulation of Montreal", article 1,ibid., 225。"臭名昭著的部分"，见 Knox, *Siege of Quebec*, 289, 引述阿默斯特对法国军官 de la Pause 的答复，后者抗议拒绝给予英勇战败者特殊礼遇的"过于严格的条款"。金钱也是让法国军官愤怒的一个重要因素，他们如果在战争中无法服役，在此期间只能领半薪——这是一项巨大的个人损失，因为一个法国步兵上尉的月薪饷只有 95 个里弗，通常可以靠在他的连队名单里并不存在的士兵们来吃空饷，并将这笔微薄的收入变成可观的薪金。因此阿默斯特的第一条注定会让每一个缺乏独立支撑家计手段的军官贫穷 [Lee Kennett, *The French Armies in the Seven Years' War: A Study in Military Organization and Administration*（Durham, N.C., 1967）,70, 96 n.39]。
12　1760 年 10 月 4 日，Amherst 写给 Pitt 的信，*Pitt Corr.*, 2: 335。
13　Amherst 的日志，J. C. Long, *Lord Jeffery Amherst* (New York, 1933), 135 引用。

第44章

1. Daniel John Beattie, "General Jeffery Amherst and the Conquest of Canada, 1758-1760" (Ph.D. diss., Duke University, 1976), 125-6（引文选自1758年6月12日，一位无名军官的信，在125页）；以及 id. "The Adaptation of the British Army to Wilderness Warfare, 1755-1763", 收入 Maarten Ultee 编辑 Adapting to Conditions: War and Society in the Eighteenth Century (University, Ala., 1986), 71-4。
2. Ibid.
3. 如此之多的堡垒和连接堡垒的道路的重要性，在美洲历史研究中常常被评论而非分析。处理这一课题的令人兴奋的尝试，见 John Keegan, *Fields of Battle: The Wars for North America* (New York, 1996)。
4. 1760年10月4日，Amherst 写给 Pitt 的信，收入 Gertrude Selwyn Kimball 编辑 *The Correspondence of William Pitt when Secretary of State with Colonial Governors and Military and Naval Commissioners in America* (1906; reprint, New York, 1969), 2: 335-8。
5. "Samuel Jenks, His Journall of the Campaign in 1760", Massachusetts Historical Society, *Proceedings* 24 (1889): 373（1760年8月28日的条目），378（9月9日的条目），382及以后各页（例如，9月28日的条目：殖民地部队中，有三分之二的士兵生病，天花传染得很快），386（10月27日的条目），387（10月31日的条目），389（11月16日的条目：哈维兰摔断了腿）。
6. "Extracts from Gibson Clough's Journal", *Essex Institute Historical Collections* 3 (1861): 201（1761年1月1日的条目）。
7. 被"剥夺了荣誉"，见 Rowena Buell 编辑，*The Memoirs of Rufus Putnam* (Boston, 1903), 34（1760年6月22日—11月19日的条目）。"如今"，见 E. C. Dawes 编辑，*Journal of Gen. Rufus Putnam, Kept in Northern New York during Four Campaigns of the Old French and Indian War, 1757-1760* (Albany, 1886), 103（1760年12月1日）。

第45章

1. 1760年10月24日，Pitt 写给 Amherst 的信，收入 Gertrude Selwyn Kimball 编辑，*The Correspondence of William Pitt when Secretary of State with Colonial Governors and Military and Naval Commissioners in America* (1906; reprint, New York, 1969), 2: 344; Stanley Ayling, *The Elder Pitt, Earl of Chatham* (New York, 1976), 274-5。
2. 1760年10月24日，Pitt 写给 Amherst 的信，*Pitt Corr.*, 2: 344-7。阿默斯特的妻子已经开始不可逆转地陷入疯癫，他渴望回到英格兰，乞求解除他在路易斯堡的指挥权。阿默斯特的个人烦恼对皮特而言毫无意义，皮特对此一直持怀疑态度。
3. Reginald Savory, *His Britannic Majesty's Army in Germany during the Seven Years' War* (Oxford, 1966), 201-82 和附录 13, 477-8。
4. Ludwig Reiners, *Frederick the Great: A Biography*, Lawrence P. R. Wilson 译成英文本 (New York, 1960), 208-11。
5. Lawrence Henry Gipson, *The British Empire before the American Revolution*, vol.8, *The Great War for the Empire: The Culmination, 1760-1763* (New York, 1970), 144-56。
6. Gipson, *Culmination*, 159-62。
7. Ibid., 166-71。

8 关于皮特对欧洲战争的看法，以及他对贝尔岛冒险的执着，见 Richard Middleton, *The Bells of Victory: The Pitt-Newcastle Ministry and the Conduct of the Seven Years' War, 1757-1762* (Cambridge, U.K., 1985), 165-9。

9 1760 年 10 月 26 日，Walpole 写给 George Montague 的信，收入 Paget Toynbee 编辑，*The Letters of Horace Walpole, Fourth Earl of Orford*, vol.4 (Oxford, 1903), 439。

10 J. H. Plumb, *The First Four Georges* (Boston, 1975), 95.

第七部分

第 47 章

1 Tom Hatley, *The Dividing Paths: Cherokees and South Carolinians through the Era of Revolution* (New York, 1993), 5-16; 也 可 见 David Corkran, *The Cherokee Frontier: Conflict and Survival, 1740-1762* (Norman, Okla., 1962), 3-12。"多达 700 名切罗基武士"反映的是福布斯估计的数字，依据是对粮秣的需求；Corkran 估计为英军服役的印第安人为 450 人 (ibid., 146), 而 Hatley 将这一数字定为 "300 或更多" (*Dividing Paths*, 100)。

2 Corkran, *Cherokee Frontier*, 157-159.30 人死亡必须被视为估计的下限。John Richard Alden, 收入 *John Stuart and the Southern Colonial Frontier* (1944; reprint, New York, 1966), 认为 30 仅仅是在下村镇区被杀的人数 (79 n. 15); 1758 年 10 月，William Henry Lyttelton 总督报告，仅在弗吉尼亚的温切斯特附近就有 30 人被杀 (Hatley, *Dividing Paths*, 100, 268 n.51)。

3 P. M. Hamer, "Fort Loudoun in the Cherokee War, 1758-1761", *North Carolina Historical Review* 2 (1925): 444; Corkran, *Cherokee Frontier*, 167-8, Hatley, *Dividing Paths*, 109-15.

4 Hatley, *Dividing Paths*, 111.

5 Lawrence Henry Gipson, *The British Empire before the American Revolution*, vol.9, *The Triumphant Empire: New Responsibilities within the Enlarged Empire, 1763-1766* (New York,1968), 61-5; Hatley, *Dividing Paths*, 113-5; Corkran, *Cherokee Frontier*, 170-83.

6 Hatley, *Dividing Paths*, 120-5; Corkran, *Cherokee Frontier*, 178-90.

7 Gipson, *New Responsibilities*, 70-2; Corkran, *Cherokee Frontier*, 196-8; Hatley, *Dividing Paths*, 125-9; Alden, *John Stuart*, 104-5.

8 Hatley, *Dividing Paths*, 124-5.

9 Corkran, *Cherokee Frontier*, 198-205.

10 Ibid., 208-11; Gipson, *New Responsibilities*, 70-2. 蒙哥马利火烧克奥韦（Keowee）、伊斯塔托（Estatoe）、托克瓦韦（Toxaway）、夸拉奇（Qualatchee）和康纳萨奇（Conasatche）。他的副司令官詹姆斯·格兰特中校写道："那些村镇的整洁状态和印第安人的农业知识会让你惊讶，他们在享受全面的舒适生活，会诅咒我们撞到他们的那一天"（Grant 写给 William Bull 副总督的信，收入 Hatley, *Dividing Paths*, 130）。

11 Corkran, *Cherokee Frontier*, 212-3; Hatley, *Dividing Paths*, 131; Gipson, *New Responsibilities*, 73-4. 引文见 1760 年 8 月 26 日，Amherst 写给 Pitt 的信，Hatley, *Dividing Paths*, 132 引用。

12 Corkran, *Cherokee Frontier*, 217-9; Gipson, *New Responsibilities*, 75-8; Alden, *John*

Stuart, 116-7.

13 引文见1760年10月18日 *South Carolina Gazette*, Corkran, *Cherokee Frontier*, 220引用。杀戮和俘虏的情况，见 Gipson, *New Responsibilities*, 78-9; Alden, *John Stuart*, 118-9; J. Russell Snapp, *John Stuart and the Struggle for Empire on the Southern Frontier* (Baton Rouge, 1996), 55-6。在一封从图卢兹堡发出的日期写错的信中，一位法国海军军官描述了"德梅尔先生"所受的折磨："我们刚刚得知，沃尔夫指挥的一个切诺基战斗队占领了劳登堡……指挥官德梅尔先生被印第安人杀死。他们将土塞进他的嘴里，说道：'狗贼，你既然如此渴望土地，就让你吃个饱'" [1760年（1761年）1月10日, Jean-Bernard Bossu 写给 de l'Estrade 侯爵的信；收入 Seymour Feiler 翻译和辑录的 *Jean-Bernard Bossu's Travels in the Interior of North America, 1751-1762* (Norman, Okla., 1962), 183-4]。

14 Theda Perdue, "Cherokee Relations with the Iroquois in the Eighteenth Century"，收入 Daniel Richter 与 James Merrell 编辑, *Beyond the Covenant Chain: The Iroquois and Their Neighbors in Indian North America, 1600-1810* (Syracuse, N.Y., 1987), 144; Corkran, *Cherokee Frontier*, 236; 1761年2月18日, William Bull 写给 William Pitt 的信，收入 Gertrude Selwyn Kimball 编辑, *The Correspondence of William Pitt when Secretary of State with Colonial Governors and Military and Naval Commissioners in America* (1906; reprint, New York, 1969), 2: 394-6。引文，见1760年12月15日, Amherst 写给 Grant 的信，收入 Corkran, *Cherokee Frontier*, 245。

15 Ibid., 246, 记录有81名"黑人"从征；Gipson, *New Responsibilities*, 82列出的驮畜有700匹马和400头牛。

16 伤亡数字和引文都选自1761年7月11日, John Laurens 写给 John Ettwein 的信，收入 P. M. Hamer 等编辑 *The Papers of Henry Laurens*, vol.3, 1759年1月1日—1763年8月31日 (Columbia, S.C., 1972), 75。处决印第安人的命令，见 Hatley, *Dividing Paths*, 139。

17 Perdue, "Cherokee Relations", 144; Corkran, *Cherokee Frontier*, 255-6; Gipson, *New Responsibilities*, 84。

18 关于斯图尔特旨在控制白人定居者来缓解紧张局势的政策，见 Alden, *John Stuart*, 134-55; 特别值得注意的是 Snapp, *Stuart and the Struggle*, 54-67页等处。

19 1761年2月22日, Amherst 写给 Johnson 的信，收入 James Sullivan 等编辑, *The Papers of Sir William Johnson*, vol.3 (Albany, 1921), 345。按照约翰逊和克罗根免费赠送礼物的偏好，这一政策会产生重要意义，见 Eric Hinderaker, *Elusive Empires: Constructing Colonialism in the Ohio Valley, 1673-1800* (New York, 1997), 146-50。

20 "惩戒"和"例子"的引文，见1761年8月11日, *Johnson Papers*, 3: 517。"绝对有必要"，见1761年7月24日, Johnson 写给 Amherst 的信, ibid., 513。"你能感觉到"，见1761年8月9日, Amherst 写给 Johnson 的信, ibid., 515。阿默斯特先前得出结论，既然印第安人对一支组织妥善和供应充足的正规军部队不再构成威胁，就能用武力处理他们，就当作一种教导他们在帝国内部谁是主人的手段。（例子可见1761年6月24日, Amherst 写给 Johnson 的信, ibid., 421。）关于 Geneseo (或 Chenussio) 塞内卡人的计划和西部印第安人的关系，见 Richard White, *The Middle Ground: Indians, Empires, and Republics in the Great Lakes Region, 1600-1815* (New York, 1991), 271-3。

21 John W. Jordan 编辑 "Journal of James Kenny, 1761-1763", *Pennsylvania Magazine of*

History and Biography 37 (1913): 28（1761 年 11 月 21 日的条目）; Hinderaker, *Elusive Empires*, 148-9。

22　Anthony F. C. Wallace, *King of the Delawares: Teedyuscung, 1700-1763* (Philadelphia, 1949), 232-7。

第 48 章

1　Eric Hinderaker, *Elusive Empires: Constructing Colonialism in the Ohio Valley, 1673-1800* (New York, 1997), 148-9; John Shy, *Toward Lexington: The Role of the British Army in the Coming of the American Revolution* (Princeton, N.J., 1965), 104-5.

2　部队的人数、分配和替换，见 ibid., 96-9, 112。派出分遣队，见 1761 年 1 月 7 日，Pitt 写给 Amherst 的信，收入 Gertrude Selwyn Kimball 编辑, *The Correspondence of William Pitt when Secretary of State with Colonial Governors and Military and Naval Commissioners in America* (1906; reprint, New York, 1969), 2: 384-7。(2 月 26 日，阿默斯特一收到这封信，便立即遵令行事；见 1761 年 2 月 27 日，他写给 Pitt 的信, ibid., 403。) 要求得到殖民地部队，见 Jeffery Amherst, *The Journal of Jeffery Amherst*, J. Clarence Webster 编辑 (Chicago,1931), 267 (1761 年 6 月 8 日的条目), 332 ("概述")。

3　促进多座堡垒附近定居点的发展，原文见 1759 年 12 月 16 日，Amherst 写给 Pitt 的信, *Pitt Corr.*, 2: 222-3; Doris Begor Morton, *Philip Skene of Skenesborough* (Glanville, N.Y., 1959), 17。纽约多个定居点的问题，关于在尼亚加拉运输场一带的 1 万英亩土地，见 Milo Milton Quaife 编辑 *The Siege of Detroit in 1763* (Chicago,1958), xxviii-xxix；关于斯坦尼克斯堡定居点授权和与之伴随的 1 万英亩土地授权给 "Rutherford 上尉、Duncan 中尉及其他人"，见 1761 年 4 月 9 日，Walter Rutherford 写给 Amherst 的信和同一天 Amherst 写给 Rutherford 的信，收入 Louis des Cognets Jr., *Amherst and Canada* [Princeton, N.J.（私人印刷），1962], 310-1。福布斯道路沿线的多个定居点，见 Solon J. Buck 与 Elizabeth Hawthorn Buck, *The Planting of Civilization in Western Pennsylvania* (Pittsburgh, 1939), 140-1。(阿默斯特不予阻止的其他定居点，在伯德堡附近、红石旧堡附近、红石溪和莫农加希拉河交汇点兴建起来；也在克罗根私人从易洛魁人那里获得的两大片土地——一片在匹兹堡上游大约 4 英里的阿勒格尼河河畔，另一片在福克斯南面大约 25 英里的约克加尼河河畔。) 建成庄园的野心，见 1760 年 3 月 5 日，William Haviland 上校（在克朗波因特）写给 Amherst 的信，Morton 在 *Skene*,31 引用。["斯肯（斯基尼）少校……对这项计划的了解非常充分，乃至于他每周都会写信给他的妻子（留在北爱尔兰），我敢说谈的主要都是这个项目，因为我确信这里很少有人和事能频繁地为大洋彼岸的某个人提供消遣；事实上，他最终希望妻子正在寻找来到这里定居的人"]。

4　匹兹堡附近的定居者，原文见 Alfred P. James, *The Ohio Company: Its Inner History* (Pittsburgh, 1959), 113; Lawrence Henry Gipson, *The British Empire before the American Revolution*, vol.9, *The Triumphant Empire: New Responsibilities within the Enlarged Empire, 1763-1766* (New York, 1968), 89-90。匹兹堡周围的发展，见 Buck 与 Buck, *Planting of Civilization*, 140；也可见 Anthony F. C. Wallace, *King of the Delawares: Teedyuscung, 1700-1763* (Philadelphia, 1949), 234; John W. Jordan 编辑, "Journal of James Kenny, 1761-1763", *Pennsylvania Magazine of History and Biography* 37 (1913):

28-9。1761年10月20日，Kenny提到一份报告称，在皮特堡垒外大约有150座房子，这些房子几乎都是从1759年秋以来建造起来的。

第49章

1 关于弗雷德里克，见Linda Colley, *Britons: Forging the Nation, 1707-1837* (New Haven, Conn., 1992), 204-6。关于乔治在莱斯特府受到的培养，见John Brooke, *King George III* (New York, 1972), 23；参见J. H. Plumb, *The First Four Georges* (London, 1956), 92。

2 乔治的强迫症和对秩序的热爱，见J. H. Plumb, *New Light on the Tyrant George III* (Washington, D.C., 1978), 5-17等处。乔治的饮食，见Brooke, *George III*, 291-2。

3 "可怕的选侯国"，见1759年8月5日，George写给Bute的信，收入Romney Sedgwick编辑, *Letters from George III to Lord Bute, 1756-1766* (London, 1939), 28。"最为腹黑"，见1760年5月4日，George写给Bute的信, ibid., 45。

4 关于这次演讲，在Brooke, *George III*, 75可见重印的Bute的草稿和Pitt的修改；也可见Richard Middleton, *The Bells of Victory: The Pitt-Newcastle Ministry and the Conduct of the Seven Years' War, 1757-1762* (Cambridge, U.K., 1985), 170。乔治亲笔写下"生于这个国度，在这里受教育，以英国人之名自豪"的字句，是为了将自己与汉诺威王朝的前几代国王区分开来。前代国王生于汉诺威，在那里受教育，至少会将那个"可怕的选侯国"的利益与这个国家的利益相提并论。批评者，尤其是纽卡斯尔担心的是，国王对一个包括苏格兰在内的政治团体的召唤，是比特勋爵将在新王统治下发挥影响力的信号。[见Stanley Ayling, *George the Third* (London, 1972), 70。]

5 "我必须像……行事"，见Gilbert Elliot, 对1760年10月25日Pitt和Bute的一次谈话的报告, Lewis Namier, *England in the Age of the American Revolution* (London, 1930), 120-1引用。"名不见经传"，见Horace Walpole, *Memoirs of the Reign of King George the Third*, ed. G. F. Russell Barker (New York, 1984), 2: 9。Reed Browning, *The Duke of Newcastle* (New Haven, Conn., 1975), 275; Middleton, *Bells*, 170-9; Brooke, *George III*, 76。

6 Russell Weigley, *The Age of Battles: The Quest for Decisive Warfare from Breitenfeld to Waterloo* (Bloomington, Ind., 1991), 191; Julian S. Corbett, *England in the Seven Years' War: A Study in Combined Strategy*, vol.2 (London, 1918), 104, 288; Dennis Showalter, *The Wars of Frederick the Great* (London, 1996), 285-96; Christopher Duffy, *The Military Life of Frederick the Great* (New York, 1986), 210-9。普鲁士军的伤亡比例计算从40%到60%不等。无论如何，托尔高战役都是一场没有决定任何问题的血战。

7 Corbett, *Seven Years' War*, 2: 104; Middleton, *Bells*, 178, 180-1; Reginald Savory, *His Britannic Majesty's Army in Germany during the Seven Years' War* (Oxford, 1966), 283-308。

8 Middleton, *Bells*, 182, 178; John Brewer, *The Sinews of Power: War, Money, and the English State, 1688-1783* (New York, 1989), 117; Browning, *Newcastle*, 276-8。

9 Browning, *Newcastle*, 275-6; Middleton, *Bells*, 179; Stanley Ayling, *The Elder Pitt, Earl of Chatham* (New York, 1976), 280-2。

10 Corbett, *Seven Years' War*, 2: 160-70; Lawrence Henry Gipson, *The British Empire before the American Revolution*, vol.8, *The Great War for the Empire: The Culmination, 1760-1763*

(New York, 1970), 181-4.

11　Middleton, *Bells*, 188-9; Corbett, *Seven Years' War*, 2: 141-70, 尤其注意 150-4; Gipson, *Culmination*, 204-52 等处。查理三世继承西班牙王位后，法西同盟成为可能，查理的王后萨克森的玛丽亚·阿玛利亚憎恨征服她的祖国之人。1761年3月中旬，皮特得知法西两国为第二次波旁家族盟约在进行谈判，当时英国探子截获了法国发给马德里驻伦敦大使的信件。这些解密信件暗示，西班牙可能很快会为结盟放弃中立，鉴于新近在洪都拉斯就英国伐木问题进行的谈判中强硬的口气，这似乎是一个合理的转变。出于完全相同的原因，英国内阁的主和派对西班牙介入忧心忡忡，而皮特则对此十分欢迎。

12　Ayling, *Elder Pitt*, 284; Corbett, *Seven Years' War*, 2: 172。

13　引文见1761年5月9日，Bedford写给Newcastle的信，收入Corbett, *Seven Years' War*, 2: 172。Gipson, *Culmination*, 218-21; Browning, *Newcastle*, 278-80。

14　Gipson, *Culmination*, 248-51。

15　Middleton, *Bells*, 192-4; Ayling, *Elder Pitt*, 289-90; Browning, *Newcastle*, 280-1; Gipson, *Culmination*, 222-3。

16　1761年9月19日，George III写给Bute的信，*Letters from George III to Bute*, 63。

17　Middleton, *Bells*, 198; Ayling, *Elder Pitt*, 282, 290-2（引文在291页与292页）。

第50章

1　Horace Walpole, *Memoirs of the Reign of King George the Third*, G. F. Russell Barker 编辑 (New York, 1894), 1: 215。

2　Lewis M. Wiggin, *The Faction of Cousins: A Political Account of the Grenvilles, 1733-1763* (New Haven, Conn., 1958), 248-58; Philip Lawson, *George Grenville: A Political Life* (Oxford,1984), 尤其注意 121-5。格伦维尔是威廉·皮特的妻子赫斯特的兄弟；埃格雷蒙特是格伦维尔的内兄。格伦维尔接受任命，导致家族内部立即出现了深深的裂痕。皮特断绝了双方的所有关系；坦普尔伯爵（乔治的兄长和家族财产的掌管人）将乔治的儿子从他的遗嘱中除名。

3　Rex Whitworth, *Field Marshal Lord Ligonier: A Story of the British Army, 1702-1770* (Oxford, 1958), 358, 364。

4　关于汤曾德的崛起，见 Lewis Namier 与 John Brooke, *Charles Townshend* (New York, 1964); Cornelius Forster, *The Uncontrolled Chancellor: Charles Townshend and His American Policy* (Providence, 1978)。关于人力短缺和奇袭的需要，见 Richard Middleton, *The Bells of Victory: The Pitt-Newcastle Ministry and the Conduct of the Seven Years' War, 1757-1762* (Cambridge, U.K., 1985), 202。

5　引文出自1761年11月19日，Egremont写给Bristol伯爵的信，收入 Lawrence Henry Gipson, *The British Empire before the American Revolution*, vol.8, *The Great War for the Empire: The Culmination, 1760-1763* (New York, 1970), 252。

6　Ibid., 190-6; Julian S. Corbett, *England in the Seven Years' War: A Study in Combined Strategy*, vol.2 (London, 1918), 218-26; Jeffery Amherst, *The Journal of Jeffery Amherst*, J. Clarence Webster 编辑 (Chicago, 1931), 280（1762年3月27日的条目）。英军阵亡97人，391人负伤；法军伤亡人数可能与人数较少的守军（包括民兵在内，显然少于3000

人）对英军的比例相当。阿默斯特认为在这场战事中，人命的损失"少得惊人"。

7   Gipson, *Culmination*, 196.
8   Reginald Savory, *His Britannic Majesty's Army in Germany during the Seven Years' War* (Oxford, 1966), 309−59.
9   Frederick 写给 the Gräfin Camas 日期不明（1761 年）的信，Ludwig Reiners, *Frederick the Great: A Biography*, Lawrence P. R. Wilson 译英文版 (New York, 1960), 215。
10 Reiners, *Frederick the Great*, 216; Gipson, *Culmination*, 61; Dennis Showalter, *The Wars of Frederick the Great* (London, 1996), 308−10; Christopher Duffy, *The Military Life of Frederick the Great* (New York, 1986), 226.
11 Reiners, *Frederick the Great*, 218（引文），283。腓特烈二世已经与不伦瑞克的伊丽莎白·克里斯蒂娜公主结婚近 30 年，但这对夫妇依然没有孩子，他的同性恋倾向是生育无法克服的障碍。因此，他的继承人是弟弟奥古斯特·威廉亲王的儿子腓特烈·威廉。1757 年，在弟弟未能阻止奥地利人夺取一个战略枢纽和补给库后，腓特烈曾羞辱过他。奥古斯特·威廉于 1758 年去世 (Duffy, *Military Life*, 17, 133)。
12 Reiners, *Frederick the Great*, 219（引文中的对句英文版由我本人翻译）; Duffy, *Military Life*, 233−4; Showalter, *Wars of Frederick*, 310−3.
13 1762 年 1 月 10 日，Newcastle 写给 Hardwick 的信，Middleton, *Bells*, 205 引用。
14 Browning, *Newcastle*, 283−5; Middleton, *Bells*, 205−6. 由于英国财政部要发行 200 万英镑的国库券（以预支税款的形式，通常是发行数量较少的短期债务工具），没有英格兰银行的支持，似乎会引发通货膨胀，对于一个记得 1709—1711 年战时货币贬值的投资群体来说，这是个可怕的前景。英格兰银行和财政部之间的任何裂痕都会严重动摇投资者的信心。1761 年，当银行股价因预期会与西班牙开战下跌时，投资者的信心已经受到一波冲击。贸易的活跃状态、伦敦的面包价格走低和多次军事胜利制服了这次短暂危机，可是纽卡斯尔这个成瘾的忧虑者，像大多数"有钱人"一样，害怕这次出现更糟的影响，对他们而言，对违约的恐惧超出了理性的算计。见 Reed Browning, "The Duke of Newcastle and the Financing of the Seven Years' War", *Journal of Economic History* 31(1971): 244−77; Julian Hoppit, "Financial Crises in Eighteenth-Century England", *Economic History Review*, 2nd ser., 39 (1986): 39−58, 尤其注意第 48 页; John Brewer, *The Sinews of Power: War, Money, and the English State, 1688−1783* (New York, 1988), 193。
15 Lewis Namier, *England in the Age of the American Revolution* (London, 1930), 353−80; 本节引文选自 1762 年 5 月 14—15 日，Newcastle 写给 Rockingham 侯爵的信，见 376 页。
16 大约在 1762 年 5 月 19 日，George III 写给 Bute 的信，收入 Romney Sedgwick 编辑，*Letters from George III to Lord Bute, 1756−1766* (London, 1939), 109。
17 Reiners, *Frederick the Great*, 219−20.
18 Ibid., 220−1; Duffy, *Military Life*, 236; H. M. Scott, *British Foreign Policy in the Age of the American Revolution* (Oxford, 1990), 30−1; Showalter, *Wars of Frederick*, 318−9.
19 Savory, *Army in Germany*, 360−434; Russell F. Weigley, *The Age of Battles: The Quest for Decisive Warfare from Breitenfeld to Waterloo* (Bloomington, Ind., 1991), 192.

第 51 章

1. Lawrence Henry Gipson, *The British Empire before the American Revolution*, vol. 8, *The Great War for the Empire: The Culmination, 1760–1763* (New York, 1970), 256–60.
2. Walter L. Dorn, *Competition for Empire, 1740–1763* (New York, 1940), 375; Gipson, *Culmination*, 270–2.
3. John Robert McNeill, *Atlantic Empires of France and Spain: Louisbourg and Havana, 1700–1763* (Chapel Hill, N.C., 1985), 26–45, 106–202.
4. 阿尔比马尔获任为负责远征哈瓦那的将军，标志着自乔治三世登基以来，坎伯兰公爵已经完全恢复了名誉。见 Rex Whitworth, *Field Marshal Lord Ligonier: A Story of the British Army, 1702–1770* (Oxford, 1958), 349; J. C. Long, *Lord Jeffery Amherst: A Soldier of the King* (New York, 1933), 163; Julian S. Corbett, *England in the Seven Years' War: A Study in Combined Strategy*, vol.2 (London, 1918), 283。
5. Allan J. Kuethe, *Cuba, 1753–1815: Crown, Military, and Society* (Knoxville, Tenn., 1986), 17; "An Account of the Taking of the Havannah", *Gentleman's Magazine* 32 (1762): 459–64.
6. "Memoir of an Invalid", Gipson, *Culmination*, 266 n.39 引用。
7. Jeffery Amherst, *The Journal of Jeffery Amherst*, J. Clarence Webster 编辑 (Chicago, 1931), 283（1762 年 6 月 9 日），287（1762 年 7 月 5 日）; Gipson, *Culmination*, 264–8; Corbett, *Seven Years' War*, 2: 265–82。西班牙海军拥有 48 艘战列舰，其中只有 20 艘适航，因此海军在哈瓦那的损失对西班牙而言真的很严重。[见 Richard Middleton, *The Bells of Victory: The Pitt-Newcastle Ministry and the Conduct of the Seven Years' War, 1757–1762*（Cambridge, U.K., 1985），210.]
8. 现有的最可靠的数据只是部分数据，忽略了殖民地部队和被疏散的正规军军人的伤亡。尽管如此，这些数据还是颇为骇人的：从 6 月 7 日到 10 月 18 日，地面部队有 5366 人死亡，88% 死于疾病；同一时期有 1300 名海军死亡，95% 死于疾病，报告时另有 3300 人仍在患病。约翰逊博士的回应是"愿我的国家永远不再被另一场这样的征服诅咒"，恰如其分地总结了这样一场围城战的影响，它日复一日成为英国在七年战争中代价最为昂贵的军事行动。见 McNeill, *Atlantic Empires*, 104, 248–9 nn.147 和 148。有准确数据可用的一个殖民地部队单位表明，其死亡率其实要比正规军更高：康涅狄格团 1050 人之中，625 人（59.5%）在回乡前死去。见（Albert C. Bates 编辑），*The Two Putnams: Israel and Rufus in the Havana Expedition 1762 and in the Mississippi River Exploration 1772–1773 with some account of The Company of Military Adventurers* (Hartford, 1931), 5。
9. 牛皮，见 McNeill, *Atlantic Empires*, 170–3。烟草和砂糖的积压与古巴-西班牙贸易的垄断结构，见 Kuethe, *Cuba*, 53–4, 62–3。对劳动力的需求和砂糖的转运，见 ibid., 66–7; McNeill, *Atlantic Empires*, 129–30, 166–70。占领期间访问哈瓦那的船只数量，廉价英国货物和奴隶的涌入，见 Peggy K. Liss, *Atlantic Empires: The Network of Trade and Revolution, 1713–1826* (Baltimore, 1983), 78–9。

第 52 章

1. Lewis M. Wiggin, *The Faction of Cousins: A Political Account of the Grenvilles, 1733–1763*

(New Haven, Conn., 1958), 269–72; Lawrence Henry Gipson, *The British Empire before the American Revolution*, vol.8, *The Great War for the Empire: The Culmination, 1760–1763* (New York, 1970), 300–4; Peter D. G. Thomas, *British Politics and the Stamp Act Crisis: The First Phase of the American Revolution, 1763–1767* (Oxford, 1975), 3.

2 Wiggin, *Faction of Cousins*, 272–6; Julian S. Corbett, *England in the Seven Years' War: A Study in Combined Strategy*, vol.2 (London, 1918), 297–8, 318, 342, 361–4; Thomas, *British Politics*, 3–4.

3 Stanley Ayling, *The Elder Pitt, Earl of Chatham* (New York, 1976), 307–9.

4 Corbett, *Seven Years' War*, 2: 377–90; Gipson, *Culmination*, 305–11; Walter F. Dorn, *Competition for Empire, 1740–1763* (New York, 1940), 378–83.

5 Ibid., 378, 384.

第53章

1 Horace Walpole, *Memoirs of the Reign of King George the Third*, G. F. Russell Barker 编辑 (New York, 1894), 1: 184；还可见 Lewis B. Namier, *England in the Age of the American Revolution* (London, 1930), 469–70。

2 Ibid., 469.

3 J. H. Plumb, *The First Four Georges* (New York, 1957), 55, 83; Lewis B. Namier, *The Structure of Politics at the Accession of George III* (New York, 1957), 299–357; id., *England in the Age of the American Revolution*, 59–65.

4 关于乔治时代英国和殖民地的政治意识形态，尤其注意 Caroline Robbins, *The Eighteenth-Century Commonwealthman: Studies in the Transmission, Development and Circumstance of English Liberal Thought from the Restoration of Charles II until the War with the Thirteen Colonies* (Cambridge, Mass., 1959); Bernard Bailyn, *The Ideological Origins of the American Revolution* (Cambridge, Mass., 1967; rev., 1992); J. G. A. Pocock, *The Machiavellian Moment: Florentine Political Thought and the Atlantic Republican Tradition* (Princeton, N.J., 1975)。关于大众政治和报界，见 John Brewer, *Party Ideology and Popular Politics at the Accession of George III* (Cambridge, U.K., 1976), 139–60。关于中产阶级和专业人士的重要意义，见 Linda Colley, *Britons: Forging the Nation, 1707–1837* (New Haven, Conn., 1992), 55–145。

5 对威尔克斯的全面描述，见 George Rudé, *Wilkes and Liberty: A Social Study of 1763 to 1774* (Oxford, 1962); R. W. Postgate, *That Devil Wilkes* (New York, 1929)。关于他在政治文化中的背景（尤其是他的支持者的苏格兰恐惧症），见 Colley, *Britons*, 105–17 等各处；Brewer, *Party Ideology*, 163–200; Ian R. Christie, *Wilkes, Wyvill, and Reform* (London, 1962), 1–24。关于他和坦普尔伯爵的密切关系，以及格伦维尔-皮特派系的内部分歧，见 Lewis M. Wiggin, *The Faction of Cousins: A Political Account of the Grenvilles, 1733–1763* (New Haven, Conn., 1958), 204–5, 267–8, 294–5。

6 关于格伦维尔的个性，见 John Brooke, *King George III* (New York, 1972), 107–8；内容更丰富的 Philip Lawson, *George Grenville: A Political Life* (Oxford, 1984)。国王对格伦维尔的忍耐能力感到恐惧："他让我厌烦了两个小时，他看看自己的表，来看他是不是还能再让我疲劳一个小时"（Brooke, 108 引用）。

748　七年战争

7　Rudé, *Wilkes and Liberty*, 22-7.
8　Louis Kronenberger, *The Extraordinary Mr. Wilkes: His Life and Times* (New York, 1974),54. 参看 N. A. M. Rodger, *The Insatiable Earl: A Life of John Montagu, Fourth Earl of Sandwich* (New York, 1993), 80-4，对桑威奇的性格和活动更为有利的评价。
9　Rudé, *Wilkes and Liberty*, 28-36; 引文出自 1763 年 12 月 11 日，Thomas Ramsden 写给 Charles Jenkinson 的信，在 35 页引用。关于马丁企图杀死威尔克斯的努力的最佳证据是间接性的；见 Walpole, *Memoirs of George III*, 1: 249-53。
10　除了注明的，下文关于马尼拉战事的部分，都是根据 Lawrence Henry Gipson, *The British Empire before the American Revolution*, vol.8, *The Great War for the Empire: The Culmination, 1760-1763* (New York, 1970), 275-83 写成的。
11　Gregorio F. Zaide, *The Pageant of Philippine History: Political, Economic, and Socio-Cultural*, vol.2, *From the British Invasion to the Present* (Manila, 1979), 10. 马尼拉的运宝大帆船在 10 月 30 日刚一抵达即被俘获，货物和铸币价值约 300 万银元；马尼拉又支付了 50 万银元的赎金；陆军士兵、海军水兵和非正规部队人员在这座城市里劫掠了至少价值 100 万银元的赃物。
12　Zaide, *Pageant*, 2: 17-24. 关于安达的抵抗，见 1764 年 1 月 31 日和 2 月 10 日，Thomas Backhouse 上尉写给陆军大臣的信，以及 1764 年 2 月 10 日，Backhouse 写给 Draper 的信，收入 Nicholas P. Cushner 编辑，*Documents Illustrating the British Conquest of Manila, 1762-1763* (London, 1971),196-202。关于行政管理的开支（下文），见 "The East India Company's case with respect to booty", 2 Oct. 1764, 以及 "Reimbursement requested by the East India Company for the Expedition to Manila", 28 June 1775, ibid., 208-11。

第 54 章

1　引文见 1762 年 4 月 14 日，伯纳德对马萨诸塞议会的演讲，*Journals of the House of Representatives of Massachusetts*, vol.38, part 2, 1762 (Boston, 1968), 302（以下简称为 *JHRM*）。伯纳德（1711—1779）与英国陆军大臣巴林顿子爵家族联姻，自 1758 年起成为新泽西总督；托马斯·波纳尔被召回后，他转赴马萨诸塞任职，于 1760 年 8 月 2 日到任（*Dictionary of American Biography and Dictionary of National Biography*, s.v. "Bernard, Sir Francis"）。
2　1759 年，北美英属殖民地整体上满足了年度兵员要求人数的 81.4%（16835/20680）；1760 年，75.3%（15942/21180）；1761 年为 9296/11607 或 80.1%；1762 年为 9204/10173 或 90.5%。就这些几乎都是自愿入伍的士兵而言，法国人和印第安人的威胁消除之时，北方各殖民地对帝国事业的普遍热情看起来几乎没有减少。在比较 1760 年到 1762 年，实际募集的兵员对要求的人数百分比时，各个殖民地的记录证明了这一点。注意弗吉尼亚、纽约、新泽西和新英格兰各殖民地（罗得岛除外，在这个殖民地，有利可图的私掠船买卖严重影响了男丁在殖民地各团入伍的意愿）在整体上的一致性。

	1759 年募兵比例	1760 年募兵比例	1761 年募兵比例	1762 年募兵比例
新罕布什尔	87.5%	99.5%	82%	100%
马萨诸塞	88.5%	90.3%	81.9%	92.9%
罗得岛	69.4%	95.2%	59.3%	98%

续表

康涅狄格	72.8%	67.9%	86.9%	100%
纽约	83.9%	92%	86.6%	82.5%
新泽西	92.8%	93.5%	–	89.3%
宾夕法尼亚	76.7%	50%	0%	0%
马里兰	0%	0%	0%	0%
弗吉尼亚	80%	100%	100%	65.7%
北卡罗来纳	–	–	45%	0%
南卡罗来纳	–	80%	50%	–

资料来源：Jeffery Amherst, *The Journal of Jeffery Amherst*, J. Clarence Webster 编辑 (Chicago,1931)，附录 A-D, 327-30。"–"表示数据缺失或不完整。

时人的定性评估倾向于揭示这张图表的定量含义。例如，可参见伯纳德对马萨诸塞议会发表的关于 1762 年殖民地部队募兵状况的评论：

不管是什么战争，我们一定都会相当满意这个殖民地倾尽全力支持这场战争。战争需要的一切都最便利地得到了满足：我掌握的募集殖民地部队的行政权力在被授予时，已经充分完备。殖民地部队的几个团从未像今年这样容易被征召，组织得那么完善，又那么早地投入战场。普通民众看来被议会的精神所激励，在准备为他们的国王效力时与议会竞争 [1762 年 5 月 27 日，Bernard 写给马萨诸塞议会的信，*JHRM*, vol.39 1762-1763（Boston, 1969），1762 年 5 月 10 日］。

托马斯·哈钦森评论道，在战争的最后几年，湾区殖民地的人民已经对帝国战争的各种要求习以为常。[见 *History of the Colony and Province of Massachusetts-Bay*, Lawrence Shaw Mayo 编辑，vol.3（Cambridge, Mass., 1936），70.]

佐治亚没有出现在阿默斯特这份关于殖民地参战人数的估算中，因为这个殖民地太穷了，无法靠自己募集地方部队，为他们支付薪饷；不过佐治亚也通过募集几个"佐治亚游骑兵"连，为战争工作贡献了人力，比例大致应该与马萨诸塞和康涅狄格在战争最后几年的比例相当。这些在边境巡逻，对抗法军（从图卢兹堡来）、西班牙人（从圣奥古斯丁来）和印第安敌人的龙骑兵，或者说骑马步兵，都是美洲殖民地居民。然而，他们不是殖民地部队，因为他们从正规军机构领取薪饷和口粮，就像 1756 年以后在北方各路军队服役的游骑兵一样。关于佐治亚的游骑兵，见 Shy, *Toward Lexington*, 214-5; W. W. Abbot, *The Royal Governors of Georgia, 1754-1775* (Chapel Hill, N.C., 1959), 103-25; 尤其值得注意的是 James M. Johnson, *Militiamen, Rangers, and Redcoats: The Military in Georgia, 1754-1776* (Macon, Ga., 1992)。

3 关于阿默斯特对殖民地居民的看法，见他本人的 *Journal*, 267（1761 年 6 月 8 日），279-80（1762 年 2 月 19 日），286（1762 年 6 月 29 日）；1761 年 8 月 13 日，Pitt 写给 Amherst 的信，收入 Gertrude Selwyn Kimball 编辑 *The Correspondence of William Pitt when Secretary of State with Colonial Governors and Military and Naval Commissioners in America* (1906; reprint, New York, 1969),2: 462-3；关于各种欺诈行为的说法，J. C. Long, *Lord Jeffery Amherst* (New York, 1933), 151-2。引文见 1762 年 11 月 27 日，Egremont 写给 James Hamilton 副总督的信，收入 Lawrence Henry Gipson, *The British Empire before the American Revolution*, vol.8, *The Great War for the Empire: The Culmination, 1760-1763* (New York, 1970), 261 n.23。

4 引文见 1760 年 8 月 23 日，Pitt 写给北美和西印度群岛各地总督的信，*Pitt Corr.*, 2: 320。关于这一关键时期哈钦森和马萨诸塞的政局，见 Malcolm Freiberg, *Prelude to Purgatory: Thomas Hutchinson in Provincial Politics, 1760-1770* (New York, 1990), 1-54; Bernard Bailyn, *The Ordeal of Thomas Hutchinson* (Cambridge, Mass., 1974), 1-69; Clifford K. Shipton 在他本人编辑的 *Sibley's Harvard Graduates*, vol.6(Boston, 1949), 149-217 的简述; John Waters, *The Otis Family in Provincial and Revolutionary Massachusetts* (Chapel Hill, N.C.,1968), 76-161。下文关于协查令状的争议，主要取自 M. H. Smith, *The Writs of Assistance Case* (Berkeley, Calif., 1978); John W. Tyler, *Smugglers and Patriots: Boston Merchants and the Advent of the American Revolution* (Boston, 1986), 25-63; Gipson, *The British Empire before the American Revolution*, vol.10, *The Triumphant Empire: Thunder-Clouds Gather in the West, 1763-1766* (New York, 1967), 111-31。关于基本的政治背景，见 William Pencak, War, *Politics, and Revolution in Provincial Massachusetts* (Boston, 1981), 163-75。[1758 年，托马斯·波纳尔任命哈钦森为副总督，希望利用他的行政和组织才能来管理马萨诸塞的军事工作。哈钦森干得很出色，但是他与波纳尔发生争执，因为他厌恶后者的民粹政治。伯纳德了解哈钦森的经验、能力和对波纳尔的政治支持者的疏远，1760 年 11 月 30 日，任命其为马萨诸塞高等法院首席大法官。两位前任总督，即雪利和波纳尔曾许诺将这一职务交给老詹姆斯·奥蒂斯。这一任命对小詹姆斯·奥蒂斯非常不友好，乃至他"发誓"代表父亲对总督和哈钦森"复仇"，不久他就让自己成为议会反对派或者说地方派的领袖人物（Waters, *Otis Family*, 119）。]

5 "抢地狂欢"，见 Marcus Hansen, from *The Mingling of Canadian and American Peoples*, Bailyn 在 *Voyagers to the West: A Passage in the Peopling of America on the Eve of the Revolution* (New York, 1986), 364 引用。关于新斯科舍历史上的这个阶段，特别注意 Lawrence Henry Gipson, *The British Empire before the American Revolution*, vol.9, *The Triumphant Empire: New Responsibilities within the Enlarged Empire, 1763-1766* (New York, 1968), 129-42; George Rawlyk, *Nova Scotia's Massachusetts: A Study of Massachusetts-Nova Scotia Relations, 1630 to 1784* (Montréal, 1973), 218-22; John Bartlett Brebner, *The Neutral Yankees of Nova Scotia: A Marginal Colony during the Revolutionary Years* (New York, 1937), 3-121; R. S. Longley, "The Coming of the New England Planters to the Annapolis Valley"，收入 Margaret Conrad 编辑，*They Planted Well: New England Planters in Maritime Canada* (Fredericton, N.B., 1988), 14-28; Elizabeth Mancke, "Corporate Structure and Private Interest: The Mid-Eighteenth Century Expansion of New England",ibid., 161-77。

6 关于斯基恩的定居点的进展，见 Doris Begor Morton, *Philip Skene of Skenesborough* (Glanville, N.Y., 1959), 31; 关于莫霍克河谷的土地争抢热潮（大致在斯坦尼克斯堡周围），见 Jack Sosin, *Whitehall and the Wilderness: The Middle West in British Colonial Policy, 1760-1775* (Lincoln, Nebr., 1961), 47-8。

7 Michael Bellesiles, *Revolutionary Outlaws: Ethan Allen and the Struggle for Independence on the Early American Frontier* (Charlottesville, Va., 1993), 28-32, 41-6; Matt Bushnell Jones, *Vermont in the Making, 1750-1777* (Cambridge, Mass.,1939), 22-3, 42-5, 76-7, 430-2。

8 Robert W. Ramsey, *Carolina Cradle: Settlement of the Northwest Carolina Frontier,*

1747–1762 (Chapel Hill, N.C., 1964), 特别注意 95–105, 152–170; 193–9; Rachel N. Klein, *Unification of a Slave State: The Rise of the Planter Class in the South Carolina Backcountry, 1760–1808* (Chapel Hill, N.C., 1990), 14, 54。

9 "涌入"，见 Bouquet 写给 Fauquier 的日期不明的信, Solon J. Buck and Elizabeth Hawthorn Buck, *The Planting of Civilization in Western Pennsylvania* (Pittsburgh, 1939), 141 引用。关于布凯驱逐擅自占用土地房屋者的各种努力，见 Gipson, *New Responsibilities*, 89–90。

10 Buck and Buck, *Planting of Civilization*, 141。

11 Alfred P. James, *The Ohio Company: Its Inner History* (Pittsburgh, 1959), 113–26; Thomas Perkins Abernethy, *Western Lands and the American Revolution* (1937; reprint, New York,1959), 10–11; Sosin, *Whitehall*, 42–6。

第55章

1 关于萨斯奎汉纳公司在康涅狄格的经营与人望，见 Julian P. Boyd 编辑 *The Susquehannah Company Papers*, vol.2, 1756–1767 (Wilkes-Barre, Pa., 1930), xvii–xix; 1760 年 12 月 10 日, Thomas Penn 写给 Halifax 勋爵的信, ibid., 35; 1761 年 4 月 9 日, "Minutes of a Meeting of the Susquehannah Company", ibid., 72–6; 1763 年 5 月 21 日, Ezra Stiles 写给 Pelatiah Webster 的信, ibid., 221–33, 230–1。也可见 Lawrence Henry Gipson, *The British Empire before the American Revolution*, vol.9, *The Triumphant Empire: New Responsibilities within the Enlarged Empire,1763–1766* (New York, 1968), 387–8。

2 引文选自 1761 年 3 月 30 日, 副总检察长 Charles Yorke 的看法, *Susquehannah Papers*, 2: 68; 参见 1761 年 3 月 7 日, Charles Pratt（总检察长）的看法, ibid., 64–6。关于 Cushitunk 定居点的发展，见 1761 年 4 月 29 日, James Hyndshaw 关于 Cushitunk 定居人员的证词, ibid., 81–4。

3 1762 年 9 月 27 日, Daniel Brodhead 的怀俄明之旅记事, ibid., 166–9; 1762 年 11 月 19 日, 与 Teedyuscung 的会议, ibid., 180。

4 Anthony F. C. Wallace, *King of the Delawares: Teedyuscung, 1700–1763* (Philadelphia, 1949), 253–4。

5 引文见 1762 年 6 月 28 日, Teedyuscung 的讲话, 收入 Wallace, *Teedyuscung*, 249。关于会议的基本情况，见 ibid., 245–50; Stephen F. Auth, *The Ten Years' War: Indian-White Relations in Pennsylvania, 1755–1765* (New York, 1989), 163–72; Francis Jennings, *Empire of Fortune: Crowns, Colonies, and Tribes in the Seven Years War in America* (New York, 1988), 434–6。

6 Auth, *Ten Years' War*, 183, 236–7 n. 59; Wallace, *Teedyuscung*, 252–4; Michael N. McConnell, *A Country Between: The Upper Ohio Valley and Its Peoples, 1724–1774* (Lincoln, Nebr., 1992), 179–80。

7 Wallace, *Teedyuscung*, 255–6。

8 1762 年 11 月 19 日, 与 Teedyuscung 的会议, *Susquehannah Papers*, 2: 180–1。

9 关于兰开斯特的俄亥俄印第安人代表团离心离德的情况，见 McConnell, *A Country Between*, 179–81; Auth, *Ten Years' War*, 183–4。1762 年 12 月 10 日, Croghan 写给 Bouquet 的信: "可以肯定的是，特拉华人从萨斯奎汉纳河谷的印第安人那里收到一串念珠，命令他们的所有武士都留在那里的村镇附近狩猎，而且似乎对在他们之间定居的白人移民比平时更为愤怒。"（ibid., 237 n.70）

10 移居人群的规模，见 1763 年 5 月 21 日，Stiles 写给 Webster 的信，*Susquehannah Papers*, 2: 230。引文见 1763 年 10 月 23 日兰开斯特县帕克斯顿发出的一封信的摘录，ibid., 277。战斗及其影响，见 Wallace, *Teedyuscung*, 264 等处。

第 56 章

1 关于尼奥林和其他特拉华先知的情况，见 Gregory Evans Dowd, *A Spirited Resistance: The North American Indian Struggle for Unity, 1745–1815* (Baltimore, 1992), 27–34; Richard White, *The Middle Ground: Indians, Empires, and Republics in the Great Lakes Region, 1650–1815* (New York, 1991), 279–83; Michael N. McConnell, *A Country Between: The Upper Ohio and Its Peoples,1724–1774* (Lincoln, Nebr., 1992), 179, 220–1; Peter C. Mancall, *Deadly Medicine: Indians and Alcohol in Early America* (Ithaca, N.Y., 1995), 116–7。时人对尼奥林宗教仪式最好的描述，见 John W. Jordan 编辑, "Journal of James Kenny, 1761–1763", *Pennsylvania Magazine of History and Biography* 37 (1913): 188（1763 年 3 月 1 日的条目）。

2 关于流行病、庄稼歉收和饥荒，所有在俄亥俄河流域流行的情况，见 McConnell, *A Country Between*, 177–8, 181; White, *Middle Ground*, 275。

3 战争念珠的情况，见 ibid., 276–7。新领导层的情况，见 McConnell, *A Country Between*, 183。

4 深感忧虑，见 Nicholas B. Wainwright, *George Croghan, Wilderness Diplomat* (Chapel Hill, N.C., 1959), 194–5。"据说有一个新阴谋"，见 1762 年 11 月，Bouquet（写给 Amherst?）的信, McConnell, *A Country Between*, 181 引用。"纯粹的庸人自扰"，见 1763 年 4 月 3 日，Amherst 写给 William Johnson 爵士的信，White, *Middle Ground*, 286 引用。"这则警讯"，见 1763 年 6 月 6 日，Amherst 写给 Bouquet 的信，Howard H. Peckham, *Pontiac and the Indian Uprising* (Princeton, N.J.,1947), 172 引用。

5 庞蒂亚克在埃克斯河营地的回忆和印第安人的兵力，见（Robert Navarre），"Journal of Pontiac's Conspiracy"，收入 Milton Milo Quaife 编辑 *The Siege of Detroit in 1763* (Chicago, 1958), 5–18；底特律守备队的兵力和印第安人早期的胜利，见 Peckham, *Pontiac*, 127–8 n.12, 144, 156–8, 190, 200, 182–4。

6 Lawrence Henry Gipson, *The British Empire before the American Revolution*, vol.9, *The Triumphant Empire: New Responsibilities within the Enlarged Empire, 1763–1766* (New York, 1968), 99–101; Peckham, *Pontiac*, 159–65; McConnell, *A Country Between*, 182。

7 1763 年 5 月 31 日，Ecuyer 写给 Bouquet 的信，Gipson, *New Responsibilities*, 107 引用。

8 关于塞内卡人、特拉华人和肖尼人在伊利湖和俄亥俄之间的行动，见 Peckham, *Pontiac*, 167–70; Gipson, *New Responsibilities*, 105–9; McConnell, *A Country Between*, 181–90 等处；Solon J. Buck 与 Elizabeth Hawthorn Buck, *The Planting of Civilization in Western Pennsylvania* (Pittsburgh, 1939), 104–5。

9 McConnell, *A Country Between*, 190。

10 缺乏部队，见 J. C. Long, *Lord Jeffery Amherst* (New York, 1933), 182, 188–9; Lawrence Henry Gipson, *The British Empire before the American Revolution*, vol.8, *The Great War*

for the Empire: The Culmination, 1760-1763 (New York, 1970), 261-2, 275。反应和引文，见 1763 年 6 月 27 日，Amherst 写给 Egremont 的信，Peckham, *Pontiac*, 177。鉴于阿默斯特掌握的有限信息，他已经以任何人能够达到的最快速度对这些报告给予回应；见 John W. Shy, *Toward Lexington: The Role of the British Army in the Coming of the American Revolution* (Princeton, N.J., 1965), 113-6 的讨论。

11 "将这群害虫消灭"，见 1763 年 6 月 25 日，Bouquet 写给 Amherst 的信；"我们必须使用每一种计谋"，见 Amherst 写给 Bouquet 的日期不明的信（可能是 1763 年 6 月 29 日）；两段内容 Gipson, *New Responsibilities*, 108 都有引用。"立即被处死"，见 Amherst 写给 Gladwin 的日期不明的信，Peckham, *Pontiac*, 226 引用。1763 年 7 月 16 日，Amherst 写给 Bouquet 的信，"你最好将毯子交给印第安人，使他们感染疫病，也可以用其他所有方法消灭这个可恶的种族"（ibid., 227）。在 Bouquet 的回信中，他写道，他会"试着用一些可能会落到那些杂种手里的毯子，使他们感染疫病，注意不要让自己染上这种病。由于用好人来对付他们（印第安人）太可惜了，我希望我们能用西班牙人的方法，用英国的狗来猎杀他们"（1763 年 7 月 13 日，Bouquet 写给 Amherst 的信，Long, *Amherst*, 187 引用）。

12 Ibid., 188-9。

13 1763 年 9 月 30 日，Amherst 写给 Johnson 的信，收入 E. B. O'Callaghan 编辑 *Documents Relative to the Colonial History of the State of New-York*, vol.7 (Albany, 1856), 568-9。

14 Shy, *Toward Lexington*, 116-7; Gipson, *New Responsibilities*, 115-7。

15 Gregory Evans Dowd, "The French King Wakes Up in Detroit: 'Pontiac's War' in Rumor and History", *Ethnohistory* 37 (1990): 254-78; White, *Middle Ground*, 277-88。

第 57 章

1 伤亡情况，见 Milton Milo Quaife 编辑 *The Siege of Detroit in 1763* (Chicago, 1958), 211。被俘情况，见 1763 年 10 月 29 日，Amherst 写给 John Wilkins 少校的信，Howard H. Peckham, *Pontiac and the Indian Uprising* (Princeton, N.J., 1947), 239 n.5 引用。

2 Ibid., 201-10; Lawrence Henry Gipson, *The British Empire before the American Revolution*, vol.9, *The Triumphant Empire: New Responsibilities within the Enlarged Empire, 1763-1766* (New York, 1968), 102-3. 8 月，"密歇根"号在尼亚加拉附近搁浅失事。"休伦"号成为尼亚加拉和底特律之间仅存的联络工具，9 月 1 日，在印第安人进攻时险些失去。次日，这艘小船抵达底特律时，船上成桶的面粉和猪肉完好无损，只有 6 名船员逃脱伤亡的下场。他们用来击退登船印第安人的武器，让一名目击者想起"一个屠宰场里的斧头"。商人詹姆斯·斯特林写道，"简而言之，这是印第安人有史以来发动的最勇敢的一次进攻，要抵挡住这样的进攻，只有英国臣民才能做到"(Quaife, *Siege of Detroit*, xx 引用）。即便"休伦"号在 10 月初进行了一次不那么曲折艰辛的航行之后，补给形势依然严峻；10 月 3 日，格拉德温仅剩 3 周的面粉补给。4 天后，他几乎在绝望中写信给威廉·约翰逊爵士："我陷入了困境，又被丢弃在这里；我期望的诸事都无法实现；我真希望 7 年前就离开军队，有其他人负责指挥这个地方。(Peckham, *Pontiac*, 233)"哪怕在庞蒂亚克宣布休战之后，让要塞守军得以幸存的也不是尼亚加拉的补给到来，而是到此时为止一直保持中立的法国人社区，姗姗来迟地愿意将剩余的食物卖给英国人；停战的 4 天之内，他们向格拉德温出售了 4 吨急需的面粉 (ibid.,

237)。对底特律而言，法国人此举大善，因为塞内卡人对尼亚加拉的袭击导致"休伦"号在冬天之前无法对要塞进行充分的再补给 (ibid., 240-2)。关于底特律的总体状态和格拉德温"面粉短缺如此厉害，乃至他必须放弃这个兵站，或者听取"庞蒂亚克提议的详情，见 1763 年 12 月 23 日，Gage 写给 Halifax 的信，收入 Clarence Edwin Carter 编辑 *The Correspondence of General Thomas Gage with the Secretaries of State, 1763-1775*, vol.1 (New Haven, Conn., 1931), 5。

3 "我觉得自己被完全抛弃了"，见 1763 年 7 月 26 日，Bouquet 写给 James Robertson 的信，Gipson, *New Responsibilities*, 110 引用。

4 关于布凯远征解救皮特堡，埃奇山（或多木溪）战斗，以及围城的结束，见 Michael N. McConnell, *A Country Between: The Upper Ohio Valley and Its Peoples* (Lincoln, Nebr., 1992), 191-4; Gipson, *New Responsibilities*, 109-13 与 "Plan of the Battle near Bushy-Run", 124 对开页；Peckham, *Pontiac*, 211-3; Richard White, *The Middle Ground: Indians, Empires, and Republics in the Great Lakes Region, 1650-1815* (New York, 1991), 288-9; John Shy, *Toward Lexington: The Role of the British Army in the Coming of the American Revolution* (Princeton, N.J., 1965), 119。与主要是苏格兰人服役的第 42 团和 77 团不同，第 60 团包括大量殖民地士兵，尤其是宾夕法尼亚的德裔，他们（1759 年以后）被允许入伍三年或者在战争期间从军。大概就是这些人要求让他们从布凯部下解除服役，在他拒绝时，就威胁要哗变。

5 Peckham, *Pontiac*, 224-5, 241-2。

6 Francis Jennings, *Empire of Fortune: Crowns, Colonies, and Tribes in the Seven Years War in America* (New York, 1988), 438, 451-2; James Thomas Flexner, *Lord of the Mohawks: A Biography of Sir William Johnson* (Boston, 1979), 258-60; Nicholas B. Wainwright, *George Croghan, Wilderness Diplomat* (Chapel Hill, N.C., 1959), 201-2。

7 内阁诸大臣的反应，见 Shy, *Toward Lexington*, 121-5。正规军各单位的哗变，见 ibid., 118-20; Paul E. Kopperman, "The Stoppages Mutiny of 1763", *Western Pennsylvania Historical Magazine* 69 (1986): 241-54。各殖民地立法机构不愿合作，见 Gipson, *New Responsibilities*, 115-7。

8 利戈尼尔地位降低，见 Rex Whitworth, *Field Marshal Lord Ligonier: A Story of the British Army, 1702-1770* (Oxford, 1958), 376-8; 坎伯兰的身体衰退，见 *Dictionary of National Biography*, s.v. "William Augustus, Duke of Cumberland"；盖奇接替指挥权，见 J. R. Alden, *General Gage in America: Being Principally a History of His Role in the American Revolution* (Baton Rouge, 1948), 61; 阿默斯特迟来的对将他召回英国性质的了解，见 J. C. Long, *Lord Jeffery Amherst* (New York, 1933), 189-92。

—— 第八部分 ——

第 58 章

1 William James Smith 编辑 *The Grenville Papers*, vol.2 (1852; reprint, New York, 1970), 193-4。

2 关于美洲的消息到达和英国内阁的最初反应，见 John Shy, *Toward Lexington: The Role of the British Army in the Coming of the American Revolution* (Princeton, N.J., 1965), 121-4;

关于埃格雷蒙特之死及对政局的冲击，见 Philip Lawson, *George Grenville: A Political Life* (Oxford, 1984), 160–3; Peter D. G. Thomas, *British Politics and the Stamp Act Crisis: The First Phase of the American Revolution, 1763–1767* (Oxford, 1975), 12–3; 关于皮特，见 Stanley Ayling, *The Elder Pitt, Earl of Chatham* (London, 1976), 315; 关于国王，见 John Brooke, *King George III* (New York, 1972), 104–5。

第 59 章

1. John Brewer, *The Sinews of Power: War, Money, and the English State, 1688–1783* (New York, 1989), 30; Angus Calder, *Revolutionary Empire* (London, 1981), 586–7.
2. John L. Bullion, " 'The Ten Thousand in America': More Light on the Decision on the American Army, 1762–1763", *William and Mary Quarterly*, 3rd ser., 43 (1986): 646–57; id., "Security and Economy: The Bute Administration's Plans for the American Army and Revenue, 1762–1763", *William and Mary Quarterly*, 3rd ser., 45 (1988): 499–509; John Shy, *Toward Lexington: The Role of the British Army in the Coming of the American Revolution* (Princeton, N.J., 1965), 69–83.
3. 1762 年 9 月 13 日，George III 写给 Bute 的信，收入 Romney Sedgwick 编辑 *Letters from George III to Lord Bute, 1756–1766* (London, 1939), 135。国王的意思是，英国纳税人维持陆军（每个团）的开支将比 1749 年"节省几百英镑"，而不是说陆军的总军费会比 1749 年减少。具体见下文。
4. Bullion, "Security and Economy", 502–4; Shy, *Toward Lexington*, 73–4.
5. 国债问题，见 Brewer, *Sinews*, 32。[Brewer 的数字 1.32 亿英镑体现的是在战争结束时对债务融资部分的最保守估计。格伦维尔本人认为，债务融资部分的数量为 1.37 亿英镑，总的债务数额达到 1.46 亿英镑；见 Lawrence Henry Gipson, *The British Empire before the American Revolution*, vol.10, *The Triumphant Empire: Thunder-Clouds Gather in the West, 1763–1766* (New York, 1967), 182.] 英国议会冬季会期及其政局，见 Peter D. G. Thomas, *British Politics and the Stamp Act Crisis: The First Phase of the American Revolution, 1763–1767* (Oxford, 1975), 17–20; Philip Lawson, *George Grenville: A Political Life* (Oxford, 1984), 171–80。20 个营的年度开支，见 Peter D. G. Thomas, "The Cost of the British Army in North America, 1763–1775", *William and Mary Quarterly*, 3rd ser., 45 (1988): 510–6。（英国议会审议的金额 224 906 英镑，不包括"额外开支"——行动费用。1763—1773 年的实际年度费用平均为 384 174 英镑。）预算不灵活的情况，见 John L. Bullion, *A Great and Necessary Measure: George Grenville and the Genesis of the Stamp Act, 1763–1765* (Columbia, Mo., 1982), 18; Brewer, *Sinews*, 117（格伦维尔预计的财政收入约为每年 980 万英镑，其中 48% 需要用于支付融资债务的利息。实际上可自由支配的 500 万英镑财政收入的每一分钱都已用于支付政府行政管理和国防的各种费用）。
6. 在北美殖民地的开支，见 Julian Gwyn, "British Government Spending and the North American Colonies, 1740–1775", 收入 Peter Marshall 与 Glyn Williams 编辑 *The British Atlantic Empire before the American Revolution* (London, 1980), 77。报销款项，见 Jack P. Greene, "The Seven Years' War and the American Revolution: The Causal Relationship Reconsidered", ibid., 98。时人对英国政府开支和殖民地繁荣的理解，见 Bullion,

Measure, 23-5。不断增长的殖民地消费，见 T. H. Breen, "An Empire of Goods: The Anglicization of Colonial America, 1690-1776", *Journal of British Studies* 25 (1986): 467-99; id., "'Baubles of Britain': The American and Consumer Revolutions of the Eighteenth Century", *Past and Present* 119 (1988): 73-87; id., "Narrative of Commercial Life: Consumption, Ideology, and Community on the Eve of the American Revolution", *William and Mary Quarterly*, 3rd ser., 50 (1993): 471-501。战争对政治经济的冲击，见 Nancy F. Koehn, *The Power of Commerce: Economy and Governance in the First British Empire* (Ithaca, N.Y., 1994)。

7 Bullion, *Measure*, 62-4; Gipson, *Thunder-Clouds Gather*, 203, 206-7.
8 Bullion, *Measure*, 73.
9 Ibid., 80-2; 106-8; Lawson, *Grenville*, 166-80, 187-94; Thomas, *Politics*, 45-7; Koehn, *Power*, 125-7.
10 Thomas, *Politics*, 41-3; Lawrence Henry Gipson, *The British Empire before the American Revolution*, vol.9, *The Triumphant Empire: New Responsibilities within the Enlarged Empire, 1763-1766* (New York, 1968), 41-6; Jack Sosin, *Whitehall and the Wilderness: The Middle West in British Colonial Policy, 1760-1775* (Lincoln, Nebr., 1961), 52-65.
11 该宣言还称建立了第四个政府，即根据《巴黎和约》，从西印度群岛割让给英国的格林纳达殖民地或英属向风群岛殖民地政府。见 Gipson, *New Responsibilities*, 232-47。以下段落中的引文，见 David C. Douglas 编辑, *English Historical Documents*, vol.9, *American Colonial Documents to 1776*, Merrill Jensen 编辑 (New York, 1955), 640-3。
12 相同的授地条款同样适用于"那些在攻下路易斯堡和魁北克时期，在北美军舰上服役的……我国海军被裁减的军官"（ibid., 641；水兵和海军士官被排除在外，这或许是由于疏忽）。
13 印第安计划纲要，见 1763 年 10 月 19 日，Halifax 写给 Amherst 的信，收入 Clarence Edwin Carter 编辑 *The Correspondence of General Thomas Gage with the Secretaries of State, and with the War Office and the Treasury, 1763-1775*, vol.2 (New Haven, Conn., 1933), 4-5. [参见 1764 年 7 月 10 日，完整的提案重印为 "Plan for the Future Management of Indian Affairs", 收入 E. B. O'Callaghan 编辑 *Documents Relative to the Colonial History of the State of New-York*, vol.7（Albany, 1856）, 637-41。] 也可见 John Richard Alden, *John Stuart and the Southern Colonial Frontier* (1944; reprint, New York, 1966), 242-4; J. Russell Snapp, *John Stuart and the Struggle for Empire on the Southern Frontier* (Baton Rouge, 1996), 58-64; Nicholas B. Wainwright, *George Croghan, Wilderness Diplomat* (Chapel Hill, N.C., 1959), 207-8; Gipson, *New Responsibilities*, 431-2。英国议会从来没有正式实施这项计划（太昂贵了），但两位印第安事务督办在 1764 年之后，按照其规定的方针组织了印第安贸易。
14 Sosin, *Whitehall*, 52-78.

第 60 章

1 Lawrence Henry Gipson, *The British Empire before the American Revolution*, vol.10, *The Triumphant Empire: Thunder-Clouds Gather in the West, 1763-1766* (New York, 1967), 180-1; Philip Lawson, *George Grenville: A Political Life* (Oxford, 1984), 171.

2 关于这次会议的叙述，根据 Peter D. G. Thomas, *British Politics and the Stamp Act Crisis: The First Phase of the American Revolution, 1763-1767* (Oxford, 1975), 17-20; Lawson, *Grenville*, 171-80。"史无前例"，1764年2月26日，Grenville写给Northumberland的信，John L. Bullion, *A Great and Necessary Measure: George Grenville and the Genesis of the Stamp Act, 1763-1765* (Columbia, Mo., 1982), 90引用。国王的支持，见 William James Smith 编辑 *The Grenville Papers*, vol.2 (1852; reprint, New York, 1970), 491。

3 "简洁"，见 Horace Walpole, *Memoirs of the Reign of King George the Third*, G. F. Russell Barker 编辑 (New York, 1894), 1: 309。"此时"，见 1764年3月9日，Grenville对英国议会下院的演讲，收入 Lawson, *Grenville*, 195。

4 皮特和汤曾德，见 Stanley Ayling, *The Elder Pitt, Earl of Chatham* (New York, 1976), 321; Cornelius P. Forster, *The Uncontrolled Chancellor: Charles Townshend and His American Policy* (Providence, 1978), 49-54。"似乎没有"，见 1764年4月7日，Mauduitto 写给马萨诸塞湾区秘书的信，收入 Gipson, *Thunder-Clouds Gather*, 231。

5 关于北美关税法案，见 David C. Douglas 编辑 *English Historical Documents*, vol.9, *American Colonial Documents to 1776*, Merrill Jensen 辑录 (New York, 1955), 644-8。关于与海关执法有关的规定，见 Edmund S. Morgan 与 Helen M. Morgan, *The Stamp Act Crisis: Prologue to Revolution* (1953; rev. ed., New York, 1963), 40; Edmund S. Morgan 编辑 *Prologue to Revolution: Sources and Documents on the Stamp Act Crisis, 1764-1766* (Chapel Hill, N.C., 1959), 4-8; Thomas, *Politics*, 45-8; Gipson, *Thunder-Clouds Gather*, 227-31。关于更复杂的英国机制的运作问题，见 Elizabeth E. Hoon, *The Organization of the English Customs System, 1696-1786* (New York, 1938), 尤其注意 143-8, 256-64; 关于北美殖民地的海关，见 Thomas Barrow, *Trade and Empire: The British Customs Service in Colonial North America, 1660-1775* (Cambridge, Mass., 1967), 182-4（关于北美关税法案的条款）等各处。对该法案讨论的重点与我本人不同，强调格伦维尔政府的反走私意图，以此当作正统重商主义的证据，见 John W. Tyler, *Smugglers and Patriots: Boston Merchants and the Advent of the American Revolution* (Boston, 1986), 75-83。

6 大桶（tun）是大多数其他英国标准液容量单位的母单位[（一派普（Pipe）或一巴特（butt）等于半大桶；一彭彻恩（puncheon）等于三分之一大桶；一霍格兹海德（hogshead）等于四分之一大桶；一提尔斯（tierce）相当于六分之一大桶；一桶（barrel）相当于八分之一大桶]；1700年，英国议会规定一大桶相当于252"酒加仑"。酒加仑是两种正式的英制加仑单位之一，相当于231立方英寸，最终成为标准的美制加仑。当然，木桶的体积会根据凸出部分和高度，设定为头的部分的深度等因素变化。关于中世纪晚期到18世纪英国度量单位和用法变化的最完整的讨论，见 John J. McCusker, *Rum and the American Revolution: The Rum Trade and the Balance of Payments of the Thirteen Continental Colonies*, vol.2(New York, 1989), 768-878。

7 关于新关税，见 Thomas, *Politics*, 47-8; Gipson, *Thunder-Clouds Gather*, 226; Bullion, *Measure*, 100-4。

8 本节列举的是1762年波士顿的糖蜜和朗姆酒价格，引自 McCusker, *Rum and Revolution*, 2: 1078, 1080; 根据 id., *Money and Exchange in Europe and America, 1600-1775: A Handbook* (Chapel Hill, N.C., 1978), 142记录的汇率换算成英镑。对于这项贸易的开放

性，托马斯·哈钦森评论道："对于（法国糖蜜）非法贸易的那一分支，没有人认为非法……这样的放纵已经显现出来了。"他又解释道，走私的真正原因是海关人员的待遇太低，一般来说，他们是非居民官员的代表："他们被收取的费用超出了他们的合法收入（即他们雇主向他们收取的费用超过了他们能收取的费用），以及……没有贿赂和腐败，他们肯定要挨饿。"（1763年9月17日，Hutchinson写给Richard Jackson的信，Gipson在 *Thunder-Clouds Gather*, 208引用）

9 引文见1763年8月22日Nathaniel Ware写给Grenville的信；Bullion, *Measure*, 221重印。Ware指出，如果殖民地政府对朗姆酒征收的消费税（为支付募集殖民地部队的开支的战时措施）取消，理论上可以征收《糖蜜法案》规定的6便士英镑关税。在马萨诸塞——北美殖民地的主要朗姆酒酿造基地，对朗姆酒征收的殖民地税收大约为每加仑6便士，这对解决殖民地的战争债务必不可少。Ware警告道，如果朗姆酒因为全面征收《糖蜜法案》强征的关税需要缴纳额外的税款的话，"这项贸易将彻底垮掉"。

10 Morgan, *Crisis*, 41-2; Gipson, *Thunder-Clouds Gather*, 208-22; Bullion, *Measure*, 78-98, 220-3; Thomas, *Politics*, 47-50.

第61章

1 除非注明，否则以下讨论都取自 Joseph Ernst, *Money and Politics in America, 1755-1775: A Study in the Currency Act of 1764 and the Political Economy of Revolution* (Chapel Hill, N.C., 1973), 43-88, 376; Peter D. G. Thomas, *British Politics and the Stamp Act Crisis: The First Phase of the American Revolution, 1763-1767* (Oxford, 1975), 62-6。关于补充Ernst图表的汇率信息，见John J. McCusker, *Money and Exchange in Europe and America,1600-1775: A Handbook* (Chapel Hill, N.C., 1978),211。

2 Julian Hoppit, "Financial Crises in Eighteenth-Century England", *Economic History Review*, 2nd ser., 39 (1986): 49-50.

3 《货币法案》出现于David C. Douglas编辑的 *English Historical Documents*, vol.9, *American Colonial Documents to 1776*, ed. Merrill Jensen (New York, 1955), 649-50；引文出自649。

4 关于英国议会报销占殖民地战时开支比例的问题，见Jack Greene, "The Seven Years' War and the American Revolution: The Causal Relationship Reconsidered"，收入Peter Marshall与Glyn Williams编辑 *The British Atlantic Empire before the American Revolution* (London, 1980), 98。北美大陆所有殖民地在战争期间的全部开支为2 568 248英镑，从英国议会收到的"免费礼物"为1 086 769英镑，占全部开支的42.3%。6个参与战争最为投入的殖民地——马萨诸塞、康涅狄格、纽约、新泽西、宾夕法尼亚与弗吉尼亚——承担88.5%的开支，耗资总额为2 271 804英镑。英国议会最终为这6个殖民地报销949 023英镑，占比41.8%。康涅狄格可能出于其议会的顺从态度及其代理人提交账目的速度较快等有关原因，收到了一笔不成比例的报销资金：231 752英镑，或其开支的89.2%。如果将康涅狄格当作一个特例排除在计算之外，则英国议会对其余5个殖民地的报销总额为717 271英镑，或其开支的35.7%。

我反其道而行之，认为另一种殖民地防务方案，可能会避免后来出现的问题，这并不是说，如果有人提出一项措施，这一措施就会很容易奏效——在一支所有军官都是英国人，所有士兵都是美洲殖民地居民的军队中，不可避免地会产生各种问题——

只是强调从来没有人提出过类似建议，从而指出英国人在考虑各殖民地自卫能力时的局限性。

5 关于英国政策的后向性质，特别注意 John Murrin, "The French and Indian War, the American Revolution, and the Counterfactual Hypothesis: Reflections on Lawrence Henry Gipson and John Shy", *Reviews in American History* 1 (1973): 307-18。

第 62 章

1 关于经济衰退的性质和时间点，见 William S. Sachs, "The Business Outlook in the Northern Colonies, 1750-1775" (Ph.D. diss., Columbia University, 1957), 107-13; Marc Egnal, *A Mighty Empire: The Origins of the American Revolution* (Ithaca, N.Y., 1988),126-33; Thomas Doerflinger, *A Vigorous Spirit of Enterprise: Merchants and Economic Development in Revolutionary Philadelphia* (Chapel Hill, N.C., 1986), 95-7, 168-80。关于这次衰退的英国和宏观经济背景，见 Nancy F. Koehn, *The Power of Commerce: Economy and Governance in the First British Empire* (Ithaca, N.Y., 1994), 52-3。除非另有说明，下文的讨论都根据这些著作进行。

2 在纽约，该殖民地的货币对英镑的汇率在 1760 年年末开始攀升。从 160 到 170 的中位数开始，1761 年春突破 180，然后直到 1765 年年末都在 182 到 190 区间内徘徊。在费城，1760 年年底，汇率从 150 到 160 的中位数攀升到 170，1762 年年中短暂触及 180 高位，然后到 1765 年秋为止，一直在 178 到 170 之间波动。在波士顿，汇率从 1760 年 5 月的 127 跃升到同年年底的 135，1761 年 4 月升至 145，然后逐渐回落到 1764 年的 133，此后五年一直维持在这一水平。见 John J. McCusker, *Money and Exchange in Europe and America, 1600-1775: A Handbook* (Chapel Hill, N.C., 1978), 186, 165, 142 的表格。

3 Sachs, "Business Outlook", 113-26.

4 Ibid., 126-30; Koehn, *Power*, 52-3.

5 费城和纽约的破产情况，见 Sachs, "Business Outlook", 131-3; Egnal, *Mighty Empire*, 131-2; Doerflinger, *Vigorous Spirit*, 56-7。托马斯·里奇的事例，见 ibid., 49, 82, 133, 146-8。

6 就像所有对北美殖民地的概括一样，这一概括也是需要限制条件的。不是所有地区承受的衰退都相同，或者完全同步。在 1760 年代，经济衰退几乎没有触及南卡罗来纳的低地地区。弗吉尼亚的烟草经济会在 1764 年触底，在 1765 年开始复苏，之后显著改善，直到 1760 年代末经历更多逆转。正如我们将在下文看到的那样，费城干货行业在整个 1760 年代都处于严重困境，不过食品贸易商只有在 1764—1768 年才会遭受最严重的痛苦，因此当其他北方商人正陷入困境时，费城的商业得到了一些喘息的机会，而且在 1769 年，费城将领导北方的港口城镇复苏时，其前景更为明朗。然而，尽管有一些地方性例外和反趋势存在，大多数殖民地和殖民地居民（尤其是北方各港口和商业化程度最高的各农业地区）经历的 1760 年代是真正持续不断的经济混乱的 10 年。由此造成的社会压力对殖民地的政治生活产生了重大影响，助长了殖民地与宗主国关系的对抗性质。

7 波士顿的情况，见 John Tyler, *Smugglers and Patriots: Boston Merchants and the Advent of the American Revolution* (Boston, 1986), 65-75, 285 n.17; Gary Nash, *The Urban*

Crucible: Social Change, Political Consciousness, and the Origins of the American Revolution (Cambridge, Mass., 1979),254。纽约的情况，见 Sachs, "Outlook", 132-7 等处（引文选自 1764 年 2 月 5 日，John Watts 写给 Scott, Pringle, Cheape 和 Co 的信，136）; Nash, *Crucible*, 250, 497 n.83。关于费城，Doerflinger, *Vigorous Spirit*, 173-7; Nash, *Crucible*, 255; Egnal, *Mighty Empire*, 132。

8 Winifed Barr Rothenberg, *From Market-Places to a Market Economy: The Transformation of Rural Massachusetts, 1750-1850* (Chicago, 1992), 109（表 8 "Weighted Index of on-the-Farm Prices Received by Massachusetts Farmers, 1750-1855"）; id., "A Price Index for Rural Massachusetts, 1750-1855", *Journal of Economic History* 39 (1979): 975-1001。

9 烟草市场的混乱状态，见 Jacob Price, *France and the Chesapeake: A History of the French Tobacco Monopoly, 1674-1791, and of Its Relationship to the British and American Tobacco Trades*, vol.1 (Ann Arbor, Mich., 1973), 588-677; T. H. Breen, *Tobacco Culture: The Mentality of the Great Tidewater Planters on the Eve of Revolution* (Princeton, N.J., 1985)，尤其是 125-32。引文见 1763 年 4 月 26 日，George Washington 写给 James Gildart 的信，收入 W. W. Abbot 等编辑 *The Papers of George Washington, Colonial Series*, vol.7,1761 年 1 月—1767 年 6 月 (Charlottesville, Va., 1990), 201。切萨皮克地区的中小种植商种植的大多是普通质量的烟草，不像绅士们为伦敦市场种植的高品质优质烟叶，这些烟草是苏格兰居民或店主购买的，用船运到格拉斯哥、怀特黑文和克莱德的代理商那里，代理商根据与法国国家垄断行签订的合同，再出口到法国。法国政府非常需要从烟草垄断经营获得财政收入，乃至于在战争期间都允许这种贸易继续进行。然而，战时条件和各种限制——英国的烟草船只得空载返航，保险费率极高等，极大地减少了烟草种植商自己能赚取的利润。

10 关于华盛顿身为典型的种植园主对 1760 年代经济衰退的应对，见 Douglas Southall Freeman, *George Washington: A Biography*, vol.3, *Planter and Patriot* (New York, 1951), 71-118; Breen, *Tobacco Culture*, 147-50, 208-9。

11 种植园主投机商将土地出售给自耕农实现的回报已经无法量化，但是大种植园主显然在利用他们身为议员的地位，将土地授权给他们自己组建的辛迪加（例如忠诚公司和俄亥俄公司），从中获得投机利润。像彼得·杰弗逊和乔治·华盛顿这样的土绅测量员积极进行土地收购，而士绅土地所有者则尽其所能设法控制房地产和租赁市场。控制自由保有土地使用权的能力，加强了士绅的社会统治能力，甚至在边境的各县，那些地区的土地使用权比有潮水域地区相对容易取得。因此，投机活动的任何收缩，都会给种植园主精英阶层带来社会、文化和经济影响。见 Turk McClesky, "Rich Land, Poor Prospects: Real Estate and the Formation of a Social Elite in Augusta County, Virginia, 1738-1770", *Virginia Magazine of History and Biography* 48 (1990): 449-86。

12 蒸馏白兰地和迪斯默尔大沼泽的投机项目，见 Freeman, *Planter and Patriot*, 116-7, 100-3。关于密西西比公司，见 1763 年 6 月 3 日的协议条款，*Papers of Washington*, 7: 219-25。

13 克罗根的任务，见 Nicholas B. Wainwright, *George Croghan, Wilderness Diplomat* (Chapel Hill, N.C., 1959), 203; Yoko Shirai, "The Indian Trade in Colonial Pennsylvania, 1730-1768: Traders and Land Speculation" (Ph.D. diss., University of Pennsylvania, 1985), 151-98。克罗根、富兰克林和伊利诺伊公司，见 11 月 23 日，Samuel Wharton 写

给 Franklin 的信，收入 Leonard W. Labaree 等编辑，*The Papers of Benjamin Franklin*, vol.9, 1764 年 1 月 1 日至 12 月 31 日 (New Haven, Conn., 1967), 476-7。克罗根的坚持，见 Wainwright, 253-5, 305-10。

14 关于莱曼和军事冒险行动，见 Harold Selesky, *War and Society in Colonial Connecticut* (New Haven, Conn., 1990), 204-5, 210-1；Bernard Bailyn, *Voyagers to the West: A Passage in the Peopling of America on the Eve of the Revolution* (New York, 1986), 484-8；尤其要注意（Albert C. Bates 编辑）*The Two Putnams: Israel and Rufus in the Havana Expedition of 1762 and in the Mississippi River Exploration of 1772-1773 with Some Account of the Company of Military Adventurers* (Hartford, 1931), 1-20。

15 Bailyn, *Voyagers*; id., *The Peopling of British North America: An Introduction* (New York, 1986), 7-66.

16 A. Roger Ekirch, *"Poor Carolina": Politics and Society in Colonial North Carolina, 1729-1776* (Chapel Hill, N.C., 1981), 特别注意 168-83。

17 引文见 1763 年 2 月 15 日，Laurens 写给 Richard Oswald and Co. 的信，Egnal, *Mighty Empire*, 147-8 引用。关于南卡罗纳的繁荣与经济衰退的轻微影响，见 ibid., 147-9。值得注意的是，劳伦斯的代理商 Oswald 是一个一度边缘化、比较守旧的英国商人集团的成员，他们利用军事承包合同和政府关系获得了巨大财富和战后的政治影响力，这是英属美洲贸易世界规模小和战争对其产生强大影响的又一例证。他们廉价收购以前的法国奴隶交易站，战争结束时，他们向西印度群岛和美洲大陆提供非洲黑人。对战争和奴隶制如何为那些能够把握它们的人提供无与伦比的机会的深刻理解，见 David Hancock, *Citizens of the World: London Merchants and the Integration of the British Atlantic Community, 1735-1785* (New York, 1995)。

18 关于新泽西，见 Thomas L. Purvis, *Proprietors, Patronage, and Paper Money: Legislative Politics in New Jersey, 1703-1776* (New Brunswick, N.J., 1986), 特别注意 168-71, 229-45。关于康涅狄格、罗得岛和纽约，见 Jackson Turner Main, *Political Parties before the Constitution* (Chapel Hill, N.C., 1973) 3-17；Patricia U. Bonomi, *A Factious People: Politics and Society in Colonial New York* (New York, 1971), 140-278；John M. Murrin, "Political Development", 收入 Jack P. Greene 与 J. R. Pole 编辑 *Colonial British North America: Essays in the New History of the Early Modern Era* (Baltimore, 1984), 特别是 432-47。

19 Egnal, *Mighty Empire*, 191-8; Main, *Political Parties*, 8-9.

20 弗吉尼亚，见 Egnal, *Mighty Empire*, 217; Merrill Jensen, *The Founding of a Nation: A History of the American Revolution, 1763-1776* (New York, 1968), 95-7; Main, *Political Parties*, 11。马萨诸塞，见 William Pencak, *War, Politics, and Revolution in Provincial Massachusetts* (Boston, 1981), 158-75。

第 63 章

1 Edmund S. Morgan 与 Helen M. Morgan, *The Stamp Act Crisis: Prologue to Revolution* (New York, 1963), 43[引文出自 Francis Bernard, *Select Letters on the Trade and Government of America*（1774）]。

2 John Tyler, *Smugglers and Patriots: Boston Merchants and the Advent of the American*

Revolution (Boston, 1986), 83-4. 引文选自 "Boston instructions to its delegates in the Massachusetts Legislature", David C. Douglas 编辑, *English Historical Documents*, vol.9, *American Colonial Documents to 1776*, Merrill Jensen 辑录 (New York, 1955), 663-4（以下简称为 Am.Col. Docs.）。

3 Merrill Jensen, *The Founding of a Nation: A History of the American Revolution, 1763-1776* (New York, 1968), 82-4; Pauline Maier, *The Old Revolutionaries: Political Lives in the Age of Samuel Adams* (New York, 1980), 3-50. 也可见 William M. Fowler, *Samuel Adams: Radical Puritan* (New York, 1997)。

4 Jensen, *Founding*, 85-7; Morgan 与 Morgan, *Stamp Act Crisis*, 51-3. *The Rights of the Colonies Asserted and Proved* 与评注都在 Bernard Bailyn 编辑, *Pamphlets of the American Revolution, 1750-1775*, vol.1 (Cambridge, Mass., 1967), 419-82 重印, 引文在 454 页。小册子的评注, 特别注意 Bailyn 的导言, ibid., 409-17; id., *Ideological Origins of the American Revolution* (Cambridge, Mass., 1967), 176-81; 也可见 Gordon S. Wood, *Creation of the American Republic, 1776-1787* (Chapel Hill, N.C., 1969), 262-5。

5 哈钦森私下的反对意见, 见 Malcolm Freiberg, *Prelude to Purgatory: Thomas Hutchinson in Provincial Massachusetts Politics, 1760-1770* (New York, 1990), 71-7; Bernard Bailyn, *The Ordeal of Thomas Hutchinson* (Cambridge, Mass., 1974), 62-4。引文见 1764 年 11 月 10 日, Bernard 写给 Halifax 的信, 收入 Lawrence Henry Gipson, *The British Empire before the American Revolution*, vol.10, *The Triumphant Empire: Thunder-Clouds Gather in the West, 1763-1766* (New York,1967), 235 n.30。

6 北卡罗来纳议会也表达了对《北美关税法案》的抗议, 认为这是对殖民地权利的侵犯, 见 Morgan 与 Morgan, *Stamp Act Crisis*, 57; A. Roger Ekirch, *"Poor Carolina": Politics and Society in Colonial North Carolina, 1729-1776* (Chapel Hill, N.C., 1981), 148-60; Jack P. Greene, *The Quest for Power: The Lower Houses of Assembly in the Southern Royal Colonies, 1689-1776* (Chapel Hill, N.C., 1963), 364。

7 关于 James De Lancey 的政治力量, 见 Patricia U. Bonomi, *A Factious People: Politics and Society in Colonial New York* (New York, 1971), 171-8。关于科尔登的情况, 见 ibid., 152-5; Milton M. Klein, "Prelude to Revolution in New York: Jury Trials and Judicial Tenure", 收入 id. 编辑 *The Politics of Diversity: Essays in the History of Colonial New York* (Port Washington, N.Y., 1974), 154-77。引文选自 1764 年 11 月 10 日, John Watts 写给 Monckton 的信, 1765 年 1 月 10 日, Watts 写给 Isaac Barré 的信, 以及 1765 年 2 月 23 日, Robert R. Livingston 写给 Monckton 的信, ibid., 168。

8 1764 年 10 月 18 日, 递交英国议会下院的请愿书, 收入 Edmund S. Morgan 编辑 *Prologue to Revolution: Sources and Documents on the Stamp Act Crisis, 1764-1766* (Chapel Hill, N.C., 1959), 8-14。

9 "殖民地居民不可以被征税", 见 1764 年 11 月 29 日罗得岛请愿书, Jensen, *Founding*, 87 引用。康涅狄格议会和英格索尔, 见 Gipson, *Thunder-Clouds Gather*, 236-7。

10 Gipson, *The British Empire before the American Revolution*, vol.9, *The Triumphant Empire: New Responsibilities within the Enlarged Empire, 1763-1766* (New York, 1968), 114; Jensen, *Founding*, 27-8; 1764 年 2 月 13 日, "宾夕法尼亚边境居民的抗议", *Am. Col. Docs.*, 614-7; Alden Vaughan, "Frontier Banditti and the Indians: The Paxton Boys'

Legacy, 1763-1775", *Pennsylvania History* 51 (1984): 1-5。
11 Jensen, *Founding*, 88-90; Esmond Wright, *Franklin of Philadelphia* (Cambridge, Mass.,1986), 138-54。
12 1764年12月18日，提交给国王的请愿书和提交英国议会上院的备忘录，收入 Morgan,*Prologue*, 14-5。
13 1764年12月18日，提交英国议会下院的谏言，ibid., 16-7。

第64章

1 John Shy, *Toward Lexington: The Role of the British Army in the Coming of the American Revolution* (Princeton, N.J., 1965), 125-34; 也可见 John Richard Alden, *General Gage in America* (Baton Rouge, 1948), 65-88。
2 Shy, *Toward Lexington*, 135-6; Alden, *Gage*, 93-4; 1763年11月17日，Gage 写给 Egremont 的信，收入 Clarence Edwin Carter 编辑 *The Correspondence of General Thomas Gage with the Secretaries of State, 1763-1775*, vol.1 (New Haven, Conn., 1931), 1-2; 1763年12月9日，Gage 写给 Halifax 的信，2-4; 1763年11月17日，Amherst 写给 Gage 信，*The Correspondence of General Thomas Gage with the Secretaries of State, 1763-1775*, vol.2 (New Haven, Conn., 1933), 209-14。
3 Alden, *Gage*, 94-5; id., *John Stuart and the Southern Colonial Frontier* (1944; reprint, New York, 1966), 196; William Smith, *Historical Account of Henry Bouquet's Expedition against the Ohio Indians, in 1764* (Cincinnati, 1868), 29-44; Lawrence Henry Gipson, *The British Empire before the American Revolution*, vol.9, *The Triumphant Empire: New Responsibilities within the Enlarged Empire, 1763-1766* (New York, 1968), 123-4. 与往常一样，宾夕法尼亚出兵因为议会中的反特许领主派和特许领主派的棘手争端而被延迟。
4 Gipson, *New Responsibilities*, 117-8; William G. Godfrey, *Pursuit of Profit and Preferment in Colonial North America: John Bradstreet's Quest* (Waterloo, Ont., 1982), 192-5, 197-8.
5 "在印第安人……"，见1763年11月17日，Amherst 写给 Gage 的信，*Gage Corr.*, 2: 212。"装满他们的独木舟"，见 James Thomas Flexner, *Lord of the Mohawks: A Biography of Sir William Johnson* (Boston,1979), 268。
6 "数量最大"，见1764年8月23日，Johnson 写给 Cadwallader Colden 的信，Gipson, *New Responsibilities*, 118-9。约翰逊显然在按照类似的方针，与到场的每一个部落为议和谈判；见 E. B. O'Callaghan 等编辑 *The Papers of Sir William Johnson*, vol.4 (Albany, 1924), 511-4。和会上的花费，见 "Journals of Capt. John Montresor", G. D. Scull 编辑 *New-York Historical Society Collections*, 14 (1881): 275。
结束酒水销售禁令，从来没有被当作一项战略举措得到恰当的赞赏。1763年11月1日，格拉德温向阿默斯特提议："如果阁下仍然打算进一步惩罚印第安人的野蛮行为，那么允许自由出售朗姆酒，不用王国政府的任何费用就能轻易做到，因为朗姆酒将比火和剑更有效地摧毁他们。[Howard H. Peckham, *Pontiac and the Indian Uprising* (Princeton, N.J., 1947), 238 引述]"阿默斯特无视这个建议，约翰逊却接受了它。就像格拉德温一样，他知道，印第安人最大的酒类消费者正是那些年轻人，1763年，这些人在清醒时是非常可怕的对手。用烈酒可以让他们转过头来互相攻击，印第安聚落内部的混乱、谋杀和痛苦将无疑会增加，而只要采取少许预防措施（例如只允许在主要站点贸易和禁止当场饮酒），英军重建的各路守备队就几乎没什么可担忧的，而且用酒重新打开的交通，还会获益更多。1764 年 10 月，约翰逊向贸易委员会极力主张，印第安贸易"不"销售朗姆酒的话，"将永远不会兴旺"，理由有四：

第一，印第安人对酒极度渴望，而且几个部族强烈要求出售，最近在尼亚加拉，我不得不保证应当接受这一要求，也得到盖奇将军的批准。第二，由于印第安人将它看得比其他任何东西都宝贵，他们在为它付高价的问题上不会坚持不让步，这样会增加印第安事务部实现各种目标所需的资金。第三，如果没有它，印第安人可以用一半数量的毛皮购买他们的衣服，这会让他们懒散，降低毛皮贸易量。最后，根据我的发现，没有它，印第安人将普遍不满。[约翰逊写给贸易委员会高级官员的信，日期未具（1764 年 10 月 8 日），收入 E. B. O'Callaghan 编辑 *Documents Relative to the Colonial History of the State of New-York*,vol.7（Albany, 1856），665（以下简称 DRCHSNY）]

简而言之，约翰逊主张既然对朗姆酒的需求几乎是无限的，也可以对其课税来支持他的部门。这种见利忘义的看法对贸易委员会而言已有足够的意义，于是它批准恢复朗姆酒贸易。1764 年，为了应对可能被压抑的需求，约翰逊的北方印第安事务部向印第安人出售大约 5 万加仑朗姆酒。这个销量相当高，但与此后几年的通常供应量相差不大。1767 年，皮特堡的商人带来的朗姆酒数量为 1.3 万加仑；同年，底特律的供应量为大约 2.4 万加仑。将 1760 年代西方印第安人之中的年度消费量视为一个整体的话，不包括从加拿大贸易商处获得的数量，看来在 8 万到 17 万加仑之间 [Peter C. Mancall, *Deadly Medicine: Indians and Alcohol in Early America*（Ithaca,N.Y., 1995），53–4, 163]。另一本著作出版较迟，未能充实本节的叙述，但基本上支持这一结论，认为将加拿大贸易也算入的话，数量可能会大增——多达每年 24 万加仑，或者成年男性人均年消费量 12 加仑。见 Walter S. Dunn Jr., *Frontier Profit and Loss: The British Army and the Fur Traders, 1760–1764*（Westport, Conn., 1998），178–9。

7 Godfrey, *Pursuit of Profit*, 193–5. 这段小插曲之后，布拉德斯特里特的健康一直没有完全恢复，这可能标志着 10 年后最终导致他死亡的肝硬化的发端（ibid., 262–3）。

8 Godfrey, *Pursuit of Profit*, 196–205; Gipson, *New Responsibilities*, 118–21; Peckham, *Pontiac*,255–60; Richard White, *The Middle Ground: Indians, Empires, and Republics in the Great Lakes Region, 1650–1815* (New York, 1991), 291–6.

9 1764 年 9 月 7—10 日，"Congress With The Western Nations"，Godfrey, *Pursuit of Profit*, 205 引用。

10 "英王陛下"，见 "A Short Abstract of the Proceedings at a Congress held at Detroit the 7th Septr. 1764..."，ibid., 206 引用。后续引文选自 1764 年 12 月 4 日，Bradstreet 写的信，以及 1764 年 12 月 4 日，"Colonel Bradstreets opinion of Indians and their affairs"，ibid., 234–5。1764 年 12 月 4 日，"Colonel Bradstreet's thoughts on Indian Affairs"，DRCHSNY, 7: 690–4, 说明了印第安文化、贸易、军事力量、地理与战略之间的联系，这是他思考的核心：

为确保持久的和平，赢得他们的爱戴，让他们对法国人断念，严格的公平、节制、公正的贸易，防止他们彼此之间的频繁交往，以及在底特律的相当大规模的部队，就是获得它的办法。除非他们在生活必需品方面完全依赖英国人，而只要法国人能安全溯密西西比河而上，然后登陆，将他们的贸易扩展到我们这边不受惩罚，这种情况就不会发生……

对设立兵站做出选择是绝对的，因为……每个湖上的野蛮人都可以轻易为自己进行贸易……没有这种纵容，他们永远不会满足，也不能阻止任何阴谋。

因此在底特律必须维持一项充满活力的贸易，同时要有足够的兵力（2个营），使要塞司令"有能力从除了民兵之外的守备部队中分出300名精兵，在任何野蛮部族或团伙应当受到惩罚时实施惩戒；因为让他们立即得到满足，将会尊重和敬畏我们，从而阻止一场全面战争"。最后，布拉德斯特里特强调，在底特律建立一个商贸中心，是消除易洛魁六部对内陆地区印第安各部族恶意影响的唯一办法。（巧合的是，此举会让威廉·约翰逊爵士无力化，他可能也会想到这一点。）

11 Godfrey, *Pursuit of Profit*, 228-9; Sir William Johnson,1764年11月24日, "Remarks on the Conduct of Colonel Bradstreet", *Johnson Papers*, 4: 601; "Journals of Montresor",（1764年8月31日的条目），287。"大致相当于"，见White, *Middle Ground*, 297。

12 1764年8月16日, Gage写给Bradstreet的信，收入Godfrey, *Pursuit of Profit*, 211。

13 1764年9月18日, Morris写给Bradstreet的信，见ibid., 212。也可见"The Journal of Captain Thomas Morris of His Majesty's XVII Regiment of Infantry", 收入Reuben Gold Thwaites编辑, *Early Western Travels, 1748-1846*, vol.1 (Cleveland, 1904), 301-28; Peckham, *Pontiac*, 256-60。酋长们没有带领俘虏返回，可能不像布拉德斯特里特的敌人所说的那样，是他被欺骗的证据，而是一个迹象，表明代表团只是代表他们村落里的和平派来到普雷斯克岛而已，希望他们返回时带来英国人愿意求和的消息会影响当地的多数派。在这种情况下，他们没有出现，只是证明他们没有说服自己所在的社区已经和平在握（布拉德斯特里特在底特律的行为的消息肯定会成为反驳的论据）。

14 Godfrey, *Pursuit of Profit*, 218-21; Michael N. McConnell, *A Country Between: The Upper Ohio Valley and Its Peoples, 1724-1774* (Lincoln, Nebr., 1992), 206.Montrésor上尉令人伤感地详细描述了从桑达斯基到尼亚加拉的（300英里）旅程，见"Journals of Montresor", 311-8。

15 Smith编辑 *Bouquet's Expedition*, 51。

16 引文见ibid., 60。关于远征，见Gipson, *New Responsibilities*, 124-6。

17 1764年12月13日, Gage写给Halifax的信，*Gage Corr.*, 1: 46。

18 人力和财力上的诸多限制，见"Colonel Bradstreet's thoughts on Indian Affairs", *DRCHSNY*, 7: 693; 参见1764年11月30日, Bouquet写给Gage的信, Nicholas B. Wainwright, *George Croghan, Wilderness Diplomat* (Chapel Hill, N.C., 1959), 213引述。盖奇的年度开支涨到33.5万英镑到41.1万英镑之间，相比之下，1763年预期的数额为22.5万英镑；见Peter D. G. Thomas, "The Cost of the British Army in North America, 1763-1775", *William and Mary Quarterly*, 3rd ser., 45 (1988): 514。[英国财政部限制盖奇支用英国议会的拨款资金，让他只能在紧急情况下，根据严格的限制条件借款。（1764年11月28日, Treasury Minutes, *Gage Corr.*, 2: 269）] 各种外交倡议，见White, *Middle Ground*, 304。罗斯和克劳福德，见Gipson, *New Responsibilities*, 419-20; 1765年6月1日和8月10日, Gage写给Halifax的信, *Gage Corr.*, 1: 58-65; John Richard Alden, *Stuart*, 197, 204。

19 Wainwright, *Croghan*, 211-7; Thomas M. Doerflinger, *A Vigorous Spirit of Enterprise:Merchants and Economic Development in Revolutionary Philadelphia* (Chapel Hill, N.C., 1986), 148-9; 1765年1月23日和4月27日, Gage写给Halifax的信，

Gage Corr., 1: 47-9, 55-8。

20　Wainwright, Croghan, 218-9; McConnell, A Country Between, 204-5; Peckham, Pontiac, 270。
21　Peckham, Pontiac, 270-7; White, Middle Ground, 301-3。
22　Alden, Stuart, 202-4; 引文出自 1765 年 3 月 26 日，James Campbell 上尉写给 Robert Farmar 少校的信，在 203 n.53 引用。
23　Wainwright, Croghan, 220-1; Peckham, Pontiac, 280-1; White, Middle Ground, 302-5; 引文出自 1765 年 7 月 12 日，Croghan 写给 William Murray 的信，收入 C. W. Alvord 与 C. E.Carter, "The New Regime, 1765-1767", Collections of the Illinois State Historical Library 11(1916): 58。
24　Peckham, Pontiac, 281-5; 1765 年 9 月 23 日，Gage 写给 Henry Seymour Conway 的信，Gage Corr.,1: 66; White, Middle Ground, 303-5。

第 65 章

1　Howard H. Peckham, Pontiac and the Indian Uprising (Princeton, N.J., 1947), 306-16; Richard White, The Middle Ground: Indians, Empires, and Republics in the Great Lakes Region,1650-1815 (New York, 1991), 312-3。
2　Ibid., 313-4. Walter S. Dunn Jr., Frontier Profit and Loss: The British Army and the Fur Traders, 1760-1764 (Westport, Conn., 1988), 182-3, 也将印第安人的叛乱视为叛乱分子的一次成功。
3　1765 年 10 月 10 日，Barrington 写给 Gage 的信，收入 John Shy 编辑 "Confronting Rebellion: Private Correspondence of Lord Barrington with General Gage, 1765-1775", Sources of American Independence: Selected Manuscripts from the Collections of the William L. Clements Library, Howard H. Peckham 编辑 vol.1 (Chicago, 1978), 9-10。
4　本段所有引文选自 1765 年 12 月 18 日，Gage 写给 Barrington 的信，ibid., 13-16。
5　1766 年 1 月 8 日，Gage 写给 Barrington 的信，ibid., 18-19。
6　John Shy, Toward Lexington: The Role of the British Army in the Coming of the American Revolution (Princeton, N.J., 1965), 229.

—— 第九部分 ——

第 66 章

1　Stanley Ayling, The Elder Pitt, Earl of Chatham (New York, 1976), 322-4。
2　引文见 Nathaniel Ryder 日记中的 Rose Fuller 与 Charles Townshend，收入 R.C. Simmons 与 Peter D. G. Thomas 编辑 Proceedings and Debates of the British Parliaments Respecting North America, 1754-1783, vol.2, 1765-1768 (Millwood, N.Y., 1983), 13 (改写了标点，以显示汤曾德演讲的意义)。
3　"反感"，见 Ryder 日记中的 Barré, ibid. (改写了标点，以显示这段话的意义)。"培育了他们"到"这番话"，见 Jared Ingersoll 的总结，1765 年 2 月 11 日，id. 写的信，ibid., 16-17。(Barré 的激烈性无疑反映了他对回忆中的沃尔夫的崇敬，以及他对汤曾德的兄长罗伯特的厌恶——后者是在魁北克与沃尔夫敌意最深的准将。)

4 引文见 Ryder 日记的总结，ibid., 12。休会动议的失败和随后的通过，见 Peter D. G. Thomas, *British Politics and the Stamp Act Crisis: The First Phase of the American Revolution, 1763-1767* (Oxford, 1975), 93-8。

5 John Bullion, *A Great and Necessary Measure: George Grenville and the Genesis of the Stamp Act* (Columbia, Mo., 1982), 147-9, 181-91。

6 Edmund S. Morgan 编辑 *Prologue to Revolution: Sources and Documents on the Stamp Act Crisis, 1764-1766* (Chapel Hill, N.C., 1959), 35-43。这些印花税票不像现代邮票那样使用胶纸材料，而是用一个硬模在纸上印出的一英寸大小的印痕，就像现代公证人的印章。报纸和大多数法律文书都会在预先盖好印花的纸上印刷，这些纸张只能从印花分销商或其指定代理机构购买。因为羊皮纸（零碎的动物皮）无法盖上印花，所以通常写在羊皮纸（公文及此类文书）上的法律文件会有一小片胶水粘贴和一个钉子状的金属紧固件固定的印花纸。封在扑克牌和骰子盒上的印花纸同样要用胶水粘贴。关于印花和印模的描述，见 C. A. Weslager, *The Stamp Act Congress* (Newark, Del., 1976), 35-39。

7 Lawrence Henry Gipson, *American Loyalist: Jared Ingersoll* (New Haven, Conn., 1971),145-7; Edmund Morgan 与 Helen Morgan, *The Stamp Act Crisis: Prologue to Revolution* (New York, 1963), 301-11; Bullion, *Great and Necessary Measure*, 169-70, 173。

8 Philip Lawson, *George Grenville: A Political Life* (Oxford, 1984), 211-4; Thomas, *British Politics*, 115-6。

9 盖奇和此前驻军舍营的种种麻烦，见 John R. Alden, *General Gage in America: Being Principally a History of His Role in the American Revolution* (Baton Rouge, 1948), 32, 34-35;Stanley Pargellis, *Lord Loudoun in North America* (1933, reprint, New York, 1968), 195-6; Alan Rogers, *Empire and Liberty: American Resistance to British Authority, 1755-1763* (Berkeley,Calif., 1974), 82-4。战后的环境和驻军舍营问题，见 John Shy, *Toward Lexington: The Role of the British Army in the Coming of the American Revolution* (Princeton, N.J., 1965), 169-71, 174-5。

10 驻军舍营问题的法律复杂性，见 ibid., 163-76。盖奇的做法，见 1765 年 1 月 22 日，Gage 写给 Welbore Ellis 的信与附件，收入 Clarence Edwin Carter 编辑 *The Correspondence of General Thomas Gage with the Secretaries of State, 1763-1775*, vol.2 (New Haven, Conn., 1931), 262-6。

11 Thomas, *British Politics*, 102-3; 关于认为埃利斯是一个"真正无能"的陆军大臣的评价，见 Shy, *Toward Lexington*, 182。

12 "以……方式"，见 Thomas, *British Politics*, 103 的草案。反对意见，以及该草案的撤回，见 Simmons and Thomas, *Proceedings and Debates*, 2: 42。

13 Shy, *Toward Lexington*, 187; Thomas, *British Politics*, 108。因为 1765 年《军纪法案》已到期，而且在《驻军法案》的辩论结束前就已重新制定，该预案即以单独法案的形式得到批准，而不是一份《军纪法案》的修正案；因此在北美，《驻军法案》这一专门针对北美的补充法案，不得不每年重新制定。

14 引文见 1756 年 8 月 29 日，Loudoun 写给 Cumberland 公爵的信，收入 Rogers, *Empire and Liberty*, 82。

15　1765 年 6 月 1 日，John Watts 写给 Robert Monckton 总督的信，Shy, *Toward Lexington*, 188 引用。Shy 指出，Watts 不是激进派，而是"一个陆军承包商和未来的托利党人"。

第 67 章

1　关于《北美贸易法案》，这一法案放宽对小型沿海船只的限制，允许殖民地的钢铁和木材再度向爱尔兰出口，确定对出口到英国的殖民地钢铁和木材的各种补贴，放宽了美洲对亚速尔群岛和南欧贸易的限制，并且限制海关税员能够征收的费用，见 Peter D. G. Thomas, *British Politics and the Stamp Act Crisis: The First Phase of the American Revolution, 1763–1767* (Oxford, 1975), 108–12; Lawrence Henry Gipson, *The British Empire before the American Revolution*, vol.10, *The Triumphant Empire: Thunder-Clouds Gather in the West, 1763–1766* (New York, 1967), 280–1。关于国王的病情，见 John Brooke, *King George III* (New York, 1972), 109–10, 318–43；尤其要注意 Ida Macalpine 与 Richard Hunter, *George III and the Mad-Business* (London, 1969)。

2　Thomas, *British Politics*, 116–8; Philip Lawson, *George Grenville: A Political Life* (Oxford, 1984), 214–6; Brooke, *King George III*, 110–3; Stanley Ayling, *George the Third* (New York, 1972), 125–7。

3　失业是当时困扰丝织业的技术和生产关系快速转变的症状，而丝绸纺织是英国纺织品制造业第一个经历工业化的分支。伦敦的织布工拥有悠久的知识传统，形成了早期的阶级意识，了解集体行动的效力，在英国迈出了成立工业组织的最早步子。1765 年和 1773 年的《斯皮塔弗德法案》允许业主和熟练工人联合确定工资，这实际上承认了纺织工人中的工会组织。详情见 E. P. Thompson, *The Making of the English Working Class* (New York, 1966), 各处; Charles Wilson, *England's Apprenticeship,1603–1763* (London, 1965), 195, 351; Harold Perkin, *The Origins of Modern English Society,1780–1880* (London, 1969), 32–33. 关于国王对骚乱的反应，见 Brooke, *King George III*, 113–6; Ayling, *George the Third*, 127–9。

4　Lawson, *Grenville*, 217–8。

5　Brooke, *King George III*, 121–2。

6　William James Smith 编辑 *The Grenville Papers*, vol.3 (1853; reprint, New York, 1970), 215–6（1765 年 7 月 10 日）。

7　Ibid., 215。

第 68 章

1　关于各殖民地议会的反应，见 Merrill Jensen, *The Founding of a Nation: A History of the American Revolution, 1763–1776* (New York, 1968), 111–9；还要特别注意 Edmund S. Morgan 与 Helen M. Morgan, *The Stamp Act Crisis: Prologue to Revolution* (New York, 1963): 132–4（罗得岛）、294–5（康涅狄格）、121, 196 等（纽约）。类似的无为特征在新罕布什尔 (139)、新泽西 (139, 147, 198)、马里兰 (100–8)、北卡罗来纳 (139)、南卡罗来纳 (201–2)，以及佐治亚 (202–3)。关于宾夕法尼亚，见 ibid., 311–2; Benjamin Newcomb, *Franklin and Galloway: A Political Partnership* (New Haven, Conn., 1972), 113–8；引文选自 1765 年 7 月 18 日，Galloway 写给 Franklin 的信，ibid., 116。

2　关于霍普金斯-霍华德-奥蒂斯的公开辩论，见 Bernard Bailyn 编辑 *Pamphlets of the*

American Revolution, 1750-1775, vol.1 (Cambridge, Mass.,1965), 500-5, 524-30, 546-52；引文选自 *Defence of the Halifax Libel* l550（此处正文不再用原文的斜体字）。关于代表权问题和北美殖民地与英国对这一批判性学说的不同理解，见 Gordon S. Wood, *The Creation of the American Republic, 1776-1787* (Chapel Hill, N.C., 1969), 25-28,173-85 等各处。

3 引文见 1765 年 5 月，Bernard 写给 John Pownall 的信，收入 Morgan 与 Morgan, *Stamp Act Crisis*, 140。

4 "考虑"，见马萨诸塞通函，Morgan and Morgan, *Stamp Act Crisis*, 139 引用。代表团的情况，见 ibid., 139-41。"永远不会同意"，见 1765 年 7 月 8 日，Bernard 写给贸易委员会的信，ibid., 140 引用。

5 Douglas Southall Freeman, *George Washington: A Biography*, vol.3, *Planter and Patriot* (New York, 1951), 129-30; Richard R. Beeman, *Patrick Henry: A Biography* (New York, 1974),22-34.

6 多项决议，见 Freeman, *Planter and Patriot*, 133; Beeman, *Henry*, 33-35（"必要措施"和"独自一人、未经建议"引自亨利对决议的回忆，在 35 页）。弗吉尼亚的决议，以其变体形式，在 Edmund S. Morgan 编辑 *Prologue to Revolution: Sources and Documents on the Stamp Act Crisis, 1764-1766* (Chapel Hill, N.C., 1959), 47-50 重印；这些引文都根据亨利的手稿第 47 页写成。

7 5 月 8 日，10 名山外的切罗基武士在前往俄亥俄地区路上，越过谢南多厄河谷时，遭到一队 20 到 30 人的年轻人袭击，5 人被杀。福基尔发布一则公告，悬赏捉拿凶犯，并且抓紧努力向切罗基头人保证，凶手将被绳之以法。在对亨利的决议案进行辩论之前，他明显对这一事件要比对议会更加关注。见 the series of letters from this period in George Reese 编辑 *The Official Papers of Francis Fauquier, Lieutenant Governor of Virginia, 1740-1790*, vol.3, *1764-1768* (Charlottesville, Va., 1983), 1235-48 收入的这一时期的一系列信件。

8 本段和前一段的所有引文都出自 1765 年 6 月 5 日，福基尔写给贸易委员会的信，ibid., 1250-1。

9 杰斐逊的反应，见 Dumas Malone, *Jefferson and His Time*, vol.1, *Jefferson the Virginian* (Boston, 1948), 88-94（引文出自 1815 年 8 月 5 日杰斐逊写给 William Wirt 的信，93）。关于亨利的修辞手法，见 Rhys Isaac, *The Transformation of Virginia, 1740-1790* (Chapel Hill, N.C., 1982), 266-9; T. H. Breen, *Tobacco Culture: The Mentality of the Great Tidewater Planters on the Eve of the Revolution* (Princeton, N.J., 1985), 188-90。

第 69 章

1 关于各项决议的不同版本，可在 Edmund S. Morgan 编辑 *Prologue to Revolution: Sources and Documents on the Stamp Act Crisis, 1764-1766* (Chapel Hill, N.C., 1959), 49-50；还有 id. 与 Helen M. Morgan, *The Stamp Act Crisis: Prologue to Revolution* (New York, 1963), 127-30 的讨论里见到。第六和第七项决议可能是代表坎伯兰县的弗吉尼亚议员约翰·弗莱明和（或）代表费尔法克斯的乔治·约翰斯顿写的；他们是亨利向其表达自己的五个决议的仅有的两名僚友 [Richard R. Bee, *Patrick Henry, A Biography* (New York, 1974), 39-40]。此处引用的各项决议是《纽波特水星报》的版本。

2   关于忠诚九人组的成员,见 Morgan, *Stamp Act Crisis*, 160-1; G. B. Warden, *Boston, 1689-1776* (Boston, 1970), 163; Pauline Maier, *From Resistance to Revolution: Colonial Radicals and the Development of American Opposition to Britain, 1765-1776* (New York, 1972), 58, 85-6, 307; 1765 年 1 月 15 日, 约翰·亚当斯在一次会议上的描述, 收入 Lyman H. Butterfield 等编辑 *Diary and Autobiography of John Adams*, vol.1, *Diary, 1755-1770* (New York, 1964), 294。"弗吉尼亚人说话", 见 Edes, Morgan 与 Morgan, *Stamp Act Crisis*, 135 引述。("平淡无奇的东西"是对英国议会征税的礼貌抗议, 托马斯·哈钦森在 1764 年年底已通过马萨诸塞政务会议和下议院监督征税。)

3   Maier, *From Resistance to Revolution*, 53-8, 69-70; Morgan 与 Morgan, *Stamp Act Crisis*, 16; Peter Shaw, *American Patriots and the Rituals of Revolution* (Cambridge, Mass., 1981), 16-18, 180-97; Dirk Hoerder, *Crowd Action in Revolutionary Massachusetts, 1765-1780* (New York, 1977), 91-7; George P. Anderson, "Ebenezer Mackintosh: Stamp Act Rioter and Patriot", Colonial Society of Massachusetts, *Publications* 26 (1927): 15-64.

4   8 月 14 日几起事件的记录有许多。本段根据 Morgan 与 Morgan, *Stamp Act Crisis*, 161-5; Hoerder, *Crowd Action*, 97-101; Lawrence Henry Gipson, *The British Empire before the American Revolution*, vol.10, *The Triumphant Empire: Thunder-Clouds Gather in the West, 1763-1766* (New York, 1967), 292-4; 1765 年 8 月 15 日, Bernard 写给 Halifax 的信, 收入 Morgan, *Prologue*, 106-8; *Diary of John Rowe*, 1765 年 8 月 14 日的条目, 收入 Anne Rowe Cunningham 编辑 *The Letters and Diary of John Rowe, Boston Merchant, 1759-1762, 1764-1779* (Boston, 1903; reprint, 1969), 88-9。波士顿的高街贯穿整个内克地区,将波士顿城所在的半岛与大陆本土联系起来;因此,它与城里据说会在 1765 年拥有的一条大道非常接近。后来,这条大街被重命名为华盛顿街, 1765 年,这条大街拥有四条从内克地区通往马萨诸塞殖民地议会下院的小街:橙街、纽伯里街、马尔伯勒街和康希尔街。迪肯·埃利奥特拐角是一个小广场,青蛙巷(今博伊尔斯顿街)从西面进入,将橙街和纽伯里街分开。见 Lester Cappon 等编辑 *Atlas of Early American History: The Revolutionary Period, 1760-1790* (Princeton, N.J., 1976), 9。

5   1765 年 8 月 15 日, Bernard 写给 Halifax 的信, 收入 Morgan, *Prologue*, 108。

6   关于惠尔赖特的破产情况, 见 John Cary, *Joseph Warren: Physician, Politician, Patriot* (Urbana, Ill., 1961), 45-47, 120-1。引文以及将恐慌与里斯本地震的情况比较的原文, 见 1765 年 1 月 25 日, James Otis 写给 George Johnstone 等人的信, Massachusetts Historical society, *Proceedings* 43 (1909-1910): 204-7 [引文在 205 页]。也可见 *Letters and Diary of Rowe*, 74-5 的叙述(1765 年 1 月 15—21 日的日记条目)。惠尔赖特在离开前将资产交托给一位亲戚,他在到达法属西印度群岛后不久就去世了,这让波士顿的各种问题变复杂了;他的遗产遗嘱认证程序持续达 25 年以上 (Nathaniel Wheelwright Probate Records, docket 14148, Suffolk County Courthouse, Boston)。

7   Bernard Bailyn, *The Ordeal of Thomas Hutchinson* (Cambridge, Mass., 1974), 29-32.

8   以下内容源自 Hoerder, *Crowd Action*, 104-10; Morgan 与 Morgan, *Stamp Act Crisis*, 166-9; Bailyn, *Ordeal*, 70-155 各处; Gipson, *Thunder-Clouds Gather*, 295-7。

9   1765 年 8 月 31 日, Bernard 写给贸易委员会的信, Lawrence Henry Gipson, *The Coming of the Revolution, 1763-1775* (New York, 1962), 93。

10 1765 年 8 月 30 日, Hutchinson 写给 Richard Jackson 的信, 收入 Morgan, *Prologue*,

108-9。

11 Ibid., 109.

12 以下叙述根据 Morgan 与 Morgan, *Stamp Act Crisis,* 191-4；1765 年 10 月 16 日，Thomas Moffat 写给 Joseph Harrison 的信，收入 Morgan, *Prologue,* 109-13；Jensen, *Founding,* 111-2 的内容写成。

13 Gipson, *Thunder-Clouds Gather,* 303-4(McEvers), 306-7 (Coxe), 302-3(Meserve), 316 (Mercer; 引文出自 1766 年 4 月 11 日，Mercer 写给 Rockingham 的信，ibid.。), 319-20 (South Carolina), 319-20(North Carolina)。

14 Ibid., 312-4。

15 Lawrence Henry Gipson, *American Loyalist: Jared Ingersoll* (New Haven, Conn., 1971), 177-85. 关于前殖民地部队军人参与群众暴动，迫使英格索尔辞职，让菲奇失去总督职务的内容，见 Harold Selesky, *War and Society in Colonial Connecticut* (New Haven, Conn., 1990), 214-5, 222-4。关于菲奇努力用宣传册公开证明自己的正当性，以及他后来的职业经历，见 *Dictionary of American Biography,* s.v. "Fitch, Thomas"; Gipson, *Ingersoll,* 252-313, 特别注意 290-3, 296 n。关于议会的主导权从西部的老光派，即保守派，转移到东部新光派暴动分子的情况，见 Richard L. Bushman, *From Puritan to Yankee: Character and the Social Order in Connecticut, 1690-1765* (Cambridge, Mass., 1967), 261-6；关于英格索尔辞职在文化上的重要意义，ibid., 284-8。也可见 Oscar Zeichner, *Connecticut's Years of Controversy, 1750-1776* (Williamsburg, Va., 1949), 44-77。

16 以下叙述出自 Morgan 与 Morgan, *Stamp Act Crisis,* 312-4；Gipson, *Thunder-Clouds Gather,* 307-11；Benjamin Newcomb, *Franklin and Galloway: A Political Partnership* (New Haven, Conn., 1972), 115-25。

17 Morgan, *Prologue,* 51-2, 转载的各项决议。

第70章

1 James M. Johnson, *Militiamen, Rangers, and Redcoats: The Military in Georgia, 1754-1776* (Macon, Ga., 1992), 55-66. 也可见 John Shy, *Toward Lexington: The Role of the British Army in the Coming of the American Revolution* (Princeton, N.J., 1965), 214-5；W. W. Abbott, *The Royal Governors of Georgia, 1754-1775* (Chapel Hill, N.C., 1959), 105-16. 讽刺的是，1767 年 3 月，英国政府出于经济理由，解散了游骑兵（Johnson, *Militiamen,* 67）。

2 "Journals of Capt. John Montresor", G. D. Scull 编辑 New-York Historical Society, *Collections* 14 (1881): 336-9(1765 年 10 月 23 日—11 月 5 日的条目；引文在 337 页); Shy, *Toward Lexington,* 211-4; Lawrence Henry Gipson, *The British Empire before the American Revolution,* vol.10, *The Triumphant Empire: Thunder-Clouds Gather in the West, 1763-1766* (New York, 1967), 304-6。不幸的是，一份关于战后初期的纽约和印花税危机的出色描述到我手中太晚，无法影响这一叙述，也不能影响前文有关战后经济衰退对东北港口城镇的各种影响的描述。然而，那本书大体上与我本人的理解一致，因为它强调的是七年战争与卡德瓦拉德·科尔登两者由于对 1763—1766 年纽约人行为的影响，而具有的重要意义。见 Joseph S. Tiedemann, *Reluctant Revolutionaries: New York*

City and the Road to Independence, 1763-1776 (Ithaca, N.Y., 1997), 43-6（战后经济衰退）, 49-55（科尔登的性格）, 55-61（战争的重要意义）, 以及 62-82（骚乱和余波）。

3 Pauline Maier, *From Resistance to Revolution: Colonial Radicals and the Development of American Opposition to Britain, 1765-1776* (New York, 1972), 68-9.

4 通过多项决议的9个殖民地议会是弗吉尼亚（5月31日）、罗得岛（9月）、宾夕法尼亚（9月21日）、马里兰（9月28日）、康涅狄格（10月25日）、马萨诸塞（10月29日）、南卡罗来纳（11月29日）、新泽西（11月30日）以及纽约（12月18日）; 见 Edmund S. Morgan, 编辑 *Prologue to Revolution: Sources and Documents on the Stamp Act Crisis, 1764-1766* (Chapel Hill, N.C., 1959), 47-62。马萨诸塞、罗得岛、康涅狄格、纽约、新泽西、宾夕法尼亚、特拉华、马里兰和南卡罗来纳派代表参加《印花税法案》大会。新罕布什尔议会被总督本宁·温特沃思控制, 拒绝派出代表团, 而弗吉尼亚、北卡罗来纳和佐治亚三地的总督拒绝召集当地议会, 从而阻止议会推选代表 [Edmund S. Morgan 与 Helen M. Morgan, *The Stamp Act Crisis: Prologue to Revolution*（New York, 1963）, 139]。除非另行注明, 以下关于大会进程的叙述都取自 C. A. Weslager, *The Stamp Act Congress* (Newark, Del.,1976), 107-68。

5 只有南卡罗来纳的代表 Christopher Gadsden 反对向英国议会下院请愿, 依据是北美各殖民地的权利没有一项是源自英国议会下院的; 当较为保守的多位代表反对时, 他撤回了这项动议 (Morgan 与 Morgan, *Stamp Act Crisis*, 147-8)。

6 Morgan, *Prologue*, 68.

7 对群众的约束, 见 Maier, *From Resistance to Revolution*, 69-71。引文选自 1765 年 11 月 1 日和 5 日, Francis Bernard 写给 John Pownall 的信, ibid.。波士顿的商人向群众大笔捐款, 还为埃比尼泽·麦金托什提供了一套华丽的制服、一顶镶金帽子、一把手杖和一个传声喇叭。他以"自由系大将军"的身份在游行队伍前头带路, 与一名政务委员会成员手挽手。后来, 商人为一次盛大的"团结"晚宴付费。在这次宴会上, 200 名来自暴动群众和其他反印花税组织的人员一同庆祝自由和秩序的胜利。[Peter Shaw, *American Patriots and the Rituals of Revolution*（Cambridge, Mass., 1981）, 180, 188-90]。

8 Maier, *From Resistance to Revolution*, 72-4.

9 不进口运动的发起和扩散, 见 ibid., 74; Bernhard Knollenberg, *Origin of the American Revolution, 1759-1766* (New York, 1960), 192-3, 从 *Providence Gazette* 和 *Connecticut Courant* 援引的 1764 年 10 月起的多篇文章。波士顿的联合行动, 见 Arthur Meier Schlesinger, *The Colonial Merchants and the American Revolution, 1763-1776* (1918; reprint, New York, 1966),78, 80。"200 多名", 见 "The New York Agreement, October 31,1765", 收入 Morgan, *Prologue*, 106。费城的情况, 见 Schlesinger, *Colonial Merchants*, 79。Thomas M. Doerflinger 在 *A Vigorous Spirit of Enterprise: Merchants and Economic Development in Revolutionary Philadelphia* (Chapel Hill, N.C., 1986), 189 指出, 费城商人一般被分为两类, 即倾向顺从的反特许领主贵格会教徒和反对顺从的特许领主派圣公会信徒、长老会信徒。他们在不进口问题上鲜明地团结, 反映了如果他们不遵从不进口的要求, 会招致暴力后果的恐惧。

10 1765 年 10 月 14 日; Robert J. Taylor 等编辑 *Papers of John Adams*, vol.1, *September 1755-October 1773* (Cambridge, Mass., 1977), 147.

11 1763 年 6 月 20 日，Ploughjogger 写给 *Boston Evening-Post* 的稿件，收入 *Papers of Adams*, 1: 63。(1763 年，亚当斯写了 3 封署名 Ploughjogger 的信，然后直到 1765 年 10 月都没有再写。)

12 引文见 1765 年 12 月 18 日的日记条目，收入 L. H. Butterfield 等编辑的 *Diary and Autobiography of John Adams*, vol.1, *Diary 1755-1770* (Cambridge, Mass., 1962), 263；天气情况，见 12 月 19 日的条目, ibid., 265("三天四夜狂风暴雨之后的一个晴朗早晨。降雨量极大")。

13 *Diary and Autobiography*, 1: 285 (1766 年 1 月 2 日的条目)。

14 关于妇女参与抵制行动的重要意义，特别注意 Mary Beth Norton, *Liberty's Daughters: The Revolutionary Experience of American Women, 1750-1800* (Boston, 1980), 155-94；Linda K. Kerber, *Women of the Republic: Intellect and Ideology in Revolutionary America* (Chapel Hill, N.C., 1980), 35-42。

15 *Diary and Autobiography*, 1: 282-4.

第十部分

第 71 章

1 Paul Langford, *The First Rockingham Administration, 1765-1766* (Oxford, 1973), 77-83, 以及 Peter D. G. Thomas, *British Politics and the Stamp Act Crisis* (Oxford, 1975), 132-8。

2 对罗金厄姆的性格、为人和习惯的评估，见 Langford, *Rockingham Administration*, 特别注意 16-21 与 244-8；也可见（批评性略少的）Ross J. S. Hoffman, *The Marquis: A Study of Lord Rockingham, 1730-1782* (New York, 1973), 尤其注意 ix-xii, 1-21, 79-80, 94, 333-4。

3 自 1765 年 5 月末以来，坦普尔就与弟弟乔治·格伦维尔和解了，这意味着他已与妹夫威廉·皮特疏远；因此皮特要求坦普尔接任第一财政大臣之职，或许是一种离间他与格伦维尔的计谋（坦普尔对荣誉和官位都出了名地贪得无厌），也可能是一种不容讨价还价的要求，意在说清皮特是按照自己的条件就任的。坦普尔似乎希望恢复旧的家族联盟，他自己出任第一财政大臣，皮特和格伦维尔出任南方部和北方部国务大臣。见 Stanley Ayling, *The Elder Pitt, Earl of Chatham* (New York, 1976), 330-1, 339-40。

4 Langford, *First Rockingham Administration*, 104-5, 135-8; Ayling, *Elder Pitt*, 335-7, 343-4; Thomas, *British Politics*, 175-6.

5 关于大屠杀，见 Lewis Namier, *England in the Age of the American Revolution* (1930; New York, 1961), 403-15。据统计，1766 年 1 月，国王之友的投票力量约为 148 票；见 Langford, *Rockingham Administration*, 156-8。

6 埃德蒙·伯克后来会让罗金厄姆家族与国王之友的疏远成为 *Thoughts on the Cause of the Present Discontents* (1770) 一书的一个主题，断言比特的盟友蓄意削弱罗金厄姆内阁。Paul Langford, 在 *A Polite and Commercial People: England, 1727-1783* (Oxford, 1989), 527-8, 将这种看法视为"一颗高贵而美丽的酸葡萄"；不过可参考 Conor Cruise O'Brien, *The Great Melody: A Thematic Biography and Commented Anthology of Edmund Burke* (Chicago, 1992), 特别注意 i-lii。

7 1765 年 11 月 28 日（日期误写为 11 月 27 日），"商务计划"，收入 Langford,

Rockingham Administration, 111。我重新排列过罗金厄姆的短语,以便让句法清晰。

8 罗金厄姆的分析,亦即他咨询的商人的分析没有扩大 1763 年宣言的功能。这一措施未能稳定边陲,还在加拿大造成了严重问题。战争之后到达加拿大的新英格兰商人对当地的一位总督呈实际反叛状态,他们声称,这位总督违反宣言条款,偏袒加拿大天主教徒 [Hilda Neatby,*Quebec: The Revolutionary Age, 1760-1791*(Toronto, 1966), 36-55; Lawrence Henry Gipson, *The British Empire before the American Revolution*, vol.9, *The Triumphant Empire: New Responsibilities within the Enlarged Empire, 1763-1766*(New York, 1968), 172-6]。

9 Langford, *Rockingham Administration*, 111-8, 200-12.

10 Thomas, *British Politics*, 168-70; Langford, *Rockingham Administration*, 135-6, 141-3.

11 "权威"和"福祉",见 1765 年 1 月 14 日国王的演讲,收入 Thomas, *British Politics*, 170。"一颗认可权威的胡椒籽",见代表布里斯托尔的英国议会下院议员 Robert Nugent, Clare 勋爵, William Stanhope Taylor 与 John Henry Pringle 编辑 *Correspondence of William Pitt, Earl of Chatham*, vol.2 (London, 1838), 364 概述。也可见 Edmund S. Morgan 与 Helen M. Morgan, *The Stamp Act Crisis: Prologue to Revolution* (New York, 1963), 267。

12 从"信任是……缓慢生长的植物"到"人类头脑"的引文,见 *Chatham Corr.*, 2: 365-7。"荒谬的政策……理应",见 James West 对皮特立场的总结,Thomas, *British Politics*, 172 引用。

13 Lawrence Henry Gipson, *The British Empire before the American Revolution*, vol.10, *The Triumphant Empire: Thunder-Clouds Gather in the West, 1763-1766* (New York,1961), 378.

14 1766 年 1 月 14 日,皮特对格伦维尔的答复,收入 *Chatham Corr.*, 2: 369-73。

15 约克和《宣告法案》,见 Langford, *Rockingham Administration*, 151。Trecothick 发动的请愿,见 ibid., 119-24; Thomas, *British Politics*, 187-8。

16 Langford, *A Polite and Commercial People*, 336;id., *Rockingham Administration*, 153-4; Thomas, *British Politics*, 189-90。

17 Ibid., 191-5; Langford, *Rockingham Administration*, 154-6。罗金厄姆与国王的会面只是稍稍令人安心而已。乔治宁愿修改《印花税法案》,而不是将其废除,且只有在罗金厄姆不公开的情况下,才会提供支持。他拒绝支持解除任何一位大臣的职务,哪怕是这个人违背了政府的政策,因为他想到自己的朋友诺辛顿勋爵。然后,他给诺辛顿发了一份会议记录,暗示他希望内阁垮台。见 1776 年 2 月 3 日,国王写给财政大臣的信,收入 John Fortescue 编辑 *The Correspondence of King George the Third, from 1760 to December 1783*, vol.1, *1760 to 1767* (1927; reprint, London,1967), 252。

18 Thomas, *British Politics*, 195-9。

19 各项决议,见 Gipson, *Thunder-Clouds Gather*, 390-1 引用的内容。格伦维尔的动议,见 1766 年 2 月 6 日,格伦维尔写给 Hans Stanley 的信,收入 Thomas, *British Politics*, 206。

20 Langford, *Rockingham Administration*, 175-8; Gipson, *Thunder-Clouds Gather*, 392-3; Thomas, *British Politics*, 206-17(引文见 1766 年 2 月 24 日, Benjamin Franklin 写给 Joseph Fox 的信, 213)。

21 Trecothick 的证词摘要, ibid., 217-9。

22 关于失业引发社会动荡的风险，见 Langford, *Rockingham Administration*, 182-5。下文富兰克林证词的摘要取自 derives from the version reprinted in Leonard W. Labaree 等编辑 *The Papers of Benjamin Franklin*, vol.13, 1766 年 1 月 1 日至 12 月 31 日转载的版本 (New Haven, Conn., 1969), 129-59。

23 *The Examination of Doctor Benjamin Franklin, before an August Assembly, relating to the Repeal of the Stamp Act, &c.* (Philadelphia, 1766).

24 引述纽金特讲话的原文，见富兰克林对询问的注解，ibid., 159 n.1 引用。投票情况，见 Thomas, *British Politics*, 233。

25 Ibid., 240-1, 246-7; Langford, *Rockingham Administration*, 190-5; Gipson, *ThunderClouds Gather*, 398-407. 英国议会上院实际上形成了支持使用军队强制执行《印花税法案》的微弱多数派，议会上院对废除法案的批准看起来令人怀疑，因为几位有权势的同僚，特别是贝德福德公爵和桑威奇伯爵，都认为罗金厄姆对殖民地居民太过软弱。最终一个程序问题决定了结果。《印花税法案》是一份 "配给" 法案 ——一项税收措施，宪法上只能由议会下院批准，因此，废除该法案的权力也仅限于下院，上院的职责仅仅是提供他们的建议（他们在辩论中已经做到）和同意 (Langford, *Rockingham Administration*, 192-4)。

第 72 章

1 "夜里……房屋"，见 *Annual Register*, 1766, Lawrence Henry Gipson, *The British Empire before the American Revolution*, vol.11, *The Triumphant Empire: The Rumbling of the Coming Storm, 1766-1770* (New York, 1967), 3 引用。"许多桶"，见 1766 年 5 月 22 日，*Pennsylvania Gazette*。（南卡罗来纳）议会下院在合同中约定，皮特应当表现出 "西塞罗式的性格和能力" [Stanley Ayling, *The Elder Pitt, Earl of Chatham*（New York, 1976），345]。

第 73 章

1 "让法院开庭"，见 1765 年（？）12 月张贴在马萨诸塞总督官邸前的标语，John J. Waters Jr., *The Otis Family in Provincial and Revolutionary Massachusetts* (Chapel Hill, N.C., 1968), 157 引用。给人希望的函件和黯淡的前景，见 1766 年 3 月 31 日，Conway 写给 Francis Bernard 的信，John Tyler, *Smugglers and Patriots: Boston Merchants and the Advent of the American Revolution* (Boston, 1986), 94 引用。文件未贴印花的船只仍通过港口，所有主要港口的业务照常进行，因为很快就变得非常清楚，没有贸易，经济将全面崩溃。1765 年 11 月 2 日，弗吉尼亚海关总监督官第一个允许沿海航运在无印花的情况下通过港口；11 月 22 日，纽波特港随后效法；12 月 2 日，费城；12 月 17 日，波士顿；1766 年 1 月 30 日，安纳波利斯（马里兰）；2 月 4 日的某个时候，萨凡纳；2 月 4 日，查尔斯顿。法官比海关官员更不愿意在没有印花的情况下工作，大多数法官只批准了一次又一次延期（无需印花），一直持续到 1766 年春。尽管如此，至少有两个法院系统在废除《印花税法案》的消息到达北美殖民地之前开放，用未加盖印花的文件运作，即 1766 年 1 月 13 日开始的马萨诸塞各低级法院，以及 1766 年 4 月 8 日开始的马里兰的整个法院系统 [Lawrence Henry Gipson, *The British Empire before the American Revolution*, vol.10, *The Triumphant Empire: Thunder-Clouds Gather in the West*,

1763-1766 (New York, 1967), lxxiv-lxxv。

2 "策划者", Merrill Jensen, *The Founding of a Nation: A History of the American Revolution, 1763-1776* (New York, 1968), 193 引用。"大获全胜", 见 1766 年 5 月 28 日的条目, 收入 L. H. Butterfield 等编辑, *Diary and Autobiography of John Adams*, vol.1, *Diary 1755-1770* (Cambridge, Mass., 1962), 313。本节根据 Jensen, *Founding*, 193-8; William Pencak, *War, Politics, and Revolution in Provincial Massachusetts* (Boston, 1981), 172-5; Lawrence Henry Gipson, *The British Empire before the American Revolution*, vol.11, *The Triumphant Empire: The Rumbling of the Coming Storm, 1766-1770* (New York, 1967), 13-38。由 28 名成员组成的总督政务委员会, 履行马萨诸塞议会上院职能, 得到总督同意, 由新任下院议员和即将离任的委员会成员联合投票选出。总督可以否决令人厌恶的任命（偶尔真会这么做）, 但委员会的构成始终由下院控制。下议院对委员会的清洗人所共知: 选举过程（无记名投票）难以控制, 下院议员之间的协调非常罕见。见 Robert Zemsky, *Merchants, Farmers, and River Gods: An Essay on Eighteenth-Century Politics* (Boston, 1971), 221-9。

3 引文见 *John Adams Diary*, 1766 年 5 月 29 日, 313。伯纳德影响议会下院领导职务的权力, 受到马萨诸塞特许状条款的严格限制。这种行政弱势成为湾区殖民地宪制的主要缺陷之一, 给时人留下了深刻印象。见 Zemsky, *Merchants, Farmers, and River Gods*, 221-9; Bernard Bailyn, *The Origins of American Politics* (New York, 1967), 131-3。

4 Gipson, *Coming Storm*, 17-25; Jensen, *Founding*, 196-7. 特赦令公然侵犯了英王授予总督的各项权力, 也侵犯了君权。伯纳德了解该法案的违宪性质, 还是在 12 月 9 日同意了, 因为他知道议会下院除此以外, 不会另行批准法案。这是一个狡猾的举动: 英国枢密院后来否决了该法案, 从而在"受害者"得到补偿后解决了宪制问题。

5 1766 年 12 月 24 日, Bernard 写给 Shelburne 伯爵（南方部大臣）的信, ibid., 197。

6 James F. Smith, "The Rise of Artemas Ward, 1727-1777: Authority, Politics, and Military Life in Eighteenth-Century Massachusetts" (Ph.D. diss., University of Colorado at Boulder, 1990), 96, 120, 148-52, 166-7。"我觉得……能", 见 1768 年 6 月 7 日, Hutchinson 写给 Thomas Pownall 的信, 史密斯在 167 页引用。"认为适合取代", 见 1766 年 6 月 30 日, 殖民地副秘书长写给 Ward 的信; ibid., 153 引用。当沃德帮助他的教区同胞, 在什鲁斯伯里建造一座新会议室时, 总督的信使向他递交了通知。根据城里的传统, 沃德向在场的人高声朗读了这一信息; 然后, 他对信使说, 让他告诉总督, 他觉得自己"两度获得了荣誉, 但是被取代要比被委任得到的荣誉更多", 因为伯纳德撤销他的职务, 证明了"我是, 而他不是我的家乡的朋友"。沃德的回答（如果事实上如此动人的话）几乎不可能经过更好的算计, 就能用来维护他极其突然地受到威胁的, 身为什鲁斯伯里头面公民和公共调解人的地位了。这番话也让他永远与地方派紧密联系到了一起。正如史密斯对这一突发事件的评论那样, "从这一刻起, 如果他希望维持自己在当地的地位, 就别无选择, 只有反对（伯纳德）这个在那个夏日如此出人意料地暴露了自己怒气的人"（ibid., 154）。关于哈钦森对伯纳德的不满, 尤其注意 Bernard Bailyn, *The Ordeal of Thomas Hutchinson* (Cambridge, Mass., 1974), 45-47。

7 Gipson, *Coming Storm*, 34-35。

8 Ibid., 36-37; Jensen, *Founding*, 278; Hiller B. Zobel, *The Boston Massacre* (New York, 1970), 51-54。协查令状只能在白天执行。对于军事干预的担忧是非常理性的: 大不

列颠群岛军队的一项主要职责是逮捕走私商贩和瓦解沿海的破坏性团伙。见 Pauline Maier, *From Resistance to Revolution: Colonial Radicals and the Development of American Opposition to Britain, 1765-1776* (New York, 1991), 153-4; Tony Hayter, *The Army and the Crowd in Mid-Georgian England* (Totowa, N.J., 1978), 23, 32, 35, 62 等各处。

9 1765 年 12 月 23 日, *Boston Gazette*; Tyler, *Smugglers and Patriots*, 92 引用。

10 "区分"和"商人", 见 1766 年 12 月 22 日, Bernard 写给 Shelburne 的信, Gipson, *Coming Storm*, 34 引用。

11 Tyler, *Smugglers and Patriots*, 25-107。

12 Thomas Doerflinger 对战后大部分时期费城商人群体的分裂和根本上的非政治性质, 纠正了强调商人中间激进主义的观点——这一点也适用于波士顿, 尽管存在一些重要的例外, 尤其是 John Hancock。见 id., *A Vigorous Spirit of Enterprise: Merchants and Economic Development in Revolutionary Philadelphia* (Chapel Hill, N.C., 1986), 尤其是 180-96。

13 关于阴谋论思维及其含义, 见 Bernard Bailyn, "A Note on Conspiracy", 收入 *The Ideological Origins of the American Revolution* (Cambridge, Mass., 1968), 144-59; Gordon S. Wood, "Conspiracy and the Paranoid Style: Causality and Deceit in the Eighteenth Century", *William and Mary Quarterly*, 3rd ser., 39 (1982): 401-41。

14 除非另行注明, 以下内容都取自 Jensen, *Founding*, 211-4; Gipson, *Coming Storm*, 45-65; John Shy, *Toward Lexington:The Role of the British Army in the Coming of the American Revolution* (Princeton, N.J., 1965), 250-8。

15 "费用发生之后", 见议会决议, 收入 Gipson, *Coming Storm*, 46。"将要求搁在一旁", 见 1765 年 12 月 21 日, Gage 写给 Conway 的信, 收入 Clarence Edwin Carter 编辑 *The Correspondence of General Thomas Gage with the Secretaries of State, 1763-1775*, vol.1 (New Haven, Conn., 1931),77。盖奇的各种期待, 见 1766 年 5 月 6 日, 他写给 Conway 的信, ibid., 89。

16 Sung Bok Kim, *Landlord and Tenant in Colonial New York: Manorial Society, 1664-1775* (Chapel Hill, N.C., 1978), 298-347.

17 "The Montresor Journals", E. D. Scull 编辑, New-York Historical Society, *Collections* 14(1881): 363（1766 年 5 月 1 日的条目）。关于 1766 年冬季和春季的骚乱, 见 Kim, *Landlord and Tenant*, 367-89, 以及 Edward Countryman, *A People in Revolution: The American Revolution and Political Society in New York, 1760-1790* (Baltimore, 1981),36-71 的对比性解释; 也可见 Dixon Ryan Fox, *Yankees and Yorkers* (New York, 1940), 147-51。

18 引文见, 1766 年 6 月 24 日, Gage 写给 Conway 的信, *Gage Corr.*, 1: 95。盖奇的意图, 见 ibid., 以及 1766 年 7 月 15 日, Gage 写给 Conway 的信, ibid., 99。

19 引文见, 1766 年 6 月 30 日, Brown 写给 Gage 的信, 以及 1766 年 7 月 29 日, Clarke 写给 Gage 的信, 收入 Shy, *Toward Lexington*, 219, 220。

20 Ibid., 219-21。

21 "焚烧和摧毁", 见 "Geographical, Historical Narrative, or Summary..."（Lansdowne MSS.）, ibid., 222 引用。"事件不应……处理", 见 1776 年 12 月 11 日, Shelburne 伯爵写给 Moore 的信, ibid., 223 引用。

22 Jensen, *Founding*, 212-4; 引文见 1766 年 6 月 20 日，Moore 写给南方部国务大臣的信，213。
23 1766 年 11 月 13 日，议会写给总督的信，ibid., 214。
24 除非另外注明，以下叙述都取自 Jensen, *Founding*, 198-205; Douglas Southall Freeman, *George Washington: A Biography*, vol.3, *Planter and Patriot* (New York, 1951), 142-3, 146-50, 165-72; Joseph Ernst, *Money and Politics in America, 1755-1775: A Study in the Currency Act of 1764 and the Political Economy of Revolution* (Chapel Hill, N.C., 1973), 175-96（唯一对丑闻的经济冲击进行结合性评估的叙述）。关于李的性格和财务问题，见 Pauline Maier, *The Old Revolutionaries: Political Lives in the Age of Samuel Adams* (New York, 1980), 164-200, 尤其注意 195-7。
25 这种概括有一个显著的例外，说明了丑闻对士绅生活和关系的混乱冲击的另一个方面。鲁宾逊在岳父约翰·奇斯韦尔（John Chiswell）的铅矿投资 1 万英镑。这些铅矿位于阿勒格尼高地以西的卡纳瓦河的支流新河的上游（因此越过了宣言的界线）。鲁宾逊的死让奇斯韦尔实际上破产了；他喝醉后，怒不可遏，杀死了一个债权人罗伯特·劳特利奇。他被逮捕，不过几名治安官同时也是他的生意伙伴，将他释放——这是一种滥用权力的行为，让许多为士绅阶层荣誉担忧的人感到不安。奇斯韦尔不久就在绝望中死去。[见 Carl Bridenbaugh, "Virtue and Violence in Virginia, 1766, or The Importance of the Trivial", *Massachusetts Historical Society, Proceedings* 76 (1964): 3-29; Ernst, *Money and Politics*, 187 n.43.]
26 T. H. Breen, *Tobacco Culture* (Princeton, N.J., 1985), 168.
27 1770 年 7 月 26 日，*Virginia Gazette* (Rind), ibid., 170 引用。
28 Ibid., 176 引用。

第 74 章

1 关于约翰斯通的职业生涯，见 *Dictionary of National Biography*, s.v. "Johnstone, George"；关于文官和军官的指挥权限和优先权问题的混乱历史，见 John Shy, *Toward Lexington: The Role of the British Army in the Coming of the American Revolution* (Princeton, N.J., 1965), 181-4; 关于这场纠纷的军事层面的问题，见 ibid., 283-5; 对这场争议更大背景的讨论，见 Lawrence Henry Gipson, *The British Empire before the American Revolution*, vol.9, *The Triumphant Empire: New Responsibilities within the Enlarged Empire,1763-1766* (New York, 1968), 210-31。
2 Hilda Neatby, *Quebec: The Revolutionary Age, 1760-1791* (Toronto, 1966), 30-44. 也可见 Gipson, *New Responsibilities*, 163-76; Shy, *Toward Lexington*, 287-8; Walter S. Dunn Jr.,*Frontier Profit and Loss: The British Army and the Fur Traders, 1760-1764* (Westport, Conn., 1998), 165-6. 北美殖民地商人和默里之间的敌对情绪至少有一部分源自种族问题。邓恩指出，苏格兰人默里倾向于给苏格兰商人最好的待遇，尤其是那些战后留在加拿大从事毛皮贸易的苏格兰军官。
3 "动用军事力量"，见 1767 年 5 月 5 日，Gage 写给 James Murray 上尉的信，收入 Richard White, *The Middle Ground: Indians, Empires, and Republics in the Great Lakes Region, 1650-1815* (New York, 1991), 319. "人数翻了一番"，见 1767 年 10 月 18 日，George Croghan 写给 William Johnson 爵士的信，ibid。

4　Shy, *Toward Lexington*, 229; 1767 年 6 月 13 日, Gage 写给 Shelburne(南方大臣)的信,收入 Clarence Edwin Carter 编辑 *The Correspondence of General Thomas Gage with the Secretaries of State, 1763-1775*, vol.1 (New Haven, Conn., 1931), 142-3。盖奇不愿对这个问题施压, 可能也反映了他因动用正规军将新英格兰入侵者赶出纽约的几处庄园而受到谴责的反应; 因为弗吉尼亚和宾夕法尼亚两个殖民地都在对这一地区主张权利, 驱逐弗吉尼亚的擅自占地者, 他可能会由于动用军队为佩恩家族服务而受到谴责, 就像他曾经与哈得孙河谷的大庄园主打交道时那样。

5　关于为了维持皮特堡和德·沙特尔堡之间的交通线畅通, 克罗根进行的外交活动, 见 White, *Middle Ground*, 436-47; Nicholas B. Wainwright, *George Croghan, Wilderness Diplomat* (Chapel Hill, N.C., 1959), 238。(克罗根显然是从 Baynton、Wharton 和 Morgan 那里购买这场慰问外交所需的各种礼品, 在这场外交中, 他是沉默的伙伴; 然而, 再次要说明的是, 风从来没有吹得那么厉害, 乃至于让乔治·克罗根得不到任何好处。)"给我添的麻烦", 见 White 对 1766 年 6 月 15 日, Croghan 写给 Gage 的信所做的摘要, 收入 *Middle Ground*, 347 n.65。"无法无天", 见 1767 年 5 月 16 日, James Murray 上尉写给 Gage 的信, ibid., 344。"那些伤害过他们的人", 见 1767 年 6 月 28 日, Gage 写给 Murray 的信, ibid., 320 n.9。关于边境暴力和报复行为的惊人增长, 见 Tom Hatley, *The Dividing Paths:Cherokees and South Carolinians through the Era of the Revolution* (New York, 1993), 183-6; Michael N. McConnell, *A Country Between: The Upper Ohio Valley and Its Peoples, 1724-1774* (Lincoln, Nebr., 1992), 240。

6　克罗根的旅程, 见 Howard H. Peckham 编辑 *George Croghan's Journal of His Trip to Detroit in 1767* (Ann Arbor, Mich., 1939), 31-47。外交的各种效果, 见 McConnell, *A Country Between*, 241-2, 264-5。

7　俄亥俄地区和西部其他地方的朗姆酒数量, 以及 Baynton、Wharton 和 Morgan 在贸易中发挥的作用, 见 Peter C. Mancall, *Deadly Medicine: Indians and Alcohol in Early America* (Ithaca, N.Y., 1995), 52-7, 181-2; Dunn, *Frontier Profit*, 178-9。[Mancall 估计, 在英国统治下, 西部印第安人的人均饮酒量大约为每年 0.5 加仑到 1.1 加仑, 对于"积极饮酒者"(主要是年轻人)而言, 每年为 2.1 到 4.5 加仑; 这一消费率明显高于法国人是该地区主要贸易商时的水平(211 n.108)。邓恩给出了高得多的估计值, "每个武士"每年 12 加仑(表 10.1, 178)。] 克罗根和盖奇对一场新的印第安战争的预期, 见 Wainwright, *Croghan*, 248。

8　Shy, *Toward Lexington*, 290: "军队在和平时期作为帝王的统治工具, 锋刃是钝化的。"

尾　声

1　收割与天气情况, 见 Donald Jackson 与 Dorothy Twohig 编辑 *The Diaries of George Washington*, vol.2, *1766-1770* (Charlottesville, Va., 1976), 21,23 (1767 年 6 月 19—24 日和 7 月 14 日的条目)。小麦的耕作和种植园的各项事业, 见 Douglas Southall Freeman, *George Washington: A Biography*, vol.3, *Planter and Patriot* (New York, 1951), 179-80。织布的情况, 见 W. W.Abbot 等编辑 *The Papers of George Washington, Colonial Series*, vol.7, 1761 年 1 月—1767 年 6 月 (Charlottesville, Va., 1990), 508 n.1。各项投机冒险, 见 ibid., 219-25, 268-75 等各处。

2　1767 年 6 月 24 日, Washington 写给 John Posey 上尉的信, 收入 *Papers of Washington*, vol.8, 1767年6月—1771年12月 (Charlottesville, Va., 1993), 1-4。

3　1767年9月17日，Washington写给William Crawford上尉, ibid., 28。华盛顿提到的印第安人同意白人在宣言界线以外占地，指的是庞蒂亚克战争结束后，易洛魁六部同意割让阿勒格尼河以西和俄亥俄河以南，直到田纳西河的土地。当然，居住在该地区的肖尼人、特拉华人、明戈人、孟塞人、迈阿密人和怀安多特人决心抵制白人殖民。

4　服装品位，见1763年4月26日，Washington写给Charles Lawrence的信，*Papers of Washington*,7: 201-2。"9名具有巨大影响力……"，见1763年9月9日，密西西比土地公司备忘录, ibid., 223 n.2。

出版后记

本书作者弗雷德·安德森是研究七年战争，以及北美殖民地时期、美国独立战争时期和美国建国早期历史的知名学者。他选择从1754年开始，描绘了这场历史上第一次世界性的大规模战争。七年战争最重要的阵地不是在欧洲大陆，而是在大西洋、北美，以及印度，尤其是在北美。弗雷德·安德森并不认同大多数美国人所认为的七年战争只不过是美国独立的朦胧背景诸如此类的观点，他认为应该从整个帝国或者整个北美大陆的视角为参照点，将七年战争视为决定性地塑造北美史、欧洲史，乃至整个大西洋世界史的大事件，这有助于我们更好地理解这场战争的影响和意义，它与美国人更为看重的独立战争相比，甚至意义更为深远和重大。以至于两个世纪之后，英国首相丘吉尔还评价这场战争算得上第一次世界大战。

因而，弗雷德·安德森从帝国的概念出发，将七年战争描述为在一个跨文化互动的战场，新法兰西和英属北美殖民地的居民卷入其中，并与两大宗主国密切接触的一个大事件。他认为，在18世纪北美大陆发生的这个最重要的事件中，印第安人并非之前一些著作中显示的偶然登场的龙套角色，相反，他们是其中至关重要的一环，对于这场战争在北美大陆的结局走向能够发挥关键的作用。而且，这场战争在北美的开端就是易洛魁六大部族的外交失误使英法殖民帝国为了争夺俄亥俄河流域的控制权互相对抗。1763年《巴黎和约》的签订，使得七年战争尘埃落定。然而，作者不止于此，还叙述了1763年之后混乱的战后岁月。这个延伸出来的阶段解读，使我们窥见了一个空心化的大英帝国，也使我们深刻地领悟到，战争的力量塑造了各殖民帝国之间和各殖民帝国内部的各种关系。

同时，本文作者也尽了最大努力，描述了这场战争的多个方面和系统性影响，尽可能地还原这一历史故事的全貌，以至篇幅较为庞大。通过上述这几点，我们确实也能看出作者在历史叙述方面的雄心壮志：既想要集众家学术研究成果之所长，又能吸引大众读者的注意力。国内目前还没有多少聚焦这场战争的专题著述，因而我们希望通过引进弗雷德·安德森的这本叙述详细、论证充分的专著，使国内读者得以分享这部出色的作品，系统地了解这场战争的整段历史过程，也能深刻感悟本书作者在扎实研究的基础之上得出的一些独到见解。

由于时间及水平有限，书中难免不足之处，恳请广大读者批评指正，以便再版时做出修改。

图书在版编目（CIP）数据

七年战争 /（美）弗雷德·安德森著；冬初阳译. -- 北京：九州出版社，2022.10（2024.1重印）
  ISBN 978-7-5225-0925-9

Ⅰ.①七… Ⅱ.①弗…②冬… Ⅲ.①世界史—近代史—1756-1763 Ⅳ.①K141

中国版本图书馆CIP数据核字(2022)第085257号

Crucible of War: The Seven Years' War and the Fate of Empire in British North America, 1754-1766
by Fred Anderson
Copyright © 2000 by Fred Anderson
Maps copyright © 2000 by David Lindroth, Inc.
This translation published by arrangement with Alfred A. Knopf, an imprint of The Knopf Doubleday Group, a division of Penguin Random House, LLC. through Bardon-Chinese Media Agency.
Simplified Chinese translation copyright © 2022 by Ginkgo (Shanghai) Book Co., Ltd.
All rights reserved.

著作权合同登记号：图字：01-2022-3042
审图号：GS（2021）8147号

七年战争

作　　者	［美］弗雷德·安德森　著　冬初阳　译
责任编辑	王文湛
出版发行	九州出版社
地　　址	北京市西城区阜外大街甲35号（100037）
发行电话	（010）68992190/3/5/6
网　　址	www.jiuzhoupress.com
印　　刷	河北中科印刷科技发展有限公司
开　　本	665毫米×1000毫米　16开
印　　张	51.5
字　　数	765千字
版　　次	2022年10月第1版
印　　次	2024年1月第3次印刷
书　　号	ISBN 978-7-5225-0925-9
定　　价	158.00元

★ 版权所有 侵权必究 ★